je n'y suis plus, je vous somme de donner l'ordre à vos gens de lui laisser continuer sa route.

— Et d'abord, répondit l'exempt sans se laisser intimider par ce ton de grand seigneur et en faisant signe aux sergents de ne lâcher ni le cocher ni les chevaux, ayez la bonté de répondre à mes questions.

— J'écoute, dit le jeune homme, se faisant visiblement violence pour conserver son sang-froid.

— Êtes-vous bien le chevalier Gaudin de Sainte-Croix ?

— C'est moi-même.

— Capitaine au régiment de Tracy ?

— Oui, monsieur.

— Alors je vous arrête au nom du roi.

— En vertu de quel ordre ?

— En vertu de cette lettre de cachet.

Le chevalier jeta un regard rapide sur le papier qu'on lui présentait, et ayant reconnu au premier coup d'œil la signature du ministre de la police, il ne parut plus préoccupé que de la femme qui était restée dans la voiture ; aussi revint-il aussitôt à la première demande qu'il avait faite.

— C'est très-bien, monsieur, dit-il à l'exempt ; mais cette lettre de cachet porte mon seul nom, et, je vous le répète, ne vous donne pas le droit d'exposer, comme vous le faites, à la curiosité publique la personne auprès de laquelle j'étais lorsque vous m'avez arrêté. Donnez donc, je vous prie, l'ordre à vos sergents de permettre à ce carrosse de continuer sa route, et conduisez-moi ensuite où vous voudrez ; je suis prêt à vous suivre.

Cette demande sembla juste, à ce qu'il paraît, à l'officier public ; car il fit signe à ses gens de lâcher le cocher et les chevaux ; et ceux-ci, comme s'ils n'eussent, de leur côté, attendu que ce moment pour repartir, fendirent aussitôt la foule, qui s'écarta devant eux, et emportèrent avec rapidité la femme pour laquelle le prisonnier paraissait si préoccupé.

De son côté, comme il l'avait promis, Sainte-Croix ne fit aucune résistance ; il suivit pendant quelques instants son guide au milieu du rassemblement, dont toute la curiosité paraissait ramenée sur lui ; puis, au coin du quai de l'Horloge, un sergent ayant fait avancer une voiture de place qui était cachée, il monta dedans avec le même air hautain et dédaigneux qu'il avait conservé pendant tout le temps qu'avait duré la scène que nous venons de décrire. L'exempt se plaça près de lui, deux des sergents montèrent derrière, et les deux autres, en vertu des ordres qu'ils avaient probablement reçus de leur supérieur, se retirèrent en jetant au cocher cette dernière parole : « A la Bastille ! »

Maintenant, que nos lecteurs nous permettent de leur faire faire plus ample connaissance avec celui des personnages de cette histoire que nous mettons le premier en scène.

Le chevalier Gaudin de Sainte-Croix, dont on ne connaissait pas l'origine, était, disaient les uns, le bâtard d'un grand seigneur, tandis qu'au contraire les autres prétendaient qu'il était né de parents pauvres, et que, n'ayant pu supporter l'obscurité de sa naissance, il lui préférait un déshonneur doré, en se faisant passer pour ce qu'il n'était pas. Tout ce que l'on savait donc de positif à cet égard, c'est qu'il était né à Montauban ; quant à son état actuel dans le monde, il était capitaine au régiment de Tracy.

Sainte-Croix, à l'époque où s'ouvre ce récit, c'est-à-dire vers la fin de l'année 1665, pouvait avoir de vingt-huit à trente ans ; c'était un beau jeune homme d'une physionomie heureuse et pleine d'esprit, joyeux compagnon d'orgie et brave capitaine ; faisant son plaisir du plaisir des autres, et dont le caractère mobile entrait dans un dessein de piété avec autant de joie que dans une partie de débauche ; facile d'ailleurs à se prendre d'amour, jaloux jusqu'à la fureur, fût-ce d'une courtisane, lorsque cette courtisane lui avait plu ; d'une prodigalité princière, sans que cette prodigalité fût appuyée sur aucun revenu ; enfin, sensible à l'injure, comme tous ceux qui, placés dans une position exceptionnelle, pensent sans cesse que tout le monde, en faisant allusion à leur origine, a l'intention de les offenser.

Maintenant, voici par quelle suite de circonstances il en était arrivé où nous le prenons.

Vers 1660, Sainte-Croix, étant à l'armée, avait fait connaissance du marquis de Brinvilliers, mestre de camp au régiment de Normandie. Leur âge, qui était à peu près le même, leur carrière, qui les conduisait dans une voie pareille, leurs qualités et leurs défauts, qui étaient semblables, avaient bientôt changé cette simple liaison en une amitié sincère ; de sorte qu'à son retour de l'armée, le marquis de Brinvilliers avait présenté Sainte-Croix à sa femme et l'avait établi en sa maison.

Cette intimité n'avait point tardé à amener les résultats ordinaires. Mme la marquise de Brinvilliers était alors âgée de vingt-huit ans à peine : en 1651, c'est-à-dire neuf ans auparavant, elle avait épousé le marquis de Brinvilliers, qui jouissait de trente mille livres de rentes, et auquel elle avait apporté deux cent mille livres de dot, sans compter l'espérance de sa position héréditaire. Elle se nommait Marie-Madeleine ; elle avait deux frères et une sœur, et son père, M. de Dreux d'Aubray, était lieutenant civil au Châtelet de Paris.

A l'âge de vingt-huit ans, la marquise de Brinvilliers était dans tout l'éclat de sa beauté : sa taille était petite, mais parfaitement prise ; son visage arrondi était d'une mignardise charmante ; ses traits, d'autant plus réguliers qu'ils n'étaient jamais altérés par aucune impression intérieure, semblaient ceux d'une statue qui, par un pouvoir magique, aurait momentanément reçu la vie, et chacun pouvait prendre pour le reflet de la sérénité d'une âme pure cette froide et cruelle impassibilité, qui n'était qu'un masque à couvrir le remords.

Sainte-Croix et la marquise se plurent à la première vue et bientôt furent amant et maîtresse. Quant au marquis, soit qu'il fût doué de cette philosophie conjugale sans laquelle il n'y avait point de bon goût à cette époque, soit que les plaisirs auxquels il s'abandonnait lui-même ne lui donnassent pas le loisir de s'apercevoir de ce qui se passait presque sous ses yeux, il n'apporta par sa jalousie aucun empêchement à cette intimité, et continua les folles dépenses par lesquelles il avait déjà fortement entamé sa fortune : bientôt ses affaires se dérangèrent tellement, que la marquise, qui ne l'aimait plus, et qui, dans toute l'ardeur d'un nouvel amour, désirait une liberté plus grande encore, demanda et obtint une séparation. Dès lors elle quitta la maison conjugale, et, ne gardant plus de mesure, se montra partout et publiquement avec Sainte-Croix.

Ce commerce, autorisé au reste par l'exemple des plus grands seigneurs, ne fit aucune impression sur le marquis de Brinvilliers, qui continua de se ruiner gaiement, sans s'inquiéter de ce que faisait sa femme. Mais il n'en fut point ainsi de M. de Dreux d'Aubray, qui avait conservé les scrupules de la noblesse de robe : scandalisé des désordres de sa fille, et craignant qu'en rejaillissant sur lui ils ne fissent tache à sa réputation, il obtint une lettre de cachet qui l'autorisait à faire arrêter Sainte-Croix partout où celui qui en serait porteur le rencontrerait. Nous avons vu comment elle fut mise à exécution au moment même où Sainte-Croix était dans le carrosse de la marquise de Brinvilliers, que nos lecteurs ont sans doute déjà reconnue dans la femme qui se cachait avec tant de soin.

On comprend, avec le caractère de Sainte-Croix, quelle violence il dut se faire à lui-même pour ne point se laisser emporter à sa colère lorsqu'il se trouva ainsi arrêté au milieu de la rue : aussi, quoique, pendant tout le trajet, il ne prononçât point une seule parole, il était facile de s'apercevoir qu'un orage terrible s'amassait dans son âme et ne tarderait point à éclater. Cependant il conserva la même impassibilité qu'il avait montrée jusqu'alors, non-seulement lorsqu'il vit s'ouvrir et se refermer les portes fatales qui, comme celles de l'enfer, avaient si souvent commandé à ceux qu'elles engloutissaient de laisser l'espérance au seuil, mais encore, en répondant aux questions d'usage que lui adressa le gouverneur : sa voix demeura impassible, et ce fut sans que sa main tremblât qu'il signa le registre d'écrou qui lui fut présenté. Aussitôt un geôlier, après avoir pris les ordres du gouverneur, invita le prisonnier à le suivre, et après quelques détours dans ces corridors froids et humides, où le jour pénétrait parfois, mais jamais l'air, il ouvrit la porte d'une chambre, où Sainte-Croix fut à peine entré, qu'il entendit la porte se refermer derrière lui.

Au grincement des verrous, Sainte-Croix se retourna : le geôlier l'avait laissé sans autre lumière que celle de la lune, qui, se glissant à travers les barreaux d'une fenêtre élevée de huit ou dix pieds, tombait sur une mauvaise couchette qu'elle éclairait, rejetant tout le reste de la chambre dans une obscurité profonde. Le prisonnier s'arrêta un instant debout et écoutant ; puis, lorsqu'il eut entendu les pas se perdre dans l'éloignement, certain enfin d'être seul et arrivé à ce degré de colère où il faut que le cœur éclate ou se brise, il se rua sur le lit avec un rugissement qui appartenait plutôt à une bête fauve qu'à une créature humaine, maudissant les hommes, qui venaient ainsi le prendre au milieu de sa joyeuse vie, pour le jeter dans un cachot, maudissant Dieu, qui les laissait faire, et appelant à son aide toute puissance, quelle qu'elle fût, qui lui amènerait la vengeance et la liberté.

A l'instant même, et comme si ses paroles l'eussent tiré du sein de la terre, un homme maigre, pâle, aux cheveux longs et vêtu d'un pourpoint noir, entra lentement dans le cercle de lumière bleuâtre qui tombait de la fenêtre, et s'approcha du pied du lit sur lequel était couché Sainte-Croix. Si brave que fût le prisonnier, cette apparition répondait tellement à ses paroles, que dans cette époque, où l'on croyait encore aux mystères de l'incantation et de la magie, il ne douta point un instant que cet ennemi du genre humain, qui tourne sans cesse autour de l'homme, ne l'eût entendu et ne vînt à sa voix. Il se souleva donc sur son lit, cherchant machinalement la poignée de son épée à la place où, deux heures auparavant elle était encore, et sentant à chaque pas que l'être mystérieux et fantastique faisait vers lui, ses cheveux se dresser sur son front et une sueur froide pointer à leur racine et découler sur son visage. Enfin l'apparition s'arrêta, et le fantôme et le prisonnier restèrent un instant en silence et les yeux fixés l'un sur l'autre ; alors l'être mystérieux prit le premier la parole, et d'une voix sombre :

— Jeune homme, lui dit-il, tu as demandé à l'enfer un moyen de te venger des hommes qui t'ont proscrit, et de lutter contre Dieu qui t'a abandonné : ce moyen, je l'ai et je viens te l'offrir. As-tu le courage de l'accepter ?

— Mais auparavant, demanda Sainte-Croix, qui es-tu ?

— Qu'as-tu besoin de savoir qui je suis, reprit l'inconnu, du moment où je viens quand tu m'appelles et où je t'apporte ce que tu demandes?

— N'importe, répondit Sainte-Croix, pensant toujours avoir affaire à un être surnaturel : quand on fait un pareil pacte, on n'est point fâché de savoir avec qui l'on traite.

— Eh bien! puisque tu veux le savoir, dit l'étranger, je suis l'Italien Exili.

Sainte-Croix sentit un nouveau frisson courir dans ses veines, car il passait d'une vision infernale à une réalité terrible. En effet, le nom qu'il venait d'entendre était alors affreusement célèbre, non-seulement par toute la France, mais encore par toute l'Italie. Chassé de Rome sous la prévention d'empoisonnements nombreux, dont on n'avait pu se procurer les preuves, Exili était venu à Paris, où bientôt, comme dans son pays natal, il avait fixé sur lui les regards de l'autorité; mais pas plus à Paris qu'à Rome on n'avait pu convaincre le disciple de René et de la Trophana. Cependant, quoiqu'il n'y eût point de preuves, il y avait une conviction morale assez grande qu'on n'hésitait point à le décréter d'arrestation. Une lettre de cachet fut donc lancée contre lui, et Exili, arrêté, avait été conduit à la Bastille. Il y était depuis six mois environ lorsque Sainte-Croix y fut mené à son tour. Comme à cette heure les prisonniers étaient nombreux, le gouverneur avait fait conduire son nouvel hôte dans la chambre de l'ancien, et il avait réuni Exili à Sainte-Croix, sans penser qu'il accouplait deux démons. Maintenant nos lecteurs comprennent le reste. Sainte-Croix était entré dans cette chambre, où le geôlier l'avait laissé sans lumière, et où, dans l'obscurité, il n'avait pu distinguer un second commensal; il s'était alors livré à sa colère, et ses imprécations ayant révélé à Exili sa haine, celui-ci avait saisi cette occasion de se faire un disciple puissant et dévoué, qui, une fois sorti, lui fît ouvrir les portes à son tour, ou qui le vengeât du moins, s'il devait rester éternellement prisonnier (2).

Cette répugnance de Sainte-Croix pour son compagnon de chambrée ne fut pas longue, et le maître habile trouva un digne écolier. Sainte-Croix, avec son étrange caractère composé de bien et de mal, assemblage de qualités et de défauts, mélange de vices et de vertus, en était arrivé à ce point suprême de sa vie où les uns devaient l'emporter sur les autres. Si, dans l'état où il était, un ange l'eût pris, peut-être l'eût-il mené vers Dieu : ce fut un démon qu'il rencontra, le démon le conduisit à Satan.

Exili n'était pas un empoisonneur vulgaire : c'était un grand artiste en poisons, comme en avaient fait les Médicis et les Borgia. Pour lui, le meurtre était devenu un art, et il l'avait soumis à des règles fixes et positives ; aussi en était-il arrivé à ce point que ce n'était plus l'intérêt qui le guidait, mais un désir irrésistible d'expérimentation. Dieu a réservé la création pour la seule puissance divine, et a abandonné la destruction à la puissance humaine : il en résulte que l'homme croit se faire l'égal de Dieu en détruisant. Tel était l'orgueil d'Exili, sombre et pâle alchimiste du néant, qui, laissant aux autres le soin de chercher le secret de la vie, avait trouvé celui de la mort.

Sainte-Croix hésita quelque temps ; mais enfin il céda aux railleries de son compagnon, qui, accusant les Français de mettre de la bonne foi jusque dans leurs crimes, les lui fît voir presque toujours enveloppés eux-mêmes dans leur propre vengeance, et, succombant avec leur ennemi, tandis qu'ils pourraient lui survivre et insulter à sa mort. En opposition avec cet éclat, qui souvent attire au meurtrier une mort plus cruelle que celle qu'il donne, il montra la ruse florentine, avec sa bouche souriante et son poison implacable. Il lui nomma ces poudres et ces liqueurs, dont les unes sont sourdes et consument par des langueurs si lentes, que le malade meurt avec de longues plaintes, et dont les autres sont si violentes et si rapides, qu'elles tuent comme la foudre, sans laisser le temps à celui qu'elles frappent de jeter un cri. Peu à peu Sainte-Croix se prit d'intérêt pour ce jeu terrible qui met la vie de tous dans les mains d'un seul. Il commença par partager les expériences d'Exili ; puis, à son tour, il fut assez habile pour en faire lui-même, et lorsqu'au bout d'un an il sortit de la Bastille, l'élève avait presque égalé le maître.

Sainte-Croix rentrait dans la société, qui l'avait un moment exilé, fort d'un secret fatal à l'aide duquel il pouvait lui rendre tout le mal qu'il en avait reçu. Bientôt après, Exili sortit à son tour, on ignore sur quelles instances, et vint retrouver Sainte-Croix : celui-ci lui loua une chambre au nom de son intendant, Martin de Breuille; cette chambre était située au cul-de-sac des Marchands de chevaux de la place Maubert, et appartenait à une dame Brunet (3).

On ignore si, pendant son séjour à la Bastille, la marquise de Brinvilliers eut occasion de voir Sainte-Croix ; mais ce qui est constant, c'est qu'aussitôt la sortie du prisonnier, les deux amants se retrouvèrent plus amoureux que jamais. Cependant ils avaient appris par expérience ce qu'ils avaient à craindre; aussi résolurent-ils de faire au plus tôt l'essai de la science qu'avait acquise Sainte-Croix, et M. d'Aubray fut choisi par sa fille même comme première victime. Ainsi elle se débarrassait d'un censeur rigide et incommode à ses plaisirs, tandis que du même coup elle réparait, par l'héritage paternel, sa fortune à peu près dissipée par son mari.

Cependant, comme lorsqu'on frappe un pareil coup, il doit être décisif, la marquise voulut auparavant essayer les poisons de Sainte-Croix sur quelque autre que son père. A cet effet, un jour que sa femme

de chambre, nommée Françoise Roussel, entrait chez elle après son déjeuner, elle lui donna une tranche de jambon et des groseilles confites, afin qu'elle déjeunât à son tour. Cette fille, sans défiance, mangea ce que lui avait donné sa maîtresse (4) ; mais presque aussitôt elle se trouva indisposée, *éprouvant un grand mal à l'estomac, et sentant comme si on lui eût piqué le cœur avec des épingles* (5). Cependant elle n'en mourut point, et la marquise vit que le poison avait besoin d'acquérir un plus grand degré d'intensité ; en conséquence elle le rendit à Sainte-Croix, qui, au bout de quelques jours, lui en apporta un autre.

Le temps était venu de l'employer. M. d'Aubray, fatigué des travaux de sa charge, devait aller passer ses vacances à son château d'Offemont. Mme la marquise de Brinvilliers s'offrit pour l'accompagner. M. d'Aubray croyait ses relations avec Sainte-Croix entièrement rompues : il accepta avec joie.

Offemont était une retraite comme il convenait pour exécuter un pareil crime. Situé au milieu de la forêt de l'Aigue, à trois ou quatre lieues de Compiègne, le poison devait déjà avoir fait des progrès assez violents, lorsque les secours arriveraient, pour que ces secours fussent inutiles.

M. d'Aubray partit avec sa fille et un seul domestique. Jamais la marquise n'avait eu pour son père les soins extrêmes, les attentions empressées dont elle l'entoura pendant ce voyage. De son côté, pareil au Christ, qui, sans avoir eu d'enfants, avait un cœur de père, M. d'Aubray l'aimait mieux de se repentir que si elle n'avait jamais péché.

Ce fut alors que la marquise appela à son aide cette terrible impassibilité de visage dont nous avons déjà parlé : sans cesse près de son père, couchant dans la chambre voisine de sa chambre, mangeant avec lui, l'accablant de soins, de caresses et de prévenances, au point de ne pas vouloir qu'une autre personne qu'elle le servît, il lui fallut se faire, au milieu de ses projets infâmes, un visage riant et ouvert, sur lequel l'œil le plus soupçonneux ne pût rien lire que la tendresse et la piété. Ce fut avec ce masque, qu'elle lui présenta, un soir, un bouillon empoisonné. M. d'Aubray le prit de ses mains, elle le lui vit approcher de sa bouche, elle le suivit des yeux jusque dans sa poitrine, et pas un signe ne décela sur ce visage de bronze la terrible anxiété qui devait lui presser le cœur. Puis, lorsque M. d'Aubray eut tout bu, qu'elle eut reçu sans trembler la tasse sur l'assiette qu'elle lui tendait, elle se retira dans sa chambre, attendant et écoutant (6).

Les effets du breuvage furent prompts : la marquise entendit son père pousser quelques plaintes, puis de ces plaintes passer aux gémissements. Enfin, ne pouvant plus résister aux douleurs qu'il éprouvait, il appela à haute voix sa fille. La marquise entra.

Mais, cette fois, sa physionomie portait l'empreinte de l'inquiétude la plus vive, et ce fut M. d'Aubray qui se trouva forcé de la rassurer sur son propre état ; lui-même ne croyait qu'à une indisposition légère, et ne voulait point qu'on dérangeât un médecin. Enfin, il fut pris de vomissements si terribles suivis bientôt de douleurs d'estomac si insupportables, qu'il céda aux instances de sa fille, et donna l'ordre d'aller chercher du secours. Un médecin arriva vers les huit heures du matin ; mais déjà tout ce qui pouvait guider les investigations de la science avait disparu ; le docteur ne vit dans ce que lui raconta M. d'Aubray que les symptômes d'une indigestion, le traita en conséquence, et retourna à Compiègne.

De toute cette journée la marquise ne quitta point le malade. La nuit venue, elle se fit dresser un lit dans la même chambre, et déclara qu'elle seule le veillerait : elle put donc étudier tous les progrès du mal et suivre des yeux la lutte que la mort et la vie se livraient dans la poitrine de son père.

Le lendemain le docteur revint : M. d'Aubray était plus mal : ses vomissements avaient cessé ; mais les douleurs d'estomac étaient devenues plus aiguës, et des chaleurs étranges lui brûlaient les entrailles ; il ordonna un traitement qui nécessitait le retour du malade à Paris. Déjà cependant il était si faible, qu'il hésita s'il ne se ferait pas conduire tout simplement à Compiègne ; mais la marquise insista tellement sur la nécessité de soins plus complets et plus intelligents que ceux qu'il pouvait recevoir hors de chez lui, que M. d'Aubray se décida à revenir à sa maison.

Il fit le trajet couché dans sa voiture et la tête appuyée sur l'épaule de sa fille ; pas un instant l'apparence ne se démentit, et pendant tout le voyage la marquise de Brinvilliers resta la même : enfin M. d'Aubray arriva à Paris. Tout avait marché selon les désirs de la marquise : le théâtre de la scène était changé ; le médecin qui avait vu les symptômes ne verrait pas l'agonie ; aucun œil n'aurait, en étudiant les progrès du mal, pu en découvrir les causes : le fil de l'investigation était brisé par la moitié, et les deux parties en étaient trop éloignées maintenant pour qu'il y eût chance qu'il se renouât.

Malgré les soins les plus empressés, l'état de M. d'Aubray continua d'empirer ; la marquise, fidèle à sa mission, ne le quitta point d'une heure : enfin, au bout de quatre jours d'agonie, il expira entre les bras de sa fille, bénissant celle qui l'avait assassiné.

Alors la douleur de la marquise éclata en sentiments si vifs et en sanglots si profonds, que celle de ses frères parut froide auprès de la sienne. Au reste, comme nul ne soupçonnait le crime, il n'y eut point d'autopsie, et la tombe se referma sans que le plus léger soupçon planât au-dessus d'elle.

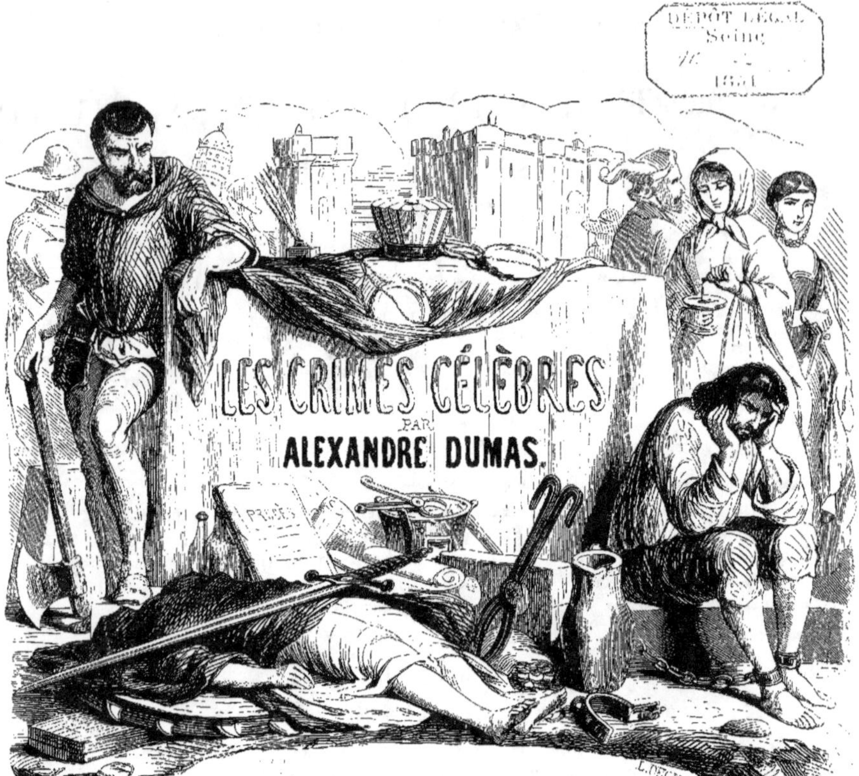

LA
MARQUISE DE BRINVILLIERS.

1676.

Vers la fin de l'année 1665, par une belle soirée d'automne, un rassemblement considérable était attroupé sur la partie du Pont-Neuf qui redescend vers la rue Dauphine.

L'objet qui en formait le centre, et qui attirait sur lui l'attention publique, était un carrosse exactement fermé, dont un exempt s'efforçait d'ouvrir la portière, tandis que, des quatre sergents qui formaient sa suite, deux arrêtaient les chevaux, en même temps que les deux autres contenaient le cocher, qui, sourd aux sommations faites, n'y avait répondu qu'en essayant de mettre son attelage au galop.

Cette espèce de lutte durait depuis quelque temps déjà, lorsque tout à coup un des panneaux s'ouvrit avec violence, et un jeune officier, revêtu de l'uniforme de capi-

homme maigre, pâle, aux cheveux longs et vêtu d'un pourpoint noir, entra lentement. — Page 9.

taine de cavalerie, sauta sur le pavé, refermant du même coup la portière qui venait de lui donner passage, mais point si vivement encore, que ceux qui étaient les plus rapprochés n'eussent eu le temps de distinguer au fond du carrosse, enveloppée dans une mante et couverte d'un voile, une femme qui, aux précautions qu'elle avait prises de dérober son visage à tous les yeux, paraissait avoir le plus grand intérêt à rester inconnue.

— Monsieur, dit le jeune homme, s'adressant d'un ton hautain et impératif à l'exempt, comme je présume qu'à moins de méprise, c'est à moi seul que vous avez affaire, je vous prierai de me faire connaître les pouvoirs en vertu desquels vous avez arrêté ce carrosse où j'étais; et maintenant que

1

Cependant la marquise n'avait atteint que la moitié de son but : elle s'était bien fait une liberté plus grande pour ses amours ; mais la succession de son père ne lui avait pas été aussi avantageuse qu'elle l'avait espéré ; la majeure partie des biens, avec la charge, étaient échus à son frère aîné et à son second frère, qui était conseiller au parlement : la position de la marquise se trouva donc médiocrement améliorée du côté de la fortune.

Quant à Sainte-Croix, il menait large et joyeuse vie ; quoique personne ne lui connût de fortune, il avait un intendant nommé Martin, trois laquais nommés Georges, Lapierre et Lachaussée, de plus, et outre son carrosse et ses équipages, des porteurs ordinaires pour ses excursions de nuit. Au reste, comme il était jeune, comme il était beau, on ne s'inquiétait pas trop d'où lui venait ce luxe. C'était assez l'habitude à cette époque que les cavaliers bien faits ne manquassent de rien, et l'on disait de Sainte-Croix qu'il avait trouvé la pierre philosophale (7).

Dans ses relations du monde, il s'était lié d'amitié avec plusieurs personnes, soit de noblesse, soit de fortune : parmi ces dernières, était un nommé Reich de Penautier, receveur général du clergé et trésorier de la bourse des états du Languedoc ; c'était un homme riche à millions, un de ces hommes à qui tout réussit, et qui semblent, à l'aide de leur argent, donner des lois aux choses qui n'en reçoivent que de Dieu.

En effet, Reich de Penautier était associé d'intérêts et d'affaires avec un nommé d'Alibert, son premier commis, qui meurt tout à coup d'une apoplexie ; cette apoplexie est connue de Penautier avant d'être connue de la famille ; les papiers qui établissent la société disparaissent on ne sait comment ; et la femme et l'enfant de d'Alibert sont ruinés.

Le beau-frère de d'Alibert, le sieur de la Magdelaine, a quelques vagues soupçons sur cette mort et veut les approfondir : en conséquence, il commence des recherches, mais au milieu de ses recherches il meurt subitement (8).

En un seul point, le bonheur semblait avoir abandonné son favori : maître Penautier avait un grand désir de succéder au sieur de Mennevillette, receveur du clergé ; cette charge valait soixante mille livres à peu près, et sachant que M. de Mennevillette allait s'en défaire en faveur de son premier commis, messire Pierre Hanyvel, sieur de Saint-Laurent, il avait fait toutes les démarches nécessaires pour l'acheter au détriment de ce dernier ; mais, parfaitement soutenu par messieurs du clergé, le sieur de Saint-Laurent avait obtenu gratis la survivance du titulaire ; ce qui ne s'était jamais fait. Penautier lui avait alors offert quarante mille écus pour le mettre de moitié de cette charge ; mais Saint-Laurent avait refusé. Leurs relations cependant n'étaient point rompues, et ils continuaient de se voir : au reste, Penautier passait pour un homme si prédestiné, que l'on ne doutait pas qu'un jour ou l'autre il n'obtînt par un moyen quelconque cette charge qu'il avait tant convoitée.

Ceux qui ne croyaient pas aux mystères de l'alchimie disaient que Sainte-Croix faisait des affaires avec Penautier.

Cependant le temps du deuil écoulé, les relations de Sainte-Croix avec la marquise avaient repris toute leur ancienne publicité ; MM. d'Aubray en firent parler à Mᵐᵉ de Brinvilliers par une sœur cadette qu'elle avait au couvent des Carmélites, et la marquise s'aperçut que M. d'Aubray en mourant avait laissé à ses frères la surveillance de sa conduite.

Ainsi le premier crime de la marquise avait été à peu près inutile ; elle avait voulu se débarrasser des remontrances de son père et hériter de sa fortune ; cette fortune ne lui était parvenue que diminuée par la part de ses aînés, au point qu'elle avait à peine suffi à payer ses dettes ; et voilà que les remontrances renaissaient dans la bouche de ses frères, dont l'un, en sa qualité de lieutenant civil, pouvait la séparer une seconde fois de son amant.

Il fallait prévenir ces choses : Lachaussée quitta le service de Sainte-Croix, et trois mois après entra, par l'entremise de la marquise, au service du conseiller au parlement, qui demeurait avec son frère le lieutenant civil.

Cette fois ce n'était point un poison aussi rapidement mortel que celui qui avait servi à M. d'Aubray qu'il fallait employer : la mort frappant si promptement dans une même famille aurait pu éveiller les soupçons. On recommença les expériences, non pas sur des animaux, car les différences anatomiques qui existent entre les diverses organisations auraient pu mettre la science en défaut, mais, comme la première fois, on essaya sur des sujets humains, comme la première fois on expérimenta *in animâ vili*.

La marquise était connue pour une femme pieuse et bienfaisante, rarement la misère s'adressait à elle sans être soulagée : il y avait plus : partageant les soins des saintes filles qui se vouaient au service des malades, elle parcourait parfois les hôpitaux auxquels elle envoyait du vin et des médicaments : on ne fut donc point étonné de la voir comme d'habitude paraître à l'Hôtel-Dieu ; cette fois elle apportait des biscuits et des confitures pour les convalescents ; ses dons, comme toujours, furent reçus avec reconnaissance.

Un mois après elle repassa à l'hôpital, et s'informa de quelques malades auxquels elle avait pris un vif intérêt : depuis sa visite, ils avaient eu une rechute, et la maladie, tout en changeant de caractère, avait pris une plus grande gravité. C'était une langueur mortelle, qui les menait à la mort par un dépérissement étrange. Elle interrogea les

médecins, les médecins ne purent rien lui dire : cette maladie leur était inconnue et déjouait toutes les ressources de leur art.

Quinze jours après elle revint ; quelques-uns des malades étaient morts, d'autres étaient encore vivants, mais dans une agonie désespérée : squelettes animés, ils n'avaient plus de l'existence que la voix, la vue et le souffle.

Au bout de deux mois, tous étaient morts, et la médecine avait été aussi aveugle dans l'autopsie du cadavre qu'elle l'avait été dans le traitement du moribond.

De pareils essais étaient rassurants : aussi Lachaussée reçut-il l'ordre d'accomplir ses instructions (9). Un jour, M. le lieutenant civil ayant sonné, Lachaussée, qui, ainsi que nous l'avons dit, servait le conseiller, entra pour demander ses ordres ; il le trouva travaillant avec son secrétaire, nommé Cousté ; ce que désirait M. d'Aubray était un verre d'eau et de vin. Lachaussée rentra un instant après avec l'objet demandé.

Le lieutenant civil porta le verre à ses lèvres, mais à la première gorgée il le repoussa en s'écriant : — Que m'as-tu donné là, misérable ? je crois que tu veux m'empoisonner. — Puis tendant le verre à son secrétaire : — Voyez donc cela, Cousté, lui dit-il, et qu'y a-t-il là-dedans (10) ?

Le secrétaire puisa quelques gouttes de la liqueur dans une cuiller à café, et l'approcha de son nez et de sa bouche : la liqueur avait l'odeur et l'amertume du vitriol. Pendant ce temps Lachaussée s'avança vers le secrétaire, disant qu'il savait ce que c'était, qu'un valet de chambre du conseiller avait pris médecine le matin même, et que, sans y faire attention, il avait apporté sans doute le verre qui avait servi à son camarade ; à ces mots, il reprit le verre des mains du secrétaire, l'approcha de sa bouche, puis, feignant d'y goûter à son tour, il dit que c'était bien cela ; qu'il reconnaissait la même odeur, et jeta la liqueur dans la cheminée (11).

Comme le lieutenant civil n'avait point avalé une assez grande quantité de ce breuvage pour en être incommodé, il oublia bientôt cette circonstance, et ne conserva rien du soupçon qui s'était instinctivement présenté à son esprit ; quant à Sainte-Croix et à la marquise, ils virent que c'était un coup manqué, et, au risque d'envelopper plusieurs personnes dans leur vengeance, ils résolurent d'employer un autre moyen.

Trois mois s'écoulèrent sans que l'occasion leur parût favorable ; mais enfin, vers les premiers jours d'avril 1670, le lieutenant civil emmena son frère le conseiller passer les fêtes de Pâques à sa terre de Villequoy en Beauce ; Lachaussée suivit son maître, et reçut au moment de partir de nouvelles instructions.

Le lendemain de l'installation à la campagne, on servit à dîner une tourte de pigeonneaux : sept personnes qui en mangèrent se trouvèrent indisposées après le repas ; trois qui s'en étaient abstenues n'éprouvèrent aucune incommodité.

Ceux sur lesquels la substance vénéneuse avait particulièrement agi étaient le lieutenant civil, le conseiller et le chevalier du guet (12). Soit qu'il en eût mangé en plus grande quantité, soit que l'essai qu'il avait déjà fait du poison l'eût prédisposé à une impression plus grande, le lieutenant civil fut attaqué le premier de vomissements (13) ; deux heures après, le conseiller éprouva les mêmes symptômes ; quant au chevalier du guet et aux autres personnes, elles furent en proie pendant quelques jours à des douleurs d'estomac affreuses ; mais leur état ne présenta point dès l'abord le même caractère de gravité que celui des deux frères.

Cette fois encore, comme toujours, les secours de la médecine furent impuissants. Le 12 avril, c'est-à-dire cinq jours après l'empoisonnement, le lieutenant civil et le conseiller revinrent à Paris, si changés tous deux, qu'on eût dit qu'ils venaient de faire une longue et cruelle maladie (14). Mᵐᵉ de Brinvilliers était alors à la campagne, et n'en revint point de tout le temps que dura la maladie de ses frères.

Dès la première consultation dont le lieutenant civil fut l'objet, tout espoir de la part des médecins fut perdu. C'étaient les symptômes du même mal auquel avait succombé M. d'Aubray père : ils crurent à une maladie héréditaire et inconnue, et condamnèrent hautement le malade.

En effet, sa position alla toujours en empirant ; il avait une aversion insurmontable pour toute espèce de viande, et ses vomissements ne cessaient pas. Les trois derniers jours de sa vie, il se plaignait d'avoir comme un foyer brûlant dans la poitrine, et la flamme intérieure qui le dévorait semblait sortir par ses yeux, seule partie de son corps qui demeurât vivante encore, quand le reste n'était déjà plus qu'un cadavre. Enfin, le 17 juin 1670, il expira : le poison avait mis soixante-douze jours à faire son œuvre.

Les soupçons commençaient à poindre : le lieutenant civil fut ouvert, et procès-verbal de l'autopsie fut dressé. L'opération, faite en présence de MM. Dupré et Durant, chirurgiens, et Gavart, apothicaire, par M. Bachot, médecin ordinaire des deux frères, ils trouvèrent l'estomac et le duodénum noirs et s'en allant par morceaux, et le foie gangrené et brûlé. Ils reconnurent que ces accidents avaient dû être produits par le poison ; mais comme la présence de certaines humeurs amène parfois les mêmes phénomènes, ils n'osèrent affirmer que la mort du lieutenant civil ne fût point naturelle et il fut enterré sans qu'aucune recherche ultérieure fût faite (15).

C'était surtout comme médecin du conseiller que M. Bachot avait réclamé l'autopsie de son frère. Il paraissait atteint de la même maladie que son aîné, et le docteur espérait trouver dans la mort même des armes pour défendre la vie. Le conseiller éprouvait une fièvre ardente, et était en proie à des agitations d'esprit et de corps dont la violence était extrême et sans relâche ; il ne trouvait aucune situation qu'il pût supporter au delà de quelques minutes. Le lit était pour lui un supplice ; et cependant, dès qu'il l'avait quitté, il le redemandait, pour changer du moins de douleurs (16). Enfin, au bout de trois mois, il mourut. Il avait l'estomac, le duodénum et le foie dans le même état de désorganisation où on les avait trouvés chez son frère, et de plus le corps brûlé extérieurement ; *ce qui était*, dirent les médecins, *un signe non équivoque de poison ; quoiqu'il arrive cependant*, ajoutèrent-ils, *qu'une cacochymie produise les mêmes effets*. Quant à Lachaussée, il fut si loin d'être soupçonné de cette mort, que le conseiller, reconnaissant des soins qu'il en avait reçus dans cette dernière maladie, lui laissa par testament un legs de cent écus ; d'un autre côté, il reçut mille francs de Sainte-Croix et de la marquise.

Cependant tant de trépas dans une seule famille non-seulement affligeaient le cœur, mais épouvantaient l'esprit. La mort n'est point haineuse ; elle est sourde et aveugle, voilà tout, et l'on s'étonnait de son acharnement à détruire tout ce qui portait un même nom. Pourtant nul ne soupçonna les vrais coupables, les regards se perdirent, les recherches s'égarèrent ; la marquise prit le deuil de ses frères, Sainte-Croix continua ses folles dépenses, et tout marcha dans l'ordre accoutumé.

Pendant ce temps, Sainte-Croix avait fait connaissance avec le sieur de Saint-Laurent, le même dont Penautier avait sollicité la charge sans pouvoir l'obtenir, et s'était lié avec lui : quoique, dans l'intervalle, maître Penautier eût hérité du sieur Lesecq, son beau-père, qui était mort au moment où l'on s'y attendait le moins, lui laissant la seconde charge de la bourse de Languedoc et des biens immenses, il n'avait point cessé de convoiter la place de receveur du clergé. En cette circonstance encore, le hasard le servit : quelques jours après avoir reçu de Sainte-Croix un nouveau domestique nommé Georges, M. de Saint-Laurent tomba malade, et sa maladie présenta bientôt les mêmes caractères de gravité que l'on avait remarqués dans celle de MM. d'Aubray père et fils : seulement elle fut plus rapide, car elle ne dura que vingt-quatre heures. Enfin, comme eux, M. de Saint-Laurent mourut en proie à des douleurs atroces. Le même jour, un officier de la cour souveraine vint pour le voir, se fit conter tous les détails de la mort de son ami, et sur le récit des symptômes et des accidents, dit devant les domestiques, au notaire Sainfray, qu'il fallait faire ouvrir le cadavre. Une heure après, Georges avait disparu sans rien dire à personne et sans demander ses gages (17). Les soupçons en augmentèrent ; mais cette fois encore ils restèrent dans le vague. L'autopsie présenta des phénomènes généraux qui n'étaient point précisément particuliers au poison ; seulement, les intestins, que la substance mortelle n'avait point eu le temps de brûler, comme ceux de MM. d'Aubray, étaient tachetés de points rougeâtres, pareils à des piqûres de puces.

En juin 1669, Penautier obtint la charge du sieur de Saint-Laurent.

Cependant la veuve avait conçu des soupçons qui furent presque convertis en certitude par la fuite de Georges. Une circonstance vint encore à l'appui de ses doutes et en fit une conviction. Un abbé qui était des amis du défunt, et qui connaissait la circonstance de la disparition de Georges, le rencontra quelques jours après dans la rue des Maçons, proche la Sorbonne : ils étaient tous deux du même côté, et une charrette de foin qui suivait la rue faisait une barrière à cet endroit. Georges lève la tête, aperçoit l'abbé, le reconnaît pour un ami de son ancien maître, se coule sous la charrette, passe de l'autre côté, et, au risque d'être écrasé, échappe à la vue d'un homme dont le seul aspect lui rappelle son crime et lui en fait craindre la punition.

Mᵐᵉ de Saint-Laurent porta plainte contre Georges ; mais, quelques recherches que l'on fit de cet homme, on ne put le retrouver.

Cependant le bruit de ces morts étranges, inconnues et subites, se répandait dans Paris, qui commençait à s'en épouvanter. Sainte-Croix, toujours élégant et joyeux cavalier, croisa ces rumeurs dans les salons qu'il fréquentait, et il en prit de l'inquiétude. Nul soupçon, il est vrai, ne planait encore sur lui : mais cependant les précautions n'étaient point inutiles : Sainte-Croix pensa à se faire une position qui le mît au-dessus de cette crainte. Une charge chez le roi était près de vaquer ; elle devait coûter cent mille écus : Sainte-Croix, comme nous l'avons dit, n'avait aucune ressource apparente ; le bruit ne s'en répandit pas moins qu'il allait l'acheter.

Ce fut à Belleguise qu'il s'adressa pour traiter de cette affaire avec Penautier. Elle éprouva cependant de la part de celui-ci quelque difficulté. La somme était forte ; Penautier n'avait plus besoin de Sainte-Croix ; il avait fait tous les héritages qu'il comptait faire ; il essaya donc de le faire renoncer à ce projet.

Voilà ce qu'écrivit alors Sainte-Croix à Belleguise :

« Est-il possible, notre cher, qu'il faille vous faire de nouvelles semonces pour une affaire qui est aussi belle, aussi importante et aussi grande que celle que vous savez, et qui peut nous donner à tous deux du repos pour la vie ! Pour moi, je crois que le diable s'en mêle, ou que vous ne voulez pas raisonner. Raisonnez donc, notre cher, je vous prie et vertigez ma proposition à contre-poil ; prenez-la du plus méchant biais du monde, et vous trouverez que vous devez encore me satisfaire sur le pied que j'ai établi les choses pour votre sûreté, puisque tous nos intérêts se trouveront en cette rencontre. Enfin, notre cher, aidez-moi, je vous prie ; soyez bien persuadé d'une parfaite reconnaissance, et que jamais vous n'aurez rien fait de si agréable au monde, pour vous et pour moi. Vous le savez assez, puisque je vous en parle encore avec plus d'ouverture de cœur que je n'ai fait à mon propre frère. Si tu peux donc venir cet après-dîner, je serai au logis ou dans le voisinage, au lieu en question, ou je t'attendrai demain matin, ou j'irai te trouver, suivant ta réponse ; je serai de tout à toi et de tout mon cœur. »

Le logis de Sainte-Croix était rue des Bernardins, et le lieu du voisinage où il devait attendre Belleguise était cette chambre qu'il avait louée chez la veuve Brunet, au cul-de-sac de la place Maubert.

C'était dans cette chambre et chez l'apothicaire Glazer que Sainte-Croix faisait ses expériences ; mais, par un juste retour, cette manipulation de poisons était fatale à ceux qui les préparaient. L'apothicaire tomba malade et mourut ; Martin fut atteint de vomissements terribles qui le mirent à l'agonie ; Sainte-Croix lui-même, indisposé, mais sans en savoir la cause, ne pouvant plus même sortir, tant sa faiblesse était grande, fit transporter un fourneau de chez Glazer chez lui, afin, tout souffrant qu'il était, de continuer ses expériences.

C'est qu'en effet Sainte-Croix était à la recherche d'un poison si subtil que sa seule émanation pouvait tuer. Il avait entendu parler de cette serviette empoisonnée avec laquelle le jeune dauphin, frère aîné de Charles VII, s'était essuyé en jouant à la paume, et dont le contact lui avait donné la mort ; et des traditions presque vivantes encore lui avaient raconté l'histoire des gants de Jeanne d'Albret : ces secrets s'étaient perdus, et Sainte-Croix espérait les retrouver.

C'est alors qu'arriva un de ces événements étranges qui semblent n'avoir point un accident du hasard, mais une punition du ciel. Au moment où Sainte-Croix, penché sur son fourneau, voyait la préparation fatale arriver à son plus haut degré d'intensité, le masque de verre dont il se couvrait le visage pour se garantir des exhalaisons mortelles qui s'échappaient de la liqueur en fusion se détacha tout à coup, et Sainte-Croix tomba comme frappé de la foudre (18).

À l'heure du souper, sa femme, ne le voyant pas sortir du cabinet où il s'était enfermé, vint frapper à la porte, personne ne lui répondit ; et comme elle savait que son mari s'occupait d'œuvres sombres et mystérieuses, elle craignit qu'il ne lui fût arrivé malheur. Elle appela ses domestiques, qui enfoncèrent la porte, et elle trouva Sainte-Croix étendu à côté du fourneau et ayant près de lui le masque de verre brisé.

Il n'y avait pas moyen de dérober au public les circonstances de cette mort subite et étrange ; les domestiques avaient vu le cadavre, et pouvaient parler. Le commissaire Picard fut requis pour mettre les scellés, et la veuve de Sainte-Croix se contenta de faire disparaître le fourneau et les débris du masque.

Le bruit de cet événement se répandit bientôt par tout Paris. Sainte-Croix était fort connu, et la nouvelle qu'il allait acheter une charge à la cour avait encore répandu son nom. Lachaussée apprit l'un des premiers la mort de son maître, et, ayant su que l'on avait apposé les scellés sur son cabinet, il se hâta de former une opposition en ces termes :

« Opposition de Lachaussée, qui a dit qu'il y avait sept ans qu'il était au service du défunt ; qu'il lui a donné en garde, depuis deux ans, cent pistoles et cent écus blancs qui doivent être dans un sac de toile derrière la fenêtre du cabinet, et dans lequel il y a un billet comme ladite somme lui appartient, avec un transport d'une somme de trois cents livres qui lui était due par feu M. d'Aubray, conseiller ; ledit transport par lui fait à Laserre, et trois quittances de son maître d'apprentissage, de cent livres chacune : lesquels sommes et papiers il réclame. »

Il fut répondu à Lachaussée qu'il eût à attendre le jour de la levée des scellés, et que, si toutes choses étaient comme il le disait, ce qui lui appartenait lui serait rendu.

Cependant Lachaussée n'était point le seul qui se fût ému à la mort de Sainte-Croix : la marquise, à qui tous les secrets de ce fatal cabinet étaient familiers, avait, dès qu'elle avait su cet événement, couru chez le commissaire, et, quoiqu'il fût dix heures du soir, elle avait fait demander à lui parler ; mais il lui avait été répondu par le premier clerc, nommé Pierre Frater, que son maître était couché ; la marquise avait alors insisté, priant qu'on le réveillât et réclamant une cassette qu'elle voulait avoir sans qu'elle fût ouverte. Le clerc était en conséquence monté à la chambre à coucher du sieur Picard ; mais il en était redescendu en disant que la marquise demandait était impossible en ce moment, attendu que le commissaire dormait. Mᵐᵉ de Brinvilliers, voyant que ses instances étaient inutiles, s'était alors retirée en disant qu'elle enverrait le lendemain un homme la chercher. En effet, cet homme vint dès le lendemain, offrant, de la part de la marquise, cinquante louis au commissaire, s'il voulait lui rendre cette cassette ; mais celui-ci avait répondu que la cassette était sous les scellés, qu'elle serait ouverte lorsqu'on les lèverait, et que, si les objets que réclamait la marquise étaient effectivement à elle, ils lui seraient fidèlement rendus.

Cette réponse fut un coup de foudre pour la marquise. Il n'y avait pas de temps à perdre ; elle retourna en toute hâte de la rue Neuve-Saint-Paul, où était sa maison de ville, à Picpus, où était sa maison de campagne, et le même soir elle partit en poste pour Liége, où elle arriva le surlendemain, et se retira dans un couvent.

On avait apposé les scellés chez Sainte-Croix le 31 juillet 1672, et l'on procéda à leur levée le 8 août suivant. Au moment où l'on commençait l'opération, un procureur chargé des pleins pouvoirs de la marquise comparut, et fit inserer cet acte au procès-verbal :

« Est comparu Alexandre Delamarre, procureur de la dame de Brinvilliers, lequel a déclaré que, si dans ladite cassette, réclamée par sa mandataire, il se trouve une promesse signée d'elle de la somme de trente mille livres, c'est une pièce qui a été surprise d'elle, et contre laquelle, en cas que sa signature soit véritable, elle entend se pourvoir pour la faire déclarer nulle. »

Cette formalité remplie, on procéda à l'ouverture du cabinet de Sainte-Croix ; la clef en fut présentée au commissaire Picard par un carme nommé frère Victorin. Le commissaire ouvrit la porte ; les parties intéressées, les officiers et la veuve y entrèrent avec lui, et l'on commença par mettre les papiers courants à part, afin de les relever par ordre et les uns après les autres. Comme on s'occupait de ce détail, un petit rouleau tomba, sur lequel étaient écrits ces deux mots : *Ma confession*. Tous ceux qui étaient présents, n'ayant encore aucun motif de croire Sainte-Croix un malhonnête homme, décidèrent alors que ce papier ne devait pas être lu. Le substitut du procureur général, consulté à ce sujet, fut de cet avis, et *la confession* de Sainte-Croix fut brûlée.

Cet acte de conscience accompli, on procéda à l'inventaire. Un des premiers objets qui frappèrent les yeux des officiers fut la cassette réclamée par Mme de Brinvilliers. Ses instances avaient éveillé la curiosité, de sorte que l'on commença par elle ; chacun s'en approcha pour savoir ce qu'elle contenait, et l'on procéda à l'ouverture. Nous allons laisser parler le procès-verbal ; rien n'est puissant et terrible en pareil cas comme la pièce officielle elle-même.

« Dans le cabinet de Sainte-Croix s'est trouvée une petite cassette d'un pied en carré, à l'ouverture de laquelle s'est offerte une demi-feuille de papier, intitulée *mon testament*, écrite d'un côté et contenaut ces mots :

« Je supplie très-humblement ceux ou celles entre les mains de qui tombera cette cassette de me faire la grâce de vouloir la rendre en mains propres à Mme la marquise de Brinvilliers, demeurant rue Neuve-Saint-Paul, attendu que tout ce qu'elle contient la regarde et appartient à elle seule, et que d'ailleurs il n'y a rien d'aucune utilité à personne au monde, son intérêt à part ; et en cas qu'elle fût plus tôt morte que moi, de la brûler et tout ce qu'il y a dedans sans rien ouvrir ni innover. Et afin que l'on n'en prétende cause d'ignorance, je jure sur le Dieu que j'adore et par tout ce qu'il y a de plus sacré, qu'on n'impose rien qui ne soit véritable. Si d'aventure on contrevient à mes intentions toutes justes et raisonnables en ce chef, j'en charge, en ce monde et en l'autre, leur conscience pour la décharge de la mienne, protestant que c'est ma dernière volonté.

» Fait à Paris, ce 25 mai, après midi, 1672. Signé de Sainte-Croix. »

» Et au-dessous sont écrits ces mots :

« Il y a un seul paquet adressé à M. Penautier qu'il faut rendre. »

On comprend qu'un pareil début ne fit qu'augmenter l'intérêt de cette scène : un murmure de curiosité se fit entendre ; puis le silence s'étant rétabli, l'inventaire continua en ces termes :

« S'est trouvé un paquet cacheté de huit cachets marqués de différentes armes, sur lequel est écrit : « Papiers pour être brûlés en cas de mort, n'étant d'aucune conséquence à personne. Je supplie très-humblement ceux entre les mains de qui ils tomberont de les brûler ; j'en charge même leur conscience : le tout sans ouvrir le paquet. » Dans ce paquet s'est trouvé deux paquets de drogue de sublimé.

» *Item*, un autre paquet cacheté de six cachets de plusieurs armes, sur lequel était pareille inscription, dans lequel s'est trouvé d'autre sublimé du poids d'une demi-livre.

» *Item*, un autre paquet cacheté de six cachets de plusieurs armes, sur lequel était pareille inscription, dans lequel se sont trouvés trois paquets contenant, l'un une demi-once de sublimé, l'autre deux onces et un quarteron de vitriol romain, et le troisième du vitriol calciné et préparé.

» Dans la cassette fut trouvée une grande fiole carrée, d'une chopine, pleine d'eau claire, laquelle observée par M. Moreau, médecin, celui-ci a dit n'en pouvoir désigner la qualité jusqu'à ce que l'épreuve en ait été faite.

» *Item*, une autre fiole, d'un demi-setier d'eau claire, au fond de laquelle il y a un sédiment blanchâtre. Moreau a dit la même chose que de la précédente.

» Un petit pot de faïence, dans lequel étaient deux ou trois gros d'opium préparé.

» *Item*, un papier ployé, dans lequel il y avait deux drachmes de sublimé corrosif en poudre.

» Plus, une petite boîte, dans laquelle s'est trouvée une manière de pierre, appelée pierre infernale.

» Plus, un papier, dans lequel était une once d'opium.

» Plus, un morceau de régule d'antimoine pesant trois onces.

» Plus, un paquet de poudre, sur lequel était écrit : « Pour arrêter la perte du sang des femmes. » Moreau a dit que c'était de la fleur de coing et du bouton de coing séché.

» *Item*, fut trouvé un paquet cacheté de six cachets, sur lequel est écrit : « Papiers pour être brûlés en cas de mort, » dans lequel s'est trouvé trente-quatre lettres, que l'on a dit être écrites par la dame de Brinvilliers.

» *Item*, un autre paquet cacheté de six cachets, sur lequel est écrite pareille inscription que dessus, dans lequel s'est trouvé vingt-sept morceaux de papier, sur chacun desquels est écrit : « Plusieurs secrets curieux. »

» *Item*, un autre paquet, contenant encore six cachets, sur lequel était écrite pareille inscription que ci-dessus, dans lequel s'est trouvé soixante-quinze livres, adressant à différentes personnes. »

Outre ces objets, on trouva dans la cassette deux obligations, l'une de Mme la marquise de Brinvilliers, l'autre de Penautier, la première de trente mille francs, la seconde de dix mille ; celle-ci correspondant à l'époque de la mort de M. d'Aubray père, celle-là à l'époque de la mort du sieur de Saint-Laurent. La différence des sommes fait voir que Sainte-Croix avait un tarif, et que le parricide était plus cher que l'assassinat.

Ainsi Sainte-Croix, en mourant, lègue ses poisons à sa maîtresse et à son ami ; il n'a point assez de ses crimes passés, il veut encore être complice des crimes à venir.

Le premier soin des officiers civils fut de soumettre ces diverses substances à l'analyse, et de faire des expériences avec elles sur différents animaux.

Voici le rapport de Guy Simon, marchand apothicaire, qui fut chargé de cet examen et de ces épreuves.

« Ce poison artificieux se dérobe aux recherches que l'on en veut faire ; il est si déguisé qu'on ne peut le reconnaître, si subtil qu'il trompe l'art, si pénétrant qu'il échappe à la capacité des médecins ; sur ce poison les expériences sont fausses, les règles fautives, les aphorismes ridicules.

» Les expériences les plus sûres et les plus communes se font par les éléments ou sur les animaux.

» Dans l'eau, la pesanteur du poison ordinaire le jette au fond ; elle est supérieure, il obéit, se précipite et prend le dessous.

» L'épreuve du feu n'est pas moins sûre : le feu évapore, dissipe, consume ce qu'il y a d'innocent et de pur, il ne laisse qu'une matière âcre et piquante, qui seule résiste à son impression.

» Les effets que le poison produit sur les animaux sont encore plus sensibles : il porte sa malignité dans toutes les parties où il se distribue, et vicie tout ce qu'il touche ; il brûle et rôtit d'un feu étrange et violent toutes les entrailles.

» Le poison de Sainte-Croix a passé par toutes les épreuves, et se joue de toutes les expériences : ce poison nage sur l'eau, il est supérieur, et c'est lui qui fait obéir cet élément ; il se sauve de l'expérience du feu, où il ne laisse qu'une matière douce et innocente ; dans les animaux il se cache avec tant d'art et d'adresse, qu'on ne peut le reconnaître : toutes les parties de l'animal sont saines et vivantes : dans le même temps qu'il y fait couler une source de mort, ce poison artificieux y laisse l'image et les marques de la vie.

« On a fait toutes sortes d'épreuves : la première, en versant quelques gouttes d'une liqueur trouvée dans l'une des fioles dans l'huile de tartre et dans l'eau marine, et il ne s'est rien précipité au fond dans des vaisseaux dans lesquels la liqueur a été versée ; la seconde, en mettant la même liqueur dans un vaisseau sablé, et il n'a été retrouvé au fond du vaisseau aucune matière aride, ni âcre à la langue, et presque point de sale fixe ; la troisième, sur un poulet d'Inde, un pigeon, un chien et autres animaux, lesquels animaux étant morts quelque temps après, et le lendemain ayant été ouverts, on n'a rien trouvé qu'un peu de sang caillé au ventricule du cœur.

» Autre épreuve d'une poudre blanche donnée à un chat, dans une fressure de mouton, ayant été faite, le chat vomit pendant une demi-heure, et, ayant été trouvé mort le lendemain, fut ouvert sans que l'on ait rencontré aucune partie altérée par le poison.

» Une seconde épreuve de la même poudre ayant été faite sur un pigeon, il en mourut quelque temps après, et fut ouvert, et ne fut rien trouvé de particulier, sinon qu'un peu d'eau rousse dans l'estomac. »

Ces épreuves, tout en prouvant que Sainte-Croix était un chimiste profond, firent naître l'idée qu'il ne se livrait pas gratuitement à cet art : ces morts subites et inattendues revinrent à la mémoire de tout le monde, ces obligations de la marquise et de Penautier parurent le prix du sang ; et comme l'une était absente, que l'autre était trop puissant et trop riche pour qu'on osât l'arrêter sans preuves, on se rappela l'opposition de Lachaussée.

Il était dit dans cette opposition que depuis sept ans Lachaussée était au service de Sainte-Croix ; donc Lachaussée ne regardait pas comme une interruption à ce service le temps qu'il avait passé chez

MM. d'Aubray. Le sac contenant les mille pistoles et les trois obligations de cent livres avait été trouvé à la place indiquée : donc Lachaussée avait une connaissance parfaite des localités de ce cabinet ; s'il connaissait ce cabinet, il devait connaître la cassette ; s'il connaissait la cassette, il ne pouvait être innocent.

Ces indices suffirent pour que Mme Mangot de Villarceaux, veuve de M. d'Aubray fils, lieutenant civil, rendît plainte contre lui ; en conséquence de cette plainte, Lachaussée fut décrété de prise de corps et arrêté. Au moment de l'arrestation on trouva du poison sur lui.

La cause fut appelée devant le Châtelet : Lachaussée nia avec obstination ; et les juges, ne croyant point avoir assez de preuves contre lui, le condamnèrent à la question préparatoire (19). Mme Mangot de Villarceaux appela d'un jugement qui sauvait probablement le coupable s'il avait la force de résister aux douleurs et de ne rien avouer, et en vertu de cet appel, un arrêt de la Tournelle, en date du 4 mars 1674, déclara *Jean Amelin, dit Lachaussée, atteint et convaincu d'avoir empoisonné le dernier lieutenant civil et le conseiller ; pour réparation de quoi, il fut condamné à être rompu vif, et à expirer sur la roue, préalablement appliqué à la question ordinaire et extraordinaire, pour avoir révélation de ses complices.*

Par le même arrêt, la marquise de Brinvilliers fut condamnée par contumace à avoir la tête tranchée.

Lachaussée subit la torture des brodequins, qui consistait à lier chaque jambe du condamné entre deux planches, à rapprocher les deux jambes l'une de l'autre par un anneau de fer, et à enfoncer des coins entre les planches du milieu ; la question ordinaire était de quatre coins, la question extraordinaire de huit.

Au troisième coin, Lachaussée déclara qu'il était prêt à parler : en conséquence, la question fut suspendue, puis on le porta sur un matelas étendu dans le chœur de la chapelle, et là, comme il était très-faible et pouvait parler à peine, il demanda une demi-heure pour se remettre : voici l'extrait même du procès-verbal de la question et exécution de mort.

« Lachaussée relâché de la question, mis sur le matelas, M. le rapporteur s'étant retiré, une demi-heure après Lachaussée le fit prier de revenir : il lui a dit qu'il était coupable : que Sainte-Croix lui a dit que la dame de Brinvilliers lui avait donné les poisons pour empoisonner ses frères ; qu'il les a empoisonnés dans de l'eau et des bouillons, a mis de l'eau roussâtre dans le verre du lieutenant civil, à Paris, et de l'eau claire dans la tourte de Villequoy ; que Sainte-Croix lui avait promis cent pistoles et de le garder toujours près de lui ; qu'il lui allait rendre compte de l'effet des poisons ; que Sainte-Croix lui a donné desdites eaux bien des fois. Sainte-Croix lui a dit que la dame de Brinvilliers ne savait rien de ses autres empoisonnements ; mais il croit qu'elle le savait, parce qu'elle lui parlait toujours, à lui Lachaussée, de ses poisons ; qu'elle le voulait obliger de s'enfuir et lui donner deux écus pour s'en aller ; qu'elle lui demandait où était la cassette et ce qu'il y avait dedans ; que si Sainte-Croix avait pu mettre quelqu'un auprès de Mme d'Aubray, la lieutenante civile, il l'aurait fait peut-être empoisonner à son tour ; enfin que Sainte-Croix avait envie sur la demoiselle d'Aubray. »

Cette déclaration, qui ne laissait aucun doute, donna lieu à l'arrêt suivant, que nous extrayons des registres du parlement.

« Vu par la cour, le procès-verbal de question et exécution de mort du 24 du présent mois de juin 1673, contenant les déclarations et confessions de Jean Amelin, dit Lachaussée ; la cour a ordonné que les nommés Belleguise, Martin, Poitevin, Olivier, le père Véron, la femme du nommé Quesdon, perruquier, seront ajournés à comparoir à la cour, pour être ouïs et interrogés sur les cas résultant du procès, par-devant le conseiller-rapporteur du présent arrêt ; ordonne que le décret de prise de corps contre le nommé Lapierre, et l'ordonnance d'assigné contre Penautier pour être ouïs, décernés par le lieutenant criminel, seront exécutés. Fait en parlement, le 27 mars 1673. »

En vertu de cet arrêt, les 21, 22 et 24 avril, Penautier, Martin et Belleguise sont interrogés.

Le 26 juillet, Penautier est déchargé de l'assigné ; on ordonne qu'il sera plus amplement informé contre Belleguise, et l'on décerne un décret de prise de corps contre Martin.

Dès le 24 mars, Lachaussée avait été roué en Grève.

Quant à Exili, le principe de tout mal, il avait disparu comme Méphistophélès après la perte de Faust, et nul n'en avait plus entendu parler.

Vers la fin de l'année, Martin fut relâché à défaut de charges suffisantes.

Cependant la marquise de Brinvilliers était toujours à Liége, et, quoique retirée dans un couvent, n'avait point renoncé pour cela à l'un des côtés les plus mondains de la vie : bientôt consolée de la mort de Sainte-Croix, qu'elle avait aimé cependant au point d'avoir voulu se tuer pour lui (20), elle lui avait donné pour successeur un nommé Théria, sur lequel il nous a été impossible de trouver d'autres renseignements que son nom plusieurs fois prononcé au procès.

Ainsi qu'on l'a vu, toutes les charges de l'accusation étaient successivement retombées sur elle : aussi résolut-on de la poursuivre dans la retraite où elle se croyait en sûreté.

C'était une mission difficile et surtout délicate : Desgrais, l'un des exempts les plus habiles de la maréchaussée, se présenta pour l'exécuter. C'était un beau garçon de trente-six à trente-huit ans, chez lequel rien ne dénonçait le suppôt de police, portant tous les costumes avec la même aisance, et parcourant tous les degrés de l'échelle sociale, dans ses déguisements, depuis le croquant jusqu'au grand seigneur. C'était l'homme qui convenait ; aussi fut-il accepté.

Il partit en conséquence pour Liége, escorté de plusieurs archers, et muni d'une lettre du roi adressée au conseil des Soixante de la ville, par laquelle Louis XIV réclamait la coupable pour la faire punir. Après avoir examiné la procédure, dont Desgrais avait pris soin de se munir, le conseil autorisa l'extradition de la marquise.

C'était déjà beaucoup ; mais ce n'était point assez encore : la marquise, ainsi que nous l'avons dit, avait cherché asile dans un couvent, où Desgrais n'osait l'arrêter de vive force, pour deux raisons : la première, parce qu'elle pouvait être prévenue à temps, et se cacher dans quelqu'une de ces retraites claustrales dont les supérieures ont seules le secret ; la seconde, parce que, dans une ville aussi religieuse que Liége, l'éclat qui accompagnerait sans aucun doute un pareil événement pourrait être regardé comme une profanation, et amener quelque soulèvement populaire, à l'aide duquel il deviendrait possible à la marquise de lui échapper.

Desgrais fit la visite de sa garde-robe, et croyant qu'un habit d'abbé était le plus propre à éloigner de lui tout soupçon, il se présenta aux portes du couvent comme un compatriote arrivant de Rome, et qui n'avait pas voulu passer par Liége sans présenter ses hommages à une femme aussi célèbre par sa beauté et ses malheurs que l'était la marquise. Desgrais avait toutes les manières d'un cadet de bonne maison, et était flatteur comme un courtisan, entreprenant comme un mousquetaire : il fut, dans cette première visite, charmant d'esprit et d'impertinence ; si bien qu'il obtint plus facilement qu'il ne l'espérait d'en faire une seconde.

Cette seconde visite ne se fit pas attendre ; Desgrais se présenta dès le lendemain. Un pareil empressement n'avait rien que de flatteur pour la marquise : aussi Desgrais fut-il mieux reçu encore que la veille. Femme d'esprit et de condition, privée depuis près d'un an de toute communication avec les gens d'un certain monde, la marquise retrouvait en Desgrais ses habitudes parisiennes. Malheureusement, le charmant abbé devait quitter Liége sous peu de jours ; il n'en devint que plus pressant, et la visite du lendemain fut demandée et obtenue dans toutes les formes d'un rendez-vous.

Desgrais fut exact : la marquise l'attendait avec impatience : mais, par une réunion de circonstances qu'avait sans doute préparée Desgrais, l'entretien amoureux fut troublé deux ou trois fois au moment même où, devenant plus intime, il redoutait davantage les témoins. Desgrais se plaignit d'une pareille importunité ; d'ailleurs, elle compromettait la marquise et lui-même : il devait des ménagements à l'habit qu'il portait. Il supplia la marquise de lui accorder un rendez-vous hors de la ville, dans un endroit de la promenade assez peu fréquenté pour qu'ils n'eussent point à craindre d'être reconnus ou suivis ; la marquise ne se défendit qu'autant qu'il était nécessaire pour donner plus de prix à la faveur qu'elle accordait, et le rendez-vous fut pris pour le même soir.

Le soir arriva ; tous deux l'attendaient avec la même impatience, mais dans un espoir bien différent : la marquise trouva Desgrais au lieu convenu ; celui-ci lui offrit le bras ; puis, lorsqu'il lui tint la main dans la sienne, il fit un signe, les archers parurent, l'amant déposa son masque, et Desgrais se fit connaître : la marquise était prisonnière.

Desgrais laissa Mme de Brinvilliers aux mains des sergents, et courut en toute hâte au couvent. Ce fut alors seulement qu'il exhiba son ordre des Soixante, au moyen duquel il se fit ouvrir la chambre de la marquise. Il trouva sous le lit une cassette, dont il s'empara, et sur laquelle il appliqua les scellés ; puis il vint la rejoindre et donner l'ordre de partir.

Lorsque la marquise vit la cassette entre les mains de Desgrais, elle parut d'abord atterrée ; puis, bientôt se remettant, elle réclama un papier qui y était renfermé, et qui contenait sa confession. Desgrais refusa, et comme il se retournait pour faire avancer la voiture, la marquise essaya de s'étrangler en avalant une épingle ; mais un archer nommé Claude Rolla s'aperçut de son intention, et parvint à la lui retirer de la bouche. Desgrais ordonna de redoubler de surveillance.

On s'arrêta pour souper : un archer nommé Antoine Barbier assistait au repas, et veillait à ce qu'on ne mît sur la table ni couteau ni fourchette, ni aucun instrument avec lequel la marquise se pût tuer ou blesser. Mme de Brinvilliers, en portant son verre à sa bouche, comme pour boire, en brisa un morceau entre ses dents ; l'archer s'en aperçut à temps, et la força de le rejeter sur son assiette. Alors elle lui dit que, s'il la voulait sauver, elle lui ferait sa fortune : il lui demanda ce qu'il fallait faire pour cela ; la marquise lui proposa de couper la gorge à Desgrais ; mais il refusa, en lui disant que, pour toute autre chose, il était à son service. En conséquence, elle lui demanda de la plume et du papier, et écrivit cette lettre :

« Mon cher Théria, je suis entre les mains de Desgrais, qui me fait suivre la route de Liége à Paris. Venez en hâte m'en tirer. »

Antoine Barbier prit la lettre, promettant de la faire rendre à son adresse ; mais, au lieu de cela, il la remit à Desgrais.

Le lendemain, trouvant que cette lettre n'était point assez pressante, elle lui en écrivit une seconde, dans laquelle elle lui disait que l'escorte n'était composée que de huit personnes, qui pouvaient être facilement défaites par quatre ou cinq hommes déterminés, et qu'elle comptait sur lui pour ce coup de main.

Enfin, inquiète de ne recevoir aucune réponse et de ne pas voir l'effet de ses dépêches, elle expédia une troisième missive à Théria. Dans celle-ci, elle lui recommandait sur son âme, s'il n'était point assez fort pour attaquer l'escorte et la délivrer, de tuer au moins deux des quatre chevaux qui la conduisaient, et de profiter du moment de trouble que produirait cet accident pour s'emparer de la cassette et la jeter au feu; autrement, disait-elle, elle était perdue.

« Quoique Théria n'eût reçu aucune de ces trois lettres, qui avaient été successivement remises par Antoine Barbier à Desgrais, il ne s'en trouva pas moins, de son propre mouvement, à Maëstricht, par où la marquise devait passer. Là il tenta de corrompre les archers, en leur offrant jusqu'à dix mille livres ; mais les archers furent incorruptibles.

A Rocroy, le cortège rencontra M. le conseiller Palluau, que le parlement avait envoyé au-devant de la prisonnière, pour l'interroger au moment où, s'y attendant le moins, elle n'aurait pas eu le temps de méditer ses réponses. Desgrais le mit au fait de ce qui s'était passé, et lui recommanda surtout la fameuse cassette, objet de tant d'inquiétudes et de si vives recommandations. M. de Palluau l'ouvrit, et y trouva, entre autres choses, un papier intitulé : *Ma confession* (21).

Cette confession était une preuve étrange du besoin qu'ont les coupables de déposer leurs crimes dans le sein des hommes ou dans la miséricorde de Dieu. Déjà, comme on l'a vu, Sainte-Croix avait écrit une confession qui avait été brûlée, et voilà que la marquise commet à son tour la même imprudence. Au reste, cette confession, qui contenait sept articles et qui commençait par ces mots : *Je me confesse à Dieu, et à vous, mon père*, était un aveu complet de tous les crimes qu'elle avait commis.

Dans le premier article, elle s'accusait d'avoir été incendiaire ;

Dans le second, d'avoir cessé d'être fille à sept ans ;

Dans le troisième, d'avoir empoisonné son père ;

Dans le quatrième, d'avoir empoisonné ses deux frères ;

Dans le cinquième, d'avoir tenté d'empoisonner sa sœur, religieuse aux Carmélites.

Les deux autres articles étaient consacrés au récit de débauches bizarres et monstrueuses. Il y avait à la fois dans cette femme de la Locuste et de la Messaline : l'antiquité ne nous avait rien offert de mieux.

M. de Palluau, fort de la connaissance de cette pièce importante,

Il expira entre les bras de sa fille, bénissant celle qui l'avait assassiné. — Page 3.

commença aussitôt l'interrogatoire. Nous le rapportons textuellement, heureux que nous serons chaque fois que nous pourrons substituer les pièces officielles à notre propre récit.

Interrogée pourquoi elle s'était enfuie à Liége.

— A dit s'être retirée de France à cause des affaires qu'elle avait avec sa belle-sœur.

Interrogée si elle avait connaissance des papiers qui se trouvaient dans sa cassette.

— A dit que, dans sa cassette, il y a plusieurs papiers de sa famille, et parmi ces papiers, une confession générale qu'elle voulait faire ; mais que, lorsqu'elle l'écrivit, elle avait l'esprit désespéré ; ne sait ce qu'elle y a mis, ne sachant ce qu'elle faisait, ayant l'esprit aliéné, se voyant dans des pays étrangers, sans secours de ses parents, réduite à emprunter un écu.

Interrogée, sur le premier article de sa confession, dans quelle maison elle a fait mettre le feu.

— A dit ne l'avoir point fait, et que, lorsqu'elle avait écrit pareille chose, elle avait l'esprit troublé.

Interrogée sur les six autres articles de sa confession.

— A dit qu'elle ne sait ce que c'est et ne se souvient point de cela.

Interrogée si elle n'a point empoisonné son père et ses frères.

— A dit ne savoir rien de tout cela.

Interrogée si ce n'est point Lachaussée qui a empoisonné ses frères.

— A dit ne savoir rien de tout cela.

Interrogée si elle ne savait point que sa sœur ne devait pas vivre longtemps, à cause qu'elle avait été empoisonnée.

— A dit qu'elle le prévoyait à cause que sa sœur était sujette aux mêmes incommodités que ses frères ; qu'elle a perdu la mémoire du temps où elle a écrit sa confession ; avoue être sortie de France par le conseil de ses parents.

Interrogée pourquoi ce conseil lui a été donné par ses parents.

— A dit que c'était à cause de l'affaire de ses frères ; n'avoir avoir vu Sainte-Croix depuis sa sortie de la Bastille.

Interrogée si Sainte-Croix ne l'a pas persuadée de se défaire de son père.

— A dit ne s'en souvenir, ne se souvenant non plus si Sainte-Croix lui a donné des poudres ou autres drogues, ni si Sainte-Croix lui a dit qu'il savait le moyen de la rendre riche.

A elle représentées huit lettres et sommée de déclarer à qui elle les écrivait.

— A dit ne s'en souvenir.

Interrogée pourquoi elle avait fait une promesse de trente mille livres à Sainte-Croix.

— A dit qu'elle prétendait mettre cette somme aux mains de Sainte-Croix pour s'en servir en ce qu'elle en aurait besoin, le croyant de ses amis ; qu'elle ne voulait point que cela parût, à cause de ses créanciers; qu'elle en avait une reconnaissance de Sainte-Croix qu'elle a perdue dans son voyage; que son mari ne savait rien de cette promesse.

Interrogée si la promesse a été faite avant ou après la mort de ses frères.

— A dit ne s'en souvenir, et que cela ne fait rien à la chose.

Interrogée si elle connaît un apothicaire nommé Glazer.

— A dit avoir été trois fois chez lui pour ses fluxions.

Interrogée pourquoi elle a écrit à Théria d'enlever la cassette.

— A dit ne savoir ce que c'était.

Interrogée pourquoi, en écrivant à Théria, elle disait qu'elle était perdue s'il ne s'emparait de la cassette et du procès.

— A dit ne s'en souvenir.

Interrogée si elle s'est aperçue pendant le voyage d'Offemont des premiers symptômes de la maladie de son père.

— A dit qu'elle ne s'était pas aperçue que son père se fût trouvé mal en 1666 à son voyage d'Offemont, ni en allant ni en revenant.

Interrogée si elle n'avait pas eu commerce avec Penautier.

— A dit n'avoir eu commerce avec Penautier que pour trente mille livres qu'il lui devait.

Interrogée comment Penautier lui devait ces trente mille livres.

— A dit que son mari et elle avaient prêté dix mille écus à Penautier, qu'il leur a rendu cette somme, et que depuis le remboursement ils n'ont eu aucune relation avec lui.

La marquise se renfermait, comme on le voit, dans un système complet de dénégation. Arrivée à Paris, et écrouée à la Conciergerie, elle continua de le suivre; mais bientôt aux charges terribles qui l'accablaient déjà vinrent s'en joindre de nouvelles.

Le sergent Clüet déposa

Que, voyant Lachaussée servir de laquais à M. d'Aubray, conseiller, lequel il avait aussi vu au service de Sainte-Croix, il dit à Mme de Brinvilliers que, si le lieutenant civil savait que Lachaussée eût été à Sainte-Croix, il ne le trouverait pas bon; qu'alors ladite dame de Brinvilliers s'écria : — Mon Dieu, ne le dites point à mes frères, car on lui

Sainte-Croix tomba comme frappé de la foudre. — Page 8.

donnerait des coups de bâton, et mieux vaut qu'il gagne quelque chose qu'un autre. — Il n'en dit donc rien auxdits sieurs d'Aubray, quoiqu'il vit Lachaussée aller tous les jours chez Sainte-Croix et chez ladite dame de Brinvilliers, qui mitonnait Sainte-Croix pour avoir sa cassette, et qu'elle voulait que Sainte-Croix lui rendît son billet de deux ou trois mille pistoles; autrement elle le ferait poignarder; qu'elle avait dit qu'elle voudrait fort que l'on ne vît point ce qu'il y avait dans ladite cassette; que c'était chose de grande conséquence, et qui ne regardait qu'elle seule. Le témoin ajouta qu'après l'ouverture de la cassette, il avait rapporté à ladite dame que le commissaire Picard avait dit à Lachaussée qu'il avait été trouvé d'étranges choses; qu'alors la dame de Brinvilliers rougit et changea de discours. Il lui demanda si elle n'était pas complice; elle répondit : — Pourquoi, moi ? Puis elle ajouta, comme se parlant à elle-même : — Il faudrait envoyer Lachaussée en Picardie. — Dit encore le déposant qu'il y avait longtemps qu'elle était après Sainte-Croix, pour avoir ladite cassette, et si elle l'avait eue, elle l'aurait fait égor-

ger. Ce témoin ajoute encore qu'ayant dit à Briancourt que Lachaussée était pris et que sans doute il dirait tout, Briancourt avait répondu en parlant de la dame de Brinvilliers : — Voilà une femme perdue.

— Que la demoiselle d'Aubray ayant dit que Briancourt était un fripon, il avait répondu, lui Briancourt, que la demoiselle d'Aubray ne savait pas quelle obligation elle lui avait; qu'on avait voulu l'empoisonner, elle et le lieutenant civile, et que c'était lui qui avait empêché le coup. A ouï dire à Briancourt que la dame de Brinvilliers disait souvent qu'il y avait des moyens de se défaire des gens quand ils déplaisaient, et qu'on leur donnait un coup de pistolet dans un bouillon.

La fille Edme Huet, femme Briscien, déposa

Que Sainte-Croix allait tous les jours chez la dame de Brinvilliers, et que dans une cassette appartenant à ladite dame elle avait vu deux petites boîtes contenant du sublimé en poudre et en pâte; ce qu'elle reconnut bien, étant fille d'apothicaire. Ajoute que ladite dame de Brinvilliers ayant un jour dîné en compagnie et étant gaie, elle lui montra une petite boîte, lui disant : — Voilà de quoi se venger de ses ennemis; et cette boîte n'est pas grande, mais elle est pleine de successions. — Qu'elle lui remit alors cette boîte entre les mains; mais, que bientôt étant revenue de sa gaieté, elle s'écria : — Bon Dieu ! que vous ai-je dit ! ne le répétez à personne. — Que Lambert, clerc du palais, lui avait dit qu'il avait porté les deux petites boîtes à la dame de Brinvilliers de la part de Sainte-Croix; que Lachaussée allait souvent chez elle, et que, n'étant point payée, elle femme Briscien, de dix pistoles qui lui étaient dues par la dame de Brinvilliers, elle alla en faire plainte à Sainte-Croix, et menaça de dire au lieutenant civil ce qu'elle avait vu; ce qui fit qu'on lui donna les dix pistoles; que Sainte-Croix et ladite dame de Brinvilliers avaient toujours du poison sur eux, pour s'en servir au cas où ils seraient pris.

Laurent Perrette, demeurant chez Glazer, apothicaire, déclara

Qu'il a souvent vu une dame venir chez son maître, conduite par Sainte-Croix; que le laquais lui a dit que cette dame était la marquise de Brinvilliers; qu'il parierait sa tête que c'était du poison qu'ils venaient faire faire à Glazer; que quand ils venaient ils laissaient leur carrosse à la foire Saint-Germain.

Marie de Villeray, demoiselle suivante de ladite dame de Brinvilliers, déposa

Que depuis la mort de M. d'Aubray, conseiller, Lachaussée vint trouver ladite dame de Brinvilliers et lui parla en particulier; que Briancourt lui a dit que ladite dame faisait mourir d'honnêtes gens; que lui Briancourt prenait tous les jours de l'orviétan, de peur d'être empoisonné; que c'était sans doute à cette seule précaution qu'il devait d'être encore en vie; mais qu'il craignait d'être poignardé à cause qu'elle lui avait dit son secret touchant l'empoisonnement; qu'il fallait avertir Mlle d'Aubray qu'on voulait l'empoisonner; qu'on avait pareil dessein sur le gouverneur des enfants de M. de Brinvilliers. Ajoute Marie de Villeray que deux jours après la mort du conseiller, comme Lachaussée était dans la chambre à coucher de Mme de Brinvilliers, et qu'on annonça Cousté, secrétaire de feu le lieutenant civil, elle fit cacher Lachaussée dans la ruelle de son lit. Lachaussée apportait à la marquise une lettre de Sainte-Croix.

François Desgrais, exempt, déposa

Qu'étant chargé de l'ordre du roi, il arrêta à Liège la dame de Brinvilliers : il trouva sous son lit une cassette qu'il scella : ladite dame lui demanda un papier qui s'y trouvait, et qui était sa confession ; mais qu'il le lui refusa ; que par les chemins qu'ils suivaient ensemble pour venir à Paris, la dame de Brinvilliers lui dit qu'elle croyait que c'était Glazer qui faisait les poisons de Sainte-Croix ; que Sainte-Croix, lui ayant donné un jour à elle, dame de Brinvilliers, un rendez-vous à la croix Saint-Honoré, il lui montra quatre petites bouteilles, et lui dit : —Voila ce que Glazer m'a envoyé. Elle lui en demanda une ; mais Sainte-Croix répondit qu'il aimerait mieux mourir que de lui en donner. Ajoute, que l'archer Antoine Barbier lui avait remis trois lettres que la dame de Brinvilliers écrivait à Théria.

Que dans la première elle lui disait de venir en diligence la tirer des mains des soldats qui l'escortaient.

Que par la seconde, elle lui disait que l'escorte ne se composait que de huit personnes amassées, que cinq hommes pourraient defaire.

Et par la troisième, que s'il ne pouvait venir la tirer des mains de ceux qui l'emmenaient, il allât au moins au commissaire, qu'il tuât le cheval de son valet de chambre, et deux des quatre chevaux du carrosse qui la conduisait ; qu'il prît la cassette et le procès, et qu'il jetât tout au feu ; autrement, qu'elle était perdue.

Laviolette, archer, déposa

Que le soir même de l'arrestation la dame de Brinvilliers avait une longue épingle qu'elle voulut mettre dans sa bouche ; qu'il l'en empêcha, et lui dit qu'elle était bien misérable ; qu'il voyait que ce qu'on disait d'elle était véritable, et qu'elle avait empoisonné toute sa famille : à quoi elle fit réponse que si elle l'avait fait, ce n'était que par un mauvais conseil, et que d'ailleurs on n'avait pas toujours de bons moments.

Antoine Barbier, archer, déclara

Que la dame de Brinvilliers étant à table et buvant dans un verre, elle en voulut manger un morceau, et que comme il l'en empêcha, elle lui dit que s'il voulait la sauver, elle lui ferait sa fortune ; qu'elle a écrit plusieurs lettres à Théria : que pendant tout le voyage elle a fait ce qu'elle a pu pour avaler du verre, de la terre ou des épingles ; qu'elle lui a proposé de couper la gorge à Desgrais, de tuer le valet de chambre de monsieur le commissaire, qu'elle lui avait dit qu'il fallait prendre et brûler la cassette, qu'il fallait porter la mèche allumée pour brûler tout ; qu'elle a écrit à Penautier de la Conciergerie (22), qu'elle lui donna la lettre et qu'il fit semblant de la porter.

Enfin Françoise Roussel déposa

Qu'elle avait été au service de la dame de Brinvilliers ; que cette dame lui donna un jour des groseilles confites à manger ; qu'elle en mangea sur la pointe d'un couteau, dont aussitôt elle se sentit mal. Elle lui donna encore une tranche de jambon humide, laquelle elle mangea, et depuis lequel temps elle a souffert grand mal à l'estomac, se sentant comme si on lui eût piqué le cœur, et a été trois ans ainsi, croyant être empoisonnée.

Il était difficile de continuer le même système de dénégation absolue en face de pareilles preuves. La marquise de Brinvilliers n'en persista pas moins à soutenir qu'elle n'était point coupable, et M⁰ Nivelle, l'un des meilleurs avocats de cette époque, consentit à se charger de sa cause.

Il combattit les unes après les autres, et avec un talent remarquable, toutes les charges de l'accusation, avouant les amours adultères de la marquise avec Sainte-Croix, mais niant sa participation aux meurtres de MM. d'Aubray père et fils, qu'il rejetait entièrement sur la vengeance que Sainte-Croix avait voulu tirer d'eux. Quant à la confession, qui était la plus forte et selon lui la seule charge que l'on pût opposer à la dame de Brinvilliers, il attaquait la validité d'un pareil témoignage par des faits tirés de cas pareils, où le témoignage porté par les coupables contre eux-mêmes n'avait point été admis, en vertu de cet axiome de législation : *Non auditur perire volens.*

Il cita trois exemples : et comme ils ne manquent pas d'intérêt, nous les copions textuellement dans son mémoire (23).

PREMIER EXEMPLE.

Dominicus Soto, qui est un très-fameux canoniste et très-grand théologien, qui était confesseur de Charles-Quint, et qui avait assisté aux premières assemblées du concile de Trente sous Paul III, propose une question d'un homme qui avait perdu un papier où il avait écrit ses péchés : or il advint qu'un juge ecclésiastique ayant trouvé ce papier, et ayant voulu informer sur ce fondement contre celui qui l'avait écrit, ce juge fut justement puni de son supérieur, par la raison que la confession est chose si sacrée, que même ce qui est destiné pour la faire doit être enseveli dans un silence éternel. C'est en vertu de cette proposition que le jugement suivant, rapporté dans le *Traité des Confesseurs*, de Roderic Acugno, célèbre archevêque portugais, fut rendu.

Un Catalan, né en la ville de Barcelone, ayant été condamné à mort pour un homicide qu'il avait commis et avoué, refusa de se con-

fesser lorsque l'heure du supplice fut arrivée. Quelques instances qu'on lui fit, il résista avec tant de violence, sans néanmoins donner aucune raison de ses rejets, que chacun fut persuadé que cette conduite, qu'on attribuait au trouble de son esprit, était causée chez lui par la crainte de la mort.

On avertit de cette obstination saint Thomas de Villeneuve, archevêque de Valence, en Espagne, qui était le lieu où la condamnation avait été rendue. Le digne prélat eut alors cette charité de vouloir bien s'employer pour obliger le criminel à faire sa confession, afin de ne pas perdre tout ensemble l'âme et le corps. Mais il fut fort surpris lorsque, lui ayant demandé la raison du refus qu'il faisait de se confesser, le condamné lui répondit qu'il devait avoir en exécration les confesseurs, puisqu'il n'avait été condamné qu'en conséquence de la révélation que son confesseur avait faite de l'homicide qu'il lui avait déclaré ; que qui que ce soit n'en avait eu connaissance ; mais que s'étant confessé, il avait avoué son crime et déclaré l'endroit où il avait enterré celui qu'il avait assassiné et toutes les autres circonstances du crime ; que ces circonstances ayant été révélées par son confesseur, il n'avait pu les nier, ce qui avait donné lieu à sa condamnation ; qu'à cette heure seulement il avait appris ce qu'il ne savait pas lorsqu'il s'était confessé, c'est-à-dire que son confesseur était frère de celui qu'il avait tué, et que le désir de la vengeance avait porté ce mauvais prêtre à révéler sa confession.

Saint Thomas de Villeneuve, sur cette déclaration, jugea que cet incident était beaucoup plus considérable que le procès même, qui ne regardait que la vie d'un particulier, tandis qu'il s'agissait ici de l'honneur de la religion, dont les conséquences étaient infiniment plus importantes. Il crut qu'il fallait s'informer de la vérité de cette déclaration, fit appeler le confesseur, et lui ayant fait avouer ce crime de révélation, il obligea les juges qui avaient condamné l'accusé à revoquer leur jugement et à le renvoyer absous ; ce qui fut fait avec l'admiration et les applaudissements du public.

Quant au confesseur, il fut condamné à une très-forte peine, que saint Thomas de Villeneuve adoucit en considération du prompt aveu qu'il avait fait de son crime, et surtout de l'occasion qu'il avait donnée de faire voir au grand jour le respect que les juges eux-mêmes doivent avoir pour les confessions.

DEUXIÈME EXEMPLE.

En 1579, un cabaretier de Toulouse avait tué seul et à l'insu de toute sa maison un étranger qu'il avait reçu chez lui, et l'avait enterré secrètement dans sa cave. Ce misérable, poursuivi par ses remords, se confessa de cet assassinat, en déclara toutes les circonstances, et indiqua même à son confesseur l'endroit où il avait enterré le cadavre. Les parents du défunt, après toutes les recherches possibles pour s'en procurer des nouvelles, firent enfin publier dans la ville qu'ils donneraient une grosse récompense à la personne qui découvrirait ce qu'il était devenu. Le confesseur, tenté par l'appât de la somme promise, avertit en secret que l'on n'avait qu'à chercher dans la cave du cabaretier et qu'on y trouverait le cadavre. On l'y trouva en effet à l'endroit indiqué. Le cabaretier fut mis en prison, appliqué à la torture et avoua son crime. Mais, après cet aveu, il soutint toujours que son confesseur était le seul qui pût l'avoir trahi.

Alors le parlement, indigné de la voie dont on s'était servi pour parvenir à la vérité, le déclara innocent, jusqu'à ce qu'on eût d'autres preuves que la dénonciation du confesseur.

Quant à celui-ci, il fut condamné à être pendu et son cadavre jeté au feu, tant le tribunal avait reconnu dans sa sagesse qu'il était important de mettre en sûreté un sacrement indispensable au salut.

TROISIÈME EXEMPLE.

Une femme arménienne avait inspiré une violente passion à un jeune seigneur turc ; mais la sagesse de la femme fut longtemps un obstacle aux désirs de l'amant. Enfin, ne gardant plus de mesure, il la menaça de la tuer, elle et son mari, si elle ne consentait pas à le satisfaire. Effrayée de cette menace, dont elle ne savait que trop que l'exécution était certaine, elle feignit de se rendre, et donna au Turc un rendez-vous chez elle dans un moment où elle lui dit que son mari serait absent ; mais à un moment convenu, le mari survint, et quoique le Turc fût armé d'un sabre et de deux pistolets, les choses tournèrent de façon qu'ils furent assez heureux pour tuer leur ennemi, qu'ils enterrèrent dans leur maison sans que personne en eût connaissance.

Quelques jours après cet événement, ils allèrent se confesser à un prêtre de leur nation, auquel ils révélèrent dans ses plus grands détails cette tragique histoire. Cet indigne ministre du Seigneur crut alors que, dans un pays régi par les lois mahométanes, où le caractère du sacerdoce et les fonctions du confesseur sont ou ignorés ou proscrits, on n'examinerait pas la source des connaissances qu'il transmettait à la justice, et que son témoignage aurait le même poids que celui de tout autre dénonciateur ; en conséquence, il résolut de tirer parti des circonstances au profit de son avarice. Il vint alors à plusieurs reprises trouver le mari et la femme, leur empruntant chaque fois des sommes considérables, avec menace de reveler leur crime s'ils le refusaient.

Les premières fois, ces malheureux obtempérèrent aux exigences du prêtre ; mais enfin vint un moment où, dépouillés de toute leur fortune, ils furent obligés de lui refuser la somme qu'il demandait. Fidèle à sa menace, le prêtre aussitôt alla les dénoncer au père du défunt pour en tirer encore de l'argent. Celui-ci, qui adorait son enfant, alla trouver le visir, lui dit qu'il connaissait les meurtriers de son fils par la déposition du prêtre auquel ils s'étaient confessés, et lui demanda justice ; mais cette dénonciation n'eut point l'effet attendu, et le visir, au contraire, en conçut autant de pitié pour les malheureux Arméniens que d'indignation contre le prêtre qui les avait trahis.

Alors il fit passer l'accusateur dans une chambre qui donnait sur le divan, et envoya chercher l'évêque arménien pour lui demander ce que c'était que la confession, quel châtiment méritait un prêtre qui la révélait, et quel était le sort que l'on faisait éprouver à ceux dont les crimes étaient découverts par cette voie. L'évêque répondit que le secret de la confession était inviolable, que la justice des chrétiens faisait brûler tout prêtre qui la révélait, et renvoyait absous ceux que l'on accusait par cette voie, parce que l'aveu que le coupable en avait fait au prêtre lui était commandé par la religion chrétienne, sous peine de la damnation éternelle.

Le visir, satisfait de cette réponse, le fit entrer dans une autre chambre, et manda les accusés pour savoir d'eux les circonstances de cette affaire ; ces pauvres gens, à demi morts, se jetèrent tout d'abord aux pieds du visir. La femme prit alors la parole, et lui représenta que la nécessité de défendre leur honneur et leur vie leur avait mis les armes à la main et avait dirigé les coups dont leur ennemi était mort : elle ajouta que Dieu seul avait été témoin de leur crime, et que ce crime serait encore ignoré, si la loi de ce même Dieu ne les avait obligés d'en déposer le secret dans le sein d'un de ses ministres pour en obtenir la rémission, mais que l'avarice insatiable du prêtre, après les avoir réduits à la misère, les avait dénoncés.

Le visir les fit passer dans une troisième chambre, et manda le prêtre révélateur, qu'il mit en face de l'évêque, auquel il fit redire quelles étaient les peines encourues par ceux qui révèlent les confessions ; puis, appliquant cette peine au coupable, il le condamna à être brûlé vif en place publique, en attendant, ajouta-t-il, qu'il le fût en enfer, où il ne pouvait manquer de recevoir la punition de ses infidélités et de ses crimes.

La sentence fut exécutée sur-le-champ.

Malgré l'effet que l'avocat attendait de ces trois exemples, soit que les juges les récusassent, soit que, sans s'arrêter à la confession, ils jugeassent les autres preuves suffisantes, il fut bientôt évident pour tout le monde, à la manière dont tournait le procès, que la marquise serait condamnée. En effet, avant même que le jugement fût prononcé, elle vit, le jeudi matin 16 juillet 1676, entrer dans sa prison M. Pirot, docteur de Sorbonne, qui lui était envoyé par M. le premier président. Ce digne magistrat, prévoyant d'avance l'issue du jugement, et pensant qu'il serait bien tard pour une pareille coupable de n'être assistée qu'à sa dernière heure, avait fait venir ce bon prêtre, et quoique celui-ci lui eût fait observer que la Conciergerie avait ses deux aumôniers ordinaires, et qu'il lui eût dit qu'il était bien faible pour une pareille tâche, lui qui ne pouvait voir saigner une personne étrangère sans se trouver mal, M. le premier président avait si fort insisté, répétant qu'il avait besoin en cette occasion d'un homme en qui il pût avoir toute confiance, qu'il avait accepté cette pénible mission (24).

En effet, M. le premier président avouait lui-même que, si habitué qu'il fût aux coupables, Mᵐᵉ de Brinvilliers était douée d'une force qui l'épouvantait. La veille du jour où il avait fait venir M. Pirot, il avait travaillé à ce procès depuis le matin jusqu'à la nuit, et pendant treize heures l'accusée avait été confrontée à Briancourt, l'un des témoins qui la chargeaient le plus. Le jour même une autre confrontation de cinq heures avait encore eu lieu, et elle les avait soutenues toutes les deux avec autant de respect pour les juges que de fierté envers le témoin, reprochant à celui-ci qu'il était un misérable valet abandonné à l'ivrognerie, et qu'ayant été chassé de sa maison pour ses déréglements, son témoignage devait être sans force contre elle. Le premier président n'avait donc d'espoir, pour briser cette âme inflexible, que dans un ministre de la religion ; car ce n'était pas le tout que de la tuer en Grève, il fallait que ses poisons mourussent avec elle, ou, sinon, la société n'obtenait aucun soulagement de sa mort.

Le docteur Pirot se présentait à la marquise avec une lettre de sa sœur, qui, ainsi, que nous l'avons dit, était religieuse au couvent de Saint-Jacques sous le nom de sœur Marie : cette lettre exhortait Mᵐᵉ de Brinvilliers, dans les termes les plus touchants et les plus affectueux, à avoir confiance dans ce digne prêtre, et à le regarder non-seulement comme un soutien, mais encore comme un ami.

Lorsque M. Pirot se présenta devant l'accusée, elle venait d'être ramenée de la sellette, où elle était restée trois heures sans avoir rien avoué, et sans paraître aucunement touchée de ce que le premier président lui avait dit, quoique, après avoir fait l'office de juge, il eût pris le ton d'un chrétien, et lui faisant sentir l'état déplorable où elle était, paraissant pour la dernière fois devant les hommes et devant paraître bientôt devant Dieu, il lui eût dit, pour l'attendrir, de telles choses, que les larmes lui coupaient la parole à lui-même, et que les juges les plus anciens et les plus endurcis avaient

pleuré en l'écoutant. Dès que la marquise aperçut le docteur, se doutant bien que son procès tournait à la mort, elle s'avança vers lui, en disant :

— C'est donc monsieur qui vient pour....

Mais, à ce mot, le père Chavigny, qui accompagnait M. Pirot, l'interrompit :

— Madame, lui dit-il, commençons d'abord par une prière.

Ils se mirent tous trois à genoux, et firent une invocation au Saint-Esprit : alors Mᵐᵉ de Brinvilliers demanda aux assistants d'en ajouter une pour la Vierge ; puis, lorsque cette prière fut finie, elle s'approcha du docteur, et reprenant sa phrase :

— Assurément, monsieur, dit-elle, c'est vous que M. le premier président envoie pour me consoler ; c'est avec vous que je dois passer ce peu qui me reste de vie. Il y a longtemps que j'avais impatience de vous voir.

— Madame, répondit le docteur, je viens vous rendre pour le spirituel tous les offices que je pourrai ; seulement, je souhaiterais que ce fût dans une autre occasion que celle-ci.

— Monsieur, reprit la marquise en souriant, il se faut résoudre à tout.

Et alors, se tournant vers le père Chavigny :

— Mon père, continua-t-elle, je vous suis fort obligée de m'avoir amené monsieur, et de toutes les autres visites que vous avez bien voulu me faire. Priez Dieu pour moi, je vous supplie. Dorénavant, je ne parlerai plus guère qu'à monsieur ; car j'ai à traiter avec lui d'affaires qui se discutent tête à tête. Adieu donc, mon père. Dieu vous récompensera des soins que vous avez bien voulu avoir pour moi.

A ces mots, le père se retira, et laissa la marquise seule avec le docteur et les deux hommes et la femme qui l'avaient toujours gardée. C'était dans une grande chambre située en la tour de Montgommery, et qui avait toute l'étendue de la tour. Il y avait au fond un lit à rideaux gris pour la dame, et un lit de sangle pour la garde. C'était la même chambre où avait été enfermé autrefois, disait-on, le poète Théophile, et il y avait encore près de la porte des vers de sa façon et écrits de sa main.

A peine les deux hommes et la femme virent-ils à quelle intention le docteur était venu, qu'ils se retirèrent au fond de la chambre, et laissèrent la marquise libre de demander et de recevoir les consolations que lui apportait l'homme de Dieu. Alors la marquise et le docteur s'assirent à une table chacun d'un côté. La marquise se croyait déjà condamnée, et elle entama la conversation en conséquence ; mais le docteur lui dit qu'elle n'était pas jugée encore, qu'il ne savait même pas précisément quand l'arrêt serait rendu, et moins encore ce qu'il porterait ; mais à ces mots la marquise l'interrompit.

— Monsieur, lui dit-elle, je ne suis pas en peine de l'avenir. Si mon arrêt n'est rendu, il le sera bientôt. Je m'attends à en avoir la nouvelle ce matin, et je ne m'en promets pas autre chose que la mort ; la seule grâce que j'espère de M. le premier président est un délai entre le jugement et l'exécution ; car, enfin, si j'étais exécutée aujourd'hui, j'aurais bien peu de temps pour me préparer, et je sens, monsieur, que j'en ai besoin de plus.

Le docteur ne s'attendait pas à ces paroles ; aussi fut-il tout joyeux de la voir revenir à de pareils sentiments. En effet, outre ce que lui avait dit M. le premier président, le père Chavigny lui avait raconté que, le dimanche précédent, il lui avait fait entendre qu'il y avait peu d'apparence qu'elle pût éviter la mort, et qu'autant qu'il pouvait en juger par le bruit de la ville, elle pouvait compter là-dessus. A ces paroles, elle avait paru d'abord interdite, et lui avait dit tout effrayée :

— Mon père, c'est donc que je mourrai de cette affaire-ci ?

Et comme il lui avait voulu dire quelques paroles pour la consoler, elle avait aussitôt relevé et secoué la tête, et lui avait répliqué d'un air de fierté :

— Non, non, mon père, il n'est point besoin de me rassurer, et je prendrai bien mon parti de moi-même, et sur l'heure, et saurai mourir en femme forte.

Et comme alors le père lui avait dit que la mort n'était point une chose à laquelle on se disposait si promptement ni avec tant de facilité, et qu'il fallait, au contraire, la prévoir de loin, pour n'en être point surpris, elle lui avait répondu qu'il ne lui fallait, qu'un quart d'heure pour se confesser, et une seconde pour mourir. Le docteur fut donc bien heureux de voir que, du dimanche au jeudi, elle avait changé à ce point de sentiments.

— Oui, continua-t-elle après une pause, plus je réfléchis, plus je pense qu'un jour serait trop peu pour me mettre en état de me présenter au tribunal de Dieu, afin d'être jugée par lui, après l'avoir été par les hommes.

— Madame, répondit le docteur, je ne sais pas ce que portera votre arrêt, ni quand il sera rendu ; mais, fût-ce un arrêt de mort et fût-il rendu aujourd'hui, j'ose vous répondre d'avance qu'il ne sera exécuté que demain. Mais, quoique la mort soit encore incertaine, j'approuve fort que vous vous y prépariez à tout événement.

— Oh ! quant à ma mort, elle est sûre, dit-elle, et il ne faut pas que je me flatte d'une espérance inutile. J'ai à vous faire une grande confidence de toute ma vie ; mais, mon père, avant de vous faire une pareille ouverture de cœur, permettez que je sache de vous-même l'idée que vous avez prise de moi, et ce que vous croyez que je doive faire dans l'état où je suis.

— Vous prévenez mon dessein, répondit le docteur, et vous allez au-devant de ce que je cherchais à vous dire. Avant d'entrer dans le secret de votre conscience, avant d'entamer la discussion de vos affaires avec Dieu, je suis aise, madame, de vous donner quelques règles sur lesquelles vous puissiez vous fixer. Je ne vous sais encore coupable de rien, et je suspends mon jugement sur tous les crimes dont on vous charge, puisque je n'en puis rien apprendre que par votre confession. Ainsi, je dois douter encore que vous soyez coupable; mais je ne puis ignorer de quoi vous êtes accusée : cette accusation est publique, et elle est venue jusqu'à moi; car, continua le docteur, vous pouvez vous imaginer, madame, que votre affaire fait bien de l'éclat, et qu'il y a peu de gens qui n'en sachent quelque chose.

— Oui, oui, dit-elle en souriant, je sais qu'on en parle beaucoup et que je suis la fable du peuple.

— Donc, reprit le docteur, le crime dont vous êtes accusée, c'est d'empoisonnement, et j'ai à vous dire que si vous en êtes coupable, comme on le croit, vous ne pouvez espérer de pardon devant Dieu, que vous ne déclariez à vos juges quel est votre poison, ce qui entre dans sa composition, quel en est l'antidote, et comment se nomment vos complices. Il faut, madame, faire main-basse sur tous ces méchants sans en épargner un seul; car ils seraient en état, si vous leur pardonniez, de continuer à se servir de votre poison, et vous seriez coupable alors de tous les meurtres qu'ils feraient après votre mort, pour ne pas les avoir déférés aux juges pendant votre vie; de sorte que l'on pourrait dire que vous vivez à vous-même; car votre crime vous survivrait. Or, vous savez, madame, que le péché joint à la mort ne reçoit jamais de pardon, et que, pour obtenir rémission de votre crime, si vous êtes criminelle, il faut le faire mourir avant vous; car, si vous ne le tuez pas, madame, prenez-y garde, c'est lui qui vous tuera.

—Oui, je conviens de tout cela, monsieur, dit la marquise après un moment de silence et de réflexion, et sans avouer encore que je sois coupable, je vous réponds, si je le suis, de bien peser vos maximes. Cependant, une question, monsieur, et songez que sa résolution m'est nécessaire. N'y a-t-il pas, monsieur, quelque crime irrémissible en cette vie? N'y a-t-il pas, monsieur, des péchés si énormes et en si grand nombre, que l'Église n'ose point les remettre, et que, si la justice de Dieu peut les compter, sa miséricorde ne peut les absoudre? Trouvez bon que je commence par cette demande, monsieur, puisqu'il serait inutile que je me confessasse si je n'espérais pas.

— Je veux croire, madame, reprit le docteur, regardant malgré lui la marquise avec une espèce d'effroi, que ce que vous mettez en avant n'est qu'une thèse générale que vous me posez, et n'a aucun rapport avec l'état de votre conscience. Je répondrai donc à votre question sans vous l'appliquer en aucune manière. Non, madame, il n'y a pas de péchés irrémissibles en cette vie, si énormes qu'ils soient et en si grande quantité qu'ils se trouvent. Cela est même un article de foi, si bien que vous ne pourriez mourir catholique si vous en doutiez. Quelques docteurs, il est vrai, ont soutenu autrefois le contraire; mais ils ont été condamnés comme hérétiques. Il n'y a que le désespoir et l'impénitence finale qui soient irrémissibles, et ce sont des péchés de mort et non de vie.

— Monsieur, répondit la marquise, Dieu me fait la grâce d'être convaincue de ce que vous me dites. Je crois qu'il peut remettre tous les péchés; je crois qu'il a exercé souvent ce pouvoir. Maintenant toute ma peine est qu'il ne veuille pas faire l'application de sa bonté à un sujet aussi misérable que je suis, et à une créature qui s'est rendue aussi indigne des grâces qu'il lui a déjà faites.

Le docteur la rassura du mieux qu'il put et se mit alors à l'examiner avec attention, tout en causant avec elle. « C'était, dit-il, une femme naturellement intrépide et d'un grand courage; elle paraissait née d'une imagination assez douce et fort honnête; d'un air indifférent à tout; d'un esprit vif et pénétrant, concevant les choses d'une façon fort nette, et les exprimant justes et en peu de paroles, mais très-précises; trouvant sur-le-champ des expédients pour sortir d'une affaire difficile, et prenant tout d'un coup son parti dans les choses les plus embarrassantes; légère, au reste, et ne s'attachant à rien; inégale, et ne se soutenant pas, se rebutant quand on lui parlait souvent d'une même chose; et c'est ce qui m'obligea, continue le docteur, de diversifier de temps en temps celles que je lui dis, pour ne la tenir que peu sur un sujet que je faisais cependant revenir aisément en lui donnant une nouvelle face, et en le proposant d'un nouveau tour. Elle parlait peu et assez bien, mais sans étude et sans affectation; se possédant parfaitement, toujours présente à elle-même et ne disant que ce qu'elle voulait bien dire, nul ne l'eût prise à sa physionomie ni à sa conversation pour une personne aussi maligne qu'il apparut qu'elle l'était par l'aveu public de son parricide; aussi est-ce une chose surprenante, et où il faut adorer le jugement de Dieu quand il abandonne l'homme à lui-même, qu'une âme qui avait de sa nature quelque chose de grand, d'un sang-froid aux accidents les plus imprévus, d'une fermeté à ne s'émouvoir de rien, d'une résolution à attendre la mort et à la souffrir même, s'il eût été nécessaire, ait été capable d'une aussi grande lâcheté que celle qui se trouve dans l'attentat parricide

qu'elle a confessé aux juges. Elle n'avait rien dans le visage qui menaçât d'une si étrange malice; elle était d'un poil châtigné et fort épais; elle avait le tour du visage rond et assez régulier, les yeux bleus, doux et parfaitement beaux, la peau extraordinairement blanche, le nez assez bien fait; nuls traits désagréables, mais rien, à tout prendre, qui pût faire passer son visage pour fort séduisant; il avait déjà quelques rides et marquait plus d'années qu'elle n'avait réellement. Quelque chose m'obligea à lui demander son âge dans le premier entretien : Monsieur, me dit-elle, si je vivais jusqu'au jour de la Magdelaine, j'aurais quarante-six ans. Je vins au monde ce jour-là, et j'en porte le nom. Je fus appelée au baptême Marie-Magdelaine. Mais, si près que nous soyons de ce jour, je ne vivrai pas jusque-là; il faut finir aujourd'hui ou demain au plus tard, et c'est une grâce qu'on me fera de différer d'un jour; et cependant je m'attends à cette grâce sur votre parole. — On lui aurait bien donné, à la voir, quarante-huit ans. Si doux que parût son visage naturellement, quand il lui passait quelque chagrin au travers de l'imagination, elle le témoignait par une grimace qui pouvait d'abord faire peur, et de temps en temps je m'apercevais de convulsions qui marquaient de l'indignation, du dédain et du dépit. J'oubliais de dire qu'elle était d'une fort petite taille et fort menue.

» Voici à peu près la description de son corps et de son esprit que je reconnus en peu de temps, m'étant tout d'abord appliqué à l'observer, pour me conduire ensuite selon ce que j'aurais remarqué (25). »

Au milieu de cette première esquisse de sa vie qu'elle traçait à son confesseur, la marquise se souvint qu'il n'avait pas encore dit la messe, et l'avertit elle-même qu'il était temps de la dire, lui indiquant elle-même la chapelle de la Conciergerie, et le priant de la dire à son intention et en l'honneur de Notre-Dame, afin d'obtenir pour elle auprès de Dieu l'intercession de la Vierge, qu'elle avait toujours prise pour patronne, et à laquelle, au milieu de ses crimes et de ses dérèglements, elle n'avait point cessé d'avoir une dévotion toute particulière; et comme elle ne pouvait descendre avec le prêtre, elle lui promit au moins d'y assister en esprit.

Il était dix heures et demie du matin lorsqu'il la quitta, et depuis quatre heures seulement qu'ils conversaient ensemble, il l'avait conduite, à l'aide de sa tendre piété et de sa douce morale, à des aveux que n'avaient pu tirer d'elle les menaces des juges et la crainte de la question : aussi dit-il saintement et dévotement sa messe, priant le Seigneur d'aider de la même force le confesseur et le patient.

En rentrant chez le concierge et après la messe dite, comme il prenait un peu de vin, il apprit d'un libraire du palais, nommé Seney, qui se trouva là par hasard, que Mme de Brinvilliers était jugée et qu'elle devait avoir le poing coupé. Cette rigueur des conclusions, qui, au reste, fut adoucie dans l'arrêt, lui inspira un intérêt plus grand encore pour sa pénitente, et il remonta à l'instant auprès d'elle.

Aussitôt qu'elle vit la porte s'ouvrir, elle s'avança avec sérénité au-devant de lui, et lui demanda s'il avait bien prié pour elle; et quand le prêtre le lui eut assuré : — Mon père, lui dit-elle, n'aurai-je pas la consolation de recevoir le viatique avant que de mourir?

— Madame, répondit le docteur, si vous êtes condamnée à mort, vous mourrez assurément sans cela, et je vous tromperais si je vous faisais espérer cette grâce. Nous avons vu dans l'histoire mourir un connétable, et c'est le connétable de Saint-Paul, sans pouvoir obtenir cette faveur, quelques instances qu'il fit pour n'en être pas privé. Il fut exécuté en Grève, à la vue des tours de Notre-Dame. Il fit sa prière comme vous pourrez faire la vôtre, si le même sort vous attend. Mais voilà tout; et, dans sa bonté, Dieu permet que cela suffise.

— Mais, reprit la marquise, il me semble, mon père, que MM. de Saint-Mars et de Thou avaient communié avant que de mourir.

— Je ne crois pas, répondit le docteur; car ce n'est ni dans les Mémoires de Montrésor, ni dans aucun autre livre qui raconte leur exécution.

— Mais M. de Montmorency? dit-elle.

— Mais M. de Marillac? répondit le docteur.

Effectivement, si cette faveur avait été accordée au premier, elle avait été refusée au second, et l'exemple frappa d'autant plus la marquise, que M. de Marillac était de sa famille et qu'elle tenait cette alliance à grand honneur. Sans doute, elle ignorait que M. de Rohan eût communié dans la messe de nuit que dit pour le salut de son âme le père Bourdaloue; car elle n'en parla point et se contenta, sur la réponse du docteur, de pousser un soupir.

—D'ailleurs, continua celui-ci, quand vous me rapporterez, madame, quelque exemple extraordinaire, n'y faites pas fond, s'il vous plaît; ce sont des exceptions et non pas des lois. Vous ne devez point vous promettre de privilège, les choses suivront à votre égard le cours ordinaire, et il sera fait pour vous comme pour les autres condamnés. Que serait-ce donc si vous étiez née et morte au temps de Charles VI? Jusqu'au règne de ce prince, les coupables mouraient sans confession, et ce fut par l'ordre de ce roi seulement que l'on se relâcha de cette dureté. Au reste, madame, la communion n'est point absolument nécessaire au salut, et d'ailleurs on communie spirituellement en lisant la parole, qui est comme le corps, en s'unissant à l'Église, qui est la substance mystique du Christ, et en souffrant pour lui, et avec lui, cette dernière communion du supplice qui est votre partage, madame, et la plus parfaite de toutes. Si vous détestez votre crime de tout votre cœur, si vous aimez Dieu de toute votre âme, si vous avez la charité et la foi, votre mort sera un martyre et comme un second baptême.

— Hélas! mon Dieu, reprit la marquise, d'après ce que vous me dites, monsieur, puisqu'il fallait la main du bourreau pour me sauver, que serais-je devenue si j'étais morte à Liége, et où en serais-je à l'heure qu'il est? Et quand même je n'eusse point été prise et que j'eusse vécu, encore vingt ans hors de France, qu'eût été ma mort, puisqu'il ne fallait rien moins que l'échafaud pour la sanctifier? C'est maintenant que je vois tous mes torts, monsieur, et je regarde comme le plus grand le dernier de tous, c'est-à-dire mon effronterie en face des juges. Mais rien n'est perdu encore, Dieu merci, et puisque j'ai un dernier interrogatoire à subir, j'y veux faire un aveu complet de toute ma vie. Quant à vous, monsieur, continua-t-elle, demandez particulièrement pardon pour moi à M. le premier président: il m'a dit hier, pendant que j'étais sur la sellette, des choses fort touchantes et dont je me suis sentie tout attendrie; mais je n'ai pas voulu le témoigner, car je pensais que, mon aveu manquant, il n'y aurait pas contre moi de preuves assez fortes pour me condamner. Il en a été autrement, et j'ai dû scandaliser mes juges par la hardiesse que j'ai eue en cette rencontre. Mais je reconnais ma faute et je la réparerai. Ajoutez, monsieur, que loin d'en vouloir à M. le premier président du jugement qu'il prononce aujourd'hui contre moi, que loin de me plaindre de M. le premier greffier qui l'a sollicité, je les en remercie tous deux bien humblement, puisque mon salut en dépendait.

Le docteur allait répondre pour l'encourager dans cette voie, lorsque la porte s'ouvrit; c'était le dîner que l'on apportait; car il était déjà une heure et demie. La marquise s'interrompit et veilla à ses apprêts avec autant de liberté d'esprit que si elle eût fait les honneurs de sa maison de campagne. Elle fit mettre à table les deux hommes et la femme qui la gardaient, et se tournant vers le docteur: — Monsieur, lui dit-elle, vous voulez bien qu'on ne fasse point de façon pour vous; ces braves gens ont coutume de manger avec moi pour me tenir compagnie, et nous en userons de même aujourd'hui si vous le trouvez bon. C'est, leur dit-elle, le dernier repas que je ferai avec vous. Puis se tournant vers la femme: — Ma pauvre madame du Rus, ajouta-t-elle, il y a bien longtemps que je vous donne de la peine; mais un peu de patience encore, et bientôt vous serez défaite de moi. Demain vous pourrez aller à Dravet, vous aurez assez de temps pour cela; car, sept ou huit heures venues, vous n'aurez plus affaire à moi, et je serai entre les mains de monsieur, et l'on ne vous permettra plus de m'approcher. De ce moment-là, vous pourrez donc partir pour vous en retourner, car je ne crois pas que vous ayez le cœur de me voir exécuter.

Elle disait tout cela avec une grande tranquillité d'esprit et sans aucune fierté; puis, comme de temps en temps ces gens se retournaient pour cacher leurs larmes, elle faisait un signe de pitié. Alors, voyant que le docteur restait sur la table et que personne ne mangeait, elle invita le docteur à prendre son potage, lui demandant pardon de ce que le concierge y avait mêlé du chou; ce qui en faisait une soupe commune et indigne de lui être offerte. Quant à elle, elle prit un bouillon et mangea deux œufs, s'excusant auprès de ses convives de ce qu'elle ne les servait pas, mais montrant qu'on ne laissait à sa portée ni fourchette ni couteau.

Vers le milieu du repas, elle pria le docteur de vouloir bien permettre qu'elle bût à sa santé. Le docteur répondit à cette demande en buvant à la sienne, et elle parut fort réjouie de cette condescendance: — C'est demain maigre, dit-elle en reposant son verre, et quoique demain soit pour moi un jour de grande fatigue, puisque j'aurai demain à subir la question et la mort, je ne prétends pas violer les commandements de l'Église en faisant gras.

— Madame, répondit le docteur, si vous aviez besoin d'un bouillon pour vous soutenir, il ne vous en faudrait pas faire scrupule, car ce ne sera point par délicatesse, mais par nécessité, que vous l'aurez pris, et la loi de l'Église n'oblige point en ce cas.

— Monsieur, reprit la marquise, je n'en ferais pas de difficulté si j'en avais besoin et que vous me l'ordonnassiez; mais cela sera inutile, je l'espère, il n'y a qu'à m'en donner un ce soir à l'heure du souper, et un autre plus fort qu'à l'ordinaire un peu avant minuit, et cela suffira pour passer demain, avec deux œufs frais que je prendrai après la question.

« Il est vrai, dit le prêtre dans la relation à laquelle nous empruntons tous ces détails, que j'étais épouvanté de tout ce sang-froid, et que je frémissais en moi-même de lui voir si paisiblement ordonner au concierge que le bouillon fût plus fort ce soir-là qu'à l'ordinaire, et qu'on lui en tînt deux tasses prêtes avant minuit. Le dîner fini, continue toujours M. Pirot, on lui donna du papier et de l'encre qu'elle avait demandés, et elle me dit qu'auparavant de me faire prendre la plume pour me prier d'écrire ce qu'elle avait à me dicter, elle avait une lettre à faire. »

Cette lettre, qui, disait-elle, l'embarrassait et après laquelle elle serait plus libre, était pour son mari. Elle marqua à ce moment une si grande tendresse pour lui, que le docteur, après ce qui s'était passé, s'en étonna étrangement, et, voulant l'éprouver, lui dit que cette tendresse qu'elle manifestait n'était point réciproque, puisque son mari

l'avait abandonnée à elle-même pendant tout son procès; mais alors la marquise l'interrompit:

— Mon père, lui dit-elle, il ne faut pas toujours juger les choses si promptement et sur les apparences: M. de Brinvilliers est toujours entré dans mes intérêts, et n'a manqué qu'à ce qu'il n'a pu faire; jamais notre commerce de lettres n'a cessé tout le temps que j'étais hors du royaume; et ne doutez point qu'il ne se fût rendu à Paris sitôt qu'il m'a sue en prison, si ses affaires lui eussent permis d'y venir en sûreté; mais il faut que vous sachiez qu'il est noyé de dettes, et qu'il ne pouvait paraître ici sans que ses créanciers le fissent arrêter. Ne croyez donc pas qu'il soit insensible pour moi.

A ces mots, elle se mit à écrire sa lettre, et lorsqu'elle l'eut achevée elle la présenta au docteur en lui disant: — Vous êtes maître, monsieur, de tous mes sentiments jusqu'à l'heure de ma mort; lisez cette lettre, et si vous y trouvez quelque chose à changer, dites-le-moi.

— Voici la lettre telle qu'elle était:

« Sur le point que je suis d'aller rendre mon âme à Dieu, j'ai voulu vous assurer de mon amitié, qui sera pour vous jusqu'au dernier moment de ma vie. Je vous demande pardon de tout ce que j'ai fait contre ce que je vous devais; je meurs d'une mort honteuse, que mes ennemis m'ont attirée (26). Je leur pardonne de tout mon cœur, et je vous prie de leur pardonner. J'espère que vous me pardonnerez aussi à moi-même l'ignominie qui pourra rejaillir sur vous; mais pensez que nous ne sommes ici que pour un temps, et que dans peu vous serez peut-être obligé d'aller rendre à Dieu un compte exact de toutes vos actions jusqu'aux paroles oiseuses, comme je suis présentement en état de le faire. Ayez soin de vos affaires temporelles et de nos enfants, et leur donnez vous-même l'exemple: consultez sur cela M\\mᵐᵉ Marillac et Mᵐᵉ Cousté. Faites faire pour moi le plus de prières que vous pourrez, et soyez persuadé que je meurs toute à vous.

D'AUBRAY. »

Le docteur lut cette lettre avec attention, puis il fit observer à la marquise qu'une des phrases qu'elle contenait était inconvenante: c'était celle qui avait rapport à ses ennemis.

— Madame, lui dit-il, vous n'avez d'autres ennemis que vos crimes, et ceux que vous appelez du nom de vos ennemis sont ceux qui aiment la mémoire de M. votre père et de MM. vos frères, que vous devriez aimer plus qu'eux.

— Mais, monsieur, répondit la marquise, ceux qui ont poursuivi ma mort ne sont-ils point mes ennemis, et n'est-ce point un sentiment chrétien que de leur pardonner cette poursuite?

— Madame, répliqua le docteur, ce ne sont point vos ennemis. Vous êtes l'ennemi du genre humain, et personne n'est le vôtre; car on ne peut penser à votre crime sans horreur.

— Aussi, mon père, répondit-elle, n'ai-je point de ressentiment contre eux, et voudrais-je voir en paradis les personnes qui ont le plus contribué à me prendre et à m'amener où je suis.

— Madame, lui dit le docteur, comment entendez-vous cela? On parle quelquefois ainsi lorsqu'on souhaite la mort des gens. Expliquez-vous donc, je vous prie.

— Le ciel me garde, mon père, de l'entendre de cette façon! répliqua la marquise. Dieu leur donne, au contraire, en ce monde une longue prospérité, et dans l'autre un bonheur et une gloire infinis. Dictez-moi donc une autre lettre, monsieur, et je l'écrirai comme il vous plaira.

Cette nouvelle lettre écrite, la marquise ne voulut plus penser qu'à sa confession, et elle pria le docteur de prendre la plume à son tour:

— Car, lui dit-elle, j'ai commis tant de péchés et de crimes, que si je faisais une simple confession verbale, je ne serais jamais sûre que mon compte fût exact.

Alors tous deux se mirent à genoux pour demander la grâce du Saint-Esprit, et, après avoir dit un *Veni Creator* et un *Salve Regina*, le docteur se leva et s'assit devant une table, tandis que la marquise, agenouillée, disait un *Confiteor* et commençait sa confession.

A neuf heures du soir, le père Chavigny, qui avait amené le matin le docteur Pirot, entra; la marquise parut contrariée de sa visite, cependant elle le reçut avec un bon visage.

— Mon père, lui dit-elle, je ne croyais pas vous voir si tard; mais, je vous prie, laissez-moi encore quelques instants avec monsieur. — Le père se retira. — Que vient-il faire? demanda alors la marquise en se retournant vers le docteur.

— Il est bon, répondit le docteur, que vous ne restiez pas seule.

— Allez-vous donc me quitter? s'écria la marquise avec un sentiment qui allait jusqu'à la terreur.

— Madame, je ferai ce qu'il vous plaira, répondit le docteur; mais vous me rendriez service si vous trouviez bon que je me retirasse chez moi pour quelques heures, pendant quoi le père Chavigny pourrait demeurer avec vous...

— Ah! monsieur, s'écria-t-elle en se tordant les bras, vous m'aviez promis de ne me quitter qu'à la mort, et voilà que vous vous en allez! Songez que je vous ai vu ce matin pour la première fois; mais, depuis ce matin, vous avez pris plus de place dans ma vie qu'aucun de mes plus anciens amis.

— Madame, répondit le bon docteur, je ne veux rien que ce que vous voudrez. Si je vous demande un peu de repos, c'est pour reprendre mon office demain avec plus de vigueur, et vous rendre un service plus grand que je ne le ferai sans cela. Si je ne prends relâche, tout ce que je pourrai dire et faire languira. Vous comptez sur l'exécution pour demain, je ne sais si vous comptez juste ; mais, à vous prendre par vous-même, ce doit être demain votre grand jour, votre jour décisif, et où vous et moi aurons besoin de toutes nos forces. Il y a déjà treize ou quatorze heures que nous sommes ensemble à travailler avec application à votre salut ; je ne suis pas d'un tempérament robuste, et vous devez craindre, madame, si vous ne me donnez pas un peu de temps, que demain je ne manque de force pour vous assister jusqu'au bout.

— Monsieur, répondit la marquise, ce que vous me dites là me ferme la bouche. Demain est pour moi un jour bien autrement important qu'aujourd'hui, et c'est moi qui avais tort ; il faut que vous preniez du repos cette nuit. Achevons seulement cet article et relisons celui que nous avons écrit auparavant.

Cela fait, le docteur voulut se retirer ; mais comme on apporta le souper, la marquise ne permit pas qu'il sortît sans avoir pris quelque chose, et, tandis qu'il mangeait un morceau, elle dit au concierge d'aller chercher un carrosse et de le mettre sur son compte. Quant à elle, elle avala un bouillon et mangea deux œufs. Un instant après, le concierge rentra, et dit que le carrosse était prêt ; la marquise prit alors congé du docteur, en lui faisant promettre de prier pour elle et d'être le lendemain à six heures à la Conciergerie. Le docteur lui en donna sa parole.

Le lendemain, en rentrant à la tour, il trouva le père Chavigny, qui l'avait remplacé près de la marquise, agenouillé avec elle et terminant une prière. Le prêtre pleurait ; mais la marquise était toujours ferme, et le reçut d'un visage égal à celui dont elle l'avait quitté. Aussitôt que le père Chavigny vit paraître le docteur, il se retira. La marquise se recommanda à ses prières, et voulut lui faire promettre de revenir ; mais le père ne s'y engagea point. Alors la marquise allant au docteur : — Monsieur, lui dit-elle, vous êtes ponctuel et je n'ai point à me plaindre que vous me manquiez de parole ; mais, mon Dieu, comme il y a déjà longtemps que j'aspire après vous, et que six heures ont tardé à sonner aujourd'hui !

— Me voici, madame, répondit le docteur ; mais avant tout, comment avez-vous passé la nuit ?

— J'ai écrit trois lettres, reprit la marquise, qui, si courtes qu'elles soient, m'ont pris bien du temps : l'une à ma sœur, l'autre à Mme de Marillac, la troisième à M. Cousté. J'aurais voulu vous les mettre sous les yeux, monsieur, mais le père Chavigny a offert de s'en charger ; et comme il les avait trouvées bien, je n'ai pas osé lui faire part de mon scrupule. Après ces lettres écrites, continua la marquise, nous nous sommes un peu entretenus, nous avons un peu prié Dieu ; puis, comme le père a pris son bréviaire pour le dire, et moi mon chapelet à la même intention, je me suis sentie fatiguée et je lui ai demandé si je ne pouvais pas me jeter sur mon lit ; sur sa réponse affirmative, j'ai reposé deux bonnes heures sans rêves et sans inquiétude ; puis, à mon réveil, nous avons fait ensemble quelques prières qui s'achevaient comme vous entriez.

— Eh bien ! madame, dit le docteur, si vous le voulez, nous allons les reprendre ; mettez-vous à genoux, et que nous disions le *Veni Sancte Spiritus.*

La marquise obéit aussitôt et dit la prière avec beaucoup d'onction et de piété ; puis, la prière finie, comme M. Pirot s'apprêtait à reprendre la plume pour continuer d'écrire sa confession : — Monsieur, lui dit-elle, permettez qu'auparavant je vous soumette une question qui me tourmente. Hier vous me donnâtes de grandes espérances dans la miséricorde de Dieu ; cependant je n'ai point la présomption de penser que je puisse être sauvée sans que je reste un assez long temps dans le purgatoire ; mon crime est trop atroce pour que j'en obtienne le pardon à une autre condition qu'à celle-là ; et quand j'aurais encore un amour de Dieu bien plus grand que celui que je puis avoir, je ne prétendrais pas être reçue au ciel sans passer par le feu qui purifiera mes souillures, et sans souffrir les peines qui sont dues à mes péchés. Mais j'ai ouï dire, monsieur, que la flamme de ce lieu, où les âmes ne brûlent qu'un temps, est pareille en tout point à celle de l'enfer, où les damnés doivent brûler pendant l'éternité : dites-moi donc, je vous prie, comment une âme qui se trouve en purgatoire au moment de sa séparation d'avec le corps peut s'assurer qu'elle n'est point dans l'enfer, et reconnaître que le feu qui la brûle sans la consumer finira un jour, puisque le tourment qu'elle souffre est le même que celui des damnés, et que les flammes qui la dévorent sont de la même qualité que celles de l'enfer. Je voudrais savoir cela, monsieur, pour ne point demeurer dans le doute à ce moment terrible, et savoir du premier coup si je dois espérer ou désespérer.

— Madame, répondit le docteur, vous avez raison, Dieu est trop juste pour ajouter la peine du doute à celle qu'il inflige. Au moment où l'âme se sépare du corps, il se fait un jugement entre Dieu et elle ; elle entend la sentence qui la condamne, ou la parole qui l'absout ; elle sait si elle est en grâce ou en péché mortel ; elle voit si c'est en enfer que Dieu la doit jeter à tout jamais, ou si c'est en purgatoire qu'il la relègue pour un temps. Cet arrêt, madame, vous l'entendrez au moment même où le fer du bourreau vous touchera, à moins que,

déjà tout épurée dans cette vie par le feu de la charité, vous n'alliez, sans passer par le purgatoire, à l'instant même recevoir la récompense de votre martyre parmi les bienheureux qui entourent le trône du Seigneur.

— Monsieur, reprit la marquise, j'ai une telle foi en vos paroles, qu'il me semble que j'entends déjà tout ce que vous m'avez dit, et que me voilà satisfaite.

Le docteur et la marquise se remirent alors à leur confession interrompue la veille. La marquise s'était rappelé, pendant la nuit, quelques articles qu'elle fit ajouter aux autres ; puis ils continuèrent ainsi, le docteur s'arrêtant de temps en temps, quand les péchés étaient grands, pour lui faire dire un acte de contrition.

Au bout d'une heure et demie, on vint la prévenir de descendre, et que M. le premier greffier l'attendait pour lui lire son arrêt. Elle écouta cette nouvelle avec beaucoup de calme, demeurant sur ses genoux et retournant seulement la tête ; puis, sans aucune altération dans la voix : — Tout à l'heure, dit-elle ; nous achevons un mot, monsieur et moi, et je suis ensuite tout à vous. — Elle continua effectivement avec une grande tranquillité à dicter au docteur la fin de sa confession. Lorsqu'elle crut être arrivée au bout, elle lui demanda de dire avec elle une petite prière, pour que Dieu lui accordât devant les juges qu'elle avait scandalisés un repentir pareil à son effronterie passée ; puis, cette prière dite, elle prit sa mante, un livre de prières que lui avait laissé le père Chavigny, et suivit le concierge, qui la conduisit jusque dans la chambre de la question, où son arrêt lui devait être lu.

On commença par l'interrogatoire, qui dura cinq heures, et dans lequel la marquise dit tout ce qu'elle avait promis de dire, niant qu'elle eût des complices, et affirmant qu'elle ne connaissait ni la composition des poisons qu'elle administrait, ni celle de l'antidote par lequel on pouvait les combattre ; puis, l'interrogatoire fini, et comme les juges virent qu'ils n'en pourraient pas tirer autre chose, ils firent signe au premier greffier de lui lire son arrêt, qu'elle écouta debout ; il était conçu en ces termes :

« Vu par la cour, les grand'chambres et tournelles assemblées, etc., en conséquence du renvoi requis par ladite d'Aubray de Brinvilliers, conclusions du procureur-général du roi, interrogée ladite d'Aubray sur les cas résultants du procès, dit a été que la cour a déclaré et déclare ladite d'Aubray de Brinvilliers dûment atteinte et convaincue d'avoir fait empoisonner maître Dreux d'Aubray, son père, et lesdits maîtres d'Aubray, l'un lieutenant civil, l'autre conseiller au parlement, ses deux frères, et attenté à la vie de Thérèse d'Aubray, sa sœur ; et, pour réparation, a condamné et condamne ladite d'Aubray de Brinvilliers à faire amende honorable au-devant de la principale porte de l'église de Paris, où elle sera menée dans un tombereau, nu-pieds, la corde au cou, tenant en ses mains une torche ardente du poids de deux livres, et là, étant à genoux, dire et déclarer que méchamment, par vengeance et pour avoir leurs biens, elle a empoisonné son père, fait empoisonner ses deux frères et attenté à la vie de sa sœur, dont elle se repent, en demande pardon à Dieu, au roi et à la justice, et ce fait, menée et conduite dans ledit tombereau en la place de Grève de cette ville, pour y avoir la tête tranchée sur un échafaud qui, pour cet effet, sera dressé sur ladite place, son corps brûlé et les cendres jetées au vent ; icelle préalablement appliquée à la question ordinaire et extraordinaire pour avoir révélation de ses complices ; la déclare déchue des successions de sesdits père, frère et sœur, du jour desdits crimes par elle commis, et tous ses biens acquis et confisqués à qui il appartiendra, sur iceux et autres non sujets à confiscation, préalablement pris la somme de quatre mille livres d'amende envers le roi, quatre cents livres pour faire prier Dieu pour le repos des âmes desdits défunts frères, père et sœur, en la chapelle de la Conciergerie du palais ; dix mille livres de réparation en ladite dame Mangot, et tous les dépens, même ceux faits contre ledit Amelin, dit Lachaussée.

» Fait en parlement, ce 16 juillet 1676. »

La marquise écouta cet arrêt sans frayeur et sans faiblesse ; cependant, lorsqu'il fut fini : — Monsieur, dit-elle au premier greffier, ayez la bonté de recommencer ; le tombereau, auquel je ne m'attendais pas, m'a tellement frappée, que j'en ai perdu l'attention pour tout le reste.

Le premier greffier relut l'arrêt ; puis, comme de ce moment elle appartenait à l'exécuteur, celui-ci s'approcha d'elle ; la marquise le reconnut en lui voyant une corde aux mains ; elle lui tendit aussitôt les siennes, le regardant froidement depuis les pieds jusqu'à la tête, sans lui dire une seule parole. Alors les juges se retirèrent uns après les autres et l'on se retira démasquèrent les différents appareils de la question. La marquise jeta les yeux avec fermeté sur ces chevalets et ces anneaux terribles qui avaient distendu tant de membres et fait pousser tant de cris, et apercevant les trois seaux d'eau préparés pour elle, elle se retourna vers le greffier, ne voulant point parler au bourreau, et disant avec un sourire : — C'est pour me noyer, sans doute, que vous avez rassemblé tant d'eau, monsieur ? car, de la taille dont je suis, vous n'avez pas, je l'espère, la prétention de me faire avaler tout cela. — Le bourreau, sans lui répondre, commença de lui ôter sa mante et successivement ses autres habits jusqu'à ce qu'elle fût entièrement nue, puis il la conduisit contre le mur, la fit asseoir sur le chevalet de la question ordinaire, qui était de deux pieds de haut.

Là on demanda de nouveau à la marquise le nom de ses complices, quelle était la composition du poison, et quel était l'antidote qui pouvait le combattre ; mais elle répondit comme elle avait déjà fait au docteur Pirot, en ajoutant seulement :

— Si vous ne croyez pas à ma parole, mon corps est entre vos mains, et vous pouvez le torturer.

Sur cette réponse, le greffier fit signe au bourreau de faire son office. Celui-ci commença à attacher les pieds de la marquise à deux anneaux placés devant elle, l'un près de l'autre, et fixés au plancher ; puis, lui renversant le corps en arrière, il lui fixa les deux mains aux anneaux du mur, distants l'un de l'autre de trois pieds à peu près. De cette manière, la tête était à la même hauteur que les pieds, tandis que le corps, soutenu par le tréteau, décrivait une demi-courbe, comme s'il eût été couché sur une roue. Pour ajouter encore à l'extension des membres, le bourreau donna deux tours à une manivelle, qui força les pieds, éloignés des anneaux d'un pied à peu près, de s'en rapprocher de six pouces.

Ici encore nous abandonnerons notre récit pour reproduire le procès-verbal.

« Sur le petit tréteau, et pendant le tiraillement, a dit plusieurs fois :

» — O mon Dieu ! l'on me tue, et pourtant j'ai dit la vérité.

» Lui a été baillé de l'eau (27) ; s'est fort tournée et remuée, et a dit ces mots :

» — Vous me tuez.

» Admonestée alors de nommer ses complices, a dit qu'elle n'en avait pas d'autre qu'un homme qui, dix ans auparavant, lui avait demandé du poison pour se défaire de sa femme, mais que cet homme était mort.

» Lui a été baillé de l'eau ; s'est un peu remuée et tournée, mais n'a voulu parler.

» Lui a été baillé de l'eau ; s'est un peu tournée et remuée, mais n'a semblablement voulu parler.

» Admonestée de dire pourquoi, si elle n'avait pas de complice, elle avait écrit de la Conciergerie à Pennautier, pour le presser de faire pour elle tout ce qu'il pourrait, et pour lui rappeler que ses intérêts dans cette affaire étaient les siens :

» A dit qu'elle n'avait jamais su que Pennautier eût eu tant d'intelligence avec Sainte-Croix pour ses poisons, et que dire le contraire serait mentir à sa conscience ; mais que comme on avait trouvé dans la cassette de Sainte-Croix un billet qui regardait Pennautier, et qu'elle l'avait vu souvent avec Sainte-Croix, elle avait cru que l'amitié qui existait entre eux avait pu aller jusqu'au commerce de poisons ; que, dans ce doute, elle s'était hasardée à lui écrire comme si elle eût été certaine que cela fût, cette démarche ne pouvant gâter son affaire ; car, ou Pennautier était complice de Sainte-Croix, ou il ne l'était pas : s'il l'était, il croirait que la marquise était en mesure de le charger, et ferait alors tout ce qu'il pourrait pour la tirer des mains de la justice ; s'il ne l'était pas, sa lettre était une lettre perdue, et voilà tout.

» Lui a de nouveau été baillé de l'eau ; s'est fort tournée et remuée, mais a dit que, sur ce sujet, elle ne pouvait dire autre chose que ce qu'elle avait déjà dit ; car, si elle en disait davantage, elle chargerait sa conscience. »

La question ordinaire était épuisée ; la marquise avait avalé déjà la moitié de cette eau qui lui paraissait suffisante pour la noyer ; le bourreau s'arrêta, pour procéder à la question extraordinaire. En conséquence, au lieu du tréteau de deux pieds et demi sur lequel elle était couchée, il fit passer sous ses reins un tréteau de trois pieds et demi, qui imposa une cambrure plus grande au corps ; et comme cette opération se fit sans qu'on donnât plus de longueur à la corde, les membres furent obligés de se distendre de nouveau, et les liens, se resserrant autour des poignets et des chevilles des pieds, pénétrèrent dans les chairs au point que le sang en coula ; aussitôt la question recommença, interrompue par les demandes du greffier et les réponses de la patiente. Quant aux cris, ils semblaient n'être pas même entendus.

« Sur le grand tréteau, et pendant le tiraillement, a dit plusieurs fois :

» O mon Dieu ! vous me démembrez ! Seigneur, pardonnez-moi ! Seigneur, ayez pitié de moi !

» Admonestée si elle n'avait rien autre chose à déclarer sur ses complices :

» A dit qu'on pouvait la tuer, mais qu'elle ne ferait point un mensonge qui perdrait son âme.

» Par quoi lui a été baillé de l'eau ; s'est un peu tourmentée et remuée, mais n'a voulu parler.

» Admonestée de révéler la composition de ses poisons et l'antidote qui leur convenait :

» A dit qu'elle ignorait les substances dont ils étaient formés ; que tout ce dont elle se souvient, c'est que les crapauds y entraient ; que Sainte-Croix ne lui a jamais révélé ce secret ; qu'elle pensait, au reste, qu'il ne les faisait pas lui-même, mais qu'ils lui étaient préparés par Glazer ; croit se souvenir que quelques-uns n'étaient autre chose que

de l'arsenic raréfié ; que quant au contre-poison, elle n'en connaissait pas d'autre que le lait, et que Sainte-Croix lui avait dit que pourvu que l'on en eût pris le matin, et qu'on en avalât une tasse de la valeur d'un verre aux premières atteintes que l'on ressentait du poison, on n'avait rien à en craindre.

» Admonestée de dire si elle avait quelque chose à ajouter :

» A dit qu'elle avait avoué tout ce qu'elle savait, et qu'on pouvait la tuer maintenant, mais qu'on n'en tirerait pas autre chose.

» Par quoi lui a été baillé de l'eau ; s'est un peu tourmentée, et a dit qu'elle était morte, mais n'a autrement voulu parler.

» Lui a été baillé de l'eau ; s'est fort tournée et remuée, n'a voulu parler.

» Lui a été derechef baillé de l'eau ; ne s'est tournée ni remuée, a dit avec un grand gémissement :

» — O mon Dieu ! mon Dieu ! je suis morte !

» Mais n'a autrement voulu parler.

» Par quoi, sans autre grief lui faire, a été déliée, descendue, et amenée devant le feu en la manière accoutumée. »

Ce fut près de ce feu, devant la cheminée du concierge, couchée sur le matelas de la question, que la retrouva le docteur, qui, se sentant sans force pour un pareil spectacle, lui avait demandé la permission de la quitter pour dire une messe à son intention, afin que Dieu lui accordât la patience et le courage.

On voit que le digne prêtre n'avait point prié vainement.

— Ah ! monsieur, lui dit la marquise dès qu'elle l'aperçut, il y a longtemps que je souhaite vous revoir, pour me consoler avec vous. Voilà une question qui a été bien longue et bien douloureuse ; mais c'est la dernière fois que j'ai à traiter avec les hommes, et je n'ai plus maintenant à m'occuper que de Dieu. Voyez mes mains, monsieur, voyez mes pieds ; ne sont-ils pas déchirés et meurtris, et mes bourreaux ne m'ont-ils point frappée aux mêmes places que le Christ ?

— Aussi, madame, répondit le prêtre, vos souffrances, en ce moment, sont-elles un bonheur ; chaque torture est un degré qui vous rapproche du ciel. Ainsi donc, comme vous le dites, il ne faut plus vous occuper que de Dieu ; il faut ramener à lui toutes vos pensées et vos espérances ; il faut lui demander, avec le roi pénitent, de vous donner une place dans le ciel parmi ses élus ; et comme rien d'impur n'y peut pénétrer, allons travailler, madame, à ôter de vous toutes les taches qui pourraient vous en fermer la voie.

Aussitôt la marquise se leva aidée du docteur, car à peine pouvait-elle se soutenir, et elle s'avança en chancelant entre lui et le bourreau ; car ce dernier, qui s'était emparé d'elle aussitôt l'arrêt, ne devait plus la quitter qu'après l'avoir exécutée. Ils entrèrent tous trois dans la chapelle, et pénétrant dans l'enceinte du chœur, le docteur et la marquise se mirent à genoux pour adorer le Saint-Sacrement. En ce moment il parut dans la nef de la chapelle quelques personnes attirées par la curiosité, et comme on ne pouvait les chasser, et que ces personnes distrayaient la marquise, le bourreau ferma la grille du chœur et fit passer la patiente derrière l'autel. Là elle s'assit sur une chaise, et le docteur se mit un banc de l'autre côté et vis-à-vis d'elle. Ce fut alors seulement, la voyant éclairée par la fenêtre de la chapelle, qu'il s'aperçut du changement qui s'était opéré en elle. Son visage, ordinairement très-pâle, était enflammé, ses yeux étaient ardents et fiévreux, et tout son corps frissonnait de tressaillements inattendus. Le docteur voulut lui dire quelques paroles pour la consoler ; mais elle, sans l'écouter :

— Monsieur, lui dit-elle, savez-vous que mon arrêt est ignominieux et infamant ? Savez-vous qu'il y a du feu dans mon arrêt ?

Le docteur ne lui répondit pas ; mais, pensant qu'elle avait besoin de quelque chose, dit au bourreau de faire apporter du vin. Un instant après, le geôlier parut, une tasse à la main ; le docteur la présenta à la marquise, qui y trempa ses lèvres et la lui rendit aussitôt ; puis, s'apercevant qu'elle avait la gorge découverte, elle prit son mouchoir pour se la couvrir, et demanda au geôlier une épingle pour l'attacher ; comme celui-ci tardait à la lui donner, la cherchant sur lui, elle crut qu'il avait peur qu'elle ne s'étranglât avec, et secouant la tête avec un sourire triste :

— Ah ! maintenant, lui dit-elle, vous n'avez rien à craindre, et voilà monsieur qui sera mon garant auprès de vous que je ne me veux faire aucun mal.

— Madame, lui dit le geôlier en lui remettant ce qu'elle demandait, je vous demande pardon de vous avoir fait attendre. Je ne me défiais pas de vous, je vous jure, et si cela est arrivé à quelqu'un, ce n'est point à moi.

Alors, se mettant à genoux devant elle, il lui demanda sa main à baiser. Elle la lui donna aussitôt, en lui disant de prier Dieu pour elle.

— Oh ! oui, s'écria-t-il en sanglotant, et de tout mon cœur.

Alors elle s'attacha comme elle put l'épingle avec ses mains liées, et comme le geôlier s'était retiré et qu'elle se retrouvait seule avec le docteur :

— Ne m'avez-vous pas entendue, monsieur ? lui dit-elle une seconde fois. Je vous ai dit qu'il y avait du feu dans mon arrêt. Du feu !... comprenez-vous bien ? Et quoiqu'il y soit dit que mon corps n'y sera jeté qu'après ma mort, c'est toujours une grande infamie pour ma mémoire. On m'épargne la douleur d'être brûlée vive, et on me sauve par là, peut-être, une mort de désespoir, mais la honte y est toujours, et c'est à la honte que je pense.

— Madame, lui dit le docteur, il est aussi indifférent pour votre salut que votre corps soit jeté au feu pour y être réduit en cendres, que mis en terre pour y être dévoré par les vers; qu'il soit traîné sur la claie et jeté à la voirie, qu'embaumé avec les parfums d'Orient et déposé dans un riche tombeau. De quelque manière qu'il finisse, il ressuscitera au jour marqué, et s'il est désigné pour le ciel, il sortira plus glorieux de ses cendres que certain cadavre royal qui dort en ce moment dans un cercueil doré. Les obsèques sont pour ceux qui survivent, madame, et non pour ceux qui meurent.

En ce moment on entendit quelque bruit à la porte du chœur; le docteur alla voir ce que c'était; un homme insistait pour entrer et luttait presque avec le bourreau. Le docteur s'approcha et demanda ce que c'était : c'était un sellier à qui Mme de Brinvilliers avait acheté, avant son départ de la France, un carrosse dont elle lui avait payé une partie, et sur lequel elle lui redevait douze cents livres. Il apportait le billet qu'elle lui en avait fait, et sur lequel étaient inscrits fidèlement les différents à-comptes qu'elle lui avait donnés. Alors la marquise, ne sachant pas ce qui se passait, appela : le docteur et le bourreau allèrent à elle.

— Est-ce que l'on me vient déjà chercher? dit-elle; je suis mal préparée en ce moment; mais, n'importe, je suis prête.

Le docteur la rassura et lui dit ce dont il s'agissait.

— Cet homme a raison, répondit-elle; dites-lui, continua-t-elle en s'adressant au bourreau, que je donnerai ordre à cela autant que je le pourrai. Puis, voyant le bourreau s'éloigner :

— Monsieur, dit-elle au docteur, faut-il déjà partir? On me ferait plaisir de me donner encore un peu de temps; car si je suis prête, comme je le disais tout à l'heure, je ne suis pas préparée. Mon père, pardonnez-moi, ajouta-t-elle; mais c'est cette question et cet arrêt qui m'ont toute bouleversée; c'est ce feu qui est dedans qui brille éternellement à mes yeux comme celui de l'enfer. Si l'on m'avait laissée avec vous tout ce temps, cela eût mieux valu pour mon salut.

— Madame, répondit le docteur, Dieu merci, nous avons probablement jusqu'à la nuit pour vous remettre et penser à ce qui vous reste à faire.

— Oh! monsieur, dit-elle avec un sourire, ne croyez pas cela, et l'on n'aura pas tant d'égard pour une malheureuse condamnée au feu; cela ne dépend pas de nous. Quand tout sera prêt, on viendra nous avertir qu'il est temps et il faudra marcher.

— Madame, répliqua le docteur, je puis vous répondre qu'on vous accordera le loisir nécessaire.

— Non, non, dit-elle avec un accent saccadé et fiévreux, non, je ne veux pas faire attendre après moi. Quand le tombereau sera à la porte, on n'aura qu'à me le dire, et je descendrai.

— Madame, répondit le docteur, je ne vous retarderais pas si je

vous voyais prête à paraître devant Dieu, car, dans votre situation, c'est un acte de piété de ne point demander de temps et de partir à l'heure venue; mais tous ne sont pas si bien préparés qu'ils puissent faire comme le Christ, lequel quitta sa prière et réveilla ses apôtres, pour sortir du jardin et marcher au-devant de ses ennemis. Mais vous, en ce moment, vous êtes faible, et l'on viendrait pour vous chercher, que je m'opposerais à votre départ.

— Soyez tranquille, madame, le moment n'est point encore venu, —dit, en passant sa tête près de l'autel, le bourreau, qui avait écouté la conversation, et qui, jugeant son témoignage irrécusable, voulait, autant qu'il était en lui, rassurer la marquise : — rien ne presse, et nous pouvons n'aller encore que dans deux ou trois heures.

Cette assurance rendit un peu de calme à Mme de Brinvilliers, et elle remercia le bourreau. Puis se retournant vers le docteur :

— Monsieur, dit-elle, voici un chapelet que je voudrais bien qui ne tombât point entre les mains de cet homme. Ce n'est point qu'il n'en puisse faire un bon usage; car, malgré l'état qu'ils exercent, je crois, n'est-ce pas, que ces gens-là sont chrétiens comme nous? Mais enfin j'aimerais mieux le laisser à quelque autre.

— Madame, répondit le docteur, voyez à qui vous souhaitez que je le donne, et je le rendrai comme vous me l'aurez marqué.

— Hélas! monsieur, dit-elle, je n'ai personne à qui je le puisse donner qu'à ma sœur; mais j'ai peur que, se souvenant de mon crime envers elle, elle n'ait horreur de toucher ce qui m'aura appartenu. Si elle n'en éprouvait pas de peine, ce me serait cependant une grande consolation que cette idée qu'elle portera après ma mort, et que sa vue lui rappellera qu'elle doit prier pour moi; mais après ce qui s'est passé entre nous, ce chapelet ne lui représenterait sans doute qu'une mémoire odieuse. Mon Dieu! mon Dieu! je suis bien criminelle, et daignerez-vous me pardonner jamais?

— Madame, répondit le docteur, je crois que vous vous trompez à l'égard de Mlle d'Aubray : vous avez pu voir par la lettre qu'elle vous a écrite les sentiments qu'elle a gardés pour vous; priez donc sur ce chapelet jusqu'à votre dernière heure. Priez sans relâche et sans distraction, comme il convient à une coupable qui se repent, et je vous réponds, madame, que je le remettrai moi-même, et qu'il sera bien reçu.

Et la marquise, qui depuis l'interrogatoire avait été constamment distraite, se remit, grâce à la patiente charité du docteur, à prier avec autant de ferveur qu'auparavant.

Elle pria ainsi jusqu'à sept heures. Au moment où elles sonnaient, le bourreau vint sans rien dire se placer debout devant elle; elle comprit que le moment était venu, et saisissant le bras du docteur :

— Encore un peu de temps, lui dit-elle, encore quelques instants, je vous prie.

Puis, lorsqu'il lui tint la main dans la sienne, il fit un signe, les archers parurent. — Page 7.

Paris. — Typ. de Ve Dondey-Dupré, rue St-Louis, 46, au Marais.

— Madame, répondit le docteur en se levant, allons adorer le sang divin dans le sacrement, et le prier de vous ôter ce qui vous reste de tache et de péché, et vous obtiendrez ainsi le répit que vous désirez.

Alors le bourreau serra autour de ses mains les cordes qu'auparavant il avait laissées lâches et presque flottantes, et elle vint d'un pas assez ferme se mettre à genoux devant l'autel entre le chapelain de la Conciergerie et le docteur. Le chapelain était en surplis, et il entonna à voix haute le *Veni Creator*, le *Salve Regina*, et *Tantum ergo*. Ces prières finies, il lui donna la bénédiction du saint-sacrement, qu'elle reçut à genoux et la face contre terre. Puis, le bourreau marchant devant pour préparer une chemise, elle sortit de la chapelle, appuyée du côté gauche sur le docteur, et du côté droit sur le valet du bourreau. Ce fut à cette sortie qu'elle éprouva sa première confusion. Dix ou douze personnes l'attendaient ; et comme elle se trouva tout à coup en face d'elles, elle fit un pas en arrière, et de ses mains, toutes liées qu'elles étaient, elle abattit le devant de sa coiffe et s'en couvrit à moitié le visage. Bientôt elle passa sous un guichet qui se referma derrière elle, de sorte qu'elle se retrouva seule entre deux guichets avec le docteur et le valet du bourreau ; en ce moment, du mouvement violent qu'elle avait fait pour se cacher le visage, son chapelet se défila, et quelques grains tombèrent par terre. Cependant elle continuait d'avancer sans y faire attention ; mais le docteur la rappela, puis, se baissant, il se mit à ramasser ces grains avec le valet du bourreau, qui, les rassemblant tous dans sa main, les versa dans celle de la marquise. Alors le remerciant humblement de cette attention :

— Monsieur, lui dit-elle, je sais que je ne possède plus rien en ce monde, que tout ce que j'ai sur moi vous appartient, que je ne puis rien donner que de votre agrément ; mais je vous prie de trouver bon qu'avant de mourir je donne ce chapelet à monsieur ; vous n'y perdrez pas beaucoup, car il n'est pas de prix, et je ne le lui remets que pour le faire passer aux mains de ma sœur. Consentez donc, monsieur, que j'en use ainsi, je vous en supplie.

— Madame, répondit le valet, quoique ce soit l'usage que les habits des condamnés nous appartiennent, vous êtes la maîtresse de tout ce que vous avez, et quand la chose serait de plus grande valeur, vous pouvez en disposer à votre plaisir.

Le docteur, qui lui donnait le bras, la sentit frissonner à cette galanterie du valet du bourreau, qui, de l'humeur hautaine dont était la marquise, devait être pour elle la chose la plus humiliante qui se puisse imaginer ; mais cependant ce mouvement, si elle l'éprouva, fut intérieur, et son visage n'en témoigna rien. En ce moment elle se trouva dans le vestibule de la Conciergerie, entre la cour et le premier guichet, où on la fit asseoir, afin de la mettre dans l'état où elle devait être pour l'amende honorable. Comme chaque pas qu'elle faisait alors la rap-

prochait de l'échafaud, chaque événement l'inquiétait davantage. Elle se retourna donc avec angoisse, et vit le bourreau qui tenait une chemise à la main. En ce moment on ouvrit la porte du vestibule, et une cinquantaine de personnes entrèrent, parmi lesquelles étaient Mme la comtesse de Soissons, Mme du Refuge, Mlle de Scudéry, M. de Roquelaure et M. l'abbé de Chimay. A cette vue, la marquise devint rouge de honte, et se penchant vers le docteur :

— Monsieur, lui dit-elle, cet homme va-t-il donc me déshabiller une seconde fois, comme il a déjà fait dans la chambre de la question ?

Tous ces apprêts sont bien cruels, et malgré moi me détournent de Dieu.

Le bourreau, si bas qu'elle eût parlé, entendit ces paroles et la rassura, lui disant qu'on ne lui ôterait rien et qu'on lui passerait la chemise par-dessus ses autres vêtements. Alors il s'approcha d'elle, et comme il était d'un côté et son valet de l'autre, la marquise, qui ne pouvait parler au docteur, lui exprimait par ses regards qu'elle éprouvait profondément tout ce qu'il y avait d'ignominieux dans sa situation ; puis, lorsqu'il lui eut passé la chemise, opération pour laquelle il fallut lui délier les mains, il lui releva sa cornette qu'elle avait abaissée, comme nous l'avons dit, la lui noua sous le cou, lui attacha de nouveau les mains avec une corde, lui en lia une au lieu de ceinture, et une autre encore autour du cou, puis, se mettant à genoux devant elle, il lui ôta ses mules et lui tira ses bas. Alors elle étendit sur le docteur ses bras liés.

— Oh ! monsieur, lui dit-elle, au nom de Dieu, vous voyez ce que l'on me fait ; daignez donc vous rapprocher de moi pour me consoler.

Le docteur se rapprocha aussitôt d'elle, lui soutenant la tête renversée sur sa poitrine, et voulut la réconforter ; mais elle, avec un ton de lamentation déchirant :

— Oh ! monsieur, dit-elle, jetant un regard sur tout ce monde qui la dévorait des yeux, ne voilà-t-il pas une étrange et barbare curiosité ?

— Madame, répondit le docteur les larmes aux yeux, ne regardez point l'empressement de ces personnes du côté de la barbarie et de la curiosité, quoique ce soit peut-être leur côté réel ; mais regardez-les comme une honte que Dieu vous envoie en expiation de vos crimes. Dieu, qui était innocent, fut soumis à bien d'autres opprobres, et cependant il les subit avec joie ; car, ainsi que le dit Tertullien, ce fut une victime qui ne s'engraissa que de la volupté des souffrances.

Comme le docteur achevait ces paroles, le bourreau mit à la marquise la torche allumée entre les mains, afin qu'elle la portât ainsi jusqu'à Notre-Dame, où elle devait faire son amende honorable, et comme elle était très-lourde, pesant deux livres, le docteur la soutint de la main droite, tandis que, pour la seconde fois, le greffier lui lisait l'arrêt, que le docteur faisait tout ce qu'il pouvait pour l'empêcher d'entendre, lui parlant sans cesse de Dieu. Cependant elle pâlit si

Le bourreau, sans lui répondre, commença de lui ôter sa mante. — Page 14.

affreusement lorsque le greffier lui relut ces paroles : « Et ce fait, sera menée et conduite dans un tombereau, nu-pieds, la corde au cou, et tenant en ses mains une torche ardente du poids de deux livres, » que le docteur ne put avoir de doute, quelque peine qu'il se fût donnée, qu'elle les avait entendues. Ce fut bien pis encore lorsqu'elle arriva sur le seuil du vestibule, et qu'elle vit la grande foule de monde qui l'attendait dans la cour. Alors elle s'arrêta le visage tout en convulsions; et s'appuyant sur elle-même comme si elle avait voulu enfoncer ses pieds en terre : — Monsieur, dit-elle au docteur d'un air à la fois farouche et plaintif, monsieur, serait-il bien possible qu'après ce qui se passe à l'heure qu'il est, M. de Brinvilliers eût encore assez peu de cœur pour demeurer dans ce monde?

— Madame, répondit le docteur, lorsque Notre-Seigneur fut prêt à quitter ses apôtres, il ne pria point Dieu de les enlever de la terre, mais d'empêcher qu'ils ne tombassent dans le vice. « Mon père, dit-il, je ne demande pas que vous les tiriez du monde, mais que vous les préserviez du mal. » Si donc, madame, vous demandez quelque chose à Dieu pour M. de Brinvilliers, que ce soit seulement qu'il le maintienne dans sa grâce, s'il y est, et pour qu'il l'y mette s'il n'y est pas.

Mais ces paroles furent impuissantes; pour le moment la honte était trop grande et trop publique; son visage se plissa, ses sourcils se froncèrent, ses yeux jetèrent des flammes, sa bouche se tordit, tout son air devint terrible, et le démon reparut un instant sous l'enveloppe qui le recouvrait. Ce fut pendant ce paroxysme, qui dura presque un quart d'heure, que Lebrun, qui était près d'elle, s'impressionna de son visage et en garda un tel souvenir, que la nuit suivante, ne pouvant dormir et ayant sans cesse cette figure devant les yeux, il en fit le beau dessin qui est au Louvre, et en regard de ce dessin une tête de tigre, pour montrer que les traits principaux étaient les mêmes, et que l'une ressemblait à l'autre.

Ce retard dans la marche avait été occasionné par la grande foule qui encombrait la cour, et qui ne s'ouvrit que devant les archers qui vinrent à cheval fendre la presse. La marquise put alors sortir, et, pour que sa vue ne s'égarât point davantage sur tout ce monde, le docteur lui mit un crucifix à la main, lui ordonnant de ne pas le perdre des yeux. C'est ce qu'elle fit jusqu'à la porte de la rue, où l'attendait le tombereau; là il lui fallut bien lever les yeux sur l'objet infâme qui se trouvait devant elle.

C'était un des plus petits tombereaux qui se puissent voir, portant encore la trace de la boue et des pierres qu'il avait transportées, sans siège pour s'asseoir, et avec un peu de paille jetée au fond; il était attelé d'un mauvais cheval, qui complétait merveilleusement l'ignominie de cet équipage.

Le bourreau la fit monter la première, ce qu'elle exécuta avec assez de force et de rapidité, comme pour fuir les regards qui l'entouraient, et elle se blottit, comme eût fait une bête fauve, à l'angle gauche, assise sur la paille, et tournée à reculons. Le docteur monta ensuite, et s'assit près d'elle, à l'angle droit; puis le bourreau monta à son tour, ferma la planche de derrière et s'assit sur elle, allongeant ses jambes entre celles du docteur. Quant au valet, qui avait la charge de conduire le cheval, il s'assit sur la traverse de devant, dos à dos avec la marquise et le docteur, les pieds écartés et posés sur les deux brancards. Ce fut dans cette situation, qui fait comprendre comment Mᵐᵉ de Sévigné, qui était sur le pont Notre-Dame *avec la bonne Descars*, ne vit qu'une cornette (28), que la marquise se mit en marche pour Notre-Dame.

A peine le cortége avait-il fait quelques pas, que le visage de la marquise, qui avait repris un peu de tranquillité, se bouleversa de nouveau; ses yeux, qui étaient constamment restés fixés sur le crucifix, lancèrent hors du tombereau deux regards de flamme, puis prirent aussitôt un caractère de trouble et d'égarement qui effraya le docteur, qui, reconnaissant que quelque chose lui faisait impression, et voulant maintenir son âme dans le calme, lui demanda ce qu'elle avait vu :

— Rien, monsieur, rien, dit-elle vivement et en ramenant ses regards sur le docteur; ce n'est rien.

— Mais, madame, lui dit-il, vous ne pouvez cependant démentir vos yeux, et il y a dans vos yeux, depuis un moment, un feu si étranger à celui de la charité, que le peut y être venu qu'à la vue de quelque objet fâcheux. Qu'est-ce que ce peut être? dites-le-moi, je vous prie, car vous m'avez promis de m'avertir de tout ce qui vous viendrait de tentation.

— Monsieur, répondit la marquise, je le ferai aussi, mais ce n'est rien. — Puis, tout à coup jetant les yeux sur le bourreau, qui, ainsi que nous l'avons dit, était en face du docteur : — Monsieur, lui dit-elle vivement, monsieur, mettez-vous devant moi, je vous prie, et me cachez cet homme. — Et elle étendit ses deux mains liées vers un homme qui suivait le tombereau à cheval, repoussant de ce geste la torche, que le docteur retint, et le crucifix, qui tomba à terre. Le bourreau regarda derrière lui, puis se retourna de côté, comme elle l'en avait prié, lui faisant signe de la tête, et murmurant tout bas : — Oui, oui, j'entends bien ce que c'est. — Et comme le docteur insista :

— Monsieur, lui dit-elle, ce n'est rien qui mérite de vous être rapporté, et c'est une faiblesse à moi de ne pouvoir présentement soutenir la vue d'une personne qui m'a maltraitée. Cet homme que vous avez

vu toucher le derrière du tombereau est Desgrais, qui m'a arrêtée à Liége, et m'a si fort maltraitée tout le long de la route, que je n'ai pu en le revoyant maîtriser le mouvement dont vous vous êtes aperçu.

— Madame, répondit le docteur, j'ai oïí parler de lui, et vous-même m'en avez entretenu dans votre confession; mais c'était un homme envoyé pour se saisir de vous et en répondre, chargé de grands ordres, qui avait raison de vous garder de près et de vous veiller avec rigueur; et quand il vous aurait gardée plus sévèrement encore, il n'aurait exécuté que sa commission. Jésus-Christ, madame, ne pouvait regarder ses bourreaux que comme des ministres d'iniquité, qui servaient l'injustice, et qui y ajoutaient de leur chef toutes les cruautés qui leur venaient à l'esprit, et cependant, tout le long de la marche, il les vit avec patience et avec plaisir, et en mourant il pria pour eux.

Il se fit alors chez la marquise un rude combat, qui se refléta sur son visage, mais qui ne fut que d'un moment, et après une dernière contraction, il reprit sa surface calme et sereine; puis :

— Monsieur, dit-elle, vous avez raison, et je me fais bien du tort par une pareille délicatesse : j'en demande pardon à Dieu, et vous prie de vous en souvenir sur l'échafaud, quand vous me donnerez l'absolution, ainsi que vous me l'avez promise, afin qu'elle tombe sur cela comme sur autre chose; puis se tournant vers le bourreau : — Monsieur, continua-t-elle, remettez-vous comme vous étiez d'abord, et que je voie M. Desgrais. — Le bourreau hésita à obéir, mais, sur un signe que lui fit le docteur, il reprit sa première place, la marquise regarda quelque temps Desgrais d'un air doux, murmurant une prière en sa faveur, puis, ramenant ses yeux sur le crucifix, elle se remit à prier pour elle-même : cela se passa devant l'église de Sainte-Geneviève des Ardents.

Cependant, si doucement qu'il marchât, le tombereau continuait d'avancer, et finit par se trouver sur la place de Notre-Dame. Alors les archers firent écarter le peuple qui l'encombrait, et le tombereau poussa jusqu'aux marches, où il s'arrêta. Là le bourreau descendit, enleva la planche de derrière, prit la marquise dans ses bras et la déposa sur le pavé; le docteur descendit après elle, les pieds tout engourdis de la position gênée où il se tenait depuis la Conciergerie, monta les marches de l'église, et alla se placer derrière la marquise, qui se tenait debout sur le parvis, ayant un greffier à sa droite, le bourreau à sa gauche, et derrière elle une grande foule de personnes, qui étaient dans l'église, dont toutes les portes avaient été ouvertes. On la fit agenouiller, on lui donna la torche allumée, que jusque-là le docteur avait presque toujours portée. Puis le greffier lui lut l'amende honorable, qu'il tenait écrite sur un papier, et qu'elle commença à répéter après lui, mais si bas, que le bourreau lui dit d'une voix forte : — Dites comme monsieur, et repetez tout après lui. Plus haut! plus haut! — Et alors elle éleva la voix, et avec autant de fermeté que de dévotion, elle répéta la réparation suivante :

« Je reconnais que, méchamment et par vengeance, j'ai empoisonné mon père et mes frères, et attenté à l'empoisonnement de ma sœur, pour avoir leurs biens, dont je demande pardon à Dieu, au roi et à la justice. »

L'amende honorable finie, le bourreau la reprit dans ses bras et la reporta dans le tombereau sans plus lui donner la torche; le docteur monta près d'elle; chacun reprit la place qu'il avait auparavant, et le tombereau s'achemina vers la Grève. De ce moment, jusqu'à ce qu'elle arrivât à l'échafaud, elle ne quitta plus des yeux le crucifix, que le docteur tenait de la main gauche et lui présentait sans cesse, l'exhortant toujours par de pieuses paroles, essayant de la distraire des murmures terribles qui s'élevaient autour de la charrette, et dans lesquels il était facile de distinguer des malédictions.

Arrivé sur la place de Grève, le tombereau s'arrêta à quelque distance de l'échafaud; alors le greffier, que l'on nommait M. Drouet, s'avança à cheval, et s'adressant à la marquise : — Madame, lui dit-il, n'avez-vous rien à dire de plus que vous n'avez dit? car, si vous avez quelque déclaration à faire, MM. les douze commissaires sont là, en l'Hôtel de ville, et tout prêts à la recevoir.

— Vous entendez, madame, reprit alors le docteur, nous voici au terme du voyage, et, Dieu merci! la force ne vous a pas abandonnée dans la route : ne détruisez pas l'effet de tout ce que vous avez déjà souffert et de tout ce que vous avez à souffrir encore, en cachant ce que vous savez, si par hasard vous en savez plus que vous n'en avez dit :

— J'ai dit tout ce que je savais, répondit la marquise, et je ne puis dire autre chose.

— Répetez-le donc tout haut, repliqua le docteur, et que tout le monde l'entende.

Alors la marquise, de la plus forte voix qu'elle put prendre, répéta :

— J'ai dit tout ce que je savais, monsieur, et je ne puis dire autre chose.

Cette déclaration faite, on voulut faire approcher davantage le tombereau de l'échafaud; mais la foule était si pressée, que le valet du bourreau ne pouvait se faire jour, malgré les coups de fouet qu'il donnait devant lui. Il fallut donc s'arrêter à quelques pas : quant au bourreau, il était descendu et ajustait l'échelle.

Pendant cet instant d'horrible attente, la marquise regardait le docteur d'un air calme et reconnaissant, et comme elle sentit que le tombereau cessait de marcher :

— Monsieur, lui dit-elle, ce n'est point ici que nous devons nous séparer, et vous m'avez promis de ne point me quitter que je n'aie la tête coupée ; j'espère que vous me tiendrez parole.

— Oui, sans doute, répondit le docteur, je vous la tiendrai, madame, et ce ne sera que l'instant de votre mort qui sera celui de notre séparation : ne vous mettez donc point en peine de cela, car je ne vous abandonnerai point.

— J'attendais de vous cette grâce, reprit la marquise, et vous vous y étiez engagé trop solennellement pour que vous eussiez, je le sais, l'idée même d'y manquer. Vous serez, s'il vous plaît, sur l'échafaud avec moi et près de moi ; et maintenant, monsieur, comme il faut que je prévienne le dernier adieu, et que la quantité de choses que j'aurai à faire sur l'échafaud pourrait m'en distraire, permettez que de ce moment je vous remercie ; car si je me sens bien disposée à subir la sentence des juges de la terre et à écouter celle du juge du ciel, je dois tout cela à vos soins, monsieur, je le reconnais hautement : il ne me reste donc qu'à vous faire excuse de la peine que je vous ai donnée, et je vous en demande pardon. — Et comme les larmes coupaient la voix du docteur et qu'il ne pouvait répondre : — N'est-ce pas que vous m'excusez bien ? répéta-t-elle. — A ces mots, le docteur voulut la rassurer ; mais, sentant que s'il ouvrait la bouche, il éclaterait en sanglots, il continua de garder le silence ; ce que voyant la marquise, elle reprit une troisième fois : — Je vous supplie, monsieur, de me pardonner, et de ne pas regretter le temps que vous avez passé près de moi : vous direz sur l'échafaud un *De profundis* au moment de ma mort, et demain une messe pour moi : vous me le promettez, n'est-ce pas ?

— Oui, madame, dit le docteur d'une voix entrecoupée, oui, oui, soyez tranquille, je ferai ce que vous m'ordonnerez.

En ce moment, le bourreau ôta la planche et tira la marquise du tombereau ; et comme il fit quelques pas avec elle vers l'échafaud, et que tous les yeux se tournèrent de leur côté, le docteur put pleurer un instant dans son mouchoir sans que personne s'en aperçût ; mais, comme il s'essuyait les yeux, le valet du bourreau lui tendit la main pour l'aider à descendre. Pendant ce temps, la marquise montait à l'échelle, conduite par le bourreau, et lorsqu'elle fut arrivée sur la plate-forme, il la fit mettre à genoux devant une bûche qui était couchée en travers ; alors le docteur qui avait monté à l'échelle d'un pas moins ferme qu'elle, vint s'agenouiller à ses côtés, mais tourné d'une autre façon qu'elle, afin de lui parler à l'oreille, c'est-à-dire que la marquise regardait la rivière et le docteur l'Hôtel de ville. A peine furent-ils dans cette position, que le bourreau décoiffa la patiente et lui coupa les cheveux par derrière et aux deux côtés, lui faisant tourner et retourner la tête, quelquefois même assez rudement ; et quoique cette toilette horrible durât près d'une demi-heure, elle ne fit pas entendre une plainte et ne donna d'autres signes de douleur que de laisser échapper de grosses larmes silencieuses. Les cheveux coupés, il lui déchira pour lui découvrir les épaules, le haut de la chemise qu'il lui avait passée par-dessus ses habits en sortant de la Conciergerie. Enfin il lui banda les yeux, et, lui relevant le menton avec la main, il lui ordonna de se tenir la tête droite : elle obéit à tout sans aucune résistance, écoutant toujours ce que lui disait le docteur, et répétant de temps en temps ses paroles, lorsqu'elles étaient appropriées à sa situation. Pendant ce temps, le bourreau, sur le derrière de l'échafaud, contre lequel était dressé le bûcher, jetait de temps en temps les yeux sur son manteau, des plis duquel on voyait sortir la poignée d'un long sabre droit, qu'il avait eu la précaution de cacher ainsi pour que Mme de Brinvilliers ne le vît pas en montant sur l'échafaud ; et comme, après avoir donné l'absolution à la marquise, le docteur, en tournant la tête, vit que le bourreau n'était pas encore armé, il lui dit ces paroles en forme de prière qu'elle répéta après lui : « Jésus, fils de Da-

vid et de Marie, ayez pitié de moi ; Marie, fille de David et mère de Jésus, priez pour moi ; mon Dieu, j'abandonne mon corps, qui n'est que poussière, et le laisse aux hommes pour le brûler, le réduire en cendres et en disposer comme il leur plaira avec une ferme foi que vous le ferez ressusciter un jour, et que vous le réunirez à mon âme : je ne suis en peine que d'elle ; agréez, mon Dieu, que je la remette à vous, faites-la entrer dans votre repos, et recevez-la dans votre sein, afin qu'elle remonte à la source dont elle est descendue ; elle part de vous, qu'elle retourne à vous ; elle est sortie de vous, qu'elle rentre en vous ; vous en êtes l'origine et le principe, soyez-en, ô mon Dieu, le centre et la fin ! »

La marquise achevait ce mot, lorsque le docteur entendit un coup sourd, comme celui d'un coup de couperet, qui se donnerait pour trancher de la chair sur un billot : au même instant la parole cessa. Le couteau avait passé si vite, que le docteur n'en avait pas même vu passer l'éclair : il s'arrêta lui-même, les cheveux hérissés et la sueur sur le front ; car ne voyant point tomber la tête, il crut que le bourreau avait manqué son coup et qu'il allait être obligé de recommencer ; mais cette crainte fut courte, car presque au même instant la tête s'inclina vers le côté gauche, glissa sur l'épaule, et de l'épaule roula en arrière, tandis que le corps tombait en avant sur la bûche placée en travers, soulevé de manière à ce que les spectateurs vissent le cou tranché et sanglant : au même instant et ainsi qu'il le lui avait promis, le docteur lui dit un *De profundis*.

Lorsque le docteur eut fini sa prière, il leva la tête et vit devant lui le bourreau qui s'essuyait le visage.

— Eh bien ! monsieur, dit-il au docteur, n'est-ce point là un bon coup ? Je me recommande toujours à Dieu en ces occasions-là, et il m'a toujours assisté : il y a plusieurs jours que cette dame m'inquiétait : mais j'ai fait dire six messes, et je me suis senti le cœur et la main rassurés. — A ces mots, il chercha sous son manteau une bouteille qu'il avait apportée sur l'échafaud, en but un coup ; puis, prenant sous un bras le corps tout habillé comme il était, et l'autre main la tête, dont les yeux étaient restés bandés, il jeta l'un et l'autre sur le bûcher, auquel son valet mit aussitôt le feu.

« Le lendemain, dit Mme de Sévigné, on cherchait les os de la marquise de Brinvilliers, parce que le peuple disait qu'elle était sainte. »

En 1814, M. d'Offemont, père du propriétaire actuel du château où la marquise de Brinvilliers empoisonna M. d'Aubray, effrayé de l'approche des troupes alliées, pratiqua dans une des tourelles plusieurs cachettes où il enferma l'argenterie et les autres objets précieux qui se trouvaient dans cette campagne isolée au milieu de la forêt de Laigue. Les troupes étrangères passèrent et repassèrent à Offemont, et, après trois mois d'occupation, se retirèrent au delà de la frontière.

On se hasarda alors à tirer de leurs cachettes les différents objets qui y avaient été enfermés, et comme on sondait les murs, de peur d'oublier quelque chose, une des parois rendit un son creux, qui indiqua une cavité jusqu'alors inconnue. La muraille fut attaquée à coups de leviers et de pioches, et plusieurs pierres étant tombées démasquèrent un grand cabinet en forme de laboratoire, dans lequel on retrouva des fourneaux, des instruments de chimie, plusieurs fioles hermétiquement bouchées et contenant encore une eau inconnue, et enfin quatre paquets de poudre de différentes couleurs. Malheureusement ceux qui firent cette découverte y attachèrent trop ou trop peu d'importance, et, au lieu de soumettre ces différents ingrédients à l'investigation de la science moderne, ils firent disparaître avec grand soin paquets et bouteilles, effrayés eux-mêmes des substances mortelles que probablement ils renfermaient.

Ainsi fut perdue cette étrange et probablement dernière occasion de reconnaître et d'analyser les substances dont se composaient les poisons de Sainte-Croix et de la marquise de Brinvilliers.

NOTES.

(1) Mémoire du Procès extraordinaire contre la dame de Brinvilliers, prisonnière en la Conciergerie du Palais, page 3.

(2) Factum pour la dame Marie Vossier, veuve du sieur de Saint-Laurent, contre maître Pierre-Louis Reich de Penautier, page 7.

(3) Interrogatoire de Sautereau, page 56.

(4) Mémoire du Procès extraordinaire contre la dame de Brinvilliers, prisonnière en sa Conciergerie du Palais, accusée, page 10.

(5) Déposition de la fille Roussel.

(6) Mémoire extraordinaire contre la dame de Brinvilliers, prisonnière en la Conciergerie du Palais, page 4.

(7) Interrogatoire de Belleguise, 2 août 1676, page 58.

(8) Factum de dame Marie Vossier, veuve de messire Pierre de Hannyvel sieur de Saint-Laurent, contre maître Pierre-Louis Reich de Penautier, page 15.

(9) Histoire du Procès de la marquise de Brinvilliers, page 551.

(10) Mémoire du Procès extraordinaire contre la dame de Brinvilliers, prisonnière en la Conciergerie du Palais, page 4.

(11) Histoire du Procès de la marquise de Brinvilliers, page 554.

(12) Madame de Sévigné, CCXCII^e lettre.

(13) Mémoire du Procès extraordinaire contre la dame de Brinvilliers, prisonnière en la Conciergerie du Palais, page 5.

(14) Histoire du Procès de la marquise de Brinvilliers, page 555.

(15) Déposition du sieur Bachot.

(16) Factum contre maître Pierre-Louis Reich de Penautier, page 12.

(17) Factum contre maître Pierre-Louis Reich de Penautier, page 21.

(18) Il y a deux versions sur cette mort de Sainte-Croix. MM. Vauthier, avocat, et Garanger, procureur, auteurs du factum contre Penautier, prétendent que Sainte-Croix mourut après une maladie de cinq mois, occasionnée par la vapeur des poisons ; qu'il garda sa connaissance jusqu'à la fin, et reçut les secours de la religion. L'auteur

du mémoire du Procès extraordinaire de la dame de Brinvilliers raconte, au contraire, cet événement ainsi que nous le consignons ici : nous avons adopté cette version comme la plus probable, la plus répandue et la plus populaire ; la plus probable, puisque si Sainte-Croix eût été malade cinq mois et fût mort en pleine connaissance, il eût eu le temps de faire disparaître tous les papiers qui pouvaient compromettre ses amis ; la plus répandue, puisque le fait est rapporté de cette manière par Gayot de Pitaval et Richer ; la plus populaire, puisque l'on attribua cette mort à un jugement de Dieu.

(19) Il y avait deux sortes de questions : la question préparatoire et la question préalable : la question préparatoire avait lieu quand les juges, n'étant pas convaincus, voulaient obtenir avant le jugement cette conviction des aveux mêmes du coupable ; la question préalable était, au contraire, appliquée après le jugement et pour la révélation des complices. Dans la première, il arrivait souvent que le prévenu, par l'espoir de sauver sa vie, résistait aux plus affreuses douleurs, tandis que, dans la seconde, le coupable, sachant qu'il était condamné, ajoutait rarement à une mort déjà terrible la douleur des tortures : à mesure que l'occasion s'en présentera, nous ferons connaître quels étaient en eux-mêmes les différents genres de tortures.

(20) Parmi les trente-quatre lettres de la marquise de Brinvilliers, trouvées dans la cassette de Sainte-Croix, il y en avait une conçue en ces termes :

« J'ai trouvé à propos de mettre fin à ma vie : pour cet effet, j'ai pris ce soir de ce que vous m'avez donné si chèrement : c'est de la recette de Glazer, et vous verrez par là que je vous sacrifie volontiers ma vie ; mais je ne vous promets pas avant que de mourir, que je ne vous attende dans quelque lieu pour vous dire le dernier adieu. »

(21) Nous avons fait tout ce que nous avons pu pour nous procurer cette pièce, dont tout le monde parla à cette époque, mais qui ne fut imprimée nulle part, ni dans la Gazette de France, ni dans le Journal du Palais, ni dans le Plaidoyer de Nivelle, ni enfin dans les différents factums qui furent faits pour ou contre la marquise. Alors nous nous sommes adressé à nos savants amis de la Bibliothèque, Paulin Paris, Pillon et Richard, qui n'ont pu nous donner aucun renseignement à ce sujet : ce que voyant, nous nous sommes, en désespoir de cause, tourné vers M. Charles Nodier, notre savant bibliophile, et vers M. de Montmerqué, notre plus profond jurisconsulte : tous deux avaient fait les mêmes recherches que nous, mais sans aucun résultat. De ce moment il fallut renoncer à l'espoir de nous procurer cette pièce : nous nous contenterons donc de citer ce qu'en dit Mme de Sévigné dans ses CCLXIX^e et CCLXX^e lettres.

« Mme de Brinvilliers nous apprend dans sa confession qu'à sept ans elle avait cessé d'être fille, qu'elle avait continué sur le même ton, qu'elle avait empoisonné son père, ses frères, un de ses enfants, qu'elle s'empoisonna elle-même, afin d'essayer un contre-poison : Médée n'en avait pas tant fait. Elle a reconnu que cette confession était de son écriture, c'est un grande sottise, mais qu'elle avait la fièvre chaude quand elle l'avait écrite, que c'était une frénésie et une extravagance qui ne pouvait être lue sérieusement. » (Lettre CCLXIX^e.)

« On ne parle ici que des discours, des faits et des gestes de la Brinvilliers : si elle a écrit dans sa confession qu'elle a tué son père, c'est qu'elle craignait sans doute d'oublier de s'en accuser. Les peccadilles qu'elle craint d'oublier sont admirables. » (Lettre CCLXX^e.)

Rusico qui a publié à Amsterdam, en 1772, une nouvelle édition des causes célèbres de Gayot de Pitaval, et qui avait pu consulter les dossiers du Parlement, qui étaient encore intacts à cette époque, ajoute :

« Mme de Sévigné ne dit point que la marquise de Brinvilliers avait aussi attenté à la vie de sa sœur par la voie du poison : ce fait était cependant consigné dans la confession. »

(22) Cette lettre était conçue en ces termes :

« Il faudrait que Martin, qui allait en votre quartier, se tînt clos et couvert ; faites-le en diligence. »

Penautier ne reçut point cette lettre ; mais, voyant la dame de Brinvilliers arrêtée, il fit de lui-même prévenir Martin assez à temps pour qu'on ne le trouvât point chez lui lorsqu'on s'y présenta pour l'arrêter. Voir le factum contre Penautier, page 54.

(23) Factum pour dame Marie-Magdelaine d'Aubray marquise de Brinvilliers, accusée, pages 30 et suivantes.

(24) A compter de ce moment, grâce à la relation manuscrite qu'a laissée M. Pirot, et que notre savant ami Paulin Paris a bien voulu mettre à notre disposition, nous pourrons suivre presque pas à pas Mme de Brinvilliers jusqu'au de même du supplice. Cette relation était entièrement inédite, et, quoiqu'on la trouve citée dans Gayot de Pitaval et dans Richer, ils n'en ont fait aucun usage.

(25) Relation de la mort de la Brinvilliers, par M. Pirot, docteur de Sorbonne, manuscrit 459.

(26) Nous reproduisons la lettre textuellement : nous ne prenons donc sur notre compte ni les épithètes hasardées ni les fautes d'orthographe qu'elle renferme.

Je n'ai pas besoin de rappeler non plus au lecteur, que les conversations sont textuellement reproduites, et que, si nous retranchons quelquefois, nous n'ajoutons jamais.

(27) Cette introduction de l'eau dans la poitrine s'accomplissait ainsi : Le bourreau avait près de lui, pour la question ordinaire, quatre coquemars pleins d'eau et contenant chacun deux pintes et demie, et pour la question extraordinaire huit coquemars de même grandeur ; ce qui faisait pour la question ordinaire dix pintes et pour la question extraordinaire vingt pintes d'eau, que le patient était contraint d'avaler : le bourreau tenait une corne à la main ; cette corne contenait un coquemar ; il introduisait la corne dans la bouche du patient, et, après chaque deux pintes et demie, lui laissait un instant pour avouer ; mais, s'il continuait à nier, continuait la question jusqu'à ce que les huit coquemars fussent vides. Souvent il arrivait que le patient serrait les dents pour résister autant qu'il était en lui à cette torture : alors le bourreau lui fermait le nez en le lui serrant entre le pouce et l'index, le patient était forcé d'ouvrir la bouche pour respirer, et le bourreau profitait de ce moment pour y enfoncer la corne.

(28) Lettre LXIXe.

LA COMTESSE DE SAINT-GÉRAN.

Vers la fin de l'année 1639, une troupe de cavaliers arriva, sur le milieu du jour, dans un petit village à l'extrémité de l'Auvergne, du côté de Paris. Les gens du pays se rassemblèrent au bruit, et reconnurent le prévôt de la maréchaussée et ses gens. La chaleur était excessive, les chevaux étaient mouillés de sueur, les cavaliers étaient couverts de poussière et semblaient revenir d'une expédition importante. Un homme se détacha de l'escorte, et demanda à une vieille femme qui filait sur sa porte s'il n'y avait point une auberge dans cet endroit. Cette femme et les enfants lui montrèrent un bouchon de buis qui pendait au-dessus d'une porte, tout au bout de l'unique rue du village ; et l'escorte se remit en marche au pas. Alors on distingua, parmi les cavaliers, un jeune homme de bonne mine et richement vêtu, qui semblait être prisonnier. Cette découverte redoubla la curiosité, et les paysans suivirent la cavalcade jusqu'à la porte du cabaret. L'hôte s'avança, le bonnet à la main, et le prévôt lui demanda d'un air d'autorité si sa bicoque était assez grande pour recevoir sa troupe, hommes et chevaux. L'hôte répondit qu'il avait le meilleur vin du pays à donner aux gens du roi, et qu'il serait facile de rassembler dans le voisinage assez de litière et de fourrage pour leurs montures. Le prévôt écouta d'un air de défiance ces magnifiques promesses, donna les ordres nécessaires aux dispositions à prendre, et se laissa glisser à bas de son cheval, en poussant un juron arraché par la chaleur et la fatigue. Les cavaliers se resserrèrent autour du jeune homme ; l'un d'entre eux lui tint l'étrier, et le prévôt lui céda le pas avec déférence pour entrer dans l'hôtellerie. On ne douta plus alors que ce ne fût un prisonnier d'importance, et on se laissa aller aux conjectures. Les hommes voulaient qu'il s'agît d'un grand crime, pour qu'on se fût permis d'arrêter un jeune seigneur de cette qualité ; et les femmes disaient, au contraire, qu'il était impossible qu'avec un si bel air il ne fût pas innocent.

Dans l'intérieur de l'auberge tout était en rumeur ; les garçons couraient de la cave au grenier, l'hôte jurait et dépêchait ses servantes chez les voisins, et l'hôtesse gourmandait sa fille, qui demeurait collée aux vitres d'une salle basse à considérer le beau jeune homme.

Il y avait deux tables dans la salle principale du logis. Le prévôt s'approcha de la première, et abandonna l'autre aux soldats, qui s'en allaient, les uns après les autres, pourvoir à leurs chevaux sous un hangar de la basse-cour ; puis il montra un escabeau au prisonnier, et s'assit vis-à-vis de lui en frappant sur la table avec sa grande canne.

— Ouf ! s'écria-t-il avec un nouveau gémissement de lassitude, je vous demande bien pardon, monsieur le marquis, du mauvais vin que je vous donne !

Le jeune homme se mit à sourire gaiement.

— Passe pour le vin, monsieur le prévôt, dit-il ; mais je ne vous cache pas que je m'arrête à regret en chemin, quelque agréable que me soit votre compagnie ; j'ai hâte d'en finir avec ma situation ridicule, et je voudrais être arrivé pour arrêter sur-le-champ cette sotte affaire.

La fille de la maison se tenait devant la table avec un pot d'étain qu'elle venait d'apporter, et à ces mots elle leva les yeux sur le prisonnier, avec un regard rassuré qui semblait dire : « Je savais bien qu'il était innocent. »

— Mais, reprit le marquis en portant le verre à ses lèvres, ce vin n'est pas aussi mauvais que vous dites, monsieur le prévôt.

Puis, se tournant vers la jeune fille qui lorgnait ses gants et sa fraise.

— A votre santé, la belle enfant.

— Alors, dit le prévôt stupéfait de cet air détaché, je vous prierai peut-être d'excuser le gîte.

— Quoi ! dit le marquis, nous couchons ici ?

— Monsieur, reprit le prévôt, nous avons seize grosses lieues à faire, nos chevaux sont exténués, et quant à moi, je déclare que je ne vaux pas mieux que mon cheval.

Le marquis frappa sur la table, et se livra à toutes les apparences d'un violent dépit. Le prévôt, cependant, soufflait avec peine, allongeait ses grandes bottes et s'essuyait le front avec son mouchoir. En effet, c'était un gros homme, d'un visage bouffi, que la fatigue devait incommoder singulièrement.

— Monsieur le marquis, continua-t-il, quoique votre compagnie, pour vous rendre vos civilités, me soit très-précieuse, vous ne doutez point que je ne voulusse en jouir sur un meilleur pied. S'il est en votre pouvoir, comme vous dites, de vous tirer des mains de la justice, je désire que cela soit bientôt. Mais je vous supplie de considérer en quel état nous sommes. Quant à moi, je suis hors d'état aujourd'hui de me tenir une heure de plus en selle ; et vous-même, est-ce que vous n'êtes pas accablé de cette marche forcée à la grande chaleur ?

— Il est vrai, dit le marquis en affectant de laisser tomber ses bras.

— Eh bien donc ! reposons-nous, soupons ici, si nous pouvons, et nous repartirons demain tout dispos, et à la fraîcheur du matin.

— Soit donc, reprit le marquis ; mais alors passons le temps honorablement. Il me reste deux pistoles, qu'on donne à boire à ces braves gens. Il est juste que je les régale, puisque aussi bien c'est moi qui leur donne tant de peine.

Il jeta deux pièces d'argent sur la table des soldats, qui s'écrièrent en chœur : — Vive M. le marquis ! — Le prévôt se leva, alla poser des sentinelles, et de là se rendit à la cuisine, où il commanda le meilleur souper qu'on pourrait trouver. Les cavaliers tirèrent des dés, et se mirent à jouer en buvant. Le marquis fredonnait une villanelle au milieu de la salle, relevant sa moustache, tournant sur un pied et regardant çà et là à la dérobée ; il tira doucement une bourse du fond de ses chausses, et comme la fille de la maison allait et venait, il lui jeta les bras autour du cou comme pour l'embrasser, et lui dit à l'oreille, en lui glissant dix louis dans la main.

— La clef de la grand'porte dans ma chambre, et deux pintes aux sentinelles, tu me sauves la vie.

La jeune fille recula jusqu'à la porte, et se retournant avec un regard expressif, fit signe que *oui* de la tête. Le prévôt rentra, et deux heures après le souper était dressé. Il but et mangea comme un homme qui se tient mieux à table qu'à cheval. Le marquis ne lui épargnait pas les rasades, et le sommeil aidant les fumées d'un petit vin fort piquant, il répétait de temps à autre, les yeux à demi fermés :

— Morbleu ! monsieur le marquis, je ne puis croire que vous soyez aussi grand scélérat qu'on le dit, et vous m'avez l'air d'un bon diable.

Le marquis le croyait ivre mort et cajolait la fille de la maison, lorsqu'à son grand désappointement vint l'heure de se retirer, lorsque le diable de prévôt appela son sergent, lui donna des instructions à voix basse, et déclara tout haut qu'il aurait l'honneur de conduire M. le marquis à son lit, et qu'il ne se coucherait pas qu'il ne lui eût rendu ce devoir. En effet, il se fit accompagner de trois de ses hommes portant des flambeaux, s'assura sans affectation de la chambre qu'on donnait au prisonnier, et il le quitta avec force révérences.

Le marquis se jeta sur son lit sans se débotter, écoutant une horloge qui sonnait neuf heures. Il entendit les cavaliers aller et venir dans les écuries et dans la cour.

Cependant, une heure plus tard, comme chacun était fatigué, tout était rentré dans le silence. Le prisonnier se leva alors doucement, et chercha à tâtons sur la cheminée, sur les meubles, et jusque dans ses draps, la clef qu'il espérait y rencontrer. Il ne la trouva point. Il ne s'était pas mépris, cependant, au tendre intérêt de la jeune fille, et ne pouvait croire qu'elle se fût jouée de lui. La chambre du marquis avait une fenêtre qui donnait sur la rue, et une porte qui ouvrait sur une méchante galerie de bois qui jouait le balcon et dont l'escalier descendait vers les salles les plus fréquentées de la maison. Cette galerie régnait sur la cour, à la même hauteur que la fenêtre. Le marquis n'avait qu'à sauter d'un côté ou de l'autre ; il y songeait depuis longtemps. Et comme il délibérait de s'élancer dans la rue, au risque de se rompre le cou, on frappa deux petits coups à la porte. Il tressaillit, et dit en ouvrant : — Je suis sauvé. — Une sorte d'ombre se glissa dans la chambre ; la jeune fille tremblait de tous ses membres, et ne pouvait dire une parole. Le marquis la rassura avec toutes sortes de caresses.

— Ah ! monsieur, dit-elle, je suis morte si l'on nous surprend.

— Oui, dit le marquis ; mais votre fortune est faite si vous me tirez d'ici.

— Dieu m'est témoin que je le voudrais de toute mon âme ; mais j'ai une nouvelle si triste... —

Elle s'arrêta, suffoquée d'émotions diverses. La pauvre enfant était venue nu-pieds, de peur de faire du bruit, et l'on eût dit qu'elle grelottait.

— Qu'est-ce ? demanda le marquis avec impatience.

— Avant de s'aller coucher, continua-t-elle, M. le prévôt a fait demander à mon père toutes les clefs de la maison et lui a fait jurer un gros serment qu'il n'en avait point d'autres. Mon père les lui a toutes données ; de plus il y a un soldat en sentinelle à chaque porte ; mais ils sont très-fatigués, je les ai entendus qui murmuraient, et je leur ai fait donner plus de vin que vous n'aviez dit.

— Ils dormiront, dit le marquis sans se laisser abattre, et c'est déjà un grand bonheur qu'on ait accordé à ma qualité de ne point me verrouiller dans cette chambre.

— Il y a, reprit la jeune fille, un endroit du potager, du côté des champs, qui n'est clos que par une claie qui n'est guère solide ; mais...

— Où est mon cheval ?

— Sous le hangar, sans doute avec les autres.

— Je vais sauter dans la cour.

— Vous vous tueriez.

— Tant mieux !

—Ah ! monsieur le marquis, qu'avez-vous donc fait ? dit la jeune fille avec douleur.

— Des folies ! presque rien ; mais il y va de ma tête et de mon honneur. Ne perdons point de temps, je suis décidé.

— Attendez, reprit l'enfant en lui serrant le bras ; il y a au coin de la cour à gauche un grand tas de paille, la galerie va jusqu'au-dessus...

— A merveille ! je ferai moins de bruit, et je me ferai moins de mal.

Il fit un pas vers la porte, la jeune fille essaya de le retenir encore sans savoir ce qu'elle faisait ; mais il s'en débarrassa et ouvrit. La lune donnait en plein sur la cour ; il n'entendit aucun bruit. Il s'avança jusqu'au bout de la rampe de bois, et distingua le fumier qui montait assez haut ; la jeune fille fit le signe de la croix. Le marquis prêta l'oreille encore une fois, n'entendit rien, et monta sur la rampe. Il allait s'élancer, quand par miracle il entendit assez tôt une grosse voix qui murmurait. C'étaient deux cavaliers qui reprenaient la conversation en se passant une pinte. Le marquis regagna sa porte en retenant son souffle ; la jeune fille l'y attendait sur le seuil.

— Je vous le disais bien, qu'il n'était pas temps encore, lui dit-elle.

— As-tu seulement un couteau, dit le marquis, pour le planter dans la gorge de ces coquins ?

— Attendez, je vous en supplie, une heure, rien qu'une heure, murmura la jeune fille, et dans une heure ils seront tous endormis.

La voix de la jeune fille était si douce, les bras qu'elle étendait vers lui étaient si suppliants, que le marquis resta, et qu'au bout d'une heure ce fut la jeune fille qui à son tour lui dit de partir.

Le marquis appuya une dernière fois sa bouche sur ces lèvres la veille encore si innocentes, puis il entr'ouvrit la porte, et n'entendit cette fois que des chiens qui aboyaient au loin dans la campagne, au milieu d'un grand silence. Il se pencha, et vit très-distinctement, un soldat couché sur la paille la face contre terre.

— S'ils se réveillent ? murmura la jeune fille avec angoisse.

— En tout cas, ils ne m'auront pas vivant, sois tranquille, dit le marquis.

—Adieu donc, reprit-elle en sanglotant, et que le ciel vous garde !—

Il enjamba la balustrade, s'accroupit, et tomba lourdement sur le fumier.

La jeune fille le vit courir au hangar, détacher un cheval à la hâte, sauter dessus, passer derrière le mur d'une étable, piquer des deux, ravager le potager, lancer son cheval contre la claie, la renverser, la franchir, et gagner la grand'route à travers champs.

La pauvre enfant s'était arrêtée au bout de la galerie, et tenait les yeux sur le cavalier de la maréchaussée, prête à disparaître au moindre mouvement. Le bruit des éperons sur le pavé et du cheval au fond de la cour l'avaient à demi réveillé. Il se leva, et se doutant de quelque surprise, courut au hangar. Son cheval n'y était plus : le marquis, dans la hâte qu'il avait de fuir, avait pris le premier qui lui était tombé sous la main, et c'était celui du soldat. Aussitôt le soldat crie *alarme*, ses camarades se réveillent. On court à la chambre du prisonnier, on la trouve vide. Le prévôt sort de son lit, tout ébloui. Le prisonnier est évadé.

Alors la jeune fille, qui feint de s'être levée au bruit, retarde les préparatifs en égarant les harnais, en troublant les cavaliers sous prétexte de les aider : néanmoins en un quart d'heure toute la troupe était au galop sur la route. Le prévôt jurait comme un mécréant. Les meilleurs chevaux prirent l'avance, et la sentinelle, qui montait celui du marquis, et qui avait plus à cœur de rattraper le prisonnier, devança de beaucoup ses compagnons : il était suivi du sergent, également bien monté ; et comme on avait pu voir à la haie par quelle route il avait fui, en quelques minutes ils furent en vue du fugitif, mais à une grande distance. Cependant le marquis perdait du terrain, le cheval dont il s'était emparé était le plus mauvais de la compagnie, et il l'avait poussé à outrance. En se retournant, il vit les soldats à une demi-portée de mousquet de lui : il presse le cheval de plus en plus, lui déchirant les flancs avec ses éperons ; mais bientôt le cheval, au bout de son haleine, s'abat ; le marquis roule avec lui dans la poussière ; mais en roulant il se retient aux fontes, et s'aperçoit que les fontes sont garnies de pistolets : il reste couché près du cheval, comme s'il était évanoui, un pistolet tout armé à la main. La sentinelle, qui était montée sur son propre cheval, qui était un cheval de prix, et qui dépassait son brigadier de plus de deux cents pas arrive à lui. En ce moment, le marquis se relève avant qu'il ait eu le temps de se mettre en défense, lui casse la tête, le cavalier tombe, le marquis s'élance à sa place sans même mettre le pied à l'étrier, lance son cheval au galop, et repart comme le vent, laissant à cinquante pas derrière lui le brigadier stupéfait de ce qui vient de se passer sous ses yeux.

Le gros de l'escorte accourait au galop, croyant qu'il était pris, et le prévôt s'égosillait à crier : — Ne le tuez pas ! — Mais on ne retrouva que le sergent, lequel essayait de ranimer son cavalier, qui avait le crâne horriblement fracassé et qui était mort sur le coup.

Quant au marquis, il était hors de vue ; car, de peur de nouvelles poursuites, il s'était jeté dans la traverse, où il courut encore une bonne heure à bride abattue. Quand il fut à peu près sûr d'avoir dépisté la maréchaussée, et que ses mauvais chevaux ne pourraient plus l'atteindre, il résolut de s'arrêter pour ménager sa monture ; il l'avait mise au pas dans un chemin creux, quand il vit venir de loin un paysan ; il lui demanda la route du Bourbonnais, et lui jeta un écu. L'homme prit l'écu, indiqua la route ; mais il savait à peine ce qu'il disait, et il regardait fixement le marquis d'une façon singulière. Le marquis lui cria de passer son chemin ; mais le paysan demeura planté sur le bord de la route sans faire un pas. Le marquis s'avança en le menaçant, et lui demanda pourquoi il avait l'insolence de le regarder ainsi.

— C'est, dit le paysan, que vous avez... — Et il montrait son épaule et sa fraise.

Le marquis reporta les yeux sur lui, et vit que son pourpoint était tout souillé de sang, ce qui, joint au désordre de ses vêtements et à la poussière dont il était couvert, lui devait donner une mine assez effrayante.

— Je sais ce que c'est, dit-il ; moi et mon valet nous venons d'être séparés dans une rencontre avec des Allemands ivres ; on s'est un peu gourmé, et soit qu'on m'ait égratigné, soit qu'en me colletant avec quelqu'un de ces drôles je lui aie fait faire sang, cela vient de l'algarade. Au reste je ne me sens aucun mal.

En disant ceci, il feignait de se tâter par tout le corps.

— Cependant, reprit-il, je ne serai pas fâché de me nettoyer ; aussi bien je crève de soif et de chaud, et mon cheval ne se trouve pas mieux que moi de l'esclandre. Savez-vous où je pourrrais me reposer?

Le paysan s'offrit à le conduire dans sa propre maison, qui n'était qu'à quelques pas. Une femme et des enfants qui travaillaient s'écartèrent par respect, et allèrent chercher ce qu'il fallait, du vin, de l'eau des fruits et une grande pièce de pain noir. Le marquis éponge son pourpoint, but un coup, et appela les gens de la maison, qu'il questionna avec indifférence. Il s'informa encore une fois des diverses routes qui menaient dans le Bourbonnais, où il allait voir un parent, des villages, des chemins de traverse, des distances ; et puis il parla du pays, de la moisson, et demanda ce qu'il y avait de nouveau.

Le paysan reprit, à ce sujet, qu'il était étonnant qu'on fît de mauvaises rencontres sur une grande route où devaient se trouver en ce moment des détachements de la maréchaussée, qui venait de faire une capture importante.

— Et quoi donc? demanda le marquis.

— Oh! dit le paysan, un gentilhomme qui a fait bien du mal dans le pays.

— Quoi! un gentilhomme dans les mains de la justice?

— Oui dà! et qui pourrait bien y laisser sa tête.

— Dit-on ce qu'il a fait?

— Cela fait frémir ; des choses abominables ; son compte est bon. Toute la province est indignée.

— Le connaissez-vous?

— Non, mais nous avons tous son signalement.

Comme la nouvelle n'avait rien de bien rassurant, le marquis, après quelques propos de même sorte, alla voir son cheval, le flatta de la main, jeta encore quelque argent au paysan, et disparut dans la direction qu'on lui avait indiquée.

Le prévôt s'était avancé encore d'une demi-lieue sur la route ; mais jugeant bien que sa poursuite était inutile, il dépêcha un de ses cavaliers à la prévôté, pour faire donner des ordres sur tous les points de la province, et retourna lui-même avec ses hommes à l'endroit d'où il était parti le matin. Le marquis avait des parents dans les environs, et il était permis de penser qu'il reviendrait peut-être s'y cacher. Tout le village accourut au-devant des cavaliers, à qui force fut d'avouer qu'ils avaient été joués par le beau prisonnier. On s'affecta diversement de l'événement, et cela fit une grande rumeur. Le prévôt rentra dans l'auberge, donnant du poing sur les meubles et s'en prenant à tout le monde du malheur qui lui arrivait. La fille de la maison, d'abord livrée à l'anxiété la plus douloureuse, avait grand'peine à cacher sa joie.

Le prévôt étala ses papiers sur la table, comme pour nourrir sa mauvaise humeur.

— Le plus grand coquin du monde ! s'écria-t-il ; j'aurais dû m'en douter.

— Il avait l'air si doux ! disait l'hôtesse.

— Un scélérat consommé ! Savez-vous comment il s'appelle? c'est le marquis de Saint-Maixent !

— Le marquis de Saint-Maixent ! s'écria-t-on avec horreur.

— Oui, certes, reprit le prévôt, le marquis de Saint-Maixent, accusé, et, pour ainsi dire, convaincu de fausse monnaie et de magie.

— Ah !

— Convaincu du crime d'inceste.

— O mon Dieu !

— Convaincu d'avoir fait étrangler sa femme pour en épouser une autre, dont il avait projeté de poignarder le mari.

— Le ciel nous soit en aide !

Tout le monde faisait des signes de croix.

— Oui, bonnes gens, continua le prévôt furieux, voilà le mignon qui vient d'échapper à la justice du roi !

La fille de l'hôte sortit de la salle ; car elle se sentait défaillir.

— Et, dit l'hôte, est-ce qu'il n'y a plus d'espoir de le rattraper !

— Il n'y en a plus guère, s'il a pris la route du Bourbonnais ; car je crois qu'il a dans cette province des gentilshommes de sa famille qui ne le laisseront pas ressaisir.

Ce fugitif, en effet, n'était autre que M. le marquis de Saint-Maixent, accusé de tous les énormes crimes que venait de détailler le prévôt, et qui par sa fuite audacieuse allait se retrouver à même de prendre une part active à l'étrange histoire qui nous reste à raconter.

En effet, quinze jours environ après ces événements, un cavalier, sonnait à la grille du château de Saint-Géran, aux portes de Moulins. Il était tard, et les gens ne se pressaient point d'ouvrir. L'inconnu remit la cloche en branle d'un ton de maître, et vit enfin un homme qui accourait du fond de l'avenue. Le valet regarda à travers la grille, et, distinguant à peine, à la chute du jour, un voyageur assez mal en ordre, le chapeau rabattu, les habits poudreux et sans épée, lui demanda ce qu'il voulait ; l'inconnu répondit, sans tant de façons, qu'il voulait voir le comte de Saint-Géran, et qu'on se dépêchât. Le valet répondit que cela n'était pas possible ; l'autre se fâcha.

— Qui êtes-vous? demanda l'homme de livrée.

— Drôle ! s'écria le cavalier, vous faites bien des cérémonies. Allez dire à M. de Saint-Géran que c'est le marquis de Saint-Maixent, son parent, qui voudrait le voir tout à l'heure.

Le valet se confondit en excuses, et la grille s'ouvrit. Il marcha ensuite devant le marquis, avertît d'autres laquais qui vinrent lui tenir l'étrier, et courut annoncer cette arrivée dans les appartements. L'on allait servir le souper quand le comte fut prévenu ; il s'en alla aussitôt recevoir le marquis, l'embrassa à plusieurs reprises, lui fit l'accueil le plus amical et le plus gracieux. Il le voulait entraîner aussitôt dans la salle à manger pour le présenter à toute la famille ; mais le marquis lui fit remarquer le mauvais état de ses vêtements, et le pria en même temps de lui accorder quelques minutes d'entretien. Le comte le mena dans sa chambre, où il le fit habiller des pieds à la tête avec ses hardes, tandis qu'ils causaient. Ce fut alors que le marquis raconta on ne sait quelle histoire à M. de Saint-Géran, relativement à l'accusation qui pesait contre lui. Mais ce qu'il y a de certain, c'est que le comte ne cessa pas de se montrer fort empressé pour son parent, et que celui-ci put, dès cette heure, compter au château de Saint-Géran sur un refuge assuré. Quand il eut fini de s'habiller, il suivit le comte, qui le présenta à la comtesse, et ensuite au reste de sa famille.

Il convient maintenant de faire connaître les personnes qui se trouvaient au château, et de rapporter quelques détails antérieurs pour l'explication de ceux qui vont suivre.

Le maréchal de Saint-Géran, de l'illustre maison de La Guiche et gouverneur du Bourbonnais, avait épousé en premières noces Anne de Tournon, dont il eut Claude de La Guiche, et une fille qui épousa le marquis de Bouillé. Sa femme étant morte, il se maria en secondes noces avec Suzanne-aux-Épaules, qui contractait également un second mariage, ayant été d'abord la femme du feu comte de Longaunay, dont elle avait eu Suzanne de Longaunay.

Le maréchal et la dame Suzanne-aux-Épaules, pour avantager également leurs enfants du premier lit, résolurent de les marier, et scellèrent leur union d'un double nœud. Claude de La Guiche, fils du maréchal, épousa Suzanne de Longaunay.

Cela ne se fit point sans un grand dépit de la marquise de Bouillé, la dernière fille du maréchal, qui demeurait, sans liens nouveaux avec sa belle-mère, et d'ailleurs assez mal mariée avec un homme qui lui donnait, disait-elle, de grands sujets de plainte, dont le meilleur était qu'il était septuagénaire.

Le contrat de mariage de Claude de La Guiche et de Suzanne de Longaunay fut passé à Rouen le 17 février 1619 ; mais la grande jeunesse de l'époux, qui n'avait que dix-huit ans, fut cause qu'on lui fit entreprendre un voyage en Italie. Il en revint au bout de deux ans, et cette union fut de tout point fort heureuse, si ce n'est qu'elle demeura stérile. La comtesse ne pouvait supporter cette stérilité qui menaçait d'amener la fin d'un grand nom, l'extinction d'une noble famille. Elle fit des vœux, des pèlerinages ; elle consulta des docteurs et des empiriques : tout cela fut inutile.

Le maréchal de Saint-Géran mourut le 30 décembre 1632, avec le déplaisir de n'avoir point de descendant issu du mariage de son fils. Celui-ci, devenu le comte de Saint-Géran, succéda à son père dans le gouvernement du Bourbonnais, et fut nommé chevalier des ordres du roi.

Sur ces entrefaites, la marquise de Bouillé rompit avec le vieux marquis, son mari, par un divorce éclatant, et vint demeurer au château de Saint-Géran, fort rassurée sur le mariage de son frère, dont tous les biens devaient lui revenir, puisqu'il n'avait point d'autres héritiers qu'elle.

Ce fut dans ces conjonctures que le marquis de Saint-Maixent arriva au château. Il était jeune, bien fait, fort rusé ; il plut beaucoup aux femmes, et séduisit jusqu'à la vieille maréchale de Saint-Géran, qui habitait avec ses enfants. Il vit bientôt notamment qu'il pouvait entrer en intelligence avec la marquise de Bouillé.

Sa fortune, à lui marquis de Saint-Maixent, était fort délabrée par ses désordres et les poursuites de la justice, ou plutôt il l'avait, pour ainsi dire, perdue tout entière. La marquise était l'héritière présomptive du comte; il comptait qu'elle perdrait bientôt son mari; ce n'était pas d'ailleurs la vie d'un vieillard septuagénaire qui embarrassait un homme comme le marquis; il pouvait ensuite décider la marquise à l'épouser, et se trouver ainsi à la tête des plus grands biens de la province.

Il se mit en devoir de lui rendre des soins, évitant par-dessus tout qu'on le pût soupçonner. Cependant, il était assez difficile de se faire entendre de la marquise sans se trahir aux yeux des indifférents. Mais la marquise, déjà prévenue par l'extérieur agréable de M. de Saint-Maixent, le comprit vite, et les malheurs de son mariage, l'éclat d'un procès scandaleux, la laissèrent faible contre ses entreprises. Néanmoins ils n'avaient que bien peu d'occasions de se voir en particulier. La comtesse se mêlait innocemment à tous leurs entretiens; le comte emmenait souvent le marquis à la chasse; les journées se passaient en famille. M. de Saint-Maixent n'avait encore dit que ce qu'une femme honnête doit feindre de ne pas entendre; cette intrigue, malgré l'imaginative du marquis, traîna donc en longueur.

La comtesse, nous l'avons déjà dit, depuis vingt années, n'avait cessé d'espérer que ses prières lui obtiendraient la grâce de donner un fils à son mari. Elle s'était livrée, de guerre lasse, à toutes sortes de charlatans, qui trouvaient crédit en ce temps-là même auprès des gens de condition. Elle avait fait venir une fois d'Italie une sorte d'astrologue qui faillit l'empoisonner d'un horrible médicament, et qu'on fut obligé de renvoyer en diligence dans son pays, fort heureux qu'il dût être de se trouver quitte à si bon marché. Ceci avait valu à Mme de Saint-Géran de grandes remontrances de la part de son confesseur; enfin, le temps aidant, elle s'était accoutumée à cette affreuse idée qu'elle n'aurait point d'enfant, et s'était jetée dans les bras de la religion. Le comte, sans cesser de lui témoigner la même tendresse, ne comptait pas davantage sur un héritier et avait fait son testament dans cette disposition. Les espérances de la marquise s'étaient changées en certitude, et M. de Saint-Maixent, en parfaite sûreté de ce côté, ne songeait qu'à poursuivre ses vues particulières sur Mme de Bouillé, quand, sur la fin du mois de novembre 1640, le comte de Saint-Géran fut obligé par certains devoirs de s'en aller en toute hâte à Paris.

La comtesse, qui ne pouvait supporter d'être séparée de son mari, mit en question si elle ne le suivrait pas. Le marquis, ravi de cette occasion qui le laissait presque seul au château avec Mme de Bouillé, lui peignit le voyage de Paris sous les couleurs les plus séduisantes, et fit tout au monde pour la décider. La marquise, de son côté, manœuvra tout doucement pour l'y engager: c'était plus qu'il n'en fallait. Il fut arrêté que la comtesse partirait avec M. de Saint-Géran. Elle prit à peine le temps de faire ses préparatifs, et quelques jours après ils se mirent en route.

Le marquis ne craignit plus de laisser paraître toute sa passion; il n'eut pas de peine à achever d'enflammer Mme de Bouillé; il affectait l'amour le plus violent, et celle-ci y répondit sur le même pied. Ce n'étaient que parties et promenades où l'on éloignait les domestiques; les amants, toujours ensemble, passaient des journées entières dans quelque endroit retiré du parc ou renfermés dans les appartements. Il était impossible que ces détails n'éveillassent enfin certains bruits chez une armée de valets dont il fallait sans cesse se défier, et ce fut ce qui arriva.

La marquise se vit donc bientôt obligée de gagner les sœurs Quinet, ses femmes de chambre; ce qui ne lui fut pas grand'peine, car ces filles lui étaient très-dévouées. Ce fut une première honte pour la dame de Bouillé et un premier degré de corruption pour ces créatures, qui devaient se trouver entraînées incessamment dans un plus noir complot. De plus, il y avait au château de Saint-Géran un homme grand, sec, jaune, borné, tout juste assez intelligent pour exécuter, sinon concevoir une mauvaise action, qui avait la haute main sur les domestiques; c'était un simple paysan que le maréchal avait daigné recueillir, et que le comte avait élevé peu à peu à l'emploi de maître d'hôtel à cause de son ancienneté dans la maison, et parce qu'il l'y avait vu dès son enfance; il n'avait pas voulu l'emmener avec lui, de peur qu'il ne fût point au courant du service à Paris, et il lui avait laissé en partant la surveillance de ses gens. Le marquis prit cet homme à part, le sonda finement, lui tourna l'esprit, lui donna quelque argent, et se l'acquit corps et âme. Ces divers agents se chargèrent de couper court aux propos de la valetaille, et dès lors les amants purent entretenir leur liaison sans ménagement.

Un soir, comme M. de Saint-Maixent soupait en tête-à-tête avec la marquise, on sonna bruyamment à la porte du château, et il se fit une rumeur à laquelle ils ne firent pas grande attention. Cependant un courrier qui venait de Paris à bride abattue entrait dans les cours avec une lettre de M. le comte de Saint-Géran pour M. le marquis; on l'annonça et on l'introduisit, suivi de presque toute la livrée. Le marquis demanda ce que cela signifiait, et congédia d'un signe tous ces gens-là, mais le courrier reprit que M. le comte désirait que la lettre qu'il apportait fût lue devant tout le monde. Le marquis l'ouvrit sans répondre, la parcourut des yeux, et la lut à haute voix sans la moindre altération; le comte annonçait à ses bons parents et à toute sa maison que

la comtesse avait laissé voir des symptômes certains de grossesse, qu'à peine arrivée à Paris elle avait éprouvé des défaillances, des nausées, des vomissements, qu'elle supportait avec délices ces malaises qui lui annonçaient sa fécondité, que ce n'était plus un objet de doute pour les médecins, ni pour personne; que pour lui il était dans la plus grande joie de cet événement, qui mettait le comble à ses vœux, qu'il désirait que l'on commençât dès à présent à y prendre part au château par toutes sortes de réjouissances, et qu'au reste, cette lettre ne précéderait leur arrivée que de quelques jours, et qu'il allait faire transporter la comtesse en litière pour plus grande sûreté; puis suivait le détail de certaines sommes d'argent à distribuer aux domestiques.

Les valets éclatèrent en cris de joie; le marquis et la marquise ne se jetèrent qu'un regard, mais ce regard exprimait bien tout leur trouble; ils se continrent pourtant au point de feindre un grand contentement, et le marquis alla jusqu'à féliciter les gens de service de leur attachement pour leurs maîtres. Après quoi on les laissa seuls, le visage fort sérieux, tandis que les fusées et les violons faisaient rage sous les fenêtres. Ils gardèrent quelque temps le silence, leur première pensée à tous deux fut que le comte et la comtesse s'étaient abusés sur des symptômes aussi communs qu'insignifiants, qu'on avait voulu flatter leurs espérances, qu'il était impossible qu'un tempérament se démentît de la sorte au bout de vingt ans, et qu'il n'était rien de cette prétendue grossesse. Cette opinion s'accrédita de plus en plus dans leur esprit et leur rendit un peu de calme.

Le lendemain ils se promenaient côte à côte dans une allée solitaire du parc et repassaient les chances de leur situation. M. de Saint-Maixent remettait sous les yeux de la marquise l'énorme dommage que cet événement allait lui porter; il disait ensuite, qu'en supposant que la nouvelle fût vraie, il y avait encore bien des écueils dangereux à passer. Il fallait qu'il n'arrivât aucun accident à la comtesse, il fallait, en outre, que l'accouchement fût heureux.

— L'enfant peut mourir, dit-il enfin.

Et il lui échappa quelques paroles sinistres sur le petit mal qu'il y aurait dans la perte d'une chétive créature sans esprit, sans intérêts, sans conséquence, qui n'était, disait-il, qu'un *morceau de matière mal organisée* et qui ne se donnait que la peine de naître, pour causer la ruine d'une personne aussi considérable que la marquise.

— Mais à quoi bon se tourmenter? reprit-il avec impatience; la comtesse n'est point grosse, cela n'est pas, cela ne saurait être.

Un jardinier qui travaillait entendit cette partie de la conversation, mais comme ils marchaient en s'éloignant toujours davantage, il ne put entendre le reste.

A quelques jours de là, cependant, des hommes à cheval, que le comte avait envoyés devant lui, entrèrent au château, disant que leurs maîtres étaient tout proche. En effet, ils furent suivis à mesure de fourgons et de voitures d'équipage, et enfin l'on vit arriver la litière de la comtesse, dont M. de Saint-Géran, à cheval, n'avait pas quitté la portière durant tout le voyage. Ce fut une réception triomphale: tous les paysans avaient quitté leurs travaux et remplissaient l'air d'acclamations; les domestiques accouraient au-devant de leur maîtresse; les plus vieux pleuraient de joie de voir le comte si joyeux et de ce que ses nobles qualités se perpétueraient dans son héritier. Le marquis de Saint-Maixent et Mme de Bouillé firent de leur mieux pour se hausser au ton de cette allégresse.

Mme la maréchale de Saint-Géran, accourue le jour même au château, et qui ne pouvait croire non plus à cette nouvelle, eut le bonheur de s'en convaincre, en posant la main sur le ventre de sa fille, et sentit palpiter cet enfant tant désiré. Le comte et la comtesse étaient fort aimés dans le Bourbonnais: cet événement y causa une satisfaction générale, et particulièrement dans les maisons qui leur étaient attachées par les liens du sang et qui étaient fort nombreuses. Dès les premiers jours, plus de vingt dames de qualité s'en vinrent les visiter en toute hâte pour leur témoigner combien elles s'intéressaient à cette grossesse. Toutes ces dames, en diverses occasions, sentirent parfaitement remuer l'enfant dans les flancs de sa mère, et plusieurs d'entre elles, à ce propos, par un badinage agréable à la comtesse, s'érigèrent en devineresses, et lui prédirent qu'elle accoucherait d'un garçon. Du reste, l'enflure du sein et des côtes, et tous les symptômes ordinaires bien évidents, ne laissaient pas un doute; les médecins du pays furent d'accord. Le comte retint un de ces médecins chez lui durant deux mois, et parla au marquis de Saint-Maixent du dessein où il était de se procurer une bonne sage-femme, aux mêmes conditions. Enfin la maréchale, qui devait donner son nom à l'enfant, commanda à grands frais une layette magnifique, dont elle voulait lui faire présent.

La marquise dévorait son dépit, et parmi ces personnes qu'aveuglait la joie, pas une ne remarqua tout le chagrin qui couvait dans son âme. Elle voyait le marquis tous les jours, qui ne faisait qu'augmenter ses regrets, et l'aigrissait incessamment en lui répétant que le comte et la comtesse se faisaient un triomphe de son désastre, et en lui insinuant qu'ils avaient supposé cet enfant pour la déshériter. Il avait commencé, comme c'est l'usage en particulier et en politique, par corrompre les idées de la marquise et la détourner de la religion, pour la disposer au crime. Le marquis était un de ces libertins si rares dans ce temps, moins malheureux qu'on n'a dit, qui avaient le dernier mot de la science en fait d'athéisme. Il est à remarquer que les grands criminels de cette époque, que Sainte-Croix par exemple, et Exili, le sombre empoisonneur, ont été précisément les premiers incrédules, et qu'ils ont devancé les savants du siècle suivant dans la philosophie aussi bien que dans l'étude exclusive des sciences physiques, auxquelles ils demandèrent d'abord des poisons. La passion, l'intérêt, la haine combattirent pour le marquis dans le cœur de Mme de Bouillé ; elle donna les mains à tout ce que M. de Saint-Maixent voulut.

Le marquis de Saint-Maixent avait un homme à lui, fourbe, insolent, adroit, qu'il avait fait venir de ses terres, valet de confiance bien digne d'un tel maître, et qu'il envoyait depuis quelque temps en commission dans les environs de Saint-Géran.

Un soir, comme le marquis allait se coucher, cet homme revint d'une de ses courses, pénétra dans sa chambre, où il demeura longtemps, lui dit qu'il avait enfin trouvé ce qu'il cherchait, et lui remit un petit papier qui contenait quelques noms de lieux et de personnes.

Le lendemain, au lever du jour, le marquis fit seller deux de ses chevaux, feignit qu'on le mandait de chez lui pour une affaire d'importance, prévint qu'il pourrait bien demeurer trois ou quatre jours absent, pria qu'on fit ses excuses au comte, et partit ventre à terre suivi de son valet.

Ils couchèrent, le soir, dans une hôtellerie sur la route d'Auvergne, pour dépister les gens qui auraient pu les reconnaître ; puis, se jetant dans les chemins détournés, ils arrivèrent en deux jours à un gros bourg qu'ils semblaient avoir laissé bien loin sur la gauche.

Il y avait là, dans le faubourg, une femme qui exerçait la profession de sage-femme, et qui était connue pour telle dans les environs, mais qui avait, disait-on, pour les gens qui la payaient bien, de mystérieux et infâmes secrets. Au reste, elle avait mis habilement à profit l'influence que son art pouvait lui donner sur des gens crédules. Selon ses pratiques, elle guérissait les écrouelles, composait des philtres, des remèdes amoureux, secourait les filles de bon-

En ce moment, le marquis se relève avant qu'il ait eu le temps de se mettre en défense, lui casse la tête, le cavalier tombe. — Page 21.

ne maison, se mêlait d'intrigues, et pratiquait même la sorcellerie pour les habitants de la campagne. Elle avait si bien manœuvré, qu'elle n'était guère connue sous ces divers rapports que de malheureuses personnes intéressées comme elle à garder le plus profond secret ; et comme elle ne s'employait qu'à prix d'or, elle vivait dans une certaine aisance dans une maison qui lui appartenait, et qu'elle habitait seule, pour plus de commodité. Du reste, elle jouissait d'une bonne réputation dans son métier, et possédait en même temps l'estime des personnes les plus considérées. Cette femme s'appelait Louise Goillard.

Comme elle était seule un soir, le couvre-feu sonné, elle entendit frapper avec force à la porte de la maison. Habituée à recevoir des visites à toute heure de la nuit, elle prit sa lampe sans défiance, et ou-

vrit. Un homme armé se jeta dans la salle avec les airs d'une grande agitation. Louise Goillard eut une telle frayeur, qu'elle se laissa tomber sur une chaise ; cet homme, c'était le marquis de Saint-Maixent.

— Rassurez-vous, bonne dame, dit l'étranger tout oppressé et entrecoupant ses paroles ; rassurez-vous, je vous en prie, car ce n'est point à vous, mais à moi qu'il appartient d'être ému. Je ne suis point un malfaiteur, et loin que vous ayez à craindre quelque chose de moi, c'est moi qui viens, au contraire, vous demander votre secours.

Il jeta son manteau dans un coin, déboucla son ceinturon et posa son épée. Puis tombant sur une chaise :

— Permettez-moi d'abord de me reposer.

Le marquis portait un habit de voyage ; mais quoiqu'il ne se fût point nommé, Louise Goillard vit d'un coup d'œil qu'il était bien loin d'être ce qu'elle avait cru, et que c'était, au contraire, un beau gentilhomme que sa bonne fortune lui amenait.

— Je vous prie d'excuser, dit-elle, une crainte qui vous fait injure. Vous êtes entré si vite, que je n'ai pas eu le temps de voir à qui j'avais l'honneur d'avoir affaire. Ma maison est un peu isolée ; je suis seule, on pourrait en profiter pour causer du dommage à une pauvre femme qui n'a guère besoin de mauvais hasards... Les temps sont si mauvais !... Vous me semblez fatigué... Voulez-vous respirer quelque essence ?

— Donnez-moi seulement un verre d'eau.

Louise Goillard passa dans une pièce voisine, et revint avec une aiguière.

Le marquis feignit de se rafraîchir les lèvres, et dit :

— Je viens de fort loin pour une affaire des plus importantes, et comptez que je saurai reconnaître vos services.

Il fouilla dans sa poche et en tira une bourse qu'il roula dans ses doigts.

— Vous allez d'abord, reprit-il, me jurer le plus grand secret.

— Il n'en est pas besoin avec nous, dit Louise Goillard ; c'est la première condition de notre métier.

— Il me faut des garanties plus expresses, et votre serment que vous ne révélerez à qui que ce soit au monde ce que je vais vous confier.

— Je vous donne donc ma parole, puisque vous l'exigez ; mais, encore une fois, cela est inutile, vous ne me connaissez pas.

— Songez qu'il y va des événements les plus graves, que c'est comme si je remettais ma tête dans vos mains, et que je sacrifierais mille fois ma vie plutôt que de voir découvrir ce mystère.

— Songez donc aussi, reprit bonnement la matrone, que nous sommes intéressées nous-mêmes toutes les premières aux secrets que l'on nous confie ; qu'une indiscrétion nous ferait perdre la confiance, et qu'il y a même des cas... Vous pouvez parler.

Quand le marquis l'eut ainsi rassurée sur lui-même par ce détour, reprit :

— Je sais que vous êtes une très-habile femme.

— Je voudrais l'être effectivement pour vous obliger.

— Que vous avez poussé aussi loin que possible l'étude de votre art.

— On aura peut-être trop vanté votre humble servante.

— Et que vos travaux vous ont découvert les moyens de connaître l'avenir.

— Pour cela, il n'en est rien.

— Cela est vrai ; on me l'a dit.

— On vous a trompé.

— A quoi bon le nier et refusez-vous déjà de m'être utile ?

Louise Goillard se défendit longtemps : elle ne comprenait pas qu'un homme de cette qualité pût ajouter foi à des pratiques de divination qu'elle n'employait qu'avec le menu peuple et les fermiers enrichis ; mais le marquis montrait un tel empressement, qu'elle ne savait que penser.

— Ecoutez, dit celui-ci, il est inutile de feindre avec moi, je sais tout. Soyez tranquille, nous jouons un jeu où vous gagnez un contre mille ; et d'ailleurs voici pour vous dédommager de mes importunités.

Il posa une pile d'or sur la table. La matrone convint faiblement qu'elle s'était livrée quelquefois à des tentatives de combinaisons astrologiques qui n'étaient pas toujours heureuses, et qu'elle y avait été poussée uniquement par l'enchaînement des phénomènes de sa science. Le secret de ses pratiques coupables était forcé dans ses premiers retranchements.

— Si cela est ainsi, reprit le marquis, vous devez savoir déjà dans quelle situation je me trouve ; vous devez savoir qu'entraîné par la passion la plus vive et la plus aveugle, j'ai trahi la confiance d'un vieux gentilhomme et violé les lois de l'hospitalité en séduisant sa fille dans sa propre maison ; que les choses en sont à l'extrémité, et que cette noble fille, que j'aime éperdument, étant devenue grosse, est sur le point de perdre la vie et l'honneur à la découverte de sa faute, qui est la mienne.

La matrone répondit :

— Qu'on ne pouvait rien savoir sur une personne, sauf des interrogations particulières ; et pour mieux éblouir le marquis, elle alla chercher une sorte de boîte marquée de chiffres et d'emblèmes bizarres. Elle l'ouvrit, et après avoir combiné certaines figures qui s'y trouvaient, elle avoua qu'il était vrai, et que la situation du marquis était des plus malheureuses. Elle ajouta, dans le but de l'effrayer, qu'il était menacé par des événements plus malheureux encore que ceux qui lui étaient déjà arrivés, mais qu'il était facile de connaître et de prévenir les événements au moyen de nouvelles consultations.

— Madame, répondit le marquis, il n'y a qu'une chose au monde que je craigne, c'est le déshonneur de la femme que j'aime. N'y a-t-il aucun moyen de remédier aux embarras ordinaires des accouchements ?

— Je n'en connais pas, dit la matrone.

— La demoiselle est parvenue à dissimuler sa grossesse, et il lui serait facile d'accoucher sans bruit.

— Elle a déjà risqué sa vie, et je ne consentirai pas à tremper dans cette affaire, de peur d'accident.

— Ne pourrait-on, par exemple, dit le marquis, accoucher sans douleur ?

— Quant à cela, je l'ignore, et j'en saurais quelque chose, que je me garderais bien d'essayer quelque méthode qui contrarie sans doute les desseins de la nature.

— Vous me trompez ; vous connaissez cette méthode, vous l'avez employée avec telle personne que je pourrais vous nommer.

— Qui donc m'ose calomnier ainsi ? je n'espère que d'après les décisions des facultés. A Dieu ne plaise que je me fasse jeter la pierre par tous les médecins et peut-être chasser de France !

— Vous voulez donc me laisser mourir de désespoir ? Si j'étais capable de faire un mauvais usage de vos secrets, je l'aurais pu dès à présent, car je les connais. Au nom du ciel, ne dissimulez pas davantage, et dites-moi comment il est possible d'endormir les douleurs de l'enfantement ? Voulez-vous encore de l'or ? en voilà.

Il posa encore quelques louis sur la table.

— Attendez, dit la matrone, il y aurait peut-être un moyen, que je crois avoir découvert, et dont je ne me suis jamais servie, mais que je crois assez efficace.

— Mais si vous ne vous en êtes jamais servie, il peut être dangereux et compromettre la vie de la femme que j'aime.

— Quand je dis jamais, je l'ai essayé une fois, et avec le plus grand succès. Soyez tranquille.

— Ah ! s'écria le marquis, ma reconnaissance vous est à jamais acquise ! Mais, reprit-il, si l'on pouvait prévenir l'accouchement même et faire disparaître dès à présent les symptômes de grossesse ?

— Ah ! monsieur, c'est un grand crime que ce que vous dites !

— Hélas ! reprit le marquis, comme en se parlant à lui-même dans l'accès d'une vive douleur, j'aime mieux me priver d'un enfant chéri, gage de notre amour, que de mettre dans le monde un malheureux qui peut-être tuerait sa mère.

— De grâce, monsieur, n'en parlons plus ; c'est déjà un horrible péché que d'y penser.

— Mais quoi donc ! vaut-il mieux faire périr deux personnes et peut-être toute une famille dans le désespoir ? O madame, je vous en prie, tirez-nous de cette extrémité !

Le marquis se cacha le visage dans ses mains, et poussa des sanglots comme s'il pleurait abondamment.

— Votre désespoir me touche beaucoup, dit la matrone ; mais

Baulieu vit un de ses mouvements, et s'élançant sur elle, lui retint le bras. La malheureuse lui enfonçait les doigts dans le crâne. — Page 27.

songez que pour une femme de ma sorte il y va du dernier supplice.

— Que parlez-vous de supplice? Et notre mystère, et notre sûreté, et notre crédit? On n'arriverait à vous qu'après la mort et le déshonneur de tout ce que j'ai de cher au monde.

— Je pourrais peut-être alors... mais, en ce cas, il faudrait me prémunir d'abord contre les tracasseries de la justice, les confiscations, et m'assurer la facilité de sortir du royaume.

— Ah! qu'à cela ne tienne! prenez ma fortune! prenez ma vie! Et il jeta la bourse entière sur la table.

— Dans ce cas, et uniquement pour vous retirer du péril extrême où je vous vois, je consens à vous livrer un breuvage et certains préceptes qui délivreront à l'instant la dame de son fardeau. Il faut qu'elle emploie les plus grandes précautions et qu'elle s'étudie exactement à exécuter ce que je vais vous dire... Mon Dieu! il faut des occasions aussi désespérées pour me décider à... tenez...

Elle alla prendre un flacon au fond d'une armoire, et continua :

— Voici une liqueur qui n'a jamais manqué son effet.

— Ah! madame, vous nous sauvez l'honneur, qui est plus que la vie! Mais ce n'est point assez; dites-moi comment je dois me servir de cette liqueur, et à quelle dose je dois l'administrer.

— Il faudrait, répondit la sage-femme, que la malade en prît le premier jour une cuillerée, le second jour deux, le troisième...

— Je ne me rappellerai jamais cela; écrivez-moi, je vous en supplie, cette ordonnance sur mon portefeuille.

La sage-femme hésita un instant; mais le portefeuille en s'ouvrant laissa échapper un bon au porteur de la somme de cinq cents francs; le marquis prit le bon et le lui présenta.

— Tenez, dit-il, puisqu'il en est sorti, ce n'est pas la peine qu'il y rentre.

Ce dernier don était trop magnifique pour que la sage-femme conservât aucun soupçon, aussi écrivit-elle l'ordonnance tout entière sur le portefeuille du marquis.

Le marquis mit la fiole dans sa poche, prit le portefeuille, s'assura que l'ordonnance y était bien tout entière, puis se retournant vers la sage-femme avec un sourire diabolique :

— Et maintenant, ma mie, s'écria-t-il, vous êtes à moi.

— Que voulez-vous dire, monsieur? demanda la sage-femme étonnée.

— Je veux dire, continua le marquis, que vous êtes une infâme sorcière, et une misérable empoisonneuse. Je veux dire que j'ai la preuve de vos crimes, et que vous ferez ce que je voudrai maintenant, ou que vous mourrez sur le bûcher.

— Grâce! grâce! s'écria la matrone en tombant aux pieds du marquis.

— Votre grâce est entre vos mains, répondit tranquillement le marquis.

— Eh bien, que faut-il faire? demanda la sage-femme; je suis prête à tout.

— Alors, c'est donc à mon tour de vous dire mes secrets; seulement je ne les écrirai pas, moi.

— Dites, monseigneur, et vous serez content de mon dévouement.

— Asseyez-vous donc et écoutez-moi.

La sage-femme se releva et se laissa tomber sur un siége.

— Allons, je vois que vous comprenez, dit le marquis : la prison, la torture, le feu, ou bien trois fois autant d'or que vous en avez là, c'est-à-dire de l'aisance pour tout le reste de votre vie.

Les yeux de la sage-femme reprirent tout leur éclat, et elle remercia d'un signe de tête, comme pour montrer qu'elle était au marquis corps et âme.

— Il y a, continua le marquis en fixant son regard profond sur les yeux de la pauvre femme, il y a dans un château, à trente lieues d'ici, une dame de grande maison qui est grosse de quelques mois. La naissance de cet enfant m'est odieuse. Vous serez chargée de l'accouchement. Je vous dirai ce qu'il faudra faire, et vous ferez tout ce que je vous dirai. Maintenant il importe de partir cette nuit. Vous allez me suivre. J'ai des chevaux à quelques pas d'ici. Je vous mène dans un lieu où vous attendrez mes ordres. On vous avertira quand il en sera temps. Rien ne vous manquera, et l'argent ne sera pas épargné.

— Je suis prête, dit laconiquement la sage-femme.

— Vous m'obéirez en tout point?

— Je vous le jure.

— Partons donc.

Elle demanda seulement le temps de prendre un peu de linge, mit en ordre certains objets, verrouilla ses portes, et sortit de la maison avec le marquis. Un quart d'heure après ils galopaient au milieu de la nuit sans qu'elle sût où le marquis la conduisait.

Le marquis reparut trois jours après au château, et retrouva la famille du comte comme il l'avait laissée, c'est-à-dire ivre d'espérance et comptant les heures et les semaines en attendant la délivrance de la comtesse. Il s'excusa de son départ précipité sur l'importance de l'affaire qu'on lui avait mandée; et parlant de son voyage à table, il rapporta le bruit qu'avait fait dans le pays d'où il revenait un événement surprenant dont il avait presque été le témoin. C'était une dame de qualité qui s'était subitement trouvée dans les douleurs d'un enfantement des plus laborieux. Tout le savoir des médecins qu'on avait appelés s'était trouvé en défaut : la dame allait périr; enfin en désespoir de cause, on avait fait venir une matrone fort renommée dans la campagne parmi les paysans, mais qu'on n'appelait guère dans les bonnes maisons. Cette femme s'était présentée modestement, se défiant d'elle-même. Dès les premiers soins, les douleurs avaient cessé comme par enchantement, la malade était entrée dans un bien-être indéfinissable; enfin au bout de quelques heures, elle était heureusement accouchée du plus bel enfant du monde; mais au sortir de là, une fièvre violente l'avait prise qui l'avait mise à deux doigts du tombeau. On avait alors résolu de rappeler les médecins, malgré le maître de la maison, qui avait pris confiance dans la matrone. Le traitement des docteurs n'avait fait qu'empirer le mal. On avait encore eu recours à la sage-femme à toute extrémité, et au bout de trois semaines, la dame était miraculeusement revenue à la vie; ce qui avait mis, ajoutait le marquis, le sceau à la réputation de la matrone, si bien que l'on ne parlait que de son talent dans la ville d'où il revenait, ainsi que dans les environs.

Ce récit frappa la compagnie à cause de l'état de la comtesse; la maréchale ajouta qu'on avait tort souvent de railler ces humbles savants de la campagne, et que parfois l'expérience et la droiture du sens leur livraient des secrets que l'étude et l'orgueil refusaient aux docteurs. Le comte s'écria à ce propos, qu'il cherchait une sage-femme, et que ce serait bien une femme comme celle-là qu'il lui faudrait. Après quoi l'on parla d'autre chose, et le marquis fut le premier à changer de conversation; il lui suffisait d'avoir jeté sans affectation les premières semences de son dessein.

Après dîner, la compagnie se promena sur la terrasse. Mme la maréchale ne pouvant beaucoup marcher à cause de son grand âge, la comtesse et Mme de Bouillé prirent des siéges à ses côtés. Le comte se promenait de long en large avec M. de Saint-Maixent. Le marquis demanda naturellement comment tout était allé en son absence, et si Mme de Saint-Géran n'avait pas été plus incommodée; car sa grossesse était devenue l'affaire la plus importante de la maison. La conversation tomba donc encore sur ce sujet.

— A propos, dit le comte, vous nous avez parlé tout à l'heure d'une sage-femme fort habile; ne pourrais-je pas bien l'appeler?

— Je crois, répondit le marquis, que ce serait un bon choix, et que vous n'en avez guère dans les environs que l'on puisse lui comparer.

— J'ai grande envie de la mander tout à l'heure et de la retenir dès à présent au service de la comtesse, dont elle connaîtra mieux le tempérament en la prenant ainsi à l'avance. Savez-vous où il faut que je l'envoie chercher?

— Ma foi, dit le marquis, elle habite un village; mais je ne sais lequel.

— Savez-vous au moins son nom?

— Je m'en souviens à peine : Louise Boyard, je crois, ou Polliard, je ne sais trop lequel.

— Comment! vous n'avez pas même retenu le nom?

— J'écoutais le récit, et voilà tout. Qui diable va retenir un nom qu'on vous dit en l'air?

— Quoi! vous n'avez pas du tout pensé à la comtesse?

— C'est si loin d'ici. Je n'allais pas imaginer que vous iriez chercher cette femme jusque-là. Je vous croyais pourvu.

— Comment la retrouver à présent?

— Si ce n'est que cela, j'ai un valet qui a des connaissances dans le pays, et qui ne manque pas de savoir-faire; il vous l'ira chercher, si vous voulez.

— Si je le veux! à l'instant même.

Le soir même, le valet eut la commission, les instructions du comte, et surtout celles de son maître. Il partit à franc étrier. On pense bien qu'il n'alla pas loin chercher celle qu'il devait ramener; mais il demeura trois jours dehors à dessein, et au bout de ce temps Louise Goillard fut installée au château.

C'était une femme d'un extérieur simple et sévère, qui se concilia d'abord la confiance de tout le monde. Les machinations du marquis et de Mme de Bouillé s'ourdissaient donc avec un effroyable succès; mais il arriva un accident qui faillit les rendre inutiles, et qui, tout en causant un grand malheur, pouvait détourner un crime.

La comtesse, en passant dans son appartement, s'embarrassa les pieds dans un tapis, et tomba lourdement sur le parquet. Aux cris que poussa un laquais, toute la maison s'émut. On porta la comtesse dans son lit; l'alarme fut des plus vives; mais cet accident n'eut pas de suites, et ne fut qu'une nouvelle occasion de visites qui prouvèrent encore une fois l'intérêt des voisins et de la province. Ceci se passait vers la fin du septième mois.

Enfin le moment de la délivrance approcha. Tout étant préparé depuis longtemps, il n'y eut rien à disposer pour la naissance. Le marquis avait employé tout ce temps à fortifier Mme de Bouillé contre ses scrupules. Il voyait aussi souvent Louise Goillard à la dérobée, et lui communiquait ses instructions; mais il comprit que la corruption de Baulieu, le maître d'hôtel, lui était surtout nécessaire. Baulieu se trouvait déjà entamé par les confidences de l'an passé; une grosse somme et beaucoup de promesses firent le reste. Ce misérable n'eut pas honte d'entrer dans un complot contre le maître auquel il devait tout. La marquise, de son côté, et toujours à l'instigation de M. de Saint-Maixent, acheva de convertir à l'abominable projet les filles Quinet, ses femmes de chambre; en sorte que tout n'était que trahison et complot autour de cette excellente famille, parmi ces personnes qu'on appelle ordinairement des gens de *confiance*. Les conjurés ainsi disposés attendirent le moment.

Le 16 du mois d'août 1641, la comtesse de Saint-Géran fut surprise des douleurs de l'enfantement dans la chapelle du château, où elle entendait la messe. On la porta dans sa chambre avant que la messe fût achevée; les femmes accoururent auprès d'elle, et la maréchale la coiffa de sa propre main comme on coiffe les femmes qui vont accoucher, et qui ne doivent pas être recoiffées de longtemps.

Les douleurs se succédèrent avec des redoublements terribles. Le comte pleurait aux cris de sa femme. Beaucoup de personnes étaient présentes. Les deux filles du second lit de la maréchale, dont l'une, alors âgée de seize ans, épousa depuis le duc de Ventadour, et figura dans le procès, avaient voulu assister à cet accouchement, qui perpétuait par un nouveau rejeton une race illustre près de s'éteindre. Il y avait encore la dame de Saligny, sœur de feu le maréchal de Saint-Géran, le marquis de Saint-Maixent et la marquise de Bouillé.

Tout semblait servir les projets de ces deux dernières personnes, dont la pensée à ce spectacle s'écartait bien de l'intérêt général. Comme on reconnut que les douleurs empiraient sans résultat, que l'accouchement était des plus difficiles, et que la comtesse était dans un état extrême, on dépêcha des exprès dans les paroisses voisines, pour demander des prières à l'intention de la mère et de l'enfant. Le saint-sacrement fut exposé dans les églises à Moulins.

La sage-femme vaquait seule à tous les soins. Elle avait prétexté qu'elle en serait plus à son aise, et l'on s'empressait d'obéir à ses moindres caprices. La comtesse ne disait plus une parole, et n'interrompait ce silence effrayant que par des cris qui brisaient l'âme. Tout à coup, Mme de Bouillé, qui affectait de se donner beaucoup d'occupation, représenta que la grande compagnie qui était là incommodait la comtesse, et, prenant un air d'empire autorisé par une feinte tendresse, elle dit qu'il fallait que tout le monde se retirât, qu'il ne restât auprès de la patiente que les personnes qui lui étaient absolument nécessaires, et qu'afin que nul ne pût s'en défendre, Mme la maréchale devait donner l'exemple. On saisit cette occasion d'arracher le comte à cette scène douloureuse, et tout le monde sortit après la maréchale. On ne voulut pas même souffrir dans la chambre les deux filles de service de la comtesse. On leur donna des commissions qui les éloignèrent. Il se présenta d'ailleurs ce prétexte, que la plus âgée ayant à peine quinze ans, leur pudeur ne leur permettait pas d'assister à ce spectacle. Il ne resta auprès du lit que la marquise de Bouillé, la sage-femme, les deux filles Quinet: la comtesse demeura donc livrée à ses plus cruels ennemis.

Il était sept heures du soir; les étreintes continuaient, l'aînée des Quinet tenait la malade par la main pour la contenir. Le comte et la maréchale envoyaient de minute en minute savoir de ses nouvelles. On leur faisait dire que tout allait bien, et que dans peu leurs vœux seraient comblés; du reste, on refusa l'entrée de la chambre à tous les domestiques.

Trois heures plus tard la sage-femme déclara que la comtesse ne pourrait point résister si l'on ne lui procurait un peu de repos. Elle lui fit avaler une liqueur qu'on lui versa dans la bouche par cuillerées. La comtesse tomba dans un sommeil si profond, qu'il semblait qu'elle fût morte. La plus jeune des filles Quinet crut un moment qu'on venait de la tuer, et se mit à pleurer dans un coin. Mme de Bouillé lui fit entendre raison.

Durant cette affreuse nuit, une ombre rôdait dans les corridors, parcourait silencieusement les salles, venait jusqu'à la porte de la salle, parlait tout bas à la sage-femme, à la marquise de Bouillé. C'était le marquis de Saint-Maixent, qui donnait ses ordres, encourageait ses gens, veillait sur tous les points de sa trame, livré lui-même aux transes qui accompagnent les préparatifs d'un grand crime.

La maréchale, à cause de son grand âge, s'était vue forcée de prendre quelque repos. Le comte veillait, exténué de fatigue, dans une salle basse, à deux pas du lieu où l'on achevait la ruine de ce qu'il avait de plus cher au monde.

La comtesse, dans sa léthargie profonde, accoucha, sans le sentir, d'un garçon, qui tomba ainsi, en venant au monde, dans les mains de ses ennemis, sans que sa mère pût au moins le défendre par ses cris et ses larmes. On entr'ouvrit la porte, et on introduisit un homme qui attendait; c'était le maître d'hôtel Baulieu.

La sage-femme, sous prétexte des premiers soins à donner à l'enfant, l'avait détourné dans un coin. Baulieu vit un de ses mouvements, et s'élançant sur elle, lui retint le bras. La malheureuse lui enfonçait les doigts dans le crâne. Il lui arracha le pauvre petit des mains; mais il a toujours porté depuis la marque des doigts de cette femme.

La marquise de Bouillé, peut-être, ne put se résoudre à laisser commettre un si grand crime; mais on pense plutôt que le maître d'hôtel l'empêcha sur les ordres de M. de Saint-Maixent. On conjecture que le marquis, se défiant de la promesse que Mme de Bouillé lui avait faite de l'épouser après la mort de son mari, voulait conserver cet enfant pour l'obliger à tenir sa parole par la menace de le faire reconnaître, si elle lui était infidèle. On ne voit pas, d'ailleurs, d'autres raisons qui aient pu déterminer un homme de sa trempe à prendre un si grand soin de sa victime.

Baulieu fit emmaillotter l'enfant, le mit dans une corbeille, le cacha sous son manteau, et revint trouver le marquis avec sa proie; ils conférèrent quelque temps ensemble, après quoi le maître d'hôtel passa par une porte basse qui donnait sur les fossés du château, de là sur une terrasse, et gagna un pont qui menait dans le parc. Ce parc avait douze portes dont il avait toutes les clefs. Il monta sur un cheval de prix qu'il avait fait préparer derrière un mur, et partit au galop.

Il traversa le même jour le village des Escherolles, à une lieue de Saint-Géran, où il s'arrêta chez une nourrice, femme d'un nommé Claude, gantier. Cette paysanne donna son sein à l'enfant; mais le maître d'hôtel, n'osant séjourner dans un village si voisin de Saint-Géran, traversa la rivière d'Allier au *port de la Chaise*, et ayant mis pied à terre dans le logis d'un nommé Boucaud, il fit encore allaiter l'enfant par la maîtresse de la maison; il poursuivit ensuite son chemin du côté de l'Auvergne.

La chaleur était excessive; le cheval était rendu, l'enfant semblait incommodé. Un charretier vint à passer, qui s'en allait à Riom. C'était le nommé Paul Boithion, de la ville d'Aigueperce, voiturier ordinaire de cette route. Baulieu fit marché avec lui pour mettre l'enfant dans la charrette, sur laquelle il monta lui-même en le tenant dans ses bras. Le cheval suivait, attaché par derrière.

Dans la conversation qu'il eut avec cet homme, Baulieu se mit à dire qu'il ne prendrait pas tant de soin de l'enfant, s'il n'était de la première maison du Bourbonnais. Il arriva au village du Ché sur le midi. La maîtresse du logis où il s'arrêta, et qui avait des nourrissons, consentit à donner un peu de son lait à l'enfant. Le pauvre petit était tout sanglant; elle fit chauffer de l'eau, le débarrassa de ses langes, le lava des pieds à la tête, et le remmaillotta plus proprement.

Le charretier les conduisit ainsi jusqu'auprès de Riom. Arrivé là, Baulieu s'en débarrassa en lui donnant un faux rendez-vous pour le départ, tira du côté de l'abbaye de Lavoine, et arriva au village de Descoutoux, dans les montagnes, entre Lavoine et Thiers. La marquise de Bouillé avait là un château où elle se retirait de temps en temps.

L'enfant fut nourri à Descoutoux par Gabrielle Moinot, à qui l'on paya un mois d'avance; mais elle ne le garda que sept ou huit jours, parce qu'on refusa de lui nommer le père et la mère, et de lui indiquer le lieu où elle pourrait s'adresser pour donner des nouvelles de son nourrisson. Cette femme ayant répandu cette aventure, aucune nourrice ne voulut se charger de l'enfant. On l'enleva du village de Descoutoux. Ceux qui l'emmenèrent prirent le grand chemin de la Bourgogne, traversèrent un grand pays de bois, et ce fut là qu'on perdit leur piste.

Ces détails ont été prouvés par les nourrices, le charretier et d'autres personnes qui déposèrent en justice. Nous les rapportons, parce qu'ils furent d'une grande importance dans le procès. Les auteurs qui ont recueilli cette histoire, et dans lesquels nous puisons des renseignements, ont seulement omis de nous dire comment fut expliquée au château l'absence du maître d'hôtel; il est probable que le marquis avait de longue main préparé un prétexte.

L'assoupissement de la comtesse dura jusqu'à la pointe du jour. Elle se réveilla baignée dans son sang, accablée, mais pourtant dans un état de bien-être qui lui annonçait qu'elle était délivrée de son fardeau. Ses premières paroles furent pour son enfant. Elle voulait le voir, l'embrasser, elle demandait où il était. La sage-femme lui répondit d'un grand sang-froid, tandis que les filles qui étaient là se détournaient par la honte de son effronterie, qu'elle n'était point accouchée. La comtesse soutint le contraire, et comme elle paraissait extrêmement animée, la sage-femme s'efforça de la calmer, et lui assura qu'en tout cas sa délivrance ne saurait tarder, et qu'on jugeait par tous les symptômes qui avaient paru durant la nuit qu'elle mettrait au monde un garçon. Cette promesse réconforta le comte et la maréchale, mais demeura sans succès auprès de la comtesse, qui voulait absolument que son enfant fût né.

Le matin même, une fille des basses-cours rencontra une femme qui descendait au bord de l'eau, dans les fossés du château, avec un paquet sur les bras. Elle reconnut la sage-femme, et lui demanda ce qu'elle portait là, et où elle allait si matin. Celle-ci répondit qu'elle était bien curieuse, et que d'ailleurs ce n'était rien; mais la fille feignant, en riant, de se fâcher de cette réponse, tira l'un des bouts du paquet avant que la sage-femme eût le temps de s'y opposer, et découvrit des linges tout souillés de sang.

— Madame est donc accouchée? dit-elle alors à la matrone.

— Non, répondit celle-ci avec vivacité, elle ne l'est point.

La fille ne se rendit pas, et dit:

— Comment ne le serait-elle point, puisque Mme la marquise, qui était présente, l'a dit.

La matrone confondue répliqua:

— Elle aurait la langue bien longue, si elle avait dit cela.

La déposition de cette fille devint plus tard l'une des plus graves.

L'irritation de la comtesse ne fit qu'empirer le lendemain. Elle demandait avec des cris et des larmes qu'on lui dît au moins ce qu'était devenu son enfant, soutenant toujours qu'elle ne se trompait point quand elle assurait qu'elle était accouchée. La sage-femme disait froidement que la nouvelle lune s'était opposée à l'enfantement, et qu'il fallait en attendre le déclin, où il aurait lieu plus facilement, parce que les voies étaient préparées.

Les emportements des malades n'inspirent point grande confiance ; mais cependant la fermeté de la comtesse aurait fini par convaincre tout le monde, si la maréchale n'eût dit qu'elle se souvenait qu'au bout du neuvième mois d'une de ses grossesses, elle avait eu tous les signes avant-coureurs d'un accouchement, mais en vain, et qu'elle n'était guère accouchée que six semaines après.

Ce détail inspira grande confiance. Le marquis et Mme de Bouille n'oublièrent rien pour qu'on s'y arrêtât ; mais la comtesse résistait toujours, et ses transports continuels donnaient de part et d'autre la plus vive inquiétude. La matrone, qui ne savait plus comment gagner du temps et qui perdait tout espoir contre cette persuasion inébranlable de Mme de Saint-Géran, fut poussée par sa frayeur à la faire périr ; elle lui dit que son enfant avait fait les premiers efforts pour venir au monde, qu'il était sans doute retenu aux flancs par des phénomènes qu'elle détailla, et qu'il fallait qu'elle se livrât à quelque exercice violent pour l'en détacher. La comtesse, toujours affermie dans son sentiment, refusa de se prêter à cette ordonnance ; mais le comte, la maréchale et toute la famille l'en prièrent avec tant d'instances, qu'elle céda.

On la fit monter dans un carrosse fermé et on la promena tout un jour à travers des champs labourés, par les chemins les plus rudes et les plus difficiles. Elle fut tellement secouée qu'elle en perdait le souffle ; il fallut la force de sa constitution pour résister à ce supplice dans l'état délicat d'une femme nouvellement accouchée. On la rapporta dans son lit après cette cruelle promenade, et voyant alors que personne ne la soutenait dans son opinion, elle se jeta dans les bras de la Providence et se consola par les moyens de la religion : la sage-femme cependant lui avait administré des remèdes violents pour faire écouler son lait ; elle résista à toutes ces tentatives de meurtre, et se rétablit lentement.

Le temps, qui remédie aux plus grands chagrins, adoucit peu à peu ceux de la comtesse ; sa douleur néanmoins éclatait encore de temps en temps à la moindre occasion ; mais elle finit par s'éteindre, jusqu'à des événements qui la ravivèrent et que nous allons rapporter.

Il y avait à Paris un maître en fait d'armes qui se vantait de tenir par un de ses frères au service d'une grande maison, et qui avait épousé Marie Pigoreau, fille d'un comédien. Cet homme était mort depuis peu dans l'indigence, laissant sa veuve chargée de deux enfants. La Pigoreau ne jouissait pas dans le quartier d'une fort bonne réputation, et l'on ne savait de quoi elle vivait, quand tout à coup, après quelques courtes absences et quelques visites d'un inconnu qui venait sur le soir, le nez dans son manteau, on la vit afficher plus d'aisance ; on remarqua chez elle des hardes de prix, des langes magnifiques, et l'on sut enfin qu'elle élevait un enfant étranger.

Vers le même temps, on sut encore qu'elle avait déposé deux mille livres entre les mains d'un épicier du quartier, nommé Raguenet ; à quelques jours de là, comme on avait sans doute différé de faire baptiser cet enfant, de peur de trahir son origine, la Pigoreau entreprit de le faire ondoyer à Saint-Jean-en-Grève. Elle n'eut pas recours aux voisins pour le tenir sur les fonts, et trouva moyen de citer le père et la mère à l'église. Elle prit pour parrain le fossoyeur de la paroisse, nommé Paul Marmion, qui donna le nom de Bernard à l'enfant.

La Pigoreau se tint dans un confessionnal durant la cérémonie, et donna dix sols à cet homme. La marraine fut Jeanne Chevalier, pauvre femme de la paroisse.

On écrivit sur le registre :

« *Le septième jour de mars mil six cent quarante-deux a été baptisé Bernard, fils de... et de... le parrain, Paul Marmion, gagne-denier et serviteur de cette paroisse, et la marraine, Jeanne Chevalier, veuve de Pierre Thibou.* »

Peu de jours après, la Pigoreau mit l'enfant en nourrice au village de Torcy en Brie, chez une femme qui était sa commère, et dont le mari s'appelait Paillard. Elle lui dit que c'était un enfant de qualité qu'on lui avait confié, et qu'elle ne le balancerait pas, s'il le fallait, à racheter sa vie de la vie de l'un des siens. La nourrice ne le garda pas longtemps, parce qu'elle tomba malade ; la Pigoreau revint le chercher en la plaignant de cet accident, et dit encore qu'il était fâcheux qu'elle ne pût élever cet enfant, et qu'elle eût gagné de quoi finir tranquillement ses jours. De là elle le remit dans le même village, chez la veuve d'un paysan appelé Marc Péguin. Les mois de nourrice furent exactement payés, et l'enfant entretenu comme un enfant de condition. La Pigoreau dit encore à cette femme que c'était le fils d'un grand seigneur, et qu'il ferait plus tard la fortune de ceux qui l'auraient servi. Un homme d'un certain âge que l'on prit pour le père, mais que la Pigoreau assurait être son beau-frère, le venait souvent visiter.

Quand cet enfant eut dix-huit mois, la Pigoreau le retira et le sevra. Des deux fils qu'elle avait eus de son mari, le premier s'appelait Antoine, le second se fût appelé Henri s'il eût vécu ; mais il était né le 9 août 1639, après la mort de son père, tué au mois de juin de la même année, et il était mort peu de temps après sa naissance. La Pigoreau s'avisa de donner le nom et l'état de ce second fils à l'enfant étranger et d'ensevelir à jamais, par ce moyen, le secret de la naissance de ce dernier. Dans ce dessein, elle quitta le quartier où elle demeurait, et s'en alla se cacher dans une autre paroisse où elle n'était pas connue.

L'enfant vécut sous le nom et la qualité de Henri, second fils de la Pigoreau, jusqu'à l'âge de deux ans et demi ; mais à cette époque, soit qu'elle ne se fût engagée à le garder que jusqu'alors, soit qu'elle eût achevé les deux mille livres de Raguenet l'épicier, et qu'on refusât de subvenir à son entretien, elle résolut de s'en débarrasser.

On avait entendu dire à cette femme qu'elle n'était guère en peine de son fils aîné, parce qu'elle était très-rassurée sur la fortune du second ; et comme on lui remontrait qu'étant obligée de se séparer de l'un des deux, il valait mieux garder le second, qui était un bel enfant, elle répondait que cela ne dépendait point d'elle, et que celui-là avait pour parrain un oncle aisé, qui ne voudrait se charger que de lui. Elle parlait souvent de cet oncle, son beau-frère, lequel, disait-elle, était maître d'hôtel dans une grande maison.

Un matin, le suisse de l'hôtel de Saint-Géran vint dire à Baulieu qu'une femme qui amenait un enfant le demandait à la grille : Baulieu était, en effet, le frère du maître en fait d'armes et le parrain du second fils de la Pigoreau. On devine maintenant que c'était l'inconnu qui lui avait confié cet enfant de qualité et qui l'allait visiter chez sa nourrice. La Pigoreau l'entretint longuement de sa situation. Le maître d'hôtel tout ému prit l'enfant, et dit à la Pigoreau d'attendre sa réponse, à quelques pas de l'hôtel, dans un endroit qu'il lui désigna.

La femme de Baulieu jeta les hauts cris à la première proposition de cet accroissement de famille ; mais il parvint à la calmer en lui représentant la gêne de sa belle-sœur et la facilité qu'ils avaient de faire cette bonne œuvre dans une maison comme celle de M. le comte. Il alla trouver ensuite ses maîtres pour leur demander la permission d'élever cet enfant à l'hôtel ; il se mêlait à son trouble un certain sentiment qui diminuait en quelque sorte le poids qui pesait sur sa conscience.

Le comte et la comtesse s'opposèrent d'abord à son projet, et lui dirent qu'ayant déjà cinq enfants, il ne devait pas prendre cette nouvelle charge, mais il les supplia avec tant d'instances, qu'il obtint ce qu'il désirait. La comtesse voulut le voir, et comme elle allait partir pour Moulins, elle dit qu'elle le ferait mettre dans le carrosse de ses femmes : quand on le lui présenta, elle s'écria :

— Voilà un bel enfant !

En effet il était blond, avec de grands yeux bleus et des traits fort réguliers. Elle lui fit cent caresses, que l'enfant lui rendit de très-bonne grâce. Elle s'attacha aussitôt à lui. Elle se reprit alors et dit à Baulieu :

— Je ne veux pas qu'il monte dans le carrosse de mes filles, mais je le mettrai dans le mien avec moi.

Arrivée au château de Saint-Géran, sa tendresse s'accrut pour Henri ; c'était le nom qu'avait conservé l'enfant. Elle le regardait souvent avec tristesse, et puis l'embrassait vivement, et le gardait longtemps sur son sein. Le comte partageait ces sentiments pour le prétendu neveu de Baulieu, qu'on adopta, pour ainsi dire, et qu'on éleva comme un enfant de qualité.

Le marquis de Saint-Maixent et Mme de Bouillé ne s'étaient pas mariés, bien que le vieux marquis de Bouillé fût mort depuis longtemps. Il paraît qu'ils avaient renoncé à ce projet. La marquise fut retenue sans doute par des scrupules, et le marquis en fut détourné par ses habitudes de libertinage. On pense que d'autres engagements et surtout des sommes énormes le dédommagèrent d'un manque de parole.

Il courait le monde vers ce temps-là et faisait la cour à demoiselle Jacqueline de la Garde ; il était parvenu à se faire aimer de cette fille, et l'avait amenée à tel point, qu'elle ne se défendait plus que sur la grossesse et les douleurs que pouvait occasionner une faute. Le marquis lui offrit alors le ministère d'une matrone qui accouchait les femmes sans douleur et qui en avait fait des expériences certaines. La même Jacqueline de la Garde raconta encore que M. de Saint-Maixent s'était vanté souvent, d'une intrigue savante, d'avoir fait enlever le fils d'un gouverneur de province et petit-fils d'un maréchal de France ; qu'en parlant de la marquise de Bouillé, il disait qu'il l'avait rendue opulente, et que c'était à lui qu'elle devait ses grands biens ; qu'enfin, l'ayant menée un jour dans une belle campagne qui lui appartenait, elle en avait fait l'éloge en disant *que c'était un beau lieu*, et qu'il avait répliqué en souriant par une équivoque sur le nom d'un homme, *qu'il connaissait un autre Baulieu qui lui avait procuré le moyen de faire une fortune de cinq cent mille écus.*

Il avait dit également à Jadelon, sieur de la Barbesange, en revenant de Paris en poste avec lui, que la comtesse de Saint-Géran était accouchée d'un fils qu'il avait en son pouvoir.

Le marquis n'avait pas vu Mme de Bouillé depuis longtemps ; le péril commun les rapprocha. Ils avaient appris avec effroi l'un et l'autre la présence de Henri à l'hôtel de Saint-Géran. Ils se consultèrent à ce sujet, et le marquis se chargea de couper court au péril. Cependant il n'osa rien entreprendre d'éclatant contre l'enfant, et cela était bien plus difficile à présent, parce qu'il avait transpiré quelque chose de ses aventures, et que les Saint-Géran ne le voyaient plus que froidement.

Baulieu, tous les jours témoin des tendresses du comte et de la comtesse pour le petit Henri, avait failli se trahir cent fois et leur tout avouer. Il était déchiré de remords. Il lui échappait des propos qu'il croyait pouvoir dire sans conséquence, à cause du temps qui s'était écoulé, mais qui étaient remarqués. Tantôt il disait qu'il avait entre les mains la vie et l'honneur de Mme la marquise de Bouillé; tantôt, que le comte et la comtesse avaient plus de raisons qu'ils ne croyaient d'aimer Henri. Il proposa un jour ce cas de conscience à un religieux, à savoir : Si un homme qui aurait contribué à la suppression d'un enfant ne satisferait pas à sa conscience en le restituant au père et à la mère sans le leur faire connaître? On ne sait ce que le religieux répondit; mais, selon toute apparence, cela ne rassura point le maître d'hôtel. Il répondit encore à un élu de Moulins, qui le félicitait d'avoir un neveu que ses maîtres comblaient de bons traitements, qu'ils le pouvaient bien aimer, parce qu'il les touchait de très-près.

Ces propos furent recueillis par d'autres que ceux qui y avaient le plus cher intérêt. Un jour, un fournisseur de vins étrangers vint proposer à Baulieu l'achat d'une pièce de vin d'Espagne, et lui en donna un flacon à goûter pour échantillon; le soir il fut pris d'un mal horrible. On le porta dans son lit, où il se tordait avec des cris effroyables. Une seule pensée le dominait, quand ses souffrances lui laissaient la raison, et il répéta plusieurs fois dans son agonie, qu'il désirait demander pardon au comte et à la comtesse d'un grand préjudice qu'il leur avait causé. Les gens qui l'entouraient répliquèrent que cela était de peu d'importance, et qu'il ne fallait pas attrister encore ses derniers moments; mais il pria si pitoyablement qu'on les fît venir, que quelqu'un alla les avertir.

Le comte pensa qu'il s'agissait de quelque petit dommage, quelque somme détournée dans les achats de la maison; et craignant d'avancer la mort du malheureux par la honte et l'aveu d'une faute, il lui fit dire qu'il lui pardonnait, qu'il pouvait mourir tranquille, et refusa de l'aller voir. Baulieu expira en emportant son secret. C'était en 1648.

L'enfant avait alors sept ans. Il redoublait de gentillesse, et le comte et la comtesse sentaient croître leur amour pour lui. Ils lui faisaient apprendre la danse et l'escrime. Ils lui donnèrent des chausses et un habit de page de leur livrée, et il les servait en cette qualité. Le marquis tourna ses batteries de ce côté. Il s'occupait sans doute d'une machination aussi criminelle que les précédentes, quand la justice tomba sur la voie d'autres crimes énormes dont il était prévenu. On l'arrêta un jour comme il faisait parler dans la rue un laquais de l'hôtel de Saint-Géran, et on le conduisit à la Conciergerie du Palais.

Soit à cause de ses propos, soit sur d'autres indications que nous avons rapportées, certains bruits couraient dans le Bourbonnais sur les véritables détails de ces événements; ils arrivèrent confusément aux oreilles du comte et de la comtesse; mais ils ne firent que réveiller leur douleur sans leur offrir aucune trace de la vérité.

Sur ces entrefaites, le comte alla prendre les eaux de Vichy. La comtesse et Mme de Bouillé le suivirent. Le hasard fit qu'ils rencontrèrent Louise Goillard, la sage-femme, dans cette ville. Cette femme renoua avec la maison, et surtout visitait souvent la marquise de Bouillé. Un jour, la comtesse, entrant tout à coup dans la chambre de la marquise, les y trouva causant à voix basse. Elles s'interrompirent aussitôt, et parurent décontenancées.

La comtesse s'en aperçut sans y attacher d'importance, et leur demanda le sujet de leur entretien.

— Ce n'est rien, dit la marquise.

— Qu'est-ce donc? répliqua la comtesse en voyant qu'elle rougissait.

La marquise, ne pouvant alors se défendre de répondre et sentant son trouble s'accroître :

— Dame Louise, dit-elle, se loue de mon frère, parce qu'il ne lui a point fait mauvais visage.

— Pourquoi? dit la comtesse en s'adressant à la sage-femme; qu'est-ce qui vous faisait craindre un mauvais accueil de mon mari?

— J'appréhendais, dit maladroitement Louise Goillard, qu'il ne me sût mauvais gré de ce qui s'est passé quand nous croyions que vous alliez accoucher.

L'obscurité de ces paroles et le trouble de ces deux femmes frappèrent à la fois l'esprit de la comtesse; mais elle se contint et ne poussa pas plus loin la conversation. Son émotion pourtant n'échappa guère à la marquise. Le lendemain, elle fit atteler, et se retira dans sa terre de Lavoine. Cette maladresse fortifia les soupçons.

La première résolution de la comtesse fut de faire arrêter Louise Goillard; mais elle comprit qu'une affaire si grave il ne fallait rien hasarder à la légère. Elle consulta le comte et la maréchale, et l'on fit venir la sage-femme sans scandale, pour l'interroger à l'improviste. Elle se démentit et se contredit plusieurs fois. D'ailleurs, sa frayeur suffisait pour la convaincre d'un crime. On la remit entre les mains de la justice, et le comte de Saint-Géran rendit sa plainte par-devant le vice-sénéchal de Moulins.

La sage-femme subit un premier interrogatoire. Elle confessa la vérité de l'accouchement; mais elle ajouta que la comtesse avait mis au monde une fille mort-née, et qu'elle l'avait enterrée sous une pierre près d'un degré qui avoisinait la grange de la basse-cour.

Le juge, accompagné d'un médecin et d'un chirurgien, se transporta sur les lieux, et ne trouva ni pierre, ni cadavre, ni aucun indice. On fouilla inutilement dans d'autres endroits.

On fit savoir cette déclaration à la maréchale, qui répondit qu'il fallait faire sur-le-champ son procès à cette horrible femme. Le lieutenant particulier, en l'absence du lieutenant criminel, commença la procédure.

Louise Goillard, dans un second interrogatoire, assura que la comtesse n'était point accouchée;

Dans un troisième, qu'elle était accouchée d'une mole;

Dans un quatrième, qu'elle avait donné le jour à un garçon que Baulieu avait emporté dans une corbeille.

Dans un cinquième, où elle répondit sur la sellette, elle soutint qu'on lui avait arraché par la violence cet aveu de l'accouchement de la comtesse. Elle ne chargea jamais ni Mme de Bouillé ni le marquis de Saint-Maixent.

Mais, d'autre part, à peine sous les verrous, elle dépêcha son fils Guillemin à la marquise, pour lui dire seulement qu'elle était arrêtée. La marquise comprit cette menace, et fut consternée; elle envoya aussitôt le sieur de la Foresterie, son écuyer, au lieutenant général, son conseil, l'ennemi mortel du comte, afin qu'il la conseillât dans cette conjoncture, et qu'il lui apprît comment elle pouvait secourir la matrone sans paraître en aucune façon. L'avis du lieutenant fut d'étouffer la procédure et d'obtenir un arrêt avec défenses de poursuivre l'instruction du procès. La marquise répandit l'or, et obtint cet arrêt; il devint inutile presque aussitôt, et les défenses furent levées.

La Foresterie avait l'ordre de passer ensuite à Riom, où demeuraient les sœurs Quinet, et de les raffermir dans le secret à force d'argent. L'aînée, en quittant le service de la marquise, lui avait porté le poing au visage, forte de ses horribles confidences, et lui avait dit qu'elle se repentirait de les avoir chassées, et qu'elle dirait tout, quand elle devrait être pendue. Ces filles alors lui firent dire qu'elles la suppliaient de les reprendre à son service; que la comtesse leur avait fait promettre des conditions avantageuses si elles voulaient parler; qu'elles avaient même été interrogées en son nom par un gardien des capucins, mais qu'elles n'avaient rien dit, afin qu'on eût le temps de leur prescrire leur réponse. La marquise se vit obligée de rappeler ces filles. Elle garda la cadette, et maria l'autre à Delisle, son maître d'hôtel.

Mais la Foresterie, qui était entré par ces rapports dans d'étranges révélations, se dégoûta de servir une telle maîtresse, et quitta la maison. La marquise lui dit en le quittant, « que s'il était assez indiscret pour révéler un mot de ce qu'il avait appris des Quinet, elle lui ferait donner cent coups de poignard par son maître d'hôtel Delisle. »

Elle avait donc ainsi renforcé sa ligne de retranchements, et se croyait à l'abri de toute rencontre; mais il arriva qu'un nommé Prudent Berger, gentilhomme et page du marquis de Saint-Maixent, qui avait la confiance de son maître et qui l'allait voir à la Conciergerie du Palais, où il était prisonnier, répandit d'étranges clartés sur cette affaire. Son maître lui avait conté tous les détails de l'accouchement de la comtesse et de l'enlèvement de l'enfant.

— Je m'étonne, monsieur, avait répondu le page, qu'étant accablé déjà de tant d'affaires fâcheuses, vous ne soulagiez pas votre conscience de celle-là?

— Je compte, reprit le marquis, rendre cet enfant à son père; j'en ai reçu l'ordre d'un capucin à qui je me suis confessé d'avoir enlevé, sans qu'on s'en soit aperçu, au milieu de sa famille, un petit-fils de maréchal de France et fils d'un gouverneur de province.

Le marquis avait alors la permission de sortir de temps en temps de la prison sur sa parole. Ceci ne surprendra point les gens qui savent quelles idées conservait sur l'honneur un gentilhomme d'autrefois, même le plus criminel. Le marquis, profitant de cette facilité, mena le page voir un enfant qui pouvait avoir sept ans, blond et d'un charmant visage.

Le marquis lui dit alors :

— Page, regardez bien cet enfant, afin que vous puissiez le reconnaître quand je vous enverrai savoir de ses nouvelles.

Il lui avoua ensuite que c'était le fils du comte de Saint-Géran, dont il lui avait parlé.

La justice, saisie de ces bruits, crut tenir des preuves décisives, mais ils s'étaient répandus précisément à l'instant où d'autres procédures s'instruisaient contre le marquis et le laissaient sans recours contre la mise au jour de ses crimes. On envoya en toute hâte des exempts à la Conciergerie; les geôliers les arrêtèrent en disant que le marquis, se sentant malade, était occupé avec un curé qui lui administrait les sacrements. Comme ils insistaient, les gens de la prison s'approchèrent du cachot; le curé en sortait en criant qu'il fallait aller chercher des personnes à qui le malade avait un secret à révéler, qu'il était dans un état désespéré, et qu'il lui avait dit qu'il venait de s'empoisonner : tout le monde entra dans la prison.

M. de Saint-Maixent se roulait sur son grabat, dans un état à faire pitié, tantôt hurlant comme une bête farouche, tantôt bégayant des paroles sans suite.

Les gens de justice entendirent ceci :

— Monsieur le comte... appelez... la comtesse... de Saint-Géran.. qu'ils viennent....

Les exempts s'approchèrent avec empressement, et le pressèrent de s'expliquer.

Le marquis retomba dans une crise ; quand il rouvrit les yeux il dit encore :

— Faites venir la comtesse.... qu'ils me pardonnent.... je veux tout leur dire.

Les exempts lui firent entendre qu'il pouvait parler : l'un d'entre eux s'avisa même de lui dire que le comte était là. Le marquis se retourna en murmurant :

— Je vais vous dire...

Puis il poussa un grand cri ; il était mort.

Il semblait donc que le sort prît à tâche de fermer toutes les bouches d'où pouvait s'échapper la vérité. Cependant cet aveu d'une révélation à faire au lit de mort au comte de Saint-Géran, et les déclarations du curé qui avait administré le mourant, formèrent une déposition considérable.

Le premier juge, rassemblant toutes les circonstances que nous avons rapportées, en forma un corps où tout le monde reconnut la vérité. Les charretiers, les nourriers, les laquais comparurent ; l'itinéraire et les diverses aventures de l'enfant furent connus, depuis l'accouchement jusqu'à son arrivée au village de Descoutoux.

La justice, en remontant aux sources du crime, ne pouvait s'empêcher de décréter la marquise de Bouillé ; mais il y a lieu de croire qu'elle en fut détournée à grand effort par le comte de Saint-Géran, qui ne put se résoudre à perdre sa sœur, dont le deshonneur eût rejailli sur lui. La marquise couvait ses remords dans la solitude, et n'avait point reparu. Elle mourut à quelque temps de là, emportant le poids de son secret jusqu'au dernier soupir.

Le juge de Moulins rendit enfin la sentence par laquelle il déclara la sage-femme atteinte et convaincue d'avoir supprimé l'enfant provenu de l'accouchement de la comtesse ; et pour réparation elle fut condamnée à être pendue après avoir été appliquée à la question. La matrone interjeta appel de cette sentence, et fut dans la suite transportée à la Conciergerie du Palais.

A peine les nobles époux de Saint-Géran virent-ils les preuves sortir successivement de la procédure, que leur tendresse et la nature qui parlait en eux fit le reste. Ils ne doutèrent plus que leur page ne fût leur fils ; on lui fit quitter sur-le-champ la livrée, et on lui rendit ses titres et prérogatives, on l'appela le comte de la Palice.

Sur ces entrefaites, un particulier nommé Sequeville vint dire à la comtesse qu'il avait fait une découverte fort importante pour elle : qu'un enfant avait été baptisé en 1642 à Saint-Jean en Grève, et qu'une femme nommée Marie Pigoreau avait pris une grande part à l'événement. Sur cet avis, on fit des perquisitions et l'on découvrit que cet enfant avait été nourri au village de Torcy. Le comte obtint un arrêt qui lui permit d'informer par-devant le juge de Torcy ; il n'oublia rien pour recueillir tous les rayons de la vérité : il obtint encore un arrêt qui lui permit de nouveau d'informer et de faire publier un monitoire. Ce fut alors que l'aînée des filles Quinet dit au marquis de Cauillac que le comte cherchait bien loin ce qu'il avait près de lui. A ces nouvelles clartés qui jaillirent des informations, la vérité parut avec un grand éclat.

L'enfant, représenté par-devant un conseiller commissaire aux nourrices et aux témoins de Torcy, fut reconnu, tant à la marque des doigts de la matrone qu'il avait conservée sur la tête qu'à la couleur de ses cheveux blonds et de ses yeux bleus. Ce vestige ineffaçable du crime de la sage-femme fut la preuve principale ; les témoins attestèrent que la Pigoreau, en visitant cet enfant avec un homme qui leur parut être de condition, disait toujours qu'il était le fils d'un grand seigneur, qu'il lui avait été confié, et qu'elle espérait qu'il ferait sa fortune et celle de ceux qui l'auraient élevé.

Le parrain de l'enfant, Paul Marmion, dit *gagne-denier*, l'épicier Raguenet, qui avait fourni les deux mille livres, la servante de la Pigoreau, qui lui avait entendu dire que le comte était obligé de prendre cet enfant, les témoins qui déposaient que la Pigoreau leur avait dit que cet enfant était de trop bonne maison pour porter des livrées de page, fournirent ces preuves qui entraînent l'esprit ; il y en eut d'autres.

C'était chez la Pigoreau que le marquis de Saint-Maixent allait voir l'enfant, qui, demeurait à l'hôtel de Saint-Géran, venait de temps en temps la visiter comme sa mère ; Prudent Berger, page du marquis, reconnut parfaitement la Pigoreau, et reconnut également l'enfant pour celui qu'il avait vu chez elle et dont le marquis lui avait conté l'histoire. Enfin, plusieurs autres témoins ouis dans les informations faites, tant au parlement que par les juges de Torcy, de Cusset et autres commis par arrêt, rapportèrent des faits si précis, si concluants en faveur du véritable état du jeune comte, qu'on ne put se dispenser d'étendre l'accusation.

La cour d'office décréta d'ajournement personnel la Pigoreau, qui n'avait pas été compromise dans la première instruction.

Ce coup d'autorité foudroya cette femme d'intrigue ; mais elle tenta de s'en relever.

La dame veuve du duc de Ventadour, fille du second lit de la maréchale de Saint-Géran, sœur consanguine du comte, et la comtesse du Lude, fille de la marquise de Bouillé, à qui le jeune comte enlevait la riche succession de M. de Saint-Géran, s'agitaient beaucoup et parlaient d'entrer en lice. La Pigoreau les alla trouver et se concerta avec elles.

Alors s'éleva ce nouveau procès, si fameux, qui occupa si longtemps toute la France, et qui rappelle cette cause portée devant Salomon, d'un enfant réclamé par deux mères.

Le marquis de Saint-Maixent et Mme de Bouillé étaient naturellement hors de cause ; l'affaire se concentra entre la Pigoreau et Mmes du Lude et de Ventadour. Ces dames étaient sans doute de bonne foi, et refusaient de croire au crime ; car si elles eussent connu la vérité, il est présumable qu'elles n'étaient pas capables de lui résister, et surtout si longtemps et si obstinément.

Elles firent donc rassurer la sage-femme, qui était tombée malade dans sa prison ; après quoi, l'on tint conseil et l'on résolut :

Que les accusés appelleraient des procédures criminelles ;

Que la Pigoreau prendrait la voie de la requête civile contre les arrêts qui la décrétaient et qui ordonnaient la confrontation des témoins ;

Qu'ils seraient appelants comme d'abus de l'obtention et publication des monitoires, et interjetteraient appel de la sentence du premier juge, qui avait condamné la matrone à la peine capitale ;

Et qu'enfin, pour faire une plus grande diversion, la Pigoreau *attaquerait la maternité de la comtesse, en réclamant l'enfant en qualité de mère* ; et que les dames soutiendraient que l'accouchement de la comtesse était une imposture qu'elle mettait en œuvre pour se supposer un enfant.

Pour plus de sûreté et d'apparence désintéressée, Mmes du Lude et de Ventadour feignirent de n'être pas d'intelligence avec la Pigoreau.

A cette époque, la sage-femme mourut en prison de la maladie que le chagrin et les remords avaient hâtée. Après sa mort, son fils Guillemin avoua qu'elle lui avait souvent dit que la comtesse était accouchée d'un fils, que Baulieu avait enlevé, et que l'enfant qu'on avait confié à Baulieu à l'hôtel Saint-Géran était le même qui avait été détourné ; ce jeune homme ajouta qu'il avait caché cette vérité tant qu'elle avait pu nuire à sa mère, et que les dames de Ventadour et de Lude l'avaient aidée dans sa prison de leur argent et de leurs conseils : autre preuve.

La demande des accusés et l'intervention des dames du Lude et de Ventadour furent discutées dans sept audiences, les trois chambres assemblées. Le procès marcha avec toute la langueur et tous les embarras de ce temps-là.

Après des plaidoyers également longs et spécieux, l'avocat général Bignon embrassa le parti de M. le comte et de Mme la comtesse de Saint-Géran. Il conclut en disant :

« Qu'il y avait lieu de débouter la Pigoreau de ses lettres en forme de requête civile, et toutes les appelantes et les accusés, de leurs opposition et appellation, les condamner à l'amende et aux dépens ; et, attendu qu'il y avait des charges suffisantes contre la Pigoreau, qu'elle avait été décrétée d'ajournement personnel, il requérait qu'elle descendît présentement en bas, s'en rapportant néanmoins à la prudence de la cour. »

Par un arrêt rendu en audience à la Tournelle par M. de Mesmes, le 18 août 1657, *les dames appelantes et les accusés furent déboutés de leur opposition avec amende et dépens. Défense à la Pigoreau de désemparer la ville et les faubourgs de Paris, à peine de conviction. La requête fut jointe au procès.*

Ce revers abattit d'abord le parti de Mmes du Lude et de Ventadour ; mais il se releva bientôt avec plus de résolution que jamais. Ces dames, qui avaient conduit la Pigoreau dans leur carrosse à toutes les confrontations, lui inspirèrent, pour éloigner le jugement, de présenter une nouvelle requête, où elle demandait que les témoins qui parlaient de la grossesse et de l'enfantement lui fussent confrontés.

La cour, sur cette requête, rendit, le 28 août 1658, un arrêt qui ordonna cette confrontation ; mais à condition que, pour y procéder, la Pigoreau se constituerait dans trois jours prisonnière dans la prison de la Conciergerie.

Cet arrêt, dont la Pigoreau craignait les suites, la frappa à tel point, qu'après avoir pesé l'intérêt de son procès qu'elle perdait par la fuite, et le danger qu'il y allait de sa vie en se hasardant entre les mains de la justice, elle abandonna sa fausse maternité, et se réfugia secrètement à l'étranger. Cette dernière circonstance était bien faite pour décourager Mmes du Lude et de Ventadour ; mais elles n'étaient pas à bout de leurs ressources et de leur obstination.

La contumace étant acquise contre la Pigoreau et le procès mûr contre les autres accusés, le comte de Saint-Géran partit pour le Bourbonnais, pour l'exécution de l'arrêt qui ordonnait la confrontation des témoins. Il était à peine arrivé dans la province, qu'il fut obligé d'interrompre ses soins pour recevoir le roi et la reine-mère, qui revenaient de Lyon et passaient par Moulins. Il présenta le comte de la Palice à Leurs Majestés, comme son fils ; elles l'accueillirent en cette qualité. Mais pendant le séjour du roi et de la reine, le comte de Saint-

Géran tomba malade, épuisé sans doute par le zèle qu'il avait mis, outre ses affaires, à leur faire une réception digne d'eux.

Pendant sa maladie, qui ne dura que huit jours, il fit dans un testament une nouvelle reconnaissance de son fils, nomma pour exécuteurs testamentaires M. de la Barrière, intendant de la province, le sieur Vialet, trésorier de France, et les chargea de terminer son procès. Sa dernière parole fut pour sa femme et son enfant ; le seul regret qu'il eut fut de n'avoir pu mettre fin à cette affaire. Il mourut le 31 janvier 1659.

La tendresse maternelle de la comtesse n'avait pas besoin d'être excitée par les invitations de son mari, et elle reprit le procès en diligence. Les dames de Ventadour et du Lude obtinrent des lettres d'héritières par bénéfice d'inventaire, qu'elles firent entériner par défaut au Châtelet. Elles appelèrent en même temps de la sentence du lieutenant général du Bourbonnais qui déférait la tutelle du jeune comte à la comtesse sa mère, et la curatelle au sieur de Bompré. La comtesse, de son côté, interjeta appel de la sentence d'entérinement des lettres d'héritières par bénéfice d'inventaire, et fit son possible pour ramener les contestations à la Tournelle. Ces dames poursuivirent leur appel à la grand'chambre, soutenant qu'elles n'étaient point parties au procès de la Tournelle.

On ne s'engagera point dans l'obscur labyrinthe des procédures d'alors et dans le récit de toutes les marches et contre-marches que suggéra aux parties l'esprit de chicane.

La comtesse, au bout de trois ans, obtint un arrêt le 9 avril 1661, par lequel le roi en personne :

Évoquant à soi tant le procès civil pendant à la Tournelle que les appellations respectivement interjetées et la dernière requête des dames du Lude et de Ventadour, renvoie les parties aux trois chambres assemblées, pour leur être fait droit conjointement ou séparément, ainsi que ces trois chambres jugeront bon être.

La comtesse était revenue sur son premier champ de bataille. La science du procès se déploya en des écritures immenses. Les avocats et les procureurs se signalèrent à l'envi. Après une nouvelle procédure interminable et des plaidoyers plus longs et plus compliqués que jamais, qui n'éblouirent pas la cour, intervint enfin un arrêt conforme aux conclusions de M. le procureur général, portant :

« Que sans s'arrêter à la requête des dames Marie de la Guiche et Éléonore de Bouillé, en tant que, etc.

» Enquêtes faites, etc. ;

» Les appellations, sentences, mises au néant, etc. ;

» Ayant égard à la requête de défaut Claude de la Guiche et de Suzanne de Longaunay, du 12 août 1658,

» Ordonne :

» Que la provision adjugée par l'arrêt demeurera définitive ;

» Ce faisant, a maintenu et gardé, maintient et garde Bernard de la Guiche, comme fils naturel et légitime de Claude de la Guiche et de Suzanne de Longaunay, en la possession et jouissance du nom et des armes de la maison de la Guiche et de tous les biens délaissés par Claude de la Guiche, son père, et fait défense à Marie de la Guiche et Éléonore de Bouillé de l'y troubler ;

» Sur les requêtes d'Éléonore de Bouillé et de Marie de la Guiche, des 4 juin 1664, 4 août 1665, 6 janvier, 10 février, 12 mars, 15 avril, 2 juin 1666, elles sont déboutées de leurs demandes, les condamne aux dépens ;

» Déclare les défauts bien obtenus à l'encontre de la Pigoreau, et pour le profit, elle, dûment atteinte et convaincue des cas à elle imputés, et, pour réparation, condamnée à être pendue et étranglée à une potence plantée en la place de Grève de cette ville, si prise et appréhendée peut être ; sinon, par effigie à un tableau qui sera attaché à une potence plantée en ladite place de Grève, tous et un chacun ses biens ès pays où confiscation a lieu, acquis et confisqués à qui il appartiendra ; sur iceux et autres non sujets à confiscation préalablement prise la somme de huit cents livres parisis d'amende envers le roi, applicable au pain des prisonniers de la Conciergerie du Palais, et aux dépens. »

Il ne s'est peut-être jamais présenté un procès plus opiniâtrément soutenu de part et d'autre, mais surtout par ceux qui devaient le perdre. Quant à la comtesse, qui joua bien le rôle de la vraie mère de la Bible, elle avait cette affaire si fort à cœur, qu'elle avait dit souvent à ses juges, en sollicitant son procès, que s'ils ne reconnaissaient pas son fils, elle l'épouserait et lui assurerait tout son bien.

Le jeune comte de la Palice, devenu comte de Saint-Gérau par la mort de son père, épousa, en 1667, Claude-Françoise-Madeleine de Varignies, fille unique de François de Monfreville et de Marguerite Jourdain de Carbonc de Canisi. Il n'eut qu'une fille, née en 1688 ; elle se fit religieuse. Il mourut à l'âge de cinquante-cinq ans. Ainsi s'éteignit cette illustre famille.

KARL LUDWIG SAND.

1819.

Ce fut le 22 mars 1819, vers les neuf heures du matin, qu'un jeune homme de vingt-trois à vingt-quatre ans à peu près, vêtu du costume des étudiants allemands, qui se compose d'une redingote courte, avec des brandebourgs de soie, d'un pantalon collant et de bottes venant au-dessous du mollet, s'arrêta sur une petite hauteur située aux trois quarts du chemin de Kaiserthal à Manheim, et du haut de laquelle on découvre cette dernière ville, s'élevant calme et heureuse au milieu des jardins, qui furent autrefois des remparts, et qui l'enveloppent et la pressent aujourd'hui comme une ceinture de feuillage et de fleurs. Arrivé là, il souleva sa casquette, au-dessus de la visière de laquelle s'entrelaçaient trois feuilles de chêne brodées en argent, et découvrant son front, il demeura un instant tête nue pour recevoir l'air frais qui montait de la vallée du Necker. Au premier moment, ses traits irréguliers faisaient une impression étrange ; mais bientôt, grâce à la pâleur de son visage fortement creusé par la petite vérole, à la douceur infinie de ses yeux, et au cadre élégant de sa longue et flottante chevelure noire admirablement plantée sur un front large et élevé, on éprouvait pour lui une de ces sympathies tristes et irraisonnées auxquelles on cède sans même penser à leur résister. Quoiqu'il fût de bonne heure encore, il paraissait avoir fait déjà une assez longue route ; car ses bottes étaient couvertes de poussière ; mais sans doute il était près d'atteindre à sa destination, car laissant tomber sa casquette, et accrochant à sa ceinture la longue pipe, amie inséparable du Bursch allemand, il tira un petit agenda de sa poche. Il écrivit dessus avec un crayon : — Parti de Wenheim à cinq heures du matin, arrivé en vue de Manheim à neuf heures un quart. Dieu me soit en aide ! — Puis, remettant son agenda dans sa poche, il resta un instant immobile, remuant les lèvres comme s'il eût fait une prière mentale, ramassa sa casquette, et reprit d'un pas ferme sa route vers Manheim.

Ce jeune étudiant était Karl-Ludwig Sand, qui arrivait d'Iéna par le chemin de Francfort et de Darmstadt, pour assassiner Kotzebue.

Maintenant, comme nous allons mettre sous les yeux de nos lecteurs une de ces actions terribles pour l'appréciation desquelles il n'est point d'autre juge réel que la conscience, il faut qu'ils nous permettent de leur faire connaître entièrement celui-là, que les rois ont regardé comme un assassin, les juges comme un illuminé, et la jeune Allemagne comme un martyr.

Charles-Louis Sand naquit le 5 octobre 1795, à Vonsiedel, dans les montagnes de Fichtel : il était le plus jeune fils de Godefroy-Christophe Sand, premier président et conseiller de justice du roi de Prusse, et de Dorothée-Jeanne-Wilhelmine Schapf, sa femme. Outre deux frères aînés, Georges, qui embrassa la carrière du commerce à Saint-Gall, et Fritz, qui fut avocat à la cour d'appel de Berlin, il avait une sœur aînée, que l'on nommait Caroline et une sœur cadette que l'on appelait Julie.

Encore au berceau, il avait été attaqué d'une petite vérole de la plus maligne espèce. Le virus, répandu par tout son corps, avait mis ses côtes à nu, et presque dévoré son crâne. Pendant plusieurs mois il demeura entre la vie et la mort ; enfin la vie l'emporta.

Néanmoins il resta faible et maladif jusqu'à sa septième année, époque à laquelle une fièvre cérébrale l'atteignit et mit de nouveau ses jours en danger. Par compensation, au reste, cette fièvre, en le quittant, parut avoir emporté avec elle tous les vestiges de sa première maladie.

Dès ce moment, sa santé et ses forces semblèrent naître ; mais, pendant ces deux longues maladies, son instruction était restée fort arriérée, et ce ne fut qu'à l'âge de huit ans qu'il put commencer ses premières études ; encore, comme les souffrances physiques avaient retardé le développement de ses qualités intellectuelles, lui fallut-il tout d'abord une application deux fois plus grande qu'aux autres pour arriver au même résultat.

En voyant les efforts que, tout enfant, le jeune Sand faisait pour vaincre les défauts de son organisation, le professeur Salfranck, homme de savoir et de distinction, recteur du gymnase de Hof, le prit en si grande amitié, qu'ayant été nommé plus tard directeur du gymnase de Regensbourg, il ne put se séparer de son élève et l'emmena avec lui. Ce fut dans cette ville et à l'âge de onze ans qu'il donna la première preuve de son courage et de son humanité. Un jour, étant en promenade avec ses jeunes amis, il entendit appeler au secours, il courut aux cris ; un petit garçon de huit à neuf ans venait de tomber dans un étang. Aussitôt Sand, sans faire attention à ses beaux habits de fête, auxquels il tenait cependant beaucoup, se précipita dans l'eau, et après des efforts inouïs pour un enfant de son âge, il parvint à tirer celui qui se noyait à bord.

A l'âge de douze ou treize ans, Sand, devenu plus leste, plus adroit et plus déterminé que beaucoup qui étaient plus âgés que lui, s'amusait souvent à livrer bataille aux jeunes garçons de la ville et des vil-

que les autres se défendaient au bas de la muraille, commencèrent à faire pleuvoir les pierres et les cailloux sur les vainqueurs. Ceux-ci, étonnés de ce nouveau moyen de défense adopté pour la première fois, reculèrent de quelques pas ; le reste de la troupe profita de ce moment pour rentrer dans la forteresse et fermer la porte.

L'étonnement fut grand de la part des assiégeants : ils avaient toujours vu cette porte hors de service, et voilà que tout à coup elle leur opposait une résistance qui mettait les assiégés à l'abri de leurs coups. Trois ou quatre se détachèrent pour aller chercher des instruments à l'aide desquels ils pussent la briser : pendant ce temps le reste de l'armée ennemie tint la garnison bloquée.

Au bout d'une demi-heure les envoyés revinrent non-seulement avec des leviers et des pioches, mais encore avec un renfort considérable composé des jeunes gens du village où ils avaient été demander des instruments de siège. Alors l'assaut commença ; Sand et ses compagnons se défendirent en désespérés ; mais il fut bientôt évident que, s'il ne lui arrivait du secours, la garnison serait forcée de capituler. On proposa de tirer au sort et de détacher un des assiégés, qui, au mé-

lages voisins. Le théâtre de ces combats d'enfants, pâle et innocent simulacre des grandes batailles qui, à cette époque, ensanglantaient l'Allemagne, était ordinairement une plaine qui s'étend de la ville de Vonsiedel à la montagne Sainte-Catherine, au sommet de laquelle s'élèvent des ruines, et parmi ces ruines une tour parfaitement conservée. Sand, qui était un des soldats les plus ardents, voyant que son parti avait plusieurs fois été battu à cause de sa faiblesse numérique, résolut, pour obvier à cet inconvénient, de fortifier la tour Sainte-Catherine, et de s'y retirer à la prochaine bataille, si le sort lui était contraire. Il communiqua à ses camarades ce projet, qui fut reçu avec enthousiasme. En conséquence on passa une semaine à amasser dans la tour tous les moyens de défense possibles et à réparer les portes et les escaliers. Ces préparatifs furent faits avec tant de secret, que l'armée ennemie n'en eut aucune connaissance.

Le dimanche vint ; les jours de congé étaient les jours de batailles. Soit la honte d'avoir été battu la dernière fois, soit toute autre cause, le parti auquel appartenait Sand se trouva encore plus faible que de coutume. Cependant, rassuré sur ses moyens de retraite, il n'en accepta pas moins le combat. Le choc ne fut pas long ; l'un des deux partis était trop inférieur en nombre pour résister longtemps ; aussi commença-t-il à se retirer, dans le meilleur ordre qu'il lui fut possible de conserver, vers la tour Sainte-Catherine, où il parvint sans être trop entamé. Arrivés là, quelques-uns montèrent aussitôt sur les terrasses, et tandis

pris du péril, sortirait de la tour, traverserait comme il pourrait l'armée ennemie, et irait faire un appel aux autres jeunes gens de Vonsiedel qui étaient lâchement restés chez eux. Le récit du péril où se trouvaient leurs camarades, la honte d'une reddition qui tomberait sur tous, devait évidemment triompher de leur paresse, et les déterminer à faire une diversion qui permettrait à la garnison de tenter une sortie. Cet avis fut adopté ; mais, au lieu de laisser la décision au hasard, Sand se proposa pour cette mission. Comme chacun connaissait son courage, son adresse et sa légèreté, la proposition fut acceptée d'un consentement unanime, et le nouveau Décius se prépara à accomplir son dévouement.

La chose n'était point sans danger : il n'y avait que deux moyens de sortie ; l'un par la porte, et l'on tombait évidemment entre les mains des ennemis ; l'autre, en sautant du haut en bas d'une terrasse trop élevée pour que les assiégeants eussent songé à la garder. Sand, sans balancer un instant, alla à la terrasse ; là, toujours religieux jusque dans ses plaisirs d'enfant, il fit une courte prière, puis, sans crainte, sans hésitation, avec une confiance presque providentielle, il sauta de la terrasse à terre : l'espace était de vingt-deux pieds.

Sand s'élança aussitôt vers Vonsiedel, et y parvint, quoique les ennemis eussent dépêché après lui leurs meilleurs coureurs. Alors les assiégés, voyant le succès de leur entreprise, reprirent courage et

Paris. — Typ. de Vᵉ Dondey-Dupré, rue St-Louis, 46, au Marais.

réunirent leurs efforts contre les assiégeants, attendant tout de l'éloquence de Sand, à qui cette éloquence donnait un grand empire sur ses jeunes compagnons. En effet, au bout d'une demi-heure on le vit reparaître à la tête d'une trentaine d'enfants de son âge armés de frondes et d'arbalètes. Les assiégeants, sur le point d'être attaqués par devant et par derrière, comprirent le désavantage de leur position, et se retirèrent. La victoire resta au parti de Sand ; quant à lui, il eut tous les honneurs de la journée.

Nous avons raconté en détail cette anecdote, pour faire comprendre à nos lecteurs, par le caractère de l'enfant, quel serait plus tard celui de l'homme. Au reste, nous allons le voir se développer, toujours calme et supérieur, au milieu des petits comme des grands événements.

Vers le même temps, Sand échappa presque miraculeusement à deux dangers. Un jour une auge pleine de plâtre tomba d'un échafaudage et se brisa à ses pieds. Un autre jour, le prince de Cobourg, qui, pendant que le roi de Prusse était aux bains d'Alexandre, logeait chez les parents de Sand, rentrant au grand galop de quatre chevaux, surprit le jeune Karl sous une grande porte ; il n'y avait pas moyen de fuir à droite ni à gauche, sans courir le risque d'être écrasé entre le mur et les roues, le cocher, emporté, ne pouvait pas retenir son attelage ; Sand se jeta à plat ventre, et la voiture lui passa sur le corps sans que ni les chevaux ni les roues lui eussent fait une seule égratignure.

Dès ce moment, beaucoup le regardèrent comme prédestiné, et dirent que la main de Dieu était sur lui.

Cependant les événements politiques se développaient autour de l'enfant, que leur gravité faisait jeune homme avant l'âge. Napoléon pesait sur l'Allemagne comme un autre Sennachérib. Staps avait voulu jouer le rôle de Mucius Scevola et était mort martyr.

Sand était alors à Hof, et faisait partie du gymnase de son bon professeur Salfranck. Il apprit que celui qu'il regardait comme l'Antechrist devait venir passer une revue dans cette ville : il la quitta aussitôt et revint chez ses parents. Ceux-ci lui demandèrent pour quelle cause il avait quitté le gymnase : — Parce que, répondit-il, je n'aurais pu me trouver dans la même ville que Napoléon sans essayer de le tuer, et que je ne me sens pas encore la main assez ferme pour cela.

Cela se passait en 1809 : Sand avait quatorze ans.

La paix signée le 15 octobre donna quelque relâche à l'Allemagne, et permit au jeune fanatique de reprendre ses études sans être distrait par ses préoccupations politiques : il en était encore occupé en 1811, lorsqu'il apprit que le gymnase était dissous et remplacé par une école primaire. Le recteur Salfranck y restait attaché comme professeur ; mais au lieu de mille florins que lui rapportait son ancienne place, la nouvelle n'en valait plus que cinq cents. Karl ne pouvait plus rester dans une école primaire, où il n'aurait pu continuer son éducation : il écrivit à sa mère pour lui annoncer cet événement et lui dire avec quelle égalité d'esprit le vieux philosophe allemand l'avait supporté : voici la réponse de la mère de Sand ; elle suffira pour faire connaître cette femme, dont le cœur puissant ne se démentit jamais au milieu des plus vives douleurs ; cette réponse est empreinte de ce mysticisme allemand dont nous n'avons en France aucune idée.

« Mon cher Karl,

» Tu ne pouvais me donner une nouvelle plus douloureuse que celle de l'événement qui vient d'accabler ton professeur et ton père adoptif : cependant, si terrible qu'il soit, il s'y résignera, n'en doute point, pour donner à la vertu de ses élèves un grand exemple de la soumission que tout sujet doit au roi que Dieu lui a imposé. Au reste, sois bien convaincu qu'il n'y a au monde d'autre politique droite et bien calculée que celle qui ressort de cet ancien précepte : — Respecte Dieu, sois juste, et ne crains personne.

» Et pense aussi que là où l'injustice est criante contre les justes, la voix publique se fait entendre et relève ceux qui sont accablés.

» Mais si, contre toute probabilité, cela n'arrivait point ainsi ; si Dieu imposait à la haute vertu de notre ami cette sublime épreuve, que le monde le méconnût, et que la Providence se fît à ce point sa débitrice, elle a aussi pour ce cas, crois-moi, de suprêmes dédommagements : toutes les choses et tous les événements qui agissent autour de nous et sur nous ne sont que des machines qu'une main plus haute met en mouvement, afin de compléter notre éducation pour un meilleur monde, dans lequel seulement nous prendrons notre véritable place. Applique-toi donc, mon cher enfant, à veiller sur toi sans cesse et toujours, afin que tu ne prennes pas de grandes et belles actions isolées pour une vertu réelle, et que tu sois prêt à faire à chaque instant tout ce que ton devoir demande de toi. Au fond, vois-tu, rien n'est grand, rien n'est petit, quand on regarde les choses isolées les unes des autres, et l'ensemble seul produit l'unité du mal ou du bien.

» D'ailleurs, Dieu n'envoie l'épreuve qu'au cœur où il a mis la force, et la manière dont tu me dis que ton professeur a supporté le malheur qui lui arrive est une nouvelle preuve de cette grande et éternelle vérité. Tu prendras modèle de lui, mon cher enfant, et s'il te faut quitter Hof pour Bamberg, tu t'y résigneras avec courage : il y a trois éducations pour l'homme : celle qu'il reçoit de ses parents, celle que lui imposent les circonstances, et enfin celle qu'il se fait à lui-même : si ce malheur arrivait, demande à Dieu de compléter dignement toi-même cette dernière éducation, la plus importante de toutes.

» Je te donnerai aussi pour exemple la vie et la conduite de mon père, dont tu as peu entendu parler, car il était déjà mort lorsque tu naquis, mais dont l'esprit et la ressemblance revivent en toi seul, parmi tous tes frères et tes sœurs. Le malheureux incendie qui ré-

Il tira un agenda de sa poche et écrivit dessus avec un crayon. — Page 31.

duisit sa ville natale en cendres anéantit sa fortune et celle de ses parents ; le chagrin d'avoir tout perdu, car la flamme s'était déclarée dans une maison voisine de la sienne, coûta la vie à son père : et tandis que sa mère, étendue depuis six ans sur un lit de douleur où la retenaient d'horribles convulsions, nourrissait, dans les intervalles de ses souffrances, trois petites filles du travail de ses mains, il entra comme simple commis dans une des plus grandes maisons de commerce d'Augsbourg, où son caractère vif et cependant égal fut le bien venu ; il y apprit un état pour lequel cependant il n'était point né, et revint dans la maison natale, avec un cœur pur et sans tache, pour y être le soutien de sa mère et de ses sœurs.

» L'homme peut beaucoup lorsqu'il veut faire beaucoup : joins tes efforts à mes prières, et remets le reste entre les mains de Dieu. »

La prédiction de la puritaine s'accomplit : peu de temps après le recteur Salfranck fut nommé professeur à Richembourg, où Sand le suivit : c'est là que les évènements de 1813 viennent le chercher. Au mois de mars il écrit à sa mère :

« C'est à peine, chère mère, si je puis vous exprimer combien je commence maintenant à être calme et heureux, depuis qu'il m'est permis de croire à l'affranchissement de ma patrie, que j'entends dire de tout côté devoir être si prochain, de cette patrie que, dans ma confiance en Dieu, je vois d'avance libre et puissante, de cette patrie enfin pour le bonheur de laquelle j'accepterais les plus grands maux et même la mort. Prenez de la force pour cette crise. Si par hasard elle atteignait notre bonne province, élevez vos yeux vers le Tout-Puissant, puis reportez-les vers la belle et riche nature. La bonté de Dieu, qui a sauvé et protégé tant d'hommes pendant la guerre désastreuse de trente ans, peut et veut encore aujourd'hui ce qu'elle put et voulut alors. Quant à moi, je crois et j'espère. »

Leipsick vint justifier les pressentiments de Sand : puis 1814 arriva, et il crut l'Allemagne libre.

Le 10 décembre de cette même année, il quittait Richembourg avec ce témoignage de ses professeurs :

« Karl Sand est du petit nombre de ces jeunes gens élus qui se distinguent à la fois par les dons de l'esprit et les facultés de l'âme : en application et en travail il dépasse tous ses condisciples, ce qui explique ses progrès rapides et profonds dans toutes les sciences philosophiques et philologiques : seulement dans les mathématiques il aurait encore quelques études à faire. Les plus tendres vœux de ses professeurs le suivent à son départ.

Richembourg, 15 septembre 1814.

J. A. KEVN,

Recteur et professeur de première classe. »

Mais c'étaient véritablement les parents et surtout la mère de Sand qui avaient préparé cette terre fertile, où les professeurs avaient semé la science : Sand le savait bien, car au moment de partir pour l'université de Tubingen, où il allait achever les études théologiques nécessaires à l'état de pasteur qu'il voulait embrasser, il leur écrivait :

« Je vous avoue que je vous dois, ainsi que tous mes frères et sœurs, cette belle et grande partie de mon éducation dont j'ai vu manquer la plupart de ceux qui m'entouraient. Le ciel seul peut vous en récompenser, par la conviction d'avoir rempli vos devoirs de parents d'une manière si noble et si grande parmi tant d'autres. »

Après avoir fait une visite à son frère à Saint-Gall, Sand arriva à Tubingen, où la réputation d'Eschenmaïer l'avait surtout attiré ; il passa cet hiver tranquille et sans qu'il lui arrivât d'autre évènement que de se faire recevoir d'une association de Burschen, appelée la Teutonia : puis, la fête de Pâques de 1815 arriva, et avec elle la terrible nouvelle que Napoléon était débarqué au golfe Juan. Aussitôt toute la jeunesse allemande en état de porter les armes se réunit de nouveau sous les drapeaux de 1813 et de 1814 : Sand suivit l'exemple général ; seulement l'action qui fut chez les autres un effet de l'enthousiasme fut chez lui le résultat d'une résolution calme et réfléchie.

A cette occasion il écrivait à Wonsiedel :

« 22 avril 1815.

» Mes chers parents, jusqu'à présent vous m'avez trouvé soumis à vos leçons paternelles et aux conseils de mes excellents professeurs : jusqu'à présent je me suis efforcé de me rendre digne de l'éducation que Dieu m'a envoyée par vous, et je me suis appliqué à être capable de répandre sur ma patrie la parole du Seigneur ; c'est pourquoi je puis aujourd'hui vous faire sincèrement part du parti que j'ai pris, certain que comme parents tendres et affectueux, vous vous tranquilliserez, et que comme parents allemands et patriotes, vous louerez plutôt ma résolution que vous ne chercherez à m'en détourner.

» La patrie appelle encore une fois à son aide, et cette fois, cet appel s'adresse à moi aussi, car maintenant j'ai le courage et la force. Il me fallut un grand combat intérieur, croyez-moi, pour que je m'abstinsse, lorsqu'en 1813 elle fit entendre son premier cri, et la conviction seule que des milliers d'autres combattaient et triomphaient alors pour le bien-être de l'Allemagne, tandis qu'il fallait que je vécusse, moi, pour l'état paisible auquel j'étais destiné, put me retenir. Maintenant il s'agit de conserver la liberté nouvellement rétablie, et qui en quelques lieux déjà a porté de si riches moissons. Le Seigneur tout-

puissant et miséricordieux nous réserve encore cette grande épreuve, qui sera certainement la dernière : c'est donc à nous de montrer que nous sommes dignes du don suprême qu'il nous a fait, et que nous sommes capables de le maintenir avec force et avec fermeté.

» Le danger de la patrie n'a jamais été aussi grand qu'à cette heure, c'est pourquoi, parmi la jeunesse allemande, les forts doivent soutenir les chancelants, afin que tous se lèvent ensemble. Déjà nos braves frères du nord se rassemblent de toutes parts sous leurs drapeaux ; les états wurtembourgeois proclament une levée en masse, et de tous côtés les volontaires arrivent, qui demandent à mourir pour la patrie. Moi aussi, je considère comme un devoir de combattre pour mon pays et pour tous les chers que j'aime. Si je n'étais pas profondément convaincu de cette vérité, je ne vous ferais point part de ma résolution ; mais j'ai une famille au cœur véritablement allemand, et qui me considérerait comme un lâche et comme un fils indigne, si je ne suivais pas cette impulsion. Je sens certainement la grandeur de mon sacrifice : il m'en coûte, croyez-moi, de quitter mes belles études, pour aller me mettre sous les ordres de gens grossiers et sans éducation, mais ce sacrifice augmente encore mon courage à aller assurer la liberté de mes frères ; d'ailleurs, cette liberté assurée, si Dieu veut bien le permettre, je reviendrai leur rapporter sa parole.

» Je prends donc pour un temps congé de vous, mes bien dignes parents, de mes frères, de mes sœurs et de tous ceux qui me sont chers. Comme, après une mûre délibération, ce qui me paraît le plus convenable est de servir avec les Bavarois, je vais me faire recevoir, pour tout le temps que durera la guerre, dans une compagnie de tirailleurs de cette nation. Adieu donc, vivez heureux ; tout éloigné que je serai de vous, je suivrai vos pieuses exhortations. Dans cette nouvelle voie, je resterai, je l'espère, par devant Dieu, et je tâcherai toujours de marcher dans le sentier qui élève au-dessus des choses de la terre et conduit à celles du ciel, et peut-être dans cette carrière, la haute volupté de sauver quelques âmes de leur chute m'est-elle réservée.

» Sans cesse votre chère image m'entourera ; sans cesse je veux avoir le Seigneur devant les yeux et dans le cœur, afin de pouvoir soutenir avec joie les peines et les fatigues de cette guerre sainte. Comprenez-moi dans vos prières ; Dieu vous enverra l'espérance de temps meilleurs pour vous aider à supporter ce malheureux temps où nous sommes. Nous ne pouvons nous revoir bientôt que si nous sommes vainqueurs ; et si nous étions vaincus (ce dont Dieu nous garde !) alors ma dernière volonté, que je vous prie, que je vous conjure d'accomplir, ma dernière et suprême volonté serait que vous, mes chers et dignes parents allemands, quittassiez un pays esclave pour quelque autre qui ne serait point encore sous le joug.

» Mais pourquoi nous faire ainsi le cœur triste les uns aux autres ? N'avons-nous pas la cause juste et sainte, et Dieu n'est-il pas juste et saint ? Comment donc ne serions-nous pas vainqueurs ? Vous voyez que quelquefois je doute ; ainsi, dans vos lettres, que j'attends avec impatience, ayez pitié de moi et n'effrayez pas mon âme, car, dans tous les cas, nous nous retrouverons toujours dans une autre patrie, et celle-là serait libre et heureuse.

» Je suis, jusqu'à la mort, votre fils soumis et reconnaissant,

» KARL SAND. »

Ces deux vers de Kœrner étaient écrits en *post-scriptum.*

Peut-être verrons-nous au-dessus des cadavres ennemis
Apparaître l'étoile de la liberté.

Ce fut avec cet adieu à ses parents, et les poésies de Kœrner à la bouche, que Sand abandonna ses livres, et le 10 mai, nous le retrouvons armé parmi les chasseurs volontaires enrôlés sous le commandement du major Falkenhausen, qui était alors à Manheim, et il y retrouva son second frère, qui l'y avait déjà précédé, et ils y apprirent ensemble tous les exercices du soldat.

Quoique Sand ne fût point habitué à de grandes fatigues corporelles, il supporta celles de la campagne avec une merveilleuse force, refusant tous les allégements que ses supérieurs cherchaient à lui offrir ; car il voulait qu'aucun ne le surpassât dans la peine qu'il prenait pour le bien du pays. Pendant toute la route il partagea fraternellement ce qu'il possédait avec ses camarades, venant en aide à ceux qui étaient plus faibles que lui en portant leur bagage, et prêtre et soldat à la fois, les soutenant de la parole, quand il était impuissant à autre chose.

Le 18 juin, à huit heures du soir, il arrivait sur le champ de bataille de Waterloo, le 14 juillet il entrait à Paris.

Le 18 décembre 1815, Karl Sand et son frère étaient de retour à Wonsiedel, à la grande joie de leur famille. Il passa près d'elle les fêtes de Noël et la fin de l'année ; mais l'ardeur qu'il avait pour sa nouvelle vocation ne lui permit pas d'y demeurer plus longtemps, et le 7 janvier il arriva à Erlangen.

Ce fut alors que, pour rattraper le temps perdu, il résolut d'assujettir sa journée à des règles fixes et uniformes, et d'écrire chaque soir ce qu'il avait fait depuis le matin. C'est à l'aide de ce journal que nous pourrons suivre le jeune enthousiaste, non-seulement dans toutes les actions de sa vie, mais encore dans toutes les pensées de son esprit et toutes les hésitations de sa conscience. Il y est tout entier simple jusqu'à la naïveté, exalté jusqu'à la folie, bon pour les autres jusqu'à la faiblesse, sévère pour lui-même jusqu'à l'ascétisme. Une de ses grandes douleurs était les frais qu'occasionnait son éducation à ses parents, et tout plaisir inutile et coûteux lui laissait dans le cœur un remords.

Aussi le 9 février 1816, il écrit :

« Je comptais aujourd'hui visiter mes parents. J'allai en conséquence dans la maison de commerce, et là je m'amusai beaucoup. N. et T. commencèrent alors avec moi leur éternelle plaisanterie sur Wousiedel : cela dura jusqu'à onze heures. Mais ensuite N. et T. commencèrent à me tourmenter pour aller au café (1); je m'y refusai autant que cela me fut possible. Mais comme ils finirent par avoir l'air de croire que c'était par mépris que je ne voulais pas venir boire un verre de vin du Rhin avec eux, je n'osai résister plus longtemps. Malheureusement on n'en resta point au Braunberger ; et comme j'avais encore mon verre à moitié plein, N. fit venir une bouteille de vin de Champagne. Quand la première eut disparu, T. en fit venir une seconde ; puis, avant même que cette seconde fût bue, tous deux en demandèrent une troisième pour moi et malgré moi. Je rentrai à la maison tout étourdi; je me jetai sur le sopha, où je dormis une heure à peu près, et je me couchai seulement alors.

» Ainsi s'est passé ce jour honteux, où je n'ai point assez pensé à mes dignes et bons parents, qui vivent d'une vie si pauvre et difficile, et où je me laissai entraîner par l'exemple de ceux qui ont de l'argent à faire une dépense de quatre florins, dépense qui était inutile, et avec laquelle toute ma famille aurait vécu pendant deux jours. Pardonne-moi, mon Dieu, pardonne-moi, je t'en supplie, et reçois le serment que je ne retomberai jamais dans la même faute. Je veux désormais vivre plus sobrement encore que je n'ai coutume de le faire, pour réparer dans ma pauvre caisse les traces fâcheuses de ma prodigalité et n'être point forcé de demander de l'argent à ma mère avant le jour où elle songera d'elle-même à m'en envoyer. »

Puis, en même temps que le pauvre jeune homme se reproche comme un crime d'avoir dépensé quatre florins, une de ses cousines, déjà veuve, vient à mourir en laissant trois enfants orphelins. Aussitôt il accourt donner les premières consolations aux malheureux petits, supplie sa mère de se charger du plus jeune, et tout joyeux de sa réponse, il la remercie ainsi :

« Pour la joie bien vive que vous m'avez causée par votre lettre, et pour le bon bien cher dont votre âme me parle, soyez bénie, ô ma mère ! Comme je devais l'espérer et en être convaincu, vous avez pris le petit Jules ; cela me remplit de nouveau de la plus profonde reconnaissance pour vous, d'autant plus que, dans ma confiance éternelle en votre bonté, j'avais déjà de son vivant fait à la bonne petite cousine la promesse que vous acquittez pour moi après sa mort. »

Vers le mois de mars, Sand, sans tomber malade, éprouva une indisposition qui le força d'aller prendre les eaux ; sa mère était justement alors aux forges de Redwitz, distantes de trois ou quatre lieues de Wonsiedel, où les eaux sont situées. Sand s'établit aux forges avec sa mère, et malgré son désir de ne point interrompre ses travaux, le temps de prendre ses bains, les invitations à dîner, les promenades même que nécessitait sa santé, dérangeaient la régularité de son existence habituelle et lui donnaient des remords. Aussi trouve-t-on ces lignes écrites sur son journal à la date du 13 avril :

« La vie, sans un but élevé auquel on rattache toutes ses pensées et toutes ses actions, est vide et déserte : ma journée d'aujourd'hui en est une preuve, je l'ai passée avec les miens, et ce m'a été un grand plaisir sans doute ; mais à quoi m'ai-je passée ? à manger continuellement ; de sorte que, lorsque j'ai voulu travailler, je n'ai pu rien faire de bon. Plein de mollesse et de vague, je me suis traîné ce soir dans deux ou trois sociétés, et j'en suis sorti dans les mêmes dispositions où j'y étais entré. »

Pour ses courses, Sand se servait d'un petit cheval alezan appartenant à son frère, et qu'il aimait beaucoup. Ce petit cheval avait été acheté à grand'peine ; car, ainsi que nous l'avons dit, toute la famille était pauvre. La note suivante, qui est relative à cet animal, donnera une idée de la naïveté de cœur de Sand.

« 19 avril.

» Aujourd'hui j'ai été bien heureux à la forge et bien laborieux près de ma bonne mère. Le soir je retournai à la maison avec le petit alezan. Depuis avant-hier, qu'il a fait un écart et qu'il s'est blessé au pied, il est resté très-rétif et très-ombrageux : en arrivant, il a refusé de manger. Je crus d'abord sa nourriture ne lui agréait pas, et je lui donnai quelques morceaux de sucre et quelques bâtons de cannelle qu'il aime beaucoup ; il y goûta, mais ne voulut point les manger. La pauvre petite bête paraît avoir, outre son pied blessé, une autre indisposition intérieure. S'il devenait par malheur fourbu ou malade, tout le monde, et même mes parents, rejetterait la faute sur moi, quoique je l'aie cependant bien soigné et bien ménagé. Mon Dieu ! Seigneur, toi qui peux les grandes comme les petites choses, éloigne ce malheur de moi et fais-le guérir le plus promptement possible. Cependant, si tu en avais décidé autrement, et si ce nouveau malheur devait tomber sur nous, je tâcherais de le supporter avec courage et comme une expiation de quelque péché. Au reste, ô mon Dieu ! je remets cette chose entre tes mains, comme j'y remets ma vie et mon âme. »

Le 20 avril il écrivait :

« Le petit cheval se porte bien ; Dieu m'a aidé. »

Les mœurs allemandes sont si différentes des nôtres, et les oppositions dans un même homme sont si fréquentes au delà du Rhin, qu'il ne fallait rien moins que toutes les citations que nous avons faites pour amener nos lecteurs à une juste idée de ce caractère, mélangé de naïveté et de raison, d'enfantillage et de force, d'abattement et d'enthousiasme, de détails matériels et d'idées poétiques, qui fait de Sand un homme incompréhensible pour nous. Nous continuerons donc le portrait ; car les dernières touches lui manquent encore.

A son retour à Erlangen, après une cure complète, Sand lut pour la première fois Faust : d'abord il s'étonna de cette œuvre, qu'il regarda comme une débauche de génie ; puis, lorsqu'il l'eut entièrement finie, revenant sur sa première impression, il écrivit :

« 4 mai.

» O effroyable lutte de l'homme et du démon ! Ce que Méphistophélès est en moi, je le sens seulement à cette heure, et je le sens, ô mon Dieu, avec épouvante !

» Vers les onze heures de la nuit, j'ai achevé de lire cette tragédie, et j'ai vu et senti le démon en moi, de sorte qu'à minuit j'avais fini, au milieu de mes pleurs et de mon désespoir, par avoir peur de moi-même. »

Cependant Sand tombait peu à peu dans une grande mélancolie, dont pouvait uniquement le tirer son désir d'épurer et de moraliser les étudiants qui l'entouraient. Pour quiconque connaît la vie des universités, une pareille tâche semblera surhumaine. Cependant Sand ne se rebuta point, et s'il ne put prendre son influence sur tous, il parvint du moins à former autour de lui un cercle considérable, composé des plus intelligents et des meilleurs : néanmoins, au milieu de ces travaux apostoliques, d'étranges envies de mourir lui prenaient : il semblait se souvenir du ciel et avoir besoin d'y retourner ; il appelait ces tentations : — Le mal du pays de l'âme.

Ses auteurs favoris étaient Lessing, Schiller, Herder et Gœthe ; après avoir relu pour la vingtième fois les deux derniers, voici ce qu'il écrivait :

« Le bien et le mal se touchent : les douleurs du jeune Werther et la séduction de Weisslingen sont presque la même histoire : n'importe, nous ne devons pas juger ce qui est bien et ce qui est mal chez les autres, car c'est ce que Dieu fera. Je viens de passer beaucoup de temps dans cette pensée, et je suis convaincu qu'on ne devrait dans aucune circonstance se permettre de chercher le diable chez autrui, et que nous n'avons pas le droit de juger ; la seule créature sur laquelle nous ayons reçu puissance de justice et de condamnation, c'est nous-mêmes, et avec cela nous avons constamment assez de soins, d'affaires et de peines.

» Je me suis senti encore aujourd'hui un désir profond de sortir de ce monde et d'entrer dans un monde supérieur ; mais ce désir était plutôt de l'accablement que de la force, une lassitude qu'un élan. »

L'année 1816 s'écoula pour Sand dans ces tentatives pieuses sur ses jeunes compagnons, dans cet éternel examen de lui-même et dans le combat perpétuel qu'il livra à ce désir de mort qui le poursuivait ; chaque jour il doutait davantage de lui-même, et le 1er janvier 1817, voici la prière qu'il écrivait sur son journal :

« Accorde-moi, Seigneur, à moi à qui tu as donné le libre arbitre en m'envoyant sur la terre, cette grâce que, pendant cette année où nous entrons, je ne me relâche jamais de cette constante attention de moi-même, et que je n'abandonne pas honteusement cet examen de ma conscience que j'ai fait jusqu'ici. Donne-moi de la force pour accroître cette attention que je porte sur ma vie et pour diminuer de plus en plus celle que je porte sur la vie des autres : augmente ma volonté, afin qu'elle soit assez puissante pour commander aux désirs du corps et aux égarements de l'esprit : donne-moi une conscience pieuse et toute dévouée à ton royaume céleste, afin que je t'appartienne toujours, ou qu'après avoir failli, je puisse encore revenir à toi. »

Sand avait raison de prier Dieu pour cette année 1817, et ses craintes étaient un pressentiment : le ciel de l'Allemagne, éclairci par Leipsick et Waterloo, était de nouveau devenu sombre ; au despotisme universel de Napoléon avait succédé l'oppression individuelle de ces petits princes qui forment la diète germanique, et tout ce que les peuples avaient gagné à précipiter le géant, c'était d'être gouvernés par des nains.

Ce fut alors que les sociétés secrètes s'organisèrent par toute l'Allemagne ; disons-en quelques mots, car l'histoire que nous écrivons est non-seulement celle des individus, mais encore celle des nations, et quand l'occasion s'en présentera, nous ferons un grand horizon à notre petit tableau.

Les sociétés secrètes d'Allemagne, dont nous avons tant entendu parler sans les connaître, semblent, lorsqu'on les remonte comme des fleuves, prendre leur source dans une sorte d'affiliation à ces célèbres clubs d'illuminés et de francs-maçons, qui firent tant de bruit en France vers la fin du dix-huitième siècle. A l'époque de la révolution de 89, ces différentes sectes philosophiques, politiques et religieuses, acceptèrent avec enthousiasme la propagande républicaine, et les succès de nos premiers généraux ont souvent été attribués aux secrets efforts de ces affiliés.

Lorsque Bonaparte, qui en avait eu connaissance et qui même, disait-on, en avait fait partie, troqua son habit de général pour le manteau d'empereur, toutes ces sectes, qui le regardaient comme un renégat et un traître, non-seulement se soulevèrent contre lui à l'intérieur, mais encore lui cherchèrent des ennemis à l'étranger : comme elles s'adressaient aux passions nobles et généreuses, elles trouvèrent de l'écho, et les princes, qui pouvaient profiter de leurs résultats, parurent un instant les encourager. Le prince Louis de Prusse, entre autres, fut grand-maître d'une de ces sociétés.

La tentative d'assassinat de Staps, dont nous avons déjà dit un mot, fut un des coups de tonnerre de cet orage ; mais le surlendemain vint la paix de Vienne ; l'abaissement de l'Autriche compléta la dissolution du vieux corps germanique. Déjà frappées mortellement en 1806, et surveillées par la police française, ces sociétés, au lieu de continuer de s'organiser publiquement, furent forcées de se recruter dans l'ombre.

En 1811 on arrêta plusieurs agents de ces sociétés à Berlin ; mais les autorités prussiennes les protégeaient elles-mêmes par l'ordre secret de la reine Louise ; de sorte qu'il leur fut facile de faire prendre sur leurs intentions le change à la police française.

Vers février 1813, les désastres de l'armée française ranimèrent le courage de ces sociétés, car il était visible que Dieu venait en aide à leur cause : les étudiants surtout prirent part avec enthousiasme aux nouvelles tentatives qu'elles essayèrent ; plusieurs écoles presque entières s'enrôlèrent à l'envi, choisissant pour capitaines leurs chefs d'établissement et leurs professeurs : le poëte Kœrner, tué le 18 octobre à Leipsick, fut le héros de cette campagne.

Le triomphe de ce mouvement national, qui amena deux fois jusqu'à Paris l'armée prussienne, dont une grande partie se composait de volontaires, eut, lorsque les traités de 1815 et la nouvelle constitution germanique furent connus, une réaction terrible en Allemagne : tous ces jeunes gens qui, excités par leurs princes, s'étaient levés au nom de la liberté, s'aperçurent bientôt qu'ils étaient les instruments dont le despotisme européen s'était servi pour se raffermir ; ils voulurent réclamer les promesses faites, mais la politique de MM. de Talleyrand et de Metternich pesa sur eux, et, les comprimant aux premières paroles qu'ils firent entendre, les força d'abriter leur mécontentement et leurs espérances dans les universités, qui, jouissant d'une espèce de constitution particulière, échappaient plus facilement aux investigations des mouchards de la sainte-alliance ; mais, toutes comprimées qu'elles étaient, ces sociétés n'en existaient pas moins, correspondant entre elles par le moyen d'étudiants voyageurs, qui, chargés de missions verbales, parcouraient l'Allemagne sous le prétexte d'herboriser, et passant de montagnes en montagnes, semaient partout ces paroles lumineuses et pleines d'espoir dont les peuples sont toujours avides et les rois toujours épouvantés.

On a vu que Sand, emporté par le mouvement général, avait fait comme volontaire la campagne de 1815, quoiqu'il n'eût alors que dix-neuf ans : à son retour il avait été déçu comme les autres de ses espérances dorées, et c'est de cette époque que nous voyons son journal prendre le caractère de mysticisme et de tristesse que nos lecteurs ont dû y remarquer. Bientôt il entra dans l'une de ces associations, la Teutonia ; et ce fut de ce moment que prenant en religion la grande cause qu'il avait embrassée, il essaya de faire les conjurés dignes de l'entreprise ; de là ses tentatives de moralisation, qui réussirent pour quelques-uns, mais échouèrent sur le plus grand nombre.

Cependant Sand était parvenu à former autour de lui un certain cercle de puritains, se composant de soixante à quatre-vingts étudiants à peu près, appartenant tous à la secte de la Burschenschaft, laquelle, malgré toutes les plaisanteries de la secte opposée (la Landmannschaft), poursuivait sa route politique et religieuse : un de ses amis nommé Dittmar et lui en étaient à peu près les chefs ; et quoique aucune élection n'eût constitué chez eux cette autorité, l'influence qu'ils exerçaient sur les décisions était la preuve que, dans une circonstance donnée, on obéirait spontanément à l'impulsion qu'il leur plairait de communiquer à leurs adeptes. Les réunions des Burschen avaient lieu sur une petite colline couronnée d'un vieux château, située à quelque distance d'Erlangen, et que Sand et Dittmar avaient appelée le Ruttli, en mémoire du lieu où Walter Fürst, Melchthal et Stauffacher firent le serment de délivrer leur pays : c'était là que sous le prétexte de jeux d'étudiants et tout en rebâtissant avec les vieux débris une maison nouvelle, ils passaient tour à tour de l'action au symbole et du symbole à l'action.

Au reste, l'association faisait de si grands progrès par toute l'Allemagne, que non-seulement les princes et les rois de la confédération germanique commençaient à s'en inquiéter, mais encore les hautes puissances européennes. La France envoyait des agents chargés de lui faire des rapports, la Russie en payait sur place, et souvent les persécutions qui atteignaient un professeur et exaspéraient toute une université, avaient leur source dans une note envoyée par le cabinet des Tuileries ou par celui de Saint-Pétersbourg.

Ce fut au milieu des événements qui se préparaient ainsi, que Sand, après s'être mis sous la protection de Dieu, commença l'année 1817

dans les tristes dispositions où nous venons de le voir, et où le maintenait plutôt le dégoût des choses que le dégoût de la vie. Le 8 mai, en proie à cette mélancolie qu'il ne peut vaincre, et qui a pour source toutes ses espérances politiques trompées, il écrit sur son journal :

« Il m'est toujours impossible de me remettre sérieusement au travail, et cette disposition paresseuse, cette humeur hypocondriaque qui jette son voile noir sur toutes les choses de la vie, continue et s'augmente, malgré le mouvement moral que je me suis donné hier. »

À l'époque des vacances, de peur d'augmenter la gêne de ses parents par un surcroît de dépenses, il ne veut pas aller chez eux, et préfère voyager à pied avec ses amis. Sans doute ce voyage, à part son côté d'agrément, avait son but politique. Quoi qu'il en soit, le journal de Sand n'indique, pendant tout le temps de cette excursion, que le nom des villes où il a passé. Pour donner, au reste, une idée de la soumission de Sand à ses parents, on saura qu'il ne s'était mis en route qu'après en avoir obtenu la permission de sa mère.

À leur retour, Sand, Dittmar et leurs amis, les Burschen, trouvèrent leur Ruttli saccagé par leurs ennemis de la Landmannschaft ; la maison qu'ils avaient bâtie était démolie, et ses débris dispersés. Sand prit cet événement pour un présage, et il en fut profondément abattu.

« Il me semble, ô mon Dieu ! dit-il dans son journal, que tout nage et tournoie autour de moi. Il fait de plus en plus sombre dans mon âme ; mes forces morales, au lieu d'augmenter, diminuent ; je travaille, et je ne puis atteindre ; je marche au but, et je n'arrive pas ; je m'épuise, et je ne fais rien de grand. Les jours de la vie s'enfuient les uns après les autres ; les soucis et les inquiétudes augmentent ; je n'aperçois nulle part un port qui puisse recevoir notre cause allemande et sainte. À la fin nous tomberons, car déjà je chancelle moi-même. Ô Seigneur et père ! protége-moi, sauve-moi, et conduis-moi à cette terre dont nous sommes sans cesse repoussés par l'indifférence des esprits chancelants. »

Vers ce temps, un événement terrible atteignit Sand jusqu'au plus profond de son cœur ; son ami Dittmar se noya.

Voici ce qu'il écrivait le matin même de cet événement sur son journal :

« Ô Dieu tout-puissant ! que va-t-il arriver de moi ? Depuis quatorze jours, je suis attiré dans le désordre, et je n'ai pu prendre sur moi de regarder fixement en avant ou en arrière dans ma vie ; si bien que du 4 juin jusqu'à cette heure mon journal est resté vide. J'aurais pourtant eu tous les jours occasion de vous louer, ô mon Dieu ! mais mon âme est dans l'angoisse. Seigneur, ne vous détournez pas de moi ; plus il y a d'obstacles, plus il faut de force. »

Le soir, il ajouta ces quelques mots aux lignes qu'il avait écrites le matin :

« Désolation, désespoir et mort sur mon ami, sur mon bien profondément aimé Dittmar. »

Cette lettre, qu'il écrit à sa famille, contient le récit de ce tragique événement :

« Vous savez que lorsque mes meilleurs amis, U. C. et Z. furent partis, je me liai particulièrement avec mon bien-aimé Dittmar d'Anspach ; Dittmar, c'est-à-dire un véritable et digne Allemand, un chrétien évangélique, plus qu'un homme enfin ! Une âme d'ange toujours poussée vers le bien, sereine, pieuse et prête à l'action : il était venu habiter, dans la maison du professeur Grimler, une chambre contre la mienne ; nous nous aimions, nous nous soutenions dans nos efforts, et nous portions bien ou mal, bonne ou mauvaise fortune en commun. Cette dernière soirée du printemps, après avoir travaillé dans sa chambre et nous être affermis de nouveau contre tous les tourments de la vie, et dans le but que nous voulions atteindre, nous allâmes, vers les sept heures du soir, aux bains de la Rednitz. Un orage très-sombre s'élevait en ce moment dans le ciel, mais n'apparaissait encore qu'à l'horizon. E., qui nous accompagnait, proposa de rentrer ; mais Dittmar insista, disant que le canal n'était qu'à quelques pas. Dieu permit que ce ne fût pas moi qui répondis cette parole meurtrière. Nous continuâmes donc notre route ; le coucher du soleil était splendide. Je le vois encore, avec ses nuages violets tout frangés d'or ; car je me souviens des moindres détails de cette fatale soirée.

» Dittmar descendit le premier ; c'était le seul de nous qui sût nager ; aussi marcha-t-il devant nous pour nous indiquer la profondeur. Nous avions de l'eau à peu près jusqu'à la poitrine ; et lui, qui nous précédait, en avait jusqu'aux épaules. Lorsqu'il nous prévint de ne pas aller plus loin, parce qu'il perdait pied. Aussitôt il quitta le fond, et se mit à nager ; mais à peine était-il à dix brassées qu'arrivé à l'endroit où la rivière se sépare en deux branches, il jeta un cri, et, voulant reprendre pied, disparut. Nous courûmes aussitôt sur le bord, espérant de là lui porter plus facilement du secours ; mais nous n'avions à notre portée ni perches ni cordes, et, comme je vous l'ai dit, ni l'un ni l'autre de nous ne savait nager. Nous appelâmes alors à l'aide de toute notre force. Dans ce moment, Dittmar reparut, et, par un effort inouï, saisit le bout d'une branche de saule qui pendait au-dessus de l'eau ; mais la branche n'avait point la force de résister, et notre ami s'enfonça de nouveau comme s'il eût été frappé par un coup de sang. Vous figurez-vous dans quel état nous étions, nous ses amis, les yeux fixes et hagards, courbés sur le fleuve, cherchant à percer la profondeur de son eau. Mon Dieu ! mon Dieu ! comment ne devînmes-nous pas fous ?

» Cependant une grande multitude était accourue à nos cris. Pendant deux heures, on le chercha avec des barques et des crocs ; enfin on parvint à retirer son cadavre de l'abîme. Hier nous l'avons solennellement porté au champ du repos.

» Ainsi, avec la fin de ce printemps a commencé le sérieux été de ma vie. Je l'ai salué dans une disposition grave et mélancolique, et vous me voyez maintenant sinon consolé, du moins affermi par la religion, qui, grâce aux mérites du Christ, me donne l'assurance de retrouver mon ami dans le ciel, du haut duquel il m'inspirera la force de supporter les épreuves de cette vie ; et maintenant je ne désire plus rien que de vous savoir hors de toute inquiétude relativement à moi. »

Au lieu qu'un pareil accident réunit par une douleur commune les deux sectes des étudiants, il ne fit, au contraire, qu'envenimer la haine qu'elles se portaient. Parmi les premiers accourus aux cris de Sand et de son camarade, était un membre de la Landmannschaft qui savait nager ; mais, au lieu de porter du secours à Dittmar, il s'écria : — Il paraît que nous allons être débarrassés d'un de ces chiens de Burschen ; Dieu soit loué ! — Malgré cette manifestation haineuse, qui, au reste, pouvait être celle d'un individu, et non celle du corps, les Burschen invitèrent leurs ennemis à assister au convoi de Dittmar. Un refus brutal et la menace de troubler le convoi par des outrages au cadavre fut leur seule réponse. Les Burschen prévinrent alors l'autorité, qui prit ses mesures, et tous les amis de Dittmar accompagnèrent son corps l'épée à la main. En voyant cette démonstration calme mais résolue, la Landmannschaft n'osa tenir la menace qu'elle avait faite, et se contenta d'insulter le convoi par des rires et par des chansons.

Sand écrivait sur son journal :

« Dittmar est une grande perte pour tous et particulièrement pour moi : il me donnait le superflu de sa force et de sa vie ; il arrêtait comme avec une digue ce que mon caractère a de flottant et d'irrésolu. C'est de lui que j'ai appris à ne pas craindre l'orage qui s'approche et à savoir combattre et mourir. »

Quelques jours après le convoi, Sand eut une querelle à propos de Dittmar, avec un de ses anciens amis, qui avait passé des Burschen dans la Landmannschaft et qui s'était, lors du convoi, fait remarquer par son inconvenante hilarité. Il fut décidé que l'on se battrait le lendemain ; et ce même jour Sand écrit sur son journal :

« 17 août.

» Demain je dois me battre avec P. G. ; tu sais pourtant, ô mon Dieu ! combien, à cela près d'une certaine défiance que sa froideur m'a toujours inspirée, nous avons autrefois été amis ; mais, dans cette circonstance, sa conduite odieuse m'a fait descendre de la pitié la plus tendre à la haine la plus profonde.

» Mon Dieu ! ne retire ta main ni de lui ni de moi, puisque nous combattons tous deux comme des hommes ! juge seulement nos deux causes, et donne la victoire à la plus juste. Si tu m'appelles devant ton tribunal suprême, je sais bien que j'y paraîtrai chargé d'une éternelle malédiction : aussi ce n'est pas sur moi que je compte, mais sur les mérites de notre Sauveur Jésus.

» Quoi qu'il arrive, sois loué et béni, ô mon Dieu ! Amen.

» Mes chers parents, frères et amis, je vous recommande à la protection de Dieu. »

Sand attendit en vain le lendemain pendant deux heures : son adversaire ne vint pas au rendez-vous.

Au reste, la perte de Dittmar fut loin de produire sur Sand le résultat qu'on aurait pu en attendre, et qu'il semble indiquer lui-même dans les regrets qu'il lui donne. Privé de cette âme forte sur laquelle il se reposait, Sand comprit qu'il devait rendre, par une double énergie, la mort de Dittmar moins fatale à son parti. En effet, il continua à lui seul l'œuvre d'association qu'ils poursuivaient à eux deux, et la conspiration patriotique ne fut pas entravée un instant.

Les vacances arrivèrent, et Sand quitta Erlangen pour n'y plus revenir. De Wonsiedel, il devait se rendre à Iéna pour y continuer ses études théologiques. Après quelques jours passés dans sa famille et indiqués dans son journal comme parfaitement heureux, Sand partit pour sa nouvelle résidence, où il arriva quelque temps avant les fêtes du Wartburg.

Ces fêtes, qui étaient instituées pour célébrer l'anniversaire de la bataille de Leipsick, avaient une grande solennité dans toute l'Allemagne ; et quoique les princes sussent bien que c'était un centre d'affiliation renouvelé tous les ans, ils n'osaient encore les proscrire. En effet, l'association Teutonique fut posée au milieu de cette fête, et signée par plus de deux mille députés des différentes universités d'Allemagne. Ce fut un jour de joie pour Sand ; car il retrouva là, au milieu d'amis nouveaux, un grand nombre de ses anciens amis.

Cependant le gouvernement, qui n'avait point osé attaquer cette réunion par la force, résolut de la miner par la pensée. M. de Stauren publia un mémoire terrible contre les associations, lequel avait été, disait-on, rédigé sur des renseignements fournis par Kotzebue. Ce mémoire fit grand bruit, non-seulement à Iéna, mais dans toute l'Allemagne. C'était le premier coup porté à la liberté des étudiants. Voici la trace que nous trouvons de cet événement sur le journal de Sand :

« 24 novembre.

» Aujourd'hui, après avoir travaillé avec beaucoup de soin et d'assiduité, je suis sorti vers quatre heures du soir avec E. En traversant la place du Marché, nous y avons entendu lire la nouvelle et empoisonnée insulte de Kotzebue. Quelle rage possède cet homme contre les Burschen et contre tout ce qui aime l'Allemagne ? »

C'est la première fois et dans ces termes que le journal de Sand présente le nom de l'homme que dix-huit mois plus tard il devait assassiner.

Le 29 au soir, Sand écrit encore :

« Demain, je vais partir courageusement et joyeusement d'ici pour un pèlerinage à Wonsiedel : là je retrouverai ma mère au grand cœur, et ma tendre sœur Julie ; là je me refroidirai la tête et me réchaufferai l'âme. Probablement que j'assisterai au mariage de mon bon Fritz avec Louise, et au baptême du premier-né de mon bien cher Durchmith. Dieu, ô mon père ! ainsi que tu fus avec moi pendant la voie douloureuse, sois encore avec moi pendant le chemin joyeux. »

Ce voyage égaya effectivement beaucoup Sand. Depuis la mort de Dittmar, ses accès d'hypocondrie avaient disparu. Dittmar vivant, il pouvait mourir ; Dittmar mort, il devait vivre.

Le 11 décembre, il quitta Wonsiedel pour revenir à Iéna, et le 31 du même mois, il écrivit cette prière sur son journal :

« O Seigneur miséricordieux, j'ai commencé cette année avec la prière, et vers ces derniers temps j'ai été distrait et mal disposé. Quand je regarde en arrière, je trouve, hélas ! que je ne suis pas devenu meilleur ; mais je suis entré plus profondément dans la vie, et l'occasion s'en présentant, je me sens maintenant la force d'agir.

» C'est que tu as toujours été avec moi, Seigneur, quand bien même je n'étais pas avec toi. »

Si nos lecteurs ont suivi avec quelque attention les différents extraits du journal que nous avons mis sous leurs yeux, ils ont dû voir peu à peu la résolution de Sand s'affermir et sa tête s'exalter. Dès le commencement de l'année 1818, on sent son regard, longtemps timide et errant, embrasser un horizon plus large et se fixer vers un plus noble but. Ce n'est plus la vie simple du pasteur, ni l'influence étroite qu'il peut prendre dans une petite commune, qui lui avaient paru, dans sa modestie juvénile, le comble du bonheur et de la félicité, qu'il ambitionne, c'est sa patrie, c'est son peuple allemand, c'est l'humanité tout entière qu'il embrasse dans les plans gigantesques de sa régénération politique. Aussi, sur la page blanche de la reliure de son journal pour l'année 1818, il écrit :

« Seigneur, laisse-moi m'affermir dans l'idée que j'ai conçue de la délivrance de l'humanité par le saint sacrifice de ton Fils. Fais que je sois un Christ pour l'Allemagne, et que, comme et par Jésus, je sois fort et patient à la douleur. »

Cependant les brochures antirépublicaines de Kotzebue se multipliaient, et prenaient une influence fatale sur l'esprit des gouvernants. Presque toutes les personnes qui étaient attaquées dans ces pamphlets étaient connues et estimées à Iéna : on doit comprendre quels effets ces insultes devaient produire sur ces jeunes têtes et ces nobles cœurs, qui poussaient la conviction jusqu'à l'aveuglement, et l'enthousiasme jusqu'au fanatisme.

Aussi voici ce que Sand écrit le 5 mai sur son journal :

« Seigneur, pourquoi donc cette mélancolique angoisse qui s'est de nouveau emparée de moi ! Mais une volonté ferme et constante surmonte tout, et l'idée de la patrie donne aux plus tristes et aux plus faibles de la joie et du courage. Quand j'y réfléchis, je m'étonne toujours qu'il ne s'en trouve point parmi nous un assez courageux pour enfoncer un couteau dans la gorge de Kotzebue ou de tout autre traître. »

Toujours dominé par la même pensée, il continue ainsi le 18 mai :

« Un homme n'est rien en comparaison d'un peuple ; c'est une unité comparée à des milliards ; une minute comparée à un siècle. L'homme que rien ne précède et que rien ne suit, naît, vit et meurt dans un espace plus ou moins long, mais qui, relativement à l'éternité, équivaut à peine à la durée de l'éclair. Un peuple, au contraire, est immortel. »

Cependant, de temps en temps, au milieu de ces pensées empreintes de la fatalité politique qui le pousse vers l'œuvre sanglante, le bon et joyeux jeune homme reparaît.

Le 24 juin, il écrit à sa mère :

« J'ai reçu votre grande et belle lettre, accompagnée du trousseau si complet et si bien choisi que vous m'envoyez. La vue de ce beau linge m'a rendu une de mes anciennes joies d'enfant. Ce sont de nouveaux bienfaits. Mes prières ne restent jamais inaccomplies, et vous et Dieu, j'ai sans cesse à vous remercier. Je reçois tout à la fois des chemises, deux paires de beaux draps, un présent de votre ouvrage, de l'ouvrage de Julie et de Caroline, des friandises et des douceurs ; si bien que j'en saute encore de joie, et que j'en ai tourné trois fois sur mon talon quand j'ouvris ce petit paquet. Recevez mon remerciement de cœur, et partagez comme donatrice la joie de celui qui a reçu.

» Aujourd'hui cependant est un jour sérieux, le dernier jour du printemps anniversaire de celui où j'ai perdu mon noble et bon Dittmar. Je suis en proie à mille sentiments divers et confus ; mais je n'ai plus en moi que deux passions qui restent debout, et pareilles à deux piliers d'airain, soutiennent tout ce chaos ; c'est la pensée de Dieu et l'amour de ma patrie. »

Pendant tout ce temps, la vie de Sand reste en apparence calme et égale ; l'orage intérieur est apaisé ; il se réjouit de son application au travail et de sa disposition joyeuse. Cependant de temps en temps il se fait de grandes plaintes à lui-même sur sa propension à la friandise, qu'il ne lui est pas toujours possible de vaincre. Alors il s'appelle, dans son mépris pour lui-même, — ventre de figues ou de gâteaux.

Puis, au milieu de tout cela, l'exaltation religieuse et politique continue. Il fait avec ses amis un voyage de propagande à Leipsick, à Wittemberg et à Berlin, et visite tous les champs de bataille qui se trouvent dans le voisinage de la route qu'il parcourt. Le 18 octobre, il est de retour à Iéna, où il reprend ses études avec plus d'application que jamais. C'est dans ces travaux universitaires qu'expire pour lui l'année 1818, et à peine se douterait-on de la résolution terrible qu'il a prise, si l'on ne trouvait sur son journal cette dernière note en date du 31 décembre :

« Je finis ainsi le dernier jour de cette année 1818 dans une disposition sérieuse et solennelle, et j'ai décidé que la fête de Noël qui vient de s'écouler serait la dernière fête de Noël que je fêterai. S'il doit ressortir quelque chose de nos efforts, si la cause de l'humanité doit prendre le dessus dans notre patrie ; si, au milieu de cette époque sans foi, quelques sentiments généreux peuvent renaître et se faire place, c'est à la condition que le misérable, que le traître, que le séducteur de la jeunesse, l'infâme Kotzebue, sera tombé ! Je suis bien convaincu de ceci, et tant que je n'aurai pas accompli l'œuvre que j'ai résolue, je n'aurai plus aucun repos. Seigneur, toi qui sais que j'ai dévoué ma vie à cette grande action, je n'ai plus, maintenant qu'elle est arrêtée en mon esprit, qu'à te demander la véritable fermeté et le courage de l'âme.»

Ici finit le journal de Sand : il l'avait établi pour s'affermir ; il était arrivé à son but, il n'avait plus besoin d'autre chose. De ce moment il ne fut plus occupé que de cette seule idée, et il continua lentement d'en mûrir le plan dans sa tête pour se familiariser avec son exécution ; mais toutes les impressions qui ressortirent de cette pensée furent intérieures, et aucune ne se manifesta à la surface. Pour tout le monde, il était le même ; seulement, depuis quelque temps, on remarquait en lui une sérénité parfaite et toujours égale, accompagnée d'un retour visible et joyeux vers la vie. Il n'avait rien changé aux heures ni à la durée de ses leçons ; seulement il se mit à fréquenter avec une grande assiduité les cours d'anatomie. Un jour on le vit donner une attention plus profonde encore que de coutume à une leçon où le professeur démontrait les différentes fonctions du cœur ; il examina avec le plus grand soin la place qu'il occupait dans la poitrine, faisant répéter quelques-unes des démonstrations jusqu'à deux ou trois fois, et en sortant, interrogeant encore ceux des jeunes gens qui suivaient la classe de médecine, sur la susceptibilité de cet organe, qui ne peut être frappé d'un coup, si faible que ce soit, sans que ce coup amène la mort ; et tout cela avec une indifférence et un calme si parfaits, qu'aucun de ceux qui l'entouraient ne se douta de rien.

Un autre jour, A. S., un de ses amis, entre dans sa chambre ; Sand, qui l'avait entendu monter, l'attendait debout contre une table, un couteau à couper le papier à la main ; aussitôt qu'il paraît, Sand se précipite sur lui, lui donne un léger coup au front, et comme il y porte ses mains, le frappe d'un autre un peu plus violent à la poitrine ; puis, satisfait de son épreuve :

— Vois-tu, lui dit Sand, lorsqu'on veut tuer un homme, voilà comme on s'y prend : on menace le visage, il y porte les mains, et pendant ce temps on lui enfonce un poignard dans le cœur.

Les deux jeunes gens rirent beaucoup de cette démonstration meurtrière, et le soir A. S. la raconta au Weinhaus comme une de ces singularités de caractère si communes chez son ami. Après l'événement, cette pantomime s'expliqua d'elle-même.

Le mois de mars arriva ; Sand devenait de jour en jour plus calme, plus affectueux et meilleur : on eût dit qu'au moment de quitter ses amis pour toujours, il voulait leur laisser de lui un souvenir ineffaçable. Enfin il annonça que, pour plusieurs affaires de famille, il allait entreprendre un petit voyage, et commença tous ses préparatifs avec son soin habituel, mais avec une sérénité qu'on ne lui avait jamais vue. Jusque-là il avait continué de travailler comme de coutume, ne se relâchant point un instant ; car il était dans les choses possibles que Kotzebue mourût ou fût tué par un autre avant le terme que Sand s'était fixé à lui-même, et alors il ne voulait pas avoir perdu son temps.

Le 7 mars, Sand invita tous ses amis à passer la soirée chez lui, et leur annonça son départ pour le surlendemain 9. Tous lui proposèrent alors de lui faire la conduite pendant quelques lieues ; mais Sand refusa : il craignait que cette démonstration, quelque innocente qu'elle fût, ne les compromît plus tard. Il partit donc seul, après avoir, pour éloigner tout soupçon, loué de nouveau son logement pour un semestre, et prit par Erfurt et Isenach, afin de visiter le Warzburg.

De là il partit pour Francfort, où il coucha le 17, et le lendemain continua sa route par Darmstadt. Enfin, le 23, à neuf heures du matin, il arriva sur la petite colline où nous l'avons trouvé au commencement de ce récit. Pendant toute la route, il avait été ce bon et joyeux jeune homme que l'on ne pouvait voir sans l'aimer.

Arrivé à Manheim, il alla loger au Weinberg, et s'inscrivit sur le registre des voyageurs sous le nom de Henri. Aussitôt il s'informa où demeurait Kotzebue. Le conseiller logeait près de l'église des jésuites ; sa maison faisait l'angle d'une rue, et quoiqu'on ne pût pas lui dire précisément la lettre, il n'y avait point à s'y tromper (2).

Sand se rendit aussitôt chez Kotzebue ; il était à peu près dix heures : on lui dit alors que le conseiller sortait tous les matins pour aller se promener une heure ou deux dans une allée du parc de Manheim : Sand se fit désigner l'allée et le costume que portait le conseiller, car, ne l'ayant jamais vu, il ne pouvait le reconnaître que d'après son signalement. Le hasard fit que Kotzebue avait pris une autre allée. Sand se promena une heure au parc ; mais n'y voyant personne à qui il pût appliquer le signalement donné, il repassa par la maison. Kotzebue était rentré ; mais il déjeunait et ne pouvait le recevoir.

Sand revint au Weinberg, et prit place à la table d'hôte de midi, où il dîna avec une disposition si calme, et même si joyeuse, qu'il fut remarqué de tout le monde par sa conversation tour à tour vive, simple et élevée. A cinq heures de l'après-midi, il retourna une troisième fois chez Kotzebue, qui donnait ce jour-là même un grand dîner ; mais les ordres avaient été laissés pour qu'on reçût Sand. On le fit entrer dans un petit cabinet attenant à l'antichambre ; au bout d'un instant, Kotzebue parut.

Sand joua alors le drame dont il avait fait la répétition sur son ami A. S. : menacé au visage, Kotzebue y porta les mains et découvrit la poitrine ; Sand lui enfonça aussitôt son poignard dans le cœur : Kotzebue ne jeta qu'un cri et alla en chancelant tomber à la renverse dans un fauteuil. Il était mort.

A ce cri accourut une petite fille de six ans, une de ces charmantes enfants d'Allemagne, à la tête de chérubin, aux yeux bleus et aux longs cheveux flottants. Elle se jeta sur le corps de Kotzebue, en poussant des cris déchirants, et en appelant son père : Sand, debout à la porte, ne put supporter ce spectacle, et, sans aller plus loin, il s'enfonça jusqu'au manche dans la poitrine le poignard encore tout couvert du sang de Kotzebue.

Alors, voyant avec étonnement que, malgré la blessure terrible qu'il venait de se faire, il ne sentait pas la mort venir, et ne voulant pas tomber vivant aux mains des valets qui accouraient, il se précipita dans l'escalier. En ce moment les personnes invitées entraient : ces personnes, en voyant un jeune homme pâle, tout sanglant, un couteau dans la poitrine, poussèrent de grands cris, et s'écartèrent au lieu de l'arrêter. Sand franchit donc encore l'escalier et arriva à la porte de la rue : à dix pas passait une patrouille qui allait relever les sentinelles du château, Sand la crut appelée par les cris qui le poursuivaient, se jeta à genoux au milieu de la rue, disant : « Mon père, reçois mon âme. » — Puis, tirant le couteau de la plaie, il s'en donna un second coup au-dessous du premier et tomba évanoui.

Sand fut transporté à l'hôpital et tenu sous la garde la plus sévère : les blessures étaient graves ; et cependant, grâce à l'habileté des médecins appelés, elles ne furent pas mortelles : l'une d'elles guérit même plus tard ; mais, pour la seconde, comme le fer avait pénétré entre la plèvre costale et la plèvre pulmonaire, il s'était formé un épanchement entre les deux feuillets ; de sorte qu'au lieu de la refermer, on la tint soigneusement ouverte, afin de lui tirer tous les matins, à l'aide d'une pompe, le sang extravasé pendant la nuit, comme cela se pratique dans l'opération de l'empyème. Malgré ces soins, Sand fut pendant trois mois entre la vie et la mort.

Lorsque le 26 mars la nouvelle de l'assassinat de Kotzebue arriva de Manheim à Iéna, le sénat académique fit ouvrir l'appartement de Sand, et trouva deux lettres, l'une adressée à ses amis de la Burschenschaft, et dans laquelle il leur déclarait qu'il ne faisait plus partie de leur société, ne voulant pas qu'ils eussent encore pour frère un homme qui allait mourir sur l'échafaud ;

L'autre, qui portait cette suscription : « A mes plus chers et mes plus intimes, » était le récit exact de ce qu'il comptait faire, et des motifs qui l'avaient déterminé à cette action. Quoique la lettre soit un peu longue, elle est si solennelle et si antique, que nous n'hésitons pas à la mettre entièrement sous les yeux de nos lecteurs.

« A tous les miens,

» Ames loyales et éternellement chéries :

» Pourquoi augmenter encore votre douleur? me demandais-je. Et j'hésitais à vous écrire ; mais la religion du cœur eût été blessée de mon silence ; et la douleur trop profonde, plus elle a besoin, pour s'effacer, d'épuiser d'abord jusqu'à la lie l'absinthe de son calice. Sors donc de ma poitrine pleine d'angoisses ; — en avant, long et cruel tourment d'un dernier entretien, qui peut seul cependant, lorsqu'il est sincère, adoucir la peine du départ !

» Cette lettre vous apporte le dernier adieu de votre fils et de votre frère.

» Le plus grand malheur de la vie pour tout cœur généreux est de voir la cause de Dieu s'arrêter dans ses développements par notre faute ; et l'infamie la plus déshonorante serait de souffrir que les belles choses acquises bravement par des milliers d'hommes, et pour lesquelles des milliers d'hommes se sont sacrifiés avec joie, ne soient plus qu'un rêve passager, sans suites réelles et positives. La résurrection de notre vie allemande fut commencée dans les vingt dernières années, et particulièrement dans la sainte année 1813, avec un courage inspiré par Dieu. Mais voilà que la maison paternelle est ébranlée depuis le faîte jusqu'à la base. En avant! relevons-la neuve et belle, et telle que doit être le temple du vrai Dieu.

» Ils sont en petit nombre ceux qui résistent et qui veulent s'opposer comme une digue au torrent du progrès de la haute humanité chez le peuple allemand. Pourquoi de grandes masses tout entières plieraient-elles sous le joug d'une perverse minorité? Et pourquoi, guéris à peine, retomberions-nous dans un mal pire que celui dont nous sortons?

» Plusieurs de ces suborneurs, et ceux-là sont les plus infâmes, jouent avec nous le jeu de la corruption: parmi eux est Kotzebue, le plus adroit et le pire de tous, véritable machine à paroles, d'où sortent tout discours détestable et tout conseil pernicieux. Sa voix est habile à nous enlever toute humeur et toute amertume contre les mesures les plus injustes, et depuis sa voix pour nous endormir dans ce vieux sommeil fainéant qui est la mort des peuples. Chaque jour il trahit odieusement la patrie, et n'en reste pas moins, malgré sa trahison, une idole pour la moitié de l'Allemagne, qui, éblouie par lui, accepte sans résistance le poison qu'il lui verse dans ses pamphlets périodiques, protégé et enveloppé qu'il est dans le manteau séducteur d'une grande réputation de poète. Excités par lui, les princes de l'Allemagne, qui ont oublié leurs promesses, ne laisseront s'accomplir rien de libre ni de bon; ou, si quelque chose de pareil s'accomplit malgré eux, ils se ligueront avec les Français pour l'anéantir. Pour que l'histoire de notre temps ne soit pas couverte d'une ignominie éternelle, il faut qu'il tombe.

» Je l'ai toujours dit: si nous voulons trouver un grand et suprême remède à l'état d'abaissement où nous sommes, il faut qu'aucun ne redoute ni le combat ni la douleur, et la véritable liberté du peuple allemand ne sera assurée que lorsque le brave bourgeois lui-même se sera mis au jeu, ou aura parié, et que tout fils de la patrie préparé à la lutte pour la justice céleste méprisera les biens de ce monde, pour n'envier que les biens célestes qui sont sous la garde de la mort.

» Qui donc frappera ce misérable salarié, ce traître vénal?

» J'attends depuis longtemps dans la crainte, dans la prière et dans les larmes, moi qui ne suis pas né pour le meurtre, qu'un autre me devance, me délie et me laisse ainsi continuer ma route dans le sentier doux et paisible que je me suis choisi. Eh bien! malgré mes prières et mes larmes, celui-là qui doit frapper ne se présente point: en effet, chacun, ainsi que moi, a le droit de compter sur un autre, et chacun comptant ainsi, chaque heure de retard ne fait qu'empirer notre situation; car d'une heure à l'autre, et quelle honte profonde ne serait-ce pas pour nous! Kotzebue impuni peut quitter l'Allemagne et aller dévorer en Russie les trésors contre lesquels il a échangé son honneur, sa conscience et son nom d'Allemand. Qui pourra nous garantir de cette honte, si chacun, ainsi que moi-même, je ne me sens pas la force de sauver ma chère patrie en me faisant l'élu de la justice de Dieu? Ainsi donc, en avant! c'est moi qui m'élancerai courageusement sur lui (ne vous effrayez pas), sur lui, le séducteur immonde: c'est moi qui tuerai le traître, afin qu'un s'éteignant sa voix corruptrice cesse de nous éloigner des enseignements de l'histoire et de l'esprit de Dieu. Un devoir irrésistible et solennel me pousse à cette action, depuis que j'ai reconnu à quelles hautes destinées le peuple allemand peut atteindre dans ce siècle; et depuis que je connais le lâche et l'hypocrite qui l'empêche seul d'y arriver, ce désir est devenu pour moi, comme pour tout Allemand qui veut le bien public, une sévère et rigoureuse nécessité. Puissé-je, par cette vengeance populaire, indiquer à toutes les consciences droites et loyales où gît le véritable danger et sauver du grand et prochain péril qui les menace nos associations aviries et calomniées! Puissé-je enfin répandre la terreur sur les méchants et les lâches, et le courage et la foi sur les bons! Les discours et les écrits ne mènent à rien, les actions seules *peuvent*.

» J'agirai donc: et, quoique poussé violemment hors de mes beaux, rêves d'avenir, je n'en suis pas moins plein de confiance en Dieu: j'éprouve même une joie céleste depuis que, comme les Hébreux cherchant la terre promise, je vois tracée devant moi, dans la nuit et dans la mort, cette route au bout de laquelle j'aurai payé ma dette à la patrie.

» Ainsi donc, adieu, cœurs fidèles: certes cette prompte séparation est dure; certes vos espérances comme mes souhaits sont trompés: mais consolons-nous d'abord avec l'idée que nous avons fait ce que la voix de la patrie réclamait de nous; c'est, vous le savez, le principe dans lequel j'ai toujours vécu. Vous vous direz encore, sans doute: Il n'avait cependant, grâce à nos sacrifices, appris à connaître la vie et à goûter les joies de la terre, et il paraissait aimer profondément le pays natal et l'humble état auquel il était appelé. Hélas, oui! cela est vrai: sous votre protection et avec ces innombrables sacrifices, le pays natal et la vie m'étaient devenus profondément chers. Oui, grâce à vous, j'ai pénétré dans l'Eden de la science et j'ai vécu de la vie libre de la pensée: grâce à vous, j'ai regardé dans l'histoire, et je suis rentré ensuite dans ma conscience, pour m'attacher aux solides piliers de la foi pour l'Eternel.

» Oui, je devais traverser doucement cette vie comme un prédicateur de l'Evangile; oui, je devais, dans ma fidélité à mon état, m'abriter contre les orages de cette existence. Mais cela suffirait-il pour détourner le danger qui menace l'Allemagne? et vous-mêmes, dans votre amour infini, ne devez-vous pas, au contraire, me pousser à risquer ma vie pour le bien de tous? Tant de Grecs modernes sont déjà tombés pour affranchir leur patrie du joug des Turcs, et sont morts presque sans aucun résultat et sans aucune espérance; et cependant des milliers de nouveaux martyrs ne perdent point courage et sont prêts à tomber à leur tour; et moi, j'hésiterais à mourir!

» Que je méconnaisse votre amour, ou que votre amour soit pour moi une considération légère, vous ne le croyez pas. Qui donc me pousserait à la mort, si ce n'était mon dévouement à vous et à l'Allemagne, et le besoin de prouver ce dévouement à ma famille et à mon pays?

» Ma mère, tu diras: Pourquoi ai-je élevé un fils que j'aimais et qui m'aimait, pour lequel j'ai pris mille soins et me suis donné mille peines; qui, grâce à mes prières et à mon exemple, fut impressionnable au bien, et duquel je devais, après ma longue et fatigante carrière, recevoir des soins pareils à ceux que je lui ai donnés? Pourquoi m'abandonne-t-il maintenant?

» O ma bonne et tendre mère! oui, vous direz cela peut-être; mais la mère d'un autre ne pourrait-elle pas en dire autant? Et tout se passer ainsi en paroles, quand il faut agir pour le pays! et si personne ne voulait agir, que deviendrait cette mère de tous qu'on appelle l'Allemagne?

» Mais non, ces plaintes sont loin de toi, noble femme; déjà une fois j'ai compris ton appel; et si, à l'heure qu'il est, personne ne se présentait pour la cause allemande, tu me pousserais toi-même au combat. J'ai avant moi deux frères et deux sœurs, tous nobles et loyaux. Ils vous resteront, ma mère; puis vous aurez encore pour fils tous les enfants de l'Allemagne qui aiment leur patrie.

» Tout homme a une destinée qu'il doit accomplir: la mienne est vouée à l'action que je vais entreprendre; quand je vivrais encore cinquante années, je ne pourrais pas vivre plus heureux, que je ne l'ai fait dans ces derniers temps.

» Adieu, ma mère; je vous recommande à la protection de Dieu: puisse-t-il vous élever à cette joie que les malheurs ne peuvent plus troubler! Conduisez bientôt vos petits-enfants, pour lesquels j'aurais tant aimé à être un tendre ami, sur le sommet de nos belles montagnes. Que là, sur cet autel élevé par le Seigneur lui-même au milieu de l'Allemagne, ils se dévouent et jurent de prendre l'épée aussitôt qu'ils auront la force de la soulever, et de ne la déposer que lorsque tous nos frères seront réunis par la liberté; que lorsque tous les Allemands, ayant une constitution libérale, seront grands devant le Seigneur, puissants contre leurs voisins, et unis entre eux.

» Que ma patrie élève toujours ses regards heureux vers toi, Père tout-puissant! Que ta bénédiction tombe abondamment sur ses moissons prêtes à être fauchées, et sur ses armées prêtes à combattre, et que, reconnaissant les grâces dont tu l'as accablé, le peuple allemand soit toujours parmi les peuples le premier levé pour soutenir la cause de l'humanité, qui est ton image sur la terre!

» Votre éternellement attaché fils, frère et ami,

» Iéna, au commencement de mars 1819.

KARL LUDWIG SAND. »

Sand, conduit d'abord à l'hôpital, comme nous l'avons dit, avait ensuite, au bout de trois mois, été transporté à la maison de force de Manheim, où le directeur M. G. lui avait fait préparer une chambre. Ce fut là qu'il resta deux mois encore dans une faiblesse extrême: son bras gauche était complètement paralysé; sa voix était très-faible; chaque mouvement qu'il faisait lui causait des douleurs atroces; aussi ne fut-ce que le 11 août, c'est-à-dire cinq mois après l'événement que nous venons de raconter, qu'il put écrire à sa famille la lettre suivante:

« Bien chers parents,

» La commission d'enquête du grand-duc m'a fait part hier qu'il serait possible que j'eusse la joie bien vive d'être visité par vous, et que je pourrais peut-être vous voir et vous embrasser ici, vous, ma mère, et quelques-uns de mes frères et sœurs!

» Sans être surpris de cette nouvelle preuve de votre amour maternel, cette espérance a de nouveau réveillé en moi le souvenir ardent de cette vie heureuse passée doucement ensemble. La joie et la douleur, le désir et le sacrifice agitent violemment mon cœur, et il m'a fallu peser l'un à côté de l'autre, et avec la puissance de la raison, tous ces mouvements divers pour redevenir maître de moi-même et prendre une décision relativement à mes désirs.

» La balance a penché du côté du sacrifice.

» Vous savez, ma mère, ce qu'un regard de vos yeux, ce que des relations de tous les jours, ce que vos entretiens pieux et élevés pourraient m'apporter de joie et de courage pendant ce temps bien court. Mais aussi vous savez ma position, vous connaissez trop bien la marche naturelle de toutes ces douloureuses enquêtes, pour ne pas trouver comme moi qu'une gêne pareille, renouvelée à tous les instants, troublerait beaucoup la joie de notre réunion, si elle ne parvenait pas à la détruire entièrement. Puis, ma mère, après ce long et fatigant voyage, que vous serez forcée d'entreprendre pour me revoir, songez aux douleurs terribles de l'adieu lorsque arrivera le moment de nous quitter en ce monde. Tenons-nous-en donc, d'après la volonté de Dieu, au sacrifice, et livrons-nous seulement à cette douce communauté de pensées que la distance ne peut interrompre, dans laquelle je puise mes seules joies, et qui nous sera toujours, en dépit des hommes, accordée par le Seigneur notre Père.

» Quant à mon état physique, je l'ignore complétement. Cependant vous voyez que, puisque enfin je vous écris moi-même, je suis tiré de mes premières incertitudes. Quant au reste, je connais trop peu la structure de mon propre corps pour porter un jugement sur ce que mes blessures décideront de lui. A part un peu de force qui m'est revenue, cet état est toujours le même, et je le supporte avec calme et patience : c'est que Dieu vient à mon aide et me donne le courage et la fermeté ; il m'aidera, croyez-moi, à trouver en tout les joies de l'âme et à être fort dans l'esprit. Amen.

» Vivez heureux.

» Votre fils profondément respectueux,

» Manheim, 11 août 1819.

» KARL LUDWIG SAND.»

Un mois après cette lettre arrivèrent de tendres réponses de la part de toute la famille : nous ne citerons que celle de la mère de Sand, parce qu'elle complète l'idée qu'on a déjà pu se faire de cette femme au grand cœur, comme l'appelle toujours son fils.

« Cher, inexprimablement cher Karl,

» Combien il m'a été doux de revoir, après un aussi longtemps, les traits de ta main chérie ! Il n'y aurait pour moi ni aucun voyage assez pénible ni aucun chemin assez long pour m'empêcher d'aller te retrouver, et j'irais avec un amour profond et infini à chaque extrémité de la terre, dans la seule espérance de t'apercevoir seulement.

» Mais comme je connais bien et ta tendre affection et ta profonde sollicitude pour moi, et que tu me donnes avec une si grande fermeté et une si mâle réflexion des motifs contre lesquels je n'ai rien à dire et que je ne puis qu'honorer, il en sera, mon bien-aimé Karl, comme tu l'as voulu et décidé. Nous continuerons, sans nous parler, la communication de nos pensées ; mais sois tranquille, rien ne peut nous séparer ; je t'enveloppe de mon âme, et mes pensées maternelles font la garde autour de toi.

» Que cet amour infini, qui nous soutient, nous affermit et nous conduit tous à une vie meilleure, te conserve, mon cher Karl, le courage et la fermeté.

» Adieu ; et sois bien invariablement convaincu que je ne cesserai jamais de t'aimer fortement et profondément.

» Ta mère fidèle, et qui t'aimera jusque dans l'éternité. »

Sand répondit :

« Janvier 1820, de mon île de Pathmos.

» Mes chers parents, frères et sœurs,

» Dans le milieu du mois de septembre de l'année dernière, j'ai reçu, par la commission spéciale d'enquête du grand-duc, dont vous avez déjà apprécié l'humanité, vos chères lettres de la fin d'août et du commencement de septembre, et elles ont eu l'influence magique de m'inonder de joie en me transportant dans le cercle intime de vos cœurs.

» Vous, mon tendre père, vous m'écrivez le jour du soixante-septième anniversaire de votre naissance, et vous me bénissez dans l'épanchement de votre plus tendre amour.

» Vous, ma mère bien-aimée, vous descendez jusqu'à la promesse de la continuation de votre affection maternelle, à laquelle j'ai cru immuablement dans tous les temps ; et c'est ainsi que j'ai reçu vos deux bénédictions, qui dans ma position actuelle, exerceront sur moi une influence plus bienfaisante qu'aucune des choses que tous les rois de la terre réunis ensemble pourraient m'accorder. Oui, vous me nourrissez abondamment de votre amour béni, et je vous en rends grâce, mes chers parents, avec la soumission respectueuse que mon cœur m'inspirera toujours comme le premier devoir d'un fils.

» Mais plus votre amour est grand, plus vos lettres sont tendres, plus j'ai eu à souffrir, je dois vous l'avouer, du sacrifice volontaire que nous nous sommes imposé de ne pas nous voir, et je n'ai tant tardé à vous répondre, mes chers parents, que pour me donner à moi-même le temps de retrouver la force que j'avais perdue.

» Vous aussi, cher beau-frère et chère sœur, m'assurez de votre attachement sincère et non interrompu. Et cependant, après l'effroi que j'ai répandu sur vous tous, vous ne paraissez pas savoir encore précisément ce que vous devez penser de moi ; mais mon cœur, plein de reconnaissance pour vos bontés passées, se rassure de lui-même ; car vos actions parlent, et me disent que, quand vous ne voudriez plus m'aimer comme je vous aime, vous ne pourriez faire autrement. Ces actions valent mieux pour moi, à cette heure, que toutes les protestations possibles, voire même les plus tendres paroles.

« Et toi aussi, mon bon frère, tu aurais consenti à accourir avec notre mère bien-aimée aux bords du Rhin, ici, où les véritables rapports de l'âme se sont établis entre nous, où nous avons été deux fois frères (3). Mais dis-moi, n'y es-tu pas véritablement en pensée et en esprit, lorsque je considère la riche source de consolation qui m'y est apportée par ta cordiale et tendre lettre ?

» Et toi, bonne belle-sœur, ainsi qu'au premier abord tu t'es posée, dans ta délicate tendresse, comme une véritable sœur, ainsi je te retrouve aujourd'hui. Ce sont toujours les mêmes relations tendres, c'est toujours la même affection fraternelle : tes consolations, qui émanent d'une piété profonde et soumise, sont tombées rafraîchissantes jusqu'au plus profond de mon cœur. Mais, bonne belle-sœur, il faut que je te dise, à toi comme aux autres, que tu es trop libérale envers moi dans la dispensation de ton estime et de tes louanges, et ton exagération m'a rejeté en face de mon juge intérieur, qui m'a fait voir alors

Et, sans aller plus loin, il s'enfonça jusqu'au manche dans la poitrine le poignard encore tout couvert du sang de Kotzebue. — Page 38.

dans le miroir de ma conscience le contour de toutes mes faiblesses.

» Toi, bonne Julie, tu ne désires rien plus que de m'enlever au sort qui m'attend, et tu m'assures, en ton nom, et au nom de tous, que ..., comme eux, tu serais heureuse de le subir à ma place : je te reconnais là tout entière, et aussi les douces et tendres relations dans lesquelles nous avons été élevés dès l'enfance. Oh ! rassure-toi, bonne Julie ! grâce à la protection de Dieu, je te promets qu'il me sera facile, bien plus facile que je ne l'aurais cru, de supporter ce qui m'échoit.

» Recevez donc tous mes vifs et sincères remerciements pour avoir ainsi réjoui mon cœur.

» Maintenant, que j'ai reconnu, par ces lettres fortifiantes, que, pareil à l'enfant prodigue, l'amour et la bonté de ma famille sont plus grands pour moi à mon retour qu'à mon départ, je veux, avec autant de soin que possible, vous dépeindre mon état physique et moral, et je prie Dieu qu'il appuie mes paroles de sa force, afin que ma lettre contienne l'équivalent de ce que les vôtres m'ont apporté, et qu'elle vous aide à arriver à cet état de calme et de sérénité où je suis parvenu moi-même.

» Endurci, à force de puissance sur moi-même, contre les biens et les maux de la terre, vous savez déjà que pendant ces dernières années je n'ai vécu que pour les joies morales, et je dois dire que, touché de mes efforts sans doute, le Seigneur, sainte source de tout bien, m'a rendu apte à les chercher et à en jouir avec plénitude : Dieu est toujours près de moi, comme autrefois, et je trouve en lui, principe souverain de la création de toute chose, en lui, notre père sacré, non-seulement la consolation et la force, mais un ami immuable, plein du plus saint amour, qui m'accompagnera partout où j'aurai besoin de ses consolations. Certes, s'il s'était éloigné de moi, ou si j'avais détourné mes yeux de lui, je me trouverais maintenant bien malheureux et bien misérable ; mais par sa grâce, au contraire, moi humble et faible créature, il me fait fort et puissant contre tout ce qui peut tomber sur moi.

» Ce que j'ai révéré jusqu'ici comme sacré, ce que j'ai désiré comme bon, ce à quoi j'ai aspiré comme céleste, n'a changé en rien à cette heure. Et j'en remercie Dieu, car je me trouverais maintenant bien désespéré si j'avais à reconnaître que mon cœur a adoré des images trompeuses et s'est enveloppé de fugitives chimères. Aussi ma confiance dans ces idées, aussi mon pur amour pour elles, pour elles qui sont les anges gardiens de mon esprit, s'accroissent de moment en moment, et s'accroîtront ainsi jusqu'à ma fin, et j'en serai d'autant plus facilement conduit, je l'espère, de ce monde à l'éternité. Je passe ma vie silencieuse dans l'exaltation et l'humilité chrétienne, et j'ai parfois de ces visions d'en-haut par lesquelles, depuis ma naissance, j'ai adoré le ciel sur la terre, et qui me donnent la puissance de m'élever jusqu'au Seigneur sur les ailes ardentes de mes prières. La maladie, quoique longue, douloureuse et cruelle, a toujours été assez

fortement maîtrisée par ma volonté pour me laisser le loisir de m'occuper avec suite de l'histoire, des sciences positives et des belles parties de l'éducation religieuse : et lorsque le mal, plus violent, interrompait pendant quelque temps ces occupations, je n'en luttais pas moins victorieusement contre l'ennui : car les souvenirs du passé, ma résignation au présent, et ma foi dans l'avenir, étaient assez riches et assez forts, en moi et autour de moi, pour ne pas me laisser choir de mon paradis terrestre. Je n'aurais, d'après mes principes, dans la position où je me trouve, et où je me suis mis moi-même, jamais voulu rien demander pour mon bien-être ; et néanmoins j'ai été comblé à tous égards de tant de bontés, de tant de soins, et cela avec une délicatesse et une humanité que je ne puis, hélas ! reconnaître, par tous ceux avec lesquels je me suis trouvé en contact, que des vœux que je n'aurais point osé former dans le coin le plus secret de mon cœur ont été dépassés, et bien au delà. Je n'ai jamais été assez vaincu par les douleurs du corps pour ne pas pouvoir me dire intérieurement en élevant ma pensée au ciel : « Devienne ce que pourra cette guenille ; » et si grandes qu'aient été ces douleurs, je ne saurais les mettre en comparaison avec ces souffrances de l'âme que, dans le sentiment de nos faiblesses et de nos fautes, nous éprouvons si profondes et si poignantes.

» Au reste, il est rare maintenant que cette douleur me fasse perdre connaissance : l'enflure et l'inflammation n'ont jamais gagné beaucoup, et les fièvres ont toujours été modérées, quoique, depuis près de dix mois, je sois forcé de me tenir couché sur le dos, sans pouvoir me soulever, et quoiqu'il soit sorti de ma poitrine à l'endroit du cœur, plus de quarante pintes de matière. Non, la blessure, au contraire, quoique toujours ouverte, est en bon état ; et cela je le dois non-seulement aux excellents soins dont je suis entouré, mais encore au sang pur que j'ai reçu de vous, ma mère. Ainsi, ni les secours de la terre ni les encouragements du ciel ne m'ont manqué. Ainsi, j'ai eu tous les motifs, le jour anniversaire de ma naissance, — oh ! non

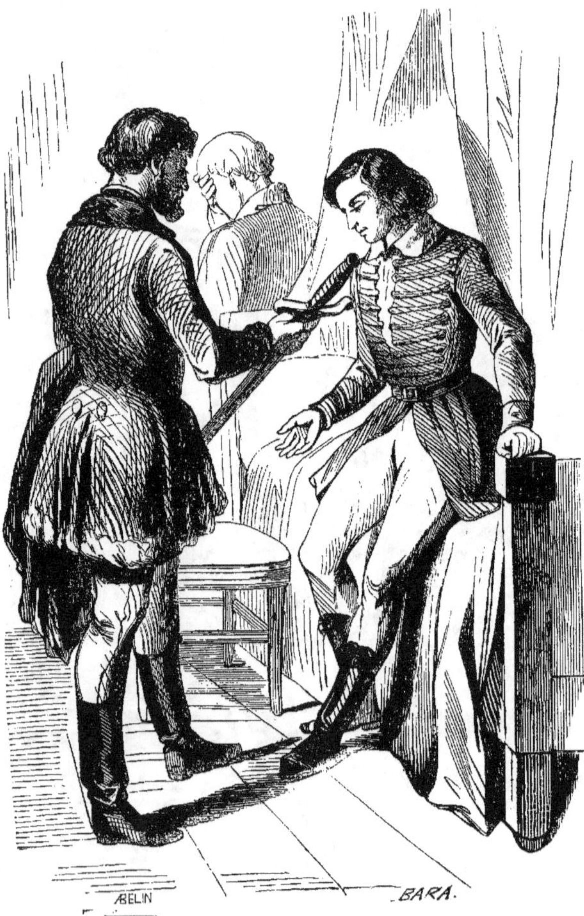

M. Widemann, tout pâle et tout tremblant, lui présenta le glaive. — Page 43.

pas de maudire l'heure où je suis né, mais, au contraire, après la sérieuse contemplation de ce monde, de remercier Dieu, et vous, mes bien chers parents, de la vie que vous m'avez donnée ! — Je l'ai célébré, ce 18 octobre, dans une paisible et fervente soumission à la sainte volonté de Dieu. — Le jour de Noël, j'ai cherché à me mettre dans la disposition des enfants dévoués au Seigneur ; et avec l'aide de Dieu, l'année nouvelle se passera, comme la précédente, dans les douleurs du corps, peut-être, mais certainement dans la joie de l'âme. Et c'est avec ce vœu, le seul que je forme, que je m'adresse à vous, mes chers parents, et à vous et aux vôtres, mes chers frères et sœurs.

» Je ne puis pas espérer de voir une vingt-cinquième nouvelle année ; puisse donc la prière que je viens de faire être exaucée ! puisse ce tableau de ma vie actuelle vous apporter quelque tranquillité ! et puisse cette lettre, que je vous écris du plus profond de mon cœur, non-seulement vous prouver que je ne suis pas indigne de votre inexprimable amour à tous, mais, au contraire, m'assurer cet amour pour l'éternité !

» Ces jours-ci, j'ai reçu encore votre chère lettre du 2 décembre, ma bonne mère, et la commission du grand-duc a eu la condescendance de me laisser lire aussi la lettre de mon bon frère qui accompagnait la vôtre. Vous me donnez les nouvelles les meilleures de votre santé à tous, et vous m'envoyez des fruits confits de votre maison chérie. Je vous en remercie du fond du cœur. Ce qui me cause le plus de joie là-dedans, c'est que vous êtes occupés de moi avec sollicitude l'été comme l'hiver ; c'est que vous et ma bonne Julie, vous les avez cueillis et préparés pour moi dans la maison, et je m'abandonne de toute mon âme à cette douce jouissance.

» Je me réjouis bien sincèrement de l'arrivée au monde du petit cousin ; j'en fais joyeusement mes félicitations aux bons parents et aux grands-parents ; je me transporte pour son baptême dans cette commune bien-aimée, où je lui apporte mon affection comme son frère chrétien, et où j'appelle sur lui toutes les bénédictions du ciel.

» Pour ne pas trop incommoder la commission du grand-duc, nous serons forcés, je crois, de renoncer à cette correspondance. Je finis donc en vous assurant encore, mais pour la dernière fois peut-être, de ma profonde soumission filiale et de mon affection fraternelle.

» Votre bien tendrement attaché,

» KARL LUDWIG SAND. »

En effet, dès ce moment toute correspondance cessa entre Karl et sa famille, et il ne lui écrivit plus qu'une fois, lorsque son sort lui fut connu, une lettre que nous trouverons plus tard.

On a vu par celle-ci de quels soins Sand était entouré : cette humanité ne se démentit pas un instant. Il est vrai de dire aussi que personne ne voyait en lui un assassin ordinaire ; que beaucoup le plaignaient tout bas, et que quelques-uns l'excusaient tout haut. La commission du grand-duc elle-même traînait l'affaire en longueur le plus qu'il lui était possible ; car la gravité des blessures de Sand lui avait d'abord fait croire qu'il serait inutile de recourir au bourreau, et elle eût été heureuse que Dieu se fût chargé d'accomplir l'arrêt. Mais ses prévisions furent trompées : l'habileté du docteur triompha, non pas de la blessure, mais de la mort. Sand ne guérit pas ; mais il resta vivant, et l'on commença à voir que l'on serait forcé de le tuer.

En effet, l'empereur Alexandre, qui avait nommé Kotzebue son conseiller, et qui ne s'était pas mépris à la cause de l'assassinat, demandait avec instance que la justice eût son cours. La commission d'enquête fut donc forcée de se mettre au travail ; mais désirant bien sincèrement avoir un prétexte pour traîner la procédure en longueur, elle ordonna qu'un médecin d'Heidelberg visiterait Sand et ferait un rapport exact sur sa position : comme Sand restait constamment couché, et que l'on ne pouvait l'exécuter dans son lit, elle espérait que le rapport du médecin, en constatant chez le prisonnier l'impossibilité de se lever, lui viendrait en aide et lui donnerait un nouveau sursis.

En conséquence, le médecin désigné vint d'Heidelberg à Manheim, et, se présentant à Sand comme attiré par l'intérêt qu'il inspirait, il lui demanda s'il ne sentait pas quelque mieux dans son état et s'il lui serait impossible de se lever. Sand le regarda un instant, puis avec un sourire :

— Je comprends, monsieur, lui dit-il : on désire savoir si je suis assez fort pour monter sur un échafaud : je n'en sais rien moi-même ; mais nous allons en faire l'épreuve ensemble.

À ces mots, il se leva, et, accomplissant avec un courage surhumain ce qu'il n'avait point essayé depuis quatorze mois, il fit deux fois le tour de la chambre, et revenant s'asseoir sur son lit :

— Vous voyez, monsieur, lui dit-il, que je suis assez fort : ce serait, en conséquence, faire perdre à mes juges un temps précieux que de les retenir plus longtemps après mon affaire ; qu'ils portent donc leur jugement, car rien n'empêche plus qu'il ne soit exécuté.

Le médecin fit son rapport : il n'y avait pas moyen de reculer ; la Russie était de plus en plus pressante, et le 5 mai 1820 la cour suprême de justice rendit cet arrêt, qui fut confirmé le 12 par son altesse royale le grand-duc de Baden :

« Dans les affaires d'enquête et après l'interrogatoire ressortissant au bailliage, la défense apportée, les avis réunis de la cour de justice à Manheim, les consultations ultérieures de la cour de justice, qui déclare l'accusé Karl Sand, de Wonsiedel, coupable d'assassinat, de son aveu même, sur la personne du conseiller d'État impérial russe de Kotzebue ; d'après cela, pour sa juste punition, et pour donner à d'autres un exemple qui les effraye, il sera mis par le fer de la vie à la mort.

» Tous les frais de cette affaire d'enquête, y compris ceux occasionnés par son exécution publique, seront prélevés sur les fonds de la justice. »

On voit que, quoiqu'elle condamnât l'accusé à mort, ce que, au reste, il était difficile d'éviter, la sentence était, dans la forme et dans le fond, aussi douce que possible, puisque, tout en frappant Sand, elle n'achevait point, par les frais d'un procès long et coûteux, de ruiner sa pauvre famille.

Cependant on tarda encore cinq jours, et l'arrêt ne fut signifié que le 17.

Lorsqu'on annonça à Sand que deux conseillers de justice étaient à la porte, il se douta qu'ils venaient lui lire sa sentence ; il demanda un instant pour se lever, ce qu'il n'avait fait qu'une fois encore, et dans la circonstance que nous avons dite, depuis quatorze mois. Néanmoins il ne put entendre l'arrêt debout, tant il était faible, et, après avoir salué la députation qui lui venait de la part de la mort, il demanda à s'asseoir, disant que ce n'était point par lâcheté d'âme, mais par faiblesse de corps ; puis il ajouta : « Soyez les bien venus, messieurs ; car je souffre tant, depuis quatorze mois, que vous êtes pour moi des anges de délivrance. »

Il écouta tout l'arrêt sans affectation aucune, et avec un doux sourire sur les lèvres ; puis, lorsque la lecture fut terminée : « Je ne m'étais pas attendu à un meilleur destin, messieurs, dit-il ; et, lorsqu'il y a plus d'un an, je m'arrêtai sur la petite colline qui domine la ville, je vis d'avance la place où serait mon tombeau : je dois donc remercier Dieu et les hommes d'avoir prolongé mon existence jusqu'aujourd'hui. »

Les conseillers sortirent : Sand se leva une seconde fois pour saluer leur départ, comme il s'était levé pour saluer leur entrée ; puis il se rassit, pensif, sur la chaise, près de laquelle se tenait debout M. G., directeur de la prison. Au bout d'un instant de silence, une larme parut à chacune des paupières du condamné, et coula le long de ses joues ; puis tout à coup se retournant vers M. G., qu'il aimait beaucoup : « J'espère, dit-il, que mes parents aimeront mieux me voir mourir de cette mort violente que de quelque maladie lente et honteuse ; quant à moi, je suis bien aise d'entendre bientôt sonner l'heure à laquelle ma mort satisfera ceux qui me haïssent et ceux que, d'après mes principes, je dois haïr moi-même. »

Puis il écrivit à sa famille :

« Manheim, le 17 du mois de printemps 1820.

» Chers parents, frères et sœurs,

» Vous avez dû recevoir, par la commission du grand-duc, mes dernières lettres : j'y répondais aux vôtres, et je cherchais à vous consoler de ma position en vous peignant l'état de mon âme tel qu'il est, le mépris où je suis arrivé de tout ce qui est fragile et terrestre, et qu'on doit subir comme une nécessité, lorsque cela est mis en balance avec l'exécution d'une pensée, et cette liberté intellectuelle qui peut seule nourrir notre âme : en un mot, je cherchais à vous consoler par l'assurance que les sentiments, les principes et les convictions desquels je parlais autrefois ont été fidèlement conservés en moi et sont restés exactement les mêmes ; mais tout cela était trop de précaution de ma part, j'en suis certain, car dans aucun temps vous n'avez exigé autre chose de moi, que d'*avoir Dieu devant les yeux et dans le cœur* ; et vous avez vu, sous votre conduite, comment ce précepte passa tellement dans mon âme, qu'il devint pour ce monde et pour l'autre mon seul but de félicité : sans doute, comme il était en moi et près de moi, Dieu sera en vous et près de vous au moment où cette lettre vous apportera la nouvelle de la lecture de mon arrêt. Je meurs volontiers, et le Seigneur me donnera la force pour que je meure comme on doit mourir.

» Je vous écris parfaitement tranquille et calme sur toutes choses, et j'espère que votre vie aussi s'écoulera calme et tranquille, jusqu'au moment où nos âmes se retrouveront pleines d'une nouvelle force, pour nous aimer et partager ensemble l'éternel bonheur.

» Quant à moi, tel j'ai vécu depuis que je me connais, c'est-à-dire avec une sérénité pleine de désirs célestes et un courageux et infatigable amour de la liberté, tel je vais mourir.

» Que Dieu soit avec vous et avec moi,

» Votre fils, frère et ami,

» KARL LUDWIG SAND. »

À compter de ce moment, rien ne troubla plus sa sérénité ; toute la journée il causa plus gaiement qu'à l'ordinaire, dormit bien, ne se réveilla qu'à sept heures et demie, dit qu'il se sentait fortifié, et remercia Dieu de le visiter ainsi.

Dès la veille la teneur de l'arrêt avait été connue, et l'on avait su que le jour de l'exécution était fixé au 20 mai, c'est-à-dire à trois jours pleins après la lecture qui en avait été faite au condamné.

Dès lors, avec la permission de Sand, on laissa entrer les personnes qui désiraient lui parler et que lui-même n'avait pas de répugnance à voir : parmi celles-ci, trois restèrent plus longtemps et plus particulièrement près de lui.

L'une était le major badois Holzungen, qui commandait la patrouille qui l'avait arrêté, ou plutôt relevé mourant et porté à l'hôpital. Il lui demanda s'il le reconnaissait : Sand avait tellement la tête à lui lorsqu'il s'était frappé, que, quoiqu'il n'eût vu le major qu'un instant et ne l'eût jamais revu depuis, il se rappela les détails les plus minutieux du costume qu'il portait quatorze mois auparavant, et qui était le grand uniforme. Quand la conversation tomba sur la mort que Sand allait subir si jeune, le major le plaignit ; mais Sand lui répondit en souriant : « Il n'y a qu'une différence entre vous et moi, monsieur le major, c'est que moi, je mourrai pour mes convictions, et que vous mourrez, vous, pour une conviction étrangère. »

Après le major vint un jeune étudiant d'Iéna que Sand avait connu à l'université. Il se trouvait dans le duché de Bade, et avait voulu lui faire une visite ; leur reconnaissance fut touchante, et l'étudiant pleura beaucoup ; mais Sand le consola avec son calme et sa sérénité ordinaires.

Un ouvrier demanda alors à être introduit près de Sand, se fondant sur ce qu'il avait été son camarade d'école à Wonsiedel, et, quoiqu'il ne se souvînt point de son nom, il donna l'ordre de le laisser entrer : l'ouvrier lui rappela qu'il faisait partie de la petite armée que Sand commandait le jour de l'assaut de la tour Sainte-Catherine. Ce renseignement guida Sand, qui le reconnut parfaitement, et lui parla alors avec une tendre affection de son pays natal et de ses chères montagnes, puis le chargea de saluer sa famille, en invitant de nouveau sa mère, son père, ses frères et ses sœurs, à ne point prendre de chagrin à cause de lui, puisque le messager qui se chargeait de leur porter ses dernières paroles pourrait leur attester dans quelle disposition calme et joyeuse d'esprit il attendait la mort.

À cet ouvrier succéda un des convives que Sand avait rencontrés sur l'escalier aussitôt la mort de Kotzebue. Il lui demanda s'il reconnaissait son crime et s'il éprouvait du repentir ; Sand lui répondit : « J'y avais pensé pendant une année entière, j'y pense depuis quatorze mois : et mon opinion n'a varié en rien ; j'ai fait ce que je devais faire. »

Après le départ de ce dernier visiteur, Sand fit appeler M. G., le directeur de la prison, et lui dit qu'il serait bien aise de causer avec le bourreau avant l'exécution, ayant des renseignements à lui demander sur la manière dont il devait se tenir pour lui rendre l'opération plus sûre et plus facile. M. G. fit quelques objections ; mais Sand insista avec sa douceur ordinaire, et M. G. finit par promettre à Sand qu'il ferait prévenir la personne qu'il demandait de passer à la maison de force aussitôt son arrivée d'Heidelberg, où elle demeurait.

Le reste de la journée s'écoula en nouvelles visites et en causeries philosophiques et morales, dans lesquelles Sand développa ses théories sociales et religieuses avec une lucidité d'expressions et une hauteur de pensées qu'il n'avait jamais montrées peut-être. Le directeur de la prison, dont je tiens ces détails, me disait qu'il regretterait toute sa vie de n'avoir point su sténographier, pour recueillir toutes ces pensées, qui eussent fait un pendant au Phédon.

La nuit vint ; Sand passa une partie de la soirée à écrire : on croit que ce fut un poëme qu'il composa ; mais sans doute qu'il le brûla, car on n'en trouva aucune trace. À onze heures il se mit au lit, et dormit jusqu'à six heures du matin ; le lendemain il supporta son pansement, toujours très-douloureux, avec un courage extraordinaire, sans s'évanouir comme il le faisait quelquefois, ni laisser échapper une seule plainte ; il avait dit la vérité, en face de la mort, Dieu lui faisait la grâce que la force lui revint.

L'opération était finie : Sand était couché comme d'ordinaire ; M. G. était assis sur le pied de son lit, lorsque la porte s'ouvrit et qu'un homme entra et salua Sand et M. G. Le directeur de la prison se leva aussitôt et d'une voix dont il ne pouvait pas dissimuler l'émotion : — Celui qui vous salue, dit-il à Sand, est M. Widemann d'Heidelberg, à qui vous avez désiré parler.

Alors le visage de Sand s'éclaira d'une joie étrange, et se soulevant sur son séant : — Monsieur, lui dit-il, soyez le bien venu ; puis, le faisant asseoir près de son lit et lui prenant la main dans la sienne, il commença à le remercier de son obligeance avec un accent si profond et une voix si douce, que M. Widemann, profondément ému, ne put lui répondre. Sand l'encouragea à lui parler et à lui donner les détails qu'il désirait, lui disant pour le rassurer : — Soyez ferme, monsieur, car ce n'est pas moi qui vous ferai défaut : je ne bougerai pas ; et quand même il vous faudrait deux ou trois coups pour séparer ma tête du tronc, comme on dit que cela arrive quelquefois, ne vous troublez point pour cela. — Alors Sand se leva, appuyé sur M. G., pour faire avec le bourreau l'étrange et terrible répétition du drame où il devait jouer le principal rôle le lendemain. M. Widemann le fit asseoir sur une chaise, lui fit prendre la pose voulue, et entra avec lui dans tous les détails de l'exécution. Alors Sand, parfaitement renseigné, le pria de ne le point se presser de bien prendre son temps. Puis il le remercia par avance : « car, ajouta-t-il, après je ne le pourrai plus. » Sand alors regagna son lit, laissant le bourreau plus pâle et plus chancelant que lui. Tous ces détails ont été conservés par M. G.; car, pour le bourreau, son émotion était si grande, qu'il ne se souvenait plus de rien.

Derrière M. Widemann on introduisit trois ecclésiastiques avec lesquels Sand s'entretint de matières religieuses : l'un d'eux resta six heures près de lui, et lui dit en le quittant qu'il avait mission d'obtenir de lui la promesse qu'il ne parlerait pas au peuple sur la place de l'exécution. Sand le lui promit et ajouta : « Quand bien même je le voudrais, ma voix est devenue si faible, que le peuple ne pourrait pas l'entendre. »

Pendant ce temps, on dressait l'échafaud dans la prairie qui s'étend à la gauche du chemin d'Heildelberg. C'était une plate-forme de cinq à six pieds de haut sur dix de large en tous sens. Comme on

avait présumé que, grâce à l'intérêt qu'inspirait le condamné et à l'approche de la Pentecôte, la foule serait immense, et que l'on craignait quelque mouvement des universités, la garde de la prison avait été triplée, et l'on avait fait venir de Carlsruhe à Manheim le général Neustein avec douze cents hommes d'infanterie, trois cent cinquante cavaliers et une compagnie d'artilleurs accompagnés de leurs pièces.

Le 19, dans l'après-midi, il arriva, ainsi qu'on l'avait prévu, tant d'étudiants, qui se logèrent dans les villages environnants, que l'on décida que l'exécution, au lieu d'avoir lieu le lendemain à onze heures du matin, ainsi que cela avait été convenu, serait avancée et aurait lieu à cinq. Cependant il fallait pour cela l'autorisation de Sand ; car on ne pouvait l'exécuter que trois jours révolus après la lecture de sa sentence, et comme la sentence ne lui avait été lue qu'à dix heures et demie, Sand avait le droit de vivre jusqu'à onze heures.

Avant quatre heures du matin, on entra dans la chambre du condamné ; il dormait si profondément, qu'on fut obligé de l'éveiller. Il ouvrit les yeux en souriant comme c'était son habitude, et, se doutant pourquoi l'on venait : « Aurais-je si bien dormi, demanda-t-il, qu'il fût déjà onze heures du matin ? » On lui répondit que non, mais qu'on venait lui demander de permettre que l'on avançât l'heure ; car, lui dit-on, on craignait quelque conflit entre les étudiants et les soldats ; et comme les dispositions militaires étaient parfaitement prises, ce conflit ne pouvait être que fatal à ses amis. Sand répondit qu'il était prêt à l'instant même, qu'il demandait seulement le temps de prendre un bain, comme les anciens avaient l'habitude de le faire au moment du combat. Cependant l'autorisation verbale qu'il avait donnée ne suffisant point, on présenta à Sand une plume et du papier, et il écrivit d'une main ferme et de son écriture ordinaire :

« Je remercie les autorités de Manheim d'avoir été au-devant de mes désirs les plus pressants en avançant de six heures mon exécution.

» *Sit nomen Domini benedictum.*

» De la chambre de la prison, le 20 mai, au matin, jour de ma délivrance.

» KARL LUDWIG SAND. »

Lorsque Sand eut remis ces deux lignes au greffier, le médecin s'approcha de lui pour panser, comme d'habitude, sa blessure. Sand le regarda en souriant : puis — Est-ce bien la peine ? lui demanda-t-il.
— Vous en serez plus fort, répondit le médecin.
— Alors faites, dit Sand.

On apporta un bain, Sand se coucha dans la baignoire, et fit arranger ses beaux et longs cheveux avec le plus grand soin ; puis, sa toilette terminée, il passa une redingote de forme allemande, c'est-à-dire courte, et avec le collet de la chemise rabattu sur les épaules, des pantalons collants blancs et des bottes par-dessus. Alors Sand alla s'asseoir sur son lit et pria quelque temps à voix basse avec les prêtres ; puis lorsqu'il eut fini, il dit ces deux vers de Kœrner :

Tout ce qui est terrestre est terminé,
Et la vie céleste s'ouvre.

Alors il prit congé du médecin et des prêtres, en leur disant : — N'attribuez pas l'émotion de ma voix à la faiblesse, mais à la reconnaissance. — Puis, comme ces derniers lui offraient de l'accompagner jusqu'à l'échafaud : — C'est inutile, leur dit-il, je suis parfaitement préparé, bien avec Dieu et avec ma conscience. D'ailleurs, ne suis-je pas presque ecclésiastique moi-même ? — Et comme l'un d'eux lui demandait s'il ne s'en allait point avec haine : — Eh ! mon Dieu, dit-il, est-ce que j'en ai jamais eu ?

On entendit alors le bruit croissant de la rue, et Sand dit de nouveau que l'on pouvait disposer de lui, et qu'il était prêt. En ce moment le bourreau entra avec ses deux aides ; il était vêtu d'une longue lévite noire sous laquelle il cachait son glaive : Sand lui tendit affectueusement la main ; et comme M. Widemann, gêné par l'épée qu'il désirait soustraire aux regards de Sand, n'osait avancer : — Venez donc, lui dit Sand, et montrez-moi votre épée ; je n'en ai jamais vu, et suis curieux de savoir comment cela est fait.

M. Widemann, tout pâle et tout tremblant, lui présenta le glaive ; Sand l'examina avec attention, passa le doigt sur le tranchant : — Allons, dit-il, la lame est bonne ; ne tremblez pas, et tout ira bien. — Alors se tournant vers M. G., qui pleurait : — Vous me rendrez bien, n'est-ce pas, lui dit-il, le service de me conduire jusqu'à l'échafaud ?
— M. G. lui fit de la tête signe que oui, car il ne pouvait répondre. Sand prit son bras, et une troisième fois : — Eh bien ! répéta-t-il, qu'attendez-vous donc, messieurs ? je suis prêt.

En arrivant dans la cour, Sand trouva aux fenêtres tous les prisonniers qui pleuraient. Quoique Sand ne les eût jamais vus, c'étaient pour lui d'anciens amis ; car chaque fois qu'ils passaient devant sa porte, sachant que c'était là qu'était gisant l'étudiant qui avait tué Kotzebue, ils soulevaient leurs chaînes pour ne point le fatiguer par le bruit.

Manheim tout entière était dans les rues qui conduisaient au lieu de l'exécution, et que croisaient de nombreuses patrouilles. Le jour où l'arrêt avait été lu, on avait cherché par toute la ville une calèche pour conduire Sand à l'échafaud ; mais personne, pas même les carrossiers, n'avait voulu ni en louer ni en vendre ; on avait donc été obligé d'en acheter une à Heidelberg, sans dire dans quel but on l'achetait.

Sand trouva cette calèche dans la cour et monta dedans avec M. G. Se tournant alors vers lui : — Monsieur, lui dit-il tout bas à l'oreille, si par hasard vous me voyez pâlir, dites-moi mon nom, mon nom seulement, entendez-vous ? cela suffira.

On ouvrit la porte, et Sand parut : alors toutes les voix, d'un seul élan, crièrent : — Adieu, Sand, adieu ; — et en même temps de la foule pressée dans la rue, et des fenêtres, on lui jeta des bouquets de fleurs, dont quelques-uns tombèrent dans la voiture même. A ces cris amis et à cette vue, Sand, qui n'avait pas faibli jusqu'alors un seul instant, sentit les larmes venir malgré lui à ses paupières, et rendant les saluts qu'on lui faisait de tous côtés, murmura à voix basse : « O mon Dieu ! donnez-moi le courage ! »

Cette première explosion passée, le cortége se mit en marche au milieu d'un profond silence ; de temps en temps seulement une voix isolée criait : — Adieu, Sand, — et un mouchoir, secoué par une main élevée au-dessus de la foule, indiquait au condamné de quel endroit ce dernier cri était venu. De chaque côté de la calèche marchaient deux employés de la prison avec des crêpes au bras, et derrière la calèche venait une seconde voiture avec les autorités de la ville.

L'air était très-froid ; il avait plu toute la nuit, et le ciel, couvert et sombre, semblait partager la tristesse générale. Sand, trop faible pour demeurer assis, était à moitié couché sur l'épaule de M. G. qui l'accompagnait, son visage était doux, calme et souffrant ; son front ouvert et libre, et ses traits intéressants, sans être régulièrement beaux, semblaient avoir vieilli de plusieurs années pendant les quatorze mois de souffrance qui venaient de s'écouler. Le cortége arriva enfin à la place de l'exécution, qui était entourée d'un bataillon d'infanterie ; Sand abaissa ses yeux du ciel vers la terre, et aperçut l'échafaud. A cette vue, il sourit doucement, et en descendant de voiture il dit : « Allons, Dieu m'a donné la force jusqu'à présent. »

Le directeur de la prison et les premiers employés le soulevèrent pour monter les marches. Pendant cette courte ascension, la souffrance le tint courbé ; mais, arrivé en haut, il se redressa en disant : « Voici donc le lieu où je vais mourir ! » Puis, avant d'avoir atteint la chaise sur laquelle il devait s'asseoir pour l'exécution, il tourna les yeux vers Manheim, et parcourut du regard toute cette foule qui l'entourait ; en ce moment, un rayon de soleil perça les nuages. Sand le salua en souriant et s'assit.

Alors, comme, selon les ordres reçus, on devait lui relire une seconde fois son arrêt, on lui demanda s'il se sentait assez de force pour écouter cette lecture debout. Sand répondit qu'il allait essayer, et qu'il espérait qu'à défaut de force physique, la force morale le soutiendrait. Il se leva aussitôt de la chaise fatale, en priant M. G. de se placer assez près de lui pour le soutenir s'il venait à chanceler. La précaution fut inutile, Sand ne chancela point.

Après la lecture du jugement, il se rassit et dit à haute voix :

— Je meurs en me confiant à Dieu....

Mais à ces mots, M. G. l'interrompit :

— Sand, lui dit-il, qu'avez-vous promis ?

— C'est juste, répondit-il, je l'avais oublié.

Il se tut alors pour tous ; mais, élevant la main droite et l'étendant solennellement en l'air, il dit à demi-voix, et de manière à n'être entendu que de ceux qui l'entouraient :

« Je prends Dieu à témoin que je meurs pour la liberté de l'Allemagne. »

Puis, à ces mots, et comme Conradin avait fait de son gant, il jeta par-dessus la haie de soldats qui l'entouraient son mouchoir roulé au milieu du peuple.

Alors le bourreau s'approcha de lui pour lui couper les cheveux ; mais Sand s'y opposa d'abord.

— C'est pour votre mère, lui dit M. Widemann.

— Sur votre honneur, monsieur ? demanda Sand.

— Sur mon honneur.

— Alors, faites, dit Sand en présentant sa chevelure au bourreau.

On ne lui en coupa que quelques boucles, et seulement celles qui retombaient par derrière, et l'on noua les autres avec un ruban sur le haut de la tête. Alors le bourreau lui attacha les mains sur la poitrine ; mais comme cette position l'oppressait, et à cause de sa blessure le forçait d'incliner la tête, on les lui posa à plat sur les cuisses, et on les fixa ainsi avec des cordes. Ensuite, comme on voulait lui bander les yeux, il pria M. Widemann de placer le bandeau de manière à ce qu'il pût, jusqu'à son dernier moment, voir la lumière. Il fut fait comme il le désirait.

Alors un silence profond et mortel plana sur toute cette foule et entoura l'échafaud. Le bourreau tira son épée, qui flamboya comme un éclair et s'abattit. Aussitôt un cri terrible sortit de vingt mille poitrines à la fois : la tête n'était pas tombée, et, quoique inclinée sur la poitrine, tenait encore au cou. Le bourreau frappa une seconde fois, et du même coup abattit la tête et une partie de la main.

Au même instant, malgré les efforts des soldats, la haie fut rompue, hommes et femmes se précipitèrent vers l'échafaud, le sang fut essuyé jusqu'à la dernière goutte avec les mouchoirs ; la chaise où Sand avait été assis fut brisée et partagée en morceaux, et ceux qui n'en purent avoir coupèrent des parcelles de bois sanglantes à même de l'échafaud.

La tête et le corps furent mis dans un cercueil drapé de noir et reportés à la prison avec une nombreuse escorte militaire. A minuit, le cadavre fut transporté silencieusement, et sans torches ni lumières, au cimetière protestant où quatorze mois auparavant avait déjà été enterré Kotzebue. Une fosse avait été mystérieusement creusée ; le cercueil y fut descendu, et l'on fit jurer sur l'Évangile, à ceux qui assistaient à l'inhumation, de ne point révéler le lieu où était enterré Sand, avant d'être relevés de leur serment. Alors la tombe fut recouverte avec le gazon adroitement enlevé et remis ensuite à la même place, de manière à ce que l'on ne vît point de tombe fraîche ; puis les nocturnes fossoyeurs sortirent, laissant une garde à l'entrée.

C'est là que reposent, à vingt pas de distance l'un de l'autre, Sand et Kotzebue ; Kotzebue, en face de la porte, à l'endroit le plus apparent du cimetière, et sous un tombeau où est gravée cette inscription :

LE MONDE LE PERSÉCUTA SANS PITIÉ,
LA CALOMNIE FUT SON TRISTE PARTAGE,
IL NE TROUVA LE BONHEUR QUE DANS LES BRAS DE SA FEMME,
ET LE REPOS QUE DANS LE SEIN DE LA MORT.
L'ENVIE VEILLAIT TOUJOURS POUR COUVRIR SON CHEMIN D'ÉPINES,
L'AMOUR LUI FIT FLEURIR SES ROSES :
QUE LE CIEL LUI PARDONNE,
COMME IL A PARDONNÉ A LA TERRE.

Au contraire de ce monument pompeux élevé, comme nous l'avons dit, à l'endroit le plus apparent du cimetière, il faut aller chercher la fosse de Sand dans l'angle situé à l'extrême gauche de la porte du cimetière ; et un prunier sauvage, dont chaque voyageur emporte en passant quelques feuilles, s'élève seul sur cette tombe veuve de toute inscription.

Quant à la prairie dans laquelle Sand fut exécuté, elle est encore appelée par le peuple — *Sand's Himmelfartsweise,* — ce qui signifie :

LA PRAIRIE DE L'ASCENSION AU CIEL DE SAND.

Vers la fin de septembre 1838, nous étions à Manheim, où je m'étais arrêté trois jours, pour recueillir tous les détails que je pourrais trouver sur la vie et la mort de Karl Ludwig Sand. Mais après ces trois jours, malgré l'activité de mes recherches, ces détails étaient encore fort incomplets, soit que je m'adressasse mal, soit qu'en ma qualité d'étranger j'inspirasse quelque défiance à ceux à qui je m'adressais. Je quittais donc Manheim assez désappointé, et après avoir visité le petit cimetière protestant où sont enterrés, à vingt pas l'un de l'autre, Sand et Kotzebue, j'avais ordonné à mon cocher de prendre la route d'Heidelberg, lorsque après quelques pas, sachant l'objet de mes recherches, il s'arrêta de lui-même, en me demandant si je ne voulais pas voir la place où Sand avait été exécuté. En même temps il me montrait de la main un petit tertre situé au milieu d'une prairie et à quelques pas d'un ruisseau. J'acceptai avec empressement, et j'eus bientôt, quoique mon cocher fût resté sur la route avec mes compagnons de voyage, reconnu la place indiquée, à quelques débris de branches de cyprès, d'immortelles et de vergissmeinnicht semés sur la terre.

On comprend que cette vue, au lieu de diminuer mon désir d'investigation, l'avait augmenté. J'étais donc de plus en plus mécontent de m'en aller si mal renseigné, lorsque j'aperçus un homme de quarante-cinq à cinquante ans qui se promenait à quelques pas de l'endroit où j'étais moi-même, et qui, se doutant de la cause qui m'attirait, me regardait avec curiosité. Je résolus de tenter un dernier effort, et allant à lui :

« Mon Dieu, monsieur, lui dis-je, je suis étranger ; je voyage pour recueillir toutes les traditions si riches et si poétiques de votre Allemagne. A la manière dont vous me regardez, je me doute que vous savez ce qui m'attire dans cette prairie. Pourriez-vous me donner quelques renseignements sur la vie et la mort de Sand ?

— Dans quel but, monsieur ? me demanda celui auquel je m'adressais, en français presque inintelligible.

— Dans un but très-allemand, monsieur, rassurez-vous, répondis-je. Par le peu que j'en ai appris, Sand est pour moi une de ces ombres qui ne vous en apparaissent que plus grandes et plus poétiques, pour être drapées dans un linceul taché de sang. Mais on ne le connaît pas en France ; on pourrait le confondre avec un Fieschi ou un Meunier, et je voudrais, autant qu'il est en moi, éclairer sur lui l'esprit de mes compatriotes.

— Ce serait avec grand plaisir, monsieur, que je concourrais à cette œuvre ; mais vous voyez que je parle à peine français , vous ne parlez point du tout allemand ; de sorte qu'il nous serait difficile de nous comprendre.

— Qu'à cela ne tienne, repartis-je : j'ai là dans ma voiture un ou plutôt une interprète dont vous serez fort content, je l'espère, qui parle allemand comme Gœthe, et à qui, une fois que vous aurez commencé de parler, je vous défie de ne pas tout dire.

— Allons donc, monsieur, répondit le promeneur. Je ne demande pas mieux que de vous être agréable. »

Nous nous acheminâmes vers la voiture, qui nous attendait toujours sur la grande route, et je présentai à ma compagne de voyage la nouvelle recrue que je venais de faire. Les saluts d'usage s'échangèrent et le dialogue commença dans le plus pur saxon.

Quoique je n'entendisse pas un mot de ce qui se disait, il m'était facile de voir, à la rapidité des demandes et à la longueur des réponses, que la conversation était des plus intéressantes. Enfin, au bout d'une demi-heure, désireux de savoir où l'on en était:

« Eh bien? dis-je.

— Eh bien, me répondit mon interprète, tu as eu la main heureuse, et tu ne pouvais mieux t'adresser.

— Monsieur a connu Sand?

— Monsieur est le directeur de la prison où il a été enfermé, M. G.

— Vraiment?

— Pendant neuf mois, c'est-à-dire depuis le moment où il est sorti de l'hôpital, monsieur l'a vu tous les jours.

— A merveille!

— Mais ce n'est pas tout; monsieur était avec lui dans la voiture qui l'a conduit au supplice; monsieur était avec lui sur l'échafaud; il n'y a dans tout Manheim qu'un portrait de Sand, et c'est monsieur qui l'a.

Je dévorais chaque parole: alchimiste de la pensée, j'ouvrais mon creuset et j'y trouvais de l'or.

« Demande un peu, repris-je vivement, si monsieur veut permettre que nous prenions par écrit les renseignements qu'il peut me donner. »

Mon interprète interrogea de nouveau; puis, se retournant de mon côté:

« C'est accordé, » me dit-il.

M. G. monta avec nous dans la voiture, et au lieu de partir pour Heidelberg, nous rentrâmes dans Manheim, et descendîmes à la maison de force.

M. G. ne se démentit pas un instant de la complaisance qu'il avait montrée. Avec l'obligeance la plus grande, la patience la plus minutieuse, la mémoire la plus complaisante, il revint sur chaque circonstance, se mettant à ma disposition comme aurait pu le faire un cicerone; puis enfin comme, ayant tout épuisé sur Sand, je l'interrogeai sur la manière dont les exécutions se faisaient:

« Quant à cela, me dit-il, je puis vous offrir une recommandation pour une personne d'Heidelberg qui vous donnera là-dessus tous les renseignements que vous pouvez désirer. »

J'acceptai avec reconnaissance, et comme je prenais après mille remerciements congé de M. G., il me remit la lettre offerte. Elle portait cette suscription:

« A monsieur le docteur Widemann, Grande-Rue, n° 111, à Heidelberg. »

Je me retournai vers M. G.

« Serait-il parent du bourreau qui a exécuté Sand? demandai-je.

— C'est son fils, et il était près de lui quand la tête a tombé.

— Quel état exerce-t-il donc?

— Le même que son père, auquel il a succédé.

— Mais vous l'appelez docteur?

— Sans doute; chez nous les bourreaux portent ce titre.

— Mais enfin, docteur en quoi?

— Docteur en chirurgie.

— Tiens, dis-je, c'est tout le contraire chez nous; ce sont les chirurgiens qu'on appelle bourreaux.

— Vous trouverez, au reste, ajouta M. G., un jeune homme très-distingué, qui, quoiqu'il fût bien jeune alors, a gardé un profond souvenir de cet événement. Quant à son pauvre père, je crois qu'il eût autant aimé se couper la main droite que d'exécuter Sand; mais il eût refusé, qu'on en eût trouvé un autre. Il lui fallut donc faire ce qui lui était ordonné, et il fit de son mieux. »

Je remerciai M. G., bien déterminé à faire usage de sa lettre, et nous partîmes pour Heidelberg, où nous arrivâmes à onze heures du soir.

Ma première visite le lendemain fut pour M. le docteur Widemann.

Ce ne fut pas sans une certaine émotion, que je vis, au reste, reflétée sur la figure de mes compagnons de voyage, que nous sonnâmes à la porte du dernier juge, comme l'appellent les Allemands. Une vieille femme vint nous ouvrir, et nous fit entrer, en attendant M. Widemann, qui achevait sa toilette, dans un joli petit cabinet de travail, à gauche du corridor et au pied d'un escalier. Ce cabinet était rempli de curiosités, de madrépores, de coquillages, d'oiseaux empaillés et de plantes sèches, un fusil à deux coups, une poire à poudre et une carnassière, indiquaient que M. Widemann était chasseur.

Au bout d'un instant, nous entendîmes le bruit de ses pas, et la porte s'ouvrit.

M. Widemann était un très-beau jeune homme de trente à trente-deux ans, avec des favoris noirs qui encadraient entièrement sa figure mâle et pleine de caractère: il était vêtu en costume du matin et avec une certaine recherche campagnarde.

Il parut d'abord, non-seulement embarrassé, mais peiné de notre visite. Cette curiosité sans but dont il paraissait être l'objet était en effet étrange. Je m'empressai de lui donner la lettre de M. G. et de lui dire la cause qui m'amenait. Alors il se remit graduellement, et finit par se montrer aussi hospitalier et aussi obligeant pour nous que l'avait été, la veille, celui qui nous avait adressés à lui.

Alors M. Widemann rappela tous ses souvenirs: lui aussi avait gardé une profonde mémoire de Sand, et il nous raconta, entre autres choses, que son père, au risque de se compromettre, avait demandé la permission de faire refaire un autre échafaud à ses frais, afin qu'aucun criminel ne fût exécuté sur l'autel où était mort le martyr. Cette permission lui avait été accordée, et de l'échafaud, M. Widemann avait fait faire les portes et les fenêtres d'une petite maison de campagne située au milieu d'une vigne. Alors, pendant trois ou quatre ans, cette maison était devenue l'objet d'un pèlerinage; mais enfin, peu à peu, la foule était devenue moins nombreuse, et aujourd'hui qu'une partie de ceux qui ont essuyé avec leur mouchoir le sang de l'échafaud occupent des fonctions publiques et sont les salaires du gouvernement, il n'y a plus guère que les étrangers qui, de temps en temps, demandent à voir ces étranges reliques.

M. Widemann me donna un guide; car après avoir tout entendu, je voulais tout voir.

La maison est située à une demi-lieue d'Heidelberg, à gauche de la route de Carlsruhe, et à mi-chemin de la montagne. C'est peut-être l'unique monument de ce genre qui existe au monde.

Nos lecteurs jugeront mieux par cette anecdote, que par tout ce que nous pourrions leur dire encore, quel homme c'était que celui-là qui a laissé un pareil souvenir au cœur de son gardien et de son bourreau.

NOTES

(1) Il n'y a pas de mots en français pour rendre *Weinhaus*. C'est un établissement qui tient le milieu entre une auberge et un cabaret, et où les étudiants se réunissent le soir pour fumer et boire de la bière et du vin du Rhin.

(2) A Manheim les maisons sont numérotées avec des lettres et non avec des chiffres.

(3) C'était dans les environs de Manheim que Karl et son frère s'étaient retrouvés sous les mêmes drapeaux en 1815.

MURAT.

Le 18 juin 1815, à l'heure même où les destinées de l'Europe se décidaient à Waterloo, un homme habillé en mendiant suivait silencieusement la route de Toulon à Marseille. Arrivé à l'entrée des gorges d'Ollioulles, il s'arrêta sur une petite éminence qui lui permettait de découvrir tout le paysage qui l'entourait: alors, soit qu'il fût parvenu au terme de son voyage, soit qu'avant de s'engager dans cet âpre et sombre défilé, qu'on appelle les Thermopyles de la Provence, il voulût jouir encore quelque temps de la vue magnifique qui se déroulait à l'horizon méridional, il alla s'asseoir sur le talus du fossé qui bordait la grande route, tournant le dos aux montagnes qui s'élèvent en amphithéâtre au nord de la ville, et ayant par conséquent à ses pieds une riche plaine, dont la végétation asiatique rassemble, comme dans une serre, des arbres et des plantes inconnus au reste de la France. Au delà de cette plaine resplendissante des derniers rayons du soleil, s'étendait la mer, calme et unie comme une glace, et à la surface de l'eau glissait légèrement un seul brick de guerre, qui, profitant d'une fraîche brise, lui ouvrait toutes ses voiles, et, poussé par elles, gagnait rapidement la mer d'Italie. Le mendiant le suivit avidement des yeux, jusqu'au moment où il disparut entre la pointe du cap de Gien et la première des îles d'Hyères; puis, dès que la blanche apparition se fut effacée, il poussa un profond soupir, laissa retomber son front entre ses mains, et resta immobile et absorbé dans ses réflexions, jusqu'au moment où le bruit d'une cavalcade le fit tressaillir; il releva aussitôt la tête, secoua ses longs cheveux noirs, comme s'il voulait faire tomber de son front les amères pensées qui l'accablaient, et fixant les yeux vers l'entrée des gorges, du côté d'où venait le bruit, il en vit bientôt sortir deux cavaliers qu'il reconnut sans doute; car aussitôt se relevant de toute sa hauteur, il laissa tomber le bâton qu'il tenait à la main, croisa les bras et se retourna vers eux. De leur côté, les nouveaux arrivants l'eurent à peine aperçu qu'ils s'arrêtèrent, et que celui qui marchait le premier descendit de cheval, jeta la bride au bras de son compagnon, et mettant le chapeau à la main, quoiqu'il fût à plus de cinquante pas de l'homme aux haillons, s'avança respectueusement vers lui ; le mendiant le laissa approcher d'un air de dignité sombre et sans faire un seul mouvement, puis lorsqu'il ne fut plus qu'à une faible distance :

— Eh bien ! monsieur le maréchal, lui dit-il, avez-vous reçu des nouvelles ?

— Oui, sire, répondit tristement celui qu'il interrogeait.

— Et quelles sont-elles ?...

— Telles que j'eusse préféré que tout autre que moi les annonçât à votre majesté...

— Ainsi l'empereur refuse mes services ! il oublie les victoires d'Aboukir, d'Eylau, de la Moscowa ?

— Non, sire ; mais il se souvient du traité de Naples, de la prise de Reggio et de la déclaration de guerre au vice-roi d'Italie !

Le mendiant se frappa le front.

— Oui, oui, à ses yeux peut-être ai-je mérité ces reproches ; mais il me semble cependant qu'il devait se rappeler qu'il y eut deux hommes en moi, le soldat dont il a fait son frère, et son frère dont il a fait un roi... Oui, comme frère, j'eus des torts, et de grands torts, envers lui ; mais comme roi, sur mon âme ! je ne pouvais faire autrement... Il me fallait choisir entre mon sabre et ma couronne, entre un régiment et un peuple !... Tenez, Brune, vous ne savez pas comment la chose s'est passée ! Il y avait une flotte anglaise dont le canon grondait dans le port ; il y avait une population napolitaine qui hurlait dans les rues. Si j'avais été seul, j'aurais passé avec un bateau au milieu de la flotte, avec mon sabre au milieu de la foule ; mais j'avais une femme, des enfants. Cependant j'ai hésité, l'idée que l'épithète de traître et de transfuge s'attacherait à mon nom m'a fait verser plus de larmes que ne m'en coûtera jamais la perte de mon trône, et peut-être la mort des êtres que j'aime le plus... Enfin il ne veut pas de moi, n'est-ce pas ?... Il me refuse comme général, comme capitaine, comme soldat ?... Que me reste-t-il donc à faire ?...

— Sire, il faut que votre majesté sorte à l'instant de France.

— Et si je n'obéissais pas ?

— Mes ordres sont alors de vous arrêter et de vous livrer à un conseil de guerre !...

— Ce que tu ne ferais pas, n'est-ce pas, mon vieux camarade ?

— Ce que je ferais, en priant Dieu de me frapper de mort au moment où j'étendrais la main sur vous !

— Je vous reconnais là, Brune ; vous avez pu rester brave et loyal, vous ! Il ne vous a pas donné un royaume, il ne vous a pas mis autour du front ce cercle de feu, qu'on appelle une couronne et qui rend fou ; il ne vous a pas placé entre votre conscience et votre famille. Ainsi, il me faut quitter la France, recommencer la vie errante, dire adieu à Toulon, qui me rappelait tant de souvenirs ! Tenez, Brune, continua Murat en s'appuyant sur le bras du maréchal, ne voilà-t-il pas des pins aussi beaux que ceux de la villa Pamphile, des palmiers pareils à ceux du Caire, des montagnes qu'on croirait une chaîne du Tyrol ? Voyez à gauche ce cap de Gien ; n'est-ce pas, moins le Vésuve, quelque chose comme Castellamare et Sorrente ? Et tenez, Saint-Mandrier, qui ferme là-bas le golfe, ne ressemble-t-il pas à mon rocher de Caprée, que Lamarque a si bien escamoté à cet imbécile d'Hudson Lowe ? Ah ! mon Dieu ! et il me faut quitter tout cela ! Il n'y a pas moyen de rester sur ce coin de terre française, dites, Brune ?...

— Sire, vous me faites bien mal ! répondit le maréchal.

— C'est vrai ; ne parlons plus de cela. Quelles nouvelles ?...

— L'empereur est parti de Paris pour rejoindre l'armée ; on doit se battre à cette heure...

— On doit se battre à cette heure, et je ne suis pas là ! Oh ! je sens que je lui aurais cependant été bien utile un jour de bataille ! Avec quel plaisir j'aurais chargé sur ces misérables Prussiens et sur ces infâmes Anglais ! Brune, donnez-moi un passe-port. Je partirai à franc étrier, j'arriverai où sera l'armée, je me ferai reconnaître à un colonel, je lui dirai : Donnez-moi votre régiment ; je chargerai avec lui ; et si le soir l'empereur ne me tend pas la main, je me brûlerai la cervelle, je vous en donne ma parole d'honneur !... Faites ce que je vous demande, Brune, et de quelque manière que cela finisse, je vous en aurai une reconnaissance éternelle !

— Je ne puis, sire... — C'est bien, n'en parlons plus.

— Et votre majesté va quitter la France ?

— Je ne sais ; du reste, accomplissez vos ordres, maréchal, et si vous me retrouvez, faites-moi arrêter ; c'est encore un moyen de faire quelque chose pour moi ! La vie n'est aujourd'hui un lourd fardeau, et celui qui m'en délivrera sera le bien venu... Adieu, Brune.

Et il tendit la main au maréchal ; celui-ci voulut la lui baiser ; mais Murat ouvrit ses bras, les deux vieux compagnons se tinrent un instant embrassés, la poitrine gonflée de soupirs, les yeux pleins de larmes ; puis enfin ils se séparèrent. Brune remonta à cheval ; Murat reprit son bâton, et ces deux hommes s'éloignèrent chacun de son côté, l'un pour aller se faire assassiner à Avignon, et l'autre pour aller se faire fusiller au Pizzo.

Pendant ce temps, comme Richard III, Napoléon échangeait à Waterloo sa couronne pour un cheval.

Après l'entrevue que nous venons de rapporter, l'ex-roi de Naples se retira chez son neveu, qui se nommait Bonafoux, et qui était capitaine de frégate ; mais cette retraite ne pouvait être que provisoire, la parenté devait éveiller les soupçons de l'autorité. En conséquence, Bonafoux songea à procurer à son oncle un asile plus secret. Il jeta les yeux sur un avocat de ses amis, dont il connaissait l'inflexible probité, et le soir même il se présenta chez lui. Après avoir causé de choses indifférentes, il lui demanda s'il n'avait pas une campagne au bord de la mer, et sur sa réponse affirmative, il s'invita pour le lendemain à déjeuner chez lui ; la proposition, comme on le pense, fut acceptée avec plaisir.

Le lendemain, à l'heure convenue, Bonafoux arriva à Bonette ; c'était le nom de la maison de campagne qu'habitaient la femme et la fille de M. Marouin. Quant à lui, attaché au barreau de Toulon, il était obligé de rester dans cette ville. Après les premiers compliments d'usage, Bonafoux s'avança vers la fenêtre, et faisant signe à Marouin de le rejoindre :

— Je croyais, lui dit-il avec inquiétude, que votre campagne était située plus près de la mer.

— Nous en sommes à dix minutes de chemin à peine.

— Mais on ne l'aperçoit pas.

— C'est cette colline qui nous empêche de la voir.

— En attendant le déjeuner, voulez-vous que nous allions faire un tour sur la côte ?

— Volontiers, votre cheval n'est pas encore dessellé, je vais faire mettre la selle au mien, et je viens vous reprendre.

Marouin sortit. Bonafoux resta devant la fenêtre, absorbé dans ses pensées. Au reste, les maîtresses de la maison, distraites par les préparatifs du déjeuner, ne remarquèrent point ou ne parurent point remarquer sa préoccupation. Au bout de cinq minutes Marouin rentra : tout était prêt. L'avocat et son hôte montèrent à cheval et se dirigèrent rapidement vers la mer. Arrivés sur la grève, le capitaine ralentit le pas de sa monture, et longeant la plage pendant une demi-heure à peu près, il parut apporter la plus grande attention au gisement des côtes. Marouin le suivait sans lui faire de questions sur cet examen, que la qualité d'officier de marine rendait tout naturel. Enfin, après une heure de marche, les deux convives rentrèrent à la maison de campagne. Marouin voulut faire desseller les chevaux ; mais Bonafoux s'y opposa, disant qu'aussitôt après le déjeuner il était obligé de retourner à Toulon. Effectivement, à peine le café était-il enlevé que le capitaine se leva et prit congé de ses hôtes. Marouin, rappelé à la ville par ses affaires, monta à cheval avec lui, et les deux amis reprirent ensemble le chemin de Toulon.

Au bout de dix minutes de marche, Bonafoux se rapprocha de son compagnon de route, et lui appuyant la main sur la cuisse :

— Marouin, lui dit-il, j'ai quelque chose de grave à vous dire, un secret important à vous confier.

— Dites, capitaine. Après les confesseurs, vous savez qu'il n'y a rien de plus discret que les notaires, et après les notaires que les avocats.

— Vous pensez bien que je ne suis pas venu à votre maison de campagne pour le seul plaisir de faire une promenade. Un objet plus important, une responsabilité plus sérieuse me préoccupent, et je vous ai choisi entre tous mes amis, pensant que vous m'étiez assez dévoué pour me rendre un grand service.

— Vous avez bien fait, capitaine.

— Venons au fait clairement et rapidement, comme il convient de le faire entre hommes qui s'estiment et qui comptent l'un sur l'autre. Mon oncle, le roi Joachim, est proscrit ; il est caché chez moi, mais il ne peut y rester, car je suis la première personne chez laquelle on viendra faire visite. Votre campagne est isolée, et par conséquent on ne peut plus convenable pour lui servir de retraite. Il faut que vous la mettiez à notre disposition jusqu'au moment où les événements permettront au roi de prendre une détermination quelconque.

— Vous pouvez en disposer, dit Marouin.

— C'est bien ; mon oncle y viendra coucher cette nuit.

— Mais donnez-moi le temps au moins de la rendre digne de l'hôte royal que je vais avoir l'honneur de recevoir.

— Mon pauvre Marouin, vous vous donneriez une peine inutile, et vous nous imposeriez un retard fâcheux. Le roi Joachim a perdu l'habitude des palais et des courtisans ; il est trop heureux aujourd'hui quand il trouve une chaumière et un ami ; d'ailleurs je l'ai prévenu, tant d'avance j'étais sûr de votre réponse. Il compte coucher chez vous ce soir ; si maintenant j'essayais de changer quelque chose à sa détermination, il verrait un retard dans ce qui ne serait qu'un délai, et vous perdriez tout le mérite de votre belle et bonne action. Ainsi, c'est chose dite : ce soir, à dix heures, au Champ-de-Mars.

A ces mots, le capitaine mit son cheval au galop et disparut. Marouin fit tourner bride au sien, et revint à sa campagne donner les ordres nécessaires à la réception d'un étranger dont il ne dit pas le nom.

A dix heures du soir, ainsi que la chose avait été convenue, Marouin était au Champ-de-Mars, encombré alors par l'artillerie de campagne du maréchal Brune. Personne n'était arrivé encore. Il se promenait entre les caissons, lorsque le factionnaire vint à lui et lui demanda ce qu'il faisait. La réponse était assez difficile : on ne se promène guère pour son plaisir à dix heures du soir au milieu d'un parc d'artillerie ;

aussi demanda-t-il à parler au chef du poste. L'officier s'avança : M. Marouin se fit reconnaître à lui pour avocat, adjoint au maire de sa ville de Toulon, lui dit qu'il avait donné rendez-vous à quelqu'un au Champ-de-Mars, ignorant que ce fût chose défendue, et qu'il attendait cette personne. En conséquence de cette explication, l'officier l'autorisa à rester et rentra au poste. Quant à la sentinelle, fidèle observatrice de la subordination, elle continua sa promenade mesurée sans s'inquiéter davantage de la présence d'un étranger.

Quelques minutes après, un groupe de plusieurs personnes parut du côté des Lices. Le ciel était magnifique, la lune brillante. Marouin reconnut Bonafoux et s'avança vers lui. Le capitaine lui prit aussitôt la main, le conduisit au roi, et s'adressant successivement à chacun d'eux : — Sire, dit-il, voici l'ami dont je vous ai parlé. — Puis, se retournant vers Marouin : — Et vous, lui dit-il, voici le roi de Naples, proscrit et fugitif, que je vous confie. Je ne parle pas de la possibilité qu'il reprenne un jour sa couronne ; ce serait vous ôter tout le mérite de votre belle action... Maintenant servez-lui de guide, nous vous suivrons de loin ; marchez.

Le roi et l'avocat se mirent en route aussitôt. Murat était alors vêtu d'une redingote bleue, moitié militaire, moitié civile, et boutonnée jusqu'en haut ; il avait un pantalon blanc et des bottes à éperons. Il portait les cheveux longs, de larges moustaches et d'épais favoris qui lui faisaient le tour du cou. Tout le long de la route il interrogea son hôte sur la situation de la campagne qu'il allait habiter et sur la facilité qu'il aurait, en cas d'alerte, à gagner la mer. Vers minuit le roi et Marouin arrivèrent à Bonette ; la suite royale les rejoignit au bout de dix minutes : elle se composait d'une trentaine de personnes. Après avoir pris quelques rafraîchissements, cette petite troupe, dernière cour du roi déchu, se retira pour se disperser dans la ville et ses environs, et Murat resta seul avec les femmes, ne gardant auprès de lui qu'un seul valet de chambre nommé Leblanc.

Murat resta un mois à peu près dans cette solitude, occupant toutes ses journées à répondre aux journaux qui l'avaient accusé de trahison envers l'empereur. Cette accusation était sa préoccupation, son fantôme, son spectre : jour et nuit il essayait de l'écarter en cherchant dans la position difficile où il s'était trouvé toutes les raisons qu'elle pouvait lui offrir d'agir comme il avait agi. Pendant ce temps, la désastreuse nouvelle de la défaite de Waterloo s'était répandue. L'empereur, qui venait de proscrire, était proscrit lui-même, et il attendait à Rochefort, comme Murat à Toulon, ce que les ennemis allaient décider de lui. On ignore encore à quelle voix intérieure a cédé Napoléon lorsque, repoussant les conseils du général Lallemand et le dévouement du capitaine Baudin, il préféra l'Angleterre à l'Amérique, et s'en alla, moderne Prométhée, s'étendre sur le rocher de Sainte-Hélène. Nous allons dire, nous, quelle circonstance fortuite conduisit Murat dans les fossés de Pizzo ; puis nous laisserons les fatalistes tirer de cette étrange histoire telle déduction philosophique qu'il leur plaira. Quant à nous, simple annaliste, nous ne pouvons que répondre de l'exactitude des faits que nous avons déjà racontés et de ceux qui vont suivre.

Le roi Louis XVIII était remonté sur le trône ; tout espoir de rester en France était donc perdu pour Murat ; il fallait partir. Son neveu Bonafoux fréta un brick pour les États-Unis sous le nom de prince de Rocca Romana. Toute la suite se rendit à bord, et l'on commença d'y faire transporter les objets précieux que le proscrit avait pu sauver dans le naufrage de sa royauté. D'abord ce fut un sac d'or pesant cent livres à peu près, une garde d'épée sur laquelle étaient les portraits du roi, de la reine et de ses enfants, et les actes de l'état civil de sa famille, reliés en velours et ornés de ses armes. Quant à Murat, il avait gardé sur lui une ceinture dans laquelle étaient, entre quelques papiers précieux, une vingtaine de diamants démontés qu'il estimait lui-même à une valeur de quatre millions.

Tous ces préparatifs de départ arrêtés, il fut convenu que le lendemain, 1er août, à cinq heures du matin, la barque du brick viendrait chercher le roi dans une petite baie distante de dix minutes de chemin de la maison de campagne qu'il habitait. Le roi passa la nuit à tracer à M. Marouin un itinéraire à l'aide duquel il devait arriver jusqu'à la reine, qui alors était, je crois, en Autriche. Au moment de partir il fut terminé, et en quittant le seuil de cette maison hospitalière, où il avait trouvé un refuge, il le remit à son hôte avec un volume de Voltaire que son édition stéréotype rendait portatif. Au bas du conte de *Micromégas* le roi avait écrit

« Tranquillise-toi, ma chère Caroline ; quoique bien malheureux, je suis libre. Je pars sans savoir où je vais ; mais partout où j'irai, mon cœur sera à toi et à mes enfants.   J. M. »

Dix minutes après, Murat et son hôte attendaient sur la plage de Bonette l'arrivée du canot qui devait conduire le fugitif à son bâtiment.

Ils attendirent ainsi jusqu'à midi, et rien ne parut ; et cependant ils voyaient à l'horizon le brick sauveur qui, ne pouvant tenir l'ancre à cause de la profondeur de la mer, courait des bordées, au risque, à chaque manœuvre, de donner l'éveil aux sentinelles de la côte. À midi, le roi, écrasé de fatigue, brûlé par le soleil, était couché sur la plage, lorsqu'un domestique arriva portant quelques rafraîchissements que Mme Marouin, inquiète, envoyait à tout hasard à son mari. Le roi prit un verre d'eau rougie, mangea une orange, se releva un instant pour regarder si dans l'immensité de cette mer il ne verrait pas venir à lui la barque qu'il attendait. La mer était déserte, et le brick seul se courbait gracieusement à l'horizon, impatient de partir comme un cheval qui attend son maître.

Le roi poussa un soupir et se recoucha sur le sable. Le domestique retourna à Bonette avec l'ordre d'envoyer à la plage le frère de M. Marouin. Un quart d'heure après il arrivait, et presque aussitôt il repartait à grande course de cheval pour Toulon, afin de savoir de M. Bonafoux la cause qui avait empêché la barque de venir prendre le roi. En arrivant chez le capitaine il trouva la maison envahie par la force armée ; on faisait une visite domiciliaire dont Murat était l'objet. Le messager parvint enfin au milieu du tumulte jusqu'à celui auprès duquel il était envoyé, et là, il apprit que le canot était parti à l'heure convenue et qu'il fallait qu'il se fût égaré dans les calangues de Saint-Louis et de Sainte-Marguerite. C'est en effet ce qui était arrivé. À cinq heures M. Marouin rapportait ces nouvelles à son frère et au roi. Elles étaient embarrassantes. Le roi n'avait plus le courage de défendre sa vie, même par la fuite ; il était dans un de ces moments d'abattement qui saisissent parfois l'homme le plus fort, incapable d'émettre une opinion pour sa propre sûreté, et laissant M. Marouin maître d'y pourvoir comme bon lui semblerait. En ce moment un pêcheur rentrait en chantant dans le port. Marouin lui fit signe de venir, il obéit.

Marouin commença par acheter à cet homme tout le poisson qu'il avait pris ; puis, après qu'il l'eut payé avec quelques pièces de monnaie, il fit briller de l'or à ses yeux, et lui offrit trois louis s'il voulait conduire un passager au brick que l'on apercevait en face de la Croix-des-Signaux. Le pêcheur accepta. Cette chance de salut rendit à l'instant même toutes ses forces à Murat ; il se leva, embrassa M. Marouin, lui recommanda d'aller trouver sa femme et de lui remettre le volume de Voltaire ; puis il s'élança dans la barque, qui s'éloigna aussitôt.

Elle était déjà à quelque distance de la côte lorsque le roi arrêta le rameur et fit signe à Marouin qu'il avait oublié quelque chose. En effet, sur la plage était un sac de nuit dans lequel Murat avait renfermé une magnifique paire de pistolets montés en vermeil, qui lui avait été donnée par la reine et à laquelle il tenait prodigieusement. À peine fut-il à la portée de la voix, qu'il indiqua à son hôte le motif de son retour. Celui-ci prit aussitôt la valise, et, sans attendre que Murat touchât terre, il la lui jeta de la plage dans le bateau ; en tombant, le sac de nuit s'ouvrit, et un des pistolets en sortit. Le pêcheur ne jeta qu'un coup d'œil sur l'arme royale ; mais ce fut assez pour qu'il remarquât sa richesse et qu'il conçût des soupçons. Il n'en continua pas moins de ramer vers le bâtiment. M. Marouin, le voyant s'éloigner, laissa son frère sur la côte, et saluant une dernière fois le roi, qui lui rendit son salut, retourna vers la maison pour calmer les inquiétudes de sa femme, et prendre lui-même quelques heures de repos, dont il avait grand besoin.

Deux heures après il fut réveillé par une visite domiciliaire : sa maison, à son tour, était envahie par la gendarmerie. On chercha de tous les côtés sans trouver trace du roi. Au moment où les recherches étaient le plus acharnées, son frère rentra ; Marouin le regarda en souriant, car il croyait le roi sauvé ; mais à l'expression du visage de l'arrivant, il vit qu'il était advenu quelque nouveau malheur ; aussi, au premier moment de relâche que lui donnèrent les visiteurs, il s'approcha de son frère :

— Eh bien ! dit-il, le roi est à bord, j'espère ?

— Le roi est à cinquante pas d'ici, caché dans la masure.

— Pourquoi est-il revenu ?

— Le pêcheur a prétexté un gros temps, et a refusé de le conduire jusqu'au brick. — Le misérable !

Les gendarmes rentrèrent.

Toute la nuit se passa en visites infructueuses dans la maison et ses dépendances ; plusieurs fois ceux qui cherchaient le roi passèrent à quelques pas de lui, et Murat put entendre leurs menaces et leurs imprécations. Enfin, une demi-heure avant le jour, ils se retirèrent : Marouin les laissa s'éloigner, et aussitôt qu'il les eut perdus de vue il courut à l'endroit où devait être le roi. Il le trouva couché dans un enfoncement et tenant un pistolet de chaque main ; le malheureux n'avait pu résister à la fatigue et s'était endormi. Il hésita un instant à le rendre à cette vie errante et tourmentée ; mais il n'y avait pas une minute à perdre. Il le réveilla.

Aussitôt ils s'acheminèrent vers la côte ; le brouillard matinal s'étendait sur la mer, on ne pouvait distinguer à deux cents pas de distance : ils furent obligés d'attendre. Enfin les premiers rayons du soleil commencèrent à attirer à eux cette vapeur nocturne, elle se déchira, glissant sur la mer, pareille aux nuages qui glissent au ciel. L'œil avide du roi plongeait dans chacune des vallées humides qui se creusaient devant lui, sans y rien distinguer ; cependant il espérait toujours que derrière ce rideau mobile il finirait par apercevoir le brick sauveur. Peu à peu l'horizon s'éclaircit ; de légères vapeurs, semblables à des fumées, coururent encore quelque temps à la surface de la mer, et dans chacune d'elles le roi croyait reconnaître les voiles blanches de son vaisseau. Enfin la dernière s'effaça lentement, la mer se révéla dans toute son immensité : elle était déserte. Le brick, n'osant attendre plus longtemps, était parti pendant la nuit.

— Allons, dit le roi se retournant vers son hôte, le sort en est jeté, j'irai en Corse.

Le même jour, le maréchal Brune était assassiné à Avignon.

Murat resta caché chez M. Marouin jusqu'au 22 août. Ce n'était plus alors par Napoléon qu'il était menacé, c'était par Louis XVIII qu'il était proscrit : ce n'était plus la loyauté militaire de Brune qui venait, les larmes aux yeux, lui signifier les ordres qu'il avait reçus, c'était l'ingratitude haineuse de M. de Rivière qui mettait à prix (1) la tête de celui qui avait sauvé la sienne (2). M. de Rivière avait bien écrit à l'ex-roi de Naples de s'abandonner à la bonne foi et à l'humanité du roi de France ; mais cette vague invitation n'avait point paru au proscrit une garantie suffisante, surtout de la part d'un homme qui venait de laisser égorger, presque sous ses yeux, un maréchal de France porteur d'un sauf-conduit signé de sa main. Murat savait le massacre des Mamelucks à Marseille, l'assassinat de Brune à Avignon ; il avait été prévenu la veille par le commissaire de police de Toulon (3) que l'ordre formel avait été donné de l'arrêter : il n'y avait donc pas moyen de rester plus longtemps en France. La Corse, avec ses villes hospitalières, ses montagnes amies et ses forêts impénétrables, était à cinquante lieues à peine ; il fallait gagner la Corse, et attendre dans ses villes, dans ses montagnes ou dans ses forêts, ce que les rois décideraient relativement au sort de celui qu'ils avaient appelé sept ans leur frère.

A dix heures du soir, le roi descendit sur la plage. Le bateau qui devait l'emporter n'était pas encore au rendez-vous ; mais, cette fois, il n'y avait aucune crainte qu'il y manquât ; la baie avait été reconnue, pendant la journée, par trois amis dévoués à la fortune adverse : c'étaient MM. Blancard, Langlade et Donadieu, tous trois officiers de marine, hommes de tête et de cœur, qui s'étaient engagés sur leur vie à conduire Murat en Corse, et qui en effet allaient exposer leur vie pour accomplir leur promesse. Murat vit donc sans inquiétude la plage déserte : ce retard, au contraire, lui donnait quelques instants de joie filiale. Sur ce bout de terrain, sur cette langue de sable, le malheureux proscrit se cramponnait encore à la France, sa mère, tandis qu'une fois le pied posé sur ce bâtiment qui allait l'emporter, la séparation devait être longue, sinon éternelle.

Au milieu de ces pensées, il tressaillit tout à coup et poussa un soupir : il venait d'apercevoir, dans l'obscurité transparente de la nuit méridionale, une voile glissant sur les vagues comme un fantôme. Bientôt un chant de marin se fit entendre : Murat reconnut le signal convenu, il y répondit en brûlant l'amorce d'un pistolet, et aussitôt la barque se dirigea vers la terre ; mais, comme elle tirait trois pieds d'eau, elle fut forcée de s'arrêter à dix ou douze pas de la plage ; deux hommes se jetèrent aussitôt à la mer et gagnèrent le bord, le troisième resta enveloppé dans son manteau et couché près du gouvernail.

Murat ouvrit ses bras, les deux vieux compagnons se tinrent un instant embrassés. — Page 46.

— Eh bien ! mes braves amis, dit le roi en allant au-devant de Blancard et de Langlade jusqu'à ce qu'il sentît la vague mouiller ses pieds, le moment est arrivé, n'est-ce pas ? Le vent est bon, la mer est calme ; il faut partir.

— Oui, répondit Langlade, oui, sire, il faut partir, et peut-être cependant serait-il plus sage de remettre la chose à demain.

— Pourquoi ? demanda le roi.

Langlade ne répondit point, mais, se tournant vers le couchant, il leva la main, et, selon l'habitude des marins, il siffla pour appeler le vent.

— C'est inutile, dit Donadieu, qui était resté dans la barque, voici les premières bouffées qui arrivent, et bientôt tu en auras à n'en savoir que faire... Prends garde, Langlade, prends garde ; parfois en appelant le vent on éveille la tempête. — Murat tressaillit, car il semblait que cet avis, qui s'élevait de la mer, lui fût donné par l'esprit des eaux ; mais l'impression fut courte, et il se remit à l'instant.

— Tant mieux, dit-il, plus nous aurons de vent, plus vite nous marcherons.

— Oui, répondit Langlade, seulement Dieu sait où il nous conduira, s'il continue à tourner ainsi.

— Ne partez pas cette nuit, sire, dit Blancard, joignant son avis à celui de ses deux compagnons.

— Mais enfin pourquoi cela ?

— Parce que, vous voyez cette ligne noire, n'est-ce pas ? eh bien, au coucher du soleil elle était à peine visible, la voilà maintenant qui couvre une partie de l'horizon ; dans une heure il n'y aura plus une étoile au ciel.

— Avez-vous peur ? dit Murat.

— Peur ? répondit Langlade, et de quoi ? de l'orage ? Il haussa les épaules. C'est à peu près comme si je demandais à votre majesté si elle a peur d'un boulet de canon... Ce que nous en disons, c'est pour vous, sire ; mais que voulez-vous que fasse l'orage à des chiens de mer comme nous ?

— Partons donc ! s'écria Murat en poussant un soupir. Adieu, Marouin... Dieu seul peut vous récompenser de ce que vous avez fait pour moi. Je suis à vos ordres, messieurs.

A ces mots, les deux marins saisirent le roi chacun par une cuisse, et l'élevant sur leurs épaules, ils entrèrent aussitôt dans la mer ; en un instant il fut à bord. Langlade et Blancard montèrent derrière lui ; Donadieu resta au gouvernail, les deux autres officiers se chargèrent de la manœuvre et commencèrent leur service en déployant les voiles. Aussitôt, comme un cheval qui sent l'éperon, la petite barque sembla s'animer ; les marins jetèrent un coup d'œil insoucieux vers la terre, et Murat, sentant qu'il s'éloignait, se retourna du côté de son hôte et lui cria une dernière fois :

— Vous avez votre itinéraire jusqu'à Trieste... n'oubliez pas ma femme !... Adieu ! adieu !...

— Dieu vous garde, sire, murmura Marouin. — Et quelque temps encore, grâce à la voile blanche qui se dessinait dans l'ombre, il put suivre des yeux la barque qui s'éloignait rapidement ; enfin elle disparut. Marouin resta encore quelque temps sur le rivage, quoiqu'il ne vit plus rien et n'entendît plus rien; alors un cri affaibli par la distance parvint encore jusqu'à lui : ce cri était le dernier adieu de Murat à la France.

Lorsque M. Marouin me raconta un soir, au lieu même où la chose s'était passée, les détails que je viens de décrire, ils lui étaient si présents, quoique vingt ans se fussent écoulés depuis lors, qu'il se rappelait jusqu'aux moindres accidents de cet embarquement nocturne. De ce moment il m'assura qu'un pressentiment de malheur l'avait saisi, qu'il ne pouvait s'arracher de cette plage, et que plusieurs fois l'envie lui prit de rappeler le roi; mais, pareil à un homme qui rêve, sa bouche s'ouvrait sans laisser échapper aucun son. Il craignait de paraître insensé : et ce ne fut qu'à une heure du matin, c'est-à-dire deux heures et demie après le départ de la barque, qu'il rentra chez lui avec une tristesse mortelle dans le cœur.

Quant aux aventureux navigateurs, ils s'étaient engagés dans cette large ornière marine qui mène de Toulon à Bastia, et d'abord l'événement parut, aux yeux du roi, démentir la prédiction de nos marins : le vent, au lieu de s'augmenter, tomba peu à peu, et deux heures

qui trempent depuis dix ans dans l'eau salée. Dans les occasions ordinaire on n'en voudrait pas pour aller de Marseille au château d'If; dans une circonstance comme la nôtre on ferait le tour du monde dans une coquille de noix.

— Chut! dit Donadieu. Les marins écoutèrent: un grondement lointain se fit entendre, mais si faible qu'il fallait l'oreille exercée d'un enfant de la mer pour le distinguer.

— Oui, oui, dit Langlade ; c'est un avertissement pour ceux qui ont des jambes ou des ailes de regagner le nid qu'ils n'auraient pas dû quitter.

— Sommes-nous loin des îles ? dit vivement Donadieu.

— A une lieue environ. — Mettez le cap sur elles

— Et pourquoi faire ? dit Murat en se soulevant.

— Pour y relâcher, sire, si nous pouvons...

— Non, non, s'écria Murat, je ne veux plus remettre le pied à terre qu'en Corse ; je ne veux pas quitter encore une fois la France. D'ailleurs la mer est calme, et voilà le vent qui nous revient...

— Tout à bas! cria Donadieu.

Aussitôt Langlade et Blancard se précipitèrent pour exécuter la

Il baisa le portrait de sa femme, et, les yeux fixés sur lui, il commanda la charge des armes. — Page 51.

après le départ la barque se balançait sans reculer ni avancer sur des vagues qui de minute en minute allaient s'aplanissant. Murat regardait tristement s'éteindre, sur cette mer où il se croyait enchaîné, le sillon phosphorescent que le petit bâtiment traînait après lui : il avait amassé du courage contre la tempête, mais non contre le calme ; et, sans même interroger ses compagnons de voyage, à l'inquiétude desquels il se méprenait, il se coucha au fond du bateau, s'enveloppa de son manteau, et fermant les yeux comme s'il dormait, il s'abandonna au flot de ses pensées, bien autrement tumultueux et agité que celui de la mer. Bientôt les deux marins, croyant à son sommeil, se réunirent au pilote, et s'asseyant près du gouvernail, commencèrent à tenir conseil.

— Vous avez eu tort, Langlade, dit Donadieu, de prendre une barque ou si petite ou si grande : sans pont nous ne pouvons résister à la tempête, et sans rames nous ne pouvons avancer dans le calme.

— Sur Dieu! je n'avais pas le choix. J'ai été obligé de prendre ce que j'ai rencontré, et si ce n'était pas l'époque des madragues (4), je n'aurais pas même trouvé cette mauvaise péniche, ou bien il me l'aurait fallu aller chercher dans le port, et la surveillance est telle que j'y serais bien entré, mais que je n'aurais probablement pas pu en sortir.

— Est-elle solide au moins ? dit Blancard.

— Pardieu! tu sais bien ce que c'est que des planches et des clous

manœuvre. La voile glissa le long du mât, et s'abattit au fond du bâtiment.

— Que faites-vous ? cria Murat ; oubliez-vous que je suis roi et que j'ordonne ?

— Sire, dit Donadieu, il y a un roi plus puissant que vous ici, c'est Dieu ; il y a une voix qui couvre la vôtre, c'est celle de la tempête... Laissez-nous sauver votre majesté, si la chose est possible, et n'exigez rien de plus.

En ce moment un éclair sillonna l'horizon, un coup de tonnerre, plus rapproché que le premier, se fit entendre, une légère écume monta à la surface de l'eau, la barque frissonna comme un être animé. Murat commença à comprendre que le danger venait; alors il se leva en souriant, jeta derrière lui son chapeau, secoua ses longs cheveux, aspira l'orage comme il aspirait la fumée; le soldat était prêt à combattre.

— Sire, dit Donadieu, vous avez bien vu des batailles; mais peut-être n'avez-vous point vu une tempête ; si vous êtes curieux de ce spectacle, cramponnez-vous au mât et regardez, car en voilà une qui se présente bien.

— Que faut-il que je fasse ? dit Murat ; ne puis-je vous aider en rien ?

— Non, pas pour le moment, sire ; plus tard nous vous emploierons aux pompes.

Pendant ce dialogue, l'orage avait fait des progrès, il arrivait sur les voyageurs comme un cheval de course, soufflant le vent et le feu par ses naseaux, hennissant le tonnerre et faisant voler l'écume des vagues sous ses pieds. Donadieu pressa le gouvernail, la barque céda comme si elle comprenait la nécessité d'une prompte obéissance, et présenta sa poupe au choc du vent; alors la bourrasque passa, laissant derrière elle la mer tremblante, et tout parut rentrer dans le repos. La tempête reprenait haleine.

— En sommes-nous donc quittes pour cette rafale? dit Murat.

— Non, votre majesté, dit Donadieu, ceci n'est qu'une affaire d'avant-garde, tout à l'heure le corps d'armée va donner.

— Et ne faisons-nous pas quelques préparatifs pour le recevoir? répondit gaiement le roi?

— Lesquels? dit Donadieu. Nous n'avons plus un pouce de toile où le vent puisse mordre, et tant que la barque ne fera pas eau, nous flotterons comme un bouchon de liége. Tenez-vous bien, sire!...

En effet, une seconde bourrasque accourait, plus rapide que la première, accompagnée de pluie et d'éclairs. Donadieu essaya de répéter la même manœuvre; mais il ne put virer si rapidement que le vent n'enveloppât la barque; le mât se courba comme un roseau; le canot embarqua une vague.

— Aux pompes! cria Donadieu. Sire, voici le moment de nous aider...

Blancard, Langlade et Murat saisirent leurs chapeaux et se mirent à vider la barque. La position de ces quatre hommes était affreuse, elle dura trois heures. Au point du jour le vent faiblit; cependant la mer resta grosse et tourmentée. Le besoin de manger commença à se faire sentir; toutes les provisions avaient été atteintes par l'eau de mer, le vin seul avait été préservé du contact. Le roi prit une bouteille, et avala le premier quelques gorgées, puis il la passa à ses compagnons, qui burent à leur tour; la barque avait chassé l'étiquette. Langlade avait par hasard des tablettes de chocolat, qu'il offrit au roi. Murat en fit quatre parts égales et força ses compagnons de manger; puis le repas fini, on orienta vers la Corse; mais la barque avait tellement souffert qu'il n'y avait pas probabilité qu'elle pût gagner Bastia.

Le jour se passa tout entier sans que les voyageurs pussent faire plus de dix lieues; ils naviguaient sous la petite voile de foc, n'osant tendre la grande voile; le vent était si variable, que le temps se perdait à combattre ses caprices. Le soir une voie d'eau se déclara; elle pénétrait à travers les planches disjointes; les mouchoirs réunis de l'équipage suffirent pour tamponner la barque, et la nuit, qui descendit triste et sombre, les enveloppa pour la seconde fois de son obscurité. Murat, écrasé de fatigue, s'endormit; Blancard et Langlade reprirent place près de Donadieu; et ces trois hommes, qui semblaient insensibles au sommeil et à la fatigue, veillèrent à la tranquillité de son sommeil.

La nuit fut, en apparence, assez tranquille; cependant quelquefois des craquements sourds se faisaient entendre. Alors les trois marins se regardaient avec une expression étrange; puis leurs yeux se reportaient vers le roi, qui dormait au fond de ce bâtiment, dans son manteau trempé d'eau de mer, aussi profondément qu'il avait dormi dans les sables de l'Égypte et dans les neiges de la Russie. Alors l'un d'eux se levait, s'en allait à l'autre bout du canot en sifflant entre ses dents l'air d'une chanson provençale... puis après avoir consulté le ciel, les vagues et la barque, il revenait auprès de ses camarades, et se rasseyait en murmurant: — C'est impossible: à moins d'un miracle, nous n'arriverons jamais. — La nuit s'écoula dans ces alternatives. Au point du jour on se trouva en vue d'un bâtiment. — Une voile! s'écria Donadieu, une voile! A ce cri, le roi se réveilla. En effet, un petit brick marchand apparaissait, venant de Corse et faisant route vers Toulon. Donadieu mit le cap sur lui, Blancard hissa les voiles au point de fatiguer la barque, et Langlade courut à la proue, élevant le manteau du roi au bout d'une espèce de harpon. Bientôt les voyageurs s'aperçurent qu'ils avaient été vus; le brick manœuvra de manière à se rapprocher d'eux; au bout de dix minutes ils se trouvèrent à cinquante pas l'un de l'autre. Le capitaine parut sur l'avant. Alors le roi le héla, lui offrant une forte récompense s'il voulait le recevoir à bord avec ses trois compagnons et les conduire en Corse. Le capitaine écouta la proposition; puis aussitôt, se tournant vers l'équipage, il donna à demi-voix un ordre que Donadieu ne put entendre, mais qu'il saisit probablement par le geste, car aussitôt il commanda à Langlade et à Blancard une manœuvre qui avait pour but de s'éloigner du bâtiment. Ceux-ci obéirent avec la promptitude passive des marins; mais le roi frappa du pied:

— Que faites-vous, Donadieu? que faites-vous? s'écria-t-il, ne voyez-vous pas qu'il vient à nous?

— Oui, sur mon âme, je le vois... Obéissez, Langlade, alerte, Blancard. Oui, on vient sur nous, et peut-être m'en suis-je aperçu trop tard. C'est bien, c'est bien; à moi maintenant. Alors il se coucha sur le gouvernail, et lui imprima un mouvement si subit et si violent, que la barque, forcée de changer immédiatement de direction, sembla se raidir contre lui, comme ferait un cheval contre le frein; enfin elle obéit. Une vague énorme, soulevée par le géant qui venait sur elle, l'emporta avec elle comme une feuille; le brick passa à quelques pieds de sa poupe.

— Ah! traître! s'écria le roi, qui commença seulement à s'apercevoir de l'intention du capitaine: en même temps il tira un pistolet de sa ceinture, en criant: —A l'abordage, à l'abordage, et essaya de faire feu sur le brick; mais la poudre était mouillée et ne s'enflamma point. Le roi était furieux, et ne cessait de crier: —A l'abordage, à l'abordage!

— Oui, oui, le misérable, ou plutôt l'imbécile, dit Donadieu, il nous a pris pour des forbans, et il a voulu nous couler, comme si nous avions besoin de lui pour cela.

En effet, en jetant les yeux sur le canot il était facile de s'apercevoir qu'il commençait à faire eau. La tentative de salut que venait de risquer Donadieu avait effroyablement fatigué la barque, et la mer entrait par plusieurs écartements des planches; il fallut se mettre à puiser de l'eau avec les chapeaux; ce travail dura dix heures. Enfin Donadieu fit, pour la seconde fois, entendre le cri sauveur: — Une voile! une voile!...

Le roi et ses deux compagnons cessèrent aussitôt leur travail; on hissa de nouveau les voiles, on mit le cap sur le bâtiment qui s'avançait, et l'on cessa de s'occuper de l'eau, qui, n'étant plus combattue, gagna rapidement.

Désormais c'était une question de temps, de minutes, de secondes, voilà tout; il s'agissait d'arriver au bâtiment avant de couler bas. Le bâtiment, de son côté, semblait comprendre la position désespérée de ceux qui imploraient son secours; il venait au pas de course. Langlade le reconnut le premier, c'était une balancelle du gouvernement, un bateau du passe qui faisait le service entre Toulon et Bastia. Langlade était l'ami du capitaine, il l'appela par son nom avec cette voix puissante de l'agonie, et il fut entendu. Il était temps, l'eau gagnait toujours; le roi et ses compagnons étaient déjà dans la mer jusqu'aux genoux; le canot gémissait comme un mourant qui râle; il n'avançait plus, mais commençait à tourner sur lui-même. En ce moment, deux ou trois câbles jetés de la balancelle, tombèrent dans la barque; le roi en saisit un, s'élança et saisit l'échelle de corde: il était sauvé. Blancard et Langlade en firent autant presque aussitôt; Donadieu resta le dernier, comme c'était son devoir de le faire, et au moment où il mettait un pied sur l'échelle du bord, il sentit sous l'autre s'enfoncer la barque qu'il quittait; il se retourna avec la tranquillité d'un marin, vit le gouffre ouvrir sa vaste gueule au-dessous de lui, et aussitôt la barque dévorée tournoya et disparut. Cinq secondes encore, et ces quatre hommes, qui maintenant étaient sauvés, étaient à tout jamais perdus (b)!....

Murat était à peine sur le pont, qu'un homme vint se jeter à ses pieds: c'était un mameluck qu'il avait autrefois ramené d'Égypte, et qui s'était depuis marié à Castellamare; des affaires de commerce l'avaient attiré à Marseille où, par miracle, il avait échappé au massacre de ses frères; et, malgré le déguisement qui le couvrait et les fatigues qu'il venait d'essuyer, il avait reconnu son ancien maître. Ses exclamations de joie ne permirent pas au roi de garder plus longtemps son incognito; alors le sénateur Casabianca, le capitaine Oletta, un neveu du prince Baciocchi, un ordonnateur nommé Borreo, qui fuyaient eux-mêmes les massacres du Midi, se trouvant sur le bâtiment, le saluèrent du nom de majesté et lui improvisèrent une petite cour: le passage était brusque, il opéra un changement rapide; ce n'était plus Murat le proscrit, c'était Joachim Ier, roi de Naples. La terre de l'exil disparut avec la barque engloutie; à sa place, Naples et son golfe magnifique apparurent à l'horizon comme un merveilleux mirage, et sans doute la première idée de la fatale expédition de Calabre prit naissance pendant ces jours d'enivrement qui suivirent les heures d'agonie. Cependant le roi, ignorant encore quel accueil l'attendait en Corse, prit le nom de comte de Campo Melle, et ce fut sous ce nom que le 25 août il prit terre à Bastia. Mais la précaution fut inutile; trois jours après son arrivée personne n'ignorait plus sa présence dans cette ville. Des rassemblements se formèrent aussitôt, des cris de vive Joachim! se firent entendre, et le roi, craignant de troubler la tranquillité publique, sortit le même soir de la ville avec ses trois compagnons et son mameluck. Deux heures après il entrait à Viscovato et frappait à la porte du général Franceschetti, qui avait été à son service tout le temps de son règne, et qui, ayant quitté Naples en même temps que le roi, était revenu en Corse habiter avec sa femme la maison de M. Colonna Cicaldi, son beau-père. Il était en train de souper lorsqu'on vint lui dire qu'un étranger demandait à lui parler: il sortit et trouva Murat enveloppé d'une capote militaire, la tête enfoncée dans un bonnet de marin, la barbe longue, et portant un pantalon, des guêtres et des souliers de soldat. Le général s'arrêta étonné; Murat fixa sur lui son grand œil noir; puis croisant les bras: — Franceschetti, lui dit-il, avez-vous à votre table une place pour votre général qui a faim? avez-vous sous votre toit un asile pour votre roi qui est proscrit?.... Franceschetti jeta un cri de surprise en reconnaissant Joachim, et ne put lui répondre qu'en tombant à ses pieds et en lui baisant la main. De ce moment la maison du général fut à la disposition de Murat.

A peine le bruit de l'arrivée du roi fut-il répandu dans les environs que l'on vit accourir à Viscovato des officiers de tous grades, des vétérans qui avaient combattu sous lui, et des chasseurs corses que son caractère aventureux séduisait; en peu de jours la maison du général fut transformée en palais, le village en résidence royale, et l'île en royaume. D'étranges bruits se répandirent sur les intentions de Murat une armée de neuf cents hommes contribuait à leur donner quelque consistance. C'est alors que Blancard, Langlade et Donadieu prirent congé de lui ; Murat voulut les retenir ; mais ils s'étaient voués au salut du proscrit, et non à la fortune du roi.

Nous avons dit que Murat avait rencontré à bord du bateau de poste de Bastia un de ses anciens mameluks nommé Othello, et que celui-ci l'avait suivi à Viscovato : l'ex-roi de Naples songea à se faire un agent de cet homme. Des relations de famille le rappelaient tout naturellement à Castellamare ; il lui ordonna d'y retourner, et le chargea de lettres pour les personnes sur le dévouement desquelles il comptait le plus. Othello partit, arriva heureusement chez son beau-père, et crut pouvoir lui tout dire ; mais celui-ci, épouvanté, prévint la police : une descente nocturne fut faite chez Othello et sa correspondance saisie.

Le lendemain, toutes les personnes auxquelles étaient adressées les lettres furent arrêtées et reçurent l'ordre de répondre à Murat comme si elles étaient libres, et de lui indiquer Salerne comme le lieu le plus propre au débarquement : cinq sur sept eurent la lâcheté d'obéir : les deux autres, qui étaient deux frères espagnols, s'y refusèrent absolument : on les jeta dans un cachot.

Cependant, le 17 septembre, Murat quitta Viscovato, le général Franchescetti, ainsi que plusieurs officiers corses, lui servirent d'escorte ; il s'achemina vers Ajaccio par Cotone, les montagnes de Serra, Bosco, Venaco, Vivaro, les gorges de la forêt de Vezzanovo et Bogognone ; partout il fut fêté comme un roi ; et à la porte des villes il reçut plusieurs députations qui le haranguèrent en le saluant du titre de majesté ; enfin le 23 septembre il arriva à Ajaccio. La population tout entière l'attendait hors des murs ; son entrée dans la ville fut un triomphe ; il fut porté jusqu'à l'auberge qui avait été désignée d'avance par les maréchaux-des-logis : il y avait de quoi tourner la tête à un homme moins impressionnable que Murat : quant à lui, il était dans l'ivresse ; en entrant dans l'auberge il tendit la main à Franchescetti. — Voyez, lui dit-il, à la manière dont me reçoivent les Corses, ce que feront pour moi les Napolitains. — C'était le premier mot qui lui échappait sur ses projets à venir, et dès ce jour même il ordonna de tout préparer pour son départ.

On rassembla dix petites felouques : un Maltais nommé Barbara, ancien capitaine de frégate de la marine napolitaine, fut nommé commandant en chef de l'expédition ; deux cent cinquante hommes furent engagés et invités à se tenir prêts à partir au premier signal. Murat n'attendait plus que les réponses aux lettres d'Othello ; elles arrivèrent dans la matinée du 28 : Murat invita tous les officiers à un grand dîner et fit donner double paie et double ration à ses hommes.

Le roi était au dessert lorsqu'on lui annonça l'arrivée de M. de Maceroni : c'était un envoyé des puissances étrangères qui apportait à Murat la réponse qu'il avait attendue si longtemps à Toulon. Murat se leva de table, passa dans une chambre à côté : M. Maceroni se fit reconnaître comme chargé d'une mission officielle, et remit au roi l'ultimatum de l'empereur d'Autriche. Il était conçu en ces termes :

« M. Maceroni est autorisé par les présentes à prévenir le roi Joachim que sa majesté l'empereur d'Autriche lui accordera un asile dans ses États sous les conditions suivantes :

» 1° Le roi prendra un nom privé ; la reine ayant adopté celui de Lipano, on propose au roi de prendre le même nom.

» 2° Il sera permis au roi de choisir une ville de la Bohême, de la Moravie, ou de la Haute-Autriche, pour y fixer son séjour : il pourra même sans inconvénient habiter une campagne dans ces mêmes provinces.

» 3° Le roi engagera sa parole d'honneur envers S. M. I. et R. qu'il n'abandonnera jamais les États autrichiens sans le consentement exprès de l'empereur, et qu'il vivra comme un particulier de distinction, mais soumis aux lois qui sont en vigueur dans les États autrichiens.

» En foi de quoi et afin qu'il en soit fait un usage convenable, le soussigné a reçu l'ordre de l'empereur de signer la présente déclaration.

» Donné à Paris, le 1er septembre 1815.

» Signé le prince de METTERNICH. »

Murat sourit en achevant cette lecture, puis il fit signe à M. Maceroni de le suivre. Il le conduisit alors sur la terrasse de la maison, qui dominait toute la ville, et qui était dominée elle-même par sa bannière qui flottait comme sur un château royal : de là on pouvait voir Ajaccio toute joyeuse et illuminée, le port où se balançait la petite flottille et les rues encombrées de monde, comme en un jour de fête. A peine la foule eut-elle aperçu Murat, qu'un cri partit de toutes les bouches : Vive Joachim ! vive le frère de Napoléon ! vive le roi de Naples ! Murat salua, et les cris redoublèrent ; la musique de la garnison fit entendre les airs nationaux. M. Maceroni ne savait s'il devait en croire ses yeux et ses oreilles ; lorsque le roi eut joui de son étonnement, il l'invita à descendre au salon. Son état-major y était réuni en grand uniforme : on se serait cru à Caserte ou à Capodimonte. Enfin, après un instant d'hésitation, Maceroni se rapprocha de Murat :

— Sire, lui dit-il, quelle réponse dois-je faire à sa majesté l'empereur d'Autriche ?

— Monsieur, lui répondit Murat avec cette dignité hautaine qui allait si bien à sa belle figure, vous raconterez à mon frère François ce que vous avez vu et ce que vous avez entendu ; et puis vous ajouterez que je pars cette nuit même pour reconquérir mon royaume de Naples.

Les lettres qui avaient déterminé Murat à quitter la Corse lui avaient été apportées par un Calabrais nommé Luidgi : il s'était présenté au roi comme un envoyé de l'Arabe Othello, qui avait été jeté, comme nous l'avons dit, dans les prisons de Naples, ainsi que les personnes auxquelles les dépêches dont il était porteur avaient été adressées. Ces lettres, écrites par le ministre de la police de Naples, indiquaient à Joachim le port de la ville de Salerne comme le lieu le plus propre au débarquement ; car le roi Ferdinand avait rassemblé sur ce point trois mille hommes de troupes autrichiennes, n'osant se fier aux soldats napolitains, qui avaient conservé de Murat un riche et brillant souvenir : ce fut donc vers le golfe de Salerne que la flottille se dirigea ; mais, arrivée en vue de l'île de Caprée, elle fut assaillie par une violente tempête qui la chassa jusqu'à Paola, petit port situé à dix lieues de Cosenza. Les bâtiments passèrent en conséquence la nuit du 5 au 6 octobre dans une espèce d'échancrure du rivage qui ne mérite pas le nom de rade : le roi, pour ôter tout soupçon aux gardes des côtes et aux scorridori (6) siciliens, ordonna d'éteindre les feux et de louvoyer jusqu'au jour ; mais vers une heure du matin il s'éleva de terre un vent si violent, que l'expédition fut repoussée en haute mer ; de sorte que le 6, à la pointe du jour, le bâtiment que montait le roi se trouva seul. Dans la matinée il rallia la felouque du capitaine Cicconi, et les deux navires mouillèrent à quatre heures de l'après-midi en vue de Santo-Lucido. Le soir le roi ordonna au chef de bataillon Ottaviani de se rendre à terre pour y prendre des renseignements ; Luidgi s'offrit pour l'accompagner, Murat accepta ses bons offices ; Ottaviani et son guide se rendirent donc à terre, tandis qu'au contraire, Cicconi et sa felouque se remettaient en mer avec mission d'aller à la recherche du reste de la flotte.

Vers les onze heures de la nuit le lieutenant de quart sur le navire royal distingua au milieu des vagues un homme qui s'avançait en nageant vers le bâtiment : dès qu'il fut à la portée de la voix il le héla ; aussitôt le nageur se fit reconnaître ; c'était Luidgi ; on lui envoya la chaloupe et il remonta à bord ; alors il raconta que le chef de bataillon Ottaviani avait été arrêté, et qu'il n'avait échappé lui-même à ceux qui le poursuivaient qu'en se jetant à la mer. Le premier mouvement de Murat fut d'aller au secours d'Ottaviani ; mais Luidgi fit comprendre au roi le danger et l'inutilité de cette tentative : néanmoins Joachim resta jusqu'à deux heures du matin agité et irrésolu. Enfin il donna l'ordre de reprendre le large. Pendant la manœuvre qui eut lieu à cet effet, un matelot tomba à la mer et disparut avant qu'on eût eu le temps de lui porter secours. Décidément les présages étaient sinistres.

Le 7 au matin on eut connaissance de deux bâtiments. Le roi ordonna aussitôt de se mettre en mesure de défense ; mais Barbara les reconnut pour être la felouque de Cicconi et la balancelle de Courrand qui s'étaient réunies, et faisaient voile de conserve. On hissa les signaux et les deux capitaines se rallièrent à l'amiral.

Pendant qu'on délibérait sur la route à suivre, un canot aborda le bâtiment de Murat. Il était monté par le capitaine Pernice et un lieutenant sous ses ordres ; ils venaient demander au roi la permission de passer à son bord, ne voulant point rester à celui de Courrand, qui, à leur avis, trahissait. Murat l'envoya chercher, et malgré ses protestations de dévouement, il le fit descendre avec cinquante hommes dans une chaloupe, et ordonna d'amarrer la chaloupe à son bâtiment. L'ordre fut exécuté aussitôt, et la petite escadre continua sa route, longeant, sans les perdre de vue, les côtes de la Calabre ; mais à dix heures du soir, au moment où l'on se trouvait à la hauteur du golfe de Sainte-Euphémie, le capitaine Courrand coupa le câble qui le traînait à la remorque, et, faisant force de rames, il s'éloigna de la flottille. Murat s'était jeté sur son lit tout habillé : on le prévint de cet événement. Il s'élança aussitôt sur le pont, et arriva à temps encore pour voir la chaloupe, qui fuyait dans la direction de la Corse, s'enfoncer et disparaître dans l'ombre. Il demeura immobile, sans colère et sans cris ; seulement il poussa un soupir et laissa tomber sa tête sur sa poitrine : c'était encore une feuille qui tombait de l'arbre enchanté de ses espérances.

Le général Franchescetti profita de cette heure de découragement pour lui donner le conseil de ne point débarquer dans les Calabres et de se rendre directement à Trieste, afin de réclamer de l'Autriche l'asile qu'elle lui avait offert. Le roi était dans un de ces instants de lassitude extrême et d'abattement mortel où le cœur s'affaisse sur lui-même : il se défendit d'abord, et puis finit par accepter. En ce moment le général s'aperçut qu'un matelot, couché dans des enroulements de câbles, se trouvait à portée d'entendre tout ce qu'il disait ; il s'interrompit et le montra du doigt à Murat : celui-ci se leva, alla voir l'homme et reconnut Luidgi ; accablé de fatigue, il s'était endormi sur le pont. La franchise de son sommeil rassura le roi, qui d'ailleurs avait toute confiance en lui. La conversation interrompue un instant se renoua donc : il fut convenu que, sans rien dire des nouveaux projets arrêtés, on franchirait le détroit de Messine, on doublerait le cap Spartivento, et qu'on entrerait dans l'Adriatique ; puis le roi et le général redescendirent dans l'entre-pont.

Le lendemain 8 octobre, on se trouvait à la hauteur du Pizzo, lorsque Joachim, interrogé par Barbara sur ce qu'il fallait faire, donna ordre de mettre le cap sur Messine ; Barbara répondit qu'il était prêt à obéir, mais qu'il avait besoin d'eau et de vivres ; en conséquence, il offrit de passer sur la felouque de Cicconi, et d'aller avec elle à terre pour y renouveler ses provisions ; le roi accepta ; Barbara lui demanda alors les passe-ports qu'il avait reçus des puissances alliées, afin, disait-il, de ne pas être inquiété par les autorités locales. Ces pièces étaient trop importantes pour que Murat consentît à s'en dessaisir ; peut-être aussi le roi commençait-il à concevoir quelque soupçon : il refusa donc. Barbara insista ; Murat lui ordonna d'aller à terre sans ces papiers ; Barbara refusa positivement ; le roi, habitué à être obéi, leva sa cravache sur le Maltais ; mais en ce moment, changeant de résolution, il ordonna aux soldats de préparer leurs armes, aux officiers de revêtir leur grand uniforme, lui-même leur en donna l'exemple : le débarquement était décidé, et le Pizzo devait être le golfe Juan du nouveau Napoléon. En conséquence, les bâtiments se dirigèrent vers la terre. Le roi descendit dans une chaloupe avec vingt-huit soldats et trois domestiques, au nombre desquels était Luidgi. Arrivé près de la plage, le général Franchescetti fit un mouvement pour prendre terre, mais Murat l'arrêta : « C'est à moi de descendre le premier, » dit-il ; et il s'élança sur le rivage. Il était vêtu d'un habit de général, avait un pantalon blanc avec des bottes à l'écuyère, une ceinture dans laquelle étaient passés deux pistolets, un chapeau brodé en or, dont la cocarde était retenue par une ganse formée de quatorze brillants ; enfin il portait sous le bras la bannière autour de laquelle il comptait rallier ses partisans : dix heures du matin sonnaient à l'horloge du Pizzo.

Murat se dirigea aussitôt vers la ville, dont il était éloigné de cent pas à peine, par le chemin pavé de larges dalles disposées en escalier qui y conduit. C'était un dimanche ; on allait commencer la messe, et toute la population était réunie sur la place lorsqu'il arriva. Personne ne le reconnut, et chacun regardait avec étonnement ce brillant état-major, lorsqu'il vit parmi les paysans un ancien sergent qui avait servi dans sa garde de Naples. Il marcha droit à lui, et lui mettant la main sur l'épaule : « Tavella, lui dit-il, ne me reconnais-tu pas ? » Mais comme celui-ci ne faisait aucune réponse : « Je suis Joachim Murat : je suis ton roi, lui dit-il : à toi l'honneur de crier le premier Vive Joachim ! » La suite de Murat fit aussitôt retentir l'air de ses acclamations ; mais le Calabrais resta silencieux, et pas un de ses camarades ne répéta le cri dont le roi avait donné lui-même le signal ; au contraire, une rumeur sourde courait par la multitude. Murat comprit ce frémissement d'orage : « Eh bien ! dit-il à Tavella, si tu ne veux pas crier Vive Joachim, va au moins me chercher un cheval, et de sergent que tu étais je te fais capitaine. Tavella s'éloigna sans répondre ; mais au lieu d'accomplir l'ordre qu'il avait reçu, il rentra chez lui et ne reparut plus. Pendant ce temps la population s'amassait toujours sans qu'un signe amical annonçât à Murat la sympathie qu'il attendait : il sentit qu'il était perdu s'il ne prenait une résolution rapide. — A Monteleone ! s'écria-t-il en s'élançant le premier vers la route qui conduisait à cette ville. — A Monteleone ! répétèrent en le suivant ses officiers et ses soldats. Et la foule toujours silencieuse s'ouvrit pour les laisser passer.

Mais à peine avait-il quitté la place qu'une vive agitation se manifesta ; un homme nommé Georges Pellegrino sortit de chez lui armé d'un fusil et traversa la place en courant et en criant : Aux armes ! Il savait que le capitaine Trenta Capelli, qui commandait la gendarmerie de Cosenza, était en ce moment au Pizzo, et il allait le prévenir. Le cri aux armes eut plus d'écho dans cette foule que n'en avait eu celui de vive Joachim. Tout Calabrais a un fusil, chacun courut chercher le sien, et lorsque Trenta Capelli et Pellegrino revinrent sur la place, ils trouvèrent près de deux cents hommes armés ; ils se mirent à leur tête et s'élancèrent aussitôt à la poursuite du roi ; ils le rejoignirent à dix minutes de chemin à peu près de la place, à l'endroit où est aujourd'hui le pont. Murat en les voyant venir s'arrêta et les attendit.

Trenta Capelli s'avança alors le sabre à la main vers le roi : — Monsieur, lui dit celui-ci, voulez-vous troquer vos épaulettes de capitaine contre les épaulettes de général ? Criez vive Joachim ! et suivez-moi avec ces braves gens à Monteleone.

— Sire, répondit Trenta Capelli, nous sommes tous fidèles sujets du roi Ferdinand, et nous venons pour vous combattre et non pour vous accompagner : rendez-vous donc si vous voulez prévenir l'effusion du sang.

Murat regarda le capitaine de gendarmerie avec une expression impossible à rendre ; puis, sans daigner lui répondre, il lui fit signe d'une main de s'éloigner, tandis qu'il portait l'autre à la crosse de l'un de ses pistolets. Georges Pellegrino vit le mouvement.

— Ventre à terre, capitaine ! ventre à terre ! cria-t-il. Le capitaine obéit, aussitôt une balle passa en sifflant au-dessus de sa tête et alla effleurer les cheveux de Murat.

— Feu ! ordonna Franchescetti.

— Armes à terre ! cria Murat ; et secouant de sa main droite son mouchoir, il fit un pas pour s'avancer vers les paysans ; mais au même instant une décharge générale partit : un officier et deux ou trois soldats tombèrent. En pareille circonstance, quand le sang a commencé à couler, il ne s'arrête pas. Murat savait cette fatale vérité ; aussi son

parti fut-il pris, rapide et décisif. Il avait devant lui cinq cents hommes armés, et derrière lui un précipice de trente pieds de hauteur : il s'élança du rocher à pic sur lequel il se trouvait, tomba dans le sable, et se releva sans être blessé ; le général Franchescetti et son aide de camp Campana firent avec le même bonheur le même saut que lui, et tous trois descendirent rapidement vers la mer, à travers un petit bois qui s'étend jusqu'à cent pas du rivage, et qui les déroba un instant à la vue de leurs ennemis. A la sortie de ce bois, une nouvelle décharge les accueillit, les balles sifflèrent autour d'eux, mais n'atteignirent personne, et les trois fugitifs continuèrent leur course vers la plage.

Ce fut alors seulement que le roi s'aperçut que le canot qui l'avait déposé à terre était reparti. Les trois navires qui composaient sa flottille, loin d'être restés pour protéger son débarquement, avaient repris la mer et s'éloignaient à pleines voiles. Le Maltais Barbara emportait non-seulement la fortune de Murat, mais encore son espoir, son salut, sa vie : c'était à n'y pas croire à force de trahison. Aussi le roi prit-il cet abandon pour une simple manœuvre, et voyant une barque de pêcheur tirée au rivage sur des filets étendus, il cria à ses deux compagnons : — La barque à la mer !

Tous trois alors commencèrent à la pousser pour la mettre à flot, avec l'énergie du désespoir, avec les forces de l'agonie. Personne n'avait osé franchir le rocher pour se mettre à leur poursuite, et leurs ennemis, forcés de prendre un détour, leur laissaient quelques instants de liberté. Mais bientôt des cris se firent entendre : Georges Pellegrino et Trenta Capelli, suivis de toute la population du Pizzo, débouchèrent à cent cinquante pas à peu près de l'endroit où Murat, Franchescetti et Campana s'épuisaient en efforts pour faire glisser la barque sur le sable. Ces cris furent immédiatement suivis d'une décharge générale, Campana tomba : une balle venait de lui traverser la poitrine. Cependant la barque était à flot : le général Franchescetti s'élança dedans ; Murat voulut le suivre, mais il ne s'était point aperçu que les éperons de ses bottes à l'écuyère étaient embarrassés dans les mailles du filet. La barque, cédant à l'impulsion donnée par lui, se déroba sous ses mains, et le roi tomba les pieds sur la plage et le visage dans la mer. Avant qu'il eût eu le temps de se relever, la population s'était ruée sur lui : en un instant elle lui arracha ses épaulettes, sa bannière et son habit, et elle allait le mettre en morceaux lui-même, si Georges Pellegrino et Trenta Capelli, prenant sa vie sous leur protection, ne lui eussent donné le bras de chaque côté, en le défendant à leur tour contre la populace. Il traversa ainsi en prisonnier la place qu'une heure auparavant il abordait en roi. Ses conducteurs le menèrent au château ; on le poussa dans la prison commune, on referma la porte sur lui, et le roi se trouva au milieu des voleurs et des assassins, qui, ne sachant pas qui il était, et le prenant pour un compagnon de crimes, l'accueillirent par des injures et des huées.

Un quart d'heure après la porte du cachot se rouvrit, et le commandant Mattei entra : il trouva Murat debout, les bras croisés, la tête haute et fière. Il y avait une expression de grandeur indéfinissable dans cet homme à demi nu, et dont la figure était souillée de boue et de sang. Il s'inclina devant lui.

— Commandant, lui dit Murat reconnaissant son grade à ses épaulettes, regardez autour de vous, et dites si c'est là une prison à mettre un roi !

Alors une chose étrange arriva : ces hommes du crime, qui, croyant Murat un de leurs complices, l'avaient accueilli avec des vociférations et des rires, se courbèrent devant la majesté royale, que n'avaient point respectée Pellegrino et Trenta Capelli, et se retirèrent silencieux au plus profond de leur cachot. Le malheur venait de donner un nouveau sacre à Joachim.

Le commandant Mattei murmura quelques excuses, et invita Murat à le suivre dans une chambre qu'il venait de lui faire préparer ; mais, avant de sortir, Murat fouilla à sa poche, en tira une poignée d'or, et la laissant tomber comme une pluie au milieu du cachot :

— Tenez, dit-il en se retournant vers les prisonniers, il ne sera pas dit que vous avez reçu la visite d'un roi, tout captif et découronné qu'il est, sans qu'il vous ait fait largesse.

— Vive Joachim ! crièrent les prisonniers.

Murat sourit amèrement. Ces mêmes paroles répétées par un pareil nombre de voix, il y a une heure, sur la place publique, au lieu de retentir maintenant dans une prison, le faisaient roi de Naples ! Les résultats les plus importants sont amenés parfois par des causes si minimes, qu'on croirait que Dieu et Satan jouent aux dés la vie ou la mort des hommes, l'élévation ou la chute des empires.

Murat suivit le commandant Mattei : il le conduisit dans une petite chambre qui appartenait au concierge, et que celui-ci céda au roi. Il allait se retirer, lorsque Murat le rappela :

— Monsieur le commandant, lui dit-il, je désire un bain parfumé.

— Sire, la chose est difficile.

— Voilà cinquante ducats ; qu'on achète toute l'eau de Cologne qu'on trouvera. Ah ! que l'on m'envoie des tailleurs.

— Il sera impossible de trouver ici des hommes capables de faire autre chose que des costumes du pays.

— Qu'on aille à Monteleone, et qu'on me ramène ici tous ceux qu'on pourra réunir.

Le commandant s'inclina et sortit.

Murat était au bain lorsqu'on lui annonça la visite du chevalier Alcala, général du prince de l'Infantado et gouverneur de la ville. Il faisait apporter des couvertures de damas, des draps et des fauteuils. Murat fut sensible à cette attention, et il en reprit une nouvelle sérénité.

Le même jour, à deux heures, le général Nunziante arriva de Saint-Tropea avec trois mille hommes. Murat revit avec plaisir une vieille connaissance; mais, au premier mot, le roi s'aperçut qu'il était devant un juge, et que sa présence avait pour but non pas une simple visite, mais un interrogatoire en règle. Murat se contenta de répondre qu'il se rendait de Corse à Trieste en vertu d'un passe-port de l'empereur d'Autriche, lorsque la tempête et le défaut de vivres l'avaient forcé de relâcher au Pizzo. A toutes les autres questions Murat opposa un silence obstiné; puis enfin, fatigué de ses instances : — Général, lui dit-il, pouvez-vous me prêter des habits, afin que je sorte du bain?

Le général comprit qu'il n'avait rien à attendre de plus, salua le roi et sortit. Dix minutes après, Murat reçut un uniforme complet; il le revêtit aussitôt, demanda une plume et de l'encre, écrivit au général en chef des troupes autrichiennes à Naples, à l'ambassadeur d'Angleterre, et à sa femme, pour les informer de sa détention au Pizzo. Ces dépêches terminées, il se leva, marcha quelque temps avec agitation dans la chambre; puis enfin, éprouvant le besoin d'air, il ouvrit la fenêtre. La vue s'étendait sur la plage même où il avait été arrêté.

Deux hommes creusaient un trou dans le sable au pied de la petite redoute ronde. Murat les regarda faire machinalement. Lorsque ces deux hommes eurent fini, ils entrèrent dans une maison voisine, et bientôt ils en sortirent portant entre leurs bras un cadavre. Le roi rappela ses souvenirs, et il lui sembla en effet qu'il avait, au milieu de cette scène terrible, vu tomber quelqu'un auprès de lui ; mais il ne savait plus qui. Le cadavre était complétement nu; mais à ses longs cheveux noirs, à la jeunesse de ses formes, le roi reconnut Campana : c'était celui de ses aides de camp qu'il aimait le mieux. Cette scène, vue à l'heure du crépuscule, vue de la fenêtre d'une prison ; cette inhumation dans la solitude, sur cette plage, dans le sable, émurent plus fortement Murat que n'avaient pu le faire ses propres infortunes. De grosses larmes vinrent au bord de ses yeux et coulèrent silencieusement sur sa face de lion. En ce moment le général Nunziante rentra, et le surprit les bras tendus, le visage baigné de pleurs. Murat entendit du bruit, se retourna; et voyant l'étonnement du vieux soldat : — Oui, général, lui dit-il, oui, je pleure. Je pleure sur cet enfant de vingt-quatre ans, que sa famille m'avait confié, et dont j'ai causé la mort ; je pleure sur cet avenir vaste, riche et brillant, qui vient de s'éteindre dans une fosse ignorée, sur une terre ennemie, et sur un rivage hostile. O Campana ! si jamais je remonte sur le trône, je te ferai élever un tombeau royal !

Le général avait fait préparer un dîner dans la chambre attenante à celle qui servait de prison au roi : Murat l'y suivit, se mit à table, mais ne put manger. Le spectacle auquel il venait d'assister lui avait brisé le cœur ; et cependant cet homme avait parcouru sans froncer le sourcil les champs de bataille d'Aboukir, d'Eylau et de la Moskowa !

Après le dîner Murat entra dans sa chambre, remit au général Nunziante les diverses lettres qu'il avait écrites, et le pria de le laisser seul. Le général sortit.

Murat fit plusieurs fois le tour de sa chambre, se promenant à grands pas et s'arrêtant de temps en temps devant la fenêtre, mais sans l'ouvrir. Enfin il parut surmonter une répugnance profonde, porta la main sur l'espagnolette et tira la croisée à lui. La nuit était calme, on distinguait toute la plage. Il chercha des yeux la place où était enterré Campana : deux chiens qui grattaient la tombe la lui indiquèrent. Le roi repoussa la fenêtre avec violence, et se jeta tout habillé sur son lit. Enfin, craignant qu'on n'attribuât son agitation à une crainte personnelle, il se dévêtit, se coucha et dormit, ou parut dormir toute la nuit.

Le 9 au matin les tailleurs que Murat avait demandés arrivèrent. Il leur commanda force habits, dont il prit la peine de leur expliquer les détails avec sa fastueuse fantaisie. Il était occupé de ce soin lorsque le général Nunziante entra. Il écouta tristement les ordres que donnait le roi : il venait de recevoir les dépêches télégraphiques qui ordonnaient au général de faire juger le roi de Naples, comme ennemi public, par une commission militaire. Mais celui-ci trouva le roi si confiant, si tranquille et presque si gai, qu'il n'eut pas le courage de lui annoncer la nouvelle de sa mise en jugement; il prit même sur lui de retarder l'ouverture de la commission militaire jusqu'à ce qu'il eût reçu une dépêche écrite. Elle arriva le 12 au soir. Elle était conçue en ces termes :

Naples, 9 octobre 1815.

« Ferdinand, par la grâce de Dieu, etc., avons décrété et décrétons ce qui suit :

» Art. 1er. Le général Murat sera traduit devant une commission militaire, dont les membres seront nommés par votre ministre de la guerre.

» Art. 2. Il ne sera accordé au condamné qu'une demi-heure pour recevoir les secours de la religion.   *Signé* FERDINAND. »

Un autre arrêté du ministre contenait les noms des membres de la commission ; c'étaient :

Giuseppe Fasculo, adjudant, commandant en chef de l'état-major, président ;

Raffaello Scalfaro, chef de la légion de la Calabre inférieure ;

Latereo Natati, lieutenant-colonel de la marine royale ;

Gennaro Lanzetta, lieutenant-colonel du corps du génie ;

W. T., capitaine d'artillerie ;

François de Veugé, idem ;

Francesco Martellari, lieutenant d'artillerie ;

Francesco Froio, lieutenant au 3e régiment ;

Giovanni della Camera, procureur général au tribunal criminel de la Calabre inférieure ;

Et Francesco Papavassi, greffier.

La commission s'assembla dans la nuit. Le 13 octobre, à six heures du matin, le capitaine Stratti entra dans la prison du roi ; il dormait profondément : Stratti allait sortir, lorsqu'en marchant vers la porte il heurta une chaise ; ce bruit réveilla Murat. — Que me voulez-vous, capitaine? demanda le roi.

Stratti voulut parler; mais la voix lui manqua.

— Ah ! ah ! dit Murat, il paraît que vous avez reçu des nouvelles de Naples?... — Oui, sire, murmura Stratti.

— Qu'annoncent-elles? dit Murat. — Votre mise en jugement, sire.

— Et par qui l'arrêt sera-t-il prononcé, s'il vous plaît? Où trouvera-t-on des pairs pour me juger? Si l'on me considère comme un roi, il faut assembler un tribunal de rois; si l'on me considère comme un maréchal de France, il me faut une cour de maréchaux ; et si l'on me considère comme général, et c'est le moins qu'on puisse faire, il me faut un jury de généraux.

— Sire, vous êtes déclaré ennemi public, et comme tel vous êtes passible d'une commission militaire; c'est la loi que vous avez rendue vous-même contre les rebelles.

— Cette loi fut faite pour des brigands, et non pour des têtes couronnées, monsieur, dit dédaigneusement Murat. Je suis prêt, que l'on m'assassine, c'est bien ; je n'aurais pas cru le roi Ferdinand capable d'une pareille action.

— Sire, ne voulez-vous pas connaître la liste de vos juges?

— Si fait, monsieur, si fait ; ce doit être une chose curieuse : lisez, je vous écoute.

Le capitaine Stratti lut les noms que nous avons cités. Murat les entendit avec un sourire dédaigneux.

— Ah ! continua-t-il, lorsque le capitaine eut achevé, il paraît que toutes les précautions sont prises ?

— Comment cela, sire ?

— Oui, ne savez-vous pas que tous ces hommes, à l'exception du rapporteur Francesco Froio, me doivent leurs grades ? Ils auront peur d'être accusés de reconnaissance, et, moins une voix peut-être, l'arrêt sera unanime.

— Sire, si vous paraissiez devant la commission, si vous plaidiez vous-même votre cause ?

— Silence, monsieur, silence, dit Murat. Pour que je reconnaisse les juges que l'on m'a nommés, il faudrait déchirer trop de pages de l'histoire ; un tel tribunal est incompétent, et j'aurais honte de me présenter devant lui ; puis c'est que je ne puis sauver ma vie, laissez-moi sauver au moins la dignité royale.

En ce moment le lieutenant Francesco Froio entra pour interroger le prisonnier, et lui demanda ses noms, son âge, sa patrie. A ces questions, Murat se leva avec une expression de dignité terrible : — Je suis Joachim Napoléon, roi des deux-Siciles, lui répondit-il, et je vous ordonne de sortir. — Le rapporteur obéit.

Alors Murat passa un pantalon seulement, et demanda à Stratti s'il pouvait adresser des adieux à sa femme et à ses enfants. Celui-ci, ne pouvant lui parler, répondit par un geste affirmatif, aussitôt Joachim s'assit à une table, et écrivit cette lettre (7) :

« Chère Caroline de mon cœur,

» L'heure fatale est arrivée, je vais mourir du dernier des supplices ; dans une heure tu n'auras plus d'époux, et nos enfants n'auront plus de père : souvenez-vous de moi et n'oubliez jamais ma mémoire.

» Je meurs innocent, et la vie m'est enlevée par un jugement injuste.

» Adieu, mon Achille ; adieu, ma Lætitia ; adieu, mon Lucien ; adieu, ma Louise.

» Montrez-vous dignes de moi ; je vous laisse sur une terre et dans un royaume pleins de mes ennemis : montrez-vous supérieurs à l'adversité, et souvenez-vous de ne pas vous croire plus que vous n'êtes, en songeant à ce que vous avez été.

» Adieu ; je vous bénis. Ne maudissez jamais ma mémoire. Rappelez-vous que la plus grande douleur que j'éprouve dans mon supplice est celle de mourir loin de mes enfants, loin de ma femme, et de n'avoir aucun ami pour me fermer les yeux.

» Adieu, ma Caroline ; adieu, mes enfants ; recevez ma bénédiction paternelle, mes tendres larmes et mes derniers baisers.

» Adieu, adieu ; n'oubliez pas votre malheureux père.

» Pizzo, le 13 octobre 1815.   JOACHIM MURAT. »

Alors il coupa une boucle de ses cheveux et la mit dans la lettre. En ce moment le général Nunziante entra ; Murat alla à lui et lui tendit la main : — Général, lui dit-il, vous êtes père, vous êtes époux, vous saurez un jour ce que c'est que de quitter sa femme et ses fils : jurez-moi que cette lettre sera remise.

— Sur mes épaulettes, dit le général en s'essuyant les yeux.

— Allons, allons, du courage, général, dit Murat : nous sommes soldats, nous savons ce que c'est que la mort. Une seule grâce : vous me laisserez commander le feu, n'est-ce pas ? — Le général fit signe de la tête que cette dernière faveur lui serait accordée. En ce moment le rapporteur entra, la sentence du roi à la main. Murat devina ce dont il s'agissait. — Lisez, monsieur, lui dit-il froidement, je vous écoute. — Le rapporteur obéit. Murat ne s'était pas trompé : il y avait eu, moins une voix, unanimité pour la peine de mort.

Lorsque la lecture fut finie, le roi se retourna vers Nunziante : — Général, lui dit-il, croyez que je sépare, dans mon esprit, l'instrument qui me frappe de la main qui le dirige. Je n'aurais pas cru que Ferdinand m'eût fait fusiller comme un chien : il ne recule pas devant cette infamie ! c'est bien, n'en parlons plus. J'ai récusé mes juges, mais non pas mes bourreaux. Quelle est l'heure que vous désignez pour mon exécution ?

— Fixez-la vous-même, sire, dit le général.

Murat tira de son gousset une montre sur laquelle était le portrait de sa femme ; le hasard fit qu'elle était tournée de telle manière que ce fut le portrait et non le cadran qu'il amena devant ses yeux ; il le regarda avec tendresse :

— Tenez, général, dit-il en le montrant à Nunziante, c'est le portrait de la reine ; vous la connaissez ; n'est-ce pas qu'elle est bien ressemblante ?

Le général détourna la tête. Murat poussa un soupir et remit la montre dans son gousset.

— Eh bien ! sire, dit le rapporteur, quelle heure fixez-vous ?

— Ah ! c'est juste, dit Murat en souriant ; j'avais oublié pourquoi j'avais tiré ma montre en voyant le portrait de Caroline. — Alors il regarda sa montre de nouveau, mais cette fois du côté du cadran : — Eh bien ! ce sera pour quatre heures, si vous voulez ; il est trois heures passées, c'est cinquante minutes que je vous demande ; est-ce trop, monsieur ?

Le rapporteur s'inclina et sortit. Le général voulut le suivre.

— Ne vous reverrai-je plus, Nunziante ? dit Murat.

— Mes ordres m'enjoignent d'assister à votre mort, sire ; mais je n'en aurai pas la force.

— C'est bien, général, c'est bien ; je vous dispense d'être là au dernier moment ; mais je désire vous dire adieu encore une fois et vous embrasser. — Je me trouverai sur votre route, sire.

— Merci. Maintenant laissez-moi seul. — Sire, il y a là deux prêtres. — Murat fit un signe d'impatience. — Voulez-vous les recevoir ? continua le général. — Oui, faites-les entrer.

Le général sortit. Un instant après les deux prêtres parurent au seuil de la porte : l'un se nommait don Francesco Pellegrino : c'était l'oncle de celui qui avait causé la mort du roi ; et l'autre don Antonio Masdea.

— Que venez-vous faire ici ? leur dit Murat. — Vous demander si vous voulez mourir en chrétien. — Je mourrai en soldat. Laissez-moi.

Don Francesco Pellegrino se retira. Sans doute il était mal à l'aise devant Joachim. Quant à Antonio Masdea, il resta sur le seuil de la porte.

— Ne m'avez-vous pas entendu ? dit le roi.

— Si fait, répondit le vieillard ; mais permettez-moi, sire, de ne pas croire que c'est votre dernier mot. Ce n'est pas la première fois que je vous vois et que je vous implore ; j'ai déjà eu l'occasion de vous demander une grâce. — Laquelle ?

— Lorsque votre majesté vint au Pizzo, en 1810, je lui demandai vingt-cinq mille francs pour faire achever notre église ; votre majesté m'en envoya quarante mille.

— C'est que je prévoyais que j'y serais enterré, répondit en souriant Murat.

— Eh bien ! sire, j'aime à croire que vous ne refuserez pas plus ma seconde prière que vous ne m'avez refusé la première. Sire, je vous le demande à genoux. — Le vieillard tomba aux pieds de Murat. — Mourez en chrétien !

— Cela vous fera donc bien plaisir ? dit le roi.

— Sire, je donnerais le peu de jours qui me restent pour obtenir de Dieu que son esprit vous visitât à votre dernière heure.

— Eh bien ! dit Murat, écoutez ma confession : je m'accuse, étant enfant, d'avoir désobéi à mes parents ; depuis je suis devenu un homme, je n'ai jamais eu autre chose à me reprocher.

— Sire, me donneriez-vous une attestation que vous mourez dans la religion chrétienne ?

— Sans doute, dit Murat. Et il prit une plume et écrivit :

« Moi, Joachim Murat, je meurs en chrétien, croyant à la sainte » Église catholique, apostolique et romaine. » Et il signa.

— Maintenant, mon père, continua le roi, si vous avez une troisième grâce à me demander, hâtez-vous, car dans une demi-heure il ne serait plus temps. En effet, l'horloge du château sonna en ce moment trois heures et demie.

Le prêtre fit signe que tout était fini. — Laissez-moi donc seul, dit Murat. — Le vieillard sortit.

Murat se promena quelques minutes à grands pas dans sa chambre ; puis il s'assit sur son lit et laissa tomber sa tête dans ses deux mains. Sans doute, pendant le quart d'heure où il resta ainsi absorbé dans ses pensées, il vit repasser devant lui sa vie tout entière, depuis l'auberge d'où il était parti jusqu'au palais où il était entré ; sans doute, son aventureuse carrière se déroula, pareille à un rêve doré, à un mensonge brillant, à un conte des *Mille et une Nuits*. Comme un arc-en-ciel, il avait brillé pendant un orage, et comme un arc-en-ciel, ses deux extrémités se perdaient dans les nuages de sa naissance et de sa mort. Enfin, il sortit de sa contemplation intérieure et releva son front pâle mais tranquille. Alors il s'approcha d'une glace, et arrangea ses cheveux : son caractère étrange ne le quittait pas. Fiancé de la mort, il se faisait beau pour elle.

Quatre heures sonnèrent.

Murat alla lui-même ouvrir la porte.

Le général Nunziante l'attendait.

— Merci, général, lui dit Murat : vous m'avez tenu parole ; embrassez-moi, et retirez-vous ensuite si vous le voulez.

Le général se jeta dans les bras du roi en pleurant et sans pouvoir prononcer une parole.

— Allons, du courage, lui dit Murat ; vous voyez bien que je suis tranquille.

C'était cette tranquillité qui brisait le courage du général. Il s'élança hors du corridor et sortit du château en courant comme un insensé.

Alors le roi marcha vers la cour ; tout était prêt pour l'exécution. Neuf hommes et un caporal étaient rangés en ligne près de la porte de la chambre du conseil ; devant eux était un mur de douze pieds de haut ; trois pas en avant de ce mur était un seuil d'un seul degré : Murat alla se placer sur cet escalier, qui lui faisait dominer d'un pied à peu près les soldats chargés de son exécution. Arrivé là, il tira sa montre, baisa le portrait de sa femme, et, les yeux fixés sur lui, il commanda la charge des armes. Au mot feu, cinq des neuf hommes tirèrent : Murat resta debout. Les soldats avaient eu honte de tirer sur leur roi, ils avaient visé au-dessus de sa tête.

Ce fut peut-être en ce moment qu'éclata le plus magnifiquement ce courage de lion qui était la vertu particulière de Murat ; pas un trait de son visage ne s'altéra, pas un muscle de son corps ne faiblit ; seulement, regardant les soldats avec une expression de reconnaissance amère :

— Merci, mes amis, leur dit-il ; mais comme tôt ou tard vous serez obligés de viser juste, ne prolongez pas mon agonie. Tout ce que je vous demande, c'est de viser au cœur et d'épargner la figure. Recommençons.

Et avec la même voix, avec le même calme, avec le même visage, il répéta les paroles mortelles les unes après les autres, sans lenteur, sans précipitation, et comme il eût commandé une simple manœuvre ; mais cette fois plus heureux que la première, au mot feu, il tomba percé de huit balles, sans faire un mouvement, sans pousser un soupir, sans lâcher la montre qu'il tenait serrée dans sa main gauche (8).

Les soldats ramassèrent le cadavre, le couchèrent sur le lit où, dix minutes auparavant, il était assis, et le capitaine mit une garde à la porte.

Le soir un homme se présenta pour entrer dans la chambre mortuaire : la sentinelle lui en refusa l'entrée ; mais cet homme demanda à parler au commandant du château. Conduit devant lui, il lui montra un ordre. Le commandant le lut avec une surprise mêlée de dégoût ; puis, la lecture achevée, il le conduisit jusqu'à la porte qu'on lui avait refusée.

— Laissez passer le seigneur Luidgi, — dit-il à la sentinelle. La sentinelle présenta les armes à son commandant. Luidgi entra.

Dix minutes s'étaient à peine écoulées, lorsqu'il sortit tenant à la main un mouchoir ensanglanté ; dans ce mouchoir était un objet que la sentinelle ne put reconnaître.

Une heure après, un menuisier apporta le cercueil qui devait renfermer les restes du roi. L'ouvrier entra dans la chambre ; mais presque aussitôt il appela la sentinelle avec un accent indicible d'effroi. Le soldat entre-bâilla la porte pour regarder ce qui avait pu causer la terreur de cet homme. Le menuisier lui montra du doigt un cadavre sans tête.

A la mort du roi Ferdinand on retrouva dans une armoire secrète de sa chambre à coucher cette tête conservée dans l'esprit-de-vin (9).

Huit jours après l'exécution du Pizzo, chacun avait déjà reçu sa récompense : Trenta Capelli était fait colonel, le général Nunziante créé marquis, et Luidgi était mort empoisonné.

NOTES.

(1) A 48,000 fr. — (2) Conspiration de Pichegru. — (3) Joliclère. — (4) Pêche du thon. — (5) Ces détails sont populaires à Toulon, et m'ont été racontés vingt fois à moi-même pendant le double séjour que je fis en 1834 et 1835 dans cette ville ; quelques-uns de ceux qui me les rapportaient les tenaient de la bouche même de Langlade et de Donadieu. — (6) Bateaux de poste siciliens. — (7) Nous pouvons en garantir l'authenticité, l'ayant transcrite nous-même au Pizzo sur la copie qu'avait conservée de l'original le chevalier Alcala. — (8) Mme Murat a racheté cette montre 200 louis. — (9) Comme je ne crois pas aux atrocités sans motifs, je demandai au général T. la raison de celle-ci : il répondit que, comme Murat avait été jugé et fusillé dans un coin perdu de la Calabre, le roi de Naples craignait toujours que quelque aventurier ne se présentât sous le nom de Joachim : on lui eût répondu alors en lui montrant la tête de Murat.

MARIE STUART.

A LA LIBRAIRIE THÉÂTRALE,
12, boulevard Saint-Martin
(ANCIENNE MAISON MARCHANT).

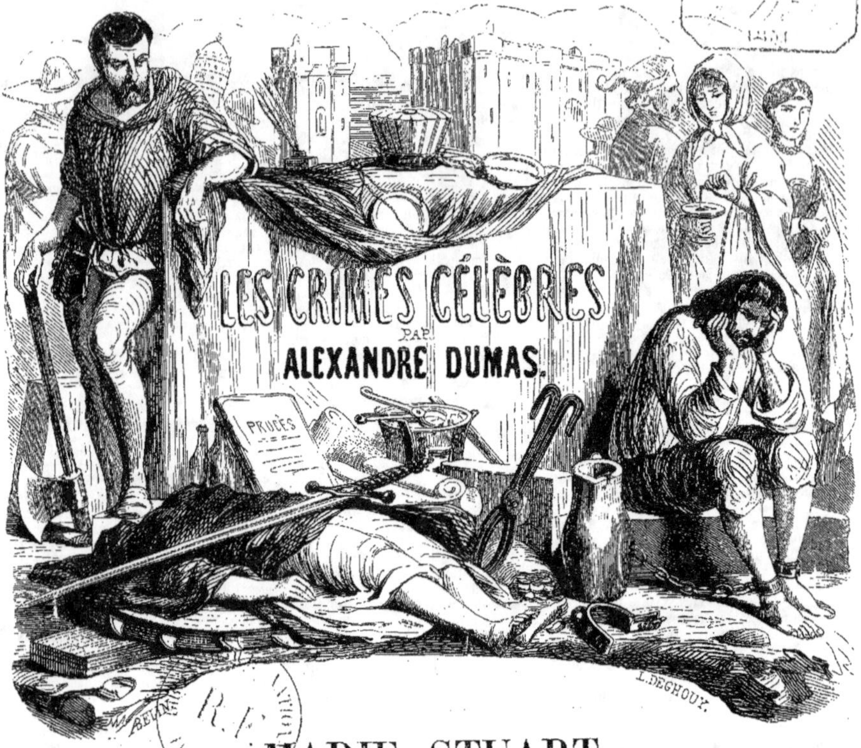

A L'ADMINISTRATION DE LIBRAIRIE,
rue Notre-Dame des Victoires, 52,
PRÈS LA BOURSE.

1587.

Il y a, pour les rois, des noms prédestinés à la mauvaise fortune : en France, c'est le nom de Henri. Henri Ier fut empoisonné, Henri II fut tué dans un tournoi, Henri III et Henri IV furent assassinés. Quant à Henri V, pour qui le passé est si fatal, Dieu seul sait ce que lui garde l'avenir.

En Écosse, c'est le nom de Stuart.

Robert Ier, chef de la race, mourut à vingt-huit ans d'une maladie de langueur. Robert II, le plus heureux de la famille, fut forcé de passer une partie de sa vie, non-seulement dans la retraite, mais encore dans l'obscurité, à cause d'une inflammation des yeux qui les lui faisait rouges comme du sang. Robert III succomba au chagrin que lui causa la mort d'un de ses fils et la captivité de l'autre. Jacques Ier fut

Elle s'embarqua sur la galère de M. Mévillon. — Page 66.

poignardé par Graham dans l'abbaye des Moines Noirs de Perth. Jacques II fut tué au siège de Roxburgh, par l'éclat d'une pièce de canon qui creva. Jacques III fut assassiné par un inconnu dans un moulin où il s'était réfugié pendant la bataille de Sauchie. Jacques IV frappé de deux flèches et d'un coup de hallebarde, tomba au milieu de sa noblesse sur le champ de bataille de Flodden. Jacques V mourut du chagrin d'avoir perdu ses deux fils et du remords d'avoir fait exécuter Hamilton. Jacques VI, prédestiné à réunir sur sa tête les deux couronnes d'Écosse et d'Angleterre, fils d'un père assassiné, traîna une vie triste et craintive, entre l'échafaud de sa mère Marie Stuart et celui de son fils Charles Ier. Charles II passa une partie de sa vie en exil. Jacques II y mourut. Le chevalier de Saint-Georges, après avoir été proclamé roi d'Écosse sous le nom de Jacques VIII, et d'Angleterre et d'Irlande sous celui de Jacques III, fut obligé de fuir, sans avoir pu donner à ses armes l'éclat même d'une défaite. Charles-Édouard, son fils, après l'échauffourée de Derby et la bataille de Culloden, traqué de montagne en montagne, poursuivi de roche en roche, nageant de rivage en rivage, recueilli à demi nu par un vaisseau français, s'en alla mourir à Florence, sans que jamais les cours de l'Europe aient voulu le reconnaître pour souverain. Enfin, son frère Henri-Benoît, le dernier héritier des Stuarts, après avoir vécu d'une pension de trois mille livres sterling que lui faisait le roi Georges III, expira complétement oublié et léguant à la maison de Hanovre tous les joyaux de la couronne, que Jacques II avait emportés en passant sur le continent en 1688; tardive mais entière reconnaissance de la légitimité de la famille qui avait succédé à la sienne.

Au milieu de cette race malheureuse, Marie Stuart fut la privilégiée du malheur. Aussi Brantôme a dit d'elle : « Ceux qui voudront écrire sur cette illustre reine d'Écosse en ont deux très-amples sujets, l'un celui de sa vie, et l'autre celui de sa mort. » C'est qu'aussi Brantôme l'avait connue dans une des circonstances les plus douloureuses de sa vie, c'est-à-dire au moment où elle quittait la France pour l'Écosse.

Ce fut le 9 août 1561, après avoir perdu sa mère et son époux dans la même année, que Marie Stuart, douairière de France et reine d'Écosse à dix-neuf ans, conduite par les cardinaux de Guise et de Lorraine, ses oncles, par le duc et la duchesse de Guise, par le duc d'Aumale et M. de Nemours, arriva à Calais, où l'attendaient, pour la mener en Écosse, deux galères, l'une sous les ordres de M. de Mévillon, et l'autre sous le commandement du capitaine Albize. Elle resta six jours en cette ville. Enfin, le 15 du même mois, après les plus tristes adieux à sa famille, accompagnée de MM. d'Aumale, d'Elbœuf, et Damville, avec force noblesse, parmi laquelle étaient Brantôme et Chatelard, elle s'embarqua sur la galère de M. Mévillon, qui reçut aussitôt l'ordre de pousser au large, ce qu'elle fit à l'aide de ses rames, le vent n'étant point assez fort pour qu'on pût se servir des voiles.

Marie Stuart était alors dans toute la fleur de sa beauté, plus brillante encore sous ses vêtements de deuil ; beauté si merveilleuse, qu'elle répandait autour d'elle un charme auquel pas un de ceux à qui elle voulut plaire n'échappa, et qui fut fatal à presque tous. Aussi avait-on fait vers cette époque une chanson sur elle, qui, de l'aveu même de ses rivales, ne contenait que la vérité. Elle était, disait-on, de M. de Maison-Fleur, gentil cavalier pour les lettres et pour les armes. La voici :

L'on voit sous blanc atour,
En grand deuil et tristesse,
Se promener maint tour
De beauté la dresse :
Tenant le trait en main
De son fils inhumain :
Et l'amour sans fronteau
Voleter autour d'elle,
Déguisant son bandeau
Sous un funèbre voile
Où sont ces mots écrits :
« Mourir ou être pris. »

Or, en ce moment, Marie Stuart, vêtue de son grand deuil blanc, était plus belle que jamais ; car de grosses larmes coulaient silencieusement de ses yeux, tandis que, secouant un mouchoir de la main, debout sur le gaillard d'arrière, elle saluait, elle qui avait si grande douleur de partir, ceux qui avaient si grande douleur de rester. Enfin, au bout d'une demi-heure, on sortit du port, et l'on se trouva en pleine mer.

Tout à coup Marie entendit de grands cris derrière elle ; un bâtiment qui arrivait à pleines voiles avait, par l'ignorance du pilote, touché contre un rocher ; de sorte qu'il s'était ouvert, et, après avoir tremblé et gémi un instant comme un homme blessé, il commençait à s'engloutir au milieu des hurlements de tout l'équipage. Marie, épouvantée, pâle, muette et immobile, le regarda s'enfoncer graduellement dans la mer, tandis que le malheureux équipage, à mesure que la carène disparaissait, montait dans les vergues et dans les haubans, afin de retarder son agonie de quelques minutes ; enfin, carène, vergues, mâts, tout s'engouffra dans la gueule béante de l'Océan. On vit surnager un instant quelques points noirs qui disparurent à leur tour les uns après les autres ; puis le flot poussa le flot, et les spectateurs de cet horrible drame, voyant l'Océan calme et solitaire, comme si rien ne s'était passé, se demandèrent si ce n'était pas une vision qui leur était apparue, et puis s'évanouie.

— Hélas ! s'écria Marie en se laissant tomber assise, et en appuyant ses deux bras sur la poupe de la galère, quel triste augure pour un si triste voyage ! Puis, fixant de nouveau vers le port, qui commençait à s'éloigner, ses yeux séchés un instant par la terreur et qui se mouillèrent de nouveau : —Adieu, France, murmura-t-elle, adieu, France ; et pendant cinq heures elle resta ainsi, pleurant et murmurant : « Adieu, France ! adieu, France ! »

L'obscurité vint, qu'elle se lamentait encore ; et alors, comme les objets s'effaçaient, et qu'on l'appelait pour souper : — C'est bien maintenant, ma chère France, dit-elle en se levant, que je vous perds réellement, puisque la nuit jalouse met deuil sur deuil, en jetant un voile noir devant mes yeux. Adieu donc une dernière fois, ma chère France, car jamais je ne vous verrai plus.

À ces mots, elle descendit, disant qu'elle était tout au contraire de Didon, qui, après le départ d'Énée, n'avait plus fait que regarder les flots, tandis qu'elle, Marie, ne pouvait détacher ses regards de la terre. Alors tous firent cercle autour d'elle, pour essayer de la distraire et de la consoler. Mais elle, toujours plus triste, ne pouvant répondre, tant ses larmes l'étouffaient, mangea à peine ; et, se faisant dresser un lit dans la traverse de la poupe, elle fit venir le timonier, et lui ordonna, s'il voyait encore la terre au point du jour, de venir la réveiller aussitôt. Et sur ce point, Marie fut favorisée ; car le vent ayant calmi, la galère, lorsque revint le jour, se trouva encore en vue de la France.

Ce fut une grande joie pour Marie lorsque, réveillée par le timonier, qui n'avait point oublié l'ordre reçu, elle se leva sur son lit, et, à travers la fenêtre, qu'elle fit ouvrir, revit une fois encore ce rivage bien-aimé. Mais, sur les cinq heures du matin, le vent ayant fraîchi, la galère s'éloigna rapidement ; de sorte que bientôt la terre disparut tout à fait. Alors Marie retomba sur son lit, pâle comme si elle était morte et murmurant encore une fois :

— Adieu, France ! je ne te verrai plus.

En effet, c'était dans cette France qu'elle regrettait tant que venaient de s'écouler les plus belles années de sa vie. Née au milieu des premiers troubles de religion, près du lit de son père mourant, le deuil du berceau devait s'étendre pour elle jusqu'à la tombe, et son séjour en France avait été un rayon de soleil dans sa nuit. Calomniée dès sa naissance, le bruit s'était si généralement répandu qu'elle était mal conformée et qu'elle ne pouvait vivre, qu'un jour sa mère, Marie de Guise, lassée de ces faux rapports, la débarrassa de ses langes et la montra nue à l'ambassadeur d'Angleterre, qui venait, de la part de Henri VIII, la demander en mariage pour le prince de Galles, qui n'avait lui-même que cinq ans. Couronnée à neuf mois par le cardinal Beaton, archevêque de Saint-André, elle fut enfermée aussitôt par sa mère, qui craignait pour elle quelque perfidie du roi d'Angleterre, dans le château de Stirling. Deux ans après, ne trouvant pas que cette forteresse lui présentât encore assez de sûreté, elle la transporta dans une île au milieu du lac Menteith, où un monastère, seul édifice qui existât dans ce lieu, servit d'asile à l'enfant royal, et à quatre jeunes filles, nées la même année qu'elle, portant comme elle le doux nom qui est l'anagramme du mot aimer, et qui, ne devant la quitter dans sa bonne ni dans sa mauvaise fortune, étaient appelées les *Maries* de la reine. C'étaient Marie Livingston, Marie Fleming, Marie Seyton et Marie Beatoun. Elle resta dans ce monastère jusqu'à l'époque où le parlement, ayant approuvé son mariage avec le dauphin de France, fils de Henri II, elle fut conduite au château de Dumbarton, pour y attendre le moment de son départ. C'est là qu'elle fut remise à M. de Brezé, qui venait la chercher de la part de Henri II. Partie sur les galères françaises mouillées à l'embouchure de la Clyde, Marie, après avoir été vivement poursuivie par la flotte anglaise, entra le 15 août 1548 dans le port de Brest, un an après la mort de François Ier. Outre les quatre Maries de la reine, les vaisseaux amenaient encore en France trois de ses frères naturels, parmi lesquels était le prieur de Saint-André, Jacques Stuart, qui devait plus tard abjurer la foi catholique, et, avec le titre de régent du royaume et sous le nom de comte de Murray, devenir si fatal à la pauvre Marie. De Brest, Marie se rendit à Saint-Germain en Laye, où Henri II, qui venait de monter sur le trône, la combla de caresses, puis l'envoya dans un couvent où étaient élevées les héritières des plus nobles maisons de France. Là les heureuses dispositions de Marie se développèrent. Née avec le cœur d'une femme et la tête d'un homme, Marie acquit non-seulement tous les talents d'agrément qui constituaient l'éducation d'une future reine, mais encore les sciences positives qui sont le complément de celle d'un habile docteur. Aussi, à l'âge de quatorze ans, elle prononça, dans une salle du Louvre, devant Henri II, Catherine de Médicis et toute la cour, un discours latin de sa composition, dans lequel elle soutenait qu'il sied bien aux femmes de cultiver les lettres, et que c'est une injustice et une tyrannie que d'ôter aux fleurs leurs parfums, en reléguant ainsi les jeunes filles dans les soins de leur intérieur. On comprend de quelle manière une future reine, soutenant une pareille thèse, dut être accueillie dans la cour la plus lettrée et la plus pédante de l'Europe. Entre la littérature de Rabelais et de Marot touchant à son déclin, et celle de Ronsard et de Montaigne, qui marchaient à leur apogée, Marie devint reine de poésie, trop heureuse qu'elle eût été de ne jamais porter d'autre couronne que celle que Ronsard, de Bellay, Maison-Fleur et Brantôme lui posaient chaque jour sur la tête. Mais elle était prédestinée. Au milieu de ces fêtes qu'essayait de ressusciter la chevalerie mourante, arriva la fatale joute des Tournelles : Henri II, frappé d'un éclat de lance au défaut de sa visière, alla se coucher avant l'âge auprès de ses ancêtres, et Marie Stuart, restée sur le trône de France, du deuil de Henri elle passa à celui de sa mère, et du deuil de sa mère à celui de son époux.

Marie ressentit cette dernière perte en femme et en poëte ; son cœur sé répandit en larmes amères et en plaintes harmonieuses. Voici les vers qu'elle fit alors :

En mon triste et doux chant,
D'un ton fort lamentable,
Je jette un deuil tranchant
De perte incomparable,
Et en soupirs cuisans
Passe mes meilleurs ans.

Fut-il un tel malheur
De dure destinée,
Ni si triste douleur
De dame fortunée
Qui mon cœur et mon œil
Vois en bière et cercueil ?

Qui dans mou doux printemps
Et fleur de ma jeunesse,
Toutes les peines sens
D'une extrême tristesse,
Et en rien n'ai plaisir
Qu'en regret et désir.

Ce qui m'étoit plaisant
Me devient peine dure;
Le jour le plus luisant
Est pour moi nuit obscure,
Et n'est rien si exquis
Qui de moi soit requis.

J'ai au cœur et à l'œil
Un portrait, une image,
Qui figure mon deuil
Sur mon pâle visage
De violettes teint,
Qui est l'amoureux teint.

Pour mon mal estranger,
Je ne m'arrête en place :
Mais j'en ai beau changer,
Si ma douleur n'efface :
Car mon pis et mon mieux
Sont les plus déserts lieux.

Si en quelque séjour,
Soit en bois, soit en pré,
Soit sur l'aube du jour,
Ou soit sur la vesprée,
Sans cesse mon cœur sent
Le regret d'un absent.

Si parfois vers les cieux
Viens adresser ma vue,
Le doux trait de ses yeux
Je vois en une nue ;
Si les baisse vers l'eau,
Vois comme en un tombeau.

Si je suis en repos,
Sommeillant sur ma couche,
J'oy qu'il me tient propos,
Je le sens qu'il me touche :
En labeur, en recoy,
Toujours est près de moy.

Je ne vois autre objet,
Si beau qu'il se présente,
A qui que soit subjet
Onques mon cœur consente :
Exempt de perfection
A cette affection.

Mets chanson icy fin
A si triste complainte
Dont sera le refrain
Amour vraie et non feinte,
Qui, pour séparation,
N'aura diminution.

qui l'emporterait ; mais enfin l'artifice de son voile perdait la partie, et la neige de son blanc visage effaçait l'autre. Car ce fut ainsi, ajouta-t-il, que, du moment où elle fut veuve, je la vis toujours en son pâle teint, tant que j'eus l'honneur de la voir en France et en Ecosse, où il lui fallut aller au bout de dix-huit mois, à son très-grand regret, et après sa viduité, pour pacifier son royaume, fort divisé pour sa religion. Hélas ! elle n'en avait pourtant ni envie ni volonté, et je lui ai vu dire souvent et appréhender comme mort ce voyage ; car elle désirait cent fois plus de demeurer en France simple douairière, et se contenter de sa Touraine et de son Poitou pour son douaire, que d'aller régner là en son pays sauvage ; mais messieurs ses oncles, au moins aucuns, car non pas tous, l'en conseillèrent et même l'en pressèrent, qui se repentirent bien après de cette faute. »

Marie obéit, comme nous avons vu, et elle avait commencé son voyage sous de tels auspices, qu'en perdant la terre de vue, elle pensa mourir. C'est alors que de cette âme toute poetique s'exhalèrent ces vers si connus :

Adieu, plaisant pays de France,
O ma patrie
La plus chérie,
Qui as nourri ma jeune enfance !
Adieu, France ! adieu, mes beaux jours.
La nef qui disjoint nos amours
N'a eu de moi que la moitié :
Une part te reste, elle est tienne ;
Je la fie à ton amitié,
Pour que de l'autre il te souvienne.

Cette moitié d'elle-même que Marie laissait en France était le corps de son jeune roi qui avait emporté avec lui tout le bonheur de la pauvre Marie en sa tombe.

Marie n'avait plus qu'un espoir, c'est que la vue d'une flotte anglaise forcerait sa petite escadre à retourner en arrière : mais elle avait ses destins à accomplir. Un brouillard, extraordinaire en cette saison d'été, s'étendit ce jour même sur tout le détroit, et la fit échapper à la croisière ; car ce brouillard était si épais, qu'on ne pouvait voir de la poupe au mât. Il dura toute la journée du dimanche, qui était le lendemain du départ, et ne se leva que le lendemain lundi à huit heures du matin. La petite flotte, qui, pendant tout ce temps, avait navigué au hasard, se trouva au milieu d'une telle quantité d'écueils, que, si le brouillard eût duré quelques minutes de plus, la galère eût certainement touché sur quelque rocher, et eût péri comme le vaisseau qu'on avait vu s'abîmer en sortant du port. Grâce à cette éclaircie, le pilote reconnut les côtes de l'Ecosse, et dirigeant avec une grande habileté ses quatre bâtiments à travers les recifs, il alla le 20 août prendre terre à Leith, où rien n'avait été préparé pour recevoir la reine. Néanmoins, à peine y fut-elle, que les principaux de la ville se réunirent et vinrent la complimenter. Pendant ce temps, on rassemblait à la hâte quelques misérables bidets, dont les harnais tombaient en lambeaux, pour conduire la reine à Edimbourg. A cette vue, Marie ne put s'empêcher de pleurer encore ; car elle pensait aux magnifiques palefrois et aux riches haquenées de ses chevaliers et de ses dames de France ; et, du premier coup, l'Ecosse lui apparaissait dans toute sa misère. Le lendemain, elle devait lui apparaître dans toute sa férocité.

Après avoir passé au château d'Holyrood une nuit pendant laquelle, dit Brantôme, cinq à six cents marauds de la ville lui vinrent donner, au lieu de la laisser dormir, une aubade enragée sur de méchants violons et de petits rebecs, elle désira entendre la messe. Malheureusement le peuple d'Edimbourg appartenait presque entièrement à la religion reformée ; de sorte que, furieux de ce que la reine débutait par cette preuve de papisme, il entra de force dans l'église, armé de couteaux, de pierres et de bâtons, dans l'intention de mettre à mort le pauvre prêtre, qui était son aumônier. Celui-ci quitta l'autel et se réfugia près de la reine, tandis que le frère de Marie, le prieur de Saint-André, qui avait plus de disposition dès cette époque à être soldat qu'ecclésiastique, saisit une épée, et, se mettant entre le peuple et la reine, déclara qu'il tuerait de sa main le premier qui ferait un pas de plus. Cette fermeté, jointe à l'air digne et imposant de la reine, arrêta le zèle des nouveaux reformes.

C'est que, comme nous l'avons dit, Marie était arrivée au milieu de toute l'ardeur des premières guerres religieuses. Zélée catholique comme toute sa famille maternelle, elle inspirait aux huguenots les craintes les plus graves : aussi le bruit s'était-il répandu que Marie, au lieu d'aborder à Leith, comme elle y avait été forcée par le brouillard, devait aborder à Aberdeen. Là, disait-on, elle aurait trouvé le comte de Huntly, l'un des pairs restés fidèles à la religion catholique, et qui, après la famille des Hamilton, était le plus proche et le plus puissant allié de la famille royale. Secondée par lui et par vingt mille soldats du nord, elle eût alors marché sur Edimbourg, et rétabli la religion catholique par toute l'Ecosse. Les événements ne tardèrent point à prouver que cette accusation était fausse.

Marie aimait beaucoup, comme nous l'avons dit, le prieur de Saint-André, qui était fils de Jacques V et d'une noble descendante des comtes de Mar, qui avait été fort belle dans sa jeunesse, et qui, mal-

« C'était alors, dit Brantôme, qu'il faisait très-beau la voir ; car la blancheur de son visage luttait avec la blancheur de son voile à

gré l'amour bien connu de Jacques V pour elle, et l'enfant qui en avait été le résultat, n'en avait pas moins épousé lord Douglas de Lochleven, dont elle avait eu deux autres fils, l'aîné nommé Williams et le cadet George, lesquels se trouvaient ainsi les demi-frères du régent. Aussi, à peine remontée sur le trône, Marie avait rendu au prieur de Saint-André le titre de comte de Mar, qui était celui de ses ancêtres maternels, et comme celui de comte de Murray était vacant depuis la mort du fameux Thomas Randolph, Marie, dans son amitié fraternelle pour Jacques Stuart, ne tarda point à ajouter ce titre à ceux dont elle l'avait déjà décoré.

Mais ici la chose devenait plus difficile et plus compliquée ; car le nouveau comte de Murray, avec le caractère qu'on lui connaît, n'était point homme à se contenter du titre sans les terres : or les terres, qui appartenaient à la couronne depuis l'extinction de la branche masculine des anciens comtes, avaient été peu à peu envahies par des voisins puissants, au nombre desquels se trouvait le fameux comte de Huntly dont nous avons déjà parlé : il en résulta que comme la reine jugea, que de ce côté ses ordres pourraient bien éprouver quelque empêchement, elle se mit, sous prétexte de visiter ses possessions du nord, à la tête d'une petite armée commandée par son frère le comte de Mar et de Murray.

Le comte de Huntly fut d'autant moins dupe du prétexte apparent de cette expédition, que son fils, John Gordon, pour quelques abus de pouvoir qu'il avait commis, venait d'être condamné à un emprisonnement temporaire. Il n'en fit pas moins toutes les soumissions possibles à la reine, envoyant des messagers au-devant d'elle, pour l'inviter à venir se reposer dans son château, et de sa personne suivant les messagers, pour lui renouveler de vive voix son invitation. Malheureusement, au moment même où il joignait la reine, le gouverneur d'Inverness, qui était un homme à lui, refusait à Marie l'entrée de ce château, qui cependant était un château royal. Il est vrai que Murray, convaincu qu'il ne fallait pas marchander avec de pareilles rébellions, lui avait déjà fait trancher la tête comme coupable de haute trahison.

Ce nouvel acte de fermeté prouva à Huntly que la jeune reine n'était pas disposée à laisser reprendre par les seigneurs ce pouvoir presque souverain abaissé par son père ; de sorte que, malgré l'accueil plein de bienveillance qu'il en reçut, comme il apprit, étant au camp, que son fils, s'étant échappé de sa prison, venait de se mettre à la tête de ses vassaux, il craignit qu'on ne le crût, comme il l'était sans doute, complice de ce soulèvement, et partit dans la nuit même, pour prendre le commandement de ses soldats, décidé, comme Marie n'avait pas avec elle plus de sept à huit mille hommes de troupes, à risquer le hasard d'une bataille, proclamant cependant comme l'avait fait Buccleugh, dans sa tentative pour arracher Jacques V des mains des Douglas, que ce n'était point à la reine qu'il en voulait, mais seulement au régent, qui la tenait sous sa tutelle et faussait ses bonnes intentions.

Murray, qui savait que souvent toute la tranquillité d'un règne dépend de la fermeté qu'on déploie dans ses commencements, convoqua aussitôt tous les barons du nord dont les terres étaient voisines des siennes, pour marcher contre Huntly ; tous obéirent, car la maison des Gordon était si puissante déjà, que chacun redoutait qu'elle ne le devînt encore davantage ; mais cependant il était visible que s'il y avait haine pour le vassal, il n'y avait pas grande affection pour la reine, et que la plupart étaient venus sans intentions arrêtées et avec le projet de se laisser conduire par les circonstances.

Les deux armées se rencontrèrent près d'Aberdeen : Murray disposa aussitôt les troupes qu'il avait amenées d'Édimbourg, et desquelles il était sûr, au sommet d'une éminence, et disposa en échelons sur le penchant de la colline tous ses alliés du nord : Huntly s'avança résolûment sur eux, et attaqua les montagnards ses voisins, qui, après une courte résistance, se retirèrent en désordre. Aussitôt ses soldats jetèrent leurs lances, et tirant leurs épées, en criant : Gordon, Gordon! ils poursuivirent les fuyards, et croyaient déjà avoir gagné la bataille, lorsqu'ils vinrent se heurter tout à coup au corps d'armée de Murray, qui demeura immobile comme un rempart de fer, et qui, avec ses longues lances, eut bon marché de ses adversaires, armés seulement de leurs claymores. Alors ce fut aux Gordon de reculer à leur tour, ce que voyant, les clans du nord se rallièrent et revinrent au combat, chaque soldat ayant pour être reconnu de ses camarades une branche de bruyère à sa toque. Ce mouvement inattendu décida de la bataille : les montagnards roulèrent de la colline comme un torrent, entraînant tout ce qui aurait voulu s'opposer à leur passage. Alors Murray, voyant que le moment était venu de changer la défaite en déroute, donna avec toute sa cavalerie : Huntly, qui était très-gros et très-pesamment armé, tomba et fut écrasé sous les pieds des chevaux. John Gordon, fait prisonnier dans sa fuite, eut trois jours après la tête tranchée à Aberdeen ; enfin son frère, trop jeune pour subir en ce moment le même sort, fut enfermé dans un cachot et exécuté plus tard, le jour même où il eut seize ans.

Marie avait assisté à la bataille, et le calme et le courage qu'elle avait montrés avaient fait une vive impression sur ses sauvages défenseurs, qui, tout le long de la route, lui avaient entendu dire qu'elle aurait voulu être homme pour passer ses jours sur un cheval, ses nuits sous une tente, et pour porter une cotte de mailles sur le corps, un casque sur la tête, un bouclier au bras et une large épée au côté.

Marie fit son entrée à Édimbourg au milieu de l'enthousiasme géné-
ral ; car cette expédition contre le comte de Huntly, qui était catholique, avait été très-populaire parmi les habitants d'Édimbourg, qui ne se rendaient pas compte des véritables motifs qui l'avaient fait entreprendre. Ils étaient réformés, le comte était papiste : c'était un ennemi de moins ; voilà tout ce qu'ils avaient considéré. Aussi les Écossais, au milieu de leurs acclamations, exprimèrent-ils, soit de vive voix, soit par des requêtes écrites, le désir que leur reine, qui n'avait point eu d'enfant de François II, se remariât : Marie y consentit, et, cédant aux conseils prudents de ceux qui l'entouraient, elle résolut de consulter sur ce mariage Élisabeth dont, en sa qualité de petite-fille de Henri VII, elle était l'héritière dans le cas où la reine d'Angleterre mourrait sans postérité : malheureusement, elle n'avait pas toujours agi avec une circonspection pareille ; car à la mort de Marie Tudor, que l'on appelait la sanglante Marie, elle avait réclamé le trône de Henri VIII, et, s'appuyant sur l'illégitimité de la naissance d'Élisabeth, avait pris avec le dauphin, le titre de rois d'Écosse, d'Angleterre et d'Irlande, et avait fait frapper des monnaies avec ce titre nouveau et ciseler de la vaisselle avec ces armoiries nouvelles.

Élisabeth avait neuf ans de plus que Marie, c'est-à-dire qu'à cette époque elle n'avait point encore atteint sa trentième année ; elle était donc sa rivale non-seulement comme reine, mais encore comme femme. Sous le rapport de l'éducation, elle pouvait soutenir la comparaison avec avantage ; car si elle avait moins de charme dans l'esprit, elle avait plus de solidité dans le jugement : familière avec la politique, la philosophie, l'histoire, l'éloquence, la poésie et la musique, outre l'anglais, sa langue maternelle, elle parlait et écrivait parfaitement le grec, le latin, le français, l'italien et l'espagnol ; mais supérieure sur ce point à Marie, Marie à son tour était plus belle et surtout plus séduisante que sa rivale. Élisabeth avait, il est vrai, l'extérieur majestueux et agréable, des yeux vifs et brillants, un teint d'une blancheur éclatante ; mais elle avait les cheveux roux, le pied grand (1) et la main forte, tandis que Marie, au contraire, avec ses beaux cheveux blond cendré (2), son front noble et ouvert, ses sourcils auxquels on ne pouvait reprocher que d'être si régulièrement arqués, qu'on les aurait crus tracés au pinceau, ses yeux d'où ruisselait incessamment un filtre de flammes, son nez formé avec toute la précision des lignes grecques, sa bouche si vermeille et si gracieuse, qu'il semblait, que comme une fleur ne s'ouvre que pour laisser échapper ses parfums, elle ne devait s'ouvrir, elle, que pour faire entendre de douces paroles, avec son cou blanc et gracieux comme celui du cygne, ses mains d'albâtre, sa taille de déesse et son pied d'enfant, formait un ensemble auquel le statuaire le plus fanatique de la forme n'aurait su que reprocher.

Ce fut là le grand et véritable crime de Marie : une seule imperfection dans le visage ou dans la taille, et elle ne mourait pas sur l'échafaud.

Aussi cette beauté était-elle pour Élisabeth, qui ne l'avait jamais vue, et qui par conséquent ne pouvait en juger que par oui-dire, une grande cause d'inquiétude et de jalousie qu'elle ne savait pas même dissimuler, et qui se manifestait sans cesse par des questions et des impatiences. Un jour qu'elle causait familièrement avec Jacques Melvil, de la cause qui l'amenait à sa cour, et qui était le patronage offert à Élisabeth par Marie Stuart pour le choix d'un époux, choix que la reine d'Angleterre avait paru désirer d'abord voir se fixer sur le comte de Leycester, elle conduisit l'ambassadeur écossais dans un cabinet de travail, où elle lui montra plusieurs portraits avec des étiquettes écrites de sa propre main : le premier était celui du comte de Leycester. Comme ce seigneur était justement le prétendant désigné par Élisabeth, Melvil demanda ce portrait à la reine pour le faire voir à sa maîtresse ; mais Élisabeth le lui refusa, en lui disant que c'était le seul qu'elle eût. Melvil alors lui répondit en souriant qu'ayant l'original elle pouvait bien se dessaisir de la copie ; mais pour rien au monde Élisabeth n'y voulut consentir. Cette petite discussion terminée, elle lui montra le portrait de Marie Stuart qu'elle baisa fort tendrement, témoignant à Melvil grande envie de voir sa maîtresse. — Cela est bien facile, madame, répondit celui-ci : faites-garder votre chambre sous le prétexte que vous êtes indisposée, et partez incognito pour l'Écosse, comme a fait le roi Jacques V pour la France, lorsqu'il voulut voir Madeleine de de Valois, qu'il épousa depuis.

— Hélas! répondit Élisabeth, je le voudrais bien ; mais cela n'est pas aussi facile que vous le croyez. Dites néanmoins à votre reine que je l'aime tendrement, et que je veux que nous vivions plus amies que nous ne l'avons fait encore jusqu'à présent. — Puis passant à un sujet qu'elle paraissait depuis longtemps avoir envie d'aborder : Voyons, Melvil, continua-t-elle, dites-moi franchement : ma sœur est-elle aussi belle qu'on le dit? — Elle passe pour fort belle, répondit Melvil : mais je ne puis en donner une idée à votre majesté, n'ayant pas de point de comparaison. — Je vais vous en donner un, dit la reine : est-elle plus belle que moi? — Madame, répondit Melvil, vous êtes la plus belle de l'Angleterre, et Marie Stuart est la plus belle de l'Écosse. — Enfin, laquelle des deux est la plus grande? demanda Élisabeth, que cette réponse, si habile qu'elle fût, ne satisfaisait pas entièrement. — C'est ma maîtresse, madame, reprit Melvil ; je suis forcé de l'avouer. — Alors, elle l'est donc trop, dit aigrement Élisabeth, car je suis de la plus grande taille. Et, continua-t-elle, quels sont ses amusements favoris? — Madame, répondit Melvil, c'est la chasse, l'équitation, le luth et le clavecin. — Est-ce qu'elle est forte sur ce dernier instrument? demanda Élisabeth. — Mais oui, madame, dit Melvil; assez forte pour une reine.

La conversation en resta là; mais comme Élisabeth était elle-même excellente musicienne, elle chargea mylord Husden d'introduire Melvil chez elle au moment où elle serait à son clavecin, afin qu'il pût l'entendre sans qu'elle eût cependant l'air de jouer pour lui. En effet, le même jour, Husden, conformément à ses instructions, conduisit l'ambassadeur dans une galerie qui n'était séparée de l'appartement de la reine que par une tapisserie; de sorte que, l'introducteur l'ayant soulevée, Melvil put entendre à loisir Élisabeth, qui ne se retourna que lorsqu'elle eut achevé le grand morceau qu'elle était en train de jouer, au reste, avec beaucoup de talent. En apercevant Melvil, elle feignit d'entrer dans une grande colère, et voulut même la battre; mais cette colère se calma peu à peu devant les compliments de l'ambassadeur, et finit par tomber lorsqu'il lui avoua que Marie Stuart n'était point de sa force. Mais ce n'était pas tout: fière de ce triomphe, Élisabeth voulut encore que Melvil la vît danser. En conséquence, elle retarda ses dépêches de deux jours pour qu'il pût assister à un bal qu'elle donnait. Ces dépêches, comme nous l'avons dit, contenaient le désir que Marie Stuart épousât Leycester; mais cette proposition ne pouvait être prise au sérieux. Leycester, dont le mérite personnel était d'ailleurs assez médiocre, était d'une naissance trop inférieure pour prétendre à la main de la fille de tant de rois: Marie répondit donc qu'une pareille alliance ne pouvait lui convenir.

Sur ces entrefaites, il arriva à la cour une étrange et tragique histoire. Parmi les seigneurs qui avaient suivi Marie Stuart en Écosse était, comme nous l'avons dit, un jeune gentilhomme nommé Chatelard, véritable type de la noblesse de cette époque, neveu de Bayard par sa mère, poëte et chevalier, plein de talent et de courage, et appartenant au maréchal Damville, de la maison duquel il faisait partie. Grâce à cette position élevée, Chatelard avait, pendant tout le temps de son séjour en France, fait sa cour à Marie Stuart, qui n'avait jamais vu dans les hommages qu'il lui rendait en vers autre chose que ces déclarations poétiques et galantes, en usage à cette époque, et dont elle était chaque jour accablée. Or il arriva que vers le temps où Chatelard était le plus amoureux de la reine, elle fut, comme nous l'avons dit, forcée de quitter la France. Alors le maréchal Damville, qui ignorait la passion de Chatelard, et qui lui-même, encouragé par le bon accueil de Marie, s'était mis sur les rangs pour succéder comme époux à François II, partit pour l'Écosse avec la pauvre exilée, emmenant avec lui Chatelard, et, ne s'imaginant point trouver un rival en lui, lui fit confidence de sa passion, et le laissa près de Marie lorsqu'il fut forcé de la quitter, chargeant le jeune poëte de maintenir auprès d'elle les intérêts de son amour. Cette charge de confident rapprocha donc encore Chatelard de Marie; et comme, en sa qualité de poëte, la reine le traitait en frère, il s'enhardit dans sa passion au point de tout risquer pour obtenir un autre titre. En conséquence, il s'introduisit un soir dans la chambre de Marie Stuart, et se cacha sous le lit; mais au moment où la reine commençait à se déshabiller, un petit chien qu'elle avait se mit à japper avec une telle force que les femmes accoururent à ses aboiements, et suivant du regard la direction qu'ils indiquaient, aperçurent Chatelard. Une femme pardonne facilement un crime dont trop d'amour est l'excuse: Marie Stuart était femme avant d'être reine, elle pardonna.

Mais cette bonté ne fit qu'augmenter la confiance de Chatelard; il attribua la réprimande qu'il avait reçue à la présence des femmes de la reine, et supposa que si elle eût été seule, elle lui eût pardonné plus complétement encore: de sorte que trois semaines après cette même scène se renouvela. Mais cette fois, Chatelard, surpris dans une armoire quand la reine était déjà couchée, fut remis aux mains des gardes.

Le moment était mal choisi: un pareil scandale, au moment où la reine allait se remarier, était fatal à Marie s'il n'était fatal à Chatelard. Murray prit en main l'affaire; et pensant qu'un procès public pourrait seul sauver la réputation de sa sœur, il poussa l'accusation avec tant de vigueur que Chatelard, convaincu du crime de lèse-majesté, fut condamné à mort. Marie fit quelques instances auprès de son frère pour que Chatelard fût renvoyé en France; mais Murray lui fit voir quelles terribles conséquences pourrait avoir un pareil emploi de son droit de grâce, de sorte que Marie fut forcée de laisser la justice poursuivre son cours: Chatelard fut conduit au supplice.

Arrivé sur l'échafaud, qui était dressé devant le palais de la reine, Chatelard, qui avait refusé l'aide d'un prêtre, se fit lire l'ode de Ronsard sur la mort; et lorsque la lecture, qu'il suivit avec un plaisir évident, fut terminée, il se tourna vers les fenêtres de la reine, et s'étant écrié une dernière fois: « Adieu, la plus belle et la plus cruelle princesse du monde, » il tendit son cou à l'exécuteur, sans manifester aucun repentir ni pousser aucune plainte. Cette mort impressionna d'autant plus la reine qu'elle n'osa y compatir ouvertement.

Pendant ce temps le bruit s'était répandu que la reine d'Écosse consentait à un nouveau mariage, et plusieurs prétendants se présentèrent, qui étaient issus des premières maisons souveraines d'Europe: ce fut d'abord l'archiduc Charles, troisième fils de l'empereur d'Allemagne, puis le prince héréditaire d'Espagne, don Carlos, le même qui fut mis depuis à mort par son père, puis le duc d'Anjou, qui devint ensuite Henri III. Mais épouser un prince étranger, c'était renoncer à ses droits sur la couronne d'Angleterre. Marie refusa donc, et, se faisant honneur de ce refus auprès d'Élisabeth, elle jeta les yeux sur un parent de cette dernière, nommé Henry Stuart, lord Darnley, et qui était fils du comte de Lennox.

Élisabeth, qui ne pouvait rien dire de plausible contre ce mariage, puisque la reine d'Écosse choisissait non-seulement un Anglais pour époux, mais encore prenait cet époux dans sa propre famille, permit au comte de Lennox et à son fils de se rendre à la cour d'Écosse, se réservant, si les affaires lui paraissaient prendre une tournure sérieuse, de les rappeler tous deux auprès d'elle, ordre auquel ils seraient bien forcés d'obéir, puisque tous leurs biens étaient en Angleterre.

Darnley avait dix-huit ans: il était beau, bien fait, élégant; il possédait ce séduisant jargon des jeunes seigneurs de la cour de France et d'Angleterre que Marie avait cessé d'entendre depuis son exil en Écosse; elle se laissa prendre à ces apparences, et ne s'aperçut point que sous cette écorce brillante Darnley cachait une nullité profonde, un courage équivoque et un caractère changeant et brutal. Il est vrai de dire qu'il était arrivé jusqu'à elle sous les auspices d'un homme dont l'influence était aussi singulière que l'élévation même qui lui donnait l'occasion de l'exercer. Nous voulons parler de David Rizzio.

David Rizzio, qui a joué un si grand rôle dans la vie de Marie Stuart, et dont la faveur étrange a donné, sans cause probable, à ses ennemis de si cruelles armes contre elle, était le fils d'un musicien de Turin chargé d'une nombreuse famille, qui, lui reconnaissant un goût prononcé pour la musique, lui avait appris les principes de cet art. À l'âge de quinze ans il avait quitté la maison paternelle, et s'était rendu à pied à Nice, où le duc de Savoie tenait sa cour; là, il était entré au service du duc de Moreto, et ce seigneur ayant été nommé, quelques années après, à l'ambassade d'Écosse, Rizzio le suivit dans ce royaume. Comme ce jeune homme avait une fort belle voix, et jouait sur la viole et le rebec des chansons dont il composait les airs et les paroles, l'ambassadeur en parla à Marie, qui désira le voir. Rizzio, plein de confiance en lui-même, voyant dans ce désir de la reine un moyen de parvenir, s'empressa de se rendre à son ordre, chanta devant elle et lui plut. Elle le demanda alors à Moreto, sans plus d'importance qu'elle n'en eût mis à lui demander un chien de race ou un faucon bien dressé. Moreto le lui donna, enchanté de trouver cette occasion de lui faire sa cour; mais à peine fut-il à son service, que Marie s'aperçut que la musique était le moindre de ses talents, et qu'il avait, outre cela, une instruction sinon profonde, du moins variée, l'esprit souple, l'imagination vive, les manières douces, et en même temps beaucoup de hardiesse et de suffisance. Il lui rappelait ces artistes d'Italie qu'elle avait vus à la cour de France, et lui parlait la langue de Marot et de Ronsard, dont il savait par cœur les plus belles poésies: c'était plus qu'il n'en fallait pour plaire à Marie Stuart. En peu de temps il devint son favori, et sur ces entrefaites, la place de secrétaire des dépêches françaises étant venue à vaquer, Rizzio en fut pourvu.

Darnley, qui voulait réussir à tout prix, mit donc Rizzio dans ses intérêts, ignorant qu'il n'avait pas besoin de cet appui; et comme de son côté, Marie, qui à la première vue s'était prise d'amour pour lui, craignant quelque nouvelle intrigue d'Élisabeth, hâtait, autant que les convenances le permettaient, cette union, les choses allèrent avec une merveilleuse rapidité, et au milieu de la joie publique, avec l'approbation de la noblesse, moins une faible minorité, à la tête de laquelle était Murray, le mariage fut célébré le 29 juillet 1565, sous les plus heureux auspices. La surveille, Darnley et le comte de Lennox, son père, avaient reçu l'ordre de retourner à Londres, et comme ils n'avaient pas obéi, huit jours après la célébration du mariage, ils apprirent que la comtesse de Lennox, la seule personne de leur famille qui fût restée au pouvoir d'Élisabeth, avait été arrêtée et conduite à la Tour. Ainsi Élisabeth, malgré sa dissimulation, cédant à ce premier mouvement de violence qu'elle avait toujours si grand'peine à vaincre, venait de mettre à jour tous ses ressentiments.

Cependant Élisabeth n'était point femme à se contenter d'une vengeance inutile: aussi elle relâcha bientôt la comtesse et tourna les yeux vers Murray, le plus mécontent des lords de l'opposition et qui perdait à ce mariage toute son influence personnelle; il ne fut donc pas difficile à Élisabeth de lui mettre les armes à la main. Effectivement, après avoir échoué dans une première entreprise qu'il fit pour s'emparer de Darnley, il appela à lui le duc de Chatellerault, Glaincairn, Argyle et Rothes, et, rassemblant ce qu'ils purent de partisans, ils se mirent en révolte ouverte contre la reine. Ce fut là le premier acte ostensible de cette inimitié qui fut depuis si fatale à Marie.

La reine, de son côté, fit un appel à sa noblesse, qui se hâta d'y répondre et de se ranger autour d'elle, de sorte qu'au bout d'un mois, elle se trouva entourée de la plus belle armée que jamais roi d'Écosse ait levée. Darnley se mit à la tête de cette magnifique assemblée, monté sur un superbe cheval, couvert d'une armure dorée, et accompagné de la reine, qui, vêtue en amazone, et des pistolets à l'arçon de sa selle, voulut faire cette campagne avec lui, pour ne pas le quitter d'un instant. Tous deux étaient jeunes, tous deux étaient beaux, et ils sortirent d'Édimbourg au milieu des acclamations du peuple et de l'armée.

Murray et ses complices n'essayèrent pas même de tenir, et la campagne se passa en marches et contre-marches si rapides et si compliquées, qu'on appela cette insurrection *Run about Raid*, c'est-à-dire la course en tous sens. — Murray et les rebelles se retirèrent en Angleterre, où Élisabeth, tout en paraissant blâmer leur échauffourée, leur fit passer tous les secours dont ils avaient besoin.

Marie revint à Édimbourg toute joyeuse du succès des deux premières campagnes qu'elle avait faites, ne se doutant pas que cette nouvelle faveur de la fortune était la dernière qu'elle dût en recevoir, et que là s'arrêtaient ses courtes prospérités. En effet, bientôt elle s'aperçut qu'elle s'était donné dans Darnley, non pas, comme elle l'avait cru, un époux galant et empressé, mais un maître impérieux et brutal, qui, n'ayant plus aucun motif de cacher aux yeux de sa femme, se montra tel qu'il était, c'est-à-dire plein de vices honteux, parmi lesquels l'ivrognerie et la débauche étaient les moindres. Aussi de graves différends ne tardèrent-ils point à éclater dans ce royal ménage.

Darnley, en épousant Marie, n'était pas devenu roi, mais seulement mari de la reine. Il fallait, pour lui conférer une autorité à peu près égale à celle d'un régent, que Marie lui accordât ce qu'on appelait la couronne matrimoniale, couronne que, pendant sa courte royauté, avait portée François II, et que Marie, d'après la conduite de Darnley à son égard, n'avait aucunement l'intention de lui accorder. Aussi, quelques instances qu'il fît, et sous quelque forme qu'il les enveloppât, Marie n'y répondit-elle que par un refus constant et obstiné. Darnley, étonné de cette force de volonté dans une jeune reine qui l'avait aimé au point de l'élever jusqu'à elle et ne croyant point qu'elle la puisât en elle-même, chercha autour d'elle quel conseiller secret et influent pouvait la lui inspirer. Ses soupçons se fixèrent sur Rizzio.

En effet, à quelque cause (et ce point chez les historiens les plus clairvoyants est constamment resté obscur) que Rizzio dût son influence, soit qu'il commandât comme amant, soit qu'il conseillât comme ministre, ses avis, tant qu'il vécut, furent toujours donnés pour la plus grande gloire de la reine. Parti de si bas, il voulait au moins se montrer digne d'être élevé si haut, et devant tout à Marie, il essayait en dévouement de lui rendre tout ce qu'il lui devait. Darnley ne s'était donc pas trompé, et c'était bien Rizzio qui, désespéré d'avoir été pour quelque chose dans une union qu'il prévoyait devoir devenir si malheureuse, donnait à Marie le conseil de n'abandonner aucune partie de son pouvoir à celui qui possédait déjà beaucoup plus qu'il ne méritait, en possédant sa personne.

Darnley, comme tous les hommes d'un caractère à la fois faible et violent, niait chez les autres la persistance de la volonté, si cette volonté n'était pas soutenue par une influence étrangère. Il crut donc qu'en se débarrassant de Rizzio, il ne pouvait manquer de gagner sa cause, puisque lui seul, pensait-il, s'opposait à ce que cette couronne matrimoniale, objet ardent de ses désirs, lui fût accordée. En conséquence, comme Rizzio était d'autant plus haï de la noblesse qu'il s'était élevé au-dessus d'elle par son propre mérite, il ne fut pas difficile à Darnley d'organiser un complot, et James Douglas de Morton, chancelier du royaume, consentit à en être le chef.

C'est la seconde fois, depuis le commencement de ce récit, que nous écrivons ce nom de Douglas, si souvent prononcé dans l'histoire d'Écosse, et qui, à cette époque, éteint dans la branche aînée, que l'on appelait les Douglas Noirs, se perpétuait dans la branche cadette, que l'on appelait les Douglas Roux. C'était une antique, noble et puissante famille, qui, lorsque la descendance mâle de Robert Bruce avait disparu, disputa la royauté au premier des Stuarts, et qui, depuis ce temps, avait constamment côtoyé le trône, tantôt son soutien, tantôt son ennemie, jalousant toute grande maison, car toute grandeur lui portait ombrage, et surtout celle des Hamilton, qui, sinon son égale, était du moins la plus puissante après elle.

Pendant tout le règne de Jacques V, grâce à la haine que leur portait le roi, les Douglas avaient non-seulement perdu toute leur influence, mais encore ils avaient été exilés en Angleterre. Cette haine venait de ce qu'ils s'étaient emparés de la tutelle du jeune prince, et l'avaient gardé prisonnier jusqu'à l'âge de quinze ans. Alors, avec l'aide d'un de ses pages, Jacques V s'était sauvé de Falkland, et avait gagné Stirling, dont le gouverneur était dans ses intérêts. Puis, à peine arrivé dans ce château, il avait fait proclamer que tout Douglas qui en approcherait à douze milles de distance serait poursuivi comme coupable de haute trahison. Ce ne fut pas tout, il obtint un arrêt du parlement qui les déclara coupables de forfaiture et les condamna à l'exil; ils demeurèrent donc proscrits tant que le roi vécut, et ne rentrèrent en Écosse qu'à sa mort. Il en résultait que, quoiqu'ils eussent été rappelés autour du trône, et qu'ils y occupassent, grâce à l'influence qu'avait eue Murray qui, on se le rappelle, était Douglas par sa mère, les emplois les plus importants, ils n'avaient point pardonné à la fille la haine que leur avait portée le père.

Voilà pourquoi James Douglas, tout chancelier du royaume qu'il était, et par conséquent chargé de faire exécuter les lois, se mit à la tête d'un complot qui avait pour but la violation de toutes les lois divines et humaines.

La première idée de Douglas avait été de traiter Rizzio comme avaient été traités les favoris de Jacques III au pont de Lauder, c'est-à-dire de lui faire faire une apparence de procès, et de le pendre

ensuite. Mais une pareille mort ne suffisait pas à la vengeance de Darnley; comme c'était surtout la reine qu'il voulait punir dans la personne de Rizzio, il exigea que le meurtre eût lieu en présence de la reine.

Douglas s'associa lord Ruthwen, sybarite paresseux et débauché, qui promit de pousser le dévouement, en cette circonstance, jusqu'à mettre une cuirasse; puis, sûr de cet important complice, il s'occupa de trouver d'autres agents.

Cependant le complot ne put point se tramer si secrètement qu'il n'en transpirât quelque chose: aussi Rizzio reçut-il plusieurs avis qu'il méprisa. Sir Jacques Melvil entre autres, essaya de toutes les façons possibles de lui faire comprendre les périls que courait, dans une cour jalouse et sauvage comme celle d'Écosse, un étranger qui jouissait d'une confiance si absolue: Rizzio reçut ces allusions en homme résolu à ne point se les appliquer; et sir Jacques Melvil, convaincu qu'il en avait fait assez pour l'acquit de sa conscience, n'insista point davantage.

Alors vint un prêtre français qui passait pour un fort habile astrologue, qui se fit introduire jusqu'auprès de Rizzio, et le prévint que les astres annonçaient qu'il était en péril de mort, et qu'il eût surtout à se défier d'un certain bâtard. Rizzio répondit que, du jour où il avait été honoré de la confiance de sa souveraine, il avait fait d'avance le sacrifice de sa vie à sa position; que cependant, depuis ce temps, il avait pu s'apercevoir que les Écossais étaient, en général, prompts à la menace et lents à l'effet; que, quant au bâtard dont il lui parlait, et qui sans doute était le comte de Murray, il aurait soin qu'il n'entrât jamais assez loin en Écosse pour que son épée pût l'atteindre, fût-elle longue de Dumfries à Édimbourg: ce qui voulait dire, en d'autres termes, que Murray resterait exilé toute sa vie en Angleterre, puisque Dumfries était une des premières places de la frontière.

Pendant ce temps, le complot marchait toujours son train, et Douglas et Ruthwen, ayant réuni leurs complices et pris leurs mesures, vinrent trouver Darnley, afin d'arrêter le pacte. Pour prix du service sanglant qu'ils rendaient au roi, ils exigèrent de celui-ci la promesse d'obtenir le pardon de Murray et des seigneurs compromis comme lui dans l'affaire de la *course en tous sens*. Darnley promit tout ce que l'on voulut, et un courrier fut envoyé à Murray, pour lui dire quelle était l'expédition qui se préparait, et l'inviter à se tenir prêt à rentrer en Écosse au premier avis qu'il en recevrait. Puis, ce point terminé, on fit signer à Darnley un écrit par lequel il reconnaissait qu'il était l'auteur et le chef de l'entreprise. Les autres assassins étaient le comte de Morton, le comte de Ruthwen, Georges Douglas, bâtard d'Angus, Lindley et André Karrew. Le reste se composait de soldats, véritables machines à meurtres, qui ne savaient pas même de quoi il s'agissait. Darnley se réserva de fixer le moment.

Le surlendemain du jour où ces conventions furent arrêtées, Darnley, ayant été averti que la reine était seule avec Rizzio, voulut s'assurer par lui-même du degré de faveur dont le ministre jouissait auprès d'elle. En conséquence, il se rendit à son appartement par une petite porte dont il avait toujours la clef sur lui; mais la clef eut beau tourner dans la serrure, la porte ne s'ouvrit point. Alors Darnley frappa en se nommant; mais tel était le mépris où il était tombé près de sa femme, que Marie le laissa dehors, quoique, en supposant qu'elle eût été seule avec Rizzio, elle eût tout le temps de le faire sortir. Darnley, poussé à bout par ce dernier événement, fit venir Morton, Ruthwen, Lennox, Lindley et le bâtard de Douglas, et fixa l'assassinat de Rizzio au surlendemain.

Ils venaient d'en arrêter tous les détails et de se distribuer les rôles que chacun devait jouer dans cette sanglante tragédie, lorsque tout à coup, et au moment où l'on s'y attendait le moins, la porte s'ouvrit, et Marie Stuart parut sur le seuil.

— Mylords, dit-elle, il est inutile que vous teniez des conseils secrets. Je suis instruite de vos complots, et, avec l'aide de Dieu, j'y appliquerai bientôt le remède.

A ces mots, et avant que les conjurés eussent eu le temps de se reconnaître, elle referma la porte, et disparut comme une vision éphémère, mais menaçante. Tous demeurèrent interdits. Morton retrouva le premier la parole.

— Mylords, dit-il, nous jouons ici un jeu de vie et de mort, et cela non pas au plus habile et au plus fort, mais au plus prompt. Si nous ne perdons pas cet homme, nous sommes perdus. Ce n'est donc pas après-demain qu'il faut le frapper, mais bien ce soir.

Tous applaudirent, jusqu'à Ruthwen, qui, tout pâle et tout fiévreux qu'il était encore d'une maladie de débauche, promit de ne pas demeurer en arrière. Le seul point qui fut changé à la proposition de Morton, c'est que le meurtre n'aurait lieu que le lendemain, car, de l'avis de tous, il ne fallait rien moins qu'un jour d'intervalle pour rassembler les conjurés subalternes, dont le nombre se montait à cent cinquante.

Le lendemain, qui était le samedi 9 mars 1566, Marie Stuart, qui avait hérité de son père Jacques V la haine de l'étiquette et le besoin de la liberté, avait invité à souper avec elle six personnes, au nombre desquelles était Rizzio. Darnley, dès le matin averti de cette circonstance, en prévint aussitôt les conjurés, leur faisant savoir qu'il les introduirait lui-même dans le palais de six à sept heures du soir. Les conjurés répondirent qu'ils seraient prêts.

La matinée avait été sombre et tempestueuse, comme le sont en Écosse presque toutes les premières journées du printemps, et vers le soir la neige et le vent avaient redoublé d'épaisseur et de force. Marie était donc restée renfermée avec Rizzio, et Darnley, qui s'était avancé plusieurs fois jusqu'à la porte secrète, avait pu entendre le son des instruments et la voix du favori, qui chantait ces douces mélodies qui se sont perpétuées jusqu'à nos jours, et que le peuple d'Édimbourg lui attribue encore. Ces mélodies étaient pour Marie un souvenir de son séjour de la France, dont les artistes venus à la suite des Médicis avaient déjà fait un écho de l'Italie ; mais pour Darnley elles étaient une insulte, et chaque fois il s'était retiré plus affermi dans son dessein.

A l'heure dite, les conjurés qui avaient reçu dans la journée le mot de passe, frappèrent à la porte du château, et y furent reçus avec d'autant moins de difficulté, que Darnley lui-même, enveloppé dans un grand manteau, les attendait à la poterne par laquelle ils furent introduits. Aussitôt les cent cinquante soldats se glissèrent dans une cour intérieure, où ils se rangèrent sous des hangars, autant pour se garantir du froid que pour n'être pas vus sur la neige dont le sol était couvert. Une fenêtre ardemment éclairée donnait sur cette cour ; c'était celle du cabinet de la reine : au premier signal qui leur serait donné par cette fenêtre, les soldats devaient enfoncer la porte et venir au secours des chefs de la conspiration.

Ces instructions données, Darnley conduisit Morton, Ruthwen, Lennox, Lindlay, André Karrew et le bâtard de Douglas, dans la chambre contiguë au cabinet, et qui n'en était séparée que par une tapisserie qui pendait devant la porte. De là on pouvait entendre tout ce qui se disait, et d'un seul bond tomber au milieu des convives.

Darnley les laissa dans cette chambre, en leur recommandant le silence ; puis, leur donnant comme signal d'entrée le moment où ils l'entendraient crier : *A moi, Douglas !* Il fit le tour par le corridor secret, afin qu'en le voyant entrer par sa porte accoutumée, la reine ne prît pas de soupçons de cette visite imprévue.

Marie était à souper avec six personnes, ayant, disent de Thou et Melvil, Rizzio assis à sa droite ; tandis qu'au contraire, Campden assure qu'il mangeait debout à un buffet. La conversation était gaie et familière ; car chacun s'abandonnait à ce bien-être qu'on éprouve à se sentir bien clos et bien couvert, assis à une table somptueuse, quand la neige vient battre les fenêtres et que le vent mugit dans les cheminées. Tout à coup Marie, étonnée que le silence le plus profond succédât aux paroles vives et animées que les convives échangeaient entre eux depuis le commencement du souper, et soupçonnant, à la direction de leurs regards, que la cause de leur inquiétude était derrière elle, se retourna, et aperçut Darnley appuyé au dossier de son fauteuil. La reine tressaillit ; car, quoique son mari eût le sourire sur les lèvres, ce sourire avait pris, en regardant Rizzio, une expression si étrange, qu'il était évident que quelque chose de terrible allait se passer. Au même instant, Marie entendit dans la chambre voisine un pas lourd et traînant qui s'approchait du cabinet, puis la tapisserie se souleva, et lord Ruthwen, couvert de son armure, dont il pouvait à peine soutenir le poids, pâle comme un fantôme, apparut sur le seuil de la porte, et tirant en silence son épée, il s'appuya dessus. La reine crut qu'il était en délire.

— Que voulez-vous, mylord ? lui dit-elle ; et pourquoi venez-vous au palais armé ainsi ? — Demandez cela au roi, madame, répondit Ruthwen d'une voix sourde. C'est à lui de vous répondre. — Expliquez-vous, mylord, demanda Marie en se retournant vers Darnley ; que signifie un pareil oubli des convenances ? — Cela signifie, madame, répondit Darnley en montrant du doigt Rizzio, qu'il faut que cet homme sorte d'ici à l'instant même. — Cet homme est à moi, mylord, dit Marie en se levant fièrement, et par conséquent n'a d'ordre à recevoir que de moi.

— A moi, Douglas ! cria Darnley.

A ces mots, les conjurés, qui, depuis quelques instants, s'étaient rapprochés de Ruthwen, craignant, tant était versatile le caractère de Darnley, qu'il ne les eût fait venir inutilement et n'osât point prononcer le signal, se précipitèrent avec tant de rapidité dans la chambre, qu'ils en renversèrent la table. Alors David Rizzio, voyant que c'était à lui que l'on en voulait, se jeta derrière la reine, à genoux, saisissant le bas de sa robe, et criant en italien : *Giustizia ! giustizia !* En effet, la reine, fidèle à son caractère, ne se laissant point intimider par cette invasion terrible, se mit devant Rizzio, et l'abrita derrière sa majesté. Mais elle comptait trop sur le respect de cette noblesse habituée depuis cinq siècles à lutter corps à corps avec ses rois. André Karrew lui mit un poignard sur la poitrine, et la menaça de la tuer si elle s'obstinait plus longtemps à défendre celui dont la mort était résolue. Alors Darnley, sans égard pour la grossesse de la reine, la prit à bras le corps et l'enleva de devant Rizzio, qui resta à genoux, pâle et tremblant, tandis que le bâtard de Douglas, vérifiant la prédiction de l'astrologue, qui avait averti Rizzio de se défier d'un certain bâtard, tirant le propre poignard du roi, l'enfonça dans la poitrine du ministre, qui tomba blessé, mais non pas mort. Aussitôt Morton le prit par les pieds et le tira du cabinet dans la chambre, laissant sur le plancher cette longue trace de sang que l'on y montre encore ; puis, arrivé là, chacun se rua sur lui comme à une curée, et s'acharna au cadavre, qui fut percé de cinquante-six coups de poignard. Pendant ce temps, Darnley maintenait la reine, qui, croyant que tout n'était point fini, ne ces-

sait de crier grâce. Mais Ruthwen reparut, plus pâle que la première fois, et à la demande de Darnley, qui s'informait si Rizzio était mort, il fit de la tête un signe affirmatif ; puis, comme dans l'état de convalescence où il était, il ne pouvait supporter une plus longue fatigue, il s'assit, quoique la reine, que Darnley avait enfin lâchée, fût restée debout à la même place. A ce coup, Marie ne put se contenir.

— Mylord ! cria-t-elle, qui vous a permis de vous asseoir devant moi, et d'où vous vient une pareille insolence ? — Madame, répondit Ruthwen, ce n'est point par insolence, mais par faiblesse, que j'en agis ainsi ; car je viens de prendre, pour rendre service à votre mari, plus d'exercice que les médecins ne me le permettent. Puis, se retournant vers un valet : — Donnez-moi un verre de vin, dit-il en montrant, avant de le remettre dans la gaîne, son poignard tout sanglant à Darnley ; car voilà la preuve que je l'ai bien gagné. — Le valet obéit, et Ruthwen vida son verre avec autant de tranquillité que s'il venait d'accomplir l'action la plus innocente. — Mylord ! dit alors la reine en faisant un pas vers lui, il se peut que, comme je suis une femme, malgré le désir et la volonté que j'en ai, je ne trouve jamais l'occasion de vous rendre ce que vous me faites ; mais, ajouta-t-elle en frappant avec énergie son ventre de sa main, celui que je porte là, et dont vous eussiez dû respecter les jours, puisque vous respectez si peu ma majesté, me vengera un jour de toutes ces insultes. — Puis, avec un geste à la fois superbe et menaçant, elle se retira par la porte de Darnley, qu'elle referma derrière elle.

En ce moment, on entendit une grande rumeur dans la chambre de la reine. Huntly, d'Athole et Bothwell, que nous allons bientôt voir jouer un rôle si important dans la suite de cette histoire, soupaient réunis dans un autre vestibule du palais, lorsque tout à coup ils avaient entendu des clameurs et des bruits d'armes ; de sorte qu'ils étaient accourus en toute hâte, et que d'Athole, qui marchait le premier, ayant heurté du pied, sans savoir qui il était, le cadavre de Rizzio, qui était étendu au haut de l'escalier, ils avaient cru, en voyant un homme assassiné, qu'on en voulait aux jours du roi et de la reine, et avaient mis l'épée à la main pour forcer la porte que gardait Morton. Mais dès que Darnley put comprendre ce dont il s'agissait, il s'élança du cabinet, suivi de Ruthwen, et se montrant aux nouveaux venus : — Mylords, dit-il, la personne de la reine et la mienne sont en sûreté, et il ne s'est rien passé ici que par nos ordres. Retirez-vous donc, vous en saurez davantage lorsqu'il en sera temps. Quant à celui-ci, ajouta-t-il en soulevant la tête de Rizzio par les cheveux, tandis que le bâtard de Douglas éclairait avec une torche sa figure afin qu'on pût la reconnaître, voyez qui il est, et si c'est la peine de vous faire pour lui une mauvaise affaire. — Effectivement, dès que Huntly, d'Athole et Bothwell eurent reconnu le ministre musicien, ils remirent leurs épées au fourreau, et ayant salué le roi, se retirèrent.

Marie était sortie avec une seule pensée dans le cœur, la vengeance. Mais elle avait compris qu'elle ne pouvait se venger à la fois de son mari et de ses compagnons ; elle mit donc en œuvre toutes les séductions de son esprit et de sa beauté pour détacher le roi de ses complices. La chose ne lui fut pas difficile : lorsque cette furie brutale qui emportait souvent Darnley au delà de toute limite fut calmée, il s'épouvanta lui-même du crime qu'il avait commis, et tandis que les assassins, réunis à Murray, décidaient qu'on lui donnerait cette couronne matrimoniale tant ambitionnée, Darnley, aussi léger que violent, aussi pusillanime que cruel, passait, dans la chambre même de Marie, en face du sang à peine essuyé, un autre traité, par lequel il s'engageait à livrer ses complices. En effet, trois jours après l'événement que nous venons de raconter, les meurtriers apprirent une étrange nouvelle, c'est que Darnley et Marie, accompagnés de lord Seyton, s'étaient échappés ensemble du palais d'Holyrood. Trois jours encore après, une proclamation signée de Marie et datée de Dunbar parut, qui appelait autour de la reine, en son nom et en celui du roi, tous les nobles et tous les barons d'Écosse, y compris ceux qui avaient été compromis dans l'affaire de la Course en tous sens, à qui non-seulement elle accordait un plein et entier pardon, mais encore rendait toute sa confiance. De cette manière, elle détachait la cause de Murray de celle de Morton et des autres assassins, qui, à leur tour, voyant qu'il n'y avait plus de sûreté pour eux en Écosse, se réfugièrent en Angleterre, où tout ennemi de la reine, malgré les bonnes relations qui régnaient en apparence entre Marie et Élisabeth, était toujours sûr de trouver un bon accueil. Quant à Bothwell, qui avait voulu s'opposer à l'assassinat, il fut nommé lord gardien de toutes les marches du royaume.

Malheureusement pour son honneur, Marie, toujours plus femme que reine, tandis qu'au contraire Élisabeth était toujours plus reine que femme, ne fut pas plutôt redevenue puissante, que son premier acte royal fut de faire exhumer Rizzio, qui avait été enterré sans appareil au seuil du temple le plus proche du château d'Holyrood et de le faire transporter dans la sépulture des rois d'Écosse, se compromettant plus encore par les honneurs qu'elle rendait au mort que par la faveur qu'elle accordait au vivant.

Cette démonstration si imprudente amena naturellement de nouvelles querelles entre Marie et Darnley ; ces querelles furent d'autant plus amères, que, comme on le comprend bien, la réconciliation entre le mari et la femme, du moins de la part de cette dernière, n'avait jamais été que feinte : de sorte que, se sentant plus forte encore de sa grossesse, elle ne garda plus de mesure, et, quittant Darnley, elle se rendit de Dumbar au château d'Édimbourg, où le 19 juin 1566, c'est-à-dire trois mois après l'assassinat de Rizzio, elle accoucha d'un fils qui fut depuis Jacques VI.

Aussitôt délivrée, Marie fit venir Jacques Melvil, son envoyé ordinaire près d'Elisabeth, et le chargea de porter cette nouvelle à la reine d'Angleterre, la priant en même temps d'être la marraine du royal enfant. En arrivant à Londres, Melvil se présenta aussitôt au palais; mais comme il y avait bal à la cour, il ne put voir la reine, et se contenta de faire savoir au ministre Cécil la cause de son voyage, en le priant de solliciter de sa maîtresse une audience pour le lendemain. Elisabeth figurait dans un quadrille, au moment où Cécil s'approchant d'elle, lui dit tout bas : — La reine Marie d'Écosse vient d'accoucher d'un fils. — A ces paroles, elle pâlit affreusement, et, regardant autour d'elle d'un œil égaré, et comme si elle était près de défaillir, elle alla s'appuyer contre un fauteuil; puis bientôt, ne pouvant se tenir debout, elle s'assit, renversant la tête en arrière, et plongée dans une douloureuse rêverie. Alors une des femmes de la cour, fendant le cercle qui s'était formé autour de la reine, s'approcha d'elle, inquiète, et lui demanda à quoi elle songeait si tristement. — Eh! madame, répondit Elisabeth avec impatience, ne savez-vous pasque Marie Stuart est accouchée d'un fils, tandis que, moi, je ne suis qu'un tronc stérile, qui mourra sans laisser de rejeton? Neanmoins Élisabeth était trop bonne politique, malgré sa facilité à se laisser entraîner à un premier mouvement, pour se compromettre par une plus longue manifestation de sa douleur. Aussi le bal n'en continua-t-il pas moins, et le quadrille interrompu fut repris et terminé. — Le lendemain Melvil eut son audience. Elisabeth le reçut à merveille, l'assurant de tout le plaisir que lui avait causé la nouvelle dont il était porteur, et qui l'avait, disait-elle, guérie d'une maladie dont elle était atteinte depuis quinze jours. Melvil lui

qu'elle avait manifesté trois ou quatre ans auparavant, de voir Marie; mais, outre les affaires de son royaume qui nécessitaient, dit Elisabeth, sa présence au cœur de ses états, elle ne se souciait point, d'après ce qu'elle avait entendu dire de la beauté de sa rivale, d'aller s'exposer à un parallèle désavantageux à son orgueil. Elle se contenta donc de remettre sa procuration au comte de Bedford, qui partit avec plusieurs autres seigneurs, pour le château de Stirling, où le jeune prince fut baptisé en grande pompe, et reçut le nom de Charles Jacques.

On remarqua que Darnley ne parut point à cette cérémonie, et que son absence parut fort scandaliser l'envoyé de la reine d'Angleterre. Au contraire, Jacques Hepburn, comte de Bothwel, y tenait le premier rang.

C'est que depuis le soir où Bothwel était accouru aux cris de Marie, pour s'opposer au meurtre de Rizzio, il avait fait un grand chemin dans la faveur de la reine, au parti de laquelle il paraissait lui-même s'être franchement attaché, à l'exclusion des deux autres, qui étaient ceux du roi et du comte de Murray. Bothwel était un homme déjà âgé de trente-cinq ans, chef de la puissante famille d'Hepburn, qui avait une grande influence dans le Lothian oriental et dans le comté de Berwick; au reste, violent, brutal, adonné à toutes les débauches, et capable de tout pour satisfaire une ambition qu'il ne se donnait même pas la peine de dissimuler. Dans sa jeunesse il avait passé pour brave; mais depuis longtemps il n'avait eu aucune occasion sérieuse de tirer l'épée.

Si l'autorité du roi avait été ébranlée par le crédit de Rizzio, elle fut entièrement renversée par celui de Bothwel. Les grands, suivant l'exemple du favori, ne se levaient plus devant Darnley, et cessèrent peu à peu de le traiter comme leur égal; son train fut diminué, on lui ôta sa vaisselle d'argent, et quelques officiers qui restèrent auprès de lui lui firent acheter leur service par les dégoûts les plus amers. Quant à la reine, elle ne prenait plus même la peine de cacher son aversion pour lui, l'évitant sans ménagement, à tel point qu'un jour qu'elle était allée

Chatelard, surpris dans une armoire quand la reine était déjà couchée, fut remis aux mains des gardes.— Page 69.

répondit que sa maîtresse s'était empressée de lui faire part de sa joie, sachant qu'elle n'avait pas de meilleure amie; mais il ajouta que cette joie avait manqué coûter la vie à Marie, tant sa couche avait été douloureuse. Comme il revenait pour la troisième fois sur ce point, dans le but d'augmenter encore l'aversion de la reine d'Angleterre pour le mariage : — Soyez tranquille, Melvil, lui répondit Élisabeth, vous n'avez que faire d'insister là-dessus, je ne me marierai jamais : mon royaume me tient lieu de mari, et mes sujets sont mes enfants. Quand je serai morte, je veux qu'on grave sur mon tombeau : « Ci-gît Elisabeth, qui régna tant d'années et qui mourut vierge. »

Melvil profita de cette occasion pour rappeler à Elisabeth le désir

avec Bothwell à Alway, elle en repartit aussitôt, parce que Darnley les y était venu rejoindre : le roi cependant prit encore patience; mais une nouvelle imprudence de Marie amena enfin la catastrophe terrible que, depuis la liaison de la reine avec Bothwell, quelques-uns prévoyaient déjà.

Vers la fin du mois d'octobre 1566, comme la reine tenait une cour de justice à Jedburg, on vint lui annoncer que Bothwell, en cherchant à s'emparer d'un malfaiteur nommé John Elliot du Parc, avait été blessé grièvement à la main; la reine, qui allait se rendre au conseil, remit aussitôt la séance au lendemain, et ayant donné l'ordre qu'on lui sellât un cheval, elle partit pour le château de l'Ermitage, qu'habitait Bothwel, et fit toute la route d'une traite, quoiqu'il y eût vingt milles, et qu'il lui fallut traverser des bois, des marais et des rivières ; puis, après être restée quelques heures en tête-à-tête avec lui, elle repartit avec la même diligence pour Jedburg, où elle fut de retour dans la nuit.

Quoique cette démarche eût fait grand bruit, envenimée qu'elle fut encore par les ennemis de la reine, qui appartenaient surtout à la religion réformée, Darnley ne l'apprit que près de deux mois après, c'est-à-dire lorsque Bothwell, complètement guéri, était de retour avec la reine à Edimbourg.

Alors Darnley crut qu'il ne devait pas supporter plus longtemps de pareilles humiliations. Mais comme, depuis sa trahison envers ses complices, il n'eût pas trouvé dans toute l'Écosse un noble qui eût voulu tirer l'épée pour lui, il résolut d'aller trouver le comte de Lennox, son père, espérant que par son crédit il pourrait rallier les mécontents qui , depuis la faveur de Bothwell,étaient en grand nombre. Malheureusement , indiscret et imprudent comme d'habitude, Darnley confia ce projet à quelques-uns de ses officiers , qui prévinrent Bothwell de l'intention de leur maître. Bothwell ne parut s'opposer aucunement à ce voyage ; mais Darnley était à peine à un mille d'Édimbourg, qu'il ressentit de violentes douleurs : il n'en continua pas moins sa route , et arriva fort malade à Glascow. Il fit aussitôt venir un célèbre médecin, nommé Jacques Abrenets , qui lui trouva le corps couvert de pustules , et déclara, sans hésitation aucune, qu'il avait été empoisonné. Cependant d'autres assurèrent, et de ce nombre est Walter Scott , que cette maladie n'était rien autre chose que la petite vérole.

Quoi qu'il en soit, la reine , en présence du danger que courait son mari, parut oublier ses ressentiments, et, au risque de ce qui pouvait en résulter de fâcheux pour elle , elle se rendit auprès de Darnley , après s'être fait précéder de son médecin. Il est vrai que, si l'on en croit les lettres suivantes datées de Glascow et qu'on accusa Marie d'avoir écrites à Bothwell , elle connaissait trop bien la maladie dont il était atteint pour croire à la contagion.Comme ces lettres sont peu connues

Marie Stuart.

ce qu'il n'était pas venu lui-même : il m'a fait dire, en outre, qu'il n'osait se présenter devant moi depuis la réprimande que j'avais faite à Cuningham. Ce gentilhomme m'a priée, comme de son propre mouvement, d'examiner la conduite de son maître, pour vérifier si mes soupçons étaient fondés. Je lui ai répondu que la peur était une maladie incurable, que le comte de Leunox ne serait pas si agité si sa conscience ne lui reprochait rien, et que s'il m'était échappé quelques vivacités, ce n'étaient que de justes représailles de la lettre qu'il m'avait écrite.

»Aucun des habitants n'est venu me faire visite, ce qui me fait croire qu'ils sont tous dans ses intérêts ; de plus, ils en parlent en fort bons termes, ainsi que de son fils. Le roi envoya chercher hier Joachim, et lui demanda pourquoi je ne logeais point avec lui, ajoutant que ma présence le guérirait bientôt, et me demanda aussi dans quel dessein j'étais venue ; si c'était pour me réconcilier avec lui ; si vous étiez ici ; si j'avais fait dresser l'état de ma maison ; si j'avais pris Pâris et Gilbert pour secrétaires, et si j'étais toujours dans la résolution de congédier Joseph. Je ne sais qui l'a si bien instruit. Il n'est point jusqu'au mariage de Sébastien dont il ne soit informé. Je lui ai demandé l'explication d'une de ses lettres , dans laquelle il se plaignait de la cruauté de certaines gens. Il m'a répondu qu'il était frappé, mais que ma présence lui causait tant de joie qu'il croyait en mourir. Il m'a fait quelques reproches de ce qu'il me trouvait rêveuse ; je l'ai quitté pour aller souper ; il m'a priée de revenir : j'y suis allée. Il m'a fait alors l'histoire de sa maladie, et m'a dit qu'il ne voulait faire qu'un testament par lequel il me laisserait tout, ajoutant que j'étais un peu la cause de son mal, et qu'il l'attribuait à mon refroidissement. — Vous me demandez, ajouta-t-il, quels sont ces gens dont je me plains : c'est de vous , cruelle, de vous, que je n'ai jamais pu apaiser par mes larmes et par mon repentir. Je sais que je vous ai offensée, mais non pas sur l'article que vous aussi quelques-uns de me reprochez : j'ai offensé vos sujets, mais vous me l'avez pardonné. Je suis

nous les paraissent fort curieuses, nous les transcrivons ici ; plus tard nous dirons comment elles tombèrent au pouvoir des seigneurs confédérés, et de leurs mains, passèrent dans celles d'Élisabeth, qui, toute joyeuse, s'écria en les recevant : « Par la mordieu, je tiens donc enfin sa vie et son honneur entre mes mains ! »

PREMIÈRE LETTRE.

« Quand je suis partie du lieu où j'avais laissé mon cœur, jugez dans quel état j'étais, pauvre corps sans âme : aussi pendant tout le diner n'ai-je parlé à personne, et personne n'a-t-il osé s'approcher de moi, car il était facile de voir qu'il n'y faisait pas bon. Lorsque je suis arrivée à une lieue de la ville, le comte de Lennox m'a envoyé un de ses gentilshommes pour me complimenter de sa part et pour l'excuser de

jeune, et vous dites que je retombe toujours dans mes fautes ; mais aussi un jeune homme comme moi, dépourvu d'expérience, ne peut-il point en faire, manquer à ses promesses, se repentir ensuite, et se corriger avec le temps ? Si vous voulez me pardonner encore une fois, je vous promets de ne plus vous offenser jamais. Toute la grâce que je vous demande, c'est de vivre ensemble comme deux époux, de n'avoir qu'une même table et qu'un même lit : si vous êtes inflexible, jamais je ne me relèverai d'ici. Dites-moi, je vous prie, votre résolution ; Dieu seul sait ce que je souffre, et cela parce que je ne m'occupe que de vous , parce que je n'aime et n'adore que vous. Si je vous ai offensée quelquefois, c'est à vous que vous devez vous en prendre ; car, lorsque quelqu'un m'offense, s'il m'était permis de me plaindre à vous , je ne confierais point mes chagrins à d'autres, mais lorsque nous sommes mal ensemble, je suis forcé de les renfermer en moi-même, et cela me rend fou.

» Il m'a ensuite fort pressée de rester avec lui et de loger dans sa maison ; mais je m'en suis excusée, et lui ai répondu qu'il avait besoin d'être purgé, et qu'il ne pouvait l'être commodément à Glascow : alors il m'a dit qu'il savait que j'avais fait venir une litière pour lui, mais qu'il eût mieux aimé faire le voyage avec moi. Il croyait, je pense, que j'avais le dessein de l'envoyer dans quelque prison . je lui ai répondu que je le ferais conduire à Craigmiller, qu'il y trouverait des médecins, que je resterais près de lui et que nous serions à portée de voir mon fils. Il m'a répondu qu'il ira où je voudrai le conduire, pourvu que je lui accorde ce qu'il m'a demandé. Il ne veut, au reste, être vu de personne.

» Il m'a dit de plus cent jolies choses que je ne puis vous rapporter et dont vous seriez vous-même surpris ; il ne voulait point me laisser aller, il voulait me faire veiller toute la nuit. Pour moi, je faisais semblant de tout croire, et je paraissais m'intéresser véritablement à lui. Au reste, je ne l'ai jamais vu si petit ni si humble ; et si je n'avais su combien son cœur s'épanche facilement, et combien le mien est impénétrable à tout autre trait qu'à ceux dont vous l'avez blessé, je crois que j'aurais pu me laisser attendrir : mais que cela ne vous alarme pas, je mourrai plutôt que de renoncer à ce que je vous ai promis. Pour vous, songez à en user de même vis-à-vis de ces perfides qui feront tous leurs efforts pour vous éloigner de moi ; je crois que tous ces gens-là ont été jetés dans le même moule : celui-ci a toujours la larme à l'œil, il s'incline devant tout le monde, depuis le plus grand jusqu'au plus petit ; il veut les intéresser en sa faveur et se faire plaindre. Son père a jeté aujourd'hui le sang par le nez et par la bouche ; jugez ce que signifient ces symptômes : je ne l'ai point encore vu, car il garde la maison. Le roi veut que je lui donne à manger moi-même, ou sans cela il ne mange point ; mais, quoi que je fasse, vous n'y serez pas plus trompé que je ne m'y trompe moi-même. Nous sommes unis, vous et moi, à deux espèces de gens bien haïssables (3) ; que l'enfer brise donc ces nœuds, et que le ciel en forme de plus beaux, que rien ne puisse rompre, qu'il fasse de nous le couple le plus tendre et le plus fidèle qui soit jamais ; voilà la profession de foi dans laquelle je veux mourir.

» Excusez mon griffonnage : il faudra que vous en deviniez plus de la moitié, mais je n'y sais point de remède. Je suis forcée de vous écrire à la hâte tandis que tout le monde dort ici : mais soyez tranquille, je prends à ma veille un plaisir infini ; car je ne puis dormir ainsi que les autres, ne pouvant dormir comme je le voudrais, c'est-à-dire entre vos bras.

» Je vais me mettre au lit ; demain j'achèverai ma lettre : j'ai trop de choses à vous mander, la nuit est trop avancée : jugez de ma peine. C'est à vous que j'écris, c'est de moi que je vous entretiens, et je suis forcée de finir...

» Je ne puis cependant m'empêcher de remplir à la hâte ce qui me reste de papier. Maudit soit l'écervelé qui me tourmente si fort ! sans lui je pourrais vous entretenir de choses plus agréables : il n'est pas fort changé ; *et cependant il en a pris beaucoup.* Il m'a, au reste, presque fait mourir par la fétidité de son haleine ; car il l'a maintenant plus mauvaise encore que celle de votre cousin : vous devinez que c'est une nouvelle raison pour que je n'approche pas de lui ; au contraire, je m'en éloigne le plus que je peux et me tiens sur une chaise au pied de son lit.

» Voyons si je n'oublie rien :

» L'envoyé de son père pendant la route ;

» L'interrogation sur Joachim ;

» L'état de ma maison ;

» Les gens de ma suite ;

» Sujet de mon arrivée ;

» Joseph ;

» Entretien entre lui et moi ;

» L'envie qu'il a de me plaire et son repentir ;

» Interprétation de sa lettre ;

» Le sieur de Lewingston.

» Ah ! j'oubliais cela. Hier Lewingston dit tout bas pendant le souper à la de Rères de boire à la santé de qui je savais bien, et de me prier d'y faire bonneur. Après le souper, comme je m'appuyais sur son épaule auprès du feu, il me dit : — N'est-il point vrai que voilà des visites bien agréables pour ceux qui les font et ceux qui les reçoivent ? Cependant, quelque satisfaits qu'ils paraissent de votre arrivée, je défie que leur joie égale le chagrin de celui que vous avez laissé seul aujourd'hui, et qui ne sera jamais content qu'il ne vous revoie. Je lui demandai de qui il voulait me parler. Il me répondit alors en me serrant le bras : — D'un de ceux qui ne vous ont pas suivie ; et parmi ceux-là, il vous est facile de deviner qui je veux dire.

» J'ai travaillé jusqu'à deux heures au bracelet ; j'y ai enfermé une petite clef qui est attachée par deux cordons : il n'est pas aussi bien travaillé que je le voudrais ; mais je n'ai pas eu le temps de le faire mieux ; je vous en ferai la première fois un plus beau. Prenez garde qu'on ne vous le voie ; car j'y ai travaillé devant tout le monde, et à coup sûr il serait reconnu.

» Je reviens toujours, malgré moi, à l'attentat horrible que vous me

conseillez. Vous me forcez à des dissimulations et surtout à des trahisons qui me font frémir ; j'aimerais mieux mourir, croyez-moi, que de commettre de pareilles actions : car cela me fait saigner le cœur. Il ne veut point me suivre que je ne lui promette de n'avoir qu'une même table et qu'un même lit que lui, comme auparavant, et de ne point l'abandonner si souvent. Si j'y consens, il fera, dit-il, tout ce que je voudrai, et me suivra partout : cependant il m'a priée de retarder mon départ de deux jours. J'ai feint de consentir à tout ce qu'il voulait ; mais je lui ai dit de ne parler à personne de notre réconciliation, de peur qu'elle ne causât de l'ombrage à quelques seigneurs. Enfin je l'emmènerai partout où je voudrai... Hélas ! je n'ai jamais trompé personne ; mais que ne ferais-je pas pour vous plaire ? Ordonnez, et quoi qu'il puisse arriver, j'obéirai. Mais voyez vous-même si l'on ne pourrait pas imaginer quelque secret moyen par forme de remède. Il doit se purger à Craigmiller et y prendre les bains ; il sera quelques jours sans sortir. Autant que je puis le voir, il est fort inquiet : cependant il a grande confiance dans ce que je lui dis ; mais sa confiance ne va pas jusqu'à s'ouvrir à moi. Si vous voulez, je lui découvrirai tout : je ne puis avoir de plaisir à tromper quelqu'un qui est dans la confiance. Au reste, il n'en sera que ce que vous voudrez : ne m'en estimez pas moins pour cela. C'est vous qui me l'avez conseillé : jamais la vengeance ne m'eût emportée si loin. Quelquefois il m'attaque par un endroit bien sensible, et il me touche au vif quand il me dit que ses crimes à lui sont connus, mais qu'il s'en commet tous les jours de plus grands, que l'on entreprend inutilement de cacher, parce que tous les crimes, quels qu'ils soient, grands et petits, viennent à la connaissance des hommes et font la matière ordinaire de leurs entretiens. Il ajoute quelquefois, en me parlant de Mme de Rères : — Je souhaite que ses services vous fassent honneur. — Il m'a assuré que bien des gens croyaient, et qu'il le croyait lui-même, que je n'étais pas sa maîtresse ; c'est sans doute parce que j'ai rejeté les conditions qu'il m'offrait. Enfin, il est sûr qu'il est fort inquiet au sujet de ce que vous savez, et qu'il soupçonne même que l'on en veut à sa vie. Il entre en désespoir toutes les fois que la conversation tombe sur vous, sur Lethigton et sur mon frère. Au reste, il ne dit ni bien ni mal des absents ; mais, au contraire, il évite toujours d'en parler. Son père garde la maison ; je ne l'ai point encore vu. Les Hamilton sont ici en grand nombre, et m'accompagnent partout ; tous les amis de l'autre me suivent chaque fois que je vais le voir. Il m'a priée de me trouver demain à son lever. Mon courrier vous dira le reste.

» Brûlez ma lettre : il y aurait du danger à la garder. D'ailleurs elle n'en vaut guère la peine, n'étant remplie que de pensées noires.

» Quant à vous, ne vous offensez pas si je suis triste et inquiète aujourd'hui, que pour vous plaire je passe par-dessus l'honneur, les remords et les dangers. Ne prenez donc pas en mauvaise part ce que je vous dis, et n'écoutez point les interprétations malignes du frère de votre femme ; c'est un fourbe que vous ne devez point entendre au préjudice de la plus tendre et de la plus fidèle maîtresse qui fut jamais. Ne vous laissez pas surtout fléchir par cette femme : ses feintes larmes ne sont rien en comparaison des larmes réelles que je verse, et de ce que l'amour et la constance me font souffrir pour parvenir à lui succéder ; c'est pour cela seul que je trahis, malgré moi, tous ceux qui pourraient traverser mon amour. Dieu me fasse miséricorde et vous envoie toutes les prospérités que vous souhaite une humble et tendre amie, qui attend bientôt de vous une autre récompense. Il est fort tard ; mais c'est toujours à regret que je quitte la plume quand je vous écris ; cependant je ne finirai ma lettre que lorsque je vous aurai baisé les mains. Pardonnez-moi de ce qu'elle est si mal écrite : peut-être le fais-je exprès ainsi pour que vous soyez obligé de la relire plusieurs fois. J'ai transcrit à la hâte ce que j'avais mis sur mes tablettes, et le papier m'a manqué. Souvenez-vous d'une tendre amie, et écrivez-lui souvent : aimez-moi aussi tendrement que je vous aime, et souvenez-vous

» Des paroles de Mme de Rères ;

» Des Anglais ;

» De sa mère ;

» Du comte d'Argyle ;

» Du comte de Bothwell,

» De la demeure d'Édimbourg. »

DEUXIÈME LETTRE.

« Il paraît que vous m'avez oubliée pendant votre absence, d'autant plus que vous m'aviez promis, en partant, de me mander dans un plus long détail tout ce qui se passerait de nouveau. L'espérance de recevoir de vos nouvelles m'avait causé presque autant de joie qu'aurait pu m'en apporter votre retour : vous l'avez plus différé que vous ne me l'aviez promis. Pour moi, quoique vous ne m'écriviez point, je fais toujours mon rôle. Je le mènerai lundi à Craigmiller, et il y passera tout le mercredi. J'irai ce jour-là à Édimbourg pour m'y faire saigner, à moins que vous n'en ordonniez autrement. Il est plus gai qu'à l'ordinaire, et il se porte mieux que jamais. Il me dit tout ce qu'il peut pour me persuader qu'il m'aime ; il a pour moi mille attentions, et il me prévient en tout : tout cela m'est si agréable, que je n'entre jamais chez lui que mon mal de côté ne me reprenne, tant sa compagnie me pèse. Si Paris m'apportait ce que je lui ai demandé,

Je serais bientôt guérie. Si vous n'êtes point encore de retour lorsque j'irai où vous savez, écrivez-moi, je vous prie, et mandez-moi ce que vous voulez que je fasse : car, si vous ne conduisez les choses avec prudence, je prévois que tout le fardeau tombera sur moi : examinez tout et pesez mûrement la chose. Je vous envoie ma lettre par Beton, qui partira le jour qui a été assigné à Balfour. Il ne me reste plus qu'à vous prier de m'informer de votre voyage.

» Glascow, ce samedi matin.»

TROISIÈME LETTRE.

« Je me suis arrêtée où vous savez plus longtemps que je n'aurais fait, si ce n'eût été pour tirer de lui une chose que le porteur de ces présentes vous apprendra : c'est là une belle occasion d'envelopper tous nos desseins : je lui ai promis d'amener demain la personne que vous savez. Prenez soin du reste, si vous le trouvez bon. Hélas! j'ai manqué à nos conventions, car vous m'avez défendu de vous écrire, ou de vous dépêcher un courrier. Au reste, mon dessein n'est point de vous offenser : si vous saviez de quelles craintes je suis agitée, vous n'auriez pas vous-même tant d'ombrages et de soupçons. Mais je les prends en bonne part, persuadée que je suis qu'ils n'ont d'autre principe que l'amour, amour que j'estime plus que tout ce qui est sous le ciel.

» Mes sentiments et mes bienfaits me sont de sûrs garants de cet amour, et me répondent de votre cœur; ma confiance est entière sur cet article; mais expliquez-vous, de grâce, et ouvrez-moi votre âme; autrement, je craindrais que, par la fatalité de mon étoile, et par l'influence trop heureuse des astres sur des femmes moins tendres et moins fidèles que moi, je ne sois supplantée dans votre cœur, comme Médée le fut dans celui de Jason, non que je veuille vous comparer à un amant aussi infortuné que Jason, et me mettre en parallèle avec un monstre tel que Médée, quoique vous ayez assez d'influence sur moi pour me forcer à lui ressembler toutes les fois que l'exigera notre amour, et qu'il s'agira de me conserver votre cœur qui m'appartient, et qui n'appartient qu'à moi seule; car j'appelle m'appartenir ce que j'ai acheté par l'amour tendre et constant dont j'ai brûlé pour vous, amour aujourd'hui plus vif que jamais, et qui ne finira qu'avec ma vie; amour enfin qui me fait mépriser et les dangers et les remords qui en seront peut-être les tristes suites. Pour prix de ce sacrifice, je ne vous demande qu'une grâce, c'est de vous souvenir d'un lieu qui n'est pas loin d'ici : je n'exige pas que vous teniez demain votre promesse; mais je veux vous voir, afin de dissiper vos soupçons. Je ne demande qu'une chose à Dieu : c'est qu'il vous fasse lire dans mon cœur, qui est moins à moi qu'à vous, et qu'il vous préserve de tout malheur, du moins pendant ma vie : cette vie ne m'est chère qu'autant qu'elle vous plaît et que je vous plais moi-même. Je vais me remettre au lit : adieu; donnez-moi demain matin de vos nouvelles; car je serai inquiète jusqu'à ce que j'en aie. Semblable à l'oiseau échappé de sa cage, ou à la tourterelle qui a perdu son compagnon, je serai seule à pleurer votre absence, si courte qu'elle puisse être. Cette lettre, plus heureuse que moi, ira ce soir où je ne puis aller, pourvu que le courrier ne vous trouve point endormi, comme je le crains. Je n'ai point osé l'écrire en présence de Joseph, de Sébastien et de Joachim, qui ne faisaient que de me quitter quand je l'ai commencée. »

Ainsi qu'on le voit, et en supposant toujours ces lettres réelles, Marie s'était prise pour Bothwell d'une de ces passions insensées, d'autant plus fortes, chez les femmes qui y sont en proie, que l'on comprend moins ce qui a pu les inspirer : Bothwell n'était plus jeune, Bothwell n'était point beau, et cependant Marie lui sacrifiait un jeune époux, qui passait pour un des plus beaux hommes de son siècle. C'était comme une espèce de magie.

Aussi Darnley, seul obstacle à la réunion des deux amants, avait-il été condamné déjà depuis longtemps, sinon par Marie, du moins par Bothwell; mais comme la force de son tempérament avait triomphé du poison, on chercha un autre genre de mort.

La reine, ainsi qu'elle l'annonce dans sa lettre à Bothwell, avait refusé de ramener Darnley avec elle, et était revenue seule à Édimbourg. Arrivée en cette ville, elle donna ordre que le roi fût transporté à son tour dans une litière; mais, au lieu de le faire conduire à Stirling ou à Holyrood, elle décida qu'il serait logé dans l'abbaye de l'église des Champs. Le roi fit quelques difficultés lorsqu'il connut cette disposition; cependant, comme il n'avait aucun pouvoir de s'y opposer, il se contenta donc de se plaindre de la solitude de la demeure qu'on lui assignait; mais la reine lui fit répondre qu'elle ne pouvait le recevoir en ce moment, ni à Holyrood, ni à Stirling, de peur, si sa maladie était contagieuse, de ne la communiquât à son fils : force fut donc à Darnley de se contenter du séjour qu'on lui assignait.

C'était une abbaye isolée, et peu faite par sa position pour dissiper les craintes que le roi avait conçues; car elle était située entre deux églises ruinées et deux cimetières : la seule maison qui en fût distante d'un trait d'arbalète à peu près appartenait aux Hamilton, et comme ils étaient les ennemis mortels de Darnley, le voisinage n'était rien moins que rassurant; plus loin, vers le nord, s'élevaient quelques méchantes cabanes, que l'on appelait le carrefour des Voleurs. En faisant le tour de son nouveau domicile, Darnley s'aperçut que deux trous assez grands pour donner chacun passage à un homme avaient été pratiqués dans les murs; il demanda que ces trous, par lesquels des malfaiteurs pouvaient s'introduire, fussent bouchés : on promit d'y envoyer des maçons; mais on n'en fit rien, et les trous restèrent libres et ouverts.

Le lendemain de son arrivée à Kirchfield, le roi aperçut de la lumière dans cette maison voisine de la sienne, et qu'il croyait déserte : il s'informa le lendemain, à Alexandre Durham, d'où elle venait, et il apprit que l'archevêque de Saint-André avait, sans qu'on sût pourquoi, quitté son palais d'Édimbourg, et habitait là depuis la veille : cette nouvelle augmenta encore les inquiétudes du roi, l'archevêque de Saint-André étant un de ses ennemis les plus déclarés.

Le roi, abandonné peu à peu de tous ses serviteurs, habitait le premier étage d'un petit pavillon isolé, n'ayant auprès de lui que ce même Alexandre Durham, que nous avons déjà nommé, et qui était son valet de chambre. Darnley, qui avait une amitié toute particulière pour lui, et qui d'ailleurs, comme nous l'avons dit, craignait à tout instant quelque tentative contre sa vie, lui avait fait transporter son lit dans son appartement; de sorte que tous deux couchaient dans la même chambre.

Dans la nuit du 8 février, Darnley réveilla Durham : il lui semblait entendre marcher dans l'appartement au-dessous de lui; Durham se leva, prit une épée d'une main, une bougie de l'autre, et descendit au rez-de-chaussée; mais, quoique Darnley fût bien certain de ne s'être pas trompé, Durham remonta un instant après en disant qu'il n'avait vu personne.

La matinée du lendemain se passa sans rien amener de nouveau. La reine mariait un de ses domestiques, nommé Sébastien : c'était un Auvergnat qu'elle avait ramené avec elle de France et qu'elle aimait beaucoup. Cependant, comme le roi lui fit dire qu'il y avait deux jours qu'il ne l'avait vue, elle quitta vers les six heures du soir la noce, et vint lui faire une visite, accompagnée de la comtesse d'Argyle et de la comtesse de Huntly. Pendant qu'elle était là, Durham, en apprêtant son lit, mit le feu à sa paillasse, qui fut brûlée, ainsi qu'une partie du matelas : ce qui fit que, les ayant jetés tout enflammés, par la fenêtre, de peur que le feu ne se communiquât aux autres meubles, il se trouva sans lit, et demanda la permission de revenir coucher à la ville; mais Darnley, qui se rappelait ses terreurs de la nuit précédente, et qui s'étonnait de cette promptitude qu'avait mise Durham à jeter toute sa literie par la fenêtre, le pria de ne point s'éloigner, lui offrant un de ses matelas, ou bien même de le recevoir dans son propre lit. Cependant, malgré cette offre, Durham insista, disant qu'il se sentait indisposé, et qu'il était bien aise de voir le même soir un médecin. La reine alors intercéda pour Durham, et promit à Darnley de lui envoyer un autre valet de chambre pour passer la nuit près de lui; force fut alors à Darnley de céder, et, s'étant fait répéter par Marie qu'elle lui enverrait quelqu'un, il donna pour ce soir le congé à Durham. En ce moment, Paris, dont la reine parle dans ses lettres, entra : c'était un jeune Français qui était depuis quelques années en Écosse, et qui, après avoir servi chez Bothwell et Seyton, était actuellement à la reine. En le voyant elle se leva, et comme Darnley voulait la retenir encore : — Vraiment, dit-elle, c'est impossible, mylord : j'ai déjà quitté, pour vous venir voir, la noce de ce pauvre Sébastien, et il faut que j'y retourne; car j'ai promis de venir masquée à son bal. — Le roi n'osa point insister; il lui rappela seulement la promesse qu'elle avait faite de lui envoyer un domestique; Marie la lui renouvela encore une fois, et sortit avec sa suite. Quant à Durham, il était parti du moment où il en avait reçu la permission.

Il était neuf heures du soir : Darnley, resté seul, ferma avec soin ses portes en dedans, et se coucha, quitte à se lever pour aller ouvrir au domestique qui devait venir passer la nuit près de lui. Il était à peine au lit, que le même bruit qu'il avait entendu la veille se renouvela : cette fois Darnley écoutait avec toute l'attention de la crainte; et bientôt il n'eut plus de doute que plusieurs hommes ne marchassent au-dessous de lui. Appeler était inutile, sortir était dangereux; attendre était le seul parti qui restât au roi. Il s'assura de nouveau que ses portes étaient bien fermées, mit son épée sous le chevet de son lit, éteignit sa lampe, de peur que sa lueur ne le dénonçât, et attendit en silence l'arrivée de son domestique; mais les heures s'écoulèrent, et le domestique ne vint pas.

A une heure du matin, Bothwell, après avoir causé assez long temps avec la reine, en présence du capitaine des gardes, était rentré chez lui pour changer de costume; quelques minutes après, il en sortit enveloppé d'un large manteau de housard allemand, traversa le corps de garde et se fit ouvrir la porte du château : une fois dehors, il s'achemina en toute hâte vers Kirchfield, où il pénétra par l'ouverture de la muraille; à peine eut-il fait quelques pas dans le jardin, qu'il y rencontra Jacques Balfour, gouverneur du château.

— Eh bien! lui dit-il, où en sommes-nous? — Tout est prêt, répondit Balfour; et nous vous attendions pour mettre le feu à la mèche. — C'est bien, reprit Bothwell; mais auparavant je veux m'assurer qu'il est dans sa chambre.

A ces mots, Bothwell ouvrit la porte du pavillon avec une fausse clef, et, ayant monté l'escalier à tâtons, il alla écouter à la porte de Darnley. N'entendant plus de bruit, il avait fini par s'endormir, mais d'un sommeil dont sa respiration saccadée indiquait l'agitation. Peu importait à Bothwell de quel sommeil il dormait, pourvu qu'il fût bien recueilli dans sa chambre : il redescendit donc en silence, comme il était monté, et, prenant une lanterne des mains d'un des conjurés, il entra lui-même dans la salle basse pour voir si tout était bien disposé ; cette salle était pleine de barils de poudre, et une mèche préparée n'attendait plus qu'une étincelle pour communiquer sa flamme au volcan. Bothwell se retira alors au fond du jardin avec Balfour, David, Chambers et trois ou quatre autres, laissant un homme pour mettre le feu à la mèche. Au bout d'un instant cet homme vint les joindre.

Il y eut alors quelques minutes d'anxiété, pendant lesquelles les cinq hommes se regardèrent en silence et comme effrayés d'eux-mêmes : puis, voyant que rien n'éclatait, Bothwell se retourna avec impatience du côté de l'artificier, lui reprochant d'avoir, par peur sans doute, mal rempli son office. Celui-ci assura son maître qu'il était certain que tout était en bon état, et comme Bothwell, impatient, voulait rentrer lui-même dans la maison pour s'en assurer, il offrit de retourner voir où cela en était. En effet, il revint jusqu'au pavillon et, passant sa tête par une espèce de soupirail, il aperçut la mèche qui brûlait encore. Quelques secondes après, Bothwell le vit revenir en courant et en faisant signe que tout allait bien : au même moment une détonation terrible se fit entendre, le pavillon vola en débris, la ville et le golfe s'illuminèrent d'une clarté qui surpassait la lumière du jour le plus vif : puis tout rentra dans la nuit, et le silence ne fut plus interrompu que par la chute des pierres et des solives, qui retombaient aussi pressées que la grêle dans un ouragan.

Le lendemain on retrouva le corps du roi dans un jardin du voisinage ; il avait été garanti de l'action du feu par les matelas sur lesquels il était couché, et comme sans doute, dans sa terreur, il s'était seulement jeté sur son lit, enveloppé dans sa robe de chambre et ses pantoufles aux pieds, et qu'il fut retrouvé ainsi, moins ses pantoufles jetées à quelques pas de lui, on crut qu'il avait été étranglé d'abord, puis porté là : mais la version la plus probable fut que les meurtriers s'en étaient tout simplement rapportés à la poudre, auxiliaire assez puissant par lui-même pour qu'on n'ait pas la crainte qu'il manque son effet.

La reine était-elle ou non sa complice? c'est ce que personne n'a jamais su, qu'elle, Bothwel et Dieu ; mais, complice ou non, sa conduite, imprudente cette fois comme toujours, donna à l'accusation que ses ennemis portèrent contre elle, sinon la consistance, du moins l'aspect de la vérité. A peine eut-elle appris cette nouvelle, qu'elle ordonna que le corps fût apporté devant elle, et que, l'ayant fait étendre sur un banc, elle l'examina quelques instants avec plus de curiosité que de douleur ; puis le cadavre, embaumé, fut déposé le même soir et sans pompe à côté de celui de Rizzio.

Le cérémonial d'Écosse prescrivait aux veuves des rois de se retirer pendant quarante jours dans une chambre entièrement fermée à la lumière du ciel : le douzième jour Marie fit ouvrir ses fenêtres, et le quinzième partit avec Bothwel pour Seyton, maison de campagne située à deux lieues de la capitale, où l'ambassadeur de France, Ducroc, alla la trouver, et lui fit des remontrances qui la déterminèrent à revenir à Édimbourg ; mais, au lieu des acclamations qui accueillaient ordinairement sa venue, elle y fut reçue par un silence de glace, et une seule femme dans la foule s'écria : — Dieu la traite comme elle le mérite !

Le nom des meurtriers n'était point un secret pour le peuple. Bothwel ayant porté à un tailleur un magnifique habit trop grand pour lui, en le chargeant de le refaire à sa taille, l'ouvrier le reconnut pour avoir appartenu au roi : — C'est juste, dit-il, l'habitude est que le bourreau hérite du patient.

Cependant le comte de Lennox, soutenu par les murmures du peuple, demandait hautement justice de la mort de son fils, et se portait comme accusateur contre ses meurtriers. La reine fut donc forcée, pour apaiser le cri paternel et le ressentiment public, d'ordonner au comte d'Argyle, grand justicier du royaume, de faire des informations : le même jour où cet ordre fut donné, une proclamation fut affichée dans les rues d'Édimbourg, dans laquelle la reine promettait deux mille livres sterling à quiconque donnerait connaissance des meurtriers du roi. Le lendemain, partout où ce monitoire avait été affiché, on trouva un autre placard ainsi conçu :

« Comme il a été publié que ceux qui feraient connaître les meurtriers du roi auraient deux mille livres sterling, moi, qui ai fait de bonnes perquisitions, affirme que les auteurs du meurtre sont le comte de Bothwell, Jacques Balfour, le curé de Flitz, David, Chambers, Blackmester, Jean Spens et la reine elle-même. » Ce placard fut déchiré ; mais, comme cela arrive ordinairement, il avait déjà été lu par toute la population.

Le comte de Lennox accusait Bothwell, et la voix publique, qui l'accusait comme lui, le secondait avec une telle violence, que Marie fut contrainte de le laisser mettre en jugement ; seulement toutes les mesures furent prises pour ôter à l'accusateur le moyen de convaincre l'accusé. Le 28 mars le comte de Lennox reçut avis que le 12 avril était fixe pour le jugement, c'était quatorze jours qu'on lui accordait pour rassembler des preuves mortelles contre l'homme le plus puissant de toute l'Écosse ; aussi le comte de Lennox, jugeant que ce procès n'était qu'une dérision, ne comparut-il point. Bothwell, au contraire, se

rendit au tribunal, accompagné de cinq mille de ses partisans et de deux cents fusiliers d'élite, qui gardèrent les portes aussitôt qu'il y fut entré ; de sorte qu'il paraissait bien plutôt un roi qui va violer les lois qu'un accusé qui vient s'y soumettre. Aussi arriva-t-il ce qui devait arriver, c'est-à-dire que le jury acquitta Bothwell du crime dont tout le monde et les juges eux-mêmes le savaient coupable.

Le jour du jugement, Bothwell fit afficher ce cartel :

« Quoique je sois suffisamment lavé du meurtre du roi, dont on m'a faussement accusé, cependant, pour mieux justifier mon innocence, je suis prêt de me battre contre quiconque osera avancer que j'ai tué le roi. »

Le lendemain on trouva affichée cette réponse :

« J'accepte le défi, pourvu que tu choisisses un lieu neutre. »

Cependant ce jugement était à peine rendu, que des bruits de mariage se répandirent entre la reine et le comte de Bothwell. Quelque étrange et quelque insensé que fût ce mariage, les relations des deux amants étaient si connues, que personne ne douta que ce ne fût la vérité. Mais comme tout était soumis à Bothwell, soit par crainte, soit par ambition, deux hommes seulement osèrent protester à l'avance contre cette union : l'un fut lord Herris, et l'autre Jacques Melvil.

Marie était à Stirling, lorsque lord Herris, profitant d'une absence momentanée de Bothwell, vint se jeter à ses pieds, la suppliant de ne point se perdre d'honneur en épousant le meurtrier de son mari ; ce qui ne manquerait pas de convaincre ceux qui en doutaient encore qu'elle était sa complice. Mais la reine, au lieu de remercier Herris de ce dévouement, parut fort étonnée de sa hardiesse, et, lui faisant dédaigneusement signe de se relever, lui répondit froidement que son cœur ne lui disait rien pour le comte de Bothwell, et que, si jamais elle se remariait, ce qui n'était point probable, elle n'oublierait ni ce qu'elle devait à son peuple ni ce qu'elle se devait à elle-même.

Melvil ne se laissa point décourager par ce précédent, et, feignant d'avoir reçu une lettre qu'un de ses amis, nommé Thomas Bishop, lui écrivait d'Angleterre. Il montra cette lettre à la reine ; mais Marie, aux premières lignes, reconnut le style et surtout l'amitié de son ambassadeur, et, donnant la lettre au comte de Lidington, qui était présent :

— Voilà, lui dit-elle, une lettre fort singulière. Lisez-la. C'est un tour de la façon de Melvil.

Lidington jeta les yeux sur la lettre ; mais, parvenu à la moitié à peine, il prit Melvil par la main, et l'entraînant dans l'embrasure d'une fenêtre :

— Mon cher Melvil, lui dit-il, vous étiez fou, certainement, quand tout à l'heure vous avez communiqué cette lettre à la reine ; car, dès que le comte de Bothwell en aura connaissance, et ce ne sera pas long, il vous fera assassiner. Vous avez agi en honnête homme, c'est vrai ; mais, à la cour, mieux vaut agir en homme habile. Retirez-vous donc au plus vite ; c'est moi qui vous le dis.

Melvil ne se fit point répéter cet avis, et s'absenta huit jours. Lidington ne s'était pas trompé ; à peine Bothwell était-il de retour auprès de la reine, qu'il sut tout ce qui s'était passé. Il éclata alors en imprécations contre Melvil et le fit chercher partout ; mais il ne put le trouver.

Ce commencement d'opposition, si faible qu'il fût, n'en inquiéta pas moins Bothwell, qui, sûr de l'amour de Marie, résolut de brusquer les choses. En conséquence, comme la reine revenait de Stirling à Édimbourg, quelques jours après les scènes que nous venons de raconter, Bothwell parut tout à coup au pont de Crammont avec mille cavaliers et, ayant fait désarmer le comte de Huntly, Lidington et Melvil, qui était revenu près de sa maîtresse, il saisit le cheval de la reine par la bride, et, avec une violence apparente, il força Marie de rebrousser chemin et de le suivre à Dunbar ; ce que la reine fit sans aucune résistance, chose étrange de la part d'une personne du caractère de Marie.

Le lendemain, les comtes de Huntly, Lidington, Melvil et les gens de leur suite furent remis en liberté ; puis, dix jours après, Bothwell et la reine, parfaitement réconciliés, revinrent ensemble à Édimbourg.

Le surlendemain de ce retour, Bothwell donna dans une taverne un grand dîner aux nobles ses partisans. Après le repas, sur la table même où il avait eu lieu, et au milieu des verres à moitié vides et des bouteilles renversées, Lindsay, Ruthwen, Morton, Maitland, et douze ou quinze autres seigneurs, signèrent un acte qui déclarait non-seulement que, dans leur âme et conscience, Bothwell était innocent, mais encore qui le désignait à la reine comme l'époux qui lui convenait. Cet acte était terminé par cette déclaration assez étrange :

« Après tout, la reine ne peut faire autrement, puisque le comte l'a enlevée et a couché avec elle. »

Cependant deux choses s'opposaient encore à ce mariage : la première, c'est que Bothwell était déjà marié trois fois, et que ses trois femmes étaient vivantes ; la seconde était qu'ayant enlevé la reine, cette violence pouvait faire regarder comme nulle l'alliance qu'elle contracterait avec lui : on s'occupa d'abord de la première de ces difficultés, comme la plus difficile à résoudre.

Les deux premières femmes de Bothwell étaient de naissance obscure ; par conséquent, on dédaigna de s'inquiéter d'elles. Mais il n'en était point ainsi de la troisième, fille du comte Huntly, le même qui avait été écrasé sous les pieds des chevaux, et sœur de Gordon, qui avait eu la tête tranchée. Heureusement pour Bothwell que ses déportements passés faisaient désirer le divorce à sa femme avec autant d'ardeur qu'il le poursuivait lui-même. On n'eut donc point de peine à la décider à porter une plainte en adultère contre son mari. Bothwell avoua qu'il avait eu un commerce criminel avec une parente de sa femme, et l'archevêque de Saint-André, le même qui était venu se loger dans cette maison solitaire de Kirchfield pour assister à la mort de Darnley, prononça la sentence de dissolution. Le procès fut intenté, poursuivi et jugé en dix jours.

Quant au second obstacle, relatif à la violence employée vis-à-vis de la reine, Marie se chargea de le lever elle-même ; car, s'étant transportée au tribunal, elle déclara que non-seulement elle pardonnait à Bothwell la conduite qu'il avait tenue à son égard, mais encore que le reconnaissant pour un bon et fidèle sujet, elle comptait l'élever incessamment à de nouveaux honneurs. En effet, quelques jours après elle le créa duc d'Orkeney, et le 15 du même mois, c'est-à-dire quatre mois à peine après la mort de Darnley, avec une légèreté qui tenait de la folie, Marie, qui avait sollicité une dispense pour épouser un prince catholique, son parent au troisième degré, épousa Botwell, parvenu protestant, qui, outre son divorce, était encore bigame, et qui se trouva ainsi avoir quatre femmes vivantes, y compris la reine.

Les noces furent tristes, et comme il convenait à une fête donnée sous de si sanglants auspices. Morton, Maitland et quelques bas flatteurs de Bothwell y assistèrent seuls. L'ambassadeur de France, quoiqu'il fût une créature de la maison de Guise, dont était la reine, refusa de s'y trouver.

L'illusion de Marie fut courte : à peine au pouvoir de Bothwell, elle vit quel maître elle s'était donné. Grossier, brutal et violent, il semblait choisi par la Providence pour être le vengeur des fautes dont il avait été l'instigateur ou le complice. Bientôt ses emportements arrivèrent à un tel point, qu'un jour, ne pouvant plus le supporter, Marie s'empara du poignard d'Areskine, qui était présent avec Melvil à une de ces scènes, et voulut s'en frapper, disant qu'elle aimait mieux mourir que de continuer de vivre malheureuse comme elle était ; et cependant, chose inexplicable, malgré ces duretés sans cesse renouvelées, Marie, oubliant qu'elle était femme et reine, revenait toujours la première à Bothwell, tendre et soumise comme un enfant.

Néanmoins ces scènes publiques donnèrent un prétexte aux nobles, qui ne cherchaient qu'une occasion d'éclater. Le comte de Mar, gouverneur du jeune prince, Argyle, Athole, Glaincairn, Lindlay, Boyd, et jusqu'à Morton et Maitland eux-mêmes, ces complices éternels de Bothwell, se soulevèrent pour venger, dirent-ils, la mort du roi, et pour tirer le fils des mains qui avient fait mourir le père et retenaient la mère captive. Quant à Murray, il s'était complétement effacé pendant tous les derniers événements, étant dans le comté de Fife lorsque le roi fut assassiné, et trois jours avant le procès de Bothwel, ayant sollicité et obtenu de sa sœur la permission d'aller faire un voyage sur le continent.

L'insurrection avait eu lieu d'une manière si prompte et si instantanée, que les seigneurs confédérés, dont le plan était de s'emparer par surprise de Marie et de Bothwell, pensèrent y réussir du premier coup. Le roi et la reine étaient à table chez lord Borthwick, qui leur donnait une fête, lorsque tout à coup on annonça qu'une troupe considérable d'hommes armés entourait le château. Les deux époux se doutèrent que c'était à eux que l'on en voulait, et comme ils n'avaient aucun moyen de résistance, Bothwell prit les habits d'un écuyer, Marie ceux d'un page, et tous deux, montant aussitôt à cheval, s'échappèrent par une porte, tandis que déjà les confédérés entraient par l'autre. Les fugitifs se retirèrent à Dumbar.

Là ils convoquèrent tous les amis de Bothwell et leur firent signer une espèce de confédération par laquelle ils s'engageaient à défendre la reine et son mari. Sur ces entrefaites, Murray arriva de France, et Bothwell lui présenta, comme aux autres, l'acte d'association ; mais Murray refusa d'y apposer sa signature, disant que c'était lui faire insulte, que de croire qu'il avait besoin d'être tenu par un engagement écrit lorsqu'il s'agissait de défendre sa sœur et sa reine. Ce refus ayant amené une altercation entre lui et Bothwell, Murray, fidèle à son système de neutralité, se retira dans son comté, et laissa les affaires suivre sans lui la pente fatale qu'elles avaient prise.

Cependant les confédérés, après avoir manqué leur coup à Borthwick, ne se sentant point assez forts pour aller attaquer Bothwell à Dumbar, marchèrent sur Edimbourg, où ils avaient des intelligences avec un homme dont Bothwell se croyait sûr. Cet homme était Jacques Balfour, commandant de la citadelle, le même qui avait présidé à la confection de la mine qui avait fait sauter Darnley, et que Bothwell avait rencontré en entrant dans le jardin de Kirchfield. Non-seulement Balfour livra la citadelle d'Edimbourg entre les mains des confédérés, mais encore il leur remit un petit coffret d'argent, dont le chiffre, qui était un F couronné, indiquait qu'il venait de François II ; et, en effet, c'était un cadeau de son premier mari dont la reine avait fait don à Bothwell. Balfour assura que ce coffret renfermait des papiers précieux qui, dans les circonstances présentes, pouvaient être aux ennemis de Marie d'une grande utilité. Les lords confédérés l'ouvrirent, et y trouvèrent les trois lettres vraies ou fausses que nous avons citées, le contrat de mariage des deux époux, et douze pièces de vers de la main de la reine. Comme l'avait dit Balfour, c'était là, pour les ennemis de Marie, une riche et précieuse trouvaille, et qui valait mieux qu'une victoire ; car une victoire ne leur livrait que la vie de la reine, tandis que la trahison de Balfour leur livrait son honneur.

Pendant ce temps, Bothwell avait fait des levées et se croyait en état de tenir la campagne : en conséquence, il se mit en route avec son armée, sans même attendre les Hamilton, qui réunissaient leurs vassaux, et le 15 juin 1567 les deux partis opposés se trouvèrent en présence. Marie, qui voulait tâcher d'éviter l'effusion du sang, envoya aussitôt aux lords confédérés l'ambassadeur de France, pour les exhorter à mettre bas les armes ; mais ceux-ci répondirent « que la reine se trompait en les prenant pour des rebelles ; que ce n'était point contre elle qu'ils marchaient, mais contre Bothwell. » Alors les amis du roi firent ce qu'ils purent pour rompre les négociations et engager le combat : il était déjà trop tard, les soldats savaient qu'ils défendaient la cause d'un homme, et qu'ils allaient se battre pour le caprice d'une femme et non pour le bien du pays : ils crièrent donc hautement que, « puisque c'était à Bothwell seul que l'on en voulait, c'était à Bothwell de défendre sa cause. » Et celui-ci, vaniteux et rodomont comme toujours, fit publier alors qu'il était prêt à prouver son innocence les armes à la main contre quiconque oserait soutenir qu'il était coupable. A l'instant même, tout ce qu'il y avait de noblesse dans le camp opposé accepta le cartel ; et comme on cédait la place aux plus vaillants, Kirkaldi de Lagrange, Murray de Tullibardin et lord Lindsay de Byres le défièrent successivement. Mais, soit que le courage l'abandonnât, soit qu'au moment du danger, il ne crût pas lui-même à la justice de sa cause, il chercha, pour éluder le combat, des prétextes si étranges, que la reine elle-même en eut honte et que ses amis les plus dévoués en murmurèrent.

Alors Marie, voyant la disposition fatale où étaient les esprits, résolut de ne point tenter les risques d'une bataille. Elle envoya donc un héraut à Kirkaldi de Lagrange, qui commandait un poste avancé, et comme celui-ci s'avançait sans défiance pour s'entretenir avec la reine, Bothwell, furieux de sa propre lâcheté, donna ordre à un soldat de tirer sur lui ; mais cette fois Marie elle-même s'interposa, défendant, sous peine de mort, qu'il lui fût fait la moindre violence. En même temps, comme l'ordre imprudent donné par Bothwell s'était répandu dans l'armée, de tels murmures éclatèrent, qu'il vit bien que sa cause était à jamais perdue.

C'est ce que pensa aussi la reine : car le résultat de sa conférence avec lord Kirkaldi fut qu'elle abandonnerait la cause de Bothwell, et passerait dans le camp des confédérés, à condition qu'ils mettraient bas les armes devant elle, et qu'ils la ramèneraient en reine à Edimbourg. De Lagrange alla porter les conditions aux nobles, et promit de revenir le lendemain avec une réponse satisfaisante.

Mais, au moment de quitter Bothwell, Marie fut reprise pour lui de cet amour fatal qu'elle ne put jamais surmonter, et se sentit atteinte d'une telle faiblesse, que, pleurant à chaudes larmes, et aux yeux de tous, voulut faire dire à Lagrange qu'elle rompait toute négociation ; mais comme Bothwell avait compris qu'il n'était plus en sûreté dans le camp, ce fut lui-même qui insista pour que les choses restassent dans l'état où elles étaient ; et laissant Marie éplorée, il monta à cheval, et s'éloignant, à franc étrier, il ne s'arrêta qu'à Dumbar.

Le lendemain, à l'heure dite, les trompettes qui précédaient lord Kirkaldi de Lagrange annoncèrent son arrivée. Marie monta aussitôt à cheval et alla au-devant de lui ; puis, comme il avait mis pied à terre pour la saluer : — Mylord, dit-elle, je me rends à vous, aux conditions que vous m'avez proposées de la part des nobles, et voici ma main en signe de parfaite confiance. — Alors Kirkaldi mit un genou en terre, baisa respectueusement la main de la reine ; puis, se relevant, il prit son cheval par la bride, et le conduisit vers le camp des confédérés.

Tout ce qu'il y avait de seigneurie et de noblesse dans l'armée la reçut avec des marques de respect telles qu'elle n'en pouvait demander de plus grandes ; mais il n'en fut pas de même des soldats et des communes gens. A peine la reine fut-elle arrivée à la seconde ligne, qui était formée par eux, qu'il s'éleva de grands murmures et que plusieurs voix crièrent : « Au bûcher, l'adultère ! au bûcher, la parricide ! » Cependant Marie supporta assez stoïquement ces outrages ; mais elle était réservée à une épreuve plus terrible encore. Tout à coup elle vit se dresser devant elle une bannière sur laquelle était peint d'un côté le roi mort et étendu dans le fatal jardin, et de l'autre le jeune prince à genoux, les mains jointes et les yeux au ciel, avec cette devise : « O Seigneur ! juge et venge ma cause ! » Marie arrêta son cheval tout court à cette vue, et voulut retourner en arrière ; mais à peine eut-elle fait quelques pas, que la bannière accusatrice lui ferma de nouveau le passage. Partout où elle alla, elle rencontra cette fatale apparition. Sans cesse, pendant deux heures, elle eut devant les yeux et le cadavre du roi demandant vengeance, et le jeune prince, son fils, priant Dieu de punir les meurtriers. Enfin elle ne put supporter plus longtemps cette vue, et, jetant un cri, elle se renversa en arrière, ayant complétement perdu connaissance et prête à tomber, si on ne l'avait retenue.

Le soir, elle entra à Edimbourg, toujours précédée de cette cruelle bannière ; elle avait déjà plus l'air d'une prisonnière que d'une reine ; car, n'ayant pas eu un instant de la journée à donner à sa toilette, ses cheveux retombaient épars sur ses épaules ; son visage était pâle et portait la trace des larmes; enfin ses vêtements étaient couverts de poussière et de boue. Là, et à mesure qu'elle avançait dans la ville, les huées de la populace et les malédictions de la multitude la poursuivirent. Enfin, à demi morte de fatigue, brisée de douleur, courbée de honte, elle arriva dans la maison du lord-prévôt; mais à peine y fut-elle, que toute la population d'Édimbourg se pressa sur la place, avec des cris qui de temps en temps prenaient un caractère de menace effrayant. Plusieurs fois alors Marie voulut s'approcher de la fenêtre, espérant que son aspect, dont elle avait si souvent éprouvé l'influence, désarmerait toute cette multitude; mais à chaque fois elle vit, comme un rideau sanglant, se déployer entre elle et le peuple cette bannière, traduction terrible des sentiments de la multitude.

Cependant toute cette haine s'adressait encore plutôt à Bothwell qu'à elle; c'était Bothwell que l'on poursuivait dans la veuve de Darnley. Les malédictions étaient pour Bothwell : Bothwell était l'adultère, Bothwell était le meurtrier, Bothwell était le lâche; tandis que Marie était la femme faible et fascinée, qui, le soir même, donna une nouvelle preuve de sa folie.

En effet, aussitôt que la nuit en s'avançant eut dispersé cette multitude et qu'un peu de silence se fut rétabli, Marie, cessant d'être agitée pour son propre compte, revint aussitôt à Bothwell, qu'elle avait été obligée d'abandonner, et qui à cette heure était proscrit et fugitif; tandis qu'elle, à ce qu'elle croyait, allait reprendre son titre et son rang de reine. Avec cette éternelle confiance de la femme en son propre amour, auquel elle mesure toujours l'amour d'autrui, elle pensa que le plus grande douleur de Bothwell n'était point d'avoir perdu la richesse et la puissance, mais de l'avoir perdue, elle. Elle lui écrivit donc une longue lettre, où, s'oubliant elle-même, elle lui promettait, avec les expressions de l'amour le plus tendre, de ne jamais l'abandonner et de le rappeler auprès d'elle aussitôt que la séparation des lords confédérés lui en donnerait le pouvoir; puis, cette lettre écrite, elle appela un soldat, lui donna une bourse pleine d'or, et le chargea d'aller porter cette lettre à Dumbar, où devait être Bothwell, et, s'il en était déjà parti, de le suivre jusqu'à ce qu'il le rejoignît.

Alors elle se coucha et s'endormit plus tranquille; car, toute malheureuse qu'elle était, elle croyait qu'elle venait d'adoucir des malheurs encore plus grands que les siens.

Le lendemain, la reine fut réveillée par le pas d'un homme armé qui entrait dans sa chambre. Étonnée et effrayée à la fois de cet oubli des convenances, qui ne lui indiquait rien de bon, Marie se souleva sur son lit, et, en écartant les rideaux, aperçut, debout devant elle, lord Lindsay de Byres : c'était, elle le savait, un de ses plus vieux et de ses plus anciens ennemis; aussi lui demanda-t-elle, d'une voix qu'elle essayait vainement de rendre assurée, ce qu'il voulait d'elle à une pareille heure.

—Connaissez-vous cet écrit, madame? demanda lord Lindsay d'une voix rude, en présentant à la reine la lettre qu'elle avait écrite pendant la nuit à Bothwell, et que le soldat avait portée aux lords confédérés, au lieu de la remettre à son adresse. —Oui, sans doute, mylord, répondit la reine; mais suis-je donc déjà prisonnière, que ma correspondance soit interceptée? ou bien n'est-il plus permis à une femme d'écrire à son mari? —Quand le mari est un traître, répondit Lindsay, non madame, il n'est plus permis à une femme d'écrire à son mari, à moins cependant que cette femme ne soit de moitié dans sa trahison; ce qui me paraît, au reste, bien prouvé par la promesse que vous faites à ce misérable de le rappeler auprès de vous.—Mylord, s'écria Marie, interrompant Lindsay, vous oubliez que vous parlez à votre reine? — Il y eut une époque, madame, où je vous eusse parlé d'une voix plus douce et en inclinant les genoux, quoiqu'il ne soit point dans notre nature, à nous autres, vieux Écossais, de nous modeler sur vos courtisans de France; mais depuis quelque temps, grâce à vos changements d'amours, vous nous tenez si souvent en campagne, le harnais sur le dos, que notre voix s'est enrouée à l'air glacé de la nuit, et que nos genoux roidis ne peuvent plus plier dans nos cuissards : il faut donc que vous me preniez tel que je suis, madame, aujourd'hui que, pour le bonheur de l'Écosse, vous n'êtes plus libre de choisir vos favoris.

Marie pâlit affreusement à ce manque de respect, auquel elle n'était point encore accoutumée : mais bientôt renfermant, autant qu'il lui était possible, sa colère en elle-même :

— Mais encore, mylord, dit-elle, si disposée que je sois à vous prendre tel que vous êtes, faut-il, au moins, que je sache à quel titre vous venez près de moi. Cette lettre, que vous tenez à la main me ferait penser que c'est comme espion, si votre facilité à entrer dans ma chambre sans y être demandé ne me portait à croire que c'est comme geôlier. Ayez donc la bonté de me dire duquel de ces deux noms il faut que je vous appelle. — Ni de l'un ni de l'autre, madame; car je suis tout bonnement votre compagnon de route, le chef de l'escorte qui doit vous conduire au château de Lochleven, votre future résidence. Et encore, à peine arrivé là, serai-je obligé de vous y laisser, pour venir aider les lords confédérés à choisir un régent au royaume. — Ainsi, dit Marie, c'est-à-dire comme prisonnière et non comme reine que je me suis rendue à lord de Lagrange? Les choses étaient convenues autrement, ce me semble; mais je suis aise de voir combien de temps il faut à des nobles écossais pour trahir les engagements

qu'ils ont jurés. — Votre grâce oublie que ces engagements étaient pris à une condition, reprit Lindsay. — Et à laquelle? demanda Marie. — C'est que vous vous sépareriez à tout jamais du meurtrier de votre mari; et voilà qui fait foi, ajouta-t-il en montrant la lettre, que vous avez oublié votre promesse avant que nous ne songions à révoquer la nôtre. — Et pour quelle heure est fixé mon départ? dit Marie, que cette discussion commençait à lasser. — Pour onze heures, madame. — C'est bien, mylord; comme je ne veux pas faire attendre votre seigneurie, vous allez avoir la bonté, en vous retirant, de m'envoyer quelqu'un pour m'aider à m'habiller, à moins que je n'en sois réduite à me servir seule.

Et, en prononçant ces paroles, Marie fit un geste si impérieux, que, quelque envie qu'eût Lindsay de lui répondre, il s'inclina et sortit. Derrière lui Marie Seyton entra.

À l'heure dite la reine se trouva prête : elle avait tant souffert à Édimbourg, qu'elle en sortait sans aucun regret. Au reste, soit pour lui épargner les humiliations de la veille, soit pour dérober son départ à ce qui pourrait rester de partisans, une litière avait été préparée pour elle. Marie y monta sans aucune résistance, et après deux heures de route elle arriva à Duddington : là un petit bâtiment l'attendait, qui mit à la voile aussitôt qu'elle fut à bord, et le lendemain, au point du jour, elle débarquait de l'autre côté du golfe d'Édimbourg dans le comté de Fife.

Marie ne fit halte au château de Rosithe que juste le temps qu'il lui fallait pour déjeuner; puis aussitôt elle se remit en route; car lord Lindsay avait déclaré qu'il voulait arriver ce même soir à sa destination. En effet, au moment où le soleil allait se coucher, Marie aperçut, dorées de ses derniers rayons, les hautes tours du château de Lochleven, situé sur une petite île au milieu du lac du même nom.

Sans doute, la royale prisonnière était déjà attendue au château de Lochleven; car, en arrivant sur les bords du lac, l'écuyer de lord Lindsay déploya sa bannière, qui, jusque-là, était restée dans son étui, et l'agita de droite à gauche pendant que son maître sonnait d'un petit cor de chasse qu'il portait suspendu à son côte. Aussitôt une barque se détacha de l'île et s'avança vers le cortège, mise en mouvement par quatre vigoureux rameurs, qui lui eurent bientôt fait franchir l'espace qui la séparait du rivage : Marie y monta toujours en silence, et s'assit à la poupe, tandis que lord Lindsay et son écuyer se tenaient debout devant elle; et comme son conducteur ne paraissait pas plus disposé à parler qu'elle n'était disposée elle-même à lui répondre, elle eut tout le temps d'examiner sa future demeure.

Le château ou plutôt la forteresse de Lochleven, déjà passablement sombre par sa position et son architecture, empruntait encore une nouvelle tristesse de l'heure à laquelle elle apparaissait aux yeux de la reine. C'était, autant qu'elle en pouvait juger au milieu des vapeurs qui s'élevaient du lac, une de ces massives bâtisses du douzième siècle, qui semblent, tant elles sont bien fermées, les armures de pierre d'un géant : à mesure qu'elle en approchait, Marie commençait à distinguer les contours de deux grandes tours rondes qui flanquaient ses angles et lui donnaient le caractère sévère d'une prison d'État; un bouquet de vieux arbres, qui, enfermé par une muraille élevée ou plutôt par un rempart, s'élevait vers sa face septentrionale, et semblait une végétation de pierre, complétait l'ensemble de cette triste demeure, tandis qu'au contraire, la vue, en s'écartant d'elle et en sautant d'îles en îles, allait se perdre à l'ouest, au nord et au midi, dans la vaste plaine de Kinross, ou s'arrêter vers le sud aux cimes dentelées du Ben Lomond, dont les dernières collines venaient mourir sur les rives du lac.

Trois personnes attendaient Marie à la porte du château : c'était lady Douglas, Williams Douglas, son fils, et un jeune enfant de douze ans, que l'on appelait le petit Douglas, et qui n'était ni fils ni frère des habitants du château, mais seulement un parent éloigné. Comme on le pense bien, les compliments furent courts entre Marie et ses hôtes, et la reine, conduite à son appartement, qui était situé au premier et dont les fenêtres donnaient sur le lac, fut bientôt laissée avec Marie Seyton, la seule de ses quatre Maries à qui on eût permis de l'accompagner.

Cependant, si rapide qu'eût été l'entrevue, et quelque courtes et mesurées que fussent les paroles échangées entre la prisonnière et ses geôliers, Marie avait eu le temps, d'après ce qu'elle en savait d'avance, de se faire une idée assez exacte des personnages nouveaux qui venaient se mêler à son histoire.

Lady Lochleven, femme de lord Williams Douglas, dont nous avons déjà dit quelques mots au commencement de cette histoire, était une femme de cinquante-cinq à soixante ans, qui avait été assez belle dans sa jeunesse pour fixer sur elle les regards du roi Jacques V, et qui en avait eu un fils, qui était ce même Murray, que nous avons déjà vu figurer si souvent dans l'histoire de Marie, et qui, quoique sa naissance fût illégitime, avait toujours été traité en frère par la reine. Un instant lady Lochleven avait eu l'espoir, tant était grand l'amour du roi pour elle, de devenir sa femme; ce qui, à tout prendre, était possible, la famille de Mar, dont elle descendait, étant l'égale des plus vieilles et des plus nobles familles d'Écosse. Mais, malheureusement, soit calomnie, soit médisance, quelques propos qui avaient cours parmi les jeunes seigneurs de cette époque revinrent aux oreilles de Jacques : on disait qu'en même temps que son royal amant, la belle favorite en avait un autre, qu'elle avait choisi, sans doute par curiosité, dans la dernière classe du peuple. On ajoutait que ce Porterfeld ou Porterfield était le véritable père de l'enfant, qui avait déjà reçu le nom de Jacques Stuart, et que le roi faisait élever comme son fils au monastère de Saint-André. Ces discours, vrais ou faux, avaient donc arrêté Jacques V au moment où, dans sa reconnaissance pour celle qui lui avait donné un fils, il était sur le point de l'élever au rang de reine ; de sorte qu'au lieu de l'épouser lui-même, il l'avait invitée à faire un choix parmi les seigneurs de la cour ; et comme elle était fort belle et que sa faveur du roi accompagnait le mariage, ce choix, qui tomba sur lord Williams Douglas de Lochleven, n'éprouva de la part de celui-ci aucune résistance. Cependant, malgré cette protection directe, que Jacques V lui avait conservée toute sa vie, lady Douglas n'avait jamais pu oublier qu'elle avait touché du doigt à une plus haute fortune : aussi avait-elle pris en haine celle qui, selon elle, avait usurpé sa place, et la pauvre Marie avait naturellement hérité de l'animosité profonde que lady Douglas portait à sa mère, et qui s'était déjà fait jour dans les quelques paroles que les deux femmes avaient échangées entre elles. Au reste, en vieillissant, soit repentir de ses fautes, soit hypocrisie, lady Douglas s'était faite prude et puritaine ; de sorte qu'elle joignait, à cette heure, à l'âcreté naturelle de son caractère toute la raideur de la religion nouvelle qu'elle avait adoptée.

Williams Douglas, qui était le fils aîné du lord de Lochleven, et qui se trouvait par sa mère le demi-frère de Murray, était un homme de trente-cinq à trente-six ans, à la force athlétique, aux traits durs et fortement prononcés, roux comme toute la branche cadette, et qui avait hérité de cette haine paternelle que, depuis un siècle, les Douglas nourrissaient contre les Stuarts, et qui s'était manifestée par tant de complots, de révoltes et d'assassinats. Selon que la fortune avait favorisé ou abandonné Murray, Williams Douglas avait vu les rayons de l'astre fraternel se rapprocher ou s'éloigner de lui ; il avait alors senti qu'il vivait d'une vie étrangère et s'était dévoué, corps et âme, à celui qui était son principe de grandeur ou sa cause d'abaissement. La chute de Marie, qui, nécessairement, devait élever Murray, était donc pour lui un sujet de joie, et les lords confédérés ne pouvaient mieux choisir qu'en confiant la garde de leur prisonnière à la rancune instinctive de lady Douglas et à la haine intelligente de son fils.

Quant au petit Douglas, c'était, comme nous l'avons dit, un enfant de douze ans, orphelin depuis quelques mois, que les Lochleven avaient pris auprès d'eux, et auquel, par toutes sortes de duretés, ils faisaient acheter le pain qu'ils lui donnaient. Il en était résulté que l'enfant, fier et haineux comme un Douglas, et sachant, quoique sa fortune fût inférieure, que sa naissance était égale à celle de ses orgueilleux parents, avait changé peu à peu sa reconnaissance primitive en une haine durable et profonde : car on avait l'habitude de dire qu'il y avait chez les Douglas un âge pour l'amour, mais qu'il n'y en avait pas pour la haine. Il en résulta que, sentant sa faiblesse et son isolement, l'enfant s'était renfermé en lui-même avec une puissance au-dessus de son âge, et, humble et soumis en apparence, n'attendait que le moment où, devenu jeune homme, il pourrait s'éloigner de Lochleven et peut-être même se venger de la protection orgueilleuse de ceux qui l'habitaient. Cependant les sentiments que nous venons d'exprimer ne s'étendaient pas à tous les membres de la famille, et autant au fond du cœur le petit Douglas haïssait Williams et sa mère, autant il aimait Georges, le second des fils de lady Lochleven, dont nous n'avons point encore parlé, parce qu'étant absent du château au moment où la reine y arriva, nous n'avons point trouvé occasion de le présenter encore à notre lecteur.

Georges, qui pouvait avoir à cette époque vingt-cinq ou vingt-six ans à peu près, était le second fils du lord de Lochleven ; mais, par un hasard singulier, que la jeunesse aventureuse de sa mère avait fait mal interpréter à sir Williams, ce second fils ne présentait aucun des traits distinctifs des Douglas, qui étaient d'avoir les joues larges et hautes en couleur, les oreilles grandes et les cheveux roux. Il en était résulté que le pauvre Georges, qui, au contraire de cela, avait reçu de la nature des joues pâles, des yeux bleu foncé et des cheveux noirs, avait été, selon une arrivée en ce monde, l'objet de l'indifférence de son père et de la haine de son frère aîné. Quant à sa mère, soit qu'effectivement elle s'étonnât de bonne foi comme lord Douglas de cette différence dans la race, soit qu'elle en connût la cause et se la reprochât intérieurement, Georges n'avait jamais été, ostensiblement du moins, l'objet d'un amour maternel bien vif de sa part : il en était résulté que le jeune homme, poursuivi dès sa jeunesse par une fatalité qu'il ne s'expliquait pas, avait poussé comme un arbuste sauvage, plein de sève et de force, mais inculte et isolé. Aussi, dès l'âge de quinze ans, s'était-on habitué à ses absences sans cause, que l'indifférence que chacun lui portait rendait au reste parfaitement explicables ; de temps en temps seulement on le voyait reparaître au château, pareil à ces oiseaux voyageurs qui reviennent toujours au même endroit, mais s'y reposent qu'un instant ; puis repartent sans qu'on sache vers quel point du monde ils dirigent leur vol.

Un instinct de malheur pareil avait réuni le petit Douglas à Georges : Georges, en voyant l'enfant maltraité par tous, s'était pris d'amitié pour lui, et le petit Douglas, en se sentant aimé au milieu de cette atmosphère d'indifférence qui l'entourait, s'était tourné les bras et le cœur ouverts du côté de Georges ; il était résulté de cette affection mutuelle, qu'un jour que l'enfant avait commis je ne sais quelle faute, et que Williams Douglas levait pour le frapper le fouet avec lequel il battait ses chiens, Georges, qui était assis triste et pensif sur une pierre, s'était élancé aussitôt, avait arraché le fouet des mains de son frère et l'avait jeté loin de lui. A cette insulte, Williams avait tiré son épée, et Georges la sienne, de sorte que ces deux frères, qui depuis vingt ans se haïssaient comme deux ennemis, allaient s'égorger, lorsque le petit Douglas, qui avait ramassé le fouet, revenant se mettre à genoux devant Williams, lui avait présenté l'arme infamante, en lui disant : Frappe, cousin, je l'ai mérité. — Cette action de l'enfant avait donné quelques minutes de réflexion aux deux jeunes hommes, qui, effrayés du crime qu'ils allaient commettre, avaient remis leur épée au fourreau, et s'étaient éloignés en silence, et chacun de son côté. Depuis cette aventure, l'amitié de Georges et du petit Douglas avait pris une nouvelle force, et de la part de l'enfant elle était devenue une vénération.

Nous nous appesantissons sur tous ces détails un peu longuement peut-être, mais nos lecteurs nous les pardonneront sans doute, lorsqu'ils verront de quelle utilité ils sont pour l'avenir.

Voilà au milieu de quelle famille, moins Georges, qui, comme nous l'avons dit, était absent au moment de son arrivée, la reine était tombée, passant en un instant du faîte de la puissance à l'état de prisonnière, car dès le lendemain de son arrivée, Marie avait pu voir que c'était à ce titre qu'elle était commensale du château de Lochleven. En effet, lady Douglas s'était présentée devant elle dès le matin, et avait, avec un embarras et une haine mal déguisés sous les apparences d'une indifférence respectueuse, invité Marie à la suivre pour prendre connaissance des différentes parties de la forteresse qui avaient été désignées d'avance pour son usage particulier. Alors elle lui avait fait traverser trois chambres, dont l'une était destinée à lui servir de chambre à coucher, la seconde de salon, et la troisième d'antichambre ; puis, descendant la première un escalier en spirale, qui donnait dans la grande salle du château, sa seule issue, elle avait traversé cette salle, et avait conduit Marie dans le jardin, dont la reine avait vu à son arrivée les arbres dépasser les hautes murailles : c'était un petit carré de terrain, formant un parterre, au milieu duquel s'élevait une fontaine artificielle. On y entrait par une porte fort basse, qui se répétait sur le mur opposé ; cette seconde porte donnait sur le lac, et comme toutes les portes du château, dont les clefs ne pendant jamais le ceinturon ou le chevet de Williams Douglas, elle était gardée jour et nuit par une sentinelle. C'était là tout le domaine de celle qui avait eu à elle les palais, les plaines et les montagnes de tout un royaume.

Marie, en rentrant dans sa chambre, trouva le déjeuner préparé et Williams Douglas debout près de la table : il venait remplir près de la reine les fonctions d'écuyer tranchant et de dégustateur. Malgré leur haine pour Marie, les Douglas auraient regardé comme une tache éternelle à leur honneur qu'il arrivât quelque accident à la prisonnière tout le temps qu'elle habiterait leur château : or c'était pour que la reine elle-même ne conçût aucune crainte à cet égard que Williams Douglas, en sa qualité de châtelain, avait non-seulement voulu tailler devant la reine, mais même déguster en sa présence et avant elle tous les mets qui lui étaient servis, ainsi que l'eau et les différents vins qui lui devaient être apportés. Cette précaution attrista plus Marie qu'elle ne la rassura ; car elle comprit que, pendant le temps qu'elle serait au château, cette étiquette ôterait toute intimité à sa table. Cependant la chose venait d'une intention trop noble pour qu'elle pût en faire un crime à ses hôtes : elle se résigna donc à cette compagnie, quelque insupportable qu'elle lui fût ; seulement, à compter de ce jour, elle abrégea tellement ses repas, qu'à peine, pendant tout le temps qu'elle fut à Lochleven, ses dîners les plus longs durèrent-ils un quart d'heure.

Le surlendemain de son arrivée, Marie, en se mettant à table pour le déjeuner, trouva sur son assiette une lettre à son adresse, qui y avait été déposée par Williams Douglas. Marie reconnut l'écriture de Murray, et son premier sentiment fut tout à la joie ; car s'il lui restait un rayon d'espoir, il lui venait du côté de son frère, pour lequel elle avait toujours été parfaitement bonne, que de prieur de Saint-André elle avait fait comte, en lui donnant les magnifiques terres qui faisaient partie de l'ancien comté de Murray, et auquel depuis, ce qui était bien plus encore, elle avait pardonné ou feint de pardonner la part qu'il avait prise dans l'assassinat de Rizzio. Son étonnement fut donc grand, lorsque, ayant ouvert la lettre, elle y trouva des reproches amers contre sa conduite, une exhortation à faire pénitence, et une assurance plusieurs fois réitérée de ne jamais sortir de sa prison. Il terminait sa lettre en lui annonçant que, malgré le dégoût qu'il avait pour les affaires publiques, il avait été forcé d'accepter la régence, ce qu'il avait fait moins encore pour sa patrie que pour sa sœur, attendu que c'était le seul moyen qu'il eût de s'opposer au procès infamant que les nobles voulaient lui faire, comme auteur, ou du moins comme principale complice de la mort de Darnley. C'était donc, à l'entendre, un grand bonheur pour elle que cette captivité, et elle devait en remercier le ciel, comme d'un adoucissement au sort qui l'eût attendue, s'il n'eût point intercédé pour elle.

Cette lettre fut un coup de foudre pour Marie : seulement,

comme elle ne voulait pas donner à ses ennemis la joie de la voir souffrir, elle renferma sa douleur en elle-même, et se retournant vers Williams Douglas :

— Mylord, lui dit-elle, cette lettre contient des nouvelles que vous savez sans doute déjà, car, quoique nous ne soyons pas enfants de la même mère, celui qui m'écrit est notre parent à un égal degré, et n'aura pas voulu écrire à sa sœur sans écrire en même temps à son frère : d'ailleurs, en bon fils, il aura désiré faire part à sa mère des grandeurs inattendues qui lui arrivent. — Oui, madame, répondit Williams, nous savons depuis hier que, pour le bonheur de l'Écosse, mon frère a été nommé régent du royaume ; et comme c'est un fils aussi respectueux pour sa mère que dévoué à sa patrie, nous espérons qu'il réparera le mal que, depuis cinq ans, les favoris de tous genres et de toute espèce ont fait à toutes deux. — C'est d'un bon fils et en même temps d'un hôte courtois, que de ne pas remonter plus haut dans l'histoire d'Écosse, répondit Marie Stuart, et de ne pas faire rougir la fille des fautes du père : car j'ai entendu dire que le mal dont se plaint votre seigneurie était antérieur à l'époque où vous le fixez, et que le roi Jacques V avait eu aussi autrefois des favoris et même des favorites. Il est vrai que l'on ajouta que les uns ont aussi mal reconnu son amitié que les autres son amour. C'est, si vous l'ignorez, mylord, ce dont pourrait vous instruire, au cas où il vivrait encore, un certain Portefel ou Portefield, je ne sais lequel, m'entendant mal à retenir et à prononcer ces noms de gens du peuple, mais sur lequel, à mon défaut, votre noble mère pourrait vous donner des renseignements.

A ces mots, Marie Stuart se leva, et, laissant Williams Douglas rouge de colère, rentra dans sa chambre à coucher, et verrouilla la porte derrière elle.

De toute cette journée Marie ne descendit point, et demeura devant sa fenêtre, d'où elle jouissait au moins d'une magnifique vue, qui s'étendait sur les plaines et le village de Kinross ; mais cette vaste étendue ne faisait que lui resserrer encore le cœur, lorsque, ramenant ses regards de l'horizon au pied du château, elle voyait ses murailles entourées de tous côtés par les eaux profondes du lac, sur la vaste surface duquel se balançait comme un point une seule barque, où le petit Douglas était occupé à pêcher. Depuis quelques instants les yeux de Marie s'étaient arrêtés machinalement sur cet enfant, qu'elle avait déjà aperçu à son arrivée, lorsque tout à coup le bruit d'un cor retentit du côté de Kinross. Au même instant le petit Douglas jeta sa ligne, et se mit à ramer du côté par où était venu le signal, avec une adresse et une force au-dessus de son âge. Marie, qui, sans motif, avait arrêté son regard sur lui, continua de le suivre des yeux, et le vit se diriger vers un point du rivage si éloigné, que la barque ne lui sembla plus qu'un

André Karrew lui mit un poignard sur la poitrine, et la menaça de la tuer — Page 71.

point imperceptible ; mais bientôt elle reparut, grandissant à mesure qu'elle s'approchait, et Marie alors put remarquer qu'elle ramenait vers le château un nouveau passager, qui, ayant pris à son tour les rames, faisait voler la petite barque sur l'eau tranquille du lac, où elle laissait un sillon étincelant aux derniers rayons du soleil. Bientôt, emportée avec la vitesse d'un oiseau, elle fut assez proche pour que Marie pût remarquer que l'adroit et vigoureux rameur était un jeune homme de vingt-cinq à vingt-six ans, aux longs cheveux noirs, vêtu d'un justaucorps de drap vert, et portant sur la tête une toque de montagnard, ornée d'une plume d'aigle : puis, comme il approchait en tournant le dos à la fenêtre, le petit Douglas, qui était appuyé sur son épaule, lui dit quelques mots qui le firent retourner du côté de la reine : aussitôt Marie, par un mouvement instinctif encore plus que par la crainte d'être l'objet d'une vaine curiosité, se rejeta en arrière, mais point si vite cependant qu'elle n'eût pu voir la belle et pâle figure de l'inconnu, qui, lorsqu'elle se remit à sa fenêtre, avait disparu derrière un des angles du château.

Tout est motif de conjectures pour une prisonnière ; il semblait à Marie que la figure de ce jeune homme ne lui était pas inconnue, et que déjà elle s'était offerte à ses yeux ; cependant avec quelque soin qu'elle interrogeât sa mémoire, elle ne lui rappelait aucun souvenir distinct ; si bien que la reine finit par croire que c'était un jeu de son imagination, ou que quelque vague et lointaine ressemblance l'avait trompée.

Cependant, malgré Marie, cette pensée avait pris une place importante dans son esprit : elle voyait sans cesse cette petite barque rasant l'eau, et le jeune homme et l'enfant qui la montaient se rapprochant d'elle comme pour lui apporter du secours. Il en résulta que, quoiqu'il n'y eût rien de positif dans tous ces rêves de captive, elle dormit cette nuit d'un sommeil plus tranquille qu'elle n'avait encore fait depuis qu'elle était au château de Lochleven.

Le lendemain, en se levant, Marie courut à sa fenêtre : le temps était beau, et tout semblait lui sourire, l'eau, le ciel et la terre. Cependant, sans se rendre compte du motif qui la retenait, elle ne voulut pas descendre au jardin avant le déjeuner ; mais lorsque la porte s'ouvrit, elle se retourna rapidement : c'était, comme la veille, Williams Douglas qui venait remplir son office de dégustateur.

Le déjeuner fut court et silencieux ; puis, dès que Douglas fut retiré, Marie descendit à son tour ; en traversant la cour, elle aperçut deux chevaux tout sellés, qui indiquaient le prochain départ d'un maître et d'un écuyer. Était-ce le jeune homme aux cheveux noirs qui repartait déjà ? c'est ce que Marie n'osa ou ne voulut point demander. Elle continua, en conséquence, sa route, et entra dans le jardin : du premier coup d'œil elle l'embrassa dans toute son étendue, il était solitaire.

Marie s'y promena un instant; puis bientôt, se lassant de la promenade, elle remonta à sa chambre : en repassant dans la cour, elle avait remarqué que les chevaux n'y étaient plus. Aussitôt rentrée dans son appartement, elle alla donc à la fenêtre pour voir si elle ne découvrirait rien sur le lac qui pût la guider dans ses conjectures : en effet, une barque s'éloignait, et dans cette barque étaient les deux chevaux et les deux cavaliers; l'un de ces cavaliers était Williams Douglas, l'autre un simple écuyer de la maison.

Marie suivit la barque des yeux jusqu'à ce qu'elle eût touché le rivage. Arrivés là, les deux cavaliers en sortirent, tirèrent leurs chevaux après eux, et s'éloignèrent au grand galop, suivant le même chemin par lequel la reine était venue; de sorte que comme les chevaux étaient couverts d'un harnais complet, Marie pensa que Williams Douglas se rendait à Édimbourg. Quant à la barque, à peine eut-elle déposé ses deux passagers sur la rive opposée, qu'elle revint vers le château.

En ce moment, Marie Seyton annonça à la reine que lady Douglas demandait la permission d'être introduite auprès d'elle.

C'était la seconde fois, qu'après une longue haine de la part de lady Douglas, et une indifférence méprisante de la part de la reine, les deux femmes allaient se trouver en face l'une de l'autre : aussi la reine, avec ce mouvement instinctif de coquetterie qui pousse les femmes, dans quelque situation qu'elles se trouvent, à vouloir être belles, surtout pour les femmes, fit-elle un signe de la main à Marie Seyton, et allant devant une petite glace accrochée au mur dans un lourd encadrement gothique, elle arrangea les boucles de ses cheveux, rajusta la dentelle de sa collerette; puis, s'étant assise, dans la pose qui lui était la plus avantageuse, sur un grand fauteuil, le seul qui se trouvât dans le salon, elle dit en souriant à Marie Seyton qu'elle pouvait faire entrer lady Douglas, qui à l'instant même fut introduite.

L'attente de Marie ne fut pas trompée : lady Douglas, malgré sa haine pour la fille de Jacques V,

Ne trouvant rien à sa portée, elle passa son bras dans les anneaux, décidée à se le faire briser. — Page 85.

portune à votre grâce, répondit lady Lochleven, j'en suis d'autant plus désespérée, que les circonstances me feront un devoir de la lui imposer deux fois par jour, du moins pendant tout le temps que durera l'absence de mon fils, qui est appelé à Édimbourg par le régent; c'est ce dont je venais prévenir votre grâce, non point avec le vain cérémonial de la cour, mais avec les égards que lady Lochleven doit à toute personne qui a reçu l'hospitalité dans son château. — Notre bonne hôtesse s'est méprise à notre intention, reprit Marie avec une bonhomie affectée, et le régent lui-même peut nous rendre témoignage du plaisir que nous avons toujours eu à rapprocher de nous les personnes qui peuvent nous rappeler, même indirectement, notre bien-aimé père, Jacques V. Ce serait donc à tort que lady Douglas interpréterait d'une façon désagréable pour elle notre surprise en la voyant; et l'hospitalité qu'elle nous offre avec tant d'obligeance ne nous promet pas, malgré sa bonne volonté, assez de distractions, pour que nous nous privions de celles que ne peuvent manquer de nous procurer ses visites. — Malheureusement, madame, répondit lady Lochleven, que Marie tenait debout devant elle, quelque plaisir que j'éprouvasse moi-même à ces visites, je serai forcée de m'en priver, excepté aux heures que je vous ai dites. Je suis maintenant trop vieille pour supporter la fatigue, et j'ai toujours été trop fière pour souffrir les sarcasmes. — En effet, Seyton, s'écria Marie avec un apparent retour sur elle-même, nous n'avions pas songé que lady Lochleven ayant gagné ses droits au tabouret à la cour du roi mon père, avait dû les conserver dans la prison de la reine sa fille. Avancez un tabouret, Seyton, que nous ne soyons pas privée sitôt, et par un manque de mémoire de notre part, de la compagnie de notre gracieuse hôtesse; ou même, continua Marie en se levant et en indiquant à lady Lochleven, qui faisait un mouvement pour se retirer, son propre siège, si un tabouret ne vous convient pas, mylady, prenez ce fauteuil, vous ne serez pas la première personne de votre famille qui se soit mise à ma place.

A cette dernière allusion, qui lui rappelait l'usurpation de Murray, lady Lochleven allait sans doute faire quelque réponse pleine d'amertume, lorsque le jeune homme aux cheveux bruns parut, sans être annoncé, sur le seuil de la porte, et s'avançant vers lady Lochleven sans saluer Marie :

— Madame, lui dit-il en s'inclinant devant elle, la barque qui a conduit mon frère vient de revenir, et l'un des hommes qui la montent est chargé pour vous d'une recommandation pressée, que lord Williams a oublié de vous faire à vous-même.

Puis, saluant la vieille dame avec le même respect, il sortit aussitôt de la chambre, sans même tourner les yeux du côté de la reine, qui, blessée de cette impertinence, se retourna vers Marie Seyton, et avec son calme ordinaire :

et si maîtresse qu'elle se crût d'elle-même, ne put s'empêcher de témoigner par un mouvement de surprise l'impression que cette beauté merveilleuse faisait sur elle : elle avait cru trouver Marie écrasée par son malheur, pâlie par ses fatigues, désenorgueillie par la captivité, et elle la voyait calme, belle et hautaine comme d'habitude. Marie s'aperçut de l'effet qu'elle produisait, et s'adressant, avec un sourire ironique, moitié à Marie Seyton, qui était appuyée au dossier de sa chaise, et moitié à celle qui lui rendait cette visite imprévue :

— Nous sommes heureuse aujourd'hui, dit-elle, car nous allons, à ce qu'il paraît, jouir de la société de notre bonne hôtesse, que nous remercions d'ailleurs d'avoir bien voulu garder encore vis-à-vis de nous le vain cérémonial de l'annonce, chose dont elle aurait pu se dispenser, ayant les clefs de notre appartement. — Si ma présence est im-

— Que nous avait-on raconté, Seyton, de bruits injurieux qui s'étaient répandus sur notre digne hôtesse, à propos d'un enfant à visage pâle et à cheveux noirs ? Si cet enfant, comme j'ai tout lieu de le croire, est devenu le jeune homme qui sort d'ici, je suis prête à affirmer à tous les incrédules que c'est un véritable Douglas, sinon pour le courage, dont nous ne pouvons pas juger, mais pour l'insolence, dont il vient de nous donner des preuves. Rentrous, mignonne, continua la reine en s'appuyant sur le bras de Marie Seyton ; car notre bonne hôtesse pourrait se croire, par courtoisie, obligée à nous tenir compagnie plus longtemps, tandis que nous savons qu'elle est impatiemment attendue ailleurs.

A ces mots, Marie rentra dans sa chambre à coucher, tandis que la vieille lady, encore tout étourdie de la nuée de sarcasmes que la reine avait fait pleuvoir sur elle, se retirait en murmurant : — Oui, oui, c'est un Douglas, et avec l'aide de Dieu, il le prouvera, je l'espère.

La reine avait eu de la force, tant qu'elle avait été soutenue par la présence de son ennemie ; mais à peine fut-elle seule qu'elle se laissa tomber sur une chaise et, n'ayant plus d'autre témoin de sa faiblesse que Marie Seyton, se mit à fondre en larmes. En effet, elle venait d'être cruellement frappée : jusques alors aucun homme ne s'était approché d'elle qu'il ne lui eût rendu hommage, soit à la majesté de son rang, soit à la beauté de son visage. Et celui-là justement sur lequel elle avait conçu sans savoir pourquoi des espérances instinctives l'insultait à la fois dans son double orgueil de reine et de femme : aussi demeura-t-elle renfermée jusqu'au soir.

A l'heure du dîner, ainsi que lady Lochleven en avait prévenu Marie, elle monta à l'appartement de la reine, vêtue de sa robe d'honneur et précédant quatre domestiques qui portaient les différents plats dont devait se composer le repas de la prisonnière, et qui à leur tour étaient suivis du vieil intendant du château, ayant, comme aux jours des grandes cérémonies, sa chaîne d'or au cou et sa canne d'ivoire à la main. Les domestiques placèrent les plats sur la table, et attendirent en silence qu'il plût à la reine de sortir de sa chambre ; mais en ce moment la porte s'ouvrit, et au lieu de la reine, ce fut Marie Seyton qui parut.

— Madame, dit-elle en entrant, sa grâce s'est trouvée indisposée pendant la journée et ne prendra rien ce soir ; il serait donc inutile que vous l'attendissiez plus longtemps. — Permettez-moi d'espérer, répondit lady Lochleven, qu'elle changera de résolution ; en tout cas, voyez-moi m'acquitter de mon devoir.

A ces mots, un domestique présenta à lady Lochleven du pain et du sel sur un plateau d'argent, tandis que le vieil intendant, qui, en l'absence de Williams Douglas, remplissait les fonctions d'écuyer tranchant, lui servait sur une assiette du même métal un morceau de chacun des plats qu'on avait apportés ; puis, cette opération terminée :

— Ainsi la reine ne paraîtra point aujourd'hui ? demanda lady Lochleven. — C'est la résolution de sa majesté, répondit Marie Seyton. — Notre présence est donc inutile, dit la vieille dame ; mais, en tout cas, la table est servie, et si sa grâce avait besoin de quelque autre chose, elle n'aurait qu'à appeler.

A ces mots, lady Lochleven, avec la même raideur et la même dignité qu'elle était venue, se retira, suivie de ses quatre domestiques et de son intendant.

Ainsi que lady Lochleven l'avait prévu, la reine, cédant aux instances de Marie Seyton, sortit enfin de sa chambre, vers les huit heures du soir, se mit à table, et, servie par la seule dame d'honneur qui lui restât, mangea quelque peu de chose ; puis, se levant, elle alla se mettre à sa fenêtre.

Il faisait une de ces magnifiques soirées d'été pendant lesquelles la nature tout entière semble en fête : le ciel était parsemé d'étoiles qui se réfléchissaient dans le lac, et au milieu d'elles, comme une étoile plus ardente, brillait la flamme d'un réchaud, brûlant à la poupe d'une petite barque : la reine, à la lueur de la lumière qu'elle répandait, aperçut Georges Douglas et le petit Douglas qui pêchaient au feu. Quelque envie qu'elle eût de profiter de cette belle soirée pour respirer l'air pur de la nuit, la vue de ce jeune homme qui lui avait fait le jour même une grossière insulte, l'impressionna si vivement, qu'elle referma aussitôt sa fenêtre, et se retirant dans sa chambre, se coucha, et se fit lire à haute voix quelques prières par sa compagne de captivité ; puis, ne pouvant s'endormir tant elle était agitée, elle se releva et, passant une robe de chambre, alla se remettre à sa fenêtre : la barque avait disparu.

Marie resta une partie de la nuit les regards perdus dans l'immensité du ciel ou dans les profondeurs du lac ; et cependant, malgré la nature des pensées qui l'agitaient, elle n'éprouva pas moins un soulagement physique très-grand dans le contact de cet air pur, et dans la contemplation de cette nuit calme et silencieuse : aussi le lendemain se réveilla-t-elle plus tranquille et plus résignée. Malheureusement la vue de lady Lochleven, qui se présenta devant elle à l'heure du déjeuner pour remplir ses fonctions de dégustatrice, lui rendit toute son irritabilité. Peut-être, cependant, les choses se seraient-elles passées tranquillement, si lady Lochleven, au lieu de demeurer debout près du buffet, se fût retirée après avoir goûté les différents mets qui composaient le service ; mais cette insistance à rester près d'elle pendant tout le repas, qui n'était peut-être au fond qu'une marque de respect, parut à la reine une tyrannie insupportable.

— Mignonne, dit-elle en s'adressant à Marie Seyton, as-tu déjà oublié que notre bonne hôtesse s'est plainte hier de la fatigue qu'elle éprouvait à rester debout ? Approche-lui donc un des deux tabourets qui forment notre ameublement royal, et aie soin que ce ne soit pas celui dont le pied est cassé. — Si l'ameublement du château de Lochleven est en si mauvais état, madame, répondit la vieille lady, c'est la faute des rois d'Écosse : les pauvres Douglas ont eu, depuis près d'un siècle, si peu de part aux faveurs de leurs souverains, qu'ils n'ont pu maintenir la splendeur de leurs ancêtres à la hauteur de celle de simples particuliers, et qu'il y a eu en Écosse tel musicien qui dépensait, à ce que l'on assure, en un mois leur revenu de toute une année. — Ceux qui savent si bien prendre, mylady, répondit la reine, n'ont pas besoin qu'on leur donne : les Douglas, ce me semble, n'ont rien perdu pour attendre, et il n'y a pas de fils cadet de cette noble famille qui ne puisse aujourd'hui aspirer aux plus hautes alliances : il est fâcheux, vraiment, que notre sœur la reine d'Angleterre ait fait, à ce qu'on assure, vœu de virginité. — Ou bien, interrompit lady Lochleven, que la reine d'Écosse ne soit pas veuve de son troisième mari. Au reste, continua la vieille dame avec un feint retour sur elle-même, je ne dis point cela pour faire un reproche à votre grâce, les catholiques regardent le mariage comme un sacrement, et, à ce titre, le reçoivent le plus souvent qu'ils peuvent. — C'est donc, répondit Marie, la différence qui existe entre eux et les huguenots ; car ceux-ci, n'ayant point le même respect pour lui, croient dans certaines circonstances qu'il leur est permis de s'en dispenser.

Lady Lochleven, à ce sarcasme terrible, fit un pas vers Marie Stuart, tenant à la main le couteau dont elle venait de se servir pour tailler un morceau de la viande qu'on lui avait donné à goûter ; mais la reine se leva devant elle avec un si grand calme et une telle majesté, que, soit respect involontaire, soit honte de ce premier mouvement, elle laissa tomber l'arme qu'elle tenait, et ne trouvant rien d'assez fort à répondre pour exprimer les sentiments qui l'agitaient, elle fit signe aux domestiques de la suivre, et sortit de l'appartement avec toute la dignité que la colère lui permit d'appeler à son secours.

A peine lady Lochleven eut-elle quitté la place que la reine se rassit, joyeuse et triomphante de la victoire qu'elle venait de remporter, et mangea de meilleur appétit qu'elle n'avait encore fait depuis qu'elle était prisonnière, tandis que Marie Seyton déplorait, à demi-voix et avec tout le respect possible, ce funeste don et la repartie que Marie avait reçu du ciel et qui fut, avec sa beauté, une des causes de tous ses malheurs ; mais la reine ne fit que rire de toutes ses observations, disant qu'elle était curieuse de voir la figure que ferait sa bonne hôtesse à l'heure du dîner.

Après le déjeuner, la reine descendit au jardin : son orgueil satisfait lui avait rendu une partie de sa gaieté, si bien que, voyant, en traversant la salle d'honneur, une mandoline oubliée sur une chaise, elle ordonna à Marie Seyton de la prendre, pour voir, dit-elle, si elle se rappelait encore son ancien talent. En effet, la reine était une des meilleures musiciennes de l'époque, et jouait admirablement, dit Brantôme, du luth et de la viole d'amour, instrument qui ressemblait beaucoup à la mandoline. Marie Seyton obéit.

Arrivée dans le jardin, la reine s'assit sous le bosquet le plus sombre, et là, ayant accordé son instrument, elle en tira d'abord des accords vifs et légers, qui bientôt s'assombrirent peu à peu, en même temps que son visage prenait une teinte de mélancolie profonde. Marie Seyton la regardait avec inquiétude, quoiqu'elle fût depuis longtemps habituée à ces variations soudaines dans le caractère de sa maîtresse, et elle allait lui demander la cause de ce voile sombre qui s'était tout à coup étendu sur son visage, lorsque, régularisant ses accords, Marie commença de chanter à voix basse et comme pour elle seule les vers suivants :

Antres, prés, monts et plaines,
Rochers, forêts et bois,
Ruisseaux, fleuves, fontaines,
Où perdu je me vois,
D'une plainte incertaine,
De sanglots toute pleine,
Je veux chanter
La misérable peine
Qui me fait lamenter.

Mais qui pourra entendre
Mon soupir gémissant ?
Ou qui pourra comprendre
Mon ennui languissant ?
Sera-ce cet herbage,
Ou l'eau de ce rivage,
Qui, s'écoulant,
Porte de mon visage
Ce ruisseau distillant ?

Hélas ! non, car la plaie
Cherche en vain guérison,

Qui pour secours essaie,
Aux choses sans raison.
Il vaut mieux que ma plainte
Raconte son atteinte
        Amèrement
A toi qui as contrainte
Mon ame en tel tourment.

O d'esse immortelle,
Écoute donc ma voix,
Toi qui tiens en tutelle
Mon pouvoir sous tes lois,
Afin que si ma vie
Se voit en bref tarie,
        Ta cruanté
La coufosse périe
Par ta seule beauté.

On voit bien que ma face
S'écoule peu à peu,
Comme la froide glace
A la chaleur du feu.
Et néanmoins la flamme
Qui me brûle et m'enflamme
        De passion,
N'émeut jamais ton ame
D'aucune affection.

Et cependant ces arbres,
Qui sont autour de moi.
Ces rochers et ces marbres,
Savent bien mon émoi.
Bref, rien dans la nature
N'ignore ma blessure,
        Hors seulement
Toi, qui prends nourriture
De mon cruel tourment.

Mais s'il t'est agréable
De me voir misérable
        En tourment tel,
Mon malheur déplorable
Soit alors immortel !

Ce dernier vers s'en alla expirant, comme si la reine fût arrivée au bout de sa force, en même temps la mandoline lui échappa des mains, et serait tombée à terre, si Marie Seyton ne se fût jetée à genoux et ne l'eût retenue. La jeune fille demeura quelque temps ainsi aux pieds de sa maîtresse, la regardant en silence, et comme elle vit qu'elle s'enfonçait de plus en plus dans de sombres pensées :

— Ces vers ont rappelé à votre majesté un triste souvenir ? demanda-t-elle en hésitant. — Oh ! oui, répondit la reine : ils m'ont rappelé le malheureux qui les a faits. — Et puis-je, sans indiscrétion, continua Marie Seyton, demander à votre grâce quel en est l'auteur ? — Hélas ! c'était un noble, brave et beau jeune homme, au cœur dévoué et à la tête ardente, qui me défendrait aujourd'hui si alors je l'eusse défendu ; mais sa hardiesse m'a paru de la témérité, et sa faute un crime. Que veux-tu ? je ne l'aimais pas. Pauvre Chatelard, j'ai été bien cruelle envers lui ! — Ce n'est pas vous qui l'avez poursuivi, c'est votre frère ; ce n'est pas vous qui l'avez condamné, ce sont les juges. — Oui, oui ; je sais que c'est encore une victime de Murray, et c'est sans doute pour cela que son souvenir m'est revenu à cette heure. Mais je pouvais lui faire grâce, Marie, et j'ai été inflexible. J'ai laissé monter sur l'échafaud un homme dont le seul crime était de m'avoir trop aimée ; et maintenant je m'étonne et me plains d'être abandonnée de tous. Écoute, mignonne, il y a une chose qui m'effraye : c'est que, lorsque je descends en moi-même, je trouve que non-seulement j'ai mérité mon sort, mais encore que Dieu ne me punit pas assez sévèrement. — Dans quelles idées va se perdre votre grâce ! s'écria Marie, et voyez où vous ont menée ces malheureux vers qui vous sont revenus à la mémoire, aujourd'hui justement où vous commenciez à reprendre un peu de votre gaieté. — Hélas ! répondit la reine en secouant la tête et en poussant un profond soupir, il s'est écoulé bien peu de jours, depuis six ans, sans que j'aie dit ces vers tout bas, quoique ce soit aujourd'hui la première fois que je les répète tout haut. C'était encore un Français, Marie : ils m'ont exilé, pris ou tué tous ceux qui me venaient de France. Te rappelles-tu ce vaisseau qui s'engloutit devant nous, lorsque nous sortîmes du port de Calais ? je m'écriai alors que c'était un triste présage : vous voulûtes tous me rassurer ; eh bien ! maintenant, qui avait raison de vous ou de moi ?

La reine était dans un de ces accès de tristesse dont les larmes sont le seul remède ; aussi Marie Seyton, s'apercevant que non-seulement toute consolation serait vaine, mais encore inopportune, bien loin de continuer à réagir contre la mélancolie de sa maîtresse, abonda-t-elle dans son sens : il en résulta que la reine, qui étouffait, finit enfin par pleurer, et que ses pleurs la soulagèrent ; puis peu à peu elle reprit son empire sur elle-même, et cette crise passa comme d'habitude, la laissant plus ferme et plus résolue que jamais, de sorte que lorsqu'elle remonta dans sa chambre, il était impossible de lire sur son visage la moindre altération.

L'heure du dîner s'approchait, et Marie, qui le matin l'attendait avec impatience pour jouir de son triomphe sur lady Lochleven, la voyait s'avancer à cette heure avec inquiétude : l'idée seule de se retrouver en face de cette femme, dont on était toujours obligé de combattre l'orgueil par l'insolence, était, après les fatigues morales de la journée, une fatigue nouvelle. Aussi résolut-elle, comme la veille, de ne point paraître au dîner : elle fut d'autant plus aise d'avoir pris cette résolution, que, cette fois, ce n'était pas lady Lochleven qui venait remplir auprès d'elle les fonctions qu'un membre de la famille s'était imposées pour tranquilliser la reine, mais Georges Douglas, que sa mère dans son mécontentement de la scène du matin, envoyait pour la remplacer. Aussi, lorsque Marie Seyton eut dit à la reine qu'elle voyait le jeune homme aux cheveux bruns traverser la cour pour se rendre chez elle, Marie se félicita-t-elle encore davantage du parti qu'elle avait pris ; car l'insolence de ce jeune homme lui avait fait une blessure plus profonde au cœur que toutes les orgueilleuses insultes de sa mère. La reine ne fut donc pas peu étonnée lorsqu'au bout de quelques minutes Marie Seyton rentra dans sa chambre, et lui annonça que Georges Douglas, après avoir renvoyé les domestiques, désirait avoir l'honneur de lui parler pour affaire d'importance. La reine refusa d'abord ; mais Marie Seyton lui dit que l'air et les manières de ce jeune homme étaient tellement différents, cette fois, de ce qu'elle les avait vus deux jours auparavant, qu'elle croyait que sa maîtresse aurait tort de lui refuser sa demande. La reine alors se leva, et, avec la hauteur et la majesté qui lui étaient habituelles, entra dans la chambre voisine, et, après avoir fait trois pas, s'arrêta d'un air dédaigneux, attendant que Georges lui adressât la parole.

Marie Seyton avait dit vrai ; Georges Douglas n'était plus le même homme : autant Marie l'avait vu hautain et orgueilleux la veille, autant aujourd'hui il semblait respectueux et craintif. Il fit à son tour un mouvement vers la reine ; mais voyant Marie Seyton debout derrière elle :

— Madame, lui dit-il, je désirais parler à votre majesté seule, n'obtiendrai-je point cette grâce ? — Marie Seyton n'est pas quelqu'un pour moi, monsieur : c'est ma sœur, c'est mon amie c'est plus que tout cela, c'est ma compagne de captivité. — Et à tous ces titres, madame, j'ai pour elle la vénération la plus grande ; cependant ce que j'ai à vous dire ne peut être entendu par d'autres oreilles que les vôtres. Ainsi donc, madame, comme l'occasion offerte à ce moment ne se représenterait peut-être pas, au nom de ce que vous avez de plus cher au monde, accordez-moi ce que je vous demande.

Il y avait dans la voix de Georges une telle expression du respectueuse prière, que Marie se retourna vers la jeune fille, et lui faisant de la main un signe d'amitié :

— Va donc, mignonne, lui dit-elle ; mais sois tranquille, tu n'y perdras rien, pour ne pas entendre. Va.

Marie Seyton se retira : la reine la suivit des yeux en souriant, jusqu'à ce que la porte fût refermée ; puis alors, se retournant vers Georges :

— Maintenant, monsieur, lui dit-elle, nous sommes seuls, parlez.

Mais Georges, au lieu de lui répondre, s'avança vers la reine, et, mettant un genou en terre, tira de sa poitrine un papier qu'il lui présenta. Marie le prit avec étonnement, le déplia en regardant Douglas, qui demeurait toujours dans la même attitude, et lut ce qui suit :

« Nous, comtes, lords et barons, ayant considéré que notre reine est détenue à Lochleven, et que ses fidèles sujets ne peuvent avoir accès auprès de sa personne ; voyant, d'autre part, que notre devoir nous engage à pourvoir à sa sûreté, promettons et jurons d'employer tous les moyens raisonnables qui dépendront de nous pour la remettre en liberté à des conditions compatibles avec l'honneur de sa majesté, avec le bien du royaume, et même avec la sûreté de ceux qui la retiennent en prison, pourvu qu'ils consentent à la délivrer ; que s'ils refusent, nous déclarons que nous sommes dans la disposition de nous employer, nous et nos enfants, nos amis, nos domestiques, nos vassaux, nos biens, nos corps et nos vies, pour la remettre en liberté, pour procurer la sûreté du prince et pour concourir au châtiment des meurtriers du feu roi. Si l'on nous attaque pour cet effet, soit en corps, soit en particulier, nous promettons de nous défendre et de nous assister les uns les autres, sous peine d'infamie et de parjure. Ainsi Dieu nous soit en aide.

» Signé de nos propres mains à Dumbarton.

» S. André, Argyle, Huntly, Arbroath, Galloway, Ross, Fleming, Hérris, Skirling, Kilwinning, Wilt, Hamilton et Saint-Clair, chevalier. »

— Et Seyton ! s'écria Marie, je ne vois pas, parmi toutes ces signatures, celle de mon fidèle Seyton.

Douglas, toujours à genoux, tira un second papier de sa poitrine, et le présenta à la reine avec les mêmes marques de respect. Il ne contenait que ces quelques paroles :

« Fiez-vous à Georges Douglas ; car votre majesté n'a pas d'ami plus dévoué dans tout son royaume. SEYTON. »

Alors Marie abaissa ses yeux vers Douglas avec une expression qui n'appartenait qu'à elle ; puis lui tendant la main pour se relever :

— Ah ! dit-elle avec un soupir où il y avait plus de joie que de douleur, je vois bien que Dieu ne m'a point, malgré mes fautes, abandonnée encore ; mais comment se fait-il, dans ce château, que vous, un Douglas... Oh ! c'est à n'y pas croire ! — Madame, répondit Georges, il y a sept ans que je vous ai vue pour la première fois en France, et il y a sept ans que je vous aime. — Marie fit un mouvement ; mais Douglas étendit la main et secoua la tête avec un air de si profonde tristesse, qu'elle comprit qu'elle pouvait entendre ce qu'avait à lui dire le jeune homme ; il continua : — Rassurez-vous, madame, je ne vous eusse jamais fait cet aveu, si cet aveu, en vous expliquant ma conduite, n'eût pas dû vous donner une plus grande confiance en moi. Oui, il y a sept ans que je vous aime ; mais comme on aime une étoile qu'on ne peut atteindre, une madone qu'on ne peut que prier ; depuis sept ans, je vous ai suivie partout sans que jamais vous ayez fait attention à moi, sans que jamais j'aie dit un mot ni fait un geste pour attirer vos regards. J'étais sur la galère du chevalier de Mévillon lorsque vous passâtes en Écosse : j'étais parmi les soldats du régent lorsque vous battîtes Huntly ; j'étais de l'escorte qui vous accompagna lorsque vous allâtes voir le roi malade à Glascow ; j'arrivai à Édimbourg une heure après que vous en étiez partie pour Lochleven ; et alors il me sembla que, pour la première fois, ma passion m'était révélée, et que cet amour, que jusqu'alors je m'étais reproché comme un crime, était au contraire une faveur de Dieu. J'appris que les nobles étaient rassemblés à Dumbarton : j'y courus. J'engageai mon nom, j'engageai mon honneur, j'engageai ma vie ; et j'obtins d'eux, grâce à la facilité que j'avais de rentrer dans cette forteresse, le bonheur de vous apporter l'acte qu'ils venaient de signer. Maintenant, madame, oubliez tout ce que je vous ai dit, excepté les assurances de mon dévouement et de mon respect : oubliez que je suis près de vous ; je suis habitué à ne pas être vu : seulement, si vous avez besoin de moi, faites un signe ; car depuis sept ans ma vie est à vous. — Hélas ! répondit Marie, je me plaignais ce matin de n'être plus aimée, et je devrais me plaindre, au contraire, de ce que l'on m'aime encore : car l'amour que j'inspire est fatal et mortel. Si jeune que je sois, Douglas, tournez les yeux en arrière, et comptez les tombeaux que j'ai déjà laissés sur ma route, François II, Chatelard, Rizzio, Darnley... Oh ! il faut plus que de l'amour maintenant pour s'attacher à ma fortune, il faut de l'héroïsme et du dévouement, d'autant plus, vous l'avez dit, Douglas, que c'est un amour sans récompense possible, entendez-vous bien ? — Oh ! madame, madame, répondit Douglas, n'est-ce point une récompense au-dessus de mes mérites, que celle de vous voir tous les jours, de nourrir l'espérance que la liberté vous sera rendue par moi et d'avoir au moins, si je ne vous la rends pas, la certitude de mourir sous vos yeux ? — Pauvre jeune homme ! murmura Marie, les regards levés au ciel, et comme si elle y lisait d'avance le sort qui attendait son nouveau défenseur. — Heureux Douglas ! au contraire, s'écria Georges en saisissant la main de la reine et en la baisant avec plus de respect encore peut-être que d'amour ; — heureux Douglas ! car il a déjà obtenu de votre majesté plus qu'il n'espérait, en obtenant un soupir. — Et qu'avez-vous décidé avec mes amis ? dit la reine en relevant Douglas, qui jusque-là s'était tenu à genoux devant elle. — Rien encore, répondit Georges ; car à peine avons-nous eu le temps de nous voir : votre évasion, impossible sans moi, est encore difficile même avec moi, et votre majesté a vu qu'il m'a fallu lui manquer publiquement de respect, pour obtenir de ma mère la confiance qui me vaut aujourd'hui le bonheur de la voir : si cette confiance s'étend jamais, de la part de ma mère ou de mon frère, jusqu'à me remettre les clefs du château, alors vous êtes sauvée ! Que votre majesté ne s'étonne donc de rien : devant tous je serai toujours un Douglas, c'est-à-dire un ennemi, et jusqu'à ce qu'il y ait péril de vie pour vous, madame, je ne dirai pas une parole, je ne ferai pas un geste qui puisse trahir la foi que je vous ai jurée ; mais, de votre côté, que votre grâce sache bien, que présent comme absent, que je me taise ou que je parle, que j'agisse ou que je demeure en repos, tout ne sera qu'apparence, excepté mon dévouement. Seulement, continua Douglas en s'approchant de la fenêtre, et en montrant à la reine une petite maison située sur la colline de Kinross, — seulement regardez tous les soirs dans cette direction, madame, et tant que vous y verrez briller une lumière, c'est que vos amis veilleront pour vous, et qu'il ne faut pas perdre l'espérance. —Merci, Douglas, merci, dit la reine, cela fait du bien de retrouver de temps en temps un cœur comme le vôtre ; oh ! merci ! — Et maintenant, madame, répondit le jeune homme, il faut que je quitte votre majesté ; demeurer plus longtemps près de vous serait donner des soupçons, et un seul soupçon sur moi, songez-y bien, madame, et cette lumière, qui est votre seul phare, s'éteint, et tout rentre dans la nuit.

A ces mots, Douglas s'inclina plus respectueusement qu'il n'avait encore fait, et se retira, laissant Marie pleine d'espérance et plus encore d'orgueil ; car cette fois, c'était bien pour la femme, et non pour la reine, qu'il lui rendait l'hommage qu'elle venait de recevoir.

Ainsi que le lui avait dit la reine, Marie Seyton sut tout, même l'amour de Douglas, et les deux femmes attendirent avec impatience le soir, pour voir si l'étoile qui leur avait été promise brillerait à l'horizon ; leur espoir ne fut pas trompé : à l'heure dite, le phare s'alluma, la reine en tressaillit de joie, car c'était la confirmation de ses espérances, et sa compagne ne pouvait pas l'arracher de la fenêtre, où elle restait les yeux fixes sur la petite maison de Kinross. Enfin elle céda aux prières de Marie Seyton, et consentit à se coucher ; mais deux fois, dans la nuit, elle se releva sans bruit pour aller à sa fenêtre : la lumière brillait toujours et ne s'éteignit qu'au crépuscule, avec ses sœurs, les étoiles.

Le lendemain, au déjeuner, Georges annonça à la reine le retour de son frère, Williams Douglas : il arrivait le soir même ; quant à lui, Georges, il devait quitter Lochleven le lendemain matin, pour s'entendre avec les lords qui avaient signé la déclaration, et qui s'étaient séparés aussitôt pour lever des troupes dans leurs différents comtés. La reine ne pouvait tenter avec fruit aucune évasion, qu'au moment où elle serait sûre de rassembler autour d'elle une armée assez forte pour tenir la campagne ; quant à lui, Douglas, on était tellement habitué à ses disparitions silencieuses et à ses retours inattendus, qu'il n'y avait point lieu de craindre que son départ inspirât aucun soupçon.

Tout se passa comme l'avait dit Georges : le soir, le son du cor annonça l'arrivée de Williams Douglas ; il avait avec lui lord Ruthwen, le fils de celui qui avait assassiné Rizzio, et qui, exilé avec Morton, à la suite de ce meurtre, était mort en Angleterre de la maladie dont il était déjà atteint le jour de la catastrophe terrible à laquelle nous l'avons vu prendre une si large part. Il précédait d'un jour lord Lindsay de Byres et sir Robert Melvil, frère de l'ancien ambassadeur de Marie auprès d'Élisabeth ; tous trois étaient chargés d'une mission du régent pour la reine.

Le lendemain tout rentra dans l'ordre accoutumé, et Williams Douglas reprit ses fonctions d'écuyer tranchant. Le déjeuner se passa sans que Marie apprît rien du départ de Georges, ni de l'arrivée de Ruthwen. En se levant de table elle se mit à sa fenêtre : à peine y était-elle, qu'elle entendit le son du cor retentir sur les rives du lac, et qu'elle vit une petite troupe de cavaliers faire halte, en attendant que la barque vînt chercher ceux d'entre eux qui devaient se rendre au château.

La distance était trop grande pour que Marie pût reconnaître aucun de ceux qui venaient lui rendre visite ; mais il était évident, aux signes d'intelligence échangés entre la petite troupe et les habitants de la forteresse, que les nouveaux arrivants étaient de ses ennemis. Ce fut une raison pour que, dans son inquiétude, la reine ne perdît pas un instant de vue la barque qui les allait chercher. Elle y vit descendre deux hommes seulement, et aussitôt la barque reprendre le chemin du château.

A mesure que la barque s'approchait, les pressentiments de Marie se changeaient en craintes véritables, car dans l'un des hommes qui s'avançaient, elle croyait reconnaître lord Lindsay de Byres, le même qui, huit jours auparavant, l'avait amenée dans sa prison. En effet, c'était lui-même, couvert comme d'habitude d'un casque d'acier sans visière, qui laissait voir son visage rude et fait pour exprimer les fortes passions, et sa longue barbe noire, parsemée de quelques poils gris, qui lui tombait jusque sur la poitrine ; son corps était protégé, comme s'il était en guerre, de sa fidèle cuirasse autrefois polie et bien dorée, mais qui, sans cesse exposée à la pluie et aux brouillards, était maintenant rongée par la rouille ; il portait sur le dos, à peu près comme on porte un carquois, une grande épée, si lourde qu'on ne pouvait la manier qu'à deux mains, et si longue, que, tandis que la poignée s'élevait jusqu'à l'épaule gauche, la pointe descendait jusqu'à l'éperon droit : en un mot, c'était toujours le même soldat, brave jusqu'à la témérité, mais brutal jusqu'à l'insolence, ne connaissant rien que le droit et la force, et toujours prêt à user de la force quand il se croyait dans le droit.

La reine était tellement préoccupée de la vue de lord Lindsay de Byres, que ce ne fut qu'au moment où la barque était près de toucher le rivage qu'elle jeta les yeux sur son compagnon et reconnut Robert Melvil ; ce fut une consolation pour elle, car, quelque chose qui arrivât, elle savait au moins trouver en celui-ci une sympathie, sinon ostensible du moins secrète. Au reste, son costume, par lequel on aurait pu le juger, ainsi que lord Lindsay par le sien, formait un contraste parfait avec celui de son compagnon : il se composait d'un pourpoint de velours noir, avec une toque et une plume de la même couleur, attachée par une agrafe d'or ; sa seule arme offensive et défensive était une petite épée, qu'il semblait porter plutôt pour indiquer son rang que pour attaquer ou pour se défendre : quant à ses traits et à ses manières, ils étaient en harmonie avec cette apparence pacifique. Son visage pâle exprimait à la fois la finesse et l'intelligence : son œil vif était plein de douceur, et sa voix insinuante, sa taille mince et légèrement courbée par l'habitude plutôt que par les années, puisqu'il n'avait à cette époque que quarante-cinq ans, indiquaient en lui un caractère facile et conciliant.

Cependant la présence de cet homme de paix, qui semblait chargé de veiller sur le démon de la guerre, ne put rassurer la reine, et comme pour se rendre au débarcadère, situé devant la grande porte du château, la barque venait de disparaître à l'angle d'une tour, elle ordonna à Marie Seyton de descendre, afin de tâcher d'apprendre quelle cause amenait lord Lindsay à Lochleven, sachant bien qu'avec la force de caractère dont elle était douée, elle n'avait besoin de connaître cette cause que quelques minutes auparavant, pour donner à son visage, quelle qu'elle fût, ce calme et cette majesté dont elle avait toujours éprouvé l'influence sur ses ennemis.

Restée seule, Marie reporta ses yeux sur la petite maison de Kinross, son seul espoir; mais la distance était trop grande pour qu'on y pût rien distinguer; d'ailleurs, ses contrevents restaient fermés tout le jour, et semblaient ne s'ouvrir que le soir, pareils aux nuages, qui, après avoir couvert le ciel toute une matinée, s'écartent enfin pour laisser voir au matelot perdu une seule étoile. Elle n'en était pas moins demeurée ainsi immobile et les yeux toujours fixés sur le même objet, lorsqu'elle fut tirée de cette contemplation muette par les pas de Marie Seyton.

— Eh bien! mignonne? demanda la reine en se retournant. — Votre majesté ne s'est point trompée, répondit la messagère, c'était bien sir Robert Melvil et lord Lindsay; mais, dès hier, il était arrivé, avec sir Williams Douglas, un troisième ambassadeur, dont le nom, je le crains bien, sera encore plus odieux à votre majesté qu'aucun des deux que je viens de prononcer. — Tu te trompes, Marie, répondit la reine : ni le nom de Melvil ni celui de Lindsay ne me sont odieux; celui de Melvil, au contraire, est, dans les circonstances où je me trouve, un de ceux que mon oreille a le plus de plaisir à entendre ; quant à celui de lord Lindsay, il ne m'est point agréable sans doute, mais ce n'en est pas moins un nom honorable, toujours porté par des hommes brusques et sauvages, c'est vrai, mais incapables de trahison. Dis-moi donc quel est ce nom, Marie, car, tu le vois, je suis calme et préparée. — Hélas! madame, reprit Marie, si calme et si préparée que vous soyez, rappelez toutes vos forces, non-seulement pour entendre prononcer ce nom, mais encore pour recevoir dans quelques instants l'homme qui le porte ; car ce nom est celui de lord Ruthwen.

Marie Seyton avait dit vrai, et ce nom eut une influence terrible sur la reine : car, à peine se fut-il échappé des lèvres de la jeune fille, que Marie Stuart jeta un cri, et pâlissant comme si elle allait s'évanouir, se retint au rebord de la croisée. Marie Seyton, effrayée de l'effet qu'avait produit ce nom fatal, s'élança aussitôt vers la reine pour la soutenir; mais celle-ci, étendant une main vers elle, tandis qu'elle appuyait l'autre sur son cœur :

— Ce n'est rien, dit-elle, et dans un instant je serai remise ; oui, Marie, oui, tu l'as dit, c'est un nom fatal et mêlé à un de mes plus sanglants souvenirs. Ce que viennent me demander de pareils hommes doit être bien terrible. Mais n'importe, bientôt je serai prête à recevoir les ambassadeurs de mon frère, car sans doute ils sont envoyés en son nom. Toi, mignonne, empêche qu'ils n'entrent, car j'ai besoin de quelques instants pour me remettre : tu me connais ; ce ne sera pas long.

A ces mots, la reine se retira d'un pas ferme vers la porte de sa chambre à coucher.

Marie Seyton resta seule, admirant cette force de caractère qui faisait de Marie Stuart, si complétement femme sous tous les autres rapports, un homme au moment du danger. Aussitôt elle alla vers la porte pour la fermer avec la traverse de bois que l'on passait entre deux anneaux de fer, mais la traverse était enlevée, de sorte qu'il n'y avait aucun moyen de la fermer en dedans. Au bout d'un instant elle entendit qu'on montait l'escalier, et devinant au pas lourd et résonnant de celui qui arrivait, que ce devait être lord Lindsay, elle regarda encore une fois autour d'elle si elle ne voyait pas quelque chose qui pût remplacer la traverse, et ne trouvant rien à sa portée, elle passa son bras dans les anneaux, décidée à se le faire briser, plutôt que de laisser entrer près de sa maîtresse avant le moment qui lui conviendrait. En effet, à peine ceux qui montaient furent-ils arrivés sur le palier, qu'on frappa violemment, et qu'une voix brusque s'écria :

— Allons, allons, qu'on ouvre la porte, qu'on ouvre à l'instant. — Et de quel droit, dit Marie Seyton, m'ordonne-t-on insolemment d'ouvrir la porte de la reine d'Écosse? — Du droit qu'a l'ambassadeur du régent d'entrer partout en son nom : je suis lord Lindsay, et je viens pour parler à lady Marie Stuart. — Pour être ambassadeur, répondit Marie Seyton, on n'est point dispensé de se faire annoncer chez une femme, et à plus forte raison chez une reine; et si cet ambassadeur est, ainsi qu'il le dit, lord Lindsay, il attendra, comme le ferait à sa place tout noble Écossais, le loisir de sa souveraine. — Par saint André ! s'écria lord Lindsay, ouvrez, ou j'enfonce cette porte. — N'en faites rien, mylord, je vous en supplie, reprit, vous que Marie Seyton reconnut pour être celle de Melvil, attendons plutôt un instant lord Ruthwen, qui n'est point encore prêt. — Sur mon âme, s'écria Lindsay en secouant la porte, je n'attendrai pas une seconde. Puis, voyant qu'elle résistait : Que me disais-tu donc, drôle, continua Lindsay en s'adressant à l'intendant, que la traverse avait été enlevée? — C'est la vérité, répondit celui-ci. — Alors, reprit Lindsay, avec quoi cette péronnelle retient-elle la porte ? — Avec mon bras, mylord, que j'ai passé dans les anneaux, comme fit, pour le roi Jacques Ier, une Douglas, au temps où les Douglas avaient les cheveux noirs, au lieu de les avoir roux, et étaient fidèles au lieu d'être traîtres. — Puisque tu sais si bien ton histoire, répondit Lindsay avec rage, tu dois te rappeler que cette faible barrière n'arrêta point Graham, que le bras de Catherine Douglas fut brisé comme une baguette de saule, et que Jacques Ier fut tué comme un chien. — Mais vous, mylord, répondit

la courageuse jeune fille, vous devez savoir aussi la ballade que l'on chante encore de nos jours :

> Honni soit Robert Grahame,
> Du roi l'assassin infâme
> Robert Grahame honni soit
> L'assassin de notre roi.

— Marie, s'écria la reine, qui avait entendu cette altercation de sa chambre à coucher, Marie, je vous ordonne d'ouvrir la porte à l'instant même, entendez-vous ?

Marie obéit, et lord Lindsay entra, suivi de Melvil qui marchait derrière lui, la tête baissée et à pas lents. Arrivé au milieu de la seconde chambre, lord Lindsay s'arrêta, et regardant autour de lui :

— Eh bien, où est-elle donc? demanda-t-il, et ne nous a-t-elle point fait déjà assez attendre dehors, sans nous faire encore attendre dedans? ou bien se figurerait-elle, malgré ces murs et ces barreaux, qu'elle est toujours reine ? — Patience, mylord, murmura sir Robert : vous voyez bien que lord Ruthwen n'est point encore arrivé, et puisque nous ne pouvons rien faire sans lui, attendons-le. — Attendra qui voudra, répondit Lindsay enflammé de colère; mais ce ne sera pas moi, et où elle sera, j'irai la chercher.

A ces mots, il fit quelques pas vers la chambre à coucher de Marie Stuart ; mais au même instant la reine ouvrit la porte, sans paraître émue, ni de la visite, ni de l'insolence du visiteur, et si belle et si pleine de majesté, que chacun, et jusqu'à Lindsay lui-même, demeura en silence à son aspect, et, comme obéissant à une force supérieure, s'inclina respectueusement devant elle.

— J'ai peur de vous avoir fait attendre, mylord, dit la reine, sans répondre autrement que par une légère inclinaison de tête au salut des ambassadeurs; mais une femme n'aime point à recevoir, même des ennemis, sans avoir passé quelques minutes à sa toilette. Il est vrai que les hommes tiennent moins à ce cérémonial, ajouta-t-elle en jetant un coup d'œil indicateur sur l'armure rouillée et sur le pourpoint sale et percé de lord Lindsay. — Bonjour, Melvil, continua-t-elle sans faire attention aux quelques paroles d'excuse que balbutiait Lindsay; soyez le bienvenu dans ma prison, comme vous l'étiez dans mon palais, car je vous crois aussi fidèle à l'une qu'à l'autre. Puis se retournant vers Lindsay, qui interrogeait des yeux la porte, impatient qu'il était de voir arriver Ruthwen : — Vous avez là, mylord, dit-elle en montrant du doigt le glaive qu'il portait sur son épaule, un compagnon fidèle, quoique un peu lourd ; vous seriez-vous attendu, en venant ici, à trouver des ennemis contre qui l'employer? Dans le cas contraire, c'est une parure étrange pour se présenter devant une femme. Mais n'importe, mylord, je suis trop Stuart pour craindre la vue d'une épée, fût-elle nue, je vous en préviens. — Elle n'est point déplacée ici, madame, répondit Lindsay en la faisant passer devant lui et en appuyant son coude sur la croix de sa poignée, car c'est une vieille connaissance de votre famille. — Vos ancêtres, mylord, étaient assez braves et assez loyaux pour que je ne révoque pas en doute ce que vous me dites. Au reste, une si bonne lame a dû leur rendre de bons services. — Oui, madame, oui, certes, elle leur en a rendu ; mais de ces services que les rois ne pardonnent point. Celui qui la fit faire pour lui, fut Archibald Attache-grelot, et il en était armé le jour où, pour justifier son nom, il la prit jusque sous la tente du roi Jacques III, votre aïeul, ses indignes favoris, Cochran, Hummel, Léonard et Torpichen, qu'il fit pendre sur le pont de Lauder avec les licous des chevaux de ses soldats : c'est encore avec cette épée qu'il tua d'un seul coup, en champ clos, Spens de Kilspindie, qui l'avait insulté en présence du roi Jacques IV, comptant sur la protection que lui accordait son maître, et qui ne le garantit pas plus contre elle que son bouclier, qu'elle fendit en deux. A la mort de son maître, qui eut lieu deux ans après la défaite de Flodden, sur le champ de bataille de laquelle il laissa ses deux fils et deux cents guerriers du nom de Douglas, elle passa aux mains du comte d'Angus, qui la tira du fourreau lorsqu'il chassa les Hamilton d'Édimbourg, et cela si rapidement et si complétement, qu'on appela cette affaire le Balayage des rues. Enfin, votre père Jacques V la vit luire au combat du pont de la Tweed, lorsque Buccleuch, soulevé par lui, voulut l'arracher à la tutelle des Douglas, et que quatre-vingts guerriers du nom de Scott restèrent sur le champ de bataille. — Mais, dit la reine, comment cette arme, après de pareils exploits, n'est-elle point restée comme une trophée dans la famille des Douglas? Sans doute il a fallu au comte d'Angus une grande occasion pour le déterminer à se défaire en votre faveur de cette moderne Caliburn (4). — Oui, sans doute, madame, ce fut dans une grande occasion, répondit Lindsay, malgré les signes suppliants que lui faisait Melvil, et celle-là aura du moins l'avantage sur les autres, d'être assez rapprochée de nous pour que vous vous la rappeliez. C'était, il y a dix jours, sur le champ de bataille de Carberry-Hill, madame, quand l'infâme Bothwell eut l'audace de publier un cartel par lequel il défiait en combat singulier quiconque oserait soutenir qu'il n'était pas innocent du meurtre du roi votre époux. Je lui fis répondre alors, moi troisième, qu'il était un assassin. Et comme il refusait de se battre avec les deux autres sous prétexte qu'ils n'étaient que barons, je me présentai à mon tour, moi qui suis comte et lord. Ce fut à cette occasion que le noble comte de Morton me fit présent de cette bonne épée pour le combattre à outrance. De sorte que s'il eût été un peu plus présomptueux, ou un peu moins lâche, les chiens et les vautours mangeraient à cette heure les morceaux qu'avec l'aide de cette bonne lame je leur aurais découpés sur la carcasse de ce traître.

A ces paroles, Marie Seyton et Robert Melvil se regardèrent effrayés ; car les événements qu'elles rappelaient étaient si proches, qu'ils étaient, pour ainsi dire, vivants encore dans le cœur de la reine ; mais elle, avec une impassibilité incroyable et le sourire du mépris sur les lèvres : — Il est facile, dit-elle, mylord, de vaincre un ennemi qui ne se présente point au combat ; cependant, croyez-moi, si Marie eût hérité du glaive des Stuarts, comme elle a hérité de leur sceptre, votre épée, si longue qu'elle soit, aurait pu vous paraître encore trop courte. Mais comme vous n'avez à nous raconter en ce moment, mylord, que ce que vous comptiez faire, et non ce que vous avez fait, trouvez bon que je vous ramène à quelque chose de plus réel, car je ne présume pas que vous vous soyez donné la peine de venir ici purement et simplement pour ajouter un chapitre au petit traité des rodomontades espagnoles de M. de Brantôme. — Vous avez raison, madame, répondit Lindsay en rougissant de colère, et vous connaîtriez déjà l'objet de notre mission, si lord Ruthwen ne se faisait pas si ridiculement attendre. Mais, ajouta-t-il, ayez patience, la chose ne sera pas longue maintenant, car le voici.

En effet, en ce moment on entendit des pas qui montaient l'escalier et se rapprochaient de la chambre, et au bruit de ces pas, la reine, qui avait supporté avec tant de fermeté les insultes de Lindsay, pâlit si visiblement, que Melvil, qui ne la quittait pas des yeux, étendit la main vers le fauteuil comme pour le pousser vers elle ; mais la reine fit signe qu'il n'en était pas besoin, et fixa avec un calme apparent son regard sur la porte. Lord Ruthwen parut : c'était la première fois qu'elle revoyait le fils, depuis que Rizzio avait été assassiné par le père.

Lord Ruthwen était à la fois un guerrier et un homme d'État, et dans ce moment son costume tenait de l'une et de l'autre de ces deux professions : c'était un justaucorps de buffle brodé, assez élégant pour être porté en négligé de cour, et sur lequel, au besoin, on pouvait boucler une cuirasse pour en faire une parure de bataille ; comme son père, il était pâle ; comme son père, il devait mourir jeune, et, de plus que son père, il portait sur sa physionomie cette tristesse de mauvais augure, à laquelle les devins reconnaissent ceux qui doivent périr de mort violente.

Lord Ruthwen réunissait en lui la dignité polie d'un homme de cour et le caractère inflexible d'un ministre : aussi, tout décidé qu'il était à obtenir de Marie Stuart, fût-ce par la violence, ce qu'il venait lui demander au nom du régent, il ne lui fit pas moins, en entrant, un salut froid, mais respectueux, auquel la reine répondit par une révérence : puis, l'intendant approcha du fauteuil vide une lourde table sur laquelle avait été préparé tout ce qu'il fallait pour écrire, et sur un signe des deux lords, sortit, laissant la reine et sa compagne seules avec les trois ambassadeurs. Alors, la reine, jugeant que cette table et ce fauteuil étaient préparés pour elle, alla s'asseoir ; puis, après un moment, interrompant elle-même ce silence plus sombre qu'aucune parole n'aurait pu être :

— Mylords, dit-elle, vous voyez que je vous attends : ce message que vous avez à me communiquer est-il donc si terrible, que deux hommes de guerre aussi renommés que le sont lord Lindsay et lord Ruthwen, hésitent au moment de me le transmettre ? — Madame, répondit Ruthwen, je ne suis pas d'une famille, vous le savez, qui hésite jamais à remplir un devoir, si pénible qu'il soit : au reste, nous espérons que votre captivité vous a préparée à entendre ce que nous avons à vous dire de la part du conseil secret. — Le conseil secret ! dit la reine ; et de quel droit, institué par moi, agit-il sans moi ? N'importe, j'attends ce message ; je présume que c'est une pétition pour implorer ma miséricorde en faveur des hommes qui ont osé toucher à un pouvoir que je ne tenais que de Dieu. — Madame, répondit Ruthwen, qui paraissait s'être chargé du rôle pénible d'orateur, tandis que Lindsay, mu et impatient, tourmentait la poignée de sa longue épée, il m'est pénible d'avoir encore à vous détromper sur ce point : ce n'est point votre miséricorde que je viens vous demander, c'est, au contraire, le pardon du conseil secret que je viens vous offrir. — A moi, mylord, à moi ! s'écria Marie : des sujets offrent le pardon à leur reine ! Oh ! la chose est si nouvelle et si miraculeuse, que la surprise l'emporte chez moi sur l'indignation, et que je vous prierai de continuer, au lieu de vous arrêter là, comme je devrais peut-être le faire. — Et je vous obéirai d'autant plus volontiers, madame, continua Ruthwen sans se troubler, que ce pardon n'est accordé qu'à certaines conditions consignées dans ces actes destinés à rétablir la tranquillité de l'État, et cruellement compromise par les fautes qu'ils viennent réparer. — Et me sera-t-il permis, mylord, de lire ces actes, ou dois-je, entraînée par ma confiance en ceux qui me les présentent, les signer les yeux fermés ? — Non, madame, répondit Ruthwen ; le conseil secret désire, au contraire, que vous en preniez connaissance, car c'est librement que vous devez les signer. — Lisez-moi donc ces actes, mylord, car cette lecture est, je crois, dans les fonctions étranges que vous avez acceptées.

Lord Ruthwen prit l'un des deux papiers qu'il tenait à la main, et lut, avec son impassibilité de voix ordinaire, la pièce suivante :

« Appelé dès ma plus tendre jeunesse au gouvernement du royaume et à la couronne d'Écosse, j'ai donné tous mes soins à l'administration ; mais j'ai éprouvé tant de fatigues et de peines, que je ne me trouve plus l'esprit assez libre ni les forces assez grandes pour sup-porter le fardeau des affaires de l'État : en conséquence, et comme la faveur divine nous a accordé un fils, à qui nous désirons voir porter de notre vivant la couronne qui lui est acquise par droit de naissance, nous avons résolu de nous démettre et nous démettons en sa faveur par ces présentes, librement et volontairement, de tous nos droits à la couronne et au gouvernement de l'Écosse, voulant qu'il monte sur-le-champ au trône, comme s'il y était appelé par notre mort naturelle, et non par l'effet de notre propre volonté ; et pour que notre présente abdication ait un effet plus complet et plus solennel, et que personne n'en puisse prétendre cause d'ignorance, nous donnons pleins pouvoirs à nos féaux et fidèles cousins, les lords Lindsay et Williams Ruthwen, de comparaître en notre nom devant la noblesse, le clergé et les bourgeois d'Écosse, dont ils convoqueront une assemblée à Stirling, et d'y renoncer, publiquement et solennellement, de notre part, à tous nos droits à la couronne et au gouvernement de l'Écosse.

» Signé librement et comme le témoignage d'une de nos dernières volontés royales, en notre château de Lochleven, le   juin 1567. »

La date était en blanc.

Il se fit un moment de silence après cette lecture, puis : — Avez-vous entendu, madame ? demanda Ruthwen. — Oui, répondit Marie Stuart, oui, j'ai entendu des paroles rebelles que je n'ai pas comprises, et j'ai pensé que mes oreilles, qu'on essaye d'habituer depuis quelque temps à un étrange langage, me trompaient encore, et cela je l'ai pensé pour votre honneur, mylord Williams Ruthwen et mylord Lindsay de Byres. — Madame, répondit Lindsay impatient d'avoir gardé si longtemps le silence, notre honneur n'a rien à faire de l'opinion d'une femme qui a su si mal veiller sur le sien. — Mylord ! dit Melvil en hasardant un mot. — Laissez-le dire, Robert, répondit la reine ; nous avons dans notre conscience une cuirasse aussi bien trempée que celle dont est si prudemment revêtu mylord Lindsay, quoique, à la honte de la justice, nous n'ayons plus de glaive. Continuez, mylord, reprit la reine en se retournant vers lord Ruthwen ; est-ce tout ce que mes sujets requièrent de moi ? Une date et une signature, ah ! c'est trop peu sans doute ; et ce second papier, que vous avez gardé pour la gradation, contient probablement quelque demande plus difficile à accorder que celle de céder à un enfant âgé d'un an à peine, une couronne qui m'appartient par droit de naissance, et d'abandonner mon sceptre pour prendre une quenouille. — Cet autre papier, répondit Ruthwen sans se laisser intimider par le ton d'amère ironie qu'avait pris la reine, est l'acte par lequel votre grâce confirme la décision du conseil secret, qui a nommé votre frère bien-aimé, le comte de Murray, régent du royaume. — Comment donc ! reprit Marie, le conseil secret pense qu'il a besoin de ma confirmation pour un acte de si peu d'importance ? et mon frère bien-aimé, pour le porter sans remords, doit-il se soit moi qui ajoute un nouveau titre à ceux de comte de Mar et de Murray que je lui ai déjà donnés ? mais tout cela est on ne peut plus respectueux et plus touchant, et j'aurais grand tort de me plaindre. Mylords, continua la reine en se levant et en changeant de ton, retournez vers ceux qui vous ont envoyés, et dites-leur qu'à de pareilles demandes, Marie Stuart n'a point de réponse à faire. — Prenez garde, madame, répondit Ruthwen, car je vous l'ai dit, ce n'est qu'à ces conditions que votre pardon peut vous être accordé. — Et si je refuse ce pardon généreux, demanda Marie, qu'arrivera-t-il ? — Je ne puis pas préjuger sur un arrêt, madame ; mais votre grâce connaît assez les lois, et surtout l'histoire de l'Écosse et de l'Angleterre, pour savoir que le meurtre et l'adultère sont des crimes pour lesquels plus d'une reine a été punie de mort. — Et sur quelles preuves fonderait-on une accusation pareille, mylord ? Pardon de mon insistance, qui vous prend un temps précieux ; mais je suis assez intéressée à la chose pour qu'on me permette une pareille question. — La preuve, madame, répondit Ruthwen, il n'y en a qu'une, je le sais ; mais celle-là est irrécusable : c'est le mariage précipité de la veuve de l'assassiné avec le chef des assassins, qui prouvent que les coupables avaient uni leurs cœurs adultères avant qu'il ne leur fût permis d'unir leurs mains sanglantes. — Mylord, s'écria la reine, oubliez-vous certain repas donné dans une taverne de Londres, par ce même Bothwell, à ces mêmes nobles qui le traitent aujourd'hui d'adultère et de meurtrier ? oubliez-vous qu'à la suite de ce repas, et sur la table même où il avait été donné, un écrit fut signé pour inviter cette même femme, à qui vous faites aujourd'hui un crime de la rapidité de ses nouvelles noces, à quitter le deuil de veuve pour revêtir la robe d'épousée ? car si vous l'avez oublié, mylords, ce qui ne ferait pas plus d'honneur à votre sobriété qu'à votre mémoire, je me chargerais de vous le remettre sous les yeux, moi qui l'ai conservé, et peut-être qu'en cherchant bien nous trouverions au nombre des signatures les noms de Lindsay de Byres et de Williams Ruthwen. Ô noble lord Herris, s'écria Marie, loyal Jacques Melvil, vous seuls aviez donc raison, quand vous vous jetiez à mes pieds, en me suppliant de ne point conclure ce mariage, qui n'était, je le vois bien aujourd'hui, qu'un piège tendu à une femme ignorante, par des conseillers perfides ou des seigneurs déloyaux. — Madame, s'écria Ruthwen, commençant malgré sa froide impassibilité à s'emporter lui-même, tandis que Lindsay donnait des signes encore plus bruyants et moins équivoques d'impatience, — madame, toutes ces discussions nous éloignent de notre but : revenez-y donc, je vous prie, et dites nous si, votre vie et votre honneur assurés, vous consentez à vous démettre de la couronne d'Ecosse. — Et quelle garantie aurai-je que les promesses que vous me faites ici seront tenues ? — Notre parole, madame, répondit fièrement Ruthwen. — Votre parole, mylord, c'est un bien faible gage à offrir, quand on oublie si vite sa signature ; n'auriez-vous pas quelque bagatelle à y ajouter pour me faire un peu plus tranquille que je ne le serais avec elle ? — Assez, Ruthwen, assez, s'écria Lindsay; ne voyez-vous pas que depuis une heure cette femme ne répond que par des insultes à toutes nos propositions ? — Oui, partons, dit Ruthwen, et ne vous en prenez qu'à vous, madame, le jour où se brisera le fil qui retient l'épée suspendue sur votre tête. — Mylords, s'écria Melvil, mylords, au nom du ciel, un peu de patience, et pardonnez quelque chose à celle qui, habituée à commander, est aujourd'hui forcée d'obéir. — Eh bien ! dit Lindsay en se retournant, restez donc auprès d'elle et tâchez d'obtenir par vos paroles dorées ce qu'on refuse à notre franche et loyale demande. Dans un quart d'heure nous reviendrons, dans un quart d'heure que la réponse soit prête !

A ces mots, les deux seigneurs sortirent, laissant Melvil avec la reine ; et l'on put compter leurs pas, au bruit que faisait la grande épée de Lindsay, en retentissant sur chaque marche de l'escalier.

A peine furent-ils seuls, que Melvil se jeta aux pieds de la reine. —Madame, lui dit-il, vous disiez tout à l'heure que lord Herris et mon frère avaient donné à votre majesté un conseil qu'elle se repentait de n'avoir point suivi ; eh bien ! madame, songez à celui que je vous donne à mon tour ; car il est plus important que l'autre, car vous regretterez, avec plus d'amertume encore, de ne pas l'avoir écouté. Ah ! vous ne savez pas ce qui peut arriver, vous ignorez ce dont votre frère est capable. —Il me semble cependant, répondit la reine, qu'il vient de m'instruire sous ce rapport ; que fera-t-il de plus que ce qu'il a déjà fait ? Un procès public ! oh ! c'est tout ce que je demande : qu'ils me laissent seulement plaider ma cause, et nous verrons quels juges oseront me condamner. — Aussi voilà ce qu'ils se garderont bien de faire, madame ; car il faudrait qu'ils fussent insensés, quand ils vous tiennent ici dans ce château isolé, sous la garde de vos ennemis, n'ayant pour témoin que Dieu, qui venge le crime, mais qui ne le prévient pas. Rappelez-vous, madame, ce qu'a dit Machiavel : Jamais le tombeau d'un roi n'est loin de sa prison : vous êtes d'une famille où l'on meurt jeune, madame, et presque toujours d'une mort fatale : deux de vos aïeux ont péri par le fer, et un par le poison. — Oh ! si la mort était prompte et facile, s'écria Marie, oui, je l'accepterais comme une expiation de mes fautes ; car si je suis fière quand je me compare, Melvil, je suis humble quand je me juge : c'est injustement qu'on m'accuse d'être complice de la mort de Darnley ; mais c'est justement qu'on me condamne pour avoir épousé Bothwell. — Le temps presse, madame ! le temps presse, s'écria Melvil en regardant le sablier qui, posé sur la table, mesurait les heures. Ils vont revenir, dans un instant ils seront ici ; et, cette fois, il leur faudra une réponse. Ecoutez, madame, et tirez du moins de votre position tout le parti possible. Vous êtes ici seule et une femme, sans amis, sans garde, sans pouvoir : une abdication signée dans une pareille conjoncture ne paraîtra jamais à votre peuple avoir été accordée librement, mais passera toujours pour avoir été arrachée par la force ; et s'il le faut, madame, si le jour vient de faire valoir une protestation, eh bien, alors, vous aurez d'eux témoins de la violence qui vous aura été faite : l'un sera Marie Seyton, et l'autre, ajouta-t-il à voix basse et en regardant avec inquiétude autour de lui, l'autre sera Robert Melvil.

A peine achevait-il ces mots, que l'on entendit de nouveau dans l'escalier les pas des deux lords qui revenaient avant même que le quart d'heure fût écoulé ; un instant après la porte s'ouvrit, et Ruthwen parut, tandis qu'au-dessus de son épaule on apercevait la tête de Lindsay.

— Madame, dit Ruthwen, nous voici de retour ; votre grâce est-elle décidée ? Nous venons chercher sa réponse. — Oui, dit Lindsay, poussant de côté Ruthwen, qui lui barrait le passage, et s'avançant vers la table ; oui, une réponse nette, précise, positive et sans arrière-pensée. — Vous êtes exigeant, mylord, dit la reine. A peine auriez-vous le droit d'attendre cela de moi si j'étais de l'autre côté du lac, en pleine liberté et entourée d'une escorte fidèle ; mais entre ces murs, derrière ces barreaux, au fond de cette forteresse, je vous dirais que je signe volontairement, que vous ne le croiriez pas. Mais n'importe, vous voulez ma signature ; eh bien ! je vais vous la donner ; Melvil, passez-moi la plume. — J'espère, cependant, dit lord Ruthwen, que votre grâce ne compte pas arguer un jour de la position où elle se trouve pour protester contre ce qu'elle va faire ?

Déjà la reine était penchée pour écrire, déjà elle avait posé la main sur le papier, lorsque lord Ruthwen lui adressa ces paroles. Mais à peine furent-elles prononcées, qu'elle se releva fièrement, et laissant tomber la plume ; — Mylord, lui dit-elle, tout à l'heure ce que vous me demandiez n'était qu'une abdication pure et simple, et j'allais la signer. Mais si à cette abdication est jointe cette apostille, que je renonce de mon propre mouvement, et comme m'en jugeant indigne, au trône d'Ecosse, c'est ce que je ne ferais pas pour les trois couronnes réunies que j'ai vu voler tour à tour.

— Prenez garde, madame, s'écria lord Lindsay, saisissant le bas du poignet de la reine avec son gantelet de fer et le serrant de toute la force de sa colère, prenez garde, car notre patience est à bout, et nous pourrions bien finir par rompre ce qui ne voudrait pas plier.

La reine resta debout, et quoiqu'une rougeur violente eût passé comme une flamme sur son visage, elle ne dit pas un mot et ne fit pas un mouvement ; seulement ses yeux se fixèrent avec une expression de mépris si grande sur les yeux du grossier baron, que celui-ci, plein de honte de l'emportement auquel il s'était laissé aller, lâcha la main qu'il avait saisie et fit un pas en arrière. Alors, relevant la manche de sa robe et montrant les traces violettes imprimées à son bras par le gantelet de fer de lord Lindsay :

— Voilà ce que j'attendais, mylords, dit-elle aux ambassadeurs, et rien ne m'arrête plus pour signer ; oui, j'abdique librement le trône et la couronne d'Ecosse, et voilà la preuve que ma volonté n'a point été forcée.

A ces mots, elle prit la plume, et signa rapidement les deux actes, les tendit à lord Ruthwen et, faisant un salut plein de dignité, elle se retira lentement dans sa chambre, accompagnée de Marie Seyton ; Ruthwen la suivit des yeux, et lorsqu'elle eut disparu : — N'importe, dit-il, elle a signé, et quoique le moyen que vous avez employé, Lindsay, soit assez inusité en diplomatie, il n'en est pas moins efficace, à ce qu'il paraît. — Ne plaisantez pas, Ruthwen, dit Lindsay ; car c'est une noble créature, et si j'avais osé, je me serais jeté à ses pieds, pour lui demander pardon. — Il en est encore temps, répondit Ruthwen, et Marie, dans la situation où elle est, ne vous tiendra pas rigueur : peut-être est-elle résolue à en appeler au jugement de Dieu pour prouver son innocence, et, dans ce cas, un champion tel que vous pourrait bien changer la face des choses. — Ne plaisantez pas, Ruthwen, reprit une seconde fois Lindsay avec plus de violence que la première ; car si j'avais la conviction de son innocence, aussi bien que j'ai celle de son crime, je vous réponds que personne ne toucherait un cheveu de sa tête, pas même le régent. — Diable ! mylord, dit Ruthwen, je ne vous savais pas si impressionnable à une douce voix et à un œil en pleurs ; vous connaissez l'histoire de la lance d'Achille, qui guérissait avec sa rouille les blessures qu'elle faisait avec son tranchant : faites comme elle, mylord, faites. — Assez, Ruthwen, assez, répondit Lindsay ; vous ressemblez à une cuirasse d'acier de Milan, qui est trois fois plus brillante qu'une armure de fer de Glascow, mais qui est en même temps trois fois plus dure : nous nous connaissons tous deux, Ruthwen, ainsi trêve de railleries ou de menaces ; assez, croyez-moi, assez.

Et après ces paroles, lord Lindsay sortit le premier, suivi de Ruthwen et de Melvil, le premier la tête haute et affectant un air d'insolente indifférence, et le second triste, le front penché et ne cherchant pas même à dissimuler l'impression douloureuse que lui avait faite cette scène.

La reine ne sortit de sa chambre que le soir, pour venir prendre sa place à la fenêtre qui donnait sur le lac ; à l'heure accoutumée, elle vit briller dans la petite maison de Kinross la lumière qui faisait désormais sa seule espérance ; pendant tout un long mois elle n'eut d'autre consolation que de la revoir, chaque nuit, fixe et fidèle.

Enfin, au bout de ce temps, et comme elle commençait à désespérer de revoir Georges Douglas, un matin, en ouvrant la fenêtre, elle poussa un cri. Marie Seyton accourut, et la reine, sans avoir la force de prononcer une parole, lui montra au milieu du lac la petite barque à l'ancre, et dans la barque le petit Douglas et Georges qui se livraient à la pêche, leur amusement favori. Le jeune homme était arrivé de la veille, et comme chacun était habitué à ses retours inattendus, la sentinelle n'avait pas même sonné du cor, et la reine n'avait pas su qu'enfin il lui revenait un ami.

Cependant, elle fut trois jours encore sans voir cet ami autrement qu'il ne venait de le faire, c'est-à-dire sur le lac ; il est vrai que du matin au soir Georges Douglas ne quittait pas cet endroit, d'où il pouvait contempler les fenêtres de la reine, et la reine elle-même, lorsque, pour découvrir un plus large horizon, elle appuyait son visage contre les barreaux. Enfin, le matin du quatrième jour, la reine fut réveillée par un grand bruit de chiens et de cors : elle courut aussitôt à sa fenêtre, car pour le prisonnier tout est événement, et elle vit Williams Douglas qui s'embarquait avec une meute et des piqueurs. En effet, faisant trêve pour un jour à ses fonctions de geôlier, pour prendre un plaisir plus en harmonie avec son rang et avec sa naissance, il allait chasser dans les bois qui couvrent la dernière croupe du Ben-Lhomond, et qui viennent, en s'abaissant toujours, mourir sur les rives du lac.

La reine tressaillit de joie ; car elle espéra que lady Lochleven lui conserverait rancune, et qu'alors Georges remplacerait son frère ; cette espérance ne fut pas trompée. A l'heure accoutumée, la reine entendit les pas de ceux qui lui apportaient son déjeuner ; la porte s'ouvrit, et elle vit entrer Georges Douglas précédant les domestiques qui portaient les plats. Georges la salua à peine ; mais la reine avait été prevenue par lui de ne s'étonner de rien ; elle lui rendit son salut d'un air dédaigneux ; puis, les domestiques remplirent leur office et sortirent comme ils en avaient l'habitude.

— Enfin, dit la reine, vous voilà donc de retour.

Georges fit un signe du doigt, s'en alla écouter à la porte si tous les domestiques s'éloignaient bien réellement, et si aucun n'était resté là pour les espionner. Alors, revenant plus tranquille et s'inclinant respectueusement :

— Oui, madame, lui répondit-il, et, grâce au ciel, porteur de bonnes nouvelles. — Oh ! dites vite ! s'écria la reine ; car c'est un enfer qu'un séjour dans ce château. Vous avez su qu'ils y étaient venus, n'est-ce pas, et qu'ils m'avaient forcée à signer une abdication ? — Oui, madame, répondit Douglas ; mais nous avons su aussi que la violence seule avait pu obtenir de vous cette signature, et notre dévouement à votre majesté s'en est augmenté encore, s'il est possible. — Mais enfin, qu'avez-vous fait ? — Les Seyton et les Hamilton, qui sont, comme votre majesté le sait, les plus fidèles de ses serviteurs, — Marie se retourna en souriant, et tendit la main à Marie Seyton, — ont déjà, continua Georges, rassemblé leurs troupes, qui se tiennent prêtes au premier signal ; cependant, comme à eux seuls ils ne seraient pas en nombre suffisant pour tenir la campagne, nous nous dirigerons directement sur Dumbarton, dont le gouverneur est à nous, et qui, par sa situation et par sa force, peut tenir assez longtemps contre toutes les troupes du régent pour donner aux cœurs fidèles qui vous restent le temps de venir nous rejoindre. — Oui, oui, dit la reine ; je vois bien ce que nous ferons, une fois sortis d'ici ; mais comment en sortirons-nous ? — Voilà la circonstance, madame, répondit Douglas, pour laquelle il faudra que votre majesté rappelle à elle ce courage dont elle a donné de si grandes preuves. — Si je n'ai besoin que de courage et de sang-froid, répondit la reine, soyez tranquille, ni l'un ni l'autre ne me manqueront. — Voici une lime, dit Georges en remettant à Marie Seyton cet instrument qu'il jugeait indigne de toucher les mains de la reine, et ce soir j'apporterai à votre majesté des cordes pour faire une échelle. Vous scierez un des barreaux de cette fenêtre, elle n'est élevée que de vingt pieds ; je monterai à vous autant pour l'essayer que pour vous soutenir ; un des hommes de la garnison m'est vendu, il nous livrera passage par la porte qu'il sera chargé de garder, et vous serez libre. — Et quand cela ? s'écria la reine. — Il faut attendre deux choses, madame, répondit Douglas : la première, c'est que nous ayons réuni à Kinross une escorte suffisante à la sûreté de votre majesté ; la seconde, c'est que le tour de garde nocturne de Thomas Warden arrive à une porte isolée que nous puissions gagner sans être vus. — Et comment saurez-vous cela ? restez-vous donc au château ? — Hélas ! non, madame, répondit Georges ; au château, je suis pour vous un ami inutile et même dangereux, tandis qu'une fois au delà du lac, je puis vous servir d'une manière efficace. — Et comment saurez-vous que le tour de garde de Warden est arrivé ? — La flamme de la girouette de la tour du nord, au lieu de tourner avec les autres au vent, restera fixée contre lui. — Mais moi, comment serai-je prévenue ? — Tout est encore prévu de ce côté : la lumière qui brille chaque nuit dans la petite maison de Kinross vous dit incessamment que vos amis veillent pour vous ; mais lorsque vous voudrez savoir si l'heure de votre délivrance s'approche ou est reculée, placez à votre tour une lumière devant cette fenêtre. Aussitôt l'autre disparaîtra : alors comptez en mettant la main sur votre poitrine les battements de votre cœur ; si vous arrivez jusqu'au nombre vingt sans que la lumière reparaisse, rien n'est fixé encore ; si vous arrivez seulement jusqu'au nombre de dix, c'est que le moment approche ; si la lumière ne vous laisse pas le temps de compter au delà

Et mettant un genou en terre, il tira de sa poitrine un papier qu'il lui présenta. — Page 83.

de cinq, c'est que votre évasion est fixée à la nuit du lendemain ; si elle ne reparaît plus, c'est que c'est pour le soir même ; alors le cri de la chouette, répété trois fois dans la cour, sera le signal ; jetez donc l'échelle quand vous l'entendrez. — Oh ! Douglas, s'écria la reine, il n'y avait que vous pour tout prévoir et tout calculer ainsi. Merci, cent fois ! merci ! — Et elle lui tendit sa main à baiser.

Une vive rougeur colora les joues du jeune homme ; mais presque aussitôt, se rendant maître de son émotion, il mit un genou en terre, et, renfermant en lui-même l'expression de cet amour dont il avait parlé une seule fois à la reine en lui promettant de ne lui en plus parler jamais, il prit la main que lui tendait Marie et la baisa avec tant de respect, que nul n'aurait pu voir autre chose dans cette action que l'hommage du dévouement et de la fidélité.

Puis, ayant salué la reine, il sortit pour qu'un plus long séjour auprès d'elle n'inspirât point de soupçons.

A l'heure du dîner, Douglas apporta, comme il l'avait dit, un paquet de cordes. Il était insuffisant ; mais le soir Marie Seyton le déroulerait en laissant pendre le bout par la fenêtre, et Georges y attacherait le reste : la chose se fit comme elle avait été dite et sans accident aucun, une heure après que les chasseurs furent revenus.

Le lendemain Georges avait quitté le château.

La reine et Marie Seyton n'avaient point perdu de temps pour se mettre à l'échelle de corde, aussi le troisième jour était-elle achevée. Le même soir, la reine, dans son impatience, et plutôt encore pour s'assurer de la vigilance de ses partisans que dans l'espoir que le terme de sa délivrance était si proche, approcha sa lampe de la fenêtre : aussitôt, et comme le lui avait dit Georges Douglas, la lumière de la petite maison de Kinross disparut : la reine alors mit la main sur son cœur, et compta jusqu'à vingt-deux ; puis la lumière reparut : on se tenait prêt à tout, mais rien n'était encore arrêté.

Pendant huit jours la reine interrogea ainsi la lumière et les battements de son cœur, sans que rien fût changé dans le nombre des chiffres ; enfin le neuvième jour elle compta jusqu'à dix seulement, au onzième la lumière reparut.

La reine crut s'être trompée, elle n'osait espérer ce qu'on lui annonçait ; elle retira la lampe, puis, au bout d'un quart d'heure, la représenta de nouveau : le correspondant inconnu comprit, avec son intelligence ordinaire, que c'était une nouvelle épreuve qu'on lui demandait, et à son tour la lumière de la petite maison disparut. Marie interrogea de nouveau les pulsations de son cœur, et, si rapide qu'il bondît, avant le douzième battement, l'étoile propice brillait à l'horizon ; il n'y avait plus de doute, tout était arrêté.

Marie ne put dormir de toute la nuit ; cette persistance de ses partisans lui inspirait une reconnaissance qui allait jusqu'aux larmes. Le jour vint, et la reine interrogea plusieurs fois sa compagne, pour s'assurer que ce n'était point un rêve qu'elle avait fait : à chaque bruit qu'elle entendait, il lui semblait que le projet d'où dépendait sa liberté était découvert, et lorsque, à l'heure du déjeuner et du dîner, Williams Douglas entra comme d'habitude, à peine osa-t-elle le regarder, de peur de lire sur son visage l'annonce que tout était perdu.

Le soir la reine interrogea de nouveau la lumière, elle fit la même réponse : rien n'avait changé ; le phare était toujours à l'espoir.

Pendant cinq jours il continua d'indiquer ainsi comme proche le moment de l'évasion ; le soir du sixième, avant que la reine eût compté cinq pulsations, la lumière reparut ; la reine s'appuya sur Marie Seyton : elle avait failli s'évanouir tout à la fois de joie et de crainte. Son évasion était fixée pour la soirée du lendemain.

La reine renouvela l'épreuve, et obtint la même réponse : il n'y avait plus de doute, tout était prêt, excepté le courage de la prisonnière, car pour un instant il lui manqua, et, si Marie Seyton n'eût approché à temps un siége, elle fût tombée de toute sa hauteur ; mais le premier moment passé, elle se remit comme d'habitude, et se retrouva plus forte et plus résolue que jamais.

Jusqu'à minuit la reine demeura à la fenêtre, les yeux fixés sur cette bienheureuse lumière ; enfin Marie Seyton obtint d'elle qu'elle se couchât, lui offrant, si elle ne voulait pas dormir, de lui lire quelques vers de M. Ronsard ou quelques chapitres des Histoires de la Mer ; mais Marie ne voulut entendre en ce moment aucune lecture profane, et se fit lire ses Heures, répondant aux prières comme si elle eût assisté à une messe dite par un prêtre catholique : vers le jour, cependant, elle s'assoupit, et comme Marie Seyton, de son côté, tombait de fatigue, elle s'endormit aussitôt dans le fauteuil qui était au chevet du lit de la reine.

Le lendemain elle se réveilla en sentant qu'on lui frappait sur l'épaule : c'était la reine qui était déjà levée.

— Viens donc voir, mignonne, lui dit-elle, viens donc voir le beau jour que Dieu nous donne : oh ! comme la nature est vivante, comme j'aurai du bonheur à me retrouver libre par ces plaines et par ces montagnes ! Décidément, le ciel est pour nous. — Madame, répondit Marie, j'aimerais mieux voir un temps moins beau : il nous promettrait une nuit plus sombre ; et songez-y, ce qu'il nous faut, c'est de l'obscurité et non de la lumière. — Écoute, dit la reine, c'est à cela que nous allons reconnaître si véritablement Dieu est pour nous : si le temps reste ainsi qu'il est, oui, tu as raison, c'est qu'il nous abandonne ; mais s'il se couvre, oh ! alors, mignonne, n'est-ce pas ? ce sera une preuve évidente de sa protection.

Marie Seyton sourit en faisant signe de la tête qu'elle adoptait la superstition de sa maîtresse ; alors la reine, incapable de demeurer oisive dans une si grande préoccupation d'esprit, réunit les quelques bijoux qu'elle avait conservés, les enferma dans une cassette, apprêta pour le soir une robe noire, afin de se perdre encore mieux dans l'obscurité : puis, ces préparatifs terminés, elle revint s'asseoir à sa fenêtre, reportant sans cesse ses yeux du lac sur la petite maison de Kinross, close et muette comme d'habitude.

L'heure du déjeuner arriva : la reine était si heureuse, qu'elle reçut Williams Douglas avec plus de bienveillance que de coutume, et que ce fut à grand'peine si elle put rester assise tout le temps que dura le repas ; cependant elle se contint, et Williams Douglas se retira sans paraître avoir remarqué son agitation.

A peine fut-il sorti, que Marie courut à la fenêtre ; elle avait soif d'air, et d'avance dévorait des yeux ces vastes horizons qu'elle allait de nouveau franchir ; il lui semblait qu'une fois libre, elle ne se renfermerait plus jamais dans un palais, mais serait sans cesse errante par la campagne ; puis, au milieu de tous ces tressaillements de joie, il lui prenait de temps en temps un serrement de cœur inattendu. Alors elle se retournait vers Marie Seyton, essayant de retremper sa force dans la sienne, et la jeune fille la soutenait, plutôt encore par devoir que par conviction.

Si lentes qu'elles parussent à la reine, les heures passaient cependant : vers l'après-midi quelques nuages traversèrent en flottant l'azur du ciel ; la reine les fit remarquer avec joie à sa compagne ; Marie Seyton s'en applaudit, non point à cause du présage imaginaire qu'y cherchait la reine, mais à cause de l'importance réelle que le temps fût couvert pour que l'obscurité vînt en aide à leur fuite. Comme les deux prisonnières suivaient au ciel leurs vagues vaporeuses et mouvantes, le moment du dîner arriva : c'était encore une demi-heure de contrainte et de dissimulation d'autant plus pénible, que, sans doute, reconnaissant de l'espèce de bienveillance que la reine lui avait montrée le matin, Williams Douglas se crut obligé, à son tour, d'accompagner ses fonctions de quelques compliments d'usage, qui forcèrent la reine de prendre à la conversation une part plus active que sa préoccupation d'esprit ne le lui permettait : au reste, Williams Douglas ne parut aucunement remarquer ces absences, et tout se passa comme au déjeuner.

Aussitôt qu'il fut sorti, la reine courut à la fenêtre ; les quelques nuages qui couraient dans le ciel une heure auparavant s'étaient épaissis et étendus, et tout azur s'était effacé pour faire place à une teinte terne et mate comme celle de l'étain. Les pressentiments de Marie Stuart se réalisaient donc : quant à la petite maison de Kinross qu'on apercevait encore dans le crépuscule, elle était toujours fermée et semblait solitaire.

La nuit vint : la lumière brilla comme d'habitude, la reine fit le signal, elle disparut. Marie Stuart attendit vainement, tout resta dans l'ombre ; c'était pour le soir même. La reine entendit successivement sonner huit heures, neuf heures et dix heures. A dix heures, on releva les sentinelles ; Marie Stuart entendit les patrouilles passer sous ses fenêtres, les pas de la ronde s'éloigner ; puis tout rentra dans le silence, une demi-heure s'écoula ainsi ; tout à coup le cri de la chouette retentit trois fois, la reine reconnut le signal de Georges Douglas ; le moment suprême était venu.

C'était dans ces circonstances que la reine retrouvait toute sa force ; elle fit signe à Marie Seyton d'enlever le barreau et de fixer l'échelle de corde, tandis qu'éteignant la lumière, elle alla chercher à tâtons dans sa chambre à coucher la cassette qui contenait les quelques bijoux qui lui restaient : lorsqu'elle revint, Georges Douglas était déjà

petit Douglas. — Page 88.

dans la chambre : — Tout va bien, madame! dit-il ; vos amis attendent de l'autre côté du lac, Thomas Warden veille à la poterne, et Dieu nous a envoyé une nuit sombre.

La reine, sans lui répondre, lui tendit la main ; Georges fléchit le genou et porta cette main à ses lèvres ; mais en la touchant il la sentit tremblante et glacée.

— Madame, lui dit-il, au nom du ciel, rappelez tout votre courage, et ne vous laissez point abattre en un pareil moment. — Notre-Dame de Bon-Secours, murmura Marie Seyton, venez-nous en aide! — Appelez à vous l'esprit des rois vos aïeux, répondit Georges, car à cette heure ce n'est point la résignation d'une chrétienne qu'il vous faut, mais la force et la résolution d'une reine. — O Douglas! Douglas, s'écria douloureusement Marie ; un devin m'a prédit que je mourrais en prison et de mort violente, l'heure de la prédiction n'est-elle point arrivée? — Peut-être, dit Georges, mais mieux vaut mourir en reine que de vivre en ce vieux château, prisonnière et calomniée. — Vous avez raison, Georges, dit la reine ; mais le premier mouvement est tout à la femme : pardonnez-moi ; puis après une pause d'un instant : Allons, dit-elle, je suis prête.

Georges alla aussitôt à la fenêtre, assura de nouveau l'échelle et d'une manière plus solide, puis, montant sur l'appui et se tenant d'une main aux barreaux, il tendit l'autre à la reine, qui, aussi résolue qu'un instant auparavant elle était craintive, monta sur un tabouret, et avait déjà posé un pied sur le rebord de la croisée, lorsque tout à coup le cri : *Qui vive!* retentit au pied de la tour. La reine se rejeta en arrière, moitié par instinct, moitié repoussée par Georges qui, au contraire, se pencha hors de la fenêtre pour voir d'où venait ce cri qui, deux fois renouvelé encore, resta deux fois sans réponse, et fut aussitôt suivi de la détonation d'une arme à feu : au même instant, la sentinelle en faction sur la tour sonna du cor, une autre mit en branle la cloche d'alarme, et les cris : — Aux armes, aux armes! et trahison, trahison! retentirent par tout le château.

— Oui, oui, trahison, trahison! s'écria Georges Douglas en sautant dans la chambre. Oui, l'infâme Warden nous a trahis; puis, s'avançant vers Marie, froide et immobile comme une statue : — Du courage, madame, lui dit-il, du courage! quelque chose qui arrive, il vous reste encore un ami dans le château, c'est le petit Douglas.

A peine avait-il achevé ces mots, que la porte de l'appartement de la reine s'ouvrit, et que Williams Douglas et lady Lochleven, précédés de serviteurs portant des torches et de soldats armés, parurent sur le seuil : l'appartement se trouva aussitôt plein de monde et de lumière.

— Ma mère, dit Williams, montrant son frère devant Marie Stuart et la couvrant de son corps, me croyez-vous maintenant? Regardez.

La vieille lady fut un moment sans pouvoir répondre; puis enfin retrouvant la parole, et faisant un pas en avant :

— Parlez, Georges Douglas, s'écria-t-elle, parlez, et lavez-vous à l'instant même de l'accusation qui pèse sur votre honneur; dites ces seules paroles : Un Douglas n'a jamais manqué à son devoir; et je vous crois. — Oui, ma mère, reprit Williams, un Douglas!... mais lui, lui, ce n'est pas un Douglas. — Que Dieu accorde à ma vieillesse la force nécessaire, s'écria lady Lochleven, pour supporter de la part d'un de mes fils un pareil malheur, et de la part de l'autre une pareille injure. O femme née sous un astre funeste, continua-t-elle en s'adressant à la reine, quand cesseras-tu donc d'être, aux mains du démon, un instrument de perdition et de mort pour tout ce qui t'approche! O vieille maison de Lochleven, maudite soit l'heure où cette enchanteresse a franchi ton seuil! — Ne dites pas cela, ma mère, s'écria Georges; béni soit, au contraire, l'instant qui prouve que s'il est des Douglas qui ne se souviennent plus de ce qu'ils doivent à leurs souverains, il y en a d'autres qui ne l'ont jamais oublié. — Douglas! Douglas! murmura Marie Stuart, ne vous l'avais-je pas dit? — Et moi, madame, dit Georges, que vous avais-je répondu alors? que c'était à tout fidèle sujet de votre majesté un devoir et un honneur de mourir pour elle. — Eh bien, meurs donc, s'écria Williams Douglas, s'élançant sur son frère l'épée haute, tandis que celui-ci, faisant un bond en arrière, tirait la sienne, et, par un mouvement rapide comme la pensée et ardent comme la haine, se mettait en défense. Mais au même instant Marie Stuart s'élança entre les deux jeunes gens. — Ne faites pas un pas de plus, lord Douglas, dit-elle; remettez votre épée au fourreau, Georges, ou si vous vous en servez, que ce soit pour sortir d'ici, et contre tout autre que votre frère. J'ai besoin encore de votre vie, ménagez-la. — Ma vie, comme mon bras et comme mon bonheur, est à votre disposition, madame, et dès que vous l'ordonnez, je la conserverai pour vous.

A ces mots, s'élançant vers la porte avec une violence et une résolution qui ne permettaient point qu'on l'arrêtât :

— Arrière, cria-t-il aux domestiques qui barraient le passage, faites place au jeune maître de Douglas, ou, malheur à vous! — Arrêtez-le, cria Williams; qu'on le saisisse mort ou vif; faites feu sur lui, tuez-le comme un chien!

Deux ou trois soldats, n'osant désobéir à Williams, firent semblant de poursuivre son frère. Puis on entendit quelques coups de fusil, et une voix qui criait que Georges Douglas venait de se précipiter dans le lac.

— Il s'est donc échappé? s'écria Williams.

Marie Stuart respira, la vieille lady leva les mains au ciel.

— Oui, oui, murmura Williams ; oui, remerciez le ciel de la fuite de votre fils ; car sa fuite couvre de honte toute notre maison, car, à compter de cette heure, nous serons regardés comme les complices de sa trahison. — Aie pitié de moi, Williams, s'écria lady Lochleven en se tordant les bras, au nom du ciel, aie pitié de ta vieille mère ! ne vois-tu pas que je me meurs ?

A ces mots, elle se renversa en arrière, pâle et chancelante ; l'intendant et un domestique la retinrent dans leurs bras.

— Je crois, mylord, dit Marie Seyton s'avançant, que votre mère a autant besoin en ce moment de soins, que la reine a besoin de repos : ne jugeriez-vous pas qu'il est temps de vous retirer ? — Oui, oui, dit Williams, pour vous donner le temps de filer de nouvelles toiles, n'est-ce pas ? et de chercher quels nouveaux moucherons vous pouvez y prendre ? C'est bien, continuez votre œuvre ; mais vous venez de voir qu'il n'est pas facile de tromper Williams Douglas. Jouez votre jeu, je jouerai le mien. Puis, se retournant vers les domestiques : Sortez tous, ajouta-t-il, et vous, venez, ma mère.

Les serviteurs et les soldats obéirent : puis, Williams Douglas sortit le dernier, soutenant lady Lochleven, et la reine l'entendit fermer derrière lui, et à double tour, les deux portes de sa prison.

A peine Marie fut-elle seule et certaine qu'elle n'était plus regardée ni entendue, que toute sa force l'abandonna, et que, se laissant aller sur un fauteuil, elle éclata en sanglots.

En effet, il lui avait fallu tout son courage pour se soutenir jusque-là, et ce courage, c'était la vue seule de ses ennemis qui le lui avait donné ; mais à peine furent-ils sortis que sa situation se présenta devant elle dans toute sa fatale rigueur. Détrônée, prisonnière, sans autre ami, dans ce château imprenable, qu'un enfant auquel elle avait fait attention à peine, et qui était le seul et dernier fil qui rattachait ses espérances passées à ses espérances à venir, que restait-il à la reine Marie Stuart de ses deux trônes et de sa double puissance? Son nom, voilà tout; son nom, avec lequel, en liberté, elle eût sans doute remué l'Écosse, mais qui petit à petit allait s'effacer au cœur de ses partisans, et que de son vivant l'oubli peut-être allait couvrir comme un linceul. Une pareille idée était insupportable pour une âme aussi élevée que l'était celle de Marie Stuart, et pour une organisation qui, pareille à celle des fleurs, avait besoin, avant tout, d'air, de lumière et de soleil.

Heureusement il lui restait la plus aimée de ses quatre Maries, qui, toujours fidèle et consolante, s'empressa de la secourir et de la consoler ; cependant, cette fois ce n'était pas chose facile, et la reine la laissait faire et dire sans lui répondre autrement que par ses sanglots et par ses larmes ; lorsque tout à coup, en regardant par la fenêtre dont elle avait approché le fauteuil de sa maîtresse :

— La lumière! s'écria-t-elle, madame, la lumière! En même temps elle soulevait la reine, et, le bras tendu hors de la fenêtre, elle lui montrait le phare, éternel symbole d'espérance, qui s'était rallumé au milieu de cette nuit sombre sur la colline de Kinross : il n'y avait pas à s'y tromper, pas une étoile ne brillait au ciel. — Mon Dieu, Seigneur, je vous rends grâces, dit la reine en tombant à genoux et en élevant les bras au ciel avec un geste de reconnaissance : Douglas est sauvé, et mes amis veillent toujours.

Puis, après une fervente prière qui lui rendit un peu de force, la reine rentra dans sa chambre, et, brisée par les émotions diverses qui s'étaient succédé, elle s'endormit d'un sommeil inquiet et agité, sur lequel l'infatigable Marie Seyton veilla jusqu'au jour.

Williams Douglas l'avait dit : à compter de ce moment, la reine fut véritablement prisonnière, et la permission de descendre au jardin ne lui fut plus accordée que sous la surveillance de deux soldats ; aussi cette gêne lui parut-elle si insupportable, qu'elle préféra renoncer à cette distraction, qui, environnée de pareilles mesures, devenait un supplice. Elle se renferma donc dans son appartement, trouvant une certaine jouissance amère et orgueilleuse dans l'excès même de son infortune.

Huit jours après les événements que nous avons racontés, comme neuf heures du soir venaient de sonner à la cloche du château, et que la reine et Marie Seyton étaient assises devant une table où elles faisaient de la tapisserie, une pierre lancée de la cour passa à travers les barreaux de la fenêtre, brisa une vitre, et tomba dans la chambre. Le premier mouvement de la reine fut de croire à un accident ou à une insulte ; mais Marie Seyton, en se retournant, s'aperçut que la pierre était enveloppée d'un papier; elle la ramassa aussitôt. Le papier était une lettre de Georges Douglas, conçue en ces termes :

« Vous m'avez ordonné de vivre, madame, je vous ai obéi, et votre majesté a pu reconnaître, à la lumière de Kinross, que ses serviteurs continuaient de veiller pour elle. Cependant, pour ne pas inspirer de soupçons, les soldats rassemblés pour cette nuit fatale se sont dispersés dès le point du jour, et ne se réuniront que lorsqu'une tentative nouvelle rendra leur présence nécessaire. Mais, hélas! cette tentative, ce serait vous perdre que de la renouveler en ce moment, où les geôliers de votre majesté sont sur leurs gardes. Laissez-leur donc prendre toutes leurs précautions, madame, laissez-les s'endormir dans leur sécurité, tandis que nous, nous continuerons de veiller dans notre dévouement.

» Patience et courage! »

— Cœur brave et loyal, s'écria Marie, plus constamment dévoué au malheur que les autres ne le sont à la prospérité! Oui, j'aurai la patience et le courage, et tant que cette lumière brillera, je croirai encore à la liberté.

Cette lettre rendit à la reine tout son ancien courage : elle avait avec Georges un moyen de communication par le petit Douglas; car sans doute c'était lui qui avait jeté cette pierre. Elle s'empressa d'écrire à son tour une lettre adressée à Georges, et dans laquelle elle le chargeait de l'expression de sa reconnaissance pour tous les lords qui avaient signé la protestation, et dans laquelle elle les suppliait, au nom de la fidélité qu'ils lui avaient jurée, de ne pas se refroidir dans leur dévouement, leur promettant que de son côté elle en attendrait le résultat avec cette patience et ce courage qu'ils lui demandaient.

La reine ne s'était pas trompée : le lendemain, comme elle était à sa fenêtre, le petit Douglas vint jouer au pied de la tour, et, sans lever la tête, s'arrêta juste au-dessous d'elle pour creuser un trébuchet à prendre des oiseaux. La reine regarda si personne ne pouvait la voir, et, s'étant assurée que cette partie de la cour était solitaire, elle laissa tomber la pierre enveloppée dans sa lettre : d'abord elle craignit d'avoir commis une erreur grave : car le petit Douglas ne se retourna pas même au bruit, et ce ne fut qu'après un instant, pendant lequel le cœur de la prisonnière fut serré d'une horrible anxiété, qu'indifféremment, et comme s'il cherchait toute autre chose, l'enfant mit la main sur la pierre, et sans se hâter, sans relever la tête, sans donner enfin aucun signe d'intelligence à celle qui l'avait jetée, il mit la lettre dans sa poche, achevant avec le plus grand calme l'ouvrage commencé, et indiquant à la reine, par ce sang-froid au-dessus de son âge, quel fond elle pouvait faire sur lui.

Dès ce moment, la reine reprit un nouvel espoir; cependant les jours, les semaines, les mois s'écoulèrent sans apporter aucun changement à sa situation : l'hiver arriva; la prisonnière vit la neige s'étendre sur les plaines et sur les montagnes, et le lac lui offrir, si elle eût pu franchir seulement la porte, un chemin solide pour gagner l'autre rive; mais aucune lettre ne vint apporter tout ce temps lui apporter la consolante nouvelle qu'on s'occupait de sa délivrance; seulement chaque soir la lumière fidèle lui annonçait qu'un ami veillait.

Bientôt la nature se réveilla de son sommeil de mort, quelques rayons hâtifs de soleil percèrent les nuages de ce sombre ciel d'Écosse; la neige fondit, le lac brisa sa croûte de glace, les premiers bourgeons poussèrent, la verdure reparut; chaque chose sortit de sa prison à l'approche joyeuse du printemps, et ce fut une grande tristesse pour Marie de voir qu'elle seule était condamnée à un hiver éternel.

Enfin un soir elle crut remarquer aux mouvements de la lumière qu'il se passait quelque chose de nouveau; elle avait interrogé si souvent cette pauvre étoile vacillante, et si souvent elle l'avait laissée compter plus de vingt fois les battements de son cœur, que, pour s'épargner la douleur du désappointement, depuis longtemps elle ne l'interrogeait plus; cependant elle résolut de faire une dernière tentative, et presque sans espoir elle approcha la lumière de la fenêtre, et l'éloigna aussitôt; toujours fidèle au signal, l'autre disparut à l'instant même, et reparut au onzième battement du cœur de la reine. Au même instant, et par une coïncidence étrange, une pierre, passant par la fenêtre, tomba aux pieds de Marie Seyton. Elle était, comme la première, enveloppée dans une lettre de Georges; la reine la prit des mains de sa compagne, l'ouvrit et lut :

« Le moment approche; vos partisans sont réunis; rappelez tout votre courage.

» Laissez demain à onze heures du soir pendre une corde par votre fenêtre, et enlevez le paquet que l'on y attachera. »

Il restait dans l'appartement de la reine le superflu des cordages qui avaient servi à l'échelle enlevée par les gardes le soir de l'évasion manquée : le lendemain, à l'heure dite, les deux prisonnières enfermèrent la lampe dans la chambre à coucher, afin qu'aucune lumière ne les trahît, et Marie Seyton, s'approchant de la fenêtre, laissa pendre la corde. Au bout d'un instant, elle sentit à ses mouvements qu'on y attachait quelque chose. Marie Seyton tira, et un paquet assez volumineux se présenta aux barreaux, qu'il ne put franchir à cause de sa grosseur. Alors la reine vint en aide à sa compagne. Le paquet fut dénoué, et les objets qu'il contenait, séparés les uns des autres, passèrent facilement. Les deux prisonnières les emportèrent dans la chambre à coucher, et, s'étant barricadées en dedans, elles commencèrent leur inventaire : c'étaient deux habits d'homme complets à la livrée des Douglas. La reine n'y comprenait rien, lorsqu'elle vit une lettre attachée au collet d'un de ces deux justaucorps. Empressée de connaître le mot de cette énigme, elle l'ouvrit aussitôt et lut ce qui suit :

« Ce n'est qu'à force d'audace que votre majesté peut reconquérir sa liberté : que votre majesté lise donc cette lettre, et suive ponctuellement, si elle daigne les adopter, les instructions qu'elle y trouvera.

» Les clefs du château ne quittent point pendant le jour la ceinture du vieil intendant; lorsque le couvre-feu est sonné, et qu'il a fait sa ronde pour s'assurer que toutes les portes sont bien fermées, il les remet à Williams Douglas, qui, s'il veille, les attache au ceinturon de son épée, ou, s'il dort, les met sous son chevet. Depuis cinq mois, le petit Douglas, qu'on est habitué à voir travailler à la forge de l'armurier du château, est occupé à exécuter des clefs assez semblables aux autres, pour qu'une fois substituées, Williams puisse s'y tromper. Hier le petit Douglas a achevé la dernière.

» A la première occasion favorable, que sa majesté saura être prête à s'offrir en interrogeant chaque jour avec soin la lumière, le petit Douglas substituera les fausses clefs aux vraies, entrera dans la chambre de la reine, qu'il trouvera revêtue, ainsi que miss Marie Seyton, de leurs costumes d'hommes, et marchera devant elles pour les conduire, par le chemin qui offrira le plus de chances à leur évasion; une barque sera préparée et les attendra.

» Jusque-là, chaque soir, autant pour s'habituer à ces nouveaux costumes que pour leur donner l'apparence d'avoir été portés, sa majesté et miss Marie Seyton revêtiront les habits qu'elles devront garder de neuf heures à minuit. D'ailleurs il est possible que, sans avoir eu le temps de les prévenir, leur jeune conducteur vienne tout à coup les chercher : il est donc urgent qu'il les trouve prêtes.

» Les vêtements doivent aller parfaitement à sa majesté et à sa compagne, la mesure en ayant été prise sur miss Marie Fleming et miss Marie Livingston, qui sont absolument de leurs tailles.

» On ne peut trop recommander à sa majesté d'appeler à son aide, dans la circonstance suprême où elle se trouve, le sang-froid et le courage dont elle a donné de si fréquentes preuves en d'autres occasions. »

Les deux prisonnières restèrent étourdies de la hardiesse de ce plan : au premier abord, elles se regardèrent consternées; car il leur sembla que la réussite était impossible. Elles n'en essayèrent pas moins leur travestissement : ainsi que le disait Georges, il leur allait à chacune comme si l'on avait pris mesure sur elles-mêmes.

Chaque soir la reine, ainsi que Georges le lui avait recommandé, interrogea la lumière, et cela pendant un long mois, où chaque soir là reine et Marie Seyton, quoique cette lumière n'annonçât rien de nouveau, revêtirent, ainsi qu'il en était convenu, leurs habits d'homme, mais aussi elles en acquirent toutes deux une telle habitude, qu'ils leur étaient devenus aussi familiers que ceux de leur sexe.

Enfin, le 2 mai 1568, la reine fut réveillée par le son du cor : inquiète de ce qu'il annonçait, elle passa une robe de chambre, et courut à la fenêtre, où Marie Seyton vint aussitôt la rejoindre. Une troupe assez nombreuse de cavaliers faisait halte de l'autre côté du lac, ayant la bannière des Douglas déployée, et trois barques ramaient ensemble et à l'envi pour aller chercher les nouveaux arrivants.

Cet événement fut un motif d'effroi pour la reine : au point où elle en était, le moindre changement dans les habitudes prises au château était à craindre; car il pouvait renverser tous les projets arrêtés. Cette appréhension redoubla quand les barques se rapprochant, la reine reconnut dans la plus grande lord Douglas, mari de lady Lochleven et père de Williams et de Georges. Le vieux chevalier, qui était gardien des marches dans le nord, venait faire une visite à son vieux manoir, dans lequel il n'était point rentré depuis trois ans.

C'était un événement pour le château de Lochleven; aussi, quelques instants après l'arrivée des barques, Marie Stuart entendit-elle les pas du vieil intendant qui montait l'escalier; il venait annoncer à la reine l'arrivée de son maître, et, comme ce devait être fête pour tous ceux qui habitaient le château de Lochleven lorsque le maître y rentrait, il venait inviter la reine au dîner qui allait célébrer ce retour : soit instinct, soit répugnance, la reine refusa.

Toute la journée la cloche et le cor retentirent; lord Douglas, en véritable seigneur féodal, voyageait avec une suite de prince. On ne voyait que soldats et serviteurs nouveaux, passant et repassant sous les fenêtres de la reine : valets et écuyers portaient, au reste, une livrée pareille à celle qu'avaient reçue la reine et Marie Seyton.

Marie attendait la nuit avec impatience. La veille encore, elle avait interrogé sa lumière, et elle lui avait annoncé comme toujours, en reparaissant au onzième ou douzième battement de son cœur, que le moment de l'évasion était proche; mais elle craignait fort que l'arrivée de lord Douglas n'eût tout dérangé, et que le signal de ce soir ne lui annonçât un retard. Aussi, à peine eut-elle vu s'allumer la lumière, qu'elle approcha sa lampe de la fenêtre; l'autre disparut aussitôt, et Marie Stuart, avec une angoisse épouvantable, commença de l'interroger. Cette angoisse augmenta quand elle eut dépassé quinze battements. Alors elle cessa de compter, abattue et les yeux fixes machinalement sur l'endroit où avait été la lumière. Mais quel fut son étonnement, lorsqu'au bout de quelques minutes, elle ne la vit point reparaître, et lorsqu'une demi-heure écoulée, tout fut demeuré sombre. La reine alors renouvela son signal, mais n'obtint aucune réponse : l'évasion était donc pour ce soir même.

La reine et Marie Seyton s'attendaient si peu à cet événement, que, contre leur coutume, elles n'avaient pas revêtu ce soir-là leurs vêtements d'homme : elles se précipitèrent aussitôt dans la chambre à coucher de la reine, dont elles barricadèrent la porte sur elles, et commencèrent à s'habiller. Elles achevaient à peine leur toilette précipitée, qu'elles entendirent une clef tourner dans la serrure : elles soufflèrent aussitôt la lampe. Des pas légers s'approchèrent de la porte. Les deux femmes s'appuyèrent l'une sur l'autre, car elles étaient près de tomber toutes deux. On frappa doucement. La reine demanda qui était là, et la voix du petit Williams répondit par les deux premiers vers d'une vieille ballade :

Douglas, Douglas,
Tendre et fidèle.

Marie ouvrit aussitôt ; c'était le mot d'ordre convenu avec Georges Douglas.

L'enfant était sans lumière. Il étendit la main et rencontra celle de la reine : à la clarté des étoiles, Marie Stuart le vit s'agenouiller ; puis elle sentit sur ses doigts l'impression de ses lèvres.

— Votre majesté est-elle prête à me suivre ? demanda-t-il à voix basse et en se relevant. — Oui, mon enfant, répondit la reine ; mais c'est donc pour ce soir ? — Avec la permission de votre majesté, oui, c'est pour ce soir. — Tout est donc prêt ? — Tout. — Que faut-il faire ? — Me suivre partout. — O mon Dieu, mon Dieu, s'écria Marie Stuart, ayez pitié de nous ! Puis, ayant fait une courte prière à voix basse tandis que Marie Seyton prenait la cassette où étaient les bijoux de la reine : — Je suis prête, dit-elle, et toi, mignonne ? — Moi aussi, répondit Marie Seyton. — Venez donc alors, dit le petit Douglas.

Les deux prisonnières suivirent l'enfant ; la reine marchant la première, et Marie Seyton ensuite. Leur jeune conducteur referma avec soin la porte derrière lui, afin que, si une ronde venait à passer, elle ne s'aperçût de rien ; puis il commença de descendre l'escalier tournant. Arrivés à moitié des marches, le bruit du festin parvint jusqu'à eux, mélange d'éclats de rire, de voix confuses et de chocs de verres. La reine mit la main sur l'épaule de son jeune guide :

— Où nous conduis-tu ? lui demanda-t-elle avec effroi. — Hors du château, répondit l'enfant. — Mais il nous faudra passer par la grande salle ? — Sans doute ; et voilà justement ce qu'avait prévu Georges. Au milieu des valets, dont votre majesté porte la livrée, personne ne la reconnaîtra. — O mon Dieu ! mon Dieu ! murmura la reine en s'appuyant au mur. — Du courage, madame, dit tout bas Marie Seyton, ou nous sommes perdues ! — Tu as raison, répondit la reine ; allons. — Et elles se remirent en marche, toujours guidées par leur conducteur.

Au bas de l'escalier il s'arrêta, et présentant à la reine une cruche de grès pleine de vin :

— Placez cette cruche sur votre épaule droite, madame, lui dit-il ; elle cachera votre visage aux convives, et, portant quelque chose, votre majesté inspirera moins de soupçons. Vous, miss Marie, donnez-moi cette cassette, et mettez sur votre tête cette corbeille pleine de pain. Maintenant, c'est bien ; vous sentez-vous la force ? — Oui, dit la reine. — Oui, dit Marie Seyton. — Alors, suivez-moi.

L'enfant reprit sa route, et, au bout de quelques pas, les fugitifs se trouvèrent dans une espèce d'antichambre qui précédait la grande salle, et dans laquelle pénétraient le bruit et la lumière. Plusieurs serviteurs s'y occupaient de différents services ; pas un ne fit attention à eux, et cela rassura quelque peu la reine. D'ailleurs il n'y avait plus à reculer, le petit Douglas venait d'entrer dans la grande salle.

Les convives, assis des deux côtés d'une longue table étagée selon les rangs de ceux qui l'occupaient, entamaient le dessert, et par conséquent étaient arrivés au moment le plus joyeux du repas. Au reste, la salle était si grande, que les lampes et les bougies qui l'éclairaient, si multipliées qu'elles fussent, laissaient dans une demi-teinte des plus favorables les deux côtés de l'appartement, dans lequel quinze ou vingt serviteurs allaient et venaient. La reine et Marie Seyton s'engagèrent parmi cette foule trop occupée pour les remarquer, et, sans s'arrêter, sans faiblir, sans regarder en arrière, elles traversèrent la salle dans toute sa longueur, arrivèrent à l'autre porte, et se trouvèrent dans le vestibule correspondant à celui qu'ils avaient traversé avant d'entrer. La reine y déposa sa cruche, Marie Seyton sa corbeille, et toutes deux, toujours guidées par l'enfant, entrèrent dans un corridor au bout duquel elles se trouvèrent sur la cour. Une patrouille passait en ce moment, mais ne fit pas attention à eux.

L'enfant s'achemina vers le jardin, toujours suivi des deux femmes. Là il fallut chercher pendant quelque temps laquelle de toutes ces clefs ouvrait la porte ; ce fut un moment d'inexprimable angoisse. Enfin la clef tourna dans la serrure, la porte s'ouvrit ; la reine et Marie Seyton se précipitèrent dans le jardin. L'enfant referma la porte derrière elles.

Arrivé aux deux tiers à peu près, le petit Douglas étendit le bras en leur faisant signe de s'arrêter ; puis, posant la cassette et les clefs à terre, il rapprocha les mains l'une de l'autre, et soufflant dedans, imita trois fois le cri de la chouette, au point qu'il était impossible que l'on crût que c'était une voix humaine qui poussait ces sons ; alors, ramassant la cassette et les clefs, il continua son chemin sur la pointe du pied et l'oreille tendue. En arrivant près du mur, ils s'arrêtèrent de nouveau, et, après un instant d'attente et d'anxiété, on entendit un gémissement, puis quelque chose de pareil au bruit d'un corps qui tombait. Quelques secondes après, le bouhoulement d'un hibou répondit au cri de la chouette.

— C'est fini, dit tranquillement le petit Douglas ; allons. — Qu'est-ce qui est fini ? demanda la reine, et quel est ce gémissement que nous avons entendu ? — Il y avait une sentinelle à la porte qui donne sur le lac, répondit l'enfant ; mais elle n'y est plus.

La reine sentit son sang se glacer jusqu'au fond du cœur, en même temps qu'une sueur froide pointait à la racine de ses cheveux ; car elle avait tout compris : un malheureux venait de perdre la vie à cause

d'elle. Elle s'appuya chancelante sur Marie Seyton, qui elle-même sentait sa force près de l'abandonner. Pendant ce temps, le petit Douglas essayait les clefs ; la deuxième ouvrit la porte.

— La reine ? dit à voix basse un homme qui attendait de l'autre côté du mur. — Elle me suit, répondit l'enfant.

Georges Douglas, car c'était lui, s'élança dans le jardin, et, prenant d'un côté le bras de la reine, et de l'autre celui de Marie Seyton, il les entraîna vivement sur les bords du lac. En franchissant la porte, Marie Stuart ne put s'empêcher de jeter un regard inquiet autour d'elle, et il lui sembla qu'un objet informe gisait au pied de la muraille, et comme elle frissonnait par tout le corps : — Ne le plaignez pas, dit à voix basse Georges ; car c'est une justice du ciel. Cet homme était l'infâme Warden, qui nous a trahis. — Hélas ! dit la reine, si coupable qu'il ait été, il n'en est pas moins mort à cause de moi. — Quand il s'agissait de votre salut, madame, fallait-il marchander avec quelques gouttes de cet ignoble sang ? Mais, silence ! Par ici, Williams, par ici ; suivons la muraille, dont l'ombre nous cache. La barque est à vingt pas, et nous sommes sauvés.

À ces mots, Georges entraîna les deux femmes plus rapidement encore, et tous quatre arrivèrent, sans avoir été découverts, jusqu'aux rives du lac. Comme l'avait dit Douglas, une petite barque attendait ; et, en voyant s'approcher les fugitifs, quatre rameurs, couchés au fond, se levèrent, et l'un d'eux, sautant à terre, tira la chaîne, afin que la reine et Marie Seyton pussent y descendre. Douglas les fit asseoir à la proue, l'enfant se plaça au gouvernail, et Georges, d'un coup de pied, repoussa la barque, qui commença de glisser sur le lac.

— Et maintenant, dit-il, nous sommes véritablement sauvés ; car autant vaudrait qu'ils poursuivissent une hirondelle de mer sur le détroit de Solway, que d'essayer de nous atteindre. Ramez, enfants, ramez ; peu importe qu'ils nous entendent ; l'essentiel est de gagner le large. — Qui vive ? cria une voix du haut de la terrasse du château. — Ramez, ramez, dit Douglas en se plaçant devant la reine. — La barque ! la barque ! cria la même voix ; amenez la barque ! — Puis voyant qu'elle continuait à s'éloigner : — Trahison ! trahison ! cria la sentinelle ; aux armes !

Au même moment, une lueur éclaira le lac ; le bruit d'une arme à feu se fit entendre, et une balle passa en sifflant ; la reine jeta un léger cri, quoiqu'elle n'eût couru aucun danger, Georges, comme nous l'avons dit, s'étant placé devant elle et la couvrant tout entière de son corps.

En ce moment, la cloche d'alarme tinta, et l'on vit toutes les lumières du château se mouvoir et courir comme éperdues dans les appartements.

— Courage, enfants, dit Douglas ; ramez comme si votre vie dépendait de chaque coup d'aviron ; car, avant cinq minutes, l'esquif sera à notre poursuite. — C'est ce qui ne leur sera pas aussi facile que tu crois, Georges, dit le petit Douglas ; car j'ai refermé toutes les portes derrière moi, et avant que les clefs que je leur ai laissées ne les ouvrent, il se passera du temps. Quant à celles-ci, ajouta-t-il en montrant celles qu'il avait si adroitement soustraites, je les remets à Kelpie, le génie du lac, et je le nomme portier du château de Lochleven.

La décharge d'une petite pièce d'artillerie répondit à la plaisanterie de Williams ; mais comme la nuit était trop obscure pour que l'on pût pointer à une aussi grande distance que celle qui se trouvait déjà entre le château et la barque, le boulet ricocha à une vingtaine de pas des fugitifs, tandis que le bruit allait s'éteignant d'écho en écho. Alors Douglas tira un pistolet de sa ceinture, et, prévenant les femmes de ne point avoir peur, il lâcha le coup en l'air, non point pour répondre par une vaine bravade à la canonnade du château, mais pour prévenir une troupe d'amis fidèles, qui les attendaient sur l'autre rive du lac, que la reine était sauvée. Aussitôt, quelque danger qu'il y eût tant qu'on serait si près de Kinross, des cris de joie retentirent sur le rivage, et, Williams ayant incliné le gouvernail, l'esquif alla prendre terre à l'endroit où on les avait entendus. Douglas tendit la main à la reine, qui sauta légèrement sur la rive, et qui, tombant à genoux, aussitôt commença par rendre grâce à Dieu de son heureuse délivrance.

En se relevant, la reine se trouva entourée de ses plus fidèles serviteurs, Hamilton, Herris et Seyton, le père de Marie. Folle de joie, la reine leur tendait ses mains, les remerciant avec des paroles entrecoupées, qui exprimaient son ivresse et sa reconnaissance mieux que n'eussent pu faire les plus belles phrases, lorsque, tout à coup, en se retournant, elle aperçut Georges Douglas triste et à l'écart. Alors allant à lui et le prenant par la main :

— Mylords, dit-elle en leur présentant Georges et en leur montrant Williams, voilà mes deux libérateurs ; voilà ceux auxquels, tant que je vivrai, je garderai une reconnaissance que rien n'acquittera jamais. — Madame, dit Douglas, chacun de nous n'a fait que ce qu'il devait faire, et celui qui a le plus risqué est le plus heureux. Mais si votre majesté veut m'en croire, elle ne perdra pas une minute en paroles inutiles. — Douglas a raison, dit lord Seyton : à cheval, à cheval !

Aussitôt, et tandis que quatre courriers partaient dans quatre directions différentes, pour annoncer aux amis de la reine son heureuse évasion, on lui présenta un cheval pour elle, et sur lequel elle s'élança avec son habileté ordinaire ; puis la petite troupe, qui, composée de vingt personnes à peu près, escortait les destinées futures de l'Écosse, tournant le bourg de Kinross, dans lequel le feu du château avait sans doute jeté l'alarme, prit au grand trot le chemin du château de Seyton, où se trouvait déjà une garnison suffisante pour défendre la reine d'un coup de main.

La reine marcha toute la nuit, accompagnée d'un côté par Douglas, et de l'autre par lord Seyton ; puis, au point du jour, on s'arrêta à la porte du château de West-Niddrie, appartenant, comme nous l'avons dit, à lord Seyton et situé dans le Lothian occidental. Douglas s'élança au bas de son cheval pour offrir la main à Marie Stuart ; mais lord Seyton réclama ses priviléges de maître de maison. La reine consola Douglas d'un coup d'œil, et entra dans la forteresse.

— Madame, lui dit lord Seyton en la conduisant dans la chambre depuis neuf mois préparée pour elle, votre majesté doit avoir besoin de repos, après la fatigue et les émotions qu'elle a éprouvées depuis hier matin ; qu'elle dorme donc tranquille et ne s'inquiète de rien ; le bruit qu'elle pourrait entendre serait causé par un renfort d'amis que nous attendons. Quant à nos ennemis, votre majesté n'a rien à en craindre tant qu'elle habitera le château d'un Seyton.

La reine remercia de nouveau ses libérateurs, donna une dernière fois à baiser sa main à Douglas, embrassa le petit Williams au front, et le nomma pour l'avenir son page favori ; puis, profitant du conseil qui lui était donné, entra dans sa chambre, où Marie Seyton, à l'exclusion de toute autre femme, réclama le privilège de remplir auprès d'elle les fonctions dont elle l'avait été chargée pendant leurs onze mois de captivité au château de Lochleven.

En rouvrant les yeux, Marie Stuart crut avoir fait un de ces rêves si douloureux aux prisonniers, quand, en se réveillant, ils retrouvent les verrous de leurs portes et les barreaux de leurs croisées. Aussi la reine, ne pouvant en croire le témoignage de ses sens, courut-elle à demi nue à la fenêtre. La cour était pleine de soldats, et ces soldats étaient tous des amis accourus à la nouvelle de son évasion ; elle reconnut les bannières de ses fidèles amis : les Seyton, les Arbroath, les Herris et les Hamilton, et à peine eut-elle aperçue à sa fenêtre, que toutes ces bannières s'inclinèrent devant elle avec des cris cent fois répétés de : *Vive Marie d'Écosse ! vive notre reine !* Alors, sans faire attention au désordre de sa toilette, belle et chaste de son émotion et de son bonheur, elle salua à son tour, les yeux pleins de larmes ; mais, cette fois, c'étaient des larmes de joie. Cependant la reine s'aperçut qu'elle était à demi nue, et rougissant de s'être laissé emporter ainsi à son délire, elle se rejeta en arrière, toute rougissante de confusion.

Alors elle eut un instant de craintes graves pour une femme : elle avait fui du château de Lochleven en habits à la livrée de Douglas, et sans avoir le loisir ni même la possibilité d'emporter aucun vêtement de femme. Cependant elle ne pouvait demeurer vêtue en homme ; elle exprima donc son inquiétude à Marie Seyton, qui y répondit en ouvrant les armoires de la chambre où la reine se trouvait. Elles étaient garnies non-seulement de robes, mais encore, comme la mesure, comme celle de l'habit, avait été prise sur Marie Fleming, mais encore de tous les objets nécessaires à la toilette d'une femme. La reine était émerveillée, il lui semblait être dans un château de fées.

— Mignonne, dit-elle en regardant les unes après les autres, ces robes, dont les étoffes étaient choisies avec un goût exquis, je savais ton père un brave et loyal chevalier, mais je ne le croyais pas si savant en matière de toilette. Nous le nommerons secrétaire de nos atours. — Hélas ! madame, répondit en souriant Marie Seyton, vous ne vous êtes pas trompée : mon père a fait fourbir jusqu'à la dernière cuirasse, repasser jusqu'à la dernière épée, déployer jusqu'à la dernière bannière qui se trouvait au château ; mais mon père, tout prêt qu'il est à mourir pour votre majesté, n'aurait pas songé un instant à lui offrir autre chose que son toit pour s'y reposer, ou son manteau pour la couvrir. C'est encore Douglas qui a tout prévu, tout préparé, tout, jusqu'à Rosabelle, la haquenée favorite de votre majesté, qui attend avec impatience dans l'écurie le moment où, montée sur elle, votre majesté fera sa rentrée triomphale à Édimbourg. — Et comment a-t-il pu la ravoir ? demanda Marie. J'avais cru que, dans le partage de mes dépouilles, Rosabelle était échue à la belle Alice, la sultane favorite de mon frère ? — Oui, oui, dit Marie Seyton, il en était ainsi, et comme on savait le prix de Rosabelle, elle était gardée sous clefs et verrous par une armée de palefreniers ; mais Douglas est l'homme des miracles, et comme je vous l'ai dit, Rosabelle attend votre majesté. — Noble Douglas ! murmura la reine les larmes aux yeux ; puis, comme se parlant à elle-même : — Et voilà pourtant de ces dévouements que nous ne pouvons récompenser. Les autres seront heureux avec des honneurs, des places, de l'argent ; mais Douglas, que lui importent, à lui, toutes ces choses ? — Allons, madame, allons, dit Marie Seyton : Dieu se charge des dettes des rois ; il récompensera Douglas. Quant à votre majesté, qu'elle songe qu'on l'attend pour dîner : j'espère qu'elle ne fera pas à mon père, ajouta-t-elle en souriant, l'affront qu'elle a fait hier à Douglas en refusant de partager son festin de bon retour. — Et bien m'en a pris, j'espère, répondit Marie. Mais tu as raison, mignonne, plus d'idées tristes ; nous réfléchirons quand nous serons véritablement redevenue reine à ce que nous pourrons faire pour Douglas.

La reine s'habilla et descendit. Comme l'avait dit Marie Seyton, les principaux seigneurs de son parti, déjà réunis autour d'elle, l'atten

daient dans la grande salle du château. Son arrivée fut saluée par les acclamations du plus vif enthousiasme, et elle se mit à table, ayant lord Seyton à sa droite, Douglas à sa gauche, et derrière elle le petit Williams, qui commençait le même jour son office de page.

Le lendemain matin la reine fut réveillée par le bruit des trompettes et des cors : il était convenu dès la veille que l'on partirait ce jour-là pour Hamilton, où l'on attendrait de nouveaux renforts. La reine revêtit un costume élégant d'amazone, et bientôt, montée sur Rosabelle, parut au milieu de ses défenseurs. Les cris de joie redoublèrent ; chacun admira sa beauté, sa grâce et son courage. Marie Stuart redevenait elle-même, et elle se sentait reprendre le pouvoir fascinateur qu'elle avait toujours exercé sur ceux qui l'approchaient. Tout le monde était dans le bonheur, et le plus heureux de tous était peut-être le petit Williams, qui, pour la première fois de sa vie, avait un si beau costume et un si beau cheval.

Deux ou trois mille hommes attendaient la reine à Hamilton, où elle arriva le même soir ; et pendant la nuit qui suivit son arrivée, sa troupe s'éleva jusqu'à six mille. Le 2 mai elle était captive, sans autre ami dans sa prison qu'un enfant, sans autre moyen de communication avec ses partisans que la lumière vacillante et incertaine d'une lampe, et trois jours après, c'est-à-dire du dimanche au mercredi, elle se trouvait, non-seulement libre, mais encore à la tête d'une confédération puissante, qui comptait pour chef neuf comtes, huit lords, neuf évêques et quantité de barons et de seigneurs renommés parmi les plus braves de l'Écosse.

L'avis des plus sages, parmi ceux qui entouraient la reine, fut de se renfermer dans la forteresse de Dumbarton, qui, étant imprenable, donnerait à tous ses partisans le temps de se rassembler, si éloignés et disséminés qu'ils fussent ; en conséquence, la conduite des troupes qui devaient conduire la reine dans cette ville fut confiée au comte d'Argyle, et le 11 mai elle se mit en route avec une armée de près de dix mille hommes.

Murray était à Glascow lorsqu'il apprit l'évasion de la reine ; la place était forte, il résolut de s'y tenir, et appela auprès de lui ses plus braves et ses plus dévoués. Kirkaldy de Lagrange, Morton, Lindsay de Byres, le lord Lochleven et Williams Douglas, accoururent, et six mille hommes des meilleures troupes du royaume se rassemblèrent autour d'eux, tandis que lord Ruthwen faisait, dans les comtés de Berwick et d'Angus, des levées avec lesquelles il devait venir les rejoindre.

Le 13 mai, Morton occupa dès le point du jour le village de Langside, par lequel il fallait que passât la reine pour se rendre à Dumbarton. La nouvelle de cette occupation arriva à la reine comme les deux armées étaient encore à trois lieues l'une de l'autre. Le premier mouvement de Marie fut de chercher à éviter le combat : elle se souvenait de la dernière bataille de Carberry-Hill, à la suite de laquelle elle avait été séparée de Bothwell et ramenée à Édimbourg ; aussi émit-elle tout haut cette opinion, qui fut appuyée par Georges Douglas, qui, revêtu d'une armure noire, sans aucune armoirie, avait continué de marcher à côté de la reine.

— Éviter la bataille ! s'écria lord Seyton, n'osant répondre à sa souveraine, et répondant à Douglas comme si cette opinion était émise par lui, c'est ce que nous pourrions faire, peut-être, si nous étions en contre dix ; mais c'est ce que nous ne ferons certainement pas, quand nous sommes trois contre deux. Vous tenez là un étrange langage, mon jeune maître, continua-t-il avec quelque mépris, et vous oubliez, ce me semble, que vous êtes un Douglas et que vous parlez à un Seyton. — Mylord, répondit Georges avec calme, quand nous n'exposerons la vie que des Seyton et des Douglas, vous me trouverez, je l'espère, aussi disposé que vous à combattre, soit un contre dix, soit trois contre deux ; mais nous répondons à cette heure d'une existence plus chère à l'Écosse que celle de tous les Seyton et de tous les Douglas. Mon avis est donc qu'on évite la bataille. — Le combat ! le combat ! crièrent tous les chefs. — Vous l'entendez, madame ? dit lord Seyton à Marie Stuart : vouloir agir contre une pareille unanimité serait chose dangereuse, je le crois. En Écosse, madame, il y a un vieux proverbe qui dit que ce qu'il y a de plus prudent, c'est le courage. — Mais n'avez-vous pas entendu, dit la reine, que le régent occupe une position avantageuse ? — Le lévrier poursuit le lièvre sur la colline comme dans la plaine, répondit Seyton. D'où il sera, nous le débusquerons. — Qu'il soit donc fait comme vous voudrez, mylords. Il ne sera pas dit que Marie Stuart aura fait remettre au fourreau l'épée que ses défenseurs avaient tirée pour elle.

Puis, se retournant vers Douglas :

— Georges, lui dit-elle, choisissez-moi une garde de vingt hommes, et prenez-en le commandement ; vous ne me quitterez pas.

Georges s'inclina en signe d'obéissance, choisit vingt hommes parmi les plus braves, plaça la reine au milieu d'eux, et se mit à leur tête ; puis la troupe, qui avait fait halte, reçut ordre de continuer son chemin. Au bout de deux heures, l'avant-garde se trouva en vue de l'ennemi ; elle fit halte, et le reste de l'armée la rejoignit.

Les soldats de la reine se trouvaient alors sur une ligne parallèle à la ville de Glascow, et les hauteurs qui s'élevaient en face d'eux étaient déjà couvertes d'une armée au-dessus de laquelle flottaient, comme dans celle de Marie, les bannières royales d'Écosse. De l'autre côté, et sur le versant opposé, s'étendait le village de Langside, entouré d'enclos et de jardins. La route qui y conduisait, et qui suivait tous les accidents du terrain, se rétrécissait à un endroit de manière à ce que deux hommes à peine y pouvaient passer de face, puis, plus loin, s'enfonçait dans un ravin au delà duquel elle reparaissait, séparée alors en deux branches, dont l'une montait au village de Langside, et dont l'autre conduisait à Glascow.

En voyant la disposition de terrain, le comte d'Argyle comprit aussitôt de quelle importance était l'occupation de ce village, et, se tournant vers lord Seyton, il lui donna l'ordre de partir au galop et de tâcher d'y arriver avant les ennemis, qui, sans doute, ayant fait la même remarque que le commandant de l'armée royale, mettaient au moment même en mouvement un corps considérable de cavalerie.

Lord Seyton rassembla aussitôt ses hommes ; mais, tandis qu'il les rangeait autour de sa bannière, lord d'Arbroath tira son épée, et s'approchant du comte d'Argyle :

— Mylord, lui dit-il, vous me faites tort en chargeant lord Seyton de s'emparer de ce poste ; comme commandant de l'avant-garde, c'est à moi que cet honneur appartient. Trouvez donc bon que j'use de mon privilége en le réclamant. — C'est moi qui ai reçu l'ordre de m'en emparer, c'est moi qui m'en emparerai, s'écria Seyton. — Peut être, répondit lord Arbroath ; mais pas avant moi ! — Avant vous, et avant tous les Hamilton du monde, s'écria Seyton en mettant son cheval au galop, et en se précipitant dans le chemin creux : — Saint-Bennet ! et en avant ! — A moi, mes fidèles ! s'écria lord Arbroath en s'élançant de son côté vers le même but ; à moi, mes hommes d'armes ! Dieu et la reine !

Les deux troupes se précipitèrent aussitôt en désordre et se heurtèrent dans le défilé, où, comme nous l'avons dit, deux hommes pouvaient à peine passer de front. Là il y eut un choc terrible, et le combat commença entre les amis qui devaient se réunir contre les ennemis. Enfin les deux troupes, laissant derrière elles quelques cadavres étouffés dans la presse, ou même tués par leurs compagnons, passèrent pêle-mêle le défilé et disparurent dans le ravin. Mais, pendant cette lutte, Seyton et Arbroath avaient perdu un temps précieux, et le détachement envoyé par Murray, et qui avait pris le chemin de Glascow, était arrivé en avant du village, qu'il fallait maintenant, non pas prendre, mais reprendre.

Argyle vit que c'était là que se concentreraient les efforts de toute la journée, et, comprenant de plus en plus l'importance du village, se mit aussitôt à la tête du corps d'armée, ordonnant à une arrière-garde de deux mille hommes de rester là et d'attendre de nouveaux ordres pour se mêler au combat. Mais, soit que le chef qui la commandait eût mal entendu, soit qu'il fût jaloux de se signaler sous les yeux de la reine, à peine Argyle eut-il disparu dans le ravin à l'extrémité duquel le combat était déjà engagé entre Kirka'dy de Lagrange et Morton d'une part, et de l'autre entre Arbroath et Seyton, que, sans écouter les cris de Marie Stuart, il partit à son tour au galop, laissant la reine sans autre garde que la petite escorte de vingt hommes que lui avait choisie Douglas. Douglas poussa un soupir.

— Hélas ! dit la reine, qui l'entendit, je ne suis pas un soldat ; mais voilà, ce me semble, une bataille bien mal engagée. — Que voulez-vous ? répondit Douglas, nous sommes depuis le premier jusqu'au dernier en proie à un esprit de vertige, et tous ces hommes se conduisent aujourd'hui comme des fous ou comme des enfants. — Victoire ! victoire ! dit la reine, voici les ennemis qui battent en retraite. J'aperçois les bannières de Seyton et d'Arbroath qui flottent près des premières maisons du village. Oh ! mes braves lords, s'écria-t-elle en battant des mains, victoire ! victoire !

Mais tout à coup elle s'arrêta en voyant un corps d'armée ennemi qui s'avançait en flanc pour charger les vainqueurs.

— Ce n'est rien, ce n'est rien, dit Douglas ; tant qu'il n'y aura que de la cavalerie, nous n'avons pas grand'chose à craindre, et d'ailleurs le comte d'Argyle débouchera à temps pour les soutenir. — Georges ! dit le petit Williams. — Eh bien ? demanda Douglas. — Vois-tu ? continua l'enfant, étendant le bras vers le corps ennemi qui s'avançait au galop.—Quoi?—Chaque homme à cheval a en croupe un arquebusier ; de sorte que la troupe est du double plus nombreuse qu'elle ne le paraît. — C'est vrai, sur mon âme, et l'enfant a de bons yeux. Que quelqu'un parte à l'instant même au grand galop, et donne avis de cette constance au comte d'Argyle. — Moi ! moi ! s'écria le petit Williams. C'est moi qui les ai vus le premier, c'est moi qui ai le droit de porter cette nouvelle. — Va donc, mon enfant, dit Douglas, et que Dieu te garde !

L'enfant s'élança rapide comme la foudre, n'entendant point, ou feignant de ne point entendre la reine qui le rappelait. On le vit traverser le défilé et s'enfoncer dans le chemin creux, au moment où Argyle débouchait à son extrémité et venait en aide à Seyton et à Arbroath. Pendant ce temps, le détachement ennemi avait rejeté à terre son infanterie, qui, formée aussitôt en corps, s'éparpillait sur les bords du ravin par des sentiers impraticables aux chevaux.

— Williams arrivera trop tard, s'écria Douglas, ou même, arrivât-il à temps, cette nouvelle leur est maintenant inutile. O insensés, insensés que nous sommes ! voilà toujours comment nous avons perdu toutes nos batailles. — La bataille est-elle donc perdue ? demanda Marie en pâlissant. — Non, madame, non, s'écria Douglas, non, grâce au ciel,

pas encore ; mais, par trop de précipitation, nous l'avons mal engagée. — Et Williams ? dit Marie Stuart. — Il fait maintenant son apprentissage d'armes ; car si je ne me trompe, il doit être à cette heure à l'endroit même où ces arquebusiers font de si rapides décharges. — Pauvre enfant ! s'écria la reine, s'il lui arrivait malheur, je ne m'en consolerais jamais. — Hélas ! madame, répondit Douglas, j'ai bien peur que sa première bataille ne soit sa dernière, et que tout ne soit déjà fini pour lui ; car, si je ne me trompe, voilà son cheval qui revient sans cavalier. — O mon Dieu ! mon Dieu ! dit la reine en pleurant et en levant les mains au ciel, il est donc dit que je serai fatale à tout ce qui m'entoure !

Georges ne s'était pas trompé ; c'était le cheval de Williams qui revenait sans son jeune maître et tout couvert de sang.

— Madame, dit Douglas, nous sommes mal ici ; gagnons cette éminence sur laquelle est situé ce château de Crockstone : de là nous découvrirons tout le champ de bataille. — Non, pas de ce côté ! pas de ce côté ! dit la reine avec effroi ; c'est dans ce château que je suis venue passer les premiers jours de mon mariage avec Darnley : il me porterait malheur. — Eh bien ! sous cet if alors, dit Georges, montrant un autre monticule situé près du premier ; mais il est important que nous ne perdions aucun détail de cet engagement. Tout dépend peut-être, pour votre majesté, d'une manœuvre mal jugée ou d'une minute perdue. — Conduisez-moi donc, dit la reine ; car, pour moi, je n'y vois plus. Chaque coup de cette artillerie terrible me répond jusqu'au fond du cœur.

Cependant, si bien disposée que fût cette hauteur pour découvrir de son sommet le champ de bataille, les décharges multipliées de l'artillerie et de la fusillade le couvraient d'un tel nuage de fumée, qu'il était impossible d'y rien distinguer autre chose que des masses perdues au milieu de ce brouillard homicide. Enfin, au bout d'une heure de ce combat acharné, on vit, par les extrémités de cette mer de vapeur, déborder les fuyards, qui se dispersaient de tous côtés, suivis par les vainqueurs. Seulement à cette distance, il était impossible de distinguer qui avait gagné ou perdu la bataille, et les bannières, qui étaient des deux côtés aux armes d'Écosse, ne pouvaient en rien éclaircir cette confusion.

En ce moment, on vit descendre des collines de Glascow tout ce qui restait de la réserve de l'armée de Murray : elle venait, à grande course de cheval, se mêler à la bataille ; mais cette manœuvre pouvait avoir aussi bien pour but de soutenir des amis défaits, que d'achever la défaite des ennemis. Cependant bientôt il n'y eut plus de doute ; car cette réserve chargea sur les fuyards, au milieu desquels elle répandit une nouvelle confusion. L'armée de la reine était vaincue. Au même moment, trois ou quatre cavaliers parurent en deçà du ravin, s'avançant au grand galop de leurs chevaux. Douglas les reconnut pour des ennemis.

—Fuyez, madame, s'écria Georges ; fuyez sans perdre une seconde, car ceux qui nous arrivent là sont suivis par d'autres. Gagnez du chemin, tandis que je vais les arrêter. Et vous, ajouta-t-il en s'adressant à l'escorte, faites-vous tuer jusqu'au dernier plutôt que de laisser prendre votre reine. — Georges ! Georges ! s'écria la reine, immobile et comme clouée à sa place.

Mais déjà Georges s'était élancé de toute la vitesse de son cheval, et comme il était merveilleusement monté, il franchissait l'espace avec la rapidité de la foudre, et il était arrivé au défilé avant les ennemis. Là il s'arrêta, mit sa lance en arrêt, et, seul contre cinq, attendit bravement le choc.

Quant à la reine, elle n'avait pas voulu partir ; mais, au contraire, comme pétrifiée, elle était restée à la même place et les regards fixés sur ce combat qui avait lieu à cinq cents pas d'elle à peine. Tout à coup, en jetant les yeux sur ses ennemis, elle vit que l'un d'eux portait au milieu de son bouclier un cœur sanglant, qui était les armoiries de Douglas. Alors elle jeta un cri de douleur, et abaissant sa tête :

— Douglas contre Douglas ; frère contre frère ! murmura-t-elle ; il me manquait ce dernier coup. — Madame ! madame ! crièrent les soldats de l'escorte, il n'y a pas un instant à perdre ; le jeune maître de Douglas ne peut tenir longtemps ainsi seul contre cinq ; fuyons ! fuyons ! — Et deux d'entre eux, prenant le cheval de la reine par la bride, le mirent au galop, au moment où Georges, après avoir abattu deux de ses ennemis et en avoir blessé un troisième, était renversé à son tour sur la poussière, frappé au cœur par le fer d'une lance. La reine poussa un gémissement en le voyant tomber ; puis, comme si lui seul l'eût retenue, et que, lui tué, elle fût sans intérêt pour toute autre chose, elle mit Rosabelle au galop, et comme elle et sa troupe étaient parfaitement montées, on eut bientôt perdu de vue le champ de bataille.

Elle courut ainsi soixante milles sans prendre aucun repos et sans cesser de verser des larmes ou de soupirer ; enfin, après avoir traversé les comtés de Renfrew et d'Ayr, elle arriva à l'abbaye de Dundrennan, dans le Galloway, et, certaine d'être momentanément du moins, à l'abri de tout danger, elle donna l'ordre de s'y arrêter. Le prieur vint respectueusement la recevoir à la porte du couvent.

—Je vous amène le malheur et la destruction, mon père, dit la reine en descendant de cheval. — Ils sont les bienvenus, répondit le prieur, puisqu'ils m'arrivent accompagnés du devoir.

La reine recommanda Rosabelle à un des hommes d'armes qui l'avaient accompagnée, et s'appuyant sur Marie Seyton, qui ne l'avait pas quittée d'une minute, et sur lord Herris, qui l'avait rejointe pendant la route, elle entra dans le couvent.

Lord Herris n'avait point caché à Marie Stuart sa position ; la bataille avait été entièrement perdue, et avec la bataille toutes les espérances de remonter, du moins pour le moment, sur le trône d'Écosse. Il ne restait à la reine que trois partis à prendre : se retirer en France, en Espagne ou en Angleterre : sur l'avis de lord Herris, qui s'accordait avec son propre sentiment, elle s'arrêta au dernier ; et la nuit même elle écrivit à Élisabeth ce double billet en vers et en prose :

« Ma chère sœur,

» Je vous ai assez souvent priée de recevoir mon navire agité en votre port durant la tourmente. Si à ce coup elle y trouve port de salut, j'y jetterai mes ancres pour jamais : autrement la barque est en la garde de Dieu, car elle est prête et calfeutrée pour se défendre en course contre toutes les tourmentes ; j'ai pleinement procédé avecques vous, encore fais-je : ne prenez point en mauvaise part si j'écris ainsi, ce n'est point défiance que j'ai de vous, comme il appert, car je me repose du tout sur votre amitié. »

Ce sonnet accompagnait la lettre :

Un seul penser qui me profite et nuit,
Amer et doux change en mon cœur sans cesse
Entre le doute et l'espoir qui m'oppresse,
Tant que la paix et le repos me fuit.

Donc, chère sœur, si cette carte suit
L'affection de vous voir qui m'oppresse,
C'est que je vis en peine et en tristesse,
Si promptement doux effet ne s'ensuit.

J'ai vu ma nef relâcher par contrainte
En haute mer, proche d'entrer au port,
Et temps serein se convertir en trouble ;

Ainsi je suis en souci et en crainte ;
Non pas de vous, mais si souvent à tort
Fortune rompt voile et cordage double !

Élisabeth tressaillit de joie en recevant cette double lettre ; depuis huit ans que sa haine allait croissant chaque jour contre Marie Stuart, elle l'avait constamment suivie des yeux, comme une louve une gazelle ; enfin, la gazelle venait chercher un refuge dans l'antre de la louve ; Élisabeth n'en avait jamais espéré autant : elle expédia aussitôt l'ordre au shérif du Cumberland de faire savoir à Marie Stuart qu'elle était prête à la recevoir. Un matin, on entendit sonner du cor sur le rivage de la mer ; c'était l'envoyé de la reine Élisabeth qui venait chercher la reine Marie Stuart.

Alors il y eut de grandes instances autour de la fugitive, pour qu'elle ne se fiât point ainsi à une rivale de puissance, de gloire et de beauté ; mais la pauvre reine dépossédée était pleine de confiance dans celle qu'elle appelait sa bonne sœur, et croyait qu'elle allait, libre et exempte de soins, occuper à la cour d'Élisabeth la place due à son rang et à ses malheurs : elle persista donc, malgré tout ce qu'on put lui dire. De nos jours, nous avons vu même vertige s'emparer d'un autre fugitif royal, qui se lia, comme Marie Stuart, à la générosité de l'Angleterre, son ennemie ; comme Marie Stuart, il fut cruellement puni de sa confiance, et retrouva dans le climat meurtrier de Sainte-Hélène l'échafaud de Fotheringay.

Marie Stuart se mit donc en route avec sa petite suite : arrivée au bord du golfe de Solway, elle y trouva le gardien des frontières anglaises : c'était un gentilhomme nommé Lawther, qui reçut la reine avec les plus grands égards, mais qui lui signifia qu'il ne pouvait permettre qu'à trois de ses femmes de l'accompagner ; Marie Seyton réclama aussitôt son privilége.... la reine lui tendit la main.

— Hélas ! mignonne, lui dit-elle, ce devrait cependant bien être le tour d'une autre, et tu as déjà assez souffert pour moi et avec moi.

Mais Marie, sans pouvoir répondre, se cramponna à sa main, faisant de la tête signe que rien au monde ne pourrait la séparer de sa maîtresse.

Alors tous ceux qui accompagnaient la reine renouvelèrent leurs instances pour qu'elle ne persistât point dans cette fatale résolution, et comme elle était déjà au tiers de la planche qui conduisait à la chaloupe, le prieur de Dundrennau, qui avait offert à Marie Stuart une si dangereuse et si touchante hospitalité, entra jusqu'aux genoux dans l'eau pour essayer de la retenir ; mais tout fut inutile : la reine avait pris sa résolution. En ce moment Lawther s'approcha de la reine. — Madame, lui dit-il, recevez de nouveau mes regrets de ce que je ne puis offrir une réception cordiale en Angleterre à tous ceux qui voudraient vous y suivre ; mais notre reine nous a donné des ordres positifs, et il est de notre devoir de les exécuter. M'est-il permis de faire observer à votre majesté que la marée est favorable ?

— Des ordres positifs ! s'écria le prieur ; vous l'entendez, madame ? Oh ! vous êtes perdue si vous quittez ce rivage ! Arrière, pendant qu'il en est temps encore ! arrière, madame, au nom du ciel ! A moi ! sires chevaliers, à moi ! s'écria-t-il en se retournant vers lord Herris et les autres seigneurs qui avaient accompagné Marie Stuart ; ne permettez pas que votre reine vous abandonne, et vous fallût-il lutter à la fois contre elle et contre les Anglais, retenez-la, messeigneurs, au nom du ciel ! retenez-la ! — Que signifie cette violence, sire prêtre ? dit le gardien des frontières ; je suis venu ici sur la demande expresse de votre reine : elle est libre de retourner vers vous, et il n'y a pas besoin de recourir à la force pour cela. — Puis s'adressant à la reine :

— Madame, lui dit-il, de votre pleine et entière volonté, vous convient-il de me suivre en Angleterre ? Répondez, je vous en supplie, car il est important à mon honneur que le monde tout entier sache que vous m'avez suivi librement. — Monsieur, répondit Marie Stuart, je vous demande pardon, au nom de ce digne serviteur de Dieu et de sa reine, de ce qu'il a pu dire d'offensant pour vous. C'est librement que je quitte l'Écosse et que je me remets entre vos mains, dans la confiance où je suis que je serai maîtresse ou de rester en Angleterre près de ma royale sœur, ou de retourner en France, près de mes dignes parents. Puis se retournant vers le prêtre : Votre bénédiction, mon père, et que Dieu vous protège. — Hélas ! hélas ! murmura l'abbé en obéissant à la reine, ce n'est pas nous qui avons besoin de la protection de Dieu, mais bien vous, ma fille. Puisse la bénédiction d'un pauvre prêtre écarter de votre tête royale les malheurs que je prévois ! Allez, et qu'il en soit de vous ce que le Seigneur a décidé dans sa sagesse et dans sa miséricorde.

Alors la reine tendit la main au shérif, qui la conduisit dans l'esquif, suivie de Marie Seyton et de deux autres femmes seulement. Aussitôt les voiles furent déployées, et le petit bâtiment commença de s'éloigner des rivages du Galloway, pour s'avancer vers le Cumberland. Tant qu'on put l'apercevoir, ceux qui avaient accompagné la reine demeurèrent sur la plage, lui faisant des signes d'adieu, que debout sur la poupe de la nef qui l'emmenait, elle leur rendait avec son mouchoir. Enfin, la barque disparut, et tous éclatèrent en plaintes ou en sanglots. Ils avaient raison, car les pressentiments du bon prieur de Dundrennan n'étaient que trop vrais, et c'était la dernière fois qu'ils avaient vu Marie Stuart.

En arrivant sur les côtes d'Angleterre, la reine d'Écosse trouva des messagers d'Élisabeth chargés de lui exprimer de sa part tout le regret que leur maîtresse éprouvait de ne pouvoir ni l'admettre en sa présence, ni lui faire l'accueil affectueux auquel la portait son cœur. Mais il était essentiel, ajoutèrent-ils, qu'auparavant la reine se justifiât de la mort de Darnley, dont la famille, étant sujette de la reine d'Angleterre, avait droit à sa protection et à sa justice.

Marie Stuart était si aveuglée, qu'elle ne vit point le piége, et offrit aussitôt de prouver son innocence à la satisfaction de sa sœur Élisabeth ; mais à peine celle-ci eut-elle entre les mains la lettre de Marie Stuart, que d'arbitre, elle se fit juge, et, nommant des commissaires pour entendre les parties, somma Murray de comparaître et de venir accuser sa sœur. Murray, qui connaissait les intentions secrètes d'Élisabeth à l'égard de sa rivale, n'hésita point un instant. Il arriva en Angleterre porteur de la cassette qui contenait les trois lettres que nous avons rapportées, des vers et quelques autres documents qui prouvaient que la reine avait non-seulement été la maîtresse de Bothwell du vivant de Darnley, mais encore avait eu connaissance de l'assassinat de son mari. De leur côté, lord Herris et l'évêque de Ross, avocats de la reine, soutinrent que ces lettres avaient été supposées, que l'écriture en était contrefaite, et demandèrent, pour vérifier ce fait, des experts qu'ils ne purent obtenir ; de sorte que cette grande contestation resta pendante pour les siècles à venir et que rien encore, à cette heure, n'est résolu affirmativement sur ce sujet, par les savants ni par les historiens.

Après cinq mois d'enquête, la reine d'Angleterre fit savoir aux parties que, n'ayant, par cette procédure, rien pu découvrir contre l'honneur de l'accusateur ni de l'accusée, toutes choses resteraient dans le même état jusqu'à ce que l'un ou l'autre pût lui fournir de nouvelles preuves.

En conséquence de cette étrange décision, Élisabeth eût dû renvoyer le régent en Écosse et laisser Marie Stuart libre d'aller où elle voulait. Mais, au lieu de cela, elle fit transporter sa prisonnière du château de Bolton dans celui de Carlisle, de la terrasse duquel, pour comble de douleur, la pauvre Marie Stuart apercevait les montagnes bleuâtres de son Écosse.

Cependant, parmi les juges nommés par Élisabeth pour examiner la conduite de Marie Stuart était Thomas Howard, duc de Norfolk. Soit qu'il eût reconnu l'innocence de Marie, soit qu'il fût poussé par le projet ambitieux qui servit depuis de base à son accusation, et qui n'était rien autre chose que d'épouser Marie Stuart, de fiancer sa fille au jeune roi et de devenir régent d'Écosse, il résolut de tirer la reine de sa prison. Plusieurs membres de la haute noblesse d'Angleterre, parmi lesquels étaient les comtes de Westmoreland et de Northumberland, entrèrent dans ce complot et s'engagèrent à le soutenir de toute leur puissance. Mais leur projet ayant été communiqué au régent, il le dénonça à Élisabeth, qui fit arrêter Norfolk. Prévenus à temps, Westmoreland et Northumberland passèrent les frontières et se réfugièrent dans les marches du royaume d'Écosse, qui étaient favorables à la reine Marie. Le premier gagna la Flandre, où il mourut en exil ; le second, livré à Murray, fut envoyé au château de Lochleven, qui le garda plus fidèlement qu'il n'avait fait de sa royale prisonnière. Quant à Norfolk, il fut exécuté. Comme on le voit, l'astre de Marie Stuart n'avait rien perdu de sa fatale influence.

Cependant, le régent était revenu à Édimbourg, riche des présents d'Élisabeth et ayant gagné, de fait, sa cause auprès d'elle, puisque Marie était restée prisonnière : il s'était aussitôt occupé de disperser les restes de ses partisans, et à peine eut-il fermé les portes du château de Lochleven sur Westmoreland, qu'il poursuivit, au nom du jeune roi Jacques VI, ceux qui avaient soutenu la cause de sa mère, et parmi ceux-ci plus particulièrement les Hamilton, qui, depuis l'affaire *du balayage des rues d'Édimbourg*, étaient restés personnellement les ennemis mortels des Douglas : six des principaux membres de cette famille furent condamnés à mort et n'obtinrent la commutation de leur peine en un exil éternel que sur les instances de John Knox, qui était alors si influent en Écosse, que Murray n'osa lui refuser leur grâce.

L'un des amnistiés était un certain Hamilton de Bothwellhaugh, homme des anciens jours de l'Écosse, sauvage et vindicatif comme les

ombre ne fût point aperçue de l'extérieur, couvrit le plancher de matelas, pour que ses pas ne fussent point entendus du rez-de-chaussée, attacha un cheval de course tout sellé et tout bridé dans le jardin, échancra le dessus de la petite porte qui donnait sur la campagne afin d'y pouvoir passer au galop, s'arma d'une arquebuse chargée, et s'enferma dans la chambre.

Tous ces préparatifs avaient été faits, on le devine, parce que Murray devait passer le lendemain à Linlitgow. Cependant, si secrets qu'ils fussent, ils faillirent devenir inutiles, car des amis du régent le prévinrent qu'il n'y aurait pas sûreté pour lui à traverser la ville, qui appartenait presque entièrement aux Hamilton, et lui conseillèrent de la tourner. Mais Murray était brave et habitué à ne point reculer devant un danger réel, il ne fit donc que rire d'un péril qu'il regardait comme imaginaire, et suivit hardiment son premier plan, qui était de ne point se déranger de son chemin. En conséquence, comme la rue dans laquelle donnait le balcon de l'archevêque de Saint-André était sur son passage, il s'y engagea, non point marchant rapidement et précédé de gardes qui lui ouvrissent le chemin, comme le lui avaient encore conseillé ses amis, mais s'avançant au pas, retardé

— Eh bien, meurs donc, s'écria Williams Douglas, s'élançant sur son frère l'épée à la main — Page 90.

seigneurs du temps de Jacques Ier. Il était retiré dans les montagnes où il avait trouvé un asile, lorsqu'il apprit que Murray, qui, en vertu de la confiscation prononcée contre les exilés, avait donné ses biens à un de ses favoris, avait eu la cruauté de chasser sa femme malade et alitée de sa propre maison, et cela sans lui donner le temps de s'habiller, et quoiqu'on fût dans les temps froids de l'année. La pauvre femme, au reste, sans asile, sans vêtements, sans pain, était devenue folle, avait erré quelque temps ainsi, objet de pitié, mais en même temps de terreur ; car chacun avait peur de se compromettre en la secourant. Enfin, elle était revenue mourir de misère et de froid au seuil de la porte dont elle avait été chassée.

En apprenant cette nouvelle, Bothwellhaugh, malgré son caractère violent, ne manifesta aucune colère ; seulement il répondit avec un sourire terrible : — C'est bien ; je la vengerai.

Le lendemain, Bothwellhaugh quitta ses montagnes et descendit, déguisé, dans la plaine, muni d'un ordre de l'archevêque de Saint-André, pour qu'on lui ouvrît une maison que ce prélat, qui, ainsi qu'on se le rappelle, avait suivi la fortune de la reine jusqu'au dernier moment, avait à Linlitgow. Cette maison, située dans la rue principale, avait un balcon en bois qui donnait sur la place et une porte qui s'ouvrait sur la campagne. Bothwellhaugh y entra de nuit, se logea au premier, étendit un drap noir sur les murs, pour que son

qu'il était par la grande foule qui encombrait les rues afin de le voir. Arrivé en face du balcon, comme si le hasard eût été d'accord avec le meurtrier, la presse devint si grande, que Murray fut forcé de faire halte un instant : ce repos donna à Bothwellhaugh le temps de l'ajuster à coup posé. Il appuya son arquebuse sur le balcon, et l'ayant visé avec tout le temps et le sang-froid nécessaires, il lâcha le coup. Bothwellhaugh avait mis dans l'arquebuse une telle charge, que la balle, après avoir traversé la poitrine du régent, alla tuer le cheval d'un gentilhomme qui était à sa droite ; Murray tomba aussitôt en disant : — Mon Dieu ! je suis mort.

Comme on avait vu de quelle fenêtre était parti le coup, les gens de la suite du régent s'étaient aussitôt précipités contre la grande porte de la maison qui donnait sur la rue et l'avaient enfoncée ; mais ils étaient arrivés à temps seulement pour voir Bothwellhaugh fuir par la petite porte du jardin sur le cheval qu'il avait préparé : ils remontèrent aussitôt sur leurs chevaux qu'ils avaient laissés dans la rue, et, traversant la maison, ils se mirent à sa poursuite. Bothwellhaugh avait un bon cheval et quelque avance sur ses ennemis ; et cependant, quatre d'entre eux, le pistolet au poing, étaient si bien montés, qu'ils commençaient à gagner sur lui. Alors Bothwellhaugh, voyant que le fouet et les éperons étaient insuffisants, tira son poignard et s'en servit pour aiguillonner son cheval. Son cheval, sous ce stimulant terrible, reprit une nouvelle vigueur, et, franchissant un ravin de dix-huit pieds, mit entre son maître et ceux qui le poursuivaient une barrière que ceux-ci n'osèrent franchir.

Le meurtrier chercha un asile en France, où il se retira sous la protection des Guises. Là, comme le coup hardi qu'il avait tenté lui avait acquis une haute réputation, on lui fit, quelques jours avant la Saint-Barthélemi, des propositions pour assassiner l'amiral de Coligny. Mais Bothwellhaugh repoussa ces ouvertures avec indignation, disant qu'il était le vengeur de ses injures, et non un assassin, et que ceux qui avaient à se plaindre de l'amiral n'avaient qu'à venir lui demander comment il avait fait, et faire comme lui.

Quant à Murray, il était mort dans la nuit qui avait suivi sa blessure, laissant la régence au comte de Lennox, père de Darnley : en apprenant la nouvelle de cette mort, Élisabeth s'était écriée qu'elle perdait son meilleur ami.

Tandis que ces choses se passaient en Écosse, Marie Stuart était toujours prisonnière, malgré les réclamations pressantes et successives de Charles IX et de Henri III. Seulement, effrayée de la tentative qui avait été faite en sa faveur, Élisabeth l'avait fait transporter dans le château de Sheffield, autour duquel de nouvelles patrouilles étaient sans cesse en mouvement.

Cependant les jours, les mois, les années s'écoulaient, et la pauvre Marie, qui avait supporté si impatiemment sa captivité de onze mois au château de Lochleven, était depuis quinze ou seize ans déjà, malgré ses réclamations et celles des ambassadeurs de France et d'Espagne, traînée de prison en prison, lorsqu'elle fut enfin conduite au château de Tutbury et remise sous la garde de sir Amyas Paulett, son dernier geôlier : elle y trouva pour tout logement deux chambres basses et humides, où peu à peu ce qui lui restait de forces s'épuisa tellement, qu'il y avait des jours où elle ne pouvait marcher, à cause des douleurs qu'elle éprouvait dans tous les membres. Ce fut alors que celle qui avait été reine de deux royaumes, qui était née dans un berceau doré et qui avait été élevée dans le velours et dans la soie, fut obligée de s'abaisser à implorer de son geôlier un lit moins dur et des couvertures plus chaudes. Cette demande, traitée en affaire d'État, donna lieu à des négociations qui durèrent un mois, après lequel on accorda enfin à la prisonnière ce qu'elle demandait. Et cependant l'insalubrité, le froid et les privations de tout genre n'agissaient point encore assez activement sur cette organisation saine et robuste. On essaya de faire comprendre à Paulett quel service ce serait rendre à la reine d'Angleterre, que d'abréger l'existence de celle qui, condamnée déjà dans la pensée de sa rivale, tardait tant à mourir. Mais sir Amyas Paulett, tout grossier et dur qu'il était vis-à-vis de Marie Stuart, déclara que, tant qu'elle serait chez lui, elle n'aurait rien à craindre du poison ni du poignard, attendu qu'il goûterait tous les mets qui seraient servis à sa prisonnière, et que nul ne s'approcherait d'elle qu'en sa présence. En effet, des assassins envoyés par Leicester, celui-là même qui un instant avait aspiré à la main de la belle Marie Stuart, furent chassés du château aussitôt que son sévère gardien eut appris dans quelles intentions ils y étaient entrés. Il fallut donc qu'Élisabeth prît patience, en se contentant de tourmenter celle qu'elle ne pouvait pas tuer, et espérant toujours qu'une nouvelle occasion se présenterait de la mettre en jugement. Cette occasion, qui avait tant tardé, la fatale étoile de Marie Stuart l'amena enfin.

Un jeune gentilhomme catholique, dernier reste de cette vieille chevalerie qui déjà commençait à s'éteindre à cette époque, exalté par l'excommunication du pape Pie V, qui déclarait Élisabeth déchue de son royaume sur la terre et de son salut dans le ciel, résolut de rendre la liberté à Marie, que l'on

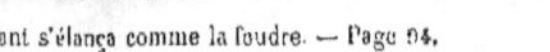

L'enfant s'élança comme la foudre. — Page 94.

Je vous pardonne, mon ami, lui dit Marie, et en preuve voici ma main à baiser. — Page 107.

commençait dès lors à regarder, non plus comme une prisonnière politique, mais comme une martyre de sa foi. En conséquence, bravant la loi qu'avait fait rendre Élisabeth en 1585, et qui portait que, si quelque atteinte à sa personne venait à être méditée par, ou pour une personne *qui se croirait des droits à la couronne d'Angleterre*, il serait nommé une commission composée de vingt-cinq membres, laquelle, à l'exclusion de tout autre tribunal, serait chargée d'examiner le délit et de condamner les coupables, quels qu'ils fussent, Babington, sans être découragé par l'exemple de ses prédécesseurs, réunit cinq de ses amis, zélés catholiques comme lui, qui engagèrent leur vie et leur honneur dans le complot dont il était le chef, et qui avait pour objet d'assassiner Élisabeth, et pour résultat, de placer Marie Stuart sur le trône d'Angleterre. Mais ce projet, si bien conduit qu'il eût été, fut révélé à Walsingham, qui laissa aller les conjurés aussi loin qu'il crut pouvoir le faire sans danger, et qui, la veille du jour fixé pour l'assassinat, les fit arrêter.

Ce fut une grande joie pour Élisabeth que cette tentative imprudente et désespérée, qui, d'après le texte de la loi, mettait enfin les jours de sa rivale entre ses mains. Des ordres furent aussitôt donnés à sir Amyas Paulett de se saisir des papiers de la prisonnière et de la transporter au château de Fotheringay. Le geôlier, alors, se relâchant hypocritement de sa sévérité ordinaire, offrit à Marie Stuart, sous prétexte du besoin qu'elle avait de prendre l'air, de faire une promenade à cheval. La pauvre captive, qui, depuis trois ans, n'avait vu la campagne qu'à travers les barreaux de sa prison, accepta avec joie, et sortit de Tutbury entre deux gardes, montée, pour plus grande sûreté, sur un cheval dont les jambes étaient entravées. Ces deux gardes la conduisirent au château de Fotheringay, sa nouvelle demeure, où elle trouva l'appartement qu'elle devait habiter déjà tout tendu de noir. Marie Stuart venait d'entrer vivante dans son tombeau. Quant à Babington et à ses complices, ils avaient déjà été exécutés.

Pendant ce temps, on arrêtait ses deux secrétaires, Curl et Naw, et l'on saisissait tous ses papiers, que l'on envoyait à Élisabeth, qui, de son côté, donnait ordre aux quarante commissaires de se réunir, et de procéder sans relâche au procès de la prisonnière. Ils arrivèrent à Fotheringay le 14 octobre 1586 ; et s'étant, dès le lendemain, rassemblés dans la grande salle du château, ils commencèrent l'instruction.

Marie refusa d'abord de paraître devant eux, déclarant qu'elle ne reconnaissait point les commissaires pour ses juges, n'étant point ses pairs, et récusant les lois anglaises, dont elle n'avait jamais éprouvé la protection, et qui l'avaient constamment abandonnée à l'empire de la force. Mais, voyant que l'on n'en procédait pas moins et que toute calomnie était admise, personne n'étant là pour la nier, elle se décida à comparaître devant les commissaires. Nous allons rapporter les deux interrogatoires que subit Marie Stuart tels qu'ils sont consignés dans le rapport de M. de Bellièvre à M. de Villeroy. M. de Bellièvre, ainsi que nous le verrons plus tard, avait été envoyé extraordinairement par le roi Henri III à Élisabeth (6).

Étant ladite dame assise au bout de la table de ladite salle et lesdits commissaires autour d'elle.

La reine d'Écosse commença à parler en ces termes :

— Je n'estime point que pas un de vous qui êtes ici assemblés soit mon égal ni mon juge, pour m'examiner sur aucune accusation. Ainsi ce que je fais et vous dis en ce moment est de mon propre et volontaire vouloir, prenant Dieu à témoin que je suis innocente et pure en ma conscience des impositions et calomnies dont on me veut charger. Car je suis princesse libre et née reine, soumise à personne, sinon à Dieu, auquel seul je dois rendre compte de mes actions. C'est pourquoi je proteste derechef, pour que ma comparution devant vous ne me soit pas préjudiciable, ni à moi, ni aux rois, princes et potentats mes alliés, ni à mon fils, et je requiers que ma protestation soit enregistrée, et j'en demande acte.

Alors le chancelier, qui était un des commissaires, répliqua à son tour, et protesta contre la protestation ; puis il commanda que lecture fût faite à la reine d'Écosse de la commission en vertu de laquelle ils agissaient ; commission fondée sur les statuts et la loi du royaume.

Mais alors, Marie Stuart répondit qu'elle protestait derechef ; que lesdits statuts et lois étaient sans force contre elle, attendu que ces statuts et ces lois ne sont point faits pour des personnes de sa condition.

A ceci le chancelier répondit que la commission portait de procéder contre elle, même quand elle refuserait de répondre, et déclara qu'il serait passé outre à la procédure, attendu qu'elle était dans le double cas de la loi, les conjurés ayant non-seulement conspiré pour elle, mais encore de son consentement ; ce à quoi ladite reine d'Écosse répondit qu'elle n'y avait seulement jamais pensé.

Sur ce, on lui lut les lettres que l'on prétendait qu'elle avait écrites au sieur Babington et les réponses de celui-ci.

Marie Stuart affirma alors, qu'elle n'avait jamais vu Babington, qu'elle n'avait jamais eu aucune conférence avec lui, n'en avait de sa vie reçu une seule lettre, et qu'elle défiait personne au monde de soutenir que jamais elle ait fait quoi que ce soit au préjudice ou à l'encontre de ladite reine d'Angleterre ; que d'ailleurs, aussi étroitement gardée comme elle est, hors de toute intelligence, éloignée et privée de ses proches, entourée d'ennemis, dépourvue enfin de tout conseil, elle n'a pas pu participer ni consentir aux pratiques dont on l'accuse ; qu'il y a, au reste, beaucoup de personnes qui lui écrivaient qu'elle ne connaît pas, et qu'elle a reçu quantité de lettres sans savoir d'où elles lui viennent.

Alors on lui lut la confession de Babington ; mais elle répondit qu'elle ne savait ce que l'on voulait dire ; qu'au reste, si Babington et ses complices avaient dit de pareilles choses, c'étaient des hommes lâches, faux et menteurs.

— D'ailleurs, ajouta-t-elle, montrez-moi mon écriture et ma signature, puisque vous dites que j'ai écrit à Babington, et non des copies falsifiées comme celles-ci, que vous avez remplies à votre loisir des faussetés qu'il vous a plu y mettre.

Alors on lui montra la lettre que Babington, disait-on, lui avait écrite. Elle regarda d'un coup d'œil ; puis dit : — Je ne connais aucunement cette lettre. — Sur ce, on lui montra sa réponse, et elle lit encore : — Je ne connais pas davantage cette réponse. Si vous me montrez ma propre lettre et ma propre signature, contenant ce que vous dites, j'acquiescerai à tout ; mais jusqu'à présent, ainsi que je l'ai déjà dit, vous ne m'avez rien produit de digne de foi, sinon des copies que vous avez inventées et augmentées de ce que bon vous a semblé.

A ces mots elle se leva, et avec des larmes plein les yeux :

— Si j'ai jamais, dit-elle, consenti à de telles menées, ayant pour but la mort de ma sœur, je prie Dieu qu'il ne me fasse ni miséricorde ni merci. Je confesse avoir écrit à plusieurs, que j'ai priés pour qu'ils advinssent à la délivrance de mes misérables prisons, où je languis, princesse captive et maltraitée, depuis dix-neuf ans et sept mois ; mais il ne m'est jamais venu, même dans l'esprit, d'écrire ou même de dé-

sirer de telles choses contre la reine. Oui, je confesse encore m'être employée pour la délivrance de quelques catholiques persécutés, et si j'eusse pu, et pouvais encore, avec mon propre sang, les garantir et sauver de leurs peines, je l'eusse fait et le ferais pour eux de tout mon pouvoir, et afin d'empêcher leur destruction.

Alors se retournant vers le secrétaire Walsingham :

— Au reste, mylord, lui dit-elle, du moment où je vous vois ici, je sais d'où part le coup ; vous avez toujours été mon plus grand ennemi et celui de mon fils, et vous avez sollicité tout le monde contre moi et à mon préjudice.

Accusé ainsi en face, Walsingham se leva.

— Madame, répondit-il, je proteste devant Dieu, qui m'en est témoin, que vous vous trompez, et que je n'ai jamais rien fait contre vous qui soit indigne d'un homme de bien, ni comme individu, ni comme personnage public.

C'est tout ce qui fut dit et fait ce jour-là de poursuites jusqu'au lendemain où la reine fut de nouveau contrainte de paraître devant les commissaires.

Et étant assise au bout de la table de ladite salle, et lesdits commissaires à l'entour, elle commença à dire à haute voix :

— Vous n'ignorez pas, mylords et messieurs, que je suis reine souveraine, ointe et sacrée en l'église de Dieu, et ne puis et dois, pour quelque chose que ce soit, être appelée en vos audiences et mandée à votre barre, pour être jugée par la loi et les statuts que vous mettez en avant ; car je suis princesse et libre, et ne dois à nul prince plus qu'il ne me doit, et sur tout ce dont je suis accusée envers madite sœur, je ne puis répondre si vous ne permettez que je sois assistée de mon conseil. Et si vous passez outre, faites ce que vous voudrez ; mais de toutes vos procédures, en réitérant mes protestations, j'appelle devant Dieu, qui est le seul juge juste et vrai, et devant les rois et princes, mes alliés et confédérés.

Cette protestation fut derechef enregistrée, ainsi qu'elle en requit les commissaires.

Alors, on lui dit qu'elle avait en outre écrit plusieurs lettres aux princes de la chrétienté, contre la reine et le royaume d'Angleterre.

— Quant à ceci, répondit Marie Stuart, c'est autre chose, et je ne le nie pas, et si cela était encore à faire, je le ferais ainsi que j'ai fait, pour chercher ma liberté ; car il n'y a ni homme ni femme au monde, de moindre qualité que je ne le suis, qui ne le fissent, et qui n'employassent l'aide et le secours de leurs amis pour sortir d'une captivité aussi dure comme l'était la mienne. Vous me chargez par certaines lettres de Babington : eh bien ! je ne nie pas qu'il m'ait écrit et que je lui aie répondu ; mais si vous trouvez dans mes réponses un seul mot sur la reine, ma sœur, eh bien ! oui, il y aura lieu de me poursuivre. J'ai répondu à celui qui m'a écrit qu'il me mettrait en liberté, que j'acceptais son offre, s'il le pouvait sans nous compromettre ni l'un ni l'autre : voilà tout. — Quant à mes secrétaires, ajouta la reine, ce ne sont point eux, mais les tortures qui ont parlé par leur bouche ; et quant aux confessions de Babington et de ses complices, il n'y a pas grand état à en faire ; car, maintenant qu'ils sont morts, vous en pouvez dire tout ce que bon vous semble : vous croie qui voudra.

A ces mots, la reine refusa de répondre davantage, si on ne lui donnait pas un conseil, et, renouvelant sa protestation, elle se retira dans son appartement ; mais, ainsi que l'en avait menacée le chancelier, l'instruction fut continuée malgré son absence.

Cependant M. de Châteauneuf, ambassadeur de France à Londres, voyait les choses de trop près pour se tromper à leur marche : en conséquence, au premier bruit qui lui revint de la mise en jugement de Marie Stuart, il écrivit au roi Henri III, afin qu'il intervînt en faveur de la prisonnière. Henri III envoya aussitôt à la reine Élisabeth une ambassade extraordinaire, dont M. de Bellièvre était le chef, et en même temps, ayant appris que Jacques VI, fils de Marie, loin de s'intéresser au sort de sa mère, avait répondu au ministre de France, Courcelles, qui lui parlait d'elle : « Je n'y peux rien ; qu'elle boive ce qu'elle a versé, » il lui écrivit la lettre suivante, pour qu'il déterminât le jeune prince à le seconder dans les démarches qu'il allait faire :

21 novembre 1586.

« Courcelles, j'ai reçu votre lettre du 4 d'octobre passé, en laquelle j'ai vu les propos que vous a tenus le roi d'Écosse sur ce que vous lui avez témoigné de la bonne affection que je lui porte, propos par lesquels il a fait démonstration d'avoir tout le désir d'y correspondre entièrement ; mais je voudrais que cette lettre m'eût aussi fait connaître qu'il fût mieux incliné envers la reine sa mère, et qu'il eût le cœur et la volonté de tout disposer de manière à l'assister dans l'affliction où elle se trouve maintenant, considérant que la prison où elle a été injustement détenue depuis dix-huit ans et plus l'a pu induire à prêter l'oreille à beaucoup de choses qui lui ont été proposées pour obtenir sa liberté, chose qui est naturellement désirée de tous les hommes, et plus encore de ceux qui sont nés souverains et pour commander aux autres, lesquels souffrent avec moins de patience d'être retenus ainsi prisonniers. Il doit aussi penser que si la reine d'Angleterre, ma bonne sœur, se laisse aller aux conseils de ceux qui désirent qu'elle se souille du sang de la reine Marie, ce sera chose qui lui tournera à grand déshonneur, d'autant qu'on jugera qu'il aura refusé à sa mère les bons offices qu'il devait lui rendre envers ladite reine d'Angleterre, et qui eussent peut-être été assez suffisants pour l'émouvoir, s'il les eût voulu employer, aussi avant, et aussi vivement que le devoir naturel le lui commandait. D'ailleurs, il y aura à craindre pour lui que, sa mère morte, son tour ne vienne, et qu'on ne pense à en faire autant de lui par quelque façon violente, pour rendre la succession d'Angleterre plus aisée à prendre à ceux qui sont en état de l'avoir, après ladite reine Élisabeth, et non seulement de frustrer ledit roi d'Écosse du droit qu'il y peut prétendre, mais rendre douteux celui-là même qu'il a à sa propre couronne. Je ne sais en quel état pourront être les affaires de madite belle-sœur lorsque vous recevrez cette lettre; mais je vous dirai qu'en tout cas je desire que vous excitiez fort ledit roi d'Écosse, avec les remontrances et toutes autres qui se pourront apporter sur ce sujet, à embrasser la défense et protection de sadite mère, et lui témoigner de ma part que, comme ce sera chose dont il sera grandement loué de tous les autres rois et princes souverains, il doit être assuré qu'en y manquant ce lui sera un grand blâme, et peut-être un notable dommage en son propre particulier. Au surplus, quant à l'état de mes propres affaires, vous saurez que la reine, ma dame et mère, est sur le point de voir bientôt le roi de Navarre, et d'entrer en conférence avec lui sur le fait de la pacification des troubles de ce royaume, à quoi, s'il porte autant de bonne affection que je le fais de mon côté, j'espère que les choses pourront prendre une bonne conclusion, et que mes sujets auront quelque relâche des grands maux et calamités que la guerre leur fait ressentir : suppliant le Créateur, Courcelles, qu'il vous ait en sa sainte garde.

Écrit à Saint-Germain en Laye, le 21e jour de novembre 1586.

» *Signé*, HENRI ;

» *Et plus bas*, BRULART. »

Cette lettre décida enfin Jacques VI à faire une espèce de démonstration en faveur de sa mère : il envoya Gray, Robert Melvil et Queth, auprès de la reine Élisabeth. Mais quoique Londres fût moins éloignée d'Édimbourg que de Paris, ce furent encore les envoyés français qui y précédèrent ceux d'Écosse.

Il est vrai qu'en arrivant à Calais, le 27 de novembre, M. de Bellièvre y avait trouvé un exprès de M. de Châteauneuf, chargé de lui dire de ne pas perdre un instant, lequel, pour aller au-devant de toutes difficultés, avait nolisé un navire qui était tout prêt dans le port. Mais, quelque diligence que ces nobles seigneurs eussent envie de faire, il leur fallut attendre le bon vouloir du vent, qui ne leur permit de se mettre en mer que le vendredi 28, à minuit; encore le lendemain, en arrivant sur les neuf heures à Douvres, étaient-ils tous tellement ébranlés du mal de mer, que force leur fut de demeurer un jour entier dans cette ville pour se remettre, de sorte que ce ne fut que le dimanche 30 que M. de Bellièvre put partir dans le coche que M. de Châteauneuf lui envoyait par M. de Brancaléon, et se mettre en route pour Londres, accompagné des seigneurs de sa suite, qui étaient montés sur des chevaux de poste; mais ne s'étant, pour réparer le temps perdu, reposés que quelques heures en route, ils arrivèrent enfin à Londres le lundi 1er décembre, à midi. M. de Bellièvre envoya aussitôt un des gentilshommes de sa suite, nommé M. de Vi'liers, vers la reine d'Angleterre, qui tenait sa cour au château de Richemont : l'arrêt était déjà secrètement prononcé depuis six jours et soumis au parlement qui en délibérait à huis clos.

Les ambassadeurs français ne pouvaient plus mal prendre leur moment auprès d'Élisabeth; aussi, pour gagner du temps, refusa-t-elle de recevoir M. de Villiers, lui faisant répondre qu'il saurait lui-même le lendemain les causes de ce refus. Effectivement, le lendemain, le bruit se répandit dans la ville de Londres que l'ambassade française était atteinte de contagion, et que, deux des seigneurs qui la composaient étant morts de la peste à Calais, la reine ne pouvait, quelque envie qu'elle eût d'être agréable à Henri III, exposer sa précieuse existence en recevant ses messagers. L'étonnement de M. de Bellièvre fut grand en apprenant cette nouvelle; il protesta que la reine avait été mise dans l'erreur par un faux rapport, et insista pour être reçu. Néanmoins les délais durèrent encore pendant six jours; mais comme les ambassadeurs menaçaient de repartir sans attendre plus longtemps, et qu'à tout prendre, Élisabeth, inquiétée par l'Espagne, tenait à ne pas se brouiller avec la France, elle fit dire le 7 décembre au matin, à M. de Bellièvre, qu'elle était prête à le recevoir dans l'après-dîner au château de Richemont, lui et les seigneurs de sa suite.

A l'heure indiquée, les ambassadeurs de France se présentèrent aux portes du château, et, ayant été introduits auprès de la reine, la trouvèrent assise sur son trône et environnée des seigneurs les plus considérables de son royaume. Alors MM. de Châteauneuf et de Bellièvre,

l'un l'ambassadeur ordinaire et l'autre l'envoyé extraordinaire, l'ayant saluée de la part du roi de France, commencèrent à lui faire les remontrances dont ils étaient chargés. Élisabeth répondit non-seulement dans la même langue française, mais encore dans le plus beau langage qui se parlât à cette époque, et, se laissant emporter à la passion, remonta aux envoyés de son frère Henri que la reine d'Écosse l'avait toujours poursuivie, et que c'était la troisième fois qu'elle avait voulu attenter à sa vie par une infinité de moyens; ce qu'elle avait déjà trop supporté et avec trop de patience, mais que jamais chose ne l'avait si profondément blessée au cœur que la dernière conspiration, cet événement, ajouta-t-elle avec tristesse, lui ayant plus fait pousser de soupirs et verser de larmes que la perte de tous ses parents, d'autant plus que la reine d'Écosse était sa proche parente à elle-même et touchait au roi de France; et comme, dans leurs remontrances, messeigneurs de Châteauneuf et de Bellièvre lui avaient mis en avant plusieurs exemples tirés des histoires, elle reprit, pour leur répondre à cette occasion, le ton pédant qui lui était habituel, et leur dit qu'elle avait beaucoup vu et lu de livres en sa vie, et plus que mille autres de son sexe et de sa qualité n'avaient coutume de faire, mais qu'elle n'avait jamais trouvé en eux un seul exemple d'un acte pareil à celui qu'on avait projeté sur elle, acte poursuivi par une parente, que le roi son frère ne pouvait et ne devait pas soutenir en sa méchanceté, quand c'était, au contraire, un devoir à lui de hâter sa punition qui était une justice ; puis, elle ajouta, s'adressant particulièrement à M. de Bellièvre et en redescendant des hauteurs de son orgueil à un visage gracieux, qu'elle avait grand regret qu'il ne lui fût pas député pour une meilleure occasion ; que dans quelques jours elle ferait réponse au roi Henri, son frère, de la santé duquel elle s'inquiéta avec sollicitude, ainsi que de celle de la reine mère, qui devait éprouver une si grande fatigue de la peine qu'elle prenait à remettre la paix dans le royaume de son fils : et alors, sans vouloir en plus entendre, elle se retira dans sa chambre.

Les envoyés revinrent à Londres où ils attendirent la réponse promise; mais, tandis qu'ils l'attendaient sans qu'elle arrivât, ils apprirent sourdement l'arrêt de mort rendu contre la reine Marie, ce qui les détermina à retourner à Richemont pour faire de nouvelles remontrances à la reine d'Angleterre. Après deux ou trois voyages infructueux, ils furent enfin, le 15 décembre, admis pour la seconde fois en sa présence royale.

La reine ne nia point que l'arrêt eût été rendu, et comme il était facile de voir qu'elle ne comptait pas en cette circonstance user du droit de grâce, M. de Bellièvre, jugeant qu'il n'y avait rien à faire, réclama un sauf-conduit pour retourner près de son roi: Élisabeth le lui promit sous deux ou trois jours.

Le mardi suivant, 17 du même mois de décembre, le parlement ainsi que les principaux seigneurs du royaume furent convoqués au palais de Westminster, et là, en pleine audience et devant tous, fut proclamée et prononcée la sentence de mort contre Marie Stuart: puis, cette même sentence, avec un grand appareil et une grande solennité, fut lue sur les places et dans les carrefours de la ville de Londres, d'où elle se répandit par tout le royaume : et, sur cette proclamation, les cloches sonnèrent pendant vingt-quatre heures, tandis que les ordres les plus sévères étaient donnés à chacun des habitants d'allumer des feux de joie devant sa maison, comme on a coutume de faire en France, la veille de la Saint Jean-Baptiste.

Alors, au milieu de ce bruit de cloches, à la lueur de ces feux de joie, M. de Bellièvre, voulant, pour n'avoir rien à se reprocher, tenter un dernier effort, écrivit à la reine Élisabeth la lettre suivante :

« Madame, nous quittâmes hier votre majesté, nous attendant, comme il vous avait plu de nous le dire, à recevoir sous peu de jours votre réponse touchant la prière que nous vous avons faite de la part de notre bon maître, votre frère, pour la reine d'Écosse, sa belle-sœur et confédérée ; mais comme ce matin nous avons été avertis que le jugement rendu contre ladite reine a été proclamé par la ville de Londres, quoique nous nous promissions autre chose de votre clémence et de l'amitié que vous portez audit seigneur roi, votre bon frère, néanmoins, pour ne rien négliger de ce qui est notre devoir, et croyant en cela servir les intentions du roi, notre maître, nous n'avons pas voulu manquer à vous écrire la présente, par laquelle nous vous supplions derechef, bien humblement, de ne point refuser à sa majesté la prière très-instante et très-affectionnée qu'elle nous a faite, à ce qu'il vous plaise de conserver la vie à ladite dame reine d'Écosse, ce que ledit seigneur roi recevra pour le plus grand plaisir que votre majesté lui saurait faire : comme, au contraire, il ne lui saurait advenir chose qui lui apportât plus de déplaisir, et qui lui touchât plus au cœur, que s'il était usé de rigueur à l'égard de ladite dame reine, étant ce qu'elle lui est : et comme, madame, ledit seigneur roi, notre maître, votre bon frère, lorsque pour cet effet il nous a dépêchés par devers votre majesté, n'a point estimé qu'il fût possible, en aucune sorte, de se résoudre si promptement à une telle exécution, nous vous supplions, madame, très-humblement, avant que de permettre qu'il y soit passé outre, de nous donner quelque temps pendant lequel nous l'avertirons de l'état des affaires de ladite reine d'Écosse, afin qu'avant que votre majesté ne prenne une résolution finale, elle sache ce qu'il plaira à sa majesté très-chrétienne de vous dire et remontrer sur la plus grande affaire qui, de notre mémoire, ait été soumise au jugement des hommes. Le sieur de Saint-Cyr, qui rendra la présente à votre majesté, nous apportera, s'il vous plaît, votre bonne réponse.

Londres, ce 16e jour de décembre 1586.

« *Signé*, DE BELLIÈVRE,

« *Et* DE L'AUBESPINE CHATEAUNEUF. »

Le même jour, le sieur de Saint-Cyr et les autres seigneurs français retournèrent à Richemont pour porter cette lettre; mais la reine ne les voulut point recevoir, s'excusant sur une indisposition, de sorte qu'ils furent forcés de laisser la lettre à Walsingham, son premier secrétaire d'État, lequel leur promit d'envoyer la réponse de la reine le lendemain.

Malgré cette promesse, les seigneurs français attendirent deux jours encore; enfin, le deuxième jour vers le soir, deux gentilshommes anglais vinrent trouver M. de Bellièvre à Londres, et, de vive voix, sans aucune lettre qui confirmât ce qu'ils étaient chargés de dire, ils lui annoncèrent de la part de leur reine, qu'en réponse à la lettre qu'ils lui avaient écrite, et faisant droit au désir qu'ils avaient manifesté d'obtenir pour la condamnée un sursis pendant lequel ils feraient connaître le jugement au roi de France, sa majesté voulait bien accorder douze jours. Comme c'était le dernier mot d'Elisabeth, et qu'il était inutile de perdre son temps à la presser davantage, M. de Genlis fut aussitôt expédié à sa majesté le roi de France, auquel, outre la longue dépêche de MM. de Châteauneuf et de Bellièvre qu'il était chargé de remettre, il devait dire de vive voix ce qu'il avait vu et entendu, relativement aux affaires de la reine Marie, pendant tout le temps qu'il était demeuré en Angleterre.

Henri III répondit à l'instant même une lettre contenant de nouvelles instructions pour MM. de Châteauneuf et de Bellièvre; mais, quelque diligence que pût faire M. de Genlis, il n'arriva à Londres que le quatorzième jour, c'est-à-dire quarante-huit heures après l'expiration du délai accordé; néanmoins, comme le jugement n'avait point encore été mis à exécution, MM. de Bellièvre et de Châteauneuf partirent à l'instant pour le château de Greenwich, situé à une lieue de Londres, et où était la reine faisant les fêtes de Noël, afin de la prier de leur accorder une audience dans laquelle ils pourraient transmettre à sa majesté la réponse de leur roi; mais de quatre ou cinq jours ils ne purent rien obtenir: cependant, comme ils ne se rebutaient point et revenaient sans cesse à la charge, le 6 janvier MM. de Bellièvre et de Châteauneuf furent enfin mandés par la reine.

Ils furent, comme la première fois, introduits avec toutes les formalités d'étiquette en usage à cette époque, et trouvèrent Elisabeth dans sa salle d'audience: les ambassadeurs s'approchèrent d'elle, la saluèrent, et M. de Bellièvre commença de lui adresser avec respect, mais en même temps avec fermeté, les remontrances de son maître. Elisabeth les entendit d'un air d'impatience, en se tourmentant fort sur son fauteuil; puis enfin, ne pouvant plus se contenir, elle éclata, et se levant toute rougissante de colère:

— Monsieur de Bellièvre, dit-elle, avez-vous bien charge du roi mon frère de me tenir un pareil langage? — Oui, madame, répondit en s'inclinant M. de Bellièvre, j'en ai le commandement exprès. — Et vous avez ce commandement écrit de sa main? continua Elisabeth.

— Oui, madame, reprit avec le même calme l'ambassadeur; et le roi mon maître, votre bon frère, m'a expressément chargé, par lettres signées de sa propre main, de faire à votre majesté les remontrances que j'ai eu l'honneur de lui adresser. — Eh bien! s'écria Elisabeth sans plus garder de mesure, je vous demande copie de cette lettre, signée de votre propre main, et songez que vous répondrez de chaque mot que vous y aurez ôté ou ajouté. — Madame, répondit M. de Bellièvre, ce n'est point le propre des rois de France, ni de leurs agents, de falsifier ni lettres ni écrits; vous aurez donc dès demain matin les copies que vous demandez, et je vous réponds sur mon honneur de leur exactitude. — Assez, monsieur, assez! dit la reine, et faisant un signe à tous ceux qui étaient dans la salle de sortir, elle demeura près d'une heure avec MM. de Châteauneuf et de Bellièvre. Nul ne sait ce qui se passa dans cette entrevue, sinon que la reine s'engagea à envoyer un ambassadeur au roi de France, lequel, promit-elle, serait à Paris, sinon avant, du moins en même temps que M. de Bellièvre, porteur de sa résolution suprême sur les affaires de la reine d'Ecosse: alors Elisabeth se retira en laissant comprendre aux envoyés français que toute tentative nouvelle qu'ils feraient pour la revoir serait inutile.

Le 13 janvier, les ambassadeurs reçurent leurs passe-ports et en même temps l'avis qu'un navire de la reine les attendait à Douvres.

Le jour même de leur départ il arriva une étrange aventure; un gentilhomme nommé Stafford, frère de l'ambassadeur d'Elisabeth près le roi de France, se présenta chez M. de Trappes, un des employés de la chancellerie française, lui disant qu'il connaissait un prisonnier pour dettes qui avait une chose de la plus haute importance à lui communiquer, et, pour que celui-ci y mît plus d'empressement, il lui dit que cette chose touchait le service du roi de France, et concernait les affaires de la reine Marie d'Écosse. M. de Trappes, quoique se défiant dès l'abord de cette ouverture, ne voulut point, au cas où ses soupçons le tromperaient, avoir à se reprocher aucune négligence dans une pareille et si pressante occasion. Il se rendit donc avec M. Stafford en la prison où était détenu celui qui voulait s'entretenir avec lui. Lorsqu'il fut en sa présence, le prisonnier lui dit qu'il était écroué pour une dette de cent vingt écus seulement, et que son désir de liberté était si grand, que si M. de Châteauneuf voulait payer pour lui cette somme, il s'engagerait à délivrer la reine d'Ecosse du péril où elle se trouvait, en poignardant Elisabeth: à ce propos, M. de Trappes, qui vit le piège où l'on voulait attirer l'ambassadeur français, s'étonna grandement, et dit qu'il était certain que M. de Châteauneuf trouverait fort mauvaise toute entreprise qui aurait pour but de menacer en quoi que ce soit la vie de la reine Elisabeth ou la tranquillité du royaume: puis, sans vouloir en entendre davantage, il revint vers M. de Châteauneuf et lui raconta ce qui venait de se passer: aussitôt M. de Châteauneuf, qui pénétra la véritable cause de cette ouverture, dit à M. Stafford qu'il trouvait étrange qu'un gentilhomme comme il était se chargeât vis-à-vis d'un autre gentilhomme d'une pareille trahison, et l'invita à l'instant même à sortir de l'ambassade, le priant de n'y jamais remettre les pieds. Alors Stafford se retira, et ayant l'air de se croire un homme perdu, il supplia M. de Trappes de lui permettre de repasser la mer avec lui et les envoyés français; M. de Trappes en référa à M. de Châteauneuf, qui fit aussitôt répondre à M. de Stafford, que non-seulement il lui avait défendu son logis, mais encore toute relation avec aucune personne de l'ambassade, qu'ainsi il devait bien voir que sa demande ne pouvait lui être accordée: il ajouta que s'il n'était retenu par les égards qu'il tenait à garder envers son frère le comte de Stafford, son collègue en ambassade, il dénoncerait sa trahison à l'instant même à Elisabeth. Le même jour Stafford fut arrêté.

Après cette conférence, M. de Trappes était parti pour rejoindre ses compagnons de route, qui avaient pris quelques heures d'avance sur lui, lorsqu'au moment d'arriver à Douvres il fut arrêté à son tour et ramené dans les prisons de Londres. Interrogé le même jour, M. de Trappes raconta franchement ce qui s'était passé, en appelant à M. de Châteauneuf de la vérité de ce qu'il disait.

Le lendemain, un second interrogatoire eut lieu, et son étonnement fut grand, lorsqu'en demandant que celui de la veille lui fût représenté, on lui en montra seulement, selon l'habitude de la justice anglaise, des copies falsifiées dans lesquelles se trouvaient des aveux qui le compromettaient, ainsi que M. de Châteauneuf; il réclama et protesta, refusa de répondre et de signer aucune chose nouvelle, et fut reconduit à la Tour avec un redoublement de précaution qui avait pour but de faire croire à une importante accusation.

Le lendemain, M. de Châteauneuf fut mandé devant la reine, et là fut confronté avec Stafford, qui lui soutint impudemment qu'il avait traité d'un complot avec M. de Trappes et un certain prisonnier pour dettes; complot qui n'allait à rien moins qu'à mettre en danger la vie de la reine. M. de Châteauneuf se défendit avec la chaleur de l'indignation; mais Elisabeth avait trop grand intérêt à ne pas être convaincue pour se rendre même à l'évidence. Elle dit donc à M. de Châteauneuf que son caractère d'ambassadeur l'empêchait seul de faire arrêter comme son complice M. de Trappes; et envoyant aussitôt, comme elle l'avait promis, un ambassadeur au roi Henri III, elle le chargea non point de l'excuser du jugement qui venait d'être rendu et de la mort qui devait bientôt le suivre, mais d'accuser M. de Châteauneuf d'avoir trempé dans un complot dont la découverte seule avait pu la déterminer à consentir à la mort de la reine d'Ecosse, certaine qu'elle était par l'expérience que, tant que son ennemie vivrait, son existence à elle serait menacée à chaque heure.

Le même jour, Elisabeth se hâta de répandre, non-seulement à Londres, mais encore par toute l'Angleterre, le bruit du nouveau péril auquel elle venait d'échapper; de sorte que, lorsque deux jours après le départ des envoyés français, les ambassadeurs d'Ecosse, qui, comme on le voit, n'avaient pas fait grande diligence, arrivèrent, la reine leur répondit que leur demande tombait mal, dans un moment où elle venait d'acquérir la preuve que, tant que Marie Stuart existerait, sa vie, à elle Elisabeth, était en danger. A ces paroles, Robert Melvil voulut répondre; mais Elisabeth s'emporta, disant que c'était lui, Melvil, qui avait donné au roi d'Ecosse le mauvais conseil de s'employer pour sa mère, et que si elle avait un conseiller tel que lui, elle lui ferait trancher la tête. Ce à quoi Melvil répondit: — Qu'au risque de sa vie, il n'épargnerait jamais un bon conseil à son maître, et que celui-là, au contraire, mériterait d'avoir la tête tranchée qui donnerait au fils le conseil de laisser mourir sa mère. — Sur cette réponse, Elisabeth leur ordonna de se retirer, leur disant qu'elle leur ferait savoir sa réponse.

Trois ou quatre jours s'écoulèrent, et comme ils n'entendaient parler de rien, ils demandèrent de nouveau une audience de congé pour savoir la dernière résolution de celle vers laquelle ils étaient envoyés; la reine alors se décida à la leur accorder, et tout se passa, comme avec M. de Bellièvre, en récriminations et en plaintes. Enfin, Elisabeth leur demanda quelle sûreté ils lui donneraient pour sa vie, dans le cas où elle consentirait à faire grâce à la reine d'Ecosse. Les envoyés répondirent qu'ils étaient autorisés à s'engager au nom du roi d'Ecosse, leur maître, et de tous les seigneurs de son royaume, à ce que

Marie Stuart renoncerait, en faveur de son fils, à tous ses droits sur la couronne d'Angleterre, et qu'elle donnerait pour caution de cet engagement le roi de France et tous les princes et seigneurs, ses parents et ses amis.

A cette réponse, la reine, oubliant sa présence d'esprit ordinaire, s'écria : — Que dites-vous là, Melvil ? Ce serait armer mon ennemi de deux droits, tandis qu'il n'en a qu'un.

— Votre majesté regarde donc le roi mon maître comme son ennemi ? répondit Melvil ; il se croyait plus heureux, madame, et pensait être votre allié. — Non, non, dit Élisabeth en rougissant, c'est une manière de parler, et si vous trouvez un moyen de tout concilier, messieurs, pour vous prouver, au contraire, que je tiens le roi Jacques VI pour mon bon et fidèle allié, je suis toute prête à incliner à la clémence ; cherchez donc de votre côté, ajouta-t-elle, tandis que moi je chercherai du mien.

A ces mots, elle sortit de la chambre, et les ambassadeurs se retirèrent, avec la lueur d'espérance qu'elle leur avait laissé entrevoir.

Le même soir, un gentilhomme de la cour vint trouver M. Gray, chef de l'ambassade, comme pour lui faire une visite de convenance, et tout en causant, il lui dit : « Qu'il était bien difficile de concilier la sûreté de la reine Élisabeth avec la vie de sa prisonnière ; que du reste, si grâce était faite à la reine d'Écosse ou son fils arrivassent jamais au trône d'Angleterre, il n'y avait plus aucune sûreté pour les seigneurs commissaires qui avaient voté sa mort ; qu'il n'y avait donc qu'un moyen de tout concilier, c'est que le roi d'Écosse renonçât lui-même à ses prétentions au royaume d'Angleterre ; qu'autrement il n'y avait pas, selon lui, de sûreté pour Élisabeth à sauver la vie de la reine d'Écosse. » M. Gray, le regardant alors fixement, lui demanda si c'était sa souveraine qui l'avait chargé de lui venir tenir ce langage. Ce que le gentilhomme dénia, disant que tout cela était de son chef et par forme d'avis.

Élisabeth reçut une dernière fois les envoyés d'Écosse, et leur dit alors :

« Qu'après avoir bien réfléchi, elle n'avait trouvé aucun moyen de sauver la vie de la reine d'Écosse en assurant la sienne, que par conséquent elle ne pouvait la leur accorder. » A cette déclaration, M. Gray répondit : « Que puisqu'il en était ainsi, il avait, dans ce cas, ordre de la part de son maître, de lui dire qu'ils protestaient, au nom du roi Jacques, que tout ce qui avait été fait contre sa mère était nul, attendu que la reine Élisabeth n'avait aucun droit sur une reine comme elle, et qui lui était égale en rang et en naissance ; qu'en conséquence ils déclaraient qu'aussitôt leur retour et lorsque leur maître saurait de quelle manière avait tourné leur mission, il assemblerait ses états et enverrait des messagers à tous les princes chrétiens, pour aviser avec eux à ce qu'ils pourraient faire, pour venger celle qu'ils n'avaient pu sauver. »

Alors Élisabeth s'emporta de nouveau, disant qu'ils n'avaient certes pas reçu de leur roi mission de lui tenir un pareil langage ; mais eux offrirent alors de donner cette protestation par écrit et signée d'eux ; ce à quoi Élisabeth répondit qu'elle enverrait un ambassadeur qui arrangerait tout cela avec son bon ami et allié le roi d'Écosse. Mais les envoyés dirent alors que leur maître n'entendrait personne avant qu'ils ne fussent revenus. Alors Élisabeth les pria de ne point s'en aller incontinent, attendu qu'elle n'avait pas sur cette affaire pris encore son dernier parti.

Le soir de cette audience, lord Hingley étant venu voir M. Gray, et ayant paru remarquer de beaux pistolets qui venaient d'Italie, M. Gray, aussitôt qu'il fut parti, chargea le cousin de ce seigneur de les lui porter de sa part comme un don. Tout joyeux de cette agréable commission, le jeune homme voulut l'accomplir le même soir, et se rendit au palais de la reine, où demeurait son parent, pour lui remettre le cadeau qu'il était chargé de lui faire. Mais à peine avait-il traversé quelques appartements, qu'il fut arrêté, fouillé, et qu'on trouva sur lui les armes dont il était porteur. Quoiqu'elles ne fussent pas chargées, on l'arrêta aussitôt, seulement on ne le conduisit point à la Tour, et on se contenta de lui donner sa chambre pour prison.

Le lendemain, le bruit se répandit que les ambassadeurs d'Écosse avaient, à leur tour, voulu assassiner la reine, et que des pistolets, donnés par M. Gray lui-même, avaient été trouvés sur le meurtrier.

C'était trop de mauvaise foi pour que les ambassadeurs n'ouvrissent point les yeux. Convaincus, enfin, qu'ils ne pouvaient rien pour la pauvre Marie Stuart, ils l'abandonnèrent à son sort, et partirent le lendemain pour l'Écosse.

A peine furent-ils partis, qu'Élisabeth envoya son secrétaire Davison à sir Amyas Paulett. Il était chargé de le sonder de nouveau à l'égard de la prisonnière ; effrayée malgré elle d'une exécution publique, la reine en était revenue à ses premières idées d'empoisonnement ou d'assassinat ; mais sir Amyas Paulett déclara qu'il ne laisserait entrer personne près de Marie que le bourreau, et encore faudrait-il qu'il fût porteur d'un warrant parfaitement en règle. Davison rapporta cette réponse à Élisabeth, qui, en l'écoutant, frappa plusieurs fois du pied, et lorsqu'il eut fini, incapable de se contenir, s'écria : — Par la mordieu ! voilà un scrupuleux drôle qui fait sonner sans cesse sa fidélité et n'en sait pas donner une preuve !

Alors il fallut bien qu'Élisabeth se décidât ; elle demanda le warrant à Davison, qui le lui présenta, et, oubliant qu'elle était fille d'une reine qui était morte sur l'échafaud, elle le signa sans laisser paraître aucune émotion ; puis, y ayant fait apposer le grand sceau d'Angleterre :

— Allez, dit-elle en riant, annoncer à Walsingham que tout est fini pour la reine Marie ; mais dites-lui cela avec des ménagements, car, comme il est malade, j'aurais peur qu'il n'en mourût de saisissement.

La plaisanterie était d'autant plus atroce, que Walsingham était connu pour l'ennemi le plus acharné de la reine d'Écosse.

Vers le soir du même jour, qui était le samedi, 14, M. Béele, beau-frère de Walsingham, fut mandé au palais. La reine lui remit la sentence de mort, et avec elle un commandement adressé aux comtes de Schwesbury, de Kent, de Rothland, et aux autres seigneurs des environs de Fotheringay, d'assister à son exécution. Béele prit avec lui le bourreau de Londres, qu'Élisabeth avait fait habiller tout en velours noir pour cette grande circonstance, et partit deux heures après avoir reçu son mandat (7).

Cependant, depuis ces deux mois, la reine Marie connaissait l'arrêt des commissaires. Le jour même où il avait été rendu, elle en avait appris la nouvelle par son aumônier, à qui on avait permis de la voir pour cette seule fois. Marie Stuart avait profité de cette visite pour lui remettre trois lettres qu'elle écrivit à l'instant même, l'une au pape Sixte V, l'autre à don Bernard Mendoce, la troisième au duc de Guise.

Voici cette dernière lettre :

4 décembre 1586.

« Mon bon cousin, celui que j'ai le plus cher au monde, je vous dis adieu, étant prête par un injuste jugement d'être mise à mort, et à mort telle que personne de notre race, grâce à Dieu, ni jamais reine, et moins encore une de ma qualité, n'a jamais souffert. Mais, mon bon cousin, louez le Seigneur ; car j'étais inutile en ce monde à la cause de Dieu et de son Église, prisonnière comme je l'étais ; tandis qu'au contraire, j'espère que ma mort témoignera de ma constance en la foi, et de ma disposition à souffrir pour le maintien et la restauration de l'Église catholique en cette île infortunée. Et, bien que jamais bourreau n'ait mis la main en notre sang, n'en ayez honte, mon ami ; car le jugement des hérétiques, qui n'ont nul droit sur moi, reine libre, est profitable devant Dieu aux enfants de son Église. Si j'adhérais, au reste, à ce qu'ils me proposent, je ne souffrirais pas ce coup. Tous ceux de notre maison ont été persécutés par cette secte, témoin votre bon père, par l'intercession duquel j'espère être reçue à merci par le juste juge. Je vous recommande donc mes pauvres serviteurs, la décharge de mes dettes, et de faire fonder quelque obit annuel pour mon ame, non à vos dépens, mais faire la sollicitation et ordonnance, comme vous en serez requis lorsque vous entendrez mon intention par mes pauvres et dévoués serviteurs, qui vont être témoins de ma dernière tragédie. Dieu vous veuille faire prospérer, vous, votre femme, enfants, frères et cousins, et surtout notre chef, mon bon frère et cousin, et tous les siens. La bénédiction de Dieu, et celle que je donnerais à mes enfants, puisse être sur les vôtres, que je ne recommande pas moins à Dieu que mon propre fils, si malfortuné et abusé qu'il soit. Vous recevrez des bagues de moi, qui vous rappelleront de faire prier Dieu pour l'ame de votre pauvre cousine, privée de toute aide et de tout conseil, excepté de celui du Seigneur, qui me donne force et courage de résister seule à tant de loups hurlans après moi. A Dieu en soit la gloire.

» Croyez en particulier à ce qui vous sera dit par une personne qui vous donnera une bague de rubis de ma part ; car je prends sur ma conscience qu'il vous sera dit la vérité de ce que je l'ai chargée, et spécialement en ce qui touche mes pauvres serviteurs et la part d'aucun. Je vous recommande cette personne pour sa simple sincérité et son honnêteté, afin qu'elle puisse être placée en quelque bon lieu. Je l'ai choisie comme la moins partiale, et comme celle qui le plus simplement vous rapportera mes commandements. Qu'on ignore, je vous prie, qu'elle vous ait rien dit en particulier, car l'envie lui pourrait nuire. J'ai beaucoup souffert depuis deux ans et plus, et ne vous l'ai pu faire savoir pour cause importante. Dieu soit loué de tout, et vous donne la grâce de persévérer au service de son Église tant que vous vivrez, et jamais ne puisse cet honneur sortir de notre race, que tant hommes que femmes, soyons prompts à répandre notre sang pour maintenir la querelle de la foi, tous autres respects mondains mis à part. Et quant à moi, je m'estime née du côté paternel et maternel, pour offrir mon sang en icelle, et je n'ai intention de dégénérer. Jésus, crucifié pour nous, et tous les saints martyrs nous rendent par leur intercession dignes de l'offrande volontaire que nous faisons de nos corps à sa gloire ! De Fotheringay, ce jeudi 24 novembre.

» L'on m'avait, pensant me dégrader, fait abattre mon dais, et depuis mon gardien m'est venu offrir d'écrire à leur reine, disant n'avoir fait cet acte par lui-même, mais par l'avis de quelques-uns du conseil. Je leur ai montré, au lieu de mes armes, audit dais, la croix de Notre-Seigneur. Vous entendrez tout ce discours ; ils ont été plus doux depuis.

» Votre affectionnée cousine et parfaite amie,

» MARIE, R. D'ÉCOSSE, D. DE FRANCE. »

A compter de ce jour, où elle avait appris la sentence rendue par ses commissaires, Marie Stuart ne conserva plus aucune espérance ; car, comme elle savait que pour la sauver il lui faudrait la grâce d'Élisabeth, elle se regarda dès lors comme perdue, et ne s'occupa plus que de se préparer à bien mourir. En effet, comme il lui arrivait parfois, par le froid et l'humidité qu'elle avait éprouvés dans ses prisons, de devenir perclue pendant un certain temps de tous ses membres, il lui prit cette crainte d'être ainsi au moment où on viendrait la chercher, ce qui ferait qu'elle ne pourrait marcher résolûment à l'échafaud comme elle comptait le faire. Elle fit donc venir, le samedi 14 février, son médecin Bourgoin, et lui demanda, atteinte, disait-elle, par un pressentiment que sa mort devait être prochaine, ce qu'il fallait faire pour prévenir le retour des douleurs qui la paralysaient. Celui-ci répondit qu'il serait bon pour elle de se purger avec des herbes fraîches. Allez donc, dit la reine, et demandez de ma part à sir Amyas Paulett la permission d'en chercher dans la campagne.

Bourgoin descendit près de sir Amyas qui, souffrant lui-même d'une sciatique, devait comprendre mieux que personne l'urgence des remèdes que demandait la reine. Cependant cette requête, toute simple qu'elle fût, souffrit de grandes difficultés. Sir Amyas répondit qu'il ne pouvait rien faire sans en référer à son compagnon Drury ; mais qu'on pouvait apporter de l'encre et du papier, et que lui, maître Bourgoin, donnerait alors une liste des plantes qu'il lui fallait, et qu'on tâcherait alors de se les procurer. Bourgoin répondit qu'il ne savait pas assez bien l'anglais, et que les apothicaires du village ne savaient pas assez bien le latin, pour qu'il risquât la vie de la reine sur quelque erreur de lui ou des autres. Enfin, après mille hésitations, Paulett permit à Bourgoin de sortir, ce qu'il fit, accompagné de l'apothicaire Gorjon ; de sorte que dès le lendemain la reine put commencer à se médeciner.

Les pressentiments de Marie Stuart ne l'avaient pas trompée : le mardi 17 février, vers deux heures de l'après-midi, les comtes de Kent, de Schwesbury et Béele firent dire à la reine qu'ils désiraient lui parler. La reine répondit qu'elle était couchée et malade ; mais que, si cependant ce qu'ils avaient à lui dire était chose de conséquence, on lui donnât un peu de loisir, et qu'elle se lèverait. Ils lui firent répondre que la communication qu'ils avaient à lui faire n'admettait point de retard, qu'ils la priaient donc de se préparer ; ce que la reine fit aussitôt, et, se levant de son lit et passant une robe de chambre, elle alla s'asseoir près d'une petite table, au même endroit où elle était accoutumée de se tenir une grande partie du jour.

Alors les deux comtes, accompagnés de Béele, d'Amyas Paulett et de Drugeon Drury, entrèrent. Derrière eux venaient, attirés par une curiosité pleine d'angoisse, ses filles les plus chères et ses serviteurs les plus intimes. C'étaient, en femmes, mesdemoiselles Renée de Really, Gilles Maubray, Jeanne Kennedy, Elspeth Curle, Marie Paget et Suzanne Kercady. C'étaient, en hommes, Dominique Bourgoin, son médecin, Pierre Gorjon, son apothicaire, Jacques Gervais, son chirurgien, Annibal Stewart, son valet de chambre, Didier Sifflart, son sommelier, Jean Lauder, son panetier, et Martin Huet, écuyer de sa cuisine.

Alors le comte de Schwesbury, la tête découverte, ainsi que tous ceux qui étaient là, et qui demeurèrent ainsi tant qu'ils restèrent dans la chambre de la reine, commença de dire en anglais, s'adressant à Marie :

—Madame, la reine d'Angleterre, mon auguste maîtresse, m'a envoyé devers vous, avec le comte de Kent, et sir Robert Béele, ici présents, pour vous faire entendre qu'après avoir honorablement procédé à l'enquête du fait dont vous êtes accusée et reconnue coupable, enquête qui a déjà été soumise à votre grâce par lord Burkhurst, et avoir retardé autant qu'il était en elle l'exécution du jugement, elle ne peut plus aujourd'hui résister à l'importunité de ses sujets, qui la pressent, tant est grande et amoureuse leur crainte pour elle, de mettre ce jugement à exécution. A cet effet, nous sommes venus, porteurs d'une commission, et nous vous prions bien humblement, madame, qu'il vous plaise d'en entendre la lecture. — Lisez, mylord, j'écoute, — répondit Marie Stuart avec le plus grand calme. Alors Robert Béele déploya ladite commission, qui était en parchemin, scellée du grand sceau de cire jaune, et lut ce qui suit :

« Élisabeth, par la grâce de Dieu, reine d'Angleterre, France et Irlande, etc., à nos amés et féaux cousins, Georges, comte de Shwesbury, grand maréchal d'Angleterre, Henri, comte de Kent, Henri, comte de Derby, Georges, comte de Cumberland, Henry, comte de Pembrock (8), salut :

» Vu la sentence par nous donnée et autres de notre conseil, noblesse et juges, contre la jadis reine d'Écosse, portant le nom de Marie, fille héritière de Jacques cinquième roi d'Écosse, appelée communément reine d'Écosse et douairière de France, laquelle sentence tous les états de notre royaume assemblés en notre dernier parlement non-seulement conclurent, mais, après mûre délibération, ratifièrent pour être juste et raisonnable ; vu pareillement l'instante prière et requête de nos sujets, nous sollicitant et pressant de procéder à la publication d'icelle, et la passer en exécution à l'encontre de sa personne, selon qu'ils la jugent aussi dûment méritée, ajoutant en cet endroit que la détention d'icelle était et serait journellement un certain et évident dan-

ger, non pas seulement à notre vie, mais aussi à eux-mêmes et à leur postérité, et à l'état public de ce royaume, tant à cause de l'Évangile et de la vraie religion du Christ que pour la paix et tranquillité de cet État, quoiqu'aux temps et délais publics ladite sentence par notre proclamation, et encore que jusqu'à cette heure nous nous soyons abstenue d'octroyer commission pour l'exécuter ; toutefois, pour l'ample satisfaction desdites requêtes faites par les états de notre parlement, par lequel journellement nous entendons que tous nos amés et sujets, tant de la noblesse, conseil qu'aucun des plus sages, grands et devots, voire jusques à ceux d'inférieure condition, avec toute humilité et affection pour le soin qu'ils ont de notre vie, et conséquemment pour la crainte qu'ils ont de la ruine du présent, divin et heureux état du royaume, si nous epargnons la finale exécution, consentant et desirant ladite exécution ; bien que les générales et continuelles requêtes, prières, conseils et avis, fussent en telles choses contraires à notre naturelle inclination ; toutefois, étant convaincue de l'urgent poids de leurs continuelles intercessions, tendantes à la sûreté de notre personne, mais aussi du public et particulier état de notre royaume ; nous avons enfin consenti et souffert que justice prît lieu, et pour l'exécution d'icelle, attendu la singulière confiance que nous avons de votre fidélité et loyauté, ensemble pour l'amour et affection que particulièrement vous avez en notre endroit, à la sauve-garde de notre personne et de notre patrie, de laquelle vous êtes très-nobles et principaux membres ; nous mandons, et, pour décharge d'icelle, nous vous enjoignons, qu'à la présente vue, vous ayez à vous transporter au château de Fotheringuay, là où la jadis reine d'Écosse est, en la garde de notre ami et féal serviteur et conseiller, le seigneur Amyas Paulett, et là, prendre en votre charge, et faire que par votre commandement l'exécution soit faite sur sa personne, en la présence de vous-mêmes et dudit sir Amyas Paulett, et de tous autres officiers de justice que vous commanderez être là : attendant, avons pour cet effet, et icelle exécution faite en telle manière et forme et en tel temps et place et par telles personnes, que vous cinq, quatre, trois ou deux, trouverez expédient par votre discrétion ; nonobstant toutes lois, statuts et ordonnances quelconques, contraires à ces présentes, scellées de notre grand sceau d'Angleterre, qui vous serviront à chacun de vous, et à tous ceux qui seront présents, ou feront par votre commandement aucune chose appartenant à l'exécution susdite pleine et suffisante décharge à tout jamais.

» Fait et donné en notre maison de Greenwich, le premier jour de février (10 février nouveau style), l'année vingt-neuvième de notre règne. »

Marie écouta cette lecture avec le plus grand calme et la plus grande dignité, puis, lorsqu'elle fut achevée, faisant le signe de la croix :

— Soit bienvenue, dit-elle, toute nouvelle qui vient au nom de Dieu ! Merci, Seigneur, de ce que vous daignez mettre un terme à tous les maux que vous m'avez vue souffrir depuis dix-neuf ans et plus. — Madame, dit le comte de Kent, n'ayez point contre nous de mauvais vouloir à cause de votre mort : elle était nécessaire à la tranquillité de l'État et au progrès du nouveau culte — Ainsi, s'écria Marie avec joie, ainsi j'aurai le bonheur de mourir pour la religion de mes pères ; ainsi Dieu daigne m'accorder la gloire du martyre. Merci, mon Dieu, ajouta-t-elle en joignant les mains avec moins d'exaltation mais plus de piété, merci de ce que vous daignez me laire faire une telle fin, dont je n'etais pas digne. Cela, ô mon Dieu ! est bien une preuve que vous m'aimez, et une assurance que vous me recevez au nombre de vos serviteurs ; car, quoique ce jugement m'ait été signifié, j'avais peur, d'après la façon dont on procède envers moi depuis dix-neuf ans, de n'être pas encore aussi près que je le suis d'une si heureuse fin, pouvant penser que votre reine n'oserait porter la main sur moi, qui, par la grâce de Dieu, suis reine comme elle, fille de roi comme elle, sacrée comme elle, sa proche parente, petite-fille du roi Henri septième, et qui ai eu cet honneur d'être reine de France, dont je suis encore douairière ; et cette crainte devait être d'autant plus grande, ajouta-t-elle en étendant la main sur un Nouveau Testament qui était près d'elle sur la petite table, que, je le jure sur ce livre saint, je n'ai jamais poursuivi, consenti ni même desiré la mort de ma sœur la reine d'Angleterre.

— Madame, — répondit le comte de Kent en faisant un pas vers elle et en indiquant du doigt le Nouveau Testament, — ce livre sur lequel vous avez juré n'est point vrai, puisqu'il est la version papiste : en conséquence, votre serment ne peut pas être considéré comme plus véritable que le livre sur lequel il a été fait.

— Mylord, répondit la reine, ce que vous dites là est possible pour vous, mais non pas pour moi, qui sais bien que ce livre est la vraie et fidèle version de la parole du Seigneur, version faite par un docteur très-sage, très-homme de bien, et approuvée par l'Église.

— Madame, reprit le comte de Kent, votre grâce s'est arrêtée à ce qu'on lui a appris et enseigné dans sa jeunesse, sans vous être jamais enquise de ce qui était bon ou mauvais : il n'est donc point étonnant que vous soyez demeurée en votre erreur, faute d'avoir entendu aucune personne qui ait pu vous faire connaître la vérité ; c'est pourquoi, comme votre grâce n'a plus que quelques heures à rester en ce monde, et, par conséquent, n'a point de temps à perdre, avec sa permission, nous ferons venir le doyen de Peterborough, l'homme le plus savant qui existe en matière de religion, lequel, par sa parole, vous préparera

— à votre salut, que vous compromettez, à notre grande douleur et à celle de notre auguste reine, par toutes les folies papistiques, abominations et sottises d'enfants, qui écartent les catholiques de la sainte parole de Dieu et de la connaissance de la vérité.

— Vous êtes dans l'erreur, mylord, répondit doucement la reine, si vous avez cru que j'aie grandi insouciante dans la foi de mes pères, et sans m'occuper sérieusement d'une chose aussi importante que la religion. J'ai, au contraire, passé ma vie avec des hommes doctes et savants qui m'ont appris sur ce point ce qu'il fallait apprendre, et je me suis nourrie de la lecture de leurs œuvres, depuis que les moyens d'entendre leur parole m'ont été ôtés. Or, n'ayant jamais douté pendant ma vie, ce n'est point à l'heure de ma mort que le doute me viendra. Et voilà monsieur le comte de Schwesbury, ici présent, qui vous dira que, lors de mon arrivée en Angleterre, j'ai pendant tout un carême, ce dont je me repens, entendu vos plus savants docteurs, sans que leurs arguments aient fait aucune impression sur mon esprit. Ce serait donc inutilement, mylord, ajouta-t-elle en souriant, que vous rappelleriez près d'une endurcie comme moi le doyen de Peterborough, si savant qu'il soit. La seule chose que je vous demande en échange, mylord, et dont je vous serai reconnaissante au delà de toute expression, c'est que vous m'envoyiez mon aumônier, que vous tenez renfermé dans cette maison, pour me consoler et me préparer à la mort, ou, à son défaut, un autre prêtre, quel qu'il soit, fût-ce un pauvre curé, d'un pauvre village, n'étant pas plus difficile que Dieu, et ne demandant point qu'il ait la science, pourvu qu'il ait la foi.

— C'est avec regret, madame, reprit le comte de Kent, que je me vois forcé de refuser cette demande à votre grâce; mais ce serait contre notre religion et notre conscience, et nous serions coupables de le faire; c'est pourquoi nous vous offrons de nouveau le vénérable doyen de Peterborough, certains que votre grâce trouvera plus de consolation et de contentement en lui qu'en aucun évêque, prêtre ou vicaire de la religion catholique.

— Merci, mylord, dit encore la reine; mais je n'ai que faire de lui, et comme j'ai la conscience pure du crime pour lequel je vais mourir, avec l'aide de Dieu, le martyre me tiendra lieu de confession. Et maintenant, je vous rappellerai, mylord, ce que vous m'avez dit vous-même, que j'avais peu d'heures à vivre: or, ce peu d'heures, pour m'être profitables, veulent être passées dans les prières et les méditations, et non dans de vaines disputes.

A ces mots, elle se leva, et saluant les comtes sir Robert Béele, Amyas et Drury, elle indiqua, par un geste plein de dignité, qu'elle désirait être seule et tranquille; puis, comme ils s'apprêtaient à sortir:

— A propos, mylords, dit-elle, pour quelle heure me dois-je préparer à mourir? — Pour demain vers les huit heures, madame, répondit en bégayant le comte de Schwesbury. — C'est bien, dit Marie; mais n'avez-vous point quelque réponse à me faire dire, de la part de ma sœur Elisabeth, relativement à une lettre que je lui ai écrite il y a environ un mois? — Et de quoi traitait cette lettre, s'il vous plaît, madame? demanda le comte de Kent. — De mon enterrement et de mes funérailles, mylord: j'avais demandé d'être inhumée en France, en l'église cathédrale de Reims, près de la feue reine ma mère. — Cela ne se peut faire, madame, répondit le comte de Kent; mais ne vous mettez point en peine de tous ces détails, la reine, mon auguste maîtresse, y pourvoira comme il convient. Votre grâce a-t-elle autre chose à nous demander? — Je voudrais encore savoir, dit Marie, s'il sera permis à mes serviteurs de s'en retourner chacun dans son pays, avec le peu que je leur pourrai donner; ce qui ne sera guère, dans tous les cas, pour les longs services qu'ils m'ont faits et la longue détention qu'ils ont soufferte à cause de moi. — Nous n'avons point commission de répondre à cela, madame, dit le comte de Kent; mais nous pensons qu'on donnera ordre à ceci comme au reste, selon votre volonté. Est-ce tout ce que votre grâce avait à nous dire? — Oui, mylord, répondit la reine en saluant une seconde fois, et maintenant vous pouvez vous retirer. — Un instant, mylords; au nom du ciel, s'écria le vieux médecin en quittant les rangs des serviteurs et en se jetant aux genoux des deux comtes. — Que voulez-vous? demanda lord Schwesbury. — Vous remontrer, mylords, répondit en pleurant le vieux Bourgoin, que c'est un temps bien court que celui que vous avez accordé à la reine pour une si grande affaire que celle de la vie. Considérez, mylords, quel rang et quel grade celle que vous avez condamnée a tenus parmi les princes de la terre, et réfléchissez s'il est bon et convenable de la traiter comme une condamnée vulgaire et de médiocre état. Et si ce n'est pas pour cette noble reine, mylords, que ce soit pour nous, pauvres serviteurs, qui, ayant eu l'honneur de vivre si longtemps près d'elle, ne pouvons pas nous en séparer ainsi si vite et sans préparations. D'ailleurs, mylords, songez-y, une femme de son état et de sa condition doit avoir quelque temps devant elle pour régler ses affaires dernières. Et que deviendra-t-il d'elle, et de nous, mon Dieu! si avant de mourir, notre maîtresse n'a point le temps de régulariser son douaire et ses comptes, et de mettre de l'ordre dans ses papiers et ses titres? Elle a des services à rémunérer et des offices de piété à faire. Il faut qu'elle néglige les uns ou les autres. Or, nous savons qu'elle ne s'occupera que de nous, et, par ainsi, mylords, negligera son propre salut. Accordez-lui donc quelques jours de plus, mylords; et comme notre maîtresse est trop fière pour vous demander une pareille grâce, c'est moi qui vous la demande en notre nom à tous, et vous supplie de ne point refuser à de pauvres serviteurs une demande que votre auguste reine ne leur refuserait certainement pas, s'ils avaient le bonheur de la pouvoir déposer à ses pieds. — Est-il donc vrai, madame, demanda sir Richard Béele, que vous n'ayez point encore fait de testament? — Non, monsieur, répondit la reine. — En ce cas, mylords, dit sir Robert Béele en se tournant vers les deux comtes, il serait peut-être bon de surseoir d'un jour ou deux. — Impossible, monsieur, répondit le comte de Schwesbury, l'heure est fixée, et nous ne pouvons rien changer, pas même une minute, à cette heure. — Assez, Bourgoin, assez, dit la reine; relevez-vous, je vous l'ordonne.

Bourgoin obéit, et le comte de Schwesbury se tournant vers sir Amyas Paulett, qui était derrière lui: — Seigneur Amyas, lui dit-il, nous remettons cette dame entre vos mains; vous vous en chargerez, et la tiendrez en bonne garde jusqu'à notre retour.

A ces mots, il sortit, suivi du comte de Kent, de sir Robert Béele, d'Amyas Paulett et de Drury, et la reine resta seule avec ses serviteurs (9).

Alors se retournant vers ses femmes avec un visage aussi serein que si l'événement qui venait de lui arriver était de peu d'importance: — Eh bien! Jeanne, dit-elle, en s'adressant à Kennedy, ne vous avais-je pas toujours prévenue, et ne savais-je pas bien qu'ils avaient au fond du cœur envie de faire ce qu'ils ont fait, et que je voyais bien par toutes leurs procédures le but où ils tendaient, et que je savais bien que je leur étais dans leur fausse religion un trop grand obstacle pour qu'ils me laissassent vivre? Allons, continua-t-elle, maintenant, que l'on hâte le souper, afin que je mette ordre à mes affaires. — Puis, voyant qu'au lieu de lui obéir, ses serviteurs pleuraient et se lamentaient: — Mes enfants, leur dit-elle avec un sourire triste, mais sans qu'aucune larme lui vînt aux yeux, ce n'est point le moment de pleurer; bien au contraire; car, si vous m'aimez, vous devez être joyeux de ce que le Seigneur, en me faisant mourir pour sa cause, m'enlève aux tortures que je souffre depuis dix-neuf ans. Quant à moi, je le remercie de me faire mourir pour la gloire de sa religion et de son Église. Donc, que chacun prenne patience, et tandis que les hommes prépareront le souper, nous autres femmes, nous prierons Dieu.

Aussitôt les hommes sortirent en pleurant et en sanglotant, et la reine et ses filles se mirent à genoux. Lorsqu'elles eurent dit plusieurs prières, Marie se releva, et, se faisant apporter tout ce qui lui restait d'argent, elle le compta et en fit différentes parts qu'elle mit dans des bourses, avec le nom de la personne à qui elles étaient destinées, écrit de sa main, et qu'elle déposa avec l'argent.

En ce moment, le souper étant servi, elle se mit à table avec ses femmes comme elle avait l'habitude de le faire, les autres serviteurs se tenant debout ou allant et venant, son médecin la servant à table comme il était accoutumé de faire depuis qu'on lui avait ôté son maître d'hôtel. Elle ne mangea ni plus ni moins que d'habitude, parlant, pendant tout le souper, du comte de Kent, et de quelle manière il s'était trahi à l'endroit de la religion, par son insistance à vouloir donner à la reine un pasteur au lieu d'un prêtre. — Heureusement, ajouta-t-elle en riant, qu'il eût fallu un plus habile que lui pour me faire changer. — Pendant ce temps Bourgoin pleurait derrière la reine, car il songeait que c'était la dernière fois qu'il la servait, et que celle qui mangeait, parlait et riait ainsi, le lendemain à la même heure ne serait plus qu'un cadavre froid et insensible.

A la fin du repas, la reine fit venir tous ses serviteurs; puis, avant que rien fût levé de la table, elle se versa une coupe de vin, elle se leva, et but à leur santé, leur demandant si eux ne voulaient pas boire à son salut. Alors elle leur fit donner, à tous, des verres; tous se mirent à genoux, et tous, dit la relation à laquelle nous empruntons ces détails, burent, mêlant leurs larmes au vin, et demandant pardon à la reine pour les offenses qu'ils pouvaient lui avoir faites. La reine le leur accorda de grand cœur, et leur demanda d'en faire autant pour elle, et d'oublier ses impatiences, qu'elle les pria de mettre sur le compte de sa captivité. Puis, après leur avoir fait un long discours dans lequel elle leur expliquait leurs devoirs envers Dieu et les exhortait à persévérer dans la foi catholique, elle les invita, lorsqu'elle serait morte, à vivre ensemble en paix et en charité, oubliant toutes les petites querelles et discussions qu'ils avaient eues ensemble par le passé.

Ce discours terminé, la reine se leva de table, et voulut descendre dans sa garde-robe, pour voir les habits et les bijoux dont elle pouvait disposer; mais Bourgoin lui fit observer que mieux valait qu'on lui apportât tous ces différents objets dans sa chambre même; que cela aurait un double avantage, qu'elle en serait moins fatiguée d'abord, et qu'ensuite les Anglais ne les verraient pas. Cette dernière raison la détermina, et tandis que les serviteurs soupaient, elle se fit apporter dans l'antichambre d'abord toutes ses robes, en prit l'inventaire des mains de son valet de garde-robe, et commença d'écrire en marge de chaque objet le nom de la personne à laquelle il était destiné. Aussitôt, et à mesure, la personne à qui elle faisait le don le prenait et le mettait à part. Quant aux choses qui lui étaient trop personnelles pour être données ainsi, elle ordonna qu'elles fussent vendues, afin que leur prix servît aux dépenses du voyage de ses serviteurs, quand ils s'en retourneraient chacun dans son pays, sachant bien que les frais étaient grands et que nul n'avait d'argent pour y subvenir. Ce mémoire achevé elle le signa de sa main, et le remit, en signe de décharge, à son valet de garde-robe.

Puis, cela fait, elle entra dans sa chambre où l'on avait apporté ses bagues, ses joyaux et ses meubles les plus précieux ; les visita tous les uns après les autres, jusqu'à ceux de moindre valeur, et les distribua comme elle avait fait de ses robes ; de sorte que, tant présent qu'absent, chacun eut quelque chose. Alors elle donna en outre, et à ses plus fidèles, les bijoux qu'elle destinait au roi et à la reine de France, au roi son fils, à la reine-mère, à MM. de Guise et de Lorraine, sans oublier dans cette distribution aucun prince ni aucune princesse de ses parents. En outre, elle voulut que chacun conservât les objets qui étaient sous sa garde, donnant son linge à la demoiselle qui le soignait, ses ouvrages de soie à celle qui en avait la charge, sa vaisselle d'argent à son sommelier, et ainsi des autres. Puis, comme ils lui en demandaient décharge : — C'est inutile, leur dit-elle ; vous n'en deviez compte qu'à moi, et demain, par conséquent, vous n'en devrez plus compte à personne ; puis, comme ils lui firent observer que le roi son fils pourrait les réclamer : — C'est juste, dit-elle ; — et elle leur donna ce qu'ils demandaient.

Cela fait, et n'ayant plus aucun espoir d'être visitée par son confesseur, elle lui écrivit cette lettre :

« J'ai été tourmentée tout ce jour à cause de ma religion et sollicitée de recevoir les consolations d'un hérétique : vous apprendrez, par Bourgoin et par les autres, que tout ce qu'on a pu me dire à ce sujet a été inutile, que j'ai fait fidèlement protestation de la foi dans laquelle je veux mourir. J'ai demandé qu'on vous permît de recevoir ma confession et de me donner le sacrement, ce qu'on m'a cruellement refusé, aussi bien que le transport de mon corps et le pouvoir de tester librement ; de sorte que je ne puis rien écrire que par leurs mains, et sous le bon plaisir de leur maîtresse. Faute donc de vous voir, je vous confesse mes péchés en général, comme je l'eusse fait en particulier, vous priant, au nom de Dieu, de prier et de veiller cette nuit avec moi, pour la satisfaction de mes péchés, et de m'envoyer votre absolution et pardon de toutes les offenses que je vous ai faites. J'essaierai de vous voir en leur présence, comme ils l'ont accordé à mon maître d'hôtel, et s'il m'est permis, devant tous et à genoux, je demanderai votre bénédiction. Envoyez-moi les meilleures prières que vous connaissiez pour cette nuit et pour demain matin ; car le temps est court, et je n'ai pas le loisir d'écrire ; mais soyez tranquille, je vous recommanderai comme le reste de mes serviteurs, et surtout vos bénéfices vous seront assurés. Adieu ; car je n'ai pas un plus long loisir. Faites-moi passer par écrit tout ce que vous pourrez trouver, en prières et en exhortations, de meilleur pour mon salut. Je vous envoie ma dernière petite bague. »

Aussitôt cette lettre écrite, la reine commença son testament (10), et tout d'un trait, au courant de la plume, et presque sans la soulever du papier, elle écrivit deux grands feuillets contenant plusieurs articles, dans lesquels aucun n'était oublié, présent comme absent, distribuant le peu qu'elle avait avec une scrupuleuse équité, et plus encore selon les besoins que selon les services. Les exécuteurs testamentaires qu'elle choisit furent : M. le duc de Guise, son cousin germain, l'archevêque de Glascow, son ambassadeur, l'évêque de Ross, son grand aumônier, et M. du Ruysseau, son chancelier, tous quatre certes bien dignes de la charge qu'ils recevaient, le premier par son autorité, les deux évêques pour la piété et la conscience, et le dernier pour sa connaissance des affaires.

Son testament achevé, elle écrivit cette lettre au roi de France :

« Monsieur mon beau-frère,

» Étant par la permission de Dieu et pour mes péchés, je crois, venue me jeter entre les bras de cette reine, ma cousine, où j'ai eu beaucoup d'ennuis, depuis plus de vingt ans, je suis enfin par elle et par ses états condamnée à la mort ; et ayant demandé mes papiers, ôtés par eux, pour faire mon testament, je n'en ai rien pu retirer qui me servît, pas même la permission d'écrire librement mes dernières volontés, ni congé qu'après ma mort mon corps fût transporté, comme l'était mon bien cher désir, dans votre royaume, où j'ai eu cet honneur d'être reine, votre sœur et votre alliée. Ce jourd'hui, après dîner, m'a été dénoncée, sans plus de respect, ma sentence, pour être exécutée demain, comme une criminelle, à huit heures du matin. Je n'ai pas loisir de vous faire un ample récit de ce qui s'est passé ; mais, s'il vous plaît de croire mon médecin, et ces autres miens désolés serviteurs, vous entendrez la vérité, et que grâce à Dieu, je méprise la mort, que je proteste recevoir, innocente de tout crime, quand bien même je serais leur sujette, ce que

La pauvre femme sans asile, sans vêtements, sans pain, était devenue folle, avait erré quelque temps ainsi.
Page 96.

je ne fus jamais. Au reste, ma foi dans la religion catholique et mes droits à la couronne d'Angleterre sont les causes réelles de ma condamnation, et cependant ils ne veulent point me permettre de dire que c'est pour la religion que je meurs, car ma religion tue la leur ; et cela est si vrai, qu'ils m'ont ôté mon aumônier, qui, quoique prisonnier dans le même château, ne peut venir ni me consoler, ni me donner le saint-sacrement de l'eucharistie, mais, au contraire, m'ont fait de grandes instances pour que je reçusse les consolations de leur ministre, qu'ils avaient amené à ce sujet. Celui qui vous portera cette lettre, et le reste de mes serviteurs, qui sont pour la plupart de vos sujets, vous témoigneront de la manière dont j'aurai accompli mon dernier acte. Maintenant il me reste à vous supplier, comme roi très-chrétien, comme mon beau-frère, comme mon ancien allié, et qui m'avez si souvent fait l'honneur de protester de votre amitié pour moi, de faire preuve de cette amitié, par votre vertu et par votre charité, en me soulageant de ce dont je ne puis sans vous décharger ma conscience, c'est-à-dire de récompenser mes bons serviteurs désolés, leur laissant leurs gages; puis, encore en faisant prier Dieu pour une reine qui a été nommée très-chrétienne, et qui meurt catholique et privée de tous ses biens. Quant à mon fils, je vous le recommande autant qu'il le méritera, car je n'en puis répondre; mais, pour mes serviteurs, je vous les recommande à mains jointes. J'ai pris la hardiesse de vous envoyer deux pierres rares pour la santé, vous la désirant parfaite et heureuse pendant une longue vie; vous les recevrez comme de votre très-affectionnée belle-sœur, mourante et vous rendant témoignage de son bon cœur envers vous.

» Je vous recommanderai mes serviteurs par un mémoire et vous ordonnerez, pour le bien de mon âme, au salut duquel il sera employé, qu'on me paye une partie de ce que vous me devez, s'il vous plaît, et je vous en conjure l'honneur de Jésus, lequel je prierai demain à ma mort pour que vous me laissiez de quoi fonder un obit et faire les aumônes requises.

» Ce mercredi, 2 heures après minuit.

» Votre affectionnée et bonne sœur,

» MARIE, R… »

Et de toutes ces recommandations, testament et lettres, la reine fit aussitôt faire des copies, qu'elle signa, afin que, si les unes étaient prises par les Anglais, les autres arrivassent à leur destination. Bourgoin lui fit alors observer qu'elle avait tort de se tant presser pour les clore, et qu'il serait possible que dans deux ou trois heures elle se souvînt d'avoir omis quelque chose. Mais la reine ne tint compte de cette observation, disant qu'elle était certaine de n'avoir rien oublié, et qu'eût-elle oublié quelque chose, elle n'avait plus d'autre loisir à cette heure que de prier Dieu et de songer à sa conscience. Elle enferma donc tous ces différents objets dans les tiroirs d'un meuble, dont elle remit la clef à Bourgoin; puis, s'étant fait apporter un bain de pieds, où elle demeura dix minutes à peu près, elle se coucha dans son lit, où l'on ne s'aperçut pas qu'elle dormît, mais où on la vit constamment réciter des prières ou demeurer en contemplation.

Vers les quatre heures du matin, la reine, qui avait l'habitude de se faire lire, à la suite de ses prières du soir, l'histoire de quelque saint ou sainte, ne voulut pas déroger à cette habitude, et après avoir hésité entre plusieurs pour cette occasion solennelle, elle choisit le plus grand pécheur de tous, c'est-à-dire le bon Larron, disant avec humilité : —

Si grand pécheur qu'il a été, il a encore moins péché que moi; je veux donc le prier, en souvenance et mémoire de la passion de Jésus-Christ, qu'il ait pitié de moi à l'heure de ma mort, comme Notre-Seigneur a eu pitié de lui. — Puis, la lecture achevée, elle fit apporter tous ses mouchoirs, et choisit le plus beau, qui était de fine batiste toute brodée d'or pour se bander les yeux.

Au point du jour, songeant qu'elle n'avait plus que deux heures à vivre, elle se leva et commença de s'habiller; mais, avant qu'elle eût pris tous ses vêtemens, Bourgoin entra dans sa chambre, et, craignant que les serviteurs absents ne murmurassent contre la reine, si d'aventure ils étaient mécontents du testament, et n'accusassent ceux qui étaient présents d'avoir retiré sur leur part pour ajouter à la leur, il supplia Marie de les envoyer chercher tous, et de le lire en leur présence; ce que Marie trouva bon et accorda à l'instant.

On fit alors venir tous les serviteurs, et la reine lut le testament, disant que c'était sa volonté libre, pleine et entière, écrite et signée de sa propre main; et qu'en conséquence, elle priait les assistants d'aider de tout leur pouvoir à ce qu'il fût accompli sans aucune omission ni changement : puis, cette lecture faite et ayant reçu la promesse de tous, elle le remit à Bourgoin, le chargeant de le faire tenir à M. de Guise, son principal exécuteur testamentaire, et en même temps ses lettres au roi et ses principaux papiers et mémoires : puis, se faisant apporter la cassette où elle avait mis les bourses dont nous avons parlé plus haut, elle les ouvrit les unes après les autres; et, voyant par le billet qu'elle y avait enfermé à qui chacune était destinée, elle les distribua de sa main, aucun de ceux qui les recevaient ne sachant leur contenu. Au reste, ces dons variaient de vingt écus à trois cents, aucun n'étant plus haut, mais aucun non plus n'étant plus bas. A ces sommes elle ajouta sept cents livres pour donner aux pauvres : à savoir, deux cents à ceux d'Angleterre, et cinq cents à ceux de France; puis, à chaque homme de sa suite, deux nobles à la rose pour être distribués en aumônes à son intention, et enfin cent cinquante écus à Bourgoin, pour être partagés entre tous au moment où ils se sépareraient; et ainsi vingt-six ou vingt-sept personnes eurent des legs en argent.

La reine accomplit toutes ces choses avec un grand calme et une grande sérénité, et sans qu'on remarquât aucun changement sur son visage; si bien qu'il semblait qu'elle se préparât seulement à un voyage ou à un changement de demeure; puis elle prit de nouveau congé de ses serviteurs, les consolant et leur recommandant de vivre en paix, tout cela en achevant de s'habiller du mieux et le plus coquettement qu'elle pouvait.

Sa toilette terminée, la reine passa de son salon dans son anti-

Elle les distribua de sa main, aucun de ceux qui les recevait ne sachant leur contenu. — Page 105.

chambre, où était un autel dressé et couvert, devant lequel, avant qu'il ne lui fût ôté, son aumônier avait coutume de dire la messe ; et s'agenouillant sur les marches, tandis que tous ses serviteurs l'entouraient, elle commença les prières de la communion, et lorsqu'elles furent dites, tirant d'une boîte d'or une hostie consacrée par le pape Pie V, et qu'elle avait toujours précieusement conservée pour l'occasion de sa mort, elle dit à Bourgoin de la prendre, et, comme il était le doyen par l'âge, de remplacer le prêtre, la vieillesse étant chose sainte et sacrée ; et de cette façon, malgré toutes les précautions prises pour l'en priver, la reine reçut le saint-sacrement de l'eucharistie.

Cette pieuse cérémonie terminée, Bourgoin dit à la reine qu'elle avait oublié sur son testament trois personnes, qui étaient mesdemoiselles Beauregard, mademoiselle de Montbrun, et son aumônier. La reine s'étonna fort de cet oubli, qui était tout à fait involontaire, et, reprenant son testament, elle écrivit sa volonté à leur égard sur la première marge vide ; puis elle se remit à genoux et en prières : mais au bout d'un instant, comme elle souffrait trop en cette position, elle se releva, et Bourgoin lui ayant fait apporter un peu de pain et de vin, elle but et mangea, et lorsqu'elle eut fini, lui tendit la main et le remercia de l'avoir assistée en son dernier repas, comme il avait l'habitude de le faire. Puis, ayant repris quelques forces, elle se remit à genoux pour prier de nouveau.

Elle y était à peine, que l'on heurta à la porte : la reine comprit ce que l'on demandait d'elle ; mais, comme elle n'avait point terminé ses prières, elle pria ceux qui venaient la chercher d'attendre un instant, et que dans quelques minutes elle serait prête. Alors le comte de Kent et de Schwesbury, se souvenant de la résistance qu'elle avait faite lorsqu'il lui avait fallu descendre en face des commissaires et paraître devant les avocats, firent monter quelques gardes dans l'antichambre où ils attendaient eux-mêmes, afin de l'enlever de force si cela était nécessaire, soit qu'elle refusât de venir de bonne volonté, soit que ses serviteurs la voulussent défendre ; mais il n'est point vrai que les deux barons entrèrent dans sa chambre, comme quelques-uns l'ont dit. Ils n'y mirent le pied qu'une seule fois, et ce fut dans l'occasion que nous avons rapportée, et lorsqu'ils vinrent lui signifier sa sentence.

Néanmoins ils attendirent quelques minutes, comme les en avait priés la reine ; puis, vers huit heures, ils vinrent heurter de nouveau, accompagnés des gardes ; mais, à leur grand étonnement, on leur ouvrit aussitôt, et ils trouvèrent Marie agenouillée et en prières ; alors sir Thomas Andrew, qui était pour le moment shérif de la comté de Northampton, entra seul, un bâton blanc à la main, et comme tous restaient à genoux et priant, il traversa d'un pas lent toute la salle et s'arrêta debout derrière la reine : là il attendit un instant, et comme Marie Stuart semblait ne pas le voir : — Madame, lui dit-il, les seigneurs m'ont envoyé vers vous.

A ces mots, la reine se retourna, et se levant aussitôt au milieu de sa prière : — Allons, répondit-elle, — et elle s'apprêta à le suivre ; alors Bourgoin, prenant la croix de bois noir avec un christ d'ivoire qui était au-dessus de l'autel :

— Madame, lui dit-il, ne vous plairait-il pas d'emporter cette petite croix ? — Merci de m'en avoir fait souvenir, répondit Marie : c'était mon intention, mais je l'avais oublié. — Alors, la donnant à Annibal Stewart, son valet de chambre, pour qu'il la lui présentât quand elle la lui demanderait, elle commença de s'acheminer vers la porte, s'appuyant d'un côté, à cause des grandes douleurs qu'elle avait dans les jambes, sur Bourgoin, qui, en s'approchant de la porte, l'abandonna tout à coup, en disant : — Madame, votre majesté sait si nous l'aimons, et tous, tant que nous voilà, sommes disposés à lui obéir, nous ordonnât-elle de mourir pour elle ; mais moi, jô n'ai pas la force de vous mener plus loin ; d'ailleurs, il n'est point convenable que nous, qui devrions vous défendre jusqu'à la dernière goutte de notre sang, nous semblions vous trahir en vous remettant ainsi aux mains de ces infâmes Anglais. — Vous avez raison, Bourgoin, dit la reine ; d'ailleurs ce serait un triste spectacle pour vous que celui de ma mort, et que je dois épargner à votre âge et à votre amitié. Monsieur le shérif, ajouta-t-elle, appelez quelqu'un pour me soutenir, car vous voyez que je ne puis marcher.

Le shérif s'inclina et fit signe aux deux gardes, qu'il avait fait cacher derrière la porte pour lui prêter main-forte dans le cas où la reine résisterait, de s'approcher et de la soutenir ; ce qu'ils firent à l'instant même ; et Marie Stuart continua sa route, précédée et suivie de ses serviteurs pleurant et se tordant les bras. Mais, à la seconde porte, d'autres gardes les arrêtèrent, disant qu'il ne leur était pas permis d'aller plus loin. Alors tous se récrièrent contre une pareille défense, disant aux gardes que, depuis dix-neuf ans qu'ils étaient enfermés

avec la reine, ils l'avaient sans cesse accompagnée partout où elle allait ; qu'il était affreux de priver leur maitresse de leur service à son dernier moment, et qu'un ordre pareil n'avait sans doute été donné que parce qu'on voulait exercer sur elle quelque infâme cruauté, dont on désirait qu'ils ne fussent pas témoins. Alors Bourgoin, qui était en tête, voyant qu'il ne pouvait rien obtenir par menaces ni par prières, demanda à parler aux comtes ; mais il ne fut pas plus fait droit à cette prière qu'aux autres ; et comme les serviteurs voulaient passer de force, les soldats les repoussèrent à grands coups de crosse d'arquebuse ; alors élevant la voix :

— C'est mal à vous, dit la reine, d'empêcher mes serviteurs de me suivre, et je commence à croire, comme eux, qu'outre la mort, vous avez quelque intention mauvaise sur moi. — Madame, répondit le shérif, il y a quatre de vos serviteurs désignés pour vous suivre, et pas davantage ; lorsque vous serez descendue, on les viendra chercher, et alors ils vous rejoindront. — Comment ! dit la reine, les quatre personnes désignées ne peuvent pas même me suivre en ce moment ? — L'ordre est donné ainsi par les comtes, répondit le shérif, et, à mon grand regret, madame, je n'y puis rien.

Alors la reine se retourna de leur côté, et prenant la croix des mains d'Annibal Stewart, et de l'autre main son livre d'heures et son mouchoir : — Mes enfants, leur dit-elle, c'est encore une douleur à ajouter à nos autres douleurs ; supportons-la en chrétiens, et offrons ce nouveau sacrifice à Dieu.

A ces paroles, les sanglots et les cris éclatèrent de tous côtés : les malheureux serviteurs tombèrent à genoux, et tandis que les uns se roulaient par terre, s'arrachant les cheveux, les autres baisaient ses mains, ses genoux et le bas de sa robe, lui demandant pardon de tout ce qu'elle pouvait avoir à leur reprocher, l'appelant leur mère et lui disant adieu. Mais, trouvant sans doute que cette scène durait trop longtemps, le shérif fit un signe, les soldats repoussèrent hommes et femmes dans la chambre, et refermèrent la porte sur eux ; mais, toute fermée qu'était la porte, la reine n'en entendit pas moins leurs cris et leurs lamentations, qui semblaient, malgré les gardes, vouloir l'accompagner jusqu'à l'échafaud.

Au haut de l'escalier, la reine trouva André Melvil qui l'attendait ; c'était son maître d'hôtel, qu'on avait séparé d'elle depuis longtemps, et qui avait enfin obtenu de la voir une dernière fois au moment de sa mort. La reine alors, hâtant le pas, s'approcha de lui, et s'étant mise à genoux pour recevoir sa bénédiction, qu'il lui donna en pleurant :

— Melvil, lui dit-elle sans se relever, et le tutoyant pour la première fois, comme tu as été bon serviteur à mon égard, sois-le vis-à-vis de mon fils ; va le trouver aussitôt après ma mort, raconte-lui-en tous les détails ; dis-lui que je lui souhaite toutes sortes de biens, et que je prie Dieu de lui envoyer son saint Esprit.

— Madame, lui répondit Melvil, voilà certes le plus triste message dont un homme puisse être chargé ; n'importe, je le remplirai fidèlement, je vous jure.

— Que dis-tu là, Melvil ? reprit la reine en se levant ; et quelle meilleure nouvelle, au contraire, peux-tu lui porter, que celle que je suis délivrée de tous mes maux ? Dis-lui qu'il doit se réjouir, puisque les troubles de Marie Stuart ont pris leur fin ; dis-lui que je meurs catholique, ferme en ma religion, Écossaise et Française, et que je pardonne à ceux qui me font mourir. Dis-lui que mon désir a toujours été que l'Angleterre et l'Écosse fussent unies ; dis-lui, enfin, que je n'ai rien fait qui puisse préjudicier au royaume, ni faire tort à sa qualité de roi et de prince souverain. Et ainsi, bon Melvil, jusqu'au revoir dans le ciel.

Alors, s'appuyant sur le vieillard, dont le visage était tout inondé de larmes, elle descendit l'escalier, au bas duquel elle trouva les deux comtes, sir Henri Talbot, fils de lord Schwesbury, messire Amyas Paulett, messire Drugeon Drury, M. Robert Beele, et beaucoup de gentilshommes du pays ; alors la reine, s'avançant vers eux sans hauteur mais sans humilité, se plaignit qu'on avait refusé à ses serviteurs la permission de la suivre et demanda que cette permission leur fût accordée. Les lords entrèrent en conférence ; puis, au bout d'un instant, le comte de Kent demanda quels étaient ceux qu'elle voulait, et qu'on les lui accordait jusqu'au nombre de six. Alors la reine désigna, parmi les hommes, Bourgoin, Gorjon, Gervais et Didier ; puis, parmi les femmes, Jeanne Kennedy et Elspeth Curle, qui étaient celles qu'elle préférait à toutes, quoique la dernière fût la sœur du secrétaire qui l'avait trahie. Mais là s'éleva une nouvelle difficulté, les comtes disant que cette permission ne pouvait s'étendre aux femmes, les femmes n'étant point habituées à assister à de pareils spectacles, et lorsqu'elles y assistaient, ayant coutume de tout troubler par leurs cris et leurs lamentations, et, aussitôt la tête tranchée, de s'élancer vers l'échafaud pour étancher le sang avec leurs mouchoirs, chose qui n'était pas convenable.

— Messeigneurs, dit alors la reine, je réponds et promets pour mes serviteurs qu'ils ne feront aucune des choses que craignent vos honneurs. Hélas! pauvres gens! ils seraient bien aises de me dire adieu ; et j'espère que votre maîtresse étant vierge et reine, sensible par conséquent à l'honneur des femmes, ne vous a point donné une si étroite commission que vous n'ayez pas pouvoir de m'accorder ce peu que je vous demande, d'autant plus, ajouta-t-elle avec un accent profondément douloureux, que l'on doit faire quelque chose pour ma qualité ; car, enfin, je suis la cousine de votre reine, petite-fille de Henri VII, reine douairière de France et reine sacrée d'Écosse. — Alors les seigneurs se consultèrent encore un instant entre eux, puis lui accordèrent ce qu'elle demandait. En conséquence, deux gardes montèrent aussitôt pour faire venir les personnes désignées.

Alors la reine s'avança vers la grande salle, soutenue par deux gentilshommes de sir Amyas Paulett, accompagnée et suivie des comtes et seigneurs, le shérif marchant devant elle, et André Melvil portant la queue de sa robe. Sa toilette, qu'elle avait comme nous l'avons dit, soignée autant qu'il était en son pouvoir, se composait d'une coiffure de fine batiste garnie de dentelle, avec un voile de dentelle rejeté en arrière et tombant jusqu'à terre. Elle portait un manteau de satin noir imprimé, doublé en taffetas noir et garni par devant de zibeline, avec une longue queue et des manches pendantes jusqu'à terre ; les boutons étaient de jais en forme de glands et entourés de perles, le collet à l'italienne ; son pourpoint était de satin noir façonné, et par-dessous elle avait un corset, délacé par derrière, en satin cramoisi, bordé de velours de même couleur ; une chaîne de boules odorantes, avec une croix d'or, descendait de son cou, et deux rosaires étaient suspendus à sa ceinture ; ce fut ainsi qu'elle entra dans la grande salle où était dressé l'échafaud.

C'était une plate-forme de planches, élevée de deux pieds à peu près, large de douze, tout entourée de barrières et recouverte de serge noire, sur laquelle étaient une petite sellette, un coussin pour se mettre à genoux, et un billot recouvert, ainsi que l'échafaud, d'un voile de drap noir. Au moment où, après avoir monté les deux marches, elle mit le pied sur les planches fatales, le bourreau s'avança vers elle, et, lui demandant pardon de l'office qu'il allait accomplir, mit un genou en terre, cachant derrière lui la hache qu'il tenait ; ce qu'il ne put faire si bien que Marie ne la vît, et que, la voyant, elle ne s'écriât :
— Ah! j'aurais bien mieux aimé avoir la tête tranchée avec une épée à la française!... — Ce n'est point ma faute, madame, dit le bourreau, si ce dernier souhait de votre Majesté ne peut être accompli ; mais, m'ayant point été prévenu d'emporter un glaive et n'ayant trouvé ici que cette hache, force m'est de m'en servir. Cela vous empêchera-t-il donc de me pardonner ? — Je vous pardonne, mon ami, lui dit Marie, et, en preuve, voici ma main à baiser.

Alors, après avoir touché de ses lèvres la main de la reine, le bourreau se releva et lui approcha la sellette. Marie s'assit dessus, et le comte de Kent et le comte de Schwesbury se tenant debout à sa gauche, le shérif et les exécuteurs devant elle, Amyas Paulett derrière, et tout autour de la barrière les seigneurs, chevaliers et gentilshommes, au nombre de deux cent cinquante à peu près, Robert Béele commença de lire, pour la seconde fois, la sentence ; et, comme il commençait, les serviteurs qu'on était allé chercher entrèrent dans la salle, et se placèrent derrière l'échafaud, les hommes montés sur un banc adossé au mur, et les femmes à genoux au pied du banc ; alors un petit chien épagneul, que la reine aimait fort, s'en vint sans bruit, et comme s'il eût craint qu'on ne le chassât, se coucher près de sa maîtresse.

La reine écouta toute cette sentence sans paraître y faire grande attention, comme si elle eût concerné tout autre qu'elle ; et d'une figure aussi tranquille et même aussi joyeuse que si c'eût été un pardon et non un arrêt de mort ; puis, lorsque Béele eut fini, et qu'ayant fini, il eut crié à haute voix : « Dieu sauve la reine Elisabeth ! » cri auquel personne ne répondit, Marie fit le signe de la croix, et se levant sans aucun changement dans le visage, et plus belle, au contraire, que jamais :

« Mylords, dit-elle, je suis née reine, princesse souveraine, et non sujette aux lois, proche parente de la reine d'Angleterre et sa légitime héritière ; j'ai été longtemps prisonnière en ce pays, j'y ai enduré bien des peines et bien du mal, que nul n'avait droit de me faire, et maintenant, pour couronner tout cela, je vais perdre la vie. Eh bien! mylords, soyez témoins que je meurs dans la foi catholique, remerciant Dieu de me faire mourir pour sa sainte cause, et

protestant, aujourd'hui comme toujours, en public comme en particulier, que je n'ai jamais conspiré, consenti ni désiré la mort de la reine, ni aucune autre chose qui fût contre sa personne ; mais qu'au contraire, je l'ai toujours aimée, et lui ai toujours offert de bonnes et raisonnables conditions pour faire cesser les troubles du royaume et me délivrer de ma captivité, et tout cela, mylords, vous le savez bien, sans que j'aie été jamais honorée d'une réponse de sa part. Enfin mes ennemis en sont arrivés à leur but, qui était de me faire mourir : je ne leur en pardonne pas moins, comme je pardonne à tous ceux qui ont tenté quelque chose contre moi. Après ma mort, on saura quels en sont les auteurs et les poursuivants. Mais je meurs sans accuser personne, de peur que le Seigneur ne m'entende et ne me venge. »

Alors, soit qu'il craignît qu'un pareil discours fait par une si grande reine n'attendrît trop fort l'assemblée, soit qu'on trouvât que toutes ces paroles faisaient retard, le doyen de Peterborough vint se placer en face de Marie, et s'appuyant sur la barrière :
— Madame, lui dit-il, ma très-honorée maîtresse m'a commandé de venir vers vous... — Mais à ces mots, Marie se tournant de son côté et l'interrompant, :
— Monsieur le doyen, répondit-elle à haute voix, je n'ai que faire de vous ; je ne veux point vous entendre, et vous prie de vous retirer.
— Madame, dit le doyen, insistant malgré cette détermination exprimée d'une manière si ferme et si précise, vous n'avez plus qu'un instant : changez d'opinions, abjurez vos erreurs, et mettez votre foi en Jésus-Christ seul, afin que par lui vous soyez sauvée.
— Tout ce que vous pourrez dire est inutile, répondit la reine, et vous n'y gagnerez rien ; taisez-vous donc, je vous prie, et me laissez mourir tranquille.

Et comme elle vit qu'il voulait continuer, elle s'assit de l'autre côté de la sellette et lui tournant le dos ; mais aussitôt le doyen fit rapidement le tour de l'échafaud, et se retrouva en face d'elle ; alors, comme il allait parler, la reine se retourna de nouveau, de sorte qu'elle se retrouva comme elle était d'abord. Ce que voyant, le comte de Schwesbury :
— Madame, lui dit-il, je suis vraiment au désespoir que vous soyez si adonnée à cette folie de la papauté, permettez, s'il vous plaît, que nous priions pour vous.
— Mylord, répondit la reine, si vous voulez prier pour moi, je vous en remercie : car l'intention est bonne ; mais je ne puis me joindre à vos prières ; car nous ne sommes point de la même religion.

Alors les comtes appelèrent le doyen, et tandis que la reine, assise sur la sellette, priait tout bas, celui-ci, agenouillé sur les degrés de l'échafaud, priait à voix haute ; et toute l'assemblée, excepté la reine et ses serviteurs, priait après lui ; puis, au milieu de son oraison, qu'elle disait ayant un Agnus Dei autour du cou, un crucifix dans une main, et son livre d'heures dans l'autre, elle s'élança de son siége sur ses genoux, priant tout haut en latin, tandis que les autres priaient en anglais, et quand les autres se furent tus, elle reprit à son tour en anglais comme eux, afin qu'ils la pussent entendre, priant pour l'Église affligée du Christ, pour la fin de la persécution des catholiques et pour le bonheur du règne de son fils ; puis elle dit, avec un accent plein de ferveur et de foi, qu'elle espérait être sauvée par les mérites de Jésus-Christ, au pied de la croix duquel elle allait répandre son sang.

A ces mots, le comte de Kent ne put pas se contenir davantage, et sans respect pour la sainteté du moment :
— Eh! madame, dit-il, mettez Jésus-Christ en votre cœur, et jetez hors tout ce fatras de tromperies papistiques.

Mais elle, sans l'écouter, continua, priant les saints qu'ils intercédassent en sa faveur auprès de Dieu, et, baisant le crucifix, elle s'écria :
— Seigneur! Seigneur! reçois-moi dans les bras étendus sur la croix, et pardonne-moi tous mes péchés.

Puis alors, s'étant assise de nouveau sur la sellette, le comte de Kent lui demanda si elle n'avait aucun aveu à faire ; ce à quoi elle répondit que, n'étant coupable de rien, ce serait mentir à elle-même que d'avouer quelque chose.
— C'est bien, reprit le comte ; alors, madame, préparez-vous.

La reine alors se leva, et comme le bourreau s'approchait d'elle pour la déshabiller :
— Laissez-moi faire, mon ami, lui dit-elle ; je sais mieux comment il faut faire que vous, et ne suis point habituée à me dévêtir devant si nombreuse compagnie ni à avoir de tels valets de chambre.

Et alors, appelant ses deux femmes, elle commença d'ôter les épingles de sa coiffure, et comme Jeanne Kennedy et Elspeth Curle, en rendant ce dernier office à leur maîtresse, ne pouvaient s'empêcher de pleurer à chaudes larmes :

— Ne pleurez pas, leur dit-elle en français ; car j'ai promis et répondu pour vous.

Puis, à ces mots, elle leur fit à chacune un signe de croix sur le front, les embrassa et leur recommanda de prier pour elle.

Alors la reine commença de se déshabiller, s'aidant elle-même, comme elle avait coutume de le faire quand le soir elle allait se mettre au lit, et ôtant de son cou sa croix d'or, elle la voulut donner à Jeanne, disant au bourreau : — Mon ami, je sais que tout ce que j'ai sur moi vous appartient ; mais ceci n'est point à votre usage, laissez-moi en disposer, s'il vous plaît, en faveur de mademoiselle, et elle vous rendra le double de cette croix en argent. Mais le bourreau, la laissant achever à peine, la lui arracha des mains en disant : — C'est mon droit. — La reine ne s'émut pas autrement de cette brutalité, et continua d'ôter ses habits jusqu'à ce qu'elle fût en simple jupe de dessous.

Débarrassée ainsi de tous ses accoutrements, elle s'assit de nouveau sur la sellette, et Jeanne Kennedy, s'approchant d'elle, tira de sa poche le mouchoir de batiste brodé d'or, qu'elle avait préparé la veille, et lui en banda les yeux ; ce que les comtes, seigneurs et gentilshommes regardaient avec grand étonnement, la chose n'étant point usitée en Angleterre, et comme elle croyait qu'on allait lui trancher la tête à la manière française, c'est-à-dire assise sur la sellette, elle commença de se tenir debout, immobile et le cou raide, pour donner plus grande facilité à l'exécuteur, qui, de son côté, ne sachant point comment faire, se tenait debout, la hache à la main et sans frapper ; enfin le valet prit la reine par la tête, et la tirant en avant, la fit tomber sur ses genoux. Alors Marie comprit ce qu'on voulait d'elle, et cherchant à tâtons le billot avec ses mains, qui tenaient toujours, l'une son livre d'heures, l'autre son crucifix, elle y posa le cou, mettant ses deux mains jointes sous son menton pour continuer de prier jusqu'au dernier moment ; mais l'aide de l'exécuteur les lui tira, de peur qu'elles ne fussent coupées avec la tête ; et comme la reine disait : — *In manus tuas, Domine,* — le bourreau leva sa hache, qui était tout simplement une hache à fendre du bois, et frappa le premier coup, qui toucha trop haut, et, entrant dans le crâne, fit, par sa violence, sauter des mains de la patiente, le crucifix et le livre, mais sans lui détacher la tête. Cependant, étourdie du coup, la reine ne fit aucun mouvement, ce qui donna au bourreau le loisir de redoubler ; mais, à cette fois encore, la tête ne tomba point, et il fallut un troisième coup pour en finir avec un lambeau de chair qui la retenait encore aux épaules.

Enfin, la tête séparée tout à fait, le bourreau la leva pour la montrer à l'assemblée, disant : — Dieu sauve la reine Elisabeth ! —

— Ainsi périssent tous les ennemis de sa majesté ! répondit le doyen de Peterborough.

— Amen, — dit le comte de Kent ; mais il fut le seul ; aucune autre voix ne put répondre, car toutes étaient étouffées par les larmes et par les sanglots.

En ce moment la coiffure de la reine se détacha, et l'on vit ses cheveux, coupés très-court, et aussi blancs que si elle eût été âgée de soixante-dix ans ; quant à son visage, il avait tellement changé pendant cette agonie, que nul ne l'eût reconnu si l'on n'eût pas su que c'était le sien. Cette vue fit jeter de grands cris aux assistants ; car, chose effrayante, les yeux étaient restés ouverts, et les lèvres continuaient de remuer comme si elles eussent voulu prier encore, et ce mouvement nerveux dura plus d'un quart d'heure après que la tête eut été coupée.

Alors les serviteurs de la reine se précipitèrent sur l'échafaud, ramassant comme des reliques le livre d'heures et le crucifix : puis Jeanne Kennedy se souvint du petit chien qui était venu rejoindre sa maîtresse, et regarda de tous côtés, le cherchant et l'appelant ; mais elle chercha et appela inutilement. Il avait disparu.

En ce moment, comme un des exécuteurs dénouait les jarretières de la reine, qui étaient de satin bleu brodées d'argent, il aperçut le pauvre petit animal qui s'était caché sous sa jupe et qu'il en fallut tirer de force ; encore, s'étant échappé de ses mains, il alla se réfugier entre les épaules de la reine et la tête que le bourreau avait reposée près du tronc. Jeanne alors le prit malgré ses cris et l'emporta tout plein de sang ; car l'ordre venait d'être donné à tout le monde d'évacuer la salle. Bourgoin et Gervais restèrent en arrière, priant sir Amyas Paulett de leur laisser prendre le cœur de la reine, afin qu'ils pussent le porter en France comme ils le lui avaient promis ; mais ils furent refusés durement et repoussés hors de la salle, dont toutes les portes furent fermées, et où il ne resta que le bourreau et le cadavre.

Là Brantôme raconte qu'il se passa une chose infâme !

Le corps et la tête furent portés, deux heures après l'exécution, dans la même salle où on avait fait descendre Marie Stuart devant les commissaires, posés sur une table autour de laquelle les juges avaient siégé, et recouverts d'un drap de serge noire ; et ils restèrent là jusqu'à trois heures de l'après-midi, heure à laquelle Water, médecin de Standfort, et le chirurgien du village de Fotheringay, vinrent pour l'ouvrir et l'embaumer ; opération qu'ils firent devant Amyas Paulett et les soldats, sans aucune pudeur pour le rang ni le sexe de ce pauvre cadavre, qui fut ainsi exposé aux yeux de tous ceux qui voulurent le voir : il est vrai que cette indignité ne remplit pas le but qu'on s'était proposé ; car le bruit s'était répandu que la reine avait les jambes enflées et était hydropique, tandis qu'au contraire il ne fut pas un des assistants qui ne fût forcé d'avouer qu'il n'avait jamais vu corps de jeune fille en fleur de santé plus pur et plus beau que ne l'était celui de Marie Stuart morte de mort violente après dix-neuf ans de souffrances et de captivité.

Le corps ouvert, on trouva la rate dans son état ordinaire, ayant seulement les veines un peu livides, le poumon jaunâtre par endroits, et la cervelle ayant un sixième de plus que cet organe n'a coutume d'avoir chez les personnes du même sexe et du même âge : ainsi tout promettait une longue vie à celle dont l'heure mortelle venait d'être avancée si cruellement.

Procès-verbal fait de ce que dessus, le corps fut embaumé tant bien que mal, mis dans un cercueil de plomb, et celui-ci dans un autre de bois que l'on laissa sur la table jusqu'au premier jour du mois d'août, c'est-à-dire pendant près de cinq mois, sans qu'il fût permis à personne de s'en approcher ; et même les Anglais, s'étant aperçus que les malheureux serviteurs de Marie Stuart, qui étaient toujours retenus prisonniers, allaient le regarder par le trou de la serrure, le trou fut bouché de manière à ce qu'ils ne pussent pas même apercevoir le cercueil qui renfermait le corps de celle qu'ils avaient tant aimée.

Cependant, une heure après la mort de Marie Stuart, Henry Talbot, qui y avait assisté, était parti à franc étrier pour Londres, portant à Elisabeth la relation de la mort de sa rivale ; mais, aux premières lignes qu'elle lut, Elisabeth, fidèle à son caractère, poussa de grands cris de douleur et d'indignation, disant qu'on avait mal compris ses ordres et qu'on s'était trop hâté, et que tout cela était la faute du secrétaire d'état Davison, à qui elle avait donné le warrant pour le conserver jusqu'à ce qu'elle eût pris une résolution, et non pour l'envoyer à Fotheringay. En conséquence, Davison fut envoyé à la Tour et condamné à une amende de dix mille livres sterling, comme ayant surpris la religion de la reine. Cependant, au milieu de cette douleur, un embargo est mis sur tous les vaisseaux qui se trouvent dans les différents ports du royaume, afin que la nouvelle de cette mort n'arrive à l'étranger, et surtout en France, que par des émissaires habiles qui puissent donner à l'exécution les couleurs les moins défavorables pour Elisabeth. En même temps les scandaleuses fêtes populaires qui ont signalé la lecture de l'arrêt célèbrent la nouvelle de l'exécution. Londres s'illumine, des feux de joie s'allument devant les portes, et l'enthousiasme est tel, que l'on force l'ambassade française et qu'on y va prendre du bois pour ranimer les bûchers lorsqu'ils commencent à s'éteindre.

Consterné de cet événement, M. de Châteauneuf était encore renfermé à l'ambassade, lorsqu'il reçut, quinze jours après, une invitation d'Elisabeth de la venir voir à la maison de plaisance de l'archevêque de Cantorbéry. M. de Châteauneuf s'y rendit avec l'intention bien positive de ne pas lui dire un mot de tout ce qui s'était passé ; mais dès qu'elle l'aperçut, Elisabeth, vêtue de noir, se leva, alla à lui, et, le comblant de prévenances, elle lui dit qu'elle était prête à mettre toutes les forces de son royaume à la disposition de Henri III pour l'aider à triompher de la Ligue. Châteauneuf reçut toutes ces offres d'un visage froid et sévère, sans dire, ainsi qu'il se l'était promis, un seul mot de l'événement qui les avait habillés, la reine et lui, de deuil. Mais, le prenant par la main, elle le tira à l'écart, et là avec de grands soupirs :

— Ah ! monsieur, lui dit-elle, depuis que je ne vous ai vu, il m'est arrivé le plus grand malheur qui puisse m'advenir ; je veux parler de la mort de ma bonne sœur, la reine d'Ecosse, de laquelle je jure par Dieu lui-même, mon âme et mon salut, que je suis parfaitement innocente. J'avais signé l'ordre, c'est vrai ; mais les gens de mon conseil m'ont fait un tour dont je ne me puis apaiser ; et je jure Dieu que, si ce n'était le long temps qu'ils me font service, je leur ferais trancher la tête. J'ai un corps de femme, monsieur ; mais dans ce corps de femme il y a un cœur d'homme.

Châteauneuf s'inclina sans répondre ; mais sa lettre à Henri III et la réponse de celui-ci prouvent que ni l'un ni l'autre ne fut un instant dupe du Tibère féminin.

Cependant, comme nous l'avons dit, les malheureux serviteurs étaient restés prisonniers, et le pauvre corps attendait dans cette grande salle une sépulture royale. Les choses demeuraient ainsi, disait Élisabeth, afin de lui donner le temps de commander à sa bonne sœur Marie de belles funérailles, mais réellement parce que la reine n'osait mettre si près l'un de l'autre la mort secrète et infâme et l'enterrement public et royal ; puis ne fallait-il pas le temps que les premiers bruits qu'il plairait à Élisabeth de répandre s'accréditassent avant que la vérité fût connue de la bouche des serviteurs ? car la reine espérait qu'une fois que ce monde paresseux aurait une opinion faite sur la mort de la reine d'Écosse, il ne se donnerait plus la peine d'en changer. Enfin, ce ne fut que lorsque les gardiens furent aussi las que les prisonniers, qu'Élisabeth, ayant reçu un procès-verbal constatant que le corps mal embaumé ne pouvait plus se garder davantage, elle ordonna enfin que les funérailles eussent lieu.

En conséquence, dès le 1er d'août, des tailleurs et des couturières arrivèrent au château de Fotheringay, venant de la part d'Élisabeth, avec du drap et des étoffes de soie noire pour habiller de deuil tous les serviteurs de Marie. Mais ceux-ci refusèrent, n'ayant point attendu les largesses de la reine d'Angleterre, et s'étant fait faire leurs vêtements funèbres à leurs frais, aussitôt la mort de leur maîtresse ; mais tailleurs et couturières ne s'en mirent pas moins à l'œuvre si activement, que le 7 tout fut terminé.

Le lendemain, vers les huit heures du soir, un grand chariot, traîné par quatre chevaux parés en deuil, et couverts de velours noir, ainsi que le chariot, lequel était ,en outre, orné de petites banderoles où étaient brodées les armes d'Écosse, qui étaient celles de la reine, et les armes d'Aragon, qui étaient celles de Darnley, s'arrêta devant la porte du château de Fotheringay. Il était suivi du roi des hérauts, accompagné de vingt gentilshommes à cheval, avec leurs serviteurs et laquais, tous habillés de deuil, lequel ayant mis pied à terre, monta, avec toute sa suite, dans la chambre où le corps gisait, le fit descendre et mettre dans le chariot avec autant de respect qu'il était possible, chacun des assistants ayant la tête nue et gardant un profond silence.

Cette visite et cette action causèrent une grande rumeur parmi les prisonniers, qui délibérèrent un instant pour savoir s'il n'était pas convenable qu'ils réclamassent la faveur de suivre le corps de leur maîtresse, qu'ils ne pouvaient et ne devaient pas laisser ainsi sortir seul ; mais, au moment où ils allaient faire demander la permission de parler au roi des hérauts, celui-ci entra dans la chambre où ils s'étaient rassemblés, et leur dit qu'il était chargé par sa maîtresse, l'auguste reine d'Angleterre, de faire à la reine d'Écosse les plus honorables funérailles qu'il se pourrait ; que, ne voulant point faillir à une si haute mission, il avait déjà fait une grande partie de ses préparatifs pour la cérémonie, qui devait avoir lieu le 10 du mois d'août, c'est-à-dire le surlendemain, mais que le cercueil de plomb dans lequel était renfermé le corps étant très-lourd, mieux valait le transporter d'avance, et cette nuit, où la fosse était préparée, que d'attendre au jour même de l'enterrement ; qu'ainsi ils fussent bien tranquilles, cet enterrement du cercueil n'étant qu'une cérémonie préparatoire ; que si, au reste, quelques-uns d'entre eux voulaient accompagner le cadavre, pour voir ce qu'on en ferait, ils étaient libres, et que ceux qui resteraient suivraient sa représentation mortuaire, le désir bien positif d'Élisabeth étant que tous, depuis le premier jusqu'au dernier, assistassent au convoi. Cette assurance tranquillisa les malheureux prisonniers qui députèrent Bourgoin, Gervais et six d'entre eux pour suivre le corps de leur maîtresse ; c'étaient André Melvil, Stewart, Gorjon, Howart, Lauder et Nicolas Delamarre.

À dix heures du soir, ils se mirent en route, marchant derrière le chariot, précédés du héraut, accompagnés d'hommes de pied, qui portaient des torches pour éclairer le chemin, et suivis des vingt gentilshommes et de leurs serviteurs. Ils arrivèrent ainsi à deux heures après minuit à Peterborough, où se trouve une magnifique église bâtie par un ancien roi saxon, et dans laquelle, au côté gauche du chœur, était déjà enterrée la bonne reine Catherine d'Aragon, femme du roi Henri VIII, et où était son tombeau encore paré d'un dais portant ses armoiries.

Ils trouvèrent, en arrivant, l'église toute tendue de noir, avec un dôme élevé au milieu du chœur, à peu près à la manière dont on dresse en France les chapelles ardentes, excepté qu'il n'y avait point de cierges allumés à l'entour. Ce dôme était couvert de velours noir, et tout couvert des armoiries d'Écosse et d'Aragon, que répétaient encore des banderoles pareilles à celles du chariot. La représentation du cercueil était déjà dressée sous ce dôme : c'était une bière couverte, comme le reste, de velours noir frangé d'argent, et sur laquelle était un oreiller de velours et de couleurs pareilles, qui supportait une couronne royale.

À droite de ce dôme, et en face du sépulcre de la reine Catherine d'Aragon, avait été creusé celui de Marie d'Écosse : c'était une fosse de brique, disposée pour être recouverte plus tard d'une dalle ou d'un tombeau de marbre, et dans laquelle devait être déposé le cercueil, que l'évêque de Peterborough, en habits épiscopaux, et cependant sans mitre, crosse ni chappe, attendait à la porte, accompagné de son doyen et de quelques autres ministres. Le corps entra dans l'église, sans aucun chant ni aucune prière, et fut descendu dans le tombeau, au milieu d'un profond silence. Aussitôt qu'il y fut établi, les maçons, qui avaient interrompu leur ouvrage, se remirent à l'œuvre, fermant la fosse à fleur de terre et n'y laissant qu'une ouverture d'un pied et demi à peu près, par laquelle on pouvait voir ce qui était dedans et jeter sur le cercueil, comme c'est de coutume aux obsèques des rois, les bâtons rompus des officiers, et les enseignes et bannières à leurs armes. Cette cérémonie nocturne terminée, Melvil, Bourgoin et les autres députés furent conduits à l'évêché, où devaient se rassembler les personnes désignées pour assister au convoi, et dont le nombre se montait à plus de trois cent cinquante, toutes choisies, à l'exception des serviteurs, parmi les autorités, la noblesse et le clergé protestant.

Le lendemain jeudi 9 d'août, on commença à tendre les salles de festin de riches et somptueuses étoffes, et cela devant Melvil, Bourgoin et les autres que l'on avait fait venir, moins encore pour qu'ils assistassent à l'inhumation de la reine Marie que pour qu'ils rendissent témoignage de la magnificence de la reine Élisabeth. Mais, comme on le pense bien, les malheureux prisonniers se montrèrent froids à cette somptuosité, si grande et si extraordinaire qu'elle fût.

Le vendredi 10 août, toutes les personnes désignées s'étant trouvées réunies à l'évêché de Peterborough, elles se rangèrent dans l'ordre indiqué, et s'acheminèrent vers l'église, qui était proche. Lorsqu'elles y furent arrivées, elles prirent dans le chœur le rang qui leur avait été assigné, et les choristes commencèrent aussitôt à chanter un service funèbre en anglais et selon le rit protestant. Aux premiers mots de ce service, et lorsqu'il vit qu'il n'était point fait par les prêtres catholiques, Bourgoin sortit de l'église, déclarant qu'il ne voulait pas assister à un pareil sacrilége, et fut suivi par tous les serviteurs de Marie, tant hommes que femmes, à l'exception de Melvil et de Barbe Maubray, qui pensèrent que, quelle que fût la langue dans laquelle on priait, cette langue était entendue du Seigneur. Cette sortie causa un grand scandale ; mais l'évêque n'en fit pas moins son prêche.

Le prêche terminé, le roi des hérauts alla trouver Bourgoin et ses compagnons, lesquels se promenaient dans le cloître, et leur annonça qu'on allait aller à l'offrande, les invitant à venir prendre part à cette cérémonie ; mais eux répondirent, qu'étant catholiques, ils ne pouvaient faire offrande à un autel qu'ils n'approuvaient pas. Le roi des hérauts revint donc, bien mécontent de ce que l'ensemble de la cérémonie était troublé par cette dissidence ; mais l'offrande ne s'en accomplit pas moins comme le prêche. Alors, tentant un dernier coup, il envoya de nouveau vers eux, pour leur dire que le service était entièrement terminé, et que par conséquent, ils pouvaient revenir pour assister aux cérémonies royales, qui n'appartenaient plus à aucune autre religion qu'à celle de la tombe ; à cette fois, ils y consentirent ; mais lorsqu'ils arrivèrent, les baguettes étaient brisées, et les bannières jetées dans la tombe par l'ouverture que les ouvriers refermaient déjà.

Alors, dans le même ordre où il était venu, le cortége retourna vers l'évêché, où un splendide repas de funérailles était préparé. Par une étrange contradiction, Élisabeth, qui, après avoir puni la vivante en coupable, venait de traiter la morte en reine, avait encore voulu que les honneurs du repas mortuaire fussent pour les serviteurs, oubliés si longtemps par elle. Mais, comme on le pense, ceux-ci se prêtèrent mal à cette intention, ne paraissant ni émerveillés de ce luxe, ni réjouis de cette bonne chère, mais au contraire, trempant leur pain et leur vin de leurs larmes, sans vouloir autrement répondre aux questions qui leur étaient faites et aux honneurs qui leur étaient accordés. Aussi, dès que le repas fut fini, les pauvres serviteurs quittèrent Peterborough et reprirent le chemin de Fotheringay, où ils apprirent qu'ils étaient libres enfin de se retirer où ils voudraient. Ils ne se le firent point redire à deux fois ; car ils vivaient dans une crainte éternelle, ne regardant point leurs jours comme en sûreté, tant qu'ils demeureraient en Angleterre. Ils réunirent donc aussitôt tout leur bagage, chacun prenant le sien, et sortirent ainsi à pied du château de Fotheringay, le lundi 13 du mois d'août 1587.

Bourgoin marchait le dernier : arrivé de l'autre côté du pont-levis, il se retourna, et tout chrétien qu'il était, ne pouvant pardonner à Elisabeth non pas ses propres souffrances à lui, mais celles de sa maîtresse, il se retourna, du côté des murailles régicides, et les mains étendues vers elles, il dit d'une voix haute et menaçante, ces paroles de David :

« Que la vengeance du sang de tes serviteurs, qui a été répandu, ô » Seigneur Dieu, soit la bienvenue devant ta face. »

La malédiction du vieillard fut entendue, et l'inflexible histoire s'est chargée de la punition d'Elisabeth.

Nous avons dit que la hache du bourreau, en frappant la tête de Marie Stuart, avait fait sauter de ses mains le crucifix et le livre d'heures qu'elle tenait. Nous avons dit encore que les deux reliques avaient été recueillies par des personnes de sa suite. Nous ignorons ce que devint le crucifix, mais le livre d'heures est à la Bibliothèque Royale, où peuvent le voir ceux qui sont curieux de ces sortes de souvenirs historiques ; deux certificats inscrits sur un des feuillets de garde du volume constatent son authenticité. Les voici :

1er CERTIFICAT.

« Nous soussigné supérieur vicaire de l'étroite observance de l'ordre de Cluny, certifions que le présent livre nous a été remis par l'ordre de défunt Dom Michel Nardin, prêtre religieux profès de notredite observance, décédé dans notre collège de Saint-Martial d'Avignon, le 28 mars 1723, âgé d'environ quatre vingts ans, dont il en a passé environ trente parmi nous, et y ayant vécu très-religieusement : il était Allemand de nation, et avait servi longtemps dans les troupes en qualité d'officier.

» Il entra à Cluny, et y fit profession, très-détaché de tous les biens et honneurs de la terre : il ne s'était réservé, avec la permission de ses supérieurs, que ce livre, qu'il savait avoir été, jusqu'à la fin de sa vie, à l'usage de Marie Stuart, reine d'Angleterre et d'Écosse. Avant de mourir et séparé de ses frères, il a demandé que pour nous être sûrement remis, il nous fût envoyé par la poste, cacheté.

» Tel que nous l'avons reçu, nous avons prié M. l'abbé Bignon, conseiller d'État et bibliothécaire du roi, d'agréer ce précieux monument de la piété d'une reine d'Angleterre, et d'un officier allemand de sa religion aussi bien que de la nôtre.

» Signé, frère GÉRARD PONCET,
» Supérieur vicaire-général. »

2me CERTIFICAT.

« Nous, Jean-Paul Bignon, bibliothécaire du roi, sommes bien aise de trouver l'occasion de montrer notre zèle, en remettant ledit manuscrit à la bibliothèque de sa majesté.

» 8 juillet 1724.

» Signé, JEAN-PIERRE BIGNON. »

Ce manuscrit, sur lequel se fixèrent les derniers regards de la reine d'Écosse, est un in-12 écrit en caractères gothiques, et contenant des prières latines : il est orné de miniatures rehaussées d'or et représentant des sujets de dévotion, des traits de l'histoire sacrée, ou de la vie des saints et des martyrs. Chaque page est encadrée d'arabesques mêlées à des guirlandes de fleurs et de fruits, au milieu desquelles ressortent des figures grotesques d'hommes et d'animaux.

Quant à la reliure, usée aujourd'hui, ou peut-être dès lors jusqu'à la trame, c'est une couverture de velours noir, dont les côtés plats sont ornés, au milieu, d'une pensée en émail, engagée dans un chaton d'argent entouré d'un tortis auquel se rattachent en diagonale, d'un angle à l'autre de la couverture, deux cordons de vermeil tordus et à nœuds, terminés par une houppe aux deux extrémités.

NOTES.

(1) Elisabeth a fait don d'une paire de ses souliers à l'université d'Oxford ; ils indiquent par leur grandeur le pied d'un homme de taille ordinaire.

(2) Plusieurs historiens disent que Marie Stuart avait les cheveux noirs ; mais Brantôme, qui l'avait vue, puisque, ainsi que nous l'avons dit, il l'avait accompagnée en Écosse, affirme qu'elle les avait blond cendré.

« Et, en ce disant, la décoiffa (le bourreau) par manière de mépris, afin de montrer ses cheveux déjà blancs qu'elle ne craignait pourtant, étant en vie, de les montrer, ni de les tordre et friser comme quand elle les avait si beaux, si blonds et si cendrés. »

(3) Marie veut parler de Mlle de Huntly, femme de Bothwell, que celui-ci répudia, à la mort du roi, pour se marier avec la reine.

(4) Histoire d'Écosse par sir Walter Scott. — L'Abbé, partie historique.

(5) Histoire d'Écosse, par sir Walter Scott. — L'Abbé, partie historique.

(6) Advis pour M. Villeroy de ce qui a été fait en Angleterre par M. de Bellièvre sur les affaires de la royne d'Écosse, ès moys de novembre et décembre 1586, et janvier 1587.

(7) Rapport de la manière de l'exécution de la royne d'Écosse, qui fust le 8 février 1587, au château de Fotheringay, avec la relation des paroles proférées par icelle, et les occasions qui en advinrent au tems de ladite exécution, M. Thomas Andrews Scherif estant pour lors prévost de la comté de Northampton, et estant présent à ladite exécution.

(8) Les comtes de Cumberland, de Derby et de Pembroke ne se rendirent point aux ordres de la reine, et n'assistèrent ni à la lecture de la sentence, ni à l'exécution.

(9) La mort de la reine d'Écosse, douairière de France. Bibliothèque Royale, numéro 936.

(1) TESTAMENT DE MARIE STUART.

7 et 8 février. V. S. (17 et 18 février 1587. N. S.)

Copie du testament et d'un mémoire de la feue reine Marie Stuart, reine d'Écosse et douairière de France ; ladite copie prise sur l'original dudit testament et dudit mémoire, et tout écrite et signée de la propre main de ladite reine, la veille et le jour de sa mort qui fut le 8 février 1587.

Au nom du Père, du Fils et du Saint-Esprit ;

Je, Marie, par la grâce de Dieu, reine d'Écosse, douairière de France, étant prête à mourir, et n'ayant pas moyen de faire mon testament, j'ai mis ces articles par écrit, lesquels j'entends, et veux avoir même forcé que s'ils étaient mis en forme.

Protestant de mourir en la foi catholique, apostolique et romaine. Premier, je veux qu'il soit fait un service complet pour mon ame en l'église de Saint-Denis, en France, et l'autre à Saint-Pierre de Reims, où tous mes serviteurs se trouveront en la manière qu'il sera ordonné à ceux à qui j'en donne la charge, ici dessous nommés.

Plus, qu'un obit annuel soit fondé pour prier pour mon ame à perpétuité, au lieu et en la manière qui sera avisée la plus commode.

Pour à quoi fournir, je veux que mes maisons de Fontainebleau soient vendues, espérant que, au surplus, le roi m'aidera, comme par mon mémoire je l'en requiers.

Je veux que ma terre de Tréspagny demeure à mon cousin de Guise, pour une de ses filles, si elle venait à être mariée. En ces quartiers, je quitterai la moitié des arrérages qui me sont dus ou une partie, à condition que l'autre soit payée pour être par mes exécuteurs employée en aumônes perpétuelles.

Pour à quoi mieux pourvoir, les papiers seront recherchés et délivrés selon l'assignation pour en faire la poursuite.

Je veux aussi que l'argent qui se retirera de mon procès de Secondat soit distribué comme il s'ensuit :

Premier, à la décharge du paiement de mes dettes et mandements ci-après nommés, qui ne seront déja payés. Premier, les deux mille écus de Courle, que je veux lui être payés sans nulle contradiction, comme étant en faveur de mariage, sans que Nau, ni autre lui en puisse rien demander, quelque obligation qu'il en ait, d'autant qu'elle n'est que feinte, et que l'argent était à moi et non emprunté, lequel je ne fis que lui montrer, et l'ai depuis retiré, et on me l'a pris depuis avec le reste. Charteloy, lequel je lui donne, s'il le peut recouvrer, comme il a été promis pour paiement des quatre mille francs promis par ma mort, et mille pour marier une sienne sœur, et m'ayant demandé le reste pour ses dépenses en prison. Quant à l'assignation de pareille somme à Nau, elle n'est pas d'obligation ; et pour ce, a toujours été mon intention qu'elle fût la dernière payée, et encore en cas qu'il fasse apparaître n'avoir rien fait contre la condition pour laquelle je les lui avais donnés, au témoignage de mes serviteurs.

Pour la partie des douze cents écus qu'il m'a fait allouer, par lui emprunté, pour mon service de Beauregard, jusqu'à six cents écus ; et de Gervais trois cents, et le reste je ne sais d'où, il faut qu'il les repaie de son argent et que j'en sois quitte, et l'assignation cassée, car je n'en ai rien reçu, mais est le tout en ses coffres, si ce n'était qu'ils en soient payés par deçà. Comme que ce soit, il faut que cette partie me revienne bonne, n'ayant rien reçu, et, si elle était payée, je dois avoir recours sur mon bien ; et puis je veux que Pasquier compte des deniers qu'il a dépensés et reçus par le commandement de Nau, par les mains des serviteurs de M. de Châteauneuf, l'ambassadeur de France.

Plus, je veux que mes comptes soient ouïs et mon trésorier payé ; plus, que les gages et parts de mes gens, tant de l'année passée que de la présente, soient tous payés avant toute autre chose, tant gages que pensions, hormis les pensions de Nau et de Courle, jusqu'à ce que l'on sache ce qui en doit advenir, et ce qu'ils auront mérité de moi pour pensions, si ce n'est que la femme de Courle soit en nécessité, ou lui maltraité pour moi ; des gages de Nau de même.

Je veux que les deux mille quatre cents francs que j'ai donnés à Jeanne Kennedy lui soient payés en argent, comme il était porté en son premier don ; quoi faisant, la pension de Volly Douglas me reviendra. laquelle je donne à Fontenay, pour ses services et dépenses non récompensés.

Je veux que les quatre mille écus de ce banquier soient sollicités et repayés, duquel j'ai oublié le nom ; mais l'évêque de Glascow s'en ressouviendra assez, et si l'assignation première venait à manquer, je veux qu'il leur en soit donné une, sur les premiers deniers de Secondat.

Les dix mille francs que l'ambassadeur avait reçus pour moi, je veux qu'ils soient employés entre mes serviteurs qui s'en vont à présent, à savoir :

Premier, deux mille francs à mon médecin ;

Deux mille à Elisabeth Courle ;

Deux mille francs à Sébastien Paiges ;

Deux mille à Marie Paiges, ma filleule ;

A Beauregard mille francs ;

Mille à Gorjon ;

Mille à Gervais.

Plus, sur les autres deniers de mon revenu et reste de Secondat et de toutes mes casualités, je veux être employés cinq mille francs pour la miséricorde des enfants de Reims.

A mes écolières deux mille francs.

Aux quatre mendiants la somme qui semblera nécessaire à mes exécuteurs, selon les moyens qui se trouveront.

Cinq cents francs aux hôpitaux.

A l'écuyer de cuisine Martin, je donne mille francs.

Mille francs à Annibal, et le laisse à mon cousin de Guise, son parrain, à le mettre en quelque lieu pour sa vie en son service.

Je laisse cinq cents francs à Nicolas, et cinq cents francs pour ses filles, quand il les mariera.

Je laisse cinq cents francs à Robin Hamilton, et prie mon fils le prendre, et M. de Glascow ou l'évêque de Ross.

Je laisse à Didier son greffe, sous la faveur du roi.

Je donne cinq cents francs à Jean Lauder, et prie mon cousin de Guise ou du Maine le prendre en leur service, et MM. de Glascow et de Ross qu'ils aient soin de le voir pourvu. Je veux que son père soit pourvu de ses gages, et lui laisse cinq cents francs.

Je veux que mille francs soient payés à Gorjon, pour argent et autres choses qu'il m'a fournis en ma nécessité.

Je veux que si Bourgoin accomplit le voyage du vœu qu'il a fait pour moi à saint Nicolas, que quinze cents francs lui soient livrés à cet effet.

Je laisse, selon mon peu de moyens, six mille francs à l'évêque de Glascow, et trois mille francs à celui de Ross.

Je laisse la donation des casualités et droits seigneuriaux recélés, à mon filleul, fils de M. du Ruysseau.

Je donne trois cents francs à Laurenz.

Plus, trois cents francs à Suzanne.

Et laisse dix mille francs entre les quatre partis qui ont été répondants pour moi au solliciteur Varmy.

Je veux que l'argent provenant des meubles que j'ai ordonné être vendus à Londres, soit pour défrayer le voyage de mes gens jusqu'en France.

Ma coche, je la laisse pour mener mes filles, et les chevaux pour les vendre, ou autrement en faire leurs commodités.

Il y a environ cent écus des gages des années passées dus à Bourgoin que je veux lui être payés.

Enfin, le valet prit la reine par la tête, et, la tirant en avant, la fit tomber sur ses genoux. Page 108.

Je laisse deux mille francs à Melvil, mon maître d'hôtel.

J'ordonne pour principal exécuteur de ma volonté mon cousin le duc de Guise.

Après lui, l'archevêque de Glascow, l'évêque de Ross, et M. du Ruysseau, son chancelier.

J'entends que sans faute le Préau jouisse de ses deux prébendes.

Je recommande Marie Paiges, ma filleule, à ma cousine Mme de Guise, et la prie la prendre en son service, et ma tante de Saint-Pierre faire mettre Mawbray en quelque bon lieu, ou la retenir à son service, pour l'honneur de Dieu.

Fait cejourd'hui, 7 février 1587.

Ainsi signé,

Marie, reine.

MÉMOIRE.

OU DERNIÈRE REQUÊTE QUE JE FAIS AU ROI.

De me faire payer, tant ce qu'il me doit de mes pensions, que d'argent avancé par la feue reine, ma mère, en Écosse, pour le service du roi, mon beau-père, en ces quartiers ; pour le moins, tant qu'un obit soit fondé pour mon ame, annuel, et que les aumônes et petites fondations par moi promises soient parfaites.

Plus, qu'il lui plaise me laisser la jouissance de mon douaire un an après ma mort, pour récompenser mes serviteurs.

Plus, s'il lui plaît, laisser les gages et pensions d'iceux, leur vie durant, comme fut fait aux officiers de la reine Aliénor.

Plus, je le supplie recevoir mon médecin en son service, comme il l'a promis, et l'avoir pour recommandé.

Plus, que mon aumônier soit remis à son état, et en ma faveur pourvu de quelque petit bénéfice pour prier Dieu pour mon ame, le reste de sa vie.

Plus, que Didier, un vieil officier de ma bouche, auquel j'ai donné un greffe pour récompense, en puisse jouir sa vie durant, étant déjà fort âgé.

Fait le matin de ma mort, le mercredi, huitième février 1587.

Ainsi signé,

Marie, reine.

Paris. — Typ. de Ve Doudey-Dupré, rue St-Louis, 46, au Marais.

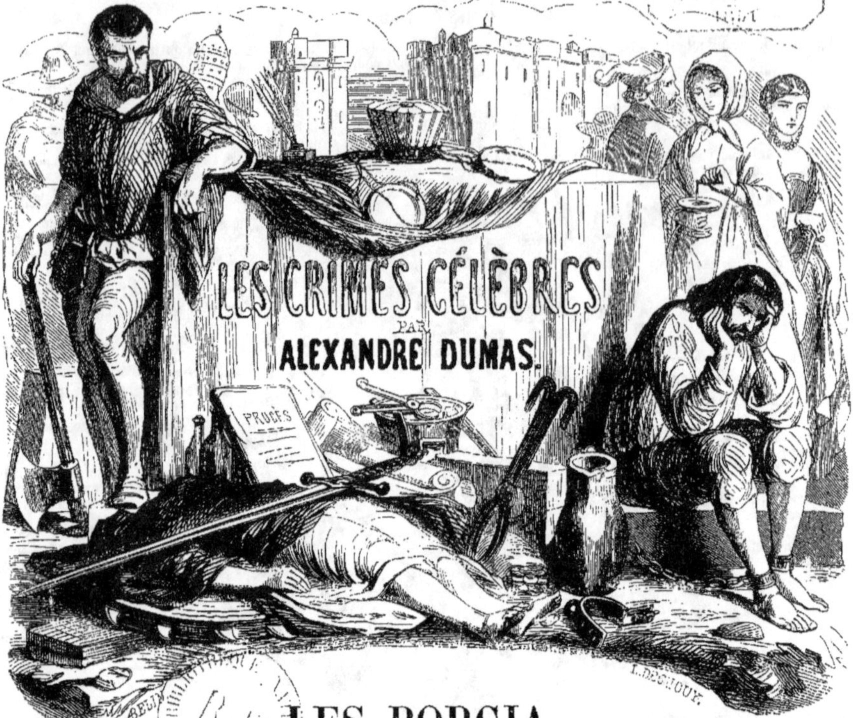

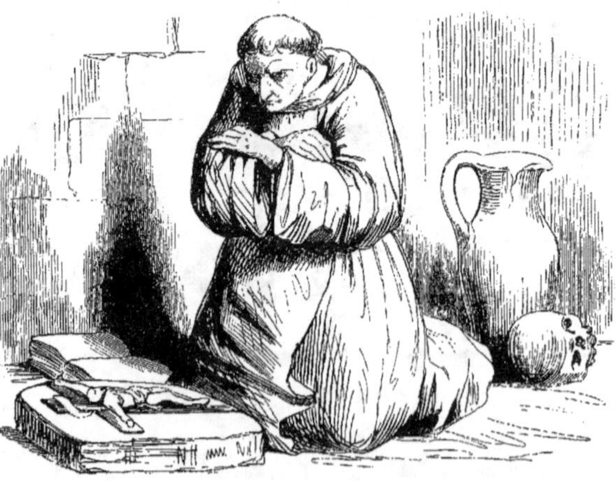

LES BORGIA.

A LA LIBRAIRIE THÉATRALE, 12, boulevard-Saint-Martin (ANCIENNE MAISON MARCHANT).

A L'ADMINISTRATION DE LIBRAIRIE, rue Notre-Dame des Victoires, 32, PRÈS LA BOURSE.

1492-1507.

Le 8 avril 1492, dans une chambre à coucher du palais de Carreggi, situé à une lieue à peu près de Florence, trois hommes étaient groupés autour d'un lit où agonisait un quatrième.

Le premier de ces trois hommes, qui était assis au pied de la couche mortuaire, et à moitié enveloppé dans les rideaux de brocart d'or, afin de cacher ses larmes, était Ermolao Barbaro, l'auteur du traité *du Célibat*, et des *Études sur Pline*, qui, l'année précédente, étant à Rome en qualité d'ambassadeur de la république de Florence, avait été nommé patriarche d'Aquilée par Innocent VIII.

Là, agenouillé sur les dalles, priant sans cesse devant un crucifix de bois. — Page 114.

Le second, qui était agenouillé, et qui tenait une main du mourant entre les siennes, était Ange Politien, le Catulle du quinzième siècle, esprit antique et fleuri, et qu'on eût pris à ses vers latins pour un poëte du temps d'Auguste.

Enfin, le troisième, qui était debout, appuyé contre une des colonnes torses du chevet, et qui suivait avec une profonde mélancolie les progrès du mal sur le visage du moribond, était le fameux Pic de la Mirandole, qui à l'âge de vingt ans parlait vingt-deux langues, et qui offrait de répondre dans chacune d'elles à sept cents questions qui lui seraient faites par les vingt hommes les plus instruits du monde entier, si l'on pouvait les réunir à Florence.

Quant au mourant, c'était Laurent le Magnifique, qui atteint depuis le commencement de l'année d'une fièvre âcre et profonde, à laquelle s'était jointe la goutte, maladie héréditaire dans sa famille, et voyant enfin que les boissons de perles dissoutes que lui faisait prendre le charlatan Leoni de Spolète, comme s'il eût voulu proportionner ses remèdes à la richesse plutôt qu'aux besoins du malade, étaient inutiles et impuissantes, avait compris qu'il lui fallait quitter ses femmes aux tendres paroles, ses poëtes aux doux chants, ses palais aux riches tentures, et avait fait demander, pour lui donner l'absolution de ses péchés, que chez un homme moins haut placé on eût peut-être appelés des crimes, le dominicain Jérôme-François Savonarole.

Au reste, ce n'était pas sans une crainte intérieure, contre laquelle étaient impuissantes les louanges de ses amis, que le voluptueux usurpateur attendait le prédicateur sombre et sévère dont la parole remuait Florence, et sur le pardon duquel reposait désormais tout son espoir d'un autre monde. En effet, Savonarole était un de ces hommes de marbre, qui, pareils à la statue du commandeur, viennent frapper à la porte des voluptueux au milieu de leurs fêtes et de leurs orgies, pour leur dire qu'il est cependant bien l'heure qu'ils commencent à penser au ciel. Né à Ferrare, où sa famille, l'une des plus illustres de Padoue, avait été appelée par le marquis Nicolas d'Est, il s'était, à l'âge de vingt-trois ans, emporté par une vocation irrésistible, enfui de la maison paternelle, et avait fait profession dans le cloître des religieux dominicains de Florence. Là, destiné par ses supérieurs à donner des leçons de philosophie, le jeune novice avait eu à lutter tout d'abord contre les défauts d'un organe faible et dur, contre une prononciation défectueuse, et surtout contre l'abattement de ses forces physiques, épuisées par une abstinence trop sévère.

Savonarole se condamna dès lors à la retraite la plus absolue, et disparut dans les profondeurs de son couvent, comme si la pierre de la tombe était déjà retombée sur lui. Là, agenouillé sur les dalles, priant sans cesse devant un crucifix de bois, exalté par les veilles et par les pénitences, il passa bientôt de la contemplation à l'extase et commença de sentir en lui-même cette impulsion secrète et prophétique qui l'appelait à prêcher la réformation de l'Église.

Cependant la réformation de Savonarole, plus respectueuse que celle de Luther, qu'elle précédait de vingt-cinq ans à peu près, respectait les choses tout en attaquant les hommes, et avait pour but de changer les dogmes humains, mais non la foi divine. Il ne procédait pas, comme le moine allemand, par la raison, mais par l'enthousiasme. La logique chez lui cédait toujours à l'inspiration ; ce n'était pas un théologien, c'était un prophète.

Néanmoins son front, courbé jusque-là devant l'autorité de l'Église, s'était déjà relevé devant la puissance temporelle. La religion et la liberté lui paraissaient deux choses également saintes; de sorte que dans son esprit Laurent lui semblait aussi coupable en asservissant l'une que le pape Innocent VIII en déshonorant l'autre. Il en résultait que, tant que Laurent avait vécu, riche, heureux et magnifique, Savonarole n'avait jamais voulu, quelques instances qui lui eussent été faites, sanctionner par sa présence un pouvoir qu'il regardait comme illégitime. Mais Laurent au lit de mort le faisait appeler, c'était autre chose. L'austère prédicateur s'était aussitôt mis en route, les pieds et la tête nus, espérant sauver non-seulement l'âme du moribond, mais encore la liberté de la république.

Laurent, comme nous l'avons dit, attendait l'arrivée de Savonarole avec une impatience mêlée d'inquiétude ; de sorte que, lorsqu'il entendit le bruit de ses pas, son visage pâle prit une teinte plus cadavéreuse encore, tandis qu'en même temps il se soulevait sur le coude, ordonnant par un geste à ses trois amis de s'éloigner. Ceux-ci obéirent aussitôt, et à peine étaient-ils sortis par une porte, que la portière de l'autre se souleva, et que le moine, pâle, immobile et grave, apparut sur le seuil. En l'apercevant, Laurent de Médicis, lisant sur son front de marbre l'inflexibilité d'une statue, retomba sur son lit en poussant un soupir si profond, que l'on eût pu croire que c'était le dernier.

Le moine jeta un coup d'œil autour de l'appartement, comme pour s'assurer qu'il était bien seul avec le mourant; puis il s'avança d'un pas lent et solennel vers le lit. Laurent le regarda s'approcher avec terreur, puis quand il fut à ses côtés :

— O mon père, j'étais un bien grand pécheur ! s'écria-t-il.

— La miséricorde de Dieu est infinie, répondit le moine, et je suis chargé de la miséricorde divine vis-à-vis de toi.

— Vous croyez donc que Dieu me pardonnera mes péchés? s'écria le mourant, se reprenant à l'espoir en entendant des paroles si inattendues sortir de la bouche du moine.

— Tes péchés et tes crimes, Dieu te pardonnera tout, répondit Savonarole. Dieu te pardonnera les plaisirs frivoles, les voluptés adultères, tes fêtes obscènes : voilà pour les péchés. Dieu te pardonnera d'avoir promis deux mille florins de récompense à qui t'apporterait la tête de Dietisalvi, de Nerone Nigi, d'Angelo Antinori, de Nicolo Soderini, et le double à qui te les livrerait vivants; Dieu te pardonnera d'avoir fait mourir sur l'échafaud ou sur le gibet le fils de Papi Orlandi, Francesco de Brisighella, Bernardo Nardi, Jacob Frescobaldi, Amoretto Baldovinetti, Pierre Balducci, Bernardo de Bandino, Francesco Frescobaldi, et plus de trois cents autres dont les noms, pour moins célèbres que ceux-ci, n'en étaient pas moins des noms chers à Florence : voilà pour les crimes. — Et à chacun de ces noms, que Savonarole prononça lentement, les yeux fixés sur le moribond, celui-ci répondit par un gémissement qui prouvait que la mémoire du moine n'était que trop fidèle. Puis enfin, lorsqu'il eut fini :

— Et vous croyez, mon père, répondit Laurent avec l'accent du doute, que, péchés et crimes, Dieu me pardonnera tout?

— Tout, dit Savonarole, mais à trois conditions.

— Lesquelles? demanda le mourant.

— La première, dit Savonarole, c'est que tu sentiras une foi entière dans la puissance et dans la miséricorde de Dieu.

— Mon père, répondit Laurent avec vivacité, je sens cette foi dans le plus profond de mon cœur.

— La seconde, dit Savonarole, c'est que tu rendras la propriété d'autrui que tu as injustement confisquée et retenue.

— Mon père, en aurai-je le temps? demanda le moribond.

— Dieu te le donnera, répondit le moine.

Laurent ferma les yeux comme pour réfléchir plus à l'aise; puis après un instant de silence :

— Oui, mon père, je le ferai, répondit-il.

— La troisième, reprit Savonarole, c'est que tu rendras à la république son ancienne indépendance et son antique liberté.

Laurent se dressa sur son lit, soulevé par un mouvement convulsif, interrogeant des yeux les yeux du dominicain, comme pour savoir s'il ne s'était pas trompé et s'il avait bien entendu. Savonarole répéta les mêmes paroles.

— Jamais ! jamais ! s'écria Laurent en retombant sur son lit et en secouant la tête... Jamais !

Le moine, sans répondre une seule parole, fit un pas pour se retirer.

— Mon père ! mon père ! dit le moribond, ne vous éloignez pas ainsi : ayez pitié de moi !

— Aie pitié de Florence, dit le moine.

— Mais, mon père, s'écria Laurent, Florence est libre, Florence est heureuse.

— Florence est esclave, Florence est pauvre, s'écria Savonarole, pauvre d'argent, et pauvre de courage. Pauvre de génie, parce qu'après toi, Laurent, viendra ton fils Pierre; pauvre d'argent, parce que des deniers de la république tu as soutenu la magnificence de ta famille et le crédit de tes comptoirs; pauvre de courage, parce que tu as enlevé aux magistrats légitimes l'autorité que leur donnait la constitution, et détourné tes concitoyens de la double voie militaire et civile, dans laquelle, avant que tu ne les eusses amollis par ton luxe, ils avaient déployé des vertus antiques : de sorte que, lorsque le jour se lèvera, qui n'est pas loin, continua le moine, les yeux fixes et ardents comme s'il lisait dans l'avenir, où les barbares descendront des montagnes, les murailles de nos villes, pareilles à celles de Jéricho, tomberont au seul bruit de leurs trompettes.

— Et vous voulez que je me dessaisisse au lit de mort de cette puissance qui a fait la gloire de toute ma vie ! s'écria Laurent de Médicis.

— Ce n'est pas moi qui le veux, c'est le Seigneur, répondit froidement Savonarole.

— Impossible ! impossible ! murmura Laurent.

— Eh bien ! meurs donc comme tu as vécu ! s'écria le moine, au milieu de tes courtisans et de tes flatteurs, et qu'ils perdent ton âme comme ils ont perdu ton corps !

Et à ces mots, le dominicain austère, sans écouter les cris du moribond, sortit de la chambre avec le même visage et du même pas qu'il y était entré, tant il semblait, esprit déjà détaché de la terre, planer au-dessus des choses humaines.

Au cri que poussa Laurent de Médicis en le voyant disparaître, Ermolao, Politien et Pic de la Mirandole, qui avaient tout entendu, rentrèrent dans la chambre, et trouvèrent leur ami serrant convulsivement entre ses bras un crucifix magnifique qu'il venait d'arracher du chevet de son lit. En vain essayèrent-ils de le rassurer par des paroles amies : Laurent le Magnifique ne leur répondit que par ses sanglots ; et une heure après la scène que nous venons de raconter, les lèvres collées aux pieds du Christ, il expira entre les bras de ces trois hommes, dont le plus privilégié, quoiqu'ils fussent jeunes tous trois, ne devait pas lui survivre plus de deux ans.

— Comme sa perte devait entraîner beaucoup de calamités, le ciel, — dit Nicolas Machiavel, — en voulut donner des présages trop certains : la foudre tomba sur le dôme de l'église de Santa-Reparata, et Roderic Borgia fut nommé pape. —

Vers la fin du quinzième siècle, c'est-à-dire à l'époque où s'ouvre ce récit, la place de Saint-Pierre de Rome était loin d'offrir l'aspect grandiose sous lequel elle se présente de nos jours à ceux qui y arrivent par la place *dei Rusticucci*.

En effet, la basilique de Constantin n'existait plus, et celle de Michel-Ange, chef d'œuvre de trente papes, travail de trois siècles, et dépense de deux cent soixante millions, n'existait pas encore. L'ancien édifice, qui avait duré onze cent quarante-cinq ans, avait menacé ruine vers 1140, et Nicolas V, ce précurseur artistique de Jules II et de Léon X, l'avait fait démolir, ainsi que le temple de Probus Anicius qui y attenait, et avait fait jeter à leur place, par les architectes Rosselini et Baptiste Alberti, les fondations d'un nouveau temple ; mais quelques années après Nicolas V étant mort, et le Vénitien Paul II n'ayant pu donner que cinq mille écus pour continuer le projet de son prédécesseur, le monument s'arrêta à peine sorti de terre, et offrit l'aspect d'un édifice mort-né, aspect plus triste encore que celui d'une ruine.

Quant à la place elle-même, elle n'avait encore, comme on le comprend bien par l'explication que nous venons de donner, ni sa belle colonnade du Bernin, ni ses fontaines jaillissantes, ni son obélisque égyptien, qui, au dire de Pline, fut élevé par le Pharaon Nuncoré dans la ville d'Héliopolis et transporté à Rome par Caligula, qui le plaça dans le cirque de Néron, où il resta jusqu'en 1586 : or, comme le cirque de Néron était situé sur le terrain même où s'élève aujourd'hui Saint-Pierre, et que cet obélisque couvrait de sa base la place où est la sacristie actuelle, on le voyait comme une aiguille gigantesque s'élancer au milieu des colonnes tronquées des murs inégaux et des pierres à moitié taillées.

A droite de cette ruine au berceau, s'élevait le Vatican, splendide tour de Babel, à laquelle tous les architectes célèbres de l'école romaine ont travaillé depuis mille ans ; il n'avait point encore à cette époque ses deux magnifiques chapelles, ses douze grandes salles, ses vingt-deux cours, ses trente escaliers et ses deux mille chambres ; car le pape Sixte-Quint, ce sublime gardeur de pourceaux, qui en cinq ans de règne a fait tant de choses, n'avait pu encore y faire ajouter l'édifice immense qui, du côté oriental, domine la cour de Saint-Damase ; mais c'était déjà le vieux et saint palais aux antiques souvenirs, dans lequel Charlemagne reçut l'hospitalité lorsqu'il se fit couronner empereur par le pape Léon III.

Au reste, le 9 août 1492, Rome tout entière, depuis la porte du Peuple jusqu'au Colysée, et depuis les Thermes de Dioclétien jusqu'au château Saint-Ange, semblait s'être donné rendez-vous sur cette place : la multitude qui l'encombrait était si grande, qu'elle refluait dans toutes les rues environnantes, se rattachant au centre comme les rayons d'une étoile, et qu'on la voyait, pareille à un tapis mouvant et bariolé, monter dans la basilique, se grouper sur les pierres, se suspendre aux colonnes, s'étager sur les murs, entrer par les portes des maisons et reparaître à leurs croisées, si nombreuse et si pressée, qu'on eût dit que chaque fenêtre était murée avec des têtes. Or toute cette multitude avait les yeux fixés sur un seul point du Vatican, car le Vatican renfermait le conclave, et comme Innocent VIII était mort depuis seize jours, le conclave était en train d'élire un pape.

Rome est la ville des élections : depuis sa fondation jusqu'à nos jours, c'est-à-dire pendant l'espace de vingt-six siècles à peu près, elle a constamment élu ses rois, ses consuls, ses tribuns, ses empereurs et ses papes : aussi Rome pendant les jours de conclave semble-t-elle atteinte d'une fièvre étrange, qui pousse chacun vers le Vatican ou vers Monte-Cavallo, selon que l'assemblée écarlate se tient dans l'un ou l'autre de ces deux palais : c'est qu'en effet l'exaltation d'un nouveau pontife est une grande affaire pour tout le monde ; car, comme, d'après la moyenne établie depuis saint Pierre jusqu'à Grégoire XVI, chaque pape dure à peu près huit ans, ces huit ans sont, selon le caractère de celui qui est élu, une période de tranquillité ou de désordre, de justice ou de vénalité, de paix ou de guerre.

Or jamais peut-être, depuis le jour où le premier successeur de saint Pierre s'assit au trône pontifical, jusqu'à l'interrègne où l'on était arrivé, l'inquiétude ne s'était manifestée aussi grande qu'elle l'était au moment où nous avons montré tout ce peuple se pressant sur la place Saint-Pierre et dans les rues qui y conduisaient. Il est vrai que ce n'était pas sans raison, car Innocent VIII, que l'on appelait le père de son peuple parce qu'il avait augmenté le nombre de ses sujets de huit fils et d'autant de filles, après avoir passé sa vie dans la volupté, venait, comme nous l'avons dit, de mourir, à la suite d'une agonie pendant laquelle, s'il faut en croire le journal de Stefano Infessura, deux cent vingt meurtres avaient été commis dans les rues de Rome. Le pouvoir était donc échu comme d'habitude au cardinal camerlingue, qui devient souverain dans l'interrègne ; mais comme celui-ci avait dû remplir tous les devoirs de sa charge, c'est-à dire faire battre monnaie à son nom et à ses armes, ôter l'anneau du pêcheur du doigt du pape mort, habiller, raser, farder et faire embaumer le cadavre, descendre après les neuf jours d'obsèques le cercueil dans la niche provisoire où doit se tenir le dernier pape trépassé jusqu'à ce que son successeur vienne y prendre sa place et le renvoyer dans sa tombe définitive ; enfin, comme il lui avait fallu murer la porte du conclave et la fenêtre du balcon où l'on proclame l'élection pontificale, il n'avait pas eu un seul moment pour s'occuper de la police, de sorte que les assassinats avaient continué de plus belle, et que l'on appelait à grands cris une main énergique qui fit rentrer dans le fourreau toutes ces épées et tous ces poignards.

Les yeux de cette multitude étaient donc fixés, comme nous l'avons dit, sur le Vatican, et particulièrement sur une cheminée de laquelle devait partir le premier signal, quand tout à coup, au moment de l'*Ave Maria*, c'est-à-dire à l'heure où le jour commence à s'éteindre, de grands cris mêlés d'éclats de rire s'élevèrent de toute cette foule, murmure discordant de menaces et de railleries : c'est qu'on venait d'apercevoir au sommet de la cheminée une petite fumée qui semblait, comme un léger nuage, monter perpendiculairement dans le ciel. Cette fumée annonçait que Rome était toujours sans maître, et que le monde n'avait pas encore de pape : car cette fumée était celle des billets de scrutin que l'on brûlait ; preuve que les cardinaux n'étaient point tombés d'accord.

A peine cette fumée eut-elle paru, pour se dissiper presque aussitôt, que tout ce peuple innombrable, sachant bien qu'il n'avait plus rien à attendre, et que tout était dit jusqu'au lendemain dix heures du matin, moment auquel les cardinaux faisaient leur premier tirage, se retira tumultueux et railleur, comme après la dernière fusée d'un feu d'artifice ; si bien qu'au bout d'un instant il ne resta plus là, ou un quart d'heure auparavant s'agitait tout un monde, que quelques curieux attardés, qui, demeurant dans les environs ou sur la place même, étaient moins pressés que les autres de regagner leur logis ; encore peu à peu les derniers groupes diminuèrent-ils insensiblement ; car neuf heures et demie venaient de sonner, et à cette heure déjà les rues de Rome commençaient à n'être point sûres ; puis à ces groupes succéda quelque passant solitaire et hâtant le pas ; les portes se fermèrent successivement, les fenêtres s'éteignirent les unes après les autres ; enfin, comme dix heures sonnaient, à l'exception d'une des croisées du Vatican, où l'on voyait veiller une lampe obstinée, maisons, places et rues, tout était tombé dans la plus profonde obscurité.

En ce moment, un homme enveloppé d'un manteau se dressa comme une ombre contre une des colonnes de la basilique inachevée, et, se glissant lentement et avec précaution entre les pierres gisantes autour des fondations du nouveau temple, s'avança jusques auprès de la fontaine qui formait le centre de la place, et qui s'élevait à l'endroit même où est dressé aujourd'hui l'obélisque dont nous avons déjà parlé ; arrivé là, il s'arrêta, doublement caché par l'obscurité de la nuit et par l'ombre du monument, et après avoir regardé autour de lui pour voir s'il était bien seul, il tira son épée, et frappant trois fois de sa pointe le pavé de la place, il en fit jaillir chaque fois des étincelles. Ce signal, car c'en était un, ne fut point perdu ; la dernière lampe qui veillait encore au Vatican s'éteignit, et au même instant un objet lancé par la fenêtre tomba à quelques pas de l'homme au manteau, qui, guidé, par le son argentin qu'il avait rendu en touchant les dalles, ne tarda point à mettre la main dessus malgré les ténèbres, et dès qu'il l'eut en sa possession s'éloigna rapidement.

L'inconnu marcha ainsi et sans se retourner jusqu'à la moitié de Borgo-Vecchio ; mais là, ayant tourné à droite et pris une rue à l'autre extrémité de laquelle était une madone avec sa lampe, il s'approcha de la lumière, et tira de sa poche l'objet qu'il avait ramassé, et qui n'était rien autre chose qu'un écu de son romain ; seulement cet écu se dévissait, et dans une cavité pratiquée dans son épaisseur renfermait une lettre, que celui à qui elle était adressée commença de lire, au risque d'être reconnu, tant il avait hâte de savoir ce qu'elle contenait.

Nous disons au risque d'être reconnu, car dans son empressement le correspondant nocturne avait rejeté le capuchon de son manteau en arrière, et comme sa tête était tout entière dans le cercle lumineux projeté par la lampe, il était facile de distinguer à la lumière un beau jeune homme de vingt-cinq à vingt-six ans à peu près, vêtu d'un justaucorps violet ouvert aux épaules et aux coudes pour laisser sortir la chemise, et coiffé d'une toque de même couleur dont la longue plume noire retombait jusque sur son épaule. Il est vrai que la station ne fut pas longue ; car à peine eut-il achevé la lettre ou plutôt le billet qu'il venait de recevoir d'une manière si mystérieuse et si étrange, qu'il le replaça dans son portefeuille d'argent, et que, rajustant son manteau de manière à s'en voiler tout le bas de la figure, il reprit sa route d'un pas rapide, traversa Borgo-San-Spirito et prit la rue della Longara, qu'il suivit jusqu'au-dessus de l'église de Regina-Cœli. Arrivé à cet endroit, il frappa rapidement trois coups à la porte d'une maison de belle apparence, qui s'ouvrit aussitôt ; puis, montant lestement l'escalier, il entra dans une chambre, où l'attendaient deux femmes avec une impatience si visible, que toutes deux en l'apercevant s'écrièrent ensemble :

— Eh bien ! Francesco, quelles nouvelles ?

— Bonnes, ma mère, bonnes, ma sœur, répondit le jeune homme en embrassant l'une et en tendant la main à l'autre : notre père a gagné trois voix aujourd'hui ; mais il lui en manque encore six pour avoir la majorité.

— N'y a-t-il donc pas moyen de les acheter ? s'écria la plus âgée des deux femmes, tandis que l'autre, à défaut de la parole, interrogeait du regard.

— Si fait, ma mère, si fait, répondit le jeune homme, et c'est bien à quoi mon père a pensé. Il donne au cardinal Orsini son palais de Rome avec ses deux châteaux de Monticello et de Soriano ; il donne au cardinal Colonna son abbaye de Subiaco ; il donne au cardinal de Saint-Ange l'évêché de Porto avec son mobilier et sa cave, au cardinal de Parme la ville de Nepi, au cardinal de Gênes l'église de Santa-Maria-in-via-Lata et enfin au cardinal Savelli l'église de Sainte-Marie-Majeure et la ville de Civita-Castellana : quant au cardinal Ascanio Sforza, il sait déjà que nous avons envoyé avant-hier chez lui quatre mulets chargés d'argent et de vaisselle, et sur cet argent il s'est engagé à donner cinq mille ducats au cardinal patriarche de Venise.

— Mais comment ferons-nous connaître aux autres les intentions de Roderic ? demanda la plus âgée des deux femmes.

— Mon père a tout prévu, et nous ouvre un moyen facile : vous savez, ma mère, avec quel cérémonial on porte le dîner des cardinaux.

— Oui ; sur un brancard, dans un grand panier aux armes de celui à qui le repas est destiné.

— Mon père a acheté l'évêque qui le visite ; c'est demain jour gras : on enverra aux cardinaux Orsini, Colonna, Savelli, de Saint-Ange, de

Parme et de Gênes, des poulets pour rôti, et chaque poulet contiendra une donation en bonne forme, faite par moi au nom de mon père, des maisons, palais ou églises qui leur sont destinés.

— A merveille, dit la plus âgée des deux femmes ; maintenant, j'en suis sûre, tout ira bien.

— Et, par la grâce de Dieu, répondit la plus jeune avec un sourire étrangement railleur, notre père sera pape.

— Oh ! ce sera un beau jour pour nous ! s'écria François.

— Et pour la chrétienté, répondit sa sœur avec une expression plus ironique encore.

— Lucrèce, Lucrèce, dit la mère, tu ne mérites pas le bonheur qui nous arrive.

— Qu'importe, puisqu'il vient tout de même ? D'ailleurs vous connaissez le proverbe, ma mère : Les nombreuses familles sont bénies du Seigneur : à plus forte raison, la nôtre, qui a tant de ressemblance avec celle des patriarches.

Et en même temps elle jeta à son frère un regard d'une telle lasciveté, que le jeune homme en rougit ; mais comme pour le moment il avait à penser à autre chose qu'à ses amours incestueuses, il ordonna de réveiller quatre domestiques ; et tandis que ceux-ci s'armaient pour l'accompagner, il rédigea et signa les six donations qui devaient le lendemain être envoyées aux cardinaux ; car, ne voulant pas être vu chez eux, il comptait profiter de la nuit pour les remettre lui-même aux différentes personnes de confiance qui devaient les leur faire passer, ainsi qu'il avait été convenu, à l'heure du dîner. Puis, lorsque les donations furent en bon ordre et les serviteurs prêts, François sortit avec eux, laissant les deux femmes faire des rêves dorés sur leur grandeur future.

Dès le point du jour, le peuple se précipita de nouveau, aussi ardent et aussi empressé que la veille, sur la place du Vatican, où, au moment accoutumé, c'est-à-dire à dix heures du matin, la fumée vint encore, comme d'habitude, éveillant les rires et les murmures, annoncer qu'aucun des cardinaux n'avait réuni la majorité. Cependant le bruit commençait à se répandre que les chances étaient réparties sur trois candidats, qui étaient Roderic Borgia, Julien de la Rovère, et Ascanio Sforza ; car le peuple ignorait encore la circonstance des quatre mulets chargés de vaisselle et d'argent qui avaient été conduits chez ce dernier, et moyennant lesquels il avait cédé ses voix à son concurrent. Au milieu de l'agitation qu'avait excitée dans la foule cette déception nouvelle, on entendit des chants religieux : c'était une procession, commandée par le cardinal camerlingue pour obtenir du ciel la prompte élection d'un pape, et qui, partie de l'église d'Ara-Cœli au Capitole, devait faire des stations devant les principales madones et dans les basiliques les plus fréquentées. Dès qu'on aperçut le crucifix d'argent qui la précédait, le silence le plus profond se rétablit, et chacun se mit à genoux : de sorte qu'un recueillement suprême succéda au tumulte et au bruit qui quelques minutes auparavant se faisait entendre, et qui à chaque fumée nouvelle prenait un caractère plus menaçant. Aussi beaucoup pensèrent-ils que la procession, en même temps que son but religieux, avait un but politique, et que son influence devait être aussi grande sur la terre qu'au ciel. En tout cas, si tel avait été le dessein du cardinal camerlingue, il ne s'était pas trompé, et l'effet produit fut tel qu'il le désirait : la procession passée, les rires et les plaisanteries continuèrent ; mais les cris et les menaces avaient complétement cessé.

Toute la journée s'écoula ainsi ; car à Rome personne ne travaille : on est cardinal ou laquais, et chacun vit on ne sait comment. La foule était donc toujours des plus nombreuses, lorsque, vers les deux heures de l'après-midi, une autre procession, mais qui avait, celle-là, le privilége de provoquer autant de bruit que l'autre commandait de silence, traversa à son tour la place Saint-Pierre : c'était la procession du dîner. Le peuple l'accueillit avec ses éclats de rire habituels, sans se douter, irrévérencieux qu'il était, qu'avec cette procession, plus efficace que la première, le nouveau pape venait de passer.

L'heure de l'*Ave Maria* vint comme la veille, mais, comme la veille, l'attente de toute la journée fut perdue, et à huit heures et demie sonnant, la fumée quotidienne reparut au sommet de la cheminée. Mais, comme au même moment des bruits qui venaient de l'intérieur du Vatican se répandirent, annonçant que, selon toute probabilité, l'élection aurait lieu le lendemain, le bon peuple prit patience. D'ailleurs il avait fait très-chaud ce jour-là, et il était si écrasé de fatigue et si brûlé par le soleil, lui qui vit d'ombre et de paresse, qu'il n'avait plus même la force de crier.

La journée du lendemain qui était celle du 11 août 1492, se leva orageuse et sombre ; ce qui n'empêcha pas la multitude d'encombrer places, rues, portes, maisons, basiliques. D'ailleurs cette disposition du temps était une véritable bénédiction du ciel ; car s'il y avait de la chaleur, du moins il n'y aurait pas de soleil.

Vers les neuf heures un orage terrible s'amoncela sur tout le Transtévère ; mais qu'importaient à cette foule pluie, éclairs et foudre ? elle était préoccupée d'un bien autre soin, elle attendait son pape ; on le lui avait promis pour ce jour-là, et l'on pouvait voir aux dispositions de chacun que, si la journée se passait sans qu'il y eût d'élection, alors il pourrait bien y avoir émeute : aussi, à mesure que l'heure s'avançait, l'agitation devenait-elle plus grande. Neuf heures, neuf heures et de-

mie, dix heures moins un quart sonnèrent, sans que rien vînt confirmer ou détruire ses espérances : enfin le premier coup de dix heures se fit entendre : tous les yeux se portèrent vers la cheminée ; dix heures sonnèrent lentement, chaque coup retentissant dans le cœur de la multitude. Enfin le dixième coup vibra, puis s'évanouit frémissant dans l'espace, et un grand cri parti de cent mille poitrines à la fois succéda à ce silence. — *Non v'è fumo !* Il n'y a pas de fumée !... — C'est-à-dire : Nous avons un pape.

En ce moment la pluie commença de tomber ; mais on ne fit point attention à elle, tant étaient grands les transports de joie et d'impatience de tout ce peuple. Enfin une petite pierre se détacha de la fenêtre murée donnant sur le balcon, et vers laquelle tous les yeux étaient fixés : une acclamation générale accueillit sa chute ; peu à peu l'ouverture s'agrandit, et en peu de minutes elle fut assez large pour permettre à un homme de s'avancer sur le balcon.

Alors le cardinal Ascanio Sforza parut ; mais au moment où il allait sortir, effrayé par la pluie et les éclairs, il hésita un instant, et finit par reculer : aussitôt toute la multitude éclata à son tour comme une tempête, avec des cris, des imprécations, des hurlements, menaçant de démolir le Vatican et d'aller chercher elle-même son pape. A ce bruit, le cardinal Sforza, plus épouvanté de l'orage populaire que de l'orage céleste, s'avança sur le balcon, et entre deux coups de tonnerre, au moment d'un silence incompréhensible à qui venait d'entendre les rumeurs qui l'avaient précédé, il fit la proclamation suivante :

— Je vous annonce une grande joie : l'éminentissime et révérendissime seigneur Roderic Lenzuolo Borgia, archevêque de Valence, cardinal-diacre de San-Nicolao-in-Carcere, vice-chancelier de l'Église, vient d'être élu pape, et s'est imposé le nom d'Alexandre VI.

La nouvelle de cette nomination fut accueillie avec une joie étrange. Roderic Borgia avait la réputation d'un homme dissolu, il est vrai, mais le libertinage était monté sur le trône avec Sixte IV et Innocent VIII ; de sorte qu'il n'y avait rien de nouveau pour les Romains dans cette singulière position d'un pape ayant une maîtresse et cinq enfants. L'important pour l'heure était que le pouvoir tombât dans des mains fermes, et il était encore plus important pour la tranquillité de Rome que le nouveau pape héritât de l'épée de saint Paul que des clefs de saint Pierre.

Aussi, dans les fêtes qui furent données en cette occasion, le caractère qui domine est-il un caractère bien plus guerrier que religieux, et semble-t-il plutôt appartenir à la nomination d'un jeune conquérant qu'à l'exaltation d'un vieux pontife : ce n'étaient que jeux de mots et inscriptions prophétiques sur le nom d'Alexandre, qui pour la seconde fois semblait promettre aux Romains l'empire du monde, et le même soir, au milieu des illuminations ardentes et des feux de joie, qui semblaient faire de la ville un lac de flamme, on lut, au milieu des acclamations de la populace, l'inscription suivante :

> Sous César autrefois, Rome par la victoire
> Se fit reine chez elle et maîtresse en tout lieu :
> Mais Alexandre encor fera plus pour sa gloire ;
> César n'était qu'un homme, Alexandre est un Dieu.

Quant au nouveau pontife, à peine avait-il rempli les formalités d'étiquette que lui imposait son exaltation, et payé à chacun le prix de sa simonie, qu'il jeta, du haut du Vatican, les yeux sur l'Europe, vaste échiquier politique, qu'il avait l'espérance de diriger au gré de son génie.

Le monde en était arrivé à une de ces époques suprêmes où tout se transforme, entre une période qui finit et une ère qui commence : à l'orient la Turquie, au midi l'Espagne, à l'occident la France, au nord l'Allemagne, allaient prendre, avec le titre de grandes nations, cette influence qu'elles devaient exercer dans l'avenir sur les états secondaires. — Nous allons donc jeter, avec Alexandre VI, un coup d'œil rapide sur elles, et voir quelle était leur situation respective à l'égard de l'Italie, qu'elles convoitaient toutes comme une proie.

Constantin Paléologue Dragozès, assiégé par trois cent mille Turcs, après avoir appelé en vain toute la chrétienté à son secours, n'ayant pas voulu survivre à la perte de son empire, avait été trouvé au milieu des morts, près de la porte Tophana ; et le 30 mai 1453, Mahomet II avait fait son entrée à Constantinople, où, après un règne qui lui avait mérité le surnom de Fatîle, ou le vainqueur, il était mort laissant deux fils, dont l'aîné était monté sur le trône sous le nom de Bajazet II.

Cependant l'avénement du nouveau sultan ne s'était point accompli avec la tranquillité que son droit d'aînesse et le choix de son père devaient lui promettre. D'jem, son frère cadet, plus connu sous le nom de Zizime, avait argué de ce qu'il était Porphyrogénète, c'est-à-dire né pendant le règne de Mahomet, tandis que Bajazet, antérieur à cette époque, n'était que le fils d'un simple particulier. C'était une mauvaise chicane ; mais là où la force est tout et où le droit n'est rien, elle était suffisante pour soulever une guerre. Les deux frères, chacun à la tête d'une armée, se rencontrèrent donc en Asie en 1482. D'jem fut défait après un combat de sept heures, et poursuivi par son frère, qui ne lui donna pas le temps de rallier son armée, fut obligé de s'embarquer en Cilicie, et se réfugia à Rhodes, où il implora la protection des chevaliers de Saint-Jean, qui, n'osant lui donner asile dans leur île si proche de l'Asie, l'envoyèrent en France, où ils le firent garder avec soin dans une de, leurs commanderies, malgré les instances de Caït Bay, soudan d'Egypte, lequel, s'était révolté contre Bajazet, désirait, pour donner à sa rébellion une apparence de guerre légitime, avoir le jeune prince dans son armée. Même demande, au reste, avait été faite successivement, et dans un même but politique, par Mathias Corvinus, roi de Hongrie, par Ferdinand, roi d'Aragon et de Sicile, et par Ferdinand, roi de Naples.

De son côté, Bajazet, qui savait toute l'importance d'un pareil rival, si une fois il était allié soit de l'un, soit de l'autre des princes avec lesquels il était en guerre, avait envoyé des ambassadeurs à Charles VIII, lui offrant, s'il s'engageait à retenir D'jem auprès de lui, une pension considérable, et la souveraineté de la terre sainte pour la France, dès que Jérusalem serait conquise sur le soudan d'Egypte. Le roi de France avait accepté.

Mais alors Innocent VIII était intervenu, et avait réclamé D'jem à son tour, en apparence pour appuyer des droits du proscrit une croisade qu'il prêchait contre les Turcs, mais en réalité pour toucher la pension de quarante mille ducats due par Bajazet à celui des princes chrétiens, quel qu'il fût, qui se chargeait d'être le geôlier de son frère. Charles VIII n'avait point osé refuser au chef spirituel de la chrétienté une demande appuyée sur de si saintes raisons ; de sorte que D'jem avait quitté la France, accompagné du grand-maître d'Aubusson, sous la garde directe duquel il était, et qui, moyennant un chapeau de cardinal, avait consenti à céder son prisonnier. De sorte que, le 13 mars 1489, le malheureux jeune homme, point de mire de tant d'intérêts divers, fit son entrée solennelle à Rome, monté sur un superbe cheval, revêtu d'un magnifique costume d'Orient, entre le prieur d'Auvergne, neveu du grand-maître d'Aubusson, et François Cibo, fils du pape.

Depuis cette époque, il y était resté, et Bajazet, fidèle à des promesses qu'il avait si grand intérêt à remplir, avait exactement payé au souverain pontife une pension de quarante mille ducats.

Voilà pour la Turquie.

Ferdinand et Isabelle régnaient en Espagne, et jetaient les fondements de cette vaste puissance qui devait, vingt-cinq ans plus tard, faire dire à Charles-Quint que le soleil ne se couchait point sur ses états. En effet, ces deux souverains, auxquels l'histoire a conservé le nom de catholiques, avaient conquis successivement presque toutes les Espagnes, et chassé les Maures de Grenade, leur dernier retranchement ; tandis que deux hommes de génie, Barthélemy Diaz et Christophe Colomb, venaient, à leur profit, l'un de retrouver un monde perdu, l'autre de conquérir un monde ignoré. Ils avaient donc, grâce à leurs victoires dans l'ancien monde et à leurs découvertes dans le nouveau, acquis à la cour de Rome une influence dont n'avait joui aucun de leurs prédécesseurs.

Voilà pour l'Espagne.

En France, Charles VIII avait succédé, le 30 août 1483, à son père Louis XI, qui, à force d'exécutions, lui avait fait un royaume tranquille et tel qu'il convenait à un enfant montant sur le trône sous la régence d'une femme. Au reste régence glorieuse, et qui avait contenu les prétentions des princes du sang et terminé les guerres civiles, en réunissant à la couronne tout ce qui restait encore de grands fiefs indépendants. Il en résultait qu'à l'époque où nous sommes arrivés, Charles VIII, âgé de vingt-deux ans à peu près, était, s'il faut en croire La Trémouille, — un prince petit de corps et grand de cœur ; — s'il faut en croire Commines, — un enfant ne faisant que sortir du nid, dépourvu de sens et d'argent, faible de sa personne, plein de son vouloir, et accompagné de fous plutôt que de sages gens ; — enfin, s'il faut en croire Guicciardini, qui, en sa qualité d'Italien, pourrait bien en avoir porté un jugement un peu partial, — un jeune homme peu intelligent des actions humaines, et transporté par un ardent désir de régner et d'acquérir de la gloire, désir bien plus fondé sur sa légèreté et sur son impétuosité que sur la conscience de son génie ; ennemi de toute fatigue et de toute affaire ; lorsqu'il essayait d'y donner son attention, il se montrait presque toujours dépourvu de prudence et de jugement. Si quelque chose paraissait en lui digne de louange au premier coup d'œil, en y regardant de plus près, on trouvait que ce quelque chose était encore moins éloigné du vice que de la vertu. Il était libéral, il est vrai, mais inconsidérément, sans mesure et sans distinction. Il était quelquefois immuable dans sa volonté, mais par obstination et non par constance ; et ce que ses flatteurs appelaient en lui bonté méritait bien mieux le nom d'insensibilité aux injures ou de faiblesse d'âme.

Quant à son portrait physique, s'il faut en croire le même auteur, il était encore moins avantageux, et répondait merveilleusement à cette faiblesse d'esprit et de caractère. — Il était petit, avait la tête grosse, le cou gros et court, la poitrine et les épaules larges et élevées, les cuisses et les jambes longues et grêles ; et comme avec cela son visage était laid, à l'exception de son regard, qui avait de la dignité et de la vigueur, et que tous ses membres étaient disproportionnés entre eux, il avait plutôt l'air d'un monstre que d'un homme. — Tel était celui dont la fortune devait faire un conquérant, et auquel le ciel réservait plus de gloire qu'il n'en pouvait porter.

Voilà pour la France.

L'empire était occupé par Frédéric III, que l'on avait à bon droit appelé le Pacifique, par la raison, non pas qu'il avait toujours maintenu la paix, mais qu'ayant constamment été battu, il avait toujours été contraint de la faire. La première preuve qu'il avait donnée de cette longanimité toute philosophique avait été pendant son voyage à Rome, où il se rendait pour être sacré. En traversant les Apennins, il fut attaqué par des brigands, qui le pillèrent, et contre lesquels il ne fit aucune poursuite. Aussi, encouragés par l'exemple et l'impunité des petits voleurs, les grands s'en mêlèrent-ils bientôt. Amurath s'empara d'une partie de la Hongrie, Mathias Corvin prit la basse Autriche, et Frédéric se consola de ces envahissements en répétant cette maxime : *L'oubli est le remède des choses que l'on a perdues.* Au moment où nous en sommes arrivés, il venait, après un règne de cinquante-trois ans, de fiancer son fils Maximilien à Marie de Bourgogne, et de mettre au ban de l'empire son gendre Albert de Bavière, qui prétendait à la propriété du Tyrol. Il était donc trop occupé de ses affaires de famille pour pouvoir s'inquiéter de l'Italie. D'ailleurs, il était en train de chercher une devise à la maison d'Autriche, occupation des plus importantes pour un homme du caractère de Frédéric III. Enfin, cette devise, que devait presque réaliser Charles-Quint, fut trouvée, à la grande joie du vieil empereur, qui, jugeant qu'il n'avait plus rien à faire sur la terre après cette dernière preuve de sagacité, mourut le 19 août 1493, laissant l'empire à son fils Maximilien.

Cette devise était tout bonnement les cinq voyelles A E I O U, initiales de ces cinq mots :

AUSTRIÆ EST IMPERARE ORBI UNIVERSO.

Ce qui veut dire :

C'est le destin de l'Autriche de commander au monde entier.

Voilà pour l'Allemagne.

Maintenant que nous avons jeté les yeux sur les quatre nations qui tendaient, comme nous l'avons dit, à devenir des puissances européennes, ramenons nos regards sur les états secondaires qui formaient un cercle plus rapproché autour de Rome, et qui devaient, pour ainsi dire, servir d'armure à la reine spirituelle du monde, s'il plaisait à quelqu'un des géants politiques que nous avons décrits d'enjamber, pour venir l'attaquer, les mers ou les montagnes, le golfe Adriatique ou les Alpes, la Méditerranée ou les Apennins.

C'étaient le royaume de Naples, le duché de Milan, la magnifique république de Florence, ou la sérénissime république de Venise.

Le royaume de Naples était aux mains du vieux Ferdinand, dont la naissance était non-seulement illégitime, mais probablement même incestueuse. Son père, Alphonse d'Aragon, tenait sa couronne de Jeanne de Naples, qui l'avait adopté pour son successeur. Mais, comme, par crainte de manquer d'héritier, la reine à son lit de mort en avait nommé deux au lieu d'un, Alphonse eut à soutenir ses droits contre Réné. Les deux prétendants se disputèrent quelque temps la couronne. Enfin, la maison d'Aragon l'emporta sur celle d'Anjou, et pendant l'année 1442, Alphonse s'affermit définitivement sur le trône. Ce sont les droits du prétendant expulsé que nous verrons Charles VIII réclamer bientôt.

Ferdinand n'avait ni la valeur ni le génie de son père, et cependant il triompha successivement de ses ennemis ; il eut deux compétiteurs, qui tous deux lui étaient fort supérieurs en mérite. L'un était le comte de Viane, son neveu, qui, arguant de la naissance honteuse de son oncle, disposait de tout le parti aragonais ; l'autre était le duc Jean de Calabre, qui disposait de tout le parti angevin. Cependant il les écarta tous les deux, et se maintint sur le trône, fort de sa prudence, qui allait souvent jusqu'à la duplicité. Il avait l'esprit cultivé, avait étudié les sciences, et surtout la législation. Il était d'une taille médiocre, avait la tête grande et belle, le front ouvert et admirablement encadré dans de beaux cheveux blancs qui lui tombaient jusque sur les épaules. Enfin, quoiqu'il eût rarement exercé sa force physique par les armes, cette force était si grande, qu'un jour qu'il se trouvait sur la place du marché Neuf, à Naples, il saisit par la corne un taureau qui s'était échappé, et l'arrêta court, quelques efforts que celui-ci tentât pour s'échapper de ses mains. Au reste, l'élection d'Alexandre lui avait causé une grande inquiétude, et, malgré sa prudence, il n'avait pu s'empêcher de dire devant celui qui lui avait apporté cette nouvelle que non-seulement il ne se réjouissait pas de cette élection, mais encore qu'il ne pensait pas qu'aucun chrétien pût s'en réjouir, attendu que Borgia, ayant toujours été un méchant homme, serait certainement un mauvais pontife. Au reste, ajouta-t-il, ce choix fût-il excellent, et cette élection dût-elle plaire à tous les autres, elle n'en serait pas moins fatale à la maison d'Aragon, encore qu'il en soit né sujet, et qu'il lui doive la source et les progrès de sa fortune ; car là où entrent les raisons d'État, elles ont bientôt exilé les affections du sang et de la parenté, à plus forte raison par conséquent, les simples relations de sujet et d'obligé.

Ainsi qu'on le voit, Ferdinand jugeait Alexandre VI avec sa perspicacité habituelle ; ce qui ne l'empêcha pas, ainsi que nous le verrons bientôt, d'être le premier qui contracta alliance avec lui.

Le duché de Milan appartenait nominativement à Jean Galéas, petit-fils de François Sforza, qui s'en était emparé par violence, le 26 février

1450, et l'avait légué à Galéas Marie, son fils, père du jeune prince régnant : nous disons nominativement, parce que le véritable maître du Milanais était à cette heure, non pas l'héritier légitime, qui était censé le posséder, mais son oncle Ludovic, surnommé *il Moro*, à cause du mûrier qu'il portait dans ses armes. Exilé avec ses deux autres frères, Philippe, qui mourut empoisonné en 1479, et Ascagne, qui devint cardinal, il rentra dans Milan quelques jours après l'assassinat de Galéas Marie, qui eut lieu le 26 décembre 1476 dans la basilique de Saint-Étienne, et s'empara de la régence du jeune duc, qui n'avait alors que huit ans. Depuis cette époque, et quoique son neveu eût atteint l'âge de vingt-deux ans, Ludovic avait continué de gouverner, et, selon toutes probabilités, devait gouverner longtemps encore ; car quelques jours après avoir manifesté le désir de reprendre le pouvoir, le pauvre jeune homme était tombé malade, et l'on disait tout haut qu'il avait pris un de ces poisons lents, mais mortels, dont les princes de cette époque faisaient un usage si fréquent, que, lors même qu'une maladie était naturelle, on lui cherchait toujours une cause que l'on pût rattacher à quelque grand intérêt. Quoi qu'il en soit, Ludovic avait relégué son neveu, trop faible pour s'occuper désormais des affaires de son duché, dans le château de Pavie, où il languissait sous les yeux de sa femme Isabelle, fille du roi Ferdinand de Naples.

Quant à Ludovic, c'était un ambitieux à la fois plein de courage et d'astuce, familier avec l'épée et le poison, qui, selon les occasions, sans avoir de prédilection ni de répugnance pour l'une ou pour l'autre, les employait alternativement, et qui, au reste, était bien décidé à hériter de son neveu, soit qu'il mourût, ou soit qu'il ne mourût pas.

Florence, quoique ayant conservé le nom d'une république, en avait peu à peu perdu toutes les libertés, et appartenait de fait, sinon de droit, à Pierre de Médicis, à qui Laurent l'avait, ainsi que nous l'avons vu, au risque du salut de son âme, léguée comme un bien paternel. Malheureusement le fils était loin d'avoir le génie du père : il était beau, il est vrai, tandis qu'au contraire, Laurent était d'une laideur remarquable ; il avait une voix agréable et harmonieuse, tandis que Laurent avait toujours nasillé ; il était instruit dans les langues grecque et latine, il avait la conversation agréable et facile, et improvisait des vers presque aussi bien que celui qu'on avait nommé le Magnifique ; mais il était, quoique ignorant aux affaires politiques, orgueilleux et insolent envers ceux qui en avaient fait une étude. Au reste, ardent aux plaisirs, passionné pour les femmes, incessamment occupé des exercices du corps qui pouvaient le faire briller à leurs yeux, et surtout de la paume, jeu auquel il était d'une grande force, et se promettant bien, aussitôt que son deuil serait passé, d'occuper non-seulement Florence, mais encore l'Italie tout entière, par la splendeur de sa cour et par le bruit de ses fêtes. Ainsi du moins l'avait résolu Pierre de Médicis ; mais le ciel en décida autrement.

Quant à la sérénissime république de Venise, dont Augustin Barbarigo est le doge, elle est parvenue, à l'heure où nous sommes arrivés, à son plus haut degré de puissance et de splendeur. Depuis Cadix jusqu'aux Palus-Méotides, elle n'a pas un port qui ne soit ouvert à ses mille vaisseaux ; elle possède en Italie, outre le littoral des lagunes et l'ancien duché de Venise, les provinces de Bergame, de Brescia, de Crème, de Vérone, de Vicence et de Padoue ; elle a la Marche Trévisane, qui comprend le Feltrin, le Bellunois, le Cadorin, la Polesine de Rovigo, et la principauté de Ravenne ; elle a le Frioul, moins Aquilée ; l'Istrie, moins Trieste ; elle a, sur la côte orientale du golfe, Zara, Spalatro, et le littoral de l'Albanie ; elle a dans la mer Ionienne les îles de Zante et de Corfou ; elle a en Grèce Lépante et Patras ; elle a dans la Morée Modon, Coron, Napoli di Romanie et Argos ; enfin, dans l'Archipel, outre plusieurs petites villes et des établissements sur les côtes, elle a Candie et le royaume de Chypre.

Ainsi, depuis l'embouchure du Pô jusqu'à l'extrémité orientale de la Méditerranée, la sérénissime république est maîtresse de tout le littoral, et l'Italie et la Grèce semblent le faubourg de Venise.

Dans les intervalles laissés libres entre Naples, Milan, Florence et Venise, de petits tyrans se sont établis, exerçant une souveraineté absolue sur leur territoire : ainsi les Colonna sont à Ostie et à Nettuno, les Montefeltri à Urbin, les Manfredi à Faenza, les Bentivogli à Bologne, les Malatesta à Rimini, les Vitelli à Città di Castello, les Baglioni à Pérouse, les Orsini à Vicovaro, et les princes d'Est à Ferrare.

Enfin, au centre de ce cercle immense, composé de grandes puissances, d'états secondaires et de petits tyrans, s'élève Rome, placée en haut de la spirale ; la plus élevée, mais la plus faible de tous, sans influence, sans territoire, sans armée et sans argent.

Il s'agit pour le nouveau pontife de lui rendre tout cela ; voyons donc quel homme c'était qu'Alexandre VI, pour entreprendre et accomplir un pareil projet.

Roderic Lenzioli était né à Valence en Espagne en 1430 ou 1431, et descendait par sa mère d'une famille issue, à ce que prétendent plusieurs auteurs, de race royale, et qui, avant de jeter les yeux sur la tiare, avait eu des prétentions aux couronnes d'Aragon et de Valence ; dès son enfance il avait donné des marques d'une vivacité d'esprit merveilleuse, et en grandissant il avait montré un génie très-apte aux sciences, et surtout à celles du droit et de la jurisprudence : il en résulte qu'il acquit ses premières distinctions comme avocat, professeur dans laquelle son habileté à discuter les affaires les plus épineuses lui fit bientôt une grande réputation. Cependant il ne tarda point à se lasser de cette carrière, qu'il abandonna tout à coup pour celle des armes, qu'avait suivie son père ; mais, après quelques actions qui prouvaient son sang-froid et son courage, il se dégoûta de celle-ci, ainsi que de l'autre ; et comme, au moment où ce dégoût commençait à le prendre, son père mourut, laissant une fortune considérable, il résolut de ne plus rien faire, et de vivre en se laissant aller à son caprice et à sa fantaisie. Vers cette époque, il devint l'amant d'une veuve qui avait deux filles. La veuve mourut : Roderic prit les filles sous sa tutelle, mit l'une d'elles dans un couvent, et comme l'autre était une des plus belles femmes qui se pussent voir, il la garda pour sa maîtresse. C'était la fameuse Rosa Vanozza, dont il eut cinq enfants : François, César, Lucrèce et Guiffry ; on ignore le nom du cinquième.

Roderic, retiré des affaires publiques, était tout entier à ses amours et à sa paternité, lorsqu'il apprit que son oncle, qui l'affectionnait comme s'il eût été son fils, avait été élu pape sous le nom de Calixte III. Mais le jeune homme était si amoureux à cette heure, que l'amour faisait taire en lui l'ambition, et qu'il fut presque effrayé de l'exaltation de son oncle, exaltation qui allait sans doute le forcer de rentrer dans les affaires publiques. En conséquence, au lieu d'accourir à Rome, comme tout autre eût fait à sa place, il se contenta d'écrire à sa sainteté une lettre dans laquelle il lui demandait la continuation de ses bontés, et lui souhaitait un long et heureux pontificat.

Cette retenue d'un de ses parents, au milieu des ambitions que le nouveau pontife trouvait à chaque pas sur son chemin, frappa singulièrement Calixte III : il savait la valeur du jeune Roderic, et au moment où les médiocrités l'assiégeaient de tous côtés, cette capacité qui se tenait modestement à l'écart grandit encore à ses yeux : aussi répondit-il à l'instant même à Roderic qu'au reçu de sa lettre il eût à quitter l'Espagne pour l'Italie et Valence pour Rome.

Cette lettre déplaçait Roderic du centre de bien-être qu'il s'était fait, et dans lequel il se fût peut-être endormi, comme un homme ordinaire, si la fortune n'était pas ainsi venue l'en tirer par la main. Roderic était heureux, Roderic était riche ; les mauvaises passions qui lui étaient naturelles s'étaient sinon éteintes, du moins assoupies ; il s'effraya lui-même à l'idée de changer la vie douce qu'il menait contre la vie ambitieuse et agitée qui lui était promise ; et au lieu d'obéir à son oncle, il retarda les préparatifs de son départ, espérant que Calixte l'oublierait. Il n'en fut pas ainsi : deux mois après la lettre pontificale, un prélat romain, porteur de la nomination de Roderic à un bénéfice valant vingt mille ducats par an, et d'un ordre positif au titulaire de venir prendre au plus tôt possession de sa charge, arriva à Valence.

Il n'y avait plus à reculer ; aussi Roderic obéit-il : mais, comme il ne voulait pas se séparer de la source où il avait puisé son bonheur depuis huit ans, Rosa Vanozza partit de son côté, et tandis qu'il se rendait à Rome elle se rendit à Venise, accompagnée de deux domestiques de confiance, et sous la garde d'un gentilhomme espagnol, nommé Manuel Melchiori.

La fortune tint vis-à-vis de Roderic les promesses qu'elle lui avait faites : le pape le reçut comme un fils, et le fit tour à tour archevêque de Valence, cardinal diacre et vice-chancelier. A toutes ces faveurs Calixte ajouta un revenu de quarante mille ducats ; de sorte qu'à l'âge de trente-cinq ans à peine Roderic se trouva riche et puissant à l'égal d'un prince.

Roderic avait eu quelque peine à accepter le cardinalat, qui l'enchaînait à Rome, et eût préféré être général de l'Église, position qui lui eût donné plus grande liberté de voir sa maîtresse et sa famille ; mais son oncle Calixte lui fit entrevoir la possibilité de lui succéder un jour, et, de ce moment, l'idée d'être le chef suprême des rois et des peuples s'empara tellement de Roderic, qu'il n'eut plus devant les yeux que le but que son oncle lui avait fait entrevoir.

Alors, à compter de ce jour, naquit chez le jeune cardinal cette puissance d'hypocrisie qui fit de lui la plus parfaite incarnation du démon qui ait peut-être jamais existé sur la terre ; et Roderic ne fut plus le même homme : les paroles d'humilité et de repentir à la bouche, le front baissé comme s'il eût porté le poids de ses fautes passées, dédaigneux des richesses qu'il avait acquises, et qui, étant, disait-il, le bien des pauvres, devaient retourner aux pauvres, il passait sa vie dans les églises, dans les monastères ou dans les hôpitaux, acquérant, dit son historien, aux yeux même de ses ennemis, la réputation d'un Salomon pour la sagesse, d'un Job pour la patience, et d'un Moïse pour la publication de la parole de Dieu : seule au monde, Rosa Vanozza pouvait estimer ce que valait la conversion du pieux cardinal.

Bien en prit à Roderic de s'être posé aussi saintement ; car son protecteur mourut après un règne de trois ans trois mois et dix-neuf jours, et il ne fut plus soutenu que par son propre mérite contre les ennemis nombreux que lui avait faits sa rapide fortune : aussi pendant tout le règne de Pie II demeura-t-il constamment éloigné des affaires, et ne le vit-on reparaître que sous Sixte IV, qui lui fit don de l'abbaye de Subiaco, et l'envoya en qualité de légat près des rois d'Aragon et de Portugal. A son retour, qui eut lieu sous le pontificat d'Innocent VIII, il se décida à faire enfin venir sa famille à Rome : elle y fut conduite par don Melchiori, qui, dès ce moment, passa pour le mari de Vanozza, et prit le nom du comte Ferdinand de Castille.

Le cardinal Roderic reçut le noble Espagnol comme un compatriote et un ami : celui-ci, qui comptait mener une vie fort retirée, loua une maison dans la rue della Lungara, proche de l'Église de Regina Cœli et sur les bords du Tibre. C'est là qu'après avoir passé la journée en prières et en œuvres pieuses, le cardinal Roderic allait chaque soir déposer son masque. Alors, disait-on, quoique personne n'en pût donner la preuve, il se passait dans cette maison des choses infâmes : on parlait d'inceste entre le père et la fille et entre les deux frères et la sœur ; de sorte que, pour faire cesser ces bruits qui commençaient à se répandre, Roderic envoya César étudier à Pise, et maria Lucrèce à un jeune gentilhomme aragonais ; si bien qu'il ne resta plus à la maison que la Vanozza et ses deux fils : tel était l'état des choses quand Innocent VIII mourut, et que Roderic Borgia fut proclamé pape.

Nous avons vu par quels moyens la nomination s'était faite ; aussi les cinq cardinaux qui n'avaient point participé à cette simonie, et qui étaient les cardinaux de Naples, de Sienne, de Portugal, de Sainte-Marie in Portico et de Saint-Pierre aux Liens, protestèrent-ils tout haut contre cette élection, qu'ils traitèrent de maquignonnage ; mais Roderic n'en avait pas moins, n'importe par quel moyen, réuni la majorité ; Roderic n'en était pas moins le deux-cent-seizième successeur de saint Pierre.

Cependant, tout arrivé qu'il était à son but, Alexandre VI n'osa point dès l'abord quitter le masque qu'avait porté si longtemps le cardinal Borgia, quoique en apprenant sa nomination il ne pût dissimuler la joie qu'elle lui causa, si bien qu'il s'écria en levant les mains au ciel, et avec l'accent de l'ambition satisfaite, lorsqu'on lui annonça que le scrutin venait de décider en sa faveur : — Suis-je donc pape ? Suis-je donc le vicaire du Christ ? Suis-je donc la clef de voûte du monde chrétien ?

— Oui, saint-père, lui répondit le cardinal Ascanio Sforza, — le même qui avait vendu à Roderic les neuf voix dont il disposait au conclave pour quatre mulets chargés d'argent ; — et nous espérons par votre élection donner la gloire à Dieu, le repos à l'Église et la joie à la chrétienté ; attendu que vous êtes choisi par le Tout-Puissant lui-même, comme le plus digne de tous vos frères.

Mais, si courte qu'avait été cette réponse, le nouveau pape avait déjà repris son empire sur lui-même, et d'une voix humble et les mains croisées sur la poitrine :

— Nous espérons, dit-il, que Dieu nous accordera son puissant secours, nonobstant notre faiblesse, et qu'il fera pour nous ce qu'il fit pour l'apôtre, lorsqu'il lui mit autrefois les clefs du ciel entre les mains, et qu'il lui confia le gouvernement de l'Église, gouvernement qui, sans l'aide divine, serait une trop lourde charge pour un mortel : mais Dieu lui promit que son esprit le dirigerait ; il en sera ainsi pour nous, je l'espère, et de votre côté, nous ne doutons pas que vous n'ayez tous cette sainte obéissance qui est due au chef de l'Église, en imitation de celle que le troupeau du Christ était obligé d'avoir pour le prince des apôtres.

Aussitôt ce discours terminé, Alexandre se revêtit des habits pontificaux, et fit jeter par les fenêtres du Vatican des bandes de papier sur lesquelles son nom était écrit en latin, et qui, enlevées par le vent, semblèrent porter au monde entier la nouvelle du grand événement qui allait changer la face de l'Italie.

Le même jour, des courriers furent expédiés dans toutes les cours de l'Europe.

César Borgia apprit la nouvelle de l'élection de son père, à l'université de Pise, où il étudiait : son ambition avait rêvé parfois une telle fortune, et cependant sa joie en fut presque insensée. C'était alors un jeune homme de vingt-deux à vingt-quatre ans, adroit à tous les exercices du corps et surtout aux armes ; montant sans selle les chevaux les plus fougueux, et tranchant la tête d'un taureau d'un seul coup d'épée : d'ailleurs, arrogant, jaloux, dissimulé, et, au dire de Tommasi, grand parmi les impies, comme son frère François était bon parmi les grands. Quant à son visage, les auteurs même contemporains en ont laissé une description tout à fait diverse ; car les uns l'ont peint comme un monstre de laideur, tandis que les autres vantent, au contraire, sa beauté : cette contradiction tient à ce que, dans certains moments de l'année et au printemps surtout, sa figure se couvrait de pustules qui en faisaient, tant qu'elles duraient, un objet d'horreur et de dégoût, tandis que, pendant tout le reste du temps, c'était le sombre cavalier aux cheveux noirs, au teint pâle et à la barbe fauve, que nous a montré Raphaël dans le beau portrait qu'il a fait de lui. Au reste, historiens, chroniqueurs et peintres, sont d'accord sur son regard fixe et puissant, au fond duquel brillait une flamme incessante, qui lui donnait quelque chose d'infernal et de surhumain. Tel était l'homme dont le sort venait de combler toutes les espérances, et qui avait pris pour devise : *Aut Cæsar, aut nihil :* — César, ou rien.

César prit la poste avec quelques-uns de ses familiers, et à peine eut-il été reconnu aux portes de Rome, que les respects qu'on lui rendit témoignèrent aussitôt de son changement de fortune : au Vatican les respects redoublèrent, les grands s'inclinèrent devant lui, comme devant un plus grand qu'eux. Aussi, dans son impatience, sans visiter sa mère ni aucune autre personne de sa famille, il monta droit chez le pape pour lui baiser les pieds ; et comme celui-ci avait été prévenu de son arrivée, il l'attendait au milieu d'une assemblée brillante et nom-

breuse de cardinaux, et ayant ses trois autres frères debout derrière lui. Sa sainteté le reçut d'un visage favorable ; mais cependant, sans se laisser aller aux démonstrations de son amour paternel, se baissa vers lui, le baisa au front, et lui demanda comment il se portait et de quelle façon s'était passé son voyage. César répondit qu'il se portait à merveille et tout au service de sa sainteté ; que, quant au voyage, ses petites incommodités et sa courte fatigue avaient été compensées, et bien au-delà, par la joie qu'il éprouvait de pouvoir adorer sur le saint-siège pontifical celui qui en était si digne. A ces mots, laissant César à genoux comme il était, et se rasseyant lui-même, car pour l'embrasser il s'était soulevé de son siège, le pape donna à son visage un air grave et composé, et parla ainsi qu'il suit, assez haut pour être entendu de tous, et assez lentement pour que chacun des assistants pût peser et retenir la moindre de ses paroles :

— Nous sommes bien persuadé, César, que vous êtes singulièrement joyeux de nous voir à ce faîte suprême, si élevé au-dessus de nos mérites, et auquel il a plu à la bonté divine de nous faire monter. Cette joie nous était due d'abord en échange de l'amour que nous vous avons toujours porté et que nous portons encore, et ensuite pour votre propre intérêt, puisque vous pouvez vous promettre de recevoir désormais de notre main pontificale les bienfaits dont vos bonnes œuvres vous rendront digne ; mais si votre joie, et ceci nous le disons à vous comme nous l'avons dit à votre frère, s'est fondée sur d'autres bases, vous vous êtes grandement trompé, César, et vous vous trouverez tristement déçu. Nous avons aspiré peut-être, et nous le confessons humblement à la face de tous, avec une passion immodérée, à la souveraineté du pontificat, et nous avons suivi pour y parvenir tous les chemins qu'a pu nous ouvrir l'industrie humaine ; mais nous avons agi ainsi, en nous jurant à nous-même qu'une fois arrivé à notre but, nous ne suivrions plus d'autre voie que celle qui conduit au meilleur service de Dieu, à la plus grande exaltation du saint-siège, afin qu'une glorieuse mémoire des choses que nous ferons efface le souvenir honteux des choses que nous avons faites. Si bien que nous en viendrons à laisser, je l'espère, à nos successeurs une route où, s'ils ne trouvent pas les traces d'un saint, ils pourront suivre au moins les pas d'un pontife. Dieu, qui nous a secondé dans les moyens, réclame de nous le résultat, et nous sommes disposé à satisfaire pleinement à cette grande dette que nous avons contractée envers lui ; c'est pourquoi nous ne voulons pas éveiller par nos fraudes les rigueurs de sa justice. Un seul empêchement pourrait donc traverser nos bonnes intentions ; ce serait si nous éprouvions un intérêt trop vif pour votre fortune. Aussi nous sommes-nous cuirassé d'avance contre notre amour, et avons-nous prié Dieu qu'il nous soutienne, afin que nous ne bronchions pas à votre sujet ; car, dans le chemin du favoritisme, un pontife ne peut glisser sans tomber, et ne peut tomber sans porter un grand préjudice à l'honneur du saint-siège. Nous pleurerons jusqu'à la fin de notre vie les fautes auxquelles nous devons l'expérience de cette vérité ; et plaise à Dieu que l'heureuse mémoire de Calixte notre oncle ne porte pas aujourd'hui dans le purgatoire le poids de nos péchés plus encore que des siens ! Hélas ! il était riche de toutes les vertus, il était plein de bonnes intentions ; mais il aimait trop les siens, et, parmi les siens, nous particulièrement : de sorte que, se laissant mener aveuglément par cet amour, et par celui qu'il avait pour ses parents, dont il avait trop fait sa propre chair, il accumula sur quelques têtes seulement, les moins dignes peut-être, les bénéfices qui devaient récompenser les mérites d'un grand nombre. En effet, il déposa dans notre maison ces trésors qu'il ne fallait pas amasser aux dépens des pauvres, ou qu'il fallait convertir en un meilleur usage. Il démembra de l'État ecclésiastique, déjà si faible et si restreint, le duché de Spolette, ainsi que d'autres riches domaines, afin de nous en faire des fiefs ; il appuya sur notre faiblesse la vice-chancellerie, la vice-préfecture de Rome, le généralat de l'Église, et toutes les autres charges les plus considérables, qui, au lieu d'être accaparées ainsi par nous, devaient être conférées à ceux-là que leurs mérites en avaient rendus les plus dignes. Il y en eut alors qui, à notre recommandation, furent élevés à de suprêmes dignités, qui n'avaient d'autre mérite pour arriver là que la protection trop partiale que nous leur accordions ; tandis que d'autres furent écartés, qui n'avaient d'autre cause pour ne point parvenir que la jalousie que nous inspirait leur mérite. Pour dépouiller Ferdinand d'Aragon du royaume de Naples, il alluma une terrible guerre, dont l'issue heureuse n'avait d'autre résultat que d'augmenter notre fortune, et dont l'issue malheureuse ne pouvait amener que honte et dommage au saint-siège. Enfin, en se laissant gouverner par ceux qui sacrifiaient le bien public à leurs intérêts particuliers, il porta un notable préjudice, non-seulement au trône pontifical, non-seulement à sa renommée, mais encore, et ce qui est bien plus fatal, à sa conscience. Et cependant, ô sagesse des jugements de Dieu ! si fort et si constamment qu'il se fût employé pour établir notre fortune, à peine eut-il laissé vide la place suprême que nous occupons aujourd'hui, que nous nous trouvâmes renversé du faîte où nous étions monté, abandonné à la furie du peuple et aux haines vindicatives de ces barons romains, qui se regardaient comme offensés par notre bienveillante partialité pour leurs ennemis. De sorte que, non-seulement comme je vous le dis, César, il nous fallut tomber précipitamment du haut de notre grandeur, et de ces biens et de ces dignités que notre oncle avait accumulés sous nos pieds, mais encore, pour ne pas perdre la vie, nous condamner, nous et nos amis, à un volontaire exil, grâce auquel seulement nous parvînmes à nous dérober à l'orage soulevé par notre trop grande fortune. Cela nous fut une preuve évidente que Dieu, sachant se jouer des desseins des hommes dès que ces desseins sont injustes, c'est une grande erreur aux pontifes que de s'appliquer davantage au bien d'une maison qui ne peut durer que quelques années qu'à la gloire de l'Eglise, qui est éternelle, et que c'est une grande folie à ces politiques qui, ayant le gouvernement d'un domaine qui n'est héréditaire ni pour eux ni pour leurs successeurs, appuient l'édifice de leur grandeur sur d'autres bases que sur les hautes vertus exercées au profit de tous, et croient assurer la durée de leur fortune par d'autres moyens que par ceux qui compriment ces tourbillons inattendus qui, s'élevant au milieu du calme, peuvent soulever une tempête, c'est-à-dire leur créer une masse d'ennemis, dont un seul agissant sérieusement leur causera plus de dommages que ne peuvent leur apporter de secours les démonstrations trompeuses de cent amis.—Si vous et vos frères cheminez par la voie louable dont nous vous ouvrons l'entrée, vous ne formerez pas un désir qu'il ne soit à l'instant même accompli; mais si vous prenez le chemin contraire, si vous avez espéré que notre affection se fera la complaisante de vos désordres, vous aurez bientôt la preuve que nous sommes pontife pour l'Eglise et non pour la maison, et que, comme vicaire du Christ, nous voulons faire ce que nous jugerons être le bien de la chrétienté, mais non ce que vous aurez jugé, vous, être votre bien à vous; — et ceci bien entendu, César, recevez notre bénédiction pontificale.

Et à ces mots Alexandre VI se leva, imposa les mains à son fils, toujours agenouillé, et se retira dans ses appartements sans l'inviter à le suivre.

Le jeune homme était resté stupéfait de ce discours, auquel il s'attendait si peu, et qui détruisait d'un seul coup ses plus chères espérances. Aussi, se relevant étourdi et chancelant comme un homme ivre, et sortant du Vatican à l'instant même, il courut chez sa mère, à laquelle il n'avait pas pensé d'abord, et vers laquelle il revenait dans son abandon. — La Vanozza avait à la fois tous les vices et toutes les vertus d'une courtisane espagnole: dévote envers la madone jusqu'à la superstition, tendre envers ses enfants jusqu'à la faiblesse, complaisante envers Roderic jusqu'à la débauche; mais confiante au fond de l'âme dans la force d'un pouvoir qu'elle exerçait depuis près de trente ans, et certaine, comme le serpent, d'étouffer dans ses replis quand elle ne pouvait pas fasciner par son regard. Vanozza connaissait la profonde hypocrisie de son vieil amant, et, par conséquent, elle n'eut pas de peine à rassurer César.

Lucrèce était près de la Vanozza quand César était arrivé; les deux jeunes gens échangèrent sous les yeux mêmes de leur mère un baiser

Arrivé à cet endroit, il frappa rapidement trois coups à la porte d'une maison de belle apparence. — Page 115.

incestueux; et, avant de se retirer, César avait pris pour le soir même rendez-vous avec Lucrèce, qui, séparée de son mari, à qui Roderic payait une pension, vivait en toute liberté dans son palais de la Via del Pellegrino, situé en face du Champ des Fleurs.

Le soir, à l'heure convenue, César se rendit chez Lucrèce; mais il y trouva son frère François. Les deux jeunes gens ne s'étaient jamais aimés. Cependant, comme leurs cœurs étaient bien différents, la haine, chez François, était la crainte instinctive que le daim éprouve pour le chasseur; tandis que la haine, chez César, était ce désir de vengeance et ce désir de sang qui vit incessamment dans le cœur du tigre. Les deux frères ne s'en embrassèrent pas moins, l'un par bienveillance, l'autre par hypocrisie; mais, en s'apercevant, le sentiment de leur double rivalité dans les bonnes grâces de leur père et de leur sœur avait fait monter la rougeur au visage de François et la lividité à celui de César. Les deux jeunes gens s'assirent donc, décidés à ne pas sortir l'un sans l'autre, lorsqu'on frappa à la porte, et qu'on annonça un rival devant lequel l'un et l'autre devaient se retirer: c'était leur père.

Vanozza avait eu raison de rassurer César. En effet, Alexandre VI, tout en se déchaînant contre les abus de la famille, avait déjà compris le parti politique qu'il pouvait tirer de ses fils et de sa fille; car il savait que pour toutes choses il pouvait compter, sinon sur François et sur Guiffry, mais sur Lucrèce et sur César. En effet, de ce côté, la sœur était le digne pendant du frère. Libertine par imagination, impie par tempérament, ambitieuse par calcul, Lucrèce avait un âpre besoin de plaisirs, de louanges, d'honneurs, d'or, de pierreries, d'étoffes soyeuses et de palais magnifiques. — Espagnole sous ses cheveux blonds, courtisane sous son air candide, elle avait la tête d'une madone de Raphaël et le cœur de Messaline; aussi était-elle chère et comme fille et comme maîtresse à Roderic, qui voyait se réfléchir en elle, comme en un miroir magique, toutes ses passions et tous ses vices. Lucrèce et César étaient donc les bien-aimés de son cœur, et composaient la trinité diabolique qui demeura onze ans sur le trône pontifical, comme une sacrilége parodie de la Trinité céleste.

Au reste, rien ne démentit d'abord les principes émis par Alexandre dans le discours qu'il avait fait à César, et la première année de son pontificat dépassa les espérances qu'avaient conçues les Romains lors de son élection. Il pourvut à l'approvisionnement des greniers publics avec une si grande libéralité, que de mémoire d'homme on n'avait joui d'une si merveilleuse abondance, et afin que le bien-être descendît jusqu'aux dernières classes, de nombreuses aumônes, prélevées sur sa fortune particulière, permirent aux pauvres mêmes de participer à ce banquet général, dont, depuis si longtemps ils étaient exclus. Quant à la sûreté de la ville, elle avait été rétablie, dès les premiers jours de son avénement à la tiare, par une police ferme et vigilante, et par un tribunal composé de quatre docteurs de réputation irréprochable, chargés de poursuivre tous les crimes nocturnes si communs sous le précédent pontificat, que leur nombre même leur assurait l'impunité, et qui donnèrent dès leurs premiers jugements l'exemple d'une sévérité que ne

Alexandre VI entama deux négociations à la fois ; il avait besoin d'un allié qui pût veiller pour lui sur la politique des états qui l'entouraient. Jean Sforza, petit-fils d'Alexandre Sforza, frère du grand François Ier, duc de Milan, était seigneur de Pesaro ; la situation topographique de

A Naples, il saisit par la corne un taureau qui s'était échappé, et l'arrêta court. — Page 117.

purent adoucir ni le rang ni la fortune des coupables. Cela faisait un si grand contraste avec la corruption du règne précédent, pendant lequel le vice-camérier répondait publiquement à ceux qui lui reprochaient la vénalité de la justice : — Dieu ne veut pas la mort du pécheur ; mais qu'il vive et qu'il paye, — que la capitale du monde chrétien se crut ramenée un instant aux beaux jours du pontificat. Aussi, au bout d'un an de règne, Alexandre VI avait déjà reconquis le crédit spirituel perdu par ses prédécesseurs. Restait, pour accomplir la première partie de son plan gigantesque, à établir son crédit politique. Il avait, pour arriver à ce but, deux moyens à employer : les alliances ou les conquêtes. Il dut commencer par tenter les alliances. Le gentilhomme aragonais qui avait épousé Lucrèce quand elle n'était que la fille du cardinal Roderic Borgia, n'était pas un homme assez puissant ni par la naissance, ni par la fortune, ni par le génie, pour entrer avec quelque influence dans les combinaisons du pape Alexandre VI : la séparation fut donc convertie en divorce, et Lucrèce Borgia se trouva libre de se remarier.

cette place, située au bord de la mer, entre Florence et Venise, lui convenait donc merveilleusement ; aussi jeta-t-il d'abord les yeux sur lui, et comme les intérêts étaient les mêmes des deux côtés, Jean Sforza devint bientôt le second mari de Lucrèce.

En même temps, des ouvertures avaient été faites à Alphonse d'Aragon, héritier présomptif de la couronne de Naples, pour entamer un mariage entre dona Sancia, sa fille naturelle, et Guiffry, troisième fils du pape ; mais comme le vieux Ferdinand voulait tirer le meilleur parti possible de cette alliance, il traîna les négociations en longueur, objectant que les deux enfants n'étaient point encore nubiles, et que, par conséquent, quelque honneur que dût lui faire une pareille alliance, rien ne pressait à l'endroit de leurs fiançailles. Les choses en restèrent là, au grand mécontentement d'Alexandre VI, qui ne se trompa

Montant sans selle les chevaux les plus fougueux. — Page 119.

point à cet ajournement, et prit la défaite qui lui était donnée pour ce qu'elle était réellement, c'est-à-dire pour un refus. Alexandre et Ferdinand demeurèrent donc dans la même situation qu'auparavant, joueurs politiques d'égale force, et attendant que les événements se déclarassent pour l'un ou pour l'autre. La fortune fut pour Alexandre.

L'Italie, quoique tranquille, sentait instinctivement que ce calme n'était rien autre chose que la torpeur qui précède l'orage. Elle était trop riche et trop heureuse pour n'être point enviée par toutes les autres nations. En effet, la négligence et la jalousie de la république florentine n'avaient point encore fait un marais des plaines de Pise, les guerres des Colonna et des Orsini n'avaient point encore changé les riches campagnes de Rome en un désert inculte, le marquis de Marignan n'avait point encore rasé, dans la seule république de Sienne, cent vingt villages ; enfin, la maremme était déjà insalubre, mais point encore mortelle ; et Flavio Blondo, en décrivant, en 1450, Ostie, qui ne compte plus aujourd'hui que trente habitants, se contente de dire qu'elle était moins florissante que du temps des Romains, époque à laquelle elle en comptait cinquante mille.

Quant aux paysans italiens, ils étaient peut-être les plus heureux de la terre : au lieu de vivre disséminés dans les champs et isolés les uns des autres, ils habitaient dans des bourgades fermées de murs qui protégeaient leurs récoltes, leur bétail et leurs instruments ; leurs maisons, du moins celles qui restent de cette époque, prouvent qu'ils étaient logés avec plus de bien-être, d'art et de goût, que ne le sont encore aujourd'hui les bourgeois de nos villes. Enfin cette réunion d'intérêts communs, cette agglomération d'individus dans des villages fortifiés, leur avait, petit à petit, laissé prendre une importance que n'avaient ni les manants de France ni les serfs d'Allemagne ; ils avaient des armes, un trésor commun, des magistrats élus, et lorsqu'ils combattaient, au moins, eux, c'était pour défendre une patrie.

Le commerce d'ailleurs n'était pas moins florissant que l'agriculture ; l'Italie à cette époque était couverte de fabriques, où l'on travaillait la soie, la laine, le chanvre, les pelleteries, l'alun, le soufre, et le bitume : ceux de ces produits que le sol ne produisait pas étaient amenés dans ses ports, de la mer Noire, de l'Égypte, de l'Espagne et de la France, et repartaient souvent, pour les lieux d'où ils étaient venus, après que le travail et la main d'œuvre en avaient doublé la valeur : le riche apportait ses marchandises, le pauvre son industrie. L'un était sûr de ne pas manquer de bras, et l'autre était sûr de ne pas manquer de travail.

L'art de son côté n'était point demeuré en arrière : Dante, Giotto, Brunelleschi, Donatello étaient morts, mais l'Arioste, Raphaël, Bramante et Michel-Ange venaient de naître, Rome, Florence et Naples avaient hérité des chefs-d'œuvre de l'antiquité, et les manuscrits d'Eschyle, de Sophocle et d'Euripide, étaient venus, grâce à la conquête de Mahomet II, rejoindre les statues de Xantippe, de Phidias et de Praxitèle.

Les principaux souverains de l'Italie avaient donc compris, en arrêtant les yeux sur ces grasses moissons, sur ces riches villages, sur ces florissantes fabriques et sur ces merveilleuses églises, et en les reportant ensuite sur les peuples barbares, pauvres et guerriers qui les entouraient, qu'ils allaient un jour ou l'autre devenir aux autres nations ce que l'Amérique était à l'Espagne, c'est-à-dire, une vaste mine d'or à exploiter. En conséquence, dès 1480, Naples, Milan, Florence et Ferrare avaient signé une ligue offensive et défensive, prête à faire face aussi bien aux ennemis du dedans qu'à ceux du dehors, aux péninsulaires qu'aux ultramontains. Louis Sforza, qui était le plus intéressé au maintien de cette ligue, parce qu'il était le plus rapproché de la France, côté d'où paraissait menacer l'orage, vit dans l'élection du nouveau pape un nouveau moyen, non-seulement de resserrer cette ligue, mais encore de la faire apparaître aux yeux de l'Europe dans sa puissance et dans son unité.

A chaque exaltation nouvelle, il est de coutume que tous les états chrétiens envoient à Rome une ambassade solennelle, pour renouveler, au nom de chacun d'eux, leur serment d'obédience au saint père. Louis Sforza eut l'idée de réunir les ambassadeurs des quatre puissances de manière à ce qu'ils fissent leur entrée le même jour dans Rome, et de charger un seul des envoyés, celui du roi de Naples, par exemple, de porter la parole au nom de tous.

Malheureusement, ce plan concordait mal avec les projets magnifiques de Pierre de Médicis. L'orgueilleux jeune homme, qui avait été nommé ambassadeur de la république florentine, avait vu dans la mission que lui avaient confiée ses compatriotes un moyen de faire briller son faste et d'étaler ses richesses. Depuis le jour de sa nomination, son palais ne désemplissait pas de tailleurs, de joailliers et de marchands d'étoffes : il s'était fait faire des habits splendides, brodés de pierres précieuses, qu'il avait tirées du trésor de sa famille. Tous ses joyaux, les plus riches de l'Italie peut-être, étaient semés sur les habits de ses pages, et l'un d'eux, son favori, devait porter un collier de perles évalué à lui seul cent mille ducats, c'est-à-dire près d'un million de notre monnaie actuelle. De son côté, l'évêque d'Arezzo, Gentile, qui avait été professeur de Laurent de Médicis, était le second ambassadeur nommé, et devait porter la parole, et Gentile, qui avait préparé son discours, comptait autant sur son éloquence pour charmer les oreilles que Pierre de Médicis sur sa richesse pour éblouir les yeux. Or, l'éloquence de Gentile était perdue si c'était l'envoyé du roi de Naples qui portait la parole, et la magnificence de Pierre de Médicis était inaperçue s'il entrait à Rome confondu avec tous les autres ambassadeurs. Ces deux graves intérêts, compromis par la proposition du duc de Milan, changèrent toute la face de l'Italie.

Louis Sforza avait déjà la promesse de Ferdinand de se conformer, pour sa part, au plan qu'il avait imaginé, lorsque le vieux roi, sollicité par Médicis, retira tout à coup sa parole. Sforza s'informa d'où venait ce changement, et apprit que l'influence qui avait vaincu la sienne était celle de Pierre. Ne pouvant se rendre compte des motifs réels qui avaient dicté cette opposition, il y vit une ligue secrète contre lui, et attribua à la mort de Laurent de Médicis ce changement de politique. Au reste, cette cause, quelle qu'elle fût, lui était visiblement préjudiciable : Florence, vieille alliée de Milan, l'abandonnait pour Naples. Il résolut de jeter un contre-poids dans la balance ; et, dévoilant à Alexandre la politique de Pierre et de Ferdinand, il lui proposa une alliance offensive et défensive, à laquelle ils adjoindraient la république de Venise ; le duc Hercule III de Ferrare serait en même temps sommé de se prononcer pour l'une ou l'autre des deux alliances. Alexandre VI, blessé de la conduite de Ferdinand à son égard, accepta la proposition de Louis Sforza, et l'acte de confédération par lequel les nouveaux alliés s'engageaient à mettre sur pied, pour le maintien de la paix publique, une armée de vingt mille chevaux et de dix mille fantassins, fut signé le 22 avril 1493.

Ferdinand vit avec crainte se former cette ligue ; mais il crut avoir le moyen d'en neutraliser les effets en dépouillant Louis Sforza de sa puissance, qui, sans être usurpée encore, se prolongeait déjà bien au delà du terme qu'elle aurait dû avoir, puisque, quoique le jeune Galeas, son petit-fils, eût atteint l'âge de vingt-deux ans, Louis Sforza n'en continuait pas moins de tenir la régence. En conséquence, il invita positivement le duc de Milan à résigner le pouvoir souverain entre les mains de son neveu, sous peine d'être déclaré usurpateur.

Le coup était terrible : mais il avait le danger de porter Louis Sforza à quelques-unes de ces combinaisons politiques qui lui étaient familières, et devant lesquelles il ne reculait jamais, quelque dangereuses qu'elles fussent. Ce fut ce qui arriva effectivement ; Sforza, inquiété dans la possession de son duché, résolut de menacer Ferdinand dans celle de son royaume.

Rien n'était plus facile : il connaissait les dispositions belliqueuses de Charles VIII, il savait les prétentions de la maison de France sur le royaume de Naples. Il envoya deux ambassadeurs pour inviter le jeune roi à réclamer les droits de la maison d'Anjou usurpés par celle d'Aragon ; et, pour mieux l'engager dans cette entreprise lointaine et hasardeuse, il lui offrit un passage facile et amical par ses propres États.

Avec le caractère connu de Charles VIII, une pareille proposition ne pouvait manquer d'être acceptée : en effet, un horizon magnifique s'ouvrait devant lui comme par enchantement ; ce que lui offrait Louis Sforza, c'était la domination de la Méditerranée, c'était le protectorat de l'Italie tout entière ; c'était enfin, par Naples et par Venise, un chemin ouvert qui pouvait conduire à la conquête de la Turquie ou de la Terre-Sainte, selon qu'il lui plairait de venger les désastres de Nicopolis ou de Mansourah. La proposition fut donc accueillie, et par l'intermédiaire du comte Charles de Belgiojoso et du comte de Cajazzo pour Louis Sforza, et de l'évêque de Saint-Malo et du sénéchal de Beaucaire pour Charles VIII, une alliance secrète fut signée, par laquelle il fut convenu :

Que le roi de France tenterait la conquête du royaume de Naples ;

Que le duc de Milan ouvrirait au roi de France le passage par ses États, et l'accompagnerait avec cinq cents lances ;

Que le duc de Milan permettrait au roi de France d'armer à Gênes autant de vaisseaux qu'il voudrait ;

Qu'enfin le duc de Milan prêterait au roi de France deux cent mille ducats, payables au moment de son départ.

De son côté, Charles VIII s'engagea :

A défendre l'autorité personnelle de Louis Sforza sur le duché de Milan contre quiconque tenterait de l'en dépouiller ;

A laisser dans Asti, ville appartenant au duc d'Orléans par l'héritage de Valentine Visconti, sa grand-mère, deux cents lances françaises, toujours prêtes à secourir la maison Sforza ;

Enfin à abandonner à son allié la principauté de Tarente aussitôt après la conquête du royaume de Naples.

Ce traité à peine conclu, Charles VIII, qui s'en exagérait encore les avantages, songea à se faire aussitôt libre de tous les empêchements qui eussent pu retarder ou entraver son expédition. Cette précaution était nécessaire ; car ses relations avec les grandes puissances étaient loin d'être telles qu'il aurait pu les désirer.

En effet, Henri VII était débarqué à Calais avec une armée formidable, et menaçait la France d'une nouvelle invasion.

Ferdinand et Isabelle, rois des Espagnes, avaient sinon contribué à la chute de la maison d'Anjou, du moins avaient soutenu la branche d'Aragon de leur argent et de leurs soldats.

Enfin, la guerre avec le roi des Romains avait pris une nouvelle force du renvoi que Charles VIII avait fait de Marguerite de Bourgogne à Maximilien, son père, et du mariage qu'il avait contracté avec Anne de Bretagne.

Par le traité d'Étaples, en date du 3 novembre 1492, Henri VII se détacha de l'alliance du roi des Romains, et s'engagea à ne point poursuivre ses conquêtes.

Il en coûta à Charles VIII sept cent quarante-cinq mille écus d'or et le remboursement des frais de la guerre de Bretagne.

Par le traité de Barcelone, en date du 19 janvier 1493, Ferdinand le Catholique et Isabelle s'engagèrent à ne point porter secours a leur cousin Ferdinand de Naples, et à ne point mettre obstacle aux projets de la cour de France en Italie.

Il en coûta à Charles VIII Perpignan, le comté de Roussillon et la Cerdagne, que Jean d'Aragon avait donnés en gage à Louis XI pour la somme de trois cent mille ducats, et que Louis XI n'avait pas voulu lui rendre à l'époque fixée, contre la restitution de cette somme, tant le vieux renard royal sentait l'importance de ces portes ouvertes sur les Pyrénées, qu'en cas de guerre il pouvait fermer en dedans.

Enfin, par le traité de Senlis, en date du 23 mai 1493, Maximilien daigna pardonner à la France l'affront qu'il venait de recevoir de son roi.

Il en coûta à Charles VIII les comtés de Bourgogne, d'Artois, de Charolais et la seigneurie de Noyers, qu'il avait déjà reçus en dot de Marguerite, plus les villes d'Aire, d'Hesdin et de Bethune, qu'il s'engagea à rendre à Philippe d'Autriche le jour même de sa majorité.

Moyennant ces sacrifices, le jeune roi se trouva en paix avec tous ses voisins, et put entreprendre le projet qui lui avait été proposé par Louis Sforza, auquel il avait été suggéré, comme nous l'avons dit, par le refus d'accéder à son plan de députation, refus inspiré par le désir qu'avait Pierre de Médicis de montrer ses magnifiques pierreries, et Gentile de prononcer son discours.

Ainsi la vanité d'un professeur et l'orgueil d'un écolier allaient remuer le monde depuis le golfe de Tarente jusqu'aux monts Pyrénéens.

Alexandre VI, placé au centre de ce vaste tremblement de terre, dont l'Italie n'avait point encore ressenti les premières secousses, avait profité de la préoccupation instinctive des esprits pour donner un premier démenti au fameux discours que nous avons rapporté, en créant cardinal Jean Borgia, son neveu, qui, sous le pontificat précédent, avait été nommé archevêque de Montréal et gouverneur de Rome. Cette promotion accomplie sans murmure, attendu les antécédents de celui qui en était l'objet, fut une espèce d'essai que tenta Alexandre VI, et qui, par sa réussite, l'engagea bientôt à donner à César Borgia l'archevêché de Valence, bénéfice dont lui-même avait joui depuis son élévation au pontificat. Mais ici la difficulté vint de la part de celui qui recevait le don. Le bouillant jeune homme, qui avait tous les instincts et tous les vices d'un capitaine de condottieri, avait grand'peine à s'imposer l'apparence même des vertus d'un homme d'église ; mais comme il le savait, de la bouche de son père même, que les hautes dignités séculières étaient réservées à son frère aîné, il se décida à accepter ce qu'on lui donnait, de peur de ne point obtenir autre chose : seulement sa haine pour François s'en augmenta ; car, dès lors, il était deux fois son rival, rival en amour et rival en ambition.

Tout à coup Alexandre VI vit, au moment où il s'y attendait le moins, revenir à lui le vieux roi Ferdinand. Le pape était trop habile politique pour accueillir ce retour avant d'en connaître les causes : bientôt il apprit ce qui se tramait à la cour de France contre le royaume de Naples, et tout lui fut expliqué.

Ce fut alors à son tour d'imposer des conditions.

Il demanda l'accomplissement du mariage de Guiffry, son troisième fils, avec doña Sancia, fille naturelle d'Alphonse.

Il demanda qu'elle apportât en dot à son époux la principauté de Squillace et le comté de Cariati, avec dix mille ducats de rente et la charge de protonotaire, qui était un des sept grands offices de la couronne, indépendants de l'autorité royale.

Il demanda pour son fils aîné, que Ferdinand le Catholique venait déjà de nommer duc de Gandie, la principauté de Tricarico, les comtes de Chiaramonte, Lauria et Carinola, avec douze mille ducats de rente et le premier des sept grands offices qui viendrait à vaquer.

Il demanda que Virginio Orsini, qui était son ambassadeur près de la cour de Naples, obtînt le troisième de ces grands offices, qui était celui de connétable, c'est-à-dire le plus éminent de tous.

Enfin il demanda que Julien de la Rovère, un des cinq cardinaux qui avaient protesté contre son élection, et qui s'était fortifié à Ostie, où le chêne qui lui avait donné son nom, et qui forme ses armoiries, est encore sculpté sur tous les murs, fût chassé de la ville, et que la ville lui fût remise.

Tout ce que demandait Alexandre VI lui fut accordé.

En échange, Alexandre VI s'engagea seulement à ne point retirer à la maison d'Aragon l'investiture du royaume de Naples, qui lui avait été accordée par ses prédécesseurs. C'était payer un peu cher une simple promesse, mais de cette promesse, si elle était tenue, dépendait la légitimité du pouvoir de Ferdinand ; car le royaume de Naples était un fief du saint-siège ; au pape seul appartenait le droit de prononcer sur la justice des prétentions de chaque compétiteur ; la continuation de cette investiture était donc on ne peut plus importante à la maison d'Aragon au moment où la maison d'Anjou se levait à main armée pour la déposséder.

Ainsi, depuis un an à peine qu'il était monté sur le trône pontifical, Alexandre VI, comme on le voit, avait largement marché dans l'élargissement de sa puissance temporelle. Il possédait, il est vrai, personnellement le moins vaste des territoires italiens ; mais déjà, par l'alliance de sa fille Lucrèce avec le seigneur de Pesaro, il étendait une main jusqu'à Venise, tandis que, par le mariage du prince de Squillace avec doña Sancia, et les concessions territoriales faites au duc de Gandie, il touchait de l'autre à l'extrémité de la Calabre.

Ce traité si avantageux pour lui une fois signé, comme César se plaignait d'être toujours oublié dans la distribution des faveurs paternelles, il fit César cardinal de Santa-Maria-Novella.

Seulement, comme il n'y avait point encore d'exemple dans l'Eglise qu'un bâtard eût revêtu la pourpre, le pape trouva quatre faux témoins, qui déclarèrent que César était fils du comte Ferdinand de Castille : c'était, comme on le voit, un homme précieux que don Manuel Melchiori, et qui joua le rôle de père avec autant de gravité qu'il avait joué celui d'époux.

Quant à la noce des deux bâtards, elle se fit splendidement, et riche des doubles pompes de la royauté et de l'Eglise, puis, comme le pape avait obtenu que les deux nouveaux époux habiteraient auprès de lui, le nouveau cardinal César Borgia se chargea de régler la pompe de leur rentrée et de leur réception à Rome, à laquelle Lucrèce, qui jouissait près de son père d'une même faveur inouïe à la cour des papes, voulait de son côté donner tout l'éclat qu'il était en son pouvoir d'y ajouter. L'un alla donc recevoir les jeunes gens avec une riche et magnifique escorte de seigneurs et de cardinaux, tandis que l'autre les attendait avec les plus belles et les plus nobles dames de Rome, dans une salle du Vatican. Un trône était préparé pour le pape, et à ses pieds étaient des coussins pour Lucrèce et doña Sancia ; de sorte, dit Tommaso Tommasi, que par l'aspect de l'assemblée et par la conversation qui s'y tint pendant quelques heures, on eût cru plutôt assister à l'audience magnifique et voluptueuse de quelque vieux roi de la vieille Assyrie qu'au sévère consistoire d'un pontife romain, qui doit dans toutes les actions qu'il exécute faire resplendir la sainteté du nom qu'il porte. Mais, — ajoute le même historien, — si la vigile de la Pentecôte se passa dans ces dignes fonctions, les cérémonies avec lesquelles le jour suivant on célébra la fête de la venue du Saint-Esprit ne furent pas moins décentes et moins selon l'esprit de l'Eglise ; car voici ce qu'en dit le maître des cérémonies dans son journal quotidien :

« Le pape vint dans la basilique des Saints-Apôtres, et près de lui s'assirent sur le pupitre de marbre où les chanoines de saint Pierre ont l'habitude de chanter l'Epître et l'Evangile, Lucrèce, sa fille, et Sancia, sa bru, et autour d'elles, à la grande honte de l'Eglise et au grand scandale du peuple, beaucoup d'autres dames romaines beaucoup plus dignes d'habiter la cité de Messaline que la ville de saint Pierre. »

Ainsi, à Rome et à Naples, on s'endormait dans l'attente d'une ruine prochaine ; ainsi on perdait le temps et on dépensait l'or en vaine fumée d'orgueil ; et cela, tandis que les Français, bien éveillés, secouaient déjà les torches avec lesquelles ils devaient incendier l'Italie.

En effet, les intentions conquérantes de Charles VIII n'étaient plus un objet de doute pour personne. Le jeune roi avait envoyé aux différents états de l'Italie une ambassade composée de Perron de Baschi, de Briçonnet, de d'Aubigny et du président du parlement de Provence. Cette ambassade avait pour mission de demander aux princes italiens leur coopération pour faire recouvrer à la maison d'Anjou ses droits sur la couronne de Naples.

L'ambassade s'adressa d'abord aux Vénitiens, à qui elle demandait aide et conseil pour le roi son maître. Mais les Vénitiens, fidèles à leur système politique, qui les avait fait surnommer les juifs de la chrétienté, répondirent qu'ils ne pouvaient promettre leur aide au jeune roi, attendu qu'ils avaient à se tenir sans cesse en garde contre les Turcs ; que, quant au conseil, ce serait une présomption trop grande à eux, que de donner un avis à un prince entouré de généraux si expérimentés et de ministres si sages.

Perron de Baschi, n'ayant pu obtenir d'autre réponse, se tourna vers Florence. Pierre de Médicis l'attendait en grand conseil ; car il avait rassemblé pour cette solennité non-seulement les soixante-dix, mais encore tous les gonfaloniers qui avaient siégé dans la seigneurie pendant les trente-quatre dernières années. L'ambassadeur français exposa sa demande : c'était que la république permît à l'armée française le passage par ses Etats, et s'engageât, contre argent comptant, à lui fournir les vivres et les fourrages nécessaires. La magnifique république répondit que, si Charles VIII marchait contre les Turcs au lieu de marcher contre Ferdinand, elle s'empresserait de lui accorder tout ce qu'il désirerait ; mais qu'étant attachée à la maison d'Aragon par un traité d'alliance, elle ne pouvait la trahir en accordant au roi de France ce qu'il demandait.

Les ambassadeurs se dirigèrent alors vers Sienne. La pauvre petite république, effrayée de l'honneur qu'on lui faisait de penser à elle, répondit que son désir était de conserver une exacte neutralité, et qu'elle était trop faible pour se déclarer d'avance pour ou contre de pareils rivaux, forcée qu'elle serait naturellement de se rattacher au parti du plus fort. Munis de cette réponse qui avait au moins le mérite de la franchise, les envoyés français s'acheminèrent vers Rome, et, introduits devant le pape, lui demandèrent pour leur roi l'investiture du royaume de Naples.

Alexandre VI répondit que, ses prédécesseurs ayant donné cette investiture aux princes de la maison d'Aragon, il ne pouvait la leur retirer, lui, sans un jugement qui prouvât que la maison d'Anjou y avait plus de droit que celle qu'on lui demandait de déposséder. Ensuite il rappela à Perron de Baschi que, Naples étant un fief du saint-siége, au pape seul appartenait le choix de son souverain ; que, par conséquent, attaquer celui qui régnait à cette heure, c'était attaquer l'Église elle-même.

Le résultat de l'ambassade ne promettait pas, comme on le voit, grande aide à Charles VIII ; aussi résolut-il de ne compter que sur son allié Louis Sforza, et de remettre toutes les autres questions à la fortune de ses armes.

Une nouvelle qui lui arriva vers ce même temps le fortifia encore dans cette résolution : il apprit la mort de Ferdinand. Le vieux roi, en revenant de la chasse, avait été atteint d'une toux catarrhale, qui l'avait mis en deux jours à toute extrémité. Enfin, le 25 janvier 1494, il était trépassé, à l'âge de soixante-dix ans, après un règne de trente-six, laissant le trône à Alphonse, son fils aîné, qui avait immédiatement été nommé son successeur.

Ferdinand n'avait point menti à son titre d'heureux. Il venait de quitter le monde au moment où la fortune allait changer pour sa famille.

Le nouveau roi, Alphonse, n'en était point à ses premières armes : il avait combattu déjà avec avantage les Florentins et les Vénitiens, et avait chassé les Turcs d'Otrante ; il passait, en outre, pour un homme aussi subtil que son père dans la politique tortueuse en si grand usage alors parmi les cours de l'Italie ; de sorte qu'il ne désespéra pas de joindre à ses alliés l'ennemi même avec lequel il était en guerre au moment où les premières prétentions de Charles VIII étaient parvenues jusqu'à lui, nous voulons parler de Bajazet II.

En conséquence, il envoya vers ce prince Camillo Pandone, un de ses ministres de confiance, pour faire comprendre à l'empereur des Turcs que l'expédition de l'Italie n'était pour le roi de France qu'un prétexte de s'approcher des conquêtes mahométanes, et qu'une fois sur l'Adriatique, Charles VIII n'aurait qu'un jour ou deux de traversée à faire pour atteindre la Macédoine, d'où par terre il pouvait marcher sur Constantinople. En conséquence, il demandait à Bajazet, pour soutenir leurs intérêts communs, six mille chevaux et autant de fantassins, dont il s'engageait à payer le solde tant qu'ils resteraient en Italie. Pandone devait être rejoint à Tarente par George Bucciarda, envoyé d'Alexandre VI, chargé de son côté au nom du pape d'appeler les Turcs à son aide contre les chrétiens. Cependant, en attendant la réponse de Bajazet, qui pouvait tarder plusieurs mois, Alphonse demanda une réunion entre Pierre de Médicis, le pape et lui, pour aviser aux choses d'urgence. Ce rendez-vous fut fixé à Vicovaro, près de Tivoli, et les trois parties intéressées se trouvèrent réunies au jour convenu.

Alphonse, qui en partant de Naples avait déjà réglé l'emploi de ses forces de mer et donné à Frédéric, son frère, le commandement d'une flotte de trente-cinq galères, de dix-huit grands vaisseaux et de douze petits bâtiments, avec lesquels il devait aller attendre et surveiller à Livourne la flotte que Charles VIII armait dans le port de Gênes, venait surtout pour arrêter avec ses alliés la marche des opérations des armées de terre. Il avait à sa disposition immédiate, et sans compter le contingent que devaient lui fournir ses alliés, cent escadrons de grosse cavalerie, à vingt hommes par escadron, et trois mille arbalétriers et chevau-légers. Il proposait, en conséquence, de s'avancer immédiatement en Lombardie, d'opérer une révolution en faveur de son neveu Galéas, de chasser Louis Sforza de Milan avant qu'il pût recevoir de secours de France ; de sorte que Charles VIII, au moment de passer les Alpes, trouverait un ennemi qu'il lui faudrait combattre, au lieu d'un allié qui lui avait promis passage, hommes et argent.

C'était à la fois une proposition de grand politique et de hardi capitaine ; mais, comme chacun était rassemblé pour ses propres intérêts, et non pour le bien commun, ce conseil fut reçu froidement par Pierre de Médicis, qui ne se trouvait plus jouer dans la guerre que le même rôle qu'il avait été menacé de jouer dans l'ambassade, et repoussé par Alexandre VI, qui comptait employer les troupes d'Alphonse pour son propre compte. En effet, il rappela au roi de Naples qu'une des conditions de l'investiture qu'il lui avait promise était de chasser le cardinal Julien de la Rovère de la ville d'Ostie, et de lui remettre cette ville, ainsi que la chose était convenue. En outre, les faveurs qu'avait values à Virginio Orsini son ambassade de Naples avaient soulevé contre ce favori d'Alexandre VI Prosper et Fabrice Colonna, à qui appartenaient presque tous les villages des environs de Rome. Or le pape ne pouvait vivre ainsi au milieu d'ennemis si puissants : la chose la plus importante était donc de le délivrer des uns et des autres, attendu qu'il était important que celui-là surtout fût tranquille qui était l'âme et la tête d'une ligue dont les autres n'étaient que le corps et les membres.

Quoique Alphonse eût parfaitement démêlé les motifs de la froideur de Pierre de Médicis, et qu'Alexandre VI ne lui eût pas même donné la peine de chercher les siens, il n'en fut pas moins obligé d'accéder à la volonté de ses alliés, en laissant l'un défendre les Apennins contre les Français, et en aidant l'autre à se débarrasser de ses voisins romagnols. En conséquence, il pressa le siége d'Ostie, et donna à Virginio, qui commandait déjà à deux cents hommes d'armes du pape, une partie de ses chevau-légers : cette petite armée devait stationner autour de Rome et maintenir les Colonna dans l'obéissance. Quant au reste de ses troupes, il les divisa en deux parties : l'une, qu'il remit aux mains de Ferdinand son fils, et avec laquelle il devait parcourir la Romagne, afin de presser les petits princes de lever et de fournir le contingent qu'ils lui avaient promis, tandis que lui, avec le reste, défendrait les défilés des Abruzzes.

Le 23 avril, à trois heures du matin, Alexandre VI fut débarrassé du premier et du plus ardent de ses ennemis : Julien de la Rovère voyant l'impossibilité de tenir plus longtemps contre les troupes d'Alphonse, passa à bord d'un brigantin qui devait le conduire à Savone.

Quant à Virginio Orsini, il commença, à compter de ce jour, cette fameuse guerre de partisans qui fit de la campagne de Rome le plus poétique désert qui existe dans le monde entier.

Pendant ce temps, Charles VIII était à Lyon, non-seulement incertain sur la route qu'il devait prendre pour pénétrer en Italie, mais commençant même à réfléchir sur les chances hasardeuses d'une pareille expédition. Excepté chez Louis Sforza, il n'avait trouvé de sympathie nulle part : de sorte qu'il lui paraissait probable qu'il allait avoir à combattre non-seulement le royaume de Naples, mais encore l'Italie tout entière. Il avait dépensé pour ses préparatifs de guerre presque tout l'argent dont il pouvait disposer ; la dame de Beaujeu et le duc de Bourbon blâmaient hautement son entreprise, Briçonnet, qui l'avait conseillée, n'osait plus la soutenir ; enfin, plus irrésolu que jamais Charles VIII avait déjà donné contre-ordre à plusieurs corps de troupes qui s'étaient mis en mouvement, lorsque le cardinal Julien de la Rovère, chassé d'Italie par le pape, arriva à Lyon et se présenta devant le roi.

Le cardinal accourait, plein de haine et d'espoir, lorsqu'il trouva Charles VIII près d'abandonner le projet sur lequel l'ennemi d'Alexandre VI appuyait tout son espoir de vengeance. Il raconta à Charles VIII les divisions de ses ennemis ; il les lui montra, suivant chacun son intérêt particulier, Pierre de Médicis celui de son orgueil, et le pape celui de l'agrandissement de sa maison. Il lui exposa qu'il avait des flottes tout armées dans les ports de Villefranche, de Marseille, de Gênes, dont les armements seraient perdus : il lui rappela qu'il avait envoyé d'avance Pierre d'Urfé, son grand écuyer, pour faire préparer des logements splendides dans les palais des Spinola et des Doria. Enfin, il lui montra le ridicule et la honte qui retomberaient de tous côtés sur lui s'il renonçait à une entreprise proclamée si haut, et pour l'exécution de laquelle il avait été obligé de conclure trois paix aussi onéreuses que celles qu'il avait signées avec Henri VII, avec Maximilien, et avec Ferdinand le Catholique : Julien de la Rovère avait visé juste en touchant dans l'orgueil du jeune roi ; aussi, Charles VIII n'hésita-t-il plus un seul instant. Il ordonna à son cousin, le duc d'Orléans, qui fut depuis Louis XII, de prendre le commandement de la flotte française et de se rendre avec elle à Gênes ; il dépêcha un courrier à Antoine de Bessay, baron de Tricastel, pour qu'il conduisit à Asti les deux mille hommes d'infanterie suisse qu'il avait levés dans les cantons ; enfin il partit lui-même de Vienne en Dauphiné le 2 août 1494, traversa les Alpes au mont Genève, sans qu'un seul corps de troupes essayât de lui en disputer le passage, et descendit dans le Piémont et le Montferrat, qui étaient en ce moment gouvernés par deux régentes, les princes Charles-Jean Aimé, et Guillaume-Jean, souverains de ces principautés, ayant, l'un six ans, et l'autre huit.

Les deux régentes vinrent au-devant de Charles VIII, l'une à Turin, l'autre à Casal, toutes deux à la tête d'une cour brillante et nombreuse, toutes deux couvertes de joyaux et de pierreries. Charles VIII qui savait que, malgré ces démonstrations amicales, toutes deux avaient fait un traité avec son ennemi, Alphonse de Naples, les traita toutes deux avec la plus grande courtoisie, et comme elles lui protestaient de leur amitié, il les pria de lui en donner une preuve ; c'était de lui prêter les diamants dont elles étaient couvertes. Les deux régentes ne purent faire autrement que d'obéir à cette invitation qui équivalait à un ordre. Elles détachèrent colliers, bagues et boucles d'oreilles, Charles VIII leur en donna un reçu détaillé, et les mit en gage pour 24,000 ducats : puis, muni de cet argent, il se remit en route et se dirigea vers Asti, dont le duc d'Orléans avait conservé, comme nous l'avons dit, la souveraineté et où vinrent le rejoindre Louis Sforza, et son beau-père, le prince Hercule d'Est, duc de Ferrare. Ils amenaient avec eux non-seulement les troupes et l'argent promis, mais encore une cour composée des plus belles femmes de l'Italie.

Les bals, les fêtes et les tournois commencèrent avec une magnificence qui surpassait tout ce qu'on avait vu jusqu'alors en Italie. Mais tout à coup ils furent interrompus par une maladie du roi. C'était la première manifestation en Italie de la contagion rapportée par Christophe Colomb du Nouveau-Monde, et que les Italiens appelèrent le mal français, et les Français, le mal italien. Ce qu'il y a de probable, c'est qu'une partie de l'équipage de Christophe Colomb, qui était de Gênes ou des environs, avait déjà rapporté d'Amérique cette étrange et cruelle compensation de ses mines d'or.

Cependant, l'indisposition du roi n'arriva point au degré de gravité qu'on aurait pu craindre d'abord. Guéri au bout de quelques semaines, il s'achemina vers Pavie, où s'en allait mourant le jeune duc Galéas. Le roi de France et lui étaient cousins germains, fils de deux sœurs de la maison de Savoie : Charles VIII ne pouvait donc se dispenser de le voir ; il alla en conséquence le visiter au château qu'il habitait plutôt comme prisonnier que comme seigneur. Il le trouva à demi couché sur un lit de repos, pâle et exténué par l'abus des voluptés, disaient les uns, par un poison lent et mortel, disaient les autres. Mais quelque envie que le pauvre jeune homme eût de se plaindre à lui, il n'osa rien dire ; car son oncle Louis Sforza ne quitta pas un instant le roi de France. Cependant, au moment où Charles VIII se levait pour sortir, une porte s'ouvrit, et une jeune femme parut, qui vint se jeter aux pieds du roi : c'était la femme du malheureux Jean Galéas, qui accourait supplier son cousin de ne rien faire contre son père Alphonse, ni contre son frère Ferdinand : à cette vue, le front de Sforza se rida, soucieux et menaçant, car il ignorait encore quelle serait l'impression que produirait cette scène sur son allié ; mais il se rassura bientôt : Charles répondit qu'il était maintenant trop avancé pour reculer, qu'il y allait de la gloire de son nom ainsi que de l'intérêt de son royaume, et que c'étaient deux motifs trop importants pour être sacrifiés au sentiment de pitié qu'il éprouvait, si profond et si réel qu'il fût. La pauvre jeune femme, dont cette démarche était le dernier espoir, se releva alors et alla se jeter toute sanglotante dans les bras de son mari ; Charles VIII et Louis Sforza sortirent : Jean Galéas était condamné.

Le surlendemain, Charles VIII partit pour Florence, accompagné de son allié ; mais à peine furent-ils à Parme, qu'un messager les rejoignit, annonçant à Louis Sforza que son neveu venait de mourir : Louis s'excusa aussitôt auprès de Charles VIII de ce qu'il le laissait continuer sa route seul ; mais les intérêts qui le rappelaient à Milan était si graves, disait-il, qu'il ne pouvait, en pareille circonstance, en rester éloigné un jour de plus. En effet, il avait à recueillir la succession de celui qu'il avait assassiné.

Cependant Charles VIII continuait sa route, non sans quelque inquiétude. La vue du jeune prince mourant l'avait profondément ému, car il avait au fond du cœur la conviction que Louis Sforza était un meurtrier ; et un meurtrier pouvait être un traître. Il s'avançait donc au milieu d'un pays inconnu, ayant devant lui un ennemi déclaré, et derrière lui un ami douteux ; où commençait à entrer dans les montagnes, et comme l'armée n'était point approvisionnée et vivait au jour le jour, la moindre station forcée amenait la famine. Or, on avait devant soi Fivizzano, qui n'était, il est vrai, qu'une bourgade entourée de murailles ; mais après Fivizzano, Sarzane et Pietra Santa, qui étaient des forteresses regardées comme imprenables ; de plus, on entrait dans un pays malsain surtout en octobre, qui ne produit que de l'huile, et qui tire son blé même des provinces voisines ; une armée tout entière pouvait donc y être détruite en quelques jours par la disette et le mauvais air, plus encore que par les moyens de résistance qu'offre à chaque pas le terrain. La situation était grave ; mais l'orgueil de Pierre de Médicis vint de nouveau en aide à la fortune de Charles VIII.

Pierre de Médicis avait, comme on se le rappelle, pris l'engagement de fermer l'entrée de la Toscane aux Français ; cependant, lorsqu'il vit son ennemi descendre des Alpes, moins présomptueux dans ses propres forces, il demanda du secours au pape ; mais à peine le bruit de l'invasion ultramontaine s'était-il répandu dans la Romagne, que les Colonna s'étaient déclarés soldats du roi de France, et, réunissant toutes leurs forces, s'étaient emparés d'Ostie, où ils attendaient la flotte française, pour lui offrir un passage vers Rome : le pape alors, au lieu d'envoyer des troupes à Florence, fut obligé de rappeler tous ses soldats autour de sa capitale ; seulement, il fit dire à Pierre de Médicis, que si Bajazet lui envoyait les troupes qu'il lui avait fait demander, il mettrait cette armée à sa disposition. Pierre de Médicis n'avait encore pris aucune résolution ni formé aucun plan, lorsqu'il apprit à la fois deux nouvelles terribles. Un voisin jaloux, le marquis de Tordinovo, avait indiqué aux Français le côté faible de Fivizzano, de sorte que les Français s'en étaient emparés d'assaut et en avaient passé les soldats et les habitants au fil de l'épée ; d'un autre côté, Gilbert de Montpensier, qui éclairait le bord de la mer pour conserver à l'armée française ses communications avec sa flotte, avait rencontré un détachement que Paul Orsini envoyait à Sarzane, pour renforcer la garnison, et après un combat d'une heure l'avait taillé en pièces. Aucun des prisonniers n'avait été reçu à merci, tout ce qu'on avait pu atteindre avait été massacré.

C'était la première fois que les Italiens, habitués aux combats chevaleresques du quinzième siècle, se trouvaient en contact avec les terribles Ultramontains, qui, moins avancés qu'eux en civilisation, ne considéraient pas encore la guerre comme un jeu savant, mais la tenaient bien pour une lutte mortelle. Aussi, la nouvelle de ces deux boucheries produisit-elle une grande sensation à Florence, la ville la plus riche, la plus commerçante et la plus artiste de l'Italie. Chacun se représenta les Français pareils à une armée de ces anciens barbares qui éteignaient le feu dans le sang, et les prophéties de Savonarole, qui avait prédit l'invasion ultramontaine et la destruction qui la devait suivre, étant revenues à l'esprit de tous, une fermentation si grande se manifesta, que Pierre de Médicis, résolu d'obtenir la paix à tout prix, fit décréter à la république qu'elle enverrait une ambassade au vainqueur, et obtint, résolu qu'il était de se remettre lui-même entre les mains du roi français, de faire partie de cette ambassade. En conséquence, il quitta Florence, accompagné de quatre autres messagers, et arrivé à Pietra Santa, fit demander à Charles VIII un sauf-conduit pour lui seul. Le lendemain du jour où il avait fait cette demande, Briçonnet et de Piennes vinrent le chercher, et l'amenèrent devant Charles VIII.

Pierre de Médicis, malgré son nom et son influence, n'était aux yeux de la noblesse française, qui regardait comme un déshonneur de s'occuper d'art ou d'industrie, qu'un riche marchand, avec lequel il était inutile de garder de bien sévères convenances. Aussi, Charles VIII le reçut-il à cheval, en lui demandant d'un ton hautain, et comme un maître à son subordonné, d'où lui était venu cet orgueil, de vouloir lui disputer le passage de la Toscane. Pierre de Médicis répondit que, du consentement de Louis XI lui-même, son père Laurent avait conclu un traité d'alliance avec Ferdinand de Naples ; que c'était donc à des engagements pris qu'il avait été forcé d'obéir ; mais que, ne voulant point pousser plus loin son dévouement à la maison d'Aragon et son opposition à celle de France, il était prêt à faire tout ce que Charles VIII exigerait de lui. Le roi, qui ne s'attendait pas à tant d'humilité de la part de son ennemi, demanda que Sarzane lui fût livrée ; ce à quoi Pierre de Médicis consentit à l'instant même. Alors, le vainqueur, voulant voir jusqu'où l'ambassadeur de la magnifique république pousserait la déférence, répondit que cette concession était loin de lui suffire, mais qu'il lui fallait encore les clefs de Pietra Santa, de Pise, de Librafatta et de Livourne. Pierre de Médicis n'y vit pas plus de difficultés que dans celle de Sarzane, et y consentit encore, sous la seule parole que lui donna Charles VIII, de lui remettre ces villes lorsqu'il aurait achevé la conquête de Naples. Enfin, Charles VIII, voyant que le négociateur qu'on lui avait envoyé était si facile en affaires, exigea comme dernière condition, mais aussi comme condition *sine qua non* de sa protection royale, qu'il lui serait prêté par la magnifique république une somme de deux cent mille florins. Pierre, qui disposait du trésor avec la même facilité que des forteresses, répondit que ses concitoyens seraient heureux de rendre ce service à leur nouvel allié. Alors, Charles VIII le fit monter à cheval, et lui ordonna de marcher devant lui, afin de commencer l'exécution de ses promesses par la remise des quatre places fortes qu'il avait exigées. Pierre de Médicis obéit, et l'armée française, conduite par le petit-fils de Cosme le Grand et le fils de Laurent le Magnifique, continua sa marche triomphale à travers la Toscane.

En arrivant à Lucques, Pierre de Médicis apprit que les concessions qu'il avait faites au roi de France occasionnaient à Florence une fermentation terrible. Tout ce que la magnifique république avait cru qu'exigerait Charles VIII était un simple passage sur son territoire, le mécontentement de la nouvelle était donc général, quand il fut encore augmenté par le retour des ambassadeurs, que Pierre de Médicis n'avait pas même consultés pour agir ainsi qu'il l'avait fait. Quant à celui-ci, jugeant son retour nécessaire, il demanda à Charles VIII l'autorisation de le précéder dans la capitale. Comme il avait rempli ses engagements, moins l'emprunt, et que l'emprunt ne pouvait se négocier qu'à Florence, le roi n'y vit aucun inconvénient, et le même soir qu'il avait quitté l'armée, Pierre rentra incognito dans son palais de la Via Larga.

Le lendemain, il voulut se présenter à la seigneurie, mais en arrivant sur la place du Vieux-Palais, il vit venir à lui le gonfalonier Jacob de Nerli, qui lui signifia qu'il était inutile qu'il tentât d'aller plus loin, et qui lui montra Lucas Corsini debout à la porte, l'épée à la main et ayant derrière lui des gardes chargés, s'il voulait insister, de lui disputer le passage. Pierre de Médicis, étonné d'une pareille opposition, qu'il éprouvait pour la première fois, n'essaya pas même de la combattre. Il se retira chez lui, et écrivit à Paul Orsini, son beau-frère, de venir le trouver avec ses gendarmes. Malheureusement pour lui, la lettre fut interceptée. La seigneurie y vit une tentative de rébellion. Elle appela à son aide les citoyens ; ceux-ci s'armèrent à la hâte, sortirent en foule, et s'amassèrent sur la place du Palais. Pendant ce temps, le cardinal Jean de Médicis était monté à cheval, et, croyant qu'il allait être soutenu par Orsini, il parcourait les rues de Florence, accompagné de ses serviteurs et jetant son cri de guerre : — Palle, Palle ! —Mais les temps étaient changés, ce cri ne trouvait plus d'écho, et lorsque le cardinal arriva à la rue des Calzaioli, de tels murmures y répondirent, qu'il comprit qu'au lieu de tenter de soulever Florence, ce qu'il avait de mieux à faire était d'en sortir avant que la fermentation fût arrivée plus loin. Il se retira promptement dans son palais, croyant y retrouver Pierre et Julien, ses frères. Mais ceux-ci, sous la protection d'Orsini et de ses gendarmes, venaient de fuir par la porte de San Gallo. Le péril était imminent, Jean de Médicis voulut suivre ses frères ; mais partout où il passait des clameurs de plus en plus menaçantes l'accueillaient. Enfin, voyant que le danger s'augmentait toujours, il descendit de cheval, et entra dans une maison qui était ouverte. Cette maison communiquait par bonheur avec un couvent de Franciscains ; un des frères prêta sa robe au fugitif, et le cardinal, protégé par cet humble incognito, parvint enfin à sortir de Florence, et rejoignit ses deux frères dans les Apennins.

Le même jour, les Médicis furent déclarés traîtres et rebelles, et des ambassadeurs furent envoyés au roi de France. Ils le trouvèrent à Pise, où il rendait la liberté à la ville qui depuis quatre-vingt-sept ans était tombée sous la domination des Florentins. Charles VIII ne fit aucune réponse aux messagers, seulement il annonça qu'il allait marcher sur Florence.

Une pareille réponse, comme on le comprend bien, épouvanta la magnifique république. Florence n'avait ni le temps de préparer sa défense, ni la force de se défendre telle qu'elle était. Cependant chaque maison puissante rassembla autour d'elle ses serviteurs et ses vassaux, et, les ayant armés, attendit avec l'intention de ne pas commencer les hostilités, mais aussi avec la détermination de se défendre, si les Français attaquaient. Il fut convenu que si quelque chose nécessitait une prise d'armes, les cloches sonnant à toutes volées aux différentes églises de la ville seraient le signal pour tous. Cette résolution était plus terrible à Florence peut-être que dans toute autre ville. Les palais qui restent de cette époque sont encore aujourd'hui de véritables forteresses, et les éternels combats des Guelfes et des Gibelins avaient familiarisé les Toscans avec la guerre des rues.

Le roi se présenta, le 17 novembre au soir, à la porte de San Friano; il y trouva la noblesse florentine revêtue de ses habits les plus magnifiques, accompagnée du clergé qui chantait des hymnes, et accompagnée du peuple qui, joyeux de tout changement, espérait obtenir quelque retour de liberté par la chute des Médicis. Charles VIII s'arrêta un instant sous une espèce de baldaquin doré, qu'on avait préparé pour lui, répondit quelques mots évasifs aux paroles de bienvenue que lui adressait la seigneurie ; puis, ayant demandé sa lance, il l'appuya sur sa cuisse et se donna l'ordre d'entrer dans la ville, qu'il traversa tout entière avec son armée, qui le suivit les armes hautes, et alla descendre au palais des Médicis, qui avait été préparé pour lui.

Le lendemain, les négociations s'entamèrent ; mais chacun était loin de compte. Les Florentins avaient reçu Charles VIII comme un hôte, et celui-ci était entré en vainqueur. Aussi, lorsque les députés de la seigneurie parlèrent de ratifier le traité de Pierre de Médicis, le roi leur répondit que ce traité n'existait plus, puisqu'ils avaient chassé celui qui l'avait fait ; que Florence était sa conquête, comme il l'avait prouvé en y entrant la veille la lance à la main ; qu'il s'en réservait la souveraineté, et déciderait d'elle selon son bon plaisir ; qu'en conséquence il leur ferait savoir s'il y rétablissait les Médicis, ou s'il déléguerait son autorité à la seigneurie ; qu'au reste, ils n'avaient qu'à revenir le lendemain, et qu'il leur donnerait par écrit son ultimatum.

Cette réponse jeta Florence dans la consternation ; mais les Florentins ne s'en affermirent que mieux dans leur résolution de se défendre. De son côté, Charles VIII avait été étonné de l'étrange population de la ville, car non-seulement toutes les rues par lesquelles il avait passé étaient encombrées par la foule, mais encore toutes les maisons, depuis leurs terrasses jusqu'aux soupiraux des caves, semblaient regorger d'habitants. En effet, Florence pouvait, grâce à son surcroît de population, renfermer à peu près cent cinquante mille âmes.

Le lendemain, à l'heure convenue, les députés se rendirent près du roi. Introduits de nouveau en sa présence, les discussions recommencèrent. Enfin, comme on ne pouvait s'entendre, le secrétaire royal, qui était debout au pied du trône sur lequel Charles VIII était assis et couvert, déploya un papier, et commença à lire, article par article, les conditions du roi de France. Mais, à peine au tiers de la lecture, la discussion recommencé plus ardente encore qu'auparavant, et Charles VIII ayant dit qu'il en serait ainsi, ou qu'il ferait sonner ses trompettes, Pierre Capponi, secrétaire de la république, et que l'on appelait le Scipion de Florence, arracha des mains du secrétaire royal la capitulation honteuse qu'il proposait, et la mettant en pièces :

« Eh bien ! sire, lui dit-il, faites sonner vos trompettes ; nous ferons sonner nos cloches ! »

Puis, ayant jeté les morceaux à la figure du lecteur stupéfait, il s'élança hors de la chambre, pour donner l'ordre terrible qui allait faire de Florence un champ de bataille.

Cependant, malgré toutes les apparences, cette réponse hardie sauva la ville. Les Français crurent que, pour parler si haut, à eux surtout qui n'avaient encore rencontré aucun obstacle, il fallait que les Florentins eussent des ressources ignorées, mais certaines ; les quelques hommes sages qui avaient conservé de l'influence sur le roi lui conseillèrent donc de rabattre de ses prétentions : en effet, Charles VIII présenta de nouvelles conditions plus raisonnables, qui furent acceptées, signées par les deux parties, et publiées le 26 novembre pendant la messe, dans la cathédrale de Sainte-Marie des Fleurs.

Voici quelles étaient ces conditions :

La seigneurie devait payer à Charles VIII, à titre de subside, la somme de cent vingt mille florins, en trois termes.

La seigneurie lèverait le séquestre mis sur les biens des Médicis, et rapporterait le décret qui met leur tête à prix.

La seigneurie s'engageait à pardonner aux Pisans leurs offenses, moyennant quoi ils rentreraient sous l'obéissance des Florentins.

Enfin la seigneurie reconnaîtrait les droits du duc de Milan sur Sarzane et Pietra Santa, et ces droits, une fois reconnus, seraient appréciés et jugés par arbitres.

En échange de quoi, le roi de France s'engageait à restituer les for-teresses qui lui avaient été consignées, soit lorsqu'il se serait rendu maître de la ville de Naples, soit lorsqu'il aurait terminé cette guerre par une paix ou par une trêve de deux ans, soit enfin, lorsque, par une raison quelconque, il aurait quitté l'Italie.

Deux jours après cette proclamation faite, Charles VIII, à la grande joie de la seigneurie, quitta Florence, et s'avança vers Rome par la route de Poggibondi et de Sienne.

Le pape commençait à partager la terreur générale : il avait appris les massacres de Fivizzano, de la Lunigiane et d'Immola ; il savait que Pierre de Médicis avait livré à Charles VIII les forteresses de la Toscane, que Florence s'était rendue, et que Catherine Sforza avait traité avec le vainqueur ; il voyait les débris des troupes napolitaines repasser découragées à travers Rome, pour aller se rallier dans les Abruzzes, de sorte qu'il se trouvait découvert en face d'un ennemi qui s'avançait vers lui, tenant toute la Romagne d'une mer à l'autre, et marchant sur une seule ligne depuis Piombino jusqu'à Ancône.

Ce fut en ce moment qu'arriva à Alexandre VI la réponse de Bajazet : elle n'avait tant tardé, que parce que l'envoyé pontifical et l'ambassadeur napolitain avaient été arrêtés par Jean de la Rovère, frère du cardinal Julien, au moment où ils mettaient pied à terre à Sinigaglia. Ils étaient chargés d'une réponse verbale, qui était que le sultan se trouvant à cette heure préoccupé d'une triple guerre, l'une avec le soudan d'Égypte, l'autre avec le roi de Hongrie, et la troisième avec les Grecs de la Macédoine et de l'Épire, il ne pouvait, malgré son grand désir, aider sa sainteté de ses armes ; mais ils étaient accompagnés d'un favori du sultan, lequel était porteur d'une lettre particulière pour Alexandre VI, et dans laquelle Bajazet lui offrait, à certaines conditions, de l'aider de son argent. Quoique les messagers eussent été arrêtés, comme nous l'avons dit, l'envoyé turc n'en trouva pas moins un moyen de faire parvenir sa dépêche au pape ; nous la rapportons dans toute sa naïveté :

« Le sultan Bajazet, fils du soudan Mahomet II, par la grâce de Dieu empereur d'Asie et d'Europe, au père et au maître de tous les chrétiens, Alexandre VI, pontife de Rome et pape par la providence céleste : après le salut que nous lui devons et lui donnons de toute notre âme, faisons savoir à votre grandeur, par l'envoyé de sa puissance Georges Bucciarda, que nous avons appris sa convalescence, de laquelle nous avons reçu une grande joie et une grande consolation : puis entre autres choses, ledit Bucciarda nous ayant rapporté que le roi de France, qui marchait contre votre grandeur, manifestait le désir d'avoir entre les mains notre frère D'jem, qui est en votre puissance, chose qui non-seulement serait contre notre volonté, mais dont encore il s'ensuivrait un grand dommage pour votre grandeur et pour toute la chrétienté ; en y réfléchissant avec votre envoyé Georges, nous avons trouvé une chose excellente pour le repos, pour l'utilité, pour l'honneur de votre puissance, et en même temps pour notre personnelle satisfaction ; il serait bon que notredit frère D'jem, qui, en sa qualité d'homme, est sujet à la mort, et qui est entre les mains de votre grandeur, trépassât le plus tôt possible, attendu que ce trépas, qui, dans sa position, serait un bonheur, deviendrait très-utile à votre puissance, très-commode à votre repos, en même temps que très-agréable à moi, qui suis votre ami ; que si cette proposition, comme je l'espère, était accueillie par votre grandeur, en son désir de nous être agréable, mieux vaudrait, pour le bien de votre grandeur et pour notre propre satisfaction, que ce fût plus tôt que plus tard, et par le mode le plus sûr qu'il vous plairait d'employer, que ledit D'jem passât des angoisses de ce monde en un monde meilleur et plus tranquille, dans lequel il trouverait enfin le repos ; que si votre grandeur adopte ce projet et qu'elle nous envoie le corps de notre frère, nous nous engageons, nous susdit sultan Bajazet, à remettre à votre grandeur, en quelque lieu et en quelques mains qu'il lui plaira, la somme de trois cent mille ducats, avec laquelle somme elle pourrait acheter quelque beau domaine à ses enfants, et pour lui faciliter cet achat, nous consentirions, en attendant l'événement, à remettre ces trois cent mille ducats dans une main tierce, afin que votre grandeur fût bien certaine de les recevoir à jour fixe et contre la remise du corps de notre frère. En outre, je promets à votre puissance, pour sa plus grande satisfaction, que, tant qu'elle sera sur le trône pontifical, il ne sera, ni par les miens, ni par mes serviteurs, ni par mes compatriotes, fait aucun dommage aux chrétiens, de quelque qualité ou condition qu'ils soient, ni sur mer, ni sur terre, et pour plus grande satisfaction et sûreté de votre grandeur, et afin qu'il ne lui reste aucun doute sur l'accomplissement des choses que je lui promets, j'ai juré et affirmé, en présence de votre envoyé Bucciarda, par le vrai Dieu que nous adorons et sur nos évangiles, qu'elles seraient observées de point en point depuis le premier jusqu'au dernier : et maintenant, pour plus nouvelle et plus complète sécurité de votre grandeur, et afin que votre âme ne conserve aucun doute et soit de nouveau intimement et profondément convaincue, moi, susdit sultan Bajazet, je jure par le vrai Dieu qui a créé le ciel et la terre, ainsi que toutes les choses qui sont en eux, je jure, dis-je, par le seul Dieu que nous croyons et que nous adorons, d'observer religieusement tout ce qui a été dit ci-dessus, et de ne rien faire ni entreprendre à l'avenir contre votre grandeur.

« Écrit à Constantinople, dans notre palais, le 12 septembre 1494 de la naissance du Christ. »

Cette lettre causa une grande joie au saint père ; un secours de quatre ou cinq mille Turcs devenait insuffisant dans les circonstances où l'on se trouvait, et ne pouvait que compromettre davantage le chef de la chrétienté, tandis qu'une somme de trois cent mille ducats, c'est-à-dire de près d'un million, était bonne à recevoir dans quelque circonstance que ce fût. Il est vrai que, tant que D'jem vivait, Alexandre touchait une rente de cent quatre-vingt mille livres, ce qui représentait en viager un capital de près de deux millions : mais lorsqu'on a besoin d'argent, il faut savoir faire un sacrifice sur l'escompte. Néanmoins Alexandre ne prit aucune résolution, décidé qu'il était à agir selon les circonstances.

Mais une décision plus urgente à prendre était celle qui devait régler la façon dont il se conduirait vis-à-vis du roi de France : il n'avait pas cru aux succès des Français en Italie et, comme nous l'avons vu, avait placé toutes les bases de la grandeur future de sa famille sur son alliance avec la maison d'Aragon. Mais voilà que la maison d'Aragon était chancelante, et qu'un volcan, plus terrible que son Vésuve, menaçait de dévorer Naples. Il fallait donc changer de politique et se rattacher au vainqueur, chose qui n'était pas facile, Charles VIII gardant au pape une profonde rancune de ce qu'il lui avait refusé l'investiture qu'il avait accordée aux Aragonais.

En conséquence, il envoya au roi de France le cardinal François Piccolomini. Ce choix parut maladroit au premier abord, attendu que cet ambassadeur était le neveu du pape Pie II, qui avait combattu avec acharnement la maison d'Anjou ; mais Alexandre VI avait, en agissant ainsi, une arrière-pensée que ne pouvaient pénétrer ceux qui l'entouraient. En effet, il savait bien que Charles VIII ne recevrait pas facilement son envoyé, et que, dans les pourparlers qu'amènerait cette répugnance, Piccolomini se trouverait nécessairement en rapport avec les hommes qui dirigeaient les actions du jeune roi. Or, à côté de sa mission ostensible pour Charles VIII, Piccolomini avait des instructions occultes pour ses conseillers les plus influents. Ces conseillers étaient Briçonnet et Philippe de Luxembourg : or Piccolomini était autorisé à leur promettre à tous deux le chapeau de cardinal ; il en résulta que, comme l'avait prévu Alexandre VI, son envoyé ne put être admis en présence de Charles VIII et fut obligé de conférer avec ceux qui l'entouraient. C'était ce que demandait le pape. Piccolomini revint à Rome avec le refus du roi, mais avec la parole de Briçonnet et de Philippe de Luxembourg de s'employer de tout leur pouvoir, près de Charles VIII, en faveur du saint père, et de le préparer à recevoir une nouvelle ambassade.

Cependant les Français avançaient toujours, ne s'arrêtant jamais plus de quarante-huit heures dans aucune ville ; de sorte qu'il devenait de plus en plus urgent de décider quelque chose avec Charles VIII. Le roi était entré à Sienne et à Viterbe sans coup férir ; Yves d'Alègre et Louis de Ligny avaient reçu Ostie des mains des Colonna ; Civita-Vecchia et Corneto avaient ouvert leurs portes ; les Orsini avaient fait leur soumission ; enfin Jean Sforza, gendre du pape, s'était retiré de l'alliance aragonaise. Alexandre jugea donc que le moment était venu d'abandonner son allié, et envoya vers Charles les évêques de Concordia, de Terni et monseigneur Gratian, son confesseur. Ils étaient chargés de renouveler à Briçonnet et à Philippe de Luxembourg la promesse du cardinalat, et avaient pleins pouvoirs de négocier au nom de leur maître, soit que Charles VIII voulût bien comprendre Alphonse II dans le traité, soit qu'il ne voulût rien signer qu'avec le pape seul. Ils trouvèrent Charles VIII flottant entre les insinuations de Julien de la Rovère, qui, témoin de la simonie du pape, insistait auprès du roi pour qu'il assemblât un concile et fît déposer le chef de l'Église, et la protection cachée que lui accordaient l'évêque du Mans et l'évêque de Saint-Malo ; de sorte que le roi, décidé à prendre lui-même avis des circonstances, et sans rien arrêter d'avance, continua sa route, renvoyant au pape ses ambassadeurs et leur adjoignant le maréchal de Clé, le sénéchal de Beaucaire et Jean de Gannay, premier président du parlement de Paris ; ils étaient chargés de dire au pontife :

1° Que le roi voulait avant toute chose être admis sans résistance dans Rome ; que, moyennant cette admission volontaire, franche et loyale, il respecterait l'autorité du saint père et les priviléges de l'Église ;

2° Que le roi désirait que D'jem lui fût remis, afin de s'en faire une arme contre le sultan lorsqu'il transporterait la guerre soit en Macédoine, soit en Turquie, soit en Terre-Sainte ;

3° Que quant aux autres conditions, elles étaient de si peu d'importance, qu'à la première conférence elles seraient levées.

Les ambassadeurs ajoutèrent que l'armée française n'était plus qu'à deux journées de Rome, et que le surlendemain au soir Charles VIII viendrait probablement demander lui-même la réponse de sa sainteté.

Il n'y avait pas à compter sur les négociations avec un prince qui agissait d'une façon aussi expéditive. Alexandre VI fit donc prévenir Ferdinand qu'il eût à quitter Rome le plus tôt possible, dans l'intérêt de sa propre sûreté. Mais Ferdinand ne voulut entendre à rien, et déclara qu'il ne sortirait par une porte que lorsque Charles VIII entrerait par l'autre. Au reste, son séjour ne fut pas long. Le surlendemain, vers les onze heures du matin, une sentinelle qu'on avait placée en vedette au haut du château Saint-Ange, où s'était retiré le pape, cria qu'elle voyait apparaître à l'horizon l'avant-garde ennemie : aussitôt Alexan-

dre et le duc de Calabre montèrent sur la terrasse qui domine la forteresse, et s'assurèrent par leurs propres yeux que le soldat avait dit la vérité. Alors seulement le duc de Calabre monta à cheval, et, comme il l'avait dit, sortit par la porte de San-Sebastiano, au moment même où l'avant-garde française faisait halte à cinq cents pas de la porte du Peuple. C'était le 31 décembre 1494.

A trois heures de l'après-midi, toute l'armée étant arrivée, l'avant-garde se remit en marche tambours battant et enseignes déployées. — Elle était, dit Paul Jove, témoin oculaire, livre II, page 41 de son Histoire, — elle était composée de Suisses et d'Allemands aux habits courts, collants et de couleurs variées ; ils étaient armés d'épées courtes et acérées comme celles des anciens Romains, et portaient des lances de bois de frêne de dix pieds de long, dont le fer était étroit et aigu : un quart seulement avaient, au lieu de lances, des hallebardes dont le fer était taillé en forme de hache et surmonté d'une pointe à quatre angles, et dont ils se servaient en frappant également du tranchant et de la pointe. le premier rang de chaque bataillon portait des casques et des cuirasses qui défendaient la tête et couvraient la poitrine, de sorte que, lorsque les soldats étaient en bataille, ils présentaient à leurs ennemis un triple rang de pointes de fer qui s'abaissaient ou se relevaient comme les lances d'un porc-épic. A chaque millier de soldats était attaché une compagnie de cent fusiliers ; quant aux chefs, ils portaient, pour se distinguer de leurs soldats, de hauts plumets sur leurs casques.

Après l'infanterie suisse, venaient les arbalétriers gascons : ils étaient cinq mille, portant un costume très-simple, qui contrastait avec le riche vêtement des Suisses, dont le plus petit les eût dépassés de toute la tête : au reste, excellents soldats, pleins de légèreté et de courage, et réputés surtout par la promptitude avec laquelle ils tendaient et tiraient leurs arbalètes de fer.

Derrière eux venait la cavalerie, c'est-à-dire la fleur de la noblesse française, avec ses casques et ses colliers dorés, ses surcots de velours et de soie, ses épées, dont chacune avait un nom, ses écus, dont chacun représentait un domaine, ses couleurs, dont chacune signifiait une passion. Outre ces armes défensives, chaque cavalier portait à la main, comme les gendarmes italiens, une lance avec une pointe striée et solide, et à l'arçon de la selle une masse d'armes taillée en côtes ou garnie de pointes. Leurs chevaux étaient grands et vigoureux ; mais, selon l'usage français, on leur avait coupé la queue et les oreilles. Ces chevaux, au contraire de ceux des gens-d'armes italiens, ne portaient point de caparaçons de cuir bouilli, ce qui les faisait plus exposés aux coups. Chaque chevalier était suivi de trois chevaux, le premier monté par un page armé comme lui, et les deux autres par des écuyers, que l'on appelait auxiliaires latéraux, de ce que dans la mêlée ils combattaient à droite et à gauche de leur chef. Cette troupe était non-seulement la plus magnifique, mais encore la plus considérable de l'armée ; car, comme il y avait deux mille cinq cents chevaliers, les trois serviteurs qui suivaient chacun d'eux formaient avec eux un total de dix mille hommes.

Cinq mille chevau-légers venaient ensuite, portant de grands arcs de bois, et, comme les archers anglais, lançant au loin de longues flèches. Ils étaient d'un grand secours dans les batailles ; car, se portant rapidement où l'on avait besoin de secours, ils pouvaient voler en un instant d'une aile à l'autre, et de l'arrière-garde à l'avant-garde, puis, leurs trousses épuisées, repartir au grand galop, sans que l'infanterie ni la grosse cavalerie les pussent suivre. Leurs armes défensives étaient le casque et une demi-cuirasse ; quelques-uns portaient en outre une lance courte pour clouer en terre les ennemis renversés : tous avaient de longs manteaux ornés d'aiguillettes et des plaques d'argent, au milieu desquelles brillaient les armoiries de leurs chefs.

Enfin venait l'escorte du jeune roi : quatre cents archers, parmi lesquels cent Écossais formaient la haie, tandis que deux cents chevaliers, choisis parmi les plus illustres, marchaient à pied à côté du prince, portant sur leurs épaules de pesantes masses d'armes. Au milieu de cette magnifique escorte s'avançait Charles VIII, couvert, ainsi que son cheval, d'une splendide armure : à sa droite et à sa gauche, marchaient le cardinal Ascagne Sforza, frère du duc de Milan, et le cardinal Julien de la Rovère dont nous avons déjà si souvent parlé, et qui fut depuis Jules II. Les cardinaux Colonna et Savelli les suivaient immédiatement, et derrière eux Prosper et Fabrice Colonna, ainsi que tous les princes et généraux italiens qui s'étaient réunis à la fortune du vainqueur, et qui marchaient entremêlés avec les grands seigneurs de France.

Depuis longtemps la foule amassée pour voir tous ces soldats ultra-montains, si nouveaux et si étranges pour elle, écoutait avec inquiétude un bruit sourd qui allait se rapprochant, et qui semblait le roulement du tonnerre : bientôt la terre sembla trembler, les vitres des croisées frémirent, et derrière l'escorte du roi on vit s'avancer accroupis et bondissant sur leurs affûts trente-six canons de bronze, traînés chacun par six forts chevaux. La longueur de ces canons était de huit pieds ; et comme leur ouverture était assez large pour qu'un homme y pût passer la tête, on estima que chacune de ces machines terribles, presque inconnues encore aux Italiens, devait peser à peu près six mille livres.

Après les canons venaient des couleuvrines longues de seize pieds, et des fauconneaux dont les plus petits lançaient des boulets de la grosseur d'une grenade. Cette artillerie formidable terminait la marche et formait l'arrière-garde de l'armée française. Il y avait six heures que la tête avait déjà pénétré dans la ville lorsqu'elle y entra à son tour ; et, comme il faisait nuit, et que sur six artilleurs il y avait un homme qui portait une torche, cette illumination donnait encore aux objets qu'elle éclairait un caractère plus sombre que n'eût fait la lumière du soleil. Le jeune roi alla se loger au palais de Venise, ayant toute cette artillerie braquée sur la place et dans les rues environnantes. Quant au reste de l'armée, elle se répandit par la ville.

Le même soir, on apporta au roi de France, plus encore pour lui faire honneur que pour le tranquilliser sur sa sûreté, les clefs de Rome et celles de la porte du jardin du Belvédère. Même chose, au reste, avait été faite pour le duc de Calabre.

Le pape s'était, comme nous l'avons dit, retiré au château Saint-Ange avec six cardinaux seulement ; de sorte que, dès le lendemain de son arrivée, le jeune roi se trouva avoir autour de lui une cour bien autrement brillante que celle du chef de l'Église. Alors fut remise de nouveau en question la convocation d'un concile, qui, convainquant

Enfin, le cardinal Valentino (c'est ainsi que l'on nommait César Borgia, de son archevêché de Valence) suivrait le roi Charles VIII en qualité de légat apostolique, ou plutôt d'otage.

Ces conditions arrêtées, on régla le cérémonial de l'entrevue. Le roi Charles VIII quitta le palais de Venise, et vint habiter au Vatican. A une heure convenue, il entra par une porte du jardin attenant au palais, tandis que le pape, qui n'avait pas quitté le château Saint-Ange, grâce au corridor qui communique d'un palais à l'autre, descendait par une autre porte dans le même jardin. Il résulta de cet arrangement qu'au bout d'un instant le roi aperçut le pape, et s'agenouilla une première fois ; mais le pape fit semblant de ne pas le voir, de sorte que le roi fit quelques pas encore, et s'agenouilla une seconde fois ; comme en ce moment sa sainteté était masquée par un massif, ce lui fut encore une nouvelle excuse : de sorte que le roi, accomplissant le cérémonial entier, se releva encore, et, faisant de nouveau quelques pas, alla s'agenouiller une troisième fois en face du saint père, qui l'aperçut enfin, et, marchant à lui comme pour empêcher le roi de se mettre à genoux, ôta sa barrette, et, le pressant entre ses bras, le releva, l'embrassa tendrement au front, et ne voulut pas se recouvrir

Lucrèce Borgia.

Alexandre de simonie, procéderait à sa déposition. Mais les principaux conseillers du roi, gagnés, comme nous l'avons dit, firent observer que c'était un mauvais moment pour soulever un nouveau schisme dans l'Église, que celui où l'on se préparait à marcher contre les infidèles. Comme c'était l'opinion intérieure du roi, on n'eut pas grand'peine à le convaincre, et il fut décidé que l'on traiterait avec sa sainteté.

Cependant les négociations, à peine commencées, faillirent être rompues ; car la première chose que demanda Charles VIII, fut la remise du château Saint-Ange ; tandis que, voyant dans ce château sa seule sûreté, c'était, de son côté, la dernière chose que le pape voulait accorder. Deux fois, dans son impatience juvénile, Charles VIII voulut enlever de force ce qu'on ne voulait pas lui céder de bonne volonté, et fit braquer ses canons sur la demeure du saint père ; mais celui-ci resta insensible à ces démonstrations ; et cette fois ce fut, tout obstiné qu'il était, le roi de France qui céda.

On laissa donc de côté cet article, et l'on convint des conditions suivantes.

Il devait y avoir entre sa majesté le roi de France et le saint père, à compter de cette heure, sincère amitié et ferme alliance.

En attendant la conquête définitive du royaume de Naples, le roi de France occuperait, pour l'avantage et la commodité de ses armes, les forteresses de Civita-Vecchia, de Terracine et de Spolette.

que le roi lui-même n'eût mis sa toque sur sa tête, ce à quoi le pape l'aida de ses propres mains. Alors, étant restés un instant debout et ayant échangé quelques paroles de courtoisie et d'amitié, le roi supplia instamment sa sainteté de vouloir bien agréger au sacré collège Guillaume Briçonnet, évêque de Saint-Malo. Comme c'était chose convenue d'avance entre ce prélat et sa sainteté, quoique le roi l'ignorât, Alexandre voulut avoir le mérite d'accorder promptement ce qui lui était demandé, et ordonna à l'instant même à l'un de ses serviteurs d'aller chercher chez son fils, le cardinal Valentino, une cape et un chapeau. Prenant alors le roi de France par la main, le pape le conduisit dans la salle du Perroquet, où devait se faire la cérémonie de réception du nouveau cardinal. Quant à l'acte solennel du serment d'obéissance que devait prêter Charles VIII à sa sainteté comme au chef suprême de l'Église chrétienne, il fut remis au surlendemain.

Ce jour solennel arrivé, tout ce que Rome avait de puissant dans la noblesse, dans le clergé et dans les armes, se rassembla autour de sa sainteté ; Charles VIII, de son côté, s'avança vers le Vatican avec une suite splendide de princes, de prélats et de capitaines. Au seuil du palais, il trouva quatre cardinaux qui étaient venus au-devant de lui : deux se placèrent à ses côtes, les deux autres derrière lui, et, tout son cortège suivant immédiatement, ils traversèrent une longue file d'appartements pleins de gardes et de serviteurs, et arrivèrent en-

Paris. — Typ. de V⁰ Dondey-Dupré, rue St-Louis, 46, au Marais.

fin dans la salle de réception, où le roi était assis sur son trône, ayant derrière lui son fils César Borgia. Arrivé à la porte, le roi de France commença d'accomplir le cérémonial habituel ; et, étant passé des génuflexions aux baisements des pieds, de la main et du front, il se tint debout, tandis que le premier président du parlement de Paris, faisant à son tour quelques pas, dit à voix haute :

« Très-saint père,

» Voici mon roi tout disposé à prêter à votre sainteté le serment d'obéissance qu'il lui doit ; mais il est d'usage en France que celui qui offre à son seigneur son vasselage en reçoive en échange les grâces qu'il lui demande. En conséquence, sa majesté, tout en s'engageant de son côté à user vis-à-vis de votre sainteté d'une munificence plus grande encore que votre sainteté n'aura usé vis-à-vis d'elle, vient la supplier instamment de lui accorder trois faveurs. Ces trois faveurs sont d'abord la confirmation des priviléges déjà accordés au roi lui-même, à la reine son épouse et au dauphin son fils ; ensuite l'investiture, pour lui et ses successeurs, du royaume de Naples ; enfin la remise entre ses mains de la personne du sultan D'jem, frère de l'empereur des Turcs. »

A ce discours, le pape demeura un instant stupéfait ; car il ne s'attendait pas à ces trois demandes, que, de son côté, Charles VIII n'avait faites si publiquement que pour lui ôter tout moyen de les lui refuser. Mais, reprenant aussitôt sa présence d'esprit, il répondit au roi qu'il confirmerait volontiers les priviléges accordés à la maison de France par ses prédécesseurs ; que par conséquent, il pouvait considérer cette première demande comme accordée ; que, quant à l'investiture du royaume, c'était une affaire à délibérer dans le conseil des cardinaux, mais qu'il ferait auprès d'eux tout son possible pour qu'ils accédassent à ses désirs ; enfin, que, pour ce qui regardait le frère du sultan, il remettait à un temps plus opportun de discuter la chose avec le sacré collège, affirmant que, comme cette remise ne pouvait être qu'utile au bien de la chrétienté, puisqu'elle était demandée dans le but de rendre le succès d'une croisade plus certain, ce ne serait pas sa faute si sur ce point encore le roi n'était point satisfait.

Après cette réponse, Charles VIII s'inclina en signe qu'il était content ; et, étant demeuré debout et découvert en face du pape, le premier président reprit la parole en ces termes :

« Très-saint-père,

» C'est une antique coutume des rois chrétiens, et particulièrement des rois très-chrétiens de France, de signifier, par le moyen de leurs ambassadeurs, le respect qu'ils professent pour le saint-siège et les souverains pontifes que la Providence divine y élève ; mais le roi très-chrétien, ayant eu le désir de visiter le tombeau des saints apôtres, a voulu, non par ambassadeur, non par délégué, mais par lui-même, payer cette dette religieuse, qu'il regarde comme sacrée : c'est pourquoi, très-saint père, sa majesté le roi de France vous reconnaît pour le véritable vicaire du Christ, pour le légitime successeur des apôtres saint Pierre et saint Paul, et vous promet et jure cette foi filiale et respectueuse que les rois ses prédécesseurs sont accoutumés de vous promettre et de vous jurer, se dévouant lui et toutes ses forces au service de votre sainteté et aux intérêts du saint-siège. »

Le pape se leva tout joyeux ; car ce serment, fait avec tant de publicité, lui ôtait toute crainte d'un concile ; aussi, disposé à accorder, de ce moment, au roi de France tout ce qu'il lui demanderait, il le prit par la main gauche, lui faisant une courte mais amicale réponse, et l'appelant le fils aîné de l'Eglise. La cérémonie terminée, ils sortirent de la salle, le pape tenant toujours le roi par la main, et ils marchèrent ainsi jusqu'à la chambre où l'on dépose les vêtements sacrés ; là le pape feignit de vouloir reconduire le roi jusqu'à ses appartements ; mais le roi ne le voulant pas souffrir, tous deux se saluèrent de nouveau et se séparèrent pour se retirer chacun chez soi.

Le roi resta encore huit jours au Vatican, puis s'en retourna au palais de Saint-Marc. Pendant ces huit jours toutes les choses qu'avait demandées Charles VIII furent débattues et réglées à sa satisfaction. L'évêque du Mans fut fait cardinal ; l'investiture du royaume de Naples fut promise au vainqueur ; enfin, il fut convenu qu'au moment de partir, le pape, contre une somme de cent vingt mille livres, remettrait au roi de France le frère de l'empereur de Constantinople. Seulement, voulant pousser jusqu'au bout l'hospitalité qu'il lui avait donnée, le pape invita D'jem à dîner pour le jour même où il devait quitter Rome avec son nouveau protecteur.

Le moment du départ arrivé, Charles VIII monta à cheval tout armé, et se rendit avec une suite brillante et nombreuse au palais du Vatican : arrivé en face de la porte, il descendit de cheval, et, laissant son escorte sur la place Saint-Pierre il monta avec quelques seigneurs seulement. Il trouva sa sainteté dans la chambre où l'attendait le pape ayant à sa droite le cardinal Valentin, à sa gauche D'jem, qui venait, comme nous l'avons dit, de dîner à sa table, et autour de lui, treize cardinaux : aussitôt le roi, ayant fléchi le genou, demanda au saint-père sa bénédiction, et s'inclina pour lui baiser les pieds ; mais Alexandre VI ne le voulut point souffrir, le prit dans ses bras, et avec une bouche de père et un cœur d'ennemi, le baisa tendrement au front. Alors le pape présenta au roi de France le fils de Mahomet II, qui était un beau jeune homme, ayant quelque chose de noble et de royal dans l'aspect, et dont le magnifique costume oriental contrastait par son ampleur et sa forme avec l'habit étroit et sévère des chrétiens. D'jem s'avança vers Charles VIII, sans humilité, mais sans hauteur, et comme un fils d'empereur qui traite avec un roi, lui baisa la main, puis l'épaule ; puis, se retournant vers le saint-père, il lui dit en langue italienne, qu'il parlait très-bien, qu'il priait de le recommander au grand roi qui voulait bien le prendre sous sa protection, assurant le pontife qu'il n'aurait jamais à se repentir de lui avoir rendu sa li-

— Vois, César, lui dit-elle ; voilà l'ouvrage de tes nouveaux amis. — Page 130.

berté, et disant à Charles VIII qu'il espérait qu'il aurait à se louer de lui, si, après avoir pris Naples, il passait en Grèce comme s'il en avait l'intention. Ces mots furent dits avec une telle dignité, et en même temps une douceur si grande, que le roi de France tendit loyalement et franchement la main au jeune sultan, comme à un compagnon d'armes. Puis, cette remise faite, Charles VIII prit une dernière fois congé du pape, et descendit sur la place. Là il attendit le cardinal Valentin, qui, ainsi que nous l'avons dit, devait l'accompagner comme otage, et qui était resté en arrière pour échanger quelques paroles avec son père. Au bout d'un instant, César Borgia parut, monté sur une mule splendidement harnachée, et faisant conduire derrière lui six chevaux magnifiques dont le saint père faisait don au roi de France. Charles VIII monta aussitôt sur l'un d'eux pour faire honneur au pape du cadeau qu'il venait de lui faire, et, quittant Rome avec le reste de ses troupes, il s'achemina vers Marino, où il arriva le même soir.

Là il apprit qu'Alphonse, mentant à sa réputation d'habile politique, et de grand général, venait de s'embarquer avec tous ses trésors sur une flottille de quatre galères, laissant le soin de la guerre et le gouvernement de son royaume à son fils Ferdinand. Ainsi tout secondait la marche triomphante de Charles VIII; les portes des villes s'ouvraient seules à son approche; ses ennemis fuyaient sans l'attendre, et avant d'avoir livré une seule bataille il avait déjà acquis le surnom de conquérant.

Le lendemain, au point du jour, l'armée se mit en route, et, après avoir marché toute la journée, s'arrêta le soir à Velletri. Là le roi, qui avait chevauché depuis le matin, accompagné du cardinal Valentin et de D'jem, déposa le premier à son logement, et, emmenant le second avec lui, se rendit au sien. Alors César Borgia, qui avait parmi les bagages de l'armée vingt fourgons pesamment chargés, fit ouvrir un de ces fourgons et en tira un buffet magnifique, avec la vaisselle d'argent nécessaire à sa table, et, comme il avait déjà fait la veille, ordonna de préparer son souper. Pendant ce temps, la nuit étant venue, il s'enferma dans une chambre retirée, et, dépouillant son costume de cardinal, il revêtit un habit de palefrenier. Grâce à ce déguisement, il sortit de la maison qui lui avait été assignée pour son logement sans être reconnu, traversa les rues, franchit les portes et gagna la campagne. A une demi-lieue de la ville à peu près, un domestique l'attendait avec deux chevaux de course. César, qui était un excellent cavalier, sauta en selle, et lui et son compagnon, au grand galop de leurs montures, reprirent le chemin de Rome, où ils arrivèrent au point du jour. César descendit chez M. Flores, auditeur de la Rote, où il se fit amener un cheval frais et apporter des habits convenables; puis, immédiatement, il se rendit chez sa mère, qui jeta un cri de joie en l'apercevant; car, muet et mystérieux pour tout le monde, et même pour elle, le cardinal n'avait rien dit de son prochain retour à Rome.

Ce cri de joie qu'avait poussé la Vanozza en revoyant son fils était bien moins encore un cri d'amour que de vengeance. Un soir, pendant que tout était en fête au Vatican, tandis que Charles VIII et Alexandre VI se juraient une amitié que ni l'un ni l'autre n'avaient dans le cœur, et échangeaient des serments qui d'avance étaient déjà trahis, un messager était déjà arrivé de la part de Vanozza, apportant à César une lettre par laquelle elle le priait de passer sans retard à sa maison de la rue della Lungara. César avait interrogé le messager; mais celui-ci lui avait répondu qu'il n'avait rien à lui dire, et qu'il apprendrait tout ce qu'il désirait savoir de la bouche même de sa mère. Aussi à peine libre, César, vêtu d'un habit de laïque et enveloppé d'un large manteau, avait-il quitté le Vatican et s'était-il acheminé vers l'église de Regina-Cœli, dans le voisinage de laquelle nous avons dit, on doit se le rappeler, qu'était située la maison qu'habitait la maîtresse du pape.

En approchant de chez sa mère, César commença de remarquer des signes de dévastation étranges. La rue était jonchée de débris de meubles, et de lambeaux d'étoffes précieuses. En arrivant au bas du petit perron qui conduisait à la porte d'entrée, il vit que les fenêtres étaient brisées et que des restes de rideaux flottaient déchirés devant elle; de sorte que, ne comprenant rien à ce désordre, il s'était élancé dans l'intérieur, avait parcouru plusieurs appartements déserts et délabrés. Puis enfin, voyant de la lumière dans une chambre, il y était entré et avait trouvé sa mère assise sur les débris d'un coffre d'ébène tout incrusté d'ivoire et d'argent. En apercevant César, elle se leva, pâle, les cheveux épars; et lui montrant de la main la désolation qui l'entourait:

— Vois, César, lui dit-elle; voici l'ouvrage de tes nouveaux amis.

— Qu'y a-t-il donc, ma mère? demanda le cardinal; et d'où vient ce désordre qui vous entoure?

— Il y a, répondit la Vanozza en grinçant les dents de rage, que le serpent que vous avez réchauffé vient de me mordre, craignant sans doute de se briser les dents sur vous.

— Qui a fait cela? s'écria César: dites-le-moi, ma mère, et, par le ciel, je vous le jure, je le lui rendrai, et bien au delà.

— Qui a fait cela? reprit Vanozza: le roi Charles VIII, par les mains de ses fidèles alliés les Suisses. On a su que Melchiori était en voyage, et que, par conséquent, je demeurais seule ici avec quelques misérables domestiques; et alors ils sont venus, brisant les portes comme s'ils avaient pris Rome d'assaut, et, tandis que le cardinal Valentin

faisait fête à leur maître, ils pillaient la maison de sa mère, l'abreuvant d'insolences et d'outrages tels qu'on n'eût pas dû en attendre de plus grands des Turcs et des Sarrazins.

— C'est bien, c'est bien, ma mère, dit César; soyez tranquille, le sang lavera la honte. Quant à ce que nous avions perdu, songez-y, ce n'est rien à côté de ce que nous pouvions perdre; et mon père et moi, soyez tranquille, nous vous rendrons plus qu'on ne vous a ôté.

— Ce ne sont pas des promesses que je demande, s'écria la Vanozza, c'est une vengeance.

— Ma mère, dit le cardinal, vous serez vengée, ou je perdrai le nom de votre fils.

Et ayant rassuré sa mère par ces paroles, il l'emmena au palais de Lucrèce, qui se trouvait libre par son mariage avec le seigneur de Pesaro, et rentra au Vatican, donnant des ordres pour que la maison de sa mère fût remeublée plus magnifiquement qu'avant son désastre. Ces ordres avaient été ponctuellement suivis, et c'était au milieu de ce luxe nouveau, mais avec la même haine dans le cœur, que César retrouvait sa mère. De là venait le cri de joie qu'elle avait poussé en le revoyant.

Le fils et la mère échangèrent seulement quelques paroles; puis César, remontant à cheval, rentra au Vatican, d'où il était sorti deux jours auparavant comme otage. Alexandre, qui était prévenu d'avance de cette fuite, et qui non seulement l'avait approuvée, mais qui encore, en sa qualité de souverain pontife, avait relevé d'avance son fils du parjure qu'il allait commettre, le reçut avec joie, mais ne lui en conseilla pas moins de se cacher, Charles VIII, selon toutes probabilités, ne devant point tarder à faire réclamer son otage.

En effet, le lendemain, au lever du roi, on s'était aperçu de l'absence du cardinal Valentin: et comme Charles VIII s'inquiétait de ne pas le voir paraître, il envoya savoir quelle cause l'empêchait de se rendre auprès de lui. Arrivé au logement qu'avait quitté la veille César, l'envoyé apprit qu'il en était sorti vers les neuf heures du soir, et n'y était point rentré depuis. Il retourna porter cette nouvelle au roi, qui se douta aussitôt qu'il s'était enfui, et qui, dans le premier mouvement de sa colère, fit connaître ce parjure à toute l'armée. Les soldats alors se rappelèrent ces vingt fourgons si pesamment chargés, et de l'un desquels le cardinal, à la vue de tous, avait fait tirer une si magnifique vaisselle d'or et d'argent, et, ne doutant pas que les autres ne renfermassent des objets aussi précieux, ils se ruèrent dessus et les mirent en pièces; mais ils n'y trouvèrent que des pavés ou du sable; ce qui prouva au roi que cette fuite était préparée de longue main, et redoubla encore sa colère contre le jeune. Aussi, sans perdre de temps, envoya-t-il à Rome monseigneur Philippe de Bresse, qui fut depuis duc de Savoie, avec ordre d'exprimer au saint-père tout son mécontentement d'une pareille conduite à son égard. Mais le pape répondit qu'il ignorait complétement l'évasion de son fils, et en exprimait ses regrets bien sincères à sa majesté, ne sachant point où il pouvait être, et affirmant en tout cas qu'il n'était point à Rome. En effet, cette fois le pape disait vrai, César s'était retiré avec le cardinal Orsino dans une de ses terres, où il se tenait momentanément caché. Cette réponse fut portée à Charles VIII par deux messagers que le pape lui envoya, et qui étaient les évêques de Népi et de Sutri. Le peuple, de son côté, députa un ambassadeur au roi. Cet ambassadeur était monseigneur Porcari, doyen de la Rote, lequel était chargé de lui exprimer tout le déplaisir que les Romains avaient ressenti en apprenant le manque de parole du cardinal. Quelque peu disposé que fût Charles VIII à se payer de paroles vides, il lui fallait faire face à des affaires plus importantes: aussi continua-t-il, sans s'arrêter, sa route vers Naples, où il entra le dimanche 22 février de l'année 1495.

Quatre jours après le malheureux D'jem, qui était tombé malade à Capoue, mourut au château Neuf. En se séparant de lui et dans le banquet d'adieu, Alexandre VI avait fait sur lui l'essai de ce poison dont il comptait par la suite faire un si fréquent usage sur les cardinaux, et dont il devait, par un juste retour, éprouver enfin l'effet lui-même. Ainsi, le pape s'était arrangé pour toucher des deux mains; et, dans sa double spéculation sur ce malheureux jeune homme, il avait à la fois vendu sa vie cent vingt mille livres à Charles VIII, et sa mort trois cent mille ducats à Bajazet.

Seulement il y eut retard dans le second payement; car l'empereur des Turcs, comme on s'en souvient, ne devait remettre l'or fratricide qu'en échange du cadavre, et le cadavre, par ordre de Charles VIII, avait été enterré à Gaëte.

Lorsque César Borgia apprit ces nouvelles, il estima, avec raison, que le roi de France, occupé à s'installer dans sa nouvelle capitale, avait à penser à trop de choses pour s'inquiéter de lui: en conséquence, il reparut à Rome, et, pressé de tenir à sa mère la parole qu'il lui avait donnée, il y signala son retour par sa vengeance.

Le cardinal Valentin avait à sa solde un Espagnol dont il avait fait le chef de ses bravi; c'était un homme de trente-cinq à quarante ans, dont la vie entière n'avait été qu'une longue rébellion contre toutes les lois de la société; ne reculant devant aucune action, pourvu qu'elle lui fût payée le prix qu'elle valait. Don Michel Correglia, qui se fit une sanglante célébrité sous le nom de Michelotto, était bien l'homme qu'il fallait à César; aussi, de même que Michelotto avait pour César un dévouement sans bornes, César avait en Michelotto une confiance sans limites. Ce fut lui que le cardinal chargea d'une partie de sa vengeance ; quant à l'autre, il se la réserva à lui-même.

Don Michel reçut l'ordre de parcourir les campagnes de Rome, et d'égorger tous les Français qu'il y rencontrerait. Il se mit aussitôt à l'œuvre, et quelques jours s'étaient à peine écoulés, qu'il avait déjà obtenu les résultats les plus satisfaisants : plus de cent personnes avaient été pillées et assassinées, et parmi ces dernières était le fils du cardinal de Saint-Malo, qui s'en retournait en France, et sur lequel Michelotto trouva une somme de trois mille écus.

De son côté, César s'était réservé les Suisses ; car c'étaient les Suisses particulièrement qui avaient dévasté la maison de la Vanozza ; le pape avait à son service à peu près cent cinquante soldats de cette nation, qui avaient fait venir leurs familles à Rome, et s'étaient enrichis tant de leur paye, qu'en exerçant quelque autre industrie. Le cardinal leur fit donner à tous leur congé, avec ordre de quitter Rome dans les vingt-quatre heures, et les États romains dans trois jours. Les pauvres diables, pour obéir à l'ordre reçu, s'étaient tous réunis, avec leurs femmes, leurs enfants et leur bagage, sur la place Saint-Pierre, quand tout à coup, le cardinal Valentin lui fit envelopper de tous côtés par deux mille Espagnols, qui commencèrent à tirer sur eux avec des arquebuses et à les charger à coups de sabre, tandis que César et sa mère regardaient le carnage d'une fenêtre. Ils en tuèrent ainsi cinquante ou soixante à peu près ; mais les autres, s'étant réunis, firent tête aux assassins, et, sans se laisser entamer, battirent en retraite jusqu'à une maison où ils se fortifièrent et se défendirent si vaillamment, qu'ils donnèrent le temps au pape, qui ignorait quel était l'auteur de cette boucherie, d'envoyer le capitaine de sa garde, qui, avec l'aide d'un fort détachement qu'il avait amené, parvint à les faire sortir de la ville au nombre de quarante à peu près : le reste avait été massacré sur la place, ou avait été tué dans la maison.

Mais ce n'était point là une vengeance véritable ; car elle n'atteignait point Charles VIII, le véritable et seul auteur de toutes les tribulations qu'avaient éprouvées depuis un an la pape et sa famille : aussi César abandonna-t-il bientôt ces machinations vulgaires pour s'occuper de plus hauts intérêts, et s'adonna-t-il de toute la force de son génie à renouer la ligue des princes italiens, rompue par la défection de Sforza, par l'exil de Pierre et par la défaite d'Alphonse.

Cette entreprise s'accomplit avec plus de facilité que le pape ne s'y était attendu. Les Vénitiens n'avaient pas vu sans inquiétude Charles VIII passer si près d'eux, et ils tremblaient que, maître une fois de Naples, il n'eût l'idée de conquérir le reste de l'Italie. De son côté, Ludovic Sforza commençait à craindre, en voyant la rapidité avec laquelle le roi de France avait détrôné la maison d'Aragon, qu'il ne fît bientôt plus de différence entre ses alliés et ses ennemis. Maximilien, à son tour, ne cherchait qu'une occasion de rompre la paix momentanée qu'il avait accordée à force de concessions. Enfin Ferdinand et Isabelle étaient alliés à la maison détrônée. De sorte que tous, ayant, quoique avec des intérêts différents, une crainte commune, furent bientôt d'accord sur la nécessité de chasser Charles VIII, nonseulement de Naples, mais encore de l'Italie, et s'engagèrent par tous les moyens qui seraient en leur pouvoir, soit par négociations, soit par surprise, soit par force, à contribuer à cette expulsion. Les Florentins seuls refusèrent de prendre part à cette levée de boucliers, et restèrent fidèles à la parole donnée.

D'après les articles arrêtés entre les confédérés, l'alliance devait durer vingt-cinq ans, et avait pour but ostensible de défendre la majesté du pontife romain et les intérêts de la chrétienté ; de sorte que l'on aurait pu prendre ces préparatifs pour ceux d'une croisade contre les Turcs, si l'ambassadeur de Bajazet n'avait pas constamment assisté à toutes les délibérations, quoique par pudeur les princes chrétiens n'osassent point admettre en nom dans la ligue l'empereur de Constantinople. Au reste, les confédérés devaient mettre sur pied une armée de trente-quatre mille chevaux et de vingt mille fantassins, et chacun s'était taxé pour un contingent ; de sorte que le pape était tenu de fournir quatre mille chevaux, Maximilien six mille, le roi d'Espagne, le duc de Milan et la république de Venise, chacun huit mille. Chaque confédéré devait en outre lever et équiper dans les six semaines de la signature du traité quatre mille fantassins. Les flottes seraient fournies par les états maritimes ; mais les frais qu'elles auraient occasionnés seraient également répartis sur tous.

Cette ligue fut publiée le 12 avril 1495, jour du dimanche des Rameaux, dans tous les états d'Italie, et particulièrement à Rome, au milieu de fêtes et de réjouissances infinies. Presque aussitôt la publication de ces articles ostensibles, les confédérés commencèrent de mettre à exécution les articles secrets. Ces articles obligeaient Ferdinand et Isabelle à envoyer à Ischia, où le fils d'Alphonse s'était retiré, une flotte de soixante galères, portant six cents cavaliers et cinq mille fantassins, pour l'aider à remonter sur le trône. Ces troupes devaient être mises sous le commandement de Gonzalve de Cordoue, à qui la prise de Grenade venait de donner la réputation du premier général de l'Europe. De leur côté, les Vénitiens devaient attaquer, avec une flotte de quarante galères, sous les ordres d'Antonio Grimani, tous les établissements que les Français auraient sur les côtes de la Calabre et de Naples. Quant au duc de Milan, il s'engageait à arrêter tous les secours qui viendraient de France et à chasser le duc d'Orléans d'Asti.

Restait Maximilien, qui s'était engagé à envahir les frontières de France, et Bajazet, qui devait aider de son argent, de sa flotte et de ses soldats tantôt les Vénitiens, tantôt les Espagnols, selon qu'il serait appelé par Barberigo ou par Ferdinand le Catholique.

Cette ligue était d'autant plus inquiétante pour Charles VIII, que l'enthousiasme avec lequel il avait été reçu s'était promptement calmé. C'est qu'il lui était arrivé ce qui arrive d'ordinaire aux conquérants qui ont plus de fortune que de génie ; au lieu de se faire parmi les grands vassaux napolitains et calabrais un parti dont les racines tinssent au sol même, en confirmant leurs privilèges, et en augmentant leurs puissance, il les avait blessés en accordant tous les titres, tous les emplois, tous les fiefs, à ceux qui l'avaient suivi de France : de sorte que toutes les charges du royaume étaient occupées par des étrangers. Il en résulta qu'au moment même où la ligue était proclamée, Tropée et Amenica, que Charles VIII avait données au seigneur de Précy, se révoltèrent et arborèrent la bannière d'Aragon ; que la flotte espagnole n'eut qu'à se présenter devant Reggio en Calabre pour que cette ville, plus mécontente encore de la domination nouvelle que de l'ancienne, lui ouvrît à l'instant même ses portes, et que don Frédéric, frère d'Alphonse et oncle de Ferdinand, qui n'avait au reste jamais quitté Brindes, n'eût qu'à se présenter devant Tarente pour y être reçu comme un libérateur.

Charles VIII apprit toutes ces nouvelles à Naples, lorsque, déjà las de sa nouvelle conquête, qui nécessitait un travail d'organisation dont il était incapable, il tournait les yeux vers la France, où l'attendaient les fêtes de la victoire et le triomphe du retour. Aussi céda-t-il aux premiers avis qui lui conseillèrent de reprendre le chemin de son royaume, menacé, comme nous l'avons dit, au nord par les Allemands, et au midi par les Espagnols. En conséquence, il nomma Gilbert de Montpensier, de la maison de Bourbon, son vice-roi ; d'Aubigny, de la maison Stuart d'Écosse, lieutenant en Calabre ; Étienne de Vèse, commandant de Gaëte, et don Julien, Gabriel de Montfaucon, Guillaume de Villeneuve, Georges de Silly, le bailly de Vitry, et Graziano Guerra, gouverneur de Santo-Angelo, de Manfredonia, de Trani, de Catauzaro, d'Aquila et de Sulmone ; puis, laissant au représentant de ses droits la moitié des Suisses, une partie des Gascons, quatre cents lances françaises et environ cinq cents hommes d'armes italiens, ces derniers sous le commandement du préfet de Rome, de Prosper et de Fabrice Colonna et d'Antonio Savelli, il sortit de Naples le 20 mai, à deux heures de l'après-midi, pour traverser toute la péninsule italienne avec le reste de son armée, qui se composait de huit cents lances françaises, et deux cents gentilshommes de sa garde, et de cent hommes d'armes italiens, de trois mille fantassins suisses, de mille Français et de mille Gascons. Il comptait en outre être rejoint en Toscane par Camille Vitelli et ses frères, qui devaient lui amener deux cent cinquante hommes d'armes.

Huit jours avant son départ de Naples, Charles VIII avait envoyé à Rome monseigneur de Saint-Paul, frère du cardinal de Luxembourg ; et au moment où il allait se mettre en route, il expédia de nouveau l'archevêque de Lyon : tous deux avaient mission d'assurer Alexandre que le roi de France était dans le désir le plus sincère et dans la plus ferme volonté de demeurer son ami. En effet, Charles VIII ne désirait rien tant que de détacher le pape de la ligue, afin de s'en faire un soutien spirituel et temporel : mais un jeune roi ardent, ambitieux et brave, n'était pas le voisin qui convenait à Alexandre ; il ne voulut donc entendre à rien, et comme les troupes qu'il avait demandées au doge et à Ludovic Sforza ne lui avaient point été envoyées en nombre suffisant pour défendre Rome, il se contenta de faire approvisionner le château Saint-Ange, y mit une formidable garnison, laissa le cardinal de Saint-Anastase pour recevoir Charles VIII, et se retira avec César à Orviette.

Charles VIII ne demeura que trois jours à Rome, désespéré qu'il était que, malgré ses prières, Alexandre VI eût refusé de l'y attendre. Aussi, pendant ces trois jours, au lieu d'écouter les avis de Julien de la Rovère, qui lui conseillait de nouveau d'assembler un concile et de déposer le pape, il fit remettre aux officiers romagnols, espérant ramener le pape vers lui par le bon procédé, les citadelles de Terracine et de Civita-Vecchia, ne gardant que celle d'Ostie, qu'il avait promis à Julien de lui rendre. Enfin, ces trois jours écoulés, il sortit de Rome, et se dirigea, sur trois colonnes, vers la Toscane, traversa les États de l'Église, et, le 13, arriva à Sienne, où il fut rejoint par Philippe de Commines, qu'il avait envoyé comme ambassadeur extraordinaire près la république de Venise, et qui lui annonça que ses ennemis avaient quarante mille hommes sous les armes, et s'apprêtaient à le combattre. Cette nouvelle ne produisit d'autre effet que d'exciter outre mesure la gaieté du roi et des gentilshommes de son armée ; car ils avaient pris un tel dédain de leurs ennemis dans leur facile conquête, qu'ils ne croyaient pas qu'une armée, si nombreuse qu'elle fût, osât leur disputer le passage.

Force fut cependant à Charles VIII de se rendre à l'évidence, lorsqu'il apprit à San-Teranzo que l'avant-garde, commandée par le maréchal de Gié, et composée de six cents lances et de quinze cents Suisses, s'était, en arrivant à Fornovo, trouvée en face des confédérés, qui avaient assis leur camp à Guiarole. Le maréchal avait fait halte à l'instant même, et avait de son côté disposé ses logis, profitant de la hauteur où il se trouvait pour se faire une défense de la nature même du terrain. Puis, ces premières mesures prises, il avait envoyé, d'une part, un trompette au camp ennemi, pour demander à François de Gonzague, marquis de Mantoue, généralissime des troupes confédérées, passage pour l'armée de son roi, et des vivres à un prix raisonnable, et de l'autre il avait expédié un courrier à Charles VIII, en l'invitant à hâter sa marche, ainsi que celle de l'artillerie et de l'arrière-garde. Les confédérés avaient fait une réponse évasive ; car ils balançaient s'ils compromettraient en un seul combat toutes les forces de l'Italie, ou si, risquant le tout pour le tout, ils tenteraient d'anéantir le roi de France et son armée, ensevelissant ainsi le conquérant dans sa conquête. Quant à Charles VIII, on le trouva occupé à inspecter le passage des derniers canons par-dessus la montagne de Pontremoli : ce qui n'était point chose facile, attendu que, comme il n'y avait point de sentier tracé, on avait été obligé de les monter et de les descendre à force de bras : ce qui occupait jusqu'à deux cents hommes pour une seule pièce. Enfin, toute l'artillerie étant arrivée sans accident de l'autre côté des Apennins, Charles VIII partit en toute hâte pour Fornovo, où il arriva avec toute sa suite le lendemain dans la matinée.

Du sommet de la montagne où le maréchal de Gié était campé, le roi de France découvrait à la fois et son camp et celui de l'ennemi ; chacun d'eux était posé sur la rive droite du Taro, et à chaque extrémité de cercle d'une chaîne de collines placée en amphithéâtre ; de sorte que l'intervalle situé entre les deux camps, vaste bassin où s'étendait dans ses crues hivernales le torrent qui lui servait de limites, n'était qu'une plaine couverte de gravier, où il était aussi difficile à la cavalerie qu'à l'infanterie de manœuvrer : en outre, un petit bois, qui suivait le versant occidental des collines, s'étendait de l'armée ennemie à l'armée française, et était occupé par les Stradiotes, qui, grâce à lui, avaient déjà engagé quelques escarmouches avec nos troupes pendant les deux jours où elles avaient fait halte pour attendre le roi.

La situation n'était pas rassurante. Du sommet de la montagne qui dominait Fornovo, la vue, comme nous l'avons dit, embrassait les deux camps, et pouvait facilement calculer la différence numérique de chacun d'eux. En effet, l'armée française, affaiblie par les diverses garnisons qu'elle avait été forcée de laisser dans les villes et les forteresses que nous avions conservées en Italie, s'élevait à peine à huit mille combattants, tandis que l'armée milano-vénitienne dépassait un total de trente-cinq mille hommes. Charles VIII résolut donc de tenter de nouveau les voies de la conciliation, et envoya Commines, qui, ainsi que nous l'avons dit, l'avait rejoint en Toscane, aux provéditeurs vénitiens qu'il avait connus dans son ambassade, et sur lesquels, grâce à l'estime qu'on faisait généralement de son mérite, il avait pris une grande influence. Il était chargé de dire, au nom du roi de France, aux chefs de l'armée ennemie, que son maître ne désirait rien autre chose que continuer sa route sans faire ni recevoir aucun dommage ; qu'en conséquence il demandait un passage libre à travers ces belles plaines de la Lombardie, qui, des hauteurs d'où il était placé, se déroulaient à perte de vue jusqu'au pied des Alpes.

Commines trouva l'armée confédérée en grandes dissensions : l'avis des Milanais et des Vénitiens était de laisser passer le roi sans l'attaquer, trop heureux, disaient-ils, qu'il abandonnât ainsi l'Italie sans y avoir causé d'autre dommage ; mais les ambassadeurs d'Espagne et d'Allemagne pensaient autrement que leurs alliés. Comme leurs maîtres n'avaient point de troupes dans l'armée, et que les dépenses qu'ils devaient faire étaient faites, ils ne pouvaient que profiter à une bataille ; puisque, gagnée, ils recueillaient les fruits de la victoire, et, perdue, ils n'éprouvaient aucunement les dommages de la défaite. Cette dissidence dans les opinions fit qu'on remit au lendemain la réponse à faire à Commines, et que l'on arrêta que le lendemain il aurait une nouvelle conférence avec un plénipotentiaire que l'on nommerait pendant la nuit : cette conférence devait se tenir entre les deux armées.

Le roi passa la nuit dans une grande inquiétude : toute la journée le temps avait menacé de tourner à la pluie, et nous avons dit avec quelle rapidité croissait le Taro ; la rivière, guéable encore aujourd'hui, pouvait donc, dès le lendemain présenter un obstacle insurmontable ; et ce délai n'avait été demandé peut-être que pour empirer encore la position de l'armée française. En effet la nuit fut à peine venue, qu'un orage terrible se déclara, et tant que dura l'obscurité, il emplit l'Apennin de rumeurs, et sillonna le ciel d'éclairs. Au point du jour, cependant, il parut se calmer un peu ; mais déjà le Taro, qui la veille n'était encore qu'un ruisseau, était devenu un torrent et montait rapidement le long de ses rives. Aussi, dès six heures du matin, le roi, déjà armé et à cheval, appela Commines et lui ordonna d'aller au rendez-vous que lui avaient assigné les provéditeurs vénitiens ; mais à peine achevait-il de lui donner cet ordre, que l'on entendit de grands cris à l'extrême droite de l'armée française. Les Stradiotes, grâce au bois qui s'étendait entre les deux camps, avaient surpris un poste ; et, après l'avoir égorgé, ils emportaient, selon leurs habitudes, les têtes des morts à l'arçon de leurs selles. Un détachement de cavalerie s'était mis à leur poursuite ; mais, pareils à des bêtes fauves, ils étaient rentrés dans les bois qui leur servaient de retraite, et y avaient disparu.

Cet engagement inattendu, préparé, selon toutes les probabilités, par

les ambassadeurs espagnols et allemands, produisit sur toute la ligne l'effet d'une étincelle sur une traînée de poudre. Commines, de son côté, et les provéditeurs vénitiens du leur, tentèrent vainement de suspendre le combat de part et d'autre : des troupes légères, pressées d'escarmoucher, et n'écoutant, comme c'était assez l'habitude à cette époque, que l'impulsion dangereuse du courage personnel, en étaient venues aux mains, descendant vers la plaine comme dans un cirque, et cherchant à faire de belles armes. Un instant le jeune roi, entraîné par l'exemple, fut sur le point d'oublier aussi sa responsabilité de général pour agir en soldat ; mais le maréchal de Gié, messire Claude de la Châtre, et MM. de Guise et de la Trimouille, arrêtèrent ce premier élan et déterminèrent Charles VIII à prendre le parti le plus sage, qui était de traverser le Taro sans chercher le combat, mais aussi sans l'éviter, si les ennemis, passant de l'autre côté de la rivière, tentaient de nous fermer le passage. En conséquence, le roi, d'après les avis de ses plus sages et de ses plus vaillants capitaines, disposa ainsi ses batailles :

La première comprenait l'extrême avant-garde et un corps destiné à la soutenir ; elle comptait, l'avant-garde, trois cent cinquante hommes d'armes, les meilleurs et les plus braves de l'armée, commandés par le maréchal de Gié et par Jacques Trivulce, et, dans le corps qui suivait, trois mille Suisses, sous la conduite d'Engelbert de Clèves et de Lornay, grand écuyer de la reine : puis venaient trois cents archers de la garde, que le roi avait fait mettre à pied pour qu'ils pussent soutenir la cavalerie en combattant dans les intervalles.

La seconde bataille, dirigée par le roi en personne, et qui formait le corps d'armée, se composait de l'artillerie, commandé par Jean de Lagrange, des cent gentilshommes de la garde, dont Gilles Carronel portait la bannière, des pensionnaires de la maison du roi, sous les ordres d'Aymar de Pric, des Écossais, de deux cents arbalétriers à cheval, et du reste des archers français conduit par M. de Crussol.

Enfin, la troisième bataille, ou l'arrière-garde, précédée des bagages, portés par six mille bêtes de somme, comptait trois cents hommes d'armes seulement, commandés par MM. de Guise et de la Trimouille : c'était la partie la plus faible de l'armée.

Cette ordonnance arrêtée, Charles VIII ordonna à l'avant-garde de traverser la rivière, ce qu'elle fit à l'instant même, en face de la petite ville de Fornovo, les cavaliers ayant de l'eau jusqu'au mollet, et les fantassins se tenant à la queue des chevaux ; puis, lorsqu'il vit les derniers soldats de cette première partie de l'armée sur l'autre rive, il se mit en route à son tour pour suivre le même chemin et passer au même gué, ordonnant à MM. de Guise et de la Trimouille de régler la marche de l'arrière-garde sur celle du corps d'armée, comme il avait réglé la marche du corps d'armée sur celle de l'avant-garde.

Ses ordres furent ponctuellement suivis, et, vers les dix heures du matin, toute l'armée française se trouva sur la rive gauche du Taro : à l'instant même, et comme, par les dispositions de l'armée ennemie, le combat devenait imminent, les bagages, sous la conduite du capitaine Odet de Riberac, se séparèrent de l'arrière-garde et se portèrent sur l'extrême gauche.

En effet, François de Gonzague, général en chef des troupes confédérées, avait réglé ses dispositions sur celles du roi de France : par son ordre, le comte de Cajazzo, avec quatre cents gens d'armes et deux mille fantassins, avait passé le Taro à la hauteur du camp vénitien, et devait faire tête à l'avant-garde française, tandis que lui, remontant la rive droite jusqu'à Fornovo, franchirait la rivière par le même gué qu'avait suivi Charles VIII, afin d'attaquer son arrière-garde. Enfin il avait placé les Stradiotes entre ces deux passages, avec ordre, aussitôt qu'ils verraient l'armée française attaquée en tête et en queue, de traverser la rivière à leur tour et de tomber sur ses flancs. Outre ces mesures d'attaque, François de Gonzague avait encore pris ses précautions pour la retraite en laissant trois corps de réserve sur l'autre rive, l'un qui gardait le camp sous les ordres des provéditeurs vénitiens, et les deux autres commandés, le premier par Antoine de Montefeltro, et le second par Annibal Bentivoglio, et qui étaient échelonnés de manière à se soutenir.

Charles VIII avait remarqué toutes ces dispositions, et y avait reconnu cette savante stratégie italienne qui faisait des généraux de cette nation les premiers tacticiens du monde ; mais, comme il n'y avait pas moyen d'éviter le danger, il s'était décidé à passer à travers, et avait ordonné de continuer la route ; mais bientôt l'armée française se trouva prise entre le comte de Cajazzo, qui barrait le passage avec ses quatre cents gens d'armes et ses deux mille fantassins, et François de Gonzague, qui, ainsi que nous l'avons dit, s'était mis à la poursuite de l'arrière-garde avec six cents hommes d'armes, la fleur de son armée, un escadron de Stradiotes, et plus de cinq mille fantassins : cette seule bataille était plus forte que toute l'armée française.

Cependant, lorsque MM. de Guise et de La Trimouille se sentirent serrés ainsi, ils ordonnèrent à leurs deux cents hommes d'armes de faire volte-face, tandis qu'à l'extrémité opposée, c'est-à-dire à la tête de l'armée, le maréchal de Gié et Trivulce faisaient faire halte et commandaient de mettre les lances en arrêt. Pendant ce temps, selon la coutume, le roi, placé, comme nous l'avons dit, au centre, armait chevaliers les gentilshommes qui, par leur valeur personnelle ou par l'amitié qu'il leur portait, avaient des droits à cette faveur.

Tout à coup un choc terrible retentit derrière lui : c'était l'arrière-garde française qui en venait aux mains avec le marquis de Mantoue. À cette rencontre, où chacun avait choisi son homme comme dans un tournoi, grand nombre de lances se brisèrent, et surtout entre les mains des chevaliers italiens; car leurs lances, à eux, étaient creuses pour être moins lourdes, et, par conséquent, se trouvaient être moins solides. Aussitôt ceux qui étaient désarmés mirent l'épée à la main, et comme ils étaient beaucoup plus nombreux que les nôtres, le roi les vit tout à coup déborder notre aile droite, de sorte qu'ils semblaient prêts à nous envelopper: en même temps de grands cris retentirent en face du centre; c'étaient les Stradiotes qui traversaient la rivière, afin d'exécuter leur attaque.

Le roi divisa aussitôt son corps d'armée en deux détachements, et, donnant l'un au bâtard de Bourbon, afin qu'il fît face aux Stradiotes, il s'élança avec l'autre au secours de l'avant-garde, se jetant au milieu de la mêlée, frappant en roi, mais combattant comme le dernier de ses capitaines. Secondée par ce renfort, l'arrière-garde tint bon, quoique les ennemis fussent cinq contre un, et le combat, sur ce point, continua avec un acharnement merveilleux.

Selon l'ordre qu'il avait reçu, le bâtard de Bourbon s'était élancé au-devant des Stradiotes; mais, ayant été emporté par son cheval, il était entré si profondément dans leurs rangs qu'il y avait disparu : cette perte de leur chef, jointe au costume étrange de ces nouveaux antagonistes et à la façon particulière dont ils combattaient, produisit quelque impression sur ceux qui devaient leur faire tête; de sorte que le désordre se mit un moment parmi le centre, et que les cavaliers s'éparpillèrent au lieu de se tenir serrés et de combattre en corps. Cette fausse manœuvre leur eût été désavantageuse, si la plupart des Stradiotes, voyant leurs bagages isolés et sans défense, n'avaient, dans l'espoir du butin, couru à eux, au lieu de poursuivre leur avantage. Cependant le gros de la troupe demeura à combattre, pressant vivement les chevaliers français dont ils tranchaient les lances avec leurs terribles cimeterres. Heureusement le roi, qui venait de repousser l'attaque du marquis de Mantoue, vit ce qui se passait derrière lui, et, revenant à grande course de cheval au secours de son centre, il tomba sur les Stradiotes avec les gentilshommes de sa maison, non plus armé de sa lance, car il venait de la briser, mais de sa longue épée, que l'on voyait flamboyer autour de lui comme un éclair, si bien que, soit qu'il fût emporté par son cheval, comme le bâtard de Bourbon, soit qu'il se laissât entraîner à son courage, il se trouva tout à coup au plus pressé des Stradiotes, accompagné seulement de huit des gentilshommes qu'il venait de faire, d'un de ses écuyers nommé Antoine des Ambus et de son porte-bannière, criant : *France, France !* pour rallier à lui tous ces gentilshommes épars, qui, voyant enfin que le danger était moins grand qu'ils ne l'avaient cru, commençaient à prendre leur revanche, et à rendre avec usure aux Stradiotes les coups qu'ils en avaient reçus.

Les choses allaient encore mieux à l'avant-garde que le marquis de Cajazzo devait attaquer, car, quoique à la tête d'une bataille fort supérieure en nombre à celle des Français, et quoiqu'il eût paru animé d'abord des plus formidables intentions, il s'arrêta court en chargeant, à la distance de dix ou douze pas de notre front de bataille, et fit volte-face sans rompre une seule lance. Les Français voulurent les poursuivre ; mais le maréchal de Gié, craignant que cette fuite ne fût un piège pour éloigner l'avant-garde du centre, ordonna à chacun de se tenir en place : cependant les Suisses Allemands, qui ne comprenaient pas cet ordre, ou qui ne le prirent pas pour eux, s'élancèrent à leurs trousses, et, quoique à pied, ils les joignirent et leur tuèrent une centaine d'hommes ; ce qui suffit pour mettre un tel désordre parmi eux que les uns s'éparpillèrent dans la plaine et que les autres se jetèrent à l'eau pour traverser la rivière et rejoindre leur camp ; ce que voyant le maréchal de Gié, il détacha une centaine d'hommes d'armes pour aller secourir le roi, qui, continuant de combattre avec un courage inouï, courait les plus grands dangers, séparé qu'il était constamment de ses gentilshommes, qui ne pouvaient le suivre ; car partout où il y avait du danger il s'y précipitait, criant : *France!* et s'inquiétant peu si on le suivait. Aussi n'était-ce plus avec son épée qu'il combattait, il y avait longtemps qu'il l'avait brisée comme sa lance, mais avec une lourde hache d'armes dont tous les coups étaient mortels, soit qu'il frappât du tranchant, soit qu'il frappât de la pointe. Aussi les Stradiotes, déjà fortement pressés par la maison du roi et par les pensionnaires, passèrent-ils bientôt de l'attaque à la défense et de la défense à la fuite. Ce fut en ce moment que le roi courut le plus grand danger ; car, s'étant laissé emporter à la poursuite des fuyards, il se trouva bientôt seul enveloppé de ces hommes qui, s'ils n'eussent point été frappés d'une telle terreur, n'auraient eu qu'à se réunir pour l'étouffer lui et son cheval ; mais, comme dit Commines : — Est bien gardé celui que Dieu garde, — et Dieu gardait le roi de France.

En ce moment, néanmoins, l'arrière-garde était rudement pressée ; et, quoique MM. de Guise et de la Trimouille tinssent aussi ferme qu'il était possible de tenir, il est probable qu'il leur eût fallu céder au nombre, si un double secours ne leur était arrivé : l'un leur était apporté par l'infatigable Charles VIII, qui, n'ayant plus rien à faire parmi les fuyards, venait de nouveau se rejeter au milieu des combattants, et l'autre par les valets de l'armée, qui, délivrés de l'attaque des Stradiotes et voyant fuir leurs ennemis, accouraient armés des haches avec lesquelles ils taillaient le bois pour bâtir leurs logis, et qui se jetèrent au milieu des combattants, coupant les jarrets des chevaux, et brisant à grands coups les visières des cavaliers démontés.

Les Italiens ne purent tenir à ce double choc : la *fuvia francese* détruisait tous les calculs stratégiques possibles, et depuis près d'un siècle ils avaient désappris ces luttes sanglantes et acharnées pour les espèces de tournois qu'ils appelaient leurs guerres ; de sorte que malgré les efforts de François de Gonzague, à l'arrière-garde aussi ils tournèrent le dos et prirent la fuite, repassant en grande hâte, et surtout à grande peine, le torrent gonflé encore par la pluie qui avait tombé durant toute la bataille.

Quelques-uns étaient d'avis de poursuivre les vaincus ; car il y avait un tel désordre dans leur armée, que, du champ de bataille dont les Français étaient restés si glorieusement les maîtres, on les voyait fuir dans toutes les directions, encombrant les routes de Parme et de Bercetto ; mais le maréchal de Gié et MM. de Guise et de la Trimouille, qui avaient assez fait pour ne pas être soupçonnés de reculer devant un danger imaginaire, arrêtèrent cet élan, en faisant observer qu'hommes et chevaux étaient si fatigués, que c'était s'exposer à perdre l'avantage obtenu, que d'essayer de le pousser plus loin. Ce dernier avis fut donc adopté malgré l'opinion de Trivulce, de Camille Vitelli et de Francesco Secco, qui voulaient que l'on poursuivît la victoire.

Le roi se retira dans un petit village sur la rive gauche du Taro, et se mit à l'abri dans une pauvre maison où il se désarma : c'était peut-être de tous les capitaines et de tous les soldats celui qui avait le mieux combattu.

Pendant la nuit le torrent grossit tellement, que l'armée italienne, fût-elle remise de sa frayeur, n'aurait pu poursuivre l'armée française. Le roi, qui, après une victoire, ne voulait pas avoir l'air de fuir, demeura toute la journée en bataille, et le soir il alla coucher à Medesena, petit village situé à un mille plus has seulement que le hameau où il avait reposé après le combat. Mais, pendant la nuit, réfléchissant qu'il avait assez fait pour l'honneur de ses armes, en battant une armée quatre fois plus forte que la sienne, en lui tuant trois mille hommes et en l'attendant un jour et demi, pour lui donner le temps de reprendre sa revanche, il fit, deux heures avant le jour, ranimer, les feux, afin que les ennemis le crussent toujours en son camp ; et, chacun étant monté à cheval sans bruit, toute l'armée française maintenant à peu près hors de danger, continua sa course vers Borgo-San-Donnino.

Pendant ce temps le pape était rentré à Rome, où les nouvelles les plus en harmonie avec sa politique ne tardèrent point à arriver. En effet, il apprit que Ferdinand était passé de Sicile en Calabre avec six mille volontaires et un nombre considérable de cavaliers et de fantassins espagnols que lui amenait, de la part de Ferdinand et d'Isabelle, le fameux Gonzalve de Cordoue, qui arrivait en Italie avec une réputation de grand capitaine, à laquelle la défaite de Seminara devait porter quelque atteinte. Presque en même temps la flotte française avait été battue par la flotte aragonaise ; enfin la bataille du Taro, toute perdue qu'elle était par les confédérés, était encore une victoire pour le pape, puisque son résultat était d'ouvrir un retour vers la France à celui qu'il regardait comme son ennemi le plus mortel. Aussi, comprenant qu'il n'avait plus rien à craindre de lui, il envoya à Charles VIII, qui s'était arrêté un instant à Turin pour secourir Novarre, un bref par lequel, en vertu de son autorité pontificale, il lui ordonnait, ainsi qu'à son armée, de sortir d'Italie et de rappeler les troupes qu'il avait encore au royaume de Naples dans le délai de dix jours, sous peine d'être excommunié et sommé de comparaître devant lui, et en personne.

Charles VIII répondit :

1° Qu'il ne comprenait pas comment le pape, chef de la ligue, lui ordonnait de sortir d'Italie, tandis que les confédérés non-seulement lui avaient refusé le passage, mais encore avaient tenté, quoique inutilement, ainsi qu'avait pu l'apprendre sa sainteté, de lui fermer tout retour vers la France ;

2° Que, pour ce qui était de rappeler ses troupes de Naples, il n'était pas assez irréligieux pour le faire, attendu qu'elles n'étaient entrées dans ce royaume que du consentement et avec la bénédiction de sa sainteté ;

3° Que, quant à sa comparution, en personne, dans la capitale du monde chrétien, il s'étonnait extrêmement que le pape l'exigeât à cette heure, puisque, six semaines auparavant, ayant vivement désiré, à son retour de Naples, s'aboucher avec sa sainteté pour lui donner des marques de son respect et de son obéissance, sa sainteté, au lieu de lui accorder la faveur qu'il demandait, avait à son approche quitté Rome si précipitamment, que, quelque diligence qu'il eût faite, il n'avait pu parvenir à la rejoindre. Quant à ce dernier article, cependant, il promettait à sa sainteté, si de son côté elle voulait s'engager cette fois à l'attendre, de lui donner la satisfaction qu'elle désirait, en retournant à Rome aussitôt que les affaires qui le rappelaient à son royaume seraient terminées à sa satisfaction.

Quelque railleuse fierté qu'il y eût dans cette réponse, Charles VIII n'en fut pas moins bientôt contraint par les circonstances à obéir en partie au bref étrange qu'il avait reçu. En effet, malgré l'arrivée d'un renfort de Suisses qui venaient à son secours, il fut forcé, tant sa présence était urgente en France, de faire avec Ludovic Sforza une paix par laquelle il lui cédait Novarre, tandis que Gilbert de Montpensier et d'Aubigny, de leur côté, après avoir défendu la Calabre, la Basilicate et Naples pied à pied, furent enfin réduits, après un siège de trente-deux jours, à signer, le 20 juillet 1496, la capitulation d'Atella, qui stipulait la remise à Ferdinand II, roi de Naples, de toutes les places et forteresses de son royaume ; royaume, forteresses et places dont il ne jouit que trois mois, étant mort d'épuisement, le 7 septembre suivant, au château de la Somma, au pied du Vésuve, sans que les soins que lui prodigua sa jeune femme eussent pu réparer le mal que sa beauté avait fait.

Son oncle Frédéric lui succéda ; et ainsi, depuis trois ans qu'il était pape, Alexandre avait vu, à mesure qu'il s'affermissait, lui, sur le siège pontifical, cinq rois passer sur le trône de Naples : c'étaient Ferdinand Ier, Alphonse II, Charles VIII, Ferdinand II et Frédéric.

Tous ces tremblements de trône et cette succession rapide de souverains étaient ce qui pouvait arriver de plus avantageux à la fortune d'Alexandre VI, puisque chaque nouveau monarque n'était véritablement roi qu'à la condition qu'il serait revêtu de l'investiture pontificale. Il en résulta qu'en pouvoir et en crédit, Alexandre était le seul qui eût gagné à tous ces changements, puisqu'il avait successivement été non-seulement reconnu, malgré ses simonies, comme le chef suprême de l'église, par le duc de Milan, les républiques de Florence et de Venise, qui avaient traité avec lui, mais encore successivement adoré par les cinq rois qui s'étaient succédé sur le trône de Naples. Il pensa donc que le moment était venu de fonder la puissance de sa maison en s'appuyant d'un côté sur le duc de Gandie, qui devait remplir toutes les hautes dignités temporelles, tandis que César Borgia serait appelé à toutes les grandes fonctions ecclésiastiques. Le pape assura ces nouveaux projets en nommant quatre cardinaux espagnols, qui, portant à vingt-deux le nombre de ses compatriotes dans le sacré collège, lui assuraient une constante et certaine majorité.

La première nécessité de la politique pontificale était de déblayer les environs de Rome de tous ces petits seigneurs qu'on appelait les vicaires de l'église, et qu'Alexandre appelait, lui, les menottes de la papauté. On a vu qu'il avait déjà commencé cette œuvre en suscitant les Orsini contre les Colonna, lorsque l'entreprise de Charles VIII l'avait forcé de réunir toutes les ressources de son esprit et toutes les forces de ses États, comme pour en faire une garde autour de sa propre sûreté.

Mais voilà que dans leur imprudence les Orsini, les anciens amis du pape, étaient passés à la solde des Français, et étaient entrés avec eux dans le royaume de Naples, de sorte que Virginio, l'un des principaux chefs de cette puissante maison, avait été pris pendant la guerre, et était captif de Ferdinand II. C'était une occasion que ne pouvait laisser échapper Alexandre ; aussi, après avoir sommé le roi de Naples de ne point relâcher celui que dès le 1er juin 1496 il avait déclaré rebelle, le 26 octobre suivant, c'est-à-dire dans les premiers jours du règne de Frédéric, qu'il savait lui être tout acquis par le besoin qu'il avait de recevoir l'investiture, il prononça en consistoire secret une sentence de confiscation contre Virginio Orsini et toute sa famille ; puis, comme ce n'était pas le tout que de déclarer les biens confisqués, mais qu'il fallait encore en déposséder les propriétaires, il fit des ouvertures aux Colonna, disant que, comme preuve du retour de son amitié pour eux, il les chargeait d'exécuter, sous les ordres de son fils François, duc de Gandie, la sentence rendue contre leurs vieux ennemis, affaiblissant toujours ses voisins l'un par l'autre, jusqu'à ce qu'il pût sans danger attaquer et faire disparaître vainqueurs et vaincus.

Les Colonna acceptèrent la proposition, et le duc de Gandie fut nommé général de l'Église, charge dont son père, revêtu des habits pontificaux, lui remit lui-même les insignes dans l'église de Saint-Pierre de Rome.

Les choses marchèrent d'abord comme l'avait espéré Alexandre VI, et avant la fin de l'année l'armée pontificale était maîtresse d'un grand nombre de châteaux et de forteresses appartenant aux Orsini ; de sorte que ceux-ci se regardaient déjà comme perdus, lorsque Charles VIII, à qui ils s'étaient adressés sans grande espérance que, préoccupé comme il l'était de ses propres affaires, il pût leur être d'un grand secours, à défaut d'armes et de troupes, leur envoya Charles Orsini, fils de Virginio, qui était prisonnier, et Vitellozo Vitelli, frère de Camille Vitelli, l'un des trois vaillants condottieri italiens qui s'étaient mis à sa solde et avaient combattu pour lui au passage du Taro. Ces deux capitaines, dont le courage et l'habileté étaient connus, apportaient avec eux une somme d'argent considérable qu'ils tenaient de la libéralité de Charles VIII ; de sorte qu'à peine furent-ils à Città di Castello, centre de leur petite souveraineté, ils eurent-ils exprimé l'intention de lever un corps de gendarmerie, que les hommes se présentèrent de tous côtés pour s'engager sous leur bannière : ils eurent donc bientôt rassemblé une petite armée, et comme ils avaient été à même, pendant leur séjour chez les Français, d'étudier la partie de leur organisation militaire par laquelle ils étaient supérieurs aux Italiens, ils appliquèrent ces améliorations à leurs troupes : elles consistaient surtout dans certains changements faits aux trains d'artillerie, qui les rendaient plus faciles à manœuvrer, et dans la substitution aux armes ordinaires de piques semblables à celles des Suisses pour la

forme, mais de deux pieds plus longues : ces changements faits, Vitellozo Vitelli exerça pendant trois ou quatre mois ses hommes à la manœuvre de leurs nouvelles armes ; puis, lorsqu'il les eut jugés en état de s'en servir avec avantage, ayant obtenu quelque secours des villes de Pérouse, de Todi et de Narni, qui craignaient que leur tour ne vînt après celui des Orsini, comme celui des Orsini était venu après celui des Colonna, il marcha vers Bracciano, dont le duc d'Urbin, qui avait été, en vertu du traité d'alliance que nous avons cité, prêté par les Vénitiens au pape, était occupé à faire le siège.

Le général vénitien, ayant appris l'approche de Vitellozo Vitelli, voulut lui épargner la moitié de la route, et marcha au-devant de lui ; les deux armées se rencontrèrent sur le chemin de Soriano, et le combat s'engagea à l'instant même. L'armée pontificale avait un corps de huit cents Allemands, sur lequel les ducs d'Urbin et de Gandie comptaient surtout, et avec raison, car c'étaient en effet les meilleures troupes du monde ; mais Vitellozo Vitelli fit attaquer ces soldats d'élite par son infanterie, qui, armée de ses formidables piques, les transperçait sans que ceux-ci, dont les armes étaient de quatre pieds plus courtes, pussent leur rendre les coups qu'ils en recevaient ; en même temps, son artillerie légère voltigeait sur les flancs de l'armée, suivant ses mouvements les plus rapides, et faisant taire par sa justesse et sa vélocité l'artillerie ennemie ; de sorte qu'après une résistance plus longue encore qu'on n'eût dû l'attendre d'une armée attaquée par des moyens si supérieurs, les troupes pontificales prirent la fuite, entraînant avec elles vers Ronciglione le duc de Gandie, blessé d'un coup de pique au visage, Fabrice Colonna et le légat : quant au duc d'Urbin, qui combattait à l'arrière-garde pour soutenir la retraite, il fut pris avec toute l'artillerie et les bagages de l'armée vaincue.

Mais ce succès, si grand qu'il fût, n'enfla point l'orgueil de Vitellozo Vitelli au point de l'aveugler sur sa position : il comprit que les Orsini et lui étaient trop faibles pour soutenir une pareille guerre ; que le petit trésor auquel il devait son armée s'épuiserait bien vite, et que son armée disparaîtrait avec lui. Il s'empressa donc de se faire pardonner sa victoire en faisant des propositions qu'il n'eût peut-être pas voulu accepter s'il eût été vaincu : aussi ces conditions furent-elles reçues à l'instant même par le pape, qui dans l'intervalle avait reçu la nouvelle que Trivulce venait de repasser les Alpes et de rentrer en Italie avec trois mille Suisses, et qui craignait que le général italien ne conduisît l'avant-garde du roi de France. En conséquence, il fut arrêté que les Orsini payeraient soixante-dix mille florins pour les frais de la guerre, et que tous les prisonniers seraient échangés de part et d'autre sans rançon, à l'exception du duc d'Urbin. Pour sûreté du payement de ces soixante mille florins, les Orsini remirent, à titre de gage, entre les mains des cardinaux Sforza et San-Severino, les forteresses de l'Anguillara et de Cervetri ; puis, comme au jour fixé pour le payement ils n'avaient point l'argent nécessaire, ils estimèrent le duc d'Urbin, leur prisonnier, à 40,000 ducats, ce qui faisait à peu près la somme, et le passèrent en compte à Alexandre VI, qui cette fois, rigide observateur des engagements pris, se fit payer par son propre général, pris à son service, la rançon que celui-ci devait à ses ennemis.

De son côté, le pape fit remettre à Charles Orsini et à Vitellozo Vitelli le cadavre de Virginio, à défaut de sa personne. Par une fatalité étrange, le prisonnier était mort, huit jours avant la signature du traité, de la même maladie, du moins si l'on pouvait juger par analogie, dont était mort le frère de Bajazet.

Comme cette paix venait d'être signée, Prosper Colonna et Gonzalve de Cordoue que le pape avait demandés à Frédéric, arrivèrent à Rome avec un corps d'armée de troupes napolitaines et espagnoles. Alexandre, qui ne pouvait plus les utiliser contre les Orsini, ne voulant pas avoir à se reprocher de les avoir fait venir inutilement, les occupa à reprendre Ostie. Gonzalve fut récompensé de ce fait d'armes en recevant des mains du pape la rose d'or, c'est-à-dire la plus haute distinction que pût accorder sa sainteté. Il avait partagé cet honneur avec l'empereur Maximilien, avec le roi de France, avec le doge de Venise et le marquis de Mantoue.

Sur ces entrefaites arriva la solennité de l'Assomption, à laquelle Gonzalve fut invité à prendre part. En conséquence, il partit de son palais, vint en grande pompe au-devant de la cavalerie pontificale, et prit place à la gauche du duc de Gandie, qui attirait tous les regards par sa beauté personnelle, rehaussée de tout le luxe qu'il avait jugé à propos de déployer dans cette fête. En effet, il avait une suite de pages et de valets de si magnifiques livrées, que rien de ce qu'on avait vu jusques alors à Rome, la ville des pompes religieuses, n'était comparable à leurs richesses. Tous ces pages et ces valets étaient montés sur des chevaux magnifiques, couverts de caparaçons de velours avec des franges d'argent au milieu desquelles pendaient, de distance en distance, des sonnettes du même métal. Quant à lui, il était revêtu d'une robe de brocart d'or, portant au cou un fil des plus belles et des plus grosses perles d'Orient qui eussent jamais peut-être appartenu à un prince chrétien, et autour de sa toque une chaîne d'or garnie de diamants dont le plus petit valait plus de vingt mille ducats. Cette magnificence ressortait d'autant mieux qu'elle faisait contraste avec la simplicité du costume de César Borgia, dont la robe de pourpre n'admettait aucun ornement. Il en résulta que César, doublement jaloux de son frère, prit une haine nouvelle contre lui des éloges qu'il entendit faire tout le long de la route sur sa bonne mine et sur sa magnificence. Aussi, dès ce moment, le cardinal Valentin eut-il décidé dans son esprit du sort de cet homme qu'il trouvait sans cesse sur le chemin de son orgueil, de son amour et de son ambition. — Quant au duc de Gandie, — dit l'historien Tommaso, — il eut certes grande raison, l'infortuné jeune homme, de laisser, à propos de cette fête, ce souvenir public de sa gentillesse et de sa splendeur, puisque cette pompe fut la dernière qui précéda celle de ses funérailles. —

De son côté, Lucrèce était venue à Rome sous prétexte de prendre part à cette solennité, mais réellement, comme nous le verrons bientôt, dans le but d'être un nouvel instrument d'ambition entre les mains de son père.

Comme le pape ne se contentait point pour son fils d'un vain triomphe d'ostentation et d'orgueil, et que sa guerre avec les Orsini n'avait point produit les résultats qu'il en attendait, il se décida, pour augmenter la fortune de son premier-né, à faire ce qu'il avait, dans son discours, reproché au pape Calixte d'avoir fait pour lui-même, c'est-à-dire à démembrer de l'état ecclésiastique les cités de Bénévent, de Terracine et de Pontecorvo, afin d'en former un duché qui lui serait donné en apanage. Cette proposition fut faite en conséquence en plein consistoire, et comme le collège des cardinaux était tout entier, ainsi nous l'avons dit, à Alexandre VI, elle ne souffrit aucune difficulté. Cette nouvelle faveur accordée à son frère aîné exaspéra César, qui cependant, recueillant sa part des grâces paternelles, venait d'être nommé légat *à latere* auprès de Frédéric, et qui devait, au nom du pape, lui poser de ses mains la couronne sur la tête.

Cependant Lucrèce, après avoir passé quelques jours en fête avec son père et ses frères, était entrée en réclusion dans le couvent de Saint-Sixte, sans que personne connût la véritable cause de cette retraite, et sans que les instances de César, qui avait pour elle un amour aussi étrange que dénaturé, pussent obtenir d'elle qu'elle attendît au moins, pour se séparer ainsi du monde, le lendemain de son départ pour Naples. Cette obstination de sa sœur le blessa au reste profondément; car depuis le jour où le duc de Gandie s'était montré à la procession sous son magnifique costume, il avait cru remarquer que son incestueuse maîtresse se refroidissait pour lui, et sa haine contre son rival s'était tellement augmentée, qu'il résolut de s'en défaire à quelque prix que ce fût. En conséquence, il fit dire au chef de ses sbires de le venir trouver le même soir.

Michelotto était habitué à ces messages mystérieux, qui presque toujours avaient pour but un amour à seconder ou une vengeance à accomplir. Or, comme dans l'un ou l'autre cas il était d'ordinaire largement récompensé, il n'eut garde de manquer au rendez-vous, et à l'heure convenue il fut introduit près de son patron.

César Borgia l'attendait adossé au support d'une grande cheminée, vêtu non plus de sa robe et de son chapeau de cardinal, mais d'un pourpoint de velours noir dont les crevés s'ouvraient sur une veste de satin de la même couleur. Une de ses mains jouait machinalement avec ses gants, tandis que l'autre reposait sur le manche d'un poignard empoisonné qui ne le quittait jamais. C'était le costume qu'il prenait pour ses expéditions nocturnes: aussi Michelotto ne fut pas surpris de l'en voir revêtu; seulement ses yeux dardaient une flamme encore plus sombre que de coutume, et ses joues, ordinairement pâles, étaient livides. Michelotto ne fit que jeter un regard sur son maître, et vit qu'il allait se passer entre César et lui quelque chose de terrible.

César lui fit signe de fermer la porte, commandement auquel Michelotto obéit; puis, après un instant de silence, pendant lequel les yeux de Borgia semblèrent vouloir lire jusqu'au fond de l'âme de l'insouciant bravo qui se tenait debout et découvert devant lui:

— Michelotto, lui dit-il avec une voix dans laquelle perçait, pour toute marque d'émotion, un léger accent de raillerie, comment trouves-tu que me va ce costume?

Si habitué que fût le sbire aux circonlocutions qu'employait ordinairement son maître avant d'en venir à son véritable but, il était tellement éloigné de s'attendre à cette question, qu'il demeura d'abord sans répondre, et que ce ne fut qu'au bout d'un instant qu'il put dire:

— Admirablement, monseigneur; et, grâce à lui, votre excellence a l'air d'un capitaine, comme elle en a le cœur.

— Je suis bien aise que ce soit ton avis, dit César. Et maintenant sais-tu qui est cause qu'au lieu de cet habit que je ne puis porter que la nuit, je suis forcé de me déguiser le jour sous la robe et le chapeau d'un cardinal, et de passer mon temps à chevaucher d'église en église et de consistoire en consistoire, tandis que je devrais conduire sur un champ de bataille quelque magnifique armée, dans laquelle tu aurais rang de capitaine, au lieu d'être, comme tu l'es, le chef de quelques misérables sbires?

— Oui, monseigneur, — répondit Michelotto, qui à ses premières paroles avait deviné César; — celui qui est cause de tout cela, c'est monseigneur François, duc de Gandie et de Bénévent, votre frère aîné.

— Sais-tu, reprit César sans donner à la réponse du bravo d'autre approbation qu'un signe de tête accompagné d'un sourire amer, sais-tu qui a les richesses et n'a pas le génie, qui a le casque et n'a point la tête, qui a l'épée et qui n'a pas la main?

— C'est encore le duc de Gandie, dit Michelotto.

— Sais-tu, continua César, quel est celui que je trouve sans cesse sur le chemin de mon ambition, de ma fortune et de mon amour?

— C'est toujours le duc de Gandie, dit Michelotto.

— Et qu'en penses-tu? demanda César.

— Je pense qu'il faut qu'il meure, répondit froidement le sbire.

— Et c'est aussi mon avis, Michelotto, dit César en faisant un pas vers lui et en lui saisissant la main, et mon seul regret est de n'y avoir pas pensé plus tôt; car si l'an dernier, quand le roi de France est passé par l'Italie, j'avais eu l'épée au côté, au lieu d'avoir la crosse à la main, je me trouverais, à cette heure, souverain de quelque bon domaine. Le pape veut agrandir sa maison, la chose est visible, seulement il se trompe sur les moyens: c'est moi qu'il devait faire duc, et c'est mon frère qu'il devait nommer cardinal. S'il m'avait fait duc, il y a une chose certaine, c'est qu'à l'autorité de sa puissance j'aurais joint l'intrépidité d'un cœur qui aurait su la faire valoir. Celui qui veut se faire une route vers des domaines et un royaume doit fouler aux pieds les obstacles qui se trouvent sur son chemin, et courir franchement, sans s'inquiéter du cri de sa chair, sur les épines les plus aiguës; celui-là doit frapper les yeux fermés, de l'épée ou du poignard, pour ouvrir une route à sa fortune; celui-là ne doit pas craindre de tremper ses mains dans son propre sang; celui-là enfin doit suivre les exemples qui lui sont donnés par tous les fondateurs d'empires depuis Romulus jusqu'à Bajazet, qui n'ont été rois tous deux qu'à la condition du fratricide. Eh bien, tu l'as dit, Michelotto, cette condition est la mienne, et je suis résolu à ne pas reculer devant elle. Maintenant tu sais pourquoi je t'ai envoyé chercher; ai-je eu tort de compter sur toi?

Comme on devait s'y attendre, Michelotto, qui voyait sa fortune dans ce crime, répondit à César qu'il était tout à ses ordres, et qu'il lui désignât seulement le temps, le lieu et le mode de l'exécution. César lui répondit que le temps devait être naturellement très-rapproché, puisqu'il était, lui César, sur le point de partir pour Naples; que, quant au lieu et au mode d'exécution, ils dépendraient de l'occasion, que chacun d'eux devait guetter de son côté, et saisir aussitôt qu'elle se montrerait favorable.

Le lendemain du jour où cette résolution avait été arrêtée, César apprit que la date de son départ était fixée au jeudi 15 juin: il reçut en même temps de sa mère une invitation pour venir souper chez elle le 14. Ce repas était donné en son honneur, et pour prendre congé de lui. Michelotto eut ordre de se tenir prêt à onze heures de la nuit.

La table était dressée en plein air et dans une vigne magnifique, que la Vanozza possédait près de Saint-Pierre-ès-liens: les convives étaient César Borgia, le héros de la fête; le duc de Gandie, le prince de Squillace; dona Sancia, sa femme; le cardinal de Mont-Réal, François Borgia, fils de Calixte III; don Roderic Borgia, capitaine du palais apostolique; don Godefroy, frère du cardinal Jean Borgia, alors légat à Pérouse, et enfin don Alphonse Borgia, neveu du pape: toute la famille s'y trouvait donc, excepté Lucrèce, qui, étant toujours en retraite, n'avait point voulu venir.

Le repas fut splendide: César s'y montra aussi gai que de coutume; quant au duc de Gandie, il semblait plus joyeux qu'il n'avait jamais été.

Au milieu du souper, un homme masqué lui apporta une lettre; le duc la décacheta en rougissant de joie, et, après l'avoir lue, répondit ce seul mot: — J'irai; — puis il la cacha vivement dans la poche de son pourpoint; mais, quelque hâte qu'il mît à la dérober à tous les yeux, César avait eu le temps d'y jeter un regard, et il avait cru reconnaître l'écriture de sa sœur Lucrèce. Pendant ce temps le messager s'était retiré avec cette réponse, sans que personne autre que César fît attention à lui; car c'était, à cette époque, une coutume de faire porter des messages d'amour par des hommes dont le visage était couvert d'un masque, ou par des femmes qui se cachaient sous un voile.

A dix heures, on se leva de table, et comme l'air était doux et pur, on se promena encore quelque temps sous les magnifiques pins qui ombrageaient la maison de la Vanozza, mais sans que César perdît un seul instant son frère de vue. A onze heures le duc de Gandie prit congé de sa mère. César en fit autant, prétextant le désir qu'il avait de passer le même soir au Vatican pour prendre congé du pape, devoir qu'il n'aurait pas le temps de remplir le lendemain, son départ devant avoir lieu au point du jour. Le prétexte était d'autant plus plausible, que le pape veillait toutes les nuits jusqu'à deux ou trois heures du matin.

Les deux frères sortirent ensemble, montèrent sur les chevaux qui les attendaient à la porte, et cheminèrent à côté l'un de l'autre jusqu'au palais Borgia, qui avait été alors habité par le cardinal Ascanio Sforza, qui l'avait reçu en don du pape Alexandre, la veille du jour où celui-ci avait été élu. Là le duc de Gandie se sépara de son frère, lui disant avec un sourire qu'il ne comptait pas rentrer chez lui, ayant apparavant quelques heures à passer avec une belle dame de laquelle il était attendu. César répondit au duc de Gandie qu'il était fort le maître d'en user comme il lui conviendrait, et lui souhaita une bonne nuit. — Le duc de Gandie prit à droite et César à gauche: seulement César remarqua que la rue qu'avait prise le duc de Gandie conduisait vers le monastère de Saint-Sixte, où, comme nous l'avons dit, Lucrèce était en retraite ; puis, cette remarque faite, qui confirmait ses soupçons, il se dirigea vers le Vatican où, ayant trouvé le pape, il prit congé de lui et reçut sa bénédiction.

A compter de ce moment, tout est mystérieux comme l'ombre dans laquelle s'accomplit le terrible événement que nous allons raconter. —

Cependant voilà ce qu'on croit :

En quittant César, le duc de Gandie renvoya ses gens et resta seul avec un valet de confiance, dans la compagnie duquel il s'achemina vers la place de la Giudecca. Arrivé là, il trouva l'homme masqué qui était venu lui parler pendant le souper ; et défendant alors à son valet de le suivre plus loin, il lui ordonna de l'attendre sur la place où ils étaient, lui disant que dans deux heures au plus tard il serait de retour, et le reprendrait en passant. En effet, à l'heure dite, le duc de Gandie reparut, congédia à son tour l'homme masqué, et se remit en route vers son palais ; mais à peine avait-il tourné le coin du Ghetto des juifs, que quatre hommes à pied, conduits par un cinquième

cette voix fatale du peuple qui crie les grands malheurs, se laissa aller au plus profond désespoir, ne pouvant, au milieu de ses soupirs et de ses sanglots, rien dire autre chose à ceux qui se présentaient devant lui que ces mots mille fois répétés : — Qu'on le cherche, qu'on le cherche, et qu'on sache comment le malheureux est mort. —

Alors chacun se mit en quête ; car, ainsi que nous l'avons dit, le duc de Gandie était aimé de tous ; mais, quelques recherches que l'on fît par la ville, on ne découvrit rien, sinon le corps de l'homme assassiné, que l'on reconnut pour le valet du duc. Du maître, il n'y en avait aucune trace : on pensa donc avec raison qu'il avait probablement été jeté dans le Tibre, et l'on commença de suivre ses bords à commencer de la rue de la Ripetta, en interrogeant tous les bateliers ou les pêcheurs qui avaient pu voir, soit de leurs maisons, soit de leurs barques, ce qui s'était passé sur les rives du fleuve pendant les deux nuits précédentes. D'abord toutes les demandes furent inutiles ; mais, en arrivant à la hauteur de la rue del Fantanone, on trouva enfin un homme qui dit avoir vu se passer, pendant la nuit du

Voyant qu'il ne se trompait pas, il lui enfonça son poignard dans la poitrine. — Page 143.

qui était à cheval, se jetèrent sur lui. Croyant avoir affaire à des voleurs, ou être victime d'une méprise, le duc de Gandie se nomma ; mais, au lieu que ce nom arrêtât les poignards des meurtriers, ils redoublèrent leurs coups, et le duc de Gandie tomba bientôt mort, près de son valet mourant.

Alors l'homme à cheval, qui, immobile et impassible, avait regardé s'accomplir l'assassinat, força sa monture de s'approcher à reculons du cadavre ; puis les quatre meurtriers chargèrent le corps en croupe, et, marchant à côté du cheval pour le maintenir, s'enfoncèrent dans la ruelle qui conduit à l'église de Santa-Maria-in-Monticelli. Quant au malheureux valet que l'on avait cru mort, on le laissa sur le pavé. Cependant, comme au bout d'un instant il avait repris quelque force, ses gémissements furent entendus des habitants d'une pauvre petite maison, qui vinrent le ramasser, et l'emportèrent sur un lit, où il expira presque aussitôt, sans avoir pu donner aucun renseignement sur les assassins ni sur l'assassinat.

On attendit le duc toute la nuit et toute la matinée suivante ; puis l'attente devint de la crainte, et la crainte se

14 au 15, quelque chose qui pourrait bien avoir rapport à ce dont on s'inquiétait : c'était un Esclavon nommé Georges, qui, remontant le fleuve, conduisait un chargement de bois à Ripetta. Voici ses propres paroles :

« Messieurs, dit-il, ayant déposé mercredi soir ma charge de bois sur le rivage, j'étais demeuré dans ma barque, me reposant à la fraîcheur de la nuit et veillant à ce que d'autres ne chargeassent point ce que je venais de décharger, lorsque, vers les deux heures du matin, je vis déboucher par la ruelle à gauche de l'église Saint-Jérôme deux hommes à pied qui s'avancèrent jusqu'au milieu de la rue, et qui, par l'attention qu'ils portaient de tous côtés, prouvaient bien qu'ils n'étaient venus là que pour voir si personne ne passait par cette rue. En effet, lorsqu'ils se furent assurés qu'elle était déserte, ils retournèrent dans la même ruelle, d'où bientôt deux autres sortirent à leur tour, usant des mêmes précautions pour s'assurer qu'il n'y avait rien de nouveau, et qui, trouvant toutes choses comme ils les désiraient, firent signe à leurs camarades de venir les rejoindre : alors s'avança

A la troisième fois, ils le lancèrent de toutes leurs forces dans la rivière. — Page 137.

changea en alarmes : on alla trouver le pape, et on lui annonça que, depuis sa sortie de chez sa mère, le duc de Gandie n'avait point reparu à son palais. Cependant Alexandre essaya de se faire illusion encore tout ce reste de la journée, espérant que son fils, ayant été surpris par le jour dans quelque amoureuse aventure, attendait pour s'en aller le retour de l'obscurité à l'aide de laquelle il était venu. Mais la nuit s'écoula comme la journée sans nouvelle aucune ; de sorte que, le lendemain, le pape, tourmenté par les plus tristes pressentiments, et par

un homme monté sur un cheval gris pommelé, qui portait sur sa croupe le corps d'un homme mort, dont la tête et les bras pendaient d'un côté et les pieds de l'autre, et que soutenaient par les mains et les jambes les deux hommes qui étaient venus les premiers à la découverte. Les trois hommes s'approchèrent aussitôt du fleuve, tandis que les deux autres gardaient la rue, et, s'avançant vers cette partie du rivage où l'égout de la ville se décharge dans le Tibre, le cavalier fit tourner à son cheval sa croupe vers le fleuve ; et les deux hommes, qui se tenaient à ses côtés, prenant le cadavre, l'un par les pieds, l'autre par les mains, le balancèrent trois fois, et, à la troisième fois, le lancèrent de toutes leurs forces dans la rivière ; alors, au bruit que le corps fit en tombant dans l'eau, le cavalier ayant demandé : — Est-ce fait ? — et, les autres ayant répondu : — Oui, seigneur, — il fit aussitôt volte-face ; et, voyant le manteau du mort qui flottait sur l'eau, il s'informa quelle était cette chose noire qui s'en allait nageant : — Seigneur, c'est son manteau, — dit un des hommes ; et alors un autre ramassa des pierres, et courant jusqu'à l'endroit où il paraissait encore, il les jeta sur lui de manière à le faire enfoncer : en effet, dès qu'il eut disparu, ils se retirèrent, et après avoir cheminé un instant par la grande rue, ils entrèrent dans la ruelle qui conduit à Saint-Jacques. — C'est tout ce que j'ai vu, messieurs, et par conséquent tout ce que je puis répondre aux questions que vous m'avez faites. »

A ces mots, qui ôtaient tout espoir à ceux qui auraient pu en garder encore, un des serviteurs du pape demanda à l'Esclavon comment, ayant été témoin d'une pareille chose, il ne l'avait point été dénoncer au gouverneur. Mais celui-ci lui répondit que, depuis qu'il exerçait son métier sur le fleuve, il avait vu cent fois jeter des hommes morts de la même façon dans le Tibre, sans jamais avoir entendu dire que personne s'en fût inquiété ; il s'était donc persuadé qu'il arriverait de ce cadavre comme des autres, et n'avait pas cru devoir en parler, ne pensant pas que l'on y mettrait plus d'importance que par le passé.

Conduits par ces renseignements, les serviteurs de sa sainteté convoquèrent aussitôt les bateliers et les pêcheurs qui avaient coutume de naviguer sur le fleuve ; et comme ils promirent une bonne récompense à celui qui retrouverait le cadavre du duc, il y en eut bientôt plus de cent à la besogne ; si bien qu'avant le soir de ce même jour, qui était le vendredi, deux hommes furent tirés hors de l'eau, l'un desquels fut aussitôt reconnu pour être le malheureux duc.

A la première inspection du cadavre, il n'y eut plus de doute sur la cause de sa mort. Il était percé de neuf blessures, dont la principale était à la gorge, dont elle coupait l'artère ; quant à ses vêtements, on n'y avait pas touché. Il avait son pourpoint et son manteau, ses gants dans sa ceinture, et son or dans sa bourse ; donc le duc avait été assassiné par vengeance, et non par cupidité.

La barque où était le cadavre remonta le Tibre jusqu'au château Saint-Ange, où elle le déposa : aussitôt on alla chercher au palais du duc le magnifique habit qu'il avait porté le jour de la procession, et on l'en revêtit, puis on plaça près de lui les insignes du généralat de l'Église. Il resta ainsi exposé toute la journée, sans que son père désespéré eût le courage de venir le voir. Enfin, lorsque la nuit fut venue, ses plus fidèles et ses plus dignes serviteurs le transportèrent à l'église de la Madone du Peuple, avec toutes les pompes dont la cour et l'Église à la fois pouvaient entourer les funérailles d'un fils du pape.

Pendant ce temps, César Borgia posait de ses mains sanglantes la couronne royale sur la tête de Frédéric d'Aragon.

Ce coup avait pénétré au plus profond du cœur d'Alexandre VI. Comme il ne savait d'abord sur qui faire tomber ses soupçons, il donna les ordres les plus sévères pour que des poursuites fussent faites contre les meurtriers ; mais peu à peu la vérité sanglante se dressa devant lui. Il vit que le coup qui frappait sa maison sortait de sa propre maison, et son désespoir alors devint de la frénésie ; il courut comme un insensé à travers les chambres du Vatican, et entrant en plein consistoire, les habits déchirés, les cheveux couverts de cendres, il avoua avec des sanglots tous les désordres de sa vie passée, reconnaissant que le malheur qui frappait son sang par son sang était un juste châtiment de Dieu ; puis, s'étant retiré dans une des chambres les plus secrètes et les plus obscures de son palais, il s'y enferma, disant qu'il voulait se laisser mourir de faim. Et effectivement, pendant plus de soixante heures, il ne prit ni nourriture le jour ni repos la nuit, ne répondant à ceux qui frappaient à la porte pour le supplier de vivre que par des gémissements de femme ou des rugissements de lion ;

si bien que Julie Farnèse, la nouvelle maîtresse qu'il venait de prendre, et qu'on appelait la Giulia Bella, ne pouvant arriver à le fléchir, fut forcée d'aller chercher Lucrèce, cette fille doublement aimée, pour vaincre son obstination mortelle. Lucrèce sortit de la retraite où elle pleurait le duc de Gandie, pour venir consoler son père. Effectivement, à sa voix, la porte s'ouvrit, et seulement alors le cardinal de Ségovie, qui depuis près d'un jour était agenouillé au seuil, suppliant sa sainteté de reprendre courage, put entrer avec des serviteurs qui portaient du vin et quelque nourriture.

Le pape resta seul avec Lucrèce pendant trois jours et trois nuits, puis il reparut en public, calme, sinon consolé ; car Guicciardini assure que sa fille lui avait fait comprendre qu'il serait dangereux à lui de montrer trop à découvert devant l'assassin, qui, allait revenir, cet amour immodéré qu'il portait à la victime.

Cependant César Borgia restait à Naples, tant pour donner à la douleur paternelle le temps de se calmer que pour mener à bien une négociation nouvelle dont il venait d'être chargé, et qui n'était rien autre chose que des propositions de mariage entre Lucrèce et don Alphonse d'Aragon, duc de Bicelli et prince de Salerne, fils naturel d'Alphonse II, et frère de dona Sancia. Il était vrai que Lucrèce était mariée avec le seigneur de Pezaro ; mais elle était fille d'un père qui avait reçu du ciel le droit de lier et de délier. On ne devait donc pas s'inquiéter de si peu de chose ; quand les fiancés seraient prêts, viendrait le divorce. Alexandre était trop bon politique, pour laisser sa fille mariée à un gendre qui lui devenait inutile.

Vers la fin du mois d'août, on apprit que le légat, ayant terminé selon tous ses souhaits son ambassade auprès du nouveau roi, allait revenir à Rome. En effet, il y rentra le 8 septembre, c'est-à-dire trois mois à peine après la mort du duc de Gandie, et le lendemain 6 il alla de l'église Santa-Maria-Novella, à la porte de laquelle l'attendaient à cheval, selon la coutume, les cardinaux et les ambassadeurs d'Espagne et de Venise, au Vatican, où siégeait sa sainteté ; là il entra dans le consistoire, où il fut reçu par le pape, qui, selon le cérémonial, lui donna sa bénédiction et l'embrassa ; puis, accompagné de nouveau, et de la même manière, par les cardinaux et les ambassadeurs, il fut re-

Ils furent au centre d'une immense pile de bois, attachés tous trois au même pieu, — Page 141.

conduit à ses appartements, d'où il passa, aussitôt qu'il fut laissé seul, dans ceux du pape : car au consistoire ils ne s'étaient point parlé, et le fils et le père avaient mille choses à se dire, mais non pas, comme on pourrait le penser, du duc de Gandie ; car son nom ne fut pas même prononcé, et ni pendant ce jour, ni depuis, il ne fut plus question du malheureux jeune homme que s'il n'avait jamais existé.

Il est vrai de dire que César apportait de bonnes nouvelles. Le roi Frédéric consentait à l'union proposée ; en conséquence, le mariage de Sforza et de Lucrèce fut annulé pour cause d'impuissance. Puis il autorisait l'exhumation du cadavre de D'jem, qui, comme on se le rappelle, valait trois cent mille ducats.

Alors, comme l'avait désiré César, ce fut lui qui, à la place du duc de Gandie, se trouva tout-puissant après le pape ; et les Romains s'aperçurent bientôt de cette vice-royauté au pas immense et nouveau que Rome fit vers la dissolution. Ce n'étaient plus que fêtes, bals et mascarades ; c'étaient des chasses magnifiques, où César, qui commençait à rejeter sa robe de cardinal, dont la couleur peut-être le fatiguait, paraissait avec un habit à la française, suivi, comme un roi, de cardinaux, d'ambassadeurs et de gardes : de sorte que la ville pontificale tout entière, abandonnée comme une courtisane à ses orgies et à ses débauches, — n'avait jamais été, — dit le cardinal de Viterbe, même au temps des Néron et des Héliogabale, plus ardente de sédition, plus chaude de luxure, plus sanglante de carnage. Jamais plus de maux n'avaient fondu sur elle ; jamais plus de délateurs ne l'avaient déshonorée, jamais plus de sbires ne l'avaient rougie. Le nombre des voleurs était si grand, et leur audace était telle, que l'on ne pouvait franchir les portes de la ville ; bientôt même on ne fut plus en sûreté au dedans. Ni maison ni tour ne pouvaient vous défendre. Il n'y avait plus ni droit ni justice. L'or, la force et le plaisir étaient rois. —

Cependant l'or fondait à ces fêtes comme à la fournaise ; et, par une juste punition du ciel, Alexandre et César commencèrent à convoiter la fortune de ceux-là mêmes qui, par leur simonie, les avaient portés là où ils étaient. Le premier essai qu'ils firent de ce nouveau moyen de battre monnaie fut sur le cardinal de Cosenza. Voici à quelle occasion :

Une dispense avait été accordée, il y avait quelque temps, à une religieuse professe, dernière héritière de la couronne de Portugal, dispense en vertu de laquelle cette religieuse avait épousé un fils naturel du dernier roi. Ce mariage était on ne peut plus préjudiciable aux intérêts de Ferdinand et d'Isabelle d'Espagne ; aussi envoyèrent-ils des ambassadeurs à Alexandre VI pour se plaindre d'un pareil procédé, au moment où une alliance allait se conclure entre la maison d'Aragon et le saint-siège. Alexandre comprit ces plaintes, et résolut d'y faire droit. En conséquence, il n'a avoir eu connaissance de ce bref, pour la signature duquel il avait reçu 60,000 ducats, et accusa l'archevêque de Cosenza, secrétaire des brefs apostoliques, d'avoir délivré une fausse dispense. Sous le poids de cette accusation, l'archevêque fut conduit au château Saint-Ange, et son procès commença.

Mais, comme ce n'était pas chose facile que de prouver une pareille accusation, surtout si l'archevêque s'obstinait à soutenir que la dispense était bien réellement du pape, on résolut d'employer vis-à-vis de lui une ruse qui ne pouvait manquer de réussir.

Un soir l'archevêque de Cosenza vit entrer le cardinal Valentin dans sa prison : il venait, avec cet air ouvert et affable qu'il savait si bien prendre lorsqu'il pouvait lui être utile, exposer au prisonnier l'embarras dans lequel se trouvait le pape, et dont l'archevêque lui seul, que sa sainteté considérait comme son meilleur ami, pouvait le tirer.

L'archevêque répondit qu'il était tout aux ordres de sa sainteté.

Alors César Borgia s'assit de l'autre côté de la table sur laquelle il avait trouvé le captif accoudé lorsqu'il était entré, et lui exposa la position du saint-siège, qui était embarrassante. Au moment de contracter une alliance aussi importante avec la maison d'Aragon, que l'était celle de Lucrèce et d'Alphonse, on ne pouvait avouer à Ferdinand et à Isabelle que pour quelques misérables ducats sa sainteté eût signé une dispense qui réunissait entre le mari et la femme tous les droits légitimes à une couronne sur laquelle Ferdinand et Isabelle n'avaient, eux, que des droits de conquête. Cet aveu rompait nécessairement toutes les négociations, et la maison pontificale trouvait sa chute en heurtant le piédestal même qui devait servir à augmenter sa grandeur. L'archevêque de Cosenza devait donc comprendre ce que le pape attendait de son dévouement et de son amitié : c'était d'avouer purement et simplement qu'il avait cru pouvoir prendre sur lui d'accorder cette dispense. — Or, comme le jugement à porter sur une pareille faute était remis à Alexandre VI, il était facile à l'accusé de concevoir d'avance que le jugement serait tout paternel. D'ailleurs, la récompense était aux mêmes mains que le jugement, et si le jugement était celui d'un père, la récompense en échange serait celle d'un roi. Cette récompense ne serait rien moins que d'assister comme légat, et avec le titre de cardinal, au mariage de Lucrèce et d'Alphonse, faveur qui lui serait bien due, puisque ce serait grâce à son dévouement que le mariage aurait eu lieu.

L'archevêque de Cosenza connaissait les hommes auxquels il avait affaire : il savait qu'ils ne reculaient devant aucun moyen d'arriver à

leur but ; il savait qu'ils avaient une poudre qui avait le goût et l'odeur du sucre, dont il était impossible de distinguer la mixtion dans les aliments, et qui faisait mourir d'une mort lente ou prompte, selon qu'ils le désiraient, et sans laisser de trace : il connaissait le secret d'une clef empoisonnée qui était toujours sur la cheminée du pape, de sorte que, lorsque sa sainteté voulait se défaire de quelqu'un de ses familiers, il lui ordonnait d'aller ouvrir certaine armoire : or la poignée de cette clef avait une petite pointe, et comme la serrure de l'armoire jouait mal, on serrait la main, alors la serrure cédait, et l'on en était quitte pour une légère écorchure ; cette écorchure était mortelle. Il savait enfin que César portait une bague qui se composait de deux têtes de lion, et dont il tournait le chaton en dedans lorsqu'il voulait serrer la main d'un ami. Alors les dents du lion devenaient des dents de vipère, et l'ami mourait en maudissant Borgia. Il céda donc, moitié entraîné par la crainte, moitié ébloui par la récompense ; et César rentra au Vatican, muni du précieux papier par lequel l'archevêque de Cosenza reconnaissait qu'il était le seul coupable de la dispense accordée à la religieuse royale.

Deux jours après, grâce aux preuves que l'archevêque avait bien voulu lui fournir, le pape, en présence du gouverneur de Rome, de l'auditeur de la chambre apostolique, de l'avocat et du procureur fiscal, prononça la sentence qui condamnait l'archevêque de Cosenza à la perte de tous ses bénéfices et charges ecclésiastiques, à la dégradation de ses ordres et à la confiscation de ses biens : quant à sa personne, elle devait être livrée au magistrat civil. Deux jours après, le magistrat civil se rendit à la prison pour accomplir sa mission telle qu'il l'avait reçue du pape, et entra dans la prison de l'archevêque, suivi d'un greffier, de deux serviteurs et de quatre gardes. Le greffier déroula alors le papier qu'il tenait, et lut la sentence : les deux serviteurs dénouèrent un paquet, et, dépouillant le prisonnier de ses habits épiscopaux, ils le revêtirent d'une robe de gros drap blanc qui ne descendait que jusqu'aux genoux, de caleçons pareils et d'une paire de gros souliers. Enfin les gardes s'emparèrent de lui, et le conduisirent dans un des cachots les plus profonds du château Saint-Ange, où il trouva pour tout meuble un crucifix en bois, une table, une chaise et un lit ; pour toute distraction une lampe, une Bible et un bréviaire, et pour toute nourriture deux livres de pain et un baril d'eau, qu'on devait, ainsi qu'une fiole d'huile pour entretenir sa lampe, renouveler tous les trois jours.

Au bout d'un an le pauvre archevêque mourut de désespoir, après s'être rongé les bras dans son agonie.

Le jour même où il avait été descendu dans le cachot, César Borgia, qui avait si bien conduit cette affaire, avait été mis par le pape en possession de tous les biens du condamné.

Mais les chasses, les bals et les mascarades n'étaient point les seuls plaisirs du pape et de sa famille : de temps en temps il lui donnait d'étranges spectacles : nous en citerons deux seulement, l'un est un supplice, l'autre est tout bonnement une scène de haras. Mais comme l'un et l'autre offrent des détails dont nous ne voulons pas que nos lecteurs fassent honneur à notre imagination, nous les prévenons qu'ils sont traduits textuellement du journal latin de Burchard.

« Vers ce même temps (c'est-à-dire vers le commencement de l'année 1499), fut incarcérée une courtisane nommée la Corsetta, qui avait pour amant un certain Maure espagnol, qui venait la voir en habits de femme, et qu'on appelait, à cause de ce travestissement, *la Barbaresque espagnole*. En expiation de ce scandale, tous deux furent conduits par la ville, elle sans chemise ni jupon, mais avec la seule robe du Maure, dont aucun bouton n'était boutonné, et qui, par conséquent, était ouverte par devant ; et lui avec ses habits de femme, les bras liés derrière le dos et les jupons relevés jusqu'à l'estomac, de manière que la partie qui avait péché fût exposée à tous les yeux : lorsqu'ils eurent fait ainsi le tour de la ville, la Corsetta fut renvoyée à sa prison avec le Maure. Mais, le 7 avril suivant, ce dernier en fut tiré de nouveau et conduit avec deux voleurs vers le champ des Fleurs. Les trois condamnés étaient précédés d'un sbire, monté au rebours sur un âne, et qui tenait à la main une longue perche, au bout de laquelle étaient liées, toutes sanglantes, les parties génitales d'un juif, à qui on venait de les couper en punition du commerce qu'il avait eu avec une chrétienne : arrivés au lieu de l'exécution, les deux voleurs furent pendus, et le malheureux Maure attaché à un poteau entouré de bois, où il devait être brûlé ; mais, une pluie abondante étant survenue, le feu ne put prendre malgré les efforts du bourreau. »

Cet accident imprévu, que le peuple prit pour un miracle, avait privé Lucrèce de la partie la plus curieuse de l'exécution ; mais son père se réservait de la dédommager plus tard par un autre genre de spectacle. Nous prévenons de nouveau le lecteur que les quelques lignes que nous allons lui mettre sous les yeux sont encore une traduction du journal du bon Allemand Burchard, qui ne voyait dans les événements les plus sanglants ou les plus lubriques que des faits journaliers qu'il enregistrait avec l'impassibilité d'un scribe, sans les accompagner d'aucune remarque, ni les faire suivre d'aucune réflexion.

« Le onze de novembre, un certain paysan étant entré dans Rome avec deux juments chargées de bois, les serviteurs de sa sainteté, au moment où il passait avec elles sur la place Saint-Pierre, coupèrent les deux sangles, de manière que les charges de bois tombèrent à terre avec les bâts, et conduisirent les deux juments dans une cour qui est entre le palais et la porte : alors on ouvrit les écuries, et quatre étalons libres et sans frein se lancèrent à la poursuite des juments, et, avec de grands hennissements, des ruades et des morsures, les couvrirent après les avoir gravement blessées dans le combat. Le pape et madame Lucrèce, qui étaient à la fenêtre située au-dessus de la porte du palais, prirent grand plaisir à ce combat et à ce qui s'ensuivit. »

Nous ferons comme Burchard, nous nous abstiendrons de toute réflexion.

Cependant la ruse de César Borgia à l'égard de l'archevêque de Cosenza avait eu le résultat désiré. Isabelle et Ferdinand ne pouvaient plus imputer à Alexandre VI la signature du bref dont ils s'étaient plaints; donc rien ne s'opposait plus au mariage de Lucrèce avec Alphonse; certitude qui causa une grande joie au pape, qui attachait d'autant plus d'importance au premier mariage, qu'il en rêvait déjà un second, entre César et dona Carlotta, fille de Frédéric.

En effet, César avait indiqué par toutes ses actions, depuis la mort de son frère, son peu de vocation pour la vie ecclésiastique; de sorte que personne ne fut étonné lorsque, Alexandre VI ayant rassemblé un matin le consistoire, César y entra, et, s'adressant au pape, commença de dire que dès ses premières années il avait été, par ses inclinations et son génie, porté vers les professions séculières, et que ce n'était que pour obéir aux absolus commandements de sa sainteté qu'il s'était donné à l'église, avait accepté la pourpre, les autres dignités et enfin l'ordre sacré du diaconat; que, comprenant qu'à son âge, et dans sa situation, il était aussi inconvenant de s'abandonner à ses désirs qu'impossible d'y résister, il suppliait humblement sa sainteté de vouloir bien condescendre à ses penchants invincibles, et de permettre qu'il déposât l'habit et les dignités ecclésiastiques, afin qu'il pût rentrer dans le siècle, et contracter un légitime mariage; priant en même temps les seigneurs cardinaux de vouloir bien intercéder auprès de sa sainteté, à qui de sa libre volonté il résignait les églises, abbayes et bénéfices, ainsi que toutes les autres dignités et faveurs ecclésiastiques qu'il en avait reçues. Les cardinaux, faisant droit à la requête de César, remirent alors d'une voix unanime au pape la décision de cette affaire, et, comme on peut le présumer, le pape, en bon père, et ne voulant pas forcer les inclinations de son fils, accepta la renonciation et fit droit à la supplique : aussitôt César déposa la pourpre, qui n'avait d'autre rapport avec lui, — dit Tommaso Tommasi, son historien, — qu'en ce qu'elle était couleur de sang.

En effet, cette renonciation était urgente, et il n'y avait pas de temps à perdre. Charles VIII, un jour qu'il avait été à la chasse et qu'il en était revenu tard et fatigué, s'était lavé la tête avec de l'eau froide, et, s'étant mis ensuite à table, avait été frappé d'apoplexie aussitôt après son souper, et était mort laissant le trône au bon Louis XII, son successeur, lequel avait deux grandes faiblesses, qui furent au reste aussi malheureuses l'une que l'autre : la première, qui était le plaisir de faire des conquêtes; la seconde, la prétention d'avoir des enfants. Or Alexandre, qui était à l'affût de tout changement politique, avait vu du premier coup tout le parti qu'il pourrait tirer de l'avénement de Louis XII au trône, et se tenait prêt à profiter du besoin que le nouveau roi de France avait de lui pour l'accomplissement de son double désir. En effet, Louis XII avait besoin de son aide temporelle pour son expédition contre le duché de Milan, sur lequel, comme nous l'avons dit, il avait des droits du chef de Valentine Visconti, sa grand'mère, et de son aide spirituelle pour rompre son mariage avec Jeanne, fille de Louis XI, qui était stérile et monstrueusement difforme, et qu'il n'avait épousée que par la crainte que lui inspirait son père. Or Alexandre était prêt à accorder toutes ces choses à Louis XII, et à donner encore par-dessus un chapeau de cardinal à Georges d'Amboise, son ami, si de son côté le roi de France voulait employer son crédit à déterminer la jeune dona Carlotta, qui était à sa cour, à épouser son fils.

Aussi, comme cette négociation était déjà fort avancée le jour même où César avait déposé la pourpre et pris l'habit séculier, ce vieil et constant objet de son ambition, le seigneur de Villeneuve, envoyé du roi Louis XII, et qui devait ramener César en France, arriva à Rome et se présenta devant l'ex-cardinal, qui, pendant un mois, lui fit, avec son luxe accoutumé et avec toutes les caresses dont il savait si bien entourer ceux dont il avait besoin, les honneurs de Rome; après quoi ils partirent, précédés d'un courrier du pape qui ordonnait aux villes par lesquelles ils devaient passer de les recevoir avec toutes sortes de marques d'honneur et de respect. Au reste, même ordre avait été expédié par toute la France, où l'on donna aux illustres voyageurs une garde si nombreuse, et où une population si empressée accourut pour les voir, qu'après avoir dépassé Paris, les gens de la suite de César écrivirent à Rome qu'ils n'avaient vu en France ni arbres, ni maisons, ni murailles, mais seulement des hommes, des femmes et des rayons de soleil.

Le roi, sous prétexte d'aller à la chasse, vint recevoir son hôte à deux lieues de la ville : là, comme il savait que César tenait beaucoup au nom de Valentino, qu'il portait étant cardinal, et qu'il continuait de porter encore avec le titre de comte, quoiqu'il eût résigné l'archevêché qui lui avait accordé ce nom, il lui accorda l'investiture de Valence en Dauphiné, avec le titre de duc, et une pension de vingt mille francs; puis, après lui avoir fait ce don magnifique et avoir causé deux heures à peu près avec lui, il le quitta pour lui laisser le loisir de faire l'entrée splendide qu'il avait préparée.

Ce fut le mercredi dix-huitième jour de décembre de l'année 1498 que César Borgia fit son entrée dans la ville de Chinon, avec un appareil digne du fils d'un pape qui vient épouser la fille d'un roi.

Le cortége se composait d'abord de vingt-quatre mulets couverts de caparaçons rouges, ornés d'écussons renfermant les armes du duc, et chargés de babuts sculptés et de coffres incrustés d'ivoire et d'argent; puis venaient vingt-quatre autres mulets couverts aussi de caparaçons, mais ceux-ci à la livrée du roi de France, qui était jaune et rouge; puis après ceux-ci marchaient dix autres mulets couverts de satin jaune, avec des barres rouges en travers, et enfin dix autres encore couverts de drap d'or à bandes, et dont une bande était d'or frisé, et l'autre d'or ras.

Derrière les soixante-dix mulets qui ouvraient la marche, piaffaient, tenus en bride par autant d'écuyers qui marchaient à pied auprès d'eux, seize beaux chevaux de bataille; ils étaient suivis de dix-huit coursiers de chasse, montés par dix-huit pages tous de l'âge de quatorze à seize ans, dont seize étaient habillés de velours cramoisi et deux vêtus de drap d'or frisé, et si élégants que la richesse du costume de ces deux enfants, qui au reste étaient les plus beaux de tous, fit naître dans tous les esprits, si l'on en croit Brantôme, d'étranges soupçons sur les causes de cette préférence. Enfin, derrière ces dix-huit chevaux marchaient six belles mules toutes harnachées de velours rouge, conduites par six valets vêtus de velours pareil à celui des harnais.

Le troisième groupe se composait d'abord de deux mulets tout couverts de drap d'or, portant chacun deux coffres dans lesquels on disait qu'étaient le trésor du duc, les pierreries qu'il apportait à sa fiancée et les reliques et bulles que son père l'avait chargé de remettre de sa part au bon roi Louis XII. Ils étaient suivis par vingt gentilshommes vêtus de drap d'or et d'argent, parmi lesquels étaient Paul Jordan Orsino et plusieurs barons et chevaliers des principaux de l'état ecclésiastique.

Alors venaient deux tambourins, un rebec et quatre soldats sonnant des trompettes et clairons d'argent; puis, au milieu de quatre laquais vêtus mi-partie de velours cramoisi et de soie jaune, messire Georges d'Amboise et monseigneur le duc de Valentinois, lequel était monté sur un grand et beau coursier, harnaché fort richement, avec une robe de satin rouge et de drap d'or mi-partie, toute brodée d'or et de pierreries : à son bonnet était un double rang de rubis, gros comme des fèves, qui jetaient une si riche lueur, qu'on les eût pris pour ces escarboucles qu'on ne trouve que dans les Mille et une Nuits : il portait en outre au cou un collier qui valait bien deux cent mille livres; enfin il n'y avait point jusqu'à ses bottes qui ne fussent toutes lacées de cordon d'or et brodées de perles. Quant à son cheval, il était couvert d'une cuirasse de feuilles d'or d'une admirable orfévrerie, de laquelle sortaient, comme des fleurs, des bouquets de perles et des grappes de rubis.

Enfin, pour faire queue à tout ce magnifique cortége, derrière le duc venaient vingt-quatre mulets couverts de caparaçons rouges à ses armoiries, et portant la vaisselle d'argent, les tentes et le bagage.

Mais ce qui donnait à toute cette cavalcade un air de luxe merveilleux, c'est que tous ces mulets, ces mules et ces chevaux étaient ferrés avec des fers d'or si mal cloués, que plus des trois quarts restèrent en chemin; luxe d'ailleurs dont fut fort blâmé César, que l'on trouva bien hardi de mettre ainsi aux pieds de ses chevaux un métal avec lequel on fait la couronne des rois.

Au reste, toute cette pompe manqua son effet sur celle pour qui elle avait été déployée; car, lorsqu'on eut dit à dona Carlotta que c'était dans l'espérance de devenir son mari que César Borgia était venu en France, elle ne répondit rien autre chose, sinon qu'elle ne prendrait jamais pour époux non-seulement un prêtre, mais encore un fils de prêtre; non-seulement un assassin, mais encore un fratricide; non-seulement un homme infâme par sa naissance, mais plus infâme encore par ses mœurs et ses actions.

Mais, à défaut de la fière Aragonaise, César Borgia trouva bientôt une autre princesse de noble sang qui consentit à devenir sa femme : c'était mademoiselle d'Albret, fille du roi de Navarre; le mariage, arrêté à la condition que le pape donnerait deux cent mille ducats de douaire à la future et ferait son frère cardinal, fut célébré le 10 mai; et le jour de la Pentecôte suivant le duc de Valentinois reçut l'ordre de Saint-Michel, ordre fondé par Louis XI, et qui, à cette époque était le plus estimé qu'eussent les rois de France. La nouvelle de ce mariage, qui assurait à Rome l'alliance de Louis XII, fut reçue avec une grande joie par le pape qui ordonna aussitôt par toute la ville des feux et des illuminations.

Louis XII, de son côté, outre la reconnaissance qu'il avait au pape d'avoir cassé son union avec madame Jeanne de France et autorisé son mariage avec Anne de Bretagne, regardait comme indispensable à ses projets sur l'Italie d'avoir le pape pour son allié : aussi fit-il la promesse au duc de Valentinois de mettre, aussitôt qu'il serait entré dans Milan, trois cents lances à sa disposition, pour les employer dans ses intérêts particuliers et contre qui il lui plairait, excepté contre les alliés de la France. Quant à la conquête de Milan, elle devait être entreprise aussitôt que Louis XII serait assuré de l'appui ou même de la neutralité des Vénitiens, auxquels il avait envoyé des ambassadeurs autorisés à leur promettre en son nom la remise de Crémone et de Ghiera d'Adda, aussitôt qu'il aurait conquis la Lombardie.

Tout secondait donc au dehors la politique envahissante d'Alexandre VI, lorsqu'il fut forcé de détourner les yeux de la France pour les ramener sur le centre de l'Italie : c'est qu'au milieu de Florence il y avait un homme sans duché, sans couronne, sans épée, n'ayant d'autre puissance que celle de son génie, d'autre armure que sa pureté, et d'autre arme offensive que sa parole , et qui commençait à devenir plus dangereux pour lui que ne pouvaient l'être tous les rois, ducs ou princes de la terre ; cet homme était le pauvre moine dominicain Jérôme Savonarole, le même qui avait refusé l'absolution à Laurent de Médicis parce qu'il n'avait point voulu rendre la liberté à sa patrie.

Jérôme Savonarole avait prédit l'entrée des ultramontains en Italie, et Charles VIII avait conquis Naples ; Jérôme Savonarole avait prédit à Charles VIII qu'en punition de ce qu'il n'accomplissait pas la mission libératrice qu'il avait reçue de Dieu, il était menacé d'un grand malheur, et Charles VIII était mort ; enfin, pareil à l'homme qui, tournant autour de la ville sainte, avait crié pendant huit jours : — Malheur à Jérusalem ! et le neuvième jour cria : — Malheur à moi-même ! — Savonarole avait prédit sa propre chute ; mais, incapable de reculer devant le danger, le réformateur florentin n'en était pas moins résolu à attaquer le colosse d'abomination assis sur le siége de saint Pierre ; de sorte qu'à chaque débauche nouvelle, ou à chaque crime nouveau qui était apparu effrontément au jour, ou qui avait essayé de se cacher honteusement dans la nuit, il avait montré du doigt au peuple, en le poursuivant de son anathème, cet enfant de la luxure ou de l'ambition pontificale. Ainsi il avait flétri de sa censure les nouvelles amours d'Alexandre VI avec la belle Julia Farnèse, qui, au mois d'avril, venait d'ajouter un fils à la famille du pape ; ainsi il avait poursuivi de ses malédictions le meurtre du duc de Gandie, ce fratricide causé par la jalousie d'un incestueux ; enfin, il montrait à ses compatriotes, exclus de la ligue qui se formait en ce moment, le sort qui les attendait lorsque les Borgia, maîtres des petites principautés, en viendraient à s'attaquer aux duchés ou aux républiques. C'était donc un ennemi à la fois spirituel et temporel qui s'élevait contre lui et dont il fallait faire taire la voix importune et menaçante, à quelque prix que ce fût.

Cependant, si grande que fût la puissance du pape, ce n'était pas chose facile à accomplir qu'un pareil dessein. Savonarole, qui prêchait les austères principes de la liberté, avait réuni, même au milieu de la riche et voluptueuse Florence, un parti considérable connu sous le nom des *Piangioni*, ou des *Pénitents :* il se composait des citoyens qui, désirant à la fois une réforme dans l'État et dans l'Église, accusaient en même temps les Médicis d'avoir asservi la patrie, et les Borgia d'avoir ébranlé la foi, et demandaient que la république fût ramenée à son principe populaire et la religion à sa simplicité primitive. Au reste, sur le premier de ces points il avait déjà fait de grands progrès, puisque, en dépit des deux autres factions, celle des *Arrabbiati*, ou *Enragés*, qui, composée de jeunes patriciens les plus riches et les plus nobles de Florence, voulait un gouvernement oligarchique, et celle des *Bigi*, ou des *Gris*, qui désiraient le retour des Médicis, et que l'on nommait ainsi parce qu'ils conspiraient dans l'ombre, ils avaient successivement obtenu l'amnistie de tous les crimes et délits commis sous les autres gouvernements, l'abolition de la balie, qui était un pouvoir aristocratique, l'établissement d'un conseil souverain, composé de dix-huit cents citoyens, et les élections populaires substituées au tirage au sort, ou au choix oligarchique.

La première mesure qu'employa Alexandre VI contre la puissance croissante de Savonarole fut de le déclarer hérétique, et, comme tel, de lui interdire la chaire ; mais Savonarole avait éludé cette défense en faisant prêcher à sa place Dominique Bonvicini de Pescia, son disciple et son ami. Il en résulte que les préceptes du maître changeaient de bouche, et voilà tout, et que la semence, pour être répandue par une autre main, n'en tombait pas moins dans une terre fertile et ardente à la faire éclore. D'ailleurs Savonarole, posant pour l'avenir l'exemple que Luther suivit si heureusement, lorsque vingt-deux ans plus tard il fit brûler à Vittemberg la bulle d'excommunication de Léon X, avait, se lassant de son silence, bientôt déclaré, sur l'autorité du pape Pélage, qu'une excommunication injuste était sans efficacité, et que celui qui en était frappé n'avait pas même besoin de s'en faire absoudre. En conséquence, il avait déclaré, le jour de Noël de l'année 1597, que le Seigneur lui inspirait de secouer l'obéissance, attendu la corruption du maître, et avait recommencé à prêcher dans l'église cathédrale avec un succès d'autant plus grand, que ses sermons avaient été interrompus, et une influence d'autant plus formidable, qu'elle s'appuyait sur les sympathies qu'inspire toujours aux masses une injuste persécution.

Alexandre VI alors, pour obtenir justice du rebelle, s'adressa à Léonard de Médicis, vicaire de l'archevêché de Florence, qui, en obéissance aux ordres reçus de Rome, publia un mandement pour empêcher les fidèles de suivre les prédications de Savonarole. D'après ce mandement, ceux qui écouteraient la parole de l'excommunié ne seraient point reçus à la confession ni à la communion , et comme, s'ils

mouraient, ils seraient entachés d'hérésie, attendu leur commerce spirituel avec un hérétique, leurs corps devaient être traînés sur la claie et privés de sépulture. Savonarole en appela à la fois du mandement de son supérieur au peuple et à la seigneurie, et les deux pouvoirs réunis donnèrent, au commencement de l'année 1498 ordre au vicaire épiscopal de sortir de Florence dans le délai de deux heures.

Cette expulsion de Léonard de Médicis fut un nouveau triomphe pour Savonarole : aussi, voulant faire tourner au profit de l'amélioration des mœurs son influence croissante, il résolut de changer le dernier jour du carnaval, jour jusqu'alors consacré aux plaisirs mondains, en un jour de contrition religieuse. En effet, le jour même du Mardi gras, un nombre considérable d'enfants, s'étant réunis devant l'église cathédrale, se divisa par troupes, qui, parcourant la ville, entrèrent de maison en maison, réclamant les livres profanes, les peintures voluptueuses, les luths et les harpes, les cartes et les dés à jouer, les cosmétiques et les parfums, enfin tous ces mille produits d'une civilisation et d'une société corrompue, à l'aide de laquelle Satan fait parfois si victorieusement la guerre à Dieu. Et les habitants de Florence, obéissant à cette injonction, vinrent apporter sur la place du Dôme toutes ces œuvres de perdition, qui eurent bientôt formé un immense bûcher, auquel les jeunes réformateurs mirent le feu en chantant des hymnes et des psaumes religieux. C'est là que furent brûlés un grand nombre d'exemplaires de Boccace, du Morgante Maggiore, et les tableaux de Fra Bartolomée, qui, à compter de ce jour, renonça à la peinture mondaine pour consacrer entièrement son pinceau à la reproduction des scènes religieuses.

Une pareille réforme devenait effrayante pour Alexandre ; aussi résolut-il de combattre Savonarole à l'aide des mêmes armes avec lesquelles il attaquait, c'est-à-dire par l'éloquence. Il choisit pour lui tenir tête un prédicateur d'un talent reconnu, nommé frère François de Pouille ; et il l'envoya à Florence, où il commença à prêcher dans l'église de Sainte-Croix, accusant Savonarole d'hérésie et d'impiété. En même temps le pape, par un nouveau bref, déclara à la seigneurie que, si elle n'interdisait point la parole à l'hérésiarque, tous les biens des marchands florentins situés sur le territoire pontifical seraient confisqués, et la république mise en interdit et déclarée ennemie spirituelle et temporelle de l'église. La seigneurie, abandonnée par la France, et voyant croître d'une manière effrayante la puissance matérielle de Rome, fut forcée de céder cette fois, et intima à Savonarole l'ordre de cesser de prêcher. Savonarole obéit, et prit congé de son auditoire par un discours plein d'éloquence et de fermeté.

Cependant la retraite de Savonarole, au lieu de calmer la fermentation, l'avait augmentée : on parlait de ses prophéties réalisées ; et des sectaires plus ardents que le maître, passant de l'inspiration au miracle, disaient tout haut que Savonarole avait offert de descendre dans les tombeaux de l'église cathédrale avec son antagoniste, et là comme preuve que sa doctrine était vraie, de ressusciter un mort, promettant de s'avouer vaincu si le miracle était fait par son adversaire. Ces bruits revinrent à frère François de Pouille, et, comme c'était un de ces hommes à passions ardentes, qui comptent la vie pour rien quand le sacrifice de leur vie peut être utile à leur cause, il déclara, dans son humilité, qu'il se regardait comme un trop grand pécheur pour que Dieu lui accordât la grâce d'opérer un miracle ; mais il proposa un autre défi, qui était d'entrer avec Savonarole dans un bûcher ardent. Il savait qu'il y devait périr, disait-il ; mais au moins il périrait en vengeant la cause de la religion, puisqu'il était certain d'entraîner avec lui le tentateur, qui précipitait tant d'âmes avec la sienne dans la damnation éternelle.

La proposition faite par le frère François fut rapportée à Savonarole ; mais, comme il n'avait pas proposé le premier défi, il hésitait à accepter le second, lorsque son disciple, frère Dominique Bonvicini, plus confiant que lui-même dans sa propre puissance, déclara qu'il était prêt à accepter à la place de son maître l'épreuve du feu, certain qu'il était que Dieu ferait un miracle à l'intercession de son prophète. À l'instant même le bruit se répandit dans Florence que le défi mortel était accepté : les partisans de Savonarole, qui étaient tous des hommes convaincus, ne doutaient pas du triomphe de leur cause. Ses ennemis étaient enchantés de voir un hérétique se livrer lui-même aux flammes ; enfin les indifférents voyaient dans l'épreuve un spectacle plein d'un terrible intérêt.

Mais le dévouement de frère Bonvicini de Pescia ne faisait pas le compte de frère François de Pouille : il voulait bien mourir d'une mort terrible, mais à la condition que Savonarole mourrait avec lui. En effet, que lui importait la mort d'un disciple obscur comme frère Bonvicini ? c'était le maître qu'il fallait frapper, c'était le chef de la doctrine qu'il fallait entraîner dans sa chute. Il déclara donc qu'il n'entrerait dans le bûcher qu'avec Savonarole lui-même, et n'accepterait jamais, jouant ce terrible jeu pour son compte, que son adversaire le jouât par procuration.

Alors il arriva une chose à laquelle, certes, on n'eût pas dû s'attendre, c'est qu'à la place de frère François de Pouille, qui ne voulait jouter qu'avec le maître, deux moines franciscains se présentèrent pour jouter avec le disciple. C'étaient frère Nicolas de Pilly et frère André Rondinelli. Aussitôt les partisans de Savonarole, voyant ce renfort arriver à leurs antagonistes, se présentèrent en foule pour tenter l'épreuve. Les Franciscains, de leur côté, ne voulurent pas rester en arrière, et chacun prit parti, avec la même ardeur, pour l'un et pour l'autre. Florence tout entière semblait une loge d'insensés : chacun voulait le bûcher, chacun demandait à passer dans le feu; ce n'étaient plus des hommes seulement qui se défiaient entre eux, c'étaient des femmes et des enfants, qui demandaient à faire l'épreuve. Enfin la seigneurie, réservant leurs droits aux premiers engagés, ordonna que le duel étrange aurait lieu seulement entre frère Dominique Bonvicini et frère André Rondinelli ; dix citoyens devaient en régler les détails. Quant au jour fixé, ce fut le 7 avril 1498, et le lieu la place du Palais.

Les juges du camp firent leurs dispositions en gens de conscience : grâce à leurs soins, un échafaud fut dressé à l'endroit indiqué : il avait cinq pieds de hauteur, dix de largeur, et quatre-vingts de longueur. Sur cet échafaud tout couvert de fagots et de bruyères, maintenus par des barrières faites du bois le plus sec que l'on avait pu trouver, on avait ménagé deux étroits sentiers de deux pieds de large au plus, et de soixante-dix pieds de long, dont l'entrée donnait sur la Loggia dei Lanzi, et la sortie à l'extrémité opposée. Quant à la Loggia, elle avait été elle-même séparée en deux par une cloison, afin que chaque champion eût une espèce de chambre pour faire ses préparatifs, comme au théâtre chaque acteur a sa loge pour s'habiller; seulement ici la tragédie qu'on allait jouer n'était pas une fiction.

Les Franciscains arrivèrent sur la place et entrèrent dans la partie qui leur était réservée sans aucune démonstration religieuse, tandis qu'au contraire Savonarole se rendit à la sienne processionnellement, couvert des habits sacerdotaux avec lesquels il venait de célébrer l'office divin, et tenant en main la sainte hostie, que tout le monde pouvait voir, attendu que le tabernacle qui la renfermait était de cristal. Quant à frère Dominique de Pescia, le héros de la fête, il suivait avec un crucifix, et tous les moines dominicains, tenant une croix rouge à la main, marchaient derrière lui en psalmodiant, et derrière les citoyens les plus considérables de leur parti, tenant des torches à la main; car, sûrs qu'ils étaient du triomphe de leur cause, ils voulaient eux-mêmes mettre le feu au bûcher. Quant à la place, elle était encombrée d'une telle foule, qu'elle se dégorgeait dans toutes les rues. Les portes et les fenêtres ne présentaient que des têtes superposées les unes aux autres; les terrasses étaient couvertes de monde, et l'on apercevait des curieux jusque sur le toit du dôme et sur la plate-forme de la campanile.

Cependant, en face de l'épreuve, les Franciscains élevèrent de telles difficultés, qu'il était évident que leur champion commençait à faiblir.

La première crainte exprimée par eux fut que le frère Bonvicini pouvait être un enchanteur, et, comme tel, avoir sur lui quelque talisman ou quelque charme qui le garantît du feu. Ils exigèrent donc qu'il fût dépouillé de tous ses habits et qu'il en revêtît d'autres, qui seraient visités par les témoins. Frère Bonvicini ne fit aucune objection, si humiliant que fût un pareil soupçon, et changea de chemise, de robe et de froc. Alors, comme les Franciscains virent que Savonarole lui remettait en main le tabernacle, ils s'écrièrent que c'était une profanation, que d'exposer la sainte hostie à être brûlée; que cela n'était point dans les conventions, et que, si Bonvicini ne renonçait pas à cette aide surnaturelle, ils renonceraient, eux, à l'épreuve. Savonarole répondit qu'il n'y avait rien d'étonnant, le champion de la foi ayant mis sa confiance en Dieu, qu'il portât entre ses mains le même Dieu dont il attendait son salut. Cette réponse ne satisfit point les Franciscains, qui ne voulurent pas démordre de leur prétention. Savonarole, de son côté, demeura inflexible dans son droit; de sorte que, près de quatre heures s'écoulant ainsi en discussions où personne ne voulait céder, les choses demeurèrent dans le même état. Pendant ce temps, le peuple, amassé depuis le point du jour dans les rues, sur les terrasses, sur les toits, souffrant de la faim et de la soif, commençait à s'impatienter, et son impatience se traduisait en murmures qui arrivaient jusqu'aux champions; si bien que les partisans de Savonarole, certains d'un miracle, tant ils avaient foi en lui, le suppliaient de céder sur toutes les conditions. Savonarole répondit à cela que, si c'était lui qui tentât l'épreuve, il se montrerait plus facile; mais que, comme c'était un autre qui courait le danger, il ne pouvait prendre trop de précautions. Deux heures se passèrent encore, pendant lesquelles ses partisans essayèrent en vain de combattre ses refus. Enfin, comme la nuit avançait, que le peuple s'impatientait de plus en plus, et que ses murmures commençaient à devenir menaçants, Bonvicini déclara qu'il était prêt à traverser le bûcher sans tenir autre chose à la main qu'un crucifix. C'était une demande qu'on ne pouvait lui refuser; aussi frère Rondinelli fut-il forcé d'accepter la proposition. On annonça au peuple que les champions étaient tombés d'accord, et que l'épreuve allait avoir lieu. A cette annonce le peuple se calma, dans l'espoir d'être enfin dédommagé de sa longue attente; mais, en ce moment même, un orage qui depuis longtemps s'amassait sur Florence éclata avec une telle force, qu'en un instant le bûcher, auquel on venait de mettre le feu, se trouva éteint par la pluie, sans qu'il fût possible de le rallumer. Dès lors la foule se crut jouée, son enthousiasme se tourna en mépris; ignorant de quel côté étaient venues les difficultés qui avaient retardé l'épreuve, elle en fit retomber la responsabilité sur les deux champions. La seigneurie, qui prévoyait

les désordres qui allaient avoir lieu, ordonna à l'assemblée de se retirer; mais l'assemblée n'en fit rien, et demeura sur la place, attendant, malgré la pluie affreuse qui tombait par torrents, la sortie des deux champions. Rondinelli fut reconduit au milieu des huées et poursuivi à coups de pierre. Quant à Savonarole, grâce à ses habits sacerdotaux et au saint-sacrement qu'il tenait à la main, il passa assez tranquillement au milieu de cette populace; miracle aussi remarquable que s'il fût passé au milieu du bûcher.

Mais c'était la majesté seule de l'hostie sainte qui avait protégé celui que, de ce moment, l'on regarda comme un faux prophète; et c'était à grand regret que la foule, excitée par le parti des Arrabbiati, qui depuis longtemps proclamaient Savonarole menteur et hypocrite, l'avait laissé rentrer à son couvent. Aussi, lorsque, le lendemain, qui était le dimanche des Rameaux, il monta en chaire pour expliquer sa conduite, ne put-il pas, au milieu des injures, des huées et des rires, obtenir un seul instant de silence. Bientôt même les cris, de moqueurs qu'ils étaient, devinrent menaçants : Savonarole, dont la voix était trop faible, ne put dominer le tumulte, descendit de la chaire, se retira dans la sacristie, puis de la sacristie rentra dans son couvent et s'enferma dans sa cellule. Au même instant un cri se fit entendre, qui fut répété aussitôt par tout ce qu'il y avait d'assistants : — A Saint-Marc ! à Saint-Marc ! — Ce noyau d'insurrection se recruta, en traversant les rues, de toute la populace, et arriva battre les murs du couvent, pareil à une mer qui monte. Bientôt les portes, fermées à son approche, craquèrent sous cet effort puissant de la multitude, qui broie à l'instant même tout ce qu'elle touche; le flot populaire se répandit en une seconde par tout le couvent, et Savonarole, et ses deux adeptes Dominique Bonvicini et Silvestre Maruffi, arrêtés dans leurs cellules, furent conduits à la prison au milieu de la populace, qui, toujours extrême dans son enthousiasme comme dans sa haine, voulait les mettre en pièces, et qu'on ne calma qu'en lui promettant de faire exécuter de force aux prisonniers l'épreuve qu'ils avaient refusé de faire de bonne volonté.

Alexandre VI, qui, comme on le pense, n'avait point été étranger, sinon de sa personne, du moins par son influence, à ce rapide et étrange revirement, eut à peine appris la chute et l'arrestation de Savonarole, qu'il le réclama comme relevant de la justice ecclésiastique. Mais, malgré les indulgences dont le pape accompagnait cette demande, la seigneurie exigea que le procès de Savonarole fût instruit à Florence; et, pour ne point paraître entièrement soustraire le coupable à la juridiction pontificale, elle demanda au pape d'adjoindre au tribunal florentin deux juges ecclésiastiques. Alexandre VI, voyant qu'il n'obtiendrait pas autre chose de la magnifique république, députa auprès d'elle Joachim Turriano de Venise, général des Dominicains, et François Ramolini, docteur en droit : ils étaient d'avance porteurs de la teneur du jugement, qui déclarait Savonarole et ses complices hérétiques, schismatiques, persécuteurs de la sainte église et séducteurs des peuples.

Au reste, cette fermeté des Florentins dans la réclamation de leurs droits comme juges n'était qu'une vaine démonstration pour sauver les apparences : le tribunal était composé de huit membres, tous connus pour ardents ennemis de Savonarole, dont le procès avait commencé par la torture. Il en résulta que Savonarole, faible de corps et d'une constitution irritable et nerveuse, n'avait pu soutenir la question de la corde, et, vaincu par la douleur au moment où, enlevé de terre par les poignets, le bourreau l'avait laissé retomber jusqu'à deux pieds du sol, il avait avoué, pour obtenir quelque relâche, que ses prophéties étaient de simples conjectures. Il est vrai qu'aussitôt rentré dans sa prison, il avait protesté contre cet aveu, disant que c'était la faiblesse de ses organes et son peu de constance à supporter les tourments qui lui avaient arraché ce mensonge; mais que la vérité était que le Seigneur lui était plusieurs fois apparu dans ses extases, et lui avait révélé les choses qu'il avait dites. Cette protestation avait amené une nouvelle application à la torture; application pendant laquelle Savonarole avait succombé de nouveau à la force de la douleur et s'était rétracté. Mais, à peine délié, et comme il était encore couché sur le matelas de la question, il déclara que ses aveux étaient l'œuvre de ses bourreaux et retomberaient sur leurs têtes; mais que, quant à lui, il protestait de nouveau contre tout ce qu'il avait pu et pourrait dire. En effet, la torture avait pour la troisième fois ramené les mêmes aveux, et le repos qui l'avait suivie la même rétractation; de sorte que les juges, après l'avoir condamné, lui et ses deux disciples, au feu, décidèrent que sa confession ne serait pas lue à haute voix sur le bûcher, comme c'était la coutume, certains qu'ils étaient que, cette fois comme les autres, elle serait démentie par lui et démentie publiquement, ce qui pouvait être, pour quiconque connaît l'esprit versatile de la multitude, une chose du plus mauvais effet.

Le 23 mai, le bûcher qui avait été promis au peuple s'éleva de nouveau sur la place du palais, et cette fois la multitude se rassembla, certaine qu'elle ne serait pas frustrée de ce spectacle si longtemps attendu. En effet, vers les onze heures du matin, Jérôme Savonarole, Dominique Bonvicini et Silvestre Maruffi furent amenés sur le lieu de l'exécution, et, après avoir été dégradés de leurs ordres par les juges ecclésiastiques, furent, au centre d'une immense pile de bois, attachés tous trois au même pieu. Alors l'évêque Pagnanoli déclara aux condamnés qu'il les séparait de l'Église. — De la militante? — répondit Savonarole, qui dès cette heure entrait en effet, grâce à son martyre, dans l'Église triomphante. Ce fut tout ce que dirent les condamnés; car, en ce moment, un Arrabbiato, ennemi personnel de Savonarole, ayant franchi la haie que formaient les gardes autour de l'échafaud, arracha la torche des mains du bourreau, et mit lui-même le feu aux quatre coins du bûcher. Quant à Savonarole et à ses disciples, dès qu'ils virent la fumée s'élever, ils se mirent à chanter un psaume, et la flamme les enveloppait déjà de tous côtés de son voile ardent, que l'on entendait encore le chant religieux, qui alla frapper pour eux à la porte du ciel.

Ainsi se trouva débarrassé du plus terrible ennemi qui se fût jamais levé contre lui peut-être le pape Alexandre VII; aussi, la vengeance pontificale poursuivit-elle les condamnés jusqu'après leur mort : la seigneurie, cédant à ses instances, avait donné des ordres pour que les cendres du prophète et de ses disciples fussent jetées dans l'Arno; mais quelques ossements à demi-brûlés furent recueillis par les soldats mêmes qui avaient mission d'empêcher le peuple d'approcher du bûcher, et ces reliques saintes, aujourd'hui encore, sont exposées, toutes noircies par les flammes, à l'adoration des fidèles, qui, s'ils ne regardent plus Savonarole comme un prophète, le regardent au moins comme un martyr.

Cependant l'armée française s'apprêtait une seconde fois à passer les Alpes sous le commandement de Jacques Trivulce. Le roi Louis XII était venu accompagner jusqu'à Lyon César Borgia et Julien de la Rovère, qu'il avait forcés de se réconcilier, et vers le commencement du mois de mai avait fait partir devant lui son avant-garde, que suivit bientôt le corps d'armée. Les forces du roi de France pour cette seconde conquête se composaient de seize cents lances, de cinq mille Suisses, de quatre mille Gascons, et de trois mille cinq cents soldats de pied, levés dans toutes les parties de la France. Le 13 août, toute cette assemblée, qui montait à quinze mille hommes à peu près, et qui devait combiner ses mouvements avec ceux des Vénitiens, arriva sous les murs d'Arezzo, et mit aussitôt le siège devant la ville.

La position de Ludovic Sforza était terrible, et il portait à cette heure la peine de l'imprudence qu'il avait commise en appelant les Français en Italie : tous les alliés sur lesquels il croyait pouvoir compter lui manquaient à la fois, soit qu'ils fussent occupés de leurs propres affaires, soit qu'ils fussent intimidés par le puissant ennemi que s'était fait le duc de Milan. En effet, Maximilien, qui lui avait promis de lui envoyer quatre cents lances, au lieu de reprendre les hostilités interrompues avec Louis XII, venait de se liguer avec le cercle de Souabe pour faire la guerre aux Suisses, qu'il avait déclarés rebelles à l'empire. Les Florentins, qui s'étaient engagés à lui fournir trois cents hommes d'armes et deux mille hommes d'infanterie s'il voulait les aider à reprendre Pise, venaient de retirer leur parole sur les menaces que leur avait faites Louis XII, et avait promis à ce souverain de rester neutres. Enfin Frédéric, qui gardait ses troupes pour ses propres états, parce qu'il se figurait avec raison que, Milan conquise, il aurait de nouveau à défendre Naples, ne lui envoyait, malgré ses promesses, aucun secours, ni d'hommes ni d'argent. Ludovic Sforza en était donc réduit à ses propres forces.

Cependant, comme c'était un homme puissant dans les armes et habile dans la ruse, il ne se laissa point abattre du premier coup, et fit fortifier en toute diligence Annone, Novare et Alexandrie, envoya Cajazzo avec quelques troupes dans la partie du Milanais qui confine aux états de Venise, et ramena sur le Pô tout ce qu'il avait de forces. Mais ces précautions furent inutiles contre l'impétuosité française : en quelques jours Arezzo, Annone, Novare, Voghiera, Castelnuovo, Ponte-Corona, Tortone et Alexandrie furent prises, et Trivulce marcha sur Milan.

En voyant cette conquête rapide et ces victoires multipliées, Ludovic Sforza, désespérant de tenir dans sa capitale, résolut de se retirer en Allemagne avec ses enfants, le cardinal Ascanio son frère, et son trésor, qui en huit ans était tombé de quinze cent mille à deux cent mille ducats. Mais avant de partir il laissa la garde du château de Milan à Bernardino da Corte. En vain ses amis lui dirent de se défier de cet homme, en vain son frère Ascanio s'offrit-il de s'enfermer dans cette forteresse, s'engageant à y tenir jusqu'à la dernière extrémité : Ludovic ne voulut rien changer à cette disposition, et partit le 2 septembre, laissant dans la citadelle trois mille hommes de pied, et assez de vivres, de munitions et d'argent, pour soutenir un siège de plusieurs mois.

Le surlendemain de ce départ, les Français passèrent à Milan. Dix jours après, sans qu'il fût tiré contre lui un seul coup de canon, Bernardino da Corte rendit le château. Vingt-un jours avaient suffi aux Français pour s'emparer des places de la capitale et de tous les états de leur ennemi.

Louis XII reçut à Lyon la nouvelle du succès de ses armes, et partit aussitôt pour Milan, où il fut accueilli avec toutes les démonstrations d'une joie sincère. Tous les ordres de citoyens s'étaient avancés jusqu'à trois milles hors des portes pour le recevoir, et quarante enfants, revêtus de drap d'or et de soie, le précédèrent en chantant des hymnes des poètes de l'époque, qui l'appelaient le roi libérateur et l'envoyé de la liberté. Cette grande joie des Milanais venait de ce que les parti-

sans de Louis XII avaient répandu d'avance le bruit que le roi de France était assez riche pour abolir tous les impôts. En effet, dès le lendemain de son entrée dans la ville, le vainqueur fit sur eux une légère réduction, accorda de grandes grâces à plusieurs gentilshommes milanais, et donna à Trivulce, pour le récompenser de cette rapide et glorieuse campagne, la ville de Vigavano.

Cependant César Borgia, qui avait suivi Louis XII pour avoir sa part de la grande curée italienne, le vit à peine arrivé au but qu'il se proposait, qu'il réclama de lui la promesse qu'il lui avait faite, promesse que le roi de France, avec sa loyauté toute proverbiale, se hâta d'accomplir. En effet, il mit à l'instant même à la disposition de César Borgia trois cents lances, commandées par Yves d'Allègre, et quatre mille Suisses, sous les ordres du bailly de Dijon, pour l'aider à réduire *les vicaires de l'église*.

Expliquons à nos lecteurs ce que c'était que les nouveaux personnages que nous introduisons en scène et que nous désignons sous ce nom.

Pendant les éternelles guerres des Guelfes et des Gibelins, et pendant le long exil des papes à Avignon, la plupart des villes ou des forteresses de la Romagne avaient été conquises ou usurpées par de petits tyrans, qui avaient pour la plupart reçu de l'empire l'investiture de leurs nouvelles possessions; mais depuis que l'influence allemande avait cessé de se faire sentir, et que les papes avaient refait de Rome le centre du monde chrétien, tous ces petits princes, privés de leur appui primitif, s'étaient ralliés au saint-siège, avaient reçu une nouvelle investiture des mains pontificales, et payaient une redevance annuelle, grâce à laquelle ils recevaient le titre particulier de ducs, de comtes ou de seigneurs, et la dénomination générale de *vicaires de l'église*.

Or il avait été facile à Alexandre VI, en relevant scrupuleusement les faits et gestes de chacun de ces messieurs depuis sept ans, c'est-à-dire depuis son exaltation au trône de saint Pierre, de trouver dans la conduite de chacun d'eux quelque petite infraction au traité passé entre les vassaux et le suzerain; il avait donc présenté ses griefs devant un tribunal établi à cet effet, et obtenu des juges sentence, qui déclarait que les vicaires de l'église, ayant manqué aux conditions de leur investiture, étaient déchus de leurs domaines, qui rentraient en la possession du saint-siège; mais comme le pape avait affaire à des hommes contre lesquels il était plus facile de porter un pareil jugement que de l'exécuter, il avait nommé, pour son capitaine général, et avec charge de les recouvrer pour lui-même, le nouveau duc de Valentinois.

Ces seigneurs étaient les *Malatesti* de Rimini, les *Sforza* de Pesaro, les *Manfredi* de Faenza, les *Riarii* d'Imola et de Forli, les *Varani* de Camerino, les *Montefeltri* d'Urbin, et les *Caëtani* de Sermonetta.

Cependant le duc de Valentinois, pour entretenir dans toute sa chaleur la bonne amitié que lui portait son parent et allié Louis XII, était, comme nous l'avons dit, resté avec lui à Milan pendant le temps de son séjour en cette ville; mais après un mois d'occupation en personne, le roi de France ayant repris le chemin de sa capitale, le duc de Valentinois donna ordre à ses hommes d'armes et à ses Suisses d'aller l'attendre entre Parme et Modène, et partit en poste pour Rome, afin d'exposer de vive voix ses projets à son père et de prendre ses dernières instructions.

Il trouva en arrivant que la fortune de sa sœur Lucrèce avait fort grandi pendant son absence, non pas du côté de son mari Alphonse, dont, au contraire, grâce aux succès du roi Louis XII, l'avenir était fort certain, ce qui avait amené un refroidissement entre lui et Alexandre, mais du côté de son père, sur lequel elle exerçait à cette heure une influence plus merveilleuse que jamais. En effet, le pape avait déclaré Lucrèce Borgia d'Aragon gouvernante à vie de Spolète et de son duché, avec tous les émoluments, droits et rentes qui en dépendaient; charge qui avait tellement accru sa puissance et agrandi sa position, qu'elle ne se montrait plus en public qu'avec un cortège de deux cents chevaux, montés par les plus illustres dames et les plus nobles cavaliers de Rome. De plus, comme le double amour de son père pour elle n'était un secret pour personne, les premiers prélats de l'église, les habitués du Vatican, les intimes de sa sainteté, s'étaient faits ses plus humbles serviteurs; si bien qu'on voyait des cardinaux lui donner la main quand elle descendait de sa litière ou de son cheval, et que des archevêques se disputaient l'honneur de lui dire la messe dans ses appartements.

Cependant il avait fallu que Lucrèce quittât Rome pour prendre possession de ses nouveaux états; mais comme son père ne pouvait se passer longtemps de la présence de sa fille chérie, il résolut de se mettre en possession de la ville de Nepi, qu'il avait autrefois donnée, comme on se le rappelle sans doute, à Ascanio Sforza, pour acheter son suffrage. Ascanio avait perdu naturellement cette ville en s'attachant à la fortune de son frère, le duc de Milan; et comme le pape allait la reprendre, il invita sa fille Lucrèce à venir l'y rejoindre et à assister aux fêtes de sa remise en possession.

L'empressement que mit Lucrèce à se rendre aux désirs de son père lui valut de sa part un nouveau don : c'était la ville et le territoire de Sermoneta, qui appartenaient aux Caëtani. Il est vrai que ce don resta encore secret, attendu qu'il fallait se débarrasser d'abord des deux possesseurs de cette seigneurie, qui étaient l'un monsignor Jacomo Caëtano, protonotaire apostolique, et l'autre un jeune cavalier plein d'espérances, nommé Prospero Caëtano; mais comme tous deux habitaient Rome et étaient sans défiance, se croyant, l'un par sa place, l'autre par son courage, en pleine faveur près de sa sainteté, on jugea que la chose ne présentait pas grande difficulté. En effet, aussitôt le retour d'Alexandre à Rome, sous prétexte de je ne sais quel délit, Jacomo Caëtano fut arrêté et conduit au château Saint-Ange, où il mourut bientôt empoisonné, et Prospero Caëtano fut étranglé dans sa maison. En vertu de cette double mort, si rapide qu'elle n'avait donné ni à l'un ni à l'autre le temps de faire un testament, le pape déclara Sermoneta et tous les autres biens relevant des Caëtani dévolus à la chambre apostolique, laquelle chambre les vendit à Lucrèce moyennant la somme de quatre-vingt mille écus, que son père lui rendit le lendemain du jour où elle les lui avait payés. Quelque hâte qu'eût mise César Borgia, il trouva donc, en arrivant à Rome, que son père l'avait devancé dans le commencement de ses conquêtes.

Une autre fortune avait encore prodigieusement grandi pendant son séjour en France; c'était celle de Jean Borgia, neveu du pape, et qui avait été jusqu'à sa mort l'un des plus fidèles amis du duc de Gandie. Au reste, on disait tout haut à Rome que le jeune cardinal devait les faveurs dont le comblait sa sainteté encore moins à la mémoire du frère qu'à la protection de la sœur. C'étaient deux motifs pour que Jean Borgia devînt particulièrement suspect à César: aussi fut-ce en faisant le serment intérieur de ne pas le laisser jouir longtemps de cette dignité que le duc de Valentinois apprit que son cousin Jean venait d'être nommé cardinal à latere de tout le monde chrétien, et était parti de Rome pour faire une tournée dans les états pontificaux avec une suite d'archevêques, d'évêques, de prélats et de cavaliers, telle, qu'elle eût fait honneur au pape lui-même.

César n'était venu à Rome que pour prendre langue: aussi n'y resta-t-il que trois jours, et, emmenant toutes les forces dont sa sainteté pouvait disposer, il rejoignit son armée sur les bords de l'Enza, et marcha aussitôt avec elle sur Imola, laquelle, abandonnée de ses maîtres, qui s'étaient retirés à Forli, fut obligée de se rendre à composition. Imola prise, César marcha aussitôt sur Forli.

Là une résistance sérieuse l'arrêta; et cependant cette résistance venait de la part d'une femme: Catherine Sforza, veuve de Jérôme et mère d'Ottaviano Riario, s'était retirée dans cette ville, et avait exalté le courage de la garnison en se mettant, corps et biens, sous sa garde. César vit donc qu'il ne s'agissait plus là d'un coup de main, mais d'un siège en règle: aussi commença-t-il à faire toutes ses dispositions en conséquence, et, plaçant une batterie de canon en face de l'endroit où les murailles lui paraissaient les plus faibles, il ordonna de faire un feu non interrompu jusqu'à ce que la brèche fût praticable.

En revenant de donner cet ordre, il trouva au camp le cardinal Jean Borgia, qui se rendait de Ferrare à Rome, et qui n'avait point voulu passer si près de lui sans lui faire visite: César le reçut avec toute l'effusion d'une joie apparente, et le garda trois jours près de lui; le quatrième, il réunit tous ses officiers et ses courtisans dans un grand repas d'adieu, et, ayant chargé son cousin de dépêches pour le pape, il prit congé de lui avec toutes les marques d'affection qu'il lui avait données à son arrivée.

Le cardinal Jean Borgia avait pris la poste en sortant de table, lorsqu'en arrivant à Urbin il se trouva pris d'une indisposition si subite et si étrange, qu'il fut forcé de s'arrêter: néanmoins, au bout de quelques instants; se sentant un peu mieux, il reprit sa route; mais, à peine entré à Rocca Contrada, il se trouva de nouveau si mal, qu'il résolut de ne pas aller plus loin, et demeura deux jours dans cette ville. Enfin, sentant un peu d'amélioration dans son état, et ayant appris que Forli était prise, et que Catherine Sforza, en essayant de se retirer dans le château, avait été faite prisonnière, il résolut de retourner vers César, pour le féliciter de sa victoire; mais à Fossombrone, quoiqu'il eût substitué une litière à sa voiture, force lui fut de s'arrêter une troisième fois, ce fut sa dernière halte; il se coucha pour ne plus se relever; trois jours après il était mort.

Son corps fut porté à Rome, et enseveli sans aucune pompe dans l'église de Santa-Maria-del-Popolo, où l'attendait le cadavre de son ami, le duc de Gandie, et cela sans que, malgré la haute fortune du jeune cardinal, on en parlât plus que s'il n'avait jamais existé; car ainsi s'en allait sombrement et sans bruit tout ce qui était emporté par le torrent des ambitions de cette terrible trinité qu'on appelait Alexandre, César et Lucrèce.

Presque en même temps un autre assassinat épouvantait Rome. Don Giovanni Cerviglione, cavalier de naissance et brave soldat, capitaine des hommes d'armes de sa sainteté, fut, en revenant de souper chez don Élisée Pignatelli, chevalier de Saint-Jean, attaqué par des sbires, dont l'un lui demanda son nom, et, comme il le disait, voyant qu'il ne se trompait pas, lui enfonça son poignard dans la poitrine, tandis qu'un autre, du revers de son épée, lui abattait la tête, qui tomba aux pieds du corps avant que le corps fût tombé lui-même.

Le gouverneur de Rome porta plainte de cet assassinat au pape; mais, ayant vu, à la manière dont sa sainteté avait reçu l'avis, qu'il mieux aurait valu pour lui n'en point parler, il arrêta les recherches qu'il avait commencées; de sorte qu'aucun des meurtriers ne fut arrêté. Seulement le bruit se répandit que, pendant le court séjour qu'il avait fait à Rome, César avait obtenu un rendez-vous de la femme de Cerviglione, qui était une Borgia, et que son mari, ayant appris cette infraction à ses devoirs, s'était emporté jusqu'à la menacer, elle et son amant: cette menace avait été rapportée à César, qui mettant le bras de Michelotto au bout du sien, avait de Forli frappé Cerviglione au milieu de Rome.

Une autre mort inattendue suivit de si près celle de don Giovanni Cerviglione, que l'on ne manqua point de l'attribuer sinon à la même cause, du moins à la même source. Monseigneur Agnelli de Mantoue, archevêque de Cosenza, clerc de la chambre et vice-légat de Viterbe, étant tombé, sans qu'on sût pourquoi, dans la disgrâce de sa sainteté, fut empoisonné à sa propre table, où il avait passé une partie de la nuit à causer joyeusement avec trois ou quatre convives, tandis que la mort se glissait déjà sourdement dans ses veines; si bien que, s'étant couché en pleine santé, on le trouva le lendemain expiré dans son lit. Aussitôt trois parts furent faites de ses biens: les terres et les maisons furent au duc de Valentinois; François Borgia, fils du pape Calixte III, eut l'évêché, et la place de clerc de la chambre fut vendue moyennant cinq mille ducats à Ventura Bennassai, marchand siennois, lequel, ayant versé cette somme entre les mains d'Alexandre, vint le même jour habiter le Vatican.

Cette dernière mort fixa un nouveau point de droit en suspens jusqu'alors: comme les héritiers de monseigneur Agnelli avaient fait quelques difficultés pour se laisser exproprier, Alexandre rendit un bref qui enlevait à tout cardinal et à tout prêtre la faculté de tester, et qui déclara que tous les biens vacants lui étaient dévolus.

Cependant César Borgia fut arrêté court au milieu de ses victoires. Grâce aux deux cent mille ducats restés dans son trésor, Ludovic Sforza avait levé cinq cents gens d'armes bourguignons et huit mille fantassins suisses, avec lesquels il était rentré en Lombardie. Trivulce avait donc été forcé, pour faire face à l'ennemi, de rappeler Yves d'Alègre et les troupes que Louis XII avait prêtées à César; en conséquence, César mit une partie des soldats pontificaux qu'il avait amenés avec lui en garnison à Imola et à Forli, et reprit avec le reste la route de Rome.

Alexandre voulut que son entrée fût un triomphe: ayant donc appris que les fourriers de l'armée n'étaient plus qu'à quelques lieues de la ville, il fit envoyer par des coureurs l'invitation aux ambassadeurs des princes, aux cardinaux, aux prélats, aux barons romains et aux ordres de la cité, d'aller au-devant du duc de Valentinois avec toute leur suite, afin de solenniser le retour du vainqueur: or, comme la bassesse de ceux qui obéissent est toujours plus grande que l'orgueil de ceux qui commandent, ces ordres furent non-seulement remplis, mais dépassés.

L'entrée de César avait eu lieu le 26 de février de l'an 1500, et quoique ce fût en pleine époque de Jubilé, les fêtes du carnaval n'en commencèrent pas moins, plus bruyantes et plus licencieuses encore que d'habitude; aussi, dès le lendemain, sous le voile d'une mascarade, le vainqueur prépara une nouvelle fête à son orgueil; et comme s'il devait s'approprier la gloire, le génie et la fortune du grand homme dont il portait le nom, il résolut de représenter le triomphe de César sur la place de Navonne, lieu ordinaire des fêtes du carnaval. En conséquence, il partit le lendemain de cette place pour parcourir toutes les rues de Rome avec des costumes et des chars antiques, debout dans le dernier, vêtu de la robe des anciens empereurs, le front couronné du laurier d'or et entouré de licteurs, de soldats et d'enseignes, ces derniers portant des bannières où était écrite cette devise: *Aut Cæsar aut nihil*.

Enfin, le quatrième dimanche de Carême, le pape conféra à César cette dignité, si longtemps enviée par lui, de général et gonfalonier de la sainte Église.

Pendant ce temps, Sforza avait traversé les Alpes et passé le lac de Côme, au milieu des acclamations de joie de ses anciens sujets, qui avaient promptement perdu tout l'enthousiasme que leur avaient d'abord inspiré l'armée française et les promesses de Louis XII. Ces démonstrations de joie éclatèrent avec une telle force dans Milan, que Trivulce, jugeant qu'il n'y avait pas sûreté pour la garnison française à rester dans cette ville, se retira vers Novare. L'expérience lui prouva qu'il ne s'était pas trompé; car à peine les Milanais le virent-ils faire les dispositions de son départ, qu'une sourde fermentation courut par toute la ville; bientôt les rues se remplirent d'hommes armés. Il fallut traverser cette foule grondante l'épée à la main et la lance en arrêt; et encore, à peine les Français eurent-ils franchi les portes, que le peuple se répandit par la campagne, poursuivant cette armée de ses cris et de ses huées jusque sur les rives du Tésin. Trivulce laissa à Novare quatre cents lances, plus les trois mille Suisses qu'Yves d'Alègre lui ramenait de la Romagne, et se dirigea avec le reste de son armée vers Mortara, où il s'arrêta enfin pour attendre le secours qu'il avait fait demander au roi de France. Derrière lui le cardinal Ascagne et le duc Ludovic rentrèrent à Milan au milieu des acclamations de toute la ville.

Ni l'un ni l'autre ne perdirent de temps, et, voulant mettre à profit cet enthousiasme, Ascagne se chargea d'assiéger le château de Milan, tandis que Ludovic passa le Tésin et vint attaquer Novare.

Assiégés et assiégeants se trouvèrent alors enfants de la même nation; car à peine Yves d'Alègre avait-il avec lui trois cents Français, et Ludovic cinq cents Italiens. C'est qu'en effet, depuis six ans, les Suisses étaient devenus les seuls fantassins de l'Europe, et toutes les puissances indistinctement puisaient, l'or à la main, dans le vaste réservoir de leurs montagnes. Il en résultait que ces rudes enfants de Guillaume Tell, mis ainsi à l'enchère par les nations, conduits par leurs engagements divers de leurs pauvres et âpres montagnes dans les pays les plus riches et les plus voluptueux, tout en gardant leur courage, avaient perdu, au frottement des peuples étrangers, cette antique rigidité de principes qui les avait fait citer longtemps comme des modèles d'honneur et de bonne foi, et étaient devenus une espèce de marchandise toujours prête à se vendre au dernier enchérisseur. Ce furent les Français qui firent les premiers l'expérience de cette vénalité, qui devait être plus tard si fatale à Ludovic Sforza.

En effet, les Suisses de la garnison de Novare s'étant mis en communication avec ceux de leurs compatriotes qui formaient les avant-postes de l'armée ducale, et ayant appris que ceux-ci, qui ne connaissaient pas encore l'épuisement prochain du trésor de Ludovic, étaient mieux nourris et mieux payés qu'eux, s'engagèrent à livrer la ville et à passer sous les drapeaux milanais, si l'on voulait leur assurer la même solde. Ludovic, comme on le pense bien, accepta le marché. Novare lui fut remise, moins la citadelle, gardée par les Français, et l'armée ennemie se trouva recrutée de trois mille hommes. Ludovic alors fit la faute, au lieu de marcher sur Mortara avec ce nouveau renfort, de s'arrêter pour assiéger le château. Il résulta de ce délai, que Louis XII, qui avait reçu les courriers de Trivulce, et qui avait compris le danger de sa position, avait hâté le départ de la gendarmerie française, déjà réunie pour passer en Italie, avait envoyé le bailli de Dijon lever de nouveaux Suisses, et avait ordonné au cardinal d'Amboise, son premier ministre, de passer les Alpes, et de s'établir à

tous les Suisses servant, tant dans l'armée du duc de Milan que dans celle du roi de France de rompre leur engagement et de revenir dans leur patrie. Mais pendant les deux mois d'intervalle qui s'étaient écoulés entre la reddition de Novare et l'arrivée de l'armée française devant cette ville, les choses, par l'épuisement du trésor de Ludovic Sforza, avaient bien changé de face. De nouveaux pourparlers avaient eu lieu aux avant-postes, et cette fois, grâce à l'argent envoyé par Louis XII, c'étaient les Suisses au service de la France qui se trouvaient être mieux nourris et mieux payés que leurs compatriotes. Or les dignes Helvétiens, depuis qu'ils ne se battaient plus pour la liberté, savaient trop bien le prix de leur sang pour en répandre une seule goutte, si cette goutte n'était pas payée au poids de l'or : il en résulta qu'après avoir trahi Yves d'Alègre, ils se résolurent à trahir Ludovic; et tandis que les recrues faites par le bailli de Dijon demeuraient fermes sous les drapeaux de la France, malgré l'injonction de la diète, les auxiliaires de Ludovic déclarèrent qu'en combattant contre leurs frères ils se rendaient coupables de rébellion aux ordres de la diète, et, partant, s'exposaient à une punition capitale que le payement immédiat de leur solde arriérée pourrait seul les engager à encourir. Le duc, qui avait épuisé jusqu'à son dernier ducat, et qui se trouvait séparé de sa capitale, dont une victoire seule pouvait lui rouvrir le chemin, promit aux Suisses non-seulement leur solde arriérée, mais le double de cette solde, s'ils voulaient faire avec lui un dernier effort. Malheureusement cette promesse était soumise aux chances douteuses d'une bataille, et les Suisses déclarèrent que décidément ils respectaient trop leur patrie pour désobéir à ses ordres, et qu'ils aimaient trop leurs frères pour répandre gratis leur sang; qu'en conséquence Sforza n'eût plus à compter sur eux, attendu qu'ils étaient décidés à reprendre, le lendemain même, le chemin de leurs cantons. Alors le duc, voyant que tout était perdu pour lui, et faisant un dernier appel à leur hon-

Michelotto.

neur, les adjura du moins de pourvoir à sa sûreté en le comprenant dans la capitulation qu'ils allaient faire. Mais ceux-ci répondirent que cette clause rendrait la capitulation sinon impossible, du moins la priverait des avantages qu'ils avaient droit d'attendre, et sur lesquels ils comptaient pour les indemniser de l'arriéré de leur solde. Cependant, faisant semblant de se laisser toucher à la fin par les prières de celui dont ils avaient si longtemps suivi les ordres, ils lui offrirent de le cacher sous leurs habits et dans leurs rangs. Cette proposition était illusoire : Sforza, étant déjà vieux et court de taille, ne pouvait manquer d'être reconnu au milieu d'hommes dont le plus âgé n'avait pas trente ans, et le plus petit moins de cinq pieds six pouces. Cependant c'était sa dernière ressource : aussi, sans la repousser tout à fait, chercha-t-il un moyen, en la modifiant, de l'em-

Asti pour presser le rassemblement de l'armée. Le cardinal y trouva un noyau de trois mille hommes; La Trimouille lui amena quinze cents lances et six mille fantassins français; enfin le bailli de Dijon y arriva avec dix mille Suisses; de sorte qu'y compris les troupes que Trivulce avait avec lui à Mortara, Louis XII se trouva avoir au delà des monts la plus belle armée qu'un roi de France y eût jamais mise en bataille. Aussitôt, par une marche habile, et avant même que Ludovic fût informé de son rassemblement et de sa puissance, cette armée vint se placer entre Novare et Milan, coupant au duc toute communication avec sa capitale. Force fut donc au duc, malgré son infériorité numérique, de s'apprêter à livrer une bataille. Mais il arriva que, comme les préparatifs pour une affaire décisive se faisaient des deux côtés, la diète, qui avait été instruite que les fils des mêmes cantons étaient sur le point de s'égorger, envoya l'ordre à

ployer avec efficacité. C'était de se déguiser en cordelier, et monté sur un mauvais cheval, de se faire passer pour leur chapelain ; quant à Galéas de San-Severino, qui commandait sous lui, et à ses deux frères, comme ils étaient tous trois de haute taille, ils prirent des costumes de soldats, espérant passer inaperçus dans les rangs suisses.

Ces dispositions étaient à peine arrêtées, que le duc reçut avis que la capitulation était signée entre Trivulce et les Suisses. Ceux-ci, qui n'avaient rien stipulé en faveur du duc et de ses généraux, devaient passer le lendemain avec armes et bagages au milieu des soldats français : la dernière ressource du malheureux Ludovic et de ses généraux était donc de se confier à leur déguisement. Ce fut effectivement ce qu'ils firent. San-Severino et ses frères prirent rang dans les lignes des fantassins, et Sforza, enveloppé dans sa robe de moine et son capuchon rabattu jusque sur les yeux, se plaça au milieu des bagages.

L'armée commença de défiler ; mais les Suisses, après avoir fait argent de leur sang, avaient songé à faire argent de leur honneur. Les Français étaient prévenus du déguisement de Sforza et de ses généraux. Aussi tous quatre furent-ils reconnus, et Sforza fut arrêté par La Trimouille lui-même.

On dit que le prix de cette trahison fut la ville de Bellinzona, qui appartenait aux Français, et dont les Suisses, en se retirant dans leurs montagnes, s'emparèrent sans que Louis XII fît rien par la suite pour la leur reprendre.

Lorsque Ascanio Sforza, qui, ainsi que nous l'avons dit, était resté à Milan, apprit la nouvelle de cette lâche désertion, il jugea que la partie était perdue, et que ce qu'il avait de mieux à faire était de fuir avant que par un de ces revirements si familiers à la populace, il ne se retrouvât peut-être prisonnier des anciens sujets de son frère, à qui l'idée pouvait venir de racheter leur pardon au prix de sa liberté : en conséquence, il s'enfuit nuitamment avec les principaux chefs de la noblesse gibeline, et prit la route de Plaisance, pour gagner le royaume de Naples. Mais, arrivé à Rivolta, il se souvint qu'il avait dans cette ville un vieil ami d'enfance, nommé Conrad Lando, qu'aux jours de sa puissance il avait comblé de biens ; comme lui et ses

fils du malheureux Jean Galéas, qui avait été empoisonné par son oncle.

Louis XII, pour en finir d'un seul coup avec toute la famille, contraignit François à entrer dans un cloître, fit jeter Alexandre, Contino et Hermès dans une prison, enferma le cardinal Ascagne dans la tour de Bourges, et enfin, après avoir transféré le malheureux Ludovic de la forteresse de Pierre-Encise, au Lys Saint-Georges, il le relégua définitivement au château de Loches, où, après une captivité de dix ans au milieu de la solitude la plus profonde et du plus entier dénûment, il mourut en maudissant l'heure où l'idée lui était venue d'attirer les Français en Italie.

La nouvelle de la chute de Ludovic et de sa famille causa à Rome une joie extrême ; car, en consolidant la puissance des ultramontains dans le Milanais, elle établissait celle du saint-siège dans la Romagne, puisque rien ne s'opposait plus aux conquêtes de César. Aussi des présents considérables furent-ils faits aux courriers qui vinrent annoncer cette nouvelle qui fut publiée par toute la ville de Rome, au son des trompettes et des tambours. Aussitôt les cris de — France ! France ! — qui étaient ceux de Louis XII, et les cris de — Orso ! Orso ! — qui étaient ceux des Orsini, retentirent dans toutes les rues, qui le soir furent illuminées, comme si Constantinople ou Jérusalem était prise. De son côté, le pape rendit au peuple des fêtes et des feux d'artifice, sans s'inquiéter le moins du monde de ce qu'on était dans la semaine sainte, et de ce que le jubilé avait attiré à Rome plus de deux cent mille personnes, tant les intérêts temporels de sa maison lui paraissaient devoir l'emporter sur les intérêts spirituels de ses sujets.

Une seule chose manquait pour assurer la réussite des vastes projets que le pape et son fils fondaient sur l'amitié et l'alliance de Louis XII, c'était l'argent : mais Alexandre n'était pas homme à s'embarrasser d'une pareille misère : il est vrai que la vente des bénéfices était épuisée, que les impôts ordinaires et extraordinaires étaient perçus pour toute l'année, enfin que l'héritage des cardinaux et des prélats n'était plus que d'un bien faible secours, les plus riches ayant été

Le pape fit venir les plus belles filles du pays, et leur ordonna de danser devant lui. — Page 151.

compagnons étaient extrêmement fatigués, il résolut de lui demander l'hospitalité pour une nuit. Conrad les reçut avec toutes les démonstrations de la joie la plus vive, et mit sa maison et ses serviteurs à leur disposition. Mais à peine furent-ils couchés, qu'il envoya un courrier à Plaisance, pour prévenir Carlo Orsini, qui commandait la garnison vénitienne, qu'il était prêt à lui livrer le cardinal Ascagne et les principaux chefs de l'armée milanaise. Carlo Orsini, ne voulant remettre à personne une expédition de cette importance, monta aussitôt à cheval avec vingt-cinq hommes, et, ayant fait envelopper la maison de Conrad, entra l'épée à la main dans la chambre où étaient le cardinal Ascagne et ses compagnons, qui, surpris au milieu de leur sommeil, se rendirent sans faire de résistance. Les prisonniers furent conduits à Venise ; mais Louis XII les réclama, et ils lui furent livrés.

Ainsi le roi de France se trouva maître de Ludovic Sforza et d'Ascagne, d'un neveu légitime du grand François Sforza, nommé Hermès, de deux bâtards nommés Alexandre et Contino, enfin de François,

empoisonnés ; mais il restait encore à Alexandre d'autres moyens, qui, pour être plus inusités, n'étaient pas moins efficaces.

Le premier qu'il employa fut de répandre le bruit que les Turcs menaçaient d'envahir la chrétienté, et qu'il savait de science certaine que l'été ne se passerait pas sans que Bajazet débarquât deux armées considérables, l'une dans la Romagne, et l'autre dans la Calabre : en conséquence, il publia deux bulles, l'une pour lever dans toute l'Europe la dixième partie des revenus ecclésiastiques, de quelque nature qu'ils fussent, l'autre pour obliger les juifs à payer la même somme : ces deux bulles contenaient les excommunications les plus sévères contre ceux qui refuseraient de s'y soumettre, ou qui tenteraient de s'y opposer.

Le second fut de vendre des indulgences, chose qui ne s'était pas encore faite : ces indulgences pesaient sur ceux que leur santé ou leurs affaires empêchaient de venir à Rome pendant le jubilé : grâce à cet expédient, le voyage devenait inutile, et moyennant le tiers de la somme qu'il eût coûté, les péchés étaient remis tout aussi complète-ment que si les fidèles eussent rempli toutes les conditions de leur pèlerinage. On établit pour la perception de cette taxe une véritable armée de collecteurs, dont un certain Ludovic de la Torre fut nommé le chef. Les sommes qu'Alexandre fit rentrer dans le trésor pontifical par ce moyen sont incalculables, et on en aura une idée lorsqu'on saura que le territoire de Venise paya à lui seul sept cent quatre-vingt-dix-neuf mille livres pesant d'or.

Cependant, comme les Turcs firent effectivement quelques démons-trations du côté de la Hongrie, et que les Vénitiens craignaient qu'ils n'arrivassent jusqu'à eux, ils firent demander du secours au pape : alors le pape ordonna que dans tous ses états on dît, à l'heure de midi, un *Ave Maria*, pour prier Dieu d'éloigner le danger qui me-naçait la sérénissime république. Ce fut la seule aide que les Vénitiens obtinrent de sa sainteté, en échange des sept cent quatre-vingt-dix-neuf mille livres pesant d'or qu'il avait reçus d'eux.

Cependant, comme si Dieu eût voulu faire connaître à son étrange représentant qu'il était irrité d'une pareille raillerie des choses saintes, la veille de la Saint-Pierre, au moment où Alexandre passait près du Campanile, se rendant à la tribune des bénédictions, une pièce de fer énorme s'en détacha et tomba à ses pieds; mais, comme si un seul avertissement n'eût point été une admonestation suffisante, le lende-main, jour de la Saint-Pierre, au moment où le pape était dans une des chambres de son appartement habituel, avec le cardinal Capuano et monseigneur Poto, son camérier secret, il vit par les croisées ouvertes s'amasser un nuage si noir, que, prévoyant une tempête, il ordonna au cardinal et au camérier de fermer les fenêtres. Le pape ne s'était pas trompé; car, comme ils obéissaient à cet ordre, il vint un si fu-rieux coup de vent, que la plus haute cheminée du Vatican, renversée ainsi qu'un arbre qui se déracine, s'écroula sur le toit, qu'elle enfonça, et, brisant le plancher supérieur, vint tomber dans la chambre même où ils se trouvaient. A cette chute, qui fit trembler tout le palais, et au bruit qu'ils entendirent derrière eux, le cardinal Capuano et mon-seigneur Poto se retournèrent, et, voyant la chambre pleine de pous-sière et de débris, ils sautèrent à l'instant même sur les parapets des fenêtres, en criant aux gardes de la porte : — Le pape est mort! le pape est mort! — A ces cris, on accourut, et l'on trouva trois per-sonnes étendues dans les décombres, l'une morte et les deux autres mourantes : le mort était un gentilhomme siennois, nommé Laurent Chigi, et les deux mourants deux commensaux du Vatican; ils pas-saient dans l'étage supérieur, et avaient été entraînés avec les débris. Cependant on ne trouvait point Alexandre; et attendu qu'il ne répon-dait pas quoiqu'on l'appelât sans cesse, la croyance qu'il avait péri se con-firma et se répandit bientôt par la ville. Mais au bout d'un certain temps, comme il n'était qu'évanoui et qu'il commençait à revenir à lui, on l'entendit se plaindre, et on le découvrit tout étourdi du coup et blessé, quoique non dangereusement, en plusieurs parties du corps. Une es-pèce de miracle l'avait sauvé : la poutre, qui s'était brisée par le mi-lieu, avait laissé chacun de ses bouts latéraux, et l'un de ces bouts avait formé un toit au-dessus du trône pontifical; de sorte que le pape, qui y était assis ce moment, avait été protégé par cette voûte, et n'avait reçu que quelques contusions.

Les deux nouvelles contradictoires de la mort subite et de la conser-vation miraculeuse du pape se répandirent aussitôt dans Rome, et le duc de Valentinois, épouvanté du changement que le moindre accident arrivé au saint-père pouvait amener dans sa fortune, accourut au Va-tican, ne pouvant se rassurer qu'au témoignage de ses propres yeux. Quant à Alexandre, il voulut rendre des actions publiques au ciel de la protection qu'il lui avait accordée, et se transporta le jour même, escorté par un nombreux cortège de prélats et d'hommes d'armes, porté sur son siége pontifical par deux valets de chambre, deux écuyers, et deux palefreniers, à l'église de Santa-Maria-del-Popolo, dans laquelle étaient enterrés le duc de Gandie et Jean Borgia, soit qu'il lui fût de-meuré dans le cœur quelque reste de dévotion, soit qu'il y fût attiré par le souvenir de l'amour profane qu'il portait à son ancienne maî-tresse, la Vanozza, laquelle, sous la figure de la Madone, était exposée à la vénération des fidèles dans une chapelle à gauche du grand au-tel. Arrivé devant cet autel, le pape alors fit don à l'église d'un magni-fique calice dans lequel étaient renfermés trois cents écus d'or, qu'à la vue de tous le cardinal de Sienne vida dans une patène d'argent, à la grande satisfaction de la vanité pontificale.

Mais, avant de quitter Rome pour accomplir la conquête de la Roma-gne, le duc de Valentinois avait réfléchi combien était devenu inu-tile, à lui et à son père, ce mariage autrefois tant désiré de Lucrèce avec Alphonse. Il y avait bien plus : le repos que prenait Louis XII en Lom-bardie n'était qu'une halte, et Milan était visiblement le relais de Na-ples. Or il était possible que Louis XII s'inquiétât de ce mariage, qui faisait du neveu de son ennemi le gendre de son allié. Au lieu de cela, Alphonse mort, Lucrèce était en position d'épouser quelque puissant seigneur de la Marche, du Ferrarais ou de la Bresse, qui pouvait se-conder son beau-frère dans la conquête de la Romagne. Alphonse de-venait donc non-seulement dangereux, mais encore inutile; ce qui, avec le caractère des Borgia, était bien pis peut-être. La mort d'Al-phonse fut résolue.

Cependant le mari de Lucrèce, qui avait depuis longtemps compris

le danger qu'il courait en demeurant près de son terrible beau-père, s'était retiré à Naples. Mais, comme, dans leur dissimulation con-stante, ni Alexandre ni César n'avaient changé avec lui la nature de leurs relations, il commençait à perdre ses craintes, lorsqu'il reçut une invitation du pape et de son fils pour venir prendre sa part d'une course de taureaux à la manière espagnole, qu'ils donnaient pour fê-ter le départ du duc. Dans la position précaire où la maison de Naples se trouvait, il était de la politique d'Alphonse de n'offrir à Alexandre aucun prétexte de rupture; il ne voulut donc point refuser sans motif, et se rendit à Rome. Seulement, comme on jugeait inutile de consul-ter Lucrèce dans cette affaire, attendu qu'elle avait, dans deux ou trois circonstances, témoigné à son mari un attachement ridicule, on la laissa tranquille dans son gouvernement de Spolette.

Alphonse fut reçu par le pape et par le duc de Valentinois avec toutes les démonstrations d'une sincère amitié, et on lui donna au Vati-can même, dans le corps de logis appelé Torre-Nova, l'appartement qu'il avait déjà habité avec Lucrèce.

Une grande lice avait été préparée sur la place Saint-Pierre, dont on avait barricadé les rues, et dont les maisons environnantes offraient à leurs fenêtres des loges toutes construites. Le pape et sa cour étaient aux balcons du Vatican.

La fête commença par des toréadors payés; puis, lorsqu'ils eu-rent bien déployé leur force et leur adresse, Alphonse d'Aragon et César Borgia descendirent à leur tour dans l'arène, et, pour donner une preuve de la bonne harmonie qui régnait entre eux, décidèrent que le taureau qui poursuivrait César serait tué par Alphonse, et que celui qui poursuivrait Alphonse serait tué par César.

En effet, César étant resté seul et à cheval dans la lice, Alphonse sor-tit par une porte qui avait été pratiquée, et qui demeura entrebâillée, afin qu'il pût rentrer sans retard au moment où il jugerait sa présence nécessaire. En même temps, et du côté opposé on introduisit un tau-reau, qui fut à l'instant même couvert de dards et de flèches, dont quelques-unes contenaient de l'artifice, et qui, prenant feu, irritèrent le taureau au point qu'après s'être roulé de douleur, il se releva fu-rieux, et apercevant un homme à cheval, il se précipita à l'instant même sur lui. Ce fut alors, dans cette étroite arène, poursuivi par ce rapide ennemi, que César déploya toute cette adresse qui faisait de lui un des premiers cavaliers de l'époque. Néanmoins, si habile qu'il fût, il n'aurait pu échapper longtemps, dans l'espace resserré où il manœu-vrait, à cet adversaire, contre lequel il n'avait d'autre ressource que la fuite, si, au moment où le taureau commençait à gagner sur lui, Al-phonse ne fût sorti tout à coup, agitant de la main gauche un man-teau rouge, et tenant de la main droite une longue et fine épée arago-naise. Il était temps; le taureau n'était plus qu'à quelques pas de Cé-sar, et le péril qu'il courait paraissait si imminent, qu'un cri poussé par une femme partit de l'une des fenêtres; mais, à la vue d'un homme à pied, le taureau s'arrêta court, et, jugeant qu'il aurait meilleur mar-ché de ce nouvel ennemi que de l'ancien, il se retourna contre lui, et, après être resté un instant immobile, mugissant, faisant voler la pous-sière aux ses pieds de derrière et battant ses flancs de sa queue, il s'élança sur Alphonse, les yeux sanglants et labourant la terre avec sa corne. Alphonse l'attendit tranquillement; puis, lorsqu'il fut à trois pas de lui, fit un bond de côté, lui présentant au défaut de l'épaule son épée, qui disparut aussitôt jusqu'à la garde, au même instant le tau-reau, arrêté au milieu de sa course, demeura un instant immobile et frémissant sur ses quatre jambes; bientôt il tomba sur ses genoux, poussa un mugissement sourd, et, se couchant sur la place même où il avait été arrêté, expira sans faire un seul pas de plus.

Les applaudissements retentirent de tous côtés, tant le coup avait été adroitement et rapidement porté. Quant à César, il était resté à che-val, cherchant des yeux, au lieu de s'occuper de ce qui se passait à côté de lui, la belle spectatrice qui lui avait donné une si vive marque d'intérêt; sa recherche n'avait point été sans résultat, et il avait re-connu une des demoiselles d'honneur d'Elisabeth, duchesse d'Urbin, qui était fiancée à Jean-Baptiste Carracciolo, capitaine général de la république de Venise.

C'était au tour d'Alphonse de courir, c'était au tour de César de combattre : les jeunes gens changèrent donc de rôles, et, après que quatre mules eurent, en se cabrant, traîné hors de l'arène le cadavre du taureau, et que les valets et les serviteurs de sa sainteté eurent re-couvert de sable la place tachée de sang, Alphonse monta un magni-fique cheval d'Andalousie à l'origine arabe, léger comme le vent, qui avait fécondé sa mère dans le désert du Sahara, tandis que César, met-tant pied à terre, se retira à son tour, pour reparaître au moment où Alphonse courrait le même danger auquel il venait de l'arracher.

Alors un autre taureau fut introduit à son tour, excité de la même manière avec des dards acérés et des flèches flamboyan-tes. Comme le premier, en apercevant un homme à cheval, il s'élança sur lui, et alors commença une course merveilleuse, dans laquelle il était impossible de savoir, tant ils passaient ra-pidement, si c'était le cheval qui poursuivait le taureau, ou si c'était le taureau qui poursuivait le cheval. Cependant, après cinq ou six tours, si rapide que fût le fils de l'Arabie, le taureau com-mença à gagner sur lui, et l'on put reconnaître lequel poursuivait et lequel fuyait; si bien qu'au bout d'un instant il n'y avait plus entre eux que la longueur de deux bois de lance, lorque tout à coup César Borgia parut à son tour, armé d'une de ces longues épées à deux mains dont les Français avaient l'habitude de se servir ; et au moment où le taureau, près de joindre don Alphonse, passait devant lui, César, faisant flamboyer le glaive comme un éclair, lui abattit la tête, tandis que le corps, emporté par sa course, allait tomber dix pas plus loin. Ce coup était si fort inattendu, et avait été exécuté avec une telle adresse, qu'il fut accueilli, non plus par des applaudissements, mais par des acclamations d'enthousiasme et des cris de délire. Quant à César, comme s'il n'eût conservé au milieu de son triomphe que le souvenir de ce cri causé par le premier danger qu'il avait couru, il ramassa la tête du taureau, et, la remettant à un de ses écuyers, lui ordonna de la déposer comme un hommage au pied de la belle Vénitienne qui lui avait donné une si vive marque d'intérêt.

Cette fête, outre le triomphe qu'elle avait valu à chacun des jeunes gens, avait encore un autre but : c'était de prouver à la foule que la meilleure harmonie régnait entre eux, puisqu'ils venaient mutuellement de se sauver la vie. Il en résultait que, si quelque accident arrivait à César, nul ne songerait à en accuser Alphonse ; de même que, si quelque accident arrivait à Alphonse, nul ne songerait à en accuser César.

Il y avait souper au Vatican : Alphonse fit une toilette élégante, et, vers les dix heures du soir, s'apprêta à passer du corps de logis qu'il habitait dans celui où demeurait le pape ; mais la porte qui séparait les deux cours était fermée, et Alphonse eut beau frapper, on ne lui ouvrit point. Alors il pensa qu'il était tout simple à lui de faire le tour par la place Saint-Pierre : étant donc sorti sans suite par une porte du jardin du Vatican, il s'achemina à travers les rues sombres qui conduisaient à l'escalier par lequel on montait à la place ; mais à peine eut-il mis le pied sur les premières marches, qu'il fut attaqué par une troupe d'hommes armés. Alphonse voulut tirer son épée ; mais, avant qu'elle ne fût hors du fourreau, il avait été frappé de deux coups de hallebarde, l'un à la tête, l'autre à l'épaule ; d'une estocade au flanc, et de deux coups de pointe, l'un à la tempe, l'autre à la jambe. Renversé par ces cinq blessures, il était tombé sans connaissance ; ses assassins, qui l'avaient cru mort, avaient aussitôt remonté l'escalier, et, ayant trouvé sur la place quarante cavaliers qui les attendaient, ils étaient tranquillement sortis sous leur protection par la porte Portèse.

Alphonse fut trouvé mourant, mais non point mort, par des passants dont quelques-uns, l'ayant reconnu, portèrent à l'instant même la nouvelle de cet assassinat au Vatican, tandis que les autres, soulevant le blessé dans leurs bras, le ramenèrent à son appartement de la Torre-Nova. Le pape et César, qui avaient appris cette nouvelle au moment de se mettre à table, en avaient paru si affligés, qu'ils avaient abandonné leurs convives et s'étaient rendus à l'instant même auprès de don Alphonse, pour s'assurer si ses blessures étaient ou n'étaient pas mortelles, et dès le lendemain matin, pour détourner les soupçons qui auraient pu planer sur eux, avaient fait arrêter François Gazella, oncle maternel d'Alphonse, qui avait accompagné son neveu à Rome. Convaincu par de faux témoins qu'il était l'auteur de l'assassinat, Gazella eut la tête tranchée.

Cependant la moitié de la besogne seulement était faite : bien ou mal écartés, les soupçons l'étaient suffisamment pour qu'on n'osât point accuser de cet assassinat les véritables assassins ; mais Alphonse n'était pas mort, et grâce à la vigueur de son tempérament et à la science des médecins, qui avaient pris au sérieux les lamentations du pape et de son fils, et qui avaient cru leur être agréables en guérissant leur gendre et leur beau-frère, le blessé marchait vers sa convalescence ; en même temps la nouvelle arriva que Lucrèce, ayant appris l'accident arrivé à son mari, allait se mettre en route pour le venir joindre, et le soigner elle-même. Il n'y avait pas de temps à perdre, César fit venir Michelotto.

La même nuit, dit Burchard, *don Alponse, qui ne voulait pas mourir de ses blessures, fut étranglé dans son lit.*

Le lendemain on lui fit des funérailles, sinon telles qu'il convenait à son rang, du moins assez décentes. Don François Borgia, archevêque de Cosenza, mena le deuil à l'église Saint-Pierre, où le cadavre fut enseveli dans la chapelle de Sainte-Marie-des-Fièvres.

La même nuit Lucrèce arriva, elle connaissait trop bien son père et son frère pour que ce fût à elle que l'on pût faire prendre le change ; et quoique le duc de Valentinois eût fait arrêter, aussitôt la mort de don Alphonse, non-seulement ses médecins et chirurgiens, mais encore un pauvre diable de bossu qui lui servait de valet de chambre, elle n'en vit pas moins d'où partait le coup ; aussi, craignant que la douleur qu'elle éprouvait cette fois bien réellement ne lui ôtât la confiance de son père et de son frère, elle se retira à Nepi avec toute sa maison, toute sa cour, et plus de six cents cavaliers, pour passer dans cette ville le temps de son deuil.

Cette grande affaire de famille réglée, et Lucrèce encore une fois veuve, et par conséquent prête à servir les nouvelles combinaisons politiques du pape, César Borgia ne resta plus à Rome que le temps d'y recevoir les ambassadeurs de France et de Venise ; mais comme ils tardaient quelque peu à arriver, et que les dernières fêtes données avaient fait une brèche dans le trésor du pape, il fit une nouvelle promotion de douze cardinaux : cette promotion avait un double résultat, le premier, celui de faire entrer six cent mille ducats dans la caisse pontificale, chaque chapeau ayant été mis à prix à la somme de cinquante mille ducats, et le second d'assurer au pape une majorité sûre dans le sacré conseil.

Les ambassadeurs arrivèrent enfin ; le premier, qui était M. de Villeneuve, celui-là même qui était déjà venu au nom de la France chercher le duc de Valentinois, au moment d'entrer dans Rome, rencontra sur la route un homme masqué, qui, sans ôter son masque, lui témoigna la joie qu'il éprouvait de son arrivée. Cet homme était César lui-même, qui, ne voulant pas être reconnu, repartit après une courte conférence, et sans s'être découvert le visage. M. de Villeneuve entra derrière lui et trouva à la porte del Popolo les ambassadeurs des différentes puissances, et même ceux d'Espagne et de Naples, dont les souverains n'étaient point encore, il est vrai, en hostilité ouverte avec la France, mais commençaient à être en froideur. Alors, comme ces derniers, de peur de se compromettre, se contentaient, pour tout compliment, de dire à leur collègue de France : *Monsieur, soyez le bienvenu*, le maître des cérémonies, surpris d'un compliment aussi court, leur demanda s'ils n'avaient rien autre chose à dire ; et comme ils répondirent que non, M. de Villeneuve leur tourna aussitôt le dos, en répliquant — que ceux qui n'avaient rien à dire n'avaient point besoin de réponse ; — puis s'étant placé entre l'archevêque de Reggio, gouverneur de Rome, et l'archevêque de Raguse, il se rendit au palais des Saints-Apôtres, que l'on avait préparé pour sa réception.

Quelques jours après, Maria Georgi, ambassadeur extraordinaire de Venise, arriva à son tour. Il était chargé non-seulement de régler avec le pape les affaires courantes, mais encore d'apporter à Alexandre et à César le titre de nobles vénitiens et l'inscription de leurs noms au Livre d'Or, faveur qu'ils avaient fort ambitionnée tous deux, moins pour la vaine gloire qu'ils en recevaient que pour l'influence nouvelle que ce titre pouvait leur donner.

Puis le pape procéda à la remise des chapeaux vendus aux douze cardinaux. Les nouveaux princes de l'Église étaient *don Diègue de Mendoce*, archevêque de Séville ; *Jacques*, archevêque d'Oristagny, vicaire général du pape ; *Thomas*, archevêque de Strigonie ; *Pierre*, archevêque de Reggio, gouverneur de Rome ; *François Borgia*, archevêque de Cosenza, trésorier général ; *Jean*, archevêque de Salerne, vice-camerlingue ; *Louis Borgia*, archevêque de Valence, secrétaire de sa sainteté, et frère de Jean Borgia, empoisonné par César ; *Antoine*, évêque de Come ; *Jean-Baptiste Ferraro*, évêque de Modène ; *Amédée d'Albret*, fils du roi de Navarre, beau-frère du duc de Valentinois ; enfin *Marc Cornaro*, noble Vénitien, en la personne duquel sa sainteté retournait à la sérénissime république la faveur qu'elle venait d'en recevoir.

Puis, comme rien n'arrêtait plus le duc de Valentinois à Rome, il ne prit que le temps de faire un emprunt à un riche banquier nommé Augustin Chigi, frère de ce Laurent Chigi qui avait péri le jour où le pape avait manqué d'être tué lui-même par la chute d'une cheminée, et partit pour la Romagne, accompagné de Vitellozo Vitelli, de Jean-Paul Baglione, et de Jacques de Santa-Croce, — alors ses amis, — plus tard ses victimes.

La première entreprise du duc de Valentinois fut contre Pesaro ; c'était une attention de beau-frère dont Jean Sforza comprit toutes les conséquences ; car, au lieu d'essayer ou de défendre ses états par les armes, ou de les disputer par des négociations, ne voulant pas exposer le beau pays dont il avait été longtemps le maître à la vengeance d'un ennemi irrité, il recommanda à ses sujets de lui conserver la même affection, dans l'espérance d'une fortune meilleure, et s'enfuit en Dalmatie. Malatesta, seigneur de Rimini, suivit cet exemple ; si bien que le duc de Valentinois entra dans ces deux villes sans coup férir. César laissa une garnison suffisante dans ses nouvelles conquêtes, et marcha vers Faenza.

Mais là les choses changèrent de face ; Faenza était alors sous la domination d'Astor Manfredi, beau et brave jeune homme de dix-huit ans, qui, bien qu'abandonné par les Bentivogli, ses proches parents, et par les Vénitiens et les Florentins, ses alliés, lesquels, à cause de l'amitié que le roi de France portait à César, n'osèrent lui amener aucun secours, résolut, connaissant l'amour de ses sujets pour sa famille, de se défendre jusqu'à la dernière extrémité. Sachant donc que le duc de Valentinois marchait contre lui, il rassembla en toute hâte ceux de ses vassaux qui étaient en état de porter les armes et les quelques soldats étrangers qui voulurent bien entrer à sa solde, et, ayant amassé des vivres et des munitions, s'enferma avec eux dans la ville.

Ces préparatifs de défense inquiétèrent peu César : il avait une armée magnifique, composée des meilleures troupes de France et d'Italie, et qui, à part lui, comptait parmi ses chefs Paul et Jules Orsini, Vitellozo Vitelli, et Paul Baglione, c'est-à-dire les premiers capitaines de l'époque. Aussi, après avoir reconnu la place, commença-t-il aussitôt le siége en plaçant son camp entre les deux fleuves de l'Amona, et de Marziano, et en établissant son artillerie du côté qui regarde Forli, point sur lequel les assiégés avaient de leur côté élevé un puissant bastion.

Au bout de quelques jours de tranchée ouverte, la brèche étant devenue praticable, le duc de Valentinois ordonna l'assaut, et, montrant l'exemple à ses soldats, marcha le premier à l'ennemi. Mais, quel que fût son courage et celui des capitaines qui l'accompagnaient, Astor Manfredi fit si bonne défense, que les assiégeants furent repoussés avec une grande perte de soldats, et en laissant dans les fossés de la ville Honorio Savello, un de leurs plus braves chefs.

Cependant Faenza, malgré le courage et le dévouement de ses défenseurs, n'aurait pu tenir longtemps contre une armée aussi formidable, si l'hiver ne lui était venu en aide. Surpris par la rigueur de la saison, sans maisons pour se mettre à l'abri et sans arbres pour faire du feu, les paysans ayant démoli les unes et abattu les autres, le duc de Valentinois fut obligé de lever le siége et de prendre ses quartiers d'hiver dans les villes voisines, pour être tout prêt au retour du printemps ; car César, qui ne pouvait pardonner à une petite ville, habituée à une longue paix, gouvernée par un enfant et privée de tout secours étranger, de l'avoir tenu ainsi en échec, avait juré de prendre sa revanche. Il sépara donc son armée en trois parties, envoya le premier tiers à Imola, le second à Forli, et vint avec le troisième prendre poste à Césène, qui, d'une ville de troisième ordre qu'elle était, se trouva tout à coup transformée en une cité de luxe et de plaisir.

En effet, avec l'âme active de César, il lui fallait sans cesse ou des guerres ou des fêtes. Aussi la guerre interrompue, les fêtes commencèrent-elles, somptueuses et ardentes comme il les savait faire ; les jours se passaient en jeux et en cavalcades, les nuits en bals et en amours ; car les plus belles femmes de la Romagne, c'est-à-dire du monde, étaient venues faire au vainqueur un sérail que lui eussent envié le soudan d'Égypte et l'empereur de Constantinople.

Dans une de ces promenades que le duc de Valentinois faisait aux environs de la ville avec cette cour de nobles flatteurs et de courtisanes titrées, qui ne le quittait jamais, il vit venir sur la route de Rimini un cortége assez nombreux pour qu'il reconnût qu'il devait accompagner quelqu'un d'importance. Bientôt, remarquant que le personnage principal de ce cortége était une femme, César s'en approcha et reconnut cette même demoiselle de la duchesse d'Urbin qui, le jour de la course au taureau, avait poussé un cri lorsque lui César avait failli être atteint par l'animal furieux. A cette époque, comme nous l'avons dit, elle était fiancée de Jean Carracciolo, général des Vénitiens. Or Élisabeth de Gonzague, sa protectrice et sa marraine, l'envoyait, avec une suite digne d'elle, à Venise, où le mariage devait s'accomplir.

Déjà, à Rome, la beauté de cette jeune fille avait frappé César, mais en la revoyant elle lui parut plus belle encore que la première fois : aussi, de ce moment, résolut-il de garder pour lui cette belle fleur d'amour, près de laquelle il s'était déjà reproché plus d'une fois d'avoir passé avec tant d'indifférence. En conséquence, il la salua comme une ancienne connaissance, s'informa si elle ne s'arrêtait point quelque temps à Césène, et apprit qu'elle ne faisait qu'y passer, marchant à grandes journées, tant elle était impatiemment attendue, et qu'elle allait coucher le même soir à Forli. C'était tout ce que voulait savoir César, qui appela Michelotto, et lui dit tout bas quelques paroles que personne n'entendit.

En effet, le cortége, ainsi que l'avait dit la belle mariée, ne fit qu'une halte à la ville voisine, et, quoique la journée fût déjà avancée, repartit aussitôt pour Forli ; mais à peine eut-il fait une lieue, qu'une troupe de cavaliers partie de Césène le rejoignit et l'enveloppa. Quoiqu'ils fussent loin d'être en force suffisante, les soldats de l'escorte voulurent défendre la femme de leur général ; mais quelques-uns étant tombés morts, les autres, épouvantés, prirent la fuite ; et comme la femme était descendue de sa litière pour essayer de fuir, le chef la prit entre ses bras, la posa devant lui sur son cheval, puis, ordonnant à ses soldats de retourner à Césène sans lui, il mit sa monture au galop à travers terres, et, comme le crépuscule commençait à descendre, il disparut bientôt dans l'obscurité.

Carracciolo apprit cette nouvelle par un des fuyards, qui lui dit avoir reconnu dans les ravisseurs les soldats du duc de Valentinois. D'abord, il crut avoir mal entendu, tant il avait peine à croire à cette terrible nouvelle ; mais, se l'étant fait répéter, il demeura un instant immobile et comme frappé de la foudre ; puis tout à coup, sortant de cet état de stupeur par un cri de vengeance, il s'élança vers le palais ducal, où étaient réunis le doge Barberigo et le conseil des Dix, et, pénétrant au milieu d'eux sans être annoncé au moment où eux-mêmes venaient d'apprendre l'attentat du duc de Valentinois :

— Sérénissimes seigneurs, s'écria-t-il, je viens prendre congé de vous, résolu que je suis d'aller perdre dans une vengeance privée, une vie que j'avais cru pouvoir consacrer au service de la république. Je suis offensé dans la plus noble partie de mon âme, — dans mon honneur. — On m'a volé le bien le plus cher que je possédais, — ma femme ; — et celui qui a fait cela, c'est le plus perfide, le plus sacrilége, le plus infâme des hommes, c'est le Valentinois ! Ne vous blessez point, messeigneurs, si je parle ainsi d'un homme qui se vante de faire partie de votre noblesse et d'être sous votre protection : cela n'est pas, il ment ; et ses lâchetés et ses crimes l'ont fait indigne de l'une et de l'autre, comme il est indigne de la vie que je lui arracherai avec cette épée. Il est vrai qu'un sacrilége par la naissance, qu'un

fratricide, qu'un usurpateur du bien d'autrui, qu'un oppresseur des innocents, qu'un assassin de grande route, qu'un homme qui viole toutes les lois, même celle qui est respectée chez les peuples les plus barbares, l'hospitalité, qu'un homme qui fait violence, dans ses propres états, à une vierge qui passe, quand elle avait le droit d'attendre de lui, au contraire, non-seulement les égards dus à son sexe et à sa condition, mais encore à la sérénissime république, dont je suis le condottiere, et qu'il insulte en ma personne en déshonorant ma femme : il est vrai, dis-je, que cet homme mérite de mourir d'une autre main que la mienne. Mais, comme celui qui devrait le faire punir, au lieu d'être prince et juge, n'est qu'un père aussi coupable que le fils, j'irai moi-même le trouver, et je sacrifierai ma vie, non-seulement à la vengeance de ma propre injure et du sang de tant d'innocents, mais encore au salut de la sérénissime république, à l'oppression de laquelle il aspire, après avoir accompli celle des autres princes de l'Italie.

Le doge et les sénateurs, qui, ainsi que nous l'avons dit, étaient déjà prévenus de l'événement qui amenait Carracciolo devant eux, l'avaient écouté avec un grand intérêt et une profonde indignation ; car, ainsi qu'il l'avait dit, ils étaient insultés eux-mêmes dans la personne de leur général ; aussi lui jurèrent-ils tous, sur leur honneur, que s'il voulait s'en remettre à eux, au lieu de s'abandonner à une colère qui ne pouvait que le perdre, ou sa femme lui serait rendue sans qu'une seule tache eût souillé son voile nuptial, ou il en serait tiré une vengeance proportionnée à l'affront. Aussitôt, et comme preuve de l'empressement que mettait à cette affaire le noble tribunal, Louis Manenti, secrétaire des Dix, fut envoyé à Imola, où l'on disait que se trouvait le duc, afin de lui exprimer tout le déplaisir qu'éprouvait la sérénissime république de l'outrage fait à son condottiere. En même temps, le conseil des Dix et le doge allèrent trouver l'ambassadeur de France, le priant de se joindre à eux et de se rendre en personne, avec Manenti, près du duc de Valentinois, pour le sommer, au nom du roi Louis XII, de renvoyer à l'instant même à Venise celle qu'il avait enlevée.

Les deux messagers se rendirent à Imola, où ils trouvèrent César, qui écouta leur réclamation avec les marques du plus parfait étonnement, niant qu'il fût pour quelque chose dans ce crime, dont il autorisait Manenti et l'ambassadeur de France à poursuivre les auteurs, tandis que, de son côté, il promit de faire faire les perquisitions les plus actives. Le duc avait une telle apparence de bonne foi, que les envoyés de la sérénissime république y furent un instant trompés, et entreprirent les recherches les plus minutieuses. En conséquence, ils se rendirent sur les lieux mêmes, et commencèrent à prendre des informations. On avait trouvé sur la grande route les morts et les blessés. On avait vu passer un homme emportant une femme éplorée au grand galop de son cheval : bientôt il avait quitté le chemin frayé, et s'était élancé à travers terres. Un paysan qui revenait de travailler aux champs l'avait vu apparaître et s'évanouir comme une ombre, prenant la direction d'une maison isolée. Une vieille femme disait l'avoir vu entrer dans cette maison. Mais dans la nuit du lendemain la maison avait disparu comme par enchantement, et la charrue avait passé à sa place ; de sorte que nul ne pouvait dire ce qu'était devenue celle que l'on cherchait, puisque ceux qui habitaient la maison, et même la maison, n'étaient plus là.

Manenti et l'ambassadeur de France revinrent à Venise, racontant ce que le duc de Valentinois leur avait dit, ce qu'ils avaient fait, et comment leurs recherches avaient été sans résultat. Nul n'eut aucun doute que César ne fût le coupable ; mais nul aussi ne put lui prouver qu'il l'était. En conséquence, la sérénissime république, qui, à cause de sa guerre contre les Turcs, ne pouvait se brouiller avec le pape, défendit à Carracciolo de tirer aucune vengeance particulière de cet événement, dont le bruit s'éteignit peu à peu, et dont on finit par ne plus parler.

Cependant, les plaisirs de l'hiver n'avaient point détourné César de ses projets sur Faenza. Aussi, à peine le retour du printemps lui permit-il de se mettre en campagne, qu'il marcha de nouveau vers la ville, campa vis-à-vis du château, et, après avoir pratiqué une nouvelle brèche, ordonna un assaut général, auquel il monta le premier ; mais, en dépit du courage qu'il y déploya de sa personne, et si bien qu'il fût secondé de ses soldats, ils furent repoussés par Astor, qui, à la tête des hommes, faisait face sur la brèche, tandis que les femmes elles-mêmes, du haut des remparts, roulaient sur les assiégeants des pierres et des troncs d'arbres. Après une heure de lutte corps à corps, César fut forcé de se retirer, laissant deux mille hommes dans les fossés de la ville, et, parmi ces deux mille hommes, Valentin Farnèze, un de ses plus braves condottieri.

Alors César, voyant que ni excommunications ni assauts ne pouvaient rien, convertit le siége en blocus : toutes les routes qui conduisaient à Faenza furent coupées, toutes les communications interrompues, et comme plusieurs signes de révolte s'étaient fait remarquer à Césène, il y mit pour gouverneur un homme, dont il connaissait la puissante volonté, nommé Ramiro d'Orco, avec pouvoir de vie et de mort sur les habitants ; puis il attendit, tranquille devant Faenza, que la faim fit sortir les habitants de ces murailles qu'ils s'acharnaient avec tant d'entêtement à défendre. En effet, au bout d'un mois, pendant lequel les Faïentins avaient subi toutes les horreurs de la famine, des parlementaires vinrent au camp de César pour proposer une capitulation. César, à qui il restait beaucoup à faire en Romagne, se montra plus facile qu'on n'eût pu l'espérer, et la ville se rendit à la condition qu'on ne toucherait ni à la personne ni aux biens des habitants, qu'Astor Manfredi, son jeune souverain, aurait la faculté de se retirer où il voudrait, et partout où il serait retiré jouirait du revenu de son patrimoine.

Les conditions furent fidèlement remplies à l'égard des habitants ; mais César, ayant vu Astor qu'il ne connaissait pas, fut pris d'une étrange passion pour ce beau jeune homme, qui ressemblait à une femme : il le garda donc auprès de lui dans son armée, lui faisant honneur comme à un jeune prince, et paraissant aux yeux de tous avoir pour lui la plus vive amitié ; puis un jour Astor disparut, comme avait fait la fiancée de Carracciolo, sans que personne sût ce qui était advenu de lui ; César lui-même parut fort inquiet, dit qu'il s'était sauvé sans doute, et, pour faire croire à cette fuite, envoya après lui des courriers dans toutes les directions.

Un an après cette double disparition, on trouva dans le Tibre, un peu au-dessous du château Saint-Ange, le corps d'une belle jeune femme, dont les mains étaient liées derrière le dos, et le cadavre d'un beau jeune homme, ayant encore autour du cou la corde de l'arc avec laquelle on l'avait étranglé. La jeune femme était la fiancée de Carracciolo, le jeune homme était Astor.

Tous deux avaient servi pendant cette année aux plaisirs de César, qui, s'étant enfin lassé d'eux, les avait fait jeter dans le Tibre.

Au reste, la prise de Faenza valut à César le titre de duc de Romagne, qui lui fut d'abord donné en plein consistoire par le pape, et qui fut ratifié ensuite par le roi de Hongrie, la république de Venise et les rois de Castille et de Portugal. La nouvelle de cette ratification parvint à Rome la veille du jour où le peuple avait l'habitude de célébrer l'anniversaire de la fondation de la ville éternelle ; cette fête, qui datait de Pomponius Lætus, acquit une nouvelle splendeur des événements heureux qui venaient d'arriver à son souverain. Le canon tira toute la journée en signe de joie ; le soir il y eut des illuminations et des feux d'artifice, et, pendant une partie de la nuit, le prince de Squillace, accompagné des principaux seigneurs de la noblesse romaine, parcourut les rues de la ville, portant des torches à la main, et criant : Vive Alexandre ! vive César ! vivent les Borgia ! vivent les Orsini ! vive le duc de Romagne !

Cependant l'ambition de César croissait avec ses victoires ; à peine fut-il maître de Faenza, qu'excité par les Mariscotti, anciens ennemis des Bentivoglio, il jeta les yeux sur Bologne ; mais Jean de Bentivoglio, dont les ancêtres de temps immémorial possédaient cette ville, non-seulement avait fait tous les préparatifs nécessaires pour faire une longue résistance, mais encore il s'était mis sous la protection de la France ; de sorte qu'à peine eut-il appris que César se dirigeait vers la frontière du Bolonais avec son armée, qu'il envoya un courrier à Louis XII pour réclamer la parole donnée. Louis XII la tint avec sa fidélité ordinaire, et comme César arrivait devant Bologne, il reçut une invitation du roi de France de ne rien entreprendre contre son allié, Bentivoglio ; mais comme César n'était pas homme à s'être dérangé pour rien, il fit ses conditions de retraite, auxquelles Bentivoglio souscrivit, trop heureux d'en être quitte à ce prix : c'était la cession de Castel Bolonese, forteresse située entre Imola et Faenza, la promesse d'un tribut de neuf mille ducats, et l'entretien à son service de cent hommes d'armes et de deux mille fantassins. En échange de ces avantages, César Borgia confia à Bentivoglio qu'il était redevable de sa visite aux conseils des Mariscotti ; puis, renforcé du contingent de son nouvel allié, il prit la route de la Toscane ; mais à peine était-il hors de vue, que Bentivoglio fit fermer les portes de Bologne, chargea son fils Hermès d'assassiner de sa main Agamemnon Mariscotti, chef de la famille ; tandis qu'il faisait massacrer de son côté trente-quatre de ses frères, fils, filles ou neveux, et deux cents de leurs parents et amis. Cette boucherie fut faite par les plus nobles jeunes gens de Bologne, que Bentivoglio força de tremper dans ce meurtre afin de les attacher à lui par la crainte des représailles.

Les projets de César sur Florence commençaient à n'être plus un mystère ; dès le mois de janvier, il avait envoyé à Pise Regnier de la Sassetta et Pierre de Gamba Corti, avec mille à douze cents hommes, et, aussitôt la conquête de la Romagne achevée, il avait encore acheminé vers cette ville Oliverotto da Ferma, avec de nouveaux détachements. De son côté, comme on le voit, il avait renforcé son armée de cent hommes d'armes et de deux mille fantassins ; il venait d'être rejoint par Vitellozzo Vitelli, seigneur de Città di Castello, et par les Orsini qui lui avaient amené encore deux ou trois mille hommes ; de sorte qu'il avait sous ses ordres, sans compter les troupes envoyées à Pise, sept cents hommes d'armes et cinq mille fantassins.

Cependant, malgré cette formidable assemblée, il n'entra en Toscane qu'en protestant de ses intentions pacifiques et en déclarant qu'il voulait seulement traverser les états de la république pour se rendre à Rome, offrant de payer comptant tous les vivres dont son armée aurait besoin. Mais lorsque, après avoir passé les défilés des montagnes, il fut arrivé à Barberino, comme il sentit que la ville était en sa puissance, et que rien ne pouvait plus lui en défendre les approches, il commença à mettre à prix l'amitié qui lui était offerte, et à imposer des conditions au lieu d'en recevoir. Ces conditions étaient que Pierre de Médicis, parent et allié des Orsini, fût rétabli dans son ancienne autorité ; que six bourgeois de la ville, désignés par Vitellozzo, fussent remis entre ses mains, afin qu'ils expiassent par leur mort celle de Paul Vitelli, exécuté injustement par les Florentins ; que la seigneurie s'engageât à ne donner aucun secours au seigneur de Piombino, qu'il comptait déposséder incessamment de ses états ; enfin que la république le prît, lui César, à son service, avec une solde proportionnée à son mérite. Mais, comme César en était là de ses négociations avec Florence, il reçut de Louis XII l'ordre de se préparer, ainsi que la chose avait été convenue, à le suivre avec son armée dans la conquête de Naples, qu'il était enfin en état d'entreprendre. César n'osait point manquer de parole à un si puissant allié ; il lui fit donc répondre qu'il était à ses ordres, et comme les Florentins ignoraient qu'il fût forcé de quitter la Toscane, il se fit acheter sa retraite moyennant une somme de trente-six mille ducats par année en échange de laquelle il devait tenir trois cents hommes d'armes, toujours prêts à secourir la république à son premier appel et dans tous ses besoins.

Cependant, si pressé que fût César, il espéra qu'il aurait encore le temps de conquérir en passant le territoire de Piombino, et d'emporter sa capitale par un vigoureux coup de main ; en conséquence, il entra sur les terres de Jean IV d'Appiano ; mais il trouva que celui-ci avait d'avance, et pour lui ôter toute ressource, dévasté son propre pays, brûlé les fourrages, coupé les arbres, arraché les vignes, et détruit le petit nombre de fontaines qui donnaient des eaux salubres. Cela ne l'empêcha point de s'emparer en peu de jours de Severeto, de Scarlino, de l'île d'Elbe et de la Pianosa ; mais force lui fut de s'arrêter devant le château, qui offrait une sérieuse résistance. Or, comme l'armée du roi Louis XII continuait son chemin vers Rome, et qu'il reçut le 27 juillet un nouvel ordre de la rejoindre, il partit le lendemain, laissant, pour poursuivre le siège en son absence, Vitellozzo et Jean-Paul Baglioni.

Cette fois Louis XII s'avançait vers Naples, non plus avec la bouillante imprévoyance de Charles VIII, mais, au contraire, avec la prudente circonspection qui lui était habituelle. Outre son alliance avec Florence et Rome, il avait encore signé un traité secret avec Ferdinand le Catholique, qui prétendait avoir, par la maison de Duras, les mêmes droits sur le royaume de Naples, que Louis XII avait par la maison d'Anjou. Par ce traité, les deux rois se partageaient d'avance leur conquête : Louis XII serait maître de Naples, de la terre de Labour et des Abruzzes, avec le titre de roi de Naples et de Jérusalem ; Ferdinand se réservait la Pouille et la Calabre, avec le titre de duc de ces provinces ; tous deux devaient ensuite recevoir l'investiture du pape et relever de lui. Or ce partage avait d'autant plus de chance d'être mis à exécution, que Frédéric, croyant toujours Ferdinand son bon et fidèle ami, devait lui ouvrir les portes de ses villes, et recevoir au lieu d'alliés dans ses forteresses des vainqueurs et des maîtres. Tout cela n'était peut-être pas très-loyal de la part d'un roi qui avait si longtemps ambitionné et qui venait de recevoir le surnom de Catholique ; mais peu importait à Louis XII, qui profitait de la trahison sans la partager.

L'armée française, à laquelle venait de se réunir le duc de Valentinois, se composait de mille lances, de quatre mille Suisses, et de six mille Gascons et aventuriers ; d'un autre côté, Philippe de Rabenstein conduisait par mer seize vaisseaux bretons et provençaux, et trois caraques génoises, portant six mille cinq cents hommes de débarquement.

Le roi de Naples n'avait à opposer à cette nombreuse assemblée que sept cents hommes d'armes, six cents chevau-légers et six mille fantassins qu'il avait mis sous le commandement des Colonna, qu'il avait pris à sa solde depuis que le pape les avait chassés des Etats de l'Eglise ; mais il comptait fort sur Gonzalve de Cordoue, qui devait venir le rejoindre à Gaëte, et à qui, dans sa confiance, il faisait ouvrir toutes les forteresses de la Calabre.

Mais la sécurité qu'inspirait à Frédéric son infidèle allié ne fut pas longue : en arrivant à Rome, les ambassadeurs français et espagnols présentèrent au pape le traité signé à Grenade, le 11 novembre 1500, entre Louis XII et Ferdinand le Catholique, traité qui, jusque alors, était demeuré secret. Alexandre qui, dans sa prévoyance des choses à venir, avait dénoué, par la mort d'Alphonse, tous les liens qui l'attachaient à la maison d'Aragon, commença cependant par faire quelques difficultés ; mais alors il lui fut démontré que cet arrangement n'avait été pris que pour donner aux princes chrétiens de nouveaux moyens d'attaquer l'empire ottoman ; et devant une pareille considération, comme on le comprend bien, tous les scrupules du pape devaient céder ; aussi se décida-t-il, le 25 juin, à rassembler un consistoire qui déclara Frédéric déchu du trône de Naples.

Frédéric, en apprenant à la fois l'arrivée de l'armée française à Rome la trahison de son allié Ferdinand, et la déchéance prononcée par Alexandre, comprit bien que tout était perdu ; cependant il ne voulut pas qu'il fût dit qu'il avait abandonné son royaume sans avoir même essayé de le défendre. En conséquence, il chargea Fabrice Colonna et Ranuce de Marciano, ses deux nouveaux condottieri, d'arrêter les Français devant Capoue, avec trois cents hommes d'armes, quelques chevau-légers et trois mille fantassins ; occupa de sa personne Aversa, avec une autre partie de son armée, tandis que Prosper Colonna devait avec le reste défendre Naples et faire face aux Espagnols du côté de la Calabre.

Ces dispositions étaient à peine prises, que d'Aubigny, ayant passé le Vulturne, vint mettre le siége devant Capoue, et investit cette ville de l'un et de l'autre côté du fleuve. A peine campés devant les remparts, les Français commencèrent à établir leurs batteries, qui bientôt se mirent à jouer, à la grande terreur des pauvres assiégés, qui, presque tous étrangers à la ville, y étaient accourus de toutes parts, croyant trouver un abri derrière ses murailles. Aussi, dès que le premier assaut eut été donné par les Français, quoiqu'il eût été bravement repoussé par Fabrice Colonna, la terreur se répandit telle dans la ville, si grande et si aveugle, que chacun parla aussitôt d'ouvrir les portes, et que ce fut à grand'peine que Colonna fit comprendre à cette multitude qu'il fallait au moins profiter de l'échec éprouvé par les assiégeants pour obtenir d'eux une bonne capitulation. Les avant donc ramenés à son avis, il envoya des parlementaires à d'Aubigny, et une conférence fut arrêtée pour le surlendemain dans laquelle on traiterait de la reddition de la ville.

Mais ce n'était point là l'affaire de César Borgia ; resté en arrière pour conférer avec le pape, il avait rejoint l'armée française avec une partie de ses troupes, le jour même où la conférence avait été indiquée pour le surlendemain : or une capitulation quelconque devait lui enlever la part de butin et de plaisir que lui promettait la prise d'assaut d'une ville aussi riche et aussi peuplée que Capoue. En conséquence, il entama de son côté des négociations avec un des chefs chargés de la défense d'une porte, négociations sourdes et dorées, toujours plus promptes et plus efficaces que les autres ; de sorte que, au moment même où Fabrice Colonna discutait dans un bastion avancé les conditions de la capitulation avec les capitaines français, on entendit tout à coup de grands cris de détresse : c'était Borgia qui, sans prévenir personne, et accompagné de sa fidèle armée de la Romagne, venait d'entrer dans la ville, et qui commençait à égorger la garnison, laquelle, sur la foi de la capitulation près d'être signée, s'était relâchée de sa vigilance. De leur côté, les Français, voyant la ville à moitié rendue, se ruèrent sur les portes avec une telle impétuosité, que les assiégés ne cherchèrent plus même à les défendre, et pénétrèrent dans Capoue par trois côtés différents ; alors il n'y eut plus moyen de rien arrêter. La boucherie et le pillage avaient commencé, il fallait que l'œuvre de destruction s'accomplît tout entière ; en vain Fabrice Colonna, Ranuce de Marciano et don Ugo de Cardona, essayèrent-ils de faire face à la fois, avec quelques hommes qu'ils avaient rassemblés, aux Français et aux Espagnols. Fabrice Colonna et don Ugo furent faits prisonniers ; Ranuce, blessé d'un trait d'arbalète, tomba entre les mains du duc de Valentinois ; sept mille habitants furent massacrés dans les rues, parmi lesquels se trouva le traître qui avait livré la porte ; les églises furent pillées, les couvents de religieuses forcés ; et alors on vit une partie de ces saintes filles se précipiter dans les puits ou se jeter dans le fleuve pour échapper aux soldats. Trois cents des plus nobles femmes de la ville s'étaient réfugiées dans une tour ; le duc de Valentinois en enfonça les portes, choisit pour lui les quarante plus belles et livra le reste à son armée.

Le pillage dura trois jours.

Capoue emportée, Frédéric comprit qu'il était inutile qu'il essayât plus longtemps de se défendre ; en conséquence, il s'enferma dans le Château-Neuf et permit à Gaëte et à Naples de traiter avec le vainqueur : Gaëte se racheta du pillage moyennant soixante mille ducats, et Naples moyennant la reddition du château, qui fut faite à d'Aubigny par Frédéric lui-même à la condition qu'il pourrait faire conduire dans l'île d'Ischia son argent, ses bijoux et ses meubles, et y rester avec sa famille pendant six mois à l'abri de toute hostilité. Cette capitulation fut fidèlement tenue de part et d'autre ; d'Aubigny entra dans Naples, et Frédéric se retira à Ischia.

Ainsi tomba, d'une dernière et terrible chute, et pour ne plus se relever jamais, cette branche de la maison d'Aragon qui avait régné soixante-cinq ans. Frédéric, qui était son chef, demanda et obtint un sauf-conduit pour passer en France, où Louis XII lui accorda le duché d'Anjou et trente mille ducats de rente, à la condition qu'il ne quitterait plus le royaume, où il mourut en effet le 9 septembre 1504. Son fils aîné, don Ferdinand duc de Calabre, se retira en Espagne, où on lui permit de se marier deux fois, mais avec des femmes dont la stérilité était reconnue, et où il mourut en 1550 ; Alphonse, le second fils qui avait suivi son père en France, mourut empoisonné, dit-on, à Grenoble, à l'âge de vingt-deux ans ; enfin César, le troisième fils, mourut de son côté à Ferrare, avant d'avoir atteint sa dix-huitième année.

Quant à Charlotte, sa fille, elle épousa en France Nicolas, comte de Laval, gouverneur et amiral de Bretagne ; une fille naquit de ce mariage : ce fut Anne de Laval, qui fut mariée à François de la Trimouille, et c'est par elle qu'avaient été transmis à la maison de la Trimouille les droits que cette maison fit valoir depuis sur le royaume des Deux-Siciles.

La prise de Naples rendit au duc de Valentinois sa liberté ; il quitta donc l'armée française, après avoir reçu de son chef de nouvelles assu-

rances de l'amitié du roi Louis XII, et revint au siége de Piombino, qu'il avait été forcé d'interrompre. Pendant ce temps le pape Alexandre visitait les conquêtes de son fils, et parcourait toute la Romagne, accompagné de Lucrèce, qui s'était enfin consolée de la mort de son mari, et qui n'avait jamais joui près de sa Sainteté d'une si grande faveur ; aussi, en revenant à Rome, n'eut-elle plus d'autres appartements que ceux de son père. Il résulta de cette recrudescence d'amitié pontificale deux bulles qui érigeaient en duchés les villes de Nepi et de Sermoneta : l'un fut donné à Jean Borgia, un des bâtards du pape qu'il avait eus en dehors de ses amours avec la Vanozza et Julia Farnèse, et l'autre à don Roderic d'Aragon, fils de Lucrèce et d'Alphonse : les terres des Colonna faisaient les apanages de ces deux duchés.

Mais, outre cela, Alexandre rêvait encore un nouvel accroissement de fortune ; c'était un mariage entre Lucrèce et don Alphonse d'Est, fils du duc Hercule de Ferrare, mariage en faveur duquel Louis XII s'était entremis.

Or, comme sa Sainteté était en veine de bonheur, elle apprit le même jour que Piombino s'était rendu au duc de Valentinois, et que parole avait été donnée par le duc Hercule au roi de France.

C'étaient là, en effet, de riches nouvelles pour Alexandre VI, mais dont l'une, comme importance, ne pouvait se comparer à l'autre ; aussi celle du mariage de madame Lucrèce avec l'héritier présomptif du duché de Ferrare fut-elle reçue avec une joie qui sentait un peu son parvenu. Le duc de Valentinois fut invité à revenir à Rome, pour prendre sa part du bonheur de la famille, et le jour où la publication de la nouvelle eut lieu, le gouverneur du château Saint-Ange reçut l'ordre de tirer le canon de quart d'heure en quart d'heure, depuis midi jusqu'à minuit. A deux heures, Lucrèce, en habits de fiancée, accompagnée par ses deux frères le duc de Valentinois et le duc de Squillace, sortit du Vatican, suivie de toute la noblesse de Rome, et alla rendre grâces, à l'église de la Madonna del Popolo, où étaient enterrés le duc de Gandie et le cardinal Jean Borgia, de la nouvelle faveur que le ciel accordait à sa maison ; et le soir, accompagnée de cette même cavalcade rendue plus brillante encore par la lueur des torches et la clarté des illuminations, elle parcourut toute la ville, au milieu des cris de : Vive le pape Alexandre VI ! vive la duchesse de Ferrare ! que poussaient des hérauts habillés de drap d'or.

Le lendemain, on publia par la ville que des courses de femmes étaient ouvertes du château Saint-Ange à la place Saint-Pierre ; que, de trois jours l'un, il y aurait un combat de taureau à la manière espagnole ; et qu'à partir du mois d'octobre, où l'on était alors, jusqu'au premier jour de Carême, les mascarades seraient permises dans les rues de Rome.

Telles étaient les fêtes du dehors ; quant à celles qui avaient lieu dans l'intérieur du Vatican, le programme n'en était pas donné au peuple ; car, au dire de Burchard, témoin oculaire, voici ce qu'elles étaient :

« Le dernier dimanche du mois d'octobre, cinquante courtisanes soupèrent au palais apostolique dans la chambre du duc de Valentinois, et, après avoir soupé, dansèrent avec les écuyers et les serviteurs, d'abord vêtues de leurs habits, ensuite nues ; après le souper on enleva la table, et l'on posa symétriquement les candélabres à terre, et l'on sema sur le parquet une grande quantité de châtaignes, que ces cinquantes femmes, toujours nues, ramassèrent en marchant à quatre pattes entre les flambeaux ardents ; le pape Alexandre, le duc de Valentinois et sa sœur Lucrèce, qui regardaient ce spectacle d'une tribune, encourageaient par leurs applaudissements les plus adroites et les plus diligentes, qui reçurent pour prix des jarretières brodées, des brodequins de velours et des bonnets de drap d'or et de dentelles ; puis on passa à de nouveaux plaisirs, et. . . . »

. . . .

Nous en demandons bien humblement pardon à nos lecteurs, et surtout à nos lectrices ; mais après avoir trouvé des expressions pour la première partie du spectacle, voilà que nous en cherchons vainement pour la seconde ; nous nous contenterons donc de leur dire que, comme il y avait eu des prix pour l'adresse, il y en eut pour la luxure et la bestialité.

Quelques jours après cette soirée étrange, qui rappelait si bien les veillées romaines de Tibère, de Néron et d'Elagabale, Lucrèce, dans d'un robe de brocart d'or, dont des jeunes filles, vêtues de blanc et couronnées de roses, portaient la queue, sortit de son palais, marchant au son des trompettes et des clairons, sur des tapis étendus par les rues où elle devait passer ; et accompagnée des plus nobles cavaliers et des plus belles femmes de Rome, elle se rendit au Vatican, où l'attendaient, dans la salle Pauline, le pape, le duc de Valentinois, don Ferdinand, procureur du duc Alphonse, et le cardinal d'Est, son cousin. Le pape s'assit d'un côté de la table, tandis que les envoyés ferrarais se tenaient debout de l'autre côté ; alors madame Lucrèce s'avança au milieu, et don Ferdinand lui mit au doigt l'anneau nuptial ; cette cérémonie accomplie, le cardinal d'Est s'approcha à son tour, et présenta à la fiancée quatre magnifiques bagues où étaient enchâssées des pierres précieuses ; puis, on apporta sur la table une assiette, richement incrustée d'ivoire, dans laquelle le cardinal tira une quantité de joyaux, de chaînes et de colliers, de perles et de diamants, dont le travail n'était pas moins précieux que la matière, et qu'il pria de nou-

veau Lucrèce d'accepter, en attendant ceux que son fiancé se promettait de lui offrir lui-même, et qui seraient plus dignes d'elle. Lucrèce
accepta ces présents avec les démonstrations de la plus grande joie ;
puis elle se retira dans une salle voisine, appuyée sur le bras du pape,
et suivie des dames qui l'avaient accompagnée, laissant au duc de
Valentinois le soin de faire aux hommes les honneurs du Vatican.
Le soir, les invités se réunirent de nouveau, et, tandis qu'on tirait
un magnifique feu d'artifice sur la place Saint-Paul, ils dansèrent jusqu'à la moitié de la nuit.

La cérémonie des fiançailles accomplie, le pape et le duc de Valentinois s'occupèrent des apprêts du départ. Le pape, qui désirait que
le voyage se fît avec un grand appareil, mit à la suite de sa fille, outre ses deux beaux-frères et les gentilshommes venus avec eux, le sénat de Rome et tous les seigneurs qui, par leur fortune, pouvaient
étaler le plus de magnificence sur leurs habits et dans leur livrée.
Parmi cette suite splendide, on distinguait Olivier et Ramiro Mattei,
fils de Pierre Mattei, chancelier de la ville, et d'une fille que le pape
avait eue d'une autre femme encore que la Vanozza : en outre, sa
Sainteté nomma en consistoire François Borgia, cardinal de Cosenza,
légat *à latere*, pour accompagner sa fille jusqu'aux frontières des États
ecclésiastiques.

De son côté, le duc de Valentinois envoya des messagers dans toutes les cités de la Romagne, pour que Lucrèce fût reçue dans chacune
d'elles comme si elle en était souveraine et maîtresse ; aussitôt de
grands préparatifs furent faits pour accomplir les ordres du duc. Cependant les messagers lui rapportèrent qu'ils craignaient fort que des
murmures ne se fissent entendre à Césène, où, on se le rappelle, César, pour calmer l'agitation de la ville, avait laissé avec ses pleins pouvoirs le gouverneur Ramiro d'Orco. Or Ramiro d'Orco avait si bien
accompli son œuvre, qu'il n'y avait plus rien à craindre sous le rapport de la rébellion ; car un sixième des habitants avait péri sur
l'échafaud. Cependant il résultait de cette situation que l'on n'espérait
pas obtenir de la ville en deuil les mêmes démonstrations de joie que l'on
attendait d'Imola, de Faenza et de Pesaro ; mais le duc de Valentinois avait résolu cet inconvénient avec une promptitude et une efficacité
qui n'appartenaient qu'à lui. Un matin, les habitants de Césène trouvèrent en s'éveillant l'échafaud dressé sur la place, et sur l'échafaud
un homme coupé en quatre quartiers, que surmontait, au bout d'un
pieu, une tête détachée du trône.

Cet homme, c'était Ramiro d'Orco.

Nul ne sut jamais par quelles mains l'échafaud nocturne avait été
dressé, ni par quels bourreaux la terrible exécution avait été faite ;
seulement la république de Florence ayant fait demander à Machiavel,
son légat à Césène, ce qu'il pensait de cette mort, Machiavel répondit :

« Magnifiques seigneurs,

» Je ne puis rien vous dire touchant l'exécution de Ramiro d'Orco,
sinon que César Borgia est le prince qui sa t le mieux faire et défaire
les hommes selon leurs mérites.   NICOLAS MACHIAVEL. »

Le duc de Valentinois ne s'était pas trompé dans sa prévision, la
future duchesse de Ferrare fut admirablement reçue dans toutes les
villes par lesquelles elle passa, et particulièrement dans la ville de
Césène.

Pendant que Lucrèce allait rejoindre à Ferrare son quatrième mari,
Alexandre et le duc de Valentinois résolurent de faire une tournée
dans leur dernière conquête, le duché de Piombino. Le but apparent
de ce voyage était de faire prêter serment à César par ses nouveaux
sujets, et le but réel, de former dans la capitale de Jacques Appiano
un arsenal à portée de la Toscane, à laquelle ni le pape ni son fils
n'avaient jamais sérieusement renoncé. Tous deux partirent donc du
port de Corneto sur six galères, accompagnés d'un grand nombre de
cardinaux et de prélats, et le même soir arrivèrent à Piombino. La cour
pontificale y demeura quelques jours, tant pour faire reconnaître le duc
de Valentinois des habitants, que pour assister à quelques fonctions
ecclésiastiques, dont la principale fut une chapelle tenue le troisième
dimanche de carême, où le cardinal de Cosenza chanta
une messe, où le pape assista pontificalement avec le duc et les cardinaux. Puis, faisant succéder ses plaisirs accoutumés à ces graves
fonctions, le pape fit venir les plus belles filles du pays, et leur ordonna de danser devant lui leurs danses nationales.

A ces danses succédèrent des festins d'une somptuosité inouïe, et
dans lesquels, à la vue de tous, quoiqu'on fût en carême, le pape ne
se fit aucun scrupule de ne point faire maigre. Au reste, toutes ces fêtes avaient pour but de répandre une grande quantité d'argent dans le
pays et de populariser le duc de Valentinois, en faisant oublier le pauvre Jacques d'Appiano.

Après Piombino, le pape et son fils visitèrent l'île d'Elbe, où ils ne
s'arrêtèrent, au reste, que le temps nécessaire pour visiter les vieilles
fortifications et ordonner d'en faire de nouvelles.

Enfin, les illustres voyageurs s'embarquèrent pour revenir à Rome ;
mais à peine en mer, le temps étant devenu contraire, et le pape n'ayant
pas voulu rentrer à Porto Ferrajo, on resta cinq jours sur les galères,
qui n'avaient de provisions que pour deux. Pendant les trois derniers
jours le pape ne vécut donc que de quelques poissons frits, pêchés à
grand'peine, à cause du gros temps. Enfin, on arriva en vue de Corneto.

et là, le duc de Valentinois, qui était sur une autre galère que celle
montée par le pape, voyant que son bâtiment ne pouvait prendre terre,
se jeta dans un bateau, et se fit conduire au port. Quant au pape, il
fut contraint de continuer sa route vers Pontercole, où il arriva enfin, après avoir été battu d'une tempête si violente, que tous ceux qui
l'accompagnaient demeuraient comme abattus, ou par le mal de mer,
ou par la terreur de la mort. Le pape seul ne manifesta point un seul
instant de crainte, demeurant, tout le temps que dura la tempête, sur
le pont, assis dans son fauteuil, invoquant le nom de Jésus et faisant
le signe de la croix. Enfin, la galère qui le portait entra dans la rade
de Pontercole, où il prit terre à son tour, et ayant envoyé chercher
des chevaux à Corneto, il rejoignit le duc, qui l'attendait dans cette
ville. Tous deux alors revinrent, à petites journées, par Civita-Vecchia
et Palo, et rentrèrent dans Rome après un mois d'absence. Presque
en même temps qu'eux y arriva, venant chercher son chapeau, le cardinal d'Albret. Il était accompagné des deux infants de Navarre, qui y
furent accueillis non-seulement avec les honneurs qui convenaient à
leur rang, mais encore comme des beaux-frères auxquels le duc de
Valentinois était jaloux de montrer le cas qu'il faisait de leur alliance.

Cependant le temps était venu où le duc de Valentinois devait reprendre le cours de ses conquêtes. Aussi, comme dès le premier mai
de l'année précédente le pape avait prononcé, en plein consistoire, une
sentence de déchéance contre Jules-César de Varano, par laquelle, en
punition du meurtre de son frère Rodolphe et de l'asile qu'il avait
accordé aux ennemis du pape, il était exproprié de son fief de Camerino, lequel était réuni à la chambre apostolique, César partit de Rome
pour le mettre à exécution. En conséquence, arrivé sur les frontières
de Pérouse, qui appartenait à son lieutenant, Jean-Paul Baglione, il
envoya Oliverotto da Fermo et Gravina Orsini ravager la Marche de
Camerino, en même temps qu'il priait Gui d'Ubaldo de Montefeltro, duc
d'Urbin, de lui prêter ses soldats et son artillerie, pour l'aider dans
cette entreprise ; ce que le malheureux duc d'Urbin, qui était dans les
meilleures relations avec le pape, et qui n'avait aucun motif de se défier de César, n'osa lui refuser. Mais le jour même où les troupes du
duc d'Urbin se mettaient en route pour Camerino, les troupes du duc
de Valentinois entraient dans le duché d'Urbin, et s'emparaient de
Cagli, une des quatre villes de ce petit État. Le duc comprit ce qui
l'attendait s'il essayait de faire résistance, et s'enfuit en habit de paysan ;
de sorte qu'au moins de huit jours César se trouva maître de son duché, moins les forteresses de Maiolo et de San-Leo.

Le duc de Valentinois se retourna aussitôt vers Camerino, qui tenait toujours, excité par la présence de Jules-César de Varano, son
seigneur, et de ses deux fils, Venantio et Annibal ; quant à l'aîné, qui
se nommait Jean-Marie, il avait été envoyé par son père à Venise.

La présence de César amena des pourparlers entre les assiégeants et
les assiégés. On rédigea une capitulation par laquelle Varano s'engageait à rendre la ville, à la condition que lui et ses fils en sortiraient
sains et saufs, emportant avec eux leurs meubles, leurs trésors et leurs
équipages. Mais ce n'étaient point là les intentions de César ; aussi,
profitant du relâchement que l'annonce de la capitulation avait naturellement amené dans la vigilance de la garnison, il surprit la ville
pendant la nuit qui précédait sa reddition, et s'empara de César de
Varano et de ses deux fils, qui furent étranglés quelque temps après,
le père à la Pergola, et les deux fils à Pesaro, par don Michele Correglia, qui, quoique monté du rang de sbire à celui de capitaine, en revenait de temps en temps à son premier métier.

Pendant ce temps, Vitellozzo Vitelli, qui prenait le titre de général
de l'Église, et qui avait sous ses ordres huit cents hommes d'armes et
trois mille fantassins, suivant les instructions secrètes et verbales qu'il
avait reçues de César, poursuivait le système d'invasion qui devait envelopper Florence d'un réseau de fer et la mettre un jour dans l'impossibilité de se défendre. Digne élève de son maître, à l'école duquel il
avait appris à user tour à tour de la finesse du renard ou de la force
du lion, il avait noué des intelligences avec quelques jeunes seigneurs
d'Arezzo pour se faire livrer cette ville. Cependant, la conjuration ayant
été découverte par Guillaume des Pazzi, commissaire pour la république florentine, ce dernier fit arrêter deux des conjurés : mais les
autres, qui étaient beaucoup plus nombreux qu'on ne le croyait, s'é-
tant aussitôt répandus dans la ville en criant aux armes, tout le parti
républicain, qui voyait un moyen, dans une révolution quelconque, de
secouer le joug de Florence, se réunit à eux, délivra les captifs, s'empara de Guillaume, et, ayant proclamé le rétablissement de l'ancienne
constitution, mit le siège devant la citadelle, où s'était réfugié Côme
des Pazzi, évêque d'Arezzo, fils de Guillaume, lequel, se voyant investi
de tous côtés, envoya en toute hâte un messager à Florence pour
demander des secours.

Malheureusement pour le cardinal, les troupes de Vitellozzo Vitelli
étaient plus rapprochées des assiégeants que les soldats de la sérénissime république ne l'étaient des assiégés, de sorte qu'au lieu de secours, ce fut toute l'armée ennemie qu'il vit arriver. Cette armée était
commandée par Vitellozzo, par Jean-Paul Baglioni et Fabio Orsino,
qui conduisaient avec eux les deux Médicis, lesquels accouraient partout où il y avait ligue contre Florence, et qui se tenaient à la disposition de Borgia pour rentrer, à quelque condition que ce fût, dans la
ville qui les avait chassés. Le lendemain, un autre secours d'argent

et d'artillerie envoyé par Pandolfo Petrucci arriva encore de même ; de sorte que, le 18 juin, la citadelle d'Arezzo, qui n'avait reçu aucune nouvelle de Florence, fut obligée de se rendre.

Vitellozzo laissa les Arétins garder leur ville eux-mêmes, enferma Fabio Orsino dans la citadelle avec mille hommes, et, profitant de la terreur qu'avaient inspirée à toute cette partie de l'Italie les prises successives du duché d'Urbin, de Camerino et d'Arezzo, il marcha sur Monte-San-Severino, sur Castiglione-Aretino, sur Cortone et sur les autres villes du val de Chiana, qui se rendirent successivement et presque sans se défendre. Arrivé ainsi à dix ou douze lieues de Florence seulement, et n'osant rien entreprendre de son chef contre elle, il fit savoir au duc de Valentinois où il en était. Celui-ci, pensant que l'heure était venue de frapper enfin le coup qu'il retardait depuis si longtemps, se mit aussitôt en route pour aller porter en personne sa réponse à ses fidèles lieutenants.

Mais les Florentins, s'ils n'avaient pas envoyé de secours à Guillaume des Pazzi, en avaient demandé à Chaumont d'Amboise, gouverneur du Milanais pour Louis XII, en lui exposant non-seulement le danger qu'ils couraient, mais encore les plans ambitieux de César, qui, après avoir envahi les petites principautés d'abord, puis ensuite les États de second ordre, en viendrait peut-être à cet excès d'orgueil de s'attaquer au roi de France lui-même. Or les nouvelles de Naples étaient inquiétantes, de graves démêlés s'étaient déjà élevés entre le comte d'Armagnac et Gonzalve de Cordoue ; Louis XII pouvait avoir besoin au premier jour de Florence, qu'il avait toujours trouvée loyale et fidèle : il résolut donc d'arrêter les progrès de César, et non-seulement envoya à celui-ci l'ordre de ne pas faire un pas de plus, mais encore il mit en marche, pour appuyer efficacement son injonction, le capitaine Imbaut avec quatre cents lances.

Le duc de Valentinois reçut sur la frontière de la Toscane une copie du traité signé entre la république et le roi de France, traité dans lequel le premier s'engageait à secourir son alliée contre quiconque l'attaquerait, et, joint à cette copie, la défense formelle que lui faisait Louis XII d'aller plus loin. César apprit en même temps qu'ou-

Un cri poussé par une femme partit de l'une des fenêtres. — Page 146.

tre les quatre cents lances du capitaine Imbaut, qui étaient en route pour Florence, Louis XII, en arrivant à Asti, avait immédiatement acheminé sur Parme Louis de la Trimouille avec deux cents gens d'armes, trois mille Suisses et un train considérable d'artillerie. Il vit dans ces deux mouvements combinés des dispositions hostiles contre lui, et, faisant volte-face avec son habileté ordinaire, il profita de ce qu'il n'avait donné à aucun de ses lieutenants d'autre ordre que des instructions verbales, et écrivit à Vitellozzo une lettre foudroyante, dans laquelle il lui repro-

chait de l'avoir compromis pour son intérêt particulier, et lui ordonnait de rendre à l'instant même aux Florentins les villes et les forteresses qu'il avait prises sur eux, le menaçant, s'il hésitait un instant, de marcher lui-même avec ses troupes pour les lui reprendre.

Puis, cette lettre écrite, César Borgia partit aussitôt pour Milan, où venait d'arriver Louis XII, lui portant, par le fait même de l'évacuation des villes conquises, la preuve qu'on l'avait calomnié auprès de lui. Il avait en même temps mission du pape de renouveler pour dix-huit mois encore, au cardinal d'Amboise, l'ami plutôt que le ministre de Louis XII, son titre de légat *à latere* en France. Grâce à cette preuve publique de son innocence et à cette influence cachée, César eut bientôt fait sa paix avec le roi de France.

Mais ce ne fut pas tout : comme il était dans le génie de César de toujours sortir plus grand par quelque combinaison nouvelle d'une catastrophe qui eût dû l'abaisser, il calcula tout de suite le parti qu'il pouvait tirer de la désobéissance prétendue de ses lieutenants ; et comme déjà plus d'une fois il s'était inquiété de leur puissance et avait convoité leurs villes, il pensa que l'heure était peut-être venue de les faire disparaître et de chercher dans l'envahissement de leurs propres domaines un dédommagement à cette Florence qui lui échappait sans cesse au moment où il croyait la tenir.

Et, en effet, c'était une chose fatigante que ces forteresses et ces cités qui s'élevaient, avec une autre bannière que la sienne, au milieu de cette belle Romagne dont il comptait faire son royaume. Ainsi Vitellozzo possédait Città di Castello, Bentivoglio tenait Bologne, Jean-Paul Baglioni commandait à Pérouse, Oliverotto venait de s'emparer de Fermo ; enfin Pandolfo Petrucci était seigneur de Sienne : il était temps que tout cela rentrât sous un pouvoir unique. Les lieutenants du duc Valentinois, pareils à ceux d'Alexandre, commençaient à se faire trop puissants, et il fallait que Borgia héritât d'eux s'il ne voulait pas qu'ils héritassent de lui.

Le duc de Valentinois obtint de Louis XII trois cents lances pour marcher contre eux. De son côté, Vitellozzo Vitelli avait à peine reçu la lettre de

Tandis que l'un d'eux était assis dessus pour forcer les genoux de plier, les autres la clouèrent. — Page 157.

César, qu'il avait compris qu'il était sacrifié par celui-ci à la crainte qu'il avait du roi de France ; mais Vitellozzo n'était pas une de ces victimes qu'on égorge ainsi en expiation d'une faute : c'était un buffle de la Romagne qui fait face avec ses cornes au couteau du sacrificateur ; d'ailleurs, l'exemple des Varano et des Manfredi était là, et mourir pour mourir, mieux valait tomber les armes à la main.

Vitellozzo Vitelli convoqua donc à Maggione ceux dont les existences et les domaines étaient menacés par ce nouveau revirement de la politique

de César : c'étaient Paul Orsino, Jean-Paul Baglioni, Hermès Bentivoglio, qui représentait son père Jean; Antoine de Venafro, envoyé de
Pandolfo Petrucci ; Oliverotto da Fermo et le duc d'Urbin ; les six
premiers avaient tout à perdre, et le dernier avait déjà tout perdu.

Une ligue fut signée entre les confédérés : ils s'engageaient à résister
à César, soit qu'il essayât de les battre particiellement, soit qu'il les
attaquât tous ensemble.

César apprit cette ligue par le premier résultat qu'elle avait produit ;
le duc d'Urbin, qui était adoré de ses sujets, s'était présenté avec
quelques soldats devant la forteresse de San-Leo, elle se rendit à lui,
et en moins de huit jours, villes et forteresses suivant cet exemple,
tout le duché se retrouva au pouvoir du duc d'Urbin.

En même temps, chacun des confédérés proclama ouvertement sa
révolte contre l'ennemi commun, et prit une attitude hostile.

Le duc était à Imola, où il attendait les troupes françaises, mais
presque sans soldats ; si bien que, si Bentivoglio, qui tenait une partie du pays, et le duc d'Urbin, qui venait de reconquérir l'autre,
avaient marché contre lui, il est probable, ou qu'ils l'eussent pris, ou

Rien de tout cela ne détruisit la confiance que César avait dans sa
fortune, et tandis que d'un autre côté il pressait l'arrivée des troupes
françaises, et appelait à sa solde tous ces petits gentilshommes qu'on
appelait des *lances brisées*, parce qu'ils couraient le pays avec cinq
ou six cavaliers seulement, s'engageant au service de quiconque avait
besoin d'eux, il avait entamé des négociations avec ses ennemis, certain que du jour où il les amènerait à une conférence ils étaient perdus.
En effet, César avait reçu du ciel le don fatal de la persuasion ; de
sorte que, si bien prévenu que l'on fût de sa duplicité, il n'y avait
pas moyen de résister, non pas à son éloquence, mais à cet air de
franche bonhomie qu'il savait si bien prendre et qui faisait l'admiration de Machiavel, lequel, si profond politique qu'il fût, se laissa plus
d'une fois tromper par elle. Pour engager Paul Orsino à venir traiter
à Imola, il envoya donc aux confédérés le cardinal Borgia en otage;
aussi Paul Orsino n'hésita-t-il plus et arriva-t-il à Imola le 25 octobre
1502.

Le duc de Valentinois le reçut comme un ancien ami, dont on a été
séparé quelques jours par des discussions légères et momentanées ; il

Le chef la prit entre ses bras la posa devant lui sur son cheval. — Page 148.

qu'ils l'eussent contraint de fuir et de quitter la Romagne ; d'autant
plus que les deux hommes sur lesquels il comptait, c'est-à-dire don
Ugo de Cardona, qui était entré à son service après la prise de Capoue, et Michelotto, ayant mal suivi ses instructions, se trouvèrent tout
à coup séparés de lui. En effet, il leur avait ordonné de se replier sur
Rimini, et de lui ramener deux cents chevau-légers et cinq cents fantassins qu'ils commandaient ; mais ne connaissant pas l'urgence de sa
situation, au moment où ils essayaient de s'emparer par surprise de la
Pergola et de Fossombrone, ils furent entourés par Orsino, Gravina
et Vitellozzo. Ugo de Cardona et Michelotto se défendirent comme des
lions ; mais, quelques efforts qu'ils fissent, leur petite troupe fut taillée en pièces, Ugo de Cardona fut fait prisonnier, et Michelotto n'é-
chappa au même sort qu'en se couchant parmi les morts ; puis, la nuit
venue, il se sauva à Fano.

Cependant, tel qu'il était et presque sans troupes à Imola, les confédérés n'osèrent rien tenter contre César, soit par la crainte qu'il inspirait personnellement, soit qu'ils respectassent en lui l'ami du roi de
France ; ils se contentèrent donc de s'emparer des villes et des forteresses environnantes. Vitellozzo avait repris les forteresses de Fossombrone, d'Urbin, de Cagli et d'Agobbio ; Orsino et Gravina avaient
reconquis Fano et toute la province ; enfin, Jean-Marie de Varano, le
même qui, par son absence, avait échappé au massacre de toute sa famille, était rentré à Camerino, porté en triomphe par son peuple.

avoua avec franchise que tous les torts étaient sans doute de son côté,
puisqu'il s'était aliéné des hommes qui étaient à la fois de si loyaux
seigneurs et de si braves capitaines ; mais, entre gens comme eux, il
ajouta qu'une explication franche et loyale, comme celle qu'il donnait,
devait remettre toutes choses dans le même état qu'auparavant. Alors,
et comme preuve que ce n'était point la crainte, mais son bon vouloir, qui le ramenait à eux, il montra à Orsino les lettres du cardinal
d'Amboise qui lui annonçaient l'arrivée prochaine des troupes françaises ; il lui fit voir celles qu'il avait rassemblées autour de lui, désirant, ajouta-t-il, qu'ils fussent bien convaincus que ce qu'il regrettait le plus dans tout cela, ce n'était pas tant la perte qu'il avait faite
de capitaines si distingués, qu'ils étaient l'âme de sa vaste entreprise,
que d'avoir, d'une manière si fatale pour lui, laissé croire au monde
qu'il pouvait un seul instant avoir méconnu leur mérite ; qu'en conséquence, il se fiait à lui, Paul Orsino, qu'il avait toujours aimé entre
tous, pour ramener les confédérés à une paix qui serait aussi profitable à tous que la guerre était nuisible à chacun, étant prêt à signer
avec eux tout accommodement qui ne serait pas préjudiciable à son
honneur.

Orsino était l'homme qu'il fallait à César ; plein d'orgueil et de con-
fiance en lui-même, il était convaincu du vieux proverbe qui dit que :
— Un pape ne peut régner huit jours, s'il a contre lui à la fois les
Colonna et les Orsini. — Il crut donc, sinon à la bonne foi de César,

du moins à la nécessité où il était de revenir à eux ; en conséquence, sauf ratification, il signa avec lui, le 18 octobre 1502, les conventions suivantes, que nous reproduisons telles que Machiavel les envoya à la magnifique république de Florence.

ACCORD ENTRE LE DUC DE VALENTINOIS ET LES CONFÉDÉRÉS.

« Qu'il soit notoire, aux parties mentionnées ci-dessous, et à tous ceux qui verront les présentes, que son excellence le duc de Romagne d'une part, et de l'autre les Orsini, ainsi que leurs confédérés, désirant mettre fin à des différends, des inimitiés, des mésintelligences et des soupçons qui se sont élevés entre eux, ont résolu ce qui suit :

» Il y aura entre eux paix et alliance véritables et perpétuelles, avec un complet oubli des torts et injures qui peuvent avoir eu lieu jusqu'à ce jour, se promettant réciproquement de n'en conserver aucun ressentiment ; et en conformité desdites paix et union, son excellence le duc de Romagne reçoit dans ses confédération, ligue et alliance perpétuelles, tous les seigneurs précités ; et chacun d'eux promet de défendre les États de tous en général et de chacun en particulier contre toute puissance qui voudrait les inquiéter ou attaquer pour quelque cause que ce fût, exceptant toujours néanmoins le pape Alexandre VI et sa Majesté très-chrétienne Louis XII, roi de France : promettant d'autre part, et dans les mêmes termes, les seigneurs susnommés, de concourir à la défense de la personne et des États de son excellence, ainsi qu'à celle des illustrissimes seigneurs don Guiffry Borgia, prince de Squillace, don Roderic Borgia, duc de Sermoneta et de Biselli, et don Jean Borgia, duc de Camerino et de Nepi, tous frères ou neveux de son excellence le duc de Romagne.

» De plus, comme la rébellion et l'envahissement du duché d'Urbin et de Camerino sont arrivés pendant les susdites mésintelligences, tous les confédérés précités et chacun d'eux s'obligent à concourir de toutes leurs forces au recouvrement des états ci-dessus et autres places et lieux revoltés et envahis.

» Son excellence le duc de Romagne s'oblige à continuer, aux Orsini et aux Vitelli, leurs anciens engagements de service militaire et aux mêmes conditions.

» Elle promet, de plus, de n'obliger qu'un d'entre eux, à leur choix, de servir en personne ; le service que pourront faire les autres sera volontaire.

» Elle s'engage aussi à faire ratifier le second traité, par le souverain pontife, qui ne pourra obliger le cardinal Orsino à demeurer dans Rome qu'autant que cela conviendrait à ce prélat.

» En outre, comme il existe quelques différends entre le pape et le seigneur Jean Bentivoglio, les confédérés précités conviennent qu'ils seront remis à l'arbitrage sans appel du cardinal Orsino, de son excellence le duc de Romagne, et du seigneur Pandolfo Petrucci.

» S'engagent aussi les confédérés précités, tous et chacun d'eux, aussitôt qu'ils en seront requis par le duc de Romagne, à remettre entre ses mains, comme otage, un des fils légitimes de chacun d'eux, et dans le lieu et dans le temps qu'il lui plaira d'indiquer.

» Promettant, de plus, les mêmes confédérés, tous et chacun d'eux, si quelque projet tramé contre l'un d'eux venait à leur connaissance, de l'en avertir et de s'en prévenir tous réciproquement.

» Il est convenu, outre cela, entre le duc de Romagne et les susdits confédérés, de regarder comme l'ennemi commun quiconque manquerait aux présentes stipulations, et de concourir tous à la ruine des États qui ne s'y conformeraient pas.

» *Signé*, CÉSAR, PAUL ORSINO, AGAPIT, *secrétaire.* »

En même temps qu'Orsino reportait aux confédérés le traité rédigé entre lui et le Valentinois, Bentivoglio, ne voulant pas se soumettre à l'arbitrage indiqué, offrait à César de terminer leurs différends par un traité particulier, et lui envoyait son fils pour en rédiger les conditions : après quelques pourparlers, elles furent arrêtées ainsi qu'il suit :

Bentivoglio détacherait sa fortune de celle des Vitelli et des Orsini :

Il fournirait pendant huit ans au duc de Valentinois cent hommes d'armes et cent arbalétriers à cheval ;

Il payerait douze mille ducats par année à César pour l'entretien de cent lances.

Moyennant quoi, son fils Annibal épouserait la sœur de l'évêque d'Enna, qui était nièce du duc de Valentinois, et le pape reconnaîtrait sa souveraineté sur Bologne.

Le roi de France, le duc de Ferrare et la république de Florence devaient être les garants de ce traité.

Cependant la convention qu'Orsino reportait aux confédérés éprouvait de leur part de vives difficultés ; Vitellozo Vitelli surtout, qui était celui qui connaissait le mieux César, ne cessait de répéter aux autres condottieri que cette paix était trop prompte et trop facile pour ne pas cacher quelque piège ; mais comme pendant ce temps le duc de Valentinois avait amassé une armée considérable à Imola, et que les quatre cents lances que lui prêtait Louis XII étaient enfin arrivées, Vitellozzo et Oliverotto se décidèrent à signer le traité apporté par Orsino et à le faire signifier au duc d'Urbin et au seigneur de Camerino, qui, comprenant qu'il leur était désormais impossible de se dé-

fendre seuls, se retirèrent l'un à Città di Castello, et l'autre dans le royaume de Naples.

Cependant le duc de Valentinois, sans rien dire de ce qu'il comptait faire, se mit en route le 10 décembre, se dirigeant sur Césène avec la puissante armée qu'il avait réunie sous son commandement. Aussitôt tout commença de s'épouvanter, non-seulement en Romagne, mais dans toute l'Italie septentrionale : Florence, qui le voyait s'éloigner d'elle, craignait que cette marche n'eût d'autre but que de déguiser son intention ; et Venise, qui le voyait s'approcher de ses frontières, avait envoyé toutes ses troupes sur les rives du Pô. César s'aperçut de cette crainte, et comme elle pouvait nuire à ses projets en inspirant de la défiance, il congédia en arrivant à Césène tous les Français qui étaient à son service, à l'exception de cent hommes d'armes que commandait M. de Candale, son beau-frère ; de sorte qu'il se trouva n'avoir plus autour de lui que deux mille hommes de cavalerie et dix mille fantassins.

Quelques jours se passèrent en pourparlers, car le duc de Valentinois avait trouvé dans cette ville des envoyés des Vitelli et des Orsini, lesquels étaient à la tête de leur armée dans le duché d'Urbin ; mais, dès les premières discussions sur la marche à suivre dans la continuation de la conquête, il s'éleva de telles difficultés entre le général en chef et ces agents, qu'ils comprirent eux-mêmes qu'on ne pouvait rien arrêter par intermédiaires, et qu'une conférence entre César et l'un des chefs était urgente. En conséquence, Oliverotto de Fermo se risqua, et vint joindre le duc de Valentinois pour lui proposer de marcher sur la Toscane ou de s'emparer de Sinigaglia, qui était la dernière place du duché d'Urbin qui ne fût pas retombée au pouvoir de César. César répondit qu'il ne voulait point porter la guerre en Toscane, parce que les Toscans étaient ses amis, mais qu'il approuvait le projet de ses lieutenants sur Sinigaglia : en conséquence, il se mit en marche pour Fano.

Cependant la fille de Frédéric, précédent duc d'Urbin, qui tenait la ville de Sinigaglia, et qu'on nommait la préfétesse, parce qu'elle avait épousé Jean de la Rovère, que son oncle Sixte IV avait nommé préfet de Rome, jugeant qu'il lui serait impossible de se défendre contre les forces qu'amenait avec lui le duc de Valentinois, laissa la citadelle aux mains d'un capitaine, à qui elle recommanda d'obtenir pour la ville les meilleures conditions possibles, et s'embarqua pour Venise.

Le duc de Valentinois apprit cette nouvelle à Rimini, par un messager de Vitellozzo et des Orsini, qui lui annonça que le gouverneur de la citadelle, qui avait refusé de la leur remettre, était tout prêt à traiter avec lui : qu'en conséquence, ils l'engageaient à se rendre dans cette ville pour terminer cette affaire. César leur fit répondre qu'en conséquence de l'avis qu'ils lui donnaient, il renvoyait à Césène et à Imola une partie de ses troupes, qu'elles lui étaient inutiles, puisqu'il avait les leurs, qui, réunies à l'escorte qu'il gardait, seraient suffisantes, n'ayant point d'autre projet que la pacification complète du duché d'Urbin ; mais que cette pacification était impossible si ses anciens amis continuaient à se défier de lui, au point de ne débattre que par des agents intermédiaires des plans auxquels leur fortune était intéressée, aussi bien que la sienne. Le messager retourna avec cette réponse vers les confédérés, qui, tout en sentant la vérité de l'observation de César, n'en hésitèrent pas moins à faire ce qu'il demandait ; Vitellozzo Vitelli surtout montrait contre le duc de Valentinois une défiance que rien ne semblait pouvoir vaincre ; enfin, pressé par Oliverotto, Gravina et Orsino, il consentit à attendre le duc : mais cela bien plutôt pour ne point paraître à ses compagnons plus timides qu'il ne l'étaient eux-mêmes, que par l'effet de la confiance qu'il avait dans ce retour d'amitié que manifestait Borgia.

Le duc apprit cette décision, tant désirée par lui, en arrivant à Fano, le 20 décembre 1502. Aussitôt il appela près de lui huit de ses plus fidèles, parmi lesquels étaient MM. d'Enna, Michelotto et Ugo de Cardona, et leur ordonna, aussitôt qu'ils seraient arrivés à Sinigaglia, et qu'ils verraient Oliverotto, Gravina, Vitellozzo et Orsino venir au-devant de lui, d'avoir, comme pour leur faire honneur, à se placer à leur droite et à leur gauche, deux pour un seul, de manière à ce qu'à leur passant, à un signal donné, ou les arrêter ou les poignarder ; puis il désigna à chacun d'eux celui auquel il devait s'attacher, leur recommandant de ne le quitter que lorsqu'il serait entré dans Sinigaglia, et arrivé au logement préparé pour lui ; puis, envoyant des ordres à ceux de ses soldats qui étaient cantonnés dans les environs, il leur fit savoir qu'ils eussent à se rassembler au nombre de huit mille sur les rives du Metaure, petit fleuve de l'Ombrie qui se jette dans la mer Adriatique, et qu'a illustré la défaite d'Asdrubal.

Le duc arriva au rendez-vous donné à son armée le 31 décembre, et fit partir aussitôt devant lui deux cents hommes de cavalerie, fit marcher l'infanterie immédiatement après elle ; puis, se mit à son tour en route au milieu de ses gens d'armes, suivant le bord de l'Adriatique, et ayant à sa droite les montagnes et à sa gauche la mer, quelquefois si resserrées entre elles, au reste, que l'armée ne pouvait passer à plus de dix hommes de front.

Au bout de quatre heures de marche, le duc, à un tournant du chemin, aperçut Sinigaglia, située à un mille de la mer à peu près, et à un trait de flèche des montagnes ; entre l'armée et la ville coulait une petite rivière, dont il lui fallut quelque temps côtoyer les bords en les descendant ; enfin il trouva un pont jeté en face d'un faubourg de la ville ; là le duc de Valentinois ordonna à sa cavalerie de s'arrêter : elle se plaça sur deux files, l'une entre le chemin et le fleuve, l'autre du côté de la campagne, laissant toute la largeur de la route à l'infanterie, qui défila, passa le pont, et, s'enfonçant dans la ville, alla se mettre en bataille sur la grande place.

De leur côté, Vitellozzo , Gravina et Oliverotto , pour faire place à l'armée du duc , avaient cantonné leurs soldats dans de petites villes ou des villages aux environs de Sinigaglia ; Oliverotto seul avait conservé à peu près mille fantassins et cent cinquante cavaliers qui avaient leur caserne dans le faubourg par lequel entrait le duc.

A peine César avait-il fait quelques pas vers la ville, qu'il aperçut à la porte Vitellozzo, le duc de Gravina et Orsino qui venaient au-devant de lui ; les deux derniers assez gais et confiants, mais le premier si triste et si abattu, qu'on eût dit qu'il devinait le sort qui l'attendait ; et sans doute, en effet, en avait-il eu quelques pressentiments ; car, au moment où il quitta son armée pour venir à Sinigaglia, il lui avait fait ses adieux comme s'il ne devait pas la revoir, avait recommandé sa famille à ses capitaines, et avait embrassé ses enfants en versant des larmes ; faiblesse qui avait paru étrange à tous de la part d'un si brave condottiere.

Le duc marcha à eux et leur tendit la main en signe d'oubli, et avec un air si loyal et si riant, que Gravina et Orsino ne conservèrent plus aucun doute sur le retour de son amitié, et qu'il n'y eut que Vitellozzo Vitelli qui demeura dans la même tristesse. Au même instant, et comme la chose leur avait été recommandée, les affidés du duc prirent leur place à la droite et à la gauche de ceux qu'ils devaient surveiller, et qui étaient tous là, à l'exception d'Oliverotto, que le duc ne voyait pas et commençait à chercher des yeux avec inquiétude ; mais, en traversant le faubourg, il l'aperçut qui exerçait sa troupe sur la place. Aussitôt il lui dépêcha don Michele et M. d'Enna, qui étaient chargés de lui dire qu'il était imprudent de faire sortir ainsi ses troupes, qui pouvaient se prendre de querelle avec celles du duc et amener une rixe ; que mieux valait, au contraire, les consigner dans leurs casernes et venir rejoindre ses compagnons qui étaient près de César. Oliverotto, que son destin entraînait avec les autres, ne fit aucune objection, ordonna à ses soldats de rentrer dans leurs logements, et mit son cheval au galop, escorté de chaque côté par M. d'Enna et par Michelotto, pour rejoindre César, César, dès qu'il le vit, l'appela, lui tendit la main, et continua sa marche vers le palais qui lui était destiné, ayant ses quatre victimes à sa suite.

Arrivé au seuil, César descendit le premier, et, ayant fait signe au chef de ses gens d'armes d'attendre ses ordres, il entra le premier, suivi d'Oliverotto, de Gravina, de Vitellozzo Vitelli et d'Orsino, chacun toujours accompagné de ses deux acolytes ; mais à peine eurent-ils monté l'escalier et furent-ils entrés dans la première chambre, que la porte se referma derrière eux, et que César se retourna en disant : — Voi à l'heure ! — C'était le signal convenu. Aussitôt chacun des anciens confédérés fut saisi et renversé, et, le poignard sur la gorge, forcé de rendre ses armes.

En même temps, et tandis qu'on les conduisait dans un cachot, César ouvrit la fenêtre, et, s'avançant sur le balcon, cria au chef de ses gens d'armes : — Allez ! — Le chef était prévenu, il s'élança avec sa troupe vers les casernes où l'on venait de consigner les soldats d'Oliverotto, et ceux-ci, surpris sans défiance et à l'improviste, furent aussitôt faits prisonniers ; puis la troupe du duc se mit à piller la ville ; et lui fit appeler Machiavel.

Le duc de Valentinois et l'envoyé de Florence demeurèrent à peu près deux heures enfermés ensemble, et comme Machiavel lui-même raconta le sujet de cette entrevue, nous allons rapporter ses propres paroles :

« Il me fit appeler, dit le légat florentin, et me témoigna, de l'air le plus serein, la joie que lui causait le succès de cette entreprise, dont il m'assura m'avoir parlé la veille, ce que je me rappelai, quoique *je n'eusse pas compris alors ce qu'il me voulait dire* ; il s'expliqua ensuite, en termes très-sensés et pleins de la plus vive affection pour notre ville, sur les divers motifs qui lui faisaient désirer votre alliance, désir auquel il espérait que vous répondriez. Il a fini par m'engager à faire trois invitations à vos seigneuries : la première, que vous vous réjouissiez avec lui d'un événement qui faisait disparaître d'un seul coup les mortels ennemis du roi, les siens et les vôtres, et qui détruisait toutes les semences de trouble et de dissensions propres à dévaster l'Italie ; service qui, joint au refus qu'il avait fait aux prisonniers de marcher contre vous, devait exciter votre reconnaissance à son égard ; la seconde, de vous prier de lui donner, dans cette circonstance, une preuve éclatante de votre amitié, en faisant pousser votre cavalerie vers Borgo, et en y rassemblant des troupes de pied, afin de pouvoir, selon le besoin, marcher avec lui sur Castello ou sur Pérouse. Il désire enfin, et c'est la troisième chose qu'il réclame de vous, que vous fassiez arrêter le duc d'Urbin, s'il se réfugiait de Castello sur vos terres, en apprenant la détention de Vitellozzo. Comme je lui objectais qu'il ne serait point de la dignité de la république de le lui livrer, et que vous n'y consentiriez jamais, il approuva mon observation, et me dit qu'il suffisait que vous le retinssiez et ne lui rendissiez pas la li-

berté sans sa participation. J'ai promis à son excellence de vous mander tout ceci, dont elle attend la réponse. »

La même nuit, huit hommes masqués descendirent dans le cachot où étaient les prisonniers, qui crurent alors que l'heure fatale était venue pour tous. Mais les bourreaux n'avaient affaire pour le moment qu'à Vitellozzo Vitelli et à Oliverotto. Lorsqu'on signifia à ces deux capitaines leur condamnation, Oliverotto éclata en reproches contre Vitellozzo Vitelli, lui disant que c'était lui qui était cause qu'il avait pris les armes contre le duc ; quant à Vitellozzo Vitelli, la seule chose qu'il dit, fut qu'il priait le pape de lui accorder indulgence plénière pour tous ses péchés. Alors, les hommes masqués les firent sortir tous deux, laissant Orsino et Gravina attendre à leur tour un sort pareil, et emmenèrent ces élus de la mort dans un lieu écarté, en dehors des remparts de la ville, où ils furent étranglés, et où on les enterra aussitôt dans deux fosses creusées d'avance à cet effet.

Les deux autres avaient été gardés vivants jusqu'à ce qu'on sût si le pape avait, de son côté, fait arrêter le cardinal Orsino, l'archevêque de Florence et le seigneur de Sainte-Croix : aussi, dès qu'on eut reçu de sa Sainteté la réponse affirmative, Gravina et Orsino, qui avaient été transférés au château de la Pièvre, furent étranglés à leur tour.

Quant au duc, après avoir laissé ses instructions à Michelotto, il était parti de Sinigaglia aussitôt la première exécution faite, en assurant à Machiavel qu'il n'avait jamais eu d'autre pensée que celle de rendre la tranquillité à la Romagne et à la Toscane, et qu'il croyait y avoir réussi par la prise et la mort de ceux-là qui étaient la cause de tous les troubles, et que, quant aux autres révoltes qui pourraient avoir lieu désormais, ce ne seraient plus que des étincelles qu'une goutte d'eau pourrait éteindre.

Le pape eut à peine appris que César tenait ses ennemis entre ses mains, que, pressé à son tour de gagner la même partie, il fit annoncer au cardinal Orsino, quoiqu'il fût minuit, que son fils s'était emparé de Sinigaglia, et qu'il l'invitait à venir le lendemain dès le matin causer avec lui de cette bonne nouvelle. Le cardinal, enchanté de cet accroissement de faveur, n'eut garde de manquer au rendez-vous donné. En conséquence, dès le matin, il monta à cheval pour se rendre au Vatican ; mais, au détour de la première rue, il rencontra le gouverneur de Rome avec un détachement de cavalerie qui le félicita du hasard qui leur faisait faire même route, et l'accompagna jusqu'au seuil du Vatican ; là le cardinal mit pied à terre, et commença de monter l'escalier ; mais à peine fut-il au premier palier, que déjà ses mules et ses équipages étaient saisis et enfermés dans les écuries du palais. De son côté, en entrant dans la salle du Perroquet, il se trouva, ainsi que toute sa suite, environné d'hommes armés, qui le conduisirent à une autre salle qu'on appelait la salle du Vicaire, et où il trouva l'abbé Alviano, le protonotaire Orsino, Jacques Santa-Croce et Rinaldo Orsino, qui étaient prisonniers comme lui ; en même temps le gouverneur recevait l'ordre de s'emparer du château de Monte-Giordano qui appartenait aux Orsini et d'en enlever tous les bijoux, toutes les tentures, tous les meubles et toute l'argenterie qui s'y trouveraient.

Le gouverneur s'acquitta en conscience de cette commission, et apporta au Vatican tout ce dont il s'était emparé, jusqu'au livre de comptes du cardinal. En consultant ce livre, le pape s'aperçut de deux choses : l'une, qu'une somme de deux mille ducats était due au cardinal, sans qu'il y eût le nom du débiteur, et l'autre, que le cardinal avait acheté, trois mois auparavant, pour quinze cents écus romains, une magnifique perle qui ne se retrouvait point parmi les objets qui étaient en son pouvoir : en conséquence, il ordonna qu'à compter de cette heure, et jusqu'au moment où cette négligence dans les comptes du cardinal serait réparée, les hommes qui lui apportaient deux fois par jour à manger, de la part de sa mère, n'entreraient plus au château Saint-Ange. Le même jour, la mère du cardinal envoya au pape les deux mille ducats, et le lendemain, sa maîtresse vint, sous des habits d'homme, apporter elle-même la perle réclamée. Mais sa Sainteté, émerveillée de sa beauté sous ce costume, la lui laissa, à ce qu'on assure, pour le même prix qu'elle l'avait payée une première fois.

Quant au cardinal, le pape permit qu'on lui apportât, comme par le passé, sa nourriture, de sorte qu'il mourut empoisonné le 22 février, c'est-à-dire le surlendemain du jour où ses comptes avaient été réglés.

Le soir de sa mort, le prince de Squillace se mit en route pour prendre possession, au nom du pape, des terres du défunt.

Cependant le duc de Valentinois avait continué sa route vers Città di Castello et Pérouse, et s'était emparé de ces deux villes sans coup férir ; car les Vitelli s'étaient enfuis de la première, et Jean-Paul Baglione avait abandonné la seconde sans même essayer de faire résistance. Restait encore Sienne, où s'était enfermé Pandolfo Petrucci, le seul qui restât de tous ceux qui avaient signé la ligue contre lui.

Mais Sienne était sous la protection des Français. En outre, Sienne n'était pas des États de l'Église, et César n'avait aucun droit sur elle. Il se contenta donc d'exiger que Pandolfo Petrucci quittât la ville et se retirât à Lucques, ce qui fut exécuté.

Alors, tout étant tranquille de ce côté et la Romagne entière étant soumise, César Borgia résolut de retourner à Rome, pour aider le pape à se défaire de ce qui restait des Orsini.

La chose était d'autant plus facile, que Louis XII, ayant éprouvé des revers dans le royaume de Naples, avait désormais trop à s'occuper de ses propres affaires pour s'inquiéter de celles de ses alliés. Aussi César, faisant pour les environs de la capitale du saint-siège ce qu'il venait de faire pour la Romagne, s'empara-t-il successivement de Vicovaro, de Cera, de Palombera, de Lanzano et de Cervetti ; de sorte que, cette conquête achevée, César, n'ayant plus rien à faire et ayant soumis les États pontificaux depuis les frontières de Naples jusqu'à celles de Venise, revint à Rome, pour concerter avec son père les moyens de convertir son duché en royaume.

César y arriva tout juste pour partager avec Alexandre la succession du cardinal Jean Michel, qui venait de mourir empoisonné par un échanson qu'il avait pris des mains du pape.

Le futur roi d'Italie trouva son père préoccupé d'une grande spéculation : il avait, pour la solennité de Saint-Pierre, résolu de faire neuf cardinaux. Or, voilà ce qu'il avait à gagner à cette nomination :

D'abord, les cardinaux nommés laissaient tous des charges vacantes : ces charges retombaient entre les mains du pape, qui les vendait.

Chacun des nouveaux élus achetait son élection plus ou moins cher, selon sa fortune : le prix, laissé au caprice du pape, variait de dix mille à quarante mille ducats.

Enfin, comme, devenus cardinaux, ils avaient, d'après la loi, perdu le droit de tester, le pape n'avait qu'à les empoisonner pour hériter d'eux ; ce qui le mettait dans la position du boucher qui, lorsqu'il a besoin d'argent, n'a qu'à égorger le mouton le plus gras de son troupeau.

La nomination eut lieu : les nouveaux cardinaux furent Giovanni Castellar Valentino, archevêque de Trani ; Francesco Remolino, ambassadeur du roi d'Aragon ; Francesco Soderini, évêque de Volterra ; Melchior Copis, évêque de Brissina ; Nicolas Fiesque, évêque de Fréjus ; Francesco de Sprate, évêque de Leome ; Adriano Castellense, clerc de la chambre, trésorier général et secrétaire des brefs ; Francesco Loris, évêque d'Elva, patriarche de Constantinople et secrétaire du pape ; et Giacomi Casanova, protonotaire et camérier secret de sa Sainteté.

Le prix de leur simonie payé et les charges qu'ils avaient laissées vacantes vendues, le pape fit son choix sur ceux qu'il devait empoisonner ; le nombre fut fixé à trois, un ancien et deux nouveaux : l'ancien était le cardinal Casanova, et les nouveaux messeigneurs Melchior Copis et Adriano Castellense, qui avait pris le nom d'Adrien de Corneto de cette ville où il était né, et qui, dans ses charges de clerc de la chambre, de trésorier général et de secrétaire des brefs, avait amassé une immense fortune.

En conséquence, ces choses arrêtées entre César et le pape, ils firent inviter ceux qu'ils avaient choisis pour être leurs convives à venir souper dans une vigne située près du Vatican, et qui appartenait au cardinal de Corneto ; dès le matin de ce jour, qui était le 2 août, ils avaient envoyé leurs serviteurs et leur maître d'hôtel faire tous les préparatifs, et César avait remis lui-même au sommelier de sa Sainteté deux bouteilles de vin préparé avec cette poudre blanche qui ressemblait à du sucre, et dont il avait si souvent éprouvé les propriétés mortelles, lui recommandant de ne servir ce vin que lorsqu'il le lui dirait et qu'aux personnes qu'il lui indiquerait : à cet effet, le sommelier avait mis le vin sur un buffet à part, recommandant sur toute chose aux valets de ne point y toucher, ce vin étant réservé pour le pape.

Vers le soir, Alexandre VI sortit à pied du Vatican, appuyé sur le bras de César, et se dirigea vers la vigne, accompagné du cardinal Caraffa ; mais, comme la chaleur était grande et la montée un peu rude, le pape, en arrivant sur la plate-forme, s'arrêta un instant pour reprendre haleine ; à peine y était-il, qu'en portant la main sur sa poitrine, il s'aperçut qu'il avait oublié dans sa chambre à coucher une chaîne qu'il avait l'habitude de porter au cou, et à laquelle pendait un médaillon d'or où était enfermée une hostie consacrée. Cette habitude lui venait d'une prédiction qu'un astrologue lui avait faite, que tant qu'il porterait une hostie consacrée, ni le fer ni le poison ne pourraient avoir prise sur lui : se voyant donc séparé de son talisman, il ordonna à monseigneur Caraffa de courir à l'instant même au Vatican, lui indiquant dans quel endroit de sa chambre il l'avait laissé, afin qu'il l'y prît et le lui apportât sans retard. Puis, comme la marche l'avait altéré, tout en faisant signe de la main à son envoyé de hâter le pas, il se retourna vers un valet et lui demanda à boire ; César, qui, de son côté aussi, était altéré, lui commanda d'apporter deux verres.

Or, par un hasard étrange, il était arrivé que le sommelier venait de retourner au Vatican pour y prendre des pêches magnifiques dont on avait fait le jour même cadeau au pape, et qu'il avait oublié d'apporter avec lui ; le valet s'adressa donc au sous-sommelier, lui disant que sa Sainteté et monseigneur le duc de Romagne avaient soif et demandaient à boire. Alors le sous-sommelier, voyant deux bouteilles de vin à part, et ayant entendu dire que ce vin était réservé au pape, prit une des bouteilles, et faisant porter par le valet deux verres sur un plateau, leur versa de ce vin qu'ils burent l'un et l'autre sans se douter

que c'était celui qu'ils avaient préparé eux-mêmes pour empoisonner leurs convives.

Pendant ce temps monseigneur Caraffa courait au Vatican, et, comme il était familier au palais, montait à la chambre du pape, une lumière à la main et sans être accompagné d'aucun domestique. Au tournant d'un corridor le vent souffla la lumière ; néanmoins, renseigné comme il l'était, il continua sa route, pensant qu'il n'avait pas besoin d'y voir pour trouver l'objet qu'il venait chercher ; mais en ouvrant la porte de la chambre, le messager recula d'un pas en jetant un cri de terreur ; une vision terrible venait de lui apparaître : il lui semblait avoir devant les yeux, au milieu de la chambre, entre la porte et le meuble où était le médaillon d'or, Alexandre VI, immobile et livide, couché dans une bière, aux quatre coins de laquelle brûlaient quatre flambeaux. Le cardinal resta un instant les yeux fixes et les cheveux hérissés, n'ayant point la force d'aller ni en avant ni en arrière ; mais, pensant enfin que tout cela était un prestige de ses sens ou une apparition infernale, il fit le signe de la croix en invoquant le saint nom de Dieu : tout s'évanouit aussitôt, flambeaux, bière, cadavre, et la chambre mortuaire rentra dans l'obscurité.

Alors le cardinal Caraffa, celui-là qui a raconté lui-même cet étrange événement et qui fut depuis le pape Paul IV, entra résolûment dans la chambre, et, quoiqu'une sueur glacée lui coulât sur le front, il alla droit au meuble, et dans le tiroir indiqué ayant trouvé la chaîne d'or et le médaillon, il les prit et sortit précipitamment pour les aller reporter au pape. Il trouva le souper servi, les convives arrivés et sa Sainteté prête à se mettre à table : du plus loin qu'elle le vit venir, sa Sainteté, qui était très-pâle, fit un pas vers lui ; Caraffa doubla la marche et présenta à sa Sainteté le médaillon ; mais, au moment où le pape étendait le bras pour le prendre, il se renversa en arrière en jetant un cri qui fut aussitôt suivi de violentes convulsions ; quelques minutes après, et comme il s'avançait pour lui porter secours, César fut saisi du même mal : l'effet avait été plus rapide qu'à l'ordinaire ; car César avait doublé la dose du poison, et l'état de chaleur où ils étaient tous deux quand ils l'avaient pris augmentait sans doute son activité.

On transporta les deux malades côte à côte jusqu'au Vatican, où ils se séparèrent pour aller chacun à son appartement ; à compter de cette heure ils ne se revirent plus.

A peine au lit, le pape fut pris d'une violente fièvre qui ne céda ni aux vomitifs, ni aux saignées, et qui nécessita presque aussitôt l'application des derniers sacrements de l'Église ; cependant l'admirable constitution de son corps, qui semblait avoir trompé la vieillesse, lutta huit jours contre la mort ; enfin, après les huit jours d'agonie, il mourut sans avoir nommé une seule fois ni César ni Lucrèce, qui étaient cependant les deux pôles sur lesquels avaient tourné toutes ses affections et tous ses crimes. Il était âgé de soixante et douze ans et en avait régné onze.

Quant à César, soit qu'il eût moins bu du fatal breuvage que son père, soit que sa jeunesse l'emportât par sa force sur la force du poison, soit enfin, comme l'ont dit quelques-uns, qu'il eût, en rentrant dans son appartement, avalé un contre-poison qui n'était connu que de lui, il ne perdit pas un instant de vue la position terrible où il se trouvait, et ayant fait venir son fidèle Michelotto, avec ceux de ses hommes sur lesquels il pouvait le plus compter, il distribua la troupe dans les diverses chambres qui précédaient la sienne, et ordonna au chef de ne point quitter le pied de son lit, et de dormir couché sur une couverture, et la main sur la poignée de son épée.

Le traitement avait été le même pour César que pour le pape, seulement, aux vomitifs et aux saignées, on avait ajouté des bains étranges, que César avait demandés lui-même, ayant entendu dire qu'ils avaient autrefois, dans un cas pareil, guéri le roi Ladislas de Naples. Quatre poteaux, fortement scellés au parquet et au plafond, s'élevaient dans sa chambre, pareils à cette machine où les maréchaux ferrent les chevaux ; chaque jour un taureau y était amené, renversé sur le dos, et lié par les quatre jambes aux quatre poteaux ; puis, quand il était attaché ainsi, on lui faisait au ventre une entaille d'un pied et demi, par laquelle on tirait les intestins, et César, se glissant dans cette baignoire vivante encore, y prenait un bain de sang ; le taureau mort, César sortait pour être roulé dans des couvertures bouillantes, où, après d'abondantes sueurs, il se sentait presque toujours soulagé.

De deux heures en deux heures César envoyait demander des nouvelles de son père ; à peine eut-il appris qu'il était mort, que, quoique encore mourant lui-même, rappelant cette force de caractère et cette présence d'esprit qui lui étaient habituelles, il ordonna à Michelotto de fermer les portes du Vatican avant que le bruit de cette mort ne fût répandu dans la ville, et défendit qu'on laissât entrer dans l'appartement du pape qui que ce fût, tant qu'on n'en aurait pas enlevé les papiers et l'argent : Michelotto obéit aussitôt, alla trouver le cardinal Casanova, lui mit le poignard sur la gorge, se fit délivrer les clefs des chambres et des cabinets du pape, et, conduit par lui, en enleva deux coffres pleins d'or, qui pouvaient contenir cent mille écus romains en espèces, plusieurs caisses pleines de bijoux, et une grande quantité d'argenterie et de vases précieux ; tout fut transporté dans la chambre de César ; les postes qui le gardaient furent doublés ; puis, les portes du Vatican ayant été rouvertes, on proclama la mort du pape.

Cette mort pour être attendue n'en produisit pas moins un effet terrible par toute la ville, car quoique César fût vivant encore, son état de maladie laissait chacun en suspens : certes, si le vaillant duc de Romagne, si le puissant condottiere qui avait pris en cinq ans trente villes et quinze forteresses, eût été assis, l'épée à la main, sur son cheval de bataille, les choses n'eussent point été un instant flottantes et incertaines; car, ainsi qu'il le dit depuis à Machiavel, son génie ambitieux avait tout prévu pour le jour de la mort du pape, excepté que lui-même serait mourant; mais il était cloué dans son lit, suant son agonie empoisonnée; de sorte que, quoiqu'il eût conservé la pensée, il avait perdu le pouvoir, et qu'il était forcé d'attendre et de subir les événements, tandis qu'il lui aurait fallu marcher au-devant d'eux et les maîtriser.

Il fut donc forcé de régler ses actions, non plus d'après son plan, mais d'après les circonstances. Ses ennemis les plus acharnés, ceux qui pouvaient le serrer de plus près, étaient les Orsini et les Colonna : aux uns il avait pris le sang, aux autres les biens; il s'adressa à ceux à qui il pouvait rendre ce qu'il avait pris, et entama des négociations avec les Colonna.

Pendant ce temps on procédait aux obsèques pontificales; le vice-chancelier avait envoyé des ordres aux membres élevés du clergé, aux supérieurs des couvents et aux confrères des séculiers de ne point manquer, sous peine d'être dépouillés de leurs dignités et offices, de se rendre, selon la coutume ordinaire, chacun avec sa compagnie au Vatican, pour y assister aux funérailles du pape; chacun, en conséquence, se rendit au jour et à l'heure indiqués au palais pontifical, d'où le corps devait être transporté à l'église Saint-Pierre, où il devait être enterré. On trouva le cadavre seul et abandonné dans la chambre mortuaire; car tout ce qui s'appelait Borgia, excepté César, s'était caché, ne sachant pas ce qui allait se passer, et c'était bien fait à eux; car plus tard, un seul ayant été rencontré par Fabio Orsino, celui-ci le poignarda, et, en signe de cette haine qu'ils s'étaient jurée les uns aux autres, se lava la bouche et les mains avec son sang.

L'agitation au reste était si grande dans Rome, qu'au moment où le cadavre d'Alexandre VI allait entrer dans l'église, il s'éleva une de ces rumeurs comme il en passe tout à coup par les airs dans les temps d'orages populaires, ce qui produisit à l'instant même un si grand trouble dans le cortège, que les gardes se rangèrent en bataille, que le clergé se réfugia dans la sacristie, et que le porteur ayant laissé tomber la bière, et le peuple ayant arraché le drap qui la recouvrait, le cadavre se trouva découvert, et chacun put voir de plus près et impunément celui qui, quinze jours auparavant, faisait, d'un bout du monde à l'autre, trembler princes, rois et empereurs.

Cependant, par cette religion du sépulcre que chacun éprouve instinctivement et qui est la seule qui survive aux autres dans le cœur même de l'athée, la bière fut reprise et portée au pied du grand autel de Saint-Pierre, où, soulevée sur des tréteaux, elle fut exposée à la vue du public; mais le pape était devenu si noir, si difforme et si enflé, qu'il était horrible à voir : son nez laissait échapper une matière sanguinolente, sa bouche béait hideusement, et sa langue était si monstrueusement enflée qu'elle en remplissait toute la cavité; à cet aspect effroyable, il se joignait une fétidité si grande, que quoique l'on ait coutume, aux funérailles des papes, de baiser la main qui porta l'anneau du pêcheur, pas un ne se présenta pour donner au représentant de Dieu sur la terre cette marque de religion et de respect.

Vers les sept heures du soir, c'est-à-dire quand le jour tombant ajoute encore une si grande tristesse au silence des églises, quatre crocheteurs et deux ouvriers charpentiers portèrent le cadavre dans la chapelle où il devait être enterré, et, l'ayant enlevé dans son catafalque de parade, le couchèrent dans la bière qui devait être son dernier palais; mais il se trouva que la bière était trop courte, de sorte que le corps n'y put tenir qu'en lui ployant les jambes et en les faisant entrer à grands coups de poings; alors les charpentiers posèrent le couvercle, et tandis que l'un d'eux était assis dessus, pour forcer les genoux de plier, les autres la clouèrent au milieu de ces plaisanteries shakespeariennes, dernière oraison qui retentit à l'oreille des puissants; puis il fut, dit Tommaso Tommasi, placé à gauche du grand autel Saint-Pierre, sous une assez vilaine tombe.

Le lendemain, on trouva cette épitaphe écrite sur la pierre :

VENDIT ALEXANDER CLAVES, ALTARIA, CHRISTUM :
EMERAT ILLE PRIUS, VENDERE JURE POTEST.

C'est-à-dire :

Alexandre vendit les clefs, l'autel et le Christ :
Au reste, il les pouvait vendre, les ayant achetés auparavant.

Par l'effet que la mort d'Alexandre VI avait produit à Rome, on peut juger de celui qu'elle produisit non-seulement dans toute l'Italie, mais encore dans le reste du monde; un instant l'Europe plia, car la colonne qui soutenait la voûte de l'édifice politique s'était écroulée, et l'astre, aux regards de flamme et aux rayons sanglants, autour duquel tout gravitait depuis onze ans, venait de s'éteindre; si bien que

le monde, frappé tout à coup d'immobilité, demeura un instant dans les ténèbres et le silence.

Cependant, après le premier moment de stupeur, tout ce qui avait une injure à venger se souleva et accourut à la curée. Sforza reprit Pesaro, Baglione Pérouse, Gui d'Ubaldo Urbin, et la Rovère Sinigaglia; les Vitelli rentrèrent dans Città di Castello, les Appiani dans Piombino, et les Orsini à Monte Giordano et dans leurs autres Etats : la Romagne seule resta immobile et fidèle, car le peuple, qui n'a rien à juger dans les querelles des grands, pourvu qu'elles ne descendent pas jusqu'à lui, n'avait jamais été aussi heureux que sous le gouvernement de César.

Quant aux Colonna, ils s'étaient engagés à garder la neutralité, moyennant quoi ils avaient été remis en possession de leurs châteaux et de leurs cités de Chinazzano, de Capo d'Anno, de Frascati, de Rocca di Papa et de Nettuno, qu'ils trouvèrent en meilleur état qu'ils ne les avaient quittées, le pape les ayant fait embellir et fortifier.

César, au reste, tenait toujours le Vatican avec ses troupes, qui, fidèles à sa mauvaise fortune, veillaient autour du palais, où il se tordait sur son lit de douleur en rugissant comme un lion blessé : de leur côté, les cardinaux, qui, au lieu de veiller aux obsèques du pape, s'étaient dans leur première terreur dispersés, chacun de son côté, commencèrent à se réunir tantôt à la Minerve, tantôt chez le cardinal Caraffa. Effrayés des forces qui restaient à César et surtout de ce que le commandement en était remis à Michelotto, ils réunirent tout ce qu'ils avaient d'argent pour lever de leur côté une armée de deux mille soldats dont Charles Tauco fut nommé chef, avec le titre de capitaine du sacré collège : on espérait donc que la tranquillité était rétablie, lorsqu'on apprit que Prosper Colonna arrivait avec trois mille hommes du côté de Naples, et Fabio Orsino du côté de Viterbe avec deux cents chevaux et plus de mille fantassins. En effet, ils entrèrent dans Rome, à un jour de distance l'un de l'autre seulement, tant chacun d'eux y était amené par une ardeur pareille.

Ainsi il y avait dans Rome cinq armées en présence les unes des autres : l'armée de César, qui tenait le Vatican et le Borgo; l'armée de l'évêque de Nicastro, qui avait reçu d'Alexandre la garde du château Saint-Ange et qui, s'y étant enfermé, refusait de le rendre; l'armée du sacré collège, qui stationnait aux environs de la Minerve; l'armée de Prosper Colonna, qui était campée au Capitole; et l'armée de Fabio Orsino, qui s'était casernée à la Ripetta.

De leur côté, les Espagnols s'étaient avancés jusqu'à Terracine, et les Français jusqu'à Nepi.

Les cardinaux comprirent que Rome était sur une mine que la moindre étincelle pouvait faire sauter : ils réunirent les ambassadeurs de l'empereur d'Allemagne, des rois de France et d'Espagne et de la république de Venise, pour qu'ils élevassent la voix au nom de leurs maîtres. Les ambassadeurs, pénétrés de l'urgence de la situation, commencèrent par déclarer le sacré collège inviolable; puis ils ordonnèrent aux Orsini, aux Colonna et au duc de Valentinois de quitter Rome et de se retirer chacun de son côté.

Les Orsini se soumirent les premiers à cet ordre : le lendemain leur exemple fut suivi par les Colonna. Il ne restait donc plus que César, qui consentait, disait-il, à sortir, mais qui auparavant voulait faire ses conditions : si on le lui refusait, il déclarait que les caves du Vatican étaient minées, et qu'il se ferait sauter avec ceux qui viendraient pour le prendre. On savait qu'il n'avançait rien qu'il ne fût capable de faire : on traita avec lui.

Il fut convenu que César sortirait de Rome avec son armée, son artillerie et ses bagages, et que, pour plus grande certitude qu'il ne serait attaqué ni molesté dans les rues de Rome, le sacré collège adjoindrait à sa troupe quatre cents fantassins qui, en cas d'attaque ou d'insulte, combattraient pour lui.

De son côté, César promit qu'il se retirerait à dix milles de Rome tout le temps que durerait le conclave, et qu'il n'entreprendrait rien ni contre cette ville ni contre aucune autre des états ecclésiastiques; Fabio Orsino et Prosper Colonna avaient pris le même engagement. L'ambassadeur de Venise avait répondu pour les Orsini, l'ambassadeur d'Espagne pour les Colonna, l'ambassadeur de France répondit pour le duc de Valentinois.

Au jour et à l'heure dits, César fit d'abord partir son artillerie, qui se composait de dix-huit pièces de canon, accompagnées par les quatre cents fantassins du sacré collège, à chacun desquels il fit donner un ducat : derrière l'artillerie, venaient cent chariots escortés par son avant-garde.

Le duc sortit par la porte du Vatican : il était couché sur un lit couvert d'un dais d'écarlate, supporté par douze de ses hallebardiers, se tenant accoudé sur des coussins, afin que chacun pût voir son visage, dont les lèvres étaient violettes et les yeux injectés de sang : il avait auprès de lui son épée nue, pour indiquer que, tout faible qu'il était, il s'en servirait au besoin; son meilleur cheval de bataille, caparaçonné de velours noir, avec ses armes brodées dessus, marchait près de son lit, conduit par un page, afin qu'il pût sauter en selle en cas d'attaque ou de surprise; devant et derrière lui, à sa droite et à sa gauche, marchait son armée, les armes hautes, mais sans que les tambours battissent, ni que les trompettes sonnassent, ce qui donnait quelque chose de profondément funèbre à tout ce cortège, qui, à la porte de la ville, trouva Prosper Colonna, qui l'attendait avec une troupe considérable.

César crut d'abord que, manquant à sa parole, comme il avait lui-même si souvent manqué à la sienne, Prosper Colonna allait l'attaquer. Il ordonna aussitôt de faire halte, et s'apprêta à monter à cheval ; mais Prosper Colonna, voyant quelle crainte avait pris César, s'avança seul jusqu'auprès du lit : il venait, au contraire, lui offrir de l'escorter, craignant pour lui quelque embûche de Fabio Orsino, qui avait hautement juré qu'il vengerait la mort de Paul Orsino son père, ou qu'il y perdrait son honneur. César remercia Colonna, mais il lui répondit que, du moment où Orsino était seul, il ne le craignait pas. Alors Prosper Colonna salua le duc, et rejoignit sa troupe, avec laquelle il se dirigea vers Albano, tandis que César prenait le chemin de Città Castellana, qui lui était restée fidèle.

Là, César se retrouva non-seulement maître de son sort, mais encore arbitre de celui des autres : sur les vingt-deux voix qu'il avait au sacré collège, douze lui étaient restées fidèles, et comme le conclave se composait en tout de trente-sept cardinaux, il pouvait avec ses douze voix faire pencher la majorité du côté qui lui plairait. Il se trouva donc courtisé à la fois par le parti espagnol et par le parti français, chacun de son côté désirant faire élire un pape de sa nation. César écouta tout sans rien promettre ni refuser, et donna ses douze voix à François Piccolomini, cardinal de Sienne, une des créatures de son père, qui était resté son ami, et qui fut élu pape le 8 octobre, sous le nom de Pie III.

César ne s'était pas trompé dans son espérance : à peine élu, Pie III lui envoya un sauf-conduit pour rentrer dans Rome ; le duc y reparut avec deux cent cinquante hommes d'armes, deux cent cinquante chevau-légers, huit cents fantassins, et alla loger en son palais ; ses soldats campèrent à l'entour.

Pendant ce temps, les Orsini, poursuivant leurs projets de vengeance contre César, levaient force troupes à Pérouse et dans les environs, pour le venir attaquer jusque dans Rome, et comme ils croyaient voir que la France, au service de laquelle ils s'étaient engagés, ménageait le duc, à cause de ses douze voix sur lesquelles elle comptait pour faire élire, au prochain conclave, le cardinal d'Amboise, ils passèrent au service des Espagnols.

En même temps César signait un nouveau traité avec Louis XII, par lequel il s'engageait à le soutenir de toutes ses forces, et même de sa personne, aussitôt qu'il pourrait remonter à cheval, dans le maintien de sa conquête de Naples ; de son côté, Louis XII lui garantissait la possession des états qu'il tenait encore, et lui promettait son aide pour recouvrer ceux qu'il avait perdus.

Le jour où ce traité fut connu, Gonzalve de Cordoue fit publier à son de trompe, dans les rues de Rome, l'ordre à tout sujet du roi d'Espagne, servant dans une armée étrangère, de rompre à l'instant même son engagement sous peine d'être traité comme coupable de haute trahison.

Cette mesure enleva au duc de Valentinois dix ou douze de ses meilleurs officiers et près de trois cents soldats.

Alors les Orsini, voyant son armée ainsi réduite, entrèrent dans Rome, soutenus par l'ambassadeur d'Espagne, et citèrent César devant le pape et le sacré collège, pour qu'il eût à y rendre compte de ses crimes.

Fidèle à ses engagements, Pie III répondit qu'en sa qualité de prince souverain, le duc de Valentinois, pour son administration temporelle, ne relevait que de lui-même et ne devait compte de ses actions qu'à Dieu.

Cependant, comme ce pape sentait que, malgré toute sa bonne volonté, il ne pourrait peut-être pas protéger longtemps le duc de Valentinois contre ses ennemis, il lui donna le conseil de tâcher de se réunir à l'armée française qui s'avançait toujours vers Naples, et au milieu de laquelle seulement il serait en sûreté. César résolut de se retirer à Bracciano, où Jean-Jordan Orsino, qui l'avait autrefois accompagné en France, et qui était le seul de sa famille qui ne se fût pas déclaré contre lui, lui offrait un asile au nom du cardinal d'Amboise ; il ordonna donc un matin à ses troupes de se mettre en marche pour cette ville, et, se plaçant au milieu d'elles, il sortit de Rome.

Mais, si secret que César eût tenu son dessein, les Orsini en avaient été prévenus, et ayant fait, dès la veille, sortir tout ce qu'ils avaient de troupes par la porte de San Pancracio, ils avaient, en prenant un long détour, coupé le chemin au duc de Valentinois : de sorte qu'en arrivant à la Storta, il trouva, en bataille et l'attendant, l'armée des Orsini qui était de moitié au moins supérieure à la sienne.

César comprit qu'engager le combat, faible comme il l'était encore, c'était courir droit à sa perte ; aussi ordonna-t-il à ses troupes de se retirer, et, comme c'était un excellent stratégiste, il échelonna si habilement sa retraite, que ses ennemis le suivirent, mais n'osèrent point l'attaquer, et qu'il rentra dans la ville pontificale sans avoir perdu un seul homme.

Cette fois César descendit droit au Vatican, pour se placer encore plus directement sous la protection du pape ; il distribua ses soldats autour du palais pontifical, de manière à en garder toutes les issues. En effet, les Orsini, décidés à en finir avec César, avaient résolu de l'attaquer partout où il serait et sans respect pour la sainteté du lieu :

ce qu'ils tentèrent, mais sans succès, tant, de tous les côtés, les troupes de César firent bonne garde et présentèrent bonne défense.

Alors les Orsini, qui n'avaient pu forcer les portes du château Saint-Ange, espérèrent avoir meilleur marché du duc en sortant de Rome et en revenant l'attaquer par la porte Torione ; mais César avait prévu ce mouvement, et ils trouvèrent la porte barricadée et gardée. Ils n'en poursuivirent pas moins leur dessein, remettant à la force ouverte la vengeance qu'ils devaient obtenir de la ruse ; et ayant surpris les approches de la porte, ils y mirent le feu ; ce passage ouvert, ils pénétrèrent dans les jardins du château, où ils trouvèrent César les attendant à la tête de sa cavalerie.

En face du danger, le duc avait retrouvé toutes ses forces ; aussi se précipita-t-il le premier sur ses ennemis, en appelant Orsino à grands cris, afin d'en finir avec lui s'il le rencontrait ; mais ou Orsino ne l'entendit point ou n'osa le combattre ; de sorte qu'après une lutte acharnée, César, qui était numériquement des deux tiers plus faible que son ennemi, vit sa cavalerie taillée en pièces, et, après avoir fait personnellement des miracles de force et de courage, fut obligé de rentrer au Vatican.

Il y trouva le pape à l'agonie : las de lutter contre la parole engagée par ce vieillard au duc de Valentinois, les Orsini, par l'entremise de Pandolfo Petrucci, avaient gagné le chirurgien du pape, qui lui avait mis, sur une plaie qu'il avait à la jambe, un emplâtre empoisonné.

Le pape était donc expirant quand César, tout couvert de poussière et de sang, entra dans sa chambre, poursuivi par ses ennemis, qui s'étaient arrêtés qu'aux murs du palais même, derrière lesquels les maintenaient encore les débris de son armée.

Pie III, qui sentait qu'il allait mourir, se souleva sur son lit, remit à César la clef du corridor qui conduisait au château Saint-Ange, et un ordre au gouverneur de le recevoir, lui et sa famille, de le défendre jusqu'à la dernière extrémité, et de le laisser sortir lorsque bon lui semblerait : puis il retomba évanoui sur son lit.

César prit par la main ses deux filles, et, suivi des petits ducs de Sermoneta et de Nepi, se réfugia dans le dernier asile qui lui était ouvert.

La même nuit le pape mourut : il avait régné vingt-six jours seulement.

Comme il venait d'expirer, et, sur les deux heures du matin, César, qui s'était jeté tout habillé sur son lit, entendit ouvrir la porte de sa chambre : ne sachant pas ce qu'on avait à faire chez lui à cette heure, il se souleva sur son coude en cherchant de l'autre main la poignée de son épée ; mais au premier coup d'œil il reconnut le nocturne visiteur : c'était Julien de la Rovère.

Tout brûlé par le poison, tout abandonné de ses troupes, tout tombé du faîte de sa puissance qu'il était, César, qui ne pouvait plus rien pour lui-même, pouvait encore faire un pape : Julien de la Rovère venait lui acheter les voix de ses douze cardinaux.

César posa ses conditions, qui furent acceptées.

Une fois élu, Julien aiderait César à reconquérir ses états de la Romagne ; César resterait général de l'Église ; enfin François-Marie de la Rovère, préfet de Rome, épouserait une des filles de César.

A ces conditions, César vendit ses douze cardinaux à Julien.

Le lendemain, sur la demande de Julien, le sacré collège ordonna aux Orsini de s'éloigner de Rome tout le temps que durerait le conclave.

Le 31 octobre 1503, au premier tour de scrutin, Julien de la Rovère fut élu pape, et prit le nom de Jules II.

A peine installé au Vatican, son premier soin fut d'y appeler auprès de lui César, auquel il rendit son ancien logement : alors, comme le duc entrait en pleine convalescence, il commença de s'occuper du rétablissement de ses affaires, qui s'étaient fort empirées depuis quelque temps.

C'est que la défaite de son armée et son entrée au château Saint-Ange, où on le croyait prisonnier, avaient amené de grands changements en Romagne. Césène s'était remise sous la puissance de l'Église, dont elle avait dépendu autrefois ; Jean Sforza était rentré à Pesaro ; Ordelafi s'était emparé de Forli ; Malatesta réclamait Rimini ; les habitants d'Imola avaient massacré leur gouverneur, et la ville était partagée entre deux opinions, l'une qui voulait qu'on se remît au pouvoir des Riarii, l'autre qu'on se donnât à l'Église ; Faenza était restée fidèle plus longtemps qu'aucune autre ; mais enfin, perdant l'espoir de voir César recouvrer sa puissance, elle avait appelé François, fils naturel de Galeotto Manfredi, seul et dernier héritier de cette malheureuse famille, dont tous les descendants légitimes avaient été massacrés par Borgia.

Il est vrai de dire que les forteresses de ces différentes places n'avaient point partagé ces révolutions et étaient demeurées immuablement fidèles au duc de Valentinois.

Aussi n'était-ce pas précisément la défection de ces villes que, grâce à leurs forteresses, on pouvait reconquérir, qui inquiétait César et Jules II : c'était le dévolu que Venise avait jeté sur elles.

En effet, Venise avait, au printemps de la même année, signé son traité de paix avec les Turcs : de sorte que, débarrassée de son éternel ennemi, elle venait de ramener ses forces vers la Romagne, qu'elle avait toujours convoitée ; ses troupes avaient été acheminées vers

Ravenne, dernière place de ses États, et avaient été mises sous le commandement de Jacob Veniori, qui avait manqué de prendre Césène par surprise, et qui n'avait échoué que par le courage de ses habitants ; mais cet échec avait été bientôt compensé par la reddition des forteresses du val de Lamone, et de Faenza, par la prise de Forlimpopoli, et par la reddition de Rimini, que Pandolphe Malatesta, son seigneur, échangea contre la seigneurie de Citadella, dans l'État de Padoue, et le rang de gentilhomme vénitien.

Alors César fit une proposition à Jules II : c'était de faire à l'Église une cession momentanée de ses États de la Romagne, afin que le respect que les Vénitiens portaient à la juridiction pontificale sauvât ces villes de leurs entreprises ; mais, dit Guicciardini, Jules II, eu qui l'ambition, si naturelle aux souverains, n'avait pas encore étouffé les restes de la probité, refusa de recevoir les places, de peur de s'exposer à la tentation de les retenir plus tard contre ses promesses.

Cependant, comme les circonstances étaient urgentes, il proposa à César de quitter Rome, d'aller s'embarquer à Ostie et de passer par mer à la Spezzia, où devait le recevoir Michelotto, à la tête de cent hommes d'armes et de cent chevau-légers, seuls restes de sa magnifique armée, et de là, de se rendre par terre à Ferrare, et de Ferrare à Imola, où, une fois arrivé, il jetterait assez haut son cri de guerre, pour que ce cri fût entendu de toute la Romagne.

C'était un conseil selon le cœur de César ; aussi César accepta-t-il à l'instant même.

Cette résolution soumise au sacré collège fut approuvée par lui, et César partit pour Ostie, accompagné de Barthélemy de la Rovère, neveu de sa Sainteté.

César se croyait enfin libre, et se voyait d'avance sur son bon cheval de bataille, menant une seconde fois la guerre par tous ces lieux où il avait déjà combattu, lorsqu'en arrivant à Ostie, il y fut rejoint par les cardinaux de Sorrente et de Volterra, qui venaient, au nom de Jules II, lui demander la remise de ces mêmes citadelles que trois jours auparavant il avait refusées ; c'est que dans l'intervalle le pape venait d'apprendre que les Vénitiens avaient fait de nouveaux envahissements, et avait reconnu que le moyen proposé par César était le seul qui pût les arrêter.

Mais ce fut à son tour César qui refusa, inquiet de ces tergiversations et craignant qu'elles ne cachassent un piège : il déclara en conséquence que la cession que lui demandait le pape était inutile, puisqu'avec l'aide de Dieu il serait en Romagne avant huit jours. Les cardinaux de Sorrente et de Volterra retournèrent donc à Rome avec un refus.

Le lendemain matin, au moment où César mettait le pied sur la galère où il allait s'embarquer, il fut arrêté au nom de Jules II.

César crut d'abord que c'en était fait de lui ; il était habitué à ces façons de faire, et savait quelle courte distance il y a entre la prison et la tombe ; la chose était d'autant plus facile vis-à-vis de lui, que certes le pape, s'il l'eût voulu, n'eût point manqué de prétextes pour lui faire son procès. Mais le cœur de Jules II était d'une autre trempe que le sien, facile à la colère, mais ouvert à la clémence ; de sorte qu'au moment où le duc de Valentinois rentra à Rome, ramené par ses gardes, l'irritation momentanée qu'avait causée son refus à Jules II étant déjà calmée, il fut reçu par le pape dans son palais et avec ses manières accoutumées et sa courtoisie ordinaire, quoique dès le même jour il lui fût facile de voir qu'il était gardé à vue. En retour de ce bon accueil, César consentit à faire au pape la cession de la forteresse de Césène, comme d'une ville qui, ayant appartenu à l'Église, retournait à l'Église ; et remettant cet acte, signé par César, à l'un de ses capitaines, que l'on nommait Pierre d'Oviedo, Jules II lui ordonna d'aller prendre possession de cette forteresse au nom du saint-siège. Pierre d'Oviedo obéit, et, partant aussitôt pour Césène, il se présenta muni de son acte devant don Diego Chignone, noble condottiere espagnol, qui tenait la forteresse au nom du duc de Valentinois. Mais, après avoir pris lecture du papier que lui remettait Pierre d'Oviedo, don Chignone répondit que, comme il savait son maître et seigneur prisonnier, ce serait infâme à lui d'obéir à un ordre selon toute probabilité arraché par la violence, et que, quant à celui qui l'avait apporté, il méritait la mort pour s'être chargé d'une aussi lâche commission : en conséquence, il ordonna à ses soldats de s'emparer de Pierre d'Oviedo et de le jeter du haut en bas des murailles ; ce qui fut exécuté à l'instant même.

Ce trait de fidélité faillit devenir fatal à César : en apprenant le traitement fait à son messager, le pape entra dans une si grande colère, qu'une seconde fois son prisonnier se crut perdu ; de sorte que, pour racheter sa liberté, il fit le premier à Jules II des propositions nouvelles, qui furent rédigées en traité et validées par une bulle. Par ces conventions, le duc de Valentinois était tenu de consigner entre les mains de sa Sainteté, dans le délai de quarante jours, les forteresses de Césène et de Bertinoro, et de donner les contre-seings de celle de Forli : le tout avec la garantie de deux banquiers de Rome, qui devaient répondre d'une somme de quinze mille ducats, montant des dépenses que le gouverneur prétendait avoir faites dans la place pour le compte du duc.

De son côté, le pape s'engageait à faire conduire César à Ostie sous la seule garde du cardinal de Sainte-Croix et de deux officiers, qui lui rendraient liberté entière le jour même où ses engagements seraient remplis : dans le cas contraire, César serait ramené à Rome et constitué prisonnier au château Saint-Ange.

En exécution de ce traité, César descendit le Tibre jusqu'à Ostie, accompagné du trésorier du pape et de plusieurs de ses serviteurs : le cardinal de Sainte-Croix partit après lui, et l'y rejoignit le même jour.

Cependant comme César craignait qu'après la remise de ses forteresses à Jules II, malgré la parole donnée, ne le retint prisonnier, il fit demander par l'intermédiaire des cardinaux Borgia et Remolino, qui, ne se croyant pas en sûreté à Rome, s'étaient retirés à Naples, un sauf-conduit à Gonzalve de Cordoue et deux galères pour aller le rejoindre : courrier par courrier le sauf-conduit arriva, annonçant que les galères ne tarderaient pas à le suivre.

Sur ces entrefaites, le cardinal de Sainte-Croix ayant appris que, sur l'ordre du duc, les gouverneurs de Césène et de Bertinoro avaient fait la remise de ces forteresses aux capitaines de sa Sainteté, il se relâcha peu à peu de sa rigidité envers son prisonnier, et commença, comme il croyait que la liberté lui devait être rendue un jour ou l'autre, à le laisser sortir sans garde. César alors, craignant qu'il ne lui arrivât, au moment de s'embarquer sur les galères de Gonzalve, ce qui lui était arrivé lorsqu'il avait mis le pied sur celles du pape, c'est-à-dire, qu'il ne fût arrêté une seconde fois, se cacha dans une maison hors de la ville ; et lorsque la nuit fut venue, montant un mauvais cheval de paysan, il gagna Nettuno, où, ayant loué une petite barque, il s'embarqua pour Mont-Dragone et de là gagna Naples. Gonzalve le reçut avec une si grande joie, que César se trompa à son motif, et cette fois se crut enfin sauvé. Cette confiance redoubla lorsque, s'étant ouvert de ses desseins à Gonzalve, et lui ayant dit qu'il comptait gagner Pise, et de là passer en Romagne, Gonzalve lui permit de recruter à Naples autant de soldats qu'il lui conviendrait, lui promettant deux galères pour s'embarquer avec eux. César, trompé à ces démonstrations, s'arrêta près de six semaines à Naples, voyant chaque jour le gouverneur espagnol et discutant avec lui ses projets et ses plans. Mais Gonzalve ne l'avait retenu ainsi que pour avoir le temps de prévenir le roi d'Espagne que son ennemi était entre ses mains ; de sorte que, se croyant au moment de son départ et ayant déjà fait embarquer ses troupes sur ses deux galères, César se rendit au château pour prendre congé de Gonzalve. Le gouverneur espagnol le reçut avec sa courtoisie ordinaire, lui souhaita t utes sortes de prospérités, et l'embrassa en le quittant ; mais, à la porte du château, César trouva un des capitaines de Gonzalve nommé Nunho Campejo, qui l'arrêta en lui disant qu'il était prisonnier de Ferdinand le Catholique. À ces paroles, César poussa un profond soupir, et maudit sa fortune, qui l'avait poussé à se fier à la parole d'un ennemi, lui qui avait manqué si souvent à la sienne.

César fut immédiatement conduit au château, où la porte de la prison se referma sur lui, sans qu'il eût l'espoir que personne vînt à son aide ; car le seul être dévoué qui lui restât au monde était Michelotto, et il avait appris que Michelotto avait été arrêté du côté de Pise par ordre de Jules II.

Pendant que l'on conduisait César en prison, un officier se rendait chez lui pour y reprendre le sauf-conduit que lui avait donné Gonzalve.

Le lendemain de son arrestation, qui avait eu lieu le 27 mai 1504, César fut mené à bord d'une galère, qui leva l'ancre aussitôt, et fit voile pour l'Espagne : pendant toute la traversée, il n'avait avec lui qu'un page pour le servir ; et, aussitôt son débarquement, il fut conduit au château de Medina del Campo.

Dix ans après, Gonzalve, proscrit à son tour, avouait à Loxa, sur son lit de mort, qu'au moment de paraître devant Dieu, deux actions pesaient cruellement à sa conscience : l'une était sa trahison envers Ferdinand, l'autre son manque de parole envers César.

César resta deux ans en prison, espérant toujours que Louis XII le réclamerait comme pair du royaume de France ; mais Louis XII, consterné de la perte de la bataille du Garigliano, qui lui enlevait le royaume de Naples, avait assez de ses propres affaires sans s'occuper de celles de son cousin. Le prisonnier commençait donc à désespérer, lorsqu'un jour, en rompant son pain pour déjeuner, il y trouva une lime, une fiole contenant une liqueur narcotique, et un billet de Michelotto qui lui annonçait qu'étant sorti de prison, il avait quitté l'Italie, l'avait suivi en Espagne, et était caché avec le comte de Benévent dans le village voisin ; il ajoutait qu'à compter du lendemain, ils l'attendraient, lui et le comte, toutes les nuits sur le chemin de la forteresse au village avec trois excellents chevaux ; maintenant c'était à lui de tirer de sa lime et de sa fiole le meilleur parti possible. Quand le monde entier avait abandonné le duc de Romagne, un sbire s'était souvenu de lui.

La prison où il était enfermé depuis deux ans pesait trop à César pour qu'il perdît un seul instant ; aussi le même jour il attaqua un barreau de sa fenêtre, qui donnait sur une cour intérieure, et parvint facilement à le mettre en tel état, qu'il ne fallait qu'une dernière secousse pour le détacher. Mais, outre que la fenêtre était élevée de soixante-dix pieds à peu près, on ne pouvait sortir de la cour que par une issue réservée au gouverneur, et dont lui seul avait la clef, encore cette clef ne le quittait-elle jamais ; le jour, elle était suspendue à sa ceinture ; la nuit, déposée sous son chevet : là donc était la principale difficulté.

Cependant, tout prisonnier qu'il était, César avait toujours été traité avec les égards dus à son nom et à son rang : chaque jour, à l'heure du dîner, on le venait prendre dans la chambre qui lui servait de prison, pour le conduire chez le gouverneur, qui lui faisait les honneurs de sa table en noble et courtois chevalier. Il est vrai de dire aussi que don Manuel était un vieux capitaine ayant servi avec honneur le roi Ferdinand, ce qui faisait que, tout en gardant César selon la rigueur des ordres reçus, il avait un grand respect pour un si brave général et écoutait avec grand plaisir le récit de ses batailles. Il avait donc souvent insisté pour que César non-seulement dînât, mais encore déjeunât avec lui ; heureusement que le prisonnier, par pressentiment peut-être, avait refusé jusqu'alors cette faveur ; et bien lui en avait pris, puisque, grâce à sa solitude, il avait pu recevoir les instruments d'évasion que Michelotto lui avait envoyés.

Or, il arriva que, le jour même où il les avait reçus, César, en remontant chez lui, fit un faux pas et se foula le pied ; à l'heure du dîner, il essaya de descendre ; mais il prétendit souffrir si cruellement qu'il y renonça. Le gouverneur vint le voir dans sa chambre et le trouva étendu sur son lit.

Le lendemain, César ne se trouvant pas mieux, le gouverneur lui fit servir à dîner, et vint le voir comme la veille ; il trouva son prisonnier si triste et si ennuyé de cette solitude, qu'il lui offrit de venir partager son souper avec lui : César accepta avec reconnaissance.

Cette fois, c'était le prisonnier qui faisait les honneurs à son hôte ; aussi César fut-il d'une courtoisie charmante ; le gouverneur voulut profiter de cet abandon pour lui faire quelques questions sur la manière dont il avait été arrêté, et lui demanda en vieux Castillan, pour qui l'honneur est encore quelque chose, la vérité sur le manque de foi de Gonzalve et de Ferdinand vis-à-vis de lui. César se montra on ne peut plus disposé à lui faire une confidence entière ; mais il lui indiqua par un signe que les valets étaient de trop. Cette précaution paraissait si naturelle, que le gouverneur n'en prit aucun ombrage et s'empressa de renvoyer tout le monde, afin de rester au plus vite en tête-à-tête avec son convive. Lorsque la porte fut refermée, César remplit son verre et celui du gouverneur, en proposant la santé du roi : le gouverneur lui fit raison ; César commença aussitôt son récit ; mais à peine fut-il au tiers, que, si intéressant qu'il fût, les yeux de son hôte se fermèrent comme par magie, et qu'il se laissa aller sur la table profondément endormi.

Au bout d'une demi-heure, les serviteurs, n'entendant plus aucun bruit, rentrèrent et trouvèrent les deux convives l'un sur la table et l'autre dessous : ce n'était point un événement assez extraordinaire pour qu'ils y accordassent une grande attention ; aussi se contentèrent-ils de porter don Manuel dans sa chambre, et César sur son lit ; puis, remettant au lendemain la desserte du souper, ils refermèrent la porte avec le plus grand soin, laissant le prisonnier seul.

César resta encore un instant immobile et en apparence plongé dans le plus profond sommeil ; mais, lorsqu'il eut entendu les pas s'éloigner, il souleva doucement la tête, ouvrit les yeux, se laissa glisser de son lit, marcha vers la porte, lentement, il est vrai, mais sans paraître aucunement se ressentir de l'accident de la veille, demeura quelques minutes l'oreille appuyée à la serrure ; puis, relevant la tête avec une expression de fierté indéfinissable, il s'essuya le front avec la main, et pour la première fois depuis la sortie de ses gardes, respira librement et à pleine poitrine.

Il n'y avait pas de temps à perdre ; son premier soin fut de fermer au si solidement la porte en dedans qu'elle était fermée en dehors, de souffler sa lampe, d'ouvrir la fenêtre et d'achever de scier son barreau. Cette opération terminée, il détacha les bandes qui comprimaient sa jambe, arracha les rideaux de sa fenêtre et ceux de son lit, les déchira par lanières, y ajouta les draps, la nappe, les serviettes, et, grâce à tous ces objets réunis et placés bout à bout, forma une corde de cinquante à soixante pieds de longueur, fit des nœuds de distance en distance, fixa la corde solidement, et par une de ses extrémités, au barreau voisin de celui qu'il venait de couper ; puis, montant sur la fenêtre, il commença de mettre à exécution la partie vraiment périlleuse de l'entreprise, en se cramponnant des pieds et des mains à ce frêle conducteur. Heureusement César était aussi fort qu'adroit ; aussi parcourut-il toute la longueur de la corde sans accident ; mais, arrivé à son extrémité, suspendu au dernier nœud, il chercha en vain la terre sous ses pieds ; la corde était trop courte.

La situation était terrible ; l'obscurité de la nuit ne permettait pas au fugitif de distinguer à quelle distance il pouvait être encore du sol,

Suspendu au dernier nœud il chercha en vain la terre sous ses pieds. — Page 160.

et sa fatigue s'opposait à ce qu'il essayât même de remonter. César fit une courte prière : lui seul aurait pu dire si c'était à Dieu ou à Satan ; puis, abandonnant la corde, il tomba d'une hauteur de douze à quinze pieds à peu près.

Le péril était trop grand pour que le fugitif s'inquiétât de quelques légères contusions qu'il s'était faites dans sa chute ; il se releva donc aussitôt, et, s'orientant par la direction de sa fenêtre, il alla droit à la petite porte de sortie ; arrivé là, il mit la main dans la poche de son justaucorps, — une sueur froide lui passa sur le front : soit qu'il l'eût oubliée dans sa chambre, soit qu'il l'eût perdue dans sa chute, il n'avait plus la clef.

Paris. — Typ. de Vᵉ Dondey-Dupré, rue St-Louis, 46, au Marais.

Cependant, en rappelant ses souvenirs, il écarta entièrement la première idée, pour ne s'arrêter qu'à la seconde qui était la seule probable ; il traversa donc de nouveau la cour, cherchant à reconnaître l'endroit où elle pouvait être tombée, à l'aide du mur d'une citerne sur lequel il avait mis la main en se relevant ; mais l'objet perdu était si petit et la nuit si obscure, qu'il y avait peu de chance que cette recherche eût un résultat ; cependant César s'y livrait tout entier, car dans cette clef était sa dernière ressource ; lorsque tout à coup une porte s'ouvrit, et une ronde de nuit parut précédée de deux torches. César se crut un instant perdu ; mais, songeant à la citerne qui était derrière lui, il y descendit aussitôt, et laissant sa tête seule hors de l'eau, il suivit avec toute l'anxiété de sa situation les mouvements des soldats qui s'avancèrent de son côté, passèrent à quelques pas de lui, traversèrent la cour et disparurent par une porte opposée. Mais si courte qu'avait été leur lumineuse apparition, elle avait éclairé le sol ; César, à la lueur des torches, avait vu briller la clef tant cherchée, et à peine la porte par laquelle les soldats avaient disparu était-elle refermée, qu'il était maître de sa liberté.

A moitié chemin du château au village, deux cavaliers et un cheval de main attendaient : ces deux cavaliers étaient le comte de Bénévent et Michelotto. César sauta sur le cheval qui était sans maître, serra également la main au comte et au sbire ; puis, tous trois s'élancèrent vers la frontière de la Navarre, où ils arrivèrent après trois jours de marche, et où il fut admirablement reçu par le roi Jean d'Albret, frère de sa femme.

De la Navarre, César comptait passer en France, et, de la France, faire, avec le secours du roi Louis XII, une tentative sur l'Italie ; mais pendant sa détention au château de Medina del Campo, Louis XII avait fait la paix avec l'Espagne ; de sorte que, lorsqu'il apprit la fuite de César, au lieu de le soutenir comme il avait quelque droit de s'y attendre, étant son parent par alliance, il lui ôta son duché de Valentinois et le dépouilla de sa pension.

Mais il restait à César à peu près deux cent mille ducats sur les banquiers de Gênes ; il leur écrivit pour lui faire passer cette somme, avec laquelle il comptait lever quelques troupes en Espagne et en Navarre, et faire une tentative sur Pise : cinq cents hommes, deux cent mille ducats, son nom et son épée, c'était plus qu'il n'en fallait pour ne pas perdre toute espérance.

Les banquiers nièrent de dépôt.

César se trouva à la merci de son beau-frère.

Un des vassaux du roi de Navarre, nommé le prince Alarino, venait alors de se révolter : César prit le commandement de l'armée que Jean d'Albret envoya contre lui, suivi par Michelotto, aussi fidèle à sa mauvaise qu'à sa bonne fortune. Grâce au courage de César et aux savantes dispositions qu'il prit, le prince Alarino fut battu dans une première rencontre ; mais, le surlendemain de cette défaite, celui-ci,

ayant rallié son armée, présenta le combat vers les trois heures de l'après-midi : César l'accepta.

Pendant près de quatre heures on se battit de part et d'autre avec acharnement ; mais enfin, comme le jour commençait à baisser, César voulut décider la bataille en chargeant lui-même, à la tête d'une centaine d'hommes d'armes, sur un corps de cavalerie qui faisait la principale force de son adversaire ; mais, à son grand étonnement, au premier choc cette cavalerie lâcha pied, et prit la fuite, se dirigeant vers un petit bois où elle semblait chercher un refuge. César la poursuivit la lance dans les reins jusqu'à la lisière de la forêt ; mais là, tout à coup ceux qu'il poursuivait firent volte-face, trois ou quatre cents archers s'élancèrent hors du bois et leur vinrent en aide ; les compagnons de César, voyant alors qu'ils étaient tombés dans une embuscade, prirent la fuite et abandonnèrent lâchement leur maître.

Resté seul, César ne voulut pas reculer d'un pas ; peut-être aussi avait-il assez de la vie, et son héroïsme lui venait-il plutôt du dégoût que du courage : quoi qu'il en soit, il se défendit comme un lion ; mais, criblé de flèches et de traits d'arbalète, son cheval finit par s'abattre en lui engageant la jambe. Aussitôt ses adversaires fondirent sur lui, et l'un d'eux, lui posant une pique à fer mince et aigu au défaut de la cuirasse, lui traversa la poitrine : César jeta un blasphème au ciel, et mourut.

Cependant le reste de l'armée avait été défait, grâce au courage de Michelotto, qui s'était battu de son côté en vaillant condottiere ; mais, en revenant le soir au camp, il apprit par ceux qui avaient pris la fuite qu'ils avaient abandonné César, et que César n'avait point reparu. Alors trop certain, d'après le courage bien connu de son maître, qu'il lui était arrivé malheur, il voulut lui donner une dernière preuve de son dévouement en n'abandonnant point son corps aux loups et aux oiseaux de proie. Il fit donc allumer des torches ; car il faisait nuit close, et dix ou douze de ceux qui avaient poursuivi avec César la cavalerie jusqu'au petit bois,

Césm jeta un blasphème au ciel, et mourut. — Page 161.

ayant consenti à l'accompagner, il se mit à la recherche de son maître. Arrivé à l'endroit indiqué, il vit cinq hommes étendus à côté l'un de l'autre : quatre étaient habillés ; mais le cinquième, qu'on avait dépouillé de ses vêtements, était entièrement nu. Michelotto descendit de son cheval, lui souleva la tête en l'appuyant sur son genou, et, à la lueur des torches, il reconnut César.

Ainsi tomba, le 10 mars 1507, sur un champ de bataille inconnu, près d'un village ignoré que l'on appelle Viane, à la suite d'une mauvaise escarmouche avec le vassal d'un roitelet, celui que Machiavel présente aux princes comme un modèle d'habileté, de politique et de courage.

Quant à Lucrèce, la belle duchesse de Ferrare, elle mourut pleine de jours et d'honneurs, adorée par ses sujets comme une reine, et chantée comme une déesse par l'Arioste et par Bembo.

11

Il y avait une fois à Paris, à ce que raconte Bocace, un brave et honnête homme, négociant de son état, nommé Jean de Civigny, lequel faisait un grand commerce de draperie, et qui s'était lié par des relations d'affaires et des rapports de voisinage avec un de ses confrères très-riche, nommé Abraham, qui, quoique juif, jouissait d'une bonne réputation. Or, Jean de Civigny, ayant apprécié les qualités du digne israélite, en vint à craindre que, si galant homme qu'il fût, sa fausse croyance ne menât tout droit son âme à la perdition éternelle ; de sorte qu'il commença à le prier doucement et amicalement de renoncer à l'erreur dans laquelle il était et d'ouvrir les yeux à la foi chrétienne, laquelle, ainsi qu'il pouvait en juger, prospérait et augmentait tous les jours, tant elle était la seule vraie et bonne ; tandis que la sienne, et la chose était visible, diminuait si fort, qu'elle ne tarderait pas de disparaître entièrement du monde. Le juif, de son côté, répondait qu'excepté dans la religion juive, il n'y avait pas de salut, qu'il y était né, qu'il prétendait y vivre et mourir, et qu'il ne connaissait aucune chose au monde qui pût l'amener à un autre avis. Néanmoins, dans sa ferveur convertissante, Jean ne se tenait pas pour battu, et il n'y avait point de jour que, par ces bonnes paroles avec lesquelles le marchand séduit l'acheteur, il ne démontrât la supériorité de la religion chrétienne sur la religion juive ; et quoique Abraham fût un grand maître dans la loi de Moïse, soit à cause de l'amitié qu'il portait à Jean de Civigny, soit que le Saint-Esprit descendît sur la langue du nouvel apôtre, il commença enfin à goûter les prédications du digne marchand, quoique cependant, toujours obstiné dans sa croyance, il n'en voulût décidément pas changer : mais d'autant plus il persistait dans son erreur, d'autant plus Jean s'entêtait à sa conversion ; si bien qu'avec l'aide de Dieu, ce dernier ayant fini par l'ébranler à force d'instances, Abraham lui dit un jour :

— Écoute, Jean ; puisque tu as tant à cœur que je me convertisse, me voilà disposé à te faire ce plaisir ; mais auparavant je veux aller à Rome voir celui que tu appelles le vicaire de Dieu sur la terre, étudier sa façon de vivre et ses mœurs, ainsi que celles de ses frères les cardinaux ; et si, comme j'en doute pas, elles sont en harmonie avec la morale que tu me prêches, j'avouerai, comme tu as plus tant de peine à me le démontrer, que ta foi est meilleure que la mienne, et je ferai ce que tu désires ; mais, au contraire, si cela n'est pas, je resterai juif comme je suis ; car ce n'est point la peine, à mon âge, de changer ma croyance contre une plus mauvaise.

Jean fut fort désolé lorsqu'il entendit ces paroles ; car il se dit alors tristement à lui-même : — Voilà que j'ai perdu le temps et la peine que je croyais avoir si bien employés lorsque j'espérais avoir converti ce malheureux Abraham ; car, s'il a le malheur d'aller, comme il le dit, à la cour de Rome, et d'y voir la vie scélérate qu'y mènent les gens d'église, au lieu de se faire chrétien, de juif qu'il est, il se ferait bien plutôt juif s'il était chrétien. — Alors, se retournant vers Abraham, il lui dit : — Eh ! mon ami, pourquoi veux-tu prendre une si grande fatigue et faire une si grande dépense que d'aller à Rome ? sans compter que par terre ou par mer, pour un homme riche comme tu l'es, la route est pleine de dangers. Crois-tu donc qu'il n'y aura pas bien ici quelqu'un pour te donner le baptême ? et s'il te reste quelques doutes à l'endroit de la foi que je t'ai démontrée, où trouveras-tu mieux qu'ici des théologiens capables de les combattre et de les détruire ? C'est pourquoi, vois-tu, ce voyage me semble tout à fait superflu ; figure-toi bien que les prélats sont là-bas ce que tu les as vus ici, et d'autant meilleurs qu'ils approchent davantage du pasteur suprême. Eh ! donc, si tu en crois mon conseil, tu remettras cette fatigue pour le moment où, ayant commis quelque gros péché, tu en voudras avoir l'absolution ; et alors je te ferai compagnie, et nous irons ensemble.

Mais le juif répondit :

— Je crois, mon cher Jean, que toutes choses sont comme tu me les as dites ; mais tu sais comme je suis entêté. J'irai donc à Rome, ou je ne me ferai pas chrétien.

Alors Jean, voyant sa volonté, jugea qu'il était inutile de la combattre plus longtemps, et lui souhaita un bon voyage : seulement il perdit en lui-même tout espoir ; car il était certain que, si la cour de Rome était encore ce qu'il l'avait vue lui-même, son ami reviendrait de son pèlerinage plus juif que jamais.

Cependant Abraham monta à cheval, et, du meilleur train qu'il put, s'achemina vers Rome, où étant enfin arrivé il fut merveilleusement reçu par ses coreligionnaires : et là, s'étant arrêté un assez long temps, il commença d'étudier les façons de faire du pape, des cardinaux, des autres prélats et de toute la cour. Mais, à son grand étonnement, tant par ce qui se passa sous ses yeux que par ce qu'on lui raconta, il trouva que, depuis le pape jusqu'au dernier sacristain de Saint-Pierre, tous commettaient de la manière la plus déshonnête du monde le péché de la luxure ; et cela sans aucun frein, remords, ni honte : de sorte que les belles filles et les beaux jeunes gens avaient pouvoir d'obtenir toutes les grâces et toutes les faveurs. Et, en outre de cette luxure à laquelle ils s'adonnaient si publiquement, il vit qu'ils étaient gourmands et buveurs ; et cela à tel point, qu'ils se faisaient plus esclaves de leur ventre que ne le sont les animaux les plus gloutons. Et lorsqu'il regarda encore plus avant, il découvrit qu'ils étaient si avares et si cupides d'argent, qu'ils vendaient et achetaient à deniers comptant le sang humain et les choses divines, et cela moins consciencieusement encore qu'on ne faisait à Paris des draps et d'autres marchandises. Ayant donc vu cela et encore beaucoup d'autres choses si honteuses qu'il ne convient pas de les dire ici, il parut à Abraham, qui était un homme chaste, sobre et droit, qu'il en avait vu assez : si bien qu'il se résolut de retourner à Paris ; ce qu'il fit avec la promptitude qui suivait d'ordinaire ses résolutions. Jean de Civigny lui fit grande fête à son retour, quoiqu'il eût perdu l'espoir de le revoir converti ; aussi lui laissa-t-il le loisir de se remettre avant de lui parler de rien, pensant qu'il serait toujours temps pour lui d'apprendre la mauvaise nouvelle à laquelle il s'attendait. Cependant, après quelques jours de repos, Abraham étant venu de lui-même faire une visite à son ami, Jean se hasarda à lui demander ce qu'il pensait du saint père, des cardinaux et des autres gens de la cour pontificale. A ces mots, le juif s'écria : — Que Dieu les damne tous tant qu'ils sont ! car, si bien que j'aie ouvert les yeux, je n'ai pu découvrir chez eux aucune sainteté, aucune dévotion, aucune bonne œuvre ; mais, au contraire, la luxure, l'avarice, la gourmandise, la fraude, l'envie, l'orgueil, et pis encore que tout cela, si toutefois il y a pis : si bien que toute la machine m'a paru marcher bien plutôt par une impulsion diabolique que par un mouvement divin. Or, comme, d'après ce que j'ai vu, ma conviction profonde est que votre pape, et par conséquent les autres avec lui, s'emploient de tout leur génie, de tout leur art, de toute leur sollicitude, à faire disparaître de la surface de la terre la religion chrétienne, dont ils devraient être la base et le soutien, et comme, malgré toute la peine et tout le soin qu'ils se donnent pour arriver à ce but, je vois que votre religion s'augmente chaque jour, et chaque jour devient plus brillante et plus pure, il me reste démontré que le Saint-Esprit la protège et la défend comme la seule vraie et comme la plus sainte : c'est pourquoi, autant avant d'aller à Rome tu m'avais trouvé sourd à tes avis et rebelle à ton désir, autant, depuis que je suis revenu de cette Sodome, j'ai l'inébranlable résolution de me faire chrétien. Allons donc de ce pas à l'église, mon cher Jean ; car je suis tout prêt à me faire baptiser.

Et maintenant il n'y a pas besoin de dire si Jean de Civigny, qui s'attendait à un refus, fut heureux de ce consentement : aussi, sans aucun retard, il s'achemina avec son filleul vers Notre-Dame de Paris, où il pria le premier prêtre qu'il rencontra d'administrer le baptême à son client, ce que celui-ci s'empressa de faire : moyennant quoi, le nouveau converti échangea son nom juif d'Abraham contre le nom chrétien de Jean : et comme le néophyte avait, grâce à son voyage à Rome, acquis une foi profonde, les bonnes qualités qu'il avait déjà s'accrurent tellement dans la pratique de notre sainte religion, qu'après une vie exemplaire, il mourut en odeur de sainteté.

Ce conte de Bocace répond si admirablement au reproche d'irréligion que pourraient nous faire ceux qui se tromperaient à nos intentions, que, ne comptant pas y faire d'autre réponse, nous n'avons point hésité à le mettre tout entier sous les yeux de nos lecteurs.

Au reste, n'oublions pas que, si la papauté a eu ses Innocent VIII et ses Alexandre VI, qui en sont la honte, elle a eu aussi ses Pie VII et ses Grégoire XVI, qui en sont l'honneur.

NOTE.

(1) Le poison des Borgia, disent les auteurs contemporains, était de deux sortes : en poudre et liquide.

Le poison en poudre était une espèce de farine blanche presque impalpable, ayant le goût de sucre, et que l'on nommait *Cantarelle*. On ignorait sa composition.

Quant au poison liquide, il se préparait, à ce qu'on assure, d'une façon assez étrange pour ne la point passer sous silence. Nous rapportons, au reste, ce que nous lisons, et ne prenons rien sur nous, de peur que la science ne nous donne un démenti.

« On faisait avaler à un sanglier une forte dose d'arsenic ; puis, au moment où le poison commençait à agir, on pendait l'animal par les pieds ; bientôt les convulsions se déclaraient, et une bave mortelle et abondante découlait de sa gueule ; c'était cette bave recueillie dans un plat d'argent, et transvasée dans un flacon hermétiquement bouché, qui formait le poison liquide. »

LA MARQUISE DE GANGES.

1667.

Vers la fin de l'année 1657, un carrosse très-simple et sans armoiries s'arrêta, sur les huit heures du soir, à la porte d'une maison de la rue Hautefeuille, où déjà stationnaient deux autres voitures. Un laquais descendit aussitôt pour ouvrir la portière; mais une voix douce, quoique un peu tremblante, l'arrêta en disant : — Attendez que je voie si c'est ici. — Aussitôt une tête si bien encapuchonnée dans un mantelet de satin noir, qu'il était impossible de distinguer aucun de ses traits, sortit par l'ouverture d'une des glaces, et, regardant en l'air, sembla chercher sur la façade de la maison un signe qui devait fixer son incertitude. Il paraît que la dame inconnue fut satisfaite de son investigation, car se retournant vers sa compagne : — C'est ici, lui dit-elle, voici le tableau.

En conséquence de cette certitude, la portière fut ouverte, les deux femmes descendirent, et après avoir de nouveau levé les yeux vers une tablette de six à huit pieds de long sur deux de haut, clouée au-dessous des fenêtres du deuxième étage, et sur laquelle étaient écrits ces mots : *Madame Voisin, maîtresse sage-femme,* elles se glissèrent vivement dans une allée dont la porte n'était que poussée, et qui était juste assez éclairée pour que les personnes qui entraient ou sortaient pussent voir à se conduire dans l'escalier étroit et tortueux qui conduisait du rez-de-chaussée au cinquième étage.

Cependant les deux inconnues, dont l'une paraissait occuper un rang de beaucoup supérieur à l'autre, ne s'arrêtèrent point, comme on aurait pu le croire, à la porte correspondante au tableau qui leur avait servi de guide, mais, au contraire, continuèrent de monter encore un étage.

Sur le palier de celui-là était une espèce de nain bizarrement vêtu, et dans le goût des bouffons vénitiens du seizième siècle ; en voyant arriver les deux femmes, il étendit une baguette, comme pour les empêcher d'aller plus loin, et leur demanda ce qu'elles voulaient.

— Consulter l'esprit, — répondit la femme à la voix douce et tremblante.

— Entrez et attendez, — répondit le nain en soulevant une portière de tapisserie et en introduisant les deux femmes dans une chambre d'attente.

Les deux femmes suivirent les instructions données, et demeurèrent une demi-heure à peu près, sans rien voir ni rien entendre ; enfin, une porte masquée dans la tapisserie s'ouvrit tout à coup ; une voix prononça le mot : — Entrez, — et les deux femmes furent introduites dans une seconde chambre tendue de noir, et éclairée seulement par une lampe à trois becs suspendue au plafond. La porte se referma derrière elles, et les consultantes se trouvèrent en face de la sibylle.

C'était une femme de vingt-cinq à vingt-six ans à peu près, qui, au contraire des autres femmes, tentait évidemment de se vieillir : elle était vêtue de noir, avait les cheveux pendants en nattes, le cou, les bras et les pieds nus ; la ceinture qui serrait sa taille était fixée par un gros grenat qui jetait des feux sombres ; elle tenait à la main une baguette, et était montée sur une espèce d'estrade figurant le trépied antique, d'où s'échappaient des parfums âcres et pénétrants ; elle était au reste assez belle, quoique ses traits fussent vulgaires, à l'exception cependant de ses yeux, qui semblaient, par quelque artifice de toilette sans doute, d'une grandeur extraordinaire, et qui, pareils au grenat de sa ceinture, jetaient des lueurs étranges.

Lorsque les deux visiteuses entrèrent, elles trouvèrent la devineresse le front appuyé dans sa main et comme absorbée dans ses pensées : craignant de la tirer de son extase, elles attendirent en silence qu'il lui plût de quitter cette position. Au bout de dix minutes elle leva la tête, et comme si elle s'apercevait seulement alors qu'il y eût deux personnes devant elle :

— Que me veut-on encore? demanda-t-elle, et n'aurai-je de repos que dans la tombe? — Pardon, madame, dit l'inconnue à la voix douce ; mais je désirais savoir...—Taisez-vous! dit la sibylle d'une voix solennelle, je ne veux point connaître vos affaires, c'est à l'esprit qu'il faut vous adresser; c'est un esprit jaloux et qui défend qu'on entre dans ses secrets ; je ne puis que le prier pour vous et lui obéir (1).

À ces mots, elle descendit de son trépied, passa dans une chambre voisine, et reparut bientôt plus pâle et plus oppressée qu'elle ne l'était encore auparavant, tenant d'une main un réchaud enflammé et de l'autre un papier rouge : au même moment les trois becs de la lampe pâlirent, et la chambre ne demeura plus éclairée que par le réchaud ; tous les objets prirent alors une teinte fantastique qui n'était pas faite d'inquiéter les deux visiteuses, mais il était trop tard pour reculer.

La devineresse posa le réchaud au milieu de la chambre, présenta le papier à celle des deux femmes qui lui avait adressé les paroles, et lui dit :

— Écrivez ce que vous voulez savoir.

La femme prit le papier d'une main plus ferme qu'on n'aurait dû s'y attendre, s'assit devant une table, et écrivit :

« Suis-je jeune? suis-je belle? suis-je fille, femme ou veuve? voilà pour le passé.

» Dois-je me marier ou me remarier? vivrai-je longtemps ou mourrai-je jeune ? voilà pour l'avenir. »

Puis étendant la main vers la devineresse :

— Que dois-je faire maintenant de cela? demanda-t-elle. — Roulez cette lettre autour de cette boule, répondit celle-ci en présentant à l'inconnue une petite boule de cire vierge : l'une et l'autre vont à vos yeux être consumées par la flamme ; l'esprit connaît déjà vos secrets. Dans trois jours vous aurez la réponse.

L'inconnue fit ce que lui ordonnait la sibylle ; puis, celle-ci lui prit des mains la boule et le papier qui l'enveloppait, et alla jeter l'un et l'autre dans le réchaud.

— Et maintenant tout est fait ainsi qu'il convient, dit la devineresse : Comus! — le nain entra : — Reconduisez madame à sa voiture.

L'inconnue laissa une bourse sur la table et suivit Comus ; celui-ci la fit passer ainsi que sa compagne, qui n'était autre qu'une femme de chambre de confiance, par un escalier dérobé à l'usage de ceux qui sortaient ; il donnait dans une autre rue que celle par laquelle les deux femmes étaient entrées : mais le cocher, prévenu de cette circonstance, les attendait à la porte ; elles n'eurent donc qu'à monter dans leur voiture qui les emporta rapidement dans la direction de la rue Dauphine.

Trois jours après, ainsi que la promesse lui en avait été faite, la belle inconnue trouva en se réveillant, sur sa table de nuit, une lettre d'une écriture inconnue : elle portait cette suscription : — A la belle Provençale, — et contenait ces mots :

« Vous êtes jeune, vous êtes belle, vous êtes veuve ; voilà pour le présent.

» Vous vous remarierez, vous mourrez jeune et de mort violente ; voilà pour l'avenir.

» L'esprit. »

La réponse était sur un papier pareil à celui sur lequel avait été faite la demande.

La marquise jeta en pâlissant un léger cri d'effroi: la réponse au passé était si parfaitement juste qu'elle pouvait laisser craindre la même précision dans l'avenir.

En effet, l'inconnue enveloppée d'une mante, et que nous avons introduite dans l'antre de la sibylle moderne, n'était autre que la belle Marie de Rossan, qu'on nommait avant son mariage Mlle de Châteaublanc, du nom d'une des terres de son aïeul maternel, M. Joannis de Nochères, qui jouissait d'une fortune de cinq à six cent mille livres. À l'âge de treize ans, c'est-à-dire en 1649, elle avait épousé M. le marquis de Castellane, seigneur de grande noblesse et qui prétendait descendre de Jean de Castille, fils de Pierre le Cruel, et de Jeanne de Castro, sa maîtresse. Fier de la beauté de sa jeune femme, le marquis de Castellane, qui était officier des galères du roi, s'était empressé de la présenter à la cour : Louis XIV, qui, lors de cette présentation, avait vingt ans à peine, avait été frappé de sa ravissante figure, et, au grand désespoir des beautés en renom à cette époque, avait dansé deux fois avec elle dans la même soirée ; enfin, pour mettre le comble à sa réputation, la fameuse Christine de Suède, qui était alors à la cour de France, avait dit d'elle, que, dans tous les royaumes qu'elle avait parcourus, elle n'avait rien vu de pareil *à la belle Provençale.* Cet éloge avait tellement porté coup, que le nom en était resté à Mme la marquise de Castellane, et qu'on ne la désignait partout que sous cette dénomination.

Cette faveur de Louis XIV, cette appréciation de Christine avaient suffi pour mettre à l'instant même Mme la marquise de Castellane à la mode, et Mignard, qui venait d'être anobli et nommé peintre du roi, avait mis le sceau à sa célébrité en lui demandant la permission de faire son portrait ; ce portrait existe encore et peut donner une idée parfaite de la beauté de celle qu'il représente ; mais comme ce portrait est loin des yeux de nos lecteurs, nous nous contenterons de rapporter dans les mêmes termes où il a été tracé, celui qu'en donna en 1667 l'auteur d'une brochure publiée à Rouen, sous le titre des *Véritables et principales circonstances de la mort déplorable de M*^{me} *la marquise de Ganges* (2).

« Son teint, qui était d'une blancheur éblouissante, se trouvait orné d'un rouge qui n'avait rien de trop vif, et qui s'unissait et se confondait par une nuance que l'art n'aurait pas plus adroitement ménagée avec la blancheur du teint : l'éclat de son visage était relevé par le noir décidé de ses cheveux placés autour d'un front bien proportionné, comme si un peintre du meilleur goût les eût dessinés ; ses yeux grands et bien fendus étaient de la couleur de ses cheveux, et le feu doux et perçant dont ils brillaient ne permettait pas de la regarder fixement : la petitesse, la forme, le tour de sa bouche et la beauté de ses dents n'avaient rien de comparable ; la position et la proportion régulière de son nez ajoutaient à sa beauté un air de grandeur qui inspirait pour elle autant de respect que sa beauté pouvait inspirer d'amour ; le tour arrondi de son visage, formé par un embonpoint bien ménagé, présentait toute la vigueur et la fraîcheur de la santé : pour mettre le comble à ses charmes, les grâces semblaient diriger ses regards, les mouvements de ses lèvres et de sa tête ; sa taille répondait à la beauté de son visage ; enfin ses bras, ses mains, son maintien et sa démarche ne laissaient rien à désirer pour avoir la plus agréable image d'une belle personne (3). »

On comprend qu'une femme ainsi douée ne pouvait, au milieu de la cour la plus galante du monde, échapper aux calomnies de ses rivales ; cependant ces calomnies restèrent toujours sans effet, tant la marquise, même en l'absence de son mari, sut être convenable ; sa conversation froide et grave, plus serrée que vive, plus solide que brillante, faisait même contraste avec la tournure légère et les façons de dire pleines de caprice et de fantaisie des beaux-esprits de l'époque ; il en résulta que ceux qui avaient échoué près d'elle, ne pouvant s'en prendre à eux-mêmes de leur peu de succès, essayaient de répandre le bruit que la marquise n'était autre chose qu'une belle idole, et qu'elle était sage à la manière des statues. Mais toutes ces choses avaient beau se dire et se répéter en l'absence de la marquise, dès qu'elle paraissait dans un salon, dès que ses beaux yeux et son doux sourire accompagnaient d'une expression indéfinissable les paroles courtes, pressées et pleines de sens, qu'elle laissait échapper de ses lèvres, les plus prévenus revenaient elle, et étaient forcés d'avouer que Dieu n'avait rien créé encore qui touchât d'aussi près à la perfection.

Elle jouissait donc d'un triomphe que la médisance ne pouvait atteindre et que la calomnie essayait en vain de ternir, lorsqu'on apprit le naufrage de nos galères dans les mers de Sicile et la mort du marquis de Castellane qui les commandait. La marquise, dans cette circonstance, se montra ce qu'elle était toujours, pleine de piété et de convenance, et quoiqu'elle n'eût point pour son mari, avec lequel elle avait à peine passé une des sept années qu'avait duré son mariage, une passion bien vive, elle se mit en retraite, aussitôt cette nouvelle, chez Mme d'Ampus, sa belle-mère, et cessa entièrement, non-seulement de recevoir, mais encore d'aller dans le monde.

Six mois après la mort de son mari, la marquise reçut de son aïeul, M. Joannis de Nochères, des lettres qui la pressaient de venir achever son deuil à Avignon. Orpheline presque dès son enfance, Mlle de Châteaublanc s'était élevée par ce bon vieillard, qu'elle aimait beaucoup : elle s'empressa donc de se rendre à son invitation, et prépara toutes choses pour son départ.

C'était le moment où la Voisin, encore jeune et bien éloignée de la réputation qu'elle eut par la suite, commençait cependant à faire parler d'elle. Plusieurs amies de la marquise de Castellane avaient été la consulter, et en avaient reçu des prédictions étranges, dont quelques-unes, soit par l'adresse de celle qui les avait faites, soit par un bizarre concours de circonstances, avaient été réalisées. La marquise ne put résister à la curiosité que lui inspirèrent les différents récits qu'elle entendit faire de sa science, et elle fit, quelques jours avant son départ pour Avignon, la visite que nous avons racontée. On a vu quelle réponse elle avait reçue à ses demandes.

La marquise n'était point superstitieuse ; cependant cette prédiction fatale s'imprima dans son esprit, et y laissa une trace profonde, que ne purent effacer ni le plaisir de revoir le pays natal, ni l'amitié de son grand père, ni les nouveaux succès qu'elle ne tarda point à obtenir ; mais ces succès eux-mêmes étaient une fatigue pour la marquise, et elle ne tarda point à solliciter de son grand-père la permission de se retirer dans un cloître, pour y finir les trois derniers mois de son deuil.

Ce fut là, et avec l'enthousiasme de pauvres filles recluses, qu'elle entendit parler pour la première fois d'un homme dont la réputation de beauté était égale, comme homme, à la sienne, comme femme. Ce privilégié du ciel était le sieur de Lenide, marquis de Ganges, baron du Languedoc et gouverneur de Saint-André, dans le diocèse d'Uzès. La marquise entendit si souvent parler de lui, on lui répéta tant de fois que la nature semblait les avoir créés l'un pour l'autre, qu'elle commença à se laisser prendre à un très-grand désir de le voir. Sans doute que de son côté le sieur de Lenide, excité par des suggestions pareilles, avait conçu une grande envie de rencontrer la marquise, car s'étant fait charger par M. de Nochères, qui voyait avec peine, sans doute, une retraite si prolongée, d'une commission pour sa petite-fille,

il vint au parloir, et fit demander la belle recluse. Celle-ci, quoiqu'elle ne l'eût jamais vu, le reconnut au premier coup d'œil ; car n'ayant point encore rencontré un aussi beau cavalier que celui qui se présentait à sa vue, elle pensa que ce ne pouvait être que le marquis de Ganges, dont on lui avait tant et si souvent parlé.

Ce qui devait arriver arriva : la marquise de Castellane et le marquis de Ganges ne purent se voir sans s'aimer. Ils étaient jeunes tous deux, le marquis était noble et en position, la marquise était riche ; tout paraissait donc convenable dans cette union : aussi ne fut-elle retardée que le temps nécessaire à l'expiration du deuil, et le mariage fut célébré vers le commencement de l'année 1558. Le marquis avait vingt ans, et la marquise vingt-deux.

Les commencements de cette union furent parfaitement heureux ; c'était la première fois que le marquis aimait, et la marquise ne se rappelait pas avoir jamais aimé. Un fils et une fille vinrent compléter ce bonheur. La marquise avait complétement oublié la prédiction fatale, ou si elle y pensait parfois maintenant, c'était pour s'étonner d'y avoir pu croire.

Une pareille félicité n'est point de ce monde, et lorsqu'elle le visite par hasard, elle semble plutôt envoyée par la colère que par la bonté de Dieu. En effet, pour celui qui la possède et qui la perd, mieux vaudrait ne l'avoir jamais connue.

Ce fut le marquis de Ganges qui se lassa le premier de cette vie heureuse. Peu à peu ses plaisirs de jeune homme lui firent faute, et il commença à s'éloigner de la marquise pour se rapprocher de ses anciens amis. La marquise, de son côté, qui avait sacrifié à l'intimité conjugale ses habitudes du monde, se rejeta dans la société, où de nouveaux triomphes l'attendaient. Ces triomphes excitèrent la jalousie du marquis ; mais trop de son siècle pour se donner le ridicule de la manifester, il la renferma dans son âme, d'où, à chaque occasion, elle sortit sous une nouvelle forme. A ces paroles d'amour, si douces qu'elles semblent le langage des anges, succédèrent ces propos âcres et mordants, présages d'une prochaine rupture. Bientôt le marquis et la marquise ne se virent plus qu'aux heures où ils ne pouvaient plus faire autrement que de se rencontrer : enfin, le marquis, sous le prétexte de voyages indispensables, puis bientôt sans même prendre de prétextes, s'éloigna les trois quarts de l'année, et la marquise se retrouva veuve.

Quelque relation du temps que l'on consulte, toutes s'accordent à dire qu'elle fut toujours la même, c'est-à-dire pleine de patience, de calme et de convenance, et il est rare de trouver, sur une jeune et belle femme, une pareille unanimité d'opinions.

Vers ce temps, le marquis, à qui, dans les courts moments qu'il passait chez lui, le tête-à-tête était devenu insupportable, invita ses deux frères, le chevalier et l'abbé de Ganges, à venir demeurer avec lui. Il en avait encore un troisième qui, en sa qualité de second fils, portait le titre de comte, et qui était colonel du régiment de Languedoc ; mais comme celui-ci n'a joué aucun rôle dans cette histoire, nous ne nous en occuperons pas.

L'abbé de Ganges, qui portait ce titre sans appartenir à l'Église, l'avait pris pour jouir de ses priviléges ; c'était une manière de bel-esprit, faisant dans l'occasion le madrigal et le bout rimé, assez beau de visage, quoique, dans certains moments d'impatience, ses yeux prissent une expression de cruauté étrange ; au reste, libertin et éhonté, comme s'il eût réellement appartenu au clergé de cette époque.

Le chevalier de Ganges, doué aussi d'une partie de cette beauté répandue avec tant de profusion sur sa famille, était un de ces hommes médiocres, qui se complaisent dans leur nullité, et qui vieillissent ainsi, inaptes également au bien et au mal, à moins qu'une nature plus vigoureusement trempée que la leur ne s'empare d'eux et ne les entraîne, étoiles pâles et sans lumière, dans leur tourbillon. C'est ce qui arrivait au chevalier à l'égard de son frère : subissant une influence qu'il ignorait lui-même, et contre laquelle il se fût révolté avec l'opiniâtreté d'un enfant, s'il avait pu même la soupçonner, il était une machine obéissant aux volontés d'un autre esprit et aux passions d'un autre cœur, machine d'autant plus terrible, par conséquent, qu'aucun mouvement instinctif ou raisonné ne pouvait arrêter chez lui l'impulsion donnée.

Au reste, cette influence que l'abbé avait prise sur le chevalier, il l'avait prise aussi jusqu'à un certain point sur le marquis. Sans fortune comme cadet, sans traitement, puisque tout en portant le costume d'homme d'église il n'en remplissait pas les fonctions, il était parvenu à persuader au marquis, riche, non-seulement de sa fortune, mais encore de celle de sa femme, qui devait presque se doubler à la mort de M. de Nochères, qu'il était nécessaire qu'un homme dévoué s'occupât de la direction de sa maison et de la gestion de ses biens, et s'était proposé à cet effet. Le marquis avait accepté de grand cœur, ennuyé, comme nous l'avons dit, qu'il était alors de la solitude de son intérieur, et l'abbé avait amené avec lui le chevalier, qui l'avait suivi comme son ombre, et auquel on n'avait guère fait plus d'attention que si réellement il n'avait pas eu de corps.

La marquise avoua souvent depuis, que la première fois qu'elle avait vu ces deux hommes, quoique leur extérieur fût parfaitement agréable, elle s'était sentie prise d'un sentiment pénible, et que cette prédiction d'une mort violente, faite par la devineresse, et qu'elle avait oubliée depuis si longtemps, pareille à un éclair, avait lui tout à coup devant ses yeux.

Il n'en fut pas de même des deux frères : la beauté de la marquise les frappa tous deux, quoique d'une façon différente. Le chevalier resta en extase devant elle, comme devant une belle statue ; mais l'impression qu'elle produisit sur lui fut la même que celle que lui eût faite un marbre, et si le chevalier eût été abandonné à lui-même, les conséquences de cette admiration n'eussent point autrement été à craindre.

Au reste, le chevalier ne chercha ni à exagérer ni à dissimuler cette expression, et la laissa voir à sa belle-sœur telle qu'elle le frappait.

L'abbé, au contraire, fut, à la première vue, saisi d'un désir profond et violent de posséder cette femme, la plus belle qu'il eût jamais rencontrée ; mais aussi parfaitement maître de ses sensations que le chevalier l'était peu des siennes, il ne laissa échapper que quelques-unes de ces paroles de galanterie qui n'engagent ni celui qui les prononce, ni celle qui les écoute ; et cependant, avant la fin de cette première entrevue, l'abbé avait décidé, dans son irrévocable volonté, que cette femme serait à lui.

Quant à la marquise, quoique la première impression produite par ses deux beaux-frères ne pût jamais s'effacer entièrement, l'esprit de l'abbé auquel il faisait, avec une facilité merveilleuse, prendre la tournure qui lui convenait, et la parfaite nullité du chevalier la ramenèrent à des sentiments moins répulsifs envers eux : c'est que la marquise était une de ces âmes qui ne soupçonnent jamais le mal, pour peu qu'il se donne la peine de se voiler sous une apparence quelconque, et qui ne le reconnaissent qu'avec regret lorsqu'il reprend son véritable visage.

Cependant l'arrivée de ces deux nouveaux hôtes répandit bientôt dans la maison un peu plus de vie et de gaieté. Bien plus, au grand étonnement de la marquise, son mari, depuis si longtemps indifférent à sa beauté, parut de nouveau remarquer qu'elle était trop charmante pour être dédaignée ; aussi, ses paroles reprirent peu à peu une affection que depuis bien longtemps elles avaient graduellement perdue. La marquise n'avait jamais cessé de l'aimer ; elle avait souffert l'éloignement de son amour avec résignation ; elle en accueillit le retour avec joie, et trois mois s'écoulèrent pareils à ceux qui n'étaient plus depuis longtemps pour la pauvre femme qu'un souvenir lointain et presque effacé.

Elle s'était donc, avec cette facilité suprême de la jeunesse qui ne demande qu'à être heureuse, reprise au bonheur, sans même s'informer quel bon génie lui ramenait ce trésor qu'elle croyait perdu, lorsqu'elle reçut d'une voisine de campagne l'invitation d'aller passer quelques jours à son château. Son mari et ses deux beaux-frères, invités avec elle, furent de la partie et l'accompagnèrent. Une grande chasse était préparée d'avance, et à peine arrivé, chacun commença ses préparatifs pour y assister.

L'abbé, qui s'était fait par son esprit l'indispensable de toute réunion, se déclara pour ce jour le chevalier de la marquise, titre que sa belle-sœur lui confirma avec sa bienveillance ordinaire. Chacun des chasseurs fit choix, d'après cet exemple, d'une femme à laquelle il devait consacrer ses soins de toute la journée ; puis, cette précaution chevaleresque prise, chacun s'achemina vers le rendez-vous.

Il arriva ce qui arrive presque toujours ; les chiens chassèrent pour leur compte. Deux ou trois amateurs seulement suivirent les chiens ; le reste s'égara.

L'abbé, en sa qualité de cavalier servant de la marquise, ne l'avait pas quittée un instant, et avait si habilement manœuvré, qu'il se trouva en tête-à-tête avec elle : c'était une occasion qu'il cherchait depuis un mois avec autant de soin que la marquise l'évitait. Aussi, dès que la marquise crut s'apercevoir que c'était avec intention que l'abbé s'était écarté de la chasse, elle voulut remettre son cheval au galop dans une direction opposée à celle qu'elle venait de suivre ; mais l'abbé l'arrêta. La marquise ne pouvait ni ne voulait engager une lutte ; elle se contenta d'attendre ce que l'abbé avait à lui dire, en donnant à son visage cet air de fierté dédaigneuse que les femmes savent si bien prendre lorsqu'elles veulent faire entendre à un homme qu'il n'a rien à espérer d'elles. Il y eut un silence d'un instant ; l'abbé l'interrompit le premier.

— Madame, lui dit-il, je vous demande pardon d'avoir employé ce moyen pour vous parler en tête-à-tête ; mais comme, malgré ma qualité de beau-frère, vous ne paraissez pas disposée à m'accorder cette faveur, si je vous l'eusse demandée, j'ai pensé qu'il valait mieux pour moi vous ôter la facilité de me la refuser.

— Si vous avez hésité à me demander une chose aussi simple, monsieur, répondit la marquise, si vous avez pris de telles précautions pour me forcer à vous écouter, c'est que vous saviez d'avance, sans doute, que les paroles que vous aviez à me dire étaient de celles que je ne pouvais entendre. Ayez donc la bonté de réfléchir avant d'entamer cette conversation, qu'ici comme ailleurs, je vous en préviens, je me réserve le droit d'interrompre du moment où elle cessera de me paraître convenable.

— Quant à cela, madame, dit l'abbé, je crois pouvoir vous répondre que, quelles que soient les choses qu'il me plaira de vous dire, vous

les écouterez jusqu'au bout ; mais, au reste, ces choses sont si simples, qu'il est inutile de vous en inquiéter d'avance ; je voulais vous demander, madame, si vous vous êtes aperçue d'un changement dans la conduite de votre mari vis-à-vis de vous.

— Oui, monsieur, répondit la marquise, et il ne s'est point passé un seul jour sans que j'aie remercié le ciel de ce bonheur.

— Et vous avez eu tort, madame, reprit l'abbé, avec un de ces sourires qui n'appartenaient qu'à lui, le ciel n'a rien à faire là-dedans ; remerciez-le de vous avoir faite la plus belle et la plus charmante des femmes, et le ciel aura assez d'actions de grâces à attendre de vous, sans m'enlever celles qui me reviennent.

— Je ne vous comprends pas, monsieur, dit la marquise d'un ton glacial.

— Eh bien, je vais me faire comprendre, ma chère belle-sœur. C'est moi qui ai fait le miracle dont vous remerciez le ciel, c'est donc à moi que la reconnaissance appartient. Le ciel est assez riche pour ne pas voler les pauvres.

— Vous avez raison, monsieur ; si c'est réellement à vous que je dois ce retour, dont j'ignorais la cause, je vous en remercierai d'abord ; puis ensuite j'en remercierai le ciel qui vous a inspiré cette bonne pensée.

— Oui, répondit l'abbé ; mais le ciel, aussi bien qu'il m'a inspiré une bonne pensée, si cette bonne pensée ne me rapporte pas ce que j'en attends, pourrait bien m'en inspirer une mauvaise.

— Que voulez-vous dire, monsieur ?

— Qu'il n'y a jamais eu dans toute la famille qu'une volonté, et que cette volonté est la mienne ; que l'esprit de mes deux frères tourne au caprice de cette volonté comme une girouette au vent, et que celui-là qui a soufflé le chaud peut souffler le froid.

— J'attends toujours que vous vous expliquiez, monsieur.

— Eh bien, ma chère belle-sœur, puisqu'il vous plaît de ne pas me comprendre, je vais m'expliquer plus clairement. Mon frère s'était éloigné de vous par jalousie ; j'ai eu besoin de vous donner une idée de mon pouvoir sur lui, et des extrémités de l'indifférence, je l'ai, en lui faisant voir qu'il vous soupçonnait à tort, ramené aux ardeurs du plus vif amour. Eh bien, je n'ai qu'à lui dire que je me suis trompé, fixer ses soupçons errants sur un homme quel qu'il soit, et je l'éloignerai de vous comme je l'en ai rapproché. Je n'ai pas besoin de vous donner de preuve de ce que j'avance : vous savez parfaitement que je dis la vérité.

— Et quel a été votre but, en jouant cette comédie ?

— De vous prouver, madame, que je puis vous faire à mon gré triste ou joyeuse, chérie ou délaissée, adorée ou haïe. Maintenant, écoutez-moi : je vous aime.

— Vous m'insultez, monsieur, s'écria la marquise en essayant de retirer des mains de l'abbé la bride de son cheval.

— Pas de grands mots, ma chère belle-sœur ; car avec moi, je vous en préviens, ils seraient perdus. On n'insulte jamais une femme en lui disant qu'on l'aime ; seulement il y a mille manières différentes de la forcer de répondre à cet amour. La faute est de se tromper dans celle qu'on emploie, et voilà tout.

— Et puis je savoir celle que vous avez choisie ? demanda la marquise avec un sourire écrasant de mépris.

— La seule qui puisse réussir avec une femme calme, froide et forte comme vous, la conviction que votre intérêt veut que vous répondiez à mon amour.

— Puisque vous prétendez me connaître si bien, répondit la marquise en faisant un nouvel effort aussi inutile que le premier pour dégager la bride de son cheval, vous devez savoir alors de quelle manière une femme comme moi doit recevoir une pareille ouverture : dites-vous à vous-même ce que je pourrais vous dire, et surtout dire à mon mari.

L'abbé sourit.

— Oh ! quant à cela, reprit-il, vous êtes la maîtresse, madame. Dites à votre mari tout ce que bon vous semblera ; répétez-lui notre conversation mot à mot ; ajoutez-y tout ce que votre mémoire pourra vous fournir, vrai ou faux, de plus convaincant contre moi ; puis, quand vous l'aurez bien endoctriné, quand vous vous croirez sûre de lui, je lui dirai deux paroles, et je le retournerai comme ce gant. Voilà tout ce que j'avais à vous dire, madame ; je ne vous retiens plus ; vous pouvez avoir en moi un ami dévoué, ou un ennemi mortel. Réfléchissez.

Et à ces mots, l'abbé lâcha la bride du cheval de la marquise, la laissant libre de lui imprimer l'allure qui lui conviendrait. La marquise mit sa monture au trot, afin de n'indiquer ni crainte ni empressement. L'abbé la suivit, et tous deux regagnèrent la chasse.

L'abbé avait dit vrai. La marquise, malgré la menace qu'elle lui avait faite, réfléchit à l'influence que cet homme avait sur son mari, et dont souvent elle avait eu la preuve : elle garda donc le silence, espérant que, pour l'effrayer, il s'était fait pire qu'il n'était. Sur ce point, elle se trompait étrangement.

Cependant l'abbé voulut voir d'abord s'il devait attribuer les refus de la marquise à une antipathie personnelle ou à une vertu véritable. Le chevalier, comme nous l'avons dit, était beau ; il avait cette habitude de la haute société qui tient lieu d'esprit ; il y joignait l'entêtement d'un homme médiocre ; il entreprit de lui persuader qu'il aimait la marquise.

Ce n'était pas chose difficile. Nous avons dit l'impression que la première vue de Mme de Ganges avait produite sur le chevalier ; mais celui-ci, connaissant d'avance la réputation de rigidité que s'était acquise sa belle-sœur, n'avait pas le moins du monde en l'idée de lui faire la cour. Cependant, cédant à l'influence qu'elle exerçait sur tout ce qui s'approchait d'elle, le chevalier était resté son serviteur dévoué ; et la marquise, qui n'avait aucune raison de se défier de cette galanterie qu'elle prenait pour de l'amitié, avait, grâce à son titre de frère de son mari, mis dans ses relations avec lui plus d'abandon qu'elle n'était accoutumée à le faire.

L'abbé alla le trouver, puis après s'être assurés qu'ils étaient seuls : — Chevalier, lui dit-il, nous aimons tous deux la même femme, et cette femme est la femme de notre frère ; ne nous traversons pas ; je suis le maître de ma passion, et je puis d'autant mieux vous la sacrifier que je crois que c'est vous qui êtes le préféré : essayez donc de vous faire confirmer cet amour que je soupçonne la marquise d'avoir pour vous ; et, du jour où vous en serez arrivé là, je me retire, sinon, et si vous échouez, cédez-moi galamment la place, pour que je tente à mon tour si son cœur est véritablement imprenable comme chacun le dit.

Le chevalier n'avait jamais songé à la possibilité de posséder la marquise ; mais, du moment où son frère, sans motif apparent d'intérêt personnel, eut éveillé chez lui l'idée qu'il pouvait être aimé, tout ce qu'il y avait dans cette machine automatique d'amour et d'amour-propre se prit à cette idée, et il commença à redoubler pour sa belle-sœur de soins et de complaisances. Celle-ci, qui n'avait jamais pensé à mal de ce côté, reçut d'abord le chevalier avec une bienveillance qui s'augmentait de son mépris pour l'abbé. Mais bientôt le chevalier, trompé sur la source de cette bienveillance, s'expliqua plus clairement. La marquise, étonnée et doutant d'abord, lui en laissa dire assez pour être parfaitement éclairée sur ses intentions ; puis alors elle l'arrêta, comme elle avait fait de l'abbé, par quelques-uns de ces mots blessants que les femmes trouvent dans leur indifférence, plutôt encore que dans leur vertu.

A cet échec, le chevalier, qui était loin d'avoir la force de volonté de son frère, perdit toute espérance, et vint franchement avouer à celui-ci le résultat malheureux de ses soins et de son amour. C'est ce qu'attendait l'abbé, d'abord pour la satisfaction de son amour-propre, ensuite pour l'exécution de ses projets. Il pétrit la honte du chevalier jusqu'à ce qu'il en eût fait une bonne haine ; et alors, sûr d'avoir en lui un soutien, et même un complice, il commença à mettre à exécution son plan contre la marquise.

Le résultat s'en manifesta bientôt par un nouveau refroidissement de la part de M. de Ganges. Un jeune homme que la marquise rencontrait parfois dans le monde, et qu'à cause de son esprit elle écoutait avec plus de complaisance peut-être qu'un autre, devint, sinon la cause, au moins le prétexte d'une jalousie nouvelle. Cette jalousie se manifesta par des querelles étrangères au sujet véritable, comme cela était déjà arrivé : cependant la marquise ne s'y trompa point ; elle reconnut dans ce changement la main fatale de son beau-frère. Mais cette certitude, au lieu de la rapprocher de lui, l'en éloigna davantage ; et à compter de cette heure, elle ne manqua point une occasion de lui témoigner non-seulement cet éloignement, mais encore le mépris dont il était accompagné.

Les choses restèrent en cet état pendant plusieurs mois. Chaque jour, la marquise remarquait une froideur plus grande dans son mari, et quoique l'espionnage fût invisible, elle se sentait entourée d'une surveillance qui éclairait les actes les plus intimes de sa vie. Quant à l'abbé et au chevalier, ils étaient toujours les mêmes ; seulement l'abbé avait dissimulé sa haine sous un sourire qui lui était habituel, et le chevalier son dépit sous cette dignité froide et raide dont s'enveloppent les esprits médiocres lorsqu'ils se croient atteints dans leur vanité.

Sur ces entrefaites, M. Joannis de Nochères mourut, ajoutant à la fortune déjà considérable de sa petite-fille une nouvelle fortune de six à sept cent mille livres.

Ce surcroît de richesse devenait entre les mains de la marquise ce qu'on appelait alors, dans les pays régis par le droit romain, un bien *paraphernal*, c'est-à-dire qu'arrivant après le mariage, il n'était point compris dans la dot que la femme avait apportée, et qu'elle avait la libre disposition des fonds et des fruits de ces biens, que son mari ne devait même administrer qu'en vertu d'une procuration, et dont elle pouvait disposer à son gré par donation ou par testament.

En effet, quelques jours après que la marquise fut entrée en jouissance des biens de son aïeul, son mari et ses frères apprirent qu'elle avait fait venir un notaire pour s'éclairer sur ses droits. Cette démarche indiquait l'intention de soustraire cet héritage à la communauté ; car la conduite qu'avait tenue le marquis vis-à-vis de sa femme, et dont lui-même souvent reconnaissait à part lui l'injustice, lui laissait peu d'espoir que ce fût pour une autre cause.

Vers ce temps, un événement étrange arriva. Dans un dîner que donnait le marquis, une crème fut servie au dessert : tous ceux qui mangèrent de cette crème furent indisposés ; le marquis et ses deux frères, qui s'en étaient abstenus, n'éprouvèrent aucun malaise. Les restes de cette crème, soupçonnée d'être la cause de l'indisposition des convives, et particulièrement de la marquise, qui en avait mangé deux fois, fut soumis à l'analyse, et la présence de l'arsenic reconnue. Seulement, mêlé avec le lait, qui est son antidote, le poison avait perdu une partie de sa force, et n'avait pu produire que la moitié de l'effet qu'on en attendait. Comme aucun accident grave n'avait suivi cet événement, on rejeta la faute sur un domestique qui aurait confondu l'arsenic avec le sucre, et tout le monde l'oublia ou parut l'oublier.

Cependant, sans affectation, le marquis parut se rapprocher de sa femme ; mais cette fois, Mme de Ganges n'avait point été dupe de ce retour de bons sentiments. Là comme dans le refroidissement, la main égoïste de l'abbé était visible : il avait persuadé à son frère que sept cent mille livres de plus dans la maison valaient la peine de passer sur quelques légèretés ; et, obéissant à cette impulsion, le marquis avait essayé de combattre par de bons procédés la décision encore mal arrêtée dans l'esprit de la marquise, de faire un testament.

Vers l'automne, il fut question d'aller passer la saison à Ganges, petite ville située dans le bas Languedoc, au diocèse de Montpellier, à sept lieues de cette ville et à dix-neuf lieues d'Avignon. Quoique la chose fût toute naturelle, puisque le marquis était seigneur de cette ville et y avait un château, la marquise, en l'entendant proposer, fut saisie d'un étrange frisson. Le souvenir de la prédiction qu'on lui avait faite lui revint aussitôt à la mémoire. Cette tentative d'empoisonnement si récente et si mal expliquée vint encore, et tout naturellement, redoubler ses craintes. Sans soupçonner directement et positivement ses beaux-frères de ce crime, elle savait qu'elle avait en eux deux ennemis implacables. Ce voyage dans une petite ville, ce séjour dans un château isolé, au milieu d'une société nouvelle et inconnue, ne lui présageaient rien de bon ; mais s'y opposer ouvertement était ridicule. Sur quelles causes, d'ailleurs, appuyer sa résistance ? La marquise ne pouvait accuser ses terreurs qu'en accusant son mari et ses beaux-frères, et de quoi les pouvait-elle accuser ? L'aventure de la crème empoisonnée n'était point une preuve concluante. Elle résolut donc de renfermer toutes ses craintes dans son cœur et de se remettre aux mains de Dieu.

Néanmoins elle ne voulut pas quitter Avignon sans avoir fait le testament que, depuis la mort de M. de Nochères, elle méditait de faire. Un notaire fut appelé, qui dressa cet acte. Mme la marquise de Ganges instituait sa mère, Mme de Rossan, sa légataire universelle, à la charge par elle d'appeler à la succession celui des deux enfants de la testatrice qu'elle jugerait à propos de préférer. Ces deux enfants étaient, l'un un garçon de six ans, et l'autre une fille de cinq.

Mais cela ne suffit point à la marquise, tant elle était profondément frappée qu'elle ne devait pas survivre à ce fatal voyage ; elle fit secrètement, et dans la nuit, assembler les magistrats d'Avignon et plusieurs personnes de qualité appartenant aux premières familles de la ville, et là devant eux, elle déclara de vive voix d'abord que, dans le cas où elle viendrait à mourir, elle priait les honorables témoins qu'elle avait convoqués à cet effet, de ne reconnaître pour vrai, volontaire et librement écrit, que le testament qu'elle avait signé la veille, affirmant d'avance que tout autre testament postérieur qui serait présenté serait l'œuvre de la ruse ou de la violence. Puis, cette déclaration faite de vive voix, la marquise la renouvela par écrit, signa le papier qui la contenait, et remit ce papier sous la sauvegarde de l'honneur de ceux qu'elle en constituait les gardiens. Une pareille précaution, prise avec de si minutieux détails, éveilla vivement la curiosité des auditeurs : plusieurs questions pressantes furent adressées à la marquise ; mais on n'en put rien tirer, sinon qu'elle avait, pour agir ainsi, des raisons qu'elle ne pouvait déclarer. La cause de cette assemblée resta secrète, et chacun de ceux qui la composaient fit à la marquise la promesse de ne pas la révéler.

Le lendemain, qui était la veille de son départ pour Ganges, la marquise visita tous les établissements de bienfaisance et toutes les communautés religieuses d'Avignon : partout elle fit de riches aumônes, afin qu'on dît pour elle des prières et des messes qui obtinssent de la bonté de Dieu qu'il ne la laissât point mourir sans avoir reçu les sacrements de l'Église. Le soir elle prit congé de tous ses amis avec l'affection et les larmes d'une personne convaincue qu'elle leur faisait le dernier adieu : enfin elle passa toute la nuit en prières, et lorsque sa femme de chambre entra chez elle pour la réveiller, elle la retrouva agenouillée à la même place où elle l'avait laissée la veille.

On partit pour Ganges ; la route s'effectua sans accident. En arrivant au château, la marquise y trouva sa belle-mère : c'était une femme parfaitement distinguée et pieuse, et sa présence, quoiqu'elle ne dût être que momentanée, rassura un peu la pauvre effrayée. Les dispositions avaient été faites d'avance dans le vieux château, et l'on avait choisi pour la marquise la plus commode et la plus élégante des chambres : elle était située au premier, et donnait dans une cour fermée de tous côtés par des écuries.

Dès le premier soir qu'elle dut y coucher, la marquise explora cette chambre avec la plus grande attention. Elle visita les cabinets, sonda les murs, examina les tapisseries, et nulle part elle ne distingua rien qui pût confirmer ses craintes, qui, de ce moment, allèrent décroissant. Cependant, au bout d'un certain temps, la mère du marquis quitta Ganges pour retourner à Montpellier. Le surlendemain de ce départ, le marquis parla d'affaires pressantes qui le rappelaient à Avignon, et quitta à son tour le château. La marquise resta donc seule avec l'abbé, le chevalier et un aumônier nommé Perrette, qui, depuis vingt-cinq ans, était au service de la famille du marquis. Le reste de la maison se composait de quelques domestiques.

Le premier soin de la marquise, en arrivant au château, avait été de se faire une petite société dans la ville. La chose avait été facile : outre son rang, qui faisait tenir à honneur d'être de son cercle, sa grâce affectueuse inspirait à la première vue le désir de l'avoir pour amie. La marquise éprouva donc moins d'ennui qu'elle ne l'avait craint au premier abord.

Cette précaution n'avait point été inutile ; au lieu de passer l'automne seulement à Ganges, la marquise, d'après les lettres de son mari, fut forcée d'y passer l'hiver. Pendant tout ce temps, l'abbé et le chevalier paraissaient avoir complètement oublié leurs premiers desseins sur elle, et étaient redevenus des frères respectueux et attentifs. Mais, au milieu de tout cela, M. de Ganges demeurait éloigné, et la marquise, qui n'avait point cessé de l'aimer, commençait à perdre la crainte, mais non pas la douleur.

Un jour l'abbé entra dans sa chambre assez à l'improviste pour la surprendre avant qu'elle n'eût eu le temps d'essuyer ses larmes : ce demi-secret surpris, il lui fut facile d'obtenir la confidence du reste. La marquise lui avoua qu'il n'y aurait pas de bonheur pour elle en ce monde tant que son mari vivrait avec elle de cette vie séparée et hostile. L'abbé essaya de la consoler ; mais tout en la consolant, il lui dit que le chagrin qu'elle éprouvait avait sa source en elle-même ; que son mari avait dû être blessé de sa défiance envers lui, défiance dont le testament qu'elle avait fait était une preuve, d'autant plus humiliante qu'elle était publique, et que, tant que ce testament existerait, elle ne devait s'attendre à aucun retour de la part de son mari. Pour cette fois, la conversation en demeura là.

Quelques jours après, l'abbé entra chez la marquise, tenant une lettre qu'il venait de recevoir de son frère. Cette lettre, censée confidentielle, était pleine de tendres plaintes sur la conduite de sa femme à son égard, et laissait à chaque phrase percer un fond d'amour, que des griefs aussi puissants que ceux que le marquis croyait avoir pouvaient seuls contrebalancer.

La marquise fut d'abord fort touchée de cette lettre ; mais, ayant bientôt réfléchi qu'il s'était juste écoulé, entre l'explication qu'elle avait eue avec l'abbé et cette lettre, le temps nécessaire pour que le marquis en fût informé, elle attendit, pour changer d'avis, de nouvelles et plus fortes preuves.

Cependant de jour en jour, l'abbé, sous prétexte de rapprocher le mari de la femme, devenait plus pressant à l'endroit du testament, et la marquise, trouvant dans cette insistance quelque chose d'inquiétant, commença de se reprendre à ses anciennes terreurs. Enfin, l'abbé la poussa tellement à bout, qu'elle réfléchit que, d'après les précautions qu'elle avait prises à Avignon, une révocation ne pouvant avoir aucun résultat, mieux valait avoir l'air de céder que d'irriter, par un refus constant et obstiné, cet homme qui lui causait une si grande crainte. A la première fois qu'il revint sur ce sujet, elle lui répondit donc qu'elle était prête à offrir à son mari cette nouvelle preuve d'amour, qui pouvait le rapprocher d'elle, et ayant donné l'ordre d'aller chercher un notaire, elle fit, en présence de l'abbé et du chevalier, un nouveau testament, dans lequel elle instituait le marquis son légataire universel. Ce second testament était en date du 5 mai 1667. L'abbé et le chevalier témoignèrent à la marquise la joie la plus vive de voir enfin cette cause de discorde anéantie, et se firent les garants de leur frère pour un meilleur avenir. Quelques jours se passèrent dans cette espérance, qu'une lettre du marquis vint confirmer ; cette lettre annonçait en même temps son prochain retour au château de Ganges.

Le 16 mai, la marquise, un peu souffrante depuis un mois ou deux, se décida à prendre médecine : elle fit donc connaître son désir au pharmacien, en le priant de lui en composer une à sa guise, et de la lui envoyer le lendemain. En effet, le matin et à l'heure convenue, le breuvage fut apporté à la marquise ; mais elle le trouva si noir et si épais, que, se défiant de la science de celui qui l'avait composé, elle l'enferma sans rien dire dans une armoire de sa chambre, et tira de son nécessaire quelques pilules, moins efficaces, mais qui, lui étant habituelles, lui inspiraient moins de répugnance.

A peine l'heure où la marquise devait prendre cette médecine fut-elle écoulée, que l'abbé et le chevalier envoyèrent demander de ses nouvelles. Elle leur fit répondre qu'elle allait bien, et les invita à une petite collation qu'elle devait donner vers les quatre heures de l'après-midi aux femmes de la société.

Une heure après, l'abbé et le chevalier lui envoyèrent demander une seconde fois de ses nouvelles : la marquise, sans faire attention à cet excès de civilité, qu'elle se rappela ensuite, leur fit répondre comme la première fois qu'elle ne pouvait mieux se porter.

La marquise était restée au lit pour faire les honneurs de sa collation, et jamais ne s'était sentie de meilleure humeur : à l'heure dite, toutes ses conviées arrivèrent ; l'abbé et le chevalier furent introduits, et l'on servit le goûter. Ni l'un ni l'autre ne voulurent y prendre part ; l'abbé, cependant, s'assit à table ; mais le chevalier resta appuyé sur le pied du lit. L'abbé était soucieux, et ne sortait de sa préoccupation que par secousse ; alors il paraissait chasser quelque idée dominante ; mais bientôt cette idée, plus puissante que sa volonté, le replongeait dans une rêverie qui frappa d'autant plus tout le monde, qu'elle était loin de son caractère. Quant au chevalier, il avait les yeux constamment fixés sur sa belle-sœur, et cela, au contraire de son frère, était d'autant moins étonnant, que jamais la marquise n'avait paru si belle.

La collation prise, la société se retira ; l'abbé reconduisit les femmes, et le chevalier resta près de la marquise ; mais à peine l'abbé fut-il sorti, que madame de Ganges vit le chevalier pâlir, et que, de debout qu'il était, il tomba assis sur le pied du lit. La marquise, inquiète, lui demanda ce qu'il avait : mais avant qu'il eût pu répondre, son attention fut attirée d'un autre côté.

L'abbé, aussi pâle et aussi défait que le chevalier, rentrait dans la chambre, tenant à la main un verre et un pistolet, et fermait la porte derrière lui à double tour. Effrayée à cette vue, la marquise se souleva à moitié sur son lit, regardant, sans voix et sans parole. Alors l'abbé s'approcha d'elle, les lèvres tremblantes, les cheveux hérissés et les yeux enflammés, et lui présentant le verre et le pistolet : « Madame, lui dit-il après un moment de silence terrible, choisissez, du poison, du fer, — et faisant un signe au chevalier, qui tira son épée, — ou du fer.

La marquise avait eu un moment d'espoir : au mouvement qu'elle avait vu faire au chevalier, elle avait cru qu'il venait à son secours ; mais bientôt détrompée, et se trouvant entre deux hommes qui la menaçaient tous deux, elle se laissa glisser à bas de son lit et tombant à genoux :

— Qu'ai-je fait, s'écria-t-elle, ô mon Dieu ! que vous prononcez ainsi ma mort, et qu'après vous être faits juges, vous vous fassiez bourreaux ? Je ne suis coupable envers vous d'aucune faute, que d'avoir été trop fidèle à mes devoirs envers mon mari, qui est votre frère. — Puis, voyant qu'il était inutile qu'elle continuât d'implorer l'abbé, dont les regards et les gestes indiquaient une résolution prise, elle se retourna vers le chevalier : — Et vous aussi, mon frère, lui dit-elle, ô mon Dieu ! mon Dieu ! vous aussi ; mais ayez donc pitié de moi, au nom du ciel !

Mais celui-ci, frappant du pied et lui appuyant la pointe d'une épée sur la poitrine :

— Assez, madame, lui répondit-il, assez, et prenez votre parti sans retard ; car si vous ne le prenez pas, c'est nous qui le prendrons pour vous.

La marquise se retourna une dernière fois vers l'abbé et heurta de son front la bouche du pistolet. Alors elle vit bien qu'il lui fallait mourir, et choisissant de trois genres de mort celui qui lui paraissait le moins terrible : — Donnez-moi donc le poison, dit-elle, et que Dieu vous pardonne ma mort.

A ces mots elle prit le verre ; cependant la liqueur noire et épaisse dont il était rempli lui causa une telle répulsion, qu'elle voulut essayer une dernière tentative ; mais un blasphème effroyable de l'abbé et un geste menaçant de son frère lui ôtèrent jusqu'à la dernière lueur d'espoir. Elle porta le verre à ses lèvres, et murmurant une fois encore :

— Mon Dieu, Seigneur, ayez pitié de moi, — elle avala ce qu'il contenait. Pendant ce temps, quelques gouttes de la liqueur tombèrent sur sa poitrine, et lui brûlèrent à l'instant même la peau, comme auraient pu faire des charbons ardents ; c'est qu'en effet le breuvage infernal était composé d'arsenic et de sublimé délayés dans de l'eau-forte ; puis, croyant qu'on n'exigerait pas davantage d'elle, elle laissa tomber le verre.

La marquise se trompait, l'abbé le ramassa, et remarquant que tout le précipité était demeuré au fond, il rassembla avec un poinçon d'argent ce qui s'était coagulé aux parois du verre, le réunit à tout ce qui était resté au fond, et présentant à la marquise, au bout du poinçon, cette boule qui était de la grosseur d'une noisette : « Allons, madame, lui dit-il, il faut avaler le goupillon ! » La marquise, résignée, ouvrit les lèvres ; mais au lieu de faire ce que lui ordonnait l'abbé, elle retint ce reste de poison dans sa bouche, et se rejetant sur son lit en poussant un cri et embrassant ses oreillers de douleur, elle le rejeta entre les draps, sans que ses assassins s'en aperçussent ; puis, se retournant alors vers eux : — Au nom de Dieu, leur dit-elle les mains jointes, puisque vous avez tué mon corps, au moins ne perdez pas mon âme, et envoyez-moi un confesseur.

Si cruels que fussent l'abbé et le chevalier, un pareil spectacle commençait sans doute à les lasser ; d'ailleurs l'acte mortel était accompli : après ce qu'elle avait bu, la marquise ne pouvait vivre que quelques minutes, ils sortirent donc à sa prière, et refermèrent la porte derrière eux. Mais à peine la marquise se vit-elle seule, que la possibilité de la fuite se présenta à elle. Elle courut à la fenêtre : elle n'était élevée que de vingt-deux pieds ; mais elle donnait sur un terrain plein de pierres et de décombres. Comme la marquise était en chemise, elle se hâta de passer un jupon de taffetas ; mais, au moment où elle achevait de le nouer autour de sa taille, elle entendit des pas qui se rapprochaient de sa chambre ; croyant alors que c'étaient ses assassins qui revenaient pour l'achever, elle courut comme une insensée vers la fenêtre. Au moment où elle posait le pied sur son rebord, la porte s'ouvrit : la marquise ne calcula plus rien, et se précipita la tête la première. Heureusement que le nouveau venu, qui était le chapelain du château, eut le temps d'étendre la main et de saisir sa jupe. La jupe, trop faible pour soutenir le poids de la marquise, se déchira ; mais cependant cette résistance, si légère qu'elle fût, suffit pour changer la direction du corps : la marquise, qui devait se briser la tête, tomba au contraire sur ses pieds, sans se faire autre mal que de se les meurtrir sur les pierres. Tout étourdie qu'elle était de sa chute, la marquise vit quelque chose qui se précipitait après elle, et fit un bond de côté. C'était une énorme cruche pleine d'eau, sous laquelle le prêtre, voyant qu'elle lui échappait, avait essayé de l'écraser ; mais, soit qu'il eût mal pris ses mesures, soit que la marquise eût effectivement eu le temps de s'écarter, le vase se brisa à ses pieds sans l'atteindre, et le prêtre, voyant qu'il avait manqué son coup, se rejeta en arrière, et courut avertir l'abbé et le chevalier que la victime leur échappait.

Quant à la marquise, à peine avait-elle été à terre, qu'avec une présence d'esprit admirable, elle avait fait entrer le bout d'une des tresses de ses cheveux assez avant dans la gorge pour provoquer un vomissement : la chose était d'autant plus facile qu'elle avait beaucoup mangé à cette collation, et d'autant plus heureuse, que les aliments avaient empêché le poison d'attaquer, aussi violemment qu'il l'eût fait sans cette circonstance, les parois de l'estomac. A peine eut-elle rejeté ce qu'elle avait pris, qu'un sanglier privé l'avala et, tombant en convulsion, mourut sur-le-champ.

Cependant, comme nous l'avons dit, l'appartement donnait sur une cour fermée ; et la marquise, en s'élançant de sa chambre dans cette cour, crut d'abord qu'elle n'avait fait que changer de prison ; mais bientôt, apercevant une lumière qui tremblait à travers la lucarne d'une des écuries, la marquise y courut, et, trouvant un palefrenier qui allait se coucher : — Au nom du ciel, mon ami, lui dit-elle, sauve-moi ! je suis empoisonnée, on veut me tuer, ne m'abandonne pas, je t'en conjure ! aie pitié de moi, et

En voyant arriver les deux femmes, il étendit une baguette, comme pour les empêcher d'entrer. — Page 163.

ouvre-moi cette écurie, que je m'en aille ! que je me sauve ! — Le palefrenier ne comprit pas grand'chose à ce que lui disait la marquise ; mais voyant une femme échevelée, à moitié nue, et qui demandait du secours, il la prit sous son bras, lui fit traverser les écuries, lui ouvrit une porte, et la marquise se trouva dans la rue ; deux femmes passaient, le palefrenier la remit entre leurs mains, sans pouvoir leur expliquer ce qu'il ignorait lui-même. Quant à la marquise, elle semblait ne pouvoir dire autre chose que ces seules paroles :

— Sauvez-moi, je suis empoisonnée ; au nom du ciel ! sauvez-moi.

Tout à coup, elle s'échappa de leurs mains, et se mit à fuir comme une insensée ; elle venait d'apercevoir à vingt pas d'elle, sur le seuil de la porte par laquelle elle était sortie, ses deux assassins qui la poursuivaient.

Alors, ils s'élancèrent après elle ; elle criant qu'elle était empoisonnée, eux criant qu'elle était folle ; tout cela au milieu d'une po-

pulace qui, ne sachant pour qui prendre parti, s'écartait pour laisser passer la victime et les meurtriers : la terreur donnait à la marquise une force surhumaine ; cette femme, habituée à marcher dans des souliers de soie, sur des tapis de velours, courait alors ensanglantant ses pieds nus sur les pierres et les cailloux, demandant en vain du secours, que nul ne lui accordait ; c'est qu'en effet, à la voir ainsi, courant d'une course insensée, en chemise, les cheveux épars, n'ayant pour tout vêtement qu'un jupon de taffetas en lambeaux, il était difficile de ne pas croire, ainsi que le disaient ses beaux-frères, que cette femme était folle.

Enfin le chevalier la joignit, l'arrêta, et l'entraînant malgré ses cris dans la maison la plus proche, referma la porte derrière eux, tandis que l'abbé sur le seuil, un pistolet à la main, menaçait de brûler la cervelle à quiconque s'approcherait.

La maison où étaient entrés le chevalier et la marquise appartenait à un M. Desprats, absent pour le moment de chez lui, et chez la femme duquel plusieurs de ses compagnes s'étaient assemblées. La marquise et le chevalier, toujours luttant ensemble, entrèrent dans la chambre où était réunie la société : comme plusieurs de celles qui la composaient étaient admises dans la société de la marquise, elles se levèrent aussitôt dans le plus grand étonnement, pour lui porter le secours qu'elle réclamait ; mais le chevalier les écarta vivement, répétant que la marquise était folle ; à cette éternelle accusation, à laquelle les apparences ne prêtaient que trop de vraisemblance, la marquise répondait en montrant son cou brûlé et ses lèvres noircies, et, se tordant les bras de douleur, s'écriait qu'elle était empoisonnée et qu'elle allait mourir, demandant avec instances du lait ou tout au moins de l'eau ; alors la femme d'un ministre protestant, qui se nommait Mme Brunelle, lui glissa dans la main une boîte d'orviétan, dont elle se hâta d'avaler quelques morceaux, tandis que le chevalier se retournait ; en même temps une autre femme lui présenta un verre d'eau ; mais au moment où elle le portait à sa bouche, le chevalier le lui brisa entre les dents, et d'un des éclats du verre lui coupa les lèvres ; alors toutes les femmes voulurent se jeter sur le chevalier ; mais la marquise, craignant qu'on ne l'irritât davantage et espérant de le désarmer, demanda, au contraire, qu'on la laissât seule avec lui ; toute la compagnie céda à ses instances et passa dans la chambre voisine : c'était ce que demandait de son côté le chevalier.

A peine furent-ils seuls, que la marquise, joignant les mains, se mit à genoux devant lui, disant de la voix la plus douce et la plus suppliante qu'elle put prendre :

— Chevalier, mon cher frère, n'aurez-vous donc point pitié de moi, qui ai toujours eu tant de tendresse pour vous, et qui voudrais encore à cette heure donner mon sang pour votre service ? Vous savez bien que les choses que je vous dis là ne sont point de vaines paroles ; et cependant comment me traitez-vous, sans que je l'aie mérité ? et que dira le monde d'un pareil procédé ? Ah ! mon frère, que mon malheur est grand d'avoir été si cruellement traitée par vous! Et cependant, oui, mon cher frère, si vous daignez avoir pitié de moi et me sauver la vie, sur ma part du ciel, je vous jure de ne me souvenir en rien de ce qui est arrivé, et de vous regarder toujours comme mon protecteur et mon ami.

Tout à coup la marquise se releva en poussant un grand cri, et en portant la main au côté droit de sa poitrine; pendant qu'elle parlait, le chevalier avait tiré, sans qu'elle s'en aperçût, son épée qui était fort courte, et, s'en servant comme d'un poignard, il l'avait frappée au sein; ce premier coup fut suivi d'un second, qui porta sur la clavicule, ce qui l'empêcha d'entrer; à ces deux coups, la marquise se mit à fuir vers la porte du salon où s'était retirée la société, en criant : — Au secours! on me tue. — Mais dans le temps qu'elle mit à traverser la chambre, le chevalier lui donna encore cinq coups d'épée dans le dos: et il lui en eût sans doute donné davantage, si au dernier coup l'épée ne s'était brisée; au reste, celui-là avait été porté avec tant de force, que le tronçon resta enfoncé dans l'épaule, et que la marquise tomba la face contre terre, nageant dans le sang qui ruisselait de tout côté, et inondait la chambre.

Le chevalier crut l'avoir tuée, et comme il entendait les femmes accourir à son secours, il s'élança hors de la chambre; l'abbé était toujours sur le seuil, le pistolet à la main; le chevalier le prit par le bras pour l'entraîner, et comme l'abbé hésitait à le suivre :

— Retirons-nous, abbé, lui dit-il, l'affaire est faite.

Le chevalier et l'abbé firent quelques pas dans la rue; mais en ce moment une fenêtre s'ouvrit, et les femmes, qui avaient retrouvé la marquise expirante, appelèrent du secours : à ces cris, l'abbé s'arrêta aussitôt, et retenant le chevalier par le bras :

— Que disais-tu donc, chevalier? demanda-t-il; si l'on appelle du secours, elle n'est donc pas morte?

— Ma foi, va y voir toi-même, répondit le chevalier, j'en ai fait assez pour mon compte; à ton tour.

— C'est, pardieu! bien comme cela que je l'entends, s'écria l'abbé; et, s'élançant de nouveau dans la maison, il se précipita dans la chambre, au moment où les femmes soulevant la marquise à grand'peine, car elle était si faible qu'elle ne pouvait plus s'aider, essayaient de la mettre au lit: l'abbé les écarta, et, parvenant jusqu'à la marquise, il lui appuya son pistolet sur la poitrine; mais au moment où il lâchait le coup, Mme Brunelle, la même qui avait déjà donné une boîte d'orviétan à la marquise, leva le canon avec la main; de sorte que le coup partit en l'air, et que la balle, au lieu d'atteindre la marquise, alla se loger dans la corniche du plafond. L'abbé prit alors le pistolet par le canon, et donna de la crosse un si furieux coup sur la tête de Mme Brunelle, qu'elle chancela et fut près de tomber; il allait redoubler, mais toutes les femmes se réunissant contre lui le poussèrent avec mille malédictions à la porte, qu'elles refermèrent derrière lui. Aussitôt les deux assassins, profitant de la nuit, s'enfuirent de Ganges, et arrivèrent à Aubenas, qui en est distant d'une grande lieue de pays, vers les dix heures du soir.

Pendant ce temps, les femmes prodiguaient leurs soins à la marquise : elles avaient voulu d'abord la mettre au lit, ainsi que nous l'avons déjà dit; mais le tronçon de l'épée empêchant qu'elle ne se pût coucher, on essaya inutilement de le lui arracher, si profondément il était entré dans l'os. Alors la marquise indiqua elle-même à la dame Brunelle le moyen à employer; c'était que l'opératrice s'assît sur le lit, et tandis que les autres femmes l'aideraient, se tînt debout, qu'elle empoignât le tronçon à deux mains, et lui appuyant les genoux dans le dos, elle tirât de toute sa force, et par une grande secousse. Ce moyen réussit enfin, et la marquise put se mettre au lit; il était neuf heures du soir, et il y avait près de trois heures que durait cette horrible tragédie.

Cependant, les consuls de Ganges, informés de ce qui s'était passé, et commençant à croire que c'était réellement un assassinat, se rendirent de leur personne et avec une garde auprès de la marquise. A peine les vit-elle entrer, qu'elle reprit des forces, et, se tenant sur son lit, tant sa crainte était grande, leur demanda leur protection, les mains jointes, car elle croyait toujours voir revenir l'un ou l'autre de ses assassins : les consuls lui dirent de se rassurer, firent garder toutes les avenues de la maison par des gens armés, et, tandis qu'on envoyait en toute hâte chercher à Montpellier des médecins et des chirurgiens, firent prévenir M. le baron de Trissan, grand prévôt du Languedoc, du crime qui venait d'être commis, lui envoyant le nom et les signalements des assassins; celui-ci mit aussitôt tout son monde sur leurs traces; mais il était déjà trop tard; il apprit que l'abbé et le chevalier avaient couché, la nuit de l'assassinat, à Aubenas, et que là, après s'être fait des reproches mutuels sur leur maladresse, ils avaient manqué s'égorger l'un l'autre; enfin, ils étaient partis avant le jour, et avaient été s'embarquer proche d'Agde, sur une plage nommée le Gras de Palaval.

Le marquis de Ganges était à Avignon, où il poursuivait une affaire criminelle contre un de ses domestiques, qui lui avait volé deux cents écus, lorsqu'il apprit la nouvelle de l'événement. Il pâlit affreusement en écoutant le récit que lui en fit le messager; puis, entrant contre ses frères en une grande fureur, il jura qu'ils n'auraient jamais d'autres bourreaux que lui. Cependant, si inquiet qu'il fût de l'état de la marquise, il attendit jusqu'au lendemain après midi avant que de partir; et vit pendant cet intervalle quelques-uns de ses amis d'Avignon, sans leur parler aucunement de cette affaire.

Arrivé à Ganges quatre jours seulement après l'assassinat, il se rendit à la maison de M. Desprats, et demanda à voir sa femme, que de bons religieux avaient déjà préparée à cette entrevue. A peine la marquise eut-elle appris qu'il était arrivé, qu'elle consentit à le recevoir; aussitôt le marquis entra dans la chambre, les yeux tout en larmes, s'arrachant les cheveux et donnant les signes du plus profond désespoir.

La marquise reçut son mari en épouse qui pardonne et en chrétienne

« Madame, lui dit-il après un moment de silence terrible, choisissez. — Page 167.

qui va mourir. A peine lui fit-elle quelques légers reproches sur l'abandon où il l'avait laissée, et encore, comme le marquis s'était plaint de ces reproches à un religieux, et que ce religieux avait reporté ces plaintes à la marquise, elle appela son mari près de son lit, au moment où il était entouré de monde, lui en fit réparation publique, lui demandant mille fois pardon, et le priant de n'attribuer les paroles qui auraient pu le blesser qu'à l'effet de ses douleurs, et non au défaut de son estime.

Cependant, resté seul avec sa femme, le marquis voulut se prévaloir de ce retour pour lui faire casser la déclaration devant les magistrats d'Avignon ; car le vice-légat et ses officiers, fidèles aux promesses faites à la marquise, avaient refusé d'enregistrer la donation nouvelle qu'elle avait faite à Ganges par les suggestions de l'abbé, et que celui-ci avait envoyée, à peine signée, à son frère. Mais, sur ce point, la marquise fut d'une résolution constante, déclarant que cette fortune était réservée à ses enfants, par conséquent sacrée pour elle, et qu'elle ne pouvait rien innover à ce qui avait été fait à Avignon, attendu que c'étaient là ses véritables et derniers sentiments. Malgré cette déclaration, le marquis n'en continua pas moins à rester près de sa femme et à lui rendre tous les soins d'un mari dévoué et attentif.

Deux jours après le marquis de Ganges, arriva Mme de Rossan : son étonnement fut grand, d'après les bruits qui circulaient déjà sur le marquis, de trouver sa fille entre les mains de celui qu'elle regardait comme un de ses meurtriers. Mais loin de partager cette opinion, la marquise fit tout ce qu'elle put, non-seulement pour le ramener à d'autres sentiments, mais pour obtenir d'elle qu'elle l'embrassât comme un fils. Cet aveuglement de la part de la marquise causa une telle douleur à Mme de Rossan, que, malgré son amour profond pour sa fille, elle ne voulut point rester plus de deux jours, et que, quelques instances que lui fit la mourante, elle retourna chez elle sans que rien pût l'arrêter.

Ce départ causa une grande douleur à la marquise, et fut cause qu'elle demanda avec de nouvelles instances d'être conduite à Montpellier, la seule vue du lieu où elle avait été si cruellement assassinée lui présentant sans cesse, non-seulement le souvenir du meurtre, mais encore l'image de ses meurtriers, qui la poursuivaient si incessamment, que, dans ses courts moments de sommeil, elle se réveillait quelquefois tout à coup en poussant de grands cris et en appelant au secours. Malheureusement, le médecin la jugea trop faible pour être transportée, et déclara qu'aucun déplacement ne pouvait se faire sans un extrême danger.

Alors, et en entendant cet arrêt qu'il fallut bien lui répéter, et auquel son teint vif et animé et ses yeux brillants semblaient donner un démenti, la marquise tourna toutes ses pensées vers les choses sacrées, et ne songea plus qu'à mourir comme une sainte, ayant déjà souffert comme une martyre. En conséquence, elle demanda le viatique, et pendant qu'on allait le lui chercher, elle renouvela ses excuses à son mari et son pardon à ses frères, et cela avec une douceur qui, jointe à sa beauté, donnait à toute sa personne une apparence angélique. Cependant, lorsque le prêtre entra avec le viatique, cette expression changea tout à coup, et son visage présenta tous les caractères de la plus grande terreur. Elle venait de reconnaître dans le prêtre qui lui apportait les dernières consolations du ciel l'infâme Perrette, qu'elle devait regarder comme le complice de l'abbé et du chevalier, puisque, après avoir essayé de la retenir, il avait voulu l'écraser sous le poids de la cruche pleine d'eau qu'il lui avait jetée de la fenêtre, et puisque, voyant qu'elle lui échappait, il avait couru prévenir et avait mis sur ses traces ses deux assassins.

Cependant, elle se remit bientôt, et voyant que le prêtre, sans aucun remords, s'approchait de son lit, elle ne voulut point causer un si grand scandale qu'eût été celui de le dénoncer dans un pareil moment. Cependant, se penchant vers lui :

— Mon père, lui dit-elle, j'espère qu'en souvenir de ce qui s'est passé, et pour dissiper les craintes qu'il m'est bien permis d'avoir, vous ne ferez pas difficulté de partager avec moi la sainte hostie, car j'ai parfois entendu dire que, entre les mains des méchants, le corps de notre Seigneur Jésus-Christ, tout en restant un symbole de salut, était devenu un principe de mort.

Le prêtre s'inclina en signe de consentement.

La marquise communia donc ainsi, prenant l'hostie qu'elle partageait avec un de ses meurtriers, à témoin qu'elle pardonnait à celui-ci comme aux autres, et qu'elle priait Dieu et les hommes de leur pardonner comme elle le faisait elle-même.

Les jours suivants s'écoulèrent sans que le mal parût empirer, la fièvre qui dévorait la marquise exhalant, au contraire, toutes les beautés de son visage et donnant à sa voix et à ses gestes une ardeur qu'elle n'avait jamais eue. Aussi tout le monde en était-il à reprendre de l'espoir, excepté elle qui, sentant son état mieux que personne, ne se fit pas un seul instant illusion, et gardant sans cesse près de son lit son fils, qui était âgé de sept ans, lui disait à tout moment de la bien regarder, afin que, si jeune qu'il était, il se souvînt d'elle toute sa vie et ne l'oubliât jamais dans ses prières. Alors le pauvre enfant fondait en larmes, et lui promettait non-seulement de se souvenir d'elle, mais encore de la venger lorsqu'il serait homme. A ces paroles, la marquise le reprenait doucement, lui disant que toute vengeance appartenait au roi et à Dieu, et qu'il faut remettre tous soins pareils à ces deux puissants maîtres du ciel et de la terre.

Le 3 juin, M. Catalan, conseiller, commissaire député par le parlement de Toulouse, arriva à Ganges avec tous les officiers nécessaires à sa commission ; mais il ne put, ce soir-là, voir la marquise, qui, étant restée assoupie pendant plusieurs heures, avait gardé de ce sommeil une espèce d'engourdissement d'esprit qui eût pu ôter de la lucidité à ses déclarations. Il attendit donc jusqu'au lendemain.

Le lendemain, sans demander avis de personne, M. Catalan se rendit à la maison de M. Desprats, et, malgré une légère résistance de la part de ceux qui la gardaient, parvint jusqu'auprès de la marquise. La mourante le reçut avec une présence d'esprit admirable, ce qui fit croire à M. Catalan qu'on avait eu, la veille, l'intention d'empêcher toute entrevue entre lui et celle qu'il venait interroger. La marquise d'abord ne voulait rien raconter de ce qui s'était passé, disant qu'elle ne pouvait accuser et pardonner à la fois ; mais M. Catalan lui fit comprendre qu'elle devait avant tout la vérité à la justice ; puisque, faute de renseignements précis, la justice en s'égarant pouvait frapper les innocents au lieu des coupables. Ce dernier argument détermina la marquise qui, pendant une heure et demie que dura ce tête-à-tête, lui raconta tous les détails de cet horrible événement.

Le lendemain M. Catalan devait revenir ; mais le lendemain la marquise était effectivement plus mal. Il s'en assura par ses yeux, et comme il savait à peu près tout ce qu'il désirait savoir, il n'insista pas davantage, de peur de la fatiguer.

En effet, à compter de ce jour, des douleurs si atroces s'étaient emparées de la marquise, que, malgré la constance qu'elle avait toujours montrée et qu'elle essayait de conserver jusqu'à sa fin, elle ne pouvait s'empêcher de pousser des cris mêlés de prières. Ce fut ainsi qu'elle passa la journée du 4, et une partie de celle du 5. Enfin ce jour, qui était un dimanche, vers quatre heures du soir elle expira.

Aussitôt on fit l'ouverture du corps, et les médecins vérifièrent que la marquise était morte par la seule force du poison, aucun des sept coups d'épée qu'elle avait reçus n'étant mortel. Ils trouvèrent l'estomac et les entrailles brûlés et le cerveau noirci. Cependant, malgré ce breuvage infernal, qui, dit le procès-verbal, *eût tué une lionne en quelques heures*, la marquise lutta dix-neuf jours, — tant, — ajoute la relation à laquelle nous avons emprunté une partie de ces détails, — tant la nature défendait amoureusement le beau corps qu'elle avait pris tant de peine à former.

A l'instant même où M. Catalan apprit la mort de la marquise, comme il avait avec lui douze gardes de M. le gouverneur, dix archers et un hoqueton, il les dépêcha au château du marquis de Ganges, avec ordre de se saisir de sa personne, de celle du prêtre et de celles de tous les domestiques, à l'exception du palefrenier qui avait aidé à la fuite de la marquise. Le commandant de cette petite escouade trouva le marquis se promenant, fort triste et fort agité, dans la grande salle du château. Et comme il lui signifia l'ordre dont il était porteur, le marquis sans faire aucune résistance, et comme s'il eût été préparé à ce qui lui arrivait, répondit qu'il était prêt à obéir, et que d'ailleurs son dessein avait toujours été d'aller poursuivre au parlement les meurtriers de sa femme. On lui demanda la clef de son cabinet qu'il remit, et l'ordre fut aussitôt donné de le conduire avec les autres accusés dans les prisons de Montpellier.

Aussitôt que le marquis entra dans la ville, le bruit de son arrivée se répandit avec une rapidité incroyable de rue en rue. Alors, comme il faisait nuit, toutes les fenêtres s'illuminèrent, et quelques-uns, sortant avec des torches, lui formèrent un cortège ardent à l'aide duquel tout le monde put le voir. Il était, ainsi que le prêtre, monté sur un mauvais cheval de louage et tout entouré d'archers, auxquels, sans doute, en cette circonstance, il dut la vie ; car l'indignation était si grande contre lui, que chacun excitait son voisin à le mettre en pièces, et que la chose fût certes arrivée, s'il n'eût été si soigneusement défendu et gardé.

Aussitôt qu'elle eut appris la nouvelle de la mort de sa fille, madame de Rossan se mit en possession de tous ses biens, et se portant partie dans cette affaire, elle déclara qu'elle ne se désisterait de sa poursuite que lorsque la mort de sa fille serait vengée.

M. Catalan commença aussitôt l'instruction : le premier interrogatoire qu'il fit subir au marquis dura onze heures. Puis bientôt lui et ses co-accusés furent transportés des prisons de Montpellier dans celles de Toulouse. Un mémoire accablant de madame de Rossant les y poursuivit; elle y démontrait avec une lucidité parfaite la participation du marquis au crime de ses deux frères, sinon en action, du moins en esprit, en désir et en volonté.

La défense du marquis fut bien simple : — il avait eu le malheur d'avoir pour frères deux scélérats qui avaient attenté d'abord à l'honneur, puis ensuite à la vie d'une femme qu'il aimait tendrement; ils l'avaient fait périr d'une mort atroce, et, pour comble de malheur, il était accusé, lui innocent, d'avoir trempé dans cette mort.

En effet, l'instruction du procès, quelque minutieuse qu'elle fût, ne put produire contre le marquis que des présomptions morales qui furent insuffisantes, à ce qu'il paraît, pour déterminer les juges à lui appliquer la peine de mort.

En conséquence, le 21 août 1667, un jugement fut rendu qui condamnait l'abbé et le chevalier de Ganges à être rompus vifs, le marquis de Ganges à un bannissement perpétuel du royaume, ses biens confisqués au roi, dégradé de noblesse et incapable de succéder aux biens de ses enfants. Quant au prêtre Perrette, il fut condamné aux galères perpétuelles, après avoir été préalablement dégradé des ordres par la puissance ecclésiastique.

Ce jugement fit un bruit égal à celui qu'avait produit l'assassinat, et donna matière, dans cette époque, où les circonstances atténuantes n'étaient pas inventées, à de longues et furieuses discussions. En effet, le marquis était coupable de complicité, ou ne l'était pas : s'il ne l'était pas, le supplice était trop cruel; s'il l'était, le jugement était trop doux.

Ce fut l'avis de Louis XIV, qui se souvenait de la beauté de Mᵐᵉ la marquise de Ganges; car quelque temps après, et comme on croyait qu'il avait oublié cette malheureuse affaire, et qu'on lui demandait la grâce du marquis de Donze, accusé d'avoir empoisonné sa femme :

— Il n'est point besoin de grâce, répondit le roi, puisqu'il est du parlement de Toulouse, et que le marquis de Ganges s'en est bien passé.

On devine facilement qu'un aussi triste événement ne se passa point sans que les beaux esprits de l'époque fissent sur cette catastrophe, qui enlevait une des plus belles personnes du siècle, une multitude de bouts-rimés et de madrigaux; aussi nous renvoyons à nos notes les amateurs de ce genre de littérature, car nous avons, à leur intention, extrait des journaux et mémoires du temps les deux meilleures ou du moins les deux moins mauvaises pièces que nous ayons pu trouver.

Maintenant, comme nos lecteurs ne manqueraient pas, pour peu qu'ils aient pris quelque intérêt à la terrible histoire que nous venons de leur raconter, de demander ce que sont devenus les meurtriers, nous allons les suivre jusqu'au moment où ils ont disparu, les uns dans la nuit de la mort, les autres dans l'obscurité de l'oubli.

Le curé Perrette fut le premier qui paya sa dette au ciel : il mourut à la chaîne dans le trajet de Toulouse à Brest.

Le chevalier se retira à Venise et prit du service dans les troupes de la Sérénissime République, qui était alors en guerre contre le Turc, et fut envoyé à Candie, que les musulmans assiégeaient depuis vingt-deux ans : il y était à peine arrivé, que, comme il se promenait sur les remparts de la ville avec deux autres officiers, une bombe vint faire explosion à leurs pieds, dont un des éclats tua le chevalier, sans toucher aucunement à ceux qui l'accompagnaient, ce qui fit que cet événement fut regardé comme un coup du ciel.

Pour l'abbé, son histoire est plus longue et plus étrange : il avait quitté le chevalier aux environs de Gênes, et traversant tout le Piémont, une partie de la Suisse et un coin de l'Allemagne, il était entré en Hollande sous le nom de Lamartellière. Après plusieurs hésitations sur le lieu où il devait se fixer, il se retira enfin à Viane, dont le comte de Lippe était alors souverain; là, il fit connaissance avec un gentilhomme qui le présenta au comte comme un Français réfugié pour cause de religion.

Le comte, dès cette première conversation, trouva à cet étranger, qui venait chercher un asile dans ses États, non-seulement beaucoup d'esprit, mais encore un esprit très-solide, et le voyant versé dans les lettres et les sciences, il lui proposa de se charger de l'éducation de son fils, alors âgé de neuf ans : une pareille proposition était une for-

tune pour l'abbé de Ganges, aussi se garda-t-il bien de la refuser.

L'abbé de Ganges était un de ces hommes qui ont un grand empire sur eux-mêmes : du moment où il vit que son intérêt, que la sûreté de son existence même, lui en imposait l'obligation, il dissimula avec un soin extrême tout ce qu'il y avait de mauvaises passions en lui, pour ne laisser paraître que ses bonnes qualités; précepteur aussi sévère pour le cœur que pour l'esprit, il parvint, sous ces deux rapports, à faire de son élève un prince tellement accompli, que le comte de Lippe, utilisant cette sagesse et cette instruction, commença de consulter le précepteur sur chaque chose de l'État, si bien qu'au bout de quelque temps, sans remplir aucune fonction publique, le prétendu Lamartellière était devenu l'âme de cette petite principauté.

La comtesse avait chez elle une jeune parente sans fortune, mais de grande noblesse, et pour laquelle elle avait une profonde amitié : elle ne tarda point à s'apercevoir que la pauvre enfant s'était prise pour le gouverneur de son fils d'un sentiment plus tendre qu'il ne convenait à sa haute condition, sentiment, qu'enhardi par son crédit toujours croissant, le faux Lamartellière avait fait tout ce qu'il avait pu pour inspirer et entretenir : la comtesse fit alors venir sa cousine auprès d'elle, et lui ayant fait faire l'aveu de son amour, lui dit qu'elle avait certes une grande amitié pour le gouverneur de son fils, qu'elle et son mari comptaient récompenser les services qu'il avait rendus à leur famille et à l'État par des pensions et des places; mais que c'était une ambition par trop hautaine, quand on s'appelait Lamartellière, qu'on n'avait ni parents ni famille que l'on pût avouer, d'aspirer à la main d'une jeune fille alliée à une maison souveraine; qu'elle ne demandait pas que le fiancé de sa cousine fût Bourbon, Montmorency ou Rohan, mais qu'elle désirait au moins qu'il fût quelque chose, ne fût-ce que gentilhomme gascon ou poitevin.

La jeune parente de la comtesse de Lippe alla redire mot à mot cette réponse à son amant, croyant qu'il allait en être atterré; mais celui-ci lui répondit, au contraire, que puisque sa naissance était le seul obstacle qui s'opposât à leur union, il y avait moyen de l'aplanir. En effet, l'abbé après huit ans passés chez le prince, au milieu des témoignages de confiance et de considération les plus grands, croyait être assez sûr de sa bienveillance pour pouvoir lui avouer son vrai nom.

Il demanda donc à la comtesse une audience, qui lui fut accordée à l'instant même; et, s'inclinant devant elle avec respect :

— Madame, lui dit-il, je m'étais flatté que votre Altesse m'honorait de son estime; et cependant elle s'oppose aujourd'hui à mon bonheur; la parente de votre Altesse veut bien m'accepter pour époux, et le prince votre fils autorise mes vœux et excuse ma hardiesse; que vous ai-je donc fait, madame, pour vous trouver seule contre moi? et que pouvez-vous me reprocher, depuis huit ans que j'ai l'honneur d'être au service de votre Altesse?

— Je ne vous reproche rien, monsieur, répondit la comtesse; mais je ne veux pas que l'on me reproche à moi d'avoir souffert un pareil mariage : je vous croyais homme de trop de sens et de raison pour me forcer de vous rappeler que tant que vous vous êtes borné à des demandes convenables et à des ambitions modérées, vous avez eu lieu de vous louer de ma reconnaissance : demandez-vous qu'on double vos appointements? la chose est facile; voulez-vous des emplois? on vous en donnera; mais ne vous oubliez pas, monsieur, jusqu'à prétendre à une alliance à laquelle vous ne devez pas vous flatter de pouvoir parvenir jamais.

— Mais, madame, reprit le suppliant, qui vous a dit que ma naissance fût si obscure, qu'elle dût m'ôter tout espoir d'obtenir votre consentement? — Mais vous-même, ce me semble, monsieur, répondit la comtesse avec étonnement, ou si vous ne l'avez pas dit, votre nom l'a dit pour vous. — Et si ce nom n'était pas le mien, madame, dit l'abbé en s'enhardissant; si des circonstances malheureuses, terribles, fatales, m'avaient forcé de prendre ce nom pour en cacher un autre trop malheureusement célèbre, votre Altesse serait-elle assez injuste pour ne pas changer d'avis? — Monsieur, répondit la comtesse, vous en avez trop dit maintenant pour ne pas achever : qui êtes-vous, dites? et si, comme vous me le faites entendre, vous êtes de famille, je vous jure que ce n'est point le défaut de fortune qui m'arrêtera. — Hélas! madame, s'écria l'abbé en se jetant à ses genoux; mon nom, j'en suis certain, n'est que trop connu de votre Altesse, et je donnerais volontiers à cette heure la moitié de mon sang pour qu'elle ne l'eût jamais entendu prononcer; mais vous l'avez dit, madame! j'ai été trop avant pour reculer. Eh bien, je suis ce malheureux abbé de Ganges, dont les crimes vous sont connus et dont je vous ai entendu parler à vous-même plusieurs fois. — L'abbé de Ganges! s'écria la comtesse avec horreur;

l'abbé de Ganges ; vous êtes cet exécrable abbé de Ganges , dont le nom seul fait frémir? Et c'est à vous, c'est à ce meurtrier, c'est à cet infâme que nous avons confié l'éducation de notre fils unique? Oh ! j'espère pour nous tous que vous mentez, monsieur ; car si vous disiez la vérité, je crois qu'à l'instant même je vous ferais arrêter et reconduire en France pour y subir votre supplice. Ce que vous avez de mieux à faire, si ce que vous m'avez dit est vrai, c'est de quitter à l'instant même, non-seulement ce château, mais la ville, mais la principauté ; et je serai déjà assez tourmentée le reste de ma vie, chaque fois que je songerai que je suis restée sept ans sous le même toit que vous.

L'abbé voulut répondre ; mais la comtesse haussa tellement la voix, que le jeune prince, que son précepteur avait mis dans ses intérêts, et qui écoutait à la porte de la chambre de sa mère, jugea que l'affaire de son protégé tournait mal, et entra pour essayer de la raccommoder. Il trouva sa mère tellement effrayée, que, par un mouvement machinal, elle l'attira à lui comme pour se mettre sous sa protection, et il eut beau prier et supplier, tout ce qu'il put obtenir fut que son précepteur aurait la liberté de se retirer sans être inquiété, dans tel autre pays du monde qu'il lui plairait, mais sous la défense expresse de jamais se représenter devant le comte ni la comtesse de Lippe.

L'abbé de Ganges se retira à Amsterdam, où il se fit maître de langues, et où sa maîtresse alla bientôt le retrouver et l'épousa : son élève, à qui ses parents n'avaient pu faire, même en lui disant le vrai nom du faux Lamartellière, partager l'horreur qu'ils avaient pour lui, le soutint de ses secours tant qu'il en eut besoin : cela dura jusqu'à ce que, sa femme étant devenue majeure, il entra en jouissance de quelques biens qui lui étaient propres. Bientôt sa conduite régulière et sa science, qu'une étude longue et sérieuse avait rendue plus solide, le firent admettre au consistoire des protestants ; ce fut là qu'il mourut après une vie exemplaire, et Dieu seul sut jamais si c'était de l'hypocrisie ou du repentir.

Quant au marquis de Ganges, condamné comme nous l'avons vu à la déportation et à la confiscation, il avait été conduit à la frontière de Savoie, et là laissé libre. Après avoir passé deux ou trois ans à l'étranger pour laisser à la terrible catastrophe dans laquelle il avait été mêlé le temps de s'assoupir, il était revenu en France, et comme personne, Mme de Rossan étant morte, n'était plus intéressé à poursuivre, il était rentré dans son château de Ganges, où il se tenait à peu près caché. Cependant, M. de Baville, intendant du Languedoc, apprit que le marquis avait rompu son ban ; mais en même temps il lui fut dit qu'en zélé catholique, le marquis forçait ses vassaux à aller à la messe, quelle que fût leur religion : c'était l'époque des persécutions contre les réformés, et le zèle du marquis parut à M. de Baville compenser, et bien au delà, la peccadille dont il avait été accusé ; en conséquence, au lieu de le poursuivre, il entra secrètement en correspondance avec lui, le rassurant sur son séjour en France et l'excitant dans son zèle pour la religion : douze ans se passèrent ainsi.

Pendant ce temps le jeune fils de la marquise, que nous avons vu apparaître à son lit de mort, avait atteint l'âge de vingt ans, et, riche des biens de son père, que son oncle lui avait rendus, et de l'héritage de sa mère qu'il avait partagé avec sa sœur, avait épousé une fille de condition, riche et belle, nommée Mlle de Moissac. Appelé sous les drapeaux pour le service du roi, le comte conduisit sa jeune femme au château de Ganges, et l'ayant recommandée avec instance à son père, il la laissa sous sa garde.

Le marquis de Ganges avait quarante-deux ans, et à peine en paraissait-il trente ; c'était un des plus beaux hommes qui existassent : il devint amoureux de sa belle-fille et espéra s'en faire aimer ; mais pour mieux réussir en ce projet, son premier soin fut d'écarter d'elle, sous le prétexte de religion, une fille qui l'avait accompagnée depuis son enfance, et qu'elle aimait beaucoup.

Cette mesure, dont la jeune marquise ignorait la cause, l'affligea extrêmement ; c'était déjà bien à contre-cœur qu'elle était venue habiter ce vieux château de Ganges, théâtre récent encore de la terrible histoire que nous venons de raconter ; elle logeait dans l'appartement où l'assassinat avait été commis ; sa chambre était la même que celle de la défunte marquise, son lit était le même, la fenêtre par laquelle elle avait fui était devant ses yeux, et tout, jusqu'au moindre meuble, lui rappelait les détails de cette sanglante catastrophe ; mais ce fut bien pis encore lorsqu'il ne lui fut plus possible de douter des intentions de son beau-père, qu'elle se vit aimée par celui dont le nom seul l'avait mille fois dans son enfance fait pâlir de terreur, et qu'elle se trouva, à toutes les heures du jour, seule et en tête-à-tête avec l'homme que le bruit public poursuivait encore comme meurtrier. Peut-être, en tout autre lieu, la pauvre isolée eût-elle repris quelque force en se con-

fiant en Dieu ; mais là où Dieu avait laissé périr d'une mort aussi cruelle une des plus belles et des plus chastes créatures qui eussent jamais existé, elle n'osait en appeler à lui, car il semblait avoir détourné ses regards de cette famille.

Elle attendit dans une terreur croissante, passant autant qu'elle le pouvait ses journées avec les femmes de condition qui habitaient la petite ville de Ganges, et dont quelques-unes, témoins de l'assassinat de sa belle-mère, augmentaient encore ses terreurs par les récits qu'elles lui en faisaient, et qu'elle, avec cette désespérante obstination de la peur, se faisait répéter sans cesse. Quant à ses nuits, pour la plupart du temps elle les passait à genoux tout habillée, tremblant au moindre bruit ; ne respirant qu'au retour à la lumière, et alors se hasardant à se mettre au lit pour se reposer quelques heures.

Enfin, les tentatives du marquis devinrent si directes et si pressantes, qu'à quelque prix que ce fût Mlle de Moissac résolut de se tirer de ses mains : elle eut d'abord l'idée d'écrire à son père, pour lui exposer sa position et lui demander du secours ; mais son père était nouveau catholique, et avait beaucoup souffert pour la cause réformée : il était dès lors évident que sa lettre serait décachetée par le marquis, sous le prétexte de religion, et qu'alors cette démarche, au lieu de la sauver, pourrait la perdre. Elle n'avait donc qu'une ressource : son mari était vieux catholique ; son mari était capitaine de dragons, fidèle au service de Dieu : il n'y avait aucun prétexte pour décacheter sa lettre ; elle résolut de s'adresser à lui, lui exposa la situation où elle se trouvait, fit écrire l'adresse par une autre main, et envoya la lettre à Montpellier où elle fut mise à la poste.

Le jeune marquis était à Metz lorsqu'il reçut la dépêche de sa femme : à l'instant même tous ses souvenirs d'enfant se réveillèrent en lui : il se revit près du lit de sa mère mourante, lui jurant de ne l'oublier jamais, et de prier chaque jour pour elle. L'image de sa femme qu'il adorait se présenta à lui dans cette même chambre, exposée aux mêmes violences, destinée peut-être à la même fin ; ce fut assez pour le déterminer à une démarche positive : il se jeta dans une chaise de poste, arriva à Versailles, demanda une audience au roi, et l'ayant obtenue se précipita aux pieds de Louis XIV, la lettre de sa femme à la main, le suppliant de forcer son père à retourner en exil, où il jurait sur l'honneur de lui faire passer tout ce qui lui serait nécessaire pour vivre convenablement.

Le roi ignorait que le marquis de Ganges avait rompu son ban, et la manière dont il l'apprenait n'était pas de nature à lui faire pardonner d'avoir contrevenu à sa justice. En conséquence, il ordonna aussitôt que si M. le marquis de Ganges était trouvé en France, on lui fît son procès avec la plus grande rigueur.

Heureusement pour le marquis que le comte de Ganges, le seul de ses frères qui fût resté en France et même en faveur, apprit à temps cette décision du roi ; il partit de Versailles en poste, et faisant grande diligence, il vint le prévenir du danger qui le menaçait ; aussitôt tous deux quittèrent Ganges et se retirèrent à Avignon. Le comtat Venaissin appartenant encore à cette époque au pape, et étant gouverné par un vice-légat, était considéré comme terre étrangère. Il y trouva Mme d'Urban, sa fille, qui fit tout ce qu'elle put pour le retenir auprès d'elle ; mais c'eût été par trop publiquement braver les ordres de Louis XIV, et le marquis n'osa point rester en évidence, de crainte qu'il ne lui arrivât malheur ; en conséquence, il se retira dans le petit village de l'Isle, bâti dans une situation charmante, près de la fontaine de Vaucluse : là on le perdit de vue, nul n'en entendit parler, et lorsque moi-même je fis en 1835 un voyage dans le Midi, je recherchai vainement quelques traces de cette mort obscure et inconnue qui suivit une existence si bruyante et si orageuse.

Puisqu'à propos des dernières aventures du marquis de Ganges nous avons prononcé le nom de Mme d'Urban, sa fille, nous ne pouvons nous dispenser de la suivre au milieu des étranges événements de sa vie, quelque scandaleux qu'ils soient : tel était, au reste, la destinée de cette famille, qu'elle devait pendant près d'un siècle occuper l'attention de la France, soit par ses crimes, soit par ses bizarreries.

A la mort de la marquise, sa fille, âgée de six ans à peine, était restée près de la douairière de Ganges, qui, lorsqu'elle eut atteint sa douzième année, lui présenta comme époux le marquis de Perrault, qui avait été l'amant de son aïeule. Quoique septuagénaire, le marquis, né sous Henri IV, avait vu la cour de Louis XIII, la jeunesse de Louis XIV, et en était resté un des seigneurs les plus élégants et les plus favorisés : il avait toutes les manières de ces deux époques, les plus galantes du monde, si bien que la jeune fille, qui ignorait encore ce que c'était que le mariage, qui n'avait point vu d'autre homme que celui qu'on lui présentait, céda sans répugnance, et se trouva heureuse de devenir Mme la marquise de Perrault.

Le marquis, qui était fort riche, s'était brouillé avec son frère cadet, qui lui avait voué une telle haine, qu'il ne se mariait que pour lui enlever la succession à laquelle celui-ci avait droit, du moment où il mourrait sans descendant. Malheureusement, il s'aperçut bientôt que le moyen qu'il avait pris pour en obtenir, tout efficace qu'il eût été à l'égard d'un autre, n'amènerait pour lui aucun résultat. Il ne se désespéra point cependant, et attendit une ou deux années, pensant chaque jour que le ciel ferait un miracle en sa faveur ; mais comme chaque jour enlevait quelque chance à la probabilité de ce miracle, et que sa haine pour son frère s'augmentait de l'impossibilité où il était de se venger de lui, il prit un parti étrange et tout à fait antique ; c'était, comme les anciens Spartiates, d'obtenir avec l'aide d'un autre ce que le ciel lui refusait à lui-même.

Le marquis n'eut pas besoin de chercher longtemps autour de lui pour trouver celui qu'il chargerait du soin de sa vengeance : il avait dans sa maison un jeune page de dix-sept à dix-huit ans, fils d'un de ses amis décédé sans fortune, et qui le lui avait tout particulièrement recommandé à son lit de mort : ce jeune homme, d'un an plus âgé que sa jeune maîtresse, n'avait pu se trouver sans cesse auprès d'elle sans en devenir passionnément amoureux, et quelque soin qu'il prît de cacher cet amour, le pauvre enfant était encore trop ignorant en dissimulation pour avoir pu le dérober aux yeux du marquis, lequel, après en avoir vu les progrès avec inquiétude, commença au contraire à s'en féliciter, du moment où il eut adopté le parti que nous venons de dire.

Le marquis était lent à se décider, mais prompt à l'exécution : sa résolution bien arrêtée, il appela près de lui son page, et après lui avoir fait promettre un secret inviolable et s'être engagé, s'il le lui gardait, à lui en témoigner sa reconnaissance en lui achetant un régiment, il lui exposa ce qu'il attendait de lui : le pauvre jeune homme, qui ne s'attendait à rien moins qu'à une pareille confidence, crut d'abord que c'était une ruse qu'employait le marquis pour lui faire avouer son amour, et fut prêt à se jeter à ses pieds et à lui tout dire ; mais le marquis, qui s'aperçut de son trouble, et qui en devina facilement la cause, le rassura entièrement en lui jurant sur son honneur qu'il l'autorisait à tout entreprendre pour arriver au but qu'il désirait. Comme au fond de son cœur le jeune homme n'en avait pas d'autre, le marché fut bientôt conclu ; le page s'engagea sur les serments les plus terribles à garder le secret ; et le marquis, pour l'aider autant qu'il était en lui, lui donna tous les moyens de faire de la dépense, ne croyant pas qu'il y eût de femme, si sage qu'elle fût, qui pût résister à la fois à la jeunesse, à la beauté et à la fortune ; malheureusement pour le marquis, cette femme qu'il croyait introuvable existait, et cette femme était la sienne.

Le page était si désireux d'obéir au marquis, que dès le jour même sa maîtresse put s'apercevoir, dans les soins qu'il lui rendait, dans la promptitude qu'il mettait à obéir à ses ordres, dans la rapidité avec laquelle il les exécutait, pour être quelques minutes plus tôt de retour auprès d'elle, du changement occasionné par la permission qu'il avait reçue. Elle lui en sut gré et l'en remercia dans toute la naïveté de son âme : le surlendemain le page se présenta devant elle, vêtu d'habits magnifiques ; elle l'en trouva plus beau, le lui dit, et s'amusa à détailler toutes les parties de son costume, comme elle eût pu faire d'une nouvelle poupée. Cependant toute cette familiarité redoublait l'amour du pauvre jeune homme, qui n'en demeurait pas moins interdit et tremblant en face de sa maîtresse, comme Chérubin devant sa belle marraine ; chaque soir le marquis lui demandait où il en était, et chaque soir le page avouait qu'il n'était pas plus avancé que la veille ; alors le marquis grondait, menaçait de retirer les beaux habits, de revenir sur les belles promesses, et enfin, de s'adresser à un autre : à cette dernière menace, le pauvre jeune homme reprenait courage, promettait d'être plus hardi le lendemain, et le lendemain passait sa journée à dire des yeux à sa maîtresse mille choses tendres, que celle-ci, dans son innocence, ne comprenait pas ; enfin, un jour que Mme de Perrault lui demandait ce qu'il avait à la regarder ainsi, il se hasarda à lui avouer son amour : mais alors changeant tout à coup de façons, Mme de Perrault prit un visage sévère, et lui ordonna de sortir de sa chambre.

Le pauvre amant obéit, et courut tout désolé confier son chagrin au mari : celui-ci parut le partager bien sincèrement, mais il le consola en lui disant qu'il avait sans doute mal choisi son moment ; que toutes les femmes, même les moins sévères, avaient des heures néfastes pendant lesquelles elles étaient inattaquables ; qu'il laissât écouler un ou deux jours, qu'il emploierait à faire sa paix, puis, qu'il profitât d'une meilleure occasion, et ne se laissât point rebuter ainsi pour quelques refus : à ces paroles il ajouta une bourse pleine d'or, afin que le page, si besoin était, pût gagner la camériste de confiance de la marquise.

Guidé ainsi par la vieille expérience du mari, le page commença de paraître bien honteux et bien repentant : mais pendant un ou deux jours, malgré ces semblants d'humilité, la marquise lui tint rigueur ; enfin, en y réfléchissant sans doute, et avec l'aide de son miroir et de sa femme de chambre, elle comprit que le crime n'était point irrémissible, et après avoir fait au coupable une longue semonce, qu'il écouta les yeux baissés, elle lui tendit la main, lui pardonna, et l'admit comme autrefois dans son intimité.

Les choses se passèrent ainsi pendant une semaine : le page ne levait plus les yeux, n'osait ouvrir la bouche, et la marquise commençait à regretter le temps où il regardait et parlait, lorsqu'un beau matin, qu'elle était à sa toilette, où elle lui avait permis d'assister, il profita du moment où la femme de chambre venait de la laisser seule, pour se jeter à ses pieds, et lui dire que c'était inutilement qu'il avait essayé de faire violence à son amour, et que dût-il mourir sous le poids de son indignation, il devait lui dire que cet amour était immense, éternel et plus fort que sa vie. La marquise voulut alors le faire sortir comme la dernière fois ; mais au lieu de lui obéir, le page mieux renseigné la prit entre ses bras ; la marquise appela, cria, brisa les cordons de sa sonnette ; la camériste, gagnée par le conseil du marquis, avait écarté les autres femmes, et se gardait bien de venir : la marquise alors, repoussant la force par la force, se dégagea des bras du page, s'élança vers la chambre de son mari, et en désordre, les cheveux épars, la poitrine à moitié nue, plus belle que jamais, elle alla se jeter dans ses bras, lui demandant sa protection contre le jeune insolent qui venait de l'insulter. Mais quel ne fut point l'étonnement de la marquise, quand, au lieu de la colère qu'elle croyait voir éclater, le marquis lui répondit froidement que ce qu'elle disait là était incroyable ; que ce jeune homme lui avait toujours paru fort sage, et que sans doute, ayant pour quelque cause frivole pris du ressentiment contre lui, elle employait ce moyen pour s'en débarrasser ; mais il ajouta que, quel que fût son amour pour elle, et son désir de lui être agréable en toute chose, il la priait de ne point exiger celle-là de lui, le jeune homme étant le fils de son ami, et par conséquent son enfant d'adoption : ce fut alors la marquise qui se retira toute interdite à son tour, ne sachant que penser d'une pareille réponse, et se promettant, à défaut de la protection de son mari, de se garder elle-même, retranchée dans sa sévérité.

En effet, à compter de ce moment, la marquise fut vis-à-vis du pauvre jeune homme d'une telle pruderie, qu'aimant sincèrement comme il aimait, il en serait mort de douleur, s'il n'avait point eu là le marquis pour l'encourager et l'affermir. Néanmoins, celui-ci, commençait à désespérer lui-même, et la vertu de sa femme lui devenait plus à charge que ne l'eût été à un autre la facilité de la sienne. Enfin il résolut, voyant que les choses en restaient toujours au même point, et la marquise ne s'adoucissant aucunement, de prendre un parti extrême. Il fit cacher son page dans un cabinet de la chambre à coucher de sa femme, et se levant pendant son premier sommeil, il laissa libre la place qu'il occupait auprès d'elle, sortit doucement, ferma la porte à double tour, et écouta attentivement pour savoir ce qui allait se passer.

Il n'y avait pas dix minutes qu'il écoutait ainsi, lorsqu'il entendit dans la chambre un grand bruit, que cherchait en vain à apaiser le page ; le marquis espérait toujours qu'il y réussirait, mais le bruit qui allait croissant lui prouva que cette fois encore il se trompait : bientôt on cria au secours, car la marquise ne pouvait sonner, les cordons des sonnettes ayant été relevés plus haut qu'elle ne pouvait atteindre, et comme personne ne répondait à ses cris, il l'entendit sauter au bas du lit, courir à la porte, et la trouvant fermée, s'élancer vers la fenêtre, qu'elle tenta d'ouvrir : la scène était parvenue à son paroxysme.

Le marquis se décida alors à entrer, de peur qu'il n'arrivât malheur ou que les cris de sa femme n'attirassent quelque passant attardé qui, le lendemain, le rendrait la fable de la ville. A peine la marquise le vit-elle paraître qu'elle se jeta dans ses bras, et lui montrant le page :

— Eh bien, monsieur ! lui dit-elle, hésiterez-vous encore à me défaire de cet insolent ?

— Oui, madame, répondit le marquis, car cet insolent agit depuis trois mois non-seulement avec mon autorisation, mais encore par mes ordres.

La marquise demeura stupéfaite. Alors le marquis, sans faire sortir le page, donna à sa femme l'explication de tout ce qui s'était passé, la suppliant de se prêter au désir qu'il avait d'obtenir un successeur, qu'il regarderait comme son propre enfant, pourvu qu'il le tînt d'elle ; mais toute jeune qu'elle était, la marquise lui répondit avec une dignité étrange pour son âge, que le pouvoir qu'il avait sur elle avait les bornes que la loi lui avait données, et non celles qu'il lui plairait de mettre en leur place, et que, quelque envie qu'elle eût de faire ce qui lui était agréable, elle ne lui obéirait cependant jamais aux dépens de son salut et de son honneur.

Une réponse si positive tout en désespérant le mari, lui prouva qu'il devait renoncer à obtenir de sa femme un héritier ; mais comme il n'y avait point de la faute de son page, il acquitta, en lui achetant un régiment, la promesse qu'il lui avait faite, et se résigna à avoir la femme la plus vertueuse de France ; au reste, sa pénitence ne fut pas longue : au bout de trois mois il mourut, après avoir confié au marquis d'Urban, son ami, la cause de ses chagrins.

Le marquis d'Urban avait un fils en âge d'être établi : il pensa que rien ne lui pouvait mieux convenir qu'une femme dont la vertu était sortie triomphante d'une pareille épreuve ; il laissa passer le temps du deuil, présenta le jeune marquis d'Urban, qui parvint à faire agréer ses soins à la belle veuve, et bientôt devint son époux. Plus heureux que son prédécesseur, le marquis d'Urban au bout de deux ans et demi avait déjà trois héritiers à opposer à ses collatéraux, lorsque le chevalier de Bouillon arriva dans la capitale du comtat Venaissin.

Le chevalier de Bouillon était le type des roués de l'époque, beau, jeune, bien fait, neveu d'un cardinal puissant à Rome, et fier de tenir à une maison qui avait des priviléges souverains. Le chevalier, dans son indiscrète fatuité, n'épargnait aucune femme ; si bien que sa conduite avait fait scandale dans le cercle de Mme de Maintenon, qui commençait d'entrer en puissance. Un de ses amis, témoin du mécontentement qu'avait manifesté contre lui Louis XIV, qui commençait à se faire dévot, avait cru lui rendre service en le prévenant que le roi gardait une dent contre lui.

— Pardieu, avait répondu le chevalier, je suis bien malheureux que la seule dent qui lui reste lui soit demeurée pour me mordre.

Le mot avait fait du bruit et était revenu à Louis XIV, de sorte que le chevalier avait appris assez directement, cette fois, que le roi désirait qu'il voyageât pendant quelques années ; il savait le danger de négliger de semblables invitations, il préférait encore la province à la Bastille ; il avait donc quitté Paris et arrivait à Avignon avec tout l'intérêt qui s'attache à un jeune et beau seigneur persécuté.

La vertu de madame d'Urban faisait autant de bruit à Avignon que l'inconduite du chevalier avait fait de scandale à Paris. Une réputation égale à la sienne et dans un genre si opposé ne pouvait que l'offenser étrangement ; aussi prit-il en arrivant le parti de jouer l'une contre l'autre.

Rien n'était, au reste, plus commode que d'essayer. M. d'Urban, sûr de la vertu de sa femme, lui laissait toute la liberté ; le chevalier la vit partout où il voulut la voir, et chaque fois qu'il la vit, il trouva moyen de lui témoigner un amour croissant. Soit que l'heure de Mme d'Urban fût venue, soit que l'honneur qu'avait le chevalier d'appartenir à une maison princière l'éblouit, sa vertu, jusqu'alors si farouche, fondit comme la neige aux rayons du soleil de mai, et plus heureux que le pauvre page, le chevalier prit la place du mari, sans que cette fois Mme d'Urban songeât à crier au secours.

Comme le chevalier ne cherchait qu'un triomphe public, il eut bientôt soin d'instruire toute la ville de son bonheur ; puis, comme quelques esprits-forts de l'endroit doutaient encore, le chevalier ordonna à l'un de ses domestiques de l'attendre à la porte de la marquise avec un fallot et une sonnette. A une heure du matin le chevalier sortit ; aussitôt le domestique marcha devant lui, faisant sonner sa sonnette. A ce bruit inaccoutumé, grand nombre de bourgeois qui dormaient tranquillement se réveillèrent et, curieux de savoir ce qui se passait, ouvrirent leurs fenêtres. Alors ils virent le chevalier qui, marchant gravement derrière son domestique toujours éclairant et sonnant, suivait les rues qui conduisaient de la maison de Mme d'Urban à la sienne. Comme il n'avait fait de mystère de sa bonne fortune à personne, personne ne prit même la peine de lui demander d'où il venait. Cependant, comme il pouvait rester encore des incrédules, il répéta, pour sa propre satisfaction, trois nuits de suite, la même facétie ; si bien que le quatrième jour au matin personne ne doutait plus.

Comme cela a coutume d'arriver en pareille circonstance, M. d'Urban ne sut pas un mot de ce qui se passait, jusqu'au moment où ses amis l'avertirent qu'il était la fable de la ville. Alors, il défendit à sa femme

de revoir son amant. Cette défense porta ses fruits ordinaires. Le lendemain, dès que M. d'Urban fut sorti, la marquise envoya chercher le chevalier pour lui annoncer leur commune disgrâce ; mais elle le trouva bien mieux préparé qu'elle contre de pareils coups, et il essaya de lui prouver, en lui reprochant l'imprudence de sa conduite, que tout cela était sa faute ; si bien que la pauvre femme, convaincue que c'était elle qui s'était attiré ses malheurs, fondit en larmes. Pendant ce temps, M. d'Urban, qui, jaloux pour la première fois, l'était d'autant plus sérieusement, ayant appris que le chevalier était chez sa femme, ferma les portes et se plaça dans l'antichambre avec ses domestiques pour le saisir lorsqu'il sortirait. Mais le chevalier que les larmes de Mme d'Urban ne préoccupaient pas, entendit tous les préparatifs, et se doutant de quelque guet-apens, ouvrit la fenêtre, et bien qu'il fût une heure de l'après-midi, et que la place fût pleine de monde, il sauta de la fenêtre dans la rue sans se faire aucun mal, quoiqu'il y eût une vingtaine de pieds de hauteur, et s'en retourna chez lui sans presser autrement le pas.

Le même soir, le chevalier, dans l'intention de raconter cette nouvelle aventure dans tous ses détails, invita quelques-uns de ses amis à souper avec lui chez un pâtissier nommé Lecocq, frère du fameux Lecocq de la rue Montorgueil : c'était le plus habile traiteur d'Avignon, et lui-même, par une corpulence plus qu'ordinaire, faisait l'éloge de sa cuisine, et servait d'ordinaire d'enseigne à son restaurant, se tenant sur sa porte. Le brave homme, sachant à quels fins appétits il avait affaire, fit ce soir-là de son mieux, et voulut, pour qu'ils ne manquassent de rien, servir ses convives lui-même. Ceux-ci passèrent la nuit à boire, et vers le matin, comme le chevalier et ses compagnons étaient ivres, ils avisèrent leur hôte, qui, le visage riant et épanoui, se tenait respectueusement à la porte. Alors le chevalier le fit approcher, lui versa un verre de vin et le força de trinquer avec eux ; puis, comme confus de cet honneur, le pauvre diable le remerciait avec force révérences :

— Pardieu, lui dit-il, tu es trop gras pour un coq, et il faut que je fasse de toi un chapon.

— Cette étrange proposition fut reçue comme elle devait l'être par des hommes ivres et habitués par leur position à l'impunité. Le malheureux traiteur fut pris, attaché sur la table, et mourut pendant l'opération. Le vice-légat, averti de ce meurtre par un des garçons qui, aux cris de son maître, était accouru et l'avait trouvé tout sanglant aux mains de ses bourreaux, eut d'abord envie de faire arrêter le chevalier et d'en tirer une éclatante justice. Mais il en fut empêché par la considération qu'il portait au cardinal de Bouillon, son oncle, et se contenta de lui faire dire que, s'il ne sortait pas à l'instant même de la ville, il le ferait remettre aux mains de la justice, et laisserait le procès suivre son cours. Le chevalier, qui commençait à avoir assez d'Avignon, n'en demanda point davantage, fit graisser les roues de sa chaise et commanda les chevaux. Cependant, en attendant qu'ils fussent arrivés, il lui prit le désir de revoir Mme d'Urban.

Comme la dernière maison où le chevalier fût attendu à cette heure, après la manière dont il en était sorti la veille, était celle de la marquise, il y pénétra avec la plus grande facilité, et rencontrant la femme de chambre, qui était dans ses intérêts, il se fit introduire par elle auprès de la marquise. Celle-ci, qui ne comptait plus revoir le chevalier, le reçut avec tous les transports de joie dont une femme qui aime est capable, surtout lorsque cet amour lui est défendu. Mais le chevalier y mit bientôt fin, en lui annonçant que sa visite était une visite d'adieu, et en lui racontant la cause qui le forçait de la quitter. Pareille à cette femme qui plaignait les chevaux qui écartelaient Damiens de la fatigue que les pauvres bêtes étaient obligées de prendre, toute la commisération de la marquise tomba sur le chevalier, que l'on forçait, pour une pareille misère, à quitter Avignon. Enfin, il fallut se dire adieu, et comme en ce moment fatal, le chevalier, ne sachant que dire, se plaignait de ne pas avoir de souvenir de la marquise, celle-ci fit décrocher un cadre dans lequel était un portrait d'elle, faisant pendant à celui de son mari, et, déchirant la toile, elle en fit un rouleau et le donna au chevalier. Mais celui-ci, au lieu d'être touché de cette preuve d'amour, le déposa, en sortant, sur une commode, où une demi-heure après, la marquise l'aperçut ; alors, elle se figura que dans sa préoccupation pour l'original il avait oublié la copie, et, se représentant la douleur où devait être le chevalier d'un oubli pareil, elle fit venir un valet, et lui remettant la toile, elle lui ordonna de monter à cheval, et de courir après la chaise du chevalier. Le valet prit la poste, et comme il fit grande diligence il aperçut de loin le fugitif qui achevait de relayer. Il fit alors de grands gestes et de grands cris pour que le postillon attendît. Mais le postillon ayant dit au chevalier qu'on apercevait un homme qui arrivait à toute bride, celui-ci crut qu'il était poursuivi, et ordonna de repartir à fond de train. Cet ordre fut si bien exécuté, que ce ne fut qu'une lieue et demie plus loin que le malheureux valet parvint à rejoindre la chaise; et ayant arrêté le postillon, descendit de cheval, et présenta fort respectueusement au chevalier le portrait qu'il s'était chargé de lui remettre. Celui-ci, revenu de sa première frayeur, l'envoya promener, et l'invita à reporter le portrait à celle qui le lui envoyait, attendu qu'il ne savait qu'en faire. Mais le valet, en messager fidèle, répondit qu'il avait reçu un ordre positif, et qu'il n'oserait se représenter devant madame d'Urban sans l'avoir exécuté. Le chevalier, voyant alors qu'il ne pouvait vaincre l'obstination de cet homme, fit demander par le postillon, à un maréchal ferrant dont la maison se trouvait sur la route, un marteau avec quatre clous, et cloua lui-même le portrait derrière sa chaise; puis il remonta en voiture, ordonna au postillon de fouetter ses chevaux, et repartit, laissant l'envoyé de madame d'Urban très-étonné de l'usage que le chevalier avait fait du portrait de sa maîtresse.

À la poste suivante, le postillon, qui s'en retournait, demanda son argent; le chevalier répondit qu'il n'en avait point. Le postillon insista, alors le chevalier descendit de sa chaise et décloua le portrait de Mᵐᵉ d'Urban, en lui disant qu'il n'avait qu'à le mettre en vente à Avignon, et raconter de quelle manière il était tombé en sa possession, et qu'il lui rapporterait vingt fois le prix de la poste: le postillon, qui vit qu'il n'y avait pas autre chose à tirer du chevalier, accepta le gage, et suivant de point en point ses instructions, l'exposa le lendemain à la porte d'un fripier de la ville, avec une narration exacte de l'histoire. Le même jour, le portrait fut racheté vingt-cinq louis.

Comme on le devine bien, l'aventure fit grand bruit par toute la ville. Le lendemain, Mᵐᵉ d'Urban disparut sans qu'on sût où elle allait,

au moment même où les parents du marquis tenaient une assemblée dans laquelle il fut décidé que l'on solliciterait du roi une lettre de cachet. Un des membres de cette assemblée, qui partait le lendemain pour Paris, fut chargé de faire les démarches nécessaires; mais soit qu'il n'y mit point l'activité convenable, soit qu'il fût dans les intérêts de Mᵐᵉ d'Urban, on n'entendit point reparler, à Avignon, du résultat de ses démarches. Pendant ce temps, Mᵐᵉ d'Urban, qui s'était retirée chez une tante, entama avec son mari des négociations qui furent suivies du plus heureux succès, et, un mois après cette aventure, rentra triomphalement dans la maison conjugale.

Deux cents pistoles, données par le cardinal de Bouillon, apaisèrent les parents du malheureux pâtissier, qui avaient d'abord dénoncé l'affaire à la justice, et qui bientôt retirèrent leur plainte, en publiant qu'ils s'étaient trop pressés de se porter parties, sur un conte fait à plaisir, et que de plus amples renseignements leur avaient appris depuis que leur parent était mort d'une apoplexie foudroyante.

Grâce à cette déclaration, qui disculpa le chevalier de Bouillon dans l'esprit du roi, il put, après un voyage de deux ans en Italie et en Allemagne, revenir en France sans être aucunement inquiété.

Ainsi finit, non pas la famille de Gange, mais le bruit que cette famille fit dans le monde. De temps en temps, cependant, le dramaturge ou le romancier exhume la pâle et sanglante figure de la marquise, pour la faire apparaître, soit sur la scène, soit dans un livre; mais à elle presque toujours se borne l'évocation, et beaucoup qui ont écrit sur la mère ne savent pas même ce que sont devenus les enfants. Notre intention a été de combler cette lacune: voilà pourquoi nous avons voulu raconter ce qu'avaient omis nos devanciers et offrir à nos lecteurs ce que leur offre le théâtre, et souvent même le monde, — la comédie après le drame.

(1) Interrogatoire de la Voisin ; Guyot de Pitaval : Annales du crime et de l'innocence.

(2) C'est à cette brochure, ainsi qu'au *Récit de la mort de madame la marquise de Ganges, cidevant marquise de Castellane*, publiée à Paris en 1657, chez Jacques Legentil, que nous empruntons les principales circonstances de cette tragique histoire. Nous devons joindre à ces deux documents, et pour n'avoir pas l'embarras de renvoyer à tout moment nos lecteurs aux originaux, les *Causes célèbres de Guyot de Pitaval*, la *Vie de Marie de Rossan*, et les *Lettres galantes de madame Desnoyers*.

(3) Tous les documents comtemporains sont, au reste, d'accord sur cette beauté merveilleuse ; voici un second portrait de la marquise, tracé dans un caractère et un style qui appartiennent encore mieux à cette époque.

« Vous vous souviendrez qu'elle était d'un teint plus uni et plus fin qu'une glace, que sa blancheur était si bien confondue avec la vivacité du sang, qu'il ne s'est jamais vu de mélange si juste pour rendre un visage tendrement animé ; ses yeux et ses cheveux étaient plus noirs que du jais ; ses yeux, dis-je, dont on avait peine à supporter les regards dans leur excès de lumière, qui ont passé pour un miracle de tendresse et de vivacité, et qui, ayant fait en mille occasions l'emploi des mots les plus galants du temps, aussi bien que le supplice de quantité de téméraires, doivent me dispenser, si je ne m'arrête pas davantage à faire leur éloge dans une lettre : sa bouche était la partie de ce visage, qui faisait avouer aux plus critiques de n'en avoir jamais vu de pareille en perfection, et qu'elle pouvait servir de modèle par son tour, sa petitesse et son éclat, à toutes celles dont on vante si fort la douceur et les agréments ; elle avait le nez conforme à la belle disposition de toutes ses parties, c'est-à-dire le mieux fait du monde : tout le tour du visage était parfaitement rond et d'un embonpoint si charmant, qu'il ne s'est jamais trouvé tout à la fois tant de beautés jointes ensemble. L'air de cette tête était d'une douceur sans égale et d'une majesté qu'elle familiarisait plutôt par tempérament que par étude ; sa taille était riche, sa parole agréable, sa démarche noble, son maintien aisé, son humeur sociable, son esprit sans malice et d'un grand fond de bonté.

Mais alors changeant tout à coup de façons, Mme de Perraut prit un visage sévère, et lui ordonna de sortir de sa chambre. — Page 173.

SONNET.

(4) Dieux ! si rien ici-bas n'arrive à l'. . . . . . . aventure.
Quel démon mit au jour ce cruel. . . . . . . chevalier
Dont le bras inhumain s'est rendu . . . . . meurtrier
De l'objet le plus beau qui fût dans la . . . nature ?

Ah ! détestable main ! si cette. . . . . créature
N'a pu par tant d'appas te vaincre et te. . . lier,
De quel autre pouvoir craindras-tu la. . . . censure ?
L'honneur ni la pitié n'oseraient te. . . . . prier.

L'enfer frémit d'horreur après ton. . . . . . sacrilége,
Et jamais ses bourreaux n'auront le . . . . privilége
D'exercer contre toi de telles. . . . . cruautés !

Achève, traître, achève, et par tes coups. . . tragiques,
Lmile l'attentat des plus fiers. . . . . hérétiques :
Fais mourir les. . . . . divinités.

AUTRE SONNET.

LA QUERELLE DES DEUX ASSASSINS.

Qui de vous emporta l'honneur de l'. . . . . aventure,
Abbé désespéré, perfide. . . . . chevalier,
Qui de l'empoisonneur ou bien du. . . . . meurtrier
Doit faire plus d'horreur à toute la. . . . . nature ?

Vous avez mis à mort l'aimable. . . . . . . créature
Qui vit parfois en vain les Dieux la sup. . . plier,
Celle dont la vertu méprisa la. . . . . censure,
On la vit à vos pieds, mais en vain, vous. . . prier.

Couple lâche et maudit, profane et. . . . . sacrilége,
Cessez de vous choquer par un tel . . . . . privilége ;
L'un et l'autre assassin excelle en. . . . . . cruauté,

Vous êtes deux acteurs également. . . . . . tragiques ;
Vos coups plus dangereux que ceux des. . . hérétiques
Ont su rendre mortelle une. . . . . divinité.

Paris. — Typ. de Ve Doudey-Dupré, rue St-Louis, 46, au Marais.

Peut-être notre lecteur, préoccupé seulement de ses derniers souvenirs, qui remontent à la restauration, s'étonnera-t-il du large cadre dans lequel nous enfermons le tableau que nous allons mettre sous ses yeux, et qui n'embrasse pas moins de deux siècles et demi : c'est que toute chose a son précédent, toute rivière sa source, tout volcan son foyer; c'est que, de 1551 à 1815, tout a été, sur le point de la terre où nous portons le regard, action et réaction, vengeance et représailles; c'est que les annales religieuses du Midi ne sont rien autre chose qu'un registre en partie double tenu par le fanatisme au profit de la mort, et écrit d'un côté avec le sang des catholiques, et de l'autre avec celui des protestants.

Dans ces grandes commotions politiques et religieuses du Midi, dont les tressaillements, pareils à des tremblements de terre, ont parfois ébranlé jusqu'à la capitale, Nîmes s'est toujours faite centre : nous choisirons donc Nîmes comme le pivot de notre récit, qui s'en éloignera quelquefois, mais qui y reviendra toujours.

Nîmes, réunie à la France par Louis VIII, gouvernée par ses consuls, dont le pouvoir, substitué à celui de Bernard Athon VI, son vicomte, date de l'an 1207, venait à peine de célébrer, sous l'épiscopat de Michel Briçonnet, la découverte des reliques de saint Bauzile, martyr et patron de la ville, lorsque les doctrines nouvelles se répandirent en France. Le Midi eut tout d'abord sa part de persécution, et en 1551 la sénéchaussée de Nîmes fit brûler en place publique plusieurs religionnaires, au nombre desquels se trouvait Maurice Sécenat, missionnaire des Cévennes, surpris en flagrant délit de prédication : dès lors Nîmes eut deux martyrs et deux patrons, l'un révéré par les catholiques, l'autre par les

Des enfants de réformés, qui jouaient sur le parvis de l'église, huèrent le béguinier. — Page 178.

protestants ; et saint Bauzile, après vingt-quatre ans de règne, fut forcé de partager les honneurs du protectorat avec son nouveau concurrent.

A Maurice Sécenat succéda Pierre de Lavau : à quatre ans de distance, ces deux prédicateurs, dont les noms surnagent au-dessus de beaucoup d'autres noms de martyrs obscurs et oubliés, furent mis à mort sur la place de la Salamandre ; toute la différence qu'il y eut entre eux, c'est que le premier fut brûlé et le second pendu.

Pierre de Lavau avait été assisté à ses derniers moments par Dominique Deyron, docteur en théologie ; mais, au lieu que ce fût, comme d'habitude, le prêtre qui convertit le patient, ce fut cette fois le patient qui convertit le prêtre. La parole, qu'on avait voulu étouffer, retentit donc de nouveau. Dominique Deyron fut décrété, poursuivi, traqué, et n'échappa au gibet qu'en se réfugiant dans la montagne.

La montagne est l'asile de toute secte qui s'élève ou qui tombe : Dieu a donné aux rois et aux puissants les villes, les plaines et la mer ; mais, en échange de tout cela, aux faibles et aux opprimés il a donné la montagne.

Au reste, la persécution et le proselytisme marchaient d'un pas égal ; mais le sang produisit son effet ordinaire, il féconda le sol, et après deux ou trois ans de lutte, après deux ou trois cents huguenots brûlés ou pendus, Nîmes se réveilla un matin avec une majorité protestante. Ainsi, en 1556, les consuls de Nîmes avaient été vivement semoncés sur les tendances de la ville vers la réformation. En 1557, c'est-à-dire un an à peine après cette admonestation, le roi Henri II était forcé de remettre la charge de président au présidial aux mains du protestant Guillaume de Calvière. Enfin, une décision du juge mage ayant ordonné aux consuls d'assister en chaperon à l'exécution des hérétiques, les magistrats bourgeois protestèrent contre cet arrêt, et la puissance royale se trouva insuffisante pour le leur faire exécuter.

Henri mourut, et Catherine de Médicis et les Guises montèrent sur le trône sous le nom de François II : il y a toujours un moment où les peuples respirent, c'est pendant les funérailles de leurs rois : Nîmes profita de celles de Henri II, et, le 29 septembre 1559, Guillaume Moget y fonda la première communauté protestante.

Guillaume Moget venait de Genève ; c'était l'enfant des entrailles de Calvin ; il arrivait à Nîmes avec la ferme résolution de convertir à la foi nouvelle tout ce qu'il y restait de catholiques, ou de se faire pendre. Au reste, éloquent, vif, rusé ; trop éclairé pour être violent, et disposé à faire des concessions, si on voulait lui en faire (1) ; toutes les chances étaient pour lui : aussi Guillaume Moget ne fut point pendu.

Du moment où une secte naissante n'est plus esclave, elle est reine : l'hérésie, déjà maîtresse des trois quarts de la ville, commença de lever hardiment la tête dans les rues. Un bourgeois, nommé Guillaume Raymond, prêta sa maison au missionnaire calviniste ; un prêche public s'y établit, la foi gagna les plus incertains ; bientôt la maison se trouva trop étroite pour contenir la foule qui venait recevoir le poison de la parole révolutionnaire, et les plus impatients commencèrent à tourner les yeux vers les églises.

Cependant le vicomte de Joyeuse, qui venait d'être nommé gouverneur du Languedoc en remplacement de M. de Villars, s'inquiéta de ces progrès, que les protestants ne cachaient plus, mais dont, au contraire, ils se vantaient ; il fit venir les consuls, et les admonesta vertement au nom du roi, menaçant d'envoyer une garnison qui saurait bien mettre un terme à tous ces troubles. Les consuls promirent d'arrêter le mal sans qu'on eût besoin de leur adjoindre un secours étranger, et, pour tenir leur promesse, doublèrent la garde du guet, et nommèrent un capitaine de ville, chargé exclusivement de la police des rues. Or ce capitaine de ville, qui avait mission de réprimer l'hérésie, était le capitaine Bouillargues, c'est-à-dire le plus damné huguenot qui eût jamais existé.

Il résulta de cet heureux choix qu'un jour que Guillaume Moget prêchait dans un jardin, et qu'il y avait foule au prêche, il survint une grande pluie : il fallait ou se disperser, ou trouver un endroit couvert ; mais, comme le prédicateur en était à l'endroit le plus intéressant de son sermon, on n'hésita point un instant à s'arrêter au dernier parti. L'église de Saint-Étienne du Capitole se trouvait dans les environs ; un des assistants proposa ce lieu, sinon comme un des plus convenables, du moins comme un des plus commodes. La motion fut reçue avec enthousiasme ; la pluie redoublait ; on courut directement à l'église ; le curé et les prêtres en furent chassés, le Saint-Sacrement foulé aux pieds, et les images pieuses mises en pièces. Puis, cette exécution faite, Guillaume Moget monta en chaire et reprit son prêche avec tant d'éloquence, que les assistants, se montant la tête de nouveau, ne voulurent point borner là leurs exploits de la journée, mais coururent du même pas s'emparer du couvent des Cordeliers, où, séance tenante, ils installèrent Moget et les deux femmes qui, au dire de Ménard, l'historien du Languedoc, ne le quittaient ni jour ni nuit ; quant au capitaine Bouillargues, il s'était montré magnifique d'impassibilité.

Les consuls, convoqués une troisième fois, avaient bonne envie de nier le désordre ; mais il n'y avait pas moyen : ils se mirent donc à la merci de M. de Villars, qui était réinstallé dans le poste de gouverneur du Languedoc, et M. de Villars, ne s'en rapportant plus à eux, fit occuper le château de Nîmes par une garnison, que la ville paya et nourrit, tandis qu'un gouverneur, assisté de quatre capitaines

de quartier, établit une police militaire indépendante de la police municipale. Moget fut chassé de Nîmes et le capitaine Bouillargues destitué.

François II mourut à son tour. Sa mort produisit l'effet ordinaire ; la persécution se relâcha, et Moget rentra dans Nîmes : c'était une victoire, et comme chaque victoire amène un progrès, le prédicateur conquérant organisa un consistoire, et les députés nîmois réclamèrent des temples aux états-généraux d'Orléans. Cette demande resta sans effet ; mais les protestants savaient comment s'y prendre en pareil cas : le 21 décembre 1561, les églises de Sainte-Eugénie, de Saint-Augustin et des Cordeliers furent prises d'assaut et nettoyées de leurs images en un tour de main : cette fois, le capitaine Bouillargues ne se contenta point de regarder faire, il dirigea les opérations.

Restait encore l'église cathédrale, où s'étaient retranchés, comme dans une dernière forteresse, les débris du clergé catholique ; mais il était évident qu'à la première occasion elle tournerait au temple : cette occasion ne se fit point attendre.

Un dimanche, que l'évêque Bernard d'Elbène officiait, et que le prédicateur ordinaire venait de commencer son sermon, des enfants de réformés, qui jouaient sur le parvis de l'église, huèrent le *béguinier*. Des fidèles, que les cris des enfants tiraient de leurs méditations, sortirent de l'église et rossèrent les huguenotins ; les parents se regardèrent comme insultés dans la personne de leurs enfants ; une grande rumeur s'éleva aux alentours, des attroupements se formèrent, les cris : A l'église ! à l'église ! retentirent. Le capitaine Bouillargues passait par hasard dans le quartier : c'était un homme méthodique : il organisa l'insurrection, et, marchant en tête, il enleva l'église au pas de charge, malgré les barricades faites à la hâte par les papistes ; l'assaut dura à peine quelques minutes ; les prêtres et les fidèles s'enfuirent par une porte, tandis que les réformés entraient par l'autre. L'église fut en un tour de main appropriée au nouveau culte ; le grand crucifix qui surmontait l'autel fut traîné dans les rues au bout d'une corde et fouetté par tous les carrefours. Enfin, quand le soir vint, on alluma un grand feu devant la cathédrale et l'on y jeta tous les papiers des maisons ecclésiastiques et religieuses, les images et les reliques des saints, les ornements des autels, les habits sacerdotaux, tout enfin, jusqu'aux saintes hosties (2), tout fut brûlé sans empêchement de la part des consuls : le vent qui soufflait sur Nîmes était à l'hérésie.

Pour le coup, Nîmes était en pleine révolte ; aussi s'organisa-t-elle en conséquence : Moget prit le titre de pasteur et ministre de l'église chrétienne. Le capitaine Bouillargues fit fondre les vases sacrés des églises catholiques, et paya avec leur produit des volontaires nîmois et des reitres allemands : les pierres des couvents démolis servirent à bâtir des fortifications, et, avant même qu'on eût songé à l'attaquer, la ville était en défense. Ce fut alors que, Guillaume Calvière étant à la tête du présidial, Moget président du consistoire, et le capitaine Bouillargues commandant de la force armée, on songea à créer un nouveau pouvoir qui, partageant la puissance des consuls, fût plus que ceux-ci encore à la dévotion de Calvin, et le bureau des Messieurs prit naissance : c'était un comité de salut public, ni plus ni moins ; aussi le nouveau conseil, institué révolutionnairement, agit-il en conséquence ; le pouvoir des consuls fut absorbé, et le consistoire réduit à se mêler des affaires spirituelles. Sur ces entrefaites, survint l'édit d'Amboise et l'annonce que le roi Charles IX, accompagné de Catherine de Médicis, allait visiter ses fidèles provinces du Midi.

Si entreprenant que fût le capitaine Bouillargues, il avait cette fois affaire à trop forte partie pour essayer de résister ; aussi, malgré les murmures des enthousiastes, la ville de Nîmes résolut-elle non-seulement d'ouvrir ses portes à son souverain, mais encore de lui faire une réception qui effaçât toutes les mauvaises impressions que Charles IX avait pu recevoir de ses antécédents. En effet, on attendit le cortège royal au pont du Gard ; des jeunes filles vêtues en nymphes sortirent d'une grotte, portant une collation qu'elles dressèrent sur la route, et à laquelle leurs majestés firent le plus grand honneur. Le repas terminé, les illustres voyageurs se remirent en route ; mais l'imagination des autorités nîmoises ne s'était pas bornée à si peu : en arrivant à l'entrée de la ville, le roi trouva la porte de la Couronne changée en une montagne couverte de vignes et d'oliviers, et sur laquelle un berger faisait paître son troupeau. Mais, comme si tout devait céder par enchantement devant sa puissance, à l'approche du roi, la montagne s'ouvrit ; les plus belles et les plus nobles demoiselles de Nîmes vinrent à sa rencontre, et lui remirent les clefs de la ville dans des bouquets de fleurs, en lui chantant des vers accompagnés par la musette du berger. En passant sous la montagne, Charles IX vit au fond d'une grotte, enchaîné à un palmier, un crocodile monstrueux, et qui jetait des flammes : c'étaient les anciennes armes accordées à la ville par Octave-César-Auguste après la bataille d'Actium, et que François Ier lui avait rendues, en échange d'une représentation en argent de l'amphithéâtre qu'elle lui avait offerte. Enfin il trouva la place de la Salamandre tout ornée de feux de joie ; si bien que, sans s'informer si ces feux n'étaient point les restes du bûcher de Maurice Sécenat, le roi s'endormit fort content de la réception que lui avait faite sa bonne ville de Nîmes, et ne doutant point qu'on ne l'eût tout à fait calomniée dans son esprit.

Cependant, pour que de pareils bruits, si peu fondés qu'ils lui parussent, ne se renouvelassent point, le roi nomma Damville gouverneur du Languedoc, et l'installa lui-même dans la capitale de son gouvernement ; puis il destitua les consuls depuis les premiers jusqu'aux derniers : ceux qu'il nomma à leur place étaient tous catholiques, et se nommaient Guy-Rochette, docteur et avocat ; Jean Beaudan, bourgeois ; François Aubert, maçon ; et Christol Ligier, laboureur : après quoi, il partit pour Paris, où il signa, quelque temps après, avec les calvinistes, le traité que le peuple, cet éternel prophète, appela la paix boiteuse et mal assise (3), et qui eut pour résultat la Saint-Barthélemi.

Toute gracieuse qu'eût été la mesure prise par l'autorité royale pour la tranquillité future de sa bonne ville de Nîmes, ce n'en était pas moins une réaction : en conséquence, les catholiques, se sentant soutenus par l'autorité, rentrèrent en foule, les bourgeois reprirent leurs maisons, les curés reprirent leurs églises, et, affamés par le pain amer de l'exil, prêtres et laïques firent main-basse sur le trésor. Cependant aucun meurtre n'ensanglanta ce retour ; mais force injures furent dites aux calvinistes, qu'à leur tour on insulta dans les rues. Mieux peut-être eussent valu quelques coups de poignard ou d'arquebuse : une blessure se cicatrise, mais jamais une raillerie.

En effet, le lendemain de la Saint-Michel, c'est-à-dire le 30 septembre 1567, on vit tout à coup, vers midi, deux ou trois cents conjurés sortir d'une maison, et se répandre par les rues en criant : Aux armes ! mort aux papistes ! monde nouveau ! C'était le capitaine Bouillargues qui prenait sa revanche.

Comme les catholiques étaient surpris à l'improviste, ils n'essayèrent pas même de faire résistance ; un groupe des mieux armés, parmi les protestants, court à la maison de Guy-Rochette, premier consul, et s'empara des clefs de la ville. Guy-Rochette, prévenu par les clameurs des habitants, avait mis la tête à la fenêtre : voyant ce rassemblement de furieux se diriger vers sa maison, il avait deviné que c'était à lui qu'on en voulait, et s'était sauvé chez son frère Grégoire. Alors, s'étant remis et ayant repris courage, l'importance de ses fonctions lui revint à l'esprit, et il résolut de les remplir, quelque chose qui pût en arriver : en conséquence, il courut chez les officiers de justice ; mais tous lui donnèrent de si excellentes raisons pour ne pas se mêler de la chose, qu'il vit qu'il ne fallait pas compter sur des lâches ou des traîtres. Il se rendit donc chez l'évêque, et le trouva dans son palais épiscopal, entouré des principaux catholiques, lesquels, à genoux comme lui, priaient le Seigneur et attendaient le martyre. Guy-Rochette se joignit à eux, et tous ensemble continuèrent à prier.

Un instant après la rue retentit de nouvelles clameurs, et les portes de l'évêché gémissent sous les coups de hache et de levier : à ce bruit menaçant, l'évêque oublie qu'il doit l'exemple du martyre et se sauve par une brèche dans une maison contiguë ; mais Guy-Rochette et quelques autres catholiques, résignés à leur sort et résolus courageusement à ne point le fuir, demeurent à leur place. Les portes cèdent, les protestants se répandent dans la cour et dans les appartements. Le capitaine Bouillargues entre l'épée à la main ; Guy-Rochette et ses compagnons sont pris, enfermés dans une chambre sous la garde de quatre sentinelles, et l'évêché est pillé : en même temps une autre troupe se porte chez le vicaire général Jean Peberean, lui prend huit cents écus, lui donne sept coups de poignard, et jette son cadavre par les fenêtres, comme les catholiques firent, huit ans plus tard, de celui de l'amiral de Coligny ; puis les deux troupes réunies s'élancent vers la cathédrale, qu'ils saccagent une seconde fois.

La journée s'écoula tout entière au milieu de ces scènes de meurtre et de pillage ; puis enfin la nuit arriva : alors, comme on avait eu l'imprudence de faire grand nombre de prisonniers, et qu'ils commençaient à être embarrassants vu leur quantité, on résolut de profiter de l'obscurité pour s'en défaire sans exciter trop d'émotion dans la cité. En conséquence, on les tira des différentes maisons où on les avait enfermés, et on les conduisit tous dans une grande salle de l'Hôtel-de-Ville, qui pouvait contenir quatre ou cinq cents personnes, et qui se trouva pleine : alors, une espèce de tribunal s'organisa ; un greffier se chargea d'enregistrer les arrêts de ce tribunal de mort improvisé ; une liste des prisonniers lui fut remise : une croix tracée en marge indiquait les condamnés. Il alla de chambre en chambre, cette liste à la main, appelant et faisant sortir ceux dont les noms portaient le signe fatal ; puis, ce triage achevé, on les conduisit par bandes au lieu désigné d'avance pour leur supplice.

Ce lieu était la cour de l'évêché : au milieu de cette cour était un puits de cinquante pieds de profondeur et de vingt-quatre pieds de circonférence : c'était une tombe toute creusée, et les religionnaires, qui étaient pressés, avaient résolu de l'utiliser pour ne pas perdre de temps.

Là les malheureux catholiques furent amenés, percés à coups de dague ou mutilés à coups de hache, puis précipités dans le puits ; Guy-Rochette y fut traîné un des premiers, et ne demanda pour lui ni grâce ni miséricorde ; mais il demanda la vie pour son jeune frère, dont le seul crime était de lui tenir de si prés par les liens du sang. Les assassins n'entendirent à rien, ils frappèrent l'homme et l'enfant, et les précipitèrent tous deux. Le cadavre du vicaire général, quoiqu'il fût tué de la veille, fut amené à son tour, traîné par une corde et réuni aux autres martyrs. Le massacre dura toute la nuit : l'eau

sanglante montait à mesure qu'on y jetait de nouveaux cadavres ; au point du jour le puits débordait : il est vrai qu'on y avait précipité à peu près cent vingt personnes.

Le lendemain, 1er octobre, les scènes de tumulte recommencèrent : dès le point du jour, le capitaine Bouillargues parcourait les rues de la ville en criant : — Courage, compagnons ! Montpellier, Pézenas, Aramon, Beaucaire, Saint-Andéol et Villeneuve sont pris et sont à notre dévotion. Le cardinal de Lorraine est mort, et nous tenons le roi. — Ces cris réveillèrent ceux des assassins qui commençaient à s'assoupir, ils se réunirent au capitaine, demandant à grands cris qu'on fouillât les maisons qui entouraient l'évêché, et dans l'une desquelles il était à peu près certain que l'évêque, qui, ainsi qu'on s'en souvient, s'était échappé la veille, avait trouvé asile : cette proposition fut acceptée, et les visites commencèrent ; lorsqu'on en fut à la maison de M. Sauvignargues, celui-ci avoua que le prélat était dans sa cave, et proposa au capitaine Bouillargues de traiter de sa rançon. La proposition n'avait rien d'inconvenant ; aussi fut-elle acceptée ; on discuta seulement quelques instants sur la somme, qui fut fixée à cent vingt écus : l'évêque donna tout ce qu'il avait sur lui ; ses domestiques se dépouillèrent ; le sieur de Sauvignargues compléta la somme, et comme il avait l'évêque chez lui, il le retint en gage. Le prélat ne réclama aucunement contre cette mesure, si impertinente qu'elle lui eût paru dans un autre temps ; il se croyait plus en sûreté dans la cave de M. de Sauvignargues qu'à l'évêché.

Mais, sans doute, le secret de la retraite du digne prélat ne fut pas très-scrupuleusement gardé par ceux qui venaient de traiter avec lui ; car, au bout d'un instant, une seconde troupe se présenta, dans l'espérance d'obtenir une seconde rançon. Malheureusement le sieur de Sauvignargues, l'évêque et ses domestiques s'étaient dépouillés, au premier coup, de tout ce qu'ils avaient d'argent comptant : de sorte que cette fois le maître de la maison, craignant pour lui-même, fit barricader les portes, et, se sauvant par une ruelle, abandonna l'évêque à sa mauvaise fortune. Les huguenots escaladèrent les fenêtres, et entrèrent dans la maison en criant : — Tue ! tue ! à mort les papistes ! — Les domestiques de l'évêque furent massacrés, le prélat tiré de son caveau, et jeté dans la rue. Là on lui arracha ses bagues et sa croix pastorale, on le dépouilla de ses habits, pour le couvrir d'un vêtement grotesque que l'on improvisa avec des haillons ; on lui mit, au lieu de sa mitre, un chapeau de paysan ; puis, dans cet état, on le traîna jusqu'à l'évêché, et on le mena au bord du puits pour l'y précipiter ; là un des massacreurs fit observer qu'il était déjà plein de cadavres : — Bah ! répondit un autre, ils se presseront bien un peu pour un évêque (4).

Pendant ce temps le prélat, qui voit qu'il n'y a plus aucune miséricorde à attendre des hommes, se jette à genoux, recommandant son âme à Dieu, quand tout à coup un des assassins, nommé Jean Coussinal, et qui jusque-là s'était fait remarquer parmi les plus féroces, touché, comme par miracle, de cette résignation, s'élance entre l'évêque et ceux qui allaient le frapper, le prend sous sa garde, et déclare que quiconque le touchera aura affaire à lui ; ses camarades étonnés reculent. Pendant ce temps Jean Coussinal soulève l'évêque entre ses bras, l'emporte dans une maison voisine, et se place sur le seuil l'épée à la main.

Néanmoins les assassins, revenus de leur première surprise, réclament à grands cris l'évêque, et, réfléchissant qu'à tout prendre, ils sont cinquante contre un, et qu'il est honteux à eux de se laisser intimider ainsi par un seul homme, s'élancent contre Coussinal, qui, d'un revers de son épée, abat la tête du premier qui se présente : alors les cris redoublent, deux ou trois coups de pistolet et d'arquebuse sont tirés sur l'entêté défenseur du pauvre prélat ; mais aucune balle ne le touche. En ce moment passe le capitaine Bouillargues, qui, voyant un seul homme assailli par cinquante, demande ce que c'est : on lui raconte la prétention étrange de Coussinal, qui veut sauver l'évêque : — Il a raison, dit le capitaine, l'évêque a payé rançon, et personne n'a plus droit sur lui. — A ces mots, il marche à Coussinal, lui tend la main, et tous deux entrent dans la maison, d'où ils sortent bientôt, tenant l'évêque chacun sous un bras. Ils traversent ainsi toute la ville, suivis des cris et des murmures des assassins, qui n'osent cependant point faire autre chose que crier et que murmurer ; à la porte ils remettent l'évêque à une escorte, et demeurent là jusqu'à ce qu'ils l'aient perdu de vue.

Les massacres durèrent encore toute la journée, mais en diminuant à mesure qu'on avançait vers le soir ; cependant la nuit il y eut quelques meurtres isolés : le lendemain, on était fatigué de tuer, on se mit à démolir ; cela dure plus longtemps, on se lasse moins de remuer des pierres que des cadavres. Tous les couvents, toutes les églises, tous les monastères, toutes les maisons des prêtres et des chanoines y passèrent : on ne conserva que la cathédrale, sur laquelle haches et leviers s'émoussèrent, et l'église de Sainte-Eugénie, dont on fit un magasin à poudre.

La journée de la tuerie fut nommée la Michelade, parce qu'elle avait eu lieu le lendemain de la Saint-Michel, et comme elle date de 1567, la Saint-Barthélemi ne fut qu'un plagiat.

Cependant, avec l'aide de M. Damville, les catholiques reprirent le dessus, et ce fut aux protestants à fuir à leur tour ; ils se retirèrent dans les Cévennes. Dès le commencement des troubles, les Cévennes avaient été l'asile des religionnaires : encore aujourd'hui la plaine est papiste, et la montagne huguenote. Que le parti catholique triomphe à Nimes, la plaine monte ; que les protestants soient vainqueurs, la montagne descend.

Cependant, tout vaincus et fugitifs qu'ils étaient, les calvinistes n'avaient point perdu courage : exilés d'un jour, ils comptaient bien prendre leur revanche le lendemain, et tandis qu'on les pendait par contumace, ou qu'on les brûlait en effigie, ils se partageaient devant notaire les biens de leurs bourreaux.

Mais ce n'était pas le tout que de vendre ou d'acheter les biens des catholiques, il fallait entrer en possession ; c'est de quoi s'occupèrent les protestants : ils y réussirent en novembre 1569, c'est-à-dire après dix-huit mois d'exil. Voici de quelle manière :

Un jour, les religionnaires réfugiés virent venir à eux un charpentier d'un petit village nommé Cauvisson, qui demanda à parler M. Nicolas de Calvière, seigneur de Saint-Cosme, frère du président, et qui était connu dans tout le parti comme un homme d'exécution. Voici quelle était la proposition du charpentier.

Il y avait dans les fossés de la ville, près la porte des Carmes, une grille de fer, par laquelle se dégorgeait l'eau de la fontaine. Maduron, c'était le nom du charpentier, offrit de limer cette grille, de manière à ce que, en l'enlevant une belle nuit, elle donnât passage à une troupe de protestants armés : Nicolas de Calvière accepta la proposition, demandant à la mettre à exécution le plus tôt possible ; mais le charpentier fit observer qu'il fallait attendre quelque orage, afin que les eaux, grossies par la pluie, pussent couvrir par leur bruit celui que produirait le grincement de la lime. La chose était d'autant plus importante, que la guérite de la sentinelle se trouvait presque au-dessus de cette grille. M. de Calvière insista ; Maduron, qui jouait dans cette affaire plus gros jeu que personne, tint bon ; de sorte que, bon gré mal gré, il fallut attendre son loisir.

Quelques jours après, la saison des pluies arriva, et la fontaine grossit comme d'habitude ; alors Maduron, jugeant que le moment favorable était venu, se glissa dans le fossé et se mit à limer sa grille, tandis qu'un ami, caché sur le rempart, le tirait par une ficelle qu'il s'était attachée au bras, chaque fois que la sentinelle, dans sa promenade circonscrite, revenait de son côté. Vers le point du jour l'ouvrage était déjà en bon train. Maduron couvrit les entailles avec de la cire et de la boue, afin de les dissimuler aux regards, et se retira. Trois nuits de suite il se remit à l'œuvre avec les mêmes précautions ; enfin, vers la fin de la quatrième, il sentit qu'avec un léger effort la grille serait prête à céder ; c'était tout ce qu'il fallait : il retourna donc prévenir messire Nicolas de Calvière que le moment était venu.

Cela tombait à merveille : la lune, entre son retour et son déclin, était complètement absente du ciel ; on fixa l'entreprise à la même nuit, et lorsque l'obscurité fut venue, messire Nicolas de Calvière, suivi de trois cents protestants choisis parmi les plus braves, vint se cacher dans un plant d'oliviers, à un demi-quart de lieue des murailles.

Tout était tranquille, la nuit était sombre, onze heures sonnèrent ; messire Nicolas de Calvière se mit en route avec ses hommes, qui descendirent sans bruit, traversèrent le fossé, ayant de l'eau jusqu'à la ceinture, remontèrent de l'autre côté, et, suivant le pied de la muraille, se glissèrent sans être aperçus jusqu'à la grille ; Maduron les y attendait ; en les apercevant, il donna une légère secousse, la grille tomba, et tous, entrant par le conduit, Nicolas de Calvière en tête, se trouvèrent bientôt à l'autre extrémité de l'aqueduc, c'est-à-dire place de la Fontaine.

Les protestants coururent aussitôt, par pelotons de vingt hommes, aux quatre principales portes, tandis que tout le reste de la troupe se répandait par les rues, criant : — Ville gagnée ! mort aux papistes ! monde nouveau ! A ces cris, les protestants de l'intérieur reconnurent des frères, et les catholiques des ennemis : mais les uns étaient prévenus et les autres pris à l'improviste ; il n'y eut donc pas de défense, ce qui n'empêcha point qu'il n'y eût carnage. M. de Saint-André, le gouverneur de la ville, contre lequel, dans sa courte administration, les protestants avaient amassé de grandes haines, fut tué d'un coup de pistolet dans son lit, et son corps, jeté par la fenêtre, fut mis en morceaux par la populace. Les assassinats durèrent toute la nuit ; puis le lendemain, les vainqueurs organisèrent à leur tour la persécution, beaucoup plus facile à l'égard des catholiques, qui n'avaient pour refuge que la plaine, qu'à l'égard des protestants, qui avaient, comme nous l'avons dit, les Cévennes pour forteresse.

Vers ce temps arriva la paix de 1570, qu'on appela, comme nous l'avons dit, la paix mal assise, et à laquelle, deux ans après, la Saint-Barthélemi vint confirmer son nom.

Alors, chose étrange, le Midi regarda faire la capitale : protestants et catholiques nîmois, tous rougis encore du sang les uns des autres, demeurèrent mutuellement en face, la main à la garde de leur poignard ou de leur épée, mais sans tirer ni épée ni poignard. Il y avait de la curiosité dans leur fait, et ils étaient bien aises, à leur tour, de voir comment les Parisiens s'en tireraient.

Cependant la Saint-Barthélemi eut un résultat : ce fut la fédéralisation des principales villes du Midi et de l'Ouest : Montpellier, Uzès,

Montauban et La Rochelle firent une ligue militaire et civile, présidée par Nimes, — en attendant, dit l'acte de fédéralisme, qu'un prince, suscité par Dieu, partisan et défenseur de la cause protestante, montât sur le trône. — Dès 1575, les protestants du Midi devinaient Henri IV.

Alors Nimes, donnant l'exemple aux autres villes confédérées, creuse ses fossés, rase ses faubourgs, élève ses murailles ; nuit et jour elle augmente ses moyens de défense, met double garde à chaque porte, et sachant comment on surprend une ville, se laisse pas sur toute l'enceinte de ses murailles un trou où puisse passer un papiste. C'est alors que, dans sa crainte de l'avenir, elle devient sacrilège pour le passé, abat à moitié son temple de Diane, et mutile son amphithéâtre, dont chaque pierre gigantesque fait à elle seule un pan de muraille. Pendant une trêve elle sème, pendant l'autre elle récolte ; et cet état dure tant que dure le règne des mignons. Enfin, ce prince suscité de Dieu, qu'attendent depuis si longtemps les religionnaires, apparaît ; Henri IV monte sur le trône.

Mais, en montant sur le trône, Henri IV se trouve dans la position où, quinze cents ans auparavant, s'est trouvé Octave, et où trois siècles plus tard, se trouvera Louis-Philippe : porté au souverain pouvoir par un parti qui n'est point la majorité, il est obligé de se détacher de ce parti, et d'abjurer sa croyance religieuse, comme les autres ont abjuré ou abjureront leurs croyances politiques ; de sorte qu'il aura son Biron, comme Octave avait eu son Antoine, et comme Louis-Philippe aura son Lafayette. Arrivés à ce point, les rois n'ont plus ni volontés ni sympathie personnelle : ils subissent la puissance des choses, et, forcés de s'appuyer sans cesse sur les masses, ils ne cessent pas plutôt d'être proscrits, que, malgré eux, ils deviennent proscripteurs.

Cependant, avant d'en venir à l'arrestation de Fontainebleau, Henri IV, avec la franchise d'un vieux soldat, réunit autour de lui ses anciens compagnons de guerre et de religion ; il déploya sous leurs yeux une carte de la France, il leur montra que le dixième à peine de son immense population était protestante ; encore les protestants étaient-ils confinés tous, les uns dans les montagnes du Dauphiné, qui leur avaient donné leurs trois principaux chefs, le baron des Adrets, le capitaine Montbrun, et Lesdiguières ; dans les montagnes des Cévennes, qui leur avaient donné leurs principaux prédicateurs, Maurice Sécenat et Guillaume Moget ; enfin dans les montagnes de la Navarre, d'où il était sorti lui-même. Il leur montra que, chaque fois qu'ils s'étaient hasardés hors de leurs montagnes, ils avaient été battus, ainsi que cela était arrivé à Jarnac, à Moncontour et à Dreux. Enfin, il termina par leur faire sentir l'impossibilité où il était de leur remettre le pouvoir ; mais, en échange, il leur donna trois choses : sa bourse pour assurer les besoins du présent, l'édit de Nantes pour assurer la tranquillité de l'avenir, enfin des places fortes pour se défendre au cas où un jour cet édit serait révoqué ; car, dans sa prévoyance profonde, l'aïeul avait deviné le petit-fils, et Henri IV craignait Louis XIV.

Les protestants prirent ce qu'on leur offrait ; puis, comme cela arrive toujours à ceux qui ont reçu, se retirèrent mécontents de ne pas avoir obtenu davantage.

Le règne de Henri IV n'en fut pas moins, tout renégat que ce prince était à leurs yeux, l'ère dorée des protestants ; et tant que ce règne dura, Nimes fut calme ; car cette fois les vainqueurs, chose étrange, oubliant la Saint-Barthélemi parisienne, dont ils n'avaient point encore pris leur revanche, se contentaient de défendre aux catholiques toute pratique de culte extérieur, les laissant assez libres d'exercer leur religion, pourvu que ce fût en secret, et même de porter le viatique, pourvu que les malades se résignassent à attendre à la nuit. Quand la mort était trop pressée, il fallait bien porter le Saint-Sacrement de jour ; mais alors ce n'était pas sans danger pour le prêtre, qu'au reste ce danger n'arrêta jamais, tant c'est le propre des dévouements religieux de demeurer inflexibles, et peu de soldats, si braves qu'ils fussent, moururent aussi courageusement que les martyrs.

Pendant tout ce temps, profitant de la trêve et de l'impartiale protection qu'accordait, aux uns comme aux autres, le connétable Damville, carmes, capucins, jésuites, moines de tout ordre ou de toute couleur enfin, rentraient dans Nimes les uns après les autres, sans bruit, il est vrai, d'une manière sourde et nocturne, il est vrai encore ; mais enfin, au bout de trois ou quatre ans, ils n'en furent pas moins réinstallés : seulement ils se trouvèrent alors dans la situation où avaient été d'abord les protestants ; c'étaient eux qui n'avaient plus d'églises, et c'étaient leurs ennemis qui avaient des temples. Enfin il arriva même un moment où un supérieur des Jésuites, nommé le père Coston, prêcha avec tant de succès, que les protestants, voulant combattre à armes égales, et opposer la parole à la parole, firent venir d'Alais, c'est-à-dire de la montagne, cette source éternelle d'éloquence huguenote, le révérend Jérémie Ferrier, qui passait en ce moment pour l'aigle du parti. Alors les controverses religieuses recommencèrent entre les deux religions ; ce n'était pas encore une guerre, mais c'était déjà moins qu'une paix : on avait cessé de s'assassiner, mais on s'anathématisait toujours : on ne tuait plus le corps, mais on damnait l'âme ; c'était une manière, tout en prenant du repos, de ne pas perdre son temps et de s'entretenir la main pour le moment où les massacres recommenceraient.

La mort de Henri IV donna le signal de nouvelles collisions, qui, d'abord au profit des protestants, commencèrent peu à peu à tourner à celui des catholiques : c'est qu'avec Louis XIII Richelieu était monté sur le trône ; à côté du roi, le cardinal ; derrière le manteau de pourpre, la robe rouge. C'est alors qu'apparaît dans le Midi Henri de Rohan, l'un des plus illustres chefs de cette grande race qui, alliée aux maisons royales d'Écosse, de France, de Savoie et de Lorraine, avait pris pour devise : « Roi ne puis, prince ne daigne, Rohan je suis. »

Henri de Rohan était alors un homme de quarante à quarante-cinq ans, dans toute la force de l'âge et du génie. Jeune, il avait parcouru, pour achever son éducation, l'Angleterre, l'Écosse et l'Italie. En Angleterre, Élisabeth l'avait appelé son chevalier ; en Écosse, Jacques VI avait voulu qu'il devînt le parrain de son fils, qui fut depuis Charles Ier; enfin, en Italie, il avait pénétré si avant dans l'amitié des principaux seigneurs et dans la politique des principales villes, qu'on avait l'habitude de dire qu'après Machiavel c'était lui qui, sous ce rapport, en savait le plus. Revenu en France, il avait, du vivant de Henri IV, épousé la fille de Sully, et, Henri IV mort, il avait commandé les Suisses et les Grisons au siége de Juliers. C'était cet homme que le roi avait eu l'imprudence de maltraiter, en lui refusant la survivance du gouvernement du Poitou, dont son beau-père était investi, et qui, ainsi qu'il le dit lui-même dans ses Mémoires avec une ingénuité toute militaire, excité par le désir de se venger du mépris qu'on lui avait témoigné à la cour, venait de se jeter dans le parti de Condé, par sa complaisance pour son frère, et par l'envie de servir ceux de sa religion.

De ce jour, les révoltes de la rue et les colères du moment prirent un plus large caractère et une plus longue durée ; ce ne fut plus une émeute isolée qui souleva une cité, ce fut une conflagration générale qui enflamma le Midi, et l'insurrection monta au rang de guerre civile.

Cet état de choses dura sept ou huit ans : pendant sept ou huit ans, Rohan, abandonné par Châtillon et La Force, qui payaient de leur défection le bâton de maréchal, pressé par Condé, son ancien ami, et par Montmorency, son éternel rival, fit des prodiges de courage et des miracles de stratégie. Enfin, sans soldats, sans munitions, sans argent, il était encore tellement redoutable à Richelieu, que le ministre lui accorda les conditions qu'il demandait, c'est-à-dire la garantie de l'édit de Nantes, la restitution des temples aux réformés, et une amnistie générale pour lui et ses partisans. En outre, chose inouïe jusqu'alors, il obtint trois cent mille livres comme indemnité de l'argent qu'il avait dépensé pendant sa rébellion ; il en abandonna deux cent quarante à ses coreligionnaires, ne gardant, pour rebâtir ses châteaux et remettre sur pied sa maison entièrement délabrée, qu'une somme de soixante mille livres, c'est-à-dire le quart à peine de ce qu'il avait reçu. Cette paix fut signée le 27 juillet 1629.

Le duc de Richelieu, à qui rien ne coûtait pour parvenir à son but, y était enfin arrivé ; il achetait la paix quarante millions à peu près ; mais la Saintonge, le Poitou et le Languedoc étaient soumis : les La Trimouille, les Condé, les Bouillon, les Rohan et les Soubise avaient traité ; enfin les grandes oppositions armées avaient disparu, et le cardinal-duc regardait de trop haut pour apercevoir les oppositions particulières. Il laissa donc Nîmes faire ses affaires intérieures comme elle l'entendait, et tout y rentra bientôt dans l'ordre ou plutôt dans le désordre accoutumé. Enfin Richelieu meurt, Louis XIII le suit à quelques mois de distance, et les embarras de la minorité donnent aux protestants et aux catholiques du Midi liberté plus entière que jamais de continuer ce grand duel qui n'est pas encore terminé de nos jours.

Seulement, chaque flux et reflux porte de plus en plus le caractère particulier du parti qui triomphe : si ce sont les protestants qui sont vainqueurs, la vengeance est brutale et colère ; si c'est le parti catholique, les représailles sont hypocrites et sordides.

Les protestants jettent bas les églises, rasent les couvents, chassent les moines, brûlent les crucifix, détachent quelque malfaiteur de la potence, clouent le cadavre en croix, lui percent le côté, lui mettent une couronne sur la tête, et vont le planter sur la place du marché, pour parodier Jésus au Calvaire.

Les catholiques imposent des contributions, reprennent ce qu'on leur a pris, exigent des indemnités, et, ruinés à chaque défaite, se retrouvent plus riches à chaque victoire.

Les protestants procèdent au grand jour, et, au son de la caisse, fondent publiquement les cloches pour faire des canons, violent les signatures, se chauffent dans les rues avec le bois des chanoines, affichent leurs thèses sur les portes de la cathédrale, battent les curés catholiques qui vont porter le Saint-Sacrement aux moribonds, et enfin, pour comble d'insulte, transforment les églises en abattoirs et en voiries.

Les catholiques, au contraire, marchent dans la nuit, rentrent par les portes entr'ouvertes, plus nombreux qu'ils n'ont été chassés, font l'évêque président du conseil, mettent les jésuites en possession du collége, achètent les conversions avec l'argent du fisc, et comme ils ont toujours un appui dans la cour, ils commencent par faire exclure les calvinistes des grâces, en attendant qu'ils puissent les faire exclure de la justice.

Enfin, le 31 décembre 1657, une dernière émeute arrive, dans laquelle les protestants ont le dessous, et ne sont sauvés que parce que, de l'autre côté de la France et du détroit, Cromwell s'émeut en leur faveur, et

écrit de sa main au bas d'une dépêche relative aux affaires d'Autriche : « J'apprends qu'il y a eu des émotions populaires dans une ville du Languedoc que l'on appelle Nîmes : que tout s'y passe, je vous prie, sans qu'on y verse le sang, et le plus doucement possible. »

Par bonheur pour les protestants, Mazarin avait, en ce moment, besoin de Cromwell : en conséquence, on décommanda les supplices, et on s'en tint aux vexations.

Mais aussi, à compter de ce jour, non-seulement elles n'eurent point de fin, mais pas même de trève ; toujours fidèle à son système d'envahissement, le parti catholique organisa une persécution incessante, que vinrent bientôt renforcer les ordonnances successives de Louis XIV. Le petit-fils de Henri IV ne pouvait, par respect humain, déchirer d'un seul coup l'édit de Nantes, mais il le lacérait article par article.

Dès 1630, c'est-à-dire un an après la paix signée avec Rohan, et sous le règne précédent, Châlons-sur-Saône avait décidé qu'aucun protestant ne serait admis à la fabrication des produits commerciaux de la ville.

En 1643, c'est-à-dire six mois après l'avénement au trône de Louis XIV, les lingères de Paris dressent un règlement qui déclare les filles et les femmes protestantes indignes d'obtenir la maîtrise de leur respectable profession.

En 1654, c'est-à-dire un an après sa majorité, Louis XIV permet l'imposition sur la ville de Nîmes d'une somme de quatre mille francs, pour l'entretien de l'hôpital catholique et de l'hôpital protestant ; et, au lieu d'imposer proportionnellement chaque culte pour défrayer l'hôpital de sa religion, il ordonne que la taxe sera levée sur tous indifféremment ; de sorte que les protestants, qui sont deux fois plus nombreux que les catholiques, payent deux sixièmes de l'impôt prélevé sur eux à leurs ennemis. Le 9 août de la même année, un arrêt du conseil ordonne que les consuls des artisans seront tous catholiques ; le 16 décembre, un arrêt défend aux protestants de faire des députations au roi ; enfin, le 20 décembre, un autre arrêt décide que les consuls catholiques auront seuls l'administration des hôpitaux.

En 1662, il est enjoint aux protestants de n'enterrer leurs morts qu'au point du jour ou à l'entrée de la nuit, et un article de l'arrêt fixe le nombre de ceux qui pourront suivre le convoi.

En 1663, le conseil d'état rend ses arrêts qui prohibent l'exercice du culte réformé dans cent quarante-deux communes des diocèses de Nîmes, d'Uzès et de Mende ; les mêmes arrêts ordonnent la démolition de leurs temples.

En 1664, cet ordre s'étend aux temples des villes d'Alençon et de Montauban, et au petit temple de Nîmes. Le 17 juillet de la même année, le parlement de Rouen fait défense aux maîtres merciers de recevoir aucun ouvrier ou apprenti protestant, tant que le nombre des protestants dépassera le quinzième du nombre des catholiques ; le 24 du même mois, le conseil d'état invalide toute lettre de maîtrise obtenue ou acquise à quelque titre que ce soit par un protestant ; et enfin, en octobre, réduit à deux seulement les monnayers qui peuvent être de la religion réformée.

En 1665 le règlement fait pour les merciers est étendu aux orfèvres.

En 1666, une déclaration du roi régularise les arrêts du parlement ; décide, article 31, que les charges de greffier des maisons consulaires ou les secrétaires de communautés d'horlogers, portiers ou autres charges municipales, ne pourront être tenues que par les catholiques ;

Article 33, que, lorsque des processions dans lesquelles le Saint-Sacrement sera porté passeront devant les temples de ceux de la religion prétendue réformée, ils cesseront de chanter leurs psaumes jusqu'à ce que lesdites processions aient passé ;

Enfin, article 34, que lesdits de la religion réformée seront tenus de souffrir qu'il soit tendu des draps et tapisseries, par l'autorité des officiers de la ville, au-devant de leurs maisons et autres lieux à eux appartenants.

En 1669, les chambres de l'édit dans les cours des parlements de Rouen et de Paris sont supprimées, ainsi que les places des clercs et des commis des greffes ; puis, la même année, au mois d'août, comme on commence à remarquer l'émigration des protestants, un édit est rendu, dont voici un des articles :

« Considérant que plusieurs de nos sujets ont passé dans les pays étrangers, y travaillent à tous les exercices dont ils sont capables, même à la construction des vaisseaux, s'engagent dans les équipages maritimes, s'y habituent sans dessein de retour, et y prennent leurs établissements par mariage et par acquisition de biens de toute nature ;

» Faisons défense à aucun de la religion prétendue réformée de sortir du royaume sans notre permission, sous peine de confiscation de corps et de biens, et ordonnons à ceux qui ont déjà quitté la France de rentrer dans les limites. »

En 1670, le roi exclut les médecins réformés du décanat du collége de Rouen, et ne tolère à ce collége que deux médecins de la religion.

En 1671, publication d'arrêt qui ordonne que les armes de la France seront enlevées des temples de la prétendue religion réformée.

En 1680, une déclaration du roi interdit aux femmes de la religion réformée la profession de sages-femmes.

En 1681, ceux qui abandonnent la religion réformée sont exempts des contributions et du logement des gens de guerre pendant deux ans, et au mois de juillet de la même année on fait fermer le collége de Sedan, le seul qui reste aux calvinistes dans tout le royaume pour l'instruction de leurs enfants.

En 1682, le roi ordonne aux notaires, procureurs, huissiers et sergents calvinistes de se démettre de leurs offices, les déclarant inhabiles à ces professions, et un arrêt du mois de septembre de la même année restreint à trois mois le terme qui leur est accordé pour la vente de leur charge.

En 1684, le conseil d'état étend les dispositions précédentes aux titulaires des charges de secrétaires du roi, et, au mois d'août, le roi déclare les protestants inhabiles à être nommés experts.

En 1685, le prévôt des marchands de Paris enjoint aux marchands privilégiés calvinistes de vendre leur privilége dans l'espace d'un mois.

Au mois d'octobre de la même année, cette longue suite de persécutions, que nous n'avons point encore exposée tout entière, est couronnée par la révocation de l'édit de Nantes. Henri IV, tout en prévoyant ce résultat, avait espéré que l'on procéderait autrement, et que les places fortes resteraient à ses coreligionnaires après la révocation de l'édit; mais, tout au contraire, on avait commencé par prendre les places fortes, et revoquer l'édit ensuite; de sorte que les calvinistes se trouvèrent entièrement à la merci de leurs ennemis mortels.

Dès 1669, et lorsque Louis XIV menaçait de porter un des coups les plus funestes à la garantie des droits civils des réformés, en abolissant les chambres mi-parties, diverses députations lui avaient été envoyées, pour qu'il arrêtât le cours de ses persécutions; et pour ne lui donner aucune arme nouvelle contre le parti, ces députations s'étaient adressées à lui avec une soumission dont le fragment de discours suivant pourra offrir un exemple.

« Au nom de Dieu, sire, écoutez, disaient les protestants au roi, écoutez les derniers soupirs de notre liberté mourante; ayez pitié de nos maux, ayez pitié de tant de pauvres sujets, qui ne vivent presque plus que de leurs larmes : ce sont des sujets qui ont pour vous un zèle ardent et une fidélité inviolable; ce sont des sujets qui ont autant d'amour que de respect pour votre auguste personne; ce sont des sujets à qui l'histoire rend témoignage d'avoir contribué notablement à mettre votre grand et magnanime aïeul sur son trône légitime; ce sont des sujets qui, depuis votre miraculeuse naissance, n'ont jamais rien fait qui puisse attirer aucun blâme sur leur conduite; nous pourrions même en parler d'une autre manière, mais votre majesté nous a soin d'épargner notre pudeur et de louer dans des occasions importantes notre fidélité en des termes que nous n'aurions point osé prononcer (5); ce sont encore des sujets qui, n'ayant que votre sceptre seul pour appui, pour asile et pour protection sur la terre, sont obligés par leur intérêt, aussi bien que par leur devoir et leur conscience, de se tenir invariablement attachés au service de votre majesté. »

Mais, comme on le voit, rien n'avait arrêté la trinité royale qui régnait à cette heure, et, grâce aux suggestions du père La Chaise et de Mᵐᵉ de Maintenon, Louis XIV allait gagner le ciel au milieu des roues et des bûchers.

Ainsi les persécutions sociales et religieuses prenaient, grâce à ces ordonnances successives, le protestant au berceau, et ne le quittaient qu'après la mort.

Enfant, il n'avait plus de colléges où s'instruire.

Jeune homme, il n'avait plus de carrière à parcourir, puisqu'il ne pouvait être ni concierge, ni mercier, ni apothicaire, ni médecin, ni avocat, ni consul.

Homme, il n'a plus de temple où prier, ni plus de registre d'état civil où inscrire son mariage et la naissance de ses enfants; à chaque heure, sa liberté de conscience est opprimée; il chante ses prières, une procession passe, il faut qu'il se taise; une cérémonie catholique a eu lieu, il faut qu'il dévore sa colère, et laisse tendre sa maison en signe de joie; il a reçu quelque fortune de ses pères, cette fortune, qu'il ne peut entretenir faute de position sociale et de droits civils, s'échappe peu à peu de ses mains, et va entretenir les colléges et les hôpitaux de ses ennemis.

Vieillard, son agonie est tourmentée; car s'il meurt dans la foi de ses pères, il ne pourra reposer à côté de ses aïeux, et à l'exception d'un nombre fixé à dix, ses amis ne le pourront suivre à ses funérailles nocturnes, et cachées comme celles d'un paria.

Enfin, à quelque âge de sa vie que ce soit, s'il veut fuir cette terre marâtre sur laquelle il ne peut ni naître, ni vivre, ni mourir, il sera déclaré rebelle, ses biens seront confisqués, et la moindre chose qui pourra lui arriver, si jamais il retombe aux mains de ses persécuteurs, ce sera de passer le reste de sa vie sur les galères du roi à ramer entre un assassin et un faussaire.

Un pareil état de choses était intolérable; les cris d'un seul homme se perdent dans les airs; les gémissements de toute une population forment un orage : cette fois, comme d'habitude, l'orage s'amassa dans les montagnes, et l'on commença d'entendre gronder sourdement le tonnerre.

Ce furent d'abord des préceptes écrits, par des mains invisibles, sur les murs des villes, sur les carrefours des chemins, sur les croix des cimetières; ces préceptes, comme le *Mane Thecel Phares* de Balthasar, poursuivaient le persécuteur au milieu de ses fêtes et de ses orgies.

Tantôt c'était cette menace : *Jésus n'est pas venu pour apporter la paix, mais l'épée.*

Tantôt c'était cette consolation : « *En quelque lieu que se trouvent deux ou trois personnes assemblées en mon nom, je me trouve au milieu d'elles.* »

Tantôt, enfin, c'était cet appel à la réunion, qui bientôt devait devenir un appel à la révolte : « *Nous vous annonçons ce que nous avons vu et entendu, afin que vous communiquiez avec nous.* »

Et les persécutés s'arrêtaient devant ces promesses empruntées aux apôtres, et rentraient chez eux, pleins d'espérance dans la parole des prophètes, qui, ainsi que le dit saint Paul, dans son Épître à ceux de Thessalonique « *n'est point la parole des hommes, mais la parolede Dieu.* »

Bientôt ces préceptes s'incarnèrent et ces promesses du prophète Joël s'accomplirent :

« *Vos fils et vos filles prophétiseront, vos jeunes gens auront des visions et vos vieillards des songes; je ferai voir des prodiges, et ceux qui invoqueront le nom de Dieu seront sauvés.* »

En effet, dès 1696, on commença d'entendre dire que des hommes étaient apparus, qui avaient des visions, pendant lesquelles, soit qu'ils regardassent le ciel ou la terre, ils voyaient le ciel ouvert, et connaissaient ce qui se passait dans les lieux les plus éloignés. Tant que duraient leurs extases, on pouvait piquer également ces hommes avec une épingle ou avec un glaive, ils ne sentaient rien; on pouvait les interroger après leurs extases, et ils ne se souvenaient de rien.

La première prophétesse qui apparut fut une femme du Vivarais dont nul ne connaissait l'origine; elle allait de bourg en bourg et de montagne en montagne, pleurant du sang au lieu de larmes; mais M. de Baville, intendant du Languedoc, la fit prendre et conduire à Montpellier; là, elle fut condamnée au bûcher, et ses larmes de sang se séchèrent dans le feu.

Derrière elle s'éleva une autre fanatique, c'était le nom qu'on donnait à ces prophètes populaires; il était né à Mazillon, se nommait Laquoite, et avait vingt ans. Le don de prophétie lui avait été acquis d'une manière étrange. Voici ce qu'on racontait de lui : un jour qu'il revenait du Languedoc, où il avait été travailler aux vers à soie, il avait trouvé au bout de la descente de la côte de Saint-Jean un homme inconnu, couché à terre et tremblant de tous ses membres; ému de pitié, il avait fait halte près de lui, et lui avait demandé la cause de son mal; alors cet homme lui avait répondu : « Mettez-vous à genoux, mon fils, et écoutez-moi, s'il vous plaît : il n'est pas question de savoir si je suis malade; mais il s'agit d'apprendre le moyen de faire votre salut et de sauver vos frères; ce moyen n'est autre chose que la communication du Saint-Esprit; je l'ai en moi, et par la grâce de Dieu je veux vous le donner; approchez-vous, et recevez-le de moi, en recevant un baiser de ma bouche. » Et à ces paroles l'inconnu avait baisé le jeune homme sur les lèvres, lui avait serré la main droite, et avait disparu, le laissant tout tremblant à son tour; car l'esprit de Dieu était en lui, si bien que de ce jour ayant reçu l'inspiration, il répandait la parole.

Une troisième prophétesse fanatisait encore dans les paroisses de Saint-Andéol, de Clerguemont et de Saint-Frazal de Vantalon; mais celle-là s'attaquait principalement aux nouveaux convertis : elle disait, en parlant de l'Eucharistie, — qu'ils avaient avalé dans l'hostie un morceau aussi venimeux que la tête du basilic, qu'ils avaient fléchi le genou devant Baal, et qu'il n'y avait pas assez de pénitences pour eux. — Ses prédications inspirèrent une si profonde terreur, qu'on dire même du révérend père Louvreloeil, cet effort de Satan rendit les églises désertes aux fêtes de Pâques, et que les curés administrèrent les sacrements à moitié moins de personnes que l'année précédente.

Un pareil relâchement, qui menaçait de s'étendre chaque jour davantage, éveilla la sollicitude religieuse de messire François de Langlade de Duchayla, prieur de Laval, inspecteur des missions du Gevaudan et archiprêtre des Cévennes : en conséquence, il se décida à quitter Mende, sa résidence, à visiter les paroisses les plus corrompues, et à combattre l'hérésie par tous les moyens que Dieu et le roi avaient mis en son pouvoir.

L'abbé Duchayla était un fils puîné de la noble maison de Langlade, et, par le malheur de sa naissance, malgré l'instinct courageux qui veillait en lui, il avait été contraint de laisser à son aîné l'épaulette et l'épée, et de prendre le petit collet et la soutane; aussi, en sortant du séminaire, s'était-il jeté avec toute l'ardeur de son tempérament dans l'église militante; car à ce caractère de feu il fallait des périls à courir, des ennemis à combattre, une religion à imposer; or, comme à cette époque tout était encore tranquille en France, il avait tourné les yeux vers l'Inde, et s'était embarqué avec la fervente résolution d'un martyr.

Le jeune missionnaire était arrivé aux Indes orientales dans des circonstances merveilleusement en harmonie avec les espérances célestes qu'il avait conçues : quelques-uns de ses prédécesseurs ayant porté trop loin leur zèle religieux, le roi de Siam, après en avoir fait périr plusieurs au milieu des tortures, avait défendu aux missionnaires l'entrée de ses états : cette défense, comme on le pense bien, ne fit qu'exciter le désir convertisseur de l'abbé ; il trompa la surveillance des soldats, et, malgré les défenses terribles du roi, commença de prêcher la religion catholique parmi les idolâtres, dont il convertit un grand nombre.

Un jour, il fut surpris par des soldats dans un petit village qu'il habitait depuis trois mois, et dont presque tous les habitants avaient abjuré leur fausse croyance ; conduit devant le gouverneur de Bankan, le noble défenseur du Christ, au lieu de renier sa foi, avait glorifié le saint nom de Dieu, et avait été livré aux bourreaux pour être torturé ; là, tout ce que le corps de l'homme peut supporter sans mourir, l'abbé l'avait souffert avec résignation ; si bien que la colère s'était lassée avant la patience, et que les mains mutilées, la poitrine sillonnée de blessures, les jambes presque brisées par les entraves, il s'était évanoui ; alors on l'avait cru mort, et on l'avait suspendu par les poignets à un arbre ; là, il avait été recueilli par un paria, et comme le bruit de son martyre s'était répandu, l'ambassadeur de Louis XIV avait hautement demandé justice ; de sorte que le roi de Siam, trop heureux que les bourreaux se fussent lassés si vite, avait renvoyé un homme mutilé, mais vivant, à M. de Chaumont, qui ne réclamait qu'un cadavre.

Au moment où Louis XIV songeait à révoquer l'édit de Nantes, l'abbé Duchayla était un homme précieux pour lui ; aussi, vers 1682, fut-il rappelé de l'Inde, et, un an après, envoyé à Mende, avec le titre d'archiprêtre et d'inspecteur des missions dans les Cévennes.

Là, de persécuté qu'il avait été, l'abbé devint à son tour persécuteur ; insensible aux douleurs des autres comme il avait été immuable dans les siennes, son apprentissage des supplices n'avait point été perdu, et, tortureur inventif, il avait élargi la science de la question en rapportant de l'Inde des machines inconnues, ou en en découvrant de nouvelles. En effet, on parlait avec terreur de roseaux taillés en sifflets, que l'implacable missionnaire faisait glisser sous les ongles, de pinces de fer avec lesquelles il arrachait les poils de la barbe, des paupières et des sourcils ; de mèches graissées qui enveloppaient les doigts des patients, et qui, allumées, faisaient de chaque main un candélabre à cinq flambeaux ; d'un étui tournant sur pivot, où l'on enfermait le malheureux qui refusait de se convertir, et dans lequel on le faisait tourner si rapidement qu'il finissait par perdre connaissance ; enfin, d'entraves perfectionnées dans lesquelles les prisonniers qu'on transportait d'une ville à l'autre ne pouvaient rester assis ni debout.

Aussi les panégyristes les plus fervents de l'abbé Duchayla n'en parlaient qu'avec une espèce de crainte, et lui-même, il faut le dire, lorsqu'il descendait dans son propre cœur, et qu'il songeait combien de fois il avait appliqué au corps ce pouvoir de lier et de délier que Dieu ne lui avait donné que sur l'âme, il se sentait pris de frissonnements étranges, et, en tombant à genoux, les mains jointes et la tête inclinée, il restait quelquefois des heures entières perdu dans l'abîme de ses pensées : alors on eût pu le prendre, moins la sueur d'angoisse qui lui coulait sur le front, pour une statue de marbre priant sur un sépulcre.

C'est qu'aussi ce prêtre, en vertu du pouvoir dont il était revêtu et se sentant appuyé par M. de Baville, intendant du Languedoc, et par M. de Broglie, qui commandait les troupes, avait fait de terribles choses.

Il avait enlevé des enfants à leurs pères et à leurs mères, et les avait mis dans des couvents, où, pour leur faire faire pénitence d'une hérésie qu'ils tenaient de leurs parents, on les avait soumis à des châtiments tels que quelques-uns étaient morts.

Il était entré dans la chambre des agonisants, non pas pour leur apporter des consolations, mais des menaces, et, se penchant sur leur lit comme pour lutter avec l'ange funèbre, il leur avait fait entendre l'arrêt terrible qui, en cas de mort sans conversion, ordonnait que le procès serait fait à leur mémoire, et que leurs corps, privés de sépulture, seraient traînés sur la claie et jetés à la voirie.

Enfin, quand des enfants pieux, essayant de soustraire l'agonie à ses menaces, ou le cadavre à sa justice, emportaient entre leurs bras leurs parents moribonds ou morts, afin qu'ils eussent ou un trépas tranquille ou une tombe chrétienne, il avait déclaré coupables de lèse-religion ceux-là qui avaient ouvert une porte hospitalière à cette sainte désobéissance, qui chez les païens eût obtenu des autels.

Voilà l'homme qui s'était levé pour punir, et qui s'avançait, précédé de la terreur, accompagné des tortures et suivi de la mort, au milieu d'un pays déjà fatigué d'une longue et sanglante oppression, où il marchait à chaque pas sur le volcan mal éteint des haines religieuses ; aussi, depuis quatre ans, toujours prêt au martyre, avait-il fait creuser d'avance sa tombe dans l'église de Saint-Germain, qu'il avait choisie pour dormir du sommeil éternel parce qu'elle avait été bâtie par le pape Urbain IV, lorsqu'il était évêque de Mende.

L'abbé Duchayla resta six mois dans sa tournée : pendant ces six mois chaque jour fut marqué par quelque torture ou quelque supplice ; plusieurs prophètes furent brûlés : Françoise de Brez, la même qui comparait l'hostie à un morceau plus venimeux que la tête du basilic, fut pendue, et Laquoite, conduit dans la citadelle de Montpellier, allait être roué vif, lorsque la veille du supplice on ne le retrouva plus dans sa prison, sans que l'on ait jamais pu deviner comment il en était sorti ; aussi acquit-il une nouvelle renommée de cette évasion ; car le

bruit se répandit alors en tous lieux que, conduit par le Saint-Esprit comme saint Pierre par l'ange, il avait, ainsi que l'apôtre, laissé ses fers dans le cachot, et passé invisible au milieu des soldats qui le gardaient.

Cette évasion incompréhensible redoubla encore les sévérités de l'archiprêtre, si bien que les prophètes, voyant que c'en était fait d'eux s'ils ne se débarrassaient de lui, commencèrent à le représenter comme l'Antechrist et à prêcher sa mort. L'abbé Duchayla fut averti de l'orage ; mais rien ne put ralentir son zèle : en France comme dans l'Inde, le martyre était son but, et il continua d'y marcher à grands pas et le front haut.

Enfin, le 24 juillet au soir, les conjurés, au nombre de deux cents, se réunirent dans un bois situé au sommet d'une montagne qui dominait le pont de Montvert, résidence ordinaire de l'archiprêtre. Celui qui les commandait était un nommé Laporte, natif d'Alais, et qui, à cette heure, était maître forgeron près du collet de Dezo ; il avait avec lui un inspiré, ancien cardeur de matelas, né à Magistavols, et nommé Esprit Séguier, qui, après Laquoite, était le plus révéré des vingt ou trente prophètes qui en ce moment parcouraient en tous sens les Cévennes ; toute cette troupe était armée de faux, de hallebardes et d'épées ; quelques-uns même avaient des pistolets et des fusils.

Lorsque dix heures sonnèrent, comme c'était l'heure convenue pour le départ, tous s'agenouillèrent, à la tête découverte, et commencèrent à prier aussi dévotement que s'ils allaient commettre l'action la plus agréable au Seigneur ; puis, l'invocation achevée, ils se mirent en marche, et descendirent vers le bourg, chantant un psaume, criant, dans les intervalles des strophes, aux habitants de rester chez eux, et menaçant de tuer quiconque paraîtrait sur sa porte ou à sa fenêtre.

L'abbé était dans son oratoire, lorsqu'il entendit les chants lointains mêlés de menaces ; en même temps un de ses serviteurs entra tout effrayé, malgré l'ordre qu'avait donné l'archiprêtre de ne jamais le déranger dans ses prières. Il venait lui annoncer que les fanatiques descendaient de la montagne. L'abbé crut que c'était un rassemblement sans consistance, qui venait pour enlever six prisonniers qu'il avait dans les ceps ; ces prisonniers étaient trois jeunes hommes et trois jeunes filles travesties en garçons, qu'on avait surpris au moment où ils allaient fuir de France. Or, comme l'abbé avait autour de lui une garde de soldats, il fit venir le chef qui les commandait, et lui ordonna de marcher aux fanatiques et de les disperser.

Mais le chef n'eut point à prendre cette peine, car c'étaient les fanatiques qui marchaient à lui. A peine fut-il arrivé à la porte de l'abbaye, qu'il leur entendit faire extérieurement tous les préparatifs pour l'enfoncer. Le chef des assiégés, calculant alors le nombre des assaillants par le frémissement des voix, jugea qu'au lieu d'attaquer il ne fallait plus songer qu'à se défendre ; en conséquence, il barricada la porte en dedans, et plaça ses hommes derrière une barricade élevée à la hâte, sous une voûte qui conduisait aux appartements de l'archiprêtre. Comme ces préparatifs intérieurs venaient d'être achevés, Esprit Séguier aperçut une poutre qui était gisante dans un fossé ; alors, avec l'aide d'une douzaine d'hommes, il la souleva, et, s'en servant comme d'un bélier, il commença à battre la porte, qui, si solidement barricadée qu'elle fût, finit par se fendre. Ce premier succès encouragea les travailleurs, qui, excités par les chants de leurs camarades, l'eurent bientôt arrachée de ses gonds. Alors ils se répandirent dans la première cour, redemandant à grands cris et avec de grandes menaces les prisonniers.

Le chef des soldats envoya alors demander à l'abbé Duchayla ce qu'il fallait faire ; l'abbé répondit qu'il fallait faire feu.

L'ordre imprudent fut exécuté ; un des fanatiques tomba mort, et deux blessés mêlèrent leurs plaintes aux chants et aux menaces de leurs compagnons.

Alors ils se précipitèrent sur la barricade, que les uns attaquèrent à coups de hache, tandis que les autres, passant leurs épées et leurs hallebardes par les ouvertures, dardaient ceux qui étaient derrière ; quant à ceux qui étaient armés de fusils et de pistolets, ils montaient sur les épaules de leurs camarades, et faisaient feu en plongeant. A la tête des assaillants étaient Laporte et Esprit Séguier, qui avaient à venger, l'un son père et l'autre son fils, qui avaient péri par les ordres de l'abbé. Au reste, ils n'étaient pas les seuls de la troupe qui fussent animés par l'esprit de la vengeance, douze ou quinze de ces malheureux se trouvaient dans la même situation.

L'abbé entendait, de la chambre où il était, le bruit du combat, et jugeant qu'il était sérieux, il avait rassemblé ses gens autour de lui, et, les ayant fait mettre à genoux, il leur avait ordonné de se confesser, afin qu'il pût, en leur donnant l'absolution, les mettre en état de paraître devant Dieu. Il venait de prononcer les paroles sacrées, lorsque le tumulte se rapprocha : la barricade venait d'être forcée, et les soldats, toujours poursuivis par les fanatiques, faisaient retraite vers une salle située au-dessous de la chambre où était l'archiprêtre.

Mais les assaillants s'arrêtèrent ; tandis que les uns cernaient la maison, les autres se mirent en quête des prisonniers ; ils ne tardèrent point à les trouver ; car ceux-ci, jugeant que c'étaient leurs frères qui venaient à leur secours, les appelaient à grands cris. Les malheureux, qui depuis huit jours avaient les jambes prises et serrées entre les poutres fendues auxquelles on donnait le nom de ceps, en furent retirés, enflés par tout le corps, les os à demi brisés et ne pouvant plus se tenir sur leurs jambes. A la vue de ces martyrs de leur cause, les fanatiques poussèrent de grands cris, et se précipitèrent de nouveau sur les soldats, qui, chassés de la salle basse, s'étagèrent sur l'escalier qui conduisait à la chambre de l'abbé, et commencèrent à faire de là une si vive résistance, que les assaillants furent forcés de reculer deux fois. Alors Laporte, voyant trois de ses hommes morts et cinq ou six blessés, s'écria d'une voix forte : — Enfants de Dieu, mettez les armes bas; ceci nous arrêterait trop longtemps, il faut brûler l'abbaye et tous ceux qui y sont : — A l'œuvre! à l'œuvre!

Le conseil était bon; aussi chacun se hâta-t-il de le suivre : les bancs, les chaises, les meubles, sont entassés au milieu de la salle basse, une paillasse jetée sur le bûcher est allumée, et en un moment toute la maison est en feu; alors l'archiprêtre cède aux prières de ses domestiques, attache à la barre de la fenêtre les draps de son lit, se laisse glisser dans le jardin, tombe, se casse la cuisse, et va, se trainant sur ses deux mains et sur son genou, se réfugier avec un de ses valets dans l'angle d'un mur, tandis que l'autre essayait de se sauver à travers les flammes, et tombait au pouvoir des religionnaires, qui l'amenèrent devant leur capitaine. Aussitôt les cris : — Le prophète! le prophète! retentirent. Esprit Séguier comprit qu'il venait de se passer quelque chose de nouveau, puisqu'on l'appelait, et s'avança tenant encore à la main la torche enflammée avec laquelle il avait allumé l'incendie.

— Frère, lui demanda Laporte en lui montrant le prisonnier, cet homme doit-il mourir?

Alors Esprit Séguier tomba à genoux, s'enveloppant de son manteau comme Samuel, et, se mettant en prière, il interrogea le Seigneur.

— Non, dit-il en se relevant au bout d'un instant; non, cet homme ne doit pas mourir; car, ainsi qu'il a été miséricordieux envers nos frères, nous serons miséricordieux envers lui.

En effet, soit qu'Esprit Séguier eût eu réellement une révélation, soit que ce fait fût antérieurement parvenu à sa connaissance, les prisonniers le confirmèrent, en criant qu'effectivement cet homme les avait traités avec humanité. En ce moment, une espèce de rugissement se fit entendre : un des fanatiques, dont l'archiprêtre avait fait mourir le frère, venait, à la lueur de l'incendie qui éclairait tous les environs, de l'apercevoir à genoux dans l'angle de la muraille où il s'était retiré.

— Mort au fils de Bélial! crièrent tous les fanatiques d'une seule voix, en s'élançant vers l'abbé, qui, à genoux et immobile, semblait une statue de marbre priant sur un tombeau. Le valet profita de cette diversion pour fuir, ce qu'il fit sans difficulté, la vue de l'abbé, qui était le seul et véritable objet de la haine générale, ayant détourné l'attention de dessus lui.

Mais Esprit Séguier avait précédé tous les autres, et comme il était arrivé le premier près de l'archiprêtre, il étendit les mains sur lui.

— Arrêtez, frères! cria-t-il : arrêtez! Dieu ne veut pas la mort du pécheur, mais qu'il se convertisse et qu'il vive.

— Non, non! crièrent une vingtaine de voix, résistant pour la première fois peut-être, à une injonction du prophète, non! qu'il meure sans miséricorde, comme il a frappé sans pitié! A mort, le fils de Bélial! à mort!

— Silence! cria le prophète d'une voix terrible; car voilà ce que Dieu vous dit par ma voix : Si cet homme veut nous suivre et remplir parmi nous les fonctions du pasteur, qu'il lui soit fait grâce de cette vie, qu'il consacrera désormais à la propagation de la vraie croyance.

— Plutôt mourir mille fois, répondit l'archiprêtre, que de venir en aide à l'hérésie!

— Meurs donc! s'écria Laporte en le frappant d'un poignard. — Tiens! voilà pour mon père que tu as fait brûler à Nîmes. — Et il passa le poignard à Esprit Séguier.

L'archiprêtre ne poussa pas un cri, ne fit pas un geste; on eût dit que le poignard s'était émoussé sur sa robe comme sur une cotte de mailles, si l'on n'eût vu couler une trainée de sang; seulement il leva les yeux au ciel, et prononça les paroles du psaume de la pénitence :

— Des profondeurs de l'abîme, j'ai crié vers vous, Seigneur; Seigneur, écoutez ma voix.

Alors Esprit Séguier leva le bras et le frappa à son tour, en disant :

— Voilà pour mon fils, que tu as fait rouer vif à Montpellier. — Et il passa son poignard à un autre fanatique.

Mais le coup n'était pas encore mortel; seulement un nouveau ruisseau de sang se fit jour, et l'abbé dit d'une voix plus faible :

— Délivrez-moi, ô mon Sauveur, des peines que méritent mes actions sanglantes, et je publierai avec joie votre justice.

Celui qui tenait le poignard s'approcha et frappa à son tour, en disant :

— Tiens! voilà pour mon frère, que tu as fait mourir dans les ceps.

Cette fois le coup avait traversé le cœur; l'archiprêtre n'eut que le temps de prononcer ces paroles :

— Ayez pitié de moi, mon Dieu, selon votre miséricorde; — et il expira.

Mais sa mort ne suffisait point à la vengeance de ceux qui n'avaient pu l'atteindre vivant : chacun s'approcha donc de lui et le frappa, comme avait fait son devancier, au nom de quelque ombre qui lui était chère, en prononçant les mêmes paroles de malédiction.

Et l'abbé reçut ainsi cinquante-deux coups de poignard : cinq à la tête, onze au visage, dix-neuf à la poitrine, sept au ventre, sept au côté et trois dans le dos.

Parmi ces cinquante-deux blessures, vingt-quatre étaient mortelles.

Ce fut ainsi que périt, à l'âge de cinquante-cinq ans, messire François de Langlade Duchayla, prieur de Laval, inspecteur des missions du Gévaudan, archiprêtre des Cévennes et de Mende.

Cependant, après l'assassinat de l'archiprêtre, ceux qui l'avaient commis, comprenant qu'il n'y avait plus de sûreté pour eux, ni dans les villes ni dans la plaine, s'étaient retirés dans les montagnes; mais en se retirant, comme ils passaient devant le château de M. de Laveze, gentilhomme catholique de la paroisse de Molezon, un des fanatiques se souvint d'avoir entendu dire que ce seigneur avait chez lui quantité de fusils. C'était tomber merveilleusement, car les religionnaires manquaient surtout d'armes à feu. Ils envoyèrent donc deux députés à M. de Laveze pour lui demander de partager au moins avec eux. Mais M. de Laveze, en bon catholique, répondit qu'effectivement il avait des armes, mais que ces armes étaient destinées au triomphe et non à l'abaissement de la religion; qu'en conséquence il ne les ren-

Jean Cavalier donna un soufflet au dragon. — Page 187

drait qu'avec sa vie. A ces mots, il congédia les ambassadeurs et ferma les portes derrière eux.

Mais, pendant les pourparlers, les religionnaires s'étaient approchés du château; de sorte que, recevant la réponse plus tôt que ne s'y était attendu le brave gentilhomme, ils résolurent de ne pas lui donner le temps de se mettre en défense, et se ruèrent aussitôt contre les murailles, qu'ils escaladèrent en montant sur les épaules les uns des autres; de sorte qu'ils arrivèrent à l'une des chambres du château où M. de Laveze s'était enfermé avec toute sa famille. En un instant la porte fut enfoncée, et, tout chauds encore du meurtre de l'abbé Duchayla, les fanatiques commencèrent un nouveau massacre. Nul ne fut épargné, ni M. de Laveze, ni son frère, ni son oncle, ni sa sœur, qui leur demanda la vie à genoux sans pouvoir l'obtenir, ni sa mère âgée de quatre-vingts ans, qui vit, du lit où elle était couchée, mourir toute sa famille avant elle, et que les assassins poignardèrent à son tour, sans songer que ce n'était pas la peine d'avancer une mort qui, selon les lois de la nature, devait déjà être si proche.

Cette boucherie achevée, les fanatiques se répandirent dans le château, se partagèrent le linge, dont beaucoup manquaient, étant sortis de chez eux dans la croyance qu'ils allaient y rentrer, et la vaisselle d'étain, qu'ils destinèrent à faire des balles de fusil. Enfin ils s'emparèrent d'une somme de cinq mille francs : c'était la dot de la sœur de M. de Laveze, qui était sur le point de se marier, et dont ils firent le premier fonds de leur caisse militaire.

La nouvelle de ces deux assassinats se répandit rapidement non-seulement à Nîmes, mais encore dans toute la province; si bien que les autorités s'en émurent. M. le comte de Broglio traversa les hautes Cévennes et descendit au pont de Montvert, suivi de quelques compagnies de fusiliers. D'un autre côté, M. le comte de Peyre, lieutenant général du Languedoc, amena cent trente-deux hommes à cheval avec trois cent cinquante fantassins, qu'il avait levés à Marvejols, à la Canourgue, à Chirac et à Serverette. M. de Saint-Paul, frère de l'abbé Duchayla, accourut au rendez-vous, accompagné du marquis Duchayla, son neveu, et de quatre-vingts cavaliers qui étaient de Saugiez et de leurs autres terres. Le comte de Morangiez arriva de Saint-Auban et de Malzieu avec deux compagnies de cavalerie; et la ville de Mende, par ordre de son évêque, envoya sa noblesse à la tête de trois compagnies composées de cinquante hommes chacune.

Mais déjà les fanatiques avaient disparu dans la montagne, et l'on n'avait plus aucune nouvelle d'eux; seulement, de temps en temps, un paysan qui avait traversé les Cévennes disait avoir entendu, vers l'aube ou le crépuscule, soit au sommet de quelque montagne, soit au fond de quelque vallée, des chants d'actions de grâces au Seigneur : c'étaient les fanatiques qui priaient après avoir assassiné.

La nuit aussi on apercevait parfois des feux qui s'allumaient au sommet des plus hautes montagnes et qui semblaient correspondre entre eux. Le lendemain, dès que l'obscurité était venue, on tournait les yeux du même côté, mais les fanaux étaient éteints.

M. de Broglio pensa, en conséquence, qu'il n'y avait rien à faire contre ces ennemis invisibles : il congédia les troupes auxiliaires, se contenta de laisser une compagnie de fusiliers au Collet, une autre aux Ayres, une autre au pont de Montvert, une autre à Barre, et une autre au Pompidou; puis, ayant mis le tout sous le commandement du capitaine Poul, qu'il établit leur inspecteur, il s'en revint à Montpellier.

Le choix qu'avait fait M. de Broglio du capitaine Poul dénotait un jugement parfait des hommes auxquels il avait affaire, et une connaissance exacte de la situation. En effet, le capitaine Poul semblait le chef naturel de la guerre qui se préparait. « C'était, — dit le père Louvreloeil, prêtre de la doctrine chrétienne et curé de Saint-Germain de Calberte, — un officier de mérite et de réputation, originaire de Ville-Dubert, proche de Carcassonne, qui avait servi en Allemagne et en Hongrie dans sa jeunesse, et qui s'était signalé en Piémont dans les divers partis contre les Barbets, surtout pour avoir coupé la tête à Barbanaga, leur chef, dans sa tente, durant les dernières guerres. Sa taille haute et libre, sa mine belliqueuse, l'habitude du travail, sa voix enrouée, son naturel ardent et austère, son habit négligé, la maturité de son âge, son intrépidité éprouvée, l'avantage de son expérience, sa taciturnité ordinaire, la longueur et le poids de son sabre d'Arménie, le rendaient formidable. Ainsi on n'aurait pu choisir un homme plus propre à dompter ces rebelles, à forcer leurs retranchements et à les mettre en déroute. »

Aussi, à peine installé au bourg de Labarre, qui était son poste, ayant appris qu'un rassemblement de fanatiques avait été vu au passage de la petite plaine de Fondmorte, située entre deux vallons, il monta sur son cheval d'Espagne, sur lequel il était accoutumé de se tenir à la manière turque, c'est-à-dire le jarret à demi plié, afin de pouvoir s'élancer jusqu'aux oreilles, ou se renverser jusqu'à la queue, selon qu'il lui était nécessaire de porter un coup mortel ou de l'éviter, et se mit en route pour le joindre avec dix-huit soldats de sa compagnie et vingt-cinq de celle de la bourgeoisie, ne pensant pas qu'il lui fallût plus de quarante ou quarante-cinq hommes pour disperser une troupe de paysans, si nombreuse qu'elle fût.

On n'avait pas trompé le capitaine Poul : une centaine de religionnaires, sous la conduite d'Esprit Séguier, étaient campés dans la plaine de Fondmorte; et vers les onze heures du matin, la sentinelle que ces derniers avaient placée dans le défilé cria : Aux armes! lâcha son coup de fusil et se replia sur ses frères. Mais le capitaine Poul, avec son impétuosité ordinaire, ne donna point à ceux-ci le temps de se

Jean Cavalier.

préparer, et se précipita sur eux, au son du tambour et sans être aucunement arrêté par leur premier feu. Comme il s'y était attendu, il avait affaire à des paysans sans discipline, qui, une fois dispersés, ne parvinrent plus à se rallier. La déroute fut donc complète. Poul en tua plusieurs de sa main, et entre autres deux auxquels, grâce au merveilleux tranchant de son sabre de Damas, il enleva la tête des épaules aussi habilement qu'aurait pu le faire le bourreau le plus expérimenté. A cette vue, tout ce qui tenait encore prit la fuite. Poul les poursuivit, sabrant et pointant sans se lasser; puis, lorsque toute la troupe eut disparu dans les montagnes, il repassa sur le champ de bataille, ramassa les deux têtes, les accrocha aux arçons de sa selle, et revint joindre avec ce trophée sanglant le groupe le plus nombreux de ses soldats; car chacun, comme dans une espèce de duel, avait combattu pour son propre compte. Il trouva au milieu de ce groupe trois prisonniers que l'on s'apprêtait à fusiller; mais Poul ordonna qu'il ne leur fût fait aucun mal, non pas qu'il eût l'intention de leur sauver la vie, mais il les gardait pour une exécution publique. Ces trois hommes étaient un nommé Nouvel, paroissien de Vialon; Moïse Bonnet, de Pierre-Male; et Esprit Séguier, le prophète.

Le capitaine Poul rentra au bourg de la Barre avec ses deux têtes et ses trois prisonniers, et donna aussitôt connaissance à M. Just de Baville, intendant du Languedoc, de la capture importante qu'il avait faite. Le jugement ne se fit pas attendre. Pierre Nouvel fut condamné à être brûlé vif au pont de Montvert, Moïse Bonnet à être rompu à Devèze, et Esprit Séguier à être pendu à André-de-Lancise. Les amateurs de supplices avaient à choisir.

Moïse Bonnet se convertit; mais Pierre Nouvel et Esprit Séguier moururent en martyrs, en confessant la religion nouvelle et en chantant les louanges de Dieu.

Le surlendemain de l'exécution d'Esprit Séguier, on s'aperçut que le corps avait disparu de la potence. Un jeune homme, nommé Roland, neveu de Laporte, était celui qui s'était chargé de cette hardie expédition, et en se retirant il avait cloué un écriteau au gibet.

Cet écriteau était un cartel de Laporte au capitaine Poul. Le défi était daté du camp de l'Éternel dans le désert des Cevennes, et Laporte y prenait le titre de colonel des enfants de Dieu qui cherchent la liberté de conscience.

Poul était sur le point d'accepter le combat, lorsqu'il apprit que l'insurrection se propageait de tous côtés. Un jeune homme de Vieljeu, âgé de vingt-six ans, et qui se nommait Salomon Couderc, avait succédé à Esprit Séguier dans l'office de prophète, et Laporte avait été rejoint par deux lieutenants, dont l'un était son neveu Roland, homme de trente ans à peu près, grêlé, blond, maigre, froid et taciturne, plein de force, quoique d'une taille médiocre, et d'un courage à toute épreuve. L'autre était un garde de la montagne de Laygoal, dont l'adresse était si connue, qu'il passait pour ne jamais manquer un coup de fusil, et se nommait Henri Castanet, de Massevaques. Chacun de ces deux lieutenants avait cent cinquante hommes sous ses ordres.

De leur côté, les prophètes et les prophétesses augmentaient avec une rapidité effrayante, et il n'y avait pas de jour que l'on n'entendît dire que quelque nouvel inspiré eût fanatisé dans quelque village.

Sur ces entrefaites, on apprit qu'une grosse assemblée, composée des protestants du Languedoc, avait eu lieu dans les prés de Vauvert, et là avait décidé de se réunir aux révoltés des Cevennes, et de leur envoyer un député pour leur faire savoir ce projet.

Laporte arrivait de La Vaunage, où il avait été faire de nouvelles recrues, lorsqu'il reçut l'exprès qui lui apportait cette bonne nouvelle; il envoya aussitôt à ses nouveaux alliés son neveu Roland, avec mission de leur porter sa foi en échange de la leur, et de leur faire, pour les attirer à lui, le tableau du pays qu'ils avaient choisi pour en faire le théâtre de la guerre, et qui convenait si bien, grâce à ses hameaux, à ses bois, à ses défilés, à ses vallons, à ses précipices et à ses cavernes, pour se diviser en plusieurs bandes, se rallier après une déroute, et dresser des embuscades. Roland eut un tel succès dans sa mission, que les nouveaux soldats du Seigneur, ainsi qu'ils s'intitulaient, ayant appris qu'il avait été dragon, lui offrirent de le nommer leur chef. Roland accepta, et l'ambassadeur revint avec une armée.

Se voyant ainsi renforcés, les religionnaires se divisèrent en trois bandes, afin de propager la foi dans tout le pays. L'une descendit vers Soustèle et les autres lieux voisins d'Alais; l'autre monta vers Saint-Privat et le pont de Montvert; enfin la troisième suivit le versant de la montagne, marchant vers Saint-Roman-le-Pompidou et Barre. La première était commandée par Castanet, la seconde par Roland, et la troisième par Laporte.

Chacune fit de grands ravages partout où elle passa, rendant aux catholiques mort pour mort, incendie pour incendie; de sorte que les nouvelles de toutes ces catastrophes arrivant coup sur coup au capitaine Poul, il réclama de M. de Broglio et de M. de Baville de nouvelles troupes, que ceux-ci s'empressèrent de lui envoyer.

A peine le capitaine Poul se vit-il à la tête d'une troupe suffisante, qu'il résolut d'attaquer les rebelles. D'après les informations reçues, il avait appris que la troupe commandée par Laporte était en marche pour traverser le vallon de la Croix au-dessous de Barre et proche le Témelague. Fort de ces renseignements, il alla s'embusquer dans un endroit avantageux, et quand il vit les religionnaires sans défiance,

engagés dans le pas difficile où il les attendait, il sortit de son embuscade, et, se mettant, selon son habitude, à la tête de ses soldats, il chargea avec un tel courage et une si grande impétuosité, que, surpris à l'improviste, ils n'essayèrent pas même de se défendre; mais, au contraire, chacun se débanda, s'éparpillant sur le versant de la montagne, et gagnant du terrain, quelques efforts que fît Laporte pour les retenir. Enfin, voyant qu'il était abandonné de tout le monde, il commença de songer à sa propre sûreté; mais il était déjà bien tard; presque entouré qu'il était par les dragons, il n'avait plus de chance de retraite qu'en sautant du haut en bas d'un rocher. Il se dirigea vers lui, gagna le sommet, s'y arrêta un instant avant de s'élancer, levant les mains au ciel pour implorer Dieu. En ce moment une fusillade partit: deux balles l'atteignirent, et il tomba la tête en avant dans le précipice.

Les dragons accoururent, et le trouvèrent mort au bas du rocher. Comme ils l'avaient reconnu pour le chef, ils le fouillèrent aussitôt, et trouvèrent dans ses poches soixante louis en or, et la coupe d'un calice dont il se servait habituellement pour boire, ainsi que d'un gobelet profane. Poul lui fit couper la tête, ainsi qu'à douze autres cadavres qui étaient restés sur le champ de bataille, les fit mettre toutes les treize dans un panier, et envoya le panier à M. Just de Baville.

Les religionnaires, au lieu de se laisser abattre par cette défaite e par cette mort, réunirent leurs trois troupes, et nommèrent Roland leur chef à la place de Laporte. Roland élut aussitôt pour son lieutenant un nommé Couderc de Mazel Rozade, qui prit le nom de Lafleur et l'armée rebelle se retrouva non-seulement réorganisée, mais encore au grand complet, par l'adjonction d'une nouvelle bande de cent hommes que le nouveau lieutenant avait levée; aussi le premier signe d'existence qu'ils donnèrent fut l'incendie des églises du Bousquet de Cassagnas et du Prunet.

Alors les consuls de Mende virent qu'on était engagé non plus dans une insurrection, mais dans une guerre; et toute capitale du Gévaudan qu'était cette ville, comme ils s'attendaient à être attaqués d'un moment à l'autre, ils remirent en état les contrescarpes, les ravelins les courtines, les portes, les herses, les fossés, les fausses brayes, les murailles, les tours, les remparts, les parapets et les guérites; puis ayant fait une provision de poudre, de balles et de fusils, ils dressèrent huit compagnies de cinquante hommes chacune, toutes composées de citadins, et une autre de cent cinquante hommes recrutés dans les campagnes voisines et composée de paysans. Enfin les états de la province envoyèrent un député au roi pour le supplier de vouloir bien remédier au désordre de l'hérésie qui chaque jour s'étendait de plus en plus. Le roi aussitôt partit M. de Julien. Ainsi ce n'étaient plus les simples gouverneurs de villes ni les chefs de provinces qui étaient engagés dans la lutte, c'était la royauté elle-même qui était forcée de faire face aux rebelles.

M. de Julien, né d'une famille hérétique, appartenait à la noblesse d'Orange, et avait commencé à servir contre la France, ayant fait ses premières armes en Angleterre et en Irlande. Le prince d'Orange dont il était page au moment où il succéda à Jacques II, lui donna en récompense de sa fidélité dans la fameuse campagne de 1688, un régiment qu'il conduisit au secours du duc de Savoie, qui avait demandé des troupes aux Anglais et aux Hollandais; et il s'y conduisit de telle façon qu'il fut un de ceux qui contribuèrent le plus à faire lever le siège de Coni à l'armée française.

Soit qu'après cette campagne les prétentions du colonel fussent exagérées, soit qu'effectivement le duc de Savoie ne l'appréciât point à sa valeur, il se retira à Genève, où Louis XIV, profitant de son mécontentement, lui fit transmettre des offres: ces offres étaient le même grade dans les armées françaises avec une pension de trois mille livres M. de Julien les accepta, et, comprenant que sa croyance serait probablement un obstacle à son avancement, il changea de religion en changeant de maître. Alors le roi l'envoya prendre le commandement de la vallée de Barcelonnette, où il fit plusieurs expéditions contre les Barbets; puis de ce commandement il passa à celui des Avenues de la principauté d'Orange, où sa mission était de garder les passages pour que les protestants français ne pussent aller au temple hérétique; enfin après un an d'exercice, il venait rendre compte de sa gestion au roi lorsqu'il se trouva par fortune à Versailles au moment où arriva le député du Gévaudan. Louis XIV, satisfait de la façon dont il s'était conduit dans ses deux commandements, le créa maréchal de camp, chevalier de l'ordre militaire de Saint-Louis et commandant dans le Vivarais et dans les Cevennes.

A peine M. de Julien fut-il arrivé, qu'au contraire de ses devanciers qui avaient toujours manifesté le plus profond mépris pour les hérétiques, comprenant la gravité de la révolte, il reconnut aussitôt en personne les différents quartiers où M. de Broglio avait dispersé les régiments de Tournon et de Marsilly. Il est vrai qu'il était arrivé à la lueur des incendies: les églises de plus de trente villages étaient en flammes.

M. de Broglio, M. de Baville, M. de Julien et le capitaine Poul s'abouchèrent alors pour aviser aux moyens de faire cesser tous ces désordres. Il fut convenu que les troupes royales se sépareraient en deux bandes, et que l'une, sous la conduite de M. de Julien, se dirigerait vers Alais, où l'on prétendait que se tenaient de grandes assemblées de rebelles, et que l'autre battrait les environs de Nimes, sous la conduite de M. de Broglio.

En conséquence, les deux chefs se séparèrent. M. le comte de Broglio, à la tête de soixante-deux dragons et de quelques compagnies, ayant sous ses ordres le capitaine Poul et M. de Dourville, partit de Cavayrac, le 12 janvier, à deux heures après minuit, parcourut sans rien trouver les vignes de Nimes et de la Garrigue de Milhau, et prit la route du pont de Lunel. Là il apprit que ceux qu'ils cherchaient avaient séjourné vingt-quatre heures au château de Caudiac. A cette nouvelle, il marcha vers le bois qui l'environne, ne doutant point que les fanatiques ne s'y fussent retranchés; mais, contre son attente l'ayant trouvé libre, il poussa à Vauvert, de Vauvert à Beauvoisin, et de Beauvoisin à Generac, où il apprit qu'une troupe de rebelles avait passé la nuit et vers le matin avait pris le chemin d'Aubore. Résolu à ne point leur donner de relâche, M. de Broglio se mit aussitôt en route pour ce village.

A moitié chemin à peu près, quelqu'un de sa suite crut apercevoir un gros de gens rassemblés près d'une maison distante d'une demi-lieue à peu près; aussitôt M. de Broglio ordonna au sieur de Gibertin, lieutenant du capitaine Poul, qui le suivait à la tête de sa compagnie, d'aller reconnaître avec huit dragons quels étaient ces hommes, tandis que lui ferait halte, où il était, avec le reste de la troupe.

Le petit détachement se mit en chemin précédé de son officier, traversa un bois taillis, et s'avança vers cette métairie que l'on appelait le mas de Gáfarel, et qui alors paraissait solitaire. Mais lorsque M. de Gibertin fut à une demi-portée de fusil de ses murs, il en vit sortir une troupe de soldats qui s'avança contre lui en battant la charge : alors il jeta les yeux vers sa droite, et aperçut une seconde troupe qui sortait d'une maison voisine; en même temps il en découvrit une troisième qui était couchée ventre à terre au coin d'un petit bois, et qui se levant tout à coup s'avança de son côté en chantant des psaumes. Il n'y avait pas moyen de tenir contre des forces si supérieures. M. de Gibertin fit tirer deux coups de fusil pour prévenir M. le comte de Broglio de venir au-devant de son avant-garde, et recula jusqu'à ce qu'il eût rejoint les catholiques. Au reste, les rebelles ne l'avaient poursuivi qu'autant qu'il l'avait fallu pour qu'ils arrivassent à une position excellente sur laquelle ils s'étaient établis.

De son côté, M. de Broglio, après avoir tout examiné à l'aide d'une lunette d'approche, tint avec ses lieutenants un conseil dont le résultat fut qu'il fallait attaquer. Cette résolution prise, on marcha vers les rebelles sur une seule ligne, le capitaine Poul tenant la droite, M. de Dourville la gauche, et le comte de Broglio le milieu.

A mesure que l'on s'avançait vers eux, on pouvait voir qu'ils avaient choisi leur terrain avec une sagacité stratégique que l'on n'avait pas encore remarquée en eux. Cette habileté dans les dispositions militaires leur venait évidemment d'un nouveau chef que personne ne connaissait, pas même le capitaine Poul, quoiqu'on pût voir ce chef, la carabine à la main, à la tête de ses hommes.

Cependant ces savants préparatifs n'arrêtèrent point M. de Broglio; il ordonna de charger, et, joignant l'exemple au précepte, lança lui-même son cheval au galop. De leur côté, les camisards du premier rang mirent un genou en terre, enfin que ceux qui étaient derrière eux pussent viser; et la distance qui séparait les deux troupes commença, grâce à l'impétuosité des dragons, à disparaître rapidement : seulement, en arrivant à trente pas des rebelles, les troupes royales trouvèrent tout à coup le terrain coupé par une ravine profonde qui formait fossé devant les camisards. Quelques-uns retinrent leurs chevaux à temps; mais, malgré les efforts que quelques autres firent pour s'arrêter, pressés par ceux qui les suivaient, ils furent poussés dans le ravin, où ils roulèrent sans pouvoir se retenir. Au même moment, le mot feu retentit poussé par une voix sonore, la fusillade pétilla, et quelques dragons tombèrent autour de M. de Broglio.

— En avant! cria le capitaine Poul; en avant! — Et, lançant son cheval vers un endroit du ravin dont les bords étaient moins escarpés, il commença à gravir le plateau, suivi de quelques dragons.

— Mort au fils de Bélial! — dit la même voix qui avait crié feu. En même temps un coup de fusil isolé partit, et le capitaine Poul étendit les bras, laissa échapper son sabre, et tomba de son cheval, qui, au lieu de fuir, flaira son maître de ses naseaux fumants, et, élevant la tête, poussa un long hennissement. Les dragons reculèrent.

— Ainsi périssent les persécuteurs d'Israël! — s'écria le chef, brandissant sa carabine. Et à ces mots, s'élançant dans la ravine, il saisit le sabre du capitaine Poul et sauta sur son cheval. L'animal, fidèle à son ancien maître, voulut résister un instant; mais il sentit bientôt à la pression des genoux qu'il avait affaire à un cavalier qu'il ne lui serait pas facile de désarçonner. Néanmoins il se cabra et bondit, mais le cavalier tint ferme; et comme s'il eût reconnu son impuissance, le noble coursier d'Espagne secoua la tête, hennit encore et obéit.

Pendant ce temps, les dragons de son côté, et une partie des camisards de l'autre, étaient descendus dans la ravine, qui était devenue le théâtre de la bataille, tandis que ceux qui étaient restés au haut du fossé continuaient de tirer avec d'autant plus d'avantage qu'ils dominaient leurs ennemis. Aussi, au bout d'un instant, les dragons de M. Dourville lâchèrent-ils pied, quoique en ce moment même leur chef, qui combattait corps à corps comme un simple soldat, vînt de

recevoir une grave blessure à la tête. Vainement M. de Broglio voulut les rallier : comme il se jetait au milieu de la compagnie de son lieutenant pour le soutenir, son corps à lui-même l'abandonna; de sorte que, n'ayant plus d'espoir dans le gain de la bataille, il s'élança avec quelques braves seulement pour dégager M. Dourville, qui, se retirant par la trouée que son chef venait de lui faire, se mit en retraite tout sanglant. De leur côté, comme les camisards aperçurent dans le lointain un renfort de fantassins qui arrivait aux troupes royales, ils se contentèrent de poursuivre leurs adversaires par une fusillade bien nourrie, mais sans quitter la position à laquelle ils avaient dû leur facile et prompte victoire.

A peine les troupes royales furent-elles hors de portée, que le chef des rebelles se mit à genoux et entonna le psaume que les Israélites chantèrent lorsque, arrivés de l'autre côté de la mer Rouge, ils virent l'armée de Pharaon engloutie par les flots; de sorte que le sifflement des balles avait à peine cessé de poursuivre les troupes royales, que les chants de victoire les poursuivaient encore. Puis, leurs actions de grâces rendues à Dieu, les religionnaires rentrèrent dans les bois, suivant le nouveau chef, qui, du premier coup, venait ainsi de donner la mesure de sa science, de son sang-froid et de son courage.

Ce nouveau chef, qui devait bientôt faire, de ses supérieurs mêmes, ses lieutenants, était le fameux Jean Cavalier.

Jean Cavalier était alors un jeune homme de vingt-trois ans, de taille courte mais vigoureuse, ayant le visage ovale et bien fait, les yeux beaux et vifs, de longs cheveux châtains tombant sur les épaules, et la physionomie d'une douceur remarquable. Il était né, en 1680, à Ribaute, village du diocèse d'Allais, où son père possédait une petite métairie, qu'il abandonna pour venir habiter, comme son fils n'avait encore que douze à quinze ans, la ferme de Saint-Andéol, près de Mende.

Le jeune Cavalier, qui n'était autre chose qu'un paysan, fils de paysan, entra d'abord comme berger chez le sieur Lacombe, bourgeois de Vezenobre; mais comme cette vie solitaire déplaisait à un jeune homme ardent au plaisir comme il l'était, il sortit de chez ce premier patron, et entra comme apprenti chez un boulanger d'Anduze.

Là son amour pour les armes se développa; toutes les heures que le travail lui laissait libres, il les passait à regarder les gens de guerre faire l'exercice; bientôt il trouva même moyen de se lier avec quelques soldats, de façon qu'un prévôt lui donna des leçons d'armes, et un dragon lui apprit à monter à cheval.

Un dimanche, qu'il se promenait ayant sa fiancée au bras, la jeune fille fut insultée par un dragon du régiment de Florac. Jean Cavalier donna un soufflet au dragon; le dragon tira son sabre; Cavalier s'empara de l'épée d'un assistant; mais on se jeta entre les jeunes gens avant qu'ils n'en vinssent aux mains. Au bruit de cette querelle, un officier accourut; c'était le marquis de Florac, capitaine du régiment qui portait son nom; mais les bourgeois d'Anduze avaient déjà trouvé moyen de faire filer le jeune homme; de sorte que le marquis, en arrivant, au lieu de l'orgueilleux paysan qui avait osé frapper un soldat du roi, ne trouva plus que sa fiancée évanouie.

La jeune fille était si belle, qu'on ne l'appelait que la belle Isabeau : si bien que le marquis de Florac, au lieu de poursuivre Jean Cavalier, s'occupa de faire revenir à elle sa promise.

Cependant, comme l'affaire était grave et que le régiment tout entier avait juré sa mort, les amis de Jean Cavalier lui conseillèrent de quitter le pays et de s'expatrier pour quelque temps. La belle Isabeau, qui tremblait pour son fiancé, joignit ses prières à celles de ses amis; de sorte que Cavalier consentit à s'éloigner. La jeune fille promit à son fiancé fidélité à toute épreuve; et Jean Cavalier, comptant sur cette promesse, partit pour Genève.

Là il fit connaissance avec un gentilhomme protestant nommé Du Serre, qui, ayant une verrerie au mas Arribas, c'est-à-dire tout près de la ferme de Saint-Andéol, avait été prié plusieurs fois, par Jérôme Cavalier, de remettre quelque argent à son fils pendant les voyages que lui Du Serre faisait à Genève, en apparence pour l'extension de son commerce, mais en réalité pour la propagation de la foi. Entre le proscrit et l'apôtre l'union fut facile. Du Serre trouva dans le jeune Cavalier un tempérament robuste, une imagination ardente, un courage à toute épreuve : il lui fit part de ses espérances de rétablir la réforme dans le Languedoc et dans le Vivarais. Tout rappelait Cavalier en France, besoin de la patrie, amour de cœur. Il passa la frontière déguisé en domestique et à la suite du gentilhomme protestant; il rentra de nuit dans le bourg d'Anduze, et s'achemina droit à la maison de sa fiancée. Il allait y frapper, quoiqu'il fût une heure du matin, lorsqu'il vit la porte s'ouvrir d'elle-même, et un beau jeune homme en sortir accompagné jusqu'à la porte par une femme. Le beau jeune homme était le marquis de Florac; la femme qui le reconduisait était Isabeau. La fiancée du paysan était devenue la maîtresse du noble.

Notre héros n'était pas homme à souffrir impunément un pareil outrage. Il marcha droit au capitaine et lui barra le passage. Celui-ci voulut le repousser du coude; mais Jean Cavalier, laissant tomber le manteau qui l'enveloppait, mit l'épée à la main. Le marquis était brave; il ne s'inquiéta point si celui qui l'attaquait était son égal : l'épée appelait l'épée; les fers se croisèrent, et au bout d'un instant le marquis tomba frappé d'un coup d'épée qui lui traversait la poitrine.

Cavalier crut avoir tué le marquis, car il était étendu à ses pieds sans mouvement. Il n'y avait donc pas de temps à perdre, car il n'y avait pas de clémence à espérer. Il remit son épée sanglante dans le fourreau, gagna la plaine, de la plaine se jeta dans la montagne, et au point du jour il était en sûreté.

Le fugitif passa le reste de la journée dans une espèce de métairie isolée où on lui donna l'hospitalité. Comme il lui fut facile de reconnaître qu'il était chez un religionnaire, il ne fit à son hôte aucun mystère de sa position, lui demandant où il retrouverait quelque troupe organisée dans laquelle il pourrait prendre son rang, son intention étant de combattre pour la propagation de la réforme. Le fermier lui indiqua Génerac comme devant être le rendez-vous d'une centaine de ses frères. Cavalier partit le soir même pour ce village ; et il arrivait au milieu des camisards au moment même où ceux-ci venaient d'apercevoir dans le lointain M. de Broglio et sa troupe. Alors, comme ils n'avaient pas de chef, il s'était à l'instant même, avec cette faculté dominatrice que certains hommes possèdent naturellement, constitué leur capitaine, et avait fait pour recevoir les troupes royales les dispositions que nous avons vues ; de sorte que, après la victoire à laquelle il avait si bien contribué de la tête et du bras, il avait été par acclamation confirmé dans le titre qu'il s'était arrogé lui-même.

Tel était le fameux Jean Cavalier lorsque, par la défaite de leurs plus braves compagnies et la mort de leur plus intrépide capitaine, les troupes royales apprirent son existence.

Le bruit de cette victoire se répandit bientôt par toutes les Cévennes, et de nouveaux incendies illuminèrent les montagnes en signe de joie. Ces fanaux furent le château de la Bastide, appartenant au marquis de Chambonnas, l'église de Samson et le village de Grouppières, où de quatre-vingts maisons il n'en resta que sept.

Alors M. de Julien écrivit au roi pour lui faire comprendre la gravité de la chose, et lui dire que ce n'étaient plus quelques fanatiques errant dans les montagnes et fuyant devant les dragons qu'ils avaient à combattre, mais bien des compagnies organisées ayant chefs et officiers, et qui en se réunissant pouvaient déjà former une armée de douze à quinze cents hommes. Le roi répondit à cette lettre en envoyant à Nîmes M. le comte de Montrevel, fils de M. le maréchal de Montrevel, cordon bleu, maréchal des camps et armées du roi, lieutenant-général dans la Bresse et dans le Charolais, capitaine de cent hommes d'armes et de ses ordonnances. Ainsi à M. de Broglio, de Julien, de Baville, venait se joindre, pour lutter contre des paysans, des garde-chasse et des bergers, le chef de la maison de Beaune, qui avait déjà à cette époque produit deux cardinaux, trois archevêques, deux évêques, un vice-roi de Naples, divers maréchaux de France et plusieurs gouverneurs en Savoie, en Dauphiné et en Bresse.

Derrière lui arrivèrent, suivant le cours du Rhône, vingt grosses pièces de canon, cinq mille boulets, quatre mille fusils et cinquante milliers de poudre ; tandis que du côté du Roussillon descendaient en Languedoc six cents de ces fusiliers des montagnes qu'on appelait miquelets.

M. de Montrevel était porteur d'ordres terribles. Louis XIV voulait extirper l'hérésie à quelque prix que ce fût, et procédait à cette œuvre en homme qui y croyait son salut attaché ; aussi, à peine M. de Baville eut-il pris connaissance de ces ordres, qu'il publia la proclamation suivante :

« Le roi étant informé que quelques gens sans religion portent des armes, exercent des violences, brûlent des églises et tuent des prêtres, Sa Majesté ordonne à tous ses sujets de courre sus, et que ceux qui seront pris les armes à la main ou parmi les attroupés, soient punis de mort sans aucune formalité de procès ; que leurs maisons soient rasées et leurs biens confisqués ; comme aussi que toutes les maisons où ils ont fait des assemblées soient démolies. Le roi défend aux pères, mères, frères, sœurs et autres parents des fanatiques et autres révoltés de leur donner retraite, vivres, provisions, munitions, ni autres assistances, de quelque nature et sous quelque prétexte que ce soit, ni directement ni indirectement, à peine d'être réputés complices de leur rébellion ; et comme tels il veut et entend que leur procès soit fait et parfait par le sieur de Baville et les officiers qu'il choisira. Sa Majesté ordonne encore aux habitants du Languedoc qui, dans le temps de cette ordonnance, seront hors de leur demeure, d'y retourner dans huit jours, si ce n'est qu'ils eussent une cause légitime, qu'ils déclareront au sieur de Montrevel, ou au sieur de Baville, intendant, et cependant aux maires et consuls des lieux, de la raison de leur retardement ; de quoi ils prendront des certificats pour les envoyer auxdits sieurs commandant ou intendant, auxquels Sa Majesté ordonne de ne laisser entrer aucun étranger ni sujet des autres provinces, sous prétexte de commerce et autres affaires, sans un certificat des commandants ou intendants des provinces d'où ils partiront, ou des juges royaux des lieux de leur départ ou des plus prochains. A l'égard des étrangers, ils prendront des passe-ports des ambassadeurs ou envoyés du roi dans les pays d'où ils sont, ou des commandants ou intendants des provinces, ou des juges royaux des lieux où ils se trouveront. Au surplus, Sa Majesté veut que ceux qui seront pris en ladite province de Languedoc sans de tels certificats soient réputés fanatiques et révoltés, et, comme tels, que leur procès leur soit fait et parfait, et

qu'ils soient punis de mort, auquel effet ils seront menés audit sieur de Baville ou aux officiers qu'il choisira.

» Signé : LOUIS. — Et plus bas : PHILIPPEAUX. »

Fait à Versailles, le 25 du mois de février 1703.

M. de Montrevel suivit à la lettre cette ordonnance. Un jour, c'était le premier avril 1703, comme il était à dîner, on vint le prévenir que cent cinquante religionnaires environ s'étaient rassemblés dans un moulin du faubourg des Carmes pour chanter leurs psaumes. Quoiqu'on lui eût dit en même temps que cette troupe de fanatiques ne se composait que de vieillards et d'enfants, M. le maréchal ne se leva pas moins furieux de table, et, faisant sonner le boute-selle, marcha avec ses dragons vers le moulin, qu'il investit de tout côté, avant même que les religionnaires eussent su qu'ils devaient être attaqués. Il n'y eut pas combat, car il ne pouvait y avoir résistance, il y eut simplement massacre : une partie des dragons entra le sabre au poing dans le moulin, poignardant tout ce qui se trouvait à sa portée, tandis que le reste de la troupe, placée devant les fenêtres, recevait à la pointe du sabre ceux qui s'en précipitaient. Enfin cette boucherie sembla encore trop longue aux bouchers : pour en finir plus vite, le maréchal qui ne voulait achever son dîner qu'après l'extermination entière de la troupe, fit mettre le feu au moulin ; alors les dragons, le maréchal toujours à leur tête, se contentèrent de repousser dans les flammes les malheureux à demi brûlés qui ne demandaient plus d'autre faveur que de mourir d'une mort moins cruelle.

Il n'y avait eu qu'une seule victime d'épargnée : la victime était une belle jeune fille de seize ans ; le libérateur était le valet même du maréchal ; tous deux furent condamnés à mort. La jeune fille fut pendue la première, et on allait procéder à l'exécution du valet, lorsque les religieuses de la Miséricorde vinrent se jeter aux pieds du maréchal et lui demander sa vie ; le maréchal, après de longues supplications, finit par leur accorder ce qu'elles demandaient ; mais il chassa son valet non-seulement de son service, mais encore de Nîmes.

Le même soir, comme il était à souper, on vint lui dire qu'un nouveau rassemblement avait lieu dans un jardin proche du moulin fumant encore. L'infatigable maréchal se leva aussitôt, prit avec lui ses fidèles dragons, entoura le jardin, et fit prendre et fusiller à l'instant même tous ceux qui s'y trouvaient réunis. Le lendemain, on sut qu'il y avait eu erreur : les fusillés étaient des catholiques qui s'étaient rassemblés pour fêter l'exécution des religionnaires. Ils avaient bien protesté au maréchal qu'il se trompait, mais le maréchal n'avait pas voulu les croire. Cette erreur, au reste, hâtons-nous de le dire, n'attira au maréchal d'autre désagrément qu'une remontrance toute paternelle de l'évêque de Nîmes, qui l'invita à ne point confondre, une autre fois, les brebis avec les loups.

A ces exécutions, Cavalier répondait en prenant le château de Serras, en s'emparant de la ville de Sauve, en formant une cavalerie et en venant jusque dans Nîmes s'approvisionner de la poudre dont il manquait ; puis, ce qui était plus incroyable que tout cela encore, aux yeux des courtisans, il écrivait à Louis XIV une longue lettre datée du Désert, dans les Cévennes, et signée Cavalier, chef des troupes en voyées de Dieu. Cette lettre, toute semée de passages tirés de l'Écriture, avait pour but de prouver au roi que lui et ses compagnons avaient dû se révolter pour obtenir la liberté de conscience, et s'étendant sur les persécutions dont les protestants avaient été l'objet, il disait que c'étaient ces traités infâmes qui les avaient forcés de prendre les armes qu'ils offraient de quitter, si Sa Majesté voulait leur accorder le libre exercice de leur religion et la délivrance de leurs prisonniers. Alors, et dans ce cas, il assurait le roi qu'il n'aurait jamais de plus fidèles sujets qu'eux, et qu'ils étaient prêts à verser jusqu'à la dernière goutte de leur sang pour son service ; enfin il concluait en disant que si on leur refusait une demande si juste, comme il faut obéir à Dieu avant d'obéir au roi, ils défendraient leur religion jusqu'à la dernière extrémité.

De son côté, Roland, qui, soit par dérision, soit par orgueil, se faisait appeler le comte Roland, ne demeurait en reste de son jeune compagnon ni pour les succès, ni pour la correspondance. Il était entré dans la ville de Ganges, où il avait été merveilleusement reçu par les habitants, et comme il attendait un moins bon accueil de ceux de Saint-Germain et de Saint-André, il leur avait écrit les lettres suivantes :

« Messieurs les officiers des troupes du roi, et vous, messieurs de Saint-Germain, préparez-vous à recevoir sept cents hommes qui doivent venir mettre le feu à la Babylone, au séminaire et à plusieurs autres maisons : celles de M. de Fabrègue, de M. Sarrasin, de M. de Moles, de M. de la Rouvière, de M. de Masse et de M. Solier, seront brûlées. Dieu nous a inspiré par son souffle sacré, mon frère Cavalier et moi, de vous rendre visite dans peu de jours ; fortifiez-vous donc tant qu'il vous plaira dans vos barricades, vous n'aurez pas la victoire sur les enfants de Dieu. Si vous croyez les pouvoir vaincre, vous n'avez qu'à venir au champ Domergue, vous, vos soldats, ceux de Saint-Etienne, de Barre et même de Florac ; je vous y appelle ; nous y serons sans manquer. Rendez-vous-y donc, hypocrites, si vous avez du cœur.

» COMTE ROLAND, »

La seconde n'était pas moins violente que la première. La voici :

« Nous comte Roland, général des troupes protestantes de France assemblées dans les Cévennes en Languedoc, ordonnons aux habitants du bourg de Saint-André, de Valborgne, d'avertir comme il faut les prêtres et les missionnaires que nous leur défendons de dire la messe et de prêcher dans ledit lieu, et qu'ils aient à se retirer incessamment ailleurs, sous peine d'être brûlés vifs avec leur église et leurs maisons aussi bien que leurs adhérents, ne leur donnant que trois jours pour exécuter le présent ordre.   COMTE ROLAND. »

Malheureusement pour la cause du roi, si les rebelles rencontraient quelque résistance dans les villages qui, comme ceux de Saint-Germain et de Saint-André, étaient en plaine, il n'en était point ainsi de ceux qui étaient situés dans la montagne, et où ils trouvaient, battus, un refuge, victorieux un nouveau secours; aussi M. de Montrevel, jugeant que tant que ces villages existeraient, il n'y aurait pas moyen de triompher de l'hérésie, rendit-il l'ordonnance suivante :

« Nous gouverneur pour Sa Majesté très-chrétienne dans les provinces du Languedoc et du Vivarais, faisons savoir qu'ayant plu au roi de nous commander de mettre les lieux et les paroisses ci-après nommés hors d'état de fournir ni vivres ni secours aux rebelles attroupés, et de n'y laisser aucun habitant, Sa Majesté voulant néanmoins pourvoir à leur subsistance en leur donnant les ordres de ce qu'ils auront à faire, enjoignons aux habitants desdites paroisses de se rendre incessamment dans les lieux ci-après marqués avec leurs meubles, bestiaux et généralement tout ce qu'ils pourront emporter de leurs effets, déclarant que faute de cela leurs effets seront confisqués et pris par les troupes qui seront employées à démolir leurs maisons, défendant à toutes les autres communes de les recevoir sous peine, en cas de désobéissance, du rasement de leurs maisons et de la perte de leurs biens, et, au surplus, d'être traités comme rebelles aux ordres de Sa Majesté. »

A cette ordonnance étaient jointes les instructions suivantes :

« 1° Les officiers qui seront employés à la destruction des villages s'informeront d'abord de la situation des paroisses qui devront être détruites et dépeuplées, afin de disperser à propos les troupes, en sorte qu'elles puissent protéger les milices qui seront employées à cette destruction ;

» 2° On devra observer que, s'il se trouvait des villages ou des hameaux assez voisins pour être également protégés, il faudra y faire travailler à la fois, pour avancer l'ouvrage.

» 3° Que s'il se trouve encore dans ces lieux quelques habitants, on les rassemblera pour en faire prendre un état, ainsi que des bestiaux et des grains.

» 4° On chargera le plus apparent de conduire les autres, par les endroits qui leur seront marqués, aux lieux qu'on leur assignera.

» 5° A l'égard des bestiaux, les mêmes gens qui seront chargés de les garder les conduiront au lieu qu'on leur indiquera, à l'exception des mulets et des ânes qu'on rassemblera pour s'en servir au transport des grains, là où il sera ordonné ; néanmoins on permettra de donner des ânes, s'il y en a, aux vieillards et aux femmes grosses hors d'état de marcher.

» 6° On distribuera les milices par ordre pour en employer un certain nombre à détruire les maisons; on essayera d'abattre celles-ci en les sapant par le pied, ou de telle autre manière qui paraîtra la plus commode; et si par ce moyen on n'en peut venir à bout, on y mettra le feu.

» 7° On ne devra pour le présent faire aucun tort aux maisons des anciens catholiques, jusqu'à ce que le roi en ait autrement ordonné; et pour cet effet, on y mettra une garde, après en avoir pris un état qui sera envoyé au maréchal de Montrevel.

» 8° On lira aux habitants des lieux qu'on détruira l'ordonnance qui leur défend de retourner dans leurs habitations; mais on ne leur fera point de mal, le roi n'ayant pas voulu entendre parler d'effusion de sang; on se contentera de les renvoyer en les menaçant, et l'on affichera ladite ordonnance à une muraille, ou à un arbre dudit village.

» 9° S'il ne se trouvait aucun habitant, on affichera seulement ladite ordonnance dans chaque lieu.   *Signé :* Maréchal DE MONTREVEL. »

Au-dessous de ces instructions était affichée la nomenclature des villages qui devaient être détruits. Elle était ainsi conçue :

18 dans la paroisse de Frugères,
 5 dans la paroisse de Fressinet-de-Lozère,
 4 dans la paroisse de Grizac,
15 dans celle de Castagnols,
11 dans celle de Vialas,
 6 dans celle de Saint-Julien,
 8 dans celle de Saint-Maurice-de-Vantalon,
14 dans celle de Frezal-de-Vantalon,
 7 dans celle de Saint-Hilaire-de-Laret,
 6 dans celle de Saint-Andiol-de-Clergues,
28 dans celle de Saint-Privat-de-Vallongues,
10 dans celle de Saint-André-de-Lancise,
19 dans celle de Saint-Germain-de-Calberte,
26 dans celle de Saint-Étienne-de-Valfrancesque,
 9 dans celles de Prunet et Montvaillant,
16 dans celle de Florac.
     ———
202

Une seconde liste devait succéder et succéda en effet à cette première : elle comprenait les paroisses de Frugères, de Pompidou, de Saint-Martin, de Laususcle, de Saint-Laurent, de Trèves, de Vebron, de Rounes, de Barre, de Montluzon, de Bousquet, de La Barthe, de Balme, de Saint-Julien-d'Aspaon, de Cassagnas, de Sainte-Croix-de-Valfrancesque, de Cabriac, de Moissac, de Saint-Roman, de Saint-Martin-de-Robaux, de la Melouse, du Collet-de-Dèze, de Saint-Michel-de-Dèze; et les villages de Saliéges, de Rampon, de Ruas, de Chavrières, de Tourgueulle, de Gincstous, de Fressinet, de Fourques, de Malbos, de Jousanel, de Campis, de Campredon, de Lons-Aubrez, de la Croix-de-Fer, du Cap-de-Coste, de Marquayrès, du Cazairal et du Poujal.

Ce qui comprenait en tout quatre cent soixante-six bourgs, hameaux ou villages, habités par dix-neuf mille cinq cents personnes.

Tous ces préparatifs faits, le maréchal de Montrevel partit d'Aix le 26 septembre 1703, afin de présider lui-même à l'exécution. Il avait avec lui MM. de Vergetot et de Marsilly, brigadiers d'infanterie, deux bataillons de Royal-Comtois, deux de Soissonnais infanterie, le régiment de dragons du Languedoc, et deux cents dragons de celui de Fimarçon. De son côté et en même temps, M. de Julien partit pour se rendre au pont de Montvert avec ses deux bataillons de Hainaut; le marquis de Canillac, brigadier d'infanterie, qui arrivait avec deux bataillons de son régiment, qui était en Rouergue, et le comte de Payre, qui amenait quarante-cinq compagnies des milices du Gévaudan, suivies de quantité de mulets chargés de leviers, de haches et d'autres instruments de fer, pour abattre les maisons.

Mais l'approche de toutes ces troupes, précédées des ordonnances terribles que nous avons rapportées, produisit un effet tout contraire à celui qu'on en attendait. Les habitants des villages proscrits crurent qu'on ne leur avait indiqué des lieux de réunion que pour les massacrer tous à la fois, de sorte que ceux qui étaient en état de porter les armes se jetèrent dans les montagnes et rejoignirent les camisards, ce qui renforça les armées de Cavalier et de Roland de plus de quinze cents hommes. Aussi, à peine M. de Julien était-il à l'œuvre, qu'il reçut avis de M. de Montrevel, qui en avait été instruit par une lettre de Fléchier, que pendant que les troupes royales faisaient leur expédition dans la montagne, les camisards se répandaient dans la plaine, inondaient la Camargue, et tentaient des excursions jusque dans les environs de Saint-Gilles. En même temps il lui parvint l'avis que deux vaisseaux avaient été aperçus en vue des ports de Cette; on le prévenait que, selon toute probabilité, ces vaisseaux contenaient des troupes de débarquement que les Hollandais et les Anglais envoyaient aux camisards.

M. de Montrevel laissa le soin de continuer l'expédition à MM. de Julien et de Canillac, et accourut à Cette avec plus de huit cents hommes et dix pièces de canon. Les vaisseaux étaient encore en vue; c'étaient, en effet, comme on l'avait dit au maréchal, deux vaisseaux qui avaient été détachés de la flotte combinée d'Angleterre et de Hollande par l'amiral Schowel, et qui apportaient aux camisards de l'argent, des armes et des munitions. Ils continuèrent à croiser, et firent différents signaux; mais comme les rebelles, éloignés des côtes par la présence de M. de Montrevel, ne firent point les contre-signaux convenus, les deux vaisseaux reprirent le large et regagnèrent la flotte. Mais comme M. de Montrevel craignait que leur retraite ne fût que simulée, il ordonna que toutes les cabanes de pêcheurs qui pourraient donner asile aux camisards seraient détruites depuis Aigues-Mortes jusqu'à Saint-Gilles. En même temps, il fit enlever tous les habitants du mandement de Guillau et les fit enfermer dans le château de Sommerez, après avoir rasé leurs villages. Enfin il ordonna à tous ceux des petits lieux, hameaux et métairies de se réunir, avec tout ce qu'ils avaient de provisions, dans les villes et dans les grands bourgs, et il ne fut plus permis aux ouvriers qui allaient travailler à la campagne d'emporter avec eux d'autres vivres que ceux qui étaient absolument nécessaires à la subsistance de la journée.

Ces mesures étaient efficaces, mais elles étaient terribles; elles enlevaient toute retraite aux camisards, mais elles entraînaient la ruine de la province. M. de Baville, malgré sa rigidité bien connue, hasarda quelques observations; le maréchal de Montrevel les reçut fort mal, renvoya M. l'intendant aux choses civiles, disant que les choses de guerre le regardaient; et, en vertu de cette prétention, il vint rejoindre M. de Julien, qui travaillait à la démolition avec un zèle infatigable.

Cependant, quel que fût l'enthousiasme de ce dernier pour la cause qu'il avait embrassée avec toute l'ardeur d'un nouveau converti, des difficultés matérielles s'opposaient à l'accomplissement de sa mission. La plupart des maisons qu'il fallait démolir étaient voûtées, et par cela même fort difficiles à raser. Leur éloignement les unes des autres, leur situation dans des lieux presque inaccessibles, au sommet des plus hautes montagnes, ou dans les abîmes les plus profonds, leur isolement au milieu des bois qui les cachaient comme un voile, tout augmentait la difficulté, et il arrivait parfois que rien que pour trouver ce qu'ils avaient à détruire, les milices et les ouvriers perdaient des journées tout entières.

Le vaste circuit des paroisses était encore un nouveau retardement, celle de Saint-Germain-de-Calberte, par exemple, avait neuf lieues de tour et cent onze hameaux renfermant deux cent soixante-quinze familles, dont neuf seulement étaient catholiques ; celle de Saint-Étienne-de-Valfrancesque était plus étendue encore et plus peuplée d'un tiers ; il en résulta que les difficultés s'accroissaient d'une manière étrange. En effet, les premiers jours, les soldats et les ouvriers trouvaient dans le village et dans les environs quelques vivres ; mais bientôt ces vivres s'épuisaient, et comme ils ne pouvaient pas compter sur les paysans pour les renouveler, il en résultait qu'au bout d'un certain temps, les provisions qu'ils avaient apportées avec eux étant épuisées, il ne leur restait plus que de l'eau et du biscuit, dont ils ne pouvaient même faire de soupe faute de marmites ; de sorte qu'après avoir bien travaillé toute la journée, à peine avaient-ils une poignée de paille où s'étendre. Ces privations, au milieu d'une vie si dure et si fatigante, attirèrent une espèce de fièvre contagieuse qui mit bon nombre d'ouvriers et de soldats hors d'état d'agir. On commença donc d'en congédier plusieurs ; mais bientôt ces malheureux, presque aussi à plaindre que ceux qu'ils persécutaient, n'attendirent plus même que la permission de se retirer leur fût accordée, mais ils désertèrent par bandes.

M. de Julien vit qu'il lui faudrait renoncer à son projet s'il n'obtenait du roi de faire un petit changement au plan primitif ; il écrivit en conséquence à Versailles, afin de représenter à sa majesté combien l'ouvrage traînerait en longueur si, au lieu des instruments de fer et de la main des hommes, on n'employait pas le feu, qui était le seul et vrai ministre des vengeances célestes. Il citait à l'appui de sa demande l'exemple de Sodome et de Gomorrhe, les villes maudites du Seigneur. Louis XIV, touché de la vérité de ce rapprochement, lui envoya, poste pour poste, l'autorisation qu'il demandait.

« Aussitôt, dit le père Louvreleuil, cette expédition fut comme une tempête qui ne laisse rien à ravager dans un champ fertile, les maisons ramassées, les granges, les baraques, les métairies écartées, les cabanes, les chaumières, tous les bâtiments enfin, tombèrent sous l'activité du feu, tout de même que tombent sous le tranchant de la charrue qui les coupe, les fleurs champêtres, les mauvaises herbes et les racines sauvages. »

Ces exécutions étaient accompagnées de cruautés horribles. Vingt-cinq habitants du village se réfugièrent dans un château : c'était tout ce qui restait d'une population tout entière, et ce malheureux débris ne se composait que de femmes, d'enfants et de vieillards. Palmerolle, commandant des miquelets, en est averti, il y court, en prend huit au hasard et les fait fusiller, « pour leur apprendre, dit-il dans son rapport, à se choisir eux-mêmes un asile qui n'est point porté sur la liste de ceux qui leur étaient accordés. »

De leur côté, excités par la vue des flammes qui dévoraient les demeures de leurs vieux ennemis, les catholiques de Saint-Florent, de Sénéchas, de Rousson et de quelques autres paroisses se réunirent, et s'armant de tout ce qui pouvait leur faire un instrument de mort, ils se mirent en chasse des proscrits, enlevèrent les troupeaux de Pérolat, de Fontarèche et de Pajolas ; brûlèrent douze maisons au Collet-de-Dèze ; et de là, se dirigeant, tout enivrés par la destruction, vers le village de Brenoux, ils y massacrèrent cinquante-deux personnes ; puis comme parmi les victimes se trouvaient quelques femmes enceintes, ils leur arrachèrent leurs enfants de la poitrine, et les plaçant au bout de piques et de hallebardes, ils marchèrent, guidés par ces sanglantes enseignes, vers les villages de Saint-Denis et de Castagnols.

Bientôt ces troupes improvisées s'organisèrent en compagnies, et prirent, d'une petite croix blanche qu'ils portaient sur leurs habits, le nom de cadets de la croix, et ce furent pour les malheureux proscrits de nouveaux ennemis bien autrement acharnés que les dragons et les miquelets ; car ceux-là n'obéissaient point à un ordre émané de Versailles, de Nîmes et de Montpellier, mais ils assouvissaient une haine personnelle, vieille haine qu'ils avaient reçue de leurs pères et qu'ils devaient transmettre à leurs descendants.

De son côté, moins les assassinats, le jeune chef des camisards, qui prenait de jour en jour sur ses soldats une autorité plus grande, essayait de rendre aux dragons et aux cadets de la croix le mal qu'ils faisaient aux religionnaires. Dans la nuit du 2 au 3 octobre, vers dix heures du soir, il descendit dans la plaine, et attaqua Sommières tout à la fois par les faubourgs du Pont et du Bourget, auxquels il mit le feu. Les habitants coururent aux armes, et firent une sortie ; mais Cavalier chargea sur eux à la tête de sa cavalerie, et les força de rentrer dans la ville. Alors le gouverneur du château, dont la garnison était trop faible pour abandonner ses murailles, tira le canon sur les assiégeants, moins encore dans l'espérance de leur faire du mal que dans celle d'être entendu des garnisons voisines. En effet, les camisards comprirent le danger qu'ils couraient et se retirèrent, mais cependant après avoir brûlé les hôtels du Cheval-Blanc, de la Croix-d'Or, du Grand-Louis et de Luxembourg, ainsi qu'un grand nombre de maisons et l'église et le presbytère de Saint-Amand.

De là, les camisards allèrent au Cayla et à Vauvert, dont ils forcèrent et abattirent les fortifications, et où ils se pourvurent abondamment de vivres pour les soldats et de foin et d'avoine pour les chevaux. Dans cette dernière ville, qui n'était presque entièrement habitée que par ses coreligionnaires, Cavalier assembla les habitants sur la place publique, et là il fit avec eux publiquement une prière, pour demander à Dieu d'empêcher que le roi ne suivît les mauvais conseils qu'on lui donnait, et pour exhorter ses frères à sacrifier leurs biens et leur vie pour le rétablissement de leurs temples, leur affirmant que l'Esprit lui avait révélé que le bras du Seigneur, qui les avait toujours assistés, continuerait à s'étendre sur eux.

Ces mouvements de Cavalier avaient pour but d'interrompre la destruction des hautes Cévennes, et obtinrent en partie le résultat que le jeune chef en attendait. M. de Julien reçut l'ordre du maréchal de redescendre dans la plaine pour donner la chasse aux camisards.

Les troupes se mirent à leur poursuite ; mais, grâce à la connaissance que les rebelles avaient des lieux, il était impossible de les joindre ; si bien que Fléchier, qui trouvait au milieu de ces exécutions, de ces incendies et de ces massacres, le temps de faire des poésies latines et d'écrire des lettres chinoises, disait, en parlant d'eux : « Ils ne sont jamais trouvés et ne trouvent aucun obstacle au mal qu'ils veulent faire. On désole leurs montagnes, et ils désolent notre plaine. Il ne reste plus d'églises dans nos diocèses, et nos terres ne pouvant être ni semées ni cultivées, ne nous produiront aucun revenu. L'on craint le désordre, et l'on ne veut pas donner lieu à une guerre civile de religion ; tout se ralentit, tous les bras tombent sans savoir pourquoi, et l'on nous dit : « Il faut avoir patience ; on ne peut se battre contre des fantômes. »

Cependant de temps en temps ces fantômes se faisaient visibles. Pendant la nuit du 26 au 27 octobre, Cavalier descendit jusqu'à Uzès, enleva deux sentinelles qui gardaient les portes, et cria aux autres qui appelaient aux armes, qu'il allait attendre du côté de Lussan M. de Vergetot, qui était le gouverneur de la ville.

En effet, Cavalier, accompagné de ses deux lieutenants, Ravanel et Catinat, se dirigea vers ce petit bourg, situé entre Uzès et Bargeac et bâti sur une hauteur environnée de tous côtés de rochers qui lui servent de remparts et qui en rendent l'abord très-difficile. Arrivé à trois portées de fusil de Lussan, Cavalier envoya Ravanel pour sommer les habitants de lui fournir des vivres ; mais ceux-ci, fiers des remparts naturels que la nature leur avait donnés et les croyant inexpugnables, non seulement refusèrent d'obtempérer à la sommation du jeune Cevenol, mais encore tirèrent sur son ambassadeur plusieurs coups de fusil, dont l'un blessa au bras un camisard nommé La Grandeur, qui accompagnait Ravanel. Ravanel se retira au pas, soutenant son compagnon blessé, au milieu des huées et des coups de fusil des habitants, et revint vers Cavalier. Celui-ci ordonna aussitôt à ses soldats de se préparer à emporter la ville le lendemain matin ; car la nuit commençait à venir, et il n'osait rien tenter pendant l'obscurité. De leur côté, les assiégés dépêchèrent un exprès à M. de Vergetot pour le prévenir de la situation où ils se trouvaient, et résolus à faire bonne résistance en attendant de ses nouvelles, ils barricadèrent leurs portes, emmanchèrent des faux à revers, attachèrent des crocs à des longues perches, et se munirent enfin de tous les instruments tant offensifs que défensifs qu'ils purent rassembler. Quant aux camisards, ils passèrent la nuit campés près d'un vieux château nommé Fan, à une portée de carabine de Lussan.

Au point du jour, de grands cris qui partaient de la ville annoncèrent aux camisards que le secours attendu par les assiégés arrivait. En effet, ils aperçurent de loin, sur la route, une troupe de soldats qui s'avançait vers eux : c'était M. de Vergetot à la tête de son régiment, et de quarante officiers irlandais.

Les protestants commencèrent, comme d'habitude, par dire leurs prières et chanter leurs psaumes, sans s'inquiéter des cris et des menaces des habitants de la ville ; puis, lorsqu'ils eurent invoqué le Seigneur, ils marchèrent droit à ceux qui venaient les attaquer, en faisant toutefois filer par un chemin creux la cavalerie, qui devait, commandée par Catinat, franchir, à l'aide d'un pont qui n'était point gardé, une petite rivière, et tomber sur les troupes royales lorsque Cavalier et Ravanel seraient aux prises avec elles.

M. de Vergetot, de son côté, continuait d'avancer : de sorte que les religionnaires et les catholiques se trouvèrent bientôt en présence. Le combat commença des deux côtés par une fusillade ; puis Cavalier ayant vu apparaître sa cavalerie à la pointe d'un petit bois, et jugeant qu'il allait avoir le secours de Catinat, marcha au pas de charge vers ses ennemis. Alors Catinat, qui par le bruit de la fusillade jugeait sa présence nécessaire, mit sa troupe au galop, et tomba sur le flanc des catholiques.

En même temps, un des capitaines de M. de Vergetot ayant été tué par une balle, et l'autre par un coup de sabre, le désordre se mit parmi les grenadiers, qui lâchèrent pied et se dispersèrent, poursuivis par Catinat et ses cavaliers, qui les saisissaient par les cheveux et les poignardaient à coups de sabre. Après avoir essayé, mais inutilement, de rallier ses soldats, M. de Vergetot, entouré seulement de quelques Irlandais, fut forcé de fuir à son tour ; il était vivement poursuivi et allait être pris, lorsqu'il trouva, par bonheur, une hauteur nommée Gamène, qui lui offrit ses rochers et ses murailles ; il sauta à bas de son cheval, se jeta dans un petit sentier, et se retrancha avec une centaine d'hommes dans ce fort naturel, où il eût été trop dangereux de le poursuivre ; aussi, Cavalier, satisfait de sa victoire et sachant par sa propre expérience que ses hommes ni ses chevaux n'avaient point mangé depuis dix-huit heures, donna le signal de la retraite, et gagna du côté de Seyne, où il espérait trouver des rafraîchissements.

Cette défaite avait piqué au vif les troupes royales, de sorte qu'elles résolurent de prendre leur revanche. Ayant donc appris par leurs espions que pendant la nuit du 12 au 13 novembre, Cavalier et sa bande devaient coucher dans un endroit de la montagne appelée Nages, elles enveloppèrent cette montagne pendant la nuit, de sorte qu'au point du jour Cavalier se trouva investi de tous côtés. Voulant alors voir par lui-même si le blocus était complet, il fit ranger toute sa troupe en bataille sur la hauteur, en remit le commandement à Ravanel et à Catinat, et ayant passé une paire de pistolets à sa ceinture, il prit sa carabine sur son épaule, et se glissa dans les broussailles et les rochers, certain, s'il y avait un côté faible, qu'il parviendrait à le découvrir; mais les renseignements avaient été donnés avec une exactitude parfaite, et toutes les issues étaient gardées.

Cavalier résolut alors de rejoindre sa troupe, et se jeta dans un ravin; mais à peine y avait-il fait trente pas, qu'il se trouva en face d'un cornette et de deux dragons qui y avaient été placés en embuscade. Il n'était plus temps de fuir; d'ailleurs ce n'était pas l'intention du jeune chef; il marcha donc droit à eux. De leur côté, les dragons s'avancèrent vers lui, et le cornette le mettant en joue: — Arrêtez, lui dit-il; vous êtes Cavalier, je vous reconnais. Vous ne sauriez vous échapper, rendez-vous, vous avez bon quartier. — Cavalier lui répondit en lui cassant la tête d'un coup de sa carabine; puis la jetant derrière son épaule comme une arme inutile, il tira ses deux pistolets de sa ceinture, marcha droit aux dragons, les tua de ses deux coups, et regagna sans blessure ses compagnons, qui le croyaient perdu, et qui l'accueillirent par leurs acclamations.

Mais Cavalier avait autre chose à faire que de jouir de son triomphe; il monta à cheval, se mit à la tête de ses hommes, et tomba sur les troupes royales avec une si grande impétuosité, qu'elles lâchèrent pied au premier choc. Alors on vit une trentaine de femmes qui avaient apporté des vivres au camp, transportées d'enthousiasme à la vue de leurs ennemis défaits, se précipiter sur eux et combattre comme des hommes. Une jeune fille âgée de dix-sept ans, nommée Lucrèce Guigon, se distingua entre toutes par son étrange courage. Non contente d'encourager ses frères par le cri de — Vive l'épée de l'Éternel! Vive le glaive de Gédéon! — elle arrachait les sabres des mains des dragons morts pour en achever les dragons mourants. Catinat, à la tête de dix hommes, poursuivit les fuyards jusque dans la plaine de Calvisson, où les troupes royales se rallièrent seulement, grâce au renfort qu'elles reçurent de la garnison.

Les dragons avaient laissé quatre-vingts morts sur le champ de bataille, tandis que Cavalier n'avait perdu que cinq hommes.

Cavalier était non-seulement, comme on le voit, un intrépide soldat et un habile capitaine, c'était encore parfois un sévère justicier. Quelques jours après le fait d'armes que nous venons de raconter, il apprit qu'un horrible meurtre avait été commis, et que les quatre assassins, qui étaient des camisards, s'étaient retirés dans le bois du Bouquet; aussitôt il fit partir un détachement de vingt hommes, avec ordre de saisir les coupables et de les lui amener. Voici les détails de cet événement:

La fille du baron de Meyrargues, qui venait de se marier avec un gentilhomme nommé M. de Miraman, encouragée par son cocher, qui souvent, quoiqu'il fût catholique, avait rencontré les camisards sans que ceux-ci lui fissent aucun mal, s'était mise en route le 29 novembre, se rendant à Ambroix, où l'attendait son mari. Elle était en chaise, et n'avait avec elle pour toute suite que sa femme de chambre, une nourrice, un valet et le cocher qui l'avait déterminée à partir. Les deux tiers de la route s'étaient déjà accomplis le plus heureusement du monde, lorsqu'en arrivant entre Lussan et Vaudras, elle fut arrêtée par quatre hommes qui la firent descendre de sa chaise et la conduisirent vers un bois voisin. Le récit de ce qui se passa alors est tout entier dans la déposition de la femme de chambre; nous la copions textuellement.

« Ces malheureux nous ayant obligés, dit-elle, de marcher dans le bois pour nous écarter du grand chemin, ma pauvre maîtresse se trouva si lasse, qu'elle pria le bourreau qui la conduisait de permettre qu'elle s'appuyât sur son épaule; mais celui-ci regardant autour de lui et voyant l'endroit désert: — Nous n'irons guère plus loin, répondit-il; et, en effet, on nous fit asseoir sur un lieu où il y avait du gazon, et qui devait être la place de notre martyre. Là, ma chère maîtresse dit aux barbares les choses les plus touchantes, et d'une manière si douce qu'elle aurait fléchi un démon; elle leur donna une bourse, sa ceinture d'or et un beau diamant qu'elle tira de son doigt; mais rien n'adoucit ces tigres, et l'un d'eux dit: — Je veux tuer tous les catholiques et vous tout à l'heure. — Que vous reviendra-t-il de ma mort? demanda ma maîtresse; accordez-moi la vie. — Non, c'en est fait, lui répondit-il alors; et vous mourrez de ma main; faites votre prière. — Aussitôt, ma bonne maîtresse, se mettant à genoux, pria Dieu tout haut de lui faire miséricorde ainsi qu'à ses meurtriers, et comme elle continuait ses dévotions, elle reçut à la mamelle gauche un coup de pistolet, qui la jeta par terre, en même temps un second assassin lui donna un coup de sabre à travers le visage, et un troisième lui laissa tomber une grosse pierre sur la tête; alors un autre scélérat tua la nourrice d'un coup de pistolet, et soit qu'ils n'eussent plus d'armes chargées, soit qu'ils voulussent épargner leurs munitions, ils se contentèrent de me percer de plusieurs coups de baïonnette; je contrefis la morte; ils crurent que je l'étais en effet, et se retirèrent. Quelque temps après, voyant que tout était redevenu calme et qu'on n'entendait aucun bruit, je me traînai, mourante moi-même, près de ma chère maîtresse, et je l'appelai. Alors il se trouva qu'elle n'était pas morte non plus, et qu'elle me répondit d'une voix basse: — Ne me quitte pas, Suzon, jusqu'à ce que j'aie expiré. — Elle ajouta après une petite pause, car à peine pouvait-elle parler: — Je meurs pour ma religion, et j'espère que le bon Dieu aura pitié de moi. Dites à mon mari que je lui recommande notre petite. Après cela elle ne s'occupa plus que de Dieu par des oraisons courtes et tendres, jusqu'à son dernier soupir, qu'elle rendit à mes côtés à l'entrée de la nuit. »

Comme Cavalier en avait donné l'ordre, les quatre coupables furent pris et lui furent amenés. Il était alors avec sa troupe près de Saint-Maurice de Casevieille; il assembla aussitôt un conseil de guerre, et résumant l'action atroce qu'ils avaient commise, comme aurait pu le faire un avocat général, il laissa les juges prononcer leur sentence: tous votèrent pour la peine de mort; mais au moment même où les juges prononçaient le jugement, un des assassins écarta les deux hommes qui le gardaient, et sautant du haut en bas d'un rocher, s'élança dans un bouquet de bois, où il avait disparu avant qu'on eût même songé à le poursuivre.

Les trois autres furent fusillés.

De leur côté, les catholiques faisaient aussi des exécutions; mais il s'en fallait de beaucoup qu'elles fussent aussi honorables et aussi justes que celle que nous venons de raconter. L'une d'elles fut celle d'un pauvre enfant de quatorze ans, fils du meunier de Saint-Christol, lequel meunier avait été roué le mois précédent. Un instant les juges hésitèrent à le condamner à cause de son âge; mais un témoin se présenta, qui dit que c'était de ce malheureux que les fanatiques se servaient pour égorger les enfants. Quoique personne ne crût à cette déposition, comme on ne demandait qu'un prétexte, le jeune accusé fut condamné, et pendu sans pitié, une heure après le jugement.

Un grand nombre d'habitants des paroisses que brûlait M. de Julien s'étaient retirés à Aussilargues, paroisse de Saint-André. Pressés par la faim et la misère, ils sortirent des barrières qu'on leur avait prescrites pour se procurer quelques secours. Le brigadier Planque l'apprit; c'était un ardent catholique, qui résolut de ne pas laisser un tel crime impuni. Il fit aussitôt partir un détachement pour les arrêter; la chose fut facile, car ils étaient déjà rentrés dans leurs barrières, et on les prit tous dans leur lit. Aussitôt on les conduisit à l'église de Saint-André, où on les enferma; puis, sans jugement, on les en tira cinq par cinq, et on les massacra, les uns à coups de fusil, les autres à coups de sabre et à coups de hache: tous furent égorgés, hommes, femmes, vieillards. Un pauvre enfant, qui avait reçu trois balles, levait encore la tête en criant: — Hé! où est mon père pour me tirer d'ici?

Quatre hommes et une jeune fille, réfugiés dans le bourg de Lasalle, sous la protection de la loi qui leur accordait ce lieu pour asile, sollicitèrent et obtinrent d'un capitaine du régiment de Soissonnais, nommé Laplace, la permission de se rendre chez eux pour des affaires intéressantes, mais à la condition qu'ils reviendraient le même jour; ils s'y engagèrent; et dans ce dessein ils étaient déjà arrivés dans une métairie qu'ils avaient prise pour rendez-vous, lorsque malheureusement ils furent surpris par un orage épouvantable. Malgré cet obstacle, les hommes allaient se remettre en route, lorsque la jeune fille les conjura de ne pas repartir que le jour ne fût venu, n'osant point les accompagner par un pareil temps et disant, d'un autre côté, qu'elle mourrait de frayeur si on la laissait seule dans cette métairie. Les quatre hommes eurent honte d'abandonner leur compagne de voyage, qui d'ailleurs était la parente de l'un d'eux; et se laissant gagner à ses prières, ils restèrent, espérant que l'orage serait une excuse, et ne se remirent en route qu'aux premières lueurs du jour; mais le crime qu'ils avaient commis était déjà connu de Laplace. En conséquence, les ordres étaient donnés, et comme ils rentraient dans le village, ils furent arrêtés. Vainement alors veulent-ils justifier leur retard. Laplace fit lier les quatre hommes, les fit conduire hors de la ville et les fit fusiller. Quant à la jeune fille, elle était réservée pour être pendue, et l'exécution devait avoir lieu le jour même, et cela sur le lieu où gisaient encore les cadavres de ses quatre malheureux compagnons, lorsque les sœurs régentes, aux mains de qui elle avait été remise pour qu'elles la préparassent à la mort, après avoir essayé auprès de Laplace d'obtenir sa grâce par tous les moyens possibles, la supplient de se déclarer enceinte. La jeune fille refuse de sauver sa vie par un mensonge déshonorant; alors les bonnes religieuses prennent le mensonge sur elles, et vont faire la déclaration au capitaine, le suppliant, s'il n'a pas pitié de la mère, d'avoir au moins pitié de l'enfant et de permettre qu'il soit sursis à l'exécution jusques après l'accouchement. Le capitaine, à cet obstacle imprévu et dont il n'est pas la dupe, ordonne qu'une sage-femme sera appelée et visitera la jeune fille. Au bout d'une demi-heure, la sage-femme fait son rapport, et déclare que l'accusée est enceinte.

— C'est bien, dit le capitaine, qu'on les mette toutes les deux en prison, et si dans trois mois il ne paraît pas de signe de grossesse, on les pendra toutes les deux. A cette décision, la peur s'empare de la sage-femme; elle demande à être conduite devant le capitaine, et là elle avoue que, séduite par les instances des religieuses, elle a fait un faux rapport, et que bien loin que la jeune fille soit enceinte, elle a reconnu en elle tous les signes de la virginité.

Sur cette déclaration, la sage-femme est condamnée à être fouettée publiquement, et la jeune fille est conduite au gibet, et pendue au milieu des cadavres des quatre hommes dont elle avait causé la mort : ce double jugement fut exécuté le jour même.

Comme on doit bien le penser, les cadets de la Croix, placés entre les camisards et les catholiques, ne demeuraient en reste ni avec les uns ni avec les autres : — Une de leurs bandes, dit Labaume, commença de ravager tout ce qui appartenait aux nouveaux convertis depuis Beaucaire jusqu'à Nîmes ; ils tuèrent une femme et deux enfants de la métairie de Campuget, un homme de quatre-vingts ans à celle de M. Detilles, qui est au-dessus de Bouillargues, quelques gens à Cicure, une fille à Caissargues, un jardinier à Nîmes, et quelques autres personnes encore : ils enlevèrent les troupeaux, les meubles et tous les effets de tous les nouveaux convertis qu'ils purent trouver; ils brûlèrent la métairie de Clairan, celle de Loubes et six autres du côté de Saint-Gilles, celles de la Marine, de Carlot, de Campoget, de Miraman, de la Bergerie, de Larnac du côté de Manduel.

« Ils arrêtaient les voyageurs sur les grands chemins, dit Louvreloeil, et pour connaître s'ils étaient catholiques, ils les contraignaient à dire en latin l'Oraison dominicale, la Salutation angélique, le Symbole de la foi et la Confession générale; ceux qui ne savaient pas ces prières passaient par le fil de leurs épées. Dans le lieu de Dious on trouva neuf corps morts dont le meurtre leur fut imputé; et quand on vit pendu à un arbre le berger du sieur de Roussière, ci-devant ministre, on ne manqua point de dire que c'étaient eux qui l'avaient fait mourir : enfin leur cruauté allait si loin qu'une de leurs bandes ayant rencontré sur un chemin M. l'abbé de Saint-Gilles, elle lui demanda un domestique, nouveau converti, qu'il avait avec lui, afin de le faire mourir. L'abbé eut beau leur remontrer qu'on ne devait pas faire un tel affront à un homme de sa naissance et de sa race, ils n'en persistèrent pas moins dans la volonté qu'ils avaient de tuer cet homme, si bien que l'abbé fut forcé de le prendre entre ses bras et de présenter son corps aux coups qu'ils voulaient porter à son domestique. »

L'auteur des Troubles des Cévennes rapporte quelque chose de mieux encore; c'est un événement qui se passa à Montclus le 22 février 1704. Dans ce lieu, dit-il, il y avait quelques protestants, mais un beaucoup plus grand nombre de catholiques; ceux-ci, excités par un capucin natif de Bergerac, s'érigèrent en cadets de la Croix, et voulurent

faire leur apprentissage d'assassins sur leurs compatriotes ; en conséquence, étant entrés chez Jean Barvoin, ils lui coupèrent d'abord les oreilles et les parties naturelles; après quoi ils l'égorgèrent en le saignant comme on fait d'un porc : en sortant de chez ce malheureux, ils rencontrèrent dans la rue Jacques Clas, et lui tirèrent un coup de fusil qui lui perça le ventre, les entrailles en sortirent et traînaient à terre : il les ramassa et rentra chez lui ; sa femme qui était près d'accoucher et ses deux petits enfants, effrayés de ce spectacle, s'empressaient de le secourir, lorsque les meurtriers parurent au seuil de la porte ; alors au lieu de se laisser fléchir aux cris et aux larmes de cette malheureuse femme et de ses pauvres enfants, ils achevèrent le blessé ; et comme la femme voulait défendre son mari, ils lui brûlèrent la cervelle d'un coup de pistolet ; alors ils s'aperçurent de sa grossesse, et que l'enfant, qui avait déjà huit mois de gestation, tressaillait dans le sein de la mère : alors ils ouvrirent le ventre de cette femme, en tirèrent l'enfant, et ayant versé à sa place un picotin d'avoine, ils firent manger un cheval qui était attaché à la porte dans ce râtelier sanglant; une voisine nommée Marie Silliot, qui voulait porter du secours aux enfants, fut massacrée, mais au moins les meurtriers se contentèrent de sa mort et ne poursuivirent pas leur vengeance au delà. Étant alors sortis dans la campagne, ils rencontrèrent Pierre et Jean Bernard, l'oncle et le neveu, l'un âgé de dix ans, l'autre de quarante-cinq ; s'étant emparés aussitôt de tous deux, ils mirent entre les mains de l'enfant un pistolet qu'ils le forcèrent de décharger sur son oncle : sur ces entrefaites, le père arriva, et on voulut le forcer de tirer sur son fils ; mais comme aucune menace ne put le contraindre, et que la scène tirait en longueur, on finit tout simplement par les tuer tous deux, l'un à coups de sabre, l'autre à coups de baïonnette.

Au reste, ce qui leur avait fait activer cette dernière exécution, c'est qu'ils avaient aperçu se dirigeant vers un bois de mûriers où elles allaient nourrir des vers à soie trois jeunes filles de Bagnols; ils les y suivirent, et les ayant rejointes d'autant plus facilement que, comme il était grand jour, elles n'avaient aucune crainte, ils les violèrent, leur lièrent les mains; puis, les attachant à deux arbres, la tête en bas et les jambes écartées, ils leur ouvrirent le ventre, et y introduisant leurs poires à poudre, ils les écartelèrent en y mettant le feu.

Ceci se passait sous le règne de Louis le Grand et pour la plus merveilleuse gloire de la religion catholique.

Au reste, l'histoire a conservé les noms de ces cinq brigands; c'étaient Pierre Vigneau, Antoine Rey, Jean d'Hugon, Guillaume et Goutanille.

Ces assassinats, dont nous ne rapportons que quelques-uns, inspirèrent une telle horreur à tout ce qui restait d'hommes que le fa-

Elle arrachait les sabres des mains des dragons morts, pour en achever les dragons mourants. — Page 191.

natisme ou la vengeance n'avait point rendus insensés, que sans en avoir aucun moyen, sans savoir encore comment il s'y prendrait, un gentilhomme protestant, nommé le baron d'Aygaliers, dévoua sa vie à la pacification des Cevennes. La première chose qu'il comprit, c'est que si les camisards étaient détruits, par l'entremise des troupes catholiques et par les conseils et la coopération de Baville, de Julien et de Montrevel, on ne manquerait pas de regarder ensuite les protestants qui n'auraient pas pris les armes, et particulièrement les gentilshommes, comme des lâches que la seule crainte de la persécution ou de la mort avait empêchés de favoriser ouvertement les camisards. Il pensa donc que c'était aux religionnaires eux-mêmes à terminer cette affaire, convaincu que c'était pour eux le seul moyen de se rendre agréables au roi, et de faire connaître à sa majesté la fausseté des soupçons que le clergé catholique avait fait naître contre eux.

Ce projet présentait des deux côtés des difficultés presque insurmontables, surtout pour le baron d'Aygaliers, qui ne pouvait y parvenir qu'en persuadant au roi de se relâcher de ses mesures de rigueur, et aux camisards de se soumettre; or le baron d'Aygaliers n'avait aucun accès à la cour, et ne connaissait pas personnellement un seul chef des révoltés.

Le premier empêchement qui barrait les bonnes intentions du baron, est qu'il lui fallait tout d'abord un passe-port pour se rendre à Paris; et qu'il était certain, à cause de son titre même de protestant, de ne l'obtenir ni de M. de Baville, ni de M. de Montrevel : une circonstance fortuite le tira d'embarras et le fortifia dans sa résolution, car il crut voir dans cette circonstance une aide du ciel.

Le baron d'Aygaliers se trouvait un jour chez un ami commun avec M. de Paratte, brigadier des armées du roi, et depuis maréchal de camp, lequel en ce temps-là commandait à Uzès : ce dernier était d'un caractère fort vif, et si zélé pour le bien de la religion catholique et le service du roi Louis XIV, qu'il ne put se trouver devant un protestant sans s'emporter contre ceux qui avaient pris les armes contre leur prince, et ceux-là mêmes qui, sans les porter, favorisaient les rebelles de leurs vœux: M. d'Aygaliers comprit que l'allusion lui était personnelle, et résolut d'en tirer parti. En effet, le lendemain il alla trouver M. de Paratte, et au lieu de lui demander raison, comme celui-ci s'y attendait, de ce qu'il avait dit la veille de désobligeant contre lui, il lui dit qu'il lui était fort obligé de son discours, et que ce discours l'avait touché à un tel point, qu'il était résolu de témoigner son zèle et sa fidélité à son souverain en allant solliciter lui-même un emploi à la cour : enchanté de la conversion qu'il avait faite, de Paratte sauta au cou de d'Aygaliers; lui donna, dit l'histoire, sa bénédiction avec tous les vœux qu'un père peut faire pour son fils, et avec sa bénédiction un passe-port; c'était là surtout ce que désirait d'Ayga-

liers : muni du bienheureux sauf-conduit, il partit pour Paris sans avoir communiqué son projet à personne, pas même à la baronne d'Aygaliers, sa mère.

Arrivé à Paris, d'Aygaliers descendit chez un de ses amis et y dressa son projet; il était très-court et très-clair; le voici :

« A l'honneur d'exposer bien humblement à sa majesté, le soussigné :

» Que la rigueur et la persécution dont plusieurs prêtres avaient usé dans leurs villages avaient fait prendre les armes à quelques habitants de la campagne, et que les soupçons qu'on avait témoignés aux nouveaux convertis en avaient obligé un grand nombre de se joindre aux révoltés; extrémité, au reste, à laquelle ils s'étaient portés, pour éviter la prison et les enlèvements, remèdes employés pour les retenir dans leur devoir; qu'ainsi, pour combattre ce mal par le contraire de ce qui l'avait produit et de ce qui l'entretenait, il croyait que le meilleur moyen dont on pût se servir était d'arrêter la persécution et de rendre au peuple la confiance qu'on lui avait ôtée, en permettant à tel nombre de gens de la religion que l'on jugerait à propos, de s'armer, pour aller faire connaître aux rebelles que bien loin de les favoriser, les protestants voulaient ou les ramener par leur exemple, ou les combattre pour faire voir au roi et à toute la France, au péril de leur vie, qu'ils désapprouvaient la conduite de leurs coreligionnaires, et que les prêtres en avaient imposé en écrivant à la cour que les gens de la religion favorisaient la révolte. »

D'Aygaliers espérait que la cour adopterait ce projet, car de son exécution devait résulter, de deux choses, l'une : ou les camisards refuseraient d'accepter les propositions faites, et par ce refus ils se rendraient odieux à leurs frères, attendu que d'Aygaliers ne comptait employer avec lui, pour les engager à cela, que des gens de leur religion très-approuvés parmi eux, et qui naturellement, s'ils refusaient de se soumettre, se tourneraient franchement contre eux; ou ils

Un enfant se jette au-devant d'eux, et les arrête, le pistolet à la main. — Page 195.

mettraient bas les armes, et par leur soumission ramèneraient la paix dans le midi de la France, obtiendraient la liberté du culte, tireraient leurs frères des prisons et des galères, et viendraient en aide au roi dans sa guerre contre les puissances alliées, en lui offrant un corps considérable de troupes à employer, du jour au lendemain, contre ses ennemis : premièrement les troupes qui servaient contre les camisards, et secondement les camisards eux-mêmes, dont on pourrait se servir, en leur donnant des officiers supérieurs.

Ce projet était si clair et promettait de si utiles résultats, que quelle que fût la prévention que l'on eût contre ceux de sa religion, le baron d'Aygaliers trouva dans le duc de Chevreuse et le duc de Montfort son fils, un appui à la fois intelligent et réel : ces deux seigneurs le mirent en relation avec Chamillard, qui le présenta au maréchal de Villars, auquel il remit son projet en le priant de le faire parvenir au roi ; mais M. de Villars, qui connaissait l'entêtement de Louis XIV, lequel, comme le dit le baron de Peken, ne voyait à l'endroit des réformes qu'à travers les lunettes de Mme de Maintenon, dit à d'Aygaliers de se bien garder de faire connaître en rien ses idées de pacification s'il ne voulait pas les voir échouer ; mais, au contraire, d'aller l'attendre, lui, M. de Villars, à Lyon, où il ne tarderait pas à passer, pour aller remplacer dans le gouvernement du Languedoc, M. de Montrevel dont le roi était mécontent et qu'il devait rappeler sous peu de jours. D'Aygaliers, dans les trois entretiens qu'il avait eus avec M. de Villars, avait vu en lui un homme capable de le comprendre ; il se fia donc entièrement à la connaissance que ce seigneur avait de l'esprit du roi, et, quittant aussitôt Paris, il alla l'attendre à Lyon.

Ce qui avait déterminé le rappel de M. de Montrevel était un nouvel exploit de Cavalier : M. de Montrevel venait d'arriver à Uzès lorsqu'il apprit que le jeune Cévenol était avec sa troupe du côté de Sainte-Chatte ; il détacha aussitôt après lui M. de la Jonquière avec six cents hommes d'élite de la marine et quelques compagnies de dragons du régiment de Saint-Sernin ; mais une demi-heure après, jugeant par réflexion que ces forces n'étaient point encore suffisantes, il ordonna à M. de Foix, lieutenant-colonel des dragons de Fimarçon, de rejoindre M. de la Jonquière avec cent soldats de son régiment, de rester avec lui si la chose était nécessaire, ou, sinon, de revenir à Uzès avant la nuit.

M. de Foix fit aussitôt sonner le boute-selle, choisit cent hommes parmi les plus braves, se mit à leur tête, rejoignit M. de la Jonquière à Sainte-Chatte et lui exposa son ordre ; mais celui-ci, confiant dans le courage de ses soldats, et ne voulant partager avec personne la gloire d'une victoire qu'il croyait assurée, non-seulement remercia M. de Foix, mais le conjura de retourner à Uzès, lui assurant qu'il avait assez de troupes pour combattre et vaincre les camisards partout où il les rencontrerait ; que par conséquent les cent dragons qu'il lui amenait lui seraient fort inutiles, tandis qu'ils pourraient être, au contraire, fort nécessaires ailleurs : M. de Foix ne crut donc pas devoir insister davantage et revint à Uzès, tandis que M. de la Jonquière, continuant sa route, allait coucher à Moussac. Cavalier en sortait avec sa troupe par une porte, tandis que M. de la Jonquière y entrait avec la sienne par l'autre. Les vœux du jeune chef catholique étaient donc exaucés ; car selon toute probabilité il rejoindrait son ennemi dans la journée du lendemain.

Comme le village se composait en grande partie de nouveaux convertis, la nuit, au lieu d'être employée au repos, fut consacrée au pillage.

Le lendemain les catholiques se remirent en route et gagnèrent d'abord Moussac, qu'ils trouvèrent désert et abandonné ; de là ils allèrent à Lascours-de-Cravier, petit village dépendant de la baronnie de Boucairan, que M. de la Jonquière abandonna au pillage et où il fit fusiller quatre protestants, un homme, une femme et deux filles ; puis, il se remit en route ; et, comme il avait plu, il découvrit bientôt les traces des camisards, de sorte qu'à compter de ce moment il put suivre à la piste le terrible gibier qu'il poursuivait. Il y avait trois heures à peu près qu'il était occupé de cette besogne, marchant en tête de ses soldats, de peur que tout autre, moins ardent que lui à la poursuite des camisards, ne commît quelque erreur, lorsqu'en levant les yeux il les aperçut sur une petite hauteur nommée les Devois-de-Martignargues. C'était en effet là qu'il l'attendait de pied ferme, bien résolus à accepter le combat qu'il venait leur offrir.

Aussi, de son côté, Cavalier, dès qu'il vit les troupes royales s'avancer, ordonna-t-il à tous ses hommes de se mettre en prières, comme c'était sa coutume, puis, sa prière finie, il fit sur le terrain qu'il avait choisi, avec son habileté ordinaire, ses dispositions pour le combat. Elles consistaient à se poster, lui de sa personne avec le gros de sa troupe, de l'autre côté d'une ravine, qu'il plaça comme un fossé entre lui et les troupes royales ; puis, il fit prendre un grand détour à une trentaine de cavaliers, qui vinrent se cacher, à deux cents pas en avant de lui, dans un petit bois qui s'étendait à sa gauche ; enfin il envoya à sa droite et à la même hauteur à peu près, soixante hommes de pied choisis parmi ses meilleurs tireurs et auxquels il recommanda de ne faire feu que lorsqu'ils verraient les troupes royales bien engagées avec lui.

Arrivé à une certaine distance, M. de la Jonquière s'arrêta et envoya en avant pour examiner l'ennemi, un de ses lieutenants, nommé de Saint-Chatte ; celui-ci prit avec lui douze dragons, et poussa une reconnaissance jusqu'au delà des embuscades, qui ne donnèrent aucun signe d'existence, laissant l'officier faire en toute tranquillité ses observations ; mais de Saint-Chatte était un vieux soldat de fortune qui ne se laissait pas prendre aux apparences : aussi, en revenant auprès de M. de la Jonquière et en lui exposant le plan du terrain qu'avait choisi Cavalier et sa troupe, il ajouta qu'il serait fort étonné si le jeune chef camisard n'avait pas utilisé, pour y placer quelque embuscade, le petit bois qu'il avait à sa gauche et le mouvement de terrain qu'il avait à sa droite ; mais M. de la Jonquière répondit que l'important était de savoir où se trouvait le corps principal, afin de marcher droit à lui ; Saint-Chatte lui répondit que le corps principal était celui qu'il avait devant les yeux, et qu'il y avait d'autant moins de doute à avoir sur ce sujet, qu'il s'était approché assez près de lui pour reconnaître au premier rang Cavalier lui-même.

C'était tout ce que voulait M. de la Jonquière : aussi, se mettant à la tête de ses hommes, marcha-t-il droit au ravin derrière lequel Cavalier et ses camisards étaient rangés en bataille. Arrivé à une portée de pistolet, M. de la Jonquière ordonna de faire feu ; mais il était si près que Cavalier entendit le commandement, et, sur un signe aussi rapide que la pensée, en voyant le mouvement que faisaient les troupes royales pour mettre en joue, se coucha ventre à terre lui et ses hommes ; de sorte que les balles passèrent au-dessus des camisards sans en toucher un seul : de son côté, M. de la Jonquière croyait déjà les avoir, au contraire, tous tués, lorsque Cavalier et ses camisards se relevèrent en entonnant un psaume et se précipitèrent sur les troupes royales, qu'ils fusillèrent à dix pas, et qu'ils attaquèrent aussitôt à la baïonnette : en même temps les soixante hommes embusqués firent feu à leur tour, tandis que les trente cavaliers chargeaient à grands cris. A ce bruit et à la vue de la mort qui les frappait de trois côtés, les troupes royales se crurent enveloppées et n'essayèrent pas même de tenir : les soldats jetèrent leurs armes et lâchèrent pied, les chefs seuls opposèrent une résistance désespérée avec quelques dragons qu'ils étaient parvenus à rallier.

Cavalier parcourait le champ de bataille, achevant de sabrer quelques fuyards, lorsqu'il aperçut un groupe composé de dix officiers de la marine, qui, s'étant adossés et serrés les uns contre les autres, faisaient de tous côtés, l'esponton à la main, face aux camisards qui les entouraient : il piqua droit à eux, et, faisant ouvrir les rangs de ses soldats, il s'avança vers les officiers jusqu'à la distance de quinze pas, quoiqu'ils le missent en joue, et, levant la main en signe qu'il voulait parler : — Messieurs, leur dit-il, rendez-vous, il y aura bon quartier ; j'ai mon père prisonnier à Nîmes ; eh bien, en échange de la vie que je vous donne à tous les dix, vous demanderez sa liberté.

Pour toute réponse, un des officiers lui tira un coup de carabine qui blessa son cheval à la tête ; alors Cavalier prit un pistolet, visa à son tour l'officier et le tua ; puis, s'adressant de nouveau aux officiers : — Messieurs, leur dit-il, êtes-vous aussi difficiles que votre camarade, ou bien acceptez-vous la vie que je vous offre ? — Un second coup de carabine partit qui lui effleura l'épaule. Cavalier vit bien qu'il n'en aurait pas d'autre réponse, et, se retournant vers ses soldats : — C'est bien, faites, — dit-il ; et il s'éloigna pour ne pas assister à ce massacre : les neuf officiers furent fusillés.

M. de la Jonquière, blessé légèrement à la joue, abandonna son cheval afin d'escalader une muraille, et, sautant ensuite sur celui d'un dragon qu'il démonta, il traversa le Gardon à la nage, laissant sur le champ de bataille vingt-cinq officiers et six cents soldats. Cette défaite était doublement fatale au parti du roi, d'abord en ce qu'elle le privait de l'élite de ses officiers, les morts étant presque tous des jeunes gens de noblesse, et ensuite parce qu'elle fournit aux camisards non-seulement un grand nombre de fusils, d'épées et de baïonnettes dont ils manquaient, mais encore plus de quatre-vingts chevaux, à l'aide desquels Cavalier se compléta un magnifique corps de cavalerie.

Le rappel du maréchal de Montrevel suivit de près cette défaite, et M. de Villars, comme il l'avait espéré, fut nommé pour le remplacer ; mais avant de quitter son gouvernement, M. de Montrevel résolut d'effacer, par une action d'éclat qui lui fût personnelle, l'échec qu'avait éprouvé son lieutenant, et dont, selon les règles ordinaires de la guerre, on lui faisait porter la peine : en conséquence, il résolut d'attirer les camisards, par de faux bruits et de fausses démarches, dans quelque piège où ils seraient pris à leur tour. La chose, au reste, était d'autant moins difficile, que la dernière victoire de Cavalier lui avait donné une grande confiance en lui-même et dans la troupe qu'il commandait.

En effet, depuis l'affaire de la marine, la troupe de Cavalier grossissait à vue d'œil, car chacun demandait à servir sous un si brave chef ; si bien qu'elle montait à plus de mille hommes d'infanterie et de deux cents hommes de cheval ; elle avait en outre, comme une troupe régulière, un trompette pour la cavalerie, et pour l'infanterie, huit tambours et un fifre.

Le maréchal avait pensé que son départ serait pour Cavalier le signal de quelque expédition dans la plaine : voulant donc lui inspirer toute confiance, il avait depuis trois jours annoncé qu'il partait pour Montpellier, et avait fait filer sur cette ville une partie de ses équipages. En effet, le 15 avril au matin, il apprit que Cavalier, trompé par le bruit répandu à dessein par le maréchal, qu'il partait le 16, devait venir coucher à Caveyrac, petite ville située à une lieue de Nîmes, afin de descendre de là dans la Vaunage ; ces avis étaient donnés à M. de Montrevel par un curé nommé Verrien, qui avait à sa solde des espions vigilants et fidèles, et dans lequel par conséquent il pouvait avoir toute confiance. Il donna donc ordre à M. de Grandval, commandant de Lunel, de partir le lendemain à la pointe du jour avec le régiment de Charolais et cinq compagnies de dragons de Fimarçon et de Saint-Sernin, pour se rendre sur les coteaux de Boissières, où il recevrait ses instructions, et à Sandricourt, gouverneur de la ville de Nîmes, de tirer de la garnison tout ce qu'il pourrait de troupes, tant Suisses que dragons, de les envoyer pendant la nuit du côté de Saint-Côme et de Clarensac ; enfin lui-même partit comme il avait dit qu'il le ferait, mais au lieu de gagner Montpellier, il s'arrêta à Sommières, d'où il était à même de surveiller tous les mouvements de Cavalier.

Celui-ci, comme l'avis en avait été donné à M. de Montrevel, vint coucher le 15 à Caveyrac. Ce jour-là, Cavalier était magnifique : car à ce moment il était arrivé au plus haut degré de sa puissance. Il entra dans la ville tambour battant, enseignes déployées, monté sur le cheval de M. de la Jonquière, qui était un cheval de prix, ayant près de lui son jeune frère, âgé de dix ans, qui lui servait de page, précédé de douze gardes habillés de rouge, et suivi de quatre laquais ; car, de même que son collègue Roland avait pris le titre de comte Roland, il avait pris, lui, le titre de duc des Cévennes.

A son approche, la garnison, commandée par M. de Maillau, se jeta partie dans le château, partie dans l'église ; mais comme Cavalier songeait moins à l'inquiéter qu'à donner des rafraîchissements et du repos à ses soldats ; il les logea chez les habitants, plaça en avant de l'église et de la forteresse quelques sentinelles qui toute la nuit échangèrent des coups de fusil avec les troupes royales ; et, le lendemain matin, après avoir démoli les murs qui servaient de fortifications, il sortit du bourg, tambour battant et enseignes déployées, et à quarante pas de là, il fit faire, presque en vue de Nimes, des évolutions militaires à sa troupe, qui n'avait jamais été si brillante et si nombreuse ; puis il dirigea sa marche du côté de Nages.

M. de Montrevel ayant reçu, vers les neuf heures du matin, avis du chemin qu'il avait pris, partit aussitôt de Sommières, suivi de six compagnies de dragons de Fimarçon, d'une compagnie franche de cent Irlandais, de trois cents hommes du régiment de Hainaut et de trois compagnies des régiments de Soissonnais, Charolais et Menon ; ce qui formait un corps de plus de neuf cents hommes. Il se dirigea sur les côtes de la Vaunage, au-dessus de Clarensac ; mais tout à coup ayant entendu la fusillade pétiller derrière lui, il se replia du côté de Langlade.

C'est qu'en effet Grandval était déjà aux prises avec les camisards ; ceux-ci, en partant de Caveyrac, s'étaient retirés dans un enfoncement, entre Boissière et le moulin à vent de Langlade, pour y prendre quelque repos. Les fantassins s'étaient donc couchés près de leurs armes, et les cavaliers aux pieds de leurs chevaux, dont ils avaient la bride passée au bras. Cavalier lui-même, l'infatigable Cavalier, écrasé par la fatigue des jours précédents, s'était endormi, ayant près de lui son jeune frère qui veillait, quand tout à coup il se sentit secouer par le bras, et en se réveillant il entendit crier de tous côtés : — Tue ! tue ! et : — Aux armes ! aux armes ! — C'était Grandval et sa troupe qui, en allant à la découverte des camisards, étaient tout à coup tombés sur eux.

L'infanterie se leva, la cavalerie se mit en selle. Cavalier sauta sur son cheval, et tirant son épée, mena, comme c'était son habitude, ses soldats tête baissée sur les dragons ; ceux-ci, comme c'était leur habitude aussi, prirent la fuite, laissant une douzaine de morts sur le champ de bataille. La cavalerie camisarde s'abandonna aussitôt à la poursuite des fuyards, laissant bien loin derrière elle son infanterie et son chef qui ne pouvait la suivre, son cheval ayant reçu une balle au travers du cou.

Au bout d'une heure de course, pendant laquelle quelques dragons sabrés par les vainqueurs tombèrent encore sur la route, on arriva entre Boissière et Vergèse ; mais là, la cavalerie camisarde se trouva en face du régiment de Charolais qui l'attendait rangé en bataille, et derrière lequel allèrent se reformer les dragons. Emportée par sa course, elle arriva jusqu'à cent pas de lui, fit sa décharge, tout lui tua quelques hommes, et se mit en retraite. A un tiers de retour du chemin qu'elle avait parcouru, elle fut rejointe par son chef, qui s'était remonté, grâce à un cheval de dragon qu'il avait retrouvé sur la route près de son maître mort. Il arrivait au grand galop rallier sa cavalerie à son infanterie, car on commençait à apercevoir les troupes du maréchal, qui, ainsi que nous l'avons dit, accouraient au bruit de la fusillade ; aussi, à peine Cavalier eut-il réuni ses soldats, qu'il comprit que la retraite lui était fermée : il avait les troupes royales en tête et en queue.

Alors le jeune chef vit qu'il lui fallait faire une pointe à droite ou à gauche, et comme ce pays lui était moins connu que celui des hautes Cévennes, il s'adressa à un paysan qui lui indiqua le chemin de Soudorgnes à Nages comme la seule voie par laquelle il pût s'échapper. Cavalier n'avait pas le temps d'examiner si le paysan était traître ou fidèle ; il résolut de donner quelque chose à sa fortune, et suivit la route qui lui était indiquée. Mais quelques pas en avant de l'endroit où le chemin de Soudorgues à Nages se joint à celui de Nimes, il trouva le passage barré par un corps des troupes du maréchal commandé par Menon ; cependant, comme ce corps n'était qu'en nombre égal à peu près à celui des camisards, ceux-ci ne s'arrêtèrent pas à chercher une autre voie, et donnant tête baissée sur eux, ils leur passèrent sur le ventre et continuèrent leur route vers Nages pour gagner la plaine de Calvisson. Mais le village, les avenues, les issues, tout est occupé par un nouveau corps de troupes royales ; en même temps, Grandval et le maréchal se rapprochent, Menon rallie sa troupe et la ramène. Cavalier se trouve enveloppé de tous côtés ; il jette ses yeux circulairement autour de lui : ses ennemis sont cinq contre un.

Alors Cavalier se hausse sur ses arçons de manière à ce que sa tête domine toutes les têtes, et d'une voix assez forte pour être entendue de ses soldats, et même de l'ennemi : — Enfants, dit-il, nous sommes pris et roués vifs si nous manquons de cœur. Nous n'avons donc plus

qu'un moyen de salut : il faut se faire jour et passer sur le ventre à ces gens-là. Suivez-moi et serrez-vous.

A peine ces mots sont-ils prononcés, qu'il s'élance le premier sur le groupe le plus près de lui, suivi par toute sa troupe, qui ne forme plus qu'une masse, autour de laquelle arrivent en se pressant les trois corps de l'armée royale. Alors on s'attaque corps à corps ; on n'a plus d'espace pour charger et tirer ; on se hache à coups de sabre, on se poignarde à coups de baïonnette ; royaux et camisards se prennent à la gorge et aux cheveux. Cette lutte de démons dure une heure, pendant laquelle Cavalier perd cinq cents hommes et en tue le double à l'ennemi. Enfin il se fait jour de deux cents hommes à peu près, s'élance avec eux par la trouée qu'il a faite, respire un instant ; puis, se voyant comme au milieu d'un vaste cirque et tout entouré de soldats, il se dirige vers un pont qui lui paraît le point le plus faible, et qui n'est gardé que par une centaine de dragons.

Alors il divise sa troupe en deux pelotons : l'un avec Ravanel et Catinat forcera le pont, à la tête de l'autre il soutiendra la retraite. Il se retourne donc, s'accule comme un sanglier, et fait tête à l'ennemi.

Tout à coup il entend de grands cris derrière lui, le pont est forcé ; mais, au lieu de le garder pour ménager le passage de leur chef, les camisards se dispersent dans la plaine, et fuient. Alors un enfant se jette au-devant d'eux, et les arrête, le pistolet à la main.

C'est le jeune frère de Cavalier : monté sur un de ces petits chevaux sauvages de la Camargue, reste de cette race arabe semée par les Maures d'Espagne dans le Languedoc ; armé d'un sabre et d'une carabine proportionnés à sa taille, l'enfant arrête des hommes qui fuient. — Où allez-vous ? leur crie-t-il ; au lieu de fuir comme des lâches, bordez la rivière, maintenez l'ennemi et favorisez la retraite de mon frère.

Honteux d'avoir mérité de pareils reproches, les camisards s'arrêtent, se rallient, bordent la rivière, et par un feu soutenu protègent la retraite de Cavalier, qui gagne le pont et le traverse sans avoir reçu une seule blessure, quoique son cheval soit criblé de coups, et qu'il ait été forcé de changer trois fois de sabre.

Alors le combat continue ; mais Cavalier opère insensiblement sa retraite : une plaine entrecoupée de fossés, la nuit qui approche, un bois voisin qui lui offre un couvert, tout commence à le favoriser. Néanmoins son arrière-garde, toujours harcelée, couvre de morts le terrain qu'elle parcourt ; enfin l'obscurité enveloppe vainqueurs et vaincus ; on s'est battu dix heures : Cavalier a perdu plus de cinq cents hommes, et les royaux près de mille.

« Cavalier, dit M. de Villars dans ses Mémoires, agit pendant cette journée d'une manière qui surprit tout le monde : car qui n'eût été surpris de voir un homme de rien, sans expérience dans l'art de la guerre, se comporter, dans les circonstances les plus épineuses et les plus délicates, comme l'aurait pu faire un grand général ? Un dragon le suivait toujours. Cavalier lui tira un coup de carabine qui tua son cheval. Le dragon, de son côté, lui tira un coup de fusil et le manqua ; enfin, Cavalier ayant eu deux chevaux tués sous lui, l'un au commencement de l'action, l'autre à la fin, se tira d'affaire en prenant, la première fois, le cheval d'un dragon, et la seconde fois, celui d'un de ses hommes qu'il mit à pied. »

M. de Montrevel, de son côté, s'était conduit en brave capitaine, se trouvant partout où il y avait du danger et animant ses soldats et ses officiers par son exemple ; un capitaine irlandais avait été tué à ses côtés, un autre blessé à mort, et un troisième atteint légèrement. Grandval, de son côté, avait fait merveilles, et un cheval qu'il eut tué sous lui fut remplacé par un autre d'une grande valeur que lui donna M. de Montrevel pour poursuivre les camisards. M. de Montrevel céda alors la place à M. de Villars, en faisant dire à Cavalier, — que c'était ainsi qu'il prenait congé de ses amis.

Cependant, ce combat, tout honorable qu'il était pour Cavalier, en ce qu'il força ses ennemis eux-mêmes à le considérer comme un homme de guerre, n'avait pas moins anéanti la plus belle partie de ses espérances. Il s'était arrêté du côté de Pierredon pour y réunir les débris de sa troupe, et là, véritablement, il ne fut rejoint que par des débris. La plupart de ses gens revenaient sans armes ; car ils les avaient jetées pour fuir plus facilement ; un grand nombre étaient hors de service par les blessures reçues ; enfin presque toute la cavalerie était exterminée, ou avait abandonné ses chevaux pour franchir de larges fossés, qui, dans sa fuite, la mettaient à couvert de la poursuite des dragons.

Cependant toutes les troupes royales étaient en mouvement, et il était imprudent à Cavalier de demeurer plus longtemps à Pierredon ; aussi partit-il pendant la nuit, et ayant traversé le Gardon, alla-t-il se cacher dans les bois d'Hieuzet, où il espérait que n'oseraient le poursuivre ses ennemis. En effet, il y fut deux jours tranquille, et ces deux jours furent un grand repos pour sa troupe, attendu que dans ce bois même était une immense caverne qui depuis longtemps servait aux camisards à la fois de magasin et d'arsenal, et où ils cachaient en conséquence leur blé, leur foin, leurs armes et leur poudre. Cavalier, à ces deux destinations, ajouta celle d'hôpital, et y fit transporter ses blessés, qui purent enfin recevoir quelques secours.

Mais Cavalier fut bientôt forcé de quitter le bois d'Hieuzet, quelque espoir qu'il eût eu de ne pas y être poursuivi ; car un jour qu'il revenait de visiter ses blessés dans cette caverne ignorée de tous, il tomba au milieu d'une centaine de miquelets qui avaient pénétré dans le bois, et qui l'eussent fait prisonnier, s'il n'avait sauté, avec son adresse et son courage ordinaires, du haut en bas d'un rocher élevé de plus de vingt pieds ; les miquelets firent feu sur lui, mais aucune balle ne l'atteignit. Cavalier rejoignit sa troupe, et, craignant d'attirer en cet endroit le reste des royaux, il se mit en retraite, afin de les éloigner de cette caverne qu'il était si important pour lui qu'on ne découvrit pas, puisqu'elle contenait toutes ses ressources.

Mais Cavalier était dans un de ces moments où la fortune se lasse et où tout tourne mal. Une femme du village d'Heuzet, qu'on avait vue quelquefois aller du côté du bois, tantôt avec un panier à la main, tantôt avec une corbeille sur la tête, fut soupçonnée d'y aller pour porter des provisions à quelques camisards cachés. Sur ces indices, elle fut arrêtée et conduite devant un chef de royaux nommé Lalande, lequel commença par lui dire qu'il la ferait pendre, si elle ne déclarait sans déguisement le sujet de ses fréquents voyages. Elle eut recours à des prétextes qui la rendirent de plus en plus suspecte ; alors Lalande ne prit plus même la peine de lui demander ce qu'elle allait faire dans ce bois, il l'envoya à la potence ; mais la vieille femme y marcha d'un pas résolu, et le général commençait à croire qu'il ne saurait rien par elle, lorsqu'au pied de l'échelle, et lorsqu'il lui fallut en monter les degrés, le courage l'abandonna ; elle demanda à être reconduite au général, et, sous la promesse de la vie sauve, elle lui déclara tout.

Alors M. de Lalande la mit à la tête d'un fort détachement de miquelets, et la força de marcher devant lui jusqu'à la caverne, que les royaux n'eussent jamais découverte s'ils n'y eussent été conduits, tant l'entrée en était bien cachée au milieu des roches et des broussailles. La première chose qui se présenta à leur vue fut une trentaine de blessés. Les miquelets se précipitèrent sur eux et les égorgèrent ; puis cette exécution faite, ils pénétrèrent plus avant, et alors découvrirent, avec une surprise croissante, mille choses qu'ils ne s'attendaient point à trouver là : c'étaient des amas de blé, des sacs de farine, des tonneaux de vin, des barriques d'eau-de-vie, des châtaignes et des pommes de terre ; puis des caisses remplies d'onguents, de drogues et de charpie, puis enfin un arsenal complet de fusils, d'épées, de baïonnettes, de poudre fabriquée, du soufre, du salpêtre et du charbon pour en faire ; enfin tout, jusqu'aux moulins à bras nécessaire à sa fabrication. Lalande tint sa parole : un pareil trésor n'était pas trop payé de la vie d'une vieille femme.

Cependant M. de Villars, ainsi qu'il s'y était engagé, avait pris en passant à Lyon le baron d'Aygaliers, de sorte que, pendant le trajet, le pacificateur avait eu tout le temps de lui exposer son plan. Comme M. de Villars était un esprit juste et conciliant, et qu'il désirait fort mener à bien la besogne qu'il allait entreprendre, et dans laquelle ses deux prédécesseurs avaient échoué, il lui promit, ce sont ses propres expressions, d'avoir toujours deux oreilles pour écouter les deux partis, et comme première preuve d'impartialité il ne voulut rien décider avant d'avoir entendu M. de Julien, qui devait venir au-devant de lui jusqu'à Tournon.

En effet, M. de Julien se trouva dans cette ville, et parla à M. de Villars un langage bien opposé à celui qu'il avait entendu sortir de la bouche de d'Aygaliers ; selon lui, il n'y avait de pacification possible que dans l'extermination entière des camisards ; aussi regrettait-il de s'en être tenu aux quatre cents villages et hameaux qu'il avait fait démolir et brûler dans les hautes Cévennes, disant, avec la conviction d'un homme qui a profondément réfléchi sur la matière, qu'il aurait fallu saccager tous les autres, et tuer jusqu'au dernier paysan qu'on aurait rencontré dans la campagne.

M. de Villars arriva à Beaucaire, ainsi placé, comme don Juan, entre le génie du bien et le génie du mal, dont l'un lui conseillait la clémence, et l'autre le meurtre, sans avoir pris aucune résolution ; mais aussitôt son arrivée à Nîmes, d'Aygaliers rassembla les principaux protestants de la ville, leur communiqua son projet, et bien de son efficacité que, mettant aussitôt la main à l'œuvre, ils dressèrent un acte par lequel ils demandèrent au maréchal la permission de s'armer et de marcher contre les rebelles, espérant les ramener par leur exemple, ou résolus de les combattre pour témoigner de leur fidélité.

Cette requête, signée de plusieurs gentilshommes et de presque tous les avocats et les marchands de la ville de Nîmes, fut présentée à M. de Villars, le mardi 22 avril 1704, par M. d'Albenas, à la tête de sept à huit cents personnes de la religion. M. de Villars reçut la requête avec bonté, remercia de leurs offres ceux qui se présentaient : il ajouta qu'il ne doutait pas de la sincérité de leurs protestations, que si leur secours lui était nécessaire, il se servirait d'eux avec autant de confiance que s'ils étaient vieux catholiques ; qu'il espérait ramener les rebelles par la douceur, et que pour le seconder dans l'exécution de ce projet, il les priait de se répandre partout, qu'une amnistie était offerte à tous ceux qui se retireraient dans les huit jours avec leurs armes dans leurs maisons. Puis, pour prendre une idée exacte des hommes, des choses et des localités, M. de Villars se mit en route dans le but de visiter les principales villes, et partit de Nîmes le surlendemain du jour où la requête des protestants lui avait été présentée.

Quoique la réponse à cette requête fût une espèce de fin de non-recevoir, d'Aygaliers ne se lassa point, et suivit M. de Villars partout : en arrivant à Alais, le nouveau gouverneur eut une conférence avec Lalande et M. de Baville, afin de se consulter avec eux sur ce qu'il y aurait à faire pour que les camisards missent bas les armes : le baron d'Aygaliers fut appelé à cette conférence, et, en présence de Lalande et de M. de Baville, représenta son projet : tous deux lui furent opposés, mais comme d'Aygaliers s'attendait à cette opposition, il lui résista par les meilleures raisons qu'il put trouver, et qui lui furent suggérées plus pressantes, par la conviction qu'il avait. Mais de Lalande et M. de Baville ne tinrent aucun compte de ces raisons, et repoussèrent la proposition pacificatrice avec tant de véhémence, que le maréchal, si porté qu'il fût peut-être à l'adopter, n'osa rien prendre sur lui, et dit qu'il s'arrêterait à un parti lorsqu'il serait à Uzès.

D'Aygaliers vit bien qu'il n'obtiendrait rien du maréchal tant qu'il ne ramènerait pas à lui le général ou l'intendant. Il examina donc celui des deux sur lequel il devait tenter une démarche, et quoique Baville fût son ennemi personnel, et qu'en plusieurs circonstances il lui eût donné à lui et à sa famille des preuves de cette haine, il se décida pour lui.

En conséquence, le lendemain, au grand étonnement de M. de Baville, d'Aygaliers se présenta chez lui. L'intendant le reçut froidement, mais cependant avec politesse, l'invita à s'asseoir, et, lorsqu'il fut assis, le pria de lui faire connaître le motif qui l'amenait.

— Monsieur, lui dit alors le baron d'Aygaliers, les raisons que ma famille et moi avons de nous plaindre de vous m'avaient fait prendre une si grande résolution de ne jamais vous demander aucune grâce, que vous avez pu vous apercevoir, pendant le voyage que nous venons de faire avec M. le maréchal, que j'eusse mieux aimé m'exposer à mourir de faim que de prendre un verre d'eau chez vous. Mais comme il ne s'agit point dans ce que je propose d'une affaire particulière, qui m'ait pour objet, je vous prie de regarder plutôt au bien de l'état qu'à la répugnance que vous avez pour ma famille, d'autant mieux qu'elle ne peut être fondée que sur ce que nous sommes d'une religion différente de la vôtre, ce qui est une chose que nous ne pouvions ni prévenir, ni empêcher. Ainsi, monsieur, ne détournez pas, je vous en supplie, M. le maréchal du parti que j'ai proposé, et qui peut faire cesser les troubles de notre province, arrêter le cours de tant de malheurs, que je crois que vous voyez à regret, et vous épargner beaucoup de peines et d'embarras.

Ce discours calme et surtout cette marque de confiance de M. d'Aygaliers touchèrent l'intendant, qui répondit : Qu'il ne s'était opposé au projet du pacificateur que parce qu'il le croyait impossible. Mais alors M. d'Aygaliers le pressa tellement d'en essayer au moins avant de le condamner à tout jamais, que M. de Baville finit par y donner les mains.

Aussitôt d'Aygaliers courut chez le maréchal qui, ainsi qu'il l'espérait, se sentant soutenu dans sa sympathie, ne fit plus aucune objection, mais au contraire lui ordonna d'assembler le jour même les gens dont il comptait se servir, et de les lui présenter le lendemain matin, avant qu'il ne partît pour Nîmes.

Le lendemain, au lieu de cinquante hommes qu'avait demandés le maréchal, et que d'Aygaliers s'était engagé à lui présenter, il lui en amena quatre-vingts, presque tous de bonne famille et quelques-uns même gentilshommes.

Le rendez-vous avait été fixé par le baron d'Aygaliers à ses recrues dans la cour du palais épiscopal. — Ce palais, dit le baron dans ses mémoires, qui était magnifique et orné de meubles superbes et de jardins en terrasse, était habité par monseigneur Michel Poncet de La Rivière. C'était, ajoute-t-il, un homme qui aimait passionnément tous les plaisirs, la musique, les femmes et la bonne chère. Il y avait toujours chez lui de bons musiciens, de jolies filles dont il prenait soin, et des vins excellents qui augmentaient visiblement sa vivacité, de sorte qu'il ne quittait jamais la table sans être excessivement animé, et que si dans ces moments surtout il s'imaginait que quelqu'un de son diocèse n'était pas aussi bon chrétien que lui, il écrivait sans retard à M. de Baville pour le faire exiler. Il a souvent fait cet honneur-là à feu mon père. Aussi, continue d'Aygaliers, en voyant chez lui si grand nombre de huguenots qui n'hésitaient pas à dire qu'ils serviraient mieux le roi que les catholiques, faillit-il à tomber de son balcon en bas, de chagrin et de surprise. Ce chagrin augmenta encore lorsqu'il vit descendre dans la cour et questionner tous ces gens-là M. de Villars et M. de Baville qui logeaient dans son propre palais. Au moins lui restait-il un espoir, c'est que le maréchal et l'intendant descendaient pour les congédier ; mais ce dernier espoir fut cruellement déçu lorsqu'il entendit M. de Villars leur dire qu'il acceptait leur service et qu'il leur ordonnait d'obéir à d'Aygaliers, en tout ce qui concernait celui du roi. »

Mais ce n'était pas le tout : il fallait procurer des armes aux protestants, et, si peu nombreux qu'ils fussent, la chose était difficile. Les malheureux religionnaires avaient été si souvent désarmés, qu'on leur avait enlevé jusqu'aux couteaux de table : il était donc inutile de chercher chez eux ni sabres ni fusils. D'Aygaliers proposa à M. de Villars de se servir des armes de la bourgeoisie ; mais M. de Villars lui répondit que cela paraîtrait injurieux aux catholiques de les désarmer pour armer ceux de la religion. Cependant, comme il n'y avait pas d'autre moyen, M. de Villars finit par s'y décider, ordonna à M. de Paratte de faire donner à d'Aygaliers cinquante fusils et autant de baïonnettes, et partit pour Nimes en lui laissant comme récompense de ses longues peines la commission suivante :

« Nous, maréchal de Villars, gnéral des armées du roi, etc. , etc., avons permis à M. d'Aygaliers, gentilhomme nouveau converti de la ville d'Uzès, d'aller faire la guerre aux camisards avec cinquante hommes tels qu'il les voudra choisir.

Donné à Uzès, le 4 mai 1704.

» Signé VILLARS.

» Et plus bas, MORETON. »

Mais à peine M. de Villars fut-il parti pour Nimes, que d'Aygaliers se retrouva dans de nouveaux embarras. L'évêque, qui ne pouvait lui pardonner d'avoir fait de son palais épiscopal une caserne de huguenots, alla de maison en maison menacer ceux qui avaient pris l'engagement de concourir au projet de d'Aygaliers, et défendit avec menace aux capitaines de bourgeoisie de livrer leurs armes aux protestants. Heureusement d'Aygaliers n'était point arrivé où il en était pour reculer devant quelques difficultés : il se mit en course de son côté, exalta les forts, rassura les faibles, et courut chez de Paratte, pour invoquer l'exécution de l'ordre donné par M. de Villars. De Paratte était heureusement un vieil officier qui ne connaissait rien que la discipline, de sorte que, loin de faire aucune opposition, il fit remettre à l'instant même à d'Aygaliers les cinquante fusils et les cinquante baïonnettes, si bien que le lendemain, à cinq heures du matin, il était prêt à se mettre en marche, lui et la petite troupe qu'il commandait.

Mais de Baville et Lalande n'avaient pas vu sans jalousie l'influence que, en cas de réussite, d'Aygaliers ne pouvait manquer de prendre dans la province; aussi avaient-ils dressé à l'instant même leurs batteries pour ne lui rien laisser à faire, en détachant de leur côté Cavalier du parti qu'il avait embrassé. Ils ne se dissimulaient pas que ce n'était point chose facile, il est vrai; mais, comme ils avaient à leur disposition des moyens de corruption que n'avait point d'Aygaliers, ils ne désespérèrent point de réussir.

Ils allèrent, en conséquence, pour le mettre dans leurs intérêts, trouver un cultivateur nommé Lacombe : c'était celui-là même chez qui Cavalier, dans son enfance, était resté deux ans comme berger. Il avait conservé avec le jeune chef des relations amicales : il se chargea donc volontiers d'aller le trouver dans la montagne, ce qui était une entreprise hasardeuse pour tout autre que pour lui, et de lui porter les propositions de M. de Baville et de Lalande.

Lacombe tint parole : le jour même il se mit en route, et le surlendemain il avait rejoint Cavalier. Le premier mouvement du jeune chef fut pour l'étonnement, et le second pour la joie. Lacombe n'avait pu choisir un meilleur moment pour venir parler de paix à son ancien berger.

« En effet, dit-il dans ses Mémoires, la perte que je venais de faire à Nages était d'autant plus douloureuse pour moi qu'elle était irréparable, puisque j'avais perdu tout d'un coup une grande quantité d'armes, toute ma munition, tout mon argent, mais surtout un corps de soldats faits au feu et à la fatigue, et avec lesquels je pouvais tout entreprendre; mais ma dernière perte, c'est-à-dire celle de mes magasins, était la plus sensible et la plus fatale de toutes celles qui l'avaient précédée, mises ensemble, parce que auparavant j'avais toujours eu quelque ressource pour me rétablir, mais qu'alors je n'en avais plus aucune. Le pays était désolé, l'amitié de mes amis était refroidie, leurs bourses épuisées, cent bourgs saccagés et brûlés, toutes les prisons pleines de protestants, la campagne déserte. Ajoutez à cela que le secours d'Angleterre, promis depuis si longtemps, ne venait pas, et que le maréchal de Villars était arrivé dans la province avec de nouvelles troupes. »

Cependant, malgré cette situation presque désespérée, Cavalier demeura hautain et froid aux propositions de Lacombe, et sa réponse fut :— Qu'il ne mettrait jamais bas les armes que les protestants n'eussent obtenu pour l'avenir le libre exercice de leur religion.

Quelque positive que fût cette réponse, Lalande ne désespéra point d'amener Cavalier à composition; il lui écrivit de sa main une lettre pour lui demander une entrevue, lui protestant que, s'ils ne tombaient point d'accord, il serait libre de se retirer sans qu'il lui arrivât le moindre mal; mais à cette promesse il ajoutait : Que s'il refusait cette offre, il le regarderait comme l'ennemi de la paix et le rendrait responsable de tout le sang qui serait répandu à l'avenir.

Cette ouverture était celle d'un soldat : aussi sa franchise toucha-t-elle si fort Cavalier, que pour ôter à ses amis aussi bien qu'à ses ennemis jusqu'au moindre prétexte de le blâmer, il résolut de faire voir à chacun qu'il était prêt à saisir la première occasion de faire une paix avantageuse.

En conséquence, il répondit à Lalande : — Qu'il se trouverait le jour même, 12 mai, à l'heure de midi, au pont d'Avène, et il remit cette lettre à Catinat, en lui ordonnant de la porter au général catholique.

Catinat était digne de la mission qu'il recevait. C'était un paysan du Cayla, nommé Abdias Maurel, qui avait servi sous le maréchal Catinat, dont il avait pris, ou plutôt, dont on lui avait donné le nom, parce que, revenu dans ses foyers, il parlait sans cesse de ses campagnes d'Italie, où le maréchal avait si vaillamment lutté contre le prince Eugène. C'était, comme nous l'avons vu, le bras droit de Cavalier, qui l'avait mis à la tête de sa cavalerie, et qui à cette heure lui donnait un poste plus dangereux encore, en l'envoyant vers un homme qui plus d'une fois avait dit qu'il donnerait deux mille livres à celui qui lui apporterait la tête de Cavalier, et mille à celui qui lui apporterait celle de l'un ou de l'autre de ses lieutenants. Catinat n'ignorait pas cette offre de Lalande, et cependant il ne s'en présenta pas moins devant le général avec une tranquillité parfaite; seulement, par un sentiment de convenance, ou peut-être même par un mouvement d'orgueil, il avait mis son habit des jours de bataille.

La contenance fière et hardie de l'homme qui lui présentait la lettre de Cavalier étonna le général, qui lui demanda qui il était.

— Je suis Catinat, lui répondit celui-ci.

— Catinat ! s'écria Lalande étonné.

— Oui, Catinat, le commandant de la cavalerie de Cavalier.

— Comment, dit Lalande, vous êtes ce Catinat qui a massacré tant de gens sur le terroir de Beaucaire?

— Sans doute, je suis le même; j'ai fait ce que vous dites, et j'ai cru devoir le faire.

— Alors, dit M. de Lalande, je vous trouve bien hardi d'oser paraître devant moi.

— Je suis venu, répondit fièrement Catinat, sur votre foi, et sur la parole que m'a donnée frère Cavalier, qu'il ne me serait fait aucun mal.

— Et il a eu raison, dit Lalande en prenant la lettre; puis, l'ayant lue : — Retourne auprès de Cavalier, continua-t-il, et assure-le que dans deux heures je me rendrai au pont d'Avène avec trente dragons seulement et quelques officiers. Qu'il s'y trouve donc de son côté avec un pareil nombre de ses gens.

— Mais, répondit Catinat, peut-être que frère Cavalier ne voudra pas venir avec une si pauvre suite.

— Eh bien! dis-lui alors, repartit Lalande, qu'il vienne avec son armée tout entière, s'il veut. Mais, quant à moi, je ne prendrai pas un homme de plus que je n'ai dit; et puisque Cavalier se fiait à moi, je me fierai à lui.

Catinat rapporta à son chef la réponse de Lalande; elle était telle que le jeune camisard les aimait et les comprenait. Aussi, laissant toute sa troupe à Massanes, il ne prit avec lui que soixante hommes choisis dans son infanterie, et huit cavaliers. En arrivant en vue du pont, il aperçut de l'autre côté Lalande qui s'approchait de son côté; alors le jeune camisard dit à ses soixante hommes de s'arrêter, fit quelques pas encore avec ses huit cavaliers, puis leur ordonna de faire halte à leur tour, et s'avança seul vers le pont. Lalande en fit de même par rapport aux dragons et aux officiers de sa suite, et, mettant pied à terre, vint au-devant de Cavalier.

Tous deux se joignirent au milieu du pont, et se saluèrent avec la courtoisie d'hommes qui avaient appris à s'estimer à leur propre valeur sur le champ de bataille; puis, après un instant de silence, qu'ils passèrent tous deux à s'examiner :

— Monsieur, dit Lalande, le roi, par un effet de sa clémence, souhaite de finir la guerre qui est entre ses sujets et qui ne peut que causer la ruine de son royaume; et comme il sait que cette guerre n'a été allumée et entretenue que par ses ennemis extérieurs, il espère ne trouver aucune opposition dans ceux qui ont pu être égarés un instant, mais auxquels il offre leur pardon.

— Monsieur, répondit Cavalier, cette guerre n'ayant point été soulevée par les protestants, les protestants sont tout prêts à recevoir la paix, mais une paix franche, sans restriction et sans arrière-pensée. Ils n'ont pas le droit, je le sais, d'imposer des conditions; mais on leur accordera, je l'espère, le droit de discuter celles qu'on leur proposera. Parlez donc, monsieur, que je sache si les offres que vous avez mission de me transmettre sont acceptables.

— Mais si vous vous trompiez, dit Lalande, si le roi désirait savoir avant tout quelles sont vos prétentions et en quoi consistent vos demandes?

— En ce cas, répondit Cavalier, je vous les dirais tout de suite, pour ne pas faire traîner les négociations en longueur; car chaque minute, vous le savez, coûte la vie ou la fortune à quelqu'un.

— Dites-les donc, reprit Lalande.

— Eh bien! dit Cavalier, ces demandes consistent en trois choses : la première, qu'on nous accorde la liberté de conscience; la deuxième, qu'on délivre des prisons et des galères tous ceux qui sont détenus pour cause de religion, et la troisième, que si l'on nous refuse la liberté de conscience, on nous permette du moins de sortir du royaume.

— Autant que j'en puis juger, répondit Lalande, je ne crois pas que le roi accepte la première proposition; mais il est possible qu'il vous accorde la troisième. Dans le cas où il l'accorderait, combien de protestants emmèneriez-vous avec vous?

— Dix mille, de tout âge et de tout sexe.

— La demande est excessive, monsieur, dit Lalande, et je crois que sa majesté n'est pas disposée à aller au delà de trois mille.

— Alors, rien ne se fera donc, répondit Cavalier; car je n'accepterai de passe-port que pour dix mille hommes, et encore à cette condition, que le roi nous accorderait trois mois pour disposer de nos effets et de nos biens et nous retirer ensuite sans être inquiétés. S'il ne plaît pas à sa majesté de nous laisser sortir du royaume, qu'il lui plaise alors de rétablir nos édits et nos priviléges, et nous redeviendrons ce que nous étions alors, c'est-à-dire ses fidèles et obéissants sujets.

— Monsieur, dit Lalande, je transmettrai vos conditions à M. le maréchal, et je serai désolé si nous n'en venons pas à une conclusion. Et maintenant, me permettrez-vous de voir de plus près les braves avec lesquels vous avez fait de si étonnantes choses ?

Cavalier sourit ; car lorsque ces braves étaient pris, ils étaient roués, brûlés ou pendus comme des brigands. Pour toute réponse il s'inclina donc et marcha le premier du côté de sa propre troupe. M. de Lalande le suivit avec une confiance entière, et, dépassant le piquet de cavalerie de huit hommes qui se tenait sur le chemin, il s'approcha de l'infanterie, et, tirant de sa poche une poignée d'or, il la sema devant le premier rang, en disant :

— Tenez, mes amis, voilà pour boire à la santé du roi.

Pas un ne bougea pour ramasser cet or ; seulement un camisard répondit en secouant la tête :

— Ce n'est pas d'or que nous avons besoin, mais de la liberté de conscience.

— Mes amis, répondit Lalande, il n'est malheureusement pas en mon pouvoir de vous accorder ce que vous me demandez là ; vous feriez bien de vous soumettre aux volontés du roi et de vous en rapporter à sa clémence.

— Monsieur, répondit Cavalier, croyez que nous sommes tout prêts à obéir à ses ordres, pourvu qu'il veuille bien nous accorder nos justes demandes ; sans quoi nous mourrons plutôt les armes à la main, que de nous exposer de nouveau à des violences pareilles à celles qu'on nous a déjà fait souffrir.

— Vos demandes seront textuellement portées à M. de Villars, qui les transmettra au roi, répondit Lalande, et croyez, monsieur, que je ferai les vœux les plus sincères pour que sa majesté ne les trouve point exorbitantes.

A ces mots, M. de Lalande salua Cavalier, et voulut se retirer vers sa troupe ; mais celui-ci, jaloux de lui donner les mêmes marques de confiance qu'il en avait reçues, traversa le pont à son tour, et alla reconduire M. de Lalande jusqu'à ce qu'il eût rejoint ses soldats. Alors les deux chefs se saluèrent, M. de Lalande remonta à cheval et reprit la route d'Uzès, tandis que Cavalier retournait vers ses compagnons.

Cependant d'Aygaliers, qui, ainsi que nous l'avons vu, était parti d'Uzès le 5 mai seulement, pour s'aboucher avec Cavalier, ne put le rejoindre que le 13, c'est-à-dire le lendemain de sa conférence avec Lalande. D'Aygaliers raconte lui-même cette entrevue, et nous ne pouvons mieux faire que d'emprunter son récit.

« Quoique ce fût la première fois que nous nous vissions, nous nous embrassâmes comme si nous nous étions connus depuis longtemps. Ma petite troupe se mêla avec la sienne, et ils se mirent à chanter des psaumes ensemble pendant que nous parlions, Cavalier et moi. Je fus très-satisfait de sa conversation et n'eus point de peine à lui persuader qu'il lui fallait se soumettre pour le bien de ses frères, et que ceux-ci alors pourraient prendre le parti qui leur conviendrait le mieux, ou de sortir du royaume, ou de servir le roi, mais que je croyais meilleur le dernier, pourvu qu'on nous laissât prier Dieu selon le sentiment de notre conscience, parce que j'espérais qu'en servant fidèlement sa majesté elle reconnaîtrait qu'on lui en avait imposé lorsqu'on nous avait dépeints auprès d'elle comme de mauvais sujets, et que par là nous pourrions obtenir la même liberté de conscience pour le reste du peuple ; que je ne voyais pas d'autre ressource pour faire changer notre état déplorable ; que, pour eux, ils pourraient bien se maintenir encore quelque temps dans les bois et dans les montagnes, mais qu'ils n'étaient point en état d'empêcher les habitants des villes et de tous les lieux fermés de périr.

» Alors il me répondit que, quoique les catholiques n'eussent guère accoutumé de tenir parole à ceux de notre religion, il voulait bien hasarder sa vie pour le soulagement de ses frères et de toute la province ; qu'il espérait pourtant qu'en se confiant à la clémence du roi, pour qui il n'avait jamais cessé de prier Dieu, il ne lui arriverait aucun mal. »

Alors d'Aygaliers, enchanté de le trouver dans ces bonnes dispositions, le supplia de lui donner une lettre pour M. de Villars : et comme Cavalier, qui connaissait le négociateur pour un homme loyal et zélé, avait grande confiance en lui, il ne fit aucune difficulté et lui donna la lettre suivante.

« Monseigneur,

» Voulez-vous me permettre de recourir à votre excellence pour vous supplier bien humblement de m'accorder la grâce de votre protection, pour moi et pour ma troupe, qui brûlons du zèle ardent de réparer la faute que nous avons commise en prenant les armes, non pas contre le roi, comme nos ennemis nous l'ont voulu imputer, mais pour défendre notre vie, contre nos persécuteurs, qui l'ont attaquée avec une si grande animosité, que nous n'avons pas cru que ce fût par ordre de sa majesté : nous savons qu'il est écrit dans saint Paul que les sujets doivent être soumis à leur souverain. Si malgré ces pro-

testations très-sincères, le roi demande notre sang, nous serons prêts dans peu de temps à remettre nos personnes à sa justice ou à sa clémence : nous nous estimerons très-heureux, monseigneur, si sa majesté, touchée de notre repentir, à l'exemple du grand Dieu de miséricorde dont elle est l'image sur la terre, nous veut faire la grâce de nous pardonner et nous recevoir à son service ; nous espérons que par notre fidélité et par notre zèle nous acquerrons l'honneur de votre protection, et que sous un illustre et bienfaisant général tel que vous, monseigneur, nous ferons gloire de répandre notre sang pour les intérêts du roi ; c'est par là que je souhaite aussi qu'il plaise à votre excellence me permettre que je me dise avec un profond respect et une parfaite soumission,

» Monseigneur,

» Votre très-humble et très-obéissant serviteur,

» CAVALIER. »

D'Aygaliers, une fois possesseur de cette lettre, partit tout joyeux pour Nîmes ; car il était certain d'apporter à M. de Villars bien plus qu'il n'attendait de lui. En effet, quand le maréchal vit où en étaient les choses, malgré tout ce que put lui dire Lalande, qui prétendait, dans sa jalousie, que d'Aygaliers gâterait tout, il le renvoya vers Cavalier pour l'inviter à venir lui-même à Nîmes. D'Aygaliers partit aussitôt en disant qu'il s'engageait à le ramener, ce qui fit beaucoup rire Lalande, qui se moqua de cette confiance et qui protesta que Cavalier ne viendrait point.

Il est vrai qu'il venait de se passer dans la montagne des choses qui pouvaient changer les dispositions du jeune chef. Le comte de Tournan, qui commandait à Florac, avait été taillé en pièces dans la plaine de Fondmortes, par l'armée de Roland, et avait perdu deux cents hommes, une somme considérable d'argent, et vingt-quatre mulets chargés de munitions et de vivres. Mais M. de Villars fut bientôt rassuré à ce sujet, car six jours après cette défaite, il reçut, par l'entremise de Lacombe, celui-là même qui avait par ses négociations amené l'entrevue du pont d'Avène, une lettre de Cavalier, qui lui exprimait tous ses regrets de ce qui venait d'arriver.

D'Aygaliers trouva donc Cavalier dans les meilleures dispositions, lorsqu'il le joignit à Tarnac : néanmoins le premier mouvement du jeune Cévenol fut tout à la stupéfaction. Une entrevue avec le maréchal de Villars était pour lui si grand, et auquel il était si loin de s'attendre, qu'il crut presque à une trahison ; mais aussitôt la réputation de loyauté du maréchal lui revint à l'esprit ; d'ailleurs, d'Aygaliers était incapable de servir d'intermédiaire à une pareille action. Cavalier fit donc répondre qu'il était tout prêt à se rendre aux ordres du maréchal, et qu'il s'en rapportait entièrement à sa loyauté, pour fixer les conditions de l'entrevue. M. de Villars lui fit répondre qu'il l'attendrait, le 16, dans le jardin du couvent des Récollets de Nîmes, situé hors de la ville, entre les portes de Beaucaire et de la Madeleine, et qu'il trouverait de Lalande sur le chemin de Carayrac, où il s'avancerait pour le recevoir et lui remettre des otages.

Le 15 mai, Cavalier partit de Tarnac à la tête de cent soixante hommes d'infanterie et de cinquante chevaux ; il était accompagné de son jeune frère, de d'Aygaliers et de Lacombe, et vint coucher à Langlade.

Le lendemain, il partit avec la même suite pour se rendre à Nîmes, et, ainsi que la chose était convenue, trouva entre Carayrac et Saint-Césaire, Lalande, qui venait au-devant de lui, et qui lui remit des otages : ces otages étaient M. de la Duretière, capitaine au régiment de Fimarçon, un capitaine d'infanterie, quelques autres officiers et dix dragons. Cavalier les remit à son lieutenant, Ravanel, qui commanda l'infanterie, et les laissa sous sa garde à Saint-Césaire ; quant à la cavalerie, elle s'avança jusqu'à une portée de mousquet de Nîmes, et campa sur les hauteurs. Outre cela, Cavalier posta des sentinelles et des védettes par tous les endroits par où l'on pouvait aller à sa troupe ; de sorte qu'il y en avait jusqu'à la fontaine de Diane et au jeu de mail ; puis, ces dispositions faites, il marcha vers la ville, accompagné de son jeune frère, de d'Aygaliers, de Lacombe et de dix-huit cavaliers, qui lui servaient de gardes du corps, sous le commandement de Catinat.

Lalande prit les devants, et se rendit au grand galop près du maréchal, qui se promenait en attendant dans le jardin des Récollets avec M. de Baville et Sandricourt, et qui avait à chaque instant la crainte de recevoir la nouvelle que Cavalier refusait de venir, car il comptait beaucoup sur cette négociation ; mais l'arrivée de Lalande le rassura : le jeune Cévenol le suivait.

En effet, dix minutes après, on entendit de grands cris et un grand tumulte : c'était le peuple qui se précipitait au-devant de son héros. Pas un protestant peut-être, excepté les vieillards paralytiques, les enfants au maillot, n'était resté à sa maison ; car tous ces religionnaires, après avoir vu dans Cavalier leur champion, le regardaient maintenant comme leur sauveur, si bien qu'hommes et femmes se précipitaient jusque sous les pieds de son cheval, pour baiser les pans de son habit ; il semblait donc, non pas un chef de rebelles qui vient solliciter une amnistie pour lui et pour ses soldats, mais un triomphateur qui entre dans une ville reconquise.

Le maréchal de Villars entendit du jardin des Récollets tout ce bruit et tout ce tumulte, et comme on lui dit quelle en était la cause, il en prit une estime plus grande encore pour le jeune Cévenol, dont chaque jour, depuis son arrivée, la puissance lui devenait de plus en plus visible. En effet, au bout de quelques minutes, et à mesure que Cavalier s'approchait, le bruit et le tumulte devinrent si grands, qu'un instant M. de Villars eut l'idée que ce n'était pas lui qui eût dû donner des otages, mais en recevoir. En ce moment, Cavalier parut à la porte, et ayant vu la garde du maréchal rangée sur une seule ligne, il fit ranger la sienne sur une ligne parallèle : il était, disent les Mémoires du temps, vêtu d'un habit couleur de café ; sa cravate de mousseline blanche était très-ample ; il portait un baudrier auquel pendait son épée ; il était coiffé d'un feutre noir galonné, et montait un magnifique cheval bai, le même qui avait été pris à M. de la Jonquière dans la sanglante journée de Vergenne.

Le lieutenant de la garde le reçut à la porte, et aussitôt Cavalier mit pied à terre, jeta la bride de son cheval aux mains d'un de ses hommes, entra dans le jardin, et s'avança vers le groupe qui l'attendait, et qui se composait, comme nous l'avons dit, de M. de Villars, de M. de Baville et de Sandricourt. M. de Villars le regardait s'approcher avec un étonnement croissant, car il ne pouvait croire que dans le jeune homme, ou plutôt dans l'enfant qui s'avançait vers lui, il voyait le terrible chef Cévenol, dont le nom seul faisait frissonner ses plus braves soldats ; en effet, Cavalier, à cette époque, avait à peine vingt-quatre ans, et grâce à ses longs cheveux blonds, qui tombaient sur ses épaules, et à ses yeux qui étaient d'une douceur extrême, il en paraissait à peine dix-huit. De son côté, Cavalier ne connaissait aucun des trois hommes qu'il avait devant les yeux. Cependant, autant par son costume que par son air de commandement, M. de Villars attira toute son attention. Ce fut donc lui qu'il salua le premier ; puis, se retournant vers les autres, il s'inclina de nouveau, mais moins profondément qu'il n'avait fait pour M. de Villars ; alors, tout interdit et les yeux baissés, il resta immobile et muet, tandis que le maréchal fixait sur lui des yeux étonnés, et les reportait de temps en temps sur Baville et Sandricourt, comme pour leur demander s'ils ne le trompaient point, et si c'était bien là l'homme qu'ils attendaient. Enfin, ne pouvant en croire leurs signes affirmatifs :

— C'est bien vous qui êtes Jean Cavalier ? demanda-t-il au jeune chef Cevenol.

— Oui, monseigneur, répondit celui-ci d'une voix visiblement émue.

— Mais Jean Cavalier, le général des camisards ?... celui qui prend le titre de duc des Cévennes ?

— Je ne prends point ce titre, monseigneur, dit Cavalier ; seulement, quelquefois on me le donne, en riant sans doute ; car le roi seul a le droit de donner des titres, et je me félicite bien sincèrement, monseigneur, qu'il vous ait donné celui de gouverneur du Languedoc.

— Lorsque vous parlez du roi, ne pourriez-vous l'appeler Sa Majesté ? dit M. de Baville. Sur mon âme, le roi est bien bon de consentir à traiter avec un rebelle.

Le sang monta à la tête de Cavalier, et une rougeur ardente passa comme une flamme sur son visage ; puis, après un instant de silence, fixant un œil assuré sur M. de Baville et parlant d'une voix aussi ferme qu'elle était tremblante un instant auparavant :

— Si c'est pour me dire de pareilles choses que vous m'avez fait venir, monsieur, dit-il, mieux valait me laisser dans mes montagnes, ou venir y chercher vous-même une leçon d'hospitalité. Si je suis un rebelle, ce n'est pas moi qui répondrai de ma rébellion ; car ce sont les tyrannies et les cruautés de M. de Baville qui nous ont mis les armes à la main ; et si l'histoire fait quelque jour un reproche au grand roi dont je viens solliciter aujourd'hui le pardon, ce ne sera pas, je l'espère, d'avoir eu des ennemis comme moi, mais d'avoir eu des amis comme lui.

M. de Baville devint pâle de colère ; car, soit que Cavalier l'eût reconnu ou non, la riposte était violente et frappait en plein visage ; aussi allait-il répondre, lorsque M. de Villars l'arrêta.

— Ce n'est qu'à moi que vous avez affaire, monsieur, dit-il à Cavalier, ne vous préoccupez donc que de moi, je vous prie. Je vous parle au nom du roi, monsieur ; et le roi, dans sa clémence, veut épargner ses sujets et suivre avec eux les voies de la douceur.

Cavalier ouvrit la bouche pour répondre ; mais l'intendant lui coupa la parole.

— Et j'espère que cela doit vous suffire, dit-il dédaigneusement ; et que comme le pardon est déjà plus que vous ne pouviez attendre, vous cesserez de prétendre à d'autres articles.

— Ce sont précisément ces articles-là, répondit Cavalier en s'adressant à M. de Villars, et comme si c'eût été à lui qu'il répondait, qui nous ont mis les armes à la main. Si j'étais seul, monseigneur, je me livrerais pieds et poings liés à votre loyauté ; je ne demanderais aucune condition et n'exigerais pas même votre parole ; mais je soutiens les intérêts de mes frères et de mes amis, qui me les ont confiés ; et d'ailleurs les choses ont été portées trop loin maintenant, pour qu'il nous reste d'autre parti que de mourir les armes à la main, ou d'obtenir la fin de nos justes demandes.

L'intendant allait répondre ; mais le maréchal l'arrêta d'un geste tellement impératif, qu'il fit un pas en arrière comme s'il avait renoncé dès lors à se mêler de l'entretien.

— Mais en quoi consistent ces demandes ? sont-ce les mêmes que Lalande m'a transmises de vive voix ?

— Oui, monseigneur.

— Il serait bon que je les eusse par écrit.

— Je les ai remises à M. d'Aygaliers, monseigneur.

— Je ne les ai point vues, monsieur ; faites-en une copie nouvelle, et me la faites tenir, je vous prie.

— C'est à quoi je vais travailler, monseigneur, répondit Cavalier en s'inclinant et en faisant un pas en arrière pour se retirer.

— Un instant, dit le maréchal le retenant d'un sourire ; est-il vrai, monsieur, que vous consentiriez à servir dans les armées du roi ?

— Oui, certes, et de grand cœur, s'écria Cavalier dans toute la franchise et tout l'enthousiasme de son âge ; mais cela ne peut être que si l'on m'accorde mes justes demandes.

— Et si on vous les accorde ? dit Villars.

— Alors, monseigneur, répondit Cavalier, le roi n'aura jamais eu de plus fidèles sujets que nous.

— Eh bien ! allez donc, et tout s'arrangera, je l'espère.

— Le Seigneur vous entende, dit Cavalier ; car il n'est témoin que nous désirons la paix plus que personne. Il fit encore un pas en arrière pour se retirer.

— Vous ne vous éloignez pas trop, n'est-ce pas, monsieur ? demanda le maréchal.

— Nous resterons au lieu que votre excellence nous fixera, répondit Cavalier.

— Eh bien ! dit M. de Villars, restez à Calvisson, et travaillez-y de tout votre pouvoir à amener les autres chefs à imiter votre exemple.

— Je ferai de mon mieux, monseigneur ; mais, en attendant la réponse de Sa Majesté, ne nous empêchera-t-on point d'accomplir nos devoirs de religion ?

— Non. Je donnerai des ordres pour que vous ayez liberté entière.

— Merci, monseigneur.

Cavalier s'inclina une dernière fois, et voulut se retirer ; mais M. de Villars fit quelques pas encore avec lui et Lalande, qui était venu les rejoindre, et qui tenait la main sur l'épaule de Cavalier. Alors Catinat, voyant que la conférence était finie, entra avec ses hommes dans le jardin, et M. de Villars, prenant à son tour congé de lui en lui disant : Adieu, seigneur Cavalier, le laissa au milieu d'une douzaine de personnes, qui l'arrêtèrent pour causer avec lui, et le retinrent une demi-heure à lui faire des questions auxquelles il répondit avec la plus grande complaisance. Il avait au doigt une très-belle émeraude qui avait appartenu à un officier de la marine nommé Deydier, qu'il avait tué de sa main à l'affaire du Devois de Martignargues, il regarda l'heure à une superbe montre qui venait de M. d'Acqueville, colonel en second de la marine, et présenta plusieurs fois à ses interlocuteurs du tabac parfumé dans une magnifique tabatière qu'il avait trouvée dans les fontes du cheval de M. de la Jonquière. Là il dit à qui voulut l'entendre, qu'il n'avait jamais eu l'intention de se révolter contre le roi ; mais qu'au contraire il était prêt à verser la dernière goutte de son sang pour son service ; que plusieurs fois il avait offert à M. de Montrevel de se soumettre, pourvu qu'on voulût accorder la liberté de conscience aux nouveaux convertis ; mais que M. de Montrevel avait toujours rejeté ses offres, ce qui l'avait forcé de garder ses armes pour délivrer ceux de ses frères qui étaient prisonniers et donner à ceux qui étaient libres la faculté de prier Dieu à leur façon.

Il dit toutes ces choses d'un air ferme et gracieux, et le chapeau à la main ; puis, traversant une grande foule de peuple qui environnait le jardin des Récollets, il alla faire collation au logis de la Poste, d'où il se rendit par l'Esplanade chez un nommé Guy Billard, jardinier, et qui était le père de Daniel Billard, son grand prophète. Pendant ce trajet, deux camisards, le sabre à la main, lui faisaient faire place, et on lui présenta, dit Labeaume, plusieurs dames qui s'estimèrent heureuses de toucher le bout de son justaucorps ; puis, sa visite faite, il traversa de nouveau l'Esplanade, toujours précédé de ses deux camisards, et arrivé auprès du petit couvent, il commença, lui et son escorte, à chanter des psaumes, et ils chantèrent ainsi jusqu'à Saint-Césaire, d'où Cavalier renvoya les otages. Là, il trouva plus de cinq cents personnes de Nîmes qui lui offrirent des rafraîchissements, ce dont il les remercia avec beaucoup de reconnaissance et d'affabilité. Enfin il alla souper et coucher à Saint-Déonise, où, après le repas et avant de se mettre au lit, il fit tout haut une longue prière pour le roi, pour M. de Villars, pour M. de Lalande, et même pour Baville.

Le lendemain au matin, Cavalier, ainsi qu'il s'y était engagé, envoya ses demandes à M. de Villars, et M. de Villars les fit tenir aussitôt au roi, en rendant compte à Sa Majesté de ce qui s'était passé la veille. Puis cette missive dépêchée, le jeune chef rejoignit sa troupe près de Tarnac, et informa Roland de ce qui s'était passé, l'invitant à suivre son exemple. Le même jour, il alla coucher à Sauves, après avoir traversé Durfort à la tête de ses gens ; un capitaine de dragons, nommé Montgros, l'accompagnait avec vingt-cinq hommes, et lui faisait, au nom de M. de Villars, fournir dans les villages tout ce dont il avait besoin. Ils partirent ainsi de Sauves le 19 mai, de grand matin, pour se rendre à Calvisson, lieu, comme on se le rappelle, fixé pour la résidence de Cavalier pendant tout le temps de la trêve. A Quissac, où ils s'arrêtèrent pour prendre quelques rafraîchissements,

Castanet se joignit à eux et fit une prédication à laquelle assistèrent tous les protestants du voisinage.

Dès le 17, au soir, deux bataillons de Charolais, en garnison à Calvisson, avaient reçu l'ordre d'en partir le lendemain matin, pour faire place aux camisards.

Le 18, le commissaire-ordonnateur Vincel écrivit aux consuls de faire préparer des logements commodes pour Cavalier et pour sa troupe, selon le contrôle qui leur en serait remis ou par le baron d'Aygaliers, ou par quelque autre de sa part. En même temps arrivèrent à Calvisson nombre de charrettes chargées de toutes sortes de vivres, et suivies de quantité de bœufs et de moutons. Un étapier nommé Boisson et plusieurs commis suivaient les troupeaux et les charrettes, chargés de faire la distribution des provisions.

Le 19, à dix heures du matin, Catinat entra dans la ville à la tête de douze camisards. Ils trouvèrent à la barrière le commandant de la place, nommé Berlié, qui les attendait avec quatre-vingts hommes de la bourgeoisie, et qui, en les apercevant, renouvela à ses hommes la défense déjà faite de rien dire qui pût offenser les camisards, sous peine de punition corporelle.

A une heure après-midi, le baron d'Aygaliers arriva à son tour suivi de l'ordonnateur Vincel, du capitaine Capon, de deux autres officiers nommés Viala et Despuech, et de six dragons : c'étaient les otages de Cavalier.

A six heures du soir il se fit un grand tumulte dans la ville, et les cris de : Cavalier ! Cavalier ! retentirent de tous côtés. En effet, c'était le jeune chef cévenol lui-même, au-devant duquel se précipitait toute la population. Il marchait en tête de sa cavalerie, ayant son infanterie à sa suite, et toute la troupe, qui pouvait être de six cents hommes, chantait en chœur des psaumes à haute voix.

Cavalier, en arrivant, rangea ses gens en bataille devant l'église, où ils continuèrent pendant quelque temps encore à chanter des psaumes. Enfin ce chant s'arrêta, et tous ensemble commencèrent une fort longue prière, qui édifia

de plus, trente gardes couchaient toujours à l'entrée de sa chambre, et il ne sortait jamais, que cette escorte ne marchât avec lui, et ces précautions, il les prenait moins encore par crainte, car on a pu voir que son caractère n'était point défiant, que par politique, et pour donner à ses ennemis une haute idée de sa puissance. Quant à ses soldats, ils furent logés par billets chez les habitants, et ils eurent chacun pour étape une livre de viande, un pot de vin, et deux livres et demie de pain par jour.

Le même jour il y eut convocation sur les débris mêmes du temple, qui avait été démoli par les catholiques. L'assemblée fut belle et nombreuse, par le grand concours de peuple qui y accourut de toutes parts ; mais le lendemain et les jours suivants ce concours fut bien plus grand encore, car tous accouraient avec un empressement extrême pour recevoir cette manne de la parole dont ils avaient été privés si longtemps.

— Si bien, dit d'Aygaliers dans ses Mémoires, qu'on ne pouvait s'empêcher d'être ému de voir tout un peuple, échappé du brûlement et du carnage, venir en foule mêler ses larmes et ses gémissements. Affamés de la parole divine, ils ressemblaient à des gens qui sortent d'une ville assiégée, où ils ont éprouvé une longue et cruelle famine, et à qui on présente avec la paix abondance de vivres, et qui, après avoir commencé par les dévorer des yeux, se jettent dessus et les engloutissent avec avidité sans mettre de distinction entre les viandes, le pain et les fruits ; de même les infortunés habitants de la Vaunage, et même des lieux plus reculés encore, voyant leurs frères qui faisaient leurs assemblées dans les prairies et aux portes de Calvisson, se rangeaient en troupes auprès de celui ou de celle qui tenait un psaume, et de cette manière, les quatre ou cinq mille personnes, fondant en larmes, chantaient et priaient prosternées toute la journée, avec un cri et une dévotion qui perçaient le cœur et faisaient la plus vive impression. Toute la nuit on continuait à peu près de même, et l'on n'entendait que prêcher, chanter, prier et prophétiser.

Mais si ce fut une ère

Cavalier sauta du haut en bas d'un rocher élevé de plus de vingt pieds. — Page 196.

merveilleusement les auditeurs ; puis, cette prière terminée, Cavalier se rendit à la maison qui lui était destinée et qui était la plus belle de Calvisson. Dès qu'il y fut, il envoya prendre une douzaine de pains, pour juger de quelle manière ses soldats seraient nourris. Ne les trouvant point assez blancs, il s'en plaignit à M. Vincel, qu'il fit venir, et qui lui promit que le lendemain il en aurait de meilleure qualité. Sur cette assurance, Cavalier consentit à recevoir ceux qu'on lui présentait ; mais craignant sans doute qu'ils ne fussent empoisonnés, il les fit déguster devant lui par M. Vincel et ses commis. Ces premiers devoirs accomplis, il alla prendre en personne possession de toutes les portes du bourg, y établit des corps de garde et posta des sentinelles à toutes les avenues qui conduisaient à la ville, les plus avancées étant à trois quarts de lieue au moins. Outre celles-ci, il en mit encore dans toutes les rues et à chaque porte de sa maison ;

de joie pour les protestants, ce fut une époque de scandale pour les catholiques. « Certainement, dit un historien, ce fut alors une chose bien surprenante et bien nouvelle dans une province comme le Languedoc, où il y avait tant de troupes, que d'y voir, par l'ordre de ceux qui y commandaient, un si grand nombre de scélérats, tous meurtriers, incendiaires et sacrilèges rassemblés en un même lieu, tolérés dans leurs extravagances, nourris aux dépens du public, caressés de tout le monde et accueillis honnêtement par ceux qu'on avait envoyés pour les recevoir.

Un de ceux que cet état de choses blessait le plus était M. de Baville : aussi en fut-il tellement importuné, qu'il alla trouver M. le maréchal de Villars, et lui représenta que c'était un trop grand scandale que de tolérer de pareilles choses et de permettre ces assemblées ; que son avis à lui était, en conséquence, qu'il fallait les empêcher et donner ordre aux troupes de faire main basse sur tous ces gens-là. — Mais le maréchal ne fut point de cet avis et répondit à Baville : — Qu'agir selon ses conseils, ce serait remettre le feu dans la province, et disperser, sans espoir de retour, des gens qu'on avait déjà heureusement assemblés ; qu'on n'avait, d'ailleurs, que peu de jours à tolérer ces impertinences. — Son avis était donc qu'il fallait dissimuler pour si peu de temps et dans la vue d'un plus grand bien. — D'ailleurs, ajouta le maréchal, c'est quelque chose de bien ridicule que l'impatience que les prêtres témoignent à ce sujet. Outre vos admonestations que je désire voir finir, j'ai reçu je ne sais combien de lettres remplies de plaintes, comme si les prières des camisards écorchaient non-seulement les oreilles, mais encore la peau de tout le clergé. Je voudrais de tout mon cœur savoir ceux qui m'ont écrit et qui n'ont eu garde de signer, pour leur faire donner la bastonnade ; car je trouve que c'est une impudence bien grande, que ceux qui ont causé ces désordres se plaignent et désapprouvent les moyens dont je me sers pour les faire cesser.

D'après cette déclaration, il fallut bien que M. de Baville se le tînt pour dit et laissât aller les choses.

Elles allaient de manière à faire de plus en plus perdre la tête à Cavalier ; car, grâce aux recommandations de M. de Villars, ses ordres étaient exécutés comme auraient pu l'être les siens mêmes ; il avait une cour comme un prince, des lieutenants comme un général, et des secrétaires comme un homme d'État. L'un d'eux était chargé de donner les congés aux camisards qui avaient des affaires, ou qui désiraient visiter leurs parents. Voici dans quelle forme ces passeports étaient rédigés :

« Nous soussigné, secrétaire de frère Cavalier, généralissime des religionnaires, permettons, de son ordre, à..... d'aller vaquer à ses affaires pendant trois jours.

Calvesson, ce.....

» Signé : DUPONT. »

Et ces saufs-conduits étaient respectés à l'égal de ceux au bas desquels on lisait : Maréchal de Villars.

Le 22, M. de Saint-Pierre arriva de la cour, rapportant la réponse du roi aux propositions que Cavalier avait faites à M. de Lalande ; mais ces dépêches ne transpirèrent point : sans doute, elles n'étaient pas selon les intentions pacifiques du maréchal.

Enfin, le 25, arriva la réponse aux demandes faites par Cavalier à M. de Villars lui-même : c'était l'original écrit de la main du chef camisard qui avait été envoyé à Louis XIV, et il revenait annoté de la main du roi ; ainsi ces deux mains, dont l'une avait tenu la houlette et dont l'autre portait le sceptre, s'étaient posées sur la même feuille de papier. Voilà le traité tel qu'on le trouve rapporté par Cavalier dans ses Mémoires.

TRÈS-HUMBLE REQUÊTE DES RÉFORMÉS DU LANGUEDOC AU ROI.

1° Qu'il plaise au roi de nous accorder la liberté de conscience dans toute la province et d'y former des assemblées religieuses dans tous les lieux qui seront jugés convenables hors des places fortes et des villes murées.

Accordé, à condition qu'ils ne bâtiront point d'église.

2° Que tous ceux qui sont détenus dans les prisons ou sur les galères pour cause de religion, depuis la révocation de l'édit de Nantes, soient mis en liberté dans l'espace de six semaines, à compter de la date de la présente requête.

Accordé.

3° Qu'il soit permis à tous ceux qui ont abandonné le royaume pour cause de religion, d'y revenir librement et sûrement, et qu'ils soient rétablis dans leurs biens et priviléges.

Accordé, à condition qu'ils prêteront serment de fidélité au roi.

4° Que le parlement de Languedoc soit rétabli sur son ancien pied, et dans tous ses priviléges.

Le roi y avisera.

5° Que la province soit exempte de capitation pendant dix ans, tant protestants que catholiques, les deux partis ayant presque également souffert.

Refusé.

6° Que les villes de Perpignan, de Montpellier, de Cette et d'Aiguemortes nous soient accordées, comme nos villes de sûreté.

Refusé.

7° Que les habitants des Cévennes, dont les maisons ont été brûlées ou détruites pendant le cours de la guerre, soient exempts d'impôts pour sept ans.

Accordé.

8° Qu'il plaise à Sa Majesté de permettre à Cavalier de choisir deux mille hommes, tant des gens de sa troupe que de ceux qui seront délivrés des prisons et des galères, pour lever et former un régiment de dragons au service de Sa Majesté, qui ira servir en Portugal et qui recevra immédiatement les ordres de Sa Majesté.

Accordé : et moyennant que tout mette bas les armes, le roi leur permettra de vivre tranquillement dans le libre exercice de leur religion.

« Il y avait huit jours, dit Cavalier dans ses Mémoires, que j'étais à Calvisson lorsque je reçus une lettre de M. le maréchal de Villars, par laquelle il m'ordonnait de le venir trouver, ayant reçu de la cour la réponse à mes demandes ; j'y allai aussitôt ; mais quand j'eus vu que la plupart m'étaient refusées, je m'en plaignis, et surtout de ce qu'on ne nous accordait pas des villes de sûreté ; mais M. le maréchal me répondit que la parole du roi valait plus que vingt villes de sûreté, et qu'après les troubles que nous lui avions donnés, nous devions regarder comme un effet de sa grande clémence, qu'il nous accordât la plupart de nos demandes. Cette raison n'était pas satisfaisante, mais comme il n'était plus temps de refuser, et que j'avais mes raisons aussi bien que la cour de faire la paix, je pris ma résolution de bonne grâce. »

Tout ce que Cavalier put obtenir de M. de Villars, c'est que le traité

Il se sauve à pied et en chemise par une poterne qui donnait dans un bois. — Page 205.

porterait la date du jour où il avait été fait : de cette façon, les prisonniers qui devaient être mis en liberté au bout de six semaines gagnaient huit jours.

En conséquence, M. de Villars écrivit au bas du traité la ratification suivante, qui fut signée le jour même par le maréchal et M. de Baville pour le roi, et par Cavalier et Daniel Billard pour les protestants.

« En vertu des pleins pouvoirs que nous avons reçus du roi, nous avons accordé aux réformés du Languedoc les articles ci-dessus énoncés.

» Fait à Nîmes, le 17 mai 1704.

» Le maréchal DE VILLARS. LAMOIGNON DE BAVILLE.
» J. CAVALIER. DANIEL BILLARD. »

Ces deux signatures, tout indignes qu'elles étaient de se trouver accolées aux leurs, donnèrent une si grande joie à MM. de Villars et de Baville, qu'ils envoyèrent à l'instant même de nouveaux ordres à Calvisson, afin que l'on délivrât en abondance tout ce qu'il fallait aux camisards, et qu'on ne les laissât manquer de rien jusqu'à ce que les articles du traité fussent exécutés, c'est-à-dire que les prisonniers et les galériens fussent mis en liberté, ce qui devait arriver, d'après l'article 2 du traité, dans le cours de six semaines ; quant à Cavalier, le maréchal lui remit, séance tenante, un brevet de colonel avec le pouvoir de nommer aux emplois de son régiment, qui devait aller servir en Espagne, un autre brevet de douze cents livres de pension, et un troisième de capitaine pour son petit frère.

Cavalier dressa le même jour l'état de ce régiment et le remit au maréchal : il se composait de sept cent douze hommes, formant quinze compagnies, et ayant seize capitaines, seize lieutenants, un maréchal des logis et un chirurgien-major.

Pendant ce temps Roland profitait de la suspension d'armes pour se promener dans le pays, comme s'il était le vice-roi des Cévennes, et partout où il passait on le régalait magnifiquement ; il donnait comme Cavalier des congés et des escortes, et portait la tête haute, persuadé qu'il était qu'il allait à son tour traiter de pair avec des maréchaux de France et des gouverneurs de provinces. Roland se trompait. M. de Villars avait fait une concession à l'immense popularité de Cavalier ; mais c'était la seule qu'il comptait faire. En effet, au lieu d'être convoqué à son tour, soit à Nîmes, soit à Uzès, par M. de Villars, Roland reçut tout bonnement avis de la part de Cavalier, qu'il avait à lui parler pour affaires d'importance.

Ils s'abouchèrent près d'Anduze, et Cavalier, fidèle à la promesse qu'il avait faite à M. de Villars, n'oublia rien pour déterminer Roland à suivre son exemple ; mais celui-ci tint bon dans ses refus. Alors Cavalier, voyant que ses prières et ses promesses étaient inutiles, voulut élever la voix ; mais aussitôt Roland, lui posant la main sur l'épaule, lui dit que la tête lui tournait, que lui Roland était son ancien dans le commandement ; qu'ainsi, quoi qu'il eût fait et promis en son nom, il n'avait pu l'engager, lui, et qu'il lui jurait bien qu'il n'y aurait jamais de paix que la liberté de conscience ne fût accordée tout entière. Le jeune Cévenol n'était plus depuis longtemps habitué à s'entendre parler ainsi, il porta avec un mouvement d'impatience la main à son épée, Roland fit un pas en arrière et tira la sienne, et la conférence allait finir par un combat, lorsque les prophètes se jetèrent entre eux et obtinrent de Roland, que le plus renommé d'entre eux, que l'on nommait Salomon, suivrait Cavalier à Nîmes, pour savoir de M. de Villars lui-même quelles étaient les conditions de cette paix que Cavalier avait signée et qu'on venait lui offrir.

En effet, deux heures après cette convention arrêtée, Salomon partit avec Cavalier ; de sorte que le 27 ils arrivèrent ensemble à Nîmes, suivis d'une escorte de vingt-cinq hommes, et firent halte au-dessus de la tour Magne, où les protestants de la ville s'empressèrent de leur apporter des rafraîchissements ; puis, la collation prise et la prière faite, ils passèrent devant les casernes et traversèrent les cours ; l'affluence et l'enthousiasme n'étaient pas moins grands cette fois qu'à la première entrée de Cavalier, et plus de trois cents personnes lui baisèrent les mains et les genoux : il était vêtu ce jour-là d'un justaucorps de drap gris blanc, et portait un chapeau de castor, bordé d'un galon d'or avec une plume blanche.

Cavalier et son compagnon de voyage se dirigèrent vers le jardin des Récollets, où ils furent à peine, que MM. de Villars et Baville vinrent les y trouver avec Lalande et Sandricourt ; la conférence dura trois heures ; mais tout ce qu'il en transpira fut que Salomon déclara nettement qu'il doutait que ses frères se soumissent jamais, si on ne leur accordait pas liberté entière de conscience ; et qu'en face de cette déclaration, la résolution fut prise de faire partir le plus tôt possible Cavalier et son régiment pour l'Espagne, afin d'affaiblir d'autant les religionnaires. Quant à Salomon, il fut renvoyé vers Roland avec promesse positive que, s'il voulait se soumettre comme Cavalier, il obtiendrait les mêmes conditions ; c'est-à-dire un brevet de colonel, le droit de nommer aux emplois de son régiment, et douze cents livres de pension. En sortant du jardin des Récollets, Cavalier trouva de nouveau une si grande affluence de peuple, que deux de ses gens furent obligés de mettre le sabre à la main et de marcher devant lui jusqu'à la route de Montpellier, pour lui faire faire place. Il coucha ce soir-là à Langlade, afin d'être le lendemain matin rendu près de sa troupe.

Mais pendant son absence il s'était passé, parmi ces hommes accoutumés à lui obéir aveuglément, des choses auxquelles il était loin de s'attendre. Il avait remis le commandement de sa troupe, selon son habitude, à Ravanel ; mais à peine était-il parti, que celui-ci avait pris aussitôt des gardes, et avait ordonné aux camisards de ne pas quitter leurs armes. Les négociations avec le maréchal de Villars lui avaient inspiré de vives inquiétudes. Il était convaincu que les promesses de la cour étaient des pièges, et il regardait la condescendance de son chef comme une défection ; il rassembla donc officiers et soldats, leur fit part de ses craintes, et parvint à leur faire partager ses soupçons ; ce qui était d'autant plus facile, que l'on savait parfaitement que Cavalier s'était jeté dans les Cévennes bien moins pour soutenir la cause générale que pour venger une offense particulière, et que chacun avait été à même de juger, dans plus d'une circonstance, que le jeune chef avait plus de génie que de foi.

Aussi, en arrivant à Calvisson, trouva-t-il les principaux officiers de sa troupe, Ravanel en tête, qui l'attendaient sur la place, et qui lui demandèrent résolûment en quoi consistaient les conditions du traité qu'il avait signé avec le maréchal, disant qu'ils voulaient absolument le savoir, et qu'il fallait leur répondre sans renvoi et sans déguisement. Une telle façon de lui parler était si étrange et si inattendue, que le jeune Cévenol haussa les épaules et leur répondit que de pareilles choses ne les regardaient point et dépassaient le niveau de leur intelligence ; que c'était à lui de décider et à eux d'obéir quand il avait pris une décision ; que cela s'était toujours passé ainsi, et qu'avec l'aide de Dieu et de sa volonté cela se passerait encore de la même façon. Puis, cette réponse faite, il leur enjoignit de se retirer ; mais alors Ravanel répondit, au nom de tous, qu'ils ne se retireraient que lorsque les ordres que comptait leur donner Cavalier leur seraient connus, afin qu'ils délibérassent à l'instant même s'ils devaient y obéir ou y résister. Cette insubordination poussa Cavalier à bout.

— Ces ordres, dit-il, sont d'endosser les habits que l'on vous prépare et de me suivre en Portugal.

On devine l'effet qu'une pareille déclaration dut produire sur des hommes qui ne s'attendaient à rien moins qu'au rétablissement de l'édit de Nantes ; aussi les mots de lâche et de traître se firent-ils jour au milieu des murmures. Cavalier, de plus en plus étonné, se leva sur ses arçons, regarda autour de lui, de ce regard dont il était habitué à les faire trembler ; puis, comme si tous les démons de la colère ne rugissaient pas dans son cœur : — Quel est celui-là, demanda-t-il d'une voix calme, qui a dit que Jean Cavalier était un lâche et un traître ?

— Moi, dit Ravanel, en se croisant les bras.

Cavalier tira un pistolet de ses fontes, et, frappant sur ceux qui l'entouraient avec la crosse, il se fit jour vers son lieutenant, qui tira son épée ; mais en ce moment l'ordonnateur Vincel et le capitaine Cappon, qui étaient accourus, attirés par le bruit, se jetèrent entre Cavalier et Ravanel, et lui demandèrent de quoi il se plaignait.

— De quoi je me plains ? répondit Ravanel détournant la question : je me plains que les cadets de la Croix, conduits par l'Ermite, ont assommé deux de nos frères qui venaient nous joindre et ont empêché les autres de se trouver à nos assemblées et de prier Dieu ; ce qui prouve que si on n'a pas tenu les conditions de la trève, on ne tiendra pas mieux celles du traité ; ce qui fait que nous n'en voulons pas.

— Monsieur, répondit Vincel, si l'Ermite a fait ce dont vous vous plaignez, c'est contre les ordres de M. le maréchal, et il en sera châtié ; d'ailleurs le grand nombre d'étrangers qui habitent Calvisson à cette heure vous est une preuve que l'on n'a pas pris grand soin pour empêcher les nouveaux convertis d'y venir, et vous croyez trop légèrement, ce me semble, ce que des esprits mal intentionnés tâchent de vous persuader.

— Je crois ce que je dois croire, répondit Ravanel avec impatience ; mais ce que je sais et ce que je vous dis, c'est que je ne mettrai bas les armes que lorsque le roi nous aura accordé une entière liberté de conscience, avec faculté de rebâtir nos temples, aura rappelé les exilés de l'exil, et fait sortir les prisonniers de prison.

— Mais, à la manière dont vous parlez, dit Cavalier, qui, jouant avec son pistolet, n'avait pas ouvert la bouche pendant l'entretien du lieutenant et de l'ordonnateur, il semble, Dieu me pardonne, que vous soyez le maître de la troupe : aurions-nous changé de rôle par hasard, sans que je m'en doutasse ?

— Peut-être, dit Ravanel. —

Cavalier éclata de rire.

— Cela peut t'étonner, dit Ravanel ; mais cela est ainsi : fais ta paix pour toi, demande les conditions qui te conviennent, vends-toi au prix qu'on t'estime, c'est bien ; nous n'avons rien à dire, sinon que tu es un lâche et un traître ! Mais quant à la troupe, elle ne mettra bas les armes qu'aux conditions que j'ai proposées. —

Cavalier fit un nouveau mouvement vers Ravanel ; mais comme on vit à la fois à sa pâleur et à son sourire qu'il allait se passer entre lui et son lieutenant de terribles choses, Vincel et Cappon, aidés des camisards, se jetèrent au-devant de son cheval ; en même temps toute la troupe cria d'une seule voix : — Point de paix ! point de paix ! point d'accommodement, que nous n'ayons nos temples !... — Cavalier vit alors que la chose était réellement plus sérieuse qu'il ne l'avait cru d'abord : en même temps Vincel, Cappon, Berlié et une vingtaine de camisards enveloppèrent le jeune Cévenol, et l'emmenèrent malgré lui dans une maison : c'était la maison de Vincel.

A peine y étaient-ils, que l'on entendit battre la générale : alors rien ne put retenir Cavalier, il s'élança vers la porte ; mais, comme il allait sortir, Berlié le retint en lui disant qu'il ferait bien d'écrire à M. de Villars ce qui venait de se passer, qu'ensuite il verrait à réparer le désordre.

— Vous avez raison, dit Cavalier ; comme je ne manque pas d'ennemis, on pourrait dire au général, si j'étais tué, que j'ai trahi ma parole. Une plume et de l'encre. —

On donna au jeune Cévenol ce qu'il demandait, et il écrivit à M. de Villars.

— Tenez, dit-il en donnant le papier tout ouvert à Vincel ; partez pour Nîmes, remettez cette lettre au maréchal, et dites-lui que, si je suis tué dans la tentative que je vais faire, je mourrai son très-humble serviteur. —

A ces mots, il s'élança hors de la maison, remonta à cheval, et, retrouvant à la porte les douze ou quinze hommes qui lui étaient restés fidèles, il leur demanda ce qu'étaient devenus Ravanel et sa troupe : car on ne voyait pas dans les rues un seul camisard : un des soldats lui répondit qu'ils étaient encore probablement dans la ville, mais qu'ils se retiraient vers les Garrigues de Calvisson. Cavalier mit son cheval au galop pour les rejoindre.

En traversant la place il rencontra Catinat, qui marchait entre deux prophètes, l'un appelé Moïse, et l'autre Daniel Guy : Catinat arrivait à l'instant même d'une course dans la montagne ; de sorte qu'il n'avait ni assisté ni pris part à la scène d'insubordination qui venait de se passer.

Un rayon d'espoir apparut à Cavalier ; il croyait pouvoir compter sur Catinat comme sur lui-même ; il courut à lui, et lui tendit la main ; mais Catinat retira la sienne.

— Que veut dire-cela ? s'écria Cavalier, sentant le sang lui monter au visage.

— Cela veut dire, répondit Catinat, que tu es un traître, et que je ne donne pas la main à un traître. —

Cavalier jeta un rugissement de colère, et poussant son cheval sur Catinat, il leva sa canne pour le frapper ; mais Moïse et Daniel Guy se précipitèrent entre eux deux, de sorte que le coup destiné à Catinat tomba sur Moïse. De son côté, Catinat, en voyant le mouvement de Cavalier, avait tiré un pistolet de sa ceinture, et comme il le tenait tout armé à la main, le coup partit, et la balle perça le chapeau de Daniel Guy, mais sans le blesser.

Au bruit que fit le coup de feu, on entendit à une centaine de pas de grands cris : c'étaient les camisards, qui n'étaient point encore sortis de la ville, et qui, croyant qu'on assassinait quelqu'un de leurs frères, revenaient sur leurs pas. En les voyant reparaître, Cavalier abandonna Catinat et piqua droit à eux ; mais en l'apercevant ils s'arrêtèrent ; et comme Ravanel s'était jeté au premier rang, croyant que là était le danger :

— Frères ! dit-il à haute voix, c'est encore le traître qui vient nous tenter. Retire-toi, Judas ! tu n'as rien à faire ici.

— Si fait ! s'écria Cavalier ; j'ai à punir un scélérat qui s'appelle Ravanel, s'il est assez brave pour me suivre.

— Viens donc, dit Ravanel en s'élançant dans une petite rue de traverse, et que nous en finissions. — Les camisards voulurent faire un mouvement pour le suivre ; mais Ravanel se retournant vers eux :
— Restez, dit-il ; je vous l'ordonne. —

Ils obéirent aussitôt, et Cavalier put voir qu'insubordonnés pour lui, ils étaient soumis pour un autre.

Mais au moment où il suivait Ravanel dans la petite ruelle où la querelle devait se vider, Moïse et Daniel Guy arrivèrent, se jetèrent à la bride de son cheval et l'arrêtèrent, tandis que les camisards de la suite de Cavalier entouraient Ravanel et le ramenaient de force vers ses soldats : la troupe se remit donc en marche au chant des psaumes, tandis qu'on retenait de force Cavalier.

Enfin, le jeune Cévenol parvint à se débarrasser de ceux qui l'entouraient, et comme ils fermaient la rue par laquelle s'étaient retirés les camisards, il prit un détour ; mais les deux prophètes, se doutant de son intention, coururent, eux, par le chemin le plus court, et rejoignirent la troupe au moment où Cavalier, après avoir fait le tour de la ville, arrivait à travers plaine pour leur couper le passage : alors la troupe s'arrêta, et Ravanel ordonna de faire feu : tout le premier rang mit en joue, indiquant par là qu'il était prêt à obéir.

Mais ce n'était pas une démonstration de ce genre qui pouvait intimider Cavalier ; aussi continua-t-il d'avancer. Alors Moïse, voyant le danger qu'il courait, se jeta entre les camisards et lui, les bras étendus et criant : — Arrêtez ! arrêtez ! hommes égarés ! vous allez tuer frère Cavalier, comme si c'était un larron et un brigand ! Il faut lui pardonner, frères ! il faut lui pardonner ! s'il n'a pas bien fait dans le passé, il fera mieux dans l'avenir. —

Alors ceux qui tenaient Cavalier en joue posèrent la crosse de leurs fusils à terre, et Cavalier, passant de la menace à la prière, les supplia de ne pas manquer à la parole qu'il avait donnée pour eux ; mais alors les prophètes commencèrent à entonner des psaumes, et le reste de la troupe, en les répétant en chœur, couvrit sa voix, de telle façon qu'il fut impossible d'entendre un mot de ce qu'il disait. Néanmoins Cavalier ne se rebuta point ; il marcha avec eux jusqu'à Saint-Estève, c'est-à-dire pendant près d'une lieue, ne pouvant se résoudre à prendre son parti. Enfin, arrivé là, comme les chants cessèrent un instant, il essaya de nouveau de les ramener à l'obéissance ; puis, voyant qu'il fallait y renoncer : — Eh bien ! dit-il, au moins défendez-vous de votre mieux, car bientôt les dragons seront sur vous. — Puis, se retournant une dernière fois : — Frères, cria-t-il, qui m'aime me suive !
— Et il dit ces paroles avec un tel accent de douleur et d'affection, que beaucoup se sentirent ébranlés. Mais Ravanel et Moïse, voyant l'effet qu'il avait produit, se mirent à crier : — Vive l'épée de l'Éternel ! — Aussitôt tous tournèrent le dos à Cavalier, à l'exception d'une quarantaine d'hommes qui, dès l'abord, étaient revenus à lui.

Alors Cavalier entra dans une maison, écrivit une nouvelle lettre à M. de Villars, dans laquelle il lui raconta ce qui venait de se passer, les efforts qu'il avait tentés sur sa troupe, et les conditions qu'elle exigeait. Il finissait par l'assurance de faire de nouveaux efforts auprès des rebelles, et par la promesse de tenir le maréchal au courant de tout ce qui se passerait ; puis il se retira vers Cardet, n'osant plus revenir à Calvisson.

Le maréchal de Villars reçut presque en même temps les deux lettres de Cavalier ; il s'attendait si peu à un pareil revers, que dans le premier moment de colère que lui inspira l'insubordination des camisards, il rendit l'ordonnance suivante :

« Depuis que nous sommes arrivé dans cette province pour en prendre le commandement par ordre du roi, nous n'avons pensé qu'à finir tous les troubles que nous y avons trouvés par des voies douces, qui y puissent rétablir le repos et la tranquillité, et conserver les biens de tous ceux qui sont opposés aux désordres qui continuent depuis si longtemps. Dans cette vue, nous avons obtenu de Sa Majesté le pardon des rebelles qui s'étaient soumis par l'entremise de leurs chefs, sans aucune condition que celle d'implorer sa clémence, et de la supplier d'agréer qu'ils pussent expier leur crime en sacrifiant leur vie pour son service. Cependant, étant informé qu'au lieu de suivre tous les engagements qu'ils ont pris, par des requêtes qu'ils ont signées, par des lettres qu'ils ont écrites, et par des paroles qu'ils nous ont données eux-mêmes, quelques-uns d'entre eux n'ont pensé qu'à insinuer dans l'esprit des peuples de fausses espérances de liberté pour l'exercice de la religion prétendue reformée, dont il n'a jamais été fait aucune proposition, et que nous aurions rejetée avec toute la sévérité que nous devons, comme étant entièrement contraire à la volonté du roi ; à quoi étant nécessaire de remédier pour prévenir les maux qui s'ensuivraient, et pour donner lieu à ceux qui se pourraient laisser abuser par de semblables faussetés, d'éviter les châtiments qu'ils auraient mérités ; déclarons que toutes assemblées illicites sous prétexte de religion sont expressément défendues, sous les peines portées par les édits et ordonnances de Sa Majesté, et qu'elles seront encore plus sévèrement punies à l'avenir que par le passé.

» Ordonnons à toutes les troupes qui sont sous notre commandement de faire main basse sur toutes les assemblées, comme ayant toujours été prohibées ; enjoignons à tous les nouveaux convertis de cette province de se tenir dans l'obéissance qu'ils doivent, et leur défendons d'adhérer aux faux bruits que des scélérats ennemis de leur repos ne font courir que pour les troubler et pour les jeter dans tous les malheurs dont ils seraient infailliblement accablés par la perte de leurs biens, par la ruine de leur famille et par la désolation de leur pays, s'ils étaient assez crédules, téméraires et ennemis pour se laisser séduire par de telles impressions, dont nous saurons punir dans peu les véritables auteurs, suivant l'énormité de leur crime.

» Donné à Nîmes, le 27e jour de mai 1704.

» MARÉCHAL DE VILLARS. »

Cependant, à peine cette ordonnance, qui remettait toutes les choses sur le pied où elles étaient du temps de M. de Montrevel, fut-elle rendue, que d'Aygaliers, désespéré de voir ainsi détruire en un jour l'œuvre d'un si long travail, quitta le maréchal, et s'enfonça dans la montagne pour y chercher Cavalier. Il le trouva à Cardet, où, comme nous l'avons dit, il s'était retiré après la journée de Calvisson ; et malgré la résolution que celui-ci avait prise de ne plus reparaître devant le maréchal, il lui répéta tant de fois que M. de Villars était bien convaincu qu'il n'y avait aucunement de sa faute dans tout cela, et qu'il avait fait ce qu'il avait pu, qu'il lui rendit quelque courage en le réhabilitant à ses propres yeux, et finit, sur l'assurance qu'il lui donna que le maréchal était très-content de sa conduite, et que Vincel avait rendu sur lui d'excellents témoignages, par le déterminer à revenir à Nîmes. Ils partirent donc de Cardet avec les quarante hommes qui avaient suivi Cavalier, dix à cheval et trente à pied, et se rendirent tous ensemble, le 31 mai, à Saint-Geniès, où ils rencontrèrent M. de Villars.

Les promesses de d'Aygaliers n'étaient point fausses. Le maréchal reçut Cavalier comme s'il était encore le puissant chef de partisans qui avait traité de pair avec lui ; si bien qu'à sa prière, et pour lui donner une preuve du crédit qu'il avait conservé sur lui, il résolut de recourir de nouveau aux voies de douceur, et, modérant la sévérité de sa première ordonnance, il rendit celle qui suit en prolongation d'amnistie :

« Les principaux chefs des rebelles s'étant soumis avec la plupart de ceux qui les ont suivis et ayant reçu le pardon du roi, nous déclarons que nous donnons jusqu'à jeudi prochain, cinquième du présent mois de juin inclusivement, à tous ceux qui ont porté les armes, pour recevoir le même pardon, en se rendant à nous à Anduze, ou à M. le marquis de Lalande à Alais, ou à M. de Menon à Saint-Hippolyte, ou aux commandants d'Uzès, de Nîmes, ou de Lunel, lequel jour cinquième du présent passé, nous ferons main basse sur tous les rebelles, et ferons piller et brûler tous les lieux qui se trouveront les avoir reçus, leur avoir fourni des vivres ou donné aucun secours ; et afin qu'ils n'en prétendent cause d'ignorance, avons ordonné que la présente sera lue, publiée et affichée partout où besoin sera.

» À Saint-Geniès, le 1er juin 1704.

» MARÉCHAL DE VILLARS. »

Le lendemain, pour ne laisser aucun doute sur ses bonnes intentions, le maréchal fit abattre les gibets et les échafauds, qui jusque-là étaient demeurés en permanence.

En même temps tous les nouveaux convertis reçurent l'ordre de tenter un dernier effort près des chefs camisards pour les déterminer à accepter les conditions que leur offrait M. de Villars ; et aussitôt les villes d'Alais, d'Anduze, de Saint-Jean, de Sauve, de Saint-Hippolyte et de Lasalle, ainsi que les paroisses de Cros, de Saint-Roman, de Manoblet, de Saint-Félix, de Lacadière, de Cesas, de Cambo, de Colognac et de Vabre, envoyèrent des députés à Durfort, pour y conférer sur les moyens les plus sûrs d'arriver à cette pacification que tout le monde désirait.

Ces députés écrivirent à la fois au maréchal de Villars pour le prier de leur envoyer M. d'Aygaliers, et à M. d'Aygaliers pour le prier de venir. Tous deux accueillirent la demande qui leur était faite, et M. d'Aygaliers arriva à Durfort le 3 juin 1704.

Là, après l'avoir remercié des soins qu'il donnait depuis plus d'un an à la cause commune, les députés décidèrent que l'assemblée se diviserait en deux parts, qu'une part resterait en délibération permanente, et que l'autre part se détacherait pour aller trouver Roland et Ravanel, et obtenir d'eux la cessation des hostilités. Ces envoyés étaient chargés de leur signifier que, s'ils n'acceptaient pas les propositions de M. de Villars, les protestants eux-mêmes s'armeraient pour leur courir sus et cesseraient à l'avenir de leur fournir des vivres.

Roland répondit aux députés que, s'il les revoyait jamais, il leur ferait tirer dessus, et Ravanel, que, s'ils ne lui fournissaient pas de vivres, il saurait bien leur en prendre.

Cette double réponse mit fin à l'assemblée ; les députés se dispersèrent, et d'Aygaliers revint vers le maréchal de Villars pour lui faire son rapport.

Mais à peine lui avait-il rendu compte de ce qui s'était passé, qu'une lettre de Roland arriva, par laquelle ce chef de camisards demandait à son tour une entrevue pareille à celle qu'avait obtenu Cavalier. Cette lettre était adressée à d'Aygaliers. Il la communiqua aussitôt au maréchal, qui lui ordonna de partir à l'instant même et de ne rien négliger pour gagner ce mécontent.

D'Aygaliers, toujours infatigable lorsqu'il s'agissait du bien de son pays, partit le jour même, et se rendit sur une montagne, où Roland l'attendait à trois quarts de lieue d'Anduze. Là, après une conférence de deux heures, il fut convenu qu'on échangerait des otages, et que les négociations commenceraient.

En conséquence, M. de Villars envoya à Roland M. de Montrevel, commandant d'un bataillon de marine, et M. de la Maison-Blanche, capitaine dans le régiment de Froulay. De son côté, Roland envoya à M. de Villars quatre de ses principaux officiers avec le titre de pléni·potentiaires.

Si inhabiles que fussent en diplomatie ces députés, et si ridicules qu'ils paraissent aux historiens de cette époque, ils n'en obtinrent pas moins du maréchal les conditions suivantes :

« 1° Que Cavalier et Roland auraient chacun un régiment qui servirait hors du royaume, et qu'ils pourraient avoir chacun un ministre ;

» 2° Que les prisonniers seraient élargis et les exilés rappelés ;

» 3° Qu'il serait permis aux nouveaux convertis de sortir du royaume avec leurs effets ;

» 4° Que les camisards qui voudraient y rester pourraient le faire en rendant les armes ;

» 5° Que ceux qui étaient hors du royaume y pourraient revenir ;

» 6° Qu'on n'inquiéterait personne pour la religion, pourvu que chacun restât tranquille dans sa maison ;

» 7° Que les indemnités seraient supportées par la province sans qu'on pût les jeter en particulier sur les nouveaux convertis ;

» 8° Qu'il y aurait une amnistie générale et sans réserve. »

Ces articles furent portés à Roland et à Ravanel par d'Aygaliers. Cavalier, qui, depuis le jour où il l'avait rejoint, était demeuré à la suite du maréchal, demanda à partir avec le négociateur, ce qui lui fut accordé. En conséquence, d'Aygaliers et lui partirent d'Anduze et joignirent, à un quart de lieue de cette ville, Roland et Ravanel, qui y attendaient le résultat des négociations. Ces derniers avaient avec eux MM. de Montbel et de Maison-Blanche, leurs otages.

A peine Cavalier et Roland furent-ils en face l'un de l'autre, qu'ils éclatèrent en récriminations et en reproches ; mais néanmoins, grâce à d'Aygaliers, ils s'adoucirent bientôt, et finirent par s'embrasser.

Mais Ravanel fut de plus dure composition : à peine aperçut-il Cavalier, qu'il le salua du nom de traître, ajoutant que, pour son compte, il ne se rendrait jamais que l'on n'eût rétabli l'édit de Nantes ; puis, après leur avoir dit que toutes les promesses de M. de Villars étaient fausses, et leur avoir prédit qu'ils se repentiraient un jour de la confiance qu'ils y avaient eue, sans attendre de réponse à cette sortie, il quitta brusquement la conférence, et s'en alla rejoindre sa troupe, qui était à trois quarts de lieue de là, sur une montagne, avec celle de Roland.

Cependant les négociateurs ne regardèrent point tout espoir comme perdu. Ravanel s'était éloigné d'eux ; mais Roland était resté en leur compagnie ; de sorte qu'ils convinrent d'aller tous ensemble parler aux frères, c'est-à-dire aux troupes de Roland et de Ravanel, qui, pour le moment, étaient réunies près de Leuziés, afin de leur faire part des articles arrêtés entre les envoyés de Roland et le maréchal. Ceux qui venaient de prendre la résolution de tenter cette dernière démarche étaient Cavalier, Roland, Moïse Saint-Paul, Laforêt, Maillé, Malplach et d'Aygaliers. Voici comment ce dernier raconte lui-même ce qui se passa à la suite de cette décision :

« Elle ne fut pas plutôt prise, que, pressés de l'exécution, nous nous mîmes en chemin. Nous marchions dans un petit sentier sur la montagne, où nous avions à notre gauche le Gardon, et à notre droite la hauteur.

» Après avoir fait une lieue, nous découvrîmes la troupe, qui paraissait être d'environ trois mille hommes, et une garde avancée postée sur notre chemin, qu'elle bouchait.

» Je crus que cette garde était là pour nous faire honneur, et j'approchai sans soupçon ; mais tout d'un coup les camisards nous coupèrent à droite et à gauche du chemin ; ils se jetèrent sur Roland avec des injures, et le firent entrer dans la troupe par force. En même temps, Maillé et Malplach furent jetés à bas de leurs chevaux. Quant à Cavalier, qui n'était pas si avancé que nous, se voyant poursuivi le sabre haut par des gens qui l'appelaient traître, il piqua son cheval, et se sauva de vitesse avec quelques bourgeois d'Anduze, qui étaient venus avec nous, et qui, voyant la réception qu'on nous faisait, pensèrent mourir de peur.

» Pour moi, j'étais trop avancé, ayant cinq ou six fusils appuyés sur l'estomac et un pistolet à chaque oreille ; en sorte que je pris mon parti. Je leur dis qu'ils tirassent, que j'étais content de mourir pour le service de mon prince, de ma patrie, de ma religion, et pour eux-mêmes que je tâchais de rendre heureux en leur procurant la protection du roi.

» Ces paroles, que je répétai plusieurs fois pour me faire entendre parmi un tumulte épouvantable, arrêtèrent leur première fureur.

» Ils me dirent que je me retirasse, qu'ils ne voulaient pas me tuer. Je répondis que je n'en voulais rien faire, que je voulais aller au milieu de la troupe justifier Roland de la trahison dont ils l'accusaient, ou recevoir la mort moi-même, si je ne leur faisais pas connaître que tout ce que je voulais lui faire faire, et à Cavalier, était pour le bien du pays, de la religion et de nos frères ; et après avoir crié pendant une heure contre trente voix qui étouffaient la mienne, je m'offris à combattre celui qui leur inspirait la guerre.

» A cette proposition, ils tournèrent leurs armes contre moi. Là-dessus, Maillé, Malplach et quelques autres se jetèrent au-devant de moi, et, quoique désarmés, ils eurent assez de crédit pour empêcher les autres de m'insulter ; après quoi, ils me forcèrent de m'en aller.

» En partant je leur dis qu'ils allaient attirer bien des malheurs sur le pays ; et un nommé Claris, s'avançant hors de la troupe, me cria : — Allez, monsieur, Dieu vous bénisse ! nous savons que vos intentions sont bonnes et que vous êtes trompé le premier : travaillez toujours pour le bien du pays, et Dieu vous bénira. »

D'Aygaliers revint vers le maréchal, qui, furieux de voir la façon dont les choses avaient tourné, résolut dès ce moment de rompre les négociations et d'en revenir aux voies de rigueur. Cependant, avant de les mettre à exécution, il écrivit au roi la lettre suivante :

« Sire,

» Il m'est toujours glorieux d'exécuter fidèlement les ordres de Votre Majesté, quels qu'ils puissent être ; mais j'aurais encore plus d'occasions à signaler mon zèle pour son service si je n'avais pas affaire ici contre des fous sur lesquels on ne peut compter. Lorsqu'on est prêt à tomber dessus, ils offrent de se soumettre, et changent, dans le moment, de résolution. Rien ne prouve tant leur folie que d'hésiter un moment à profiter d'un pardon dont ils sont indignes, et que Votre Majesté leur offre si généreusement. S'ils restent davantage dans cette indétermination, je les contraindrai par la force à se ranger dans leur devoir, et à rendre à cette province la tranquillité que ces malheureux y ont troublée. »

Le lendemain du jour où il avait écrit cette lettre au roi, Roland fit prier M. de Villars, par Maillé, de vouloir bien attendre, avant que d'en venir aux voies de rigueur, que le samedi 7 et le dimanche 8 fussent écoulés, car c'étaient les jours où finissait la trève ; et il le faisait assurer positivement que, d'ici là, il ramènerait la troupe tout entière, ou qu'il viendrait se rendre avec cent cinquante hommes. Le maréchal voulut bien encore attendre jusqu'au samedi matin ; mais ce jour arrivé, il donna ordre d'attaquer les camisards, et le lendemain marcha de sa personne avec un corps de troupes considérable pour les surprendre à Carnoulet, où il avait appris qu'ils étaient rassemblés. Mais, de leur côté, ils avaient su ses intentions, et avaient évacué le village pendant la nuit.

Le village paya pour ceux qui l'avaient habité ; il fut pillé et brûlé ; les miquelets y égorgèrent même deux femmes pour lesquelles d'Aygaliers ne put obtenir vengeance. Ainsi, M. de Villars tenait la fatale parole qu'il avait donnée, et la guerre recommençait aussi acharnée qu'avant la trève.

Furieux d'avoir manqué les camisards, de Menon, ayant appris par un de ses espions que Roland devait coucher la nuit suivante au château de Prade, vint trouver M. de Villars, lui demandant de diriger une expédition contre ce chef, qu'il espérait surprendre, grâce à la connaissance parfaite qu'un guide qui offrait de le conduire avait des localités. Le maréchal lui donna carte blanche. Le soir, de Menon partit avec deux cents grenadiers ; et il avait déjà monté avec eux, sans être découvert, plus des trois quarts du sentier qui conduisait au château, lorsqu'un Anglais, qui servait dans les troupes de Roland, et qui revenait d'un village voisin, où il avait sa maîtresse, tomba par hasard au milieu des grenadiers de Menon. Alors, sans s'arrêter à ce qui pourrait en advenir pour lui, il lâcha son coup de fusil en criant :
— Sauve ! sauve ! les royaux sont ici. — A ce cri répété par les sentinelles, Roland saute à bas de son lit, et, sans avoir le temps de prendre ses habits ni de courir à ses chevaux, se sauve à pied et en chemise par une poterne qui donnait dans un bois. De Menon entra par une porte comme Roland sortait par l'autre, trouva son lit chaud, et s'empara de ses habits, dans l'un desquels était une bourse contenant trente-cinq louis, et de trois superbes chevaux.

Les camisards répondirent à cette dénonciation d'hostilités par un assassinat. Quatre d'entre eux, croyant avoir des sujets de mécontentement contre le subdélégué de M. de Baville, qui était en même temps maire et juge du Vigan, et que l'on nommait Daudé, se cachèrent dans un blé, près duquel ils savaient qu'il devait passer au retour de sa maison de campagne appelée La Valette. Leurs mesures étaient bien prises. Daudé suivit la route où l'attendaient les assassins, et comme il revenait n'ayant aucun soupçon du péril qui le menaçait, et causant tranquillement avec M. de Mondardier, jeune gentilhomme des environs, qui ce jour-là même était venu demander sa fille en mariage, il se trouva tout à coup enveloppé par quatre hommes qui, après lui avoir reproché les exactions et les cruautés dont il s'était rendu coupable, lui cassèrent la tête de deux coups de pistolet. Quant à M. de Mondardier, ils ne lui firent d'autre violence que de lui prendre son chapeau brodé et son épée.

Le jour même où il apprit cet assassinat, M. de Villars mit à prix la tête de Roland, de Ravanel et de Catinat.

Cependant l'exemple donné par Cavalier, joint à cette recrudescence d'hostilités, n'était point sans influence sur les camisards : chaque jour quelqu'un d'eux écrivait pour faire sa paix ; et d'une seule fois, dans une seule journée, trente rebelles vinrent se remettre aux mains de Lalande, et vingt dans celles de Grandval. Pour engager les autres à en faire autant qu'eux, on accorda à ceux-ci non-seulement leur pardon, mais des récompenses ; de sorte que, le 15 juin, huit autres, qui étaient de la troupe qui avait abandonné Cavalier à Calvisson, vinrent à leur tour faire leur soumission, tandis que douze autres vinrent demander à se rattacher à la fortune de leur ancien chef, et à le suivre partout où il irait. On se hâta de leur accorder leur demande, et on les envoya à Valabrègues, où ils trouvèrent quarante-deux de leurs anciens compagnons, parmi lesquels étaient Duplan et le jeune frère de Cavalier, qui y avaient été conduits quelques jours auparavant. A mesure qu'ils arrivaient, ils étaient logés dans les casernes, et on leur donnait bonne paye, les chefs ayant quarante sous par jour et les soldats dix. Aussi se trouvaient-ils on ne peut plus heureux ; car ils étaient bien nourris, bien logés, et passaient leur temps à prêcher, à chanter des psaumes et à faire la prière jour et nuit. Ce qui déplaisait si fort, dit Labaume, aux habitants du lieu, qui étaient catholiques, que, sans les troupes qui gardaient les camisards, les habitants les eussent tous jetés dans le Rhône.

Cependant le moment du départ de Cavalier était arrivé : une ville lui devait être fixée, assez loin du théâtre de la guerre pour que les rebelles ne fissent plus aucun fond sur lui ; là il devait organiser son régiment, et, son régiment une fois organisé, aller faire la guerre en Espagne. M. de Villars, qui n'avait point cessé d'être parfaitement bien pour lui, et de le traiter, non plus comme un rebelle, mais, au contraire, selon le nouveau grade qu'il occupait, le prévint, le 21 juin, qu'il eût à se tenir prêt à partir le lendemain ; et en même temps il lui remit à compte sur leur paye future cinquante louis pour lui, trente pour Daniel Billard, qu'il avait fait son lieutenant-colonel à la place de Ravanel, dix pour chacun de ses capitaines, cinq pour chacun de ses lieutenants, deux pour chacun de ses sergents, et un pour chaque

soldat. Sa troupe se montait alors à cent cinquante hommes, dont soixante seulement étaient armés ; M. de Vassiniac aide-major de Fimarçon, les accompagnait avec cinquante dragons et cinquante soldats de Hainault.

Sur toute la route qu'ils parcoururent Cavalier et sa troupe furent parfaitement reçus ; à Mâcon ils trouvèrent l'ordre de s'arrêter.

Aussitôt Cavalier écrivit à M. de Chamillard qu'il avait des choses d'importance à lui communiquer, et sur-le-champ ce ministre lui envoya un courrier de cabinet, nommé Lavallée, pour le prendre à Mâcon et l'amener à Versailles.

Ce message comblait toutes les espérances de Cavalier ; il n'ignorait pas qu'on s'était fort occupé de lui à la cour : la réception qu'on lui avait faite à Nîmes lui avait, quelque modestie qu'il eût, donné une idée, sinon de son mérite, du moins de son importance. D'ailleurs il croyait avoir rendu d'assez grands services au roi pour avoir bien mérité de lui.

L'accueil de Chamillard le confirma dans ses rêves dorés : le ministre reçut le jeune colonel en homme dont on apprécie la valeur, et l'assura que les plus grands seigneurs et les plus grandes dames de la cour n'étaient pas moins bien portés pour lui qu'il ne l'était lui-même.

Le lendemain, ce fut bien autre chose : Chamillard annonça à Cavalier que le roi désirait le voir ; qu'en conséquence il se tînt prêt pour cette réception. Deux jours après, Cavalier reçut une lettre du ministre ; il lui écrivait de venir le trouver à quatre heures de l'après-midi, et qu'il le placerait sur le grand escalier où le roi devait passer.

Cavalier revêtit son plus beau costume, et, pour la première fois peut-être, s'occupa de sa toilette. Il était d'une jolie figure, à laquelle sa grande jeunesse, ses longs cheveux blonds et la douceur de ses yeux prêtaient beaucoup de charmes. Deux ans de guerre lui avaient donné une tournure martiale. Bref, même au milieu des plus élégants, il pouvait passer pour un beau cavalier.

A trois heures il se rendit à Versailles, et y trouva Chamillard, qui l'attendait : tout le ban et l'arrière-ban des courtisans était en émoi ; car on avait appris que Louis le Grand avait désiré *rencontrer* l'ancien chef cévenol, dont le nom avait été si souvent et si haut prononcé dans les montagnes du Languedoc, qu'il avait retenti jusque dans les appartements de Versailles. Aussi, comme l'avait pensé Cavalier, la curiosité fut-elle grande à son aspect ; mais comme personne ne savait encore quel visage lui ferait Louis XIV, nul n'osa l'aborder, de peur de se compromettre, l'accueil de Sa Majesté devant servir de régulateur à tout le monde.

Ces regards curieux et ce silence affecté gênaient fort le jeune colonel ; mais ce fut bien pis encore lorsque Chamillard, qui l'avait conduit au poste convenu, le quitta pour aller rejoindre le roi. Cependant, au bout d'un instant, il fit ce que font les gens embarrassés, c'est-à-dire qu'il cacha son embarras sous une apparence de dédain, s'appuyant contre la rampe de l'escalier, croisant ses jambes l'une sur l'autre et jouant avec la plume de son chapeau.

Une demi-heure s'écoula ainsi ; puis une grande rumeur se fit entendre ; Cavalier se retourna et aperçut Louis XIV mettant le pied dans le vestibule : c'était la première fois qu'il le voyait, et cependant il le reconnut ; alors il sentit ses jambes faillir et le sang lui monter au visage.

Le roi monta avec sa dignité habituelle l'escalier marche à marche, s'arrêtant de temps en temps pour dire un mot, faire un signe de tête ou un geste de la main. Derrière lui, et deux marches au-dessous, montait Chamillard marchant et s'arrêtant, selon que le roi marchait ou s'arrêtait, et se tenant toujours prêt à répondre d'une manière respectueuse, mais cependant précise et brève, aux questions que lui faisait Sa Majesté.

Arrivé à la hauteur de Cavalier, le roi s'arrêta, sous prétexte de faire remarquer à Chamillard un nouveau plafond que venait de terminer Lebrun, mais en effet, pour regarder tout à son aise l'homme singulier qui avait lutté contre deux maréchaux de France et traité de pair à pair avec un troisième ; puis, lorsqu'il l'eut examiné tout à son aise :

— Quel est ce jeune seigneur ? demanda-t-il à Chamillard, comme s'il ne faisait que de l'apercevoir à l'instant même.

— Sire, répondit le ministre en faisant un pas pour le présenter au roi, c'est le colonel Jean Cavalier.

— Ah ! oui, dit dédaigneusement le roi, l'ancien boulanger d'Anduze !

Puis, haussant les épaules en signe de mépris, il continua son chemin.

Cavalier, de son côté, avait fait, comme Chamillard, un pas en avant, croyant que le roi allait s'arrêter, lorsque cette dédaigneuse réponse du grand roi le changea en statue : un instant il demeura immobile, et pâlissant au point qu'on eût pu croire qu'il allait tomber mort ; puis, instinctivement, il porta la main à son épée ; mais aussitôt, comprenant qu'il était perdu s'il restait un instant de plus parmi ces hommes, qui, tout en ayant l'air de trop le mépriser pour s'occuper de lui, ne perdaient pas un de ses mouvements de vue, il s'élança de l'escalier sous le vestibule, culbutant deux ou trois laquais qui se trouvaient sur son passage, se précipita dans le jardin, qu'il traversa en courant, et, rentrant dans la chambre de son hôtel, se jeta sur le parquet, où il se roula comme un insensé, jetant des cris de rage, et maudissant l'heure où, se fiant aux promesses de M. de Villars, il avait abandonné ses montagnes, où il était aussi roi que Louis XIV l'était à Versailles.

Le soir même, il reçut l'ordre de quitter Paris et de rejoindre son régiment à Mâcon.

Cavalier partit le lendemain matin, sans avoir même revu M. de Chamillard.

Le jeune Cévenol en arrivant à Mâcon retrouva ses frères, qui y avaient reçu la veille la visite de d'Aygaliers; il venait encore une fois à Paris dans l'espérance d'obtenir du roi plus que ne voulait, ou ne pouvait accorder M. de Villars.

Cavalier, sans raconter à ses compagnons l'étrange réception qu'il avait eue du roi, leur laissa soupçonner qu'il craignait, non-seulement qu'on ne leur tînt aucune des promesses qu'on leur avait faites, mais encore qu'on ne leur jouât quelque mauvais tour. Alors ces hommes, dont il avait été si longtemps le chef, et dont il était toujours l'oracle, lui demandèrent ce qu'il fallait qu'ils fissent. Cavalier répondit que, s'ils étaient disposés à le suivre, il croyait que ce qu'il y avait de mieux à faire était, à la première occasion, de gagner la frontière et de passer à l'étranger. Tous, à l'instant même, lui offrirent de le suivre. Ce fut un nouveau remords pour Cavalier; car il se souvint qu'il avait eu sous ses ordres quinze cents hommes pareils à ceux-là.

Le lendemain, Cavalier et ses compagnons se remirent en marche, sans savoir où on les conduisait, et sans avoir pu obtenir aucun renseignement à ce sujet; ce silence de leur escorte les confirma d'autant plus dans leur résolution. Aussi, arrivés à Onnan, Cavalier déclare à ses frères qu'il croit l'occasion favorable, et leur demande s'ils sont toujours dans la même intention; ceux-ci ne lui répondent qu'en le laissant maître de tout. Alors Cavalier leur ordonne de se tenir prêts : Daniel leur fait la prière; puis, la prière finie, ils désertent tous ensemble, traversent le mont Belliard, se jettent dans le Porentruy, et prennent le chemin de Lausanne.

Pendant ce temps d'Aygaliers arrivait à son tour à Versailles avec des lettres du maréchal de Villars pour le duc de Beauvilliers, chef du conseil du roi, et pour Chamillard. Le soir même de son arrivée, il remit ces lettres à ceux à qui elles étaient adressées; tous deux lui promirent de le présenter au roi.

Au bout de quatre jours, Chamillard fit savoir à d'Aygaliers qu'il eût à se trouver le lendemain à l'entrée du conseil dans la chambre du roi.

D'Aygaliers fut exact : le roi passa à l'heure accoutumée, et s'étant arrêté devant d'Aygaliers, Chamillard s'avança, et dit :

— Le baron d'Aygaliers, sire.

— Je suis bien aise de vous voir, monsieur, dit le roi; car je suis content du zèle que vous avez témoigné dans le Languedoc pour mon service, très-content.

— Sire, répondit d'Aygaliers, je m'estime, au contraire, bien malheureux de n'avoir encore rien fait qui puisse mériter la bonté avec laquelle Votre Majesté daigne me parler, et je demande à Dieu la grâce de trouver à l'avenir des occasions de lui mieux marquer mon zèle et ma fidélité pour son service.

— N'importe, n'importe, dit le roi; je vous le répète, monsieur, je suis très-content de ce que vous avez fait.

Et il entra au conseil.

D'Aygaliers se retira à demi satisfait : il n'était point venu pour recevoir seulement des félicitations de Louis XIV, mais dans l'espérance qu'il obtiendrait quelque chose pour ses frères; mais avec Louis XIV il n'y avait ni à solliciter ni à se plaindre, il fallait attendre.

Le même soir, Chamillard envoya chercher le baron, et lui dit que, le maréchal de Villars ayant écrit que les camisards avaient une grande confiance en lui, il désirait savoir s'il ne voulait pas s'employer de nouveau pour les faire rentrer dans le devoir.

— Certes, répondit d'Aygaliers; et je le ferai bien volontiers; mais je crois que les choses sont si fort brouillées à cette heure, qu'on aura grande peine à calmer les esprits.

— Mais que veulent donc ces gens-là? demanda Chamillard à d'Aygaliers, comme si c'était la première fois qu'il en entendît parler; et que pensez-vous qu'il fallût faire pour pacifier les choses?

— Je crois, monseigneur, répondit le baron, qu'il faudrait que Sa Majesté permît à ses sujets le libre exercice de leur religion.

— Comment? rétablir l'exercice de la religion prétendue réformée! s'écria le ministre; gardez-vous bien de parler de cela. Le roi aimerait mieux, je crois, voir tout son royaume bouleversé que de consentir à une pareille chose.

— Monseigneur, répliqua alors le baron, je suis vraiment fâché, dans ce cas, de ne point connaître d'autres moyens que ceux que je propose pour calmer des malheurs qui causeront la perte d'une des plus belles provinces du royaume.

— Mais, dit le ministre avec un grand étonnement, voilà, sur mon honneur, une grande obstination! Des gens qui veulent se perdre et entraîner avec eux la ruine de leur pays!... Que ceux qui ne peuvent pas s'accommoder de notre religion prient Dieu chez eux, on ne les ira point troubler, pourvu qu'ils ne fissent point d'assemblées.

— Cela était bon dans le commencement, monseigneur, et je crois que si on n'avait point fait confesser et communier les gens par force, il aurait été facile de les contenir dans une soumission de laquelle ils ne sont sortis que par le désespoir où on les a poussés; mais à présent ils disent qu'il ne suffit pas de prier Dieu chez soi, qu'il faut se marier, baptiser les enfants, les instruire et trépasser, et que tout cela ne peut se faire sans l'exercice de la religion.

— Et où avez-vous vu, demanda Chamillard, qu'on ait fait communier quelqu'un par force?

D'Aygaliers regarda le ministre avec étonnement, et comme pour s'assurer qu'il ne plaisantait pas; mais voyant que sa figure était parfaitement sérieuse :

— Hélas! monseigneur, répondit-il, feu mon père, et ma mère, qui est encore vivante, sont pour moi de funestes exemples que ce sacrilège a été commis.

— N'êtes-vous donc point catholique? demanda Chamillard.

— Non, monseigneur, répondit d'Aygaliers.

— Mais alors comment avez-vous fait pour revenir dans le royaume?

— Pour vous faire là-dessus une confession sincère, monseigneur, je dois vous dire que j'étais venu dans le dessein de faire sortir ma mère, mais qu'elle n'a pu se résoudre à cela, à cause de beaucoup de difficultés qu'il lui eût fallu surmonter, et qu'elle employa tous nos parents pour me faire rester. Alors je cédai à la persécution qu'ils me firent, mais à la condition que je ne serais pas tourmenté à l'endroit de ma croyance. Pour arriver à ce but, un prêtre de leurs amis dit que j'avais changé, et je les laissai dire; et en cela, monseigneur, je fis fort mal et je m'en repens. J'ajouterai cependant que toutes les fois qu'on m'a fait la question que votre excellence vient de me faire, j'ai répondu avec la même sincérité.

Le ministre ne témoigna aucun chagrin au baron sur sa franchise; seulement il lui dit, en prenant congé de lui, qu'il fallait qu'il trouvât un moyen pour faire sortir du royaume ceux qui ne voulaient pas se soumettre aux ordres de Sa Majesté sur la religion. D'Aygaliers répondit à cela — qu'il y avait beaucoup pensé sans en trouver jamais, et que cependant il y penserait encore. — Puis il se retira.

Quelques jours après, le ministre fit prévenir d'Aygaliers que le roi daignait lui accorder une audience de congé. Voici comment le baron raconte lui-même cette seconde entrevue :

— Sa Majesté, dit-il, me fit appeler dans la chambre du conseil, où elle me fit de nouveau la grâce de me dire, en présence de tous les ministres, qu'elle était très-contente de mes services, et qu'il n'y avait qu'une seule chose qu'elle aurait voulu corriger en moi. Je suppliai Sa Majesté de me dire ce qui pouvait lui déplaire, et que je tâcherais de m'en défaire, au péril de ma vie.

— C'est de votre religion, me dit le roi, que je veux vous parler. Je souhaiterais que vous fussiez bon catholique, pour avoir lieu de vous accorder des grâces et vous mettre par là à même de continuer à me servir. Sa Majesté, alors, ajouta qu'il fallait me faire instruire, et que je reconnaîtrais un jour qu'elle m'avait procuré un grand bien.

Je répondis à Sa Majesté que je m'estimerais heureux de pouvoir témoigner aux dépens de ma vie le zèle dont j'étais pénétré pour le plus grand roi du monde, mais que je me croirais indigne de la moindre de ses faveurs si je l'obtenais par une hypocrisie, comme serait celle de trahir le sentiment de ma conscience; que j'étais obligé à sa bonté royale du soin qu'elle voulait bien prendre pour me procurer mon salut; que j'avais fait tout ce que j'avais pu pour m'instruire, et même pour étouffer les préjugés de la naissance, qui empêchent souvent les hommes de connaître la vérité; que j'étais tombé par là dans une espèce d'irréligion, jusqu'à ce que Dieu, ayant pitié de moi, m'eût fait ouvrir les yeux et sortir de cet état déplorable, pour connaître que la religion dans laquelle je suis né était bonne. — Et je puis assurer Votre Majesté, ajoutai-je, que plusieurs évêques du Languedoc, qui devaient, ce me semble, travailler à nous faire catholiques, sont les instruments dont la Providence s'est servie pour nous empêcher de le devenir; car, au lieu de nous attirer par la douceur et les bons exemples, ils n'ont cessé, par toutes sortes de persécutions, de nous faire connaître que Dieu voulait punir notre lâcheté d'avoir abandonné une religion que nous croyions bonne, en nous livrant à des pasteurs qui, bien loin de travailler à nous procurer le salut, mettaient toute leur application à nous pousser dans le désespoir.

À cela le roi plia les épaules et me dit : — Cela suffit, n'en parlez plus. — Je lui demandai sa bénédiction, comme à mon roi et au père de tous ses sujets. Le roi se mit à rire et me dit que M. de Chamillard me donnerait ses ordres.

En vertu de cette invitation, d'Aygaliers se rendit le lendemain à la maison de campagne du ministre, où celui-ci lui avait dit d'aller le trouver; alors Chamillard lui annonça que le roi lui avait accordé une pension de huit cents livres. Le baron lui fit observer que, n'ayant point travaillé pour de l'argent, il avait espéré une meilleure récompense, et que tout ce qu'il demandait sous ce rapport était le remboursement pur et simple de trois ou quatre cents pistoles qu'il avait dépensées dans toutes ces allées et venues; mais Chamillard lui répondit que le roi était habitué qu'on acceptât avec reconnaissance tout ce qu'il offrait, et quelque chose qu'il offrît. Il n'y avait rien à dire à cela : aussi d'Aygaliers repartit-il le même soir pour le Languedoc.

Trois mois après, il recevait de Chamillard l'ordre de sortir du royaume, avec promesse d'une pension de quatre cents écus, dont on lui paya le premier quartier d'avance. Comme il n'y avait pas moyen de faire autrement que d'obéir, il partit, accompagné de trente-trois hommes, avec lesquels il arriva à Genève le 23 septembre ; mais une fois arrivé là, le roi Louis XIV pensa que sa magnificence avait assez fait, et se crut quitte avec lui ; il en résulta que d'Aygaliers attendit en vain pendant un an le second quartier de sa pension.

Au bout de ce temps, ses lettres à Chamillard restant sans réponse, et se trouvant sans ressource en pays étranger, il se crut en droit de revenir à sa terre d'Aygaliers, et rentra en France. Malheureusement le prévôt des marchands de Lyon, informé de son passage dans cette ville, le fit arrêter, et donna avis de son arrestation au roi, qui ordonna qu'il fût conduit au château de Loches. Au bout d'un an de détention, d'Aygaliers, qui à cette époque était âgé de trente-cinq ans à peine, résolut de faire tout ce qu'il lui serait possible pour s'évader, préférant mourir dans cette tentative que de vivre dans une captivité dont il ne prévoyait pas la fin. En conséquence, il parvint à se procurer une lime, scia un des barreaux de sa prison, et descendit avec les draps de son lit, au bout desquels il avait attaché le barreau, dont, une fois à terre, il comptait se faire une arme. En effet, une sentinelle, qui était à portée, ayant crié : *qui vive?* d'Aygaliers l'assomma d'un coup de ce barreau de fer. Mais le cri qu'elle avait poussé avait donné l'alerte : une seconde sentinelle vit un homme qui fuyait fit feu sur lui et le tua.

Telle fut la récompense qu'obtint le dévouement patriotique du baron d'Aygaliers.

Cependant la troupe de Roland s'était extrêmement grossie par la jonction de celle de Cavalier : de sorte qu'il avait à peu près huit cents hommes sous ses ordres. D'un autre côté, un autre chef, nommé Joanny, en avait quatre cents. La Rose, à qui Castanet avait remis son commandement, en avait une de trois cents : Boizeau de Rochegude en avait une de cent, Saltet de Soustel une de deux cents, Louis Coste une de cinquante, et Catinat une de quarante ; si bien que, malgré la victoire de Montrevel et les négociations de M. de Villars, les camisards présentaient encore un effectif de dix-huit cent quatre-vingt-dix hommes, sans compter les coureurs isolés qui travaillaient pour leur propre compte, sans reconnaître aucun commandement, mais qui, peut-être, n'en faisaient que plus de mal. Toutes ces troupes, au reste, moins celles qui, comme nous l'avons dit, faisaient une guerre individuelle, obéissaient à Roland, qui avait été reconnu généralissime depuis la défection de Cavalier. M. de Villars pensa donc que, si l'on détachait Roland comme on avait fait de Cavalier, toutes choses alors deviendraient plus faciles.

Aussi tout avait-il été mis en œuvre pour gagner Roland, promesses et menaces, et quand un moyen avait échoué, on recourait aussitôt à un autre. Un instant on eut quelque espérance de le ramener, grâce à un nommé Jourdan de Mianet, son grand ami, qui s'était offert pour intermédiaire ; mais il échoua comme les autres, et Roland répondit par un refus si positif, que l'on vit enfin qu'il fallait recourir à d'autres voies qu'à celles de la persuasion. La tête de Roland avait été mise à prix à cent louis ; on doubla la somme.

Trois jours après, un jeune homme d'Uzès, nommé Malarte, qui avait toute la confiance de Roland, écrivit à M. de Paratte que le général des camisards, avec sept ou huit de ses officiers, devait aller coucher au château de Castelnau le 14 août au soir.

De Paratte fit aussitôt toutes ses dispositions, et commanda à Lacoste-Badié, commandant du second bataillon de Charolais, à deux compagnies de dragons de Saint-Sernin, à tout ce qu'il y avait d'officiers bien montés à Uzès, de se tenir prêts à huit heures du soir pour une expédition dont il ne leur dit pas le but. A huit heures seulement ils surent donc ce qu'ils avaient à faire, et se mirent en route avec tant de diligence, qu'une heure après ils étaient en vue du château de Castelnau, et qu'ils furent obligés de s'arrêter et de se cacher, craignant d'être arrivés trop tôt, et que Roland ne fût pas encore couché.

Ils avaient tort de craindre : le chef des camisards, habitué à compter sur tous ses hommes comme sur lui-même, s'était couché sans défiance, se reposant sur la vigilance d'un de ses officiers nommé Grimaud, qui se plaça en sentinelle au haut du château. Mais conduits par Malarte, Lacoste-Badié et ses dragons prirent un petit sentier qui leur permit d'atteindre, presque à couvert, le pied des murailles ; de sorte que, lorsque Grimaud les aperçut, il était déjà trop tard, et le château était investi de tous côtés. Aussitôt il tira un coup de fusil, et cria : Aux armes! Roland, réveillé à la fois par le cri et par le coup, sauta en bas de son lit, prit d'une main ses habits, et de l'autre son sabre, et courut aux écuries. A la porte de sa chambre il trouva Grimaud, qui, au lieu de songer à sa sûreté, venait veiller sur celle de son chef. Ils coururent aux écuries pour prendre leurs chevaux ; mais déjà trois des leurs, nommés Marchand, Bourdalie et Bayos, plus diligents que eux, s'étaient emparés des meilleurs, et, sautant sur eux à poil nu, s'étaient élancés par la grande porte avant que les dragons s'en fussent emparés. Les autres chevaux étant les plus mauvais et devant être facilement rejoints par ceux des dragons, Roland ne voulut pas renoncer aux chances que pouvait lui offrir une fuite à pied, dans laquelle il ne serait pas obligé de suivre les chemins frayés, et pourrait, au contraire, se faire une retraite de chaque ravin, un abri de chaque buisson. En conséquence, il courut avec les cinq officiers qui lui restaient vers une petite porte de derrière qui donnait sur la campagne ; mais comme, outre les dragons qui entraient par la grande porte, il y avait encore une ceinture de troupes autour du château, ils tombèrent dans une embuscade et se virent aussitôt entourés. Alors Roland jeta ceux de ses habits dont il n'avait pas encore eu le temps de se vêtir, s'adossa à un arbre, tira son sabre, et défia le plus hardi, qu'il fût officier ou soldat, de le venir prendre. En effet, il y avait un tel caractère de résolution répandu sur le visage de cet homme, qui, seul et à moitié nu, portait un défi à tous, qu'il y eut un moment d'hésitation, pendant lequel, effectivement, personne n'osa s'approcher de lui. Mais au milieu de ce silence un coup de fusil retentit ; le bras que Roland tenait étendu contre ses adversaires retomba près de lui ; le sabre dont il les menaçait s'échappa de sa main ; ses genoux faiblirent ; le corps, soutenu par l'appui que lui offrait l'arbre contre lequel il était adossé, demeura un instant encore debout, s'affaissant graduellement sur lui-même. Alors, rassemblant toutes ses forces, Roland leva ses deux mains au ciel, comme pour appeler la vengeance de Dieu sur ses meurtriers, mais sans pouvoir prononcer une seule parole ; puis il tomba mort.

Un dragon, nommé Soubeyrand, venait de lui passer une balle à travers la poitrine.

Maillie, Grimaud, Coutereau, Guérin et Ressal, c'est-à-dire les cinq officiers camisards, ne virent pas plutôt leur chef mort, que, sans penser à faire une plus longue résistance, ils se laissèrent prendre comme des enfants.

Le corps de Roland fut enlevé mort et porté en triomphe à Uzès, et de là à Nîmes, où le procès fut fait comme s'il était vivant. En conséquence, le cadavre fut condamné à être traîné sur la claie et ensuite à être brûlé. L'exécution se fit donc avec tout cet appareil qui éternise pour les uns le souvenir du châtiment, et pour les autres celui du martyre ; puis ses cendres furent jetées au vent.

Le supplice des cinq officiers suivit de près celui de leur chef ; ils furent condamnés à la roue et exécutés tous ensemble. Mais leur mort, au lieu d'être pour les religionnaires un motif de terreur, leur fut une cause d'encouragement ; car, dit un témoin oculaire, ils souffrirent le supplice avec une constance et même une gaieté qui surprirent tout le monde, et surtout ceux-là qui n'avaient pas encore vu mourir des camisards.

Malarte reçut fidèlement les deux cents louis qui lui avaient été promis. Aujourd'hui encore, dans le pays, son nom équivaut à celui de Judas.

Mais les jours de fortune étaient finis pour les camisards : Cavalier avait emporté avec lui le génie, et Roland la foi. Le jour même de la mort de ce dernier, un des magasins avait été pris du côté de Toiras, et on y avait trouvé plus de quatre-vingts sacs de blé. Le lendemain, Catinat, caché avec douze hommes dans une vigne de la Vaunage, avait été surpris par un détachement du Soissonnais ; dix de ses gens avaient été tués, le onzième fait prisonnier ; et lui-même ne s'était échappé qu'à grand'peine et avec une blessure. Le 25 du même mois, une caverne, qui servait de magasin aux rebelles, avait été découverte du côté de Sauve, et où il y avait trouvé cinquante sacs du plus beau froment. Enfin, le chevalier de Froulay s'était rendu maître d'une troisième cachette du côté de Mialet ; celle-là servait en même temps d'hôpital ; de sorte que, outre dix bœufs salés, du vin et de la farine, il y trouva encore six camisards blessés, qui furent fusillés à l'instant même.

La seule troupe qui restât bien entière était donc celle de Ravanel ; mais, comme, depuis le départ de Cavalier, rien n'avait réussi à son lieutenant, et qu'il voyait les autres troupes accablées par des échecs successifs, il décréta un jeûne solennel, pour intéresser Dieu à la cause des religionnaires. En conséquence, le samedi 13 septembre, il se rendit avec toute sa troupe dans le bois de Saint-Benazet, et pour y passer la journée du lendemain en prières. Malheureusement la trahison était devenue contagieuse. Deux paysans qui connaissaient cette résolution en donnèrent avis à M. Lenoir, maire du Vigan ; celui-ci en informa aussitôt le maréchal et M. de Baville qui étaient à Anduze.

Rien ne pouvait être plus agréable au maréchal qu'une nouvelle de cette importance ; aussi prit-il aussitôt toutes ses mesures pour en finir d'un seul coup avec les rebelles. Il ordonna à M. de Courten, colonel-brigadier qui commandait à Alais, de prendre un détachement des troupes qui étaient sous ses ordres, et d'aller border le Gardon entre Ners et Castagnols, point probable que choisiraient pour leur retraite les camisards lorsqu'ils se verraient poussés par un autre corps de troupes qui viendrait du côté opposé ; cet autre corps fut tiré d'Anduze, et se rendit dans la nuit aux environs de Dommersargues. Les deux détachements faisaient ensemble une petite armée, se composant d'un bataillon suisse, d'un bataillon du régiment de Hainault, d'un bataillon du régiment de Charolais, et de quatre compagnies de dragons de Fimarçon et de Saint-Sernin.

Tout s'était passé comme les deux paysans l'avaient déclaré. Le samedi 13, les camisards étaient entrés dans les bois de Saint-Benazet ; et, pendant la nuit du samedi au dimanche, ils y avaient été enveloppés.

A la pointe du jour, le détachement des troupes royales, qui avait pris du côté de Dommersargues, commença d'agir. Les sentinelles avancées des camisards s'aperçurent bientôt du mouvement, et en donnèrent avis à Ravanel ; celui-ci assembla aussitôt son petit conseil de guerre. Les avis furent unanimes pour la retraite : on se retira donc du côté de Ners, afin d'aller passer le Gardon au-dessous de cette ville : c'était justement ce qu'avait prévu M. de Villars. Il était impossible que les rebelles secondassent mieux ses intentions ; ils donnaient droit dans l'embuscade.

En effet, ils ne furent pas plutôt hors du bois de Saint-Benazet, qu'ils aperçurent, entre Marvejols et un moulin appelé le moulin du Pont, un détachement de troupes royales qui les attendaient. Voyant que le passage était barré de ce côté, ils firent un à-gauche et suivirent une ravine qui longeait les bords du Gardon jusques au-dessous de Marvejols, où ils passèrent la rivière.

Ils croyaient, grâce à cette manœuvre, être à l'abri de tout danger, lorsqu'ils aperçurent, proche d'un moulin appelé le Moulin de la Scie, un autre détachement couché tranquillement sur le gazon. A cette vue, les camisards s'arrêtèrent une seconde fois, et, croyant n'avoir point

toute la puissance des rebelles avait disparu. Aussi, dès que le bruit de cette nouvelle défaite se fut répandu, convaincus que l'esprit du Seigneur n'était plus en eux, chefs et soldats commencèrent à se rendre. Le premier qui avait donné l'exemple était Castanet. Dès le 6 septembre, c'est-à-dire huit jours avant la défaite de Ravanel, il s'était rendu au maréchal. Le 19, Catinat et François Sauvayre, son lieutenant, l'imitèrent ; le 22, ce fut Amet, frère de Roland ; le 4 octobre, ce fut Joanny ; le 9, ce furent Laroze, Valette, Salomon, Laforêt, Moulières, Salles, Abraham et Marion ; le 20, ce fut Fidèle ; enfin le 25, ce fut de Rochegude.

Chacun d'eux fit son traité particulier, et le fit aux meilleures conditions possibles. En général, on leur donna à tous des récompenses, aux uns plus, aux autres moins ; les plus modiques étaient de deux cents livres. Puis on donnait à ceux qui avaient fait ainsi leur soumission des passe-ports pour sortir du royaume, et on les faisait conduire, sous escorte et aux dépens du roi, jusqu'à Genève. Au reste, voici comment Elie Marion raconte son traité avec le marquis de Lalande ; selon toutes les probabilités, les autres étaient sur des bases sinon pareilles, du moins équivalentes :

— Quel est ce jeune seigneur ? demanda-t-il à Chamillard, comme s'il ne faisait que de l'apercevoir à l'instant même. — Page 205.

été découverts, reculèrent à petits pas et allèrent repasser le Gardon au-dessous de Castagnols, pour gagner du côté de Cardet ; mais ils n'étaient sortis d'un piège que pour tomber dans un autre ; car de ce côté ils trouvèrent les dragons et le bataillon de Hainault, qui commencèrent à fondre sur eux. Alors quelques-uns de ces malheureux, ralliés à la voix de Ravanel et des autres officiers, essayèrent de s'opposer à la confusion générale, et se mirent en mesure de se défendre ; mais le danger était si pressant, les ennemis si nombreux, le cercle qu'ils formaient se rétrécissait si rapidement, que l'exemple même fut sans influence sur eux, et que tous, prenant la fuite, se dispersèrent au hasard, chacun oubliant la sûreté de tous pour ne songer qu'à la sienne.

Alors ce ne fut plus un combat, ce ne fut plus même une déroute, ce fut une boucherie ; car les royaux étaient un contre dix ; et parmi ceux à qui ils avaient affaire, à peine soixante étaient-ils armés de fusils, les autres, depuis la perte successive de leurs différents magasins, n'ayant d'autres armes que de mauvais sabres, des fourches et des baïonnettes au bout de bâtons. Aussi presque tous périrent-ils, et Ravanel lui-même n'échappa qu'en se jetant dans le Gardon, en se cachant entre deux roches, et ne sortant sa tête de l'eau que pour respirer. Il resta ainsi sept heures. Enfin la nuit vint, et les dragons s'étant éloignés, il put enfin fuir à son tour.

Ce fut la dernière lutte armée de cette guerre, qui avait duré quatre ans. Avec Cavalier et Roland, ces deux géants des Cévennes,

« Je fus député, dit-il, pour capituler avec ce lieutenant-général ; je traitai avec lui pour ma troupe, pour celle du chef Laroze et pour les habitants de trente-cinq paroisses qui avaient contribué à notre subsistance pendant la guerre. En vertu de ce traité, tous les prisonniers de nos cantons devaient être mis en liberté, et rentrer comme les autres dans la possession de leurs biens. Les habitants des paroisses que les ennemis avaient brûlées devaient être exempts de tailles pendant trois ans, et ni les uns ni les autres ne devaient plus être inquiétés pour le passé ni molestés sur le chapitre de la religion ; mais il leur devait être permis de servir Dieu dans leurs maisons, selon les mouvements de leurs consciences. »

Au reste, ces traités furent tenus avec tant de ponctualité, qu'en Laroze, le jour même de sa soumission, c'est-à-dire le 9 octobre, alla ouvrir lui-même la porte du château de Saint-Hippolyte, qui renfermait près de quarante prisonniers.

Comme nous l'avons dit, à mesure qu'ils se rendaient, les religionnaires étaient acheminés sur Genève. D'Aygaliers, pour lequel nous avons anticipé sur les événements, y était arrivé, le 23 septembre, avec le frère aîné de Cavalier, Malplach, secrétaire de Roland, et trente-six camisards. Catinat et Castanet y arrivèrent le 8 octobre avec vingt-deux personnes ; enfin Laroze, Laforêt, Salomon, Moulières, Salles, Abraham, Marion et Fidèle, conduits par M. de Pradines,

Paris. — Typ. de Ve Dondey-Dupré, rue St-Louis, 46, au Marais.

et quatorze dragons de Fimarçon, y arrivèrent au mois de novembre.

Il ne restait donc plus de tous ces chefs qui avaient fait pendant quatre ans du Languedoc une vaste arène, que le seul Ravanel, qui n'avait ni voulu se rendre ni tenter de s'éloigner. Aussi, le 8 octobre, le maréchal rendit une ordonnance par laquelle il le déclarait déchu de la grâce de prétendre à aucune amnistie, promettait à ceux qui l'amèneraient vivant la somme de cent cinquante louis, et à celui qui le tuerait ou l'amènerait mort celle de deux mille quatre cents livres ; quant aux bourgs ou villages qui lui donneraient retraite, ils seraient brûlés, et les habitants passés au fil de l'épée.

La révolte paraissait donc éteinte et le calme rétabli. En conséquence, le maréchal fut rappelé à la cour, et partit le 6 janvier de Nîmes. Avant son départ il tint les états, dont il reçut non-seulement les éloges qu'il méritait à cause de sa conduite si intelligemment tour à tour indulgente et sévère, mais encore un présent de douze mille livres. Mme la maréchale, de son côté, en reçut un de huit mille. Mais ce n'était que le prélude des grâces qui l'attendaient : le roi le nomma, le jour même de son retour à Paris, chevalier de ses ordres et duc ; et l'ayant reçu le lendemain : — Monsieur, lui dit-il, vos services passés me donnent de grandes espérances de ceux que vous pouvez me rendre à l'avenir, et les affaires du royaume en iraient beaucoup mieux si j'avais plusieurs Villars à employer ; mais n'en ayant qu'un, je ne puis l'envoyer qu'aux endroits les plus nécessaires : c'est pourquoi je vous avais envoyé en Languedoc. Vous y avez remis la tranquillité parmi mes sujets ; il faut à présent que vous aller défendre contre mes ennemis. Vous irez commander l'armée que j'aurai sur la Moselle la campagne prochaine.

M. le duc de Berwick arriva le 17 mars à Montpellier pour remplacer le maréchal de Villars. Son premier soin fut de s'informer auprès de M. de Baville de l'état des choses. M. de Baville lui répondit alors qu'elles étaient loin d'être aussi calmes au fond qu'elles l'étaient à la surface. En effet, les Anglais et les Hollandais, qui avaient besoin qu'une guerre intestine rongeât la France, afin qu'elle tournât contre elle-même ses propres forces, ne cessaient de faire des tentatives de toutes façons auprès des exilés pour qu'ils retournassent dans leur patrie, leur promettant cette fois de les seconder par des débarquements de munitions, de fusils et d'hommes ; si bien que l'on disait que quelques-uns étaient déjà partis dans ce dessein. De ce nombre, assurait-on, était Castanet.

En effet, cet ancien chef des rebelles, se lassant de son inaction, était parti de Genève vers la fin de février ; il était heureusement arrivé dans le Vivarais, et, ayant tenu une assemblée de religion dans une caverne du côté de la Gorée, avait rallié à lui les nommés Valette de Vals et Boyer de Valon ; mais, au moment où tous trois se proposaient de pénétrer dans les Cévennes, ils furent dénoncés par des paysans à un officier suisse nommé Muller, qui commandait un déta-

chement dans un petit village nommé Rivière. Aussitôt Muller monta à cheval, et, guidé par les dénonciateurs, pénétra dans un petit bois qui leur servait d'asile, tombant sur eux au moment où ils s'y attendaient le moins. Boyer fut tué en fuyant. Castanet fut arrêté sur la place et conduit à la prison la plus prochaine, où le rejoignit le lendemain, au point du jour, Valette, qui avait été livré par des paysans auxquels il avait demandé l'hospitalité.

Le premier châtiment de Castanet fut d'être forcé, pendant toute la route depuis la Gorée jusqu'à Montpellier, de porter à la main la tête de Boyer. Il s'y était d'abord refusé avec énergie ; mais on la lui avait liée par les cheveux autour du poignet ; alors il l'avait embrassée sur les deux joues et avait fait un acte de religion de son supplice, lui adressant ses prières, comme il eût fait devant les reliques d'un martyr.

Arrivé à Montpellier, Castanet fut interrogé, et répondit d'abord aux interrogatoires « qu'il n'avait aucun mauvais dessein, et qu'il n'était revenu dans le pays que parce qu'il n'avait pas de quoi vivre à Genève. » Mais, soumis à la torture, ses douleurs furent poussées à un tel point, que, malgré son courage et sa constance, il fut forcé d'avouer « qu'il y avait un dessein formé de faire entrer dans les Cévennes, par le Dauphiné ou par la mer, une troupe de religionnaires, avec des officiers pour les commander, et qu'en attendant ce secours, on avait envoyé par avance des émissaires pour disposer les esprits à la révolte ; qu'il était lui-même un de ces envoyés ; que Catinat devait être déjà de retour dans le Languedoc ou dans le Vivarais pour le même dessein, avec beaucoup d'argent que les étrangers lui avaient donné pour distribuer, et que plusieurs autres encore des plus importants devaient le suivre. »

Castanet fut condamné à être rompu vif. Au moment de marcher à l'exécution, l'abbé Tremondy, curé de Notre-Dame, et l'abbé Plomet, chanoine de l'église cathédrale, vinrent le trouver dans sa prison, afin de tenter un dernier effort pour le convertir ;

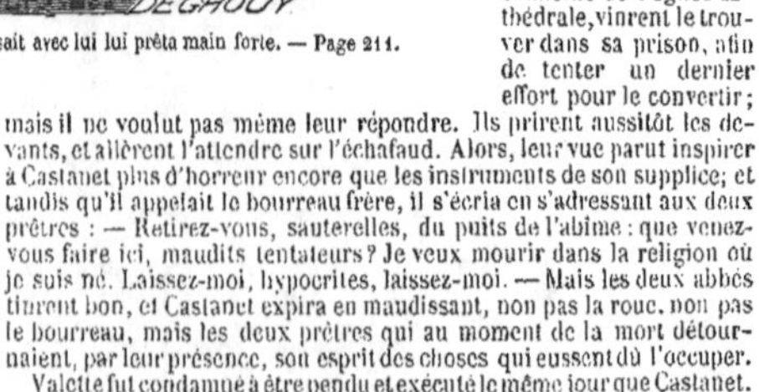

Charreau le saisit au collet, l'autre officier qui causait avec lui lui prêta main forte. — Page 211.

la surface. En effet, les Anglais et les Hollandais, qui avaient besoin qu'une guerre intestine rongeât la France, afin qu'elle tournât contre elle-même ses propres forces, ne cessaient de faire des tentatives de toutes façons auprès des exilés pour qu'ils retournassent dans leur patrie, leur promettant cette fois de les seconder par des débarquements de munitions, de fusils et d'hommes ; si bien que l'on disait que quelques-uns étaient déjà partis dans ce dessein. De ce nombre, assurait-on, était Castanet.

En effet, cet ancien chef des rebelles, se lassant de son inaction, était parti de Genève vers la fin de février ; il était heureusement arrivé dans le Vivarais, et, ayant tenu une assemblée de religion dans une caverne du côté de la Gorée, avait rallié à lui les nommés Valette de Vals et Boyer de Valon ; mais, au moment où tous trois se proposaient de pénétrer dans les Cévennes, ils furent dénoncés par des paysans à un officier suisse nommé Muller, qui commandait un déta-

mais il ne voulut pas même leur répondre. Ils prirent aussitôt les devants, et allèrent l'attendre sur l'échafaud. Alors, leur vue parut inspirer à Castanet plus d'horreur encore que les instruments de son supplice ; et tandis qu'il appelait le bourreau frère, il s'écria en s'adressant aux deux prêtres : — Retirez-vous, sauterelles, du puits de l'abîme : que venez-vous faire ici, maudits tentateurs ? Je veux mourir dans la religion où je suis né. Laissez-moi, hypocrites, laissez-moi. — Mais les deux abbés tinrent bon, et Castanet expira en maudissant, non pas la roue, non pas le bourreau, mais les deux prêtres qui au moment de la mort détournaient, par leur présence, son esprit des choses qui eussent dû l'occuper.

Valette fut condamné à être pendu et exécuté le même jour que Castanet.

Malgré les révélations de Castanet, qui avaient eu lieu dans le courant de mars, près d'un mois se passa sans qu'on entendît parler de nouvelles menées ou d'un soulèvement quelconque. Mais, le 17 avril, vers sept heures du soir, M. de Baville eut avis qu'il y avait à

Montpellier quelques camisards revenus depuis peu des pays étrangers, sans qu'on pût lui dire cependant la maison où ils étaient cachés. Il communiqua cette nouvelle au duc de Berwick, et tous deux ordonnèrent aussitôt de faire fouiller certaines maisons dont ils soupçonnaient les maîtres capables de donner retraite aux mécontents.

A minuit on disposa les forces qu'on put réunir en douze détachements composés d'archers et de soldats, à la tête desquels on mit des gens sûrs. Le lieutenant du roi, Dumayne, leur assigna à chacun les quartiers qu'ils devaient visiter, et ils partirent tous à la fois de l'hôtel de ville à minuit et demi, marchant en silence et se divisant sur des signes que leur faisaient leurs chefs, tant était pressante la recommandation d'éviter tout bruit.

D'abord les perquisitions furent infructueuses, et ils fouillèrent plusieurs maisons inutilement; mais enfin Jausserand, prévôt diocésain, étant entré avec Vila, capitaine de bourgeoisie, dans une de celles qu'ils avaient eues en partage, ils y trouvèrent trois hommes couchés à terre sur des matelas. Le prévôt les éveilla, leur demanda qui ils étaient, d'où ils venaient, et ce qu'ils faisaient à Montpellier; et, comme, à peine éveillés, ils ne purent répondre sans quelque hésitation, il leur commanda de s'habiller promptement et de le suivre.

L'un de ces trois hommes était *Flessière*, déserteur du régiment de Fimarçon, lequel était principalement chargé du secret du complot; un autre était *Gaillard*, dit Lallemand, qui avait été soldat dans le régiment de Hainault, et le troisième *Jean-Louis*, surnommé le Genevois, qui avait déserté du régiment de Courten.

Flessière, qui était le chef, jugea alors que ce serait une grande honte pour lui que de se laisser prendre ainsi sans résistance. Il fit donc semblant d'obéir au prévôt; mais en prenant ses habits, qui étaient sur un coffre, il glissa ses mains dessous, saisit deux pistolets et les arma. Au bruit que firent les ressorts, le prévôt se douta de ce qui allait se passer, et se précipitant sur Flessière, il le saisit par derrière et à bras le corps. Alors celui-ci, ne pouvant se tourner, renversa son bras en arrière, et lui tira par-dessus l'épaule un coup de pistolet qui lui brûla les cheveux seulement, et blessa à la main le valet du capitaine de bourgeoisie, qui portait le fanal. Mais alors, et comme il faisait effort pour lui lâcher le second coup, Jausserand, d'une main, lui saisit au-dessus du poignet le bras dont il tenait le pistolet, et de l'autre main lui fit sauter la cervelle.

Tandis que Jausserand et Flessière étaient aux prises, Gaillard s'était jeté sur Vila, qu'il tenait étroitement embrassé, et qu'à défaut d'armes il poussait vers la muraille, afin de lui briser la tête contre le mur; mais au coup de pistolet de Flessière, ayant vu la lumière du fanal que le valet de Vila blessé à la main avait laissée tomber à terre presque éteinte, il espéra pouvoir fuir à l'aide de l'obscurité, et abandonnant tout à coup son antagoniste, il s'élança vers la porte. Malheureusement pour lui, aux deux issues qui répondaient aux deux rues, on avait posté des soldats et des archers, de sorte que bien qu'il eût par surprise franchi une de ces portes sans être arrêté, les gardes, apercevant un homme à moitié nu et fuyant à toutes jambes, coururent après lui, lui tirèrent quelques coups de fusil, dont l'un d'eux, quoiqu'en le blessant légèrement, suffit néanmoins pour ralentir sa course, au point qu'ils le rejoignirent et l'arrêtèrent. Il fut aussitôt conduit à l'hôtel de ville, où le cadavre de Flessière était déjà apporté.

Quant au Genevois Jean-Louis, il avait eu le bonheur, pendant la double lutte que nous venons de raconter, de se glisser inaperçu jusqu'à une fenêtre qu'il avait ouverte et de laquelle il avait sauté dans la rue, de sorte qu'ayant pu tourner tout de suite à l'angle de la maison, il avait disparu comme une ombre aux yeux des archers et des soldats qui gardaient la porte. Il erra longtemps de rues en rues et de carrefours en carrefours, et le hasard l'ayant conduit du côté de la Poissonnière, il aperçut contre une borne un mendiant qui dormait. Il éveilla aussitôt cet homme, et lui proposa de changer d'habits avec lui. Comme ses vêtements étaient neufs et que ce mendiant, au contraire, était couvert de haillons, celui-ci crut qu'il se moquait de lui; mais comme Jean-Louis insistait, il vit bien qu'il parlait sérieusement. L'échange fut fait aussitôt, et les deux troqueurs se séparèrent enchantés l'un de l'autre. Jean-Louis s'avança vers l'une des portes de la ville, afin de pouvoir en sortir aussitôt qu'on l'ouvrirait, et le mendiant, de son côté, se hâta de s'éloigner de l'inconnu qui l'avait si bien habillé, de crainte que le repentir ne suivît l'échange de trop près.

Mais toutes les aventures de cette nuit étaient loin d'être terminées. Le mendiant fut arrêté sous l'habit du Genevois, parce que l'habit fut reconnu, et on le conduisit à l'hôtel de ville, où l'on vit bien qu'il y avait méprise. De son côté, comme le Genevois suivait une rue sombre dans laquelle il était perdu, il vit venir à lui trois hommes dont l'un portait une lanterne; alors il s'approcha d'eux pour profiter de la lumière, mais justement celui qui portait le fanal était le valet de Vila, qui avait été blessé par Flessière et qui allait se faire panser. Alors le Genevois voulut se retirer, mais il était déjà trop tard : le valet l'avait reconnu. Le Genevois essaya de fuir, mais il fut bientôt rejoint par le blessé, qui, tout blessé qu'il était d'une main, l'arrêta de l'autre avec tant de vigueur et en criant si fort : A l'aide! que les deux hommes qui l'accompagnaient accoururent à leur tour et se saisirent de lui. On le conduisit aussitôt à l'hôtel de ville, où il trouva le duc de Berwick et M. de Baville, qui attendaient les résultats de cette échauffourée.

A peine le prisonnier fut-il en leur présence, que, se croyant déjà pendu, ce qui lui était bien permis, au reste, vu la promptitude merveilleuse des exécutions de cette époque, il se jeta à genoux, avoua qui il était, et les raisons qui l'avaient fait s'engager avec les fanatiques; puis il ajouta que, comme il n'avait pas adopté ce parti par conscience, mais par force, si on voulait lui accorder la vie, il déclarerait des choses de la dernière conséquence, et qui donneraient moyen de faire arrêter les principaux conjurés.

La proposition était trop belle, et la vie de celui qui la faisait était de trop peu d'importance, pour que MM. de Berwick et de Baville marchandassent longtemps : le maréchal et l'intendant promirent donc sur leur honneur la vie au Genevois, dans le cas où, comme il le disait, ses révélations auraient une importance réelle. Le marché fut conclu à ces conditions; alors le Genevois déclara :

« Que sur plusieurs lettres venues des pays étrangers, par lesquelles on assurait les malintentionnés de la province d'un grand secours d'hommes et d'argent, il s'y était formé un parti considérable, pour y exciter un nouveau soulèvement; que par ces lettres et par divers autres écrits, qui avaient été répandus de tous côtés, on leur faisait espérer que M. de Miremont, qui était le dernier prince protestant de la maison de Bourbon, devait amener un secours composé de cinq à six mille hommes, avec lequel il viendrait par mer, et ferait une descente à Aiguesmortes ou au port de Cette, et que deux mille barbets ou religionnaires viendraient en même temps par le Dauphiné, et se joindraient aux troupes de débarquement.

» Que dans cette espérance, Catinat, Clary et Jonquet avaient quitté Genève, étaient rentrés en France, s'étaient joints à Ravanel, avaient déjà parcouru secrètement les quatre diocèses infectés de fanatisme, y avaient disposé toutes choses, établi des magasins de poudre et de plomb, ainsi que des munitions de guerre et de bouche, et, en outre, enrôlé tous ceux de leur connaissance qui étaient d'âge à porter les armes; de plus, ils avaient fait un état de ce que chaque ville, bourg ou village devait payer en argent ou en nature pour la ligue des Enfants de Dieu, de sorte qu'ils comptaient avoir déjà huit ou dix mille hommes tout prêts à se déclarer au premier signal; il avait en outre été résolu que les soulèvements auraient lieu en différents endroits à la fois, on s'était distribué les lieux, et on avait nommé ceux qui devaient agir. A Montpellier, cent mille des plus déterminés mettraient le feu aux divers quartiers, aux maisons des anciens catholiques, tueraient ceux qui courraient pour l'éteindre, et, avec le secours des religionnaires, égorgeraient la garnison, se saisiraient de la citadelle et enlèveraient M. le duc de Berwick et M. de Baville; à Nîmes, à Uzès, à Alais, à Anduze, à Saint-Hippolyte et à Sommières on devait faire la même chose; enfin, il y avait déjà près de trois mois que l'on travaillait à cette conspiration, et les conjurés, pour n'être pas découverts, ne s'étaient adressés qu'à ceux qu'ils savaient être disposés à les seconder; si bien qu'ils n'avaient révélé leur secret à aucune femme, ni à personne qui leur fût suspect, mais, au contraire, avaient réglé toutes choses en petites assemblées, tenues de nuit dans certaines maisons de campagne, où l'on n'était introduit que sur le mot du guet; enfin, on avait pris le 25 du mois d'avril pour le soulèvement général et l'exécution spontanée de tout ce qui avait été convenu. »

Comme on voit, le danger était pressant, puisqu'il ne restait plus que six jours entre celui où la révélation était faite et celui où devait éclater le complot; aussi demandèrent-ils au Genevois, en lui renouvelant la promesse qu'ils lui avaient faite de lui donner la vie sauve, quel moyen il croyait qu'ils dussent prendre pour arrêter les principaux chefs dans le plus court délai possible. Celui-ci leur répondit alors qu'il n'en voyait pas d'autre que de le conduire lui-même à Nîmes, où Catinat et Ravanel étaient dans une maison dont il ignorait le numéro et dans une rue dont il ne savait pas le nom, mais qu'il reconnaîtrait l'une et l'autre si on le faisait promener par la ville; qu'au reste, si ce conseil était adopté, il n'y avait point de temps à perdre pour le suivre, attendu que Ravanel et Catinat ne devaient rester à Nîmes que jusqu'au 20 ou jusqu'au 21 au plus tard, et que par conséquent, si on différait d'y aller, on ne les y trouverait plus.

Le conseil était bon; aussi le maréchal et l'intendant s'empressèrent-ils de le suivre. On envoya le prisonnier à Nîmes, mené par six archers, sous la conduite de Barnier, lieutenant du prévôt, homme de confiance, de main et de tête, auquel on donna des lettres pour le marquis de Sandricourt.

Dès le premier soir que le Genevois fut arrivé à Nîmes, c'est-à-dire dans la nuit du 19 au 20, on le fit promener par toute la ville; ainsi qu'il l'avait promis, il indiqua plusieurs maisons dans le quartier de Sainte-Eugénie. Aussitôt Sandricourt ordonna aux officiers de la garnison et à ceux du régiment de Courten et de la bourgeoisie, de faire mettre sous les armes tous les soldats, de se répandre sans bruit dans la ville, et de faire investir principalement le quartier de Sainte-Eugénie.

A dix heures du soir, le marquis de Sandricourt, voyant que ses instructions étaient ponctuellement exécutées, ordonna à M. de l'Estrade, à Barnier, à Joseph Martin, à Eusèbe, au major des Suisses et à quelques autres officiers, suivis de dix soldats choisis, de se rendre chez le nommé Alison, marchand de soie, dont la maison avait été plus particulièrement désignée par le prisonnier : ceux-ci obéirent aussitôt; mais trouvant la porte de la maison ouverte, ils crurent d'abord qu'il y avait peu d'apparence que les chefs d'une conspiration fussent dans un logis dont les abords étaient si mal gardés. Néanmoins voulant accomplir les instructions reçues, ils se glissèrent doucement jusque dans l'intérieur d'un vestibule, situé au rez-de-chaussée. Après un moment d'attente passé dans le silence et dans l'obscurité, ils entendirent des gens qui parlaient assez haut dans une chambre voisine, et, prêtant l'oreille avec attention, ils entendirent distinctement un homme qui disait : — C'est une chose sûre, que dans moins de trois semaines le roi ne sera plus maître du Dauphiné, du Vivarais, ni du Languedoc; l'on me cherche partout, je suis dans Nîmes, et je ne crains rien. —

La proposition était trop claire, pour que ceux qui l'entendaient ne fussent pas convaincus qu'ils avaient enfin sous la main quelques-uns de ceux qu'ils cherchaient. Ils coururent à la porte, elle n'était que poussée, et ils entrèrent tous ensemble, et l'épée à la main; c'étaient en effet Ravanel, Jonquet et Villas qui causaient ensemble, l'un assis à une table, l'autre debout devant la cheminée, et le troisième à demi couché sur un lit.

Jonquet était un jeune homme de Saint-Chatte, fort estimé parmi les camisards, et qui, si on se le rappelle, avait été un des principaux officiers de la troupe de Cavalier; Villas était le fils d'un médecin de Saint-Hippolyte, jeune, bien fait de sa personne, fort élégant dans son costume, et qui déjà portait l'épée depuis dix ans, ayant servi en Angleterre en qualité de cornette dans le régiment de Galloway. Quant à Ravanel, il est suffisamment connu du lecteur, pour que nous nous étendions autrement sur son compte.

De l'Estrade se jeta sur le premier qui se trouva devant lui, et, sans se servir de son épée, lui donna un violent coup de poing : Ravanel, car c'était lui, fit, tout étourdi, un pas en arrière, et demanda à l'officier quelle était la cause d'une aussi étrange agression; en même temps Barnier s'écria : — Ne le lâchez point, monsieur de l'Estrade, c'est Ravanel. — Eh bien ! oui, je suis Ravanel, dit le camisard; faut-il faire tant de bruit pour cela ? — Puis, en prononçant ces paroles, il voulut sauter sur ses armes; mais de l'Estrade et Barnier ne lui en donnèrent pas le temps, et, se jetant sur lui, le renversèrent après une lutte de quatre ou cinq minutes, pendant laquelle on avait également arrêté ses compagnons; tous trois furent aussitôt conduits au fort, où on les garda à vue.

Le marquis de Sandricourt fit partir immédiatement un courrier, pour avertir le duc de Berwick et M. de Baville de l'importante capture qu'il venait de faire, et tous deux en eurent une si grande joie, que le lendemain, dans la journée, ils arrivèrent à Nîmes.

Ils trouvèrent toute la population en rumeur; chaque extrémité de rue était gardée par des soldats ayant la baïonnette au bout du fusil, et les portes des maisons et celles de la ville étaient fermées, sans qu'il fût permis à personne d'en sortir sans une permission écrite de Sandricourt. Pendant toute la journée du 20, et pendant toute la nuit du 20 au 21, on arrêta plus de cinquante personnes, parmi lesquelles étaient : Alison, le marchand chez lequel s'étaient retirés Ravanel, Villas et Jonquet; Delacroix, beau-frère d'Alison, qui, ayant entendu le bruit qu'on faisait en arrêtant Ravanel, s'était réfugié sur le toit, où il ne fut découvert que le lendemain; Jean Lauze, accusé d'avoir apprêté le souper de Ravanel; la mère de ce Lauze, qui était veuve; Tourelle, sa servante; l'hôte de la Coupe-d'Or et un prédicant nommé la Jeunesse.

Mais, quelle que fût la joie du maréchal de Berwick, du marquis de Sandricourt et de M. de Baville, elle n'était point complète; car le plus dangereux des rebelles manquait encore : c'était Catinat, dont, quelque chose qu'on eût pu faire, il avait été impossible de découvrir la retraite. Alors, le maréchal de Berwick fit publier une ordonnance par laquelle il promettait de donner cent louis d'or à celui qui livrerait Catinat ou le ferait prendre, déclarant qu'il ferait grâce à celui qui l'aurait retiré, pourvu qu'il le dénonçât avant la perquisition exacte et générale qui allait être faite dans toutes les maisons, mais ajoutant qu'après cela, le maître de celle où il serait trouvé serait pendu sur-le-champ à sa porte, sa famille emprisonnée, ses biens confisqués, et sa maison rasée sans autre forme de procès.

Cette proclamation produisit le résultat qu'en attendait M. de Berwick : en effet, soit que le maître de la maison qui servait d'asile à Catinat se fût laissé intimider par cette publication, et l'eût prié de sortir de chez lui; soit que Catinat lui-même pensât qu'il valait mieux tenter de quitter la ville que d'y demeurer enfermé, il entra un matin dans la boutique d'un barbier, se fit raser, coiffer et accommoder du mieux qu'il lui fut possible et à la manière des gentilshommes, dont il portait l'habit; puis, sortant de chez le frater avec une assurance merveilleuse, il traversa la ville, et, le chapeau enfoncé sur les yeux et un papier à la main, s'achemina vers la porte Saint-Antoine; il était tout près de la franchir, lorsqu'un capitaine de la garde, nommé Charreau, excité par un de ses confrères, qui causait avec lui, et qui, voyant venir Catinat, se douta que cet homme cherchait à fuir, lui barra la porte en lui défendant d'aller plus loin; Catinat lui demanda alors quelle chose il avait à lui dire ou quelle affaire il avait à démêler avec lui; Charreau lui répondit qu'il le lui apprendrait au corps de garde, s'il voulait bien se donner la peine d'y entrer : comme toute explication, en pareille circonstance, était on ne peut plus désagréable à Catinat, il essaya de forcer le chemin; mais Charreau le saisit au collet,

l'autre officier qui causait avec lui lui prêta main-forte; et Catinat, voyant que toute résistance non-seulement serait inutile, mais encore pourrait lui nuire, se laissa conduire au corps de garde.

Il y était depuis une heure, sans qu'aucune des personnes qui, attirées par la curiosité, le venaient voir, l'eussent reconnu encore, lorsqu'un des visiteurs, en se retirant, dit que cet homme lui paraissait ressembler fort à Catinat; alors des enfants, qui entendirent ces paroles, se mirent à crier en courant par les rues : — Catinat est pris ! Catinat est pris ! — Cette nouvelle attira en un instant au corps de garde une foule considérable; et, parmi cette foule, un homme nommé Anglejas, qui, ayant regardé de plus près le prisonnier, dit qu'il le reconnaissait, et que c'était effectivement Catinat.

A l'instant la garde fut renforcée et le prévenu fouillé. Un livre de psaumes, à fermoir d'argent, et une lettre portant cette adresse : « A M. Maurel, dit Catinat, » que l'on trouva sur lui, ne laissèrent plus aucun doute; d'ailleurs, impatienté de ces investigations, le prévenu, pour les faire finir, avoua qu'il était Catinat lui-même.

Aussitôt Catinat fut conduit sous bonne escorte au palais, où M. de Baville travaillait, avec le présidial, à juger Ravanel, Villas et Jonquet. En apprenant cette nouvelle, l'intendant fut si joyeux, que, ne pouvant pas croire à une capture si importante, il se leva et alla au-devant du prisonnier, pour s'assurer par ses propres yeux que c'était bien Catinat lui-même.

Du palais, Catinat fut conduit chez M. le duc de Berwick, qui lui fit diverses questions auxquelles Catinat répondit; puis, à son tour, le prisonnier dit au maréchal qu'il aurait quelque chose d'important à lui dire en particulier. Le duc ne se souciait pas fort de rester en tête-à-tête avec Catinat; cependant, lui ayant solidement fait lier les mains et ayant ordonné à Sandricourt de ne pas s'éloigner, il consentit à la conversation que demandait le prisonnier.

Resté seul avec le maréchal et Sandricourt, Catinat proposa un échange de sa personne contre celle du maréchal de Tallard, prisonnier de guerre en Angleterre, disant que si on n'y consentait pas, le même traitement qui lui serait fait, à lui Catinat, serait fait à M. de Tallard. M. de Berwick, avec les idées aristocratiques dans lesquelles il était élevé, trouva la proposition si insolente, qu'il lui répondit aussitôt : « Si tu n'as pas de meilleure proposition à faire, je te promets que dans quelques heures tu ne seras plus de ce monde. »

En conséquence de cette promesse, le maréchal renvoya Catinat au palais, où effectivement son procès fut bientôt terminé. Celui des trois autres était déjà prêt, et il n'y avait plus que le jugement à porter. Catinat et Ravanel, qui étaient les plus coupables, furent condamnés à être brûlés vifs. Quelques conseillers avaient opiné pour que Catinat fût tiré à quatre chevaux; mais la majorité avait opiné pour le feu, attendu que ce supplice *était plus long, plus violent et plus douloureux que le déchirement*.

Villas et Jonquet furent condamnés à être roués vifs, avec cette différence cependant dans leur supplice, que le dernier devait être jeté vivant dans le bûcher de Catinat et de Ravanel. Le jugement portait en outre que chacun des condamnés serait préalablement appliqué à la question ordinaire et extraordinaire. Catinat, dont le caractère était violent, la souffrit avec courage, mais en injuriant ses bourreaux. Ravanel épuisa tous les tourments avec une constance au-dessus de l'humanité, si bien que ce furent les tortureurs qui se lassèrent les premiers. Jonquet parla peu ou révéla des choses insignifiantes. Quant à Villas, il convint que les conjurés avaient formé le dessein d'enlever le maréchal et M. de Baville lorsqu'ils iraient à la promenade, et il ajouta que ce complot avait été formé chez un nommé Boëton de Saint-Laurent d'Aigozre, établi à Milhaud, en Rouergue.

Cependant, toutes ces tortures et tous ces interrogatoires avaient traîné en longueur; de sorte que lorsque le bûcher et l'échafaud furent dressés, la nuit était si proche que le maréchal remit le supplice au lendemain, ne voulant pas qu'une exécution si importante se fît aux flambeaux, afin, dit Brueys, que les malintentionnés entre les religionnaires ne pussent pas soutenir, comme cela s'était fait quelquefois, que les condamnés qu'on avait menés au supplice n'étaient pas ceux qu'on se vantait d'avoir fait mourir, et que tout le peuple vît bien au grand jour que ceux qu'on exécutait étaient réellement Catinat, Ravanel, Villas et Jonquet. Mais ce qu'il y a de plus probable, c'est que MM. de Berwick et Baville craignirent quelque émeute; et la preuve, c'est qu'au lieu de faire faire l'exécution au lieu ordinaire, ils firent dresser les échafauds et le bûcher au bout du Cours, vis-à-vis du glacis du fort, afin que les soldats de la garnison fussent à portée de donner du secours en cas de soulèvement.

Catinat fut mis dans un cachot séparé, dans lequel on l'entendit maugréer et se plaindre jusqu'au jour. Ravanel, Villas et Jonquet furent ensemble, et passèrent la nuit à chanter des psaumes et à dire des prières.

Le lendemain, qui était le 22 avril 1705, ils furent tirés de leur prison et menés au lieu de l'exécution sur deux charrettes, car ils ne pouvaient marcher, à cause de la question extraordinaire qu'ils avaient subie et qui leur avait brisé les os des jambes. Ils étaient assortis selon le supplice : Catinat avec Ravanel, et Villas avec Jonquet; un seul bûcher était dressé pour Catinat et Ravanel; deux roues attendaient Villas et Jonquet.

On commença par attacher Catinat et Ravanel au même poteau et dos à dos, en ayant soin de placer Catinat du côté par où le vent venait, afin que son supplice durât plus longtemps ; puis on alluma le feu du côté de Ravanel.

Comme on l'avait prévu, cette précaution fut on ne peut plus avantageuse aux amateurs de supplices ; le vent soufflait avec une certaine force, de sorte que, la flamme montant diagonalement, le feu dévora lentement les jambes de Catinat, qui, dit l'auteur de l'*Histoire des Camisards*, souffrit ce supplice avec quelque impatience. Quant à Ravanel, il fut héroïque jusqu'à la fin, ne cessant de chanter des psaumes que pour encourager son compagnon de mort, qu'il ne pouvait voir, mais qu'il entendait jurer et gémir ; puis, reprenant ses psaumes, qu'il chanta ainsi jusqu'au moment où la flamme étouffa sa voix. Au moment où il venait d'expirer, on descendit Jonquet de sa roue, et, les quatre membres brisés et pendants, on vint le jeter comme une masse informe, mais vivante encore, dans le bûcher à demi consumé. Du milieu des flammes, Jonquet cria alors à Catinat : — Courage, Catinat ! au revoir au ciel ! — Quelques instants après, le poteau auquel était attaché le patient brûla dans sa base, se rompit, et Catinat tomba en arrière dans le brasier, où il fut bientôt étouffé. Cette circonstance déjoua les précautions prises ; et, au grand mécontentement des assistants, le supplice ainsi abrégé ne dura guère que trois quarts d'heure.

Villas vécut encore trois heures sur sa roue, et mourut sans avoir poussé une seule plainte.

Le surlendemain, un nouveau jugement condamna six personnes à mort et une aux galères. Ces sept personnes étaient les deux cousins Alison, chez lesquels Ravanel, Villas et Jonquet avaient été pris ; Alègre, accusé d'avoir donné retraite à Catinat et d'être le trésorier des camisards ; Rougier, armurier accusé d'avoir réparé les fusils des rebelles ; Jean Lauze, aubergiste, qui avait préparé à manger à Ravanel ; la Jeunesse, prédicant, convaincu d'avoir fait des sermons et chanté des psaumes ; enfin Jean Delacroix. Le jugement portait que les trois premiers mourraient sur la roue, que leur maison serait démolie et leurs biens confisqués. Les trois autres devaient être pendus. Enfin, Jean Delacroix à cause de sa jeunesse, mais plutôt encore grâce aux révélations qu'il fit, fut condamné seulement aux galères, où il resta plusieurs années, après lesquelles étant revenu à Arles, il y fut enlevé par la peste de 1720.

Tous ces jugements furent exécutés dans leur dernière rigueur.

Comme on le voit, la destruction de la révolte allait bon train ; i ne restait plus d'autres chefs camisards que deux jeunes gens, anciens officiers de Cavalier et de Castanet, nommés l'un Pierre Brun, et l'autre Francezet. Quoiqu'ils n'eussent ni le génie ni l'influence de Catinat et de Ravanel, tous deux étaient fort à craindre, l'un par sa force personnelle, l'autre par son adresse et sa légèreté : en effet, on disait de Francezet qu'il ne manquait jamais un coup de fusil, et un jour, poursuivi par les dragons, il avait échappé à leur poursuite en sautant d'un bord à l'autre du Gardon, qui, à cet endroit, avait vingt-deux pieds.

On était depuis longtemps déjà à leur recherche sans avoir pu les joindre, lorsque la femme d'un meunier nommé Semelin, chez lequel Pierre Brun et Francezet étaient cachés avec deux de leurs compagnons, les ayant quittés sous le prétexte de venir à la provision, se présenta chez le marquis de Sandricourt pour les dénoncer.

La délation fut reçue avec un empressement et une reconnaissance qui prouvaient l'importance qu'attachait le gouverneur de Nîmes à la capture de ces deux derniers chefs. Elle eut promesse de cinquante louis s'ils étaient pris, et le chevalier de la Valla, Grandidier et cinquante Suisses, le major de Saint-Sernin, un capitaine et trente dragons furent détachés pour prendre ces quatre hommes.

Arrivés à un quart de lieue du moulin, le chevalier de la Valla, qui commandait l'expédition, prit de la femme du meunier les renseignements topographiques nécessaires. Ayant su alors qu'il n'y avait au moulin, outre le point où il comptait l'attaquer, qu'une seconde issue, et que cette issue était un pont sur le Vistre, il donna l'ordre à dix dragons et à cinq Suisses de s'emparer de ce pont, tandis qu'avec le reste de sa troupe il s'avancerait directement vers le moulin. Les quatre camisards ne les eurent pas plutôt aperçus, qu'ils résolurent de fuir par le pont ; mais l'un d'eux, étant monté sur le moulin pour s'assurer qu'ils n'avaient aucune embuscade à craindre de ce côté, descendit aussitôt en criant que le pont était gardé. A cette nouvelle, les camisards virent bien qu'ils étaient perdus ; mais ils résolurent au moins de faire une vigoureuse défense et de vendre chèrement leur vie. En effet, à peine les troupes royales furent-elles à portée, que quatre coups de fusil partirent, et que deux dragons, un Suisse et un cheval tombèrent. M. de Valla ordonna aussitôt de charger au galop sur les rebelles ; mais avant qu'ils eussent atteint la porte du moulin, trois autres coups de fusil partirent, et deux hommes tombèrent encore. Néanmoins, comme ils n'étaient point en mesure de tenir tête à si nombreuse compagnie, Francezet donna lui-même le signal de la retraite en criant : Sauve qui peut ! et en sautant par une croisée élevée de vingt pieds ; Pierre Brun le suivit et tomba près de lui sans se faire aucun mal. Aussitôt tous deux, se fiant l'un à sa force, l'autre à sa légèreté, prirent à travers champs ; les deux autres, qui voulurent descendre par la porte furent rejoints et pris.

Alors tous les efforts des dragons se tournèrent vers Brun et Francezet ; les Suisses les suivirent à pied, et une course merveilleuse commença ; car ces deux hommes, si forts et si adroits, semblaient se faire un jeu de cette fuite, s'arrêtant d'instant en instant, quand ils croyaient avoir gagné assez sur ceux qui les poursuivaient, et déchargeant alors leurs fusils sur les plus proches, sans que Francezet, digne de la réputation qu'il s'était faite, manquât un seul coup ; puis, se remettant à fuir, ils rechargeaient leurs armes en fuyant, sautant fossés et rivière, et profitant des détours qu'étaient obligés de faire les Suisses et les dragons, pour s'arrêter et reprendre haleine, au lieu de gagner quelques couverts où ils eussent été en sûreté. Deux ou trois fois Brun fut sur le point d'être pris, mais chaque fois le dragon ou le Suisse qui se trouvait le plus près de lui tomba par la balle inévitable de Francezet. Cette course dura quatre heures. Pendant quatre heures cinq officiers, dont deux supérieurs, trente dragons et cinquante Suisses furent aux prises avec deux hommes, dont l'un était encore un enfant, car Francezet n'avait pas vingt et un ans. Pendant ces quatre heures quinze dragons tombèrent, quatre tués par Brun, onze par Francezet. Alors les deux camisards, manquant tous deux de munitions, échangèrent entre eux le nom du village où ils comptaient se retrouver, et piquant chacun d'un côté avec la légèreté de deux cerfs, forcèrent la troupe qui les poursuivait à se séparer.

Francezet prit du côté de Milhaud avec une telle rapidité, que les dragons eux-mêmes, après l'avoir poursuivi un instant à grande course de cheval, commencèrent à perdre sur lui. Francezet était donc sauvé, lorsqu'un paysan, nommé la Bastide, qui travaillait à la terre avec une houe, et qui avait regardé le combat depuis qu'il était à la portée de ses yeux, voyant le fuyard se diriger vers la brèche d'un mur, se glissa le long de ce mur, et, au moment où il passait comme un éclair, lui asséna sur la tête un si rude coup de houe, que, le fer ayant porté en plein sur le crâne, il l'étendit à terre, baigné dans son sang.

Les dragons, qui avaient vu de loin ce qui venait de se passer, arrivèrent aussitôt, et tirèrent Francezet des mains du paysan qui continuait de frapper sur lui, et qui le voulait achever. Le prisonnier fut transporté sans connaissance à Milhaud, où on banda sa plaie, et où on le fit revenir à lui en lui introduisant des spiritueux dans la bouche et dans les narines.

Quant à son camarade Brun, d'abord plus heureux que lui, et n'ayant trouvé aucun obstacle sur sa route, il s'était bientôt mis, non-seulement hors de l'atteinte, mais encore hors de la vue de ceux qui le poursuivaient. Alors, écrasé de fatigue et ne sachant, après la trahison dont il avait failli être victime, à qui demander un asile, il s'était jeté dans un fossé où il s'était endormi. Les dragons, qui n'avaient point abandonné sa recherche, le trouvèrent là comme un sanglier forcé, se jetèrent sur lui avant qu'il fût réveillé, et l'arrêtèrent ainsi sans qu'il fit la moindre résistance.

Conduits tous deux devant le gouverneur, Francezet, interrogé par lui, répondit qu'il ne dirait rien autre chose sinon que, depuis que frère Catinat était mort, il n'avait point eu d'autre désir que d'être martyr comme lui et de mêler ses cendres aux siennes ; quant à Brun, il répondit qu'il était à la fois fier et heureux de mourir pour la cause du Seigneur avec un aussi brave compagnon que Francezet. C'était un système de défense qui les menait tout droit à la question extraordinaire et au bûcher : nos lecteurs savent ce que c'est que ce double supplice. Francezet et Brun le subirent l'un et l'autre le 30 avril sans faire une seule révélation et sans pousser aucune plainte.

Restait Boëton, chez lequel avait été ourdi le complot, et qui avait été dénoncé par Villas, lequel étant trop faible pour la torture, en avait obtenu la fin, grâce à cette révélation.

Boëton, qui était un religionnaire modéré, mais ferme et plein de foi, et qui, dans ses principes se rapprochant du quakerisme, n'avait point voulu tirer l'épée, mais avait consenti à aider la cause de tous ses autres moyens, attendait, avec la quiétude ordinaire que lui donnait sa confiance en Dieu, le jour marqué pour l'exécution du complot, lorsqu'il vit tout à coup, et pendant la nuit, sa maison investie par les troupes royales. Fidèle à son système de paix, il ne fit aucune résistance, tendit les mains aux cordes avec lesquelles on les lui lia, fut conduit en triomphe à Nîmes, et de là transféré à la citadelle de Montpellier. Sur la route, il fut rejoint par sa femme et par son fils, qui venaient solliciter à Montpellier en sa faveur. Alors, comme tous deux étaient sur le même cheval, ils descendirent, et se mettant à genoux sur la grande route, ils demandèrent, l'une la bénédiction de son mari, l'autre celle de son père. Si insensibles que fussent les soldats, ils s'arrêtèrent cependant, et permirent à Boëton de s'arrêter comme eux. Alors celui-ci leva ses mains liées et donna à sa femme et à son fils la double bénédiction qu'ils sollicitaient ; après quoi, touché de cette scène, le baron de Saint-Chatte, qui, au reste, était le cousin par alliance de Boëton, permit au prisonnier de les embrasser tous deux ; alors la pauvre famille resta un instant groupée aux bras et sur le cœur les uns des autres ; puis, le premier, Boëton, donnant le signal du départ, s'arracha de cette douloureuse étreinte, ordonnant à sa femme et à son fils de prier pour M. de Saint-Chatte qui leur avait permis cette dernière consolation, et leur donnant l'exemple, en entonnant lui-même, à son intention, un psaume qu'il chanta d'un bout à l'autre à haute voix.

Le lendemain de son arrivée à Montpellier, Boëton, malgré les sollicitations de sa femme et de son fils, fut condamné à mourir sur la roue, après avoir subi la question ordinaire et extraordinaire ; son calme et son courage ne se démentirent point en entendant prononcer ce jugement, quelque cruel qu'il fût, et il dit qu'il était prêt à souffrir tous les maux qu'il plairait à Dieu de lui envoyer pour éprouver l'inflexibilité de sa foi.

En effet, Boëton souffrit la question avec une fermeté si grande, que M. de Baville, qui était présent pour recueillir ses aveux, semblait plus impatient que le condamné lui-même : cette impatience fut portée au point, qu'oubliant son caractère sacré, le juge insulta et frappa le patient. Alors, Boëton, sans répondre autrement à M. de Baville, leva les yeux au ciel, et s'écria : « Seigneur, Seigneur, jusques à quand souffriras-tu le triomphe de l'impie ? Jusques à quand permettras-tu qu'il répande le sang de l'innocent ? Ce sang crie vengeance devant toi ; tarderas-tu longtemps encore à en faire justice ? Réveille ton ancienne jalousie, et rappelle tes compassions ! » M. de Baville se retira en donnant l'ordre de le mener au supplice.

L'échafaud était dressé sur l'Esplanade ; c'était, comme on avait coutume de le faire pour cette exécution, un plancher élevé de cinq ou six pieds, sur lequel était attachée à plat une croix de saint André faite avec deux solives assemblées dans leur milieu et se croisant obliquement. On pratiquait dans chacune des quatre branches deux entailles, placées à environ un pied l'une de l'autre, afin qu'à ces endroits, les membres, portant à faux, fussent plus faciles à briser ; enfin, près de cette croix, et à l'un des angles de l'échafaud, s'élevait, sur un pivot qui l'isolait, une petite roue de carrosse dont on avait scié la partie saillante et supérieure du moyeu. C'était sur ce lit de douleurs, qui permettait que les assistants jouissent de ses dernières convulsions, qu'était étendu le patient, lorsque le bourreau avait rempli son office, et que c'était au tour du patient d'accomplir le sien.

Boëton fut conduit au supplice en charrette et environné de tambours pour qu'on n'entendît point ses exhortations. Cependant sa voix était si puissante qu'elle ne cessa point de dominer le bruit des roulements : elle exhortait ses frères à demeurer fermes dans la communion de Jésus-Christ.

A moitié chemin à peu près de l'Esplanade, un des amis du condamné se trouva par hasard sur sa route, et, craignant de ne pas avoir la force de supporter un pareil spectacle, se jeta dans la boutique d'un marchand ; mais, arrivé devant la porte, Boëton fit arrêter la charrette, et demanda au prévôt la permission de dire un mot à son ami : cette permission lui fut accordée. Alors il le fit appeler dans la boutique où il était réfugié, et lorsqu'il fut venu tout en pleurs : « Pourquoi me fuyez-vous ? lui dit-il ; est-ce parce que vous me voyez couvert des livrées de Jésus-Christ ? Pourquoi pleurez-vous quand il me fait la grâce de m'appeler à lui, et qu'il permet, à moi indigne, de sceller de mon sang la défense de sa cause ? » Alors, comme cet ami se jetait dans ses bras, et que l'on vit que l'attendrissement gagnait les spectateurs, on donna ordre de continuer la route, et Boëton se remit en chemin sans murmurer de la brutalité avec laquelle on abrégeait ce dernier adieu.

Au détour de la première rue, il aperçut l'échafaud ; aussitôt il leva les mains au ciel, et s'écria d'une voix joyeuse et avec un visage riant : « Courage, mon âme ! voici le lieu de ton triomphe, et bientôt, dégagée de tes liens douloureux, tu entreras dans le ciel. »

Arrivé au pied de l'échafaud, on fut obligé de l'aider à monter ; car ses jambes endolories par la torture des brodequins ne pouvaient le soutenir, et pendant ce temps il exhortait et consolait les protestants qui fondaient en larmes. Arrivé sur le plancher, il s'étendit de lui-même sur la croix de saint André ; mais alors l'exécuteur lui dit qu'il fallait qu'il se déshabillât. Boëton se releva en souriant, et le valet du bourreau lui enleva son pourpoint et son haut-de-chausses ; puis, comme il n'avait pas de bas, mais seulement des linges qui enveloppaient les blessures de ses jambes, il détacha ces linges, retroussa les manches de la chemise jusqu'au coude, et lui ordonna dans cet état de se remettre sur la croix. Boëton s'y recoucha avec le même calme ; alors le valet l'attacha avec des cordes à toutes les jointures des membres ; cette préparation achevée, il se retira. Le bourreau s'avança à son tour, tenant à la main une barre de fer carrée, large d'un pouce et demi, longue de trois pieds, et arrondie à la poignée. A sa vue, Boëton se mit à entonner un psaume qu'il interrompit presque aussitôt en jetant un léger cri : le bourreau venait de lui rompre l'os de la jambe droite ; mais presque aussitôt il reprit son chant, qu'il continua sans relâche, quoique l'exécuteur lui rompît tour à tour la cuisse, l'autre jambe et l'autre cuisse, et chaque bras à deux endroits. Alors le bourreau prit ce tronc informe et mutilé, mais vivant toujours et disant les louanges du Seigneur, et, l'ayant détaché de la croix, il le porta sur la roue, où il le déposa, après avoir replié sous lui ses cuisses rompues, de manière à ce que ses talons touchassent le derrière de sa tête ; et toute cette odieuse cérémonie se fit sans qu'on cessât d'entendre la voix pieuse du patient qui continuait de chanter les louanges du Seigneur.

Jamais peut-être exécution n'avait produit sur la foule un pareil effet ; aussi l'abbé de Massilia, témoin de l'impression générale, s'en vint dire à M. de Baville que, bien loin que cette mort effrayât les protestants, elle ne servait qu'à les affermir dans leur religion, ce qu'il était facile de reconnaître par les larmes qu'ils versaient et par les louanges qu'ils donnaient au mourant.

M. de Baville, ayant reconnu la justesse de cette observation, donna l'ordre qu'on achevât le condamné. Cet ordre fut aussitôt transmis au bourreau, qui s'approcha de Boëton pour lui briser la poitrine d'un dernier coup ; mais alors, un archer qui était sur l'échafaud se jeta entre le patient et le bourreau, disant qu'il n'entendait pas qu'on achevât le huguenot, attendu qu'il n'avait pas assez souffert. A ces mots, le patient, qui avait entendu l'atroce discussion qui avait lieu près de lui, cessa de prier un instant, et relevant sa tête qui pendait le long de sa roue : « Mon ami, dit-il, vous croyez que je souffre, et vous ne vous trompez point : je souffre en effet ; mais celui qui est avec moi et pour lequel je souffre me donne la force de supporter mes souffrances avec joie. » Mais, en ce moment, l'ordre de M. de Baville ayant été renouvelé, et l'archer n'osant s'opposer plus longtemps à l'exécution, le bourreau s'approcha du patient. Alors, voyant que sa dernière heure était venue : « Mes chers frères, dit Boëton, que ma mort vous soit un exemple pour soutenir la pureté de l'Évangile, et soyez mes fidèles témoins, comme quoi je meurs dans la religion du Christ et de ses saints apôtres. » A peine avait-il prononcé ces dernières paroles, que la barre du bourreau lui brisa la poitrine. On entendit encore quelques sons inarticulés qui conservaient l'accent de la prière ; puis la tête du patient retomba en arrière. Le martyr venait d'expirer.

Cette dernière exécution terminée, tout fut à peu près fini dans le Languedoc.

Il y eut bien encore quelques prédicateurs imprudents, qui payèrent de la roue ou du gibet quelques sermons attardés, qu'écoutaient en tremblant un reste de rebelles ; il y eut bien encore quelques soulèvements dans le Vivarais, occasionnés par Daniel Billard, à la suite desquels quelques catholiques furent trouvés assassinés sur les grandes routes ; enfin, il y eut bien encore quelques combats, comme celui de Saint-Pierre-Ville, par exemple, où les camisards, fidèles aux vieilles traditions des Cavalier, des Catinat et des Ravanel, luttèrent un contre vingt ; mais toutes ces prédications, tous ces meurtres, tous ces combats furent sans importance : c'étaient les derniers tressaillements de la guerre civile ; c'étaient les derniers frémissements que la terre éprouve encore longtemps après que le volcan est éteint.

Cavalier lui-même comprit bientôt que tout était fini, car il passa de la Hollande en Angleterre, où il reçut de la reine Anne un accueil des plus distingués : elle lui offrit alors d'entrer au service de l'Angleterre, ce qu'il accepta, et elle lui donna le commandement d'un régiment de réfugiés ; de sorte qu'il se trouva occuper dans la Grande-Bretagne ce grade de colonel qui lui avait été offert en France. Cavalier commandait, à la bataille d'Almanza, un régiment qui se trouva opposé par hasard à un régiment français ; alors, ces vieux ennemis se reconnurent, et, rugissant d'une même colère, sans entendre à aucun commandement, sans exécuter aucune manœuvre, se ruèrent les uns sur les autres avec une telle furie, qu'au dire du maréchal de Berwick, ils se détruisirent presque entièrement. Cavalier survécut cependant à cette boucherie, dont il avait largement pris sa part, et à la suite de laquelle il fut nommé officier-général et gouverneur de l'île de Jersey. Enfin, il mourut à Chelsea, en mai 1740, âgé de soixante ans.

« J'avoue, dit Malesherbes, que ce guerrier qui, sans jamais avoir servi, se trouva un grand général, par le seul don de la nature ; ce camisard qui osa une fois punir le crime en présence d'une troupe féroce, laquelle ne subsistait que par des crimes semblables ; ce paysan grossier qui, admis à vingt ans dans la société des gens bien élevés, en prit les mœurs, et s'en fit aimer et estimer ; cet homme qui, accoutumé à une vie tumultueuse, et pouvant être justement enorgueilli de ses succès, eut assez de philosophie naturelle pour jouir pendant trente-cinq ans d'une vie tranquille et privée, me paraît un des caractères les plus rares que l'histoire nous ait transmis. »

Enfin, Louis XIV, tout courbé sous le poids d'un règne de soixante ans, parut à son tour devant Dieu, les uns disent pour lui demander récompense, les autres disent pour lui demander pardon. Mais déjà depuis quelque temps Nîmes, la ville aux entrailles de flammes, était tranquille ; pareille aux blessés qui ont perdu les trois quarts de leur sang, elle ne songeait plus guère, dans son égoïsme de convalescente, qu'à se rétablir en paix des terribles saignées que Montrevel et Berwick lui avaient faites. Pendant soixante ans, les petites ambitions succédèrent aux grands dévouements, et les querelles d'étiquette aux combats mortels ; bientôt l'ère philosophique parut, poursuivant de ses sarcasmes encyclopédiques la vieille intolérance monarchique de Louis XIV et de Charles IX : alors, les protestants retournent au prêche, rebaptisent leurs enfants et enterrent leurs morts ; le commerce renaît, les deux religions se côtoient, gardant, sous leur apparence pacifique, l'une le souvenir de ses martyres, l'autre la mémoire de son triomphe. C'est dans cette disposition que le soleil de 89 les éclaira, en se levant dans son aube ensanglantée ; les protestants le saluèrent avec des cris de joie ; en effet, la liberté promise leur rendait une patrie, un état civil et le rang de citoyens français.

Néanmoins, quelles que fussent les espérances d'un parti et les craintes de l'autre, aucune collision n'avait encore troublé la tranquillité générale, lorsque, les 19 et 20 juillet 1789, on procéda dans la capitale du Gard à la formation d'une milice qui devait porter le nom de milice nimoise ; cette délibération, prise par les citoyens des trois ordres dans la salle du Palais,

Porte :

Article 10. Que la légion nimoise sera composée d'un colonel, d'un lieutenant-colonel, d'un major, d'un aide-major, d'un adjudant, de vingt-quatre capitaines, de vingt-quatre lieutenants, de soixante-douze sergents d'autant de caporaux, de onze cent cinquante-deux soldats, en tout treize cent quarante-neuf hommes divisés en vingt-quatre compagnies.

Art. 11. Que le point de réunion général sera l'Esplanade.

Art. 12. Que les vingt-quatre compagnies seront attachées aux quatre parties de la ville ci-après : Places de l'Hôtel-de-Ville, de la Maison-Carrée, de Saint-Jean et du Château.

Art. 13. Que les compagnies, à mesure de leur formation déterminée par le conseil permanent, nommeront leurs capitaine, lieutenant, sergents et caporaux, et que, dès sa nomination, le capitaine prendra séance au conseil permanent.

La milice nimoise fut donc formée sur les bases arrêtées, et, catholiques et protestants, alliés cette fois, se retrouvèrent les uns à côté des autres les armes à la main.

C'était une mine qui devait éclater un jour ou l'autre, dès que le contact des deux partis produirait un choc, et ce choc une étincelle.

Cependant les haines couvèrent sourdement pendant près d'une année, se corroborant encore des antipathies politiques : presque tous les protestants étant républicains, et presque tous les catholiques royalistes.

Sur ces entrefaites, c'est-à-dire vers le mois de janvier 1790, un catholique, nommé François Froment, « fut chargé, ainsi qu'il le rapporte dans une lettre adressée à M. le marquis de Foucault, imprimée à Paris en 1817, fut chargé, dis-je, par M. le comte d'Artois, de former un parti royaliste dans le Midi, de l'organiser et de le commander. » Voici les projets de cet agent tels qu'il les expose lui-même.

« Il est aisé de concevoir que, fidèle à ma religion et à mon roi, révolté des idées séditieuses qu'on propageait de toutes parts, je cherchai à répandre l'esprit dont j'étais animé : je publiai, dans le courant de 1789, plusieurs écrits dans lesquels je dévoilais les dangers dont l'autel et le trône étaient menacés. Mes compatriotes, frappés de la justesse de mes observations, manifestèrent le zèle le plus ardent pour rétablir le roi dans l'exercice de ses droits : désireux de tirer parti de ces dispositions favorables, jugeant trop dangereux de recourir aux ministres de Louis XVI surveillé par les conspirateurs, je me rendis secrètement à Turin, auprès des princes français, pour solliciter leur approbation et leur appui. Dans un conseil qui fut tenu à mon arrivée, je leur démontrai que s'ils voulaient armer les partisans de l'autel et du trône, et faire marcher de pair les intérêts de *la religion* avec ceux de la royauté, il serait aisé de sauver l'un et l'autre.

» Mon plan tendait uniquement à lier un parti et à lui donner, autant qu'il serait en moi, de l'extension et de la consistance.

» Le véritable argument des révolutionnaires étant la force, je sentais que la véritable réponse était la force : alors, comme à présent, j'étais convaincu de cette grande vérité, qu'on ne peut étouffer une forte passion que par une plus forte encore, et que *le zèle religieux* pouvait seul étouffer *le délire républicain*.

» Les princes, assurés de la vérité de mon rapport et de la réalité de mes moyens, me promirent les armes et les munitions nécessaires pour contenir les factieux, et Monsieur, comte d'Artois, me donna des lettres de recommandation auprès des chefs de la noblesse du haut Languedoc, pour concerter mes mesures avec eux : les gentilshommes de cette contrée, réunis à Toulouse, avaient délibéré d'engager les autres ordres à se rassembler pour *rendre à la religion son utile influence*, aux lois leur force et leur activité, au roi sa liberté et son autorité.

» De retour en Languedoc, je me hâtai d'en parcourir les principales villes, pour m'aboucher avec les correspondants de Monsieur, comte d'Artois, les royalistes les plus influents, et quelques membres des états et du parlement : après avoir arrêté un plan général, et concerté les moyens de correspondre secrètement entre nous, je me rendis à Nîmes, où, en attendant les secours qu'on m'avait promis à Turin, et que je n'ai jamais reçus, je m'attachai à soutenir, à exciter le zèle des habitants : à mes instances, ils prirent, le 20 avril, une délibération qui fut signée par cinq mille citoyens. »

Cette délibération, qui était à la fois une association religieuse et un manifeste politique, était écrite par Viala, secrétaire de M. Froment, et chacun pouvait la venir signer dans son bureau.

Beaucoup de catholiques signèrent sans savoir même ce qu'ils signaient, car cette délibération était précédée de ce paragraphe, et la lecture de ce paragraphe leur suffisait.

« Messieurs,

» Les vœux d'un très-grand nombre de nos concitoyens catholiques et bons Français sont exprimés dans la délibération que nous avons l'honneur de vous soumettre ; ils ont cru nécessaire de la prendre dans les circonstances actuelles ; et si, comme ils n'en doutent pas, votre patriotisme, votre zèle pour la religion et votre amour pour notre auguste souverain vous portent à y adhérer, elle pourra concourir au bonheur de la France, *au maintien de la religion*, et à faire rendre au roi son autorité légitime.

» Nous sommes avec respect, messieurs, vos très-humbles et très-obéissants serviteurs, les président et commissaires de l'assemblée catholique de Nîmes.

» Signé, Froment, commissaire ; Lapierre, président ; Folacher, commissaire ; Levelut, commissaire ; Faure, commissaire ; Robin, commissaire ; Melchiond, commissaire ; Vigne, commissaire. »

En même temps on distribuait dans les rues un écrit intitulé : *Pierre Romain aux catholiques de Nîmes*, dans lequel, entre autres attaques contre les protestants, on lisait celles qui suivent :

« Fermez aux protestants la porte des charges et des honneurs civils et militaires ; qu'un tribunal puissant, établi dans Nîmes, veille jour et nuit à l'observance de ces importants articles, et vous les verrez bientôt abandonner le protestantisme.

» Ils vous demandent de participer aux avantages dont vous jouissez ; mais vous ne les y aurez pas plutôt associés, qu'ils ne penseront plus qu'à vous en dépouiller, et bientôt ils y réussiront.

» Vipères ingrates, que l'engourdissement de leurs forces mettait hors d'état de vous nuire, réchauffées par vos bienfaits, elles ne revivent que pour vous donner la mort.

» Ce sont vos ennemis nés ; vos pères ont échappé comme par miracle de leurs mains sanguinaires ; ne vous ont-ils pas raconté les excès de cruauté qu'ils ont exercés contre vos aïeux ? C'était peu pour eux de leur donner la mort, s'ils ne la leur eussent donnée par les tourments les plus inouïs : tels ils ont été, tels ils sont encore. »

On comprend que de pareilles agressions devaient bientôt aigrir des esprits déjà si disposés à faire des haines neuves de leurs vieilles haines : d'ailleurs bientôt les catholiques ne se bornèrent plus à des délibérations et à des pamphlets. Froment, qui s'était fait nommer receveur du chapitre et capitaine d'une des compagnies catholiques, voulut assister à l'installation de la municipalité avec sa compagnie armée de fourches, malgré la défense expresse du colonel de la légion. Ces fourches étaient une arme terrible : le dos formait une scie, et on les avait fabriquées exprès pour les catholiques de Nîmes, d'Uzès et d'Alais. Mais Froment et sa compagnie ne tinrent aucun compte de cette défense. Cette désobéissance causa une grande rumeur parmi les protestants, qui devinèrent les dispositions hostiles de leurs ennemis : il en résulta que dès ce jour peut-être la guerre civile éclatait à Nîmes, si la municipalité qu'on installait n'eût pris le parti de fermer les yeux.

Le lendemain, à l'ordre, un sergent d'une autre compagnie, nommé Allien, et tonnelier de son état, reprocha à l'un des porteurs de fourches d'avoir désobéi en se présentant la veille avec cette arme. — Celui-ci lui répondit alors que le maire lui avait permis de la porter ; Allien n'en voulut rien croire, et proposa aux catholiques d'aller chez le maire pour lui demander si la chose était vraie. Les deux gardes nationaux se rendirent aussitôt chez M. Marguerite. Celui-ci désavoua la permission et condamna le délinquant à la prison ; mais une demi-heure après il le fit sortir (6).

Celui-ci courut aussitôt trouver ses camarades, qui, se regardant comme insultés dans sa personne, résolurent de se venger le jour même. En effet, à onze heures du soir, ils se rendirent chez le tonnelier, portant avec eux une potence et des cordes toutes savonnées. Mais, si doucement qu'ils procédassent, comme la porte était fermée en dedans et qu'ils furent forcés de l'enfoncer, Allien entendit du bruit, regarda à la fenêtre, et, voyant un grand rassemblement, se douta qu'on en voulait à sa vie ; il sauta par une croisée qui donnait sur la cour, et s'enfuit par une porte de derrière. Alors l'attroupement, qui avait manqué son but, se vengea de ce désappointement sur les protestants qui passèrent. Les sieurs Pourcher, Larnac et Ilihes, que leur mauvaise étoile poussa de ce côté, furent très-grièvement maltraités. M. Pourcher reçut même trois coups de couteau.

Le 22 avril 1790, la cocarde blanche est arborée par les royalistes, c'est-à-dire par les catholiques, quoique cette cocarde ne soit plus celle de la nation ; le samedi 1er mai, les légionnaires qui ont planté un mai à la porte du maire sont invités à déjeuner chez lui. Pendant toute la journée du 2, les légionnaires qui ont la garde de la mairie crient à plusieurs reprises : Vive le roi ! vive la croix ! à bas les gorges noires ! — C'est ainsi qu'ils nomment les religionnaires. — Vive la cocarde blanche ! nous ne la quitterons que rouge du sang des protestants. — Cependant, le 5 mai, ils la quittent et la remplacent par un pompon écarlate, que dans leur patois ils appellent un *pouf* rouge. À défaut de la cocarde blanche, le pouf rouge fut donc, à partir de ce moment, le signe de ralliement des catholiques.

Chaque jour qui suit voit éclore quelque rixe ou quelque provocation nouvelle ; les libelles se succèdent, rédigés dans la maison des Capucins et distribués par le frère Modeste, le père Alexandre et le père Saturnin. Chaque jour les rassemblements augmentent, et finissent par être si nombreux, que la municipalité invite les dragons de la milice nimoise à les disperser. Or les attroupements étaient formés en grande partie de ces travailleurs de terre qu'on appelle *cebets*, du mot provençal *cebé*, qui signifie oignon, et qu'à leurs poufs rouges, qu'ils portaient même sans être en uniforme, on pouvait reconnaître pour catholiques. — Les dragons étaient tous protestants.

Cependant ces derniers mirent une telle douceur dans leurs admonestations, que, quoique les deux partis ennemis se trouvassent, pour ainsi dire, en face l'un de l'autre, les armes à la main, ils parvinrent pendant quelques jours à disperser cette foule sans effusion de sang. Mais ce n'était point là l'affaire des cébets : ils résolurent en conséquence d'insulter les dragons et de tourner en ridicule leur vigilance. En conséquence, un matin, ils se réunissent en grand nombre, montent sur des ânes, et, le sabre en main, se mettent à leur tour à faire des patrouilles par la ville. En même temps la classe populaire, à laquelle appartiennent plus particulièrement les catholiques, et surtout les travailleurs de terre qui exécutent les mascarades que nous venons de raconter, se plaint tout haut des dragons : les uns disent que les chevaux ont blessé leurs enfants, les autres qu'ils ont effrayé leurs femmes. Les protestants nient que rien de cela soit vrai ; on s'aigrit de part et d'autre ; les sabres sont à moitié tirés déjà, quand les municipaux interviennent ; mais, au lieu de s'en prendre aux véritables perturbateurs, ils décident que les dragons ne feront plus de patrouilles par la ville, mais qu'ils fourniront seulement un poste de vingt hommes au palais épiscopal, et qu'ils ne marcheront que sur la réquisition expresse des officiers municipaux. On comptait que les dragons se révolteraient contre cet ordre humiliant. Au contraire, ils obéissent, et, au grand désappointement des cébets, leur ôtent tout espoir d'un nouveau désordre. N'importe, les catholiques ne se tiennent pas pour battus : ils trouveront un nouveau moyen de pousser leurs ennemis à bout.

Le dimanche 13 juin arrive : c'est le jour désigné par les catholiques à tous ceux qui partagent leurs opinions politiques et religieuses pour se tenir prêts. Vers dix heures du matin, quelques compagnies à poufs rouges, sous prétexte d'aller à la messe, s'arment et traversent la ville dans un appareil menaçant. Les dragons, au contraire, en petit nombre et paisibles dans leur poste de l'évêché, ne font pas même sentinelle et n'ont que cinq fusils à leur disposition.

A deux heures il y eut dans l'église des Jacobins une assemblée formée tout entière de légionnaires à pouf rouge ; on y prononça un éloge du maire en forme de discours ; puis, à la suite de l'éloge, Pierre Froment, frère de François Froment, qui nous a expliqué lui-même sa mission, fait apporter une tonne de vin qu'il distribue aux cébets, en leur ordonnant de se promener trois par trois dans la ville et de désarmer tous les dragons qu'ils trouveront hors de leur poste.

Vers les six heures du soir, un volontaire à pouf rouge se présente à la porte de l'Evêché, et s'adressant au suisse, il lui ordonne de balayer la cour, attendu, dit-il, que les volontaires vont venir donner le bal aux dragons. Après cette bravade, il se retire, et deux minutes après revient avec un billet ainsi conçu : « Le suisse de l'Evêché est averti de ne laisser entrer aucun dragon à pied ni à cheval passé ce soir, sous peine de vie, le 13 juin 1790. » Ce billet est remis au lieutenant, qui s'approche alors du volontaire, et lui fait observer que les gens de l'évêché n'ont à recevoir d'ordre que de la municipalité. Le volontaire répond insolemment ; le lieutenant l'invite à se retirer, en le menaçant de le faire sortir de force s'il ne consent pas à s'en aller de bonne volonté. Pendant ce temps le nombre des poufs rouges s'accroît ; de leur côté, les dragons, attirés par le bruit, descendent dans la cour. Une altercation plus vive s'élève, des pierres sont jetées, le cri aux armes se fait entendre ; aussitôt une quarantaine de cébets qui rôdent dans les rues voisines accourent sur la place de l'Evêché armés de fusils et de sabres. Le lieutenant, voyant qu'il n'a que douze dragons autour de lui, ordonne au trompette de sonner pour rappeler ceux qui sont éloignés. Les légionnaires se jettent alors sur le trompette, et lui arrachent son instrument, qu'ils mettent en morceaux. Quelques coups de fusil partent des rangs des légionnaires, un dragon riposte, le feu devient respectif, le combat s'engage. Le lieutenant voit dans cet engagement, non pas une rixe, mais une émeute préparée ; il devine la gravité que les choses vont prendre, et envoie par une porte de derrière un dragon à la municipalité.

M. de Saint-Pons, major de la légion, entend du tumulte, et ouvre sa fenêtre. La ville est en tumulte ; des gens courent de tous côtés, et crient en courant qu'on assassine les dragons à l'Evêché : il s'élance aussitôt hors de chez lui, ramasse douze ou quinze volontaires patriotes sans armes, court à l'hôtel de ville, où il trouve deux officiers municipaux, les engage à se rendre sur la place de l'Evêché, escortés de la première compagnie qui est de garde à l'hôtel de ville. Les deux municipaux répondent qu'ils sont tout prêts à seconder ses bonnes intentions, et se mettent aussitôt en route. Chemin faisant, on tire sur eux, mais sans les atteindre. En arrivant sur la place, ils essuient la décharge des cébets ; mais aucune balle ne part. Par les trois rues qui aboutissent à l'Evêché, on voit accourir des poufs rouges. La première compagnie s'empare des avenues, reçoit et rend le feu, repousse les assaillants et déblaye la place. Un des leurs est tué, mais plusieurs cébets sont blessés et se retirent.

Pendant qu'on se bat à l'Evêché, on assassine ailleurs.

A la porte de la Madeleine, l'entrée de la maison du sieur Jalabert est forcée par des gens à poufs rouges. Le malheureux vieillard s'avance alors au-devant d'eux, et leur demande ce qu'ils veulent : — Ta vie et celle de tous ces chiens de protestants, répondent-ils. — Et

on l'arrache de sa maison, on le traîne dans la rue ; quinze légionnaires le mutilent à coups de sabre, et deux jours après il meurt de ses blessures.

Un autre vieillard, nommé Astruc, qui marche courbé sous le poids de ses soixante-quatorze années, et dont les cheveux blancs couvrent les épaules, est arrêté comme il va de la porte de la Couronne à celle des Carmes ; reconnu pour être protestant, il reçoit cinq coups de ces fameuses fourches dont est armée la compagnie Froment. Le malheureux tombe, ses assassins le ramassent et le jettent dans le fossé, où ils s'amusent à l'écraser à coups de pierre ; enfin l'un d'eux, plus humain, lui casse la tête d'un coup de fusil.

Trois électeurs, les sieurs Massador, du district de Beaucaire ; le sieur Vialla, du canton de Lasalle, et le sieur Puech, du même canton, sont attaqués par des gens à pouf rouge en se retirant chez eux, et blessés tous trois grièvement.

Le capitaine qui avait commandé le détachement de garde à l'assemblée électorale se retirait avec un sergent et trois volontaires de sa compagnie, lorsque, arrivés sur le Petit-Cours, ils sont arrêtés par Froment dit Damblay, qui, s'adressant au capitaine et lui mettant le pistolet sur l'estomac, lui dit : — Halte là, coquin ! rends tes armes. — En même temps des cébets à pouf rouge saisissent le capitaine par les cheveux, le renversent en arrière ; en même temps Froment tire le pistolet dont il le menaçait, et le manque. En tombant, le capitaine tire son épée ; mais on la lui arrache des mains, et Froment lui donne un coup de la sienne. Alors le capitaine fait un effort, débarrasse un de ses bras, tire de sa poche un pistolet, écarte les assassins, tire sur Froment et le manque. Un des volontaires qui l'accompagnent est blessé et désarmé.

Une patrouille du régiment de Guyenne, à la suite de laquelle était le sieur Boudon, dragon, passait aux Calquières. M. Boudon est attaqué par une troupe de gens à pouf rouge. On lui enlève son casque et son mousquet ; plusieurs coups de fusil lui sont tirés ; les uns ratent, les autres le manquent ; la patrouille l'enveloppe pour le sauver : mais il a reçu deux coups de baïonnette, et veut se venger ; il écarte ses protecteurs, s'élance pour reprendre son mousquet, il est à l'instant même massacré. On lui coupe le doigt pour enlever un diamant qu'il y porte. On lui vole sa montre et sa bourse, et on le jette dans le fossé.

Pendant ce temps, la place des Récollets, le Cours, la place des Carmes, la Grande Rue et celle de Notre-Dame-de-l'Esplanade, sont envahies par des hommes, les uns armés de fusils, les autres de fourches et de sabres : tout est sorti, hommes et armes, de la maison de Froment, qui domine le quartier de Nîmes appelé les Calquières et s'ouvre sur les remparts et sur les tours des Dominicains. Les trois chefs de l'insurrection, Froment, Folacher et Descombiez, s'emparent de ces tours, qui font partie de l'ancien château ; de là les catholiques peuvent diriger leur feu sur tout le quai de Calquières et sur le perron de la salle de spectacle ; et dans le cas où leur mouvement n'aurait pas dans la ville toute l'étendue et toute la spontanéité qu'ils en attendent, il est facile à eux de se maintenir dans une pareille position jusqu'à ce qu'ils y reçoivent des secours.

Ces dispositions ou étaient méditées depuis longtemps, ou étaient l'improvisation d'un habile stratégiste. En effet, la rapidité avec laquelle toutes les avenues de cette forteresse furent gardées par une double ligne de légionnaires à pouf rouge, le soin qu'on avait eu de placer les plus animés près des casernes où le parc d'artillerie était renfermé, enfin une compagnie entière qui barrait le chemin de la citadelle, le seul lieu où les patriotes pussent se procurer des armes, tout indiquait que ce plan, qui semblait n'être que défensif, et qui présentait le double avantage et d'attaquer sans beaucoup de danger et de laisser croire qu'on avait été attaqué soi-même, était arrêté depuis longtemps ; aussi était-il entièrement accompli avant que les citoyens fussent même armés, et jusque-là une partie de la garde à pied et les douze dragons de l'évêché avaient seuls résisté aux ligueurs.

Le drapeau rouge, qui est l'étendard autour duquel doivent se réunir, en cas de guerre civile, les bons citoyens, et qui, en dépôt à la municipalité, aurait dû en sortir aux premiers coups de fusil, est alors vivement réclamé : on presse, on force même l'abbé de Belmont, chanoine, vicaire général et officier municipal, à le porter, comme étant le plus propre, par son caractère ecclésiastique, à imposer à des rebelles armés au nom de la religion.

Voici, du reste, comment l'abbé de Belmont raconte lui-même l'accomplissement de cette mission.

« A sept heures du soir, à peu près, j'étais avec MM. Ponthier et Ferrand, occupé à régler un compte. Nous entendîmes du bruit dans la rue, et, du haut de l'escalier, nous vîmes venir à nous plusieurs dragons, parmi lesquels était le sieur Pâris ; ils nous dirent qu'on se battait à la place de l'Evêché, parce qu'un quidam était venu remettre un billet au portier, dans lequel il lui avait dit de ne plus admettre les dragons dans l'évêché, sous peine de la vie. Je leur dis alors qu'ils auraient dû arrêter ce quidam et fermer les portes ; ils me répondirent que cela n'avait point été possible. Incontinent, MM. Ferrand et Ponthier prirent leurs écharpes et sortirent.

» Peu d'instants après, plusieurs dragons, parmi lesquels je ne reconnus que les sieurs Lezan du Pontet, Pâris le cadet et Boudon, ainsi qu'un grand nombre de légionnaires, vinrent me demander que le drapeau rouge sortît ; ils coururent à la porte de la salle du conseil, et la trouvant fermée, ils m'en rendirent responsable. J'appelle un valet de ville, on n'en trouve pas ; je demande les clefs à la concierge, qui me dit que M. Berding les a emportées ; les volontaires travaillent à enfoncer la porte ; les clefs arrivent, on ouvre la porte, on prend le drapeau rouge, on me le remet, on m'entraîne dans la cour, et de là sur la place.

» C'est en vain que je veux faire des observations sur les préliminaires à remplir et sur mon état ; on me répond qu'il y va de ma vie, et que ma robe imposera aux perturbateurs du repos public. Je représente que ce n'est pas à moi de porter le drapeau ; on ne m'écoute pas. Je marche donc, suivi d'un piquet du régiment de Guyenne, d'une partie de la compagnie nº 1, et de plusieurs dragons ; un jeune homme, armé d'une baïonnette, est toujours à côté de moi. La fureur est peinte sur le visage de tous ceux qui me suivent, et ils se permettent envers moi des injures et des menaces auxquelles je ne m'arrête point.

» Je passe par la rue des Greffes ; on trouve que je ne lève pas assez le drapeau rouge, et qu'il n'est point assez déployé. Arrivé au corps-de-garde de la porte de la Couronne, le détachement se met en bataille, et l'on dit à l'officier qui commande le poste de nous suivre : il répond qu'il ne le saurait sans une réquisition par écrit de la municipalité ; ceux qui m'entourent me disent de la faire ; je demande une plume et une écritoire, et l'on me rend encore responsable de ce que je n'ai ni l'une ni l'autre ; les propos insultants que m'adressent et les gestes menaçants que se permettent contre moi les volontaires et plusieurs soldats du régiment de Guyenne m'inspirent de la frayeur ; on me rudoie, on me frappe ; le sieur Boudon apporte du papier, une plume, et j'écris : *Je requiers la troupe de prêter main forte.* Alors l'officier du régiment de Guyenne se met en devoir de nous suivre.

» A peine ai-je fait quelques pas, qu'on me demande la réquisition que je viens d'écrire ; on ne la trouve pas ; on vient à moi, on dit que je ne l'ai pas faite, et je suis sur le point d'être accablé, lorsqu'un légionnaire la tire toute chiffonnée de sa poche. Les menaces redoublent : on se plaint avec fureur que je ne lève pas assez le drapeau rouge, et l'on me dit que je suis assez grand pour le lever davantage..

» Mais bientôt paraissent les légionnaires à pouf rouge, quelques-uns armés de fusils, un plus grand nombre avec des sabres ; on tire de part et d'autre ; la troupe de ligne et les gardes nationaux se rangent en bataille dans une espèce d'enfoncement, et on veut me faire aller seul en avant : je m'y refuse, parce que j'aurais été entre deux feux.

» C'est alors que les injures, les menaces et les mauvais traitements sont portés à leur comble : on me saisit au milieu de la troupe qui m'environne, et à grands coups de culasse de fusil, on me force d'aller en avant ; j'en reçois un entre les deux épaules qui me fait venir le sang à la bouche. Cependant ceux du parti opposé s'approchaient davantage, et l'on ne cessait de me crier d'aller en avant. Je m'avance avec le drapeau rouge, je les atteins ; je les conjure de se retirer ; je me jette même à leurs genoux ; je les persuade ; mais ils m'entraînent avec eux, me font entrer par la porte des Carmes, prennent le drapeau, et me conduisent chez une femme dont j'ignore le nom. Je crachais le sang à pleine bouche ; elle me donna tout ce qu'elle put trouver de plus propre à me remettre, et, peu de temps après, je me fis conduire chez M. Ponthier. »

Pendant que le drapeau rouge était porté par l'abbé de Belmont, on forçait les municipaux à proclamer la loi martiale. Cette loi venait d'être proclamée, lorsqu'on apprend que le premier drapeau rouge est enlevé ; alors M. Ferrand de Missol s'empare d'un autre drapeau, et, suivi d'une escorte assez considérable, prend le même chemin que son confrère l'abbé de Belmont. Arrivé aux Calquières, les gens à pouf rouge, qui garnissent toujours le rempart et les tours, font une nouvelle décharge sur le cortège ; un légionnaire reçoit un coup de feu à la cuisse ; l'escorte rétrograde de nouveau : M. Ferrand s'avance seul vers la porte des Carmes, comme avait fait M. de Belmont. Comme M. de Belmont, il est fait prisonnier par les rebelles et emmené à la tour.

Arrivé à la tour, il y trouve Froment furieux ; selon lui, la municipalité ne tient pas sa parole : elle ne lui a pas envoyé les secours promis et tarde à lui livrer la citadelle.

Cependant la troupe n'a fait retraite que pour aller chercher du secours. Elle se rend en tumulte aux casernes, et y trouve le régiment de Guyenne en ordre de bataille, M. de Bonne, lieutenant-colonel, en tête ; mais celui-ci refuse de se mettre en marche, s'il n'en reçoit l'ordre écrit de la municipalité. Alors un vieux caporal s'écrie : « Braves soldats de Guyenne, la patrie étant en danger, nous ne devons pas attendre plus longtemps pour remplir notre devoir. — Oui, oui, s'écrient tous les soldats ; marchons ! marchons ! » Le lieutenant-colonel n'ose plus résister à de pareilles démonstrations, donne l'ordre demandé, et l'on marche vers l'Esplanade.

Au bruit des tambours du régiment de Guyenne, le feu des remparts cesse. Comme la nuit est arrivée sur ces entrefaites, on ne veut pas risquer une attaque ; d'ailleurs la cessation du feu fait croire que les conspirateurs renoncent à leur entreprise. Au bout d'une heure de station sur la place, la troupe rentre dans ses quartiers, et les patriotes vont passer la nuit dans un enclos sur le chemin de Montpellier.

En effet, on pouvait croire que les catholiques avaient reconnu l'impuissance de leur complot, puisqu'en excitant le fanatisme, en disposant de la municipalité, en répandant l'or et le vin, ils n'avaient pu mettre en mouvement que trois compagnies sur dix-huit. « Quinze compagnies, dit M. Alquier dans son rapport à l'Assemblée nationale, quinze compagnies, portant aussi le pouf rouge, ne prirent aucune part à l'action, et ne contribuèrent en rien aux crimes de cette journée ou à ceux qui la suivirent. »

Mais, à défaut de renfort parmi leurs concitoyens, les catholiques comptaient qu'il leur en arriverait de la campagne : aussi, sur les dix heures du soir, les chefs des révoltés, voyant qu'il ne leur arrivait aucun auxiliaire de la plaine, résolurent d'activer ce secours. En conséquence, Froment écrivit à M. de Bouzols, commandant en second la province du Languedoc et résidant à Lunel, la lettre suivante :

Au moment où il passait comme un éclair, il lui assena sur la tête un rude coup de houe. — Page 212

« Monsieur,

» Vainement j'ai réclamé jusqu'à ce jour l'armement des compagnies catholiques ; malgré l'ordre que vous avez bien voulu m'accorder, les officiers municipaux ont cru qu'il était de la prudence de retarder la livraison des fusils jusque après l'assemblée électorale. Aujourd'hui les dragons protestants ont attaqué et tué plusieurs de nos catholiques désarmés ; vous pouvez juger du désordre et de l'alarme qui règnent dans la ville. Je vous supplie, en ma qualité de citoyen et de bon Français, d'envoyer de suite un ordre au régiment de royal-dragons, pour venir mettre le bon ordre dans la ville et imposer aux ennemis de la paix. La municipalité est dispersée, personne n'ose sortir des maisons, et si elle ne vous fait aucune réquisition en ce moment, c'est que chacun de ses membres tremble pour ses jours et n'ose se montrer. On a sorti deux drapeaux rouges, et les officiers municipaux sans gardes ont été obligés de se réfugier chez de bons patriotes. Quoique simple citoyen, je me permets de réclamer auprès de vous, parce que je pense que les protestants ont déjà envoyé dans la Vaunage et la Gardonninque pour demander des secours, et que l'arrivée des fanatiques de ces contrées exposerait tous les bons Français à être égorgés. Daignez avoir égard à ma demande, je l'attends de votre bonté et de votre justice.

» FROMENT, capitaine de la compagnie n° 39.

» Ce 13 juin 1790, à 11 heures du soir. »

Malheureusement pour les catholiques, les nommés Dupré et Lieutaud, porteurs de cette lettre et munis de passe-ports comme chargés d'affaires du roi et de l'état, furent arrêtés à Vehaud, et leurs dépêches apportées à l'assemblée électorale. On signala en même temps d'autres missives, à peu près pareilles ; des légionnaires à pouf rouge parcouraient les villages voisins, disant qu'on égorgeait les catholiques de Nîmes. Le curé de Courbessac, entre autres, reçut une lettre dans laquelle on lui disait qu'un capucin avait été assassiné, et qu'il fallait porter secours aux catholiques. Les agents qui lui présentèrent cette lettre le prièrent de la signer pour la produire ailleurs ; mais il s'y refusa positivement.

A Bouillargues et à Manduel le tocsin sonna : les habitants de ces deux villages se réunirent alors, et se rendirent armés sur le chemin de Beaucaire à Nîmes. Au pont du Quart, ceux de Redressan et de Marguerite se joignirent à eux. Renforcée ainsi, cette troupe catholique barra le chemin, interrogeant tous ceux qui passaient : s'ils étaient catholiques, ils continuaient leur route ; s'ils étaient protestants, ils étaient assassinés. C'était, qu'on se le rappelle, de la même façon que procédaient en 1704 les cadets de la Croix.

Cependant Descombiés, Froment et Folacher étaient toujours maîtres des remparts et de la tour, et comme, vers les trois heures du matin, leur troupe se recruta de deux cents hommes à peu près, ils profitèrent de ce renfort pour enfoncer la porte d'une maison appartenant

à un nommé Therond, pour entrer chez les Jacobins, et de là à la tour attenante au couvent ; de sorte que leur ligne s'étendit dès lors depuis le pont des Calquières jusqu'à l'embouchure de la rue du Collège. De ces diverses portes on commença, au point du jour, à tirer sur les patriotes armés ou non armés qui passaient à la portée du fusil.

Le 14, dès quatre heures du matin, la partie de la légion opposée aux catholiques vint se ranger sur la place de l'Esplanade, où ils furent bientôt rejoints par les patriotes des villes et des villages voisins, qui arrivèrent successivement, et finirent par former un corps d'armée.

A cinq heures, M. de Saint-Pons, jugeant que des fenêtres du couvent des Capucins, qu'il savait appartenir entièrement aux catholiques, puisque c'était dans ce couvent que s'étaient fabriqués tous les pamphlets dont nous avons parlé, on pourrait tirer sur les patriotes, se rendit au couvent avec une compagnie, et le visita entièrement, ainsi que les Arènes : ni dans l'un ni dans l'autre de ces monuments on ne trouva rien de suspect.

Ce fut alors qu'on apprit les massacres de la nuit.

On avait brisé les portes de la maison de campagne de M. et de madame Noguiès, et, après avoir dévasté le château, on les avait tués dans leur appartement ; un vieillard de soixante-dix ans, nommé Blacher, qui habitait avec eux, avait été massacré à coups de faux.

Le jeune Payre, âgé de quinze ans, passait devant une troupe postée au pont des Îles : un légionnaire à pouf rouge lui demande s'il est catholique ou protestant ; le jeune homme répond : — Je suis protestant. — Aussitôt un de la troupe lui tire un coup de fusil, et l'étend raide mort. — Autant aurait valu tuer un agneau, dit un compagnon du meurtrier. — Bah ! répond celui-ci, j'ai promis de tuer quatre protestants pour ma part, et celui-ci comptera pour un.

M. Maigre, vieillard de quatre-vingt-deux ans, et chef d'une famille des plus considérées dans le pays, fuyait de sa maison de Trois-Fontaines, ayant dans sa voiture son fils, la femme de son fils, deux de leurs enfants et

Il s'élance sur la maison voisine, et de toit en toit arrive jusqu'à celui du collège. — Page 218.

deux servantes : on arrête sa voiture, et tandis qu'on l'assassine lui et son fils, sa femme et ses filles se réfugient dans une auberge ; alors les assassins les y poursuivent : heureusement, comme elles ont quelques minutes d'avance sur eux, l'aubergiste a la présence d'esprit d'ouvrir la porte du jardin et de dire qu'elles se sont enfuies par cette porte : les catholiques le croient, se répandent dans la campagne, et pendant ce temps ces deux malheureuses femmes sont sauvées par des cavaliers de la maréchaussée.

Ces nouvelles successives portent à son comble l'exaspération des protestants, qui n'ont encore tiré aucune vengeance de ces meurtres ; ils demandent à grands cris de marcher contre le rempart et contre les tours, quand tout à coup une vive fusillade part des fenêtres et du clocher du couvent des Capucins : M. Massin, officier municipal, est tué sur le coup, un sapeur frappé à mort, et vingt-cinq autres gardes nationaux blessés plus ou moins légèrement. Aussitôt les protestants s'élancent en masse et sans garder d'ordre vers le couvent des Capucins ; mais au lieu de leur faire ouvrir la porte, le père vicaire paraît à la fenêtre qui est au-dessus de cette porte, et, traitant les assaillants de canaille, il leur demande ce qu'ils veulent au couvent : — Nous voulons l'abattre, nous voulons le raser, nous voulons qu'il n'en reste pas pierre sur pierre, répondent ceux-ci. — Alors le père vicaire fait sonner les cloches, et le tocsin retentit, appelant au secours avec sa grande voix de bronze : aussitôt la porte est enfoncée à coups de hache ; cinq capucins et quelques légionnaires à houppe rouge sont tués, les autres prennent la fuite ; les capucins se réfugient chez un religionnaire nommé Paulhan, où ils trouvent un asile. L'église est respectée ; un saint ciboire seulement, trouvé dans la sacristie, est volé par un homme de Sommières ; mais dès qu'on s'aperçoit de ce vol, l'homme est arrêté et conduit en prison.

Quant au couvent, on en enfonce les portes ; les meubles sont mis en morceaux, la bibliothèque et la pharmacie dévastées ; on brise les armoires et les placards de la sacristie, ainsi que deux ostensoirs qu'ils renferment ; mais on ne fait rien de plus. Le grenier d'abondance placé dans le cloître et la manufacture de draps restent intacts, et quant à l'église, ainsi que nous l'avons déjà dit, on n'y commit aucun désordre.

Mais les tours sont toujours le poste principal ; c'est là qu'on se bat réellement, et avec d'autant plus de rage, que les ligueurs, qui ignorent que leurs messagers ont été arrêtés et leurs lettres saisies, attendent de moment en moment des secours et espèrent les attirer d'autant plus, que le feu sera mieux soutenu ; aussi de ce côté tout va-t-il selon leur désir, la fusillade ne cesse pas un instant de pétiller ; on tire de la place de l'Esplanade, on tire des fenêtres, on tire des toits des maisons. Mais ces coups, si multipliés qu'ils soient, ont peu de résultats pour les protestants, trompés qu'ils sont par une ruse de Descombiez, qui a recommandé à ses hommes de poser leurs bonnets à houppe rouge sur la muraille, pour y attirer les balles, tandis qu'eux tirent d'à côté. Pendant ce temps les ligueurs, pour mieux diriger encore leur fusillade, rétablissent une communication anciennement murée et qui conduit de la tour du Poids de la farine à celle des Dominicains. Descombiez, à la tête de trente hommes, se présente à la porte de ce monastère, qui touche aux fortifications, et demande la clef d'une autre porte pour gagner la partie des remparts située vis-à-vis la place des Carmes où les gardes nationaux sont postés. Malgré les instances des religieux, qui font observer aux ligueurs qu'ils les exposent à être égorgés, les portes sont ouvertes ; Froment accourt, et place chacun à son poste ; et de son côté aussi le combat s'engage avec d'autant plus d'acharnement, que chaque minute amène aux protestants des renforts de la Gardonninque et de la Vaunage. Le feu a commencé à dix heures du matin, et à quatre heures de l'après-midi il se soutient de part et d'autre avec le même acharnement.

A quatre heures cependant, un parlementaire s'avance. C'est le valet de Descombiez : il vient de la part des catholiques, et apporte une lettre de Descombiez, de Froment et de Folacher, qui s'intitulent capitaines commandant les tours du château.

Cette lettre est ainsi conçue :

« A M. le commandant des troupes de ligne, pour communiquer aux légionnaires campés à l'Esplanade.

» Monsieur,

» On vient de nous dire que vous proposiez la paix : nous l'avons toujours désirée, et jamais nous ne l'avons troublée. Si ceux qui sont la cause des désordres affreux qui règnent dans la ville veulent mettre fin à leur coupable conduite, nous offrons d'oublier le passé et de vivre en frères ; nous sommes, avec toute la franchise et la loyauté de bons patriotes et de vrais Français, vos très-humbles serviteurs.

» Les capitaines de la légion nîmoise, commandant les tours du château.   » FROMENT, DESCOMBIEZ, FOLACHER.

» Nîmes, ce 14 juin 1790, à 4 heures du soir. »

D'après cette lettre, le trompette de la ville est envoyé aux tours pour offrir aux rebelles une capitulation ; les trois chefs se présentèrent alors pour parler aux commissaires du corps électoral : ils étaient armés et suivis d'un grand nombre des leurs, aussi armés. Cependant, comme, avant tout, les négociateurs veulent la cessation des hostilités, ils proposent aux trois chefs de se rendre et de se mettre sous la garde de l'assemblée électorale ; ceux-ci s'y refusent : les commissaires électeurs se retirent, et les rebelles rentrent dans leurs retranchements.

Vers les cinq heures du soir, c'est-à-dire au moment où les négociations sont rompues, le sieur Aubry, capitaine d'artillerie, qui s'est porté au dépôt de l'artillerie de campagne avec deux cents hommes à peu près, arrive avec six pièces de canon, pour battre en brèche la tour où les ligueurs sont retranchés, et d'où ils tirent à couvert sur les soldats que rien ne garantit. A six heures les canons sont en batterie ; aussitôt ils tonnent, dominant le bruit de la fusillade, qu'ils doivent bientôt faire cesser, car chaque coup creuse la tour, et elle va s'ouvrir éventrée. Alors les commissaires de l'assemblée électorale font taire un instant les batteries ; car ils espèrent qu'en présence du danger imminent qui les menace les chefs accepteront les conditions qu'ils

ont refusées une heure auparavant, et ils ne veulent pas les pousser au désespoir. Ils s'avancent donc, précédés d'un trompette, par la rue du Collège, et font avertir François Froment et Descombiez de venir leur parler : ceux-ci descendent dans la rue, et, en voyant du dehors la tour près de s'écrouler, consentent à mettre bas les armes, à les faire porter au palais, et à se rendre à l'assemblée électorale pour se mettre sous sa sauvegarde. Ces propositions sont acceptées, et les commissaires élèvent leurs chapeaux en l'air pour indiquer que tout est fini.

En ce moment trois coups de fusil partent des remparts, et les cris : Trahison ! trahison ! retentissent de tous côtés. Les chefs catholiques rentrent dans la tour. Les protestants, croyant que l'on assassine leurs commissaires, recommencent le feu des batteries ; mais la brèche tarde trop longtemps à s'ouvrir, les protestants courent aux échelles, on escalade les remparts, les tours sont emportées d'assaut, une partie des catholiques est égorgée, l'autre se jette dans la maison de Froment, où, ralliée par celui-ci, elle essaye de faire résistance. Mais les assaillants, malgré la nuit qui arrive, se ruent sur elle avec un tel acharnement, qu'en un instant portes et fenêtres sont brisées. François et Pierre Froment se sauvent par un petit escalier qui donne sur les toits. Mais, avant qu'ils les aient atteints, une décharge les poursuit : Pierre Froment, atteint à la cuisse, tombe sur l'escalier. François Froment gagne la terrasse, s'élance sur la maison voisine, et de toit en toit arrive jusqu'à celui du collège, entre dans ce bâtiment par une lucarne, et se cache dans une grande chambre solitaire la nuit, et qui sert le jour de salle d'études.

Froment demeure caché ainsi jusqu'à onze heures. A onze heures, voyant l'obscurité complète, il descend par la fenêtre, traverse la ville, gagne la campagne, marche toute la nuit, se cache, quand le jour vient, dans la maison d'un catholique, se remet en route le soir, arrive au bord de la mer, trouve une barque, gagne les côtes d'Italie, et va rendre compte à ceux qui l'ont envoyé du mauvais résultat de son entreprise.

Trois jours entiers le carnage dura. Les protestants, poussés à bout, massacrent à leur tour sans pitié, et avec des raffinements de cruauté atroce. Plus de cinq cents catholiques perdent la vie dans ces trois journées ; ce n'est que le 17 que la paix est rétablie.

Longtemps catholiques et protestants rejetèrent l'un sur l'autre l'agression qui avait amené ces fatales journées. Mais enfin François Froment prit soin lui-même de lever tous les doutes qui pouvaient rester à ce sujet, en publiant l'ouvrage dans lequel se trouvent une partie des détails que nous venons de mettre sous les yeux du lecteur, ainsi que la récompense qu'il reçut à son retour à Turin. Cette récompense, la voici : c'est une délibération de la noblesse française émigrée en faveur de M. Pierre Froment et de ses enfants, habitants de Nîmes. — Nous reproduirons textuellement cette pièce historique.

« Nous, soussignés, gentilshommes français, convaincus que la noblesse n'a été instituée que pour devenir le prix du courage et l'encouragement de la vertu, déclarons que le chevalier de Guer nous ayant rendu compte des preuves de courage, de dévouement pour le roi et d'amour de la patrie, qu'ont données M. Pierre Froment père, receveur du clergé, et ses fils, Mathieu Froment, bourgeois, Jacques Froment, chanoine, François Froment, avocat, habitants de Nîmes ; nous les regarderons désormais, eux et leurs descendants, comme nobles et faits pour jouir de toutes les distinctions qui appartiennent à la véritable noblesse. Les braves citoyens qui feront des actions distinguées en combattant pour le rétablissement de la monarchie devant être les égaux des chevaliers français dont les ancêtres ont contribué à la fonder, déclarons de plus qu'à l'instant où les circonstances le permettront, nous nous réunirons pour demander à Sa Majesté d'accorder à cette famille illustrée par la vertu tous les honneurs et prérogatives qui appartiennent aux vrais gentilshommes, et pour les faire jouir dès le premier instant des avantages réservés en France à la noblesse. Nous chargeons MM. le marquis de Miran, le comte d'Espinchal, le marquis d'Escars, le vicomte de Pons, le chevalier de Guer, le marquis de la Ferronnière, d'aller en députation vers monseigneur le comte d'Artois, monseigneur le duc d'Angoulème, monseigneur le duc de Berry, monseigneur le prince de Condé, monseigneur le duc de Bourbon et monseigneur le duc d'Enghien, pour les supplier de se mettre à notre tête quand nous demanderons à Sa Majesté d'accorder à MM. Froment toutes les distinctions qui appartiennent à la véritable noblesse.

« A Turin, ce 12 septembre 1790. »

Le comte de Choiseul.	Le comte d'Avessens.
Beaumont d'Antichamp.	Le marquis de Plarin.
Le comte François d'Escars.	Le comte de Lafare.
Le chevalier de Vivien.	Le chevalier de Grailly.
D'Espinchal père.	Le vicomte de Milleville.
Begon de la Rouzière.	Barthes de Marmoriers.
De la Salle.	Le comte Antoine de Lévis.
Ulrich.	Le comte Philippe de Vaudreuil.
Le comte de Vérac.	Le comte Joseph de Maccarthy.
Le comte d'Auteuil.	Le vicomte Robert de Maccarthy.
La Feuillide.	Le baron de Corcelles.
Le chevalier de Verne.	Le marquis Boulanger.

D'Assac, comte de Fernay.
Le vicomte de Gouvello.
Mirant.
Le marquis de Seraut.
Le comte de Vintimille.
Rebourgueil.
Le marquis de Gain-Montagnac.
Dubois de la Féronnière.
Desouenne d'Empugène.
D'Espinchal fils.
De Pons.
L'abbé de Pons.
L'abbé de Menar.

D'Auteuil fils.
Le prince de la Trémoille.
Le chevalier de Bouglan.
La Rouzière fils.
Le chevalier de Milleville.
Le chevalier de Marcombe.
Le chevalier de Guer.
Le marquis d'Escars.
De Caze.
Le marquis de Pierrevert.
Le baron Dubois d'Escordal.
Le comte de Lantivy.
Defaure.

La noblesse du Languedoc apprit de son côté avec joie les honneurs conférés à son compatriote M. Froment ; aussi lui adressa-t-elle la lettre suivante :

« Lorch, le 7 juillet 1792.

» La noblesse du Languedoc s'est empressée, monsieur, de confirmer la délibération tenue en votre faveur par les gentilshommes assemblés à Turin. Elle rend justice au zèle et au courage qui ont distingué votre conduite et celle de votre famille : en conséquence, elle nous charge de vous assurer qu'elle vous verra avec plaisir parmi les gentilshommes réunis sous les ordres de M. le maréchal de Castries, et que vous pouvez vous rendre au cantonnement de Lorch, pour prendre votre rang dans une de ces compagnies.

» Nous avons l'honneur d'être, monsieur, vos très-humbles et très-obéissants serviteurs,

> » Le comte DE TOULOUSE-LAUTREC, le marquis DU LAC, le marquis DE LA JONQUIÈRE, le marquis DE PANOT, le chevalier DE BEDOS. »

Les protestants, nous l'avons dit, avaient salué avec joie les premiers beaux jours de la révolution ; mais bientôt arriva la terreur, qui, sans distinction de culte, frappait sur tous. Cent trente-huit têtes tombèrent sur l'échafaud, condamnées par le tribunal révolutionnaire du Gard. Quatre-vingt-onze condamnés étaient catholiques, quarante-sept étaient protestants. On eût dit que les bourreaux, dans leur impartialité, avaient fait le recensement de la population.

Le consulat apparut à son tour : hommes de commerce et d'industrie, plus riches en général que les catholiques, et par conséquent ayant plus à perdre, les protestants, qui voyaient en lui plus de stabilité et surtout un génie plus puissant que dans les gouvernements précédents, s'y rallièrent avec confiance et avec sincérité. Puis vint l'empire avec ses idées absolues, son système continental, ses réquisitions redoublées ; et alors les protestants s'écartèrent de lui ; car c'est envers eux surtout, qui ont tant espéré en lui, qu'il est parjure et que Napoléon ne tient pas les promesses de Buonaparte.

Aussi la première restauration fut-elle saluée à Nîmes par un cri de joie universel ; et un observateur superficiel aurait pu croire que toute trace du vieux levain religieux avait disparu. En effet, pendant les dix-sept ans, les deux cultes semblent confondus dans une paix profonde et dans une bienveillance mutuelle ; depuis dix-sept ans, dans la société comme dans les affaires, on se réunit sans s'informer de la communion à laquelle on appartient, et Nîmes, à sa surface, peut être citée comme un exemple d'union et de fraternité.

Bientôt Monsieur arriva à Nîmes, la garde urbaine fut sa garde d'honneur ; elle conservait encore l'organisation qu'elle avait reçue en 1812, c'est-à-dire qu'elle se composait indistinctement de citoyens appartenant aux deux cultes. Six décorations lui furent accordées : trois furent données aux catholiques, trois furent données aux protestants. En même temps, M. Daunant, M. Olivier Desmonts et M. de Seine, le premier maire, le second président du Consistoire, et le dernier membre de la préfecture, tous trois de la religion réformée, reçoivent la même faveur.

De la part de Monsieur, une pareille impartialité était presque une préférence, et cette préférence blessa les catholiques. Ils se rappelèrent qu'à une certaine époque les pères de ceux qui venaient d'être décorés de la main du prince combattaient contre ceux qui lui étaient fidèles. Aussi Monsieur était-il à peine parti, que l'on s'aperçut que l'harmonie n'était déjà plus la même. Les catholiques avaient un café de prédilection, dans lequel, pendant tout le temps de l'empire, ils s'étaient trouvés réunis aux protestants, sans que cette réunion amenât une seule rixe de religion. A compter de ce moment, ils commencèrent à faire mauvaise mine aux religionnaires. Ceux-ci s'en aperçurent ; mais, décidés à conserver la paix à tout prix, ils abandonnèrent peu à peu le café aux seuls catholiques, et en adoptèrent un autre qui venait de s'élever à l'enseigne de l'*Ile d'Elbe*. Il n'en fallut pas davantage pour les faire traiter de bonapartistes ; et, à ce titre, comme on pensait que le cri de Vive le roi ! pouvait leur être désagréable, on les saluait de ce cri à tout moment, et avec un accent qui prenait de jour en jour une intonation plus provocante. D'abord, au cri de Vive le roi ! ils répondirent par un cri pareil ; mais alors on les traita de lâches, attendu, disait-on, qu'ils préféraient de la bouche un cri qu'ils n'avaient point dans le cœur. Sensibles à cette inculpation, ils se turent ; mais alors

on les accusa d'aversion pour la famille royale. Enfin ce cri de Vive le roi ! que chacun avait d'abord prononcé de si bon cœur dans un chorus universel, devint si inquiétant, lorsqu'il ne fut plus que l'expression de la haine d'un parti, que, le 21 février 1815, M. Daunant, le maire, défendit par un arrêté public ce cri de Vive le roi ! qu'on était parvenu à rendre séditieux.

Les esprits en étaient déjà arrivés à ce degré d'irritation, lorsqu'on apprit à Nîmes, le 4 mars, au soir, le débarquement de Napoléon.

Quelle que fût l'impression que produisit cette nouvelle, la ville resta sombre mais calme ; d'ailleurs on n'avait pas de nouvelles positives. Napoléon, qui connaissait la sympathie des montagnards pour lui, s'était engagé dans les Alpes, et son aigle ne volait point encore assez haut pour qu'on le vît planer au-dessus du mont Genève.

Le 12, Mgr. le duc d'Angoulême arriva à Nîmes : deux proclamations, qui appellent les habitants aux armes, y signalent son arrivée ; les Nîmois répondent à l'appel avec l'ardeur méridionale ; une armée se forme ; les protestants se présentent concurremment avec les catholiques ; mais les protestants sont exclus ; les catholiques ne reconnaissent qu'à eux seuls le droit de défendre leurs souverains légitimes.

Cependant ce triage se fait sans que, en apparence, le duc d'Angoulême en soit instruit. Pendant son séjour à Nîmes, il accueille également bien les protestants et les catholiques, et les uns et les autres sont admis à sa table. Or il se trouve qu'invité, un vendredi, à cette table, un général protestant fait maigre, tandis qu'un général catholique faisait gras. Le prince remarque en riant cette anomalie. — Bah ! répond le général catholique, mieux vaut une aile de poulet de plus et une trahison de moins. — L'attaque était si directe, que, quoique le général protestant ne pût en rien se l'appliquer, il se leva de table et sortit. Le général protestant si cruellement blessé était le brave général Gilly.

Cependant les nouvelles deviennent de plus en plus désastreuses ; Napoléon a le vol rapide de ses aigles. Le 21 mars, le bruit se répand à Nîmes que le roi Louis XVIII a quitté Paris le 19, et que Napoléon y est entré le 20. On remonte à la source de ce bruit, et on apprend qu'il a été répandu par M. Vincent de Saint-Laurent, conseiller de préfecture, et l'un des hommes les plus respectables de Nîmes. Aussitôt M. Vincent de Saint-Laurent est mandé pour savoir d'où il tient ces renseignements. Il dit qu'il les a lus dans une lettre reçue par M. de Braguères, et produit la lettre ; mais cette preuve, toute convaincante qu'elle est, ne suffit point : M. Vincent de Saint-Laurent est conduit, de brigade en brigade, au château d'If. Les protestants prennent parti pour M. Vincent de Saint-Laurent ; les catholiques se rangent du côté de l'autorité, qui le persécute ; les partis si longtemps calmes, les haines si longtemps assoupies, se retrouvent en présence. Cependant il n'éclate aucune rixe ; mais la ville est fiévreuse, et chacun s'attend à une crise.

Déjà, le 22 mars, deux bataillons de volontaires catholiques, organisés à Nîmes, et formant à peu près dix-huit cents hommes, ont été acheminés sur Saint-Esprit. Au moment du départ, on leur a distribué des fleurs de lis de drap rouge : ce changement de couleur dans l'emblème monarchique est une menace que comprennent les protestants.

Le prince part à son tour, emmenant avec lui le reste des volontaires royaux, et laissant par le départ des catholiques les protestants à peu près maîtres de Nîmes.

Cependant le calme continue d'y régner, et, chose étrange, les provocations viennent de la part des plus faibles.

Le 27 mars, six hommes se réunissent sur une aire, y font un repas, et concertent un tour de ville. Ce sont Jacques Dupont, qui, sous le nom de Trestaillons, acquit depuis la terrible célébrité que vous savez ; Truphemy, le boucher ; Morenet, le tondeur de chiens ; Hours, Servant et Gilles. Ils partent, ils arrivent en face du café de l'Ile d'Elbe, qui par son nom même indique l'opinion de ceux qui le fréquentent : ce café est en face d'un corps de garde occupé par les soldats du 67e. Là ces hommes s'arrêtent, et avec l'accent de la provocation poussent à plusieurs reprises le cri de Vive le roi ! sans parvenir à rien amener, qu'une espèce de rixe sans importance, que nous n'avons nous-mêmes rapportée que pour donner une idée de la modération des protestants, et pour mettre en scène les hommes qui devaient jouer trois mois après un rôle si terrible.

Le 1er avril, le maire convoque à la mairie même le conseil municipal, les divers membres des autorités constituées, les officiers de la garde urbaine, les curés, les pasteurs du culte protestant et diverses autres personnes notables de la ville. Là M. Trinquelagne, avocat de la cour royale, présente une adresse énergique qui a pour objet de manifester l'amour des citoyens pour le roi, pour la patrie, et de les exhorter à l'union et à la paix. Cette adresse est adoptée à l'unanimité, signée par tous les membres de l'assemblée, et parmi les signatures sont celles des principaux protestants de Nîmes. Ce n'est pas tout ; le lendemain elle est imprimée, publiée et envoyée à toutes les communes du département sur lesquelles le drapeau blanc flotte encore. Et cela, comme nous l'avons dit, se passe le 2 avril, c'est-à-dire onze jours après la rentrée de Napoléon à Paris.

Le même jour on apprend que l'on a proclamé à Montpellier le gouvernement impérial.

Le lendemain, 3 avril, les officiers de demi-solde devaient se réunir à la fontaine pour y passer une revue du général et du sous-inspecteur. A l'heure dite on s'assemble à la fontaine, et comme le général et le sous-inspecteur tardent, l'ordre du jour du général Ambert, portant reconnaissance du gouvernement impérial, se distribue dans les rangs, les têtes se montent, un des officiers met l'épée à la main, et crie : Vive l'empereur ! Le mot magique trouve des échos de tous les côtés. On se porte en tumulte aux casernes du 63e régiment, qui se réunit à l'instant même aux officiers ; le maréchal de camp Pelissier arrive au milieu de ce tumulte, et comme il veut s'opposer aux mouvements des esprits, il est arrêté par ses propres soldats. Les officiers se rendent aussitôt chez le général Briche, commandant la garnison, pour lui demander communication officielle de l'ordre du jour qu'il a dû recevoir. Le général répond qu'il n'a rien reçu ; interrogé alors sur le parti qu'il prendra, il refuse de répondre. Les officiers s'emparent aussitôt de sa personne et le constituent prisonnier. A peine est-il écroué aux casernes, que le fonctionnaire de la poste se rend chez lui pour lui remettre une dépêche du général Ambert qui vient d'arriver. Apprenant que son général est prisonnier, le fonctionnaire porte la dépêche au colonel du 63e régiment, qui est le plus ancien officier après le général. Celui-ci l'ouvre, elle contient l'ordre du jour.

A l'instant même cet officier fait battre la générale, la garde urbaine prend les armes, les troupes sortent des casernes et se mettent en ligne ; les lignes formées, les gardes nationaux se placent immédiatement après les troupes réglées et dans l'ordre de bataille ; l'ordre du jour est lu ; les placardeurs se l'arrachent, en un instant il est affiché dans toutes les rues et à tous les carrefours : à ce moment la cocarde nationale remplace la cocarde blanche, et l'on force tout le monde de porter la première ou de n'en pas porter du tout : la ville est déclarée en état de siége, et les militaires forment un comité de surveillance et de police.

Lors du séjour du duc d'Angoulême à Nîmes, le général Gilly est venu solliciter dans l'armée du prince de l'emploi que, malgré ses vives instances, il n'a pu obtenir ; aussi, immédiatement après le dîner où il a été insulté, s'est-il retiré à sa campagne de l'Avernede ; c'est là que, dans la nuit du 5 au 6, il reçoit par un courrier l'ordre du général Ambert de prendre le commandement de la seconde subdivision ; le 6 au matin, le général Gilly se rend à Nîmes, annonce qu'il accepte, et, par cette acceptation, les départements du Gard, de l'Ardèche et de la Lozère se trouvent sous ses ordres.

Le lendemain, le général Gilly reçoit de nouvelles dépêches du général Ambert ; il lui annonce que, dans la vue de séparer l'armée du duc d'Angoulême des départements dans lesquels la sympathie qu'elle excite pourrait amener la guerre civile, il a pris la résolution de faire occuper militairement Pont-Saint-Esprit ; qu'en conséquence, il a donné l'ordre au 10e régiment de chasseurs à cheval, au 13e d'infanterie et à un bataillon d'artillerie, de partir de Montpellier pour se porter sur ce point à marches forcées ; ces divers corps sont sous les ordres du colonel Saint-Laurent ; mais le général Ambert désire, si le général Gilly croit pouvoir quitter Nîmes sans danger, qu'il en prenne le commandement en chef et qu'il les rejoigne avec une partie du 63e ; la ville est si parfaitement calme, que le général Gilly n'hésite pas un instant à obéir à cette invitation ; il part le 7 de Nîmes, va coucher à Uzès, trouve la ville abandonnée de ses magistrats, dans la crainte des troubles que peut amener cet abandon, la déclare en état de siége et en laisse le commandement à M. Bresson, chef de bataillon, officier en retraite, né dans la ville et y faisant sa résidence habituelle ; puis, tous les malheurs prévenus, autant qu'il est en lui de le faire, il se remet en route le 8 au matin.

Au-dessus du village de Conans, le général Gilly reçoit une ordonnance, que lui expédie le colonel Saint-Laurent ; cette ordonnance lui annonce que le colonel occupe Pont-Saint-Esprit, et que le duc d'Angoulême, qui se trouve pris entre deux feux, vient de lui envoyer le général d'Aultanne, chef de l'état-major de l'armée royale, pour traiter avec lui : le général Gilly force sa marche, arrive à Pont-Saint-Esprit, et y trouve en effet le général d'Aultanne et le colonel Saint-Laurent, réunis à l'hôtel de la Poste.

Porteur des instructions du commandant en chef, le colonel Saint-Laurent avait déjà réglé avec l'envoyé de M. le duc d'Angoulême différents points de la capitulation : le général Gilly en modifia quelques-uns, régla les autres, et le même jour, c'est-à-dire le 8 avril, la convention suivante fut signée.

« Convention conclue entre le général Gilly et le baron de Damas.

» S. A. R. Mgr. le duc d'Angoulême, commandant en chef l'armée royale du Midi, et M. le général de division, baron de Gilly, commandant en chef le premier corps de l'armée impériale, pénétrés de la nécessité et du désir d'arrêter l'effusion du sang français, ont chargé de leurs pleins pouvoirs, pour régler les articles d'une convention qui puisse assurer la tranquillité du midi de la France, savoir : S. A.R, M. le baron de Damas, maréchal de camp, sous-chef de l'état-major général ; et M. le général de Gilly, M. l'adjudant-commandant Lefèvre chevalier de la Légion d'honneur, chef d'état-major du premier corps d'armée, lesquels, après avoir échangé leurs pouvoirs respectifs, sont convenus des articles suivants :

» Art. 1er. L'armée royale est licenciée ; les gardes nationales qui en font partie, sous quelque dénomination qu'elles aient été levées,

rentreront chez elles après avoir déposé les armes ; il leur sera délivré des feuilles de route pour rentrer dans leurs foyers, et M. le général de division commandant en chef leur garantit qu'il ne sera jamais question de tout ce qui a pu être dit ou fait relativement aux événements qui ont eu lieu avant la présente convention.

» Les officiers conserveront leurs épées ; les troupes de ligne qui font partie de cette armée se rendront dans les garnisons qui leur seront assignées.

» Art. II. MM. les officiers généraux, officiers supérieurs d'état-major et autres de toutes armes, les chefs et employés de toute administration dont il sera fourni un état nominatif à M. le général en chef, se retireront dans leurs foyers, en attendant les ordres de Sa Majesté l'empereur.

» Art. III. Les officiers de tout grade qui voudraient donner leur démission sont libres de le faire ; il leur sera accordé de suite des passe-ports pour entrer dans leurs foyers.

» Art. IV. Les caisses de l'armée et les registres du payeur général seront remis de suite aux commissaires nommés à cet effet, par M. le général commandant en chef.

» Art. V. Les articles ci-dessus sont applicables aux corps commandés par Mgr. le duc d'Angoulême en personne et à tous ceux qui agissent séparément sous ses ordres et qui font partie de l'armée royale du Midi.

» Art. VI. Son Altesse Royale se rendra en poste au port de Cette, où les bâtiments nécessaires pour elle et sa suite seront disposés pour la transporter partout où elle voudra se rendre. Des postes de l'armée impériale seront placés à tous les relais pour protéger le voyage de Son Altesse, et il lui sera rendu partout les honneurs dus à son rang, si elle le désire.

» Art. VII. Tous les officiers et autres personnes de la suite de Son Altesse qui désirent la suivre auront la faculté de s'embarquer avec elle, soit qu'ils veuillent partir de suite, soit qu'ils demandent le temps nécessaire pour arranger leurs affaires particulières.

» Art. VIII. Le présent traité restera secret jusqu'à ce que Son Altesse ait quitté le territoire de l'empire.

» Fait en double expédition et convenu entre les chargés de pouvoirs ci-dessus désignés, le 8e jour d'avril de l'an 1815, sous l'approbation de M. le général commandant en chef, et ont signé.

» Au quartier général de Pont-Saint-Esprit, les jour et an ci-dessus :

» L'adjudant commandant chef d'état-major du premier corps de l'armée impériale du Midi,   » Signé : Lefèvre.

» Le maréchal de camp sous-chef d'état-major général,
                                    » Baron de Damas.

» Approuvée la présente convention par le général de division commandant en chef l'armée impériale du Midi,
                                    » Signé : Gilly. »

Après quelques discussions entre le général Gilly et le général Grouchy, la capitulation fut exécutée : le 16 avril, à huit heures du matin, le duc d'Angoulême arriva au port de Cette, et, profitant d'un vent favorable, il quitta le même jour la France, à bord du vaisseau suédois *la Scandinavie*.

Dès le 9 et de grand matin, un officier supérieur avait été envoyé à la Palud pour délivrer des feuilles de route aux troupes qui, d'après l'article 1er de la capitulation, *devaient rentrer chez elles après avoir déposé les armes*. Mais pendant la journée de la veille et pendant la nuit même, une partie des volontaires royaux s'étaient soustraits à cet article en se retirant avec *armes et bagages*. Comme cette infraction amena de graves résultats, nous allons, pour bien l'établir, rapporter la déposition de trois volontaires royaux eux-mêmes.

« Revenant de l'armée de Mgr. le duc d'Angoulême après la capitulation, dépose Jean Saunier, je m'étais rendu avec mes chefs et mon corps à Saint-Jean-des-Anels ; de là nous nous dirigeâmes sur Uzès ; lorsque nous fûmes au milieu d'un bois, près d'un village dont je ne me rappelle pas le nom, notre général, M. de Vogué, nous dit qu'il fallait que nous nous retirassions chacun chez nous. Nous lui demandâmes où nous devions déposer le drapeau. Dans ce moment, le commandant Magné le détacha du bâton et le mit dans sa poche. Nous demandâmes au général *où nous devions déposer nos armes :* il nous répondit *que nous devions les conserver, croyant qu'il n'y en aurait pas pour longtemps avant que nous en cussions besoin, et même que nous devions conserver aussi nos munitions* pour nous garantir en chemin de tout événement malheureux.

» Dès ce moment, chacun prit son parti, et nous restâmes ensemble soixante-quatre qui prîmes un guide pour nous conduire de manière à éviter de passer à Uzès. »

Nicolas Marie, travailleur de terre, dépose ainsi :

« Revenant de l'armée de Mgr. le duc d'Angoulême après la capitulation, je m'étais rendu avec mes chefs et mon corps à Saint-Jean-des-Anels. Nous nous dirigeâmes vers Uzès ; mais lorsque nous fûmes au milieu d'un bois après un village dont je ne me rappelle pas le nom, notre général, M. de Vogué, nous dit de faire en sorte de nous retirer chacun chez nous. Nous vîmes le commandant Magné, qui, ayant détaché le drapeau de son bâton, le roula et le mit dans sa poche. Nous demandâmes au général ce que nous devions faire de *nos armes :* il lui

nous répondit *qu'il fallait les conserver, de même que nos muni-*
tions, qui pourraient nous être utiles. Dès ce moment nos chefs
nous abandonnèrent, et chacun se sauva comme il put. »

« Après la capitulation de Mgr. le duc d'Angoulême, je me trouvai,
déposé Paul Lambert, passementier à Nîmes, faire partie de divers
détachements qui étaient sous les ordres du commandant Magné et de
M. le général Vogué. Lorsque nous fûmes dans un bois près d'un village dont je ne sais pas le nom, M. de Vogué et les autres chefs nous
dirent de nous retirer chacun chez nous. On fit plier le drapeau, que
M. Magné mit dans sa poche. Nous demandâmes à nos chefs ce que
nous devions faire de *nos armes.* M. de Vogué nous dit, *qu'il fallait*
les garder, que nous ne resterions pas longtemps sans en avoir
besoin ; que d'ailleurs elles pourraient nous servir en route, s'il nous
arrivait quelque chose. »

Les trois dépositions sont trop identiques pour laisser aucun doute.
Les volontaires royaux étaient donc en contravention avec l'article 1er
de la capitulation.

Ainsi abandonnés par leurs chefs, sans général et sans drapeau, les
soldats de M. Vogué ne prirent plus conseil que d'eux-mêmes, et s'é-
tant réunis, comme le dit l'un d'eux, au nombre de soixante-quatre
avec un seul sergent-major, ils prirent un guide afin de ne point
passer à Uzès, où ils craignaient d'être insultés. Le guide les conduisit jusqu'à Montarem sans que nul cherchât à mettre obstacle à leur
passage, ni les inquiétât au sujet de leurs armes.

Tout à coup un cocher nommé Bertrand, domestique de confiance
de l'ancien grand-vicaire d'Alais, M. l'abbé Rafin, et de Mme la baronne d'Arnaud Wurmeser, et qui régissait à leurs frais communs
le domaine d'Aureilhac, arrive à grande course de cheval à Arpaillargues, commune presque entièrement protestante, et par conséquent
napoléoniste, annonçant que les miquelets, — après cent dix ans,
c'est encore, comme on le voit, le même nom que l'on donne aux
troupes royales — annonçant, dis-je, que les miquelets arrivent par
la route de Montarem, pillant les maisons, assassinant les ministres,
violant les femmes et les jetant ensuite par la fenêtre. On comprend
l'impression que produit un pareil récit : des groupes se forment ; en
l'absence du maire et de l'adjoint, on conduit Bertrand chez un
nommé Boucarut, qui reçoit son rapport, ordonne la générale et fait
sonner le tocsin. Alors la consternation devient universelle : les
hommes s'arment de fusils, les femmes et les enfants de pierres et de
fourches, et chacun s'apprête à faire face à un danger qui n'a jamais
existé que dans l'esprit de Bertrand, lequel a fait le faux rapport, sans
que rien existe qui ait pu l'y autoriser.

C'est au milieu de la fermentation d'esprits qui y règne, que les
volontaires royaux arrivent en vue d'Arpaillargues. À peine les aper-
çoit-on, que le cri, les voilà ! les voilà ! s'élève de tous côtés ; on
barre les rues avec des charrettes ; le tocsin, qui gémissait, hurle à
toute volée ; tout ce qu'il y a d'hommes armés ou en état de porter
les armes se précipite à l'extrémité du village. Alors on aperçoit les
gardes royaux qui, au bruit qu'ils entendent et aux préparatifs hostiles qu'ils distinguent, s'arrêtent un instant, et, pour indiquer leurs
intentions pacifiques, mettent la crosse de leurs fusils en l'air, leurs
shakos au bout, et annoncent qu'on a tort de se défier d'eux et qu'ils
ne veulent faire de mal à personne ; mais, prévenus qu'ils sont par
les récits terribles de Bertrand, les habitants d'Arpaillargues répondent
qu'ils ne se contenteront pas d'une simple démonstration, et que si
les miquelets ne remettent pas leurs armes, ils ne passeront point par
le village. On conçoit qu'une pareille déclaration devait déplaire à des
hommes qui avaient déjà manqué à la capitulation en les conservant ;
aussi s'y refusent-ils obstinément. Ce refus redouble la défiance ; les
pourparlers deviennent plus vifs entre le sieur Boucarut, pour les
habitants d'Arpaillargues, et le sieur Fournier pour les gardes royaux.
Enfin des paroles on en vient aux faits. Les miquelets veulent forcer
le passage, quelques coups de fusil partent : deux miquelets tombent ;
ce sont les nommés Calvet et Fournier. Les autres se dispersent ;
une vive fusillade les poursuit, deux miquelets sont blessés encore,
mais légèrement. Tous alors fuient et se dispersent dans une prairie
qui borde le chemin ; la populace les y poursuit un instant, puis revient bientôt autour des corps des deux blessés, et procès-verbal est
dressé par Antoine Robin, avocat et juge du canton d'Uzès, de ce
qui vient de se passer.

Cet accident est à peu près le seul que l'on ait à déplorer pendant
les Cent-Jours ; les partis restent en présence, menaçants, mais
contenus ; mais il ne faut pas s'y tromper, la paix n'est pas faite, seulement on attend la guerre.

Cette fois, c'était Marseille qui devait donner le signal des hostilités ; ici, nous nous effaçons pour laisser parler un témoin oculaire
qui, catholique lui-même, ne peut être soupçonné de partialité.

« J'habitais Marseille à l'époque du débarquement de Napoléon, je
fus témoin de l'impression que cette nouvelle produisit sur tout le
monde. Il n'y eut qu'un cri ; l'élan fut unanime, la garde nationale
demanda en masse à marcher ; mais le maréchal Masséna ne le lui
permit que lorsqu'il n'était plus temps. Napoléon avait déjà gagné les
montagnes, et marchait avec une telle rapidité qu'il eût été impossible de le joindre. Bientôt on apprit son entrée triomphale à Lyon
et son entrée nocturne à Paris ; Marseille se soumit comme le

reste de la France ; le prince d'Essling fut rappelé dans la capitale, et
le maréchal Brune, qui vint prendre le commandement du sixième
corps d'observation, établit son quartier général à Marseille.

» Par une versatilité d'opinions assez incompréhensible, Marseille,
dont le nom pendant la terreur avait été en quelque sorte le symbole
des opinions les plus avancées, était en 1815 presque entièrement royaliste. Néanmoins, ses habitants virent sans le moindre murmure le drapeau tricolore, de retour un an d'absence, flotter de nouveau sur
leurs murailles : aucun acte arbitraire de la part de l'autorité, aucune
menace, aucune rixe entre les habitants et les militaires ne troubla la
paix de la vieille Phocée, et jamais révolution ne fut si douce ni si facile.

» Il faut dire aussi que le maréchal Brune était bien l'homme qui
convenait, pour amener sans secousse une pareille transformation ; à
la franchise et à la loyauté d'un vieux soldat, il joignait des qualités
plus solides que brillantes : c'était son Tacite à la main, qu'il regardait passer les révolutions modernes, y prenant part quand la voix de
son pays l'appelait à sa défense, et toujours pour des motifs de patriotisme et non d'intérêt personnel. En effet, le vainqueur d'Harlem et de
Bakkum était oublié depuis près de quatre ans dans la retraite ou
plutôt dans l'exil, lorsque la même voix qui l'avait éloigné le rappela ;
à cette voix, Cincinnatus quitta sa charrue et reprit ses armes. Voici
pour le moral. Quant au physique, c'était à cette époque un homme
de cinquante-cinq ans à peu près, à la figure franche et ouverte, encadrée par de gros favoris, à la tête chauve, et garnie seulement aux
deux tempes de cheveux grisonnants, à la taille élevée, à la démarche
vive et à la tournure essentiellement militaire.

» J'avais été mis en relation avec lui à propos d'un mémoire qu'un
de mes amis et moi avions composé sur les opinions des habitants du
Midi, et dont il nous avait demandé copie : après avoir causé longtemps avec nous de son contenu, qu'il discuta avec l'impartialité d'un
homme qui n'est point venu avec un parti pris, mais avec un parti à
prendre, il nous invita à revenir le voir souvent ; nous profitâmes de
la permission, et nous y fûmes si bien reçus que nous y revînmes
presque tous les soirs.

» À son arrivée dans le Midi, une vieille calomnie, qui l'avait déjà
poursuivi autrefois, se réveilla, toute rajeunie de son long sommeil.
Je ne sais quel auteur, en rapportant les massacres du 2 septembre
et la mort de la malheureuse princesse de Lamballe, avait dit : « Quelques personnes ont cru reconnaître dans l'homme qui portait la tête au
bout d'une pique le général Brune déguisé, » et cette accusation, si
dénuée non-seulement de vérité, mais encore de possibilité, qu'elle fût,
puisqu'à cette époque le général était loin de Paris, après avoir été
saisie avec avidité sous le consulat, poursuivait encore le maréchal
en 1815 avec un tel acharnement, qu'il se passait peu de jours sans
qu'il reçût quelque lettre anonyme qui le menaçait d'un sort pareil à
celui de la princesse. Un soir que nous étions chez lui, il en ouvrit une,
qu'il nous passa aussitôt ; elle était conçue en ces termes :

« Coquin,

» Nous connaissons tous tes crimes, tu en recevras bientôt le juste
châtiment. Dans la révolution, c'est toi qui as fait périr la princesse de
Lamballe ; tu portais sa tête au bout d'une pique, mais la tienne doit
faire encore plus de chemin. Si tu as le malheur de te rendre à la revue des allées, ton affaire est faite, et ta tête doit être placée au haut
du clocher des Accoules.

» Adieu, scélérat. »

» Nous lui donnâmes alors le conseil de remonter à la source de
toutes ces calomnies et d'en tirer une fois pour toutes une vengeance
éclatante. — Il réfléchit un instant, puis, approchant la lettre d'une
bougie et la tenant dans sa main en regardant avec distraction la
flamme qui la consumait :

» — Vengeance ! Oui, dit-il, je sais bien qu'en en tirant vengeance,
je les ferais taire, et que j'assurerais peut-être la tranquillité publique,
qu'ils troublent incessamment. Mais je préfère employer la persuasion
à la rigueur. J'ai pour principe qu'il vaut mieux ramener les têtes que
de les couper, et passer pour un homme faible que pour un buveur
de sang.

» Le maréchal Brune était tout entier dans ces quelques mots.

» En effet, la tranquillité publique fut troublée deux fois à Marseille
pendant le gouvernement des Cent-Jours ; et elle le fut les deux fois
de la même manière. Les officiers de la garnison se réunissaient dans
un café de la place Necker, et y chantaient des chansons analogues aux
circonstances. On les attaqua en cassant les vitres avec des pierres qui
en atteignirent quelques-uns. Ils sortirent et crièrent aux armes. Les
habitants répondirent par le même cri, on battit la générale, de nombreuses patrouilles furent faites, et le commandant de la place parvint
à calmer les esprits et à rétablir la tranquillité sans qu'il y eût personne de blessé.

» Le jour du Champ-de-Mai, l'ordre fut donné d'illuminer généralement et d'arborer un drapeau tricolore aux croisées. Le plus grand
nombre ne se conformèrent point au vœu de l'autorité. Les
officiers, irrités de cette désobéissance, se portèrent à des excès coupables ; mais, en somme, ces excès n'aboutirent qu'à casser les carreaux

des maisons non illuminées et à forcer ainsi les propriétaires à se conformer aux ordres qu'ils avaient reçus.

» Cependant, comme à Marseille, ainsi que dans tout le reste de la France, on commençait à désespérer de la cause royale, ceux qui représentaient cette cause (et, comme nous l'avons dit, ils étaient très-nombreux à Marseille) avaient cessé de provoquer la colère des militaires, et semblaient se résigner à leur sort. De son côté, le maréchal Brune avait quitté la ville pour se rendre à son poste de la frontière, sans qu'une seule des menaces qui lui avaient été faites eût même eu une apparence d'exécution. On était arrivé au 25 juin, et les nouvelles que l'on avait reçues des premiers succès obtenus à Fleurus et à Ligny semblaient confirmer l'espérance de nos soldats, quand, vers le milieu de la journée, un bruit sourd se répandit dans la ville, écho lointain du canon de Waterloo; à l'instant même le silence des chefs, l'inquiétude des militaires, la joie des royalistes, tout annonça qu'une guerre nouvelle allait éclater dont on semblait prévoir d'avance les résultats. Vers quatre heures du soir, un homme mieux instruit sans doute que ses compatriotes arrache sa cocarde tricolore et la foule aux pieds, au cri de Vive le roi! Les soldats irrités le saisissent et veulent l'emmener au corps de garde; la garde nationale s'y oppose, cette opposition devient une lutte; des cris s'élèvent, les soldats sont entourés d'un cercle immense, quelques coups de fusil partent, d'autres leur répondent, trois ou quatre hommes tombent et se roulent dans leur sang. Au milieu de ce tumulte le nom de Waterloo retentit, et avec ce nom inconnu, prononcé pour la première fois par la grande voix de l'histoire, se répandent les revers de l'armée française et le triomphe des alliés. Alors le général Verdier, qui commande la place en l'absence du maréchal Brune, monte à cheval et veut haranguer le peuple; mais sa voix est dominée par les cris de la populace ameutée devant un café où est le buste de l'empereur et qui veut qu'on lui livre ce buste. Verdier, qui croit apaiser par là ce qu'il prend pour une simple émeute, ordonne que ce buste soit livré; cette condescendance, étrange de la part d'un général commandant au nom de la cause impériale, prouve que tout est perdu pour elle. La colère de la populace s'augmente de la certitude de l'impunité; elle court à l'hôtel de ville, arrache le drapeau tricolore, le brûle et le remplace à l'instant même par le drapeau blanc. On bat la générale, le tocsin sonne, la population s'augmente de celle de tous les villages voisins; les assassinats commencent, les massacres vont venir.

» Dès le commencement du tumulte, j'étais descendu dans la ville avec M*** : nous avions donc été témoins de cette agitation menaçante et de ces troubles croissants; mais nous en ignorions encore la véritable cause, lorsque nous rencontrâmes dans la rue de Noailles un autre de nos amis qui, quoique d'opinion différente, nous avait paru jusque-là fort attaché. — Eh bien! lui dis-je, quelle nouvelle? — Bonne pour moi, mauvaise pour vous, me répondit-il. Je vous engage à vous retirer. — Étonnés de ce langage, et commençant à craindre réellement, nous le prions de s'expliquer. — Écoutez, nous dit-il, des troubles vont éclater dans la ville. On sait que vous allez chez Brune presque tous les soirs; vos voisins ne vous aiment guère : réfugiez-vous à la campagne. — Je voulus insister; mais, cette fois, il me tourna le dos et s'éloigna sans me répondre.

» Nous nous regardions, stupéfaits, M*** et moi, lorsque le bruit, qui commençait à s'accroître, nous indiqua que nous n'avions pas un instant à perdre pour suivre le conseil qui nous avait été donné. Nous gagnâmes rapidement ma maison, située au bout des allées de Meilhan. Ma femme se préparait à sortir; je l'arrêtai. — J'ai des sujets de crainte, lui dis-je; il faut nous retirer à la campagne. — Chez qui? — Où notre bonne ou mauvaise fortune nous conduira. — Partons! — Elle prenait son chapeau; je le lui fis laisser. Il était important qu'on crût que nous n'étions instruits de rien, et que nous allions dans le voisinage. Cette précaution nous sauva. Nous apprîmes le lendemain qu'on ne nous aurait point laissés sortir si l'on avait soupçonné notre fuite.

» Nous marchions au hasard, et nous entendions derrière nous des coups de fusil sur tous les points de la ville. Nous trouvâmes sur le chemin une petite troupe de soldats qui couraient au secours de leurs camarades. Le lendemain nous sûmes qu'ils n'avaient point dépassé la barrière.

» Nous songeâmes à un ancien militaire qui, retiré des affaires de ce monde et ayant quitté le service depuis quelque temps, habitait la campagne auprès du village de Saint-Just : ce fut vers sa maison que nous nous dirigeâmes. — Capitaine, lui dis-je, on s'égorge à la ville; nous sommes poursuivis et sans asile, nous venons nous jeter dans vos bras. — C'est bien, mes enfants, nous répondit-il; venez, je ne me suis jamais mêlé de rien, on ne peut pas m'en vouloir; entrez donc, car on ne viendra pas vous chercher ici.

» Le capitaine avait à la ville des amis qui, en arrivant successivement chez lui, nous rendirent compte de tous les détails de cette épouvantable journée. Un grand nombre de militaires avaient été tués; le massacre des mamelouks avait été général. Une négresse qui servait ces malheureux se trouvait sur le port : — Crie : Vive le roi! lui dit le peuple. — Non, répond-elle; Napoléon me fait vivre : vive Napoléon! — Elle reçoit un coup de baïonnette dans le ventre. — Scélérats, dit-elle en y portant la main pour retenir ses entrailles qui sortent : vive Napoléon!

—On la pousse dans la mer; elle tombe, touche le fond, reparait à la surface, et en agitant sa main hors de l'eau : Vive Napoléon! crie-t-elle une dernière fois; car cette fois une balle l'atteint et la tue.

» Quant aux bourgeois de la ville, quelques-uns avaient été assassinés avec des circonstances odieuses. M. Anglès, entre autres, mon voisin, vieux et respectable savant, avait eu le malheur de dire, quelques jours auparavant, au palais, en présence de quelques personnes, *que Napoléon était un grand homme*; de sorte qu'ayant appris que pour ce crime on devait l'arrêter, il avait cédé aux prières de sa famille, et était monté, déguisé, sur une charrette pour se réfugier à la campagne. Malgré son déguisement, il avait été reconnu, saisi, amené à la place du Chapitre, et là, après avoir été exposé une heure aux insultes et aux coups, il avait été égorgé.

» On devine qu'après de pareilles nouvelles, quoique la nuit fût calme pour nous, nous ne dormîmes guère. Nos femmes reposaient tout habillées dans des fauteuils ou sur des canapés, tandis que mon ami, notre hôte et moi, nous faisions sentinelle chacun à notre tour, un fusil à la main.

» Aussitôt que le jour parut, nous délibérâmes sur ce que nous avions à faire. Je conseillai de gagner par des chemins détournés la ville d'Aix, où nous avions des connaissances, afin de prendre là une voiture pour Nîmes, où demeurait ma famille. Ma femme ne fut pas de mon avis. — Il faut, dit-elle, que je retourne à la ville pour faire nos malles; car nous n'avons absolument rien que ce que nous portons sur nous. Envoyons au village, on nous dira si les troubles d'hier ont cessé à Marseille. — Je consentis à ce que ma femme désirait, et nous envoyâmes un messager au village.

» Les nouvelles qu'il apportait étaient bonnes : le calme, assurait-on, était complétement rétabli. J'avais grande peine à le croire, et je m'obstinais à ne point laisser partir ma femme pour la ville, ou du moins à l'accompagner. Mais alors j'eus contre moi toute ma famille; ma présence ne pouvait, disait-on, que faire naître pour elle un danger qui n'existait pas sans moi. Quels seraient les meurtriers assez lâches pour assassiner une jeune femme de dix-huit ans, sans opinion politique, et qui n'a jamais fait de mal à personne? tandis que moi, connu pour mes opinions, c'était tout autre chose. D'ailleurs la mère de ma femme s'offrait pour l'accompagner, et chacun se réunissait à elle pour me persuader qu'il n'y avait aucun danger. Je consentis enfin, mais à une condition. — J'ignore, lui dis-je, jusqu'à quel point sont fondées les nouvelles rassurantes que l'on vient de nous donner; mais je n'ai qu'un mot à te dire : il est sept heures du matin; une heure te suffit pour aller à Marseille, une autre heure pour faire ta malle et une troisième heure pour revenir; j'en mets une de plus pour les accidents imprévus. Si à onze heures tu n'es pas de retour, je croirai qu'il t'est arrivé malheur, et j'agirai en conséquence. — Soit, me répondit ma femme. Si à onze heures je ne suis pas revenue, je te permets de me croire morte et d'agir comme il te conviendra de le faire. — Elle partit.

» Une heure après son départ, les nouvelles étaient déjà changées; des fuyards, qui comme nous cherchaient un asile à la campagne, m'apprirent que le tumulte, loin de cesser, avait augmenté; les rues étaient jonchées de cadavres; deux assassinats venaient d'avoir lieu avec une cruauté inouïe.

» Un vieillard, nommé Bessières, de mœurs simples et d'une conduite irréprochable, dont tout le crime était d'avoir servi sous l'usurpateur, jugeant lui-même que ce crime était capital en pareille occasion, avait fait la veille son testament, que l'on retrouva dans ses papiers, et qui commençait par ces paroles :

« Pouvant, dans le courant de cette révolution, être assassiné comme partisan de Bonaparte, quoique je n'aie jamais aimé cet homme-là, je donne et lègue, etc., etc. »

» Dès la veille, son beau-frère, lui connaissant quelques ennemis particuliers, était accouru chez lui, et avait passé la nuit, essayant de le déterminer à fuir, ce qu'il avait constamment refusé; mais le lendemain, dès le matin, sa maison avait été assaillie; alors il essaya de se sauver par derrière; mais, arrêté par quelques gardes nationaux, il se met sous leur protection, et ils le conduisent au cours Saint-Louis. Harcelé par la populace et se voyant faiblement défendu par ceux qui l'accompagnent, il veut se réfugier dans le café Mercantier; mais on lui en ferme la porte. Accablé de fatigue, haletant et couvert de sueur et de poussière, il tombe assis sur un des bancs adossés à la maison; alors un coup de fusil l'atteint et le blesse, mais sans le tuer; le sang coule, et, à cette vue, les cris de joie redoublent. Alors un jeune homme fend la presse, tenant un pistolet de chaque main, et lâche à bout portant les deux coups sur le vieillard.

» Un autre assassinat plus odieux encore avait eu lieu dans la même matinée. Un père et un fils, liés dos à dos, avaient été livrés à la populace. Leur supplice avait duré près de deux heures : sous le bâton, sous les pierres, sous les crosses de fusil, le sang du père avait rejailli sur le fils, et le sang du fils sur le père.

» Pendant ce temps, ceux qui ne frappaient pas dansaient autour d'eux.

» Le temps s'écoulait à entendre raconter de pareilles nouvelles; enfin j'aperçois quelqu'un de ma connaissance qui accourait vers nous. Je vais à lui; il était si pâle, que j'osai à peine l'interroger. Il venait de la ville, il venait de ma maison. Inquiet pour moi, il avait été voir chez moi ce que j'étais devenu; il n'avait trouvé personne; seulement,

à ma porte, étaient deux corps morts; un drap ensanglanté les couvrait. Il n'avait point osé le soulever.

» A ces paroles terribles, comme on le comprend bien, rien ne m'arrête plus, et je pars pour Marseille. M***, qui me voit partir, ne veut point m'y laisser retourner seul, et me suit. En traversant le village de Saint-Just, nous rencontrons une foule de paysans dans la principale rue : ils étaient tous armés de sabres et de fusils, et paraissaient pour la plupart avoir appartenu aux compagnies franches. Si peu rassurante que fût cette rencontre, reculer était en pareille circonstance ce qu'il y avait de plus dangereux ; nous continuâmes donc notre chemin comme si nous n'éprouvions pas la moindre crainte. Notre air, notre tournure, tout fut examiné ; on se parlait bas, et nous entendions prononcer le mot *castaniers*. C'était par cette épithète de mangeurs de châtaignes, attendu que les châtaignes viennent de Corse, que les gens du peuple désignaient les bonapartistes. Cependant aucune menace ne se fit entendre, et aucune insulte ne nous fut faite. D'ailleurs nous allions du côté de la ville ; il n'y avait donc point de probabilité que nous fussions des fuyards. A cent pas du village, nous trouvâmes une troupe de paysans qui se rendaient comme nous à Marseille. Des étoffes, des flambeaux et des bijoux qu'ils portaient nous prouvèrent qu'ils venaient de piller quelque maison de campagne. En effet, ils sortaient de celle de M. R***, inspecteur aux revues. Plusieurs avaient des fusils. Je fis remarquer à mon compagnon de route une tache de sang que l'un d'eux avait à son pantalon sur la cuisse droite. Le jeune homme vit que nous y portions les yeux, et se mit à rire. Deux cents pas en avant de la barrière je rencontrai une femme qui avait servi chez moi, et qui fut fort étonnée de me voir. — Gardez-vous bien d'avancer, me dit-elle, le massacre est horrible, et encore plus affreux qu'hier. — Mais ma femme, m'écriai-je, en avez-vous des nouvelles ? — Non, monsieur, me répondit-elle : j'ai voulu frapper à sa porte ; mais on m'a menacée, en me demandant si je savais *où était l'ami de ce coquin de Brune, attendu qu'on était décidé à lui faire passer le goût du pain*. Ainsi donc, si vous m'en croyez, continua cette femme, retournez d'où vous êtes venu.

» Ce conseil était le dernier que je voulusse suivre. Nous allâmes donc en avant ; mais la barrière était gardée, et par conséquent il était impossible d'entrer sans être reconnu. En même temps les cris et les coups de fusil se rapprochèrent de nous ; c'était courir à une mort inévitable que de continuer notre route, et force nous fut de rétrograder. Nous repassâmes alors par le village de Saint-Just, et nous y retrouvâmes nos paysans armés. Mais cette fois ils éclatèrent en menaces à notre vue : — Tuons-les ! tuons-les ! s'écriaient-ils. — Au lieu de fuir, nous nous avançâmes vers eux, nous leur vantâmes notre royalisme. Notre sang-froid les convainquit, et nous sortîmes sains et saufs de leurs mains.

» En rentrant chez le capitaine, je tombai écrasé sur un sopha : l'idée que la matin encore ma femme était là, près de moi, et que, la tenant ainsi et pouvant veiller sur elle, je l'avais laissée retourner à la ville, où l'attendait une mort aussi certaine que cruelle, cette idée me brisait le cœur. Notre hôte et mon ami, M***, voulaient me consoler tous deux ; mais je ne voyais rien, je n'entendais rien, j'étais comme fou.

» M*** sortit pour aller aux nouvelles. Au bout d'un instant, nous entendîmes des pas précipités, et il entra dans la chambre où nous criant : — Ils viennent ! les voilà ! — Qui ? demandâmes-nous. — Les assassins !

» J'eus presque un mouvement de joie, je l'avoue. Je sautai sur une paire de pistolets à deux coups, bien décidé à ne pas me laisser tuer comme un mouton. En effet, en allant à la fenêtre, je vis des hommes qui escaladaient le mur et qui s'apprêtaient à sauter dans le jardin. Nous avions encore le temps de fuir par un escalier dérobé ; nous gagnâmes une porte de derrière, et, la refermant après nous, nous n'eûmes qu'à traverser le chemin pour sauter dans une vigne voisine et nous glisser sous des sarments, où nous nous blottîmes.

» La maison du capitaine avait été désignée comme un repaire de bonapartistes, et les assassins avaient espéré nous y surprendre : effectivement, un instant plus tard nous étions perdus ; nous n'étions pas cachés depuis cinq minutes, qu'ils parurent sur le bord du chemin que nous venions de traverser, et jetèrent les yeux de tous côtés, nous doutant pas que nous étions à six pas d'eux. Quant à moi, qui les voyais, je tenais mes pistolets tout armés, bien décidé à tuer le premier qui s'approcherait. Ils ne nous virent point et s'éloignèrent.

» Lorsqu'ils furent éloignés, nous réfléchîmes sur notre situation et nous en pesâmes toutes les chances : nous ne pouvions plus retourner chez le capitaine. D'ailleurs, il s'était sauvé lui-même, et nous ne le retrouverions plus. Rester errants dans la campagne était impossible ; car nous ne pouvions manquer d'être reconnus pour des fugitifs. En ce moment nous entendîmes des cris : à quelques pas de nous on assassinait un homme. C'étaient les premiers cris d'agonie que j'entendais ; et je fus, je l'avoue, glacé de terreur ; mais bientôt une réaction violente s'opéra en moi : je préférai marcher droit au danger que de l'attendre, et, quelque danger que je courusse à traverser de nouveau Saint-Just pour retourner à Marseille, je résolus de le risquer. Je me retournai alors vers M***. — Ecoute, lui dis-je : tu peux rester ici jusqu'au soir sans courir de danger ; moi, je vais à Marseille, car je ne

puis rester plus longtemps dans une pareille incertitude. Si les assassins ont quitté Saint-Just, je viens te reprendre ; sinon, je continue ma route tout seul.

» Nous connaissions le danger que nous courions tous deux et le peu de chance que nous avions de nous rejoindre : il me tendit la main, je me jetai dans ses bras, nous nous embrassâmes, et nous nous dîmes adieu.

» Je pars aussitôt, j'arrive à Saint-Just ; j'aperçois les brigands, je me dirige droit à eux en chantant ; un d'eux me saisit au collet et deux autres me couchent en joue.

» S'il est un moment de ma vie où j'aie crié : Vive le roi ! sans y mettre l'enthousiasme que ce cri demande, c'était en ce moment-là, certainement : railler, rire, affecter une tranquillité parfaite, quand il n'y a entre vous et la mort que la pression plus ou moins forte du doigt d'un assassin sur la gâchette d'un fusil. n'est pas chose facile ; cependant, je fis tout cela, et je sortis du village sain et sauf, mais décidé cette fois à me brûler plutôt la cervelle que d'y rentrer.

» Cependant, comme aucun chemin latéral ne m'était ouvert, en prenant la résolution de ne plus revenir à Saint-Just, je prenais celle d'entrer à Marseille, et à cette heure ce n'était point chose commode : quelques troupes ayant la cocarde blanche se croisaient sur le chemin. On m'apprit que le danger d'entrer dans la ville était plus grand que jamais ; je résolus d'attendre la nuit en me promenant, afin d'entrer à la faveur de l'obscurité ; mais une des patrouilles m'avertit alors que j'étais suspect en rôdant ainsi sur la route, et me signifia l'ordre de me retirer ou à la ville, dont j'avais des nouvelles si alarmantes, ou au village, où on avait voulu m'assassiner. Une auberge s'offrit à moi comme ma seule ressource : j'y entrai, je demandai de la bière, et je m'assis près d'une fenêtre, espérant toujours que je verrais passer quelqu'un de connaissance. En effet, après une demi-heure d'attente, j'aperçus M***, que j'avais laissé dans la vigne, et qui, n'ayant pas voulu rester à m'attendre, était parti pour me rejoindre, et en se mêlant à une bande de pillards était parvenu à traverser le village sans être remarqué. Je l'appelai, il hésita. Nous nous consultâmes : l'hôte nous donna un homme sur lequel nous pouvions compter, qui se chargea d'aller avertir mon beau-frère que nous l'attendions à l'auberge. Après trois heures d'attente, nous le vîmes sur la route. Je voulais courir au-devant de lui ; mais M*** me fit sentir le danger d'une pareille démarche : nous demeurâmes donc où nous étions, mais ne le perdant pas de vue. Il entra dans l'auberge. Alors je ne pus pas résister plus longtemps ; je courus au-devant de lui, et le joignis dans l'escalier : — Ma femme ! m'écriai-je ; avez-vous vu ma femme ? — Elle est chez moi, me répondit-il. — Je poussai un cri de joie, et je me jetai dans ses bras.

» En effet, ma femme, menacée, insultée, maltraitée à cause de mon opinion à moi, s'était réfugiée chez lui.

» Le jour commençait à baisser. Mon beau-frère était en habit de garde national, habit qui, dans ce moment, était une sauvegarde : il nous prit chacun sous un bras ; nous traversâmes la barrière sans qu'on nous demandât même où nous allions ; quelques rues détournées nous conduisirent chez lui. La ville, au reste, était calme : le carnage était fini ou sur le point de finir.

» Ma femme était sauvée : tout ce que le cœur d'un homme peut contenir de joie était dans ce moi. Voilà ce qui était arrivé :

» Ma mère et ma femme, ainsi que la chose avait été convenue entre nous, s'étaient rendues chez elles pour faire nos malles. Mais la propriétaire de la maison, sachant leur retour, les attendit sur l'escalier au moment où elles sortaient, et s'adressant à ma femme, elle l'accabla d'injures. Son mari, qui ignorait ce qui se passait, entendit du bruit, sortit de sa chambre, la prit par le bras et la força de rentrer ; mais elle courut à la fenêtre, et au moment où ma femme sortait : — Tirez, s'écria-t-elle, s'adressant à une compagnie franche qui stationnait devant la porte, tirez, ce sont des bonapartistes. — Heureusement, ces hommes eurent plus de pitié qu'elle, et voyant deux femmes seules, ils les laissèrent passer ; presque aussitôt, d'ailleurs, mon beau-frère arriva, et, grâce à son opinion et à son costume, il les prit toutes les deux sous son bras, et les emmena chez lui.

» Un jeune homme, employé à la préfecture, qui était venu chez moi la veille, et avec lequel je devais m'occuper de la rédaction du *Journal des Bouches-du-Rhône*, fut moins heureux. Son emploi, la visite qu'il m'avait faite, parurent indiquer une opinion si dangereuse, qu'on le pressa de fuir ; mais il n'en eut pas le temps. Attaqué au détour de la rue de Noailles, il reçut un coup de poignard qui l'étendit dans son sang : sa blessure heureusement ne fut point mortelle.

» Toute la journée s'était écoulée en massacres plus terribles encore que ceux de la veille : les ruisseaux roulaient du sang, et l'on ne pouvait faire cent pas sans rencontrer un cadavre. Mais ce spectacle, au lieu d'effrayer les assassins, ne faisait qu'éveiller leur gaieté. Le soir, il y eut des rondes et des chants par les rues, et longtemps encore après, ce jour, que nous appelions, nous, *le jour du massacre*, était appelé par les royalistes de bas étage *le jour de la farce*.

» Quant à nous, incapables de supporter plus longtemps un pareil spectacle, quoique le danger fût à peu près passé pour nous-mêmes, nous montâmes le même soir en voiture, et nous prîmes la route de Nîmes.

» Nous ne trouvâmes, au reste, rien de remarquable sur notre chemin jusqu'à Orgon, où nous arrivâmes le lendemain : quelques postes isolés nous annonçaient seulement que nulle part la tranquillité n'était parfaite. Au reste, en approchant de la ville, nous aperçûmes trois hommes se tenant par-dessous les bras, et dont l'intimité devait nous paraître étrange après ce que nous venions de voir : l'un deux avait une cocarde blanche, le second avait une cocarde tricolore, et le troisième n'en avait pas du tout. Comme je l'ai dit , ils se donnaient amicalement le bras, et attendaient, chacun sous une bannière différente, le résultat des événements politiques. Cette sagesse me frappa : je n'avais rien à craindre de pareils philosophes ; j'allai à eux et les interrogeai : chacun m'expliqua naïvement ses espérances, et surtout son parti bien pris de se soumettre au plus fort.

» En entrant dans Orgon, nous vîmes, du premier coup d'œil, que la ville était troublée par une nouvelle importante. Un air d'inquiétude était répandu sur tous les visages ; un homme, qu'on nous dit être le maire , pérorait au milieu d'un groupe. Comme chacun l'écoutait avec une grande attention , nous nous approchâmes de lui et lui demandâmes le sujet de cette rumeur. — Messieurs, nous dit-il alors, vous devez connaître les nouvelles : le roi est dans sa capitale ; nous avons repris le drapeau blanc , et nous l'avons fait heureusement sans qu'aucune dispute ait troublé cette journée. Les uns ont triomphé sans violence , les autres se sont soumis avec résignation. Eh bien ! je viens d'apprendre qu'une troupe de vagabonds , composée de trois cents hommes à peu près, réunie sur le pont de la Durance, se prépare à marcher cette nuit sur notre petite ville, et prétend nous piller et nous faire contribuer. Il me reste quelques fusils. je vais les faire distribuer, et chacun veillera à la sûreté commune. — Il n'y avait point d'armes pour tout le monde, et cependant il nous en offrit ; mais je refusai, j'avais mes pistolets à deux coups. Je fis coucher ces dames , et , placé à leur porte, j'essayai de dormir, un pistolet de chaque main. A chaque instant. au reste, une fausse alerte se répandait dans la ville, et j'avais, du moins, quand vint le jour, cette triste consolation, que personne à Orgon n'avait mieux dormi que moi.

» Le lendemain, nous continuâmes notre route vers Tarascon, où nous attendaient de nouveaux événements. En approchant de cette ville, nous entendîmes sonner le tocsin et battre la générale. Nous commencions d'être accoutumés au tumulte, et celui-ci nous étonna moins. Nous nous informâmes en arrivant, et on nous annonça que douze mille Nîmois avaient marché sur Beaucaire, et qu'ils mettaient tout à feu et à sang. Douze mille hommes me paraissaient former une troupe bien forte, pour avoir été fournie par une seule ville. J'en fis l'observation ; mais on me répondit qu'ils étaient secondés par ceux de la Gardonninque et des Cevennes. Nîmes avait conservé le drapeau tricolore, Beaucaire avait arboré le drapeau blanc ; et c'était pour le faire enlever, disait-on, et pour dissiper les attroupements royalistes qui s'étaient formés dans cette dernière ville, que les Nîmois avaient marché contre elle. Cependant, comme Tarascon et Beaucaire ne sont séparées que par le Rhône, il me parut étrange que l'on ne fût pas autrement agité sur une rive , quand on se battait ainsi sur l'autre ; et comme nous doutions tant soit peu, non pas précisément d'un fait analogue, mais de sa gravité, nous résolûmes de pousser jusqu'à Beaucaire : là nous trouvâmes tout le monde parfaitement tranquille. Cette expédition de douze mille hommes s'était réduite à une simple excursion de deux cents hommes, que l'on avait repoussée. Le résultat de l'affaire, qui avait tourné au désavantage des assaillants, avait même été un blessé et un prisonnier. Fiers de ce succès, les habitants de Beaucaire nous chargèrent de porter mille imprécations aux Nîmois, leurs ennemis éternels.

» S'il est un voyage qui puisse donner une juste idée des apprêts de la guerre civile et de la confusion qui régnait déjà dans le Midi, c'est, sans contredit , celui que nous fîmes dans cette journée. Les quatre lieues qui séparent Beaucaire de Nîmes étaient occupées alternativement par des postes ayant l'une ou l'autre cocarde. Chaque village sur notre route, excepté les plus proches de Nîmes, s'était prononcé pour le roi ou pour Napoléon ; mais les soldats, qui campaient à des distances à peu près égales sur le chemin, étaient tantôt royalistes , tantôt bonapartistes. Nous les examinions de loin par la portière ; et comme nous nous étions, par précaution et à l'instar des habitants d'Orgon, munis de deux cocardes, nous mettions à notre chapeau celle qu'ils portaient au leur, et nous cachions l'autre dans nos souliers ; puis, quand nous les avions joints , nous passions nos chapeaux encocardés par la portière, et, selon les circonstances, nous criions : Vive le roi ! ou : Vive l'empereur ! Grâce à cette concession aux opinions du grand chemin, et surtout à l'argent que nous donnâmes à tous les partis à titre de pourboire, nous arrivâmes aux barrières de Nîmes, où nous retrouvâmes les gardes nationaux repoussés par les habitants de Beaucaire.

» Voilà ce qui s'était passé dans la ville avant

Alors un jeune homme fend la presse, tenant un pistolet de chaque main, et lâche à bout portant les deux coups sur le vieillard. — Page 222.

notre arrivée : — La garde nationale de Nîmes, et les troupes qui composaient la garnison, avaient résolu de se réunir le dimanche, 25 juin, dans un banquet, pour célébrer les premiers succès des armées françaises. La nouvelle de la bataille de Waterloo n'arriva point aussi rapidement qu'à Marseille ; le banquet ne fut donc point interrompu : le buste de Napoléon fut promené en pompe par toute la ville, et les militaires et les gardes nationaux se livrèrent pendant tout le reste du jour à des réjouissances qui ne furent suivies d'aucun excès.

» Cependant la journée n'était point encore finie, que l'on avait appris que des rassemblements nombreux s'étaient formés à Beaucaire ; aussi, quoique la nouvelle de la défaite de Waterloo fût arrivée le mardi, on avait envoyé, le mercredi, pour dissiper ces rassemblements, le détachement que nous avions rencontré en arrivant aux portes de la ville. Néanmoins les Bonapartistes, commandés par le général Gilly, qui avait aussi sous ses ordres un régiment de chasseurs, commençaient à désespérer de leur cause ; de sorte que leur situation devenaît de plus en plus critique ; d'autant plus que le bruit courait que l'armée de Beaucaire devenait agressive à son tour, et allait marcher sur Nîmes. Quant à moi, étranger à tout ce qui jusque-là s'était passé dans la capitale du Gard, je n'avais rien à craindre personnellement ; mais, accoutumé déjà à l'injustice des soupçons, je crus que le malheur qui me suivait n'épargnerait pas mes amis et ma famille, auxquels on aurait pu faire un crime d'accueillir un réfugié de Marseille ; mot qui ne signifiait au reste rien en lui-même, mais qui pouvait me devenir funeste dans la bouche d'un ennemi. Craignant donc pour l'avenir, par le souvenir que j'avais du passé, je résolus de me soustraire à un spectacle que je n'avais que trop de raisons de redouter, et j'allai demeurer quelque temps à la campagne, avec le projet bien arrêté d'ailleurs de revenir à la ville quand le drapeau blanc y serait arboré.

» Un vieux château situé dans les Cévennes, et qui depuis les bûchers des Albigeois jusqu'au massacre de la Bagarre, avait vu bien des réactions, devint notre asile ; nous nous y retirâmes avec M.***, ma femme et ma mère. La tranquillité de notre solitude n'offrant rien à raconter, je passerai rapidement sur les jours que nous y passâmes. Mais enfin, l'homme est ainsi fait, nous nous ennuyâmes de notre tranquillité, et, privés de nouvelles depuis près d'une semaine, nous résolûmes d'aller nous assurer nous-mêmes de l'état de Nîmes, et nous nous mîmes en route pour y rentrer ; mais à peine avions-nous fait deux lieues, que nous rencontrâmes la voiture d'un de nos amis, riche propriétaire de la ville : dès que je l'aperçus, je mis pied à terre, pour aller lui demander comment tout se passait à Nîmes. — Gardez-vous bien d'y aller, me dit-il, en ce moment surtout : les esprits fermentent, le sang a déjà coulé ; on s'attend à une catastrophe.

» Nous revînmes à notre château des montagnes ; mais au bout de quelques jours, repris de la même inquiétude, et ne pouvant la surmonter, nous primes le parti de tout risquer, pour voir par nous-mêmes où les choses en étaient ; et cette fois sans que conseils ni avertissements nous arrêtassent, nous nous remîmes en route, et le même soir nous étions rendus à notre destination.

» On ne nous avait point trompés : déjà, en effet, quelques rixes particulières avaient enflammé les esprits. Un coup de fusil, tiré près de l'Esplanade, avait tué un homme, et ce malheur en présageait bien d'autres. Les catholiques attendaient avec impatience l'arrivée de cette redoutable armée de Beaucaire qui devait faire leur principale force ; les protestants gardaient un silence pénible, et on pouvait voir la crainte sur tous les visages. On arbora enfin le drapeau blanc, le roi fut proclamé, et tout se passa à cette occasion avec plus de calme qu'on ne s'y attendait ; mais ce calme était visiblement le repos que les passions prenaient pour se préparer à une lutte. Alors la tranquillité dont nous avions joui dans notre solitude nous inspira une

idée : nous avions appris que, revenu de son obstination à ne pas vouloir reconnaître Louis XVIII, le maréchal Brune avait enfin arboré le drapeau blanc à Toulon, et que, la cocarde blanche au chapeau, il avait cédé aux autorités royales le commandement de cette place. La Provence désormais ne lui offrait donc plus un asile où il pût vivre ignoré ; ses intentions ultérieures n'étaient pas connues, et ses démarches annonçaient la plus grande hésitation... Cette idée qui nous vint était donc de lui offrir, dans notre petite maison de campagne, un refuge où il aurait attendu dans le plus profond repos la fin des troubles. En conséquence, il fut arrêté que M.*** et un ami de nos amis, qui venait d'arriver de Paris depuis quelques jours, iraient lui faire cette proposition, qu'il eût acceptée sans doute, ne fût-ce que parce qu'elle partait de cœurs qui lui étaient profondément dévoués. Ils partirent donc ; mais le même jour, à mon grand étonnement, je les vis revenir ; ils rapportaient la nouvelle que le maréchal Brune avait été assassiné à Avignon.

» Nous ne pûmes d'abord croire à la vérité de cet épouvantable événement et nous le prîmes pour une de ces rumeurs sanglantes comme il en court par les temps d'orages civils ; mais bientôt il n'y eut plus à en douter, et la catastrophe nous arriva avec tous ses détails. »

Depuis quelques jours, Avignon avait ses assassins, comme Marseille avait eu les siens, et comme Nîmes allait les avoir ; depuis quelques jours, Avignon tout entière tremblait aux seuls noms de cinq hommes. Ces cinq hommes s'appelaient Pointu, Fargès, Roquefort, Nadaud et Magnan.

Pointu était le type parfait de l'homme du Midi : teint olivâtre, œil d'aigle, nez recourbé, dents d'émail. Quoiqu'il fût d'une taille à peine au-dessus de la moyenne, qu'il eût le dos voûté par l'habitude de porter des fardeaux, et les jambes arquées en dehors par la pression des masses énormes qu'il transportait journellement, il était d'une force et d'une adresse extraordinaires : il envoyait par-dessus la porte de Loulle un boulet de quarante-huit comme un enfant eût fait de sa balle ; il jetait une pierre d'une rive à l'autre du

Le maréchal Brune.

Rhône, c'est-à-dire à plus de deux cents pas ; enfin, il lançait en fuyant son couteau d'une manière si vigoureuse et si juste, que cette nouvelle flèche de Parthe allait en sifflant cacher, à vingt pas derrière elle, deux pouces de son fer dans un arbre de la grosseur de la cuisse. Ajoutez à cela une adresse égale au fusil, au pistolet et au bâton, un esprit naturel, vif et rapide, une haine profonde qu'il avait vouée aux républicains au pied de l'échafaud de son père et de sa mère, et vous aurez une idée de ce qu'était ce terrible chef des assassins d'Avignon, qui avait sous ses ordres, comme premiers agents, le taffetassier Fargès, le portefaix Roquefort, le boulanger Nadaud, et le brocanteur Magnan.

Avignon était donc entièrement livrée à ces quelques hommes, dont les autorités civiles et militaires ne voulaient, n'osaient ou ne pouvaient point réprimer les désordres, lorsqu'on apprit que le maréchal Brune, qui était au Luc avec six mille hommes de troupes, était rappelé à Paris pour y rendre compte de sa conduite au nouveau gouvernement.

Le maréchal, connaissant l'état d'effervescence du Midi et devinant les dangers qui l'attendaient sur la route, avait demandé la permission de revenir par mer ; mais cette permission lui avait été formellement refusée, et M. le duc de Rivière, gouverneur de Marseille, lui avait donné un sauf-conduit. Les assassins rugirent de joie en apprenant qu'un républicain de 89, devenu maréchal de l'usurpateur, allait traverser Avignon. Aussitôt de sinistres bruits coururent, le précédant comme des courriers de mort. On répétait encore cette calomnie infâme, déjà cent fois démentie, que Brune, qui n'était arrivé à Paris que le 5 septembre 1792, avait le 2, c'est-à-dire trois jours auparavant, et lorsqu'il était encore à Lyon, porté au bout d'une pique la tête de la princesse de Lamballe. Bientôt le bruit se répandit que le maréchal avait manqué d'être assassiné à Aix : en effet, il n'avait dû son salut qu'à la vitesse de ses chevaux. Pointu, Fargès et Roquefort jurèrent qu'il n'en serait pas de même à Avignon.

En suivant la route qu'il avait prise, le maréchal n'avait que deux débouchés pour arriver à Lyon : il lui fallait passer par Avignon, ou éviter la ville en quittant deux lieues avant elle la route au Pointet, et en s'engageant dans un chemin de traverse. Les assassins prévirent ce cas, et le 2 août, jour où l'on attendait le maréchal, Pointu, Maguan et Nadaud, accompagnés de quatre de leurs gens, montèrent à six heures du matin en carriole, et, partant du pont du Rhône, allèrent s'embusquer sur la route du Pointet.

Arrivé à l'embranchement des deux chemins, le maréchal, prévenu des dispositions hostiles d'Avignon, voulut prendre le chemin de traverse qui s'offrait à lui, et sur lequel l'attendaient Pointu et ses hommes ; mais le postillon refusa obstinément de se prêter à ce désir, disant que sa poste était à Avignon, et non au Pointet et à Sorgues. Alors un des aides de camp du maréchal voulut le forcer de marcher, le pistolet au poing ; mais le maréchal lui-même s'opposa à ce qu'il lui fût fait aucune violence, et donna l'ordre de continuer la route par Avignon.

A neuf heures du matin le maréchal entrait dans la ville, et s'arrêtait à l'hôtel du Palais-Royal, qui était alors celui de la poste. Pendant que l'on changeait les chevaux et que l'on visait les passe-ports et le sauf-conduit à la porte de Loulle, le maréchal descendit pour prendre un bouillon. Il n'était pas descendu depuis cinq minutes, que déjà un rassemblement était formé à la porte. M. Moulin, le maître de l'hôtel, reconnaissant les figures de ceux qui le composaient pour sombres et sinistres, monta aussitôt chez le maréchal, l'invita à ne point attendre la remise de ses papiers, lui donna le conseil de partir à l'instant même, et s'engagea de parole à faire courir après lui un homme à cheval, qui lui rapporterait à deux ou trois lieues de la ville les passe-ports de ses aides de camp et son sauf-conduit. Le maréchal descendit, trouva les chevaux prêts, et monta en voiture au milieu des murmures de la populace, parmi laquelle commençait à bruire le terrible zaou ! ce cri provençal d'excitation, qui renferme toutes les menaces selon la manière dont il est prononcé, et qui veut dire à la fois et dans une seule syllabe : — Mordez, déchirez, tuez, assassinez !

Le maréchal partit au grand galop, franchit sans obstacle la porte de la ville, poursuivi, menacé par les hurlements de la populace, mais non point encore arrêté par elle. Il croyait déjà être hors de l'atteinte de ses ennemis, lorsqu'en arrivant à la porte du Rhône il trouva un groupe d'hommes armés de fusils et commandés par Fargès et Roquefort : ce groupe le mit en joue ; alors le maréchal ordonna au postillon de rebrousser chemin ; le postillon obéit, et au bout de cinquante pas la voiture se trouva en face de ceux qui le poursuivaient depuis l'hôtel du Palais-Royal ; aussitôt le postillon s'arrêta. En un instant les traits des chevaux furent coupés ; le maréchal ouvrit alors la portière, descendit avec son valet de chambre, rentra par la porte de Loulle, suivi de sa seconde voiture, où étaient ses aides de camp, et revint frapper à l'hôtel du Palais-Royal, qui s'ouvrit pour le recevoir, lui et sa suite, et se referma aussitôt.

Le maréchal demanda une chambre ; M. Moulin lui donna le n° 1, sur le devant. Au bout de dix minutes, trois mille personnes encombraient la place, la population sortait de dessous les pavés. En ce moment la voiture abandonnée par le maréchal arriva, conduite par le postillon, qui avait rattaché les traits. On ouvrit une seconde fois la grande porte de la cour ; mais le portefaix Vernet et M. Moulin, qui étaient deux hommes d'une force colossale, repoussèrent chacun un battant, parvinrent à les réunir, et barricadèrent aussitôt la porte. Les aides de camp, qui étaient restés jusque-là dans leur voiture, descendirent aussitôt, et voulurent se rendre auprès du maréchal ; mais Moulin donna ordre au portefaix Vernet de les faire cacher dans une remise : Vernet en prit un de chaque main, les entraîna malgré eux, les jeta derrière des tonneaux vides, étendit sur eux une vieille tapisserie, et leur dit avec cette voix solennelle des prophètes : — Si vous faites un mouvement, vous êtes morts. — Les aides de camp demeurèrent immobiles et silencieux.

En ce moment M. de Saint-Chamans, préfet d'Avignon, arrivé à cinq heures du matin, s'élança dans la cour : on brisait les fenêtres et la petite porte de la rue ; la place était encombrée ; on entendait mille cris de mort, que dominait le terrible zaou ! qui de moment en moment prenait une expression plus menaçante. M. Moulin vit que tout était perdu si l'on ne tenait pas jusqu'au moment où arriveraient les troupes du major Lambot, et dit à Vernet de se charger de ceux qui enfonçaient la porte ; qu'il se chargeait, lui, de ceux qui voulaient passer par la fenêtre ; et ces deux hommes, d'un mouvement pareil et d'un cœur égal, seuls contre toute une population rugissante, entreprirent de lui disputer le sang dont elle avait soif.

Tous deux s'élancèrent, l'un dans l'allée, l'autre dans la salle à manger : portes et fenêtres étaient déjà enfoncées ; plusieurs hommes étaient entrés. A la vue de Vernet, dont les connaissaient la force prodigieuse, ils reculèrent : Vernet profita de ce mouvement rétrograde et ferma la porte. Quant à M. Moulin, il saisit son fusil à deux coups, qui était à la cheminée, mit en joue les cinq hommes qui se trouvaient dans la salle à manger, et les menaça de faire feu sur eux s'ils n'obéissaient à l'instant : quatre obéirent ; un seul resta ; Moulin, se retrouvant homme à homme, posa son fusil, prit son adversaire aux flancs, l'enleva comme un autre eût fait d'un enfant, et le jeta par la fenêtre : trois semaines après, cet homme mourut, non de la chute, mais de l'étreinte.

Moulin s'élança alors à la fenêtre pour la fermer ; mais au moment où il poussait les battants, il sentit qu'on lui prenait la tête par derrière et qu'on la lui penchait violemment sur l'épaule gauche. En même temps un carreau vola en éclats, et le fer d'une hache glissa sur son épaule droite. M. de Saint-Chamans, qui le suivait, avait vu descendre l'arme, et c'était lui qui avait détourné non pas le fer, mais le but qu'il voulait frapper. Moulin saisit la hache par le manche, et l'arracha des mains de celui qui venait de lui porter le coup qu'il avait si heureusement évité ; puis il acheva de refermer la fenêtre, la barricada avec les volets intérieurs, et monta aussitôt chez le maréchal.

Il le trouva se promenant à grands pas dans sa chambre. Sa belle et noble figure était calme, comme si tous ces hommes, toutes ces voix, tous ces cris, ne demandaient point sa mort. Moulin le fit passer de la chambre n° 1 dans la chambre n° 3, qui, placée sur le derrière et donnant dans la cour, offrait quelques chances de salut, que l'autre n'avait point. Le maréchal demanda alors du papier à lettre, une plume et de l'encre : Moulin les lui donna. Le maréchal s'assit devant une petite table et se mit à écrire.

En ce moment de nouveaux cris se firent entendre. M. de Saint-Chamans était sorti, et avait ordonné à cette multitude de se retirer ; mille voix lui avaient aussitôt demandé d'un seul cri qui il était pour donner un pareil ordre ; alors il avait décliné sa qualité. — Nous ne connaissons le préfet qu'à son habit, lui avait-on aussitôt répondu de toutes parts. — Malheureusement, les malles de M. de Saint-Chamans venaient par la diligence, et n'étaient point encore arrivées ; de sorte qu'il était vêtu d'un habit vert, d'un pantalon de nankin et d'un gilet piqué, costume peu imposant dans une pareille circonstance. Il monta sur un banc pour haranguer la populace ; mais une voix se mit à crier : — A bas l'habit vert ! Nous avons bien assez de charlatans comme cela. — Il fut obligé de descendre. Vernet lui rouvrit la porte. Quelques hommes voulurent profiter de cette circonstance pour rentrer en même temps que lui ; mais Vernet laissa retomber trois fois son poing, trois hommes roulèrent à ses pieds comme des taureaux frappés de la massue ; les autres se retirèrent. Douze défenseurs comme Vernet eussent sauvé le maréchal, et cependant cet homme était royaliste aussi ; il professait les opinions de ceux qu'il combattait. Pour lui comme pour eux, le maréchal était un ennemi mortel ; mais il avait un noble cœur, et si le maréchal était coupable, il voulait un jugement et non un assassinat.

Cependant, un homme avait entendu ce qu'on avait dit à M. de Saint-Chamans à propos de son costume, et il était allé revêtir le sien. Cet homme était M. de Puy, beau et digne vieillard à cheveux blancs, à la figure douce, à la voix conciliante. Il revint avec son habit de maire, son écharpe et sa double croix de Saint-Louis et de la Légion d'honneur ; mais ni son âge ni son titre n'imposèrent à ces hommes ; ils ne le laissèrent pas même arriver jusqu'à la porte de l'hôtel ; il fut renversé, foulé aux pieds ; son habit et son chapeau furent déchirés, et ses cheveux blancs souillés de poussière et de sang. L'exaspération monta alors à son comble.

Alors parut la garnison d'Avignon : elle se composait de quatre cents volontaires, formant un bataillon qu'on appelait le Royal-Angoulême. Elle était commandée par un homme qui s'intitulait lieutenant-général de l'armée libératrice du Vaucluse. Cette troupe vint se ranger sous les fenêtres mêmes de l'hôtel du Palais-Royal. Elle était presque entièrement composée de Provençaux, parlant le même patois que les portefaix et les gens du peuple. Ceux-ci demandèrent aux soldats ce qu'ils venaient faire, et pourquoi ils ne les laissaient pas tranquillement accomplir leur justice, et s'ils comptaient les en empêcher. — Bien au contraire, répondit un des soldats ; jetez-le par la fenêtre, et nous le recevrons sur nos baïonnettes. — Des cris de joie atroces accueillirent cette réponse, à laquelle succéda un silence de quelques instants ; mais il était facile de voir que tout ce peuple était dans l'attente, et que ce calme n'était qu'apparent. En effet, bientôt de nouvelles vociférations se firent entendre, mais cette fois dans l'intérieur de l'hôtel : une troupe s'était détachée du rassemblement ; conduite par Fargès et Roquefort, elle avait, à l'aide d'échelles, escaladé les murailles, et, se laissant glisser sur la pente du toit, elle était retombée sur le balcon qui longeait les fenêtres de la chambre du maréchal. Il était toujours assis et écrivait.

Alors les uns se précipitèrent à travers les fenêtres sans même les ouvrir, tandis que d'autres s'élançaient par la porte ouverte. Le maréchal, surpris et enveloppé ainsi tout à coup, se leva, et ne voulant point que la lettre qu'il écrivait au commandant autrichien pour réclamer sa protection tombât entre les mains de ces misérables, il la déchira. Alors un homme qui appartenait à une classe plus aisée que les autres, et qui porte encore aujourd'hui la croix de la Légion d'honneur, qu'il reçut sans doute pour la conduite qu'il tint en cette occasion, s'avança vers le maréchal l'épée à la main, et lui dit que « s'il avait quelques dispositions à faire, il les fît promptement, attendu qu'il n'avait plus que dix minutes à vivre. »

— Qu'est-ce que vous dites donc ? dix minutes ! s'écria Fargès ; est-ce qu'il a donné dix minutes à la princesse de Lamballe, lui ?

Et il dirigea son pistolet vers la poitrine du maréchal ; mais le maréchal leva le bout du canon avec la main, le coup partit en l'air, et la balle alla se perdre dans la corniche.

— Maladroit ! dit le maréchal en haussant les épaules, qui ne sait pas tuer un homme à bout portant.

— Cié vrai, — répondit en patois Roquefort, — vas veïyre comme à qui se fa !

En même temps il recula d'un pas, ajusta le maréchal avec une carabine pendant qu'il lui tournait à moitié le dos ; le coup partit, et le maréchal tomba raide mort ; la balle, entrée par l'épaule, lui avait traversé la poitrine et avait été s'enfoncer dans le mur.

Ces deux coups avaient été entendus de la rue, et ils avaient fait bondir la populace ; elle y répondit aussitôt par de véritables hurlements. Un misérable, nommé Cadillan, courut alors au balcon qui donnait sur la place, et, tenant de chaque main un pistolet qu'il n'avait pas même osé décharger sur le cadavre, il battit un entrechat, et montrant les armes innocentes qu'il calomniait : — Va, dit-il, qui a fè lou coup. — Et il mentait, le fanfaron, car il se vantait d'un crime commis par de plus hardis assassins que lui.

Derrière lui venait le général de l'armée libératrice du Vaucluse ; il salua gracieusement le peuple.

— Le maréchal s'est fait justice en se suicidant, dit-il ; vive le roi ! —

Des cris, dans lesquels il y avait à la fois de la joie, de la vengeance et de la haine, s'élevèrent de cette foule, et le procureur du roi et le juge d'instruction se mirent incontinent à rédiger un procès-verbal de suicide (?).

Tout était fini : il n'y avait plus moyen de sauver le maréchal ; M. Moulin voulut au moins sauver les effets précieux que contenait sa voiture : il trouva dans le coffre quarante mille francs, dans la poche une tabatière enrichie de diamants, dans les sacoches une paire de pistolets et deux sabres, dont l'un, à la poignée enrichie de pierres précieuses, était un don du malheureux Sélim. Comme M. Moulin traversait la cour avec ces objets, le damas lui fut arraché des mains ; l'homme qui s'en était emparé ainsi le garda cinq ans comme un trophée, et ce ne fut qu'en 1820 qu'il fut forcé de le remettre au mandataire de la maréchale Brune : cet homme était un officier ; cet officier conserva son grade pendant toute la restauration et ne fut destitué qu'en 1830.

Ces objets mis en sûreté, M. Moulin requit le juge d'instruction de faire enlever le cadavre, afin que la foule se dissipât, et que l'on pût faire sauver les aides de camp. Pendant qu'on déshabillait le maréchal pour constater le décès, on trouva sur lui une ceinture de cuir qui contenait cinq mille cinq cent trente-six francs.

Le corps du maréchal fut descendu sans opposition par les fossoyeurs ; mais à peine eurent-ils fait dix pas sur la place, que les cris : Au Rhône ! au Rhône ! retentirent de tous côtés. Le commissaire de police, qui voulut résister, fut renversé ; les porteurs reçurent ordre de changer de route, ils obéirent. La foule les entraîna vers le Pont-de-Bois : arrivée à la quatorzième arche, la civière fut arrachée des mains de ceux qui la portaient ; le cadavre fut précipité dans le fleuve, et au cri : Les honneurs militaires ! les fusils furent déchargés sur le cadavre, qui reçut deux nouvelles balles.

Puis on écrivit sur l'arche du pont : Tombeau du maréchal Brune !

Le reste de la journée se passa en fêtes.

Cependant le Rhône ne voulut pas être complice de ces hommes ; il emporta le cadavre que les assassins croyaient englouti. Le lendemain, il était arrêté sur les grèves de Tarascon ; mais avant lui le bruit de l'assassinat était arrivé ; on le reconnut à ses blessures, on le repoussa dans le Rhône, et le fleuve continua de l'entraîner vers la mer.

Trois lieues plus loin, il s'arrêta une seconde fois dans des herbes : un homme d'une quarantaine d'années et un jeune homme de dix-huit ans l'aperçurent aussi : eux aussi le reconnurent ; mais, au lieu de le repousser dans le Rhône, ils le tirèrent sur la rive, et l'emportant dans la propriété de l'un d'eux, l'y enterrèrent religieusement. Le

plus âgé de ces deux hommes était M. de Chartrouse, le plus jeune était M. Amédée Pichot.

Le corps fut exhumé par ordre de la maréchale Brune, transporté en son château de Saint-Just en Champagne, embaumé, placé dans un appartement près de sa chambre à coucher, et il y resta couvert d'un voile, jusqu'à ce qu'un jugement public et solennel eût lavé sa mémoire de l'accusation de suicide. Alors, et seulement, il fut enterré avec l'acte de la cour de Riom.

Les assassins, qui s'étaient soustraits à la justice des hommes, n'échappèrent point à la vengeance de Dieu. Presque tous eurent une fin misérable : Roquefort et Fargès furent atteints de maladies étranges et inconnues, pareilles à ces anciennes plaies qu'envoyait la main de Dieu aux peuples qu'il voulait punir. Chez Fargès, ce fut un racornissement de la peau, et des douleurs tellement enflammées, que, tout vivant, on l'enterrait jusqu'au cou pour le rafraîchir. Chez Roquefort, ce fut une gangrène qui attaquait la moelle, et qui, décomposant les os, leur ôtait leur résistance et leur solidité ; de sorte que ses jambes cessèrent de le porter, et qu'il allait par les rues, se traînant comme un reptile. Tous deux moururent au milieu d'atroces douleurs, et regrettant l'échafaud qui leur eût épargné cette effroyable agonie.

Pointu, condamné à mort par la cour d'assises de la Drôme pour avoir assassiné cinq personnes, fut abandonné par son propre parti. Pendant quelque temps, on vit à Avignon sa femme, infirme et difforme, aller de maison en maison, demandant l'aumône pour celui qui avait été pendant deux mois le roi de la guerre civile et de l'assassinat. Puis, un jour, on la vit ne demandant plus rien et coiffée d'un bâillon noir. Pointu était mort ; — seulement on ne savait pas où. — Dans un coin, au creux de quelque rocher, au fond de quelque bois, comme un vieux tigre auquel on a scié les griffes et arraché les dents.

Nadaud et Magnan furent condamnés chacun à dix ans de galères. Nadaud y mourut ; Magnan en sortit, et, fidèle à sa vocation de mort, valet de voirie, il empoisonne aujourd'hui les chiens.

Puis il y en a d'autres qui vivent encore, qui ont des places, des croix et des épaulettes, qui se réjouissent dans leur impunité, et qui croient, sans doute, avoir échappé au regard de Dieu.

Attendons !...

1815

C'était un samedi que l'on avait arboré le drapeau blanc à Nîmes. Le lendemain une multitude de paysans catholiques des environs se rendirent dans la ville et vinrent y attendre l'armée royaliste de Beaucaire. Les esprits fermentaient ; le désir des représailles animait tous ces hommes, dont la haine paternelle, après avoir sommeillé pendant tout le temps de l'empire, se réveillait avec une nouvelle force. Le lundi les trouva dans ces dispositions, et ici je dois le dire, quoique je croie être sûr des jours que je cite, je ne garantis pas aussi bien les dates que les faits : chaque événement que je raconte est vrai, chaque détail est juste ; mais le jour ne frappe pas également ma mémoire, et il est plus aisé de se souvenir qu'un meurtre a été commis que de se rappeler précisément l'heure où on en fut témoin.

La garnison de Nîmes se composait d'un bataillon du 13e régiment de ligne et d'un autre bataillon du 79e régiment, qui était venu avec un cadre s'y compléter. Après la journée de Waterloo, les habitants avaient, autant qu'il était en leur pouvoir, fait déserter les soldats ; de sorte qu'il n'était resté des deux bataillons que deux cents hommes à peu près, y compris les officiers.

Lorsque la nouvelle de la proclamation de Napoléon II fut arrivée à Nîmes, le général de brigade Malmont, commandant le département, l'avait fait faire aussi dans la ville, et il n'y avait eu aucun mouvement populaire. Ce ne fut que quelques jours après que la nouvelle se répandit qu'une armée royaliste se rassemblait à Beaucaire, et que la populace allait profiter sans doute de son arrivée pour se porter à des excès. Pour faire face à ce double danger, le général avait ordonné à la troupe et à une partie de la garde nationale des Cent-Jours de prendre en armes position derrière la caserne, sur une éminence où il avait fait mettre en batterie ses cinq pièces de canon. Il avait gardé cette position pendant deux jours et une nuit ; mais ne voyant aucun mouvement de la part du peuple, il l'avait quittée et les troupes étaient rentrées à la caserne.

Mais le lundi, comme nous l'avons dit, le peuple, qui savait que l'armée de Beaucaire devait arriver le lendemain, s'ameuta devant la caserne avec des dispositions hostiles et demandant à grands cris et avec des menaces qu'on lui livrât les cinq pièces de canon qui y étaient déposées. Le général, ainsi que les officiers qui étaient logés en ville, informés du tumulte, se rendirent aussitôt dans le quartier, d'où ils sortirent bientôt et s'avancèrent vers le peuple pour l'engager à se retirer ; mais les Nîmois, pour toute réponse, firent feu sur eux. Alors convaincu, par la connaissance qu'il avait des esprits, que dès lors que l'affaire était engagée il n'y avait plus moyen de l'empêcher de suivre son cours, le général recula pas à pas vers la caserne, et arrivé à la porte, il la referma sur lui.

On se mit en devoir de repousser la force par la force, car tout le monde était décidé à défendre chèrement une existence qui du premier coup paraissait si terriblement compromise. Aussi, sans attendre même l'ordre de tirer, quelques coups de fusil ayant cassé des carreaux, les soldats ripostèrent par la fenêtre, et, plus habitués au maniement des armes que les bourgeois, couchèrent quelques-uns de ces derniers sur le carreau. Aussitôt la populace effrayée se retira, se mit hors de la portée du fusil et se retrancha dans les maisons environnantes.

Vers les neuf heures du soir, une espèce de parlementaire, décoré d'une écharpe blanche, parut et parla au général. Cette conférence avait pour but de s'informer de la capitulation qu'exigeaient les troupes pour évacuer Nîmes. Le général demanda que la troupe sortît avec armes et bagages, excepté les pièces de canon, qui resteraient dans la caserne, et que, une fois sortie, elle s'arrêtât dans un petit vallon à une certaine distance de Nîmes : là il serait donné aux soldats les moyens ou de rejoindre les régiments auxquels ils appartenaient, ou de rentrer dans leurs foyers.

A deux heures du matin à peu près, le parlementaire revint, et annonça au général que la capitulation était acceptée, à l'exception d'un seul article qui était : « que la troupe devait sortir sans armes. » Cet individu, au reste, ajouta que, s'il ne l'acceptait sur-le-champ, dans deux heures, peut-être, il ne serait plus temps de capituler, et qu'il ne répondait pas de la fureur du peuple, qu'il ne pourrait plus contenir. Le général accepta cette condition, et le parlementaire disparut.

En apprenant la dernière condition imposée, les soldats furent sur le point de refuser de s'y soumettre, tant il leur paraissait humiliant de déposer leurs armes devant une populace que quelques coups de fusil avaient déjà fait reculer ; mais le général parvint à les calmer et à les déterminer à sortir sans fusils, en leur disant qu'il n'y a rien de déshonorant dans une action qui tendait à empêcher l'effusion du sang entre enfants de la même patrie.

La gendarmerie, d'après un article de la capitulation, devait fermer la marche de la colonne et empêcher par là que le peuple ne se portât à des excès envers les soldats qui la composaient. C'était tout ce qu'on avait pu obtenir du parlementaire en compensation de l'abandon des armes. La gendarmerie, selon les conventions arrêtées, se trouva en effet placée en bataille vis-à-vis de la caserne, et semblait attendre la sortie de la troupe pour l'escorter.

A quatre heures du matin, on forma les faisceaux dans la cour de la caserne, et le mouvement commença. Mais à peine quarante ou cinquante hommes furent-ils dehors, que l'on tira dessus à bout portant, et qu'à cette première décharge, on en tua ou blessa près de la moitié. Aussitôt les soldats qui étaient encore dans la cour de la caserne voulurent fermer les portes, et coupèrent toute retraite à ceux qui se trouvaient dehors ; quelques-uns d'entre eux parvinrent cependant à s'échapper, de sorte que le sort de ceux qui restaient se trouva, quoiqu'ils fussent enfermés, tout aussi déplorable que celui de leurs compagnons. En effet, voyant que sur quarante hommes dix ou douze étaient parvenus à fuir, la populace se retourna furieuse contre la caserne, enfonça les portes, escalada les murs, et cela avec tant de rage et de promptitude, que quelques soldats à peine eurent le temps de ressaisir leurs armes ; encore, faute de munition, ces armes leur furent-elles à peu près inutiles. Alors une horrible boucherie commença au dedans et au dehors ; car quelques-uns de ces malheureux, poursuivis de chambre en chambre, sautant par les fenêtres sans en mesurer la hauteur, ou tombèrent sur les baïonnettes de ceux qui les attendaient en bas, ou se brisèrent les jambes en tombant, et furent achevés impitoyablement. Le massacre dura trois heures.

Quant à la gendarmerie, qui était venue pour escorter la garnison, sans doute elle se crut convoquée tout bonnement à quelque exécution judiciaire ; car elle ne bougea point de sa place et demeura témoin impassible de toutes les atrocités qui s'accomplissaient sous ses yeux. Mais la peine de cette impassibilité ne se fit pas attendre ; quand tout fut fini avec les soldats, les assassins trouvèrent que le massacre avait été court et se retournèrent contre les gendarmes : beaucoup furent blessés, tous perdirent leurs chevaux, quelques-uns la vie.

La populace était encore occupée de sa sanglante besogne, lorsqu'on vint lui annoncer que l'armée de Beaucaire était en vue de la ville, elle se hâta d'achever quelques blessés qui respiraient encore, et courut au-devant du renfort qui lui arrivait.

Il faut avoir vu cette armée pour se faire une idée de ce que c'était, à part le premier corps, commandé par M. de Barre, qui avait pris ce commandement dans le noble but de s'opposer autant qu'il le pourrait au massacre et au pillage. En effet, ce premier corps qui s'avançait, précédé de quelques officiers respectables, mus par le même motif philanthropique qui avait amené le général, s'offrait avec une certaine régularité, et observait une discipline assez exacte. Tous étaient armés de fusils.

Mais le second corps, c'est-à-dire l'armée véritable, car le premier corps n'était réellement qu'une avant-garde ; le second corps, dis-je, était quelque chose de miraculeux à voir. Jamais tant de cris insensés, tant de menaces de mort, tant de haillons, tant d'armes étranges, depuis le fusil à mèche du temps de la Michelade, jusqu'au bâton ferré des bouviers de la Camargue, ne s'étaient trouvés ensemble. Aussi, si déguenillée et hurlante que fût la populace nîmoise, son premier sentiment, à la vue de cette horde fraternelle qui lui tendait la main, fut l'hésitation et l'étonnement.

Au reste, les nouveaux venus donnèrent bientôt la preuve que ce n'était que faute d'occasion de se mettre dans un état plus respectable qu'ils étaient ainsi nus et à peine armés ; car, à peine entrés dans la ville, ils se firent indiquer les maisons protestantes des anciens gardes nationaux ; chacune fut taxée à un fusil, à un habit et à un équipement, puis à vingt ou trente louis, selon le caprice de celui qui fixait l'imposition ; de sorte que, le soir même, la plupart de ceux qui le matin étaient entrés à moitié nus dans la ville étaient vêtus d'un uniforme complet et avaient de l'or dans leurs poches.

Le même jour le pillage commença ; car ce qui s'était fait depuis le matin s'était accompli sous le titre de contribution.

On prétendit que pendant le siége des casernes un individu avait tiré d'une fenêtre un coup de fusil sur les assiégeants. Le peuple indigné se porta à la maison désignée et la pilla sans y rien laisser que les murs. Il est vrai qu'ensuite l'individu fut reconnu innocent.

La maison d'un riche négociant se trouva sur le passage de l'armée ; on cria que ce négociant était bonapartiste, et cette accusation suffit. La maison fut envahie, pillée, et les meubles jetés par la fenêtre. Le surlendemain il fut prouvé que non-seulement le négociant n'était point bonapartiste, mais encore que son fils avait accompagné le duc d'Angoulême jusqu'à Cette, où le prince s'était embarqué. Les pillards répondirent alors qu'ils avaient été dupes d'une erreur de nom : l'excuse était si bonne, à ce qu'il paraît, qu'elle sembla parfaitement suffisante à l'autorité.

Il n'en fallait pas tant pour exciter la populace de Nîmes à imiter ses frères de Beaucaire. En vingt-quatre heures, des compagnies s'organisèrent, dont Trestaillons, Truphémy, Graffan et Morinet se firent les capitaines ou les lieutenants. Ces compagnies prirent le titre de garde nationale, et ce que j'avais vu à Marseille résultat de l'effervescence du moment, commença à s'organiser à Nîmes avec toutes les symétries de la haine et toutes les précautions de la vengeance.

La réaction suivit la progression ordinaire, le pillage d'abord, l'incendie ensuite, le meurtre après.

M. V... vit sa maison d'abord pillée, ensuite démolie ; elle était bâtie au centre de la ville, et cependant aucun secours ne lui fut donné.

Sur le chemin de Montpellier, la maison de M. T... fut d'abord pillée, puis démolie ; les meubles avaient été empilés, on y mit le feu, et l'on commença de danser à l'entour, comme on eût fait dans une réjouissance publique. On chercha partout le propriétaire pour le tuer, et comme on ne le trouva point, la haine contre le vivant retomba sur les morts. Un enfant enterré depuis trois mois fut exhumé, traîné par les pieds dans la fange du ruisseau, et jeté à la voirie. Le maire du village dormait pendant cette nuit de pillage, d'incendie et de sacrilége, et cela d'un sommeil si excellent, qu'il se réveilla le lendemain *tout étonné*, dit-il, de ce qui s'était passé.

Cette expédition achevée, la compagnie qui l'avait faite se porta vers la maison de campagne d'une veuve que j'avais invitée bien souvent à la quitter et à venir demeurer avec nous. La pauvre femme, se reposant dans sa faiblesse même, avait toujours refusé, et se tenait seule et renfermée chez elle. Les portes furent jetées en dedans, la veuve insultée, maltraitée, chassée ; puis on démolit la maison, et on mit le feu aux meubles. Un caveau contenait les restes de sa famille, ces restes furent arrachés au cercueil et dispersés dans les champs. Le lendemain, apprenant ce sacrilége, la veuve revint, recueillit les restes de ses pères, et les remit dans leurs tombes ; c'était un crime. La compagnie revint, les exhuma de nouveau, en la menaçant de mort, si elle les replaçait dans le sépulcre, et la pauvre veuve fut réduite à aller pleurer sur ces restes sacrés brisés et répandus dans les champs.

Cette pauvre femme s'appelait la veuve Pepin, et la maison où ce sacrilége fut commis était un petit enclos situé sur la colline des Moulins à vent.

Pendant ce temps, dans le faubourg des Bourgades, le peuple se livrait à un autre genre d'amusement, qu'il considérait comme la comédie du grand drame qui se jouait ailleurs. Des hommes avaient armé de clous des battoirs à laver le linge ; ces clous, par la manière dont ils étaient disposés, présentaient l'image d'une fleur de lis, et toute protestante qui tombait entre leurs mains, quel que fût son âge ou son rang, était marquée, à tour de bras, de la sanglante effigie. Plusieurs furent blessées grièvement, les clous ayant généralement un pouce de longueur.

Bientôt on commença à entendre parler d'assassinats. On apprit que les nommés Loriol, Bigot, Dumas, Lhermet, Héritier, Domaison, Combe, Clairon, Begomet, Poujas, Imbert, Vigal, Pourchet, Vignole, avaient été tués. A chaque instant des détails plus ou moins atroces se répandaient sur les meurtres croissants. Dalbos était conduit par deux hommes armés ; d'autres arrivent et délibèrent. Dalbos espérant dans les nouveaux venus, demande grâce : on la lui accorde. Il fait deux pas pour se retirer, et tombe atteint de plusieurs coups de fusil.

Rambert essaye de se sauver, déguisé en femme ; il est reconnu et fusillé à quelques pas de sa maison.

Saussine, capitaine de canonniers, se promenait sur le chemin d'Uzès, se doutant si peu qu'il courût quelque risque, qu'il avait la pipe à la bouche ; il est rencontré par cinq hommes appartenant à la compagnie de Trestaillons, qui l'entourent et le tuent à coups de couteau.

Chivas aîné fuyait à travers champs ; il gagne la maison de campagne Rouvière, qui était, sans qu'il le sût, au pouvoir de la nouvelle garde nationale, et est assassiné en mettant le pied sur le seuil.

Raut est saisi chez lui et fusillé. Clos est aperçu par une compagnie ; mais, voyant dans ses rangs Trestaillons, qui avait été son ami, il marche à lui et lui tend la main. Trestaillons tire un pistolet de sa ceinture et lui brûle la cervelle.

Calandre, poursuivi dans la rue des Sœurs-Grises, se réfugie dans une taverne. On le force d'en sortir, et on l'égorge à coups de sabre.

Courbet suit quelques hommes qui le conduisent en prison. En route, ces hommes changent d'avis ; au milieu de la rue, ils font feu sur lui et l'étendent sur la place.

Cabanon, marchand de vin, fuit devant Trestaillons, et se réfugie dans une maison où se trouve un vénérable prêtre nommé le curé Bonhomme. A la vue de l'assassin déjà tout couvert de sang, le prêtre s'avance et l'arrête :

— Que diras-tu, malheureux, s'écrie-t-il, quand tu te présenteras au tribunal de la pénitence, les bras teints de sang?

— Bah ! répond Trestaillons, vous mettrez votre grande robe, les manches sont larges, tout y passera.

A ces différents assassinats, je joindrai le récit d'un meurtre dont je fus personnellement témoin, et qui me fit ressentir une des impressions les plus terribles que j'aie jamais éprouvées.

Il était minuit. Je travaillais auprès du lit de ma femme, qui était près de s'endormir, lorsqu'un bruit lointain fixa notre attention. Peu à peu le bruit devint plus distinct ; plusieurs tambours battaient la générale et se croisaient en tous sens. Dissimulant mes propres craintes dans la peur d'augmenter les siennes, je répondis à ma femme, qui me demandait quelle chose nouvelle ce pouvait être, que sans doute des troupes partaient ou arrivaient, et que ces troupes étaient la seule cause de ce bruit. Mais bientôt des coups de fusil, accompagnés de ces rumeurs auxquelles nous étions si bien habitués que nous ne nous y trompions plus, se firent entendre. J'ouvris ma fenêtre, et j'entendis des imprécations horribles mêlées au cri de : vive le Roi ! Ne voulant pas demeurer dans l'incertitude où j'étais, je courus éveiller un capitaine qui logeait dans la maison ; il se leva, prit ses armes, et nous sortîmes ensemble, en nous dirigeant vers le lieu d'où semblaient sortir les cris. La lune nous permettait de distinguer les objets presque aussi bien qu'en plein jour. Une foule considérable se pressait sur le cours, et poussait des cris de rage : le plus grand nombre à demi nu, armé de fusils, de sabres, de couteaux et de bâtons, jurait de tout exterminer, et faisant briller ses armes, menaçait des hommes arrachés de leurs maisons et amenés en victimes sur la place ; le reste attiré par la curiosité, venait demander comme nous la cause de ce tumulte. On s'égorge partout, me répondit-on. On a assassiné plusieurs personnes dans les faubourgs ; on a fait feu sur la patrouille... Et au milieu de ces réponses différentes, le tumulte allait toujours croissant. Comme je n'avais personnellement rien à faire dans un endroit où déjà trois ou quatre assassinats étaient commis, impatient d'ailleurs de rassurer ma femme et de veiller moi-même sur elle, si ce tumulte gagnait de notre côté, je dis adieu au capitaine qui se retira vers la caserne, tandis que je me dirigeais du côté du faubourg où était notre maison.

J'étais déjà arrivé à une cinquantaine de pas de ma maison, lorsque j'entendis parler assez loin derrière moi ; je me retournai, et vis brûler des fusils au clair de la lune. Comme le groupe paraissait se diriger de mon côté, je gagnai l'ombre que projetaient les maisons, et rasant les murs, j'arrivai à ma porte, que j'ouvris et que je repoussai sans la fermer, afin de ne rien perdre des mouvements de ceux que je guettais et qui s'approchaient toujours. En ce moment, je sentis quelque chose qui me caressait ; c'était un gros chien corse qu'on lâchait la nuit et dont la férocité faisait une sûre défense. Je n'eus garde de le renvoyer ; en cas de combat, c'était un allié trop important pour que je le méprisasse.

Je reconnus trois hommes armés ; ils en tenaient un quatrième, mais désarmé et prisonnier, qu'ils amenèrent juste à l'endroit où je me trouvais. Ce spectacle ne me surprit point, car depuis un mois à peu près que duraient tous ces tumultes, tout homme armé, quoique non autorisé par un mandat, s'était arrogé le droit de saisir et d'emprisonner qui il voulait. Quant aux autorités, elles laissaient tout faire.

Ces quatre hommes s'arrêtèrent juste devant ma porte, que je refermai alors doucement ; mais comme je ne voulais pas les perdre de vue, je gagnai le jardin qui donnait sur la rue, toujours suivi de mon chien qui, contre son habitude et comme s'il comprenait le danger, au lieu de gronder avec menace, se plaignait tristement ; je montai sur un figuier dont les branches s'étendaient jusque dans la rue, et, caché dans le feuillage, les deux mains appuyées au mur que je ne dépassais que de ce qu'il fallait pour que je pusse voir, je cherchai ce qu'étaient devenus mes hommes.

Ils étaient toujours à la même place, seulement ils avaient changé de position ; le prisonnier était à genoux, les mains jointes devant les assassins et leur demandant, au nom de sa femme et de ses enfants, et avec cet accent qui déchire, de lui laisser la vie ; mais ses bourreaux ne lui répondaient qu'en le raillant. — Ah ! te voilà enfin entre nos mains, chien de bonapartiste, lui disaient-ils ; allons, voyons, appelle ton empereur, et qu'il vienne te tirer d'ici. — Le malheureux alors redoublait de supplications, et eux d'ironie ; ils le mettaient en joue, puis ils abaissaient leurs fusils en disant : — Non, pas encore, que diable ! donnons-lui un peu le temps de se voir mourir. — Et alors la victime, n'espérant plus de grâce, les priait au moins de l'achever tout de suite.

La sueur me coulait sur le front. Je me tâtai pour savoir si je n'avais pas sur moi une arme quelconque. Je n'avais rien, pas même un couteau. Je regardai mon chien. Il était couché à plat ventre au pied de l'arbre, et paraissait lui-même atteint de la terreur la plus profonde. Le prisonnier continuait de se lamenter ; les assassins menaçaient et raillaient toujours. Je descendis doucement du figuier pour aller chercher des pistolets. Mon chien me suivait des yeux, et semblait n'avoir que la tête de vivante. Au moment où je mettais le pied sur le sol, une double détonation se fit entendre ; mon chien poussa un hurlement plaintif et prolongé. Je devinai que tout était fini.

Il était désormais inutile d'aller chercher des armes ; je remontai sur mon figuier. Le malheureux, la face contre terre, se tordait dans son sang ; les assassins s'éloignaient en rechargeant leurs fusils.

Je voulus voir s'il n'y avait pas moyen de porter secours à celui que je n'avais pu sauver. Je sortis donc aussitôt, je m'approchai de lui ; il était sanglant, défiguré, expirant, et pourtant il vivait encore, et poussait des gémissements sourds. J'essayai de le soutenir ; mais je vis bientôt que ces blessures, faites à bout portant l'une dans la tête, et l'autre dans les reins, étaient sans remède. Une patrouille de la garde nationale parut alors au coin de la rue. Au lieu de voir en elle des secours, je voyais en elle un danger. Je ne pouvais plus rien pour le blessé ; déjà il râlait, et bientôt allait mourir. Je rentrai, je repoussai la porte à demi, et j'écoutai.

— Qui vive? demanda le caporal.

— Farceur, dit un autre, qui demande qui vive à un mort.

— Eh ! non, il n'est pas mort, répliqua un troisième, tu vois bien qu'il chante encore. — En effet, le malheureux, dans son agonie, poussait des gémissements affreux.

— On l'a chatouillé, dit un autre, il n'y a point de mal à cela ; le meilleur maintenant serait de l'achever.

Aussitôt j'entendis cinq ou six coups de fusil, et les gémissements cessèrent.

Celui qui venait d'expirer se nommait Louis Lichaire : ce n'était pas à lui, mais à son neveu, que les assassins en voulaient ; ils avaient pénétré de force dans son domicile, et comme ils n'y avaient point trouvé celui qu'ils cherchaient, et qu'il leur fallait une victime, ils l'avaient arraché des bras de sa femme, et l'avaient emmené jusqu'auprès de la citadelle, où, comme je viens de le dire, ils l'avaient assassiné.

Le lendemain, dès le point du jour, j'envoyai chez trois commissaires de police les uns après les autres, pour obtenir l'autorisation d'enlever le cadavre et de le transporter à l'hospice ; mais, ou ces messieurs n'étaient pas encore levés, ou ils étaient déjà sortis ; si bien que ce ne fut qu'à onze heures du matin et à force de visites, qu'on voulut bien me délivrer cette autorisation.

Le lendemain, grâce à ce retard, toute la ville vint voir le corps de ce malheureux : le jour qui suit un massacre semble un jour de fête, on laisse tout pour venir contempler les cadavres des victimes : un homme, voulant amuser la foule, ôta sa pipe de sa bouche, et la mit dans celle du cadavre ; la plaisanterie eut un merveilleux succès, et les assistants se prirent à rire aux éclats. —

Toute la nuit s'était passée en meurtres ; les compagnies parcouraient les rues, en chantant une espèce de chanson, qu'un de ces poètes de sang avait composée, et dont le refrain était :

> N'épargnons personne ;
> Trestaillons l'ordonne.

Dix-sept assassinats mortels avaient été commis ; et cependant ni les coups de feu des assassins, ni les cris des victimes ne troublèrent le sommeil paisible de M. le préfet et de M. le commissaire général de la police (8).

Mais si les autorités civiles dormaient, le général Lagarde, arrivé depuis peu dans la ville pour en prendre le commandement au nom du roi, s'était réveillé, lui, au premier coup de feu : aussitôt il avait sauté à bas de son lit, s'était habillé et avait visité les postes ; puis, sûr de toutes ses forces, il avait organisé des patrouilles de chasseurs, et lui-même, accompagné de deux officiers seulement, il avait couru partout où les cris l'avaient appelé ; néanmoins, malgré la sévérité des ordres donnés, le peu de troupes qu'il avait à sa disposition avait ôté à ses efforts une partie de leur efficacité ; aussi ne fut-ce qu'à près de trois heures du matin qu'on parvint à s'emparer de Trestaillons ; il portait comme d'habitude l'uniforme de la garde nationale, un chapeau à trois cornes et des épaulettes de capitaine ; le général Lagarde lui fit ôter son épée et sa carabine, et ordonna qu'il fût conduit désarmé à la caserne des gendarmes, afin qu'il y demeurât sous leur garde : la lutte fut longue, Trestaillons prétendait qu'il ne rendrait sa carabine qu'avec sa vie ; néanmoins, il lui fallut céder au nombre, et comme son absence était nécessaire à la tranquillité de la ville, le général ordonna que dès le lendemain matin il serait transféré dans la citadelle de Montpellier : au point du jour il y fut conduit, en effet, et sous bonne escorte.

Cependant, à huit heures du matin, le désordre n'avait point encore cessé ; l'esprit de Trestaillons continuait d'animer cette multitude ; pendant que les soldats parcouraient un quartier de la ville, une vingtaine d'hommes se rassembla et força la maison d'un nommé Scipion Chabrier, qui longtemps s'était caché, mais qui enfin, sur les proclamations que le général Lagarde avait publiées en prenant le commandement de la ville, était revenu chez lui ; en effet, il avait cru les troubles de Nîmes un peu calmés, lorsque la journée du 16 octobre les redoubla ; le 17 au matin, il était renfermé chez lui, où il travaillait à son état de taffetassier, lorsque, prévenu par les cris des assassins qui s'avançaient vers sa maison, il essaya de se sauver ; mais à peine se fut-il réfugié dans la maison dite de la Coupe d'Or, que les meurtriers s'y précipitèrent derrière lui, et que le premier arrivé lui enfonça sa baïonnette dans la cuisse ; renversé du coup du haut en bas d'un escalier, il fut saisi et traîné dans une écurie, où, le croyant mort, les assassins l'abandonnèrent percé de sept blessures.

Ce fut, au reste, le seul meurtre qui fut commis dans cette journée, grâce à la vigilance et au courage du général Lagarde.

Le lendemain, il se forma un attroupement considérable ; une députation tumultueuse se rendit à l'hôtel du général Lagarde, et demanda effrontément qu'on lui rendît Trestaillons : le général invita le rassemblement à se dissiper ; mais le rassemblement ne tint aucun compte de cette invitation ; alors le général Lagarde ordonna de charger ; la force opéra en un instant ce que n'avait pu faire la persuasion ; plusieurs des mutins furent arrêtés et conduits en prison.

Ainsi, comme on le voit, la lutte avait changé de face ; la résistance au nom de la royauté se faisait contre la royauté même, et ceux qui troublaient ou ceux qui rétablissaient l'ordre opéraient chacun de leur côté au nom de : — Vive le roi !

La fermeté du général Lagarde avait rendu quelque tranquillité apparente à Nîmes ; mais rien n'était fini réellement : un pouvoir occulte, qui se trahissait par son inertie, neutralisait toutes les mesures du commandant militaire. Or, comme il avait vu que le fond de cette sanglante rixe politique était une vieille haine religieuse, il résolut, sur la demande générale des protestants, et après en avoir reçu l'autorisation du roi, de frapper un dernier coup en rouvrant les temples, qui étaient fermés depuis plus de quatre mois, et en rétablissant publiquement l'exercice du culte réformé, qui, depuis ce même temps, était entièrement banni de la ville.

Deux pasteurs seulement étaient restés à Nîmes, tous les autres avaient fui : ces deux pasteurs étaient MM. Juillerat et Olivier Desmonts ; le premier jeune homme de vingt-huit ans, le second, vieillard de soixante-dix : c'était tout ce qui restait des six ministres que possédait Nîmes avant les massacres.

Tout le poids du ministère était tombé, pendant ces heures de proscription, sur M. Juillerat, qui avait accepté et rempli religieusement son mandat, et qu'un pouvoir suprême semblait avoir protégé miraculeusement au milieu de tous les dangers qui l'entouraient ; quant à M. Olivier Desmonts, quoique président du consistoire, le péril avait été pour lui moins réel ; il était d'un âge qui commande presque toujours des égards, et de plus son fils, qui était lieutenant dans un des corps organisés à Beaucaire, le protégeait de son nom, quand il ne le protégeait point de sa présence ; M. Desmonts était donc à peu près en sûreté, soit qu'il passât dans les rues de Nîmes, soit même qu'il se rendît à sa campagne de Redessans (9).

Mais, comme nous l'avons dit, il n'en était point de même de M. Juillerat : c'était lui qui, par l'activité de son âge et la fermeté de sa foi, était resté presque seul pour la consolation des malades et pour les autres fonctions du culte : la nuit, on lui apportait les enfants à baptiser, et il avait consenti à cette espèce de concession, parce qu'en exigeant que cette cérémonie se fît le jour, il ne compromettait pas sa seule existence ; mais pour tout ce qui lui était personnel, comme, consolation aux malades, secours aux blessés, il agissait publiquement et au grand jour, sans que jamais le danger qui se trouvait sur son chemin eût pu le faire reculer d'un seul pas.

Aussi un jour que M. Juillerat, pour accomplir un devoir de son ministère, se rendait à la préfecture, vit-il, comme il passait par la rue des Barquettes, plusieurs hommes embusqués dans une espèce d'impasse et qui le couchaient en joue ; mais il n'en continua pas moins son chemin, avec une telle tranquillité et une si grande résignation, que son calme avait imposé aux assassins, et que les fusils levés sur lui s'étaient abaissés sans qu'un seul eût osé faire feu. M. Juillerat, pensant qu'un préfet devait connaître de tout ce qui était contraire à l'ordre, avait raconté ce fait à M. d'Arbaud Jouques ; mais celui-ci n'avait point trouvé qu'il méritât la peine d'une enquête particulière.

C'était donc, comme on le voit, une chose sérieuse à entreprendre et difficile à mener à bien, que d'essayer, dans les circonstances où l'on se trouvait, et certain comme on devait l'être de la mauvaise volonté des autorités civiles, de rouvrir publiquement les temples fermés depuis quatre mois ; mais le général Lagarde était un de ces esprits fermes qui ne reculent jamais devant une conviction : d'ailleurs, il comptait, pour préparer les esprits à ce coup d'état religieux, sur la présence du duc d'Angoulême, qui devait incessamment visiter la ville de Nîmes, en faisant une tournée dans le Midi.

Le 5 novembre, le prince fit son entrée dans la ville ; prévenu par les rapports du général au roi Louis XVIII, et ayant reçu les instructions positives de son oncle pour la pacification des malheureuses provinces qu'il venait visiter, il se présentait avec le désir sinon réel, du moins apparent, d'une impartialité parfaite ; aussi lorsque les députés du consistoire lui furent présentés, non-seulement le prince les accueillit avec une grande bienveillance, mais encore il leur parla le premier des intérêts de leur culte ; ajoutant que c'était avec douleur qu'il avait appris, quelques jours auparavant seulement, qu'il était interrompu depuis le 16 juillet. Le consistoire répondit à Son Altesse royale que, dans une pareille émotion, la fermeture des temples était une mesure de prudence qu'ils avaient dû supporter et qu'ils avaient supportée effectivement avec résignation : le prince approuva cette réserve pour le passé ; mais il répondit en même temps que sa présence devait donner toute garantie à l'avenir, et qu'il désirait que le jeudi, 9 du courant, les deux temples fussent rouverts et rendus à leur culte, promettant en même temps aux protestants effrayés de la faveur qu'on leur accordait et à laquelle ils étaient loin de s'attendre, que toutes les mesures seraient prises pour que la tranquillité ne pût être troublée : en même temps, M. Olivier Desmonts, président, et M. Roland-Lacoste, membre du consistoire, furent invités à dîner avec le prince.

Derrière cette députation, une autre députation entra : celle-ci était catholique et venait demander la mise en liberté de Trestaillons : le prince fut tellement indigné d'une pareille demande, que pour toute réponse il tourna le dos à ceux qui la lui faisaient.

Le lendemain le duc d'Angoulême partit pour Montpellier, accompagné du général Lagarde : comme c'était sur ce dernier que les protestants comptaient seulement pour soutenir leurs droits, garantis désormais par la parole du prince, ils ne voulurent rien faire en son absence, laissèrent passer le 9 novembre sans rien tenter pour le rétablissement public de leur culte, et attendirent le retour de leur protecteur, qui rentra à Nîmes pendant la soirée du samedi 11 novembre.

En arrivant, le premier soin du général Lagarde est de s'informer si les intentions du prince ont été suivies, et sur la réponse négative, sans s'arrêter aux raisons qu'on lui donne pour justifier ce retard, il envoie au président du consistoire l'invitation positive d'ouvrir les deux temples.

Alors le président, poussant l'abnégation et la prudence jusqu'au bout, se rend chez le général, l'aborde avec des remercîments, puis ensuite lui rappelle tous les dangers auxquels il s'expose en heurtant brusquement ainsi les opinions de ceux qui depuis quatre mois sont les maîtres de la ville ; mais le général Lagarde n'entend à rien ; il a reçu un ordre du prince, et dans son rigorisme militaire, il faut que cet ordre s'accomplisse.

Le président hasarde quelques nouvelles observations.

— Il n'arrivera rien, dit le général, j'en réponds sur ma tête.

Cependant le président insiste encore, demandant au moins qu'on n'ouvre qu'un seul temple. Le général y consent.

Cependant cette espèce de résistance au rétablissement du culte, de la part de ceux-là mêmes qui y sont intéressés, donne au général la mesure du danger, et à l'instant même ses mesures sont prises ; sous prétexte d'une revue générale qu'il improvise, il se trouve avoir sous la main toute la force civile et militaire de Nîmes, décidé qu'il est, si la chose devient nécessaire, à comprimer l'une par l'autre. Dès huit heures du matin, des gendarmes sont placés aux portes du temple qu'on doit ouvrir, tandis que des pelotons de soldats de la même arme stationnent dans les rues adjacentes. De son côté, le consistoire décide que l'ouverture des portes sera faite une heure plus tôt que l'on n'a coutume de le faire le dimanche, qu'on ne sonnera point les cloches, et qu'à l'exemple des cloches, les orgues resteront muettes.

Ces précautions avaient à la fois leur bon et leur mauvais côté. Les gendarmes, placés à la porte du temple, promettaient sinon la tranquillité, du moins l'appui de la force ; mais ils indiquaient en même temps aux habitants mal intentionnés ce que l'on se proposait de faire ; aussi, dès neuf heures du matin, des groupes de catholiques commencèrent-ils à se former, et comme le jour fixé pour la réouverture des temples était justement, comme nous l'avons dit, un dimanche, les habitants de la campagne, en arrivant petit à petit des villages environnants, eurent bientôt fait de ces groupes un rassemblement. En effet, en peu d'instants toutes les rues qui conduisent au temple sont obstruées, les injures commencent à poursuivre les protestants qui passent, et le président du consistoire, dont les cheveux blancs et la figure vénérable sont sans puissance sur cette multitude, entend répéter tout autour de lui : « Les brigands de protestants viennent à leur temple, mais nous leur en f........ tant qu'ils n'auront plus envie d'y revenir. »

La colère du peuple est rapide, et du moment où elle commence à frémir, elle ne tarde pas à bouillonner. A ces menaces proférées d'abord à demi-voix succédèrent bientôt des rumeurs et des vociférations.

Des femmes, des enfants, des hommes commencèrent à crier : « A bas les grilleurs ! (c'est sous ce titre qu'on désigne les protestants) à bas les grilleurs ! nous ne voulons pas qu'ils se servent de nos églises ! qu'ils nous rendent nos églises ! — Qu'ils aillent au désert ! dehors ! dehors ! — Au désert ! au désert ! »

Cependant, comme il n'y avait encore que des insultes, et que depuis longtemps les protestants étaient habitués à mieux que cela, ils continuèrent à s'acheminer, humbles et muets, vers leur temple ; ils y entrèrent à travers ces premiers obstacles, et la célébration du culte commença ; mais avec eux entrèrent des catholiques, et bientôt les mêmes cris qui les avaient accompagnés au dehors retentirent au dedans. Cependant, comme le général veillait pour tous, à peine ces cris eurent-ils retenti, que les gendarmes entrèrent dans l'église, et que ceux qui les avaient proférés furent arrêtés. Les catholiques voulurent s'opposer à ce que l'on conduisit les perturbateurs en prison ; mais le général parut à la tête de forces imposantes. A sa vue, ils se turent, le calme parut se rétablir, et l'exercice du culte continua librement.

Le général fut trompé par les apparences ; il avait lui-même une messe militaire à entendre. A onze heures, il rentra chez lui pour déjeuner.

A peine fut-il absent, que cette absence fut remarquée, et que les perturbateurs en profitèrent. En un instant les attroupements dissipés se reforment et grossissent à vue d'œil ; les protestants, menacés de nouveau, ferment la porte de leur temple en dedans ; les gendarmes se rangent en dehors. Mais la multitude devient si pressée et si menaçante, que, désespérant de pouvoir tenir contre une pareille masse, le capitaine qui la commande ordonne à M. Delbose, un de ses officiers, de courir avertir le général ; celui-ci fend la foule à grand'peine, et s'éloigne au galop.

Alors la multitude comprend qu'elle n'a pas de temps à perdre ; elle connaît le général, elle sait que dans un quart d'heure il sera sur les lieux. Mais elle est puissante de son nombre ; elle n'a qu'à pousser, et tout ce qui est devant elle cédera, hommes, bois et fer ; il se fait un de ces mouvements devant lesquels tout plie, craque et se brise ; les gendarmes et leurs chevaux sont broyés contre le mur, les portes cèdent, et le flot orageux et bruyant entre violemment dans le temple. Aussitôt des cris de terreur et des imprécations de colère se font entendre, chacun se fait des armes de ce qu'il trouve ; une lutte à coups de bancs et de chaises commence, le désordre est à son comble, les jours de la Michelade et de la Bagarre vont revenir ; quand tout à coup une nouvelle terrible se répand, qui arrête à l'instant même assaillis et assaillants : le général Lagarde vient d'être assassiné.

En effet, prévenu par l'officier de gendarmerie, le général Lagarde est monté aussitôt à cheval ; trop brave ou peut-être trop dédaigneux de pareils ennemis pour s'entourer d'une escorte, il n'a pris avec lui que deux ou trois officiers et s'est dirigé en toute hâte vers le théâtre du tumulte ; il a traversé, en refoulant toute cette masse du poitrail de son cheval, ces rues étroites qui conduisent à la place du temple ; mais en arrivant sur cette place, un jeune homme, nommé Boissin, sergent de la garde nationale de Nîmes, s'est approché de lui, et comme le général, sans défiance, en voyant un homme revêtu de son uniforme, s'était penché vers lui pour écouter ce qu'il avait à lui dire, celui-ci à bout portant lui avait tiré un coup de pistolet, dont la balle lui avait brisé la clavicule et ne s'était arrêtée que dans le cou, derrière l'artère carotide. Le général était tombé sur la place.

La nouvelle de cet assassinat avait produit un résultat étrange et inattendu ; c'est que la foule, toute bouillonnante et insensée qu'elle était, en avait calculé à l'instant même toutes les conséquences. En effet, ce n'était plus, comme à Avignon, sur le maréchal Brune, et à Toulouse, sur le général Ramel, une vengeance exercée contre un favori de Napoléon, c'était une rébellion ouverte à main armée et sanglante contre un agent du roi. C'était non-seulement un assassinat, c'était une haute trahison.

Une terreur profonde se répandit à l'instant même par la ville. Quelques fanatiques seulement continuèrent à hurler dans l'église, que les protestants, dans la crainte des plus grands malheurs, abandonnèrent aussitôt. Le président Olivier Desmonts marcha en tête, conduit par le maire de Nîmes, M. Vallongues, qui venait d'arriver seulement, et qui avait couru aussitôt où son devoir l'appelait.

M. Juillerat prit ses deux enfants entre ses bras et marcha derrière lui. Tous les protestants qui étaient dans le temple vinrent après. La multitude était toujours menaçante et irritée, faisant entendre des cris et jetant des pierres ; mais à la voix du maire, à l'aspect vénérable de M. Olivier Desmonts, qui était pasteur depuis cinquante-un ans, elle

s'ouvrit. Et quoique dans cette retraite étrange plus de quatre-vingts personnes eussent été blessées, aucune ne succomba, excepté une jeune fille nommée Jeannette Cornillière, qui avait été maltraitée à tel point et frappée avec un tel acharnement, qu'elle en mourut quelques jours après.

Cependant, cette heureuse hésitation, que l'assassinat du général Lagarde avait occasionnée, ne réduisit point à une inaction totale les catholiques. Durant tout le reste de la journée la population toute fiévreuse sembla secouée comme par un tremblement de terre. Le soir, vers les six heures, quelques-uns des plus acharnés se réunirent, se firent donner une hache, et, s'acheminant vers le temple, ils en brisèrent les portes, mirent en pièces les habits des ministres, volèrent le tronc des pauvres et déchirèrent les livres. Une patrouille arriva néanmoins à temps pour les empêcher de mettre le feu.

Le lendemain, la journée fut plus calme ; la chose était trop grave, cette fois, pour passer inaperçue devant le préfet, comme tant d'autres choses sanglantes qui y avaient déjà passé. Le rapport fut donc fait au roi. Vers le soir, au reste, la nouvelle se répandit que la blessure du général Lagarde ne serait peut-être pas mortelle ; le docteur Delpech, appelé de Montpellier, était parvenu à extraire la balle, et sans donner l'espoir, du moins il ne l'ôtait pas.

Le surlendemain, tout parut avoir repris à peu près le train accoutumé ; enfin, le 21 novembre, le roi rendit l'ordonnance suivante :

« Louis, par la grâce de Dieu, roi de France et de Navarre,

» A tous ceux qui ces présentes verront, salut :

» Un crime atroce a souillé notre ville de Nîmes. Au mépris de la charte constitutionnelle, qui reconnaît la religion catholique pour la religion de l'État, mais qui garantit aux autres cultes protection et liberté, des séditieux attroupés ont osé s'opposer à l'ouverture du temple protestant. Notre commandant militaire, en tâchant de les dissiper par la persuasion avant que d'employer la force, a été assassiné, et son assassin a cherché un asile contre les poursuites de la justice. Si un tel attentat restait impuni, il n'y aurait plus d'ordre public ni de gouvernement, et nos ministres seraient coupables de l'inexécution des lois.

» A ces causes, nous avons ordonné et ordonnons ce qui suit :

» Article 1er. Il sera, à la diligence de notre procureur général et de notre procureur ordinaire, procédé sans délai contre l'auteur de l'assassinat commis sur la personne du sieur Lagarde, et contre les auteurs, fauteurs et complices de l'émeute qui a eu lieu dans la ville de Nîmes le 12 du présent mois.

» Art. 2. Des troupes en nombre suffisant seront envoyées dans ladite ville ; elles y demeureront aux frais des habitants jusqu'à ce que l'assassin et ses complices aient été traduits devant les tribunaux.

» Art. 3. Il sera procédé au désarmement de ceux des habitants qui n'ont pas le droit de faire partie de la garde nationale.

» Notre ministre garde des sceaux, nos ministres de la guerre, de l'intérieur et de la police générale sont chargés de l'exécution de la présente ordonnance.

» Donné à Paris, au château des Tuileries, le 21 novembre de l'an de grâce 1815, et de notre règne le 21e.

» *Signé :* Louis. »

Boissin fut acquitté.

Ce fut le dernier crime commis dans le Midi, et celui-là, heureusement, n'a point encore eu de représailles.

Trois mois après l'assassinat dont il avait failli être victime, le général Lagarde quitta avec le rang d'ambassadeur, la ville de Nîmes, où M. d'Argout entrait, de son côté, avec le titre de préfet.

Ce fut pendant son administration ferme, juste et indépendante, que le désarmement voulu par l'ordonnance royale s'opéra sans qu'il fût répandu une seule goutte de sang.

Le résultat de son influence fut la nomination à la chambre des députés de MM. Chabot, Latour, Saint-Aulaire et Lascour, en remplacement de MM. de Calvière, de Vogué et de Trinquelade.

Si bien qu'aujourd'hui le nom de M. d'Argout est encore en vénération à Nîmes comme s'il avait quitté la ville seulement d'hier.

(1) Voir l'*Histoire de Nîmes par Nisard*, l'un des meilleurs ouvrages qui aient été faits parmi les travaux publics sur les villes de France.

(2) Ménars, *Histoire de Nîmes*.

(3) Ces deux noms si caractéristiques n'étaient cependant une prophétie que par hasard : ils lui venaient de ce qu'elle avait été conclue au nom du roi, par Biron, qui était boiteux, et par Mesme, qui était seigneur de Malassis.

(4) Ménard, *Histoire de Nîmes*; — Nisard, *id.*

(5) Ce passage de l'adresse a rapport à un édit du commencement de la majorité de Louis XIV, où il confirme tous les privilèges que ses prédécesseurs ont accordés aux protestants; mais où il déclare, en outre, que ses sujets de la religion réformée lui ont donné des preuves certaines de leur affection et de leur fidélité.

Trois ans après, il s'explique sur eux avec de plus grands détails encore :

« J'ai sujet, dit-il, de louer leur fidélité pour mon service; ils n'omettent rien pour m'en donner des preuves, même au delà de ce que l'on peut imaginer, contribuant en toutes choses au bien et avantage de mes affaires. »

Enfin, dans une lettre écrite à l'électeur de Brandebourg, c'est-à-dire à une époque où les persécutions étaient déjà commencées, il dit en parlant des réformés :

« Je suis engagé vis-à-vis d'eux par ma parole royale, et c'est la règle que je me prescris à moi-même, tant pour observer la justice que pour leur témoigner la satisfaction que j'ai de leur obéissance et de leur zèle depuis la pacification de 1629, et la reconnaissance que j'ai de leur fidélité pendant les derniers moments où ils ont pris les armes pour mon service, et se sont opposés avec vigueur et avec force aux mauvais desseins qu'un parti de rébellion avait formés dans mes états contre mon autorité. »

(6) Les détails qui précèdent et ceux qui suivent, sur les événements arrivés à Nîmes en 90, sont tirés de l'excellent ouvrage de M. Lauze de Peret.

(7) Voici le procès-verbal tel qu'il a été produit à la cour d'assises de Riom :

« Cejourd'hui 2 août 1815, nous, Joseph-Louis-Joachim Piot, juge d'instruction de l'arrondissement d'Avignon, département de Vaucluse, disons et rapportons que cejourd'hui, environ sur les deux heures et demie de relevée, M. le procureur du roi près le tribunal de première instance, séant en cette ville d'Avignon, nous ayant informé personnellement qu'il apprenait à l'instant même que le maréchal Brune, passant casuellement dans cette ville, venait de perdre la vie, et que son cadavre gisait dans une chambre de l'hôtel du Palais-Royal, tenu par le sieur

Il allait par les rues se traînant comme un reptile. — Page 227.

Molin, aubergiste, sur la place des Spectacles de cette ville; nous nous sommes transportés de suite, en compagnie de ce magistrat et de M. Verney, commis greffier près ledit tribunal, audit hôtel, où nous n'avons pu pénétrer qu'à travers les flots tumultueux d'un peuple nombreux et agité, soit sur ladite place des Spectacles, soit dans les rues environnantes, et qui ne pouvait être contenu par la présence de la force publique et le zèle des autorités civiles et militaires.

» Nous avons trouvé dans l'intérieur dudit hôtel M. de Saint-Chamans, nouveau préfet de Vaucluse, arrivé seulement aujourd'hui dès cinq heures du matin, et qui n'était point encore allé habiter celui de la préfecture. Ce courageux magistrat, environné de toutes les autorités civiles et militaires, n'ayant pu, par les soins de tous genres et le concours de ces mêmes autorités, parvenir à calmer l'effervescence populaire, nous a confirmé la nouvelle de la mort du maréchal Brune.

» Voulant aussitôt constater d'une manière légale le genre de sa mort et procéder aux divers actes auxquels elle donne lieu, MM. Louvel-Beauregard, docteur en chirurgie, et Martin, officier de santé, tous deux de cette ville, ayant été préalablement requis, se sont aussitôt transportés près de nous aux fins des opérations ci-après.

» D'après l'indication qui nous a été donnée, nous sommes montés au premier étage dudit hôtel, et nous sommes entrés avec ledit procureur du roi, M. de Saint-Chamans, préfet du département, M. le major Lambot, commandant supérieur du département de Vaucluse, M. Vernetty, commandant d'armes de cette ville, M. Acart, capitaine commandant la gendarmerie royale de ce département, M. Hugues, chef de bataillon des chasseurs d'Angoulême, M. Bressy, l'un des commissaires de police d'Avignon, lesdits Louvet-Beauregard, docteur en chirurgie, Martin, officier de santé, et M. Verney, commis greffier, en une chambre portant, au-dessus de la porte le n° 3, qui a deux fenêtres à l'exposition du midi, donnant sur une petite cour dans l'intérieur de l'hôtel, entre lesquelles se trouve une commode, et vis-à-vis deux lits du côté droit en entrant dans ladite chambre, dont la cheminée est placée en face de la porte : au milieu de ladite chambre était étendu par terre le cadavre d'un homme couché sur le ventre, dont la figure nageait dans le sang, qui était vêtu d'un habit gris foncé et mélangé, pantalon de drap bleu, un gilet de bazin blanc piqué, une cravate de taffetas noir, une chemise de linge fin et des bottes à la russe. Lesdits docteur et officier de santé, serment préalablement prêté par eux individuellement entre nos mains, ont reconnu et nous ont déclaré en présence de tous les susnommés que ce cadavre était encore chaud, qu'il avait deux plaies de forme orbiculaire du diamètre de quatorze millimètres environ, l'une située à la partie antérieure un peu latérale droite, dite larynx, pénétrant d'outre en outre à travers le cou, et correspondante à une autre plaie située derrière le dos, entre les deux épaules, entre la troisième et la quatrième vertèbre cervicale : que ces deux plaies ont été faites par un même coup d'arme à feu, et que la balle dans son trajet avait fracturé non-seulement le corps des vertèbres, mais avait déchiré les artères jugulaire et carotides et lésé complètement toutes les parties molles, ce qui a dû nécessairement procurer une mort prompte au sujet; que cet homme leur paraissait âgé de cinquante-huit à soixante ans.

» L'état du cadavre ainsi constaté par lesdits docteur en chirurgie et officier de santé, les sieurs Recollac, chirurgien aide-major de la garde nationale de Marseille, Arnoux, ex-officier du sixième régiment d'infanterie de ligne, aujourd'hui officier de la garde nationale d'Avignon, et Pierre Laporte, domestique de l'auberge du Palais-Royal, ont déclaré le reconnaître pour être celui du maréchal de France Brune.

» Nous avons ensuite remarqué dans ladite chambre et contre le mur, entre la cheminée et l'un des deux lits, une empreinte qui nous a paru être celle d'une balle, laquelle empreinte est à la hauteur à peu près de la taille d'un homme; nous avons encore remarqué une brèche qui nous a paru récente, faite à ce plâtre à l'angle et vers le milieu de la poutre du plafond; ladite brèche étant de forme irrégulière, nous ne pouvons en déterminer la cause.

» Procédant ensuite à l'examen et reconnaissance des objets de tous genres qui peuvent se trouver sur la personne et dans la chambre du maréchal et à lui appartenant, nous avons trouvé, savoir :

» Sur sa personne, une ceinture de cuir contenant deux rouleaux composés chacun de 25 pièces d'or de 40 fr., faisant 2,000. . . . . ci 2,000 fr.
» Six rouleaux composés chacun de 25 pièces d'or de 20 fr., faisant 3,000 fr. . . . . ci 3,000
» 25 pièces d'or de 20 fr., faisant 500. . . . . ci 500
» Et différentes pièces d'argent faisant la somme de 36 fr. . . . . ci 36

Total. 5,536 fr.

» Plus une paire d'éperons en argent attachés aux bottes qu'il avait aux jambes; un cachet d'argent portant les lettres G. B. et les bâtons de maréchal en sautoir derrière l'écusson ; un couteau, un mouchoir, deux souvenirs, une lunette, une paire de gants de peau de couleur grisâtre.

» Dans la chambre, une montre en or placée sur la commode, un chapeau garni de plumes blanches avec sa ganse en or, la cocarde blanche et bouton de maréchal ; une poignée de petits morceaux d'une ou plusieurs feuilles de papier écrites, lesquels morceaux ont été recueillis par les soins du sieur Jean-Baptiste Didier, sous-lieutenant dans la compagnie de chasseurs de la garde urbaine d'Avignon, qui, après les avoir tous pliés dans une feuille de papier bleu, nous les a remis au moment où nous sommes entrés dans ladite chambre.

» Toute opération à faire dans l'intérêt de la procédure touchant ledit cadavre étant terminée, nous avons ordonné à l'un des fossoyeurs de se procurer une toile convenable à son ensevelissement, et d'y procéder, comme encore d'avertir l'officier de l'état civil et le curé de la paroisse cathédrale sur laquelle est décédé ledit maréchal, d'avoir à se tenir prêts à déférer aux ordres qui seront donnés par M. le major commandant supérieur du département, aux soins duquel, attendu la qualité du défunt, nous avons confié l'enlèvement du corps et son inhumation.

» Pour parvenir à connaître de quelle main le maréchal a reçu le coup qui lui a procuré la mort, et étant informé que les sieurs Didier, Boudon et Girard en avaient été témoins, nous avons reçu leurs dépositions individuelles séparément l'un de l'autre, ainsi qu'il suit.

» En premier lieu est comparu le témoin ci-après nommé, lequel, après avoir prêté serment de dire toute la vérité, rien que la vérité,

» A dit :

» S'appeler Jean-Baptiste Didier, être âgé de vingt-huit ans, marié, serrurier de profession, sous-lieutenant dans la compagnie de chasseurs de la garde urbaine d'Avignon, né à Paris, domicilié à Avignon, n'être parent, allié, serviteur ni domestique de feu le maréchal Brune, et a ensuite déposé que, dès l'instant que ledit maréchal est entré dans la chambre n° 3, au premier étage du Palais-Royal, sur la place des Spectacles, pouvant être alors dix heures du matin de ce jour, il a été préposé à la garde dudit maréchal avec quatre hommes de piquet, qui étaient des chasseurs volontaires d'Angoulême, et qui lui sont inconnus ; que les mouvements populaires qui ont eu lieu pendant environ quatre heures, soit à l'extérieur, soit dans l'intérieur dudit hôtel, avaient poussé à plusieurs reprises ledit maréchal pendant cet intervalle à la tentative de se détruire lui-même, soit au moyen d'armes à feu, soit au moyen d'un couteau, intentions qu'il manifestait à chaque instant ; que toute arme à feu lui a été constamment refusée, et que le déposant lui a arraché une fois un couteau des mains ; qu'il a vu en outre ledit maréchal proposer de l'argent à un factionnaire pour qu'il condescendît à lui prêter son fusil, à l'effet de se donner la mort ; qu'enfin cet après-midi, sur les deux heures et demie, il a vu ledit maréchal se saisir d'un pistolet d'arçon qu'avait un chasseur d'Angoulême qui était de planton à sa porte, et se donner la mort en se tirant lui-même un coup de pistolet au-dessous du cou, du côté droit ; il ne connaît pas le chasseur, auquel cependant il a vu reprendre et emporter son pistolet ; qu'environ un quart d'heure avant que le maréchal se brûlât la cervelle, il l'a vu jeter dans la cheminée de sa chambre une poignée de petits morceaux de papier écrit paraissant avoir été déchirés ; qu'il les a ensuite fait ramasser et plier dans un grand papier par un chasseur, et que ce sont ces mêmes petits morceaux de papier qu'il vient de remettre entre nos mains il y a quelques instants.

Alors la victime, n'espérant plus de grâce, les priait au moins de l'achever tout de suite. — Page 220.

» Et plus n'a dit savoir : lecture à lui faite de ses réponses, a dit icelles contenir vérité, y a persisté et a signé en cet endroit : signé PIOT, DIDIER.

» En second lieu est comparu le témoin ci-après nommé, lequel, après avoir prêté serment de dire toute la vérité, rien que la vérité,

» A dit :

» S'appeler Claude Boudon, être âgé de vingt-huit ans, non marié, boucher de profession, sergent dans la première compagnie des grenadiers de la garde urbaine de cette ville d'Avignon, né et domicilié en ladite ville ; n'être parent, allié, serviteur ni domestique dudit maréchal Brune, et a ensuite déposé que sur les onze heures et demie de ce jour il avait été placé de planton dans le corridor, au premier étage du Palais-Royal, pour y empêcher le désordre qui avait lieu dans l'intérieur de l'hôtel, comme au dehors ; que la porte de la chambre n° 3 étant restée ouverte, il a été à portée de voir ce qui s'y passait, ne faisant que circuler dans ledit corridor ; qu'il a constamment vu ledit maréchal dans l'intention de se détruire avec la première arme qu'il pourrait se procurer ; qu'il l'a entendu proposer de l'argent à un volontaire, pour qu'il lui prêtât son fusil ; qu'il a engagé le déposant lui-même à lui prêter son sabre, en lui disant : « Sergent, prête-moi ton sabre, et tu verras comment un brave militaire meurt ; » qu'enfin, sur les deux heures et demie de ce jour, ledit maréchal s'étant trouvé à portée d'un volontaire qui avait un pistolet d'arçon, il s'en est saisi de force, et s'en est tiré un coup au cou du côté droit, qui lui a aussitôt donné la mort.

» Et plus n'a dit savoir : lecture à lui faite de sa déposition, a dit icelle contenir vérité, y a persisté, et a signé en cet endroit : signé PIOT BOUDON.

» En troisième lieu est comparu le témoin ci-après nommé, lequel, après avoir prêté serment de dire toute la vérité, rien que la vérité,

» A dit :

» S'appeler François-Xavier Girard, être âgé de vingt-sept ans, marié, fileur de soie de profession, grenadier dans la première compagnie du deuxième bataillon de la garde nationale de cette ville, né à Lille, domicilié à Avignon ; n'être parent, allié, serviteur ni domestique de feu le maréchal Brune, et a déposé que cejourd'hui, sur les dix heures du matin, les devoirs de son service l'avaient conduit, d'après les ordres de son capitaine, à l'hôtel du Palais-Royal en cette ville, où il est resté pour le maintien de l'ordre jusque après le décès du maréchal Brune ; qu'il n'avait cessé d'être à portée dudit maréchal, soit dans le corridor du premier étage dudit hôtel, soit dans la chambre qui est à droite dudit corridor, dont les deux croisées donnent sur une cour intérieure, laquelle a été occupée par ledit maréchal ; que sans entrer dans le détail des différents colloques qu'il a eus avec ledit maréchal, et dont les sujets n'étaient nullement importants, il se borne à dire que dès que ledit maréchal a été entré dans ladite chambre, il lui a vu sortir de la poche de sa redingote trois ou quatre lettres missives, autant qu'il a pu en juger ; qu'il s'est placé au-devant de celui des deux lits qui est placé derrière la porte de ladite chambre, et a déchiré lesdites lettres ; que pendant qu'il les déchirait, soit avec les mains, soit l'une d'elles avec les dents, le déposant lui a demandé s'il correspondait encore avec l'armée de la Loire ; à quoi ledit maréchal a répondu :— Ce sont des lettres de ma femme ; — qu'il l'a vu ensuite rassembler dans la paume de la main tous les petits morceaux desdites lettres déchirées, et qu'il est venu en jeter une petite partie, qu'il avait mise dans sa bouche, par la fenêtre du corridor, dans la susdite cour, et qu'il a jeté tous les morceaux qui étaient renfermés dans sa main sur la cheminée de sa chambre ; qu'il n'a point été témoin de la mort du maréchal ; qu'il a seulement entendu l'explosion du coup de feu qui lui a donné la mort, se trouvant pour lors, le déposant, au rez-de-chaussée de l'hôtel avec M. le major commandant supérieur du département.

» Et plus n'a dit savoir : lecture à lui faite de sa déposition, a dit icelle contenir vérité, y a persisté, et a signé en cet endroit : signé PIOT, GIRARD.

» D'après les renseignements authentiques que nous avons recueillis, il demeure constant que le maréchal Brune est parti de Toulon avec sa suite dans la nuit du 31 juillet dernier au 1er août courant, sur les deux heures après minuit; qu'il s'est présenté sur les dix heures du matin de ce jour à la poste aux chevaux de cette ville pour y relayer; qu'il occupait seul une voiture dite calèche; qu'il avait pour toute suite deux aides de camp et un seul domestique qui voyageaient en cabriolet; qu'ayant exhibé ses papiers à l'officier du poste de la porte de l'Oule, par laquelle il est entré en cette ville, et cet officier ayant voulu en référer à M. le major commandant supérieur du département, ledit maréchal a éprouvé quelque retard, toutefois assez court pour pouvoir continuer sa route; que la nouvelle de sa présence, circulant bientôt de bouche en bouche, a bientôt accumulé auprès de la poste aux chevaux et à la porte de la ville un certain nombre de curieux; que, néanmoins, ledit maréchal est parvenu à sortir, mais que, la foule s'étant au même instant considérablement accrue, on a couru après lui; que ses voitures ont été amenées à l'hôtel du Palais-Royal; qu'on l'a forcé à descendre de la sienne, ainsi que les personnes de sa suite de la leur; qu'il est monté dans la chambre n° 3, au premier étage dudit hôtel, et l'a occupée jusqu'à l'instant de sa mort; qu'il a eu successivement des entretiens, soit avec M. le préfet, arrivé quelques heures avant lui à Avignon, soit avec M. le major commandant supérieur du département, M. Boudard, conseiller de préfecture, M. le maire de cette ville, M. le commandant d'armes, soit avec d'autres fonctionnaires publics, chefs et officiers de différents corps de la force armée; qu'ils ont tous cherché à faciliter le départ dudit maréchal; qu'ils n'ont cessé de protéger sa personne *au péril de leur propre vie*; que, malgré les efforts de l'autorité, le tumulte est parvenu à son comble; que les vociférations se sont fait entendre de toutes parts; que des menaces ont éclaté de tous les points de la place et des rues adjacentes; que le comble des maisons était couvert de gens qui, par leurs cris, excitaient le tumulte, et cherchaient à pousser le peuple aux dernières extrémités; que cette exaltation présageait les suites les plus sinistres; qu'une multitude effrénée s'est portée avec violence et la hache à la main sur la principale porte d'entrée dudit hôtel, où plusieurs entailles desdites haches se font encore remarquer; que beaucoup de vitres du rez-de-chaussée ont été brisées; que lesdites fenêtres ont été forcées; qu'on a pénétré avec le plus grand désordre dans l'intérieur de l'hôtel; que toutes sortes de dégâts s'y sont faits, même sur le comble de la maison, sur lequel une quarantaine d'individus sont parvenus; que plusieurs objets ont été brisés ou volés, ainsi que le tout sera constaté, comme de droit, par le sieur Molin, propriétaire dudit hôtel; que, pen-

dant les quelques heures que ces mouvements populaires ont duré, on a plusieurs fois menacé ledit Molin d'incendier son auberge; que les voyageurs de passage cejourd'hui se sont empressés d'évacuer ledit hôtel; qu'enfin l'autorité a été complètement méconnue, la propriété violée, la sûreté des personnes compromise; que le désordre n'a cessé qu'à l'instant où M. le major commandant supérieur de Vaucluse a annoncé à la multitude que le maréchal Brune *venait de se donner la mort*.

» Les autorités qui nous avaient précédés sur les lieux ayant, avant notre arrivée, pourvu à la sûreté des deux voitures du maréchal Brune par la présence d'une forte garde chargée de surveiller à ce que rien n'en fût distrait ni enlevé, et nous étant assurés que lesdites voitures étaient en effet soigneusement gardées dans la remise dite du Palais-Royal, nous n'avons eu qu'à continuer les dispositions déjà prises, et ce jusqu'à la conclusion de l'inventaire que nous nous proposons de dresser de tout ce qui y est renfermé.

» De tout quoi nous avons dressé le présent procès-verbal à Avignon, les an, mois et jour susdits, à quatre heures après midi, dans une salle basse dudit hôtel du Palais-Royal, et avons signé avec M. le procureur du roi, M. le préfet, M. le major, commandant supérieur de Vaucluse, M. le commandant de la place, M. le capitaine de la gendarmerie royale, M. Hugues, chef de bataillon, M. Bressy, commissaire de police, maîtres Louvel-Beauregard et Martin; M. Arnoux, adjudant-major de la garde nationale, M. Pierre Laporte et M. Vernay, commis greffier, écrivant : et n'a signé M. Recellac, étant sorti de l'hôtel après sa déclaration.

Signé Piot, Verger, procureur du roi, le préfet, baron de Saint-Chamans, Lambot, commandant supérieur du département de Vaucluse, Acart, capitaine de gendarmerie, Louvel-Beauregard, docteur en chirurgie, Martin, officier de santé, Bressy, pour le commissaire de police, Joseph Arnoux, adjudant-major de la garde nationale, le chef de bataillon, Hugues, P. Vernetty, chef de bataillon, commandant la place, Pierre Laporte, Vernay, commis greffier.

» Pour copie conforme délivrée à M. le procureur du roi, sur sa demande.

» Signé VITALIS, greffier. »

(8) Ici s'arrête le curieux et intéressant récit que nous empruntons à l'auteur de *Nîmes et Marseille en 1815*, publié en 1818 : une pareille publication à cette époque était non-seulement un bien grand exemple de patriotisme, mais encore une bien grande preuve de courage.

(9) Nous empruntons presque textuellement, et pour être toujours certain de ne point nous écarter de la vérité, tous ces détails à l'excellent ouvrage de M. Lauze de Peret, intitulé *Causes et précis des troubles, des crimes, des désordres*, dans le département du Gard et dans d'autres lieux du midi de la France, en 1815 et en 1816.

URBAIN GRANDIER.

1634.

Le dimanche 26 novembre 1631, il y avait grande rumeur dans la petite ville de Loudun, et surtout dans les rues qui conduisaient de la porte par laquelle on arrivait de l'abbaye de Saint-Jouin de Marmes à l'église de Saint-Pierre, située sur la place du Marché; cette rumeur était causée par l'attente d'un personnage dont depuis quelque temps on s'occupait en bien et en mal à Loudun, avec un acharnement tout provincial; aussi était-il facile de reconnaître, aux figures de ceux qui formaient sur le seuil de chaque porte des clubs improvisés, avec quels sentiments divers on allait accueillir celui qui avait pris soin lui-même d'annoncer pour ce jour-là son retour à ses amis et à ses ennemis.

Vers les neuf heures, un grand frémissement courut par toute cette foule, et les mots : *Le voilà ! le voilà !* circulèrent avec une rapidité électrique d'une extrémité à l'autre des rassemblements. Alors les uns rentrèrent et fermèrent leurs portes et leurs fenêtres, comme aux jours des calamités publiques; les autres, au contraire, ouvrirent joyeusement toutes les issues de leurs maisons, comme pour y donner entrée à la joie : et au bout de quelques instants un silence profond, commandé par la curiosité, succéda au bruit et à la confusion qu'avait occasionnés cette nouvelle.

Bientôt, au milieu de ce silence, on vit s'avancer, une branche de laurier à la main, en signe de triomphe, un jeune homme de trente-deux à trente-quatre ans, d'une taille avantageuse et bien proportionnée, à l'air noble, au visage parfaitement beau, quoique son expression fût un peu hautaine : il était revêtu de l'habit ecclésiastique, et, quoiqu'il eût fait trois lieues à pied pour rentrer dans la ville, cet habit était d'une élégance et d'une propreté remarquables. Il traversa ainsi, les yeux au ciel, et chantant d'une voix mélodieuse des actions de grâces au Seigneur, d'un pas lent et solennel, toutes les rues qui conduisaient à l'église du marché de Loudun, et cela sans adresser un regard, un mot ou un geste à personne, quoique toute la foule, se réunissant derrière lui à mesure qu'il avançait, le suivît chantant avec lui, et quoique les chanteuses, car cette foule, nous avons oublié de le dire, se composait presque entièrement de femmes, fussent les plus jolies filles de la ville de Loudun.

Celui qui était l'objet de tout ce mouvement arriva ainsi devant le porche de l'église Saint-Pierre. Parvenu sur la dernière marche, il se mit à genoux, fit à voix basse une prière; puis, se relevant, il toucha de sa branche de laurier les portes de l'église, qui, s'ouvrant aussitôt, comme par enchantement, laissèrent voir le chœur tendu et illuminé, comme pour l'une des quatre grandes fêtes de l'année, et ayant tous ses commensaux, suisses, enfants de chœur, chantres et bedeaux, à leur place. Alors celui qu'on attendait traversa la nef, entra dans le chœur, fit une seconde prière au pied de l'autel, posa sa branche de laurier sur le tabernacle, revêtit une robe blanche comme la neige, passa l'étole, et commença devant un auditoire composé de tous ceux qui l'avaient suivi le saint sacrifice de la messe, qu'il termina par un *Te Deum*.

Celui qui venait, pour son propre triomphe à lui, de rendre à Dieu les mêmes grâces qu'on lui rendait pour les triomphes du roi, était le prêtre Urbain Grandier, acquitté la surveille, en vertu d'une sentence rendue par M. d'Escoubleau de Sourdis, archevêque de Bordeaux, d'une accusation portée contre lui, laquelle accusation l'avait fait condamner par l'official à jeûner au pain et à l'eau tous les vendredis, pendant trois mois, et l'avait interdit *à divinis* dans le diocèse de Poitiers pendant cinq mois, et dans la ville de Loudun pour toujours.

Voici maintenant à quelle occasion l'accusation avait été portée et le jugement rendu.

Urbain Grandier était né à Rovere, bourg voisin de Sablé, petite ville du Bas-Maine; après avoir étudié les sciences avec son père Pierre et son oncle Claude Grandier, qui s'occupaient d'astrologie et d'alchimie, il était entré, à l'âge de douze ans, ayant reçu déjà une éducation de jeune homme, au collége des Jésuites de Bordeaux, où ses professeurs, outre ce qu'il savait, remarquèrent encore en lui une grande aptitude pour les langues et pour l'éloquence : ils lui firent en conséquence apprendre à fond le latin et le grec, l'exercèrent dans la prédication, afin de développer son talent oratoire ; puis, s'étant pris d'une grande amitié pour un élève qui devait leur faire honneur, ils le pourvurent, aussitôt que son âge lui permit de remplir les fonctions ecclésiastiques, de la cure de Saint-Pierre au marché de Loudun, qui était à leur présentation. Outre cette cure, il fut encore, grâce à ses protecteurs, pourvu, au bout de quelques mois d'installation, d'une prébende dans la collégiale de Sainte-Croix.

On comprend que la réunion de deux bénéfices sur la tête d'un aussi jeune homme, qui, n'étant pas de la province, semblait venir usurper les droits et priviléges des gens du pays, produisit une grande sensation dans la petite ville de Loudun, et exposa le titulaire à l'envie des autres ecclésiastiques. Au reste, ce sentiment avait nombre d'excellents motifs pour s'attacher à lui : Urbain, comme nous l'avons dit, était parfaitement beau ; l'éducation qu'il avait reçue de son père, en le faisant pénétrer assez avant dans les sciences, lui avait donné la clef d'une foule de choses qui restaient des mystères pour l'ignorance, et qu'il expliquait, lui, avec une facilité extrême. En outre, les études libérales qu'il avait faites au collége, des Jésuites l'avaient mis au-dessus d'une foule de préjugés sacrés au vulgaire, et pour lesquels il ne dissimulait pas son mépris ; enfin son éloquence avait attiré à ses sermons presque tous les auditeurs des autres communautés religieuses, et surtout ceux des ordres mendiants, qui jusques alors avaient obtenu à Loudun la palme de la prédication. C'était plus qu'il n'en fallait, comme nous l'avons dit, pour donner prétexte à l'envie et pour que l'envie se changeât bientôt en haine : ce fut ce qui arriva.

On connaît la médisante oisiveté des petites villes et le mépris irascible du vulgaire pour tout ce qui le dépasse et le domine. Urbain, par ses qualités supérieures, était fait pour un plus grand théâtre ; mais il se trouva renfermé à l'étroit, manquant d'air et d'espace, entre les murailles d'une petite ville, de sorte que tout ce qui eût concouru à sa gloire à Paris devint à Loudun la cause de sa perte.

Malheureusement pour Urbain, son caractère, loin de lui faire pardonner son génie, devait augmenter encore la haine qu'il inspirait : Urbain, avec ses amis, d'un commerce doux et agréable, était envers ses ennemis railleur, froid et hautain ; inébranlable dans les résolutions qu'il avait prises, jaloux du rang auquel il était arrivé, et qu'il défendait comme une conquête, intraitable sur ses intérêts, quand il avait le droit pour lui, il repoussait les attaques et les injures avec une raideur qui de ses adversaires d'un moment lui faisait bientôt des ennemis de toute la vie.

Le premier exemple qu'Urbain donna de cette inflexibilité fut en 1620, à l'occasion d'un procès qu'il gagna, à peine établi, contre un prêtre nommé Meunier, et dont il fit exécuter le jugement avec tant de rigueur, que celui-ci en conserva contre lui un ressentiment qu'il fit éclater en toute occasion.

Un second procès qu'il eut à soutenir contre le chapitre de Sainte-Croix, au sujet d'une maison que ce chapitre lui disputait, et qu'il gagna comme le premier, lui donna l'occasion de déployer de nouveau cette rigide application du droit ; malheureusement, le fondé de pouvoirs du chapitre qui avait perdu, et qui jouera un grand rôle dans la suite de cette histoire, était un chanoine de la collégiale de Sainte-Croix, directeur du couvent des Ursulines : c'était un homme à passions vives, vindicatif et ambitieux, trop médiocre pour arriver jamais à une haute position, et cependant trop supérieur, dans sa médiocrité, à tout ce qui l'entourait, pour se contenter de la position secondaire qu'il avait prise : aussi hypocrite qu'Urbain était franc, il avait la prétention d'obtenir, partout où son nom serait connu, la réputation d'un homme d'une haute piété, et, pour y parvenir, affectait tout l'ascétisme d'un anachorète et toute la rigidité d'un saint. Très-versé, au reste, dans les matières bénéficiales, il avait regardé comme une humiliation personnelle la perte d'un procès dont il s'était chargé, et du succès duquel il avait en quelque sorte répondu ; si bien que, lorsque Urbain triompha et usa de ses avantages avec la même rigueur qu'il avait fait à l'égard de Meunier, il compta dans Mignon un second ennemi, non-seulement plus acharné, mais encore plus dangereux que le premier.

Sur ces entrefaites, et à propos de ce procès, il arriva qu'un individu nommé Barot, oncle de Mignon, et par conséquent son partner, se prit de discussion avec Urbain ; comme c'était un homme plus que médiocre, Urbain n'eut, pour l'écraser, qu'à laisser tomber de sa hauteur quelques-unes de ces dédaigneuses réponses qui impriment des stigmates comme un fer brûlant ; mais cet homme médiocre était fort riche, n'avait point d'enfants, possédait à Loudun une parenté très-nombreuse, préoccupée sans cesse de lui faire la cour pour trouver place en son testament ; de sorte que l'insultante raillerie, tout en tombant sur Barot, éclaboussa bon nombre de personnes qui, prenant part à sa querelle, augmentèrent encore les adversaires d'Urbain.

Vers le même temps un événement plus grave arriva : parmi ses pénitentes les plus assidues, Urbain comptait une jeune et jolie per-

sonne, fille du procureur du roi, Trinquant, lequel était aussi oncle du chanoine Mignon. Or il advint que cette jeune fille tomba dans un état de langueur qui la força de garder la chambre. Elle fut soignée pendant cette maladie par une de ses amies nommée Marthe Pelletier, qui, renonçant tout à coup aux sociétés qu'elle fréquentait, poussa le dévouement jusqu'à s'enfermer avec elle ; mais, lorsque Julie Trinquant fut guerie et qu'elle reparut dans le monde, on apprit que, pendant sa retraite, Marthe Pelletier était accouchée d'un enfant qu'elle avait fait baptiser et qu'elle avait mis en nourrice. Cependant, par une de ces bizarreries étranges qui lui sont si familières, le public prétendit que la véritable mère n'était point celle qui s'était déclarée, et le bruit se répandit qu'à prix d'argent Marthe Pelletier avait vendu sa réputation à son amie : quant au père, on avait encore moins de doute sur ce point, et la clameur publique, habilement soufflée, désigna Urbain.

Alors Trinquant, instruit des bruits qui couraient sur le compte de sa fille, prit sur lui, en sa qualité de procureur du roi, de faire arrêter et conduire en prison Marthe Pelletier ; là elle fut interrogée sur le compte de l'enfant, soutint qu'elle en était la mère, fit la soumission de l'élever, et comme il pouvait y avoir faute, mais non pas crime, Trinquant fut obligé de la relâcher, sans que cet abus de justice eût eu d'autres suites que de rendre l'affaire plus scandaleuse, et d'enfoncer davantage le public dans la conviction qu'il s'était faite.

Ainsi, jusques alors, soit protection du ciel, soit supériorité de la part d'Urbain Grandier, tout ce qui s'était attaqué à lui avait été battu ; mais chacune de ses victoires augmentait le nombre de ses ennemis : bientôt il fut si grand, que tout autre homme qu'Urbain en eût été effrayé et se fût mis en mesure ou de les calmer ou de se prémunir contre leur vengeance ; mais Urbain, dans son orgueil, dans son innocence peut-être, méprisa tous les conseils que ses plus dévoués lui donnèrent, et continua de marcher dans la voie qu'il avait suivie par le passé.

Jusques alors les attaques portées contre Urbain avaient été individuelles et séparées ; ses ennemis attribuèrent leur insuccès à cette cause et résolurent de se réunir pour l'écraser ; en conséquence, une convocation eut lieu chez Barot ; elle devait se composer de Meunier, de Trinquant et de Mignon ; ce dernier amena avec lui un nommé Menuau, avocat du roi, son intime ami, et que cependant un autre motif que cette amitié faisait encore agir : Menuau était amoureux d'une femme dont il n'avait jamais pu rien obtenir, et il se figurait que cette indifférence et ce mépris qu'elle lui témoignait avaient pour cause la passion que lui avait inspirée Urbain. Le but de cette réunion était de chasser l'ennemi commun du pays de Loudunois.

Cependant Urbain veillait avec un si grand soin sur lui-même, qu'on ne pouvait lui reprocher réellement que le plaisir qu'il paraissait prendre dans la société des femmes, qui, de leur côte et avec ce tact que possèdent les plus médiocres, voyant un prêtre jeune, beau et éloquent, le choisissaient de préférence pour leur directeur. Comme cette préférence avait déjà blessé bon nombre de pères et de maris, on convint que ce serait sur ce point, le seul où il fût vulnérable, que l'on attaquerait Grandier. En effet, dès le lendemain de cette décision, tous les bruits vagues qui depuis longtemps déjà s'étaient répandus commencèrent à prendre quelque consistance ; on parla, sans la nommer, d'une demoiselle de la ville, qui serait, disait-on, malgré les fréquentes infidélités qu'il lui faisait, sa maîtresse dominante ; bientôt on raconta que cette jeune personne ayant eu des scrupules de conscience à l'égard de cette liaison, Grandier les avait apaisés par un sacrilége : ce sacrilége était un mariage qu'il aurait contracté avec elle pendant la nuit, et dans lequel il aurait été à la fois le prêtre et le marié. Plus ces bruits touchaient à l'absurde, plus ils obtinrent de croyance ; bientôt personne ne douta plus à Loudun que la chose ne fût vraie ; et cependant il était, chose étonnante dans une aussi petite ville, impossible de nommer cette étrange épouse qui n'avait pas craint de contracter mariage avec un prêtre du Seigneur.

Quelle que fût la force d'âme de Grandier, il ne pouvait se dissimuler sur quel terrain mouvant il avait mis le pied ; il sentait que la calomnie rampait sourdement autour de lui, et ne se dissimulait pas que, lorsqu'elle l'aurait bien enveloppé de tous ses replis, elle lèverait un jour sa tête infâme, et que de ce jour-là commencerait entre lui et elle la véritable lutte ; mais, dans ses principes, faire un pas en arrière, était avouer qu'il était coupable ; d'ailleurs, peut-être était-il déjà trop tard pour reculer ; il continua donc d'aller en avant, toujours inflexible, railleur et hautain.

Parmi les personnes qui avaient accrédité avec le plus d'acharnement les bruits les plus injurieux à la réputation d'Urbain, était un nommé Duthibaut, important de province, esprit fort de petite ville, oracle de tout ce qui était médiocre et vulgaire ; les propos tenus par lui revinrent à Urbain ; il apprit que chez M. le marquis de Bellay cet homme avait parlé de lui en termes peu mesurés ; et comme un jour, revêtu des habits sacerdotaux, il était prêt à entrer à l'église de Sainte-Croix pour y assister aux offices, il le rencontra sous le porche même de l'église, et lui fit, avec sa hauteur et son mépris accoutumés, reproche de ses calomnies. Celui-ci, habitué par sa fortune et par l'influence qu'il avait prise sur les esprits infimes, auxquels il paraissait un homme supérieur, à tout dire et à tout faire impunément, ne put supporter cette réprimande publique, et ayant levé sa canne, il en frappa Urbain.

L'occasion fournie à Grandier de se venger de ses ennemis était trop belle pour qu'il n'en profitât point ; mais, jugeant avec raison qu'il n'obtiendrait pas justice s'il s'adressait aux autorités du pays, quoique le respect dû au culte religieux fût compromis dans cette affaire, il prit le parti d'aller se jeter aux pieds du roi Louis XIII, qui daigna l'écouter, et qui, voulant que l'outrage fait à un ministre de la religion, revêtu des habits sacerdotaux, fût vengé, renvoya l'affaire au parlement pour être le procès fait et parfait à Duthibaut.

Alors les ennemis d'Urbain jugèrent qu'il n'y avait point de temps à perdre, et profitèrent de son absence pour faire porter de leur côté une plainte contre lui. Deux misérables, nommés Cherbonneau et Bugreau, consentirent à se porter délateurs devant l'official de Poitiers : ils accusèrent Grandier d'avoir débauché des femmes et des filles, d'être impie et profane, de ne jamais dire son bréviaire, et de changer le sanctuaire en un lieu de débauche et de prostitution. L'official reçut la plainte, nomma Louis Chauvet, lieutenant civil, et avec lui l'archiprêtre de Saint-Marcel et du Loudenois, pour en informer ; de sorte qu'au moment où Urbain poursuivait à Paris contre Duthibaut, on informait à Loudun contre lui-même.

Cette information se poursuivait avec toute l'activité de la vengeance religieuse. Trinquant déposa comme témoin, et entraîna après lui plusieurs autres dépositions ; au reste, celles qui ne furent point faites selon les désirs des instructeurs furent falsifiées ou omises. Il en résulta que l'information, présentant des charges graves, fut renvoyée à l'évêque de Poitiers, auprès duquel les accusateurs de Grandier avaient des amis très-puissants. D'ailleurs l'évêque avait lui-même un grief personnel contre lui : Urbain avait donné, dans un cas urgent, une dispense de publication de mariage ; de sorte que l'évêque, déjà prévenu, trouvant dans l'instruction, toute superficielle qu'elle était, des charges suffisantes, rendit contre Urbain un décret de prise de corps conçu en ces termes :

« Henri-Louis Chataignier de la Rochepozai, par misération divine évêque de Poitiers, vu les charges et informations à nous rendues par l'archiprêtre de Loudun, faites à l'encontre de Urbain Grandier, prêtre curé de Saint-Pierre au marché de Loudun, en vertu de commissions émanées de nous audit archiprêtre, et en son absence au prieur de Chassuignes ; vu aussi les conclusions de notre promoteur sur icelles ; avons ordonné et ordonnons que Urbain Grandier, accusé, soit amené sans scandale ès prisons de notre hôtel épiscopal de Poitiers, si pris et appréhendé peut être, sinon sera ajourné à son domicile à trois briefs jours par le premier appariteur prêtre ou clerc tonsuré, et d'abondant par le premier sergent royal, sur ce requis avec imploration du bras séculier, et auxquels et à l'un d'iceux donnons pouvoir de ce faire et mandement, nonobstant oppositions ou appellations quelconques pour ce fait ; et ledit Grandier ouï, prendre par notre promoteur telles conclusions à l'encontre de lui qu'il y verra l'avoir à faire.

« Donné à Dissai le 22e jour d'octobre 1629 ; ainsi signé en l'original.

» Henri-Louis, évêque de Poitiers. »

Grandier, comme nous l'avons dit, était à Paris lorsque ce décret fut prononcé contre lui : il y poursuivait devant le parlement sa plainte contre Duthibaut, lorsque celui-ci, qui avait reçu le décret avant que Grandier eût même appris qu'il était rendu, après s'être défendu par le tableau des mœurs scandaleuses du curé, produisit à l'appui de ses assertions la pièce terrible dont il était porteur. La cour, ne sachant plus alors que penser de ce qui se passait devant elle, ordonna qu'avant de faire droit à la plainte de Grandier, celui-ci se retirerait par-devant son évêque pour se justifier des accusations portées contre lui : Grandier quitta aussitôt Paris, arriva à Loudun, n'y resta que quelques instants pour prendre connaissance de l'affaire, et se rendit immédiatement à Poitiers pour se mettre en état d'y répondre. Mais il y était arrivé à peine, qu'il fut arrêté par un huissier nommé Chatry, et conduit dans la prison de l'évêché.

On était le 15 novembre, cette prison était froide et humide, et cependant Grandier ne put obtenir qu'on le transférât dans une autre : dès ce moment il vit que ses ennemis étaient encore plus puissants qu'il ne le croyait, et prit patience ; il resta ainsi deux mois, pendant lesquels ses meilleurs amis eux-mêmes le crurent perdu ; si bien que Duthibaut riait des poursuites dont il se croyait déjà débarrassé, et que Barot avait déjà présenté un de ses héritiers nommé Ismaël Boulieau pour remplacer Urbain dans ses bénéfices.

Le procès se poursuivait à frais communs, les riches payant pour les pauvres ; car, comme l'instruction se faisait à Poitiers, et que les témoins demeuraient à Loudun, le déplacement d'un aussi grand nombre de personnes nécessitait des frais considérables ; mais le désir de la vengeance fut plus grand que l'avarice : chacun fut taxé selon sa fortune, paya sa taxe, et l'instruction fut achevée au bout de deux mois.

Cependant, quelque soin qu'on y eût mis pour rendre cette instruction la plus fatale qu'il serait possible à celui qu'elle compromettait, le principal chef ne put être prouvé. On accusait Urbain d'avoir débauché des femmes et des filles, mais on ne nommait ni ces femmes ni ces filles ; on ne produisit point de parties qui se plaignissent ; tout

reposait sur le bruit public, rien ne reposait sur un fait ; c'était un de ces procès les plus étranges qui se fussent jamais vus. Néanmoins jugement fut rendu le 3 de janvier 1630 ; par ce jugement, Grandier fut condamné à jeûner au pain et à l'eau, par pénitence, tous les vendredis pendant trois mois, interdit *a divinis* dans le diocèse de Poitiers pendant cinq ans, et dans la ville de Loudun pour toujours.

On appela des deux côtés de cette sentence : Grandier en appela à l'archevêque de Bordeaux, et ses adversaires, sous le nom du promoteur de l'officialité, en appelèrent comme d'abus au parlement de Paris ; ce dernier appel était fait pour surcharger Grandier et le courber sous la peine. Mais Grandier avait en lui-même une force qui se mesurait à l'attaque : il fit face à tout, et, se pourvoyant, il fit plaider l'appel au parlement, tandis qu'il restait sur les lieux pour poursuivre en personne son appel auprès de l'archevêque de Bordeaux. Mais comme il s'agissait d'entendre un grand nombre de témoins, et que le déplacement à une si grande distance devenait presque impossible, la cour renvoya la connaissance de l'affaire au présidial de Poitiers. Le lieutenant criminel de Poitiers instruisit donc à nouveau ; mais cette nouvelle instruction, faite avec impartialité, ne fut point favorable aux accusateurs. Il se trouva des contradictions dans les témoins qui tentèrent de persister ; il y en eut d'autres qui avouèrent ingénuement qu'ils avaient été gagnés ; d'autres enfin déclarèrent qu'on avait falsifié leurs dépositions, et du nombre de ces derniers étaient un prêtre nommé Méchin et ce même Ismaël Boulieau que Trinquant s'était empressé de présenter comme aux bénéfices d'Urbain Grandier. La déclaration de Boulieau a été perdue ; mais voici celle de Méchin, qui s'est conservée intacte et telle qu'elle est sortie de sa plume :

« Je Gervais Méchin, prêtre vicaire de l'église de Saint-Pierre au marché de Loudun, certifie, par la présente écrite et signée de ma main, pour la décharge de ma conscience sur certain bruit qu'on fait courir qu'en l'information faite par Gilles Robert, archiprêtre, contre Urbain Grandier, prêtre curé de Saint-Pierre, en laquelle information ledit Robert me sollicita de déposer que j'avais dit que j'avais trouvé ledit Grandier couché avec des femmes et des filles tout de leur long dans l'église de Saint-Pierre, les portes étant fermées.

» Item, que plusieurs et diverses fois, à heures indues de jour et de nuit, j'avais vu des filles et des femmes venir trouver ledit Grandier en sa chambre, et quelques-unes desdites femmes y demeuraient depuis une heure après midi jusqu'à deux ou trois heures après minuit, et y faisaient apporter leur souper par leurs servantes, qui se retiraient incontinent.

» Item, que j'ai vu ledit Grandier dans l'église, les portes ouvertes, et quelques femmes y étant entrées, il les fermait : désirant que tels bruits ne continuent davantage, je déclare par ces présentes que je n'ai jamais vu ni trouvé ledit Grandier avec des femmes et des filles dans l'église, les portes étant fermées, ni seul avec elles ; ainsi lorsqu'il a parlé à elles, elles étaient en compagnie, les portes toutes ouvertes ; et pour ce qui est de la posture, je pense avoir assez éclairci par ma confrontation que ledit Grandier était assis et les femmes assez éloignées les unes des autres ; comme aussi je n'ai jamais vu entrer femmes ni filles dans la chambre dudit Grandier de jour ni de nuit ; bien est vrai que j'ai entendu aller et venir du monde au soir bien tard ; mais je ne puis dire qui c'est, attendu qu'il couchait toujours un frère dudit Grandier proche de sa chambre, et n'ai connaissance que ni femmes ni filles y aient fait porter leur souper ; je n'ai non plus déposé ne lui avoir jamais vu dire son bréviaire, parce que ce serait contre vérité, d'autant que diverses fois il m'a demandé le mien, lequel il prenait et disait ses heures ; et semblablement déclare ne lui avoir jamais vu fermer les portes de l'église, et qu'en tous les devis que je lui ai vu avoir avec les femmes, je n'ai jamais vu aucune chose déshonnête, non pas même qu'il leur touchât en aucune façon, mais seulement parlaient ensemble, et que s'il se trouve une ma déposition quelque chose contraire à ce que dessus, c'est contre ma conscience, et ne m'en a été faite lecture, pour ce que je ne l'eusse signée : ce que je dis et affirme pour rendre hommage à la vérité.

» Fait le dernier jour d'octobre 1630.

» *Signé* G. Méchin. »

En face de pareilles preuves d'innocence, il n'y avait pas d'accusation qui pût tenir ; aussi, par jugement du présidial de Poitiers, en date du 25 mai 1631, Grandier fut renvoyé absous, quant à présent, de la plainte portée contre lui. Cependant il lui restait encore à comparaître devant le tribunal de l'archevêque de Bordeaux, qui était saisi de son appel, afin d'y obtenir sa justification. Grandier profita du moment où ce prélat venait visiter son abbaye de Saint-Jouin-les-Marmes, située seulement à trois lieues de Loudun, pour se pourvoir devant lui ; ses ennemis, découragés par le résultat du procès au présidial de Poitiers, se défendirent à peine, et l'archevêque, après une nouvelle instruction, qui jeta encore un jour plus éclatant et plus pur sur l'innocence de l'accusé, rendit une sentence d'absolution.

Cette réhabilitation poursuivie par Grandier sous les yeux de son évêque avait eu pour lui deux résultats importants : le premier de faire éclater son innocence, le second de faire ressortir sa haute instruction et les qualités élevées qui en faisaient un homme si supérieur : aussi l'archevêque, qui en voyant les persécutions auxquelles il était en butte, s'était pris d'un grand intérêt pour Urbain, lui conseilla-t-il de permuter ses bénéfices et de s'éloigner d'une ville dont les principaux habitants paraissaient lui avoir voué une haine si acharnée ; mais une telle capitulation avec son droit n'était point dans le caractère d'Urbain : il déclara à son supérieur que, fort de sa protection et des témoignages de sa conscience, il resterait à l'endroit où Dieu l'avait placé. Alors monseigneur de Sourdis n'avait point cru devoir insister davantage ; seulement, comme il s'était aperçu que si Urbain devait tomber un jour, c'était, comme Satan, par l'orgueil, il avait inséré dans le jugement une phrase par laquelle il lui recommandait *de bien et modestement se comporter en sa charge suivant les saints décrets et constitutions canoniques.* Nous avons vu, par la rentrée triomphale d'Urbain dans la ville de Loudun, comment il s'était conformé à cette recommandation.

Cependant Urbain Grandier ne se borna point à cette orgueilleuse démonstration, qui fut blâmée de ses amis eux-mêmes, et au lieu de laisser éteindre, ou du moins reposer les haines soulevées contre lui, en ne récriminant point sur le passé, il reprit avec plus d'activité que jamais sa poursuite contre Duthibaut, et la poussa si bien qu'il obtint un arrêt de la chambre de la Tournelle, où Duthibaut fut mandé et blâmé, tête nue, condamné à diverses amendes, aux réparations et aux frais du procès.

Cet adversaire terrassé, Urbain se retourna aussitôt contre les autres, plus infatigable dans la justice que ses ennemis ne l'avaient été dans la vengeance. La sentence de l'archevêque de Bordeaux lui donnait recours contre ses accusateurs pour ses dommages et intérêts et pour la restitution des fruits de ses bénéfices ; il fit savoir publiquement qu'il porterait la réparation aussi loin qu'avait été l'offense, et se mit au travail pour réunir toutes les preuves qui lui étaient nécessaires pour le succès du nouveau procès, dans lequel à son tour il allait se faire partie. Vainement ses amis lui firent-ils observer que la réparation qu'il avait obtenue était grande et belle, en vain lui représentèrent-ils tous les dangers qu'il y avait pour lui à pousser des vaincus au désespoir, Urbain répondit qu'il était prêt à souffrir toutes les persécutions que ses ennemis pourraient lui susciter ; mais qu'ayant le droit, on chercherait en vain à lui inspirer la crainte.

Les adversaires de Grandier furent donc instruits de l'orage qu'il amassait sur leurs têtes, et, comprenant que c'était entre eux et cet homme une question de vie et de mort, ils se réunirent de nouveau au village de Puidadane, dans une maison appartenant à Trinquant, Mignon Barot, Meunier, Duthibaut, Trinquant et Menuau, pour parler du coup qui les menaçait. Mignon avait, au reste, déjà noué les fils d'une nouvelle intrigue, il développa son plan ; le plan fut adopté. Nous allons le voir se dérouler au fur et à mesure ; car les événements procèdent de lui.

Nous avons, à propos de Mignon, dit que ce chanoine était directeur du couvent des Ursulines de Loudun : l'ordre des Ursulines était tout moderne, et cela tenait aux contestations historiques qu'avait toujours soulevées le récit de la mort de sainte Ursule et de ses onze mille vierges ; néanmoins Mme Angèle de Bresse, en l'honneur de cette bienheureuse martyre, avait, en 1560, établi en Italie un ordre de religieuses de la règle de saint Augustin, qui fut approuvé en 1572 par le pape Grégoire XIII, et depuis, en 1614, Madeleine Lhuillier l'introduisit en France, avec l'approbation du pape Paul V, en fondant un monastère à Paris, d'où cet ordre se répandit par tout le royaume ; de sorte qu'en 1626, c'est-à-dire cinq ou six ans seulement avant l'époque où nous sommes parvenus, un couvent de ces mêmes dames s'était établi à Loudun.

Quoique cette communauté fût tout d'abord composée de filles de bonne famille, de noblesse, d'épée, de robe et de bourgeoisie, et que l'on comptât parmi ses fondatrices Jeanne de Belfied, fille du feu marquis de Cose, et parente de M. de Laubardemont ; Mlle de Fazili, cousine du cardinal-duc ; deux dames de Barbezis, de la maison de Nogaret ; une dame de Lamothe, fille du marquis de Lamothe Baracé en Anjou ; enfin une dame d'Escoubleau de Sourdis, de la même famille que l'archevêque qui occupait alors le siége de Bordeaux. Comme ces religieuses avaient presque toutes adopté l'état monastique à cause du défaut de fortune, la communauté riche en noms était si pauvre d'argent, qu'elle fut forcée, en s'établissant, de se loger dans une maison particulière. Cette maison appartenait à un nommé Moussaut du Frène, dont le frère était prêtre : ce frère devint naturellement le directeur de ces saintes filles ; mais au bout d'un an à peine il mourut, laissant sa direction vacante.

La maison qu'habitaient les Ursulines leur avait été cédée à un prix au-dessous de celui qu'elle valait, parce que le bruit courait par la ville qu'il y revenait des esprits. Son propriétaire avait donc pensé avec raison que rien n'était plus propre à chasser les fantômes que de leur opposer une communauté de saintes et religieuses filles qui, passant les journées en jeûnes et en prières, ne pouvaient guère donner prise aux démons sur leurs nuits : en effet, depuis un an qu'elles habitaient la maison, les revenants en avaient complétement disparu, ce qui n'avait pas peu contribué à établir dans la ville leur réputation de sainteté, lorsque leur directeur mourut.

Cette mort était pour les jeunes pensionnaires une occasion toute trouvée de se procurer quelques distractions aux dépens des vieilles religieuses, qui, plus sévères sur la règle que les autres, étaient assez

généralement détestées ; elles résolurent donc d'évoquer les esprits que l'on croyait à jamais refoulés dans les ténèbres. En effet, au bout de quelque temps, on entendit d'abord sur les toits de la maison de grands bruits pareils à des plaintes et à des gémissements ; bientôt les fantômes se hasardèrent à pénétrer dans les greniers et dans les mansardes, où leur présence s'annonçait par un grand bruit de chaines ; enfin ils devinrent si familiers, qu'ils en arrivèrent jusqu'à entrer dans les dortoirs pour tirer le drap des lits et enlever les jupes des religieuses.

La chose inspira une si grande terreur dans le couvent, et fit si grand bruit dans la ville, que la supérieure réunit les plus sages religieuses en conseil, et leur demanda avis sur les circonstances délicates dans lesquelles on se trouvait : l'opinion unanime fut qu'il fallait remplacer le directeur défunt par un plus saint homme encore, s'il était possible d'en rencontrer un ; et soit réputation de sainteté, soit tout autre motif, on jeta les yeux sur Urbain Grandier, et on lui fit faire des propositions ; mais celui-ci répondit que, déjà chargé de deux bénéfices, il ne lui resterait pas assez de temps pour veiller efficacement sur le blanc troupeau dont on lui proposait d'être le berger, et qu'il invitait la supérieure à s'adresser à un autre plus digne et moins occupé que lui.

Cette réponse, comme on le comprend bien, blessa l'orgueil de la communauté, qui alors tourna les yeux vers Mignon, prêtre chanoine de l'église collégiale de Sainte-Croix, qui, tout blessé qu'il était que cette offre lui fût faite au refus d'Urbain Grandier, n'en accepta pas moins, mais en gardant à celui qui avait d'abord été jugé plus digne que lui une de ces haines bilieuses qui, au lieu de se calmer, s'aigrissent avec le temps ; on a vu, par l'exposé que nous avons déjà mis sous les yeux du lecteur, comment peu à peu cette haine s'était déjà fait jour.

Cependant, aussitôt nommé, le nouveau directeur avait reçu de la supérieure un avis qui lui apprenait quels adversaires il allait avoir à combattre. Au lieu de la rassurer en niant l'existence des fantômes qui tourmentaient la communauté, Mignon, qui vit tout d'abord dans leur disparition, à laquelle il espérait bien parvenir, un moyen de consolider la réputation de sainteté à laquelle il aspirait, répondit que la sainte Écriture reconnaissait l'existence des esprits, puisque, grâce au pouvoir de la pythonisse d'Endor, l'ombre de Samuel était apparue à Saül ; mais que le rituel offrait des moyens sûrs de les expulser, si acharnés qu'ils fussent, pourvu que celui qui les attaquait fût pur de pensée et de cœur, et qu'il espérait bien, avec l'aide de Dieu, débarrasser la communauté de ses nocturnes visiteurs ; aussitôt, pour procéder à leur expulsion, il ordonna un jeûne de trois jours qui serait suivi d'une confession générale.

On comprend que, grâce aux questions qu'il adressa aux pensionnaires, il ne fut pas difficile à Mignon d'arriver à la vérité ; celles qui faisaient les fantômes s'accusèrent, et nommèrent comme leur complice une jeune novice de seize à dix-sept ans, nommée Marie Aubin ; celle-ci avoua la vérité, et dit que c'était elle qui se levait la nuit et allait ouvrir la porte du dortoir, que les plus peureuses de la chambrée avaient grand soin chaque soir de fermer en dedans, ce qui, à la terreur générale, n'empêchait pas, comme on le devine bien, les esprits d'entrer. Mignon, sous prétexte de ne point les exposer à la colère de la supérieure, qui pourrait soupçonner quelque chose si les apparitions cessaient juste le lendemain de la confession, les autorisa à renouveler encore de temps en temps leur tapage nocturne, en leur ordonnant cependant de le cesser graduellement ; puis, retournant à la supérieure, il lui annonça qu'il avait trouvé les pensées de toute la communauté tellement chastes et pures, qu'il espérait qu'avec l'aide de ses prières le couvent serait incessamment débarrassé des apparitions qui l'obsédaient.

Les choses arrivèrent comme l'avait prédit le directeur, et la réputation du saint homme qui avait veillé et prié pour la délivrance des bonnes Ursulines s'en accrut singulièrement dans la ville de Loudun.

Tout était donc redevenu parfaitement tranquille au couvent, lorsque arrivèrent les événements que nous avons racontés, et que Mignon, Duthibaut, Menuau, Mennier et Barot, après avoir perdu leur cause devant l'archevêque de Bordeaux, et se voyant menacés par Grandier d'être poursuivis comme faussaires et calomniateurs, se réunirent afin de résister à cet homme à la volonté inflexible, qui les perdrait s'ils ne le perdaient pas.

Le résultat de cette réunion fut un bruit étrange qui se répandit au bout de quelque temps : on se disait sourdement à Loudun que les revenants, chassés par le saint directeur, étaient revenus à la charge sous une forme invisible et impalpable, et que plusieurs religieuses avaient donné, soit dans leurs paroles, soit dans leurs actes, des preuves évidentes de possession. On parla de ces bruits à Mignon, qui, au lieu de les démentir, leva les yeux au ciel en disant que Dieu était certainement bien grand et bien miséricordieux ; mais aussi que Satan était bien habile, surtout lorsqu'il était secondé par cette fausse science humaine qu'on appelle magie ; que cependant, quoique ces bruits ne fussent pas entièrement dénués de fondement, rien n'était encore certain à l'endroit d'une possession réelle, et que le temps pourrait seul à cet égard établir la vérité.

On devine l'effet que produisirent de pareilles réponses sur des esprits déjà disposés à accueillir les bruits les plus étranges. Mignon les laissa circuler ainsi pendant quelques mois, sans leur donner d'autre aliment; enfin, un jour, il alla trouver le curé de Saint-Jacques de Chinon, lui dit que les choses en étaient, au couvent des Ursulines, au point qu'il ne pouvait plus prendre seul la responsabilité du salut de ces pauvres filles, et l'invita à venir les visiter avec lui. Ce curé, qui se nommait Pierre Barré, était en tout point l'homme qu'il fallait à Mignon pour mener à bien une pareille affaire, exalté, mélancolique, visionnaire, prêt à tout entreprendre pour augmenter sa réputation d'ascétisme et de sainteté. Il voulut dès le premier abord donner à cette visite toute la solennité que comportait une circonstance aussi grave : en conséquence, il se rendit à Loudun à la tête de ses paroissiens, qu'il amena en procession, faisant le chemin à pied pour donner plus d'éclat et de retentissement à la chose; c'était inutile : pour moins que cela la ville eût été en rumeur.

Mignon et Barré entrèrent au couvent, pendant que les fidèles se répandaient dans les églises, faisant des prières pour l'efficacité des exorcismes; ils restèrent six heures enfermés avec les religieuses; puis, au bout de ce temps, Barré sortit, annonçant à ses paroissiens qu'ils pouvaient retourner seuls à Chinon; mais que, quant à lui, il restait à Loudun pour aider le vénérable directeur des Ursulines dans la tâche sainte qu'il avait entreprise; puis il leur recommanda de prier soir et matin avec toute la ferveur dont ils étaient capables, afin que dans cette affaire, où elle était si gravement compromise, la cause de Dieu triomphât.

Cette recommandation, que n'accompagna aucune autre explication, redoubla la curiosité universelle : on se disait que ce n'était pas une ou deux religieuses seulement, mais tout le couvent qui était possédé. Quant au magicien qui avait jeté le charme, on commençait à le nommer tout haut : c'était Urbain Grandier, que Satan avait attiré à lui, par l'orgueil, et qui avait fait, pour être l'homme le plus savant de la terre, un pacte par lequel il avait vendu son âme; et, en effet, ce que savait Urbain était tellement au-dessus des connaissances générales des habitants de Loudun, que beaucoup n'eurent pas de peine à croire ce qu'on rapportait à ce sujet; quelques-uns cependant haussaient les épaules à toutes ces absurdités, et riaient à toutes ces momeries, dont ils ne voyaient encore que le côté ridicule.

Mignon et Barré renouvelèrent ainsi leurs visites aux religieuses pendant dix ou douze jours, et chaque fois restèrent près d'elles tantôt quatre, tantôt six heures, quelquefois toute la journée; enfin, le lundi 11 octobre 1632, ils écrivirent à M. le curé de Venier, à messire Guillaume Cerisay de la Guérinière, bailli du Loudenois, et à messire Louis Chauvet, lieutenant civil, pour les prier de se transporter au couvent des Ursulines pour y voir deux religieuses possédées du malin esprit, et constater les effets étranges et presque incroyables de cette possession. Requis de cette manière, les deux magistrats ne purent se dispenser d'obtempérer à la demande; d'ailleurs, ils partageaient la curiosité générale, et n'étaient point fâchés de savoir par eux-mêmes à quoi s'en tenir sur tous les bruits qui, depuis quelque temps, couraient par la ville. Ils se rendirent donc au couvent pour assister aux exorcismes, et les autoriser s'ils jugeaient la possession réelle, ou pour arrêter le cours de cette comédie s'ils jugeaient la possession feinte. Arrivés à la porte, ils virent venir au-devant d'eux Mignon, revêtu de son aube et de son étole, qui leur dit que les religieuses avaient été travaillées pendant quinze jours de spectres et de visions épouvantables, et qu'ensuite la mère supérieure et deux autres religieuses avaient été visiblement possédées pendant huit ou dix jours par les mauvais esprits; mais qu'enfin, ces mauvais esprits avaient été expulsés de leurs corps par le ministère tant de lui que de Barré et de quelques autres religieux carmes qui avaient bien voulu leur prêter la main contre leurs communs ennemis; mais que dans la nuit du dimanche, jour précédent et 10 du mois, la supérieure Jeanne de Belfield et une autre laie appelée Jeanne Dumagnoux, avaient été tourmentées de nouveau, et étaient reprises des mêmes esprits : alors il avait découvert dans ses exorcismes que cela s'était fait par un nouveau pacte, dont le symbole et la marque était un bouquet de roses, comme le symbole et la marque du premier était trois épines noires. Il ajouta que les malins esprits n'avaient jamais voulu se nommer pendant la première possession, mais que forcé enfin par ses exorcismes, celui qui venait de se réemparer de la mère supérieure avait été forcé de confesser son nom, et que c'était Astaroth, l'un des plus grands ennemis de Dieu; quant à celui qui tenait la sœur laie, c'était un diable d'un ordre inférieur et qui s'appelait Sabulon. Malheureusement, dit Mignon, en ce moment, les deux possédées reposaient : en conséquence, il invitait le bailli et le lieutenant civil à remettre leur visite à un autre moment. En effet, ces deux magistrats allaient se retirer, lorsqu'une religieuse vint les avertir que les énergumènes étaient de nouveau travaillées : en conséquence, ils montèrent avec Mignon et le curé de Venier, dans une chambre haute, garnie de sept petits lits, dont deux seulement étaient occupés, l'un par la supérieure et l'autre par la sœur laie. La supérieure, comme celle dont la possession était la plus importante, était environnée de plusieurs carmes, des religieuses du couvent, de Mathurin Rousseau, prêtre et chanoine de Sainte-Croix, et de Manoeuri, chirurgien de la ville.

Les deux magistrats ne se firent pas plutôt mêlés aux assistants, que la supérieure fut saisie de mouvements violents, fit des contorsions étranges, et poussa des cris qui imitaient parfaitement ceux d'un cochon de lait; les deux magistrats la regardaient avec un profond éton-

nement, lorsqu'elle augmenta encore leur stupéfaction en s'enfonçant dans son lit et en ressortant tout entière, et cela avec des gestes et des grimaces si diaboliques, que, s'ils ne crurent pas à la possession, ils admirèrent au moins la manière dont elle était jouée. Alors Mignon dit au bailli et au lieutenant civil que, quoique la supérieure n'eût jamais connu le latin, elle allait, s'ils le désiraient, répondre dans cette langue aux questions qu'il lui adresserait. Les magistrats répondirent qu'ils étaient venus pour constater la possession; qu'en conséquence, ils invitaient l'exorciste à leur donner de cette possession toutes les preuves possibles. Mignon s'approcha donc de la supérieure, et, ayant ordonné le plus profond silence, il lui mit d'abord les deux doigts dans la bouche, puis ayant fait tous les exorcismes commandés par le rituel, il procéda à l'interrogatoire; le voici textuellement reproduit.

D. *Propter quam causam ingressus es in corpus hujus virginis?*	Pour quelle cause es-tu entré dans le corps de cette jeune fille?
R. *Causâ animositatis.*	Pour cause d'animosité.
D. *Per quod pactum?*	Par quel pacte?
R. *Per flores.*	Par les fleurs.
D. *Quales?*	Quelles fleurs?
R. *Rosas.*	Les roses.
D. *Quis misit?*	Qui t'a envoyé ?

À cette demande, les deux magistrats remarquèrent chez la supérieure un mouvement d'hésitation : deux fois elle ouvrit la bouche pour répondre, et cependant ce ne fut qu'à la troisième qu'elle répondit d'une voix faible :

R. *Urbanus.*	Urbain.
D. *Dic cognomen.*	Dites son prénom.

Ici, il y eut de la part de la possédée une nouvelle hésitation; cependant comme forcée par l'exorciste, elle répondit :

R. *Grandier.*	Grandier.
D. *Dic qualitatem.*	Dites sa qualité.
R. *Sacerdos.*	Prêtre.
D. *Cujus ecclesiæ?*	De quelle église?
R. *Sancti Petri.*	De Saint-Pierre.
D. *Quæ persona attulit flores?*	Quelle personne apporta les fleurs?
R. *Diabolica.*	Une personne envoyée par le diable.

À peine cette dernière parole avait-elle été prononcée, que la possédée revint à son bon sens, pria Dieu, essaya de manger un peu de pain qu'on lui offrit, et le rejeta aussitôt, en disant qu'elle ne pouvait l'avaler, attendu qu'il était trop sec : on lui apporta alors des choses liquides, dont elle mangea, mais fort peu, troublée qu'elle était sans cesse par le retour des convulsions.

Alors le bailli et le lieutenant civil, voyant que tout était fini de ce côté, se retirèrent dans l'embrasure d'une fenêtre et se mirent à causer à voix basse; aussitôt Mignon, qui craignait qu'ils ne fussent pas suffisamment édifiés, alla à eux, et leur dit qu'il y avait dans le fait qui se représentait quelque chose de semblable à l'histoire de Gaufredi, qui venait d'être exécuté, il y avait quelques années, en vertu d'un arrêt du parlement d'Aix en Provence. Ce que disait là Mignon découvrait si visiblement et si maladroitement son but, que, ni le lieutenant civil ni le bailli ne répondirent à cette interpellation; seulement le lieutenant civil dit à l'exorciste, qu'il était étonné qu'il n'eût point pressé la supérieure sur *cette cause de haine* dont elle avait parlé dans ses réponses, et qu'il était si important d'approfondir; mais Mignon s'en excusa en disant qu'il lui était défendu de faire d'es questions de pure curiosité. Le lieutenant civil allait insister, lorsque la sœur laie tira Mignon d'embarras en entrant en convulsion à son tour. Le bailli et le lieutenant civil se rendirent aussitôt près de son lit, et sommèrent Mignon de lui faire les mêmes questions qu'à la supérieure; mais l'exorciste eut beau l'interroger, il n'en put tirer autre chose que ces mots : *A l'autre! à l'autre!* Mignon expliqua ce refus de réponse en disant que le diable qui possédait celle-ci étant d'une nature secondaire, il renvoyait les exorcistes à Astaroth, qui était son supérieur. Bonne ou mauvaise, comme cette réponse fut la seule que les magistrats obtinrent de Mignon, ils se retirèrent, dressèrent un procès-verbal de ce qu'ils avaient vu et entendu, et le signèrent, s'abstenant de toutes réflexions.

Mais il n'en fut pas ainsi dans la ville, et peu se montrèrent sous ce rapport aussi circonspects que l'avaient été ces deux magistrats. Les dévots crurent, les hypocrites firent semblant de croire; mais les mondains, et le nombre en était grand, retournèrent la possession sur toutes ses faces, et ne se firent aucun scrupule de mettre à jour toute leur incrédulité. Ils s'étonnaient, et ce n'était pas sans raison, il faut l'avouer, que les diables, expulsés pour deux jours seulement, n'eussent paru céder la place que pour s'en réemparer de nouveau à la confusion des exorcistes; ils se demandaient pourquoi le démon de la supérieure parlait latin, quoique celui de la sœur laie parût ignorer cette langue, le rang qu'il occupait dans la hiérarchie diabolique ne leur paraissant pas une raison suffisante pour expliquer ce supplément d'éducation; enfin le refus qu'avait fait Mignon de poursuivre l'interrogatoire à l'endroit de la cause de haine, faisait soupçonner qu'Astaroth, si lettré qu'il fût en apparence, était arrivé au bout de son latin, et ne se souciait pas de continuer le dialogue dans l'idiome de Cicéron. D'ailleurs, on n'ignorait pas que, quelques jours auparavant, une réunion des plus grands ennemis d'Urbain avait eu lieu, comme nous l'avons dit, au village de Puidardane : on trouvait, en outre, que Mignon avait commis une grande inconséquence en parlant sitôt du prêtre Gaufredi, supplicié à Aix ; enfin on eût désiré que d'autres religieux que les frères carmes, qui avaient particulièrement à se plaindre de Grandier, eussent été appelés à l'exorcisme ; tout cela, il faut en convenir, était on ne peut plus spécieux.

Le lendemain, 12 octobre, le bailli et le lieutenant civil ayant appris que les exorcismes recommençaient sans qu'on les eût appelés, se firent accompagner du chanoine Rousseau et suivre de leur greffier, et se rendirent de nouveau au couvent. Arrivés là, ils firent appeler Mignon et lui remontrèrent que cette affaire était de telle importance, que, dans aucun cas, on ne devait la pousser plus loin hors de la présence des autorités, et qu'il était nécessaire qu'on les appelât désormais à chaque nouvelle séance ; ils ajoutèrent encore que sa qualité de directeur des bonnes religieuses pouvait attirer sur lui, Mignon, si connu en outre pour sa haine contre Grandier, des soupçons de suggestions indignes de son caractère, soupçons qu'il devait désirer, tout le premier, voir dissiper le plus tôt possible ; qu'en conséquence, des exorcistes désignés par la justice continueraient dorénavant l'œuvre qu'il avait si saintement commencée. Mignon dit aux magistrats qu'il ne s'opposerait jamais à ce qu'ils fussent présents aux exorcismes ; mais qu'il ne pouvait pas assurer que les diables voulussent répondre à d'autres qu'à lui et à Barré. En effet, Barré s'avança au même moment, plus pâle et plus sombre encore qu'à l'ordinaire, et annonça aux magistrats, en homme dont l'assertion doit être crue, qu'il venait, avant qu'ils fussent arrivés, de se passer des choses fort extraordinaires. Le bailli et le lieutenant civil demandèrent alors quelles étaient ces choses, et Barré répondit qu'il avait appris de la supérieure qu'elle avait, non pas un, mais sept diables dans le corps, dont Astaroth était le chef ; que Grandier avait donné le pacte fait entre lui et le diable, sous le symbole d'un bouquet de roses, à un nommé Jean Pivart, lequel l'avait remis entre les mains d'une fille qui l'avait porté par-dessus les murailles dans le jardin du couvent ; que ce fait s'était accompli dans la nuit du samedi au dimanche, *horâ secundâ nocturnâ :* c'est-à-dire deux heures après minuit. C'étaient là les propres termes dont elle s'était servie ; cependant, tout en nommant Jean Pivart, elle s'était constamment refusée à désigner la fille : alors, interrogée sur ce que c'était que ce Pivart, elle avait répondu : *Pauper magus,* un pauvre sorcier ; qu'alors il l'avait pressée sur ce mot de *magus,* et qu'elle avait repris : *Magicianus et civis,* sorcier et citoyen. C'est à ce moment que les deux magistrats étaient arrivés, et la séance en était là.

Le lieutenant civil et le bailli écoutèrent ce récit avec la gravité qui convenait à des hommes chargés de hautes fonctions judiciaires, et déclarèrent à Mignon et à Barré qu'ils allaient monter dans la chambre des possédées, afin de juger par leurs yeux des choses miraculeuses qui s'y passaient ; les deux exorcistes ne s'y opposèrent nullement ; mais ils dirent qu'ils croyaient les diables fatigués de la séance, et qu'il était possible qu'ils ne voulussent plus y répondre. En effet, au moment où le lieutenant civil et le bailli entrèrent, les deux malades avaient paru reprendre un peu de calme ; Mignon profita de ce moment pour dire la messe ; les deux magistrats l'écoutèrent dévotement et tranquillement ; car, pendant tout le temps du saint sacrifice les diables n'osèrent bouger. On croyait qu'ils donneraient quelques marques d'opposition lors de l'élévation du Saint-Sacrement ; mais tout se passa au contraire dans la plus grande tranquillité ; la sœur laie, seulement, éprouva un grand tremblement des pieds et des mains ; mais ce fut tout ce qu'on observa pendant cette matinée de digne d'être mentionné au procès-verbal ; cependant Barré et Mignon promirent que si le lieutenant civil et le bailli revenaient vers les trois heures, les diables, qui auraient repris leurs forces dans l'intervalle, donneraient probablement une seconde représentation.

Comme l'intention des juges était de pousser l'affaire à bout, ils retournèrent à l'heure dite au couvent, accompagnés de messire Irénée de Sainte-Marthe, sieur Deshumeaux, et trouvèrent la chambre pleine de curieux : les exorcistes n'avaient point menti, les diables étaient à l'œuvre.

La supérieure, comme toujours, était la plus tourmentée, et c'était tout simple, puisque, d'après son propre aveu, elle avait sept diables dans le corps ; aussi était-elle dans de terribles convulsions, se tordant et écumant comme si elle eût été enragée. Un pareil état ne pouvait durer sans compromettre très-réellement la santé de celle qui était ainsi tourmentée ; Barré demanda donc au diable quand il sortirait : *Cras manè,* demain au matin, répondit-il. L'exorciste insista : alors, et voulut savoir pourquoi il ne sortait pas tout de suite ; alors la supérieure murmura ce mot : *Pactum,* un pacte ; puis celui de *Sacerdos,* un prêtre ; et enfin celui de *finis* ou *finit ;* car les plus proches entendirent mal : le diable, de peur des barbarismes sans doute, parlait entre les dents de la religieuse. C'étaient de fort médiocres explications ; aussi les deux juges exigèrent-ils que l'on continuât l'interrogatoire ; mais les diables étaient à bout et ne voulurent plus parler : on eut beau les adjurer par les exorcismes les plus puissants, ils gar-

dèrent obstinément le silence. On mit alors le saint ciboire sur la tête de la supérieure, et l'on accompagna cette action d'oraisons et de litanies, mais tout fut inutile ; seulement quelques assistants prétendirent que la supérieure paraissait tourmentée avec plus de violence lorsqu'on prononçait le nom de certains bienheureux, comme par exemple celui de saint Augustin, de saint Jérôme, de saint Antoine et de sainte Marie-Madeleine. Les oraisons et les litanies terminées, Barré ordonna à la supérieure de dire qu'elle donnait son cœur et son âme à Dieu, ce qu'elle fit sans difficulté ; mais il n'en fut pas ainsi lorsqu'il lui commanda de dire qu'elle lui donnait son corps ; car, en ce moment, le diable qui la possédait indiqua par de nouvelles convulsions que ce ne serait pas sans résistance qu'il se laisserait chasser de son domicile, ce qui donna une curiosité plus grande à ceux qui lui avaient entendu promettre, bien malgré lui sans doute, qu'il en sortirait le lendemain. Néanmoins, malgré la résistance obstinée du diable, la supérieure finit par donner son corps à Dieu, comme elle lui avait donné son cœur et son âme, et victorieuse de cette dernière lutte, elle reprit son visage ordinaire, et, comme si rien ne s'était passé, elle dit en souriant à Barré *qu'il n'y avait plus de Satan en elle.* Le lieutenant civil lui demanda alors si elle se souvenait des questions qui lui avaient été faites, et des réponses qui les avaient suivies, mais elle répondit qu'elle ne se souvenait plus de rien ; puis ensuite, ayant pris quelque nourriture, elle raconta à tous les assistants qu'elle se rappelait parfaitement comment ce premier sort dont avait déjà triomphé Mignon lui avait été donné : c'était pendant qu'elle était au lit, vers les dix heures du soir, et au moment même où il y avait plusieurs religieuses dans sa chambre ; elle sentit qu'on prenait une de ses mains, qu'on y mettait quelque chose et qu'on la lui refermait ; au même instant elle sentit comme trois piqûres d'épingle, et comme elle jeta un grand cri, les religieuses s'approchèrent d'elle, elle leur tendit la main, et elles y trouvèrent trois épines noires qui avaient fait chacune une petite plaie. En ce moment, et comme pour écarter tout commentaire, la sœur laie eut quelques convulsions ; Barré commença ses prières et ses exorcismes ; mais à peine avait-il dit quelques paroles, qu'il s'éleva de grands cris dans l'assemblée : une personne de la société avait vu descendre par la cheminée un chat noir qui avait disparu ; nul ne douta que ce ne fût le diable, et chacun se mit à sa poursuite ; cependant ce ne fut pas sans difficulté qu'on mit la main dessus ; effrayé de voir tant de monde et d'entendre un pareil bruit, le pauvre animal s'était réfugié sur un baldaquin ; il fut aussitôt apporté sur le lit de la supérieure, où Barré commença de l'exorciser en le couvrant de signes de croix, et en lui faisant plusieurs adjurations ; mais en ce moment, la tourière du couvent, s'étant avancée, reconnut que le prétendu diable n'était autre que son chat, qu'elle réclama aussitôt, de peur qu'il ne lui arrivât malheur.

L'assemblée était sur le point de se séparer, et comme Barré comprit que le dernier événement qui venait d'arriver pouvait jeter quelque ridicule sur la possession, il résolut de répandre de nouveau sur elle une salutaire terreur, en disant qu'il allait brûler les fleurs où le second sort avait été mis. En effet, il prit un bouquet de roses blanches déjà fanées, et, se faisant apporter un réchaud, il le jeta dans le feu : au grand étonnement de tout le monde, le bouquet fut consumé sans aucun des signes qui accompagnent d'ordinaire ce genre d'opération ; le ciel resta calme, le tonnerre ne se fit point entendre, et aucune mauvaise odeur ne se répandit. Comme cette simplicité dans l'acte de destruction du pacte avait paru faire mauvais effet, Barré promit pour le lendemain des choses miraculeuses : il dit que le diable parlerait plus clairement qu'il n'avait jamais fait, sortirait du corps de la supérieure, et donnerait des signes si évidents de sa sortie, qu'il n'y aurait alors personne qui oserait douter encore de la vérité de la possession ; alors le lieutenant criminel René Hervé, qui avait assisté à ce dernier exorcisme, dit à Barré qu'il faudrait profiter de ce moment pour interroger le démon relativement à Pivart, qui était inconnu à Loudun, où tout le monde se connaissait cependant. Barré répondit en latin : *Et hoc dicet et puellam nominabit,* ce qui veut dire : — Non-seulement il dira cela, mais encore il nommera la jeune fille. — Cette jeune fille que devait nommer le diable, était, on se le rappelle, celle qui avait apporté les roses, et que le démon jusque-là avait obstinément refusé de faire connaître. Ces promesses faites, chacun se retira chez soi, attendant avec impatience le lendemain.

Le même soir, Grandier se présenta chez le bailli ; d'abord il avait ri de ces exorcismes, car la fable lui avait paru si mal tissue et l'accusation si grossière, qu'il ne s'en était point inquiété. Mais, voyant l'importance que l'affaire prenait et la haine profonde qu'y mettaient ses ennemis, l'exemple du prêtre Gaufredi, cité par Mignon, se présenta à son tour à son esprit, et il résolut d'aller au devant de ses adversaires. Il venait en conséquence déposer sa plainte. Elle se fondait sur ce que Mignon avait exorcisé les religieuses en présence du lieutenant civil, du bailli et d'un grand nombre d'autres personnes, et l'avait, devant ces personnes, fait nommer par les prétendues énergumènes comme l'auteur de leur possession ; que c'était une imposture et une calomnie suggérées contre son honneur ; qu'en conséquence, il suppliait le bailli, que l'instruction de cette affaire regardait spécialement, de faire séquestrer les religieuses que l'on prétendait possédées et de les faire interroger séparément. Qu'alors, et dans le cas où il se trouverait quelque apparence de possession, il plût à ce magistrat de nommer des ecclésiastiques de rang et de probité, qui, n'ayant aucun motif de lui en vouloir, à lui suppliant, ne lui fussent pas suspects comme l'étaient Mignon et ses adhérents, pour exorciser les religieuses, si besoin était; sommant, en outre, le bailli de dresser procès-verbal exact de ce qui se passerait aux exorcismes, afin que lui, suppliant, pût se pourvoir devant qui de droit, s'il le jugeait convenable. Le bailli donna acte à Grandier de ses fins et conclusions, et lui déclara que c'était Barré qui avait exorcisé ce jour-là, chargé qu'il en était, disait-il, par l'évêque de Poitiers lui-même. Comme c'était, ainsi qu'on l'a pu voir, un homme de sens, sans aucune animosité contre Grandier, il lui donna le conseil de s'adresser à son évêque, qui malheureusement était l'évêque de Poitiers, qui était déjà prévenu contre lui et lui en voulait fort d'avoir fait casser son jugement par l'archevêque de Bordeaux. Grandier ne se dissimulait point que le prélat ne lui serait point favorable; aussi résolut-il d'attendre au lendemain pour voir comment la chose se passerait.

Ce lendemain attendu avec une si grande impatience et par tant de monde arriva enfin. Le bailli, le lieutenant civil, le lieutenant criminel, le procureur du roi et le lieutenant de la prévôté, suivis des greffiers des deux juridictions, se présentèrent au couvent vers les huit heures du matin; ils trouvèrent la première porte ouverte, mais la seconde fermée. Après quelques instants d'attente, Mignon la leur ouvrit, et les introduisit dans un parloir. Là, il leur dit que les religieuses se préparaient à la communion, et il les pria de se retirer dans une maison qui était de l'autre côté de la rue, et où il les ferait prévenir, afin qu'ils revinssent. Les magistrats se retirèrent alors en prévenant Mignon de la requête présentée par Urbain.

L'heure s'écoula, et comme Mignon, oubliant sa promesse, ne les faisait pas appeler, ils entrèrent tous dans la chapelle du couvent, où on leur dit que se passait ce jour-là l'exorcisme. Les religieuses

DEGHOUY.

Urbain Grandier.

heure des gens de leur caractère et de leur condition, pour leur dire après qu'on les avait jugés indignes d'assister à l'exorcisme pour lequel on les avait fait venir; il ajouta qu'il dresserait procès-verbal de cette singulière contradiction entre les promesses et les résultats, comme ils avaient déjà fait la veille et la surveille. Mignon répondit que lui et Barré n'avaient eu pour but que l'expulsion des démons; que cette expulsion avait réussi, et que l'on en verrait naître un grand bien pour la sainte foi catholique, attendu que, profitant de l'empire qu'ils avaient pris sur les démons, ils leur avaient ordonné de produire dans les huit jours quelque grand et miraculeux événement qui mettrait la magie d'Urbain Grandier et la délivrance des religieuses en un si grand jour, que personne ne douterait plus à l'avenir de la vérité de la possession. Les magistrats dressèrent un procès-verbal de ce qui s'était passé et des discours de Barré et de Mignon, et le signèrent tous, à l'exception du lieutenant criminel, qui déclara qu'ajoutant parfaitement foi à ce qu'avaient dit les exorcistes, il ne voulait pas contribuer à augmenter le doute, déjà trop malheureusement répandu parmi les mondains.

Le même jour, le bailli fit donner secrètement avis à Urbain du refus qu'avait fait le lieutenant criminel de signer avec eux le procès-verbal. Cette nouvelle lui arriva comme il venait d'apprendre que ses adversaires avaient recruté à leur parti un messire René Memin, seigneur de Silly et major de la ville; ce gentilhomme avait beaucoup de crédit, tant par ses richesses que par plusieurs charges qu'il possédait et surtout par ses amis, au nombre desquels il comptait le cardinal duc lui-même, auquel il avait autrefois rendu quelques services, lorsqu'il n'était encore que prieur. La conjuration commençait donc à prendre un caractère inquiétant, qui ne permettait pas à Grandier d'attendre plus longtemps pour lutter contre elle. Se rappelant sa conversation de la veille avec le bailli, et se croyant tacitement renvoyé par lui vers l'évêque de Poi-

venaient de quitter le chœur, et Barré se présenta à la grille avec Mignon, et leur dit qu'ils venaient d'exorciser les deux possédées, qui, grâce à leurs conjurations, étaient maintenant délivrées des mauvais esprits. Ils ajoutèrent qu'ils avaient de concert travaillé à l'exorcisme depuis sept heures du matin et qu'il s'était passé de grandes merveilles dont ils avaient dressé acte, mais qu'ils n'avaient pas jugé à propos d'admettre aux conjurations d'autres personnes que les exorcistes eux-mêmes. Le bailli leur fit observer que cette manière de procéder était non-seulement illégale, mais encore les rendait auprès de ceux qui n'étaient prévenus ni pour les uns ni pour les autres suspects de mensonge et de suggestion, attendu que la supérieure ayant accusé publiquement Grandier, c'était publiquement, et non en secret, qu'elle devait renouveler et soutenir cette accusation, et que c'était de leur part user de grande hardiesse que d'inviter à venir et de faire attendre une

tiers, il partit de Loudun pour aller trouver ce prélat en sa maison de campagne de Dissay, où il se fit accompagner par un prêtre de Loudun, nommé Jean Buron. Mais l'évêque, se doutant de cette visite, avait déjà pris ses mesures; et son maître d'hôtel, nommé Dupuis, répondit à Grandier que son éminence était malade. Alors Grandier s'adressa à son aumônier, et le pria de faire entendre au prélat qu'il était venu pour lui présenter les procès-verbaux que les magistrats avaient dressés des choses qui s'étaient passées au couvent des Ursulines, et pour faire sa plainte des calomnies et des accusations que l'on répandait contre lui. L'aumônier, pressé avec tant d'instance, ne put refuser de s'acquitter du message de Grandier; mais après un instant il revint lui dire, de la part de l'évêque, et cela en présence de Dupuis, de Buron et du sieur Labrasse, que son éminence l'invitait à se pourvoir devant les juges royaux, et qu'il souhaitait bien vivement qu'il obtînt justice en cette affaire. Grandier vit qu'il avait été prévenu, et sentit de plus en plus que la conjuration l'enveloppait; mais il n'était pas homme à faire pour cela un pas en arrière; il revint donc droit à Loudun, et, s'adressant de nouveau au bailli, il lui raconta ce qui venait de se passer dans son voyage de Dissay, réitéra ses plaintes des calomnies que l'on dirigeait contre lui, et le supplia de saisir la justice du roi de cette affaire, demandant d'être mis sous la protection du roi et sous la sauvegarde de la justice, attendu qu'une pareille accusation attentait à la fois à son honneur et à sa vie. Le bailli s'empressa de donner à Urbain acte de ses protestations, avec défense à qui que ce soit de médire de lui, ou de lui méfaire.

Grâce à cet acte, les rôles étaient changés : d'accusateur, Mignon devenait à son tour accusé; aussi, payant d'audace en se sentant si puissamment soutenu, se présenta-t-il le même jour chez le bailli, pour lui dire que tout en récusant sa juridiction, Grandier et lui, en leur qualité de prêtres du diocèse de Poitiers, ne devant relever que de leur évêque, il protestait donc contre la plainte de Grandier, qui le

affaire que judiciairement et publiquement, alla trouver le bailli, pour savoir si c'était par son ordre qu'il était appelé : le bailli répondit que non, et manda Mannouri, pour savoir de quelle part il était venu chez Joubert. Mannouri déclara que c'était la tourière du couvent qui était accourue tout effrayée en sa maison, et lui avait dit que les possédées n'avaient jamais été si maltraitées qu'elles l'étaient à cette heure, et qu'en conséquence Mignon, leur directeur, le faisait prier de venir au couvent avec tous les médecins et chirurgiens de la ville dont il pourrait se faire accompagner.

Le bailli, qui vit dans cet événement de nouvelles machinations contre Grandier, fit aussitôt appeler celui-ci, et l'avertit que Barré était revenu la veille de Chinon pour recommencer ses exorcismes; puis il ajouta que déjà le bruit courait par la ville que la supérieure et la sœur Claire étaient de nouveau agitées par les malins esprits. Cette nouvelle n'étonna ni n'abattit Grandier ; il répondit, avec le sourire dédaigneux qui lui était habituel, qu'il reconnaissait là une nouvelle machination de ses ennemis, qu'il s'était déjà plaint des premières à la cour, et qu'il allait se plaindre encore de celles-ci, comme il avait

Alors sœur Claire entra en rébellion, fit semblant de vouloir cracher au visage de l'exorciste. — Page 242

désignait comme calomniateur, déclarant qu'il était prêt à se rendre dans les prisons de l'officialité, afin de faire connaître à tous qu'il ne redoutait pas une enquête; que d'ailleurs il avait juré la veille sur le saint-sacrement de l'autel, en présence de ses paroissiens qui venaient d'assister au saint-sacrifice de la messe, que ce qu'il avait fait jusqu'à ce jour, il ne l'avait point fait en haine de Grandier, mais par amour de la vérité et pour le plus grand triomphe de la foi catholique, de tout quoi il se fit délivrer par le bailli un acte qu'il signifia le même jour à Grandier.

Depuis le 13 octobre, jour où les démons avaient été expulsés par les exorcistes, tout était demeuré assez tranquille au couvent; cependant Grandier ne se laissa point endormir par cette fausse apparence; il connaissait trop bien ses ennemis pour croire qu'ils en resteraient là; et sur ce que lui dit le bailli de cet intervalle de repos, il répondit que les religieuses apprenaient de nouveaux rôles, afin de reprendre leur drame avec plus d'aplomb que jamais. En effet, le 22 novembre, René Mannouri, chirurgien du couvent, fut envoyé à un de ses confrères, nommé Gaspard Joubert, pour le prier de venir, accompagné des autres médecins de la ville, visiter deux religieuses qui étaient encore tourmentées par les malins esprits. Cette fois, Mannouri s'était mal adressé. Le médecin Joubert était un homme franc et loyal, ennemi de toute supercherie, qui, ne voulant marcher dans toute cette

fait des autres; que cependant, sachant combien le bailli était impartial, il le suppliait toujours de se transporter au couvent avec les médecins et les officiers pour y assister aux exorcismes, afin que, s'ils apercevaient quelque signe de possession réelle, ils fissent séquestrer les religieuses, et, une fois séquestrées, les fissent interroger par d'autres que Mignon et Barré, contre lesquels il avait de si légitimes causes de soupçon. Le bailli manda le procureur du roi, qui, si malveillant qu'il fût contre Grandier, fut forcé de donner ses conclusions dans le sens que nous venons de dire, et, les conclusions données, envoya sur-le-champ le greffier au couvent, afin qu'il s'informât de Mignon et de Barré si la supérieure était toujours possédée : au cas où ils répondraient affirmativement, il était en outre chargé de leur signifier que défense leur était faite de procéder en secret aux exorcismes, et qu'on leur enjoignait, lorsqu'ils voudraient le faire, d'avertir le bailli, afin qu'il y assistât avec les officiers et les médecins dont il lui plairait de se faire accompagner, le tout sous les peines qui y appartenaient; sauf ensuite à faire droit à Grandier sur la demande de séquestre par lui requis, et sur la demande d'exorcistes non suspects. Mignon et Barré écoutèrent la lecture de cette ordonnance, et répondirent qu'ils ne reconnaissaient point en cette affaire la juridiction du bailli; qu'appelés de nouveau par la supérieure et la sœur Claire pour les assister dans la rechute de leur maladie étrange, maladie qu'ils estimaient être une possession des malins esprits, ils avaient exorcisé jusqu'à ce jour en vertu d'une commission de l'évêque de Poitiers, et que le temps accordé par cette commission n'étant point expiré, ils continueraient leurs exorcismes, tant et combien de fois il leur plairait ; qu'au reste, ils avaient prévenu ce digne prélat, afin qu'il pût venir lui-même, ou envoyer tels autres exorcistes qu'il lui conviendrait pour juger juridiquement de la possession, que les mondains et les incrédules osaient traiter de fourberie et d'illusion, au grand mépris de la gloire de Dieu et de la religion catholique ; qu'au reste, ils n'empêchaient aucunement que le bailli et les autres officiers, accompagnés des médecins, ne vissent les religieuses, en attendant les réponses de l'évêque, qu'ils espéraient recevoir le lendemain ; que c'était aux religieuses à leur ouvrir les portes si la chose leur convenait, mais que quant à eux, ils renouvelaient leurs protestations, déclarant qu'ils ne reconnaissaient pas le bailli pour juge, et qu'ils n'estimaient pas qu'il fût en droit, tant en fait d'exorcismes qu'en toute autre chose qui ressortit de la juridiction ecclésiastique, de s'opposer à l'exécution d'un mandement de leurs supérieurs.

Le greffier vint rapporter cette réponse au bailli, qui, voulant attendre la venue de l'évêque, ou les nouveaux ordres qu'il enverrait, remit au lendemain sa visite au couvent. Le lendemain arriva sans qu'on entendît parler du prélat, ni sans qu'il envoyât personne.

Dès le matin le bailli s'était présenté au couvent, mais il n'avait pu être reçu : il attendit patiemment jusqu'à midi, et à cette heure, voyant que rien n'arrivait de Dissay, et qu'on refusait toujours de lui ouvrir, il fit droit à une seconde requête de Grandier, portant — que défenses seraient faites à Barré et Mignon d'adresser des questions à la supérieure et aux autres religieuses, tendant à noircir le suppliant ou aucun autre. — Cette ordonnance fut signifiée le même jour à Barré et à une religieuse pour toutes les autres. Barré, sans s'intimider de cette notification, continua de répondre que le bailli ne pouvait l'empêcher d'exécuter les mandements de son évêque, et déclara qu'il ferait désormais les exorcismes par l'avis des ecclésiastiques, et sans y appeler les laïques, leur incrédulité et leur impatience dérangeant sans cesse la solennité nécessaire à cette sorte d'opération.

La journée s'étant aux trois quarts écoulée sans que l'évêque arrivât à Loudun, ni personne de sa part, Grandier présenta le soir une nouvelle requête au bailli. Celui-ci manda aussitôt les officiers du bailliage et les gens du roi, pour la leur communiquer ; mais ces derniers se refusèrent à en prendre connaissance, déclarant sur leur honneur, que, sans accuser Grandier de ce funeste accident, ils croyaient les religieuses véritablement possédées, convaincus qu'ils étaient de cette possession par le témoignage des dévots ecclésiastiques qui avaient assisté aux exorcismes. Telle était la cause apparente de leur refus ; la véritable était que l'avocat était parent de Mignon, et que le procureur était gendre de Trinquant, auquel il avait succédé. Ainsi Grandier, qui avait contre lui déjà les juges ecclésiastiques, commençait à se voir d'avance à demi condamné par les juges royaux, qui n'avaient plus qu'un pas à faire, de la reconnaissance de la possession, à la reconnaissance du magicien.

Néanmoins, les déclarations de l'avocat et du procureur du roi écrites et signées, le bailli ordonna que la supérieure et la sœur laie seraient séquestrées et mises en maisons bourgeoises, que chacune d'elles aurait une religieuse pour lui tenir compagnie, qu'elles seraient assistées, tant par leurs exorcistes que par des femmes de probité et de considération, ainsi que par des médecins et autres personnes qu'il commettrait lui-même pour les gouverner, défendant à tous autres de les approcher sans permission.

Le greffier fut envoyé au couvent avec ordre de dénoncer ce jugement aux religieuses, mais la supérieure en ayant entendu lecture, répondit, tant pour elle que pour la communauté, qu'elle ne reconnaissait point la juridiction du bailli ; qu'il y avait une commission de l'évêque de Poitiers, en date du 18 de novembre, portant l'ordre qu'il désirait que l'on tînt dans l'affaire, et qu'elle était prête à en faire remettre une copie entre les mains du bailli, afin qu'il ne pût en prétexter cause d'ignorance ; que quant au séquestre, elle s'y opposait, attendu qu'il était contraire au vœu de perpétuelle clôture qu'elle avait fait, et dont elle ne pouvait être dispensée que par l'évêque. Cette opposition ayant été faite en présence de la dame de Charnisay, tante maternelle de deux religieuses, et du chirurgien Mannouri, parent d'une autre, tous deux s'y joignirent, et protestèrent d'attentat, au cas où le bailli voudrait passer outre ; déclarant qu'alors ils le prendraient à partie en son propre et privé nom. L'acte en fut signé séance tenante et rapporté par le greffier au bailli, lequel ordonna que les parties se pourvoiraient à l'égard du séquestre, et annonça que le lendemain, 24 novembre, il se rendrait au couvent pour assister aux exorcismes.

Effectivement, le lendemain, à l'heure consignée en l'assignation il fit appeler Daniel Roger, Vincent de Faux, Gaspard Joubert, et Matthieu Fanson, tous quatre médecins, et, leur faisant savoir dans quel but il les avait mandés, leur ordonna de considérer attentivement les deux religieuses qui leur seraient désignées par lui, et d'examiner avec la plus scrupuleuse impartialité si les causes de leur mal étaient feintes, naturelles ou surnaturelles. Puis, cette recommandation faite, il se rendit avec eux au couvent.

On les introduisit dans l'église, où ils furent placés près de l'autel, séparé par une grille du chœur où chantaient ordinairement les religieuses, et vis-à-vis de laquelle la supérieure fut apportée, un instant après, couchée sur un petit lit. Alors Barré dit la messe, et pendant tout le temps qu'elle dura, la supérieure eut de grandes convulsions. Ses bras et ses mains se tournèrent, ses doigts demeurèrent crispés, ses joues s'enflèrent démesurément, et elle tourna les yeux de manière à n'en plus laisser voir que le blanc.

La messe achevée, Barré s'approcha d'elle pour lui donner la communion et pour l'exorciser, et tenant le saint-sacrement à la main, il lui dit :

— *Adora Deum tuum, creatorem tuum.* Adore ton Dieu, ton créateur.

La supérieure resta un instant sans répondre, comme si elle eût éprouvé une grande difficulté à prononcer cet acte d'amour, puis enfin elle répondit :

— *Adoro te.* Je t'adore.

— *Quem adoras ?* Qui adores-tu ?

— *Jesus Christus,* Jésus-Christ, répondit la religieuse, qui ignorait que le verbe *adoro* commandait l'accusatif.

A cette faute, que n'eût point faite un écolier de sixième, de grands éclats de rire retentirent dans le chœur, et Daniel Douin, assesseur de la prévôté, ne put s'empêcher de dire tout haut :

— Voilà un diable qui n'est pas fort sur les verbes actifs.

Mais aussitôt Barré, s'étant aperçu du mauvais effet qu'avait produit le nominatif de la supérieure, lui demanda :

— *Quis est iste quem adoras ?* Quel est celui que tu adores ?

Il espérait que, comme la première fois, la possédée répondrait encore *Jesus Christus :* il se trompait.

— *Jesu Christe,* répondit-elle.

A cette seconde faute contre les premières règles du rudiment, les éclats de rire redoublèrent, et plusieurs des assistants s'écrièrent :

— Ah ! monsieur l'exorciste, voilà de bien pauvre latin.

Barré fit semblant de ne point entendre, et lui demanda quel était le nom du démon qui s'était emparé d'elle. Mais la pauvre supérieure, troublée elle-même de l'effet inattendu qu'elle avait produit dans ses deux dernières réponses, resta longtemps muette, puis enfin à grand'peine prononça le nom d'*Asmodée,* sans oser le latiniser. Alors l'exorciste s'informa du nombre de diables que la supérieure avait dans le corps. Mais à cette question elle répondit assez couramment : *Sex,* six. Alors le bailli requit Barré de demander au diable combien il avait de compagnons. Cette réponse avait été prévue, et la religieuse interrogée répondit franchement : *Quinque,* cinq, ce qui rétablit un peu Asmodée dans l'opinion des assistants ; mais le bailli ayant adjuré la supérieure de dire en grec ce qu'elle venait de dire en latin, elle ne répondit rien, et l'adjuration ayant été renouvelée, elle revint aussitôt à son état naturel.

C'était fini pour le moment avec la supérieure : on produisit alors une petite religieuse qui paraissait pour la première fois en public ; elle commença par prononcer deux fois le nom de Grandier en éclatant de rire ; puis, se retournant vers l'auditoire : — Tous tant que vous êtes, dit-elle, vous ne faites rien qui vaille. — Comme on vit facilement qu'on ne tirerait pas grand parti de ce nouveau sujet, on la fit disparaître aussitôt, et l'on appela à sa place la sœur laie qui avait déjà débuté dans la chambre de la supérieure, et qui se nommait sœur Claire.

A peine celle-ci fut-elle dans le chœur qu'elle poussa un grand gémissement ; mais lorsqu'on l'eut mise sur le petit lit où on avait déjà exorcisé la supérieure et l'autre sœur, le rire parut la gagner à son tour, et elle s'écria en éclatant :

— Grandier ! Grandier ! Il faut en acheter au marché.

Barré déclara aussitôt que ces paroles sans suite étaient une preuve évidente de la possession, et s'approcha de la malade pour l'exorciser ; alors sœur Claire entra en rébellion, fit semblant de vouloir cracher au visage de l'exorciste, et lui tira la langue, accompagnant ces démonstrations de mouvements lascifs, et d'un verbe en harmonie avec ces mouvements ; comme ce verbe était français, chacun put le comprendre, et il n'eut pas besoin d'explication.

Alors l'exorciste la conjura de nommer le démon qui était en elle, et elle répondit : *Grandier.* Barré ayant répété sa question pour lui faire comprendre qu'elle se trompait, elle nomma le démon *Elimi ;* mais, pour rien au monde, elle ne consentit à dire le nombre de diables qui accompagnaient celui-là ; voyant qu'elle ne voulait point répondre à cette question, Barré lui demanda :

— *Quo pacto ingressus est dæmon* (par quel pacte est entré le démon) ? — *Duplex* (double), répondit sœur Claire.

Cette horreur de l'ablatif, quand l'ablatif en cette circonstance était de toute nécessité, amena une nouvelle explosion d'hilarité dans tout l'auditoire, en prouvant que le démon de sœur Claire était aussi mauvais latiniste que celui de la supérieure. Barré, craignant alors quelque nouvelle incongruité de la part des diables, leva la séance et la remit à un autre jour.

Ces hésitations dans les réponses des religieuses, en démontrant à toute personne de bonne foi le ridicule de cette comédie, encouragea le bailli à pousser l'affaire à fond. En conséquence, à trois heures de l'après-midi, il se présenta, accompagné de son greffier, de plusieurs juges et d'un nombre assez considérable de gens notables de Loudun, chez la supérieure : arrivé là, il déclara à Barré qu'il venait pour que la supérieure fût séparée de la sœur Claire, et que chacune des deux fût exorcisée à part, ce à quoi Barré n'osa s'opposer devant un si grand nombre de témoins : en conséquence, la supérieure fut isolée, et l'on recommença sur elle les exorcismes, qui lui rendirent à l'instant même des convulsions semblables à celles du matin, à l'exception que ses pieds parurent crochus, ce qui était exécuté pour la première fois : l'exorciste, après plusieurs adjurations, lui fit dire des prières, et lui demanda de nouveau le nombre et le nom des démons qui la possédaient ; alors elle répondit trois fois qu'il y en avait un qui se nommait *Achaos*.

Le bailli requit alors Barré de s'informer si elle était possédée *ex pacto magi, aut ex purâ voluntate Dei*, c'est-à-dire, si elle était possédée par le pacte du magicien, ou par la pure volonté de Dieu ; la supérieure répondit : *Non est voluntas Dei* : ce n'est point la volonté de Dieu ; mais aussitôt Barré, craignant d'autres questions, continua les siennes, et lui demanda quel était le magicien :

— *Urbanus*, répondit la supérieure.

— *Estne Urbanus papa ?* (est-ce le pape Urbain?) demanda l'exorciste.

— *Grandier*, reprit la supérieure.

— *Quare ingressus es in corpus hujus puellæ* (pourquoi es-tu entré dans le corps de cette jeune fille)? continua Barré.

— *Propter præsentiam tuam* (à cause de ta présence), répondit la supérieure.

Alors le bailli, voyant qu'il n'y avait pas de raison pour que le dialogue finît si on le laissait continuer entre Barré et la supérieure, interrompit l'exorcisme, et demanda qu'on eût à interroger la supérieure sur ce qui serait proposé par lui et par les autres officiers, promettant que si elle répondait juste à trois ou quatre questions qu'il lui ferait, lui et ceux qui l'accompagnaient étaient tout prêts à croire à la possession et à signer qu'ils la croyaient. Barré accepta le défi ; malheureusement au même instant la supérieure revint à elle, et comme il commençait à se faire tard, chacun se retira.

Le lendemain, 25 novembre, le bailli, avec la plupart des officiers des deux sièges, se présenta de nouveau au couvent, et fut introduit avec sa suite dans le chœur. Il y était depuis quelques instants lorsque les rideaux de la grille furent tirés, et que l'on aperçut la supérieure couchée sur son lit. Barré commença comme d'habitude par dire la messe, pendant la célébration de laquelle la possédée eut de grandes convulsions, et répéta deux ou trois fois : Grandier, Grandier ! mauvais prêtre. La messe achevée, l'exorciste passa derrière la grille avec le ciboire à la main, le mit sur sa tête, et le tenant ainsi, protesta que son action était pure, pleine d'intégrité, exempte de mauvais desseins sur qui que ce fût, adjurant Dieu qu'il le confondît s'il avait usé d'aucune malefaçon, suggestion, ni persuasion envers les religieuses dans toute cette enquête.

Derrière lui le prieur des Carmes s'avança, et fit la même protestation et les mêmes serments, ayant pareillement le saint ciboire sur la tête : il ajouta que, tant en son nom qu'au nom de tous les religieux présents et absents, il conjurait les malédictions de Dathan et d'Abiron de tomber sur eux s'ils avaient péché dans cette affaire. Cette action ne produisit pas sur l'assemblée l'effet salutaire que les exorcistes en attendaient, et quelques-uns dirent tout haut que de pareilles conjurations ressemblaient fort à des sacrilèges.

Barré, entendant des murmures, se hâta de procéder aux exorcismes : cette fois il commença par s'approcher de la supérieure, afin de lui donner la communion ; mais, en la voyant venir, elle entra dans des convulsions terribles et essaya de lui arracher le saint ciboire des mains ; Barré surmonta pourtant, à l'aide de paroles saintes, cette répulsion que paraissait éprouver la supérieure, et lui mit l'hostie dans la bouche ; mais aussitôt elle la repoussa avec sa langue comme pour la rejeter ; mais l'exorciste la maintint avec ses doigts, et défendit au démon de faire vomir la supérieure : alors elle essaya d'avaler le pain sacré ; mais elle se plaignit qu'il s'attachait tantôt à son palais, tantôt à sa gorge ; enfin, pour le forcer de glisser, Barré lui fit avaler de l'eau par trois fois ; puis, comme il avait fait dans les exorcismes précédents, il commença à interroger le démon, demandant :

— *Per quod pactum ingressus es in corpus hujus puellæ ?* Par quel pacte es-tu entré dans le corps de cette jeune fille ?

— *Aquâ* (par l'eau), répondit la supérieure.

Le bailli avait auprès de lui un Écossais nommé Stracan, qui était principal du collège des réformés de Loudun. Entendant cette réponse, il proposa au démon de dire le mot *aqua* en langue écossaise, avouant, en son nom et en celui des assistants, que s'il donnait cette preuve de la connaissance des langues, qui est le principal privilège de tous les mauvais esprits, il serait convaincu, ainsi que tout l'auditoire, qu'il n'y avait aucune suggestion et que la possession était réelle. Barré ne parut aucunement embarrassé, et répondit qu'il le ferait dire si Dieu voulait le permettre : en même temps, il fit au démon le commandement de répondre en écossais ; mais ce commandement, quoique réitéré deux fois, fut inutile, et à la troisième seulement la religieuse répondit :

— *Nimia curiositas.* La curiosité est trop grande.

Puis, interrogée de nouveau, elle ajouta :

— *Deus non volo.* Dieu je ne veux pas.

Cette fois le pauvre diable s'était encore trompé dans sa conjugaison, et, ayant pris la première personne pour la troisième, avait répondu : — Dieu je ne veux pas, ce qui n'offrait aucun sens, au lieu de *Dieu ne veut pas*, qu'il eût dû répondre.

Le principal du collège rit beaucoup de ce non-sens, et proposa à Barré de faire composer son diable avec ses écoliers de septième : Barré, au lieu d'accepter le défi en son nom, répondit qu'en effet la curiosité était si grande, qu'il croyait le diable dispensé de répondre.

— Cependant, dit le lieutenant civil, vous devez savoir, monsieur, et si vous ne le savez pas, vous pouvez l'apprendre par le rituel que vous tenez en main, que la faculté de parler les langues étrangères et inconnues est une des marques auxquelles on reconnaît la véritable possession, et que celle de dire les choses qui se font au loin en est une autre.

— Monsieur, répondit Barré, le diable sait fort bien cette langue, mais il ne veut pas la parler ; de même qu'il sait vos péchés, ajouta-t-il, à telle preuve, que si vous voulez que je lui ordonne de les dire, il les dira.

— Vous me ferez grand plaisir, reprit le lieutenant civil, et je vous invite de tout mon cœur à tenter cette épreuve.

Alors Barré s'avança vers la religieuse comme pour l'interroger sur les péchés du lieutenant civil, mais le bailli l'arrêta en lui faisant comprendre l'inconvenance d'une pareille action : Barré répondit alors qu'il n'avait jamais eu le dessein de l'exécuter.

Cependant, quelque chose que Barré eût faite pour détourner l'attention des assistants, ceux-ci s'obstinaient à savoir si le diable connaissait les langues étrangères ; et, sur leurs instances, le bailli proposa à Barré, au lieu de la langue écossaise, la langue hébraïque, qui était, d'après l'Écriture, la plus ancienne de toutes les langues, devait être, à moins qu'il ne l'eût oubliée, familière au démon. Cette proposition fut suivie d'un applaudissement si général, que Barré fut obligé de commander à la possédée de dire en langue hébraïque le mot *aqua*. À cette interpellation, la pauvre fille, qui avait grand'peine à répéter congrûment les quelques mots latins qu'elle avait appris, se retourna avec un mouvement d'impatience visible, en disant : — Ah! tant pis, je renie. — Ces mots ayant été entendus et répétés par les plus proches, firent un si mauvais effet, qu'un frère carme s'écria qu'elle avait dit non pas *je renie*, mais bien *zaquar*, mot hébreu qui correspond aux deux mots latins, *effudi aquam*, j'ai répandu de l'eau. Mais comme le mot *je renie* avait été parfaitement entendu, on hua unanimement le religieux ; et le sous-prieur lui-même, s'avançant vers lui, le blâma publiquement d'un tel mensonge. Alors, pour couper court à toute cette discussion, la possédée rentra en convulsions, et comme les assistants savaient que ces convulsions annonçaient ordinairement la fin de la représentation, on se retira en se moquant fort d'un diable qui ne savait ni l'hébreu ni l'écossais, et savait si mal le latin.

Cependant, comme le bailli et le lieutenant civil voulaient avoir le cœur net de leurs doutes, si toutefois il leur en restait encore, ils retournèrent au couvent vers les trois heures de l'après-midi du même jour. Ils y trouvèrent Barré, qui, faisant avec eux trois ou quatre tours dans le parc, dit au lieutenant civil qu'il s'étonnait fort, que lui, qui dans une autre occasion avait si bien informé contre Grandier par ordre de l'évêque de Poitiers, le soutînt en celle-ci. Le lieutenant civil répondit qu'il serait encore tout prêt à le faire, s'il y avait lieu, mais que quant au fait qui se présentait, il n'avait d'autre but que de connaître la vérité, ceà quoi, ajouta-t-il, il espérait bien arriver. Cette réponse ne pouvait satisfaire Barré: aussi tira-t-il le bailli à part, lui représentant que descendant de plusieurs personnes de condition, dont quelques-unes avaient possédé des dignités ecclésiastiques très-considérables, et se trouvant à la tête de tous les officiers d'une ville, il devait, ne fût-ce que pour l'exemple, montrer moins d'incrédulité à l'endroit d'une possession qui tournerait sans aucun doute à la grande gloire de Dieu et à l'avantage de l'Église et de la religion. Le bailli reçut cette ouverture avec une grande froideur, et ayant répondu qu'il ferait toujours ce que lui commanderait la justice et non autre chose, Barré cessa d'insister, et invita les deux magistrats à monter dans la chambre de la supérieure.

Au moment où ils entrèrent dans la chambre, où se tenait déjà une grande assemblée, la supérieure, voyant à la main de Barré le saint ciboire, qu'il avait été chercher à l'église, tomba dans de nouvelles convulsions. Barré s'approcha d'elle, et après avoir demandé encore une fois au démon *par quel pacte il était entré dans le corps de la jeune fille*, et que le démon eut répondu *par l'eau*, il continua l'interrogatoire en ces termes :

D. *Quis finis pacti ?* Quel est le but de ce pacte ?
R. *Impuritas.* L'impureté.

À ces mots, le bailli interrompit l'exorciste, et le requit de faire dire en grec au démon ces trois mots réunis : *finis pacti, impuritas*. Mais la supérieure, qui s'était bien trouvée déjà de sa réponse évasive, se tira cette fois encore d'affaire par son *nimia curiositas*, auquel Barré accéda, en disant qu'effectivement c'était une trop grande curiosité. En vertu de quoi le bailli fut obligé de renoncer à faire parler au démon la langue grecque, comme il avait déjà été forcé de renoncer à lui faire parler l'hébreu et l'écossais. Barré alors continua.

D. *Quis attulit pactum?*	Qui apporta le pacte?
R. *Magus.*	Le magicien.
D. *Quale nomen magi?*	Quel est le nom du magicien?
R. *Urbanus.*	Urbain.
D. *Quis Urbanus? est-ne Urbanus papa?*	Quel Urbain? est-ce le pape?
R. *Grandier.*	Grandier.
D. *Cujus qualitatis?*	Quelle est sa qualité?
R. *Curatus.*	Curé.

Ce mot nouveau et inconnu, introduit par le diable dans la latinité, produisit le plus grand effet sur l'auditoire; encore Barré ne lui laissa-t-il pas le loisir d'avoir tout le retentissement qu'il méritait, en continuant aussitôt.

D. *Quis attulit aquam pacti?*	Qui apporta l'eau du pacte?
R. *Magus.*	Le magicien.
D. *Quâ horâ?*	A quelle heure?
R. *Septimâ.*	A la septième.
D. *An matutinâ?*	Du matin?
R. *Serò.*	Au soir.
D. *Quomodò intravit?*	Comment entra-t-il?
R. *Januâ.*	Par la porte.
D. *Quis vidit?*	Qui l'a vu?
R. *Tres.*	Trois.

Ici Barré s'arrêta pour confirmer le témoignage du diable, et assura que soupant avec la supérieure dans sa chambre, le dimanche qui suivit sa délivrance de la seconde possession, Mignon son confesseur, et une religieuse y soupant aussi, elle leur avait montré, sur les sept heures du soir, ses bras mouillés de quelques gouttes d'eau, sans qu'on eût vu personne qui les y eût mises. Qu'il lava promptement le bras avec de l'eau bénite et fit quelques prières, pendant lesquelles les heures de la supérieure furent arrachées deux fois de ses mains et jetées à ses pieds, et qu'au moment où il les ramassait pour la seconde fois, il reçut un soufflet sans qu'il eût pu voir la main qui le lui avait donné. Alors Mignon se joignit à lui, confirma par un long récit ce que son compère venait de dire, et, terminant son discours par les imprécations les plus terribles, il adjura le saint sacrement de le confondre et de le perdre s'il ne disait pas l'exacte vérité. Alors congédiant l'assemblée, il annonça que le lendemain il chasserait le mauvais esprit, et invita tous les assistants à se préparer, par la pénitence et la communion, à la contemplation des merveilles qui leur seraient offertes le lendemain dans leur grand jour.

Les deux derniers exorcismes avaient fait rumeur par la ville, de sorte que, quoique Grandier n'y eût point assisté, il n'en savait pas moins parfaitement tout ce qui s'y était passé. En conséquence, il vint, le lendemain au matin, présenter une nouvelle requête au bailli, par laquelle il exposait que les religieuses, malicieusement et par suggestions, continuaient de le nommer dans leurs exorcismes comme l'auteur de leur prétendue possesssion. Que cependant, non-seulement il n'avait jamais eu aucune communication avec elles, mais encore qu'il ne les avait même jamais vues; que pour prouver l'influence dont il se plaignait, il était absolument nécessaire de les séquestrer, attendu qu'il n'était pas juste que Mignon et Barré, ses mortels ennemis, les gouvernassent et passassent les jours et les nuits auprès d'elles; que ce procédé rendait la suggestion visible et palpable; que l'honneur de Dieu y était intéressé, et encore celui du suppliant, qui avait bien quelque droit cependant pour qu'on le respectât, tenant le premier rang parmi les ecclésiastiques de Loudun.

Qu'en conséquence, et par ces considérations, il suppliait le bailli qu'il lui plût ordonner que les prétendues possédées seraient séquestrées et séparées l'une de l'autre; qu'elles seraient gouvernées par des gens d'Église non suspects au suppliant et assistées de médecins; et que le tout serait exécuté nonobstant oppositions ou appellations quelconques, et sans préjudice d'icelles, à cause de l'importance de l'affaire; et qu'au cas où il ne lui plairait pas d'ordonner le séquestre, lui suppliant protestait s'en plaindre comme d'un déni de justice.

Le bailli écrivit au bas de la requête qu'il y serait fait raison le même jour.

Derrière Urbain Grandier vinrent les médecins qui avaient assisté aux exorcismes; ils apportaient leur rapport. Ce rapport disait qu'ils avaient reconnu des mouvements convulsifs dans la personne de la mère supérieure, mais qu'une seule visite ne suffisait pas pour découvrir la cause de ces mouvements, qui pouvait être naturelle aussi bien que surnaturelle; qu'ils désiraient les voir et les examiner plus particulièrement, pour pouvoir en juger avec certitude; que pour cet effet ils requéraient qu'il leur fût permis de demeurer tous auprès des possédées encore quelques jours et quelques nuits, sans s'en séparer, et de les traiter en présence des autres religieuses et de quelques-uns des magistrats; qu'il était encore nécessaire qu'elles ne reçussent leurs aliments et leurs médicaments que de leurs mains, que personne ne les touchât qu'ostensiblement, et ne leur parlât que tout haut; et qu'alors ils s'engageaient à faire un rapport fidèle et véritable de la cause de leurs convulsions.

Comme il était neuf heures du matin, et que c'était le moment où commençaient les exorcismes, le bailli se transporta immédiatement au couvent, et trouva Barré disant la messe et la supérieure en convulsions. Comme ce magistrat entrait dans l'église au moment de l'élévation du saint-sacrement, il aperçut, au milieu des catholiques qui étaient tous respectueusement agenouillés, un jeune homme nommé Dessentier, qui se tenait debout et le chapeau sur la tête. Il lui ordonna aussitôt de se découvrir ou de se retirer. Alors la supérieure redoubla de convulsions, s'écriant qu'il y avait là des huguenots, et que c'était leur présence qui donnait au démon une si grande puissance sur elle. Barré lui demanda alors combien il y en avait, et elle répondit deux: ce qui prouvait que le diable n'était pas plus fort en arithmétique qu'en latinité, attendu qu'outre Dessentier, il y avait encore parmi les assistants, et appartenant au culte réformé, le conseiller Abraham Gauthier, son frère, quatre de ses sœurs, l'élu, René Fourneau et le procureur Angevin.

Pour détourner l'attention de l'auditoire, qui était fixée en ce moment sur cette inexactitude numérique, Barré demanda à la supérieure s'il était *vrai* qu'elle ne sût pas le latin; et comme elle dit qu'elle n'en savait pas un seul mot, il lui ordonna de jurer sur le saint ciboire. Elle s'en défendit d'abord, disant assez haut pour être entendue: — Mon père, vous me faites faire de grands serments, et je crains bien que Dieu ne m'en punisse. Mais Barré répondit: — Ma fille, il faut jurer pour la gloire de Dieu. Et elle jura. En ce moment, un des assistants fit observer que la supérieure interprétait le catéchisme à ses écolières, ce qu'elle nia, avouant cependant qu'elle interprétait le *Pater* et le *Credo*. Comme cet interrogatoire devenait embarrassant pour elle, la supérieure prit le parti de retomber dans ses convulsions, ce qui lui réussit médiocrement, car le bailli ordonna à l'exorciste de lui demander où était alors Grandier. Comme la question était faite dans les termes du rituel, qui dit qu'une des preuves de la possession est la faculté qu'ont les possédés de désigner, sans les voir, les lieux où se trouvent les personnes sur lesquelles on les interroge, il lui fallut obéir, ce qu'elle fit, en disant *que Grandier était dans la grande salle du château.*

— Cela se trouvera faux, répondit alors tout haut le bailli, car avant de venir ici, j'ai indiqué à Grandier une maison où je désirais qu'il se tînt, et où l'on ne peut manquer de le trouver, ayant voulu me servir de ce moyen pour arriver à la connaissance de la vérité, sans employer le séquestre, qui est toujours un moyen difficile à pratiquer vis-à-vis des religieuses. — En conséquence, il ordonna à Barré de nommer quelques-uns des religieux qui étaient présents, pour qu'ils se transportassent au château, accompagnés d'un des magistrats et du greffier. Barré nomma le prieur des Carmes, et le bailli nomma Charles Chauvet, assesseur au bailliage, Ismaël Boulieau, prêtre, et Pierre Thibaut, commis au greffe, qui sortirent aussitôt pour aller exécuter leur commission, laissant l'auditoire dans l'attente de leur retour.

Cependant la supérieure, depuis cette déclaration du bailli, était demeurée muette, et comme malgré les exorcismes elle ne voulait plus rien dire, Barré ordonna que l'on amenât sœur Claire, disant qu'un diable exciterait l'autre. Mais le bailli s'y opposa formellement, soutenant que ce double exorcisme n'avait d'autre résultat que de causer une confusion à l'aide de laquelle on pourrait suggérer, sur le fait dont il s'agissait, quelque chose à la supérieure, et qu'il fallait attendre, avant de se livrer à de nouvelles conjurations, le retour des envoyés. Quelque juste que fût cette raison, Barré se garda bien d'y déférer; car il fallait, à quelque prix que ce fût, se défaire du bailli et des autres magistrats qui partageaient son doute, ou trouver moyen, à l'aide de sœur Claire, de leur faire quelque illusion. La seconde religieuse fut donc amenée nonobstant l'opposition du bailli et des autres officiers, qui, ne voulant point avoir l'air de prêter les mains à une pareille supercherie, se retirèrent, en déclarant qu'ils ne pouvaient ni ne voulaient assister plus longtemps à cette odieuse comédie. Dans la cour, ils rencontrèrent les députés qui revenaient du château d'abord, où ils étaient entrés dans la grande salle, et dans toutes les chambres, sans rencontrer Grandier; et ensuite de la maison indiquée par le bailli, où ils avaient trouvé celui qu'ils cherchaient en compagnie du père Véret, confesseur des religieuses, de Mathurin Rousseau, de Nicolas Benoît, chanoine, et de Conte, médecin, par la bouche desquels ils avaient appris que depuis deux heures Grandier était avec eux et ne les avait point quittés. C'était tout ce que désiraient savoir les magistrats; ils se retirèrent donc, tandis que les envoyés portaient aux assistants cette réponse, qui produisit sur eux l'effet que l'on pouvait attendre. Alors, un religieux carme, voulant paralyser cette impression et pensant que le diable serait plus heureux dans ses suppositions la seconde fois que la première, demanda à la supérieure *où était maintenant Grandier.* Aussitôt, et sans hésiter, elle répondit *qu'il se promenait avec le bailli dans l'église de Sainte-Croix.* Une nouvelle députation fut aussitôt envoyée, qui, n'ayant rencontré personne dans l'église de Sainte-Croix, monta au palais, et trouva le bailli donnant audience: il était venu directement du couvent au tribunal, et n'avait pas même vu Grandier. Le même jour, les religieuses firent savoir qu'elles ne voulaient plus que les exorcismes se fissent devant le bailli, ni devant les officiers qui l'accompagnaient ordinairement, et que si on leur donnait à l'avenir de pareils témoins, elles ne répondraient pas.

Grandier, voyant cette impudence, et que le seul homme sur l'impartialité duquel il pût compter était désormais exclu des exorcismes, présenta une nouvelle requête au bailli pour que les religieuses fussent enfin séquestrées : mais le bailli, n'osant, dans le propre intérêt du suppliant, lui accorder sa demande, de peur qu'une opposition appuyée sur ce qu'elles relevaient de la justice ecclésiastique ne fît annuler la procédure, rassembla les plus notables habitants de la ville, afin d'aviser avec eux sur ce qu'il y avait à faire pour le bien public. Le résultat de cette assemblée fut que l'on écrirait au procureur général et à l'évêque de Poitiers, qu'on leur enverrait les procès-verbaux qui avaient été faits, et qu'on les supplierait d'arrêter par leur autorité et leur prudence le cours de ces pernicieuses intrigues. La chose fut faite ainsi qu'il avait été arrêté, mais le procureur-général répondit que l'affaire dont il s'agissait étant purement ecclésiastique, le parlement n'en devait connaître. Quant à l'évêque de Poitiers, il ne répondit rien du tout.

Cependant il ne garda point le même silence à l'égard des ennemis de Grandier ; car le mauvais succès des exorcismes du 26 novembre ayant nécessité un surcroît de précaution, ils jugèrent à propos d'obtenir de ce prélat une nouvelle commission, par laquelle il nommerait quelques ecclésiastiques pour assister de sa part aux exorcismes. Ce fut Barré lui-même qui fit le voyage de Poitiers pour présenter cette demande, et sur sa présentation, l'évêque nomma Bazile, doyen des chanoines de Champigny, et Demorans, doyen des chanoines de Thouars, l'un et l'autre parents des adversaires de Grandier. Voici la copie de la nouvelle commission qui leur fut donnée :

« Henry-Louis le Châtaignier de la Rochepezai, par misération divine, évêque de Poitiers, aux doyens du Châtelet de Saint-Pierre de Thouars et de Champigny sur Vèse, salut.

»Nous vous mandons par ces présentes de vous transporter dans la ville de Loudun, au couvent des religieuses de Sainte-Ursule, pour assister aux exorcismes qui seront faits, par le sieur Barré, des filles dudit monastère travaillées des malins esprits, auquel Barré nous en avons donné le mandement, et afin de faire aussi le procès-verbal de tout ce qui se passera, et pour cet effet prendre tel greffier que verrez bon être.

Donné et fait à Poitiers, le 28 novembre 1632.

» *Signé :* Henry-Louis, évêque de Poitiers. »

Et plus bas :

Par le commandement dudit seigneur,
» Michelet. »

Ces deux commissaires, qui avaient été avertis d'avance, se rendirent à Loudun, où en même temps qu'eux arriva Marescot, l'un des aumôniers de la reine : la pieuse Anne d'Autriche avait entendu parler de la possession des religieuses ursulines de tant de façons différentes, qu'elle avait voulu être édifiée sur cette affaire. La chose, comme on le voit, prenait de jour en jour une gravité plus grande, puisqu'elle en était arrivée à avoir un écho à la cour : aussi le bailli et le lieutenant civil, craignant que l'envoyé royal ne se laissât abuser et ne dressât un rapport qui ferait douter des vérités contenues dans leurs procès-verbaux, se transportèrent-ils au couvent, le premier décembre, jour auquel les nouveaux commissaires devaient recommencer les exorcismes, malgré la protestation qui avait été faite par les religieuses pour ne pas les recevoir. Ils se firent accompagner de leur assesseur, du lieutenant à la prévôté et d'un commis du greffe. Ils frappèrent longtemps avant qu'on parût y faire attention ; enfin vint une religieuse qui leur ouvrit la porte, mais leur signifia qu'ils n'entreraient point, attendu qu'ils étaient suspects, ayant publié que la possession n'était qu'une feinte et une imposture. Le bailli, sans s'arrêter à discuter avec cette fille, lui ordonna de faire venir Barré, qui parut quelque temps après, revêtu des habits sacerdotaux, et suivi de plusieurs personnes, parmi lesquelles se trouvait l'aumônier de la reine : alors le bailli se plaignit de ce qu'on lui avait refusé la porte à lui et aux officiers qui l'accompagnaient, ce qui était même contre les ordres de l'évêque de Poitiers. Barré, de sa part, déclara qu'il n'empêcherait pas qu'ils entrassent.

— Aussi sommes-nous venus à cette intention, dit le bailli, et aussi pour vous prier de faire au prétendu démon deux ou trois questions que l'on proposera et qui seront conformes à celles prescrites par le rituel ; vous ne refuserez pas, — ajouta le bailli, en se tournant vers Marescot et en le saluant, — de faire cette expérience devant l'aumônier de la reine, puisque ce sera un moyen de dissiper tous les soupçons d'imposture qui se sont malheureusement répandus sur cette affaire.

— Je ferai sur ce point ce qui me plaira et non ce que vous ordonnerez, répondit impudemment l'exorciste.

— Il est cependant de votre devoir de procéder légalement, reprit le bailli, au moins si vous procédez avec sincérité ; car ce serait outrager Dieu que de tenter d'augmenter sa gloire par un faux miracle, et faire tort à la religion catholique, si puissante par elle-même, que de faire resplendir ses vérités à l'aide de fourberies et d'illusions.

— Monsieur, répondit Barré, je suis homme de bien, je sais à quoi ma charge m'oblige, et je m'en acquitterai ; quant à vous, vous devez vous souvenir que la dernière fois vous êtes sorti de l'église avec émotion et colère, ce qui est une mauvaise situation d'esprit pour un homme dont l'état est de rendre la justice.

Comme toutes ces discussions ne menaient à rien, les magistrats insistèrent pour entrer ; mais n'ayant pu obtenir que les portes leur fussent ouvertes, ils intimèrent la défense expresse aux exorcistes de faire aucune question qui tendît à diffamer personne, sous peine d'être traités comme séditieux et perturbateurs. A cette menace, Barré répondit au bailli qu'il ne reconnaissait pas sa juridiction, et, refermant la porte, le laissa dehors avec le lieutenant civil.

Il n'y avait pas de temps à perdre, si l'on voulait s'opposer efficacement aux machinations passées et à venir. Grandier, par le conseil du bailli et du lieutenant civil, écrivit à l'archevêque de Bordeaux, qui déjà l'avait tiré d'affaire, la situation où venaient de le remettre ses ennemis ; les deux magistrats joignirent à la lettre les procès-verbaux qu'ils avaient dressés des exorcismes, et le tout fut immédiatement envoyé par un messager sûr à monseigneur d'Escoubleau de Sourdis. Ce digne prélat, jugeant l'affaire grave et voyant que Grandier, abandonné à ses adversaires, pouvait être perdu par le moindre retard, répondit en arrivant lui-même en son abbaye de Jouin-les-Marmes, où déjà une fois il avait rendu au pauvre prêtre persécuté une si loyale et si brillante justice.

Comme on doit le penser, l'arrivée de l'archevêque fut un coup terrible porté à la possession ; car à peine fut-il à Saint-Jouin, qu'il envoya son propre médecin avec ordre de voir les possédés et d'examiner les convulsions, afin de s'assurer si elles étaient réelles ou feintes. Le médecin se présenta au couvent avec une lettre de l'archevêque qui ordonnait à Mignon de laisser prendre au docteur une connaissance entière de toutes les choses. Mignon reçut le médecin avec tout le respect qu'il devait à celui par qui il était envoyé ; seulement il lui dit qu'il regrettait fort qu'il ne fût pas arrivé un jour plus tôt, les possédées ayant été délivrées la veille, grâce à ses exorcismes et à ceux de Barré. Il ne le conduisit pas moins vers la supérieure et sœur Claire, que le médecin trouva paisibles, tranquilles et reposées, comme si elles n'avaient jamais éprouvé aucune agitation. Elles confirmèrent ce qu'avait dit Mignon, et le médecin revint à Saint-Jouin, sans avoir pu constater autre chose que la parfaite tranquillité qui régnait à cette heure dans le couvent.

La fraude était claire, et l'archevêque lui-même pensait que toutes ces persécutions infâmes étaient finies pour ne plus recommencer ; mais Grandier, qui connaissait mieux ses adversaires, vint se jeter à ses pieds le 27 décembre, le suppliant de recevoir une requête par laquelle il lui remontrait que ses ennemis, ayant déjà tâché de l'opprimer par une accusation fausse et calomnieuse dont il ne s'était tiré que par son équitable jugement, venaient, depuis trois mois, de supposer et de publier partout qu'il avait envoyé de malins esprits dans le corps des religieuses de Sainte-Ursule de Loudun, auxquelles il n'avait jamais parlé ; qu'encore que Jean Mignon et Pierre Barré fussent bien publiquement ses ennemis mortels, la direction des prétendues possédées et le soin des exorcismes leur avaient été remis ; que dans les procès-verbaux dressés par eux, et contradictoires entre eux, ils s'étaient vantés d'avoir chassé trois ou quatre fois les prétendus démons, qui chaque fois seraient revenus, au dire de ses calomniateurs, en vertu de pactes faits par lui ; que ces paroles et les procès-verbaux de Barré et de Mignon avaient pour but de le diffamer et de soulever quelque sédition contre lui ; qu'il était bien vrai que la présence du digne prélat avait mis en fuite les démons ; mais qu'il était probable que, rassurés par son départ, ils ne tarderaient pas à revenir à la charge, tant et si bien que, s'il était abandonné alors de la bienveillance de celui auquel il s'adressait à cette heure, il était certain que son innocence, si éclatante qu'elle fût, finirait par succomber sous les étranges artifices de tant d'ennemis acharnés mortellement contre lui ; qu'il le suppliait en conséquence, après avoir examiné toutes ces raisons, qu'il lui plût de défendre à Barré, à Mignon et à leurs adhérents, tant séculiers que réguliers, en cas de nouvelle possession, d'exorciser à l'avenir et de gouverner les prétendues possédées, et que d'avance il commît à leur place telles autres personnes ecclésiastiques et laïques qu'il jugerait à propos, pour les voir alimenter, médicamenter et exorciser, s'il était nécessaire, et le tout en présence des magistrats.

L'archevêque de Bordeaux accueillit la requête d'Urbain Grandier, et écrivit au bas :

« Vu la présente requête, et ouï sur icelle notre promoteur, nous avons renvoyé le suppliant par devant notre promoteur, à Poitiers, pour lui être fait droit ; et cependant nous avons ordonné le sieur Barré, le père l'Escaye, jésuite, demeurant à Poitiers, et le père Gaut de l'Oratoire, demeurant à Tours, pour travailler aux exorcismes en cas de besoin, selon l'ordre que nous leur en avons donné à cette fin :

» Défendons à tous autres de s'immiscer auxdits exorcismes, sous peine de droit. »

Comme on le voit, monseigneur l'archevêque de Bordeaux, dans sa justice éclairée et généreuse, avait prévu tous les cas : aussi, lorsque cette ordonnance et cet ordre eurent été signifiés, et que les exorcistes en eurent pris connaissance, la possession cessa-t-elle si promptement et si entièrement, que les bruits mêmes s'en évanouirent. Barré se retira à Chinon, les doyens commis par l'évêque de Poitiers rejoignirent leur chapitre, et les religieuses, bien et dûment délivrées cette fois, rentrèrent dans le silence et dans le repos. L'archevêque n'en invita pas moins une seconde fois Grandier à permuter ses bénéfices ; mais Grandier répondit qu'on lui offrirait un évêché, qu'il ne l'échangerait pas, à cette heure, contre sa simple cure de Loudun.

Au reste, la fin qu'avait eue la possession avait été on ne peut plus préjudiciable aux religieuses, si bien qu'au lieu de leur rapporter de la considération et des aumônes, comme le leur avait promis Mignon, elles n'en avaient tiré qu'une honte publique et un surcroît de gêne privée ; car les parents qui avaient des jeunes filles chez elles se hâtèrent de les retirer, et en perdant leurs pensionnaires elles perdirent leurs dernières ressources. Cette disposition des esprits à leur égard les jeta dans un profond désespoir, et l'on sut qu'à cette époque elles avaient eu plusieurs altercations avec leur directeur, lui reprochant qu'au lieu des avantages spirituels et temporels qu'il leur avait fait espérer, il ne leur était advenu, outre le péché qu'il leur avait fait commettre, que misère et infamie. Mignon lui-même, quoique rongé de haine, était obligé de demeurer tranquille, et cependant il n'avait point renoncé à sa vengeance, et comme c'était un de ces hommes qui, tant qu'il leur reste une espérance, ne se lassent point d'attendre, il demeura dans l'ombre, résigné en apparence, mais les yeux fixés sur Grandier, afin de se ressaisir, à la première occasion, de la proie qui lui avait échappé : cette occasion, la mauvaise fortune de Grandier l'amena.

On était arrivé en l'année 1633, c'est-à-dire à l'époque de la grande puissance de Richelieu : le cardinal-duc poursuivait son œuvre de destruction, rasant les châteaux quand il ne pouvait pas faire tomber les têtes, et disant comme John Knox : — Abattons les nids, et les corbeaux s'envoleront. — Or, un de ces nids crénelés était le château de Loudun, et Richelieu avait donné l'ordre de l'abattre.

Celui qui vint à Loudun, chargé de cette mission, était un de ces hommes comme, cent cinquante ans auparavant, Louis XI en avait trouvé pour détruire la féodalité, et comme, cent cinquante ans plus tard, on devait trouver Robespierre pour détruire l'aristocratie ; car tout bûcheron a besoin d'une hache, et tout moissonneur a besoin d'une faux : donc Richelieu était la pensée et Laubardemont l'instrument.

Mais instrument plein d'intelligence, reconnaissant à la manière dont il était mis en œuvre quelle était la passion qui le faisait mouvoir, et alors s'adaptant à cette passion avec une miraculeuse homogénéité, soit que cette passion fût fougueuse et rapide, soit qu'elle fût lente et sourde, et selon enfin qu'elle était, résolu à tuer par le fer ou à empoisonner par la calomnie, soit qu'elle demandât le sang, soit qu'elle voulût l'honneur.

M. de Laubardemont arriva donc à Loudun dans le courant du mois d'août 1633, et s'adressa, pour l'exécution sa charge, au sieur Memin de Silly, major de la ville, cet ancien ami du cardinal, que Barré et Mignon avaient, comme nous l'avons dit, attiré à eux. Memin vit dans ce voyage de M. de Laubardemont l'intention du ciel de faire triompher la cause à laquelle il appartenait, et que l'on croyait perdue : il lui présenta Mignon et tous ses amis. Ils en furent très-bien reçus : la supérieure, comme nous l'avons dit, était la parente du terrible conseiller : ils exaltèrent l'affront qui lui avait été fait par l'ordonnance de l'archevêque de Bordeaux, et qui rejaillissait sur toute sa famille, et bientôt il ne s'agit plus, entre Laubardemont et les conjurés, que de trouver un moyen pour engager le cardinal-duc dans leurs ressentiments. Ce moyen fut bientôt trouvé.

La reine-mère, Marie de Médicis, avait parmi ses femmes une certaine Hammon, qui, ayant plu à cette princesse dans une occasion qu'elle avait eue de lui parler, était restée auprès d'elle, et y jouissait de quelque crédit : elle était née à Loudun, parmi le petit peuple, et y avait passé la plus grande partie de sa jeunesse. Grandier, qui avait été son curé, la connaissait particulièrement, et comme elle avait beaucoup d'esprit, s'était fort complu en sa compagnie, du temps où elle habitait la ville. Or, dans un moment de disgrâce, il avait publié une satire contre les ministres, mais surtout contre le cardinal-duc. Cet écrit, plein d'esprit, de verve et de raillerie amère, avait été attribué à la Hammon, qui partageait tout naturellement la haine de Marie de Médicis contre son ennemi, et qui, protégée par elle, n'avait pu en être punie par le cardinal, quoique celui-ci en eût conservé un profond ressentiment. Les conjurés eurent l'idée d'attribuer cette satire à Grandier, qui aurait su de la Hammon toutes les particularités de la vie intérieure du cardinal qui s'y trouvaient racontées : si le ministre croyait à cette calomnie, on pouvait être tranquille, Grandier était perdu.

Ce point arrêté, on conduisit M. de Laubardemont au couvent, où, sachant devant quel personnage important ils étaient convoqués, les diables s'empressèrent de revenir : les religieuses eurent des convulsions merveilleuses, et M. de Laubardemont retourna à Paris convaincu.

Au premier mot que le conseiller d'État dit au cardinal sur Urbain Grandier, il lui fut facile de s'apercevoir qu'il avait pris une peine inutile en forgeant la fable de la satire, et qu'il n'aurait eu qu'à prononcer son nom devant le ministre pour conduire celui-ci au degré d'irritation auquel il voulait l'amener. Le cardinal-duc avait été autrefois prieur de Coussay, et là, il avait eu une querelle de prééminence avec Grandier, qui, en sa qualité de curé de Loudun, non-seulement avait refusé de lui céder le pas, mais encore l'avait pris sur lui : le cardinal avait enregistré cet affront sur ses tablettes sanglantes, et Laubardemont le trouva du premier coup aussi ardent à la perte de Grandier qu'il l'était lui-même.

Séance tenante, Laubardemont avait obtenu cette commission en date du 30 novembre :

« Le sieur Laubardemont, conseiller du roi en ses conseils d'État et privé, se rendra à Loudun et autres lieux que besoin sera, pour informer diligemment contre Grandier, sur tous les faits dont il a été ci-devant accusé, et autres qui lui seront de nouveau mis à sus, touchant la possession des religieuses ursulines de Loudun, et autres personnes qu'on dit être aussi possédées et tourmentées des démons, par les maléfices dudit Grandier, et de tout ce qui s'est passé depuis le commencement, tant aux exorcismes qu'autrement, sur le fait de ladite possession, faire rapporter les procès-verbaux et autres actes des commissaires ou délégués, assister aux exorcismes qui se feront, et de tout faire procès-verbaux, et autrement faire procéder, ainsi qu'il appartiendra, pour la preuve et vérification entière desdits faits, et surtout décréter, instruire, faire et parfaire le procès audit Grandier et à tous autres qui se trouveront complices desdits cas, jusques à sentence définitive, exclusivement, nonobstant opposition, appellation ou récusation quelconque, pour lesquelles, et sans préjudice d'icelles, ne sera différé, même, attendu la qualité des crimes, sans avoir égard au renvoi qui pourrait être demandé par ledit Grandier. Mandant Sa Majesté à tous les gouverneurs, lieutenants généraux de la province, et à tous baillis, sénéchaux et autres officiers de ville et sujets qu'il appartiendra, donner, pour l'exécution de ce que dessus, toute assistance et main-forte, aide et prisons, si métier est et qu'ils en soient requis. »

Muni de cet ordre, qui équivalait à une sentence, Laubardemont arriva le 5 décembre à neuf heures du soir à Loudun, et pour ne point être vu, s'arrêta dans un faubourg, et descendit chez maître Paul Aubin, huissier des ordres du roi, et gendre de messire Memin de Silly. Sa venue fut si secrète, que ni Grandier ni ses amis n'en eurent connaissance ; mais Memin, Hervé, Mennau et Mignon furent prévenus, et se rendirent aussitôt près de lui. Laubardemont les reçut en leur montrant sa commission ; mais cette commission, si étendue qu'elle était, leur parut insuffisante, car elle ne contenait pas l'ordre d'arrêter Grandier, et Grandier pouvait fuir. Laubardemont sourit de l'idée qu'on avait même cru pouvoir le prendre en faute, et tira de sa poche deux autres ordonnances pareilles, au cas où l'une s'égarerait, en date du même jour 30 novembre, signées Louis, et plus bas Phélippeaux ; elles étaient conçues en ces termes :

« Louis, etc., etc.

» Avons donné la présente au sieur Laubardemont, conseiller en nos conseils privés, pour par ledit sieur Laubardemont, arrêter et constituer prisonnier ledit Grandier et ses complices en lieu de sûreté, avec pareil mandement à tout prévôt des maréchaux et autres officiers et sujets de tenir la main-forte à l'exécution desdites ordonnances, et obéir pour le fait d'icelles aux ordres qui leur seront donnés par ledit sieur, et aux gouverneurs et lieutenants généraux donner toute l'assistance et main-forte dont ils seront requis. »

Cette seconde ordonnance complétait la commission : il fut alors résolu que pour prouver que le coup partait de l'autorité royale, et pour intimider tout officier public qui voudrait encore prendre parti pour Grandier, ou tout témoin qui voudrait déposer en sa faveur, il serait arrêté préventivement, avant toute espèce d'instruction. En conséquence, on envoya chercher immédiatement Guillaume Aubin, sieur de Lagrange et lieutenant du prévôt. Laubardemont lui communiqua la commission du cardinal et les ordonnances du roi, et lui ordonna de se saisir le lendemain, dès le grand matin, de la personne de Grandier. M. de Lagrange s'inclina devant ces deux signatures, et répondit qu'il obéirait ; mais comme à la manière dont on procédait il vit un assassinat et non un jugement dans la nouvelle instruction qui allait s'établir, tout allié qu'il était à Memin, dont son frère à lui avait épousé la fille, il fit aussitôt avertir Grandier des ordres qu'il avait reçus ; mais celui-ci, avec sa fermeté habituelle, fit remercier Lagrange de sa générosité, et répondit que, confiant en son innocence, et comptant sur la justice de Dieu, il était résolu de ne point se retirer.

Grandier demeura donc, et son frère, qui couchait près de lui, assura que cette nuit il dormit d'un sommeil aussi tranquille que d'habitude. Le lendemain il se leva à six heures, ainsi que c'était sa coutume, prit son bréviaire à la main et sortit pour aller assister à matines à l'église de Sainte-Croix ; à peine eut-il mis le pied hors de la maison, que Lagrange, en présence de Memin, de Mignon et de ses autres ennemis, qui s'étaient réunis pour jouir de ce spectacle, l'arrêta au nom du roi. Aussitôt il fut remis entre les mains de Jean Pouguet, archer des gardes de Sa Majesté, et aux archers des prévôts de Loudun et de Chinon, afin qu'ils le conduisissent au château d'Angers, tandis que le sceau royal était apposé à ses chambres, à ses armoires, à ses meubles et à tous les autres endroits de sa maison : mais on ne trouva, dans cette perquisition, rien qui pût compromettre Grandier, si ce n'est un traité contre le célibat des prêtres, et deux feuillets sur lesquels étaient écrits, d'une autre main que la sienne, quelques vers érotiques dans le goût de ce temps-là.

Grandier resta quatre mois dans cette prison, où il fut, au dire de Michelon, commandant de la ville d'Angers, et au rapport du chanoine Pierre Bacher, son confesseur, un modèle de résignation et de constance ; passant son temps à lire des livres saints ou à écrire des prières ou des méditations, dont le manuscrit fut produit au procès. Pendant ce temps, nonobstant les instances et les oppositions de Jeanne Estève, mère de l'accusé, qui, quoique âgée de soixante-dix ans, avait, dans l'espoir de sauver son fils, retrouvé toute la force et toute l'activité de sa jeunesse, Laubardemont continuait l'instruction, qui fut achevée enfin le 9 avril : aussitôt on envoya prendre Urbain à Angers pour le ramener à Loudun.

Une prison extraordinaire lui avait été préparée dans un logis qui appartenait à Mignon lui-même, et qu'habitait auparavant un sergent nommé Bontems, ancien clerc de Trinquant, et qui avait déjà déposé contre Grandier dans la première affaire. Cette prison était située au plus haut étage ; ou en avait fait murer les fenêtres, ne laissant qu'une petite ouverture vers le toit, qu'on avait garnie d'énormes barreaux, et pour surcroît de précaution, et de peur que les diables ne vinssent tirer le magicien de ses chaînes, on avait traversé toute la cheminée par des barres de fer placées en forme de gril ; de plus, des trous imperceptibles et cachés dans les angles permettaient à la femme Bontems de voir ce que faisait Grandier à toute heure, précaution dont on espérait tirer parti dans les exorcismes : ce fut de cette chambre, couché sur la paille et presque privé de lumière, que Grandier écrivit à sa mère la lettre suivante :

« Ma mère, j'ai reçu la vôtre et tout ce que vous m'avez envoyé, excepté les bas de serge. Je supporte mon affliction avec patience, et plains plus la vôtre que la mienne ; je suis fort incommodé, n'ayant point de lit ; tâchez de me faire apporter le mien, car si le corps ne repose l'esprit succombe ; enfin envoyez-moi une Bible et un Saint-Thomas pour ma consolation, et, au reste, ne vous affligez pas ; j'espère que Dieu mettra mon innocence au jour ; je me recommande à mon frère et à ma sœur, et à tous nos bons amis.

» C'est, ma mère, votre très-bon fils, à vous servir,

» GRANDIER. »

Pendant le temps de la réclusion de Grandier au château d'Angers, la possession s'était miraculeusement multipliée, car ce n'étaient plus maintenant la supérieure et la sœur Claire qui étaient à cette heure en proie aux malins esprits ; aussi les sépara-t-on en trois troupes.

La supérieure, Louise des Anges et Anne de Sainte-Agnès, furent mises dans la maison du sieur Delaville, avocat et conseil des religieuses ;

La sœur Claire et Catherine de la Présentation furent mises dans la maison de Maurat, chanoine :

Enfin Elisabeth de la Croix, Monique de Sainte-Marthe, Jeanne du Saint-Esprit et Séraphique Archer furent mises dans une troisième maison.

Toutes étaient en outre surveillées par la sœur de Memin de Silly, femme de Moussant, alliée et parente par conséquent des deux grands ennemis de l'accusé, laquelle apprenait par la femme de Bontems tout ce qu'il était nécessaire à la supérieure de savoir sur lui : ce fut là ce qu'on appela le séquestre.

Le choix des médecins ne fut pas moins étrange : au lieu d'appeler les plus savants praticiens d'Angers, de Tours, de Poitiers ou de Saumur, tous hormis Daniel Roger, médecin de Loudun, furent choisis dans de petites villes, et parmi des hommes sans aucune instruction ; si bien, que l'un n'avait jamais obtenu ni degrés ni lettres, et avait été obligé de se retirer de Saumur pour cette raison, et que l'autre sortait de la boutique d'un marchand, où il avait été dix ans facteur, état qu'il avait abandonné pour prendre celui plus lucratif d'empirique.

Au reste, le choix de l'apothicaire et du chirurgien ne fut ni plus équitable ni plus plausible ; l'apothicaire, qui se nommait Adam, était cousin germain de Mignon, et avait été témoin dans la première accusation contre Grandier ; et comme son témoignage avait touché l'honneur d'une jeune fille de Loudun, il avait été condamné par arrêt du parlement à une amende honorable. Cependant, quoiqu'on connût, et peut-être même parce qu'on connaissait sa haine contre Grandier, on se reposa sur lui de la préparation des remèdes, sans que personne vérifiât s'il en diminuait ou augmentait la dose, et si, au lieu de calmants, il ne donnait pas des excitatifs assez violents pour amener des convulsions réelles : quant au chirurgien, c'était pis encore, car c'était Mannouri, neveu de messire Memin de Silly, frère d'une religieuse, le même qui avait fait, lors de la seconde affaire, opposition au séquestre réclamé par Grandier. La mère et le frère de l'accusé présentèrent vainement des requêtes dans lesquelles ils récusaient les médecins pour cause d'incapacité, et le chirurgien et l'apothicaire pour cause de haine, ils ne purent pas même, à leurs frais, obtenir copie certifiée de ces requêtes, quoiqu'ils offrissent de prouver

par témoins, qu'un jour Adam avait, dans son ignorance, donné du *crocus metallorum* pour du *crocus martis*; ce qui avait amené la mort du malade à qui ce remède avait été administré. Ainsi, la perte de Grandier était si publiquement résolue, que l'on n'avait pas même la pudeur de voiler les moyens infâmes à l'aide desquels on comptait y arriver.

L'instruction se poursuivait avec activité. Comme une des premières formalités à remplir était la confrontation, Grandier publia un factum dans lequel, s'appuyant sur l'exemple de saint Anastase, il raconta que ce saint ayant été accusé au concile de Tyr par une femme impudique, qui ne l'avait jamais vu, lorsque cette femme entra dans l'assemblée pour formuler publiquement son accusation, un prêtre nommé Timothée se leva, se présenta à elle, et lui parla comme s'il eût été Anastase : elle le crut ainsi, et répondit en conséquence ; ce qui rendit manifeste à tous l'innocence du saint. Or, Grandier demandait que deux ou trois personnes de sa taille, et ayant la même couleur de cheveux que lui, fussent habillées comme lui, sans aucune différence, et présentées aux religieuses, certain qu'il était, ne les ayant jamais vues et n'ayant probablement jamais été vu par elles, qu'elles ne le reconnaîtraient point, quoiqu'elles prétendissent avoir eu avec lui des rapports directs ; cette demande était tellement loyale et par conséquent embarrassante, qu'il n'y fut pas même répondu.

Cependant l'évêque de Poitiers, triomphant à son tour de l'archevêque de Bordeaux, qui ne pouvait rien contre un ordre émané du cardinal-duc, avait récusé le père l'Escaye et le père Gau, nommés par son supérieur, et avait désigné en leur place son théologal, qui avait été l'un des juges qui avaient rendu contre Grandier la première sentence, et le père Lactance, récollet. Ces deux moines ne prirent pas même la peine de cacher le parti auquel ils appartenaient, et vinrent directement se loger dans la maison de Nicolas Moussant, l'un des ennemis les plus acharnés de Grandier, et dès le lendemain de leur arrivée ils se rendirent chez la supérieure, où ils commencèrent les exorcismes. Aux premiers mots, le père Lactance s'étant aperçu que la possédée savait très-peu de latin, et par conséquent ne présentait pas une grande sécurité dans son interrogatoire, il lui ordonna de répondre en français, quoiqu'il continuât lui d'exorciser en latin ; et comme quelqu'un eut la hardiesse d'objecter que le diable, qui, d'après le Rituel, sait toutes les langues mortes et vivantes, devait répondre dans le même idiome où il était interrogé, le père déclara que le pacte avait été ainsi fait, et que, d'ailleurs, il y avait des diables plus ignorants que des paysans.

Derrière ces exorcistes et les deux carmes qui s'étaient ingérés dans l'affaire dès le commencement de la possession, et qui se nommaient Pierre de Saint-Thomas, et Pierre de Saint-Mathurin, arrivèrent bientôt quatre autres capucins, envoyés, disait-on, par le père Joseph, l'éminence grise : c'étaient les pères Luc, Tranquille, Potais et Elisée ; de sorte que les exorcismes purent marcher plus rondement qu'ils n'avaient encore fait jusques alors : les séances furent, en conséquence, tenues en quatre lieux différents, qui étaient les églises de Sainte-Croix, le couvent des Ursulines, de Saint-Pierre-du-Martroy et de Notre-Dame-du-Château. Il se passa cependant peu de chose dans les exorcismes du 15 et du 16 avril ; car les déclarations des médecins ne précisaient rien et disaient seulement, sans autres explications, *que les choses qu'ils avaient vues étaient surnaturelles et surpassaient leurs connaissances et les règles de la médecine.*

La séance du 23 fut plus curieuse ; la supérieure, interrogée par le père Lactance en quelle forme le démon était entré chez elle, répondit qu'il était entré en chat, en chien, en cerf et en bouc.

— *Quoties?* demanda l'exorciste.

— Je n'ai pas bien remarqué le jour, répondit la supérieure.

La pauvre fille avait pris *quoties* pour *quando.*

Ce fut sans doute pour se venger de cette erreur que le même jour la supérieure déclara que Grandier avait sur le corps cinq marques qui lui avaient été faites par le diable, et qu'insensible partout ailleurs, il était vulnérable à ces seuls endroits · en conséquence, ordre fut donné au chirurgien Mannouri de s'assurer de la vérité de cette assertion, et le jour de cette expérience fut fixé au 26.

En vertu de la commission qu'il avait reçue, le 26 au matin, Mannouri se présenta à la prison de Grandier, le fit dépouiller tout nu, et raser partout le corps ; puis, lui ayant bandé les yeux, il ordonna qu'il fût couché sur une table ; le diable était cette fois encore dans l'erreur: Grandier, au lieu de cinq signes, n'en avait que deux, l'un à l'omoplate et l'autre à la cuisse.

Alors commença l'une des scènes les plus atroces qui se puissent imaginer. Mannouri tenait à la main une sonde à ressort, dont l'aiguille rentrait en elle-même à volonté : à tout endroit du corps où Grandier, selon le dire de la supérieure, était insensible, Mannouri lâchait le ressort, la sonde rentrait en dedans, et, tout en ayant l'air de s'enfoncer dans la chair, elle ne causait aucune douleur à l'accusé ; mais lorsqu'au contraire il en arriva aux marques désignées comme vulnérables, le chirurgien, serrant le ressort, lui enfonça l'aiguille, à la profondeur de plusieurs pouces, ce qui fit jeter au pauvre Grandier, qui ne s'y attendait pas, un cri si aigu que ceux qui n'avaient pu entrer l'entendirent de la rue. Du signe du dos, par lequel il avait commencé, Mannouri passa à celui de la cuisse; mais cette fois, à son grand étonnement, quoiqu'il eût enfoncé la sonde de toute sa longueur, Grandier ne poussa pas un cri, ne jeta pas une plainte, ne fit pas entendre un gémissement; il se mit, au contraire, à dire une prière, et quoique, deux fois encore à la cuisse et deux fois à l'omoplate, Mannouri eût renouvelé ses blessures, il ne put tirer du patient autre chose que des prières pour ses bourreaux.

M. de Laubardemont assistait à cette séance.

Le lendemain, on exorcisa la supérieure dans des termes si forts, que le diable fut obligé de dire que ce n'étaient point cinq taches, mais seulement deux qu'avait Grandier; il est vrai que cette fois, au grand étonnement de la foule, il indiqua précisément les endroits où elles étaient situées.

Malheureusement pour le démon, une facétie qu'il fit dans la même séance nuisit à l'effet de cette première déclaration. Interrogé pourquoi il n'avait pas voulu parler le samedi précédent, il répondit qu'il n'était pas à Loudun, attendu qu'il avait été occupé, toute la matinée de ce jour-là, à conduire en enfer l'âme de Le Proust, procureur au parlement de Paris : cette réponse parut assez incroyable à quelques mondains pour qu'ils prissent la peine de faire examiner le registre des morts de ce samedi, examen duquel il résulta qu'il n'était trépassé ce jour-là non-seulement aucun procureur appelé *Le Proust*, mais aucun homme du même nom. Ce démenti rendit le démon moins plaisant, sinon moins terrible.

Pendant ce temps, les autres exorcistes éprouvaient des échecs pareils : le père Pierre de Saint-Thomas, qui opérait dans l'église des Carmes, ayant demandé à l'une des possédées où étaient les livres de magie de Grandier, elle répondit qu'on les trouverait au logis d'une certaine demoiselle qu'elle nomma et qui était la même qui avait fait faire amende honorable à l'apothicaire Adam. A l'instant Laubardemont, Moussant, Hervé et Menuau se rendirent chez cette demoiselle, visitèrent les chambres et les cabinets, ouvrirent les coffres, les armoires et jusqu'aux lieux les plus secrets, et cela vainement; aussi, de retour à l'église, reprochèrent-ils au démon de les avoir trompés; mais le démon répondit qu'une nièce de cette demoiselle avait ôté les livres. On courut aussitôt chez cette nièce : malheureusement elle n'était point chez elle, mais dans une église où depuis le matin elle faisait ses dévotions, et de laquelle les prêtres et les serviteurs de l'église attestèrent qu'elle n'était point sortie. Malgré le désir que les exorcistes avaient d'être agréables à Adam, ils furent donc forcés de s'arrêter là.

Ces deux fausses désignations ayant augmenté le nombre des incrédules, on indiqua pour le 4 mai une séance des plus intéressantes : en effet, le programme était assez étendu pour piquer la curiosité générale. Asmodée avait promis d'enlever la supérieure à deux pieds de hauteur, et Eazas et Cerbère, entraînés par l'exemple de leur chef, s'étaient engagés d'en faire autant à l'égard des deux autres religieuses; enfin, un quatrième démon, nommé Behérit, avait été plus loin, et, ne craignant pas de s'attaquer à M. de Laubardemont lui-

Un des moines le baisa sur la bouche pour étouffer ses paroles. — Page 254.

même, il avait déclaré que pour son compte il enlèverait la calotte du conseiller de dessus sa tête et la tiendrait suspendue en l'air le temps d'un miserere ; en outre, les exorcistes avaient publié que six hommes choisis parmi les plus robustes ne pourraient maintenir la plus faible des religieuses et l'empêcher de faire ses contorsions.

On comprend que sur la promesse d'un pareil spectacle la foule dut, au jour dit, encombrer l'église. On commença par la supérieure, et le père Lactance somma Asmodée de tenir sa promesse et d'enlever l'énergumène de terre ; la supérieure fit alors deux ou trois soubresauts sur son matelas, et parut en effet un instant se soutenir en l'air ; mais alors un des spectateurs ayant soulevé la robe, on vit qu'elle se maintenait sur la pointe du pied, habilement sans doute, mais non pas miraculeusement ; alors les éclats de rire étant partis de tous côtés, cette explosion intimida tellement Eazas et Cerbère, qu'on ne put même obtenir d'eux qu'ils répondissent aux adjurations qui leur furent faites : on eut alors recours à Behérit, qui répondit qu'il était prêt à enlever la calotte de M. de Laubardemont, et que la chose aurait lieu avant qu'il se fût écoulé un quart d'heure.

Cependant, comme ce jour-là les exorcismes avaient été indiqués pour le soir, au lieu d'être indiqués comme d'habitude pour le matin, et que la nuit, heure favorable aux illusions, commençait à s'avancer, il vint à l'idée de plusieurs incrédules que Behérit n'avait demandé un quart d'heure que pour avoir le temps d'opérer aux flambeaux, dont la lumière rend toute magie facile ; ils remarquèrent en outre que M. de Laubardemont s'était placé sur une chaise assez éloignée des autres personnes, et justement au-dessous d'une des voûtes de l'église, au milieu de laquelle était pratiqué un trou pour passer la corde de la cloche. Ils quittèrent alors l'église, et, montant dans le clocher, ils se cachèrent dans un coin du plancher supérieur ; ils y étaient à peine depuis quelques instants qu'ils virent s'approcher un homme qui commença à travailler à quelque chose ; ils l'entourèrent aussitôt, et lui saisirent dans les mains un long crin au bout duquel était attaché un petit hameçon ; l'homme surpris lâcha sa ligne et se sauva. Il en résulta que quoique M. de Laubardemont, les exorcistes et toute l'assemblée s'attendissent à chaque instant à voir enlever la calotte, elle n'en resta pas moins sur la tête du juge, à la grande confusion du père Lactance, qui, ne sachant pas ce qui était arrivé, et croyant à un retard et non à un empêchement, adjura trois ou quatre fois Behérit de remplir la promesse qu'il avait faite, et à laquelle il fut contraint de manquer.

Cette séance du 4 mai était une séance malheureuse; jusque-là rien n'avait réussi, et jamais les diables n'avaient été si complétement maladroits. Heureusement, les exorcistes paraissaient certains de leur dernier tour ; il consistait à faire échapper la religieuse des mains de six hommes choisis parmi les plus forts, et qui tâcheraient en vain de la maintenir : en conséquence, deux carmes et deux capucins se mirent en quête dans l'assemblée, et ramenèrent dans le chœur six manières d'hercules choisis parmi les portefaix et les commissionnaires de la ville.

Cette fois, le diable prouva que s'il n'était pas adroit, il était au moins vigoureux ; car, quoique maintenue sur son matelas par ces six hommes, la supérieure, après quelques exorcismes, entra dans des convulsions si terribles, qu'elle s'échappa de leurs mains, et que l'un de ceux qui essayaient de la contenir fut même renversé ; renouvelée trois fois, cette expérience réussit trois fois ; et la croyance commençait à redescendre sur l'assemblée, lorsqu'un médecin de Saumur nommé Duncan, se doutant qu'il y avait là-dessous quelque compérage, s'avança dans le chœur, ordonna aux six hommes de s'éloigner, et déclara qu'il allait maintenir seul la supérieure, et que si elle s'échappait de ses mains, il promettait de faire en face de tous amende honorable de son incrédutité. M. de Laubardemont voulut alors s'opposer à cet essai, en traitant Duncan de mondain et d'athée ; mais, comme c'était un homme très-estimé par sa science et sa probité, il s'éleva dans l'auditoire un si grand tumulte à l'occasion de cette défense, que force fut aux exorcistes de le laisser faire. On débarrassa donc le chœur des six portefaix, qui, au lieu d'aller reprendre leur place dans l'église, sortirent par la sacristie, et Duncan s'avançant jusqu'au lit où s'était recouchée la supérieure, la saisit par le poignet, et s'étant assuré qu'il la tenait bien, il dit aux exorcistes qu'ils pouvaient commencer.

Jamais jusques alors on n'avait vu la lutte entre l'opinion générale et les intérêts particuliers de quelques-uns ainsi engagée face à face ; aussi un profond silence régna-t-il dans cette assemblée, qui demeura immobile et les yeux fixés dans l'attente de ce qui allait se passer.

Au bout d'un instant, le père Lactance prononça les paroles sacrées, et la supérieure tomba en convulsion ; mais, cette fois, il paraît que Duncan avait plus de force à lui seul que les six hommes qui l'avaient précédé ; car la religieuse eut beau bondir, se cambrer et se tordre, son bras n'en resta pas moins captif dans la main de Duncan ; enfin, épuisée, elle retomba sur son lit, en disant : — Je ne puis, — je ne puis, — il me tient.

A ces mots, il se leva de sa chaise au milieu d'un tumulte terrible, et toute l'assemblée se retira en désordre, comme si elle sortait non pas d'une église, mais d'un théâtre.

Le mauvais succès de cette séance fit qu'il ne se passa rien de bien remarquable pendant quelques jours ; il en résulta qu'un grand nombre de gentilshommes et de personnes de qualité qui étaient venus à Loudun dans l'attente de choses miraculeuses, voyant qu'on ne leur en montrait que de fort ordinaires, et encore assez mal organisées, commencèrent à penser que ce n'était pas la peine d'y demeurer plus longtemps, et se mirent à faire retraite : c'est ce dont se plaint le père Tranquille, l'un des exorcistes, dans un petit volume qu'il a publié sur cet événement. — « Plusieurs, dit-il, étant venus voir les merveilles de Loudun, et ayant trouvé que les diables ne leur avaient point donné des signes tels qu'ils en demandaient, s'en sont allés mécontents et ont accru le nombre des incrédules. » — Il fut donc résolu, pour combattre cette désertion, que l'on ferait paraître quelque grand événement qui réveillerait la curiosité et ranimerait la foi ; en conséquence, le père Lactance publia que le 20 mai, trois des sept démons qui possédaient la supérieure sortiraient en faisant trois plaies au côté gauche, et autant de trous à sa chemise, à son corps de jupe et à sa robe : ces trois diables étaient Asmodée, Gresil des Trônes et Aman des Puissances. On ajouta que la supérieure aurait les mains liées derrière le dos lorsque ces plaies lui seraient faites.

Le jour arrivé, l'église de Sainte-Croix s'encombra de curieux, désireux de connaître si cette fois les diables tiendraient mieux leur parole qu'ils n'avaient fait en la dernière séance. Alors on invita les médecins à s'approcher de la supérieure et à examiner son côté, le corps de sa jupe, sa chemise et sa robe : comme au nombre de ces médecins s'était présenté Duncan, et qu'on n'osa point le récuser, malgré la haine que l'on avait conçue contre lui, et dont il eût ressenti les effets s'il n'eût été spécialement protégé par le maréchal de Brezé, il n'y avait pas moyen d'en imposer

Lagrange l'arrêta au nom du roi. — Page 246.

— Lâchez-lui donc le bras, s'écria alors le père Lactance furieux, — car comment se feront les convulsions, si vous la tenez ?

— Si c'est un démon qui la possède réellement, répondit Duncan à voix haute, il doit être plus fort que moi, puisque le rituel, au nombre des marques de la possession, indique des forces au-dessus de l'âge, au-dessus de la condition, au-dessus de la nature.

— C'est mal argumenté, reprit aigrement Lactance : en effet, un démon hors du corps est plus fort que vous ; mais étant dans un corps faible tel qu'est celui-ci, il est impossible qu'il soit aussi fort que vous, car ses actions naturelles sont proportionnées aux forces du corps qu'il possède.

— Assez, assez, dit M. de Laubardemont, nous ne sommes pas venus ici pour argumenter avec des philosophes, mais pour édifier des chrétiens.

au public. Les médecins examinèrent donc la supérieure, et firent leur rapport conçu en ces termes : Qu'ils n'avaient trouvé aucune plaie sur son côté, aucune solution de continuité dans ses vêtements, ni aucun fer tranchant dans les replis de ses robes. Après cette perquisition, le père Lactance l'interrogea près de deux heures en français, et les réponses se firent dans la même langue ; puis il passa des demandes aux adjurations ; alors Duncan s'avança, et dit que l'on avait promis que la supérieure aurait les mains liées derrière le dos, pour ôter tout soupçon de dol et de fraude, et que le moment était venu de tenir cette promesse. Le père Lactance reconnut la justice de cette réclamation ; mais il remontra en même temps que comme il y avait dans l'assemblée beaucoup de gens qui n'avaient pas vu les convulsions où les possédées tombaient, il était juste que, pour leur satisfaction, on exorcisât la supérieure avant de la lier : en conséquence, il recommença les exorcismes, et aussitôt la supérieure tomba dans des convulsions épouvantables, qui, avoir duré quelques minutes, finirent par une prostration complète. Alors la possédée tomba la face contre terre, se tournant sur le bras et sur le côté gauche, demeurant ainsi immobile pendant quelques instants, après lesquels elle poussa un léger cri suivi d'un gémissement. Les médecins s'avancèrent aussitôt vers elle, et Duncan, voyant qu'elle retirait sa main droite de son côté gauche, la saisit par le bras, et s'aperçut qu'elle avait le bout des doigts ensanglanté ; il porta aussitôt les yeux et les mains sur ses vêtements et sur son corps, et trouva la robe de la supérieure percée en deux endroits, et son corps de jupe et sa chemise en trois endroits : les trous étaient de la longueur d'un doigt en travers. Les médecins trouvèrent aussi la peau percée à trois places au-dessous de la mamelle gauche ; les plaies étaient si légères, qu'elles ne traversaient qu'à peine la peau ; celle du milieu était de la grandeur d'un grain d'orge ; cependant il était sorti du sang de toutes les trois en assez grande quantité pour que la chemise en fût teinte.

Cette fois, la supercherie était si grossière, que Laubardemont lui-même parut en avoir quelque confusion, à cause du nombre et de la qualité des spectateurs ; aussi ne voulut-il pas permettre aux médecins de joindre à leurs attestations le jugement qu'ils faisaient des causes efficientes et instrumentales de ces trois plaies ; mais Grandier protesta dans un *factum* qu'il rédigea dans la nuit, et qui fut distribué le lendemain. — Il faisait observer :

« Que si la supérieure n'eût point gémi, les médecins ne l'auraient pas dépouillée, et qu'ils auraient souffert qu'on la liât, ne s'imaginant point que les plaies étaient déjà faites ; qu'alors l'exorciste aurait commandé aux trois démons de sortir, et de faire les signes qu'ils avaient promis ; que la supérieure aurait alors fait les plus étranges contorsions dont elle était capable et aurait eu une longue convulsion, à l'issue de laquelle elle aurait été délivrée, et les plaies se seraient trouvées sur son corps ; mais que ses gémissements, qui l'avaient trahie, avaient rompu, par la permission de Dieu, toutes les mesures les mieux concertées par les hommes et par les diables. Pourquoi pensez-vous, ajoutait-il, qu'ils aient choisi pour signe des blessures pareilles à celles qui se font avec un fer tranchant, puisque les diables ont accoutumé de faire des plaies qui ressemblent à celles de la brûlure ? N'est-ce pas parce qu'il était plus aisé à la supérieure de cacher un fer et de s'en blesser légèrement, que de cacher du feu et de s'en faire une brûlure ? Pourquoi pensez-vous qu'ils aient choisi le côté gauche plutôt que le front ou le nez, sinon parce qu'elle n'aurait pu se blesser au front ou au nez, sans exposer son action aux yeux de toute l'assemblée ? Pourquoi auraient-ils choisi le côté gauche plutôt que le droit, sinon qu'il était plus aisé à la main droite, dont la supérieure se servait, de s'étendre sur le côté gauche que d'opérer sur le droit ? Pourquoi s'est-elle penchée sur le bras et sur le côté gauche, sinon afin que cette posture, dans laquelle elle demeura assez longtemps, lui facilitât le moyen de cacher aux yeux des spectateurs le fer dont elle se blessait ? D'où pensez-vous que vint ce gémissement qu'elle poussa, malgré toute sa constance, sinon du sentiment du mal qu'elle se fit à elle-même, les plus courageux ne pouvant s'empêcher de frémir lorsque le chirurgien leur fait une saignée ? Pourquoi les bouts de ses doigts ont-ils paru sanglants, sinon parce qu'ils ont manié le fer qui a fait les plaies ? Qui ne voit que ce fer ayant été très-petit, il a été impossible d'éviter que les doigts qui s'en sont servis n'aient été rougis du sang qu'il a fait couler ? D'où vient enfin que ces plaies ont été si légères, qu'elles n'ont passé la première peau qu'à toute peine, lorsqu'au contraire les démons ont accoutumé de rompre et de déchirer les démoniaques quand ils se retirent, sinon de ce que la supérieure ne se baissait point assez elle-même pour se faire des plaies profondes et dangereuses ? »

Malgré cette protestation si logique d'Urbain Grandier, et la supercherie si visible des exorcistes, M. de Laubardemont n'en dressa pas moins procès-verbal de l'expulsion des trois démons, Asmodée, Grésil et Aman, du corps de sœur Jeanne des Anges par trois plaies faites au-dessous de la région du cœur, procès-verbal qui fut effrontément produit contre Grandier, et dont la minute existe encore comme un monument, non pas même de crédulité et de superstition, mais de haine et de vengeance. De son côté, le père Lactance, pour dissiper les soupçons qu'avait fait naître parmi les spectateurs le prétendu miracle de la veille, demanda le lendemain à Balaam, l'un des quatre démons qui étaient restés dans le corps de la supérieure, pourquoi Asmodée et ses deux compagnons s'en étaient allés, contre leur promesse, tandis que le visage et les mains de la supérieure étaient cachés aux yeux du peuple.

— C'est, répondit Balaam, pour en entretenir plusieurs dans l'incrédulité. — De son côté, le père Tranquille raille les mécontents avec toute la légèreté d'esprit d'un capucin, dans un petit livre qu'il a publié sur toute cette affaire. — « Certes ils avaient sujet, dit-il, de s'offenser du peu de civilité et de courtoisie de ces démons, qui n'avaient pas eu égard à leur mérite et à la qualité de leurs personnes ; mais si la plupart de ces gens-là eussent recherché leur conscience, peut-être eussent-ils trouvé que la cause de leur mécontentement venait de cette part, et qu'ils devaient plutôt s'irriter contre eux-mêmes par une bonne pénitence, et non pas apporter des yeux curieux et une conscience vicieuse, pour s'en retourner incrédules. »

Il ne se passa rien de remarquable depuis le 20 de mai jusqu'au 13 juin, jour qui fut célèbre par le vomissement d'un tuyau de plume de la longueur d'un doigt, que la supérieure rendit. Ce fut sans doute ce nouveau miracle qui détermina l'évêque de Poitiers à se rendre lui-même à Loudun, non pas, dit-il à ceux qui allèrent le saluer en arrivant, pour prendre connaissance de la vérité de la possession, mais pour la faire croire à ceux qui en doutaient encore, et pour y découvrir les écoles de magie, tant d'hommes que de femmes, qu'y avait établies Urbain. Alors on commença de publier parmi le peuple, qu'il fallait croire à la possession, puisque le roi, le cardinal-duc et l'évêque y croyaient, et qu'on ne pouvait en douter sans se rendre criminel de lèse-majesté divine et humaine, c' sans s'exposer, en qualité de complice de Grandier, aux coups de la sanglante justice de Laubardemont. « C'est ce qui nous fait dire avec assurance, écrivit alors le père Tranquille, que cette entreprise est l'œuvre de Dieu, puisque c'est l'œuvre du roi. »

L'arrivée de l'évêque amena une nouvelle séance : un témoin oculaire, bon catholique et croyant fermement à la possession, en a laissé une relation manuscrite plus curieuse que toutes celles que nous pourrions rédiger nous-mêmes. Nous allons donc la mettre textuellement sous les yeux du lecteur.

« Le vendredi 23 de juin 1634, veille de la Saint-Jean, sur les trois heures de l'après-midi, monseigneur de Poitiers et M. de Laubardemont étant à l'église de Sainte-Croix de Loudun, pour continuer les exorcismes des religieuses Ursulines, de l'ordre de M. de Laubardemont, commissaire, fut amené de la prison en ladite église Urbain Grandier, prêtre curé, accusé et dénommé magicien par lesdites religieuses possédées ; auquel Urbain Grandier furent produits par ledit sieur commissaire quatre pactes (1) rapportés à diverses fois aux précédents exorcismes par lesdites possédées, que les diables qui les possédaient disaient avoir faits avec ledit Grandier pour plusieurs fois, mais particulièrement rendu par Léviathan, le samedi 17 du présent mois, composé de la chair du cœur d'un enfant, prise en un sabbat à Orléans, en 1631, de la cendre d'une hostie brûlée, du sang et de la.....(2) dudit Grandier, par lequel Léviathan dit avoir entré au corps de sœur Jeanne des Anges, supérieure desdites religieuses, et l'avoir possédée avec ses adjoints Béhérit, Eazas et Balaam, et ce fut le 8 de décembre 1632. L'autre composé de graines d'oranges de Grenade, rendues par Asmodée, alors possédant la sœur Agnès, le jeudi 22 du présent mois ; fait entre ledit Grandier, Asmodée, et quantité d'autres diables, pour empêcher l'effet des promesses de Béhérit, qui avait promis, pour signe de sa sortie, d'enlever la calotte du sieur commissaire de la hauteur de deux piques, l'espace d'un *Miserere*. Tous lesquels pactes représentés audit Grandier, il a dit, sans en être aucunement étonné, mais avec une résolution constante et généreuse, ne savoir en aucune façon ce que c'était que ces pactes, ne les avoir jamais faits ni ne connaître point d'art capable de telles choses ; n'avoir jamais eu communication avec les diables, et ignorer complètement ce qu'on lui disait : dont fut fait procès-verbal qu'il signa.

» Cela fait, on amena toutes lesdites religieuses possédées, au nombre de onze ou douze, compris trois filles séculières, aussi possédées, dans le chœur de ladite église, accompagnées de quantité de religieux carmes, capucins et récollets, de trois médecins et d'un chirurgien ; lesquelles, à leur entrée, firent quelques gaillardises, appelant ledit Grandier leur maître et lui témoignant allégresse de le voir. Alors, le père Lactance, Gabriel, récollet, et l'un des exorcistes, exhorta toute l'assistance d'élever son cœur à Dieu avec une ferveur extraordinaire, de produire des actes de douleur, des offenses faites contre cette adorable majesté, et de lui demander que tant de péchés ne missent point obstacle aux desseins que sa providence avait pour sa gloire en cette occasion, et pour marque extérieure de la contrition interne, de dire le *Confiteor*, pour recevoir la bénédiction de monseigneur l'évêque de Poitiers. Ce qui ayant été fait, il continua de dire que l'affaire dont il s'agissait était de si grand poids et tellement importante aux vérités de l'Église catholique romaine, que cette seule considération devait servir de motif pour exciter la dévotion, et que d'ailleurs le mal de ces pauvres filles était si étrange, après avoir été si long, que la charité obligeait tous ceux qui avaient droit de travailler à leur délivrance et à l'expulsion des démons d'employer l'efficace de leur caractère pour un si digne sujet, par les exorcismes que l'Église prescrit aux pasteurs : et adressant la parole audit Grandier, il lui dit, qu'étant de ce nombre par l'onction sacrée de prêtrise, il devait y contribuer de tout son pouvoir et de tout son zèle, s'il plaisait à monseigneur l'évêque de lui en donner la permission et de commuer la suspension en autorité. Ce que ledit sieur évêque ayant concédé, le père récollet présenta une étole à Grandier, lequel, s'étant retourné vers monseigneur de Poitiers, lui demanda s'il lui permettait de la prendre : à quoi ayant répondu que oui, il se mit ladite étole au cou, et alors le père récollet lui présenta un rituel, qu'il demanda permission de prendre audit sieur évêque, comme ci-dessus, et reçut sa bénédiction, se prosternant à ses pieds pour les baiser, sur quoi, le *Veni creator Spiritus* ayant été chanté, il se leva et adressa la parole à monseigneur de Poitiers, et lui dit : *Monseigneur, qui dois-je exorciser ?* A quoi lui ayant été répondu par ledit évêque : *Ces filles,* il continua, et dit : *Quelles filles ?* A quoi il lui fut répondu : *Ces filles possédées.* — Tellement, dit-il, monseigneur, que je suis donc forcé de croire la possession. L'Église la croit ; je la crois donc aussi, quoique j'estime qu'un magicien ne peut faire posséder un chrétien sans son consentement. — Lors quelques-uns s'écrièrent qu'il était hérétique d'avancer cette croyance ; que cette vérité était indubitable, reçue unanimement dans toute l'Église, approuvée par la Sorbonne. Sur quoi il répondit qu'il n'avait point d'opinion déterminée là-dessus ; que c'était seulement sa pensée ; qu'en tout cas, il se soumettait à l'opinion du tout, dont il n'était qu'un membre, et que jamais personne ne fut hérétique pour avoir eu des doutes, mais pour y avoir persévéré opiniâtrement, et que ce qu'il avait proposé audit sieur évêque était pour être assuré par sa bouche qu'il n'abuserait point de l'autorité de l'Église. Et lui ayant été amenée par le père récollet la sœur Catherine, comme la plus ignorante de toutes et la moins soupçonnée d'entendre le latin, il commença l'exorcisme en la forme prescrite par le Rituel. Mais au moment de l'interrogatoire, il ne put y procéder, parce que les autres religieuses furent alors travaillées par les démons, et firent force cris étranges et horribles ; et entre autres la sœur Claire, qui s'avança vers lui, lui reprochant son aveuglement et son opiniâtreté, si bien qu'en cette altercation il fut forcé de quitter cette autre possédée qu'il avait entreprise, et adressa ses paroles à ladite sœur Claire, qui pendant tout le temps de l'exorcisme ne fit que parler à tort et à travers, sans aucune attention aux paroles de Grandier, qui furent encore interrompues par la mère supérieure, qu'il entreprit, laissant ladite sœur Claire. Mais il est à noter qu'auparavant que de l'exorciser, il lui dit, parlant en latin, comme il avait presque toujours fait, que, pour elle, il savait qu'elle entendait le latin, et qu'il voulait l'interroger en grec. A quoi le diable répondit par la bouche de la possédée : — Ah ! que tu es fin ! tu sais bien que c'est une des premières conditions du pacte fait entre toi et nous, de ne répondre point en grec. Ce à quoi il s'écria : *O pulchra illusio, egregia evasio !* O belle illusion, excellente défaite ! Et lors, il lui fut dit qu'on lui permettait d'exorciser en grec, pourvu qu'il écrivît premièrement ce qu'il voudrait dire. Ladite possédée offrit néanmoins de lui répondre en telle langue qu'il voudrait ; mais cela ne se put faire, car dès qu'il voulut commencer, toutes les religieuses recommencèrent leurs cris et leurs rages avec des désespoirs non pareils, des convulsions fort étranges et toutes différentes, persistant d'accuser ledit Grandier de la magie et du maléfice qui les travaillait, s'offrant de lui rompre le cou si on voulait le leur permettre, faisant toutes sortes d'efforts pour l'outrager ; ce qui fut empêché par les défenses de l'Église, et par les prêtres et religieux là présents, travaillant extraordinairement à réprimer la fureur dont toutes étaient agitées. Lui, cependant, demeura sans aucun trouble ni émotion, regardant fixement lesdites possédées, protestant de son innocence et priant Dieu d'en être le protecteur. Et s'adressant à monseigneur l'évêque et à M. de Laubardemont, il leur dit qu'il implorait l'autorité ecclésiastique et royale, dont ils étaient les ministres, pour commander à ces démons de lui rompre le cou, ou du moins de lui faire une marque visible au front, au cas qu'il fût l'auteur du crime dont il était accusé, afin que par là la gloire de Dieu fût manifestée, l'autorité de l'Église exaltée, et lui confondu, pourvu toutefois que ces filles ne le touchassent point de leurs mains, ce qu'ils ne voulurent point permettre, tant pour n'être point cause du mal qui aurait pu lui en arriver, que pour n'exposer point l'autorité de l'Église aux ruses des démons, qui pouvaient avoir contracté quelque pacte sur ce sujet avec ledit Grandier. Alors les exorcistes, au nombre de huit, ayant commandé le silence aux diables et de cesser les désordres qu'ils faisaient, on fit apporter du feu sur un réchaud, dans lequel on jeta tous ces pactes les uns après les autres ; et alors les premiers assauts redoublèrent avec des violences et des confusions si horribles, et des cris si furieux, des postures si épouvantables, que cette assemblée pouvait passer pour un sabbat, sans la sainteté du lieu où elle était et la qualité des personnes qui la composaient, dont le moins étonné de tous, du moins à l'extérieur, était ledit Grandier, quoiqu'il en eût plus de sujet qu'un autre. Les diables continuaient leurs accusations, lui citant les lieux, les heures, les jours de leurs communications avec lui ; ses premiers maléfices, ses scandales, son insensibilité, ses renoncements faits à la foi et à Dieu ; à quoi il repartit avec assurance qu'il démentait toutes ces calomnies, d'autant plus injustes qu'elles étaient éloignées de sa profession ; qu'il renonçait à Satan et à tous les diables ; qu'il ne les connaissait point, et qu'il les appréhendait encore moins ; que malgré eux il était chrétien, et, de plus, personne sacrée ; qu'il se confiait en Dieu et en Jésus-Christ, quoique grand pécheur du reste ; mais néanmoins, qu'il n'avait jamais donné lieu à ces abominations, et qu'on ne lui en saurait donner de témoignage pertinent et authentique.

» Ici, il est impossible que le discours exprime ce qui tomba sous les sens : les yeux et les oreilles reçurent l'expression de tant de furies, qu'il ne s'est jamais rien vu de semblable, et à moins que d'être accoutumé à de si funestes spectacles, comme sont ceux qui sacrifient aux démons, il n'y a point d'esprit qui eût pu retenir la liberté contre l'étonnement et l'horreur que cette action produisait. Grandier seul, au milieu de tout cela, demeurait toujours lui-même, c'est-à-dire insensible à tant de prodiges, chantant les hymnes du Seigneur avec le reste du peuple, assuré comme s'il eût eu des légions d'anges pour sa garde ; et de fait, l'un de ces démons cria que Béelzébub était alors entre lui et le père Tranquille, capucin ; et sur ce qu'il dit, en s'adressant au démon, — *Obmutescas,* — tais-toi, ledit diable commença de jurer que c'était là le mot du guet, mais qu'ils étaient forcés de tout dire, parce que Dieu était incomparablement plus fort que tout l'enfer ; si bien que tous voulurent se jeter sur lui, s'offrant de le déchirer, de montrer ses marques et de l'étrangler, quoiqu'il fût leur maître ; sur quoi il prit l'occasion de leur dire qu'il n'était leur maître ni leur valet, et que c'était incroyable qu'une même confession le publiât leur maître, et s'offrit de l'étrangler ; et alors les filles étant entrées en frénésie, et lui ayant jeté leurs pantoufles à la tête : — Allons, dit-il en souriant, voilà les diables qui se déferrent d'eux-mêmes. — Enfin ces violences et ces rages crûrent à un tel point, que, sans le secours et l'empêchement des personnes qui étaient au chœur, l'auteur de ce spectacle y aurait infailliblement fini sa vie, et tout ce que l'on put faire fut de le faire sortir de ladite église et de l'ôter aux fureurs qui le menaçaient. Ainsi il fut reconduit dans sa prison vers les six heures du soir, et le reste du jour fut employé à remettre l'esprit de ces pauvres filles hors de la possession des diables, ce à quoi il n'y eut pas peu de peine.

Tout le monde ne jugea pas les possédées avec la même indulgence que l'auteur de la relation que nous venons de citer, et beaucoup virent dans cette scène de cris et de convulsions, une infâme et sacrilège orgie de vengeance : aussi en parlait-on si diversement, que le 2 juillet suivant on vit afficher à tous les coins des rues, et l'on entendit publier dans tous les carrefours l'ordonnance suivante :

« Il est très-expressément défendu à toutes personnes, de quelques qualité et condition qu'elles soient, de médire ni autrement entreprendre de parler contre les religieuses et autres personnes de Loudun affligées des malins esprits, leurs exorcistes, ni ceux qui les assistent, soit aux lieux où elles sont exorcisées ou ailleurs, en quelque façon et manière que ce soit, à peine de dix mille livres d'amende, et autre plus grande somme et punition corporelle, si le cas y échoit ; et afin qu'on n'en prétende cause d'ignorance, sera la présente ordonnance lue et publiée aujourd'hui et au prône des églises paroissiales de cette ville, et affichée tant aux portes d'icelles que partout ailleurs où besoin sera.

» Fait à Loudun, le 2 de juillet 1634. »

Cette publication fut toute-puissante sur les mondains, et à compter de ce moment, s'ils n'en crurent pas davantage, ils n'osèrent du moins avouer hautement leur incrédulité ; mais alors, à la honte des juges, ce furent les religieuses elles-mêmes qui se repentirent ; car le lendemain de la scène impie que nous avons racontée au moment où le père Lactance commençait à exorciser la sœur Claire dans l'église du château, elle se leva toute pleurante, et se tournant vers le public, pour être entendue de tous, elle commença par prendre le ciel à témoin que, cette fois, elle allait dire la vérité ; et alors elle avoua que tout ce qu'elle avait dit depuis quinze jours contre le malheureux Grandier n'était que calomnie et imposture, et que tout ce qu'elle avait fait n'était que par la suggestion du récollet, de Mignon et des Carmes. Mais le père Lactance ne se laissa point intimider pour si peu, et répondit à la sœur Claire que ce qu'elle disait là était une ruse du démon pour sauver son maître Grandier. Alors la religieuse fit un énergique appel à M. de Laubardemont et à M. de Poitiers, demandant à être séquestrée et remise aux mains d'autres ecclésiastiques que ceux qui avaient perdu son âme en lui faisant faire un faux témoignage contre un innocent ; mais l'évêque de Poitiers et M. de Laubardemont ne firent que rire de cette ruse du diable, et ordonnèrent qu'elle serait à l'instant même reconduite en la maison qu'elle occupait. En entendant cet ordre, la sœur Claire s'élança hors du chœur pour fuir par la porte de l'église, adjurant ceux qui étaient présents de venir à son secours et de la sauver de la damnation éternelle. Mais nul n'osa faire un pas, tant la terrible ordonnance avait porté ses fruits : la sœur Claire fut reprise, malgré ses cris, et reconduite, pour n'en plus sortir, dans la maison où elle était séquestrée.

Le lendemain, il se passa une scène plus étrange encore : tandis que M. de Laubardemont interrogeait une religieuse, la supérieure descendit dans la cour, nu-pieds, en chemise et la corde au cou, et là, par un orage épouvantable, elle resta deux heures, sans craindre ni éclair, ni pluie, ni tonnerre, attendant que M. de Laubardemont et les autres juges sortissent. Enfin la porte du parloir s'ouvrit, le commissaire royal parut ; et alors la sœur Jeanne des Anges, s'agenouillant devant lui, déclara qu'elle ne se sentait pas la force de jouer plus longtemps l'horrible rôle qu'on lui avait fait apprendre, et que devant Dieu et devant les hommes elle déclarait Urbain Grandier innocent, disant que toute la haine qu'elle et ses compagnes lui portaient venait des désirs charnels que sa beauté leur avait inspirés, et que la reclusion du cloître rendait plus ardents encore. M. de Laubardemont la menaça de toute sa colère ; mais elle répondit, en pleurant amèrement, que c'était sa faute qu'elle craignait et non pas autre chose, attendu que, si miséricordieux que fût le Seigneur, elle jugeait elle-même son crime trop grand pour être jamais pardonné. Alors M. de Laubardemont s'écria que c'était le démon qu'elle avait en elle qui parlait ainsi ; mais elle répondit qu'elle n'avait jamais été possédée d'autre démon que du démon de la vengeance, et que celui-là, c'étaient ses mauvaises pensées, et non un pacte magique, qui le lui avaient mis au corps.

A ces paroles, elle se retira lentement et toujours pleurante, et s'en alla au jardin, où, attachant la corde qu'elle avait au cou à la branche d'un arbre, elle se pendit ; mais des religieuses qui l'avaient suivie accoururent à temps, et la soulevèrent avant qu'elle fût étranglée.

Le même jour, ordre fut donné pour elle, comme pour la sœur Claire de Sazilly, de la tenir dans la réclusion la plus sévère : sa qualité de parente de M. de Laubardemont n'ayant pu, vu l'importance de la faute, adoucir sa punition.

Il n'y avait plus moyen de continuer les exorcismes : l'exemple de la supérieure et de la sœur Claire pouvait être suivi par les autres religieuses, et alors tout était perdu ; d'ailleurs, Urbain Grandier n'était-il pas bien et dûment convaincu ? On déclara donc que l'instruction était suffisante, les juges allaient résumer l'affaire et procéder à l'arrêt.

Tant de procédures irrégulières et violentes, tant de dénis de justice, tant de refus d'écouter les témoins et ses défenses, convainquirent enfin Grandier que sa perte était résolue, puisque les choses étaient tellement avancées et publiques, qu'il fallait qu'il fût puni comme sorcier et magicien, ou qu'un commissaire royal et un évêque, un couvent tout entier de religieuses, plusieurs moines appartenant à plusieurs ordres, des juges de qualité et des laïques de nom et de naissance, fussent exposés aux peines portées contre les calomniateurs ; mais cette conviction augmenta sa résignation sans lui ôter son courage, et pensant qu'il était de son devoir, comme homme et comme chrétien, de défendre sa vie et son honneur jusqu'au bout, il publia un factum portant pour titre : *Fins en conclusions absolutoires*, qu'il fit remettre à ses juges. C'était un résumé grave et impartial de toute l'affaire, comme aurait pu l'écrire un étranger, et qui commençait par ces paroles :

« Je vous supplie, en toute humilité, de considérer mûrement et avec attention ce que le prophète dit au psaume LXXXII, psaume qui contient une très-sainte remontrance d'exercer vos charges en toute droiture, attendu qu'étant hommes mortels, vous aurez à comparaître devant Dieu, souverain juge du monde, pour lui rendre compte de votre administration : cet oint de Dieu parle aujourd'hui à vous, qui êtes assis pour juger, et vous dit : Dieu assiste en l'assemblée du Dieu fort ; il est juge au milieu des juges : jusques à quand aurez-vous égard à l'apparence de la personne du méchant ? Faites droit au faible et à l'orphelin ; faites justice à l'affligé et au pauvre ; secourez le chétif et le souffreteux, et le délivrez de la main des méchants : vous êtes dieux et enfants du souverain : toutefois vous mourrez comme hommes. Et vous, qui êtes les principaux, vous tomberez comme les autres. »

Ce plaidoyer, tout plein d'évidence et de dignité qu'il était, n'eut aucune influence sur les commissaires, qui, le 18 août au matin, rendirent au couvent des Carmes, lieu de leur assemblée, l'arrêt suiva :

« Avons déclaré et déclarons ledit Urbain Grandier dûment atteint et convaincu du crime de magie, maléfices et possessions arrivés par son fait ès-personnes d'aucunes religieuses Ursulines de cette ville de Loudun et autres séculières : ensemble des autres cas et crimes résultant d'icelui, pour réparation duquel avons icelui Grandier condamné et condamnons à faire amende honorable, nu-tête, la corde au cou, tenant en main une torche ardente du poids de deux livres, devant la principale porte de l'église Saint-Pierre du Marché, et devant celle de Sainte-Ursule de cette ville, et là, à genoux, demander pardon à Dieu et au roi, et à la justice, et ce fait, être conduit à la place publique de Sainte-Croix pour y être attaché à un poteau sur un bûcher, qui, à cet effet, sera dressé audit lieu, et y être son corps brûlé vif avec les pactes et caractères magiques restant au greffe, ensemble le livre manuscrit par lui composé contre le célibat des prêtres, et ses cendres jetées au vent. Avons déclaré et déclarons tous et chacun ses biens acquis et confisqués au roi, sur eux préalablement pris la somme de cent cinquante livres, pour être employée à l'achat d'une lame de cuivre, en laquelle sera gravé le présent arrêt par extrait, et icelle exposée dans un lieu éminent de ladite église des Ursulines, pour y demeurer à perpétuité, et auparavant que d'être procédé à l'exécution du présent arrêt, ordonnons que ledit Grandier sera appliqué à la question ordinaire et extraordinaire, sur le chef de ses complices.

« Prononcée à Loudun audit Grandier, le 18 d'août 1634. »

Le matin du jour où ce jugement fut rendu, M. de Laubardemont fit prendre chez lui, comme un prisonnier, quoique cependant il fût prêt à obéir volontairement, le chirurgien François Fourneau, et le fit conduire à la prison où était Grandier. En arrivant dans la pièce à côté, il entendit la voix de l'accusé qui disait : — Que veux-tu de moi, infâme bourreau ? es-tu venu pour me tuer ? Tu sais les cruautés que tu as exercées sur mon corps ? Eh bien ! continue, je suis prêt à mourir. — Alors il entra, et vit que ces paroles étaient adressées au chirurgien Mannouri.

Un des exempts du grand prévôt de l'hôtel, que M. de Laubardemont faisait appeler exempt des gardes du roi, ordonna aussitôt au nouvel arrivant de raser Grandier, et de lui ôter tout le poil qu'il avait sur la tête, au visage et sur les autres parties du corps : c'était une formalité employée dans les affaires de magie, afin de ne point laisser au diable d'endroit où se réfugier ; car on pensait que si on lui en laissait un seul, il pouvait rendre le patient insensible aux douleurs de la torture. Urbain comprit ainsi que l'arrêt était rendu et qu'il était condamné.

Fourneau, après avoir salué Grandier, se mit aussitôt en devoir de faire ce qui lui était ordonné ; alors un juge dit que ce n'était pas le tout que de raser le corps du condamné, mais qu'il lui fallait arracher les ongles, de peur que le diable ne se réfugiât sous la corne qui les compose. Grandier regarda cet homme avec une expression de charité indéfinissable, et tendit les mains à Fourneau ; mais celui-ci les repoussa doucement, lui disant qu'il n'en ferait rien, en reçût-il l'ordre du cardinal-duc ; et en même temps il le pria de lui pardonner s'il mettait les mains sur lui pour le raser. A ces mots, Grandier, qui était habitué depuis si longtemps à l'inhumanité de tout ce qui l'entourait, se tourna vers le chirurgien les larmes aux yeux, en lui disant :

— Vous êtes donc le seul qui ayez pitié de moi ?

— Oh ! monsieur, répliqua Fourneau, c'est que vous ne voyez pas tout le monde.

Le chirurgien le rasa par tout le corps, mais ne lui trouva, comme nous l'avons dit, que deux signes, l'un au dos, l'autre à la cuisse : ces deux signes étaient fort sensibles, car ils étaient encore endoloris des blessures qu'y avait faites Mannouri. Ce point constaté par Fourneau, on rendit à Grandier non pas ses habits, mais de mauvais vêtements qui avaient déjà servi sans doute à quelque autre condamné.

Alors, quoique sa sentence eût été rendue au couvent des Carmes, il fut conduit par l'exempt du grand prévôt de l'hôtel avec deux de ses archers, par le prévôt de Loudun et son lieutenant, et par le prévôt de Chinon, dans un carrosse fermé, à l'hôtel de ville, où plusieurs dames de qualité, parmi lesquelles la dame de Laubardemont, curieuses d'assister à la lecture de la sentence, étaient assises avec les juges ; quant à Laubardemont, il était en la place ordinaire du greffier, et le greffier était debout devant lui ; des gardes et des soldats garnissaient toutes les avenues.

Avant que l'accusé fût introduit, le père Lactance et un autre récollet, qui l'avait accompagné, exorcisèrent le patient, afin que les diables eussent à le quitter ; puis ils entrèrent dans la salle, et exorcisèrent l'air, la terre *et les autres éléments ;* alors seulement Grandier fut amené à son tour.

Pendant quelque temps on le retint au bout de la salle pour donner le temps aux exorcismes de produire leur effet ; puis on le conduisit au delà de la barre, où on lui ordonna de se mettre à genoux. Grandier obéit, mais sans ôter son chapeau ni sa calotte, ayant les mains derrière le dos ; ce qui fit que le greffier arracha l'un et l'exempt l'autre, et les jetèrent aux pieds de Laubardemont. Alors le greffier, voyant qu'il avait les yeux fixés sur Laubardemont, comme attendant ce que celui-ci allait faire, lui dit : — Tourne-toi, malheureux, et adore le crucifix qui est sur le siège du juge. — Aussitôt Grandier se tourna sans murmure et avec une grande humilité, et levant les yeux au ciel, il demeura dix minutes à peu près dans une oraison mentale : cette oraison terminée, il reprit sa première posture.

Alors le greffier commença à lui lire son arrêt d'une voix tremblante, tandis qu'au contraire Grandier l'écoutait avec une grande constance et une merveilleuse tranquillité, quoique cet arrêt fût des plus terribles qui puissent être rendus, condamnant l'accusé à mourir le jour même après avoir reçu la question ordinaire et extraordinaire. Quand le greffier eut fini : — Messeigneurs, dit Grandier de la même voix dont il avait accoutumé de parler dans les autres circonstances, j'atteste Dieu le Père, le Fils, le Saint-Esprit et la Vierge, mon unique espérance, que je n'ai jamais été magicien, que je n'ai jamais commis de sacrilége, et que je ne connais point d'autre magie que celle de l'Écriture sainte, laquelle j'ai toujours prêchée, et que je n'ai jamais eu d'autre croyance que celle de notre sainte mère l'Église catholique, apostolique et romaine ; je renonce au diable et à ses pompes ; j'avoue mon Sauveur, et je le prie que le sang de sa croix me soit méritoire, et vous, messeigneurs, modérez, je vous prie, la rigueur de mon supplice, et ne mettez pas mon âme au désespoir !

A ces mots, espérant obtenir quelque chose du condamné par la crainte de la douleur, Laubardemont fit sortir les femmes et les curieux qui étaient au palais, et restant seul avec maître Houmain, lieutenant criminel d'Orléans, et les récollets, il dit à Grandier d'un ton fort sévère, qu'il n'y avait qu'un moyen pour lui d'obtenir quelque adoucissement à son arrêt, et que c'était en déclarant ses complices et en signant sa déclaration : à quoi Grandier répondit que n'ayant point commis de crime il ne pouvait avoir de complice. Alors Laubardemont ordonna que le patient fût conduit dans la chambre de la question, qui était attenante à celle du jugement : cet ordre fut exécuté à l'instant même.

La question en usage à Loudun était celle des brodequins, une des plus douloureuses de toutes : elle se donnait en mettant les deux jambes du patient entre quatre planches que l'on laçait avec des cordes, et en introduisant à coups de maillet des coins entre les deux planches du milieu ; la question ordinaire était de quatre coins, et la question extraordinaire était de huit : cette dernière ne se donnait en général qu'aux condamnés à mort, attendu qu'il était presque impossible d'y survivre, le patient, quand il sortait des mains du bourreau, ayant ordinairement les os des jambes broyés. M. de Laubardemont, de son autorité privée, et quoique cela ne se fût jamais fait, ajouta deux coins à la question extraordinaire ; de sorte qu'au lieu de huit, Grandier devait en subir dix.

Ce n'était pas le tout : le commissaire royal et les récollets se chargèrent d'être les bourreaux.

Laubardemont fit attacher Grandier en la façon accoutumée, lui fit lier les jambes entre les quatre planches, et lorsque cela fut fait, renvoya l'exécuteur et ses valets ; puis il se fit apporter par le gardien des instruments et des bois, les coins, qu'il trouva trop petits ; malheureusement il n'y en avait point d'autres, et quelque menace que fissent le commissaire et les moines au gardien, ils ne purent s'en procurer de plus gros ; ils s'informèrent alors combien de temps il faudrait pour en faire, le gardien demanda deux heures : c'était trop long, il fallut se contenter de ceux qu'on avait.

Alors commença le supplice. Le père Lactance, après avoir exorcisé les instruments de la torture, prit le maillet et enfonça le premier coin ; mais il ne put tirer une plainte de Grandier, qui, pendant ce temps, récita à demi-voix une prière ; il en prit alors un second, et à cette fois le patient, si plein de constance qu'il fût, ne put s'empêcher d'interrompre son oraison par deux gémissements ; à chaque fois le père Lactance frappa plus fort, en criant : *Dicas, dicas !* — Avoue, avoue !… — mot qu'il répéta avec tant de rage, pendant tout le temps de la torture, que le nom lui en resta, et que le peuple ne l'appela plus que le père *Dicas.*

Ce second coin enfoncé, Laubardemont présenta au patient un manuscrit contre le célibat des prêtres, et lui demanda s'il reconnaissait qu'il fût écrit de sa main ? Grandier dit que oui. Interrogé dans quel but il avait écrit ce livre, il répondit que c'était pour rendre le repos à une pauvre fille qu'il avait aimée, ainsi que le prouvaient ces deux vers qui étaient écrits à la fin :

> Si ton gentil esprit prend bien cette science,
> Tu mettras en repos ta bonne conscience.

Alors M. de Laubardemont demanda quel était le nom de cette fille ; mais Grandier répondit que ce nom ne sortirait jamais de sa bouche, nul ne le sachant que lui et Dieu.

Sur quoi, M. de Laubardemont ordonna au père Lactance d'enfoncer le troisième coin.

Pendant qu'il entrait sous les coups redoublés du père Lactance, qui accompagnait chaque coup du mot *dicas,* Grandier s'écria : — Oh ! mon Dieu ! vous me tuez, et pourtant je ne suis ni magicien ni sacrilége.

Au quatrième coin, Grandier s'évanouit, en disant : — Oh ! père Lactance ! est-ce là de la charité ? — Tout évanoui qu'il était, le père Lactance ne continua pas moins de frapper ; de sorte qu'après avoir perdu connaissance par la douleur, la douleur la lui fit reprendre.

Laubardemont profita de ce moment pour lui crier à son tour d'avouer ses crimes ; mais Grandier lui dit : — Je n'ai point commis de crimes, monsieur, mais seulement des fautes. Comme homme, j'ai abusé des voluptés de la chair ; mais je m'en suis confessé, j'en ai fait pénitence, et crois en avoir obtenu le pardon par mes prières ; et ne l'eussé-je point obtenu, j'espère qu'en faveur de ce que je souffre en ce moment, Dieu me l'accorderait.

Au cinquième coin, Grandier s'évanouit encore ; on le fit revenir en lui jetant de l'eau au visage ; alors, se tournant vers M. de Laubardemont : — Par grâce, lui dit-il, monsieur, faites-moi mourir tout de suite ; hélas ! je suis homme, et ne réponds pas, si vous continuez de me torturer ainsi, de ne pas tomber dans le désespoir.

— Alors, signe ceci, et la question finira, répondit le commissaire royal en lui présentant un papier.

— Mon père, dit Urbain en se tournant vers le récollet, sur votre conscience, croyez-vous qu'il soit permis à un homme, pour se délivrer de la douleur, d'avouer un crime qu'il n'a pas commis ?

— Non, répondit le religieux ; car s'il meurt après un mensonge, il meurt en péché mortel.

— Continuez donc, dit Grandier ; car après avoir tant souffert de corps, je veux sauver mon âme. Et le père Lactance enfonça le sixième coin ; Grandier s'évanouit encore.

Lorsqu'il revint à lui, Laubardemont le somma d'avouer qu'il avait connu charnellement Élisabeth Blanchard, ainsi que celle-ci l'en avait accusé ; mais Grandier répondit que non-seulement il n'avait en aucun rapport intime avec elle, mais encore, que le jour où il avait été confronté avec elle, il l'avait vue pour la première fois.

Au septième coin, les jambes de Grandier crevèrent, et le sang jaillit jusqu'au visage du père Lactance, qui l'essuya avec la manche de sa robe ; alors Grandier s'écria : — Seigneur ! mon Dieu ! ayez pitié de moi, je me meurs ; — et il s'évanouit une troisième fois. Le père Lactance en profita pour se reposer et s'asseoir.

En revenant à lui, Grandier commença lentement une prière si belle et si touchante que le lieutenant du prévôt l'écrivit, ce dont s'étant aperçu Laubardemont, il lui défendit de la montrer à personne.

Au huitième coin, la moelle des os sortit par les blessures : il devenait impossible d'en enfoncer davantage, les jambes étaient aussi plates que les planches qui les pressaient ; d'ailleurs, le père Lactance était au bout de ses forces.

On détacha Urbain Grandier et on le posa sur le carreau ; ses yeux brillaient de fièvre et de douleur ; et là il improvisa une seconde prière, une véritable prière de martyr, pleine d'enthousiasme et de foi ; mais à la fin de cette prière les forces lui manquèrent de nouveau, et il s'évanouit une quatrième fois ; le lieutenant du prévôt lui versa un peu de vin dans la bouche, ce qui le fit revenir ; alors il fit un acte de contrition, renonçant encore une fois à Satan, à ses pompes et à ses œuvres, et donnant son âme à Dieu.

Quatre hommes entrèrent ; on lui délia les jambes, qui, du moment où elles ne furent plus maintenues par les planches, retombèrent brisées, les chairs n'étant plus soutenues que par les nerfs ; puis, on l'emporta dans la chambre du conseil, où on le déposa sur de la paille devant le feu.

Au coin de la cheminée était assis un religieux augustin, qu'Urbain demanda pour confesseur ; Laubardemont le lui refusa, et lui présenta de nouveau le papier à signer ; mais Grandier lui répondit : — Si je ne l'ai pas signé pour m'épargner les tortures, je le signerai bien moins maintenant qu'il ne me reste plus qu'à mourir.

— Sans doute, répondit Laubardemont ; mais ta mort sera ce que nous la ferons, rapide ou lente, douce ou cruelle ; signe donc ce papier.

Grandier l'écarta doucement avec la main, faisant de la tête un signe de refus ; alors Laubardemont se retira furieux, et donna l'ordre d'introduire le père Tranquille et le père Claude : c'était les confesseurs qu'il avait choisis à Urbain. Ils s'approchèrent alors de lui pour remplir leur mission ; mais Grandier, reconnaissant deux de ses bourreaux, répondit qu'il y avait quatre jours qu'il s'était confessé au père Grillau, et qu'il ne croyait pas avoir depuis quatre jours commis aucun péché qui compromît le salut de son âme ; les deux pères crièrent à l'hérétique et à l'impie, mais rien ne put le déterminer à se confesser à eux.

A quatre heures, les valets du bourreau vinrent le chercher, le placèrent sur une civière, et l'emportèrent ainsi couché. En sortant, il rencontra le lieutenant criminel d'Orléans, qui voulut l'exhorter de nouveau à avouer ses crimes ; mais Grandier répondit : — Hélas ! monsieur, je les ai tous dits, et n'ai plus rien sur la conscience.

— Ne voulez-vous point, lui demanda ce juge, que je fasse prier Dieu pour vous ?

— Vous m'obligerez beaucoup si vous voulez bien le faire, dit Urbain, et même je vous en supplie.

Alors on lui mit dans la main une torche qu'il baisa en sortant du palais, regardant tout le monde modestement et d'un visage assuré, priant ceux qu'il connaissait de vouloir bien prier Dieu pour lui.

Sur le seuil de la porte on lui lut son arrêt, puis on le mit dans une petite charrette, qui le conduisit devant l'église de Saint-Pierre au Marché ; arrivé là, Laubardemont ordonna qu'on le fît descendre ; alors on le poussa hors de la charrette ; mais comme il avait les jambes brisées, il tomba sur ses genoux et de ses genoux sur le ventre : il resta ainsi la face contre terre, en attendant patiemment qu'on le vînt relever. On le porta sur le parvis, où on lui relut son arrêt ; et comme le greffier venait de l'achever, le père Grillau, son confesseur, qu'on avait écarté de lui depuis quatre jours, fendit la foule, et se jetant dans ses bras, l'embrassa en pleurant, sans pouvoir parler d'abord ; mais bientôt reprenant ses forces : — Monsieur, lui dit-il, souvenez-vous que Notre Seigneur Jésus-Christ est monté à Dieu son père par les tourments et par la croix ; vous êtes habile homme, ne vous perdez point ; je vous apporte la bénédiction de votre mère : elle et moi prions Dieu qu'il vous fasse miséricorde et qu'il vous reçoive dans son paradis.

Ces paroles parurent rendre une nouvelle force à Grandier ; il releva sa tête courbée par la douleur, fit, les yeux au ciel, une courte prière, et se retournant vers le digne cordelier :

— Servez de fils à ma mère, lui dit-il ; priez Dieu pour moi, recommandez mon âme aux prières de tous nos bons religieux ; je m'en vais avec la consolation de mourir innocent, j'espère que Dieu me fera miséricorde et me recevra dans son paradis.

— N'avez-vous rien autre chose à me recommander ? continua le père Grillau.

— Hélas ! répondit Grandier, je suis condamné à une mort bien cruelle ; mon père, demandez au bourreau, je vous prie, s'il n'y aurait pas moyen de l'adoucir.

— J'y vais, dit le cordelier ; — et lui donnant l'absolution *in articulo mortis*, il descendit du parvis, et tandis que Grandier faisait son amende honorable, il alla tirer le bourreau à part, et lui demanda s'il n'y avait pas moyen d'épargner au patient sa terrible agonie, en lui passant une chemise soufrée. Le bourreau répondit que l'arrêt por-

tant que Grandier serait brûlé vif, il ne pouvait employer un moyen aussi visible ; mais que moyennant la somme de trente écus, il s'engageait à l'étrangler au moment où il mettrait le feu au bûcher. Le père Grillau lui donna cette somme, et le bourreau prépara sa corde. Le cordelier attendit le patient au passage, et en l'embrassant une dernière fois, il lui dit tout bas ce qui venait d'être convenu entre lui et l'exécuteur. Grandier se retourna aussitôt vers ce dernier, et d'une voix pleine de reconnaissance : — Merci, mon frère, lui dit-il.

En ce moment, les archers ayant chassé, par ordre de Laubardemont, le père Grillau à coups de hallebarde, le cortége reprit sa marche, pour recommencer la même cérémonie devant l'église des Ursulines, et de là à la place Sainte-Croix. Sur le chemin, Urbain rencontra et reconnut Moussant et sa femme ; alors, se penchant vers eux :

— Je meurs votre serviteur, leur dit-il, et s'il m'est échappé parfois quelque parole offensante contre vous, je vous prie de me pardonner.

Arrivé au lieu de l'exécution, le lieutenant du prévôt s'approcha de Grandier et lui demanda pardon.

— Vous ne m'avez point offensé, lui répondit-il, et vous n'avez fait que ce que votre charge vous obligeait à faire.

Alors le bourreau s'approcha de Grandier, abattit le derrière de la charrette et appela ses deux aides qui emportèrent le condamné sur le bûcher, où, ne pouvant pas se soutenir sur ses jambes, il fut maintenu au poteau par un cercle de fer qui le serrait par le milieu du corps. En ce moment, une troupe de pigeons sembla s'abattre du ciel, et, sans être effrayée de cette foule si grande, que les archers, à coups de hallebarde et de hampe ne pouvaient parvenir à fendre le peuple pour faire place aux magistrats, se mit à voler autour du bûcher, tandis que l'un d'eux, blanc comme la neige, et sans une seule tache, se posa sur le faîte du poteau où était enchaîné Grandier. Les partisans de la possession s'écrièrent que c'était une troupe de diables qui venaient chercher leur maître ; mais beaucoup d'autres dirent aussi que les diables n'avaient point accoutumé de prendre une pareille forme, et soutinrent que ces colombes venaient, à défaut des hommes, rendre témoignage de l'innocence du patient. Pour combattre cette impression, un moine soutint le lendemain avoir vu un gros bourdon tourner autour de la tête d'Urbain Grandier ; et comme, disait-il, Béelzébub veut dire, en hébreu, le dieu des mouches, il est évident que c'était le démon lui-même qui venait, sous la forme d'un de ses sujets, enlever l'âme du magicien.

Lorsque Grandier fut attaché et que le bourreau lui eut passé au cou la corde avec laquelle il devait l'étrangler, les pères exorcisèrent la terre, l'air et le bois, et demandèrent ensuite au patient s'il ne voulait pas publiquement confesser ses crimes ; mais Urbain répondit qu'il n'avait plus rien à dire, et qu'il espérait, grâce au martyre qu'on lui faisait endurer, être ce jour-là même avec Dieu.

Le greffier lui lut alors son arrêt pour la quatrième fois, et lui demanda s'il persistait dans ce qu'il avait dit à la question.

— Sans doute j'y persiste, répondit Urbain, car ce que j'ai dit est l'entière vérité.

Alors le greffier se retira en disant au patient que s'il avait quelque chose à dire au peuple il pouvait parler.

Mais ce n'était point là l'affaire des exorcistes : ils connaissaient l'éloquence et le courage de Grandier, et une constante et ferme dénégation au moment de la mort pouvait nuire à leurs intérêts. Ainsi donc, au moment où Grandier ouvrait la bouche, ils lui jetèrent une si grande quantité d'eau bénite au visage, qu'il en perdit la respiration ; cependant, au bout d'un instant, comme il se remettait, et qu'il allait parler, un des moines le baisa sur la bouche pour étouffer ses paroles. Grandier reconnut l'intention, et dit assez haut pour que ceux qui entouraient le bûcher l'entendissent : — Voilà un baiser de Judas.

A ces mots, la colère des moines monta à un si haut degré, que l'un d'eux le frappa trois fois au visage d'un crucifix, qu'il faisait semblant de lui faire baiser, ce dont on s'aperçut au sang qui, au troisième coup, jaillit de son nez et de ses lèvres ; il ne put donc que crier à la foule, qu'il lui demandait un *Salve Regina* et un *Ave Maria*, que beaucoup se mirent à entonner aussitôt, tandis que lui, les mains jointes et les yeux au ciel, se recommandait à Dieu et à la Vierge. Les exorcistes revinrent à la charge, et lui demandèrent s'il ne voulait pas se reconnaître... — J'ai tout dit, mes pères, j'ai tout dit, s'écria Grandier, j'espère en Dieu et dans sa miséricorde.

A ce refus, la fureur des exorcistes fut à son comble, et le père Lactance prenant une torche de paille, la trempa dans le seau de poix-résine qui était auprès du bûcher, et l'allumant à un flambeau : — Malheureux, dit-il en s'adressant à Grandier et en lui brûlant le visage, ne veux-tu donc point te confesser, avouer tes crimes et renoncer au diable ?

— Je ne suis point au diable, répondit Grandier en écartant la torche avec ses mains; j'ai renoncé au diable, j'y renonce encore, ainsi qu'à ses pompes, et je prie Dieu de me faire miséricorde.

Alors, sans attendre l'ordre du lieutenant du prévôt, le père Lactance renversa le seau de poix-résine sur un angle du bûcher, et y mit le feu; ce que voyant Grandier, il appela le bourreau à son aide. Le bourreau accourut aussitôt pour l'étrangler; mais comme il n'en pouvait venir à bout et que le feu gagnait:

— Ah! mon frère, lui dit le patient, était-ce là ce que vous m'aviez promis?

— Ce n'est pas ma faute, répondit le bourreau, les pères ont fait des nœuds à la corde, et elle ne peut plus serrer.

— O père Lactance, père Lactance! s'écria Grandier, où est donc la charité?

Puis, comme le feu gagnait, et que le bourreau, presque atteint déjà par la flamme, venait de sauter à bas du bûcher: — Écoute, dit-il en étendant la main dans les flammes, il y a un Dieu au ciel, un Dieu qui sera juge entre toi et moi: père Lactance, je t'assigne à comparaître devant lui dans les trente jours.

Alors, au milieu de la flamme et de la fumée, on le vit essayer de s'étrangler lui-même; mais presque aussitôt, voyant que c'était impossible, ou peut-être pensant qu'il ne lui était point permis de se détruire, il joignit les mains et dit à haute voix:

— *Deus meus, ad te vigilo, miserere mei.*

Mais un capucin, craignant qu'il n'eût le temps de dire autre chose, s'approcha du bûcher par le côté qui n'était point enflammé encore, et lui jeta au visage tout ce qui restait d'eau dans le bénitier.

Cette eau fit élever une fumée qui déroba un instant Grandier aux yeux des spectateurs; lorsqu'elle se dissipa, le feu avait gagné les vêtements de Grandier; on l'entendit cependant encore prier au milieu de la flamme; enfin il appela trois fois Jésus, et chaque fois d'une voix plus affaiblie: après la dernière fois, il poussa un gémissement, et pencha la tête sur sa poitrine.

En ce moment, les pigeons qui tournaient autour du bûcher s'envolèrent et semblèrent disparaître dans les nuages.

Urbain Grandier était mort.

Cette fois, le crime n'était point à l'accusé, mais aux juges et aux bourreaux: aussi le lecteur sera, nous en sommes certain, curieux de savoir ce qu'il advint d'eux.

Le père Lactance mourut le 18 septembre, c'est-à-dire, jour pour jour, un mois après Grandier, dans des douleurs si terribles, que les récollets dirent que c'était une vengeance de Satan, tandis que beaucoup d'autres, se rappelant l'ajournement de Grandier, attribuèrent cette mort à la justice de Dieu. Plusieurs circonstances étranges la précédèrent, et contribuèrent à répandre ce dernier bruit. Nous en citerons une dont l'auteur de l'*Histoire des diables de Loudun* garantit l'authenticité.

Quelques jours après le supplice de Grandier, le père Lactance, atteint d'une maladie dont il mourut, et sentant qu'elle avait une cause surnaturelle, résolut de faire un pèlerinage à Notre-Dame-des-Ardilliers de Saumur, qui passait pour très-miraculeuse, et à laquelle chacun avait une grande foi dans le pays. Il eut pour faire ce voyage une place dans le carrosse du sieur de Canaye, qui allait, avec une compagnie de gens fort disposés au plaisir, se divertir à sa terre de Grand-Fonds, et qui, comptant s'amuser aux dépens de la frayeur du père Lactance, à qui, disait-on, les dernières paroles de Grandier tournaient l'esprit, lui avait offert cette place. En effet, on n'épargnait point les railleries au digne moine, lorsque tout à coup, en un chemin magnifique et sans cause apparente, le carrosse versa sens dessus dessous, sans que personne fût blessé: cet accident si étrange surprit les conviés, et arrêta les sarcasmes des plus hardis. De son côté, le père Lactance paraissait triste et confus, et le soir, pendant le souper, où il ne put manger, il ne fit que répéter: — J'ai eu tort de refuser à Grandier le confesseur qu'il me demandait: Dieu me punit, Dieu me punit.

Le lendemain, on poursuivit le voyage, et toute la compagnie, préoccupée de l'état déplorable du père Lactance, avait perdu l'envie de rire et de plaisanter, lorsque tout à coup, dans le faubourg de Fenet, au milieu d'un chemin excellent, sans rencontrer aucun obstacle, le carrosse versa une seconde fois, de la même façon que la première, et sans que personne fût encore blessé. Cependant, cette fois, comme il était visible que la main de Dieu était sur quelqu'un des voyageurs, et

que ce quelqu'un était soupçonné d'être le père Lactance, chacun tira de son côté, le laissant seul, et se reprochant fort les deux ou trois jours que l'on avait passés en sa compagnie.

Le récollet continua son chemin vers Notre-Dame-des-Ardilliers; mais si miraculeuse qu'elle fût, elle ne put obtenir de Dieu qu'il révoquât la sentence prononcée par le martyr, et le 18 septembre, à six heures et un quart du soir, c'est-à-dire un mois, jour pour jour, heure pour heure, après le supplice d'Urbain Grandier, le père Lactance expira au milieu d'atroces douleurs.

Quant au père Tranquille, son jour arriva quatre ans après. La maladie dont il mourut fut si étrange, que les médecins ayant déclaré qu'ils n'y connaissaient rien, et ses confrères de l'ordre de Saint-François craignant que les cris et les blasphèmes qu'il jetait, et qui étaient entendus de la rue, ne produisissent un mauvais effet pour sa mémoire, vis-à-vis de ceux surtout qui avaient vu mourir Urbain Grandier en priant, répandirent le bruit que c'étaient les diables qu'il avait expulsés du corps des religieuses qui étaient entrés dans le sien. Ce fut ainsi qu'il expira à l'âge de quarante-trois ans, en criant: — Ah! que je souffre, mon Dieu! que je souffre! Tous les diables et tous les damnés ne souffrent pas ensemble autant que moi.

« En effet, dit le panégyriste du père Tranquille, dans lequel on trouve, retournés au profit de la religion, tous les détails de cette mort horrible, c'était un enfer bien chaud aux démons qu'une âme si généreuse dans le corps qu'ils tourmentaient. »

Cette épitaphe, que l'on mit sur son tombeau, fit foi pour les uns de sa sainteté, et pour les autres de sa punition, selon qu'on était pour la possession ou contre elle:

† Ci-gît l'humble père Tranquille de Saint-Remi, prédicateur capucin: les démons, ne pouvant plus supporter son courage d'exorciste, l'ont fait mourir par leurs vexations, à ce portés par les magiciens, le dernier de mai 1638.

Mais une mort qui ne laissa aucun doute à personne fut celle du chirurgien Mannouri, qui avait, comme on se le rappelle, torturé Grandier. Un soir, sur les dix heures, comme il revenait d'un des bouts de la ville, visiter un malade, accompagné d'un de ses confrères et précédé de son frater, qui portait une lanterne, et qu'il était arrivé vers le milieu de la ville, dans une rue nommée le Grand-Pavé, entre les murailles du jardin des Cordeliers et le dehors du château, il s'arrêta tout à coup, et, les yeux fixés sur un objet invisible pour tous les autres, il s'écria en sursaut: — Ah! voilà Grandier! — Et comme on lui demandait: — Où cela? — il montrait du doigt l'endroit où il le croyait voir, tremblant de tous ses membres, et demandant: — Que me veux-tu, Grandier? que me veux-tu? — Oui..... oui, j'y vais.

En ce moment, la vision s'évanouit. Cependant le coup était porté; le chirurgien et le frater ramenèrent Mannouri chez lui; mais ni les lumières ni le jour ne purent dissiper sa terreur: il voyait sans cesse Grandier au pied de son lit. Pendant huit jours cette agonie dura à la vue de toute la ville; enfin, le neuvième, il sembla au moribond que le spectre changeait de place, et s'avançait insensiblement vers lui; car il ne cessa de crier: — Il approche, il approche! — et de faire avec la main des mouvements comme pour l'écarter; enfin, les yeux fixés sur la terrible vision, il expira le soir, vers la même heure où Grandier était mort lui-même.

Reste Laubardemont. Voilà ce que l'on trouve à propos de lui dans les lettres de M. Patin:

« Le 9 de ce mois, à neuf heures du soir, un carrosse fut attaqué par des voleurs: le bruit qu'on fit obligea les bourgeois de sortir de leurs maisons, autant peut-être par curiosité que par charité. On tira de part et d'autre quelques coups de fusil: un des voleurs fut couché sur le carreau, et un laquais de leur parti arrêté. Les autres s'enfuirent; le blessé mourut le lendemain matin, sans rien dire, sans se plaindre et sans déclarer qui il était. Il a été enfin reconnu. On a su qu'il était fils d'un maître des requêtes, nommé Laubardemont, qui condamna en 1634 le pauvre curé de Loudun, Urbain Grandier, et le fit brûler tout vif, sous ombre qu'il avait envoyé le diable dans le corps des religieuses de Loudun, que l'on faisait apprendre à danser, afin de persuader aux sots qu'elles étaient démoniaques. Ne voilà-t-il pas une punition divine dans la famille de ce malheureux juge, pour expier la mort cruelle et impitoyable de ce pauvre prêtre, dont le sang crie vengeance! »

On devine que les poètes ne demeurèrent point en reste des publicistes. Parmi les vers qui furent faits à cette époque, en voici quelques-uns d'une touche assez ferme et d'une tournure assez large. C'est Urbain Grandier qui parle.

L'enfer a révélé que, par d'horribles trames,
Je fis pacte avec lui pour débaucher les femmes.
De ce dernier délit personne ne se plaint :
Et, dans l'injuste arrêt qui me livre au supplice,
Le démon qui m'accuse est auteur et complice,
Et reçu pour témoin du crime qu'il a feint.

L'Anglais, pour se venger, fit brûler la Pucelle ;
De pareilles fureurs m'ont fait brûler comme elle.
Même crime nous fut imputé faussement.
Paris la canonise, et Londres la déteste.
Dans Loudun, l'un me croit enchanteur manifeste,
L'autre m'absout. Un tiers suspend son jugement.

Comme Hercule, je fus insensé pour les femmes ;
Je suis mort comme lui consumé dans les flammes ;
Mais son trépas le fit placer au rang des dieux.

Du mien l'on a voilé si bien les injustices,
Qu'on ne sait si les feux funestes ou propices
M'ont noirci pour l'enfer ou purgé pour les cieux.

En vain, dans les tourments a relui ma constance ;
C'est un magique effet, je meurs sans repentance.
Mes discours ne sont point du style des sermons :
Baisant le crucifix, je lui crache à la joue :
Levant les yeux au ciel, je fais aux saints la moue.
Quand j'invoque mon Dieu, j'appelle les démons.

D'autres, moins prévenus, disent, malgré l'envie,
Qu'on peut louer ma mort sans approuver ma vie ;
Qu'être bien résigné marque espérance et foi
Que pardonner, souffrir sans plainte, sans murmure
Est charité parfaite, et que l'âme s'épure,
Quoique ayant vécu mal, en mourant comme moi.

NOTES.

(1) Nous n'avons pu retrouver que l'un de ces pactes, reproduit dans l'Histoire des Diables de Loudun, imprimée à Amsterdam en 1726 ; mais il est probable que les autres devaient être faits sur le même modèle.

« Monsieur et maître Lucifer,

» Je vous reconnais pour mon Dieu, et vous promets de vous servir pendant que je vivrai ; je renonce à un autre Dieu et à Jésus-Christ et autres saints et saintes, et à l'Église apostolique et romaine, et à tous les sacrements d'icelle, et à toutes les prières et oraisons que l'on pourrait faire pour moi, et vous promets de faire tout le mal que je pourrai et d'attirer à faire le mal le plus de personnes que je pourrai, et renonce à chrême et à baptême, et à tous les mérites de Jésus-Christ et de ses saints ; et, au cas que je manque à vous servir et adorer et faire hommage trois fois le jour, je vous donne ma vie comme étant à vous :

» La minute est aux enfers, dans un coin de la terre, au cabinet de Lucifer, signée du sang du magicien »

On comprend pourquoi le diable ne rapportait pas l'original lui-même ; cette copie lui sauvait un faux : Asmodée savait son code criminel.

(2) Ce mot n'est pas le seul que nous soyons forcé de laisser en blanc ; car les religieuses, pour prouver la possession, affectaient une liberté de paroles et d'actions que nous ne pouvons suivre dans tous ses écarts. Ainsi, nous aurions pu faire beaucoup de citations pareilles à celles dont les premières lignes suivent ; mais nous avons toujours été arrêté, comme nous le sommes cette fois encore.

VII. Et la sœur Claire se trouva si fort tentée de....... avec son grand ami, qu'elle disait être ledit Grandier, qu'un jour s'étant approchée pour recevoir la sainte communion, elle se leva soudain et monta dans sa chambre, où, ayant été suivie par quelqu'une des sœurs, elle fut vue avec un crucifix dans la main dont elle....... (Histoire des Diables de Loudun, page 182. Extrait des preuves qui sont au procès de Grandier.)

IX Quant aux séculiers, la déposition d'Élisabeth Blanchard, suivie et confirmée par celle de Suzanne Hamman, n'est pas une des moins considérables ; car elle déclare avoir été connue charnellement par l'accusé, lequel, un jour, après avoir....... avec elle, lui dit que si elle voulait aller au sabbat, il la ferait princesse des magiciens.

Enfin, les yeux fixés sur la terrible vision, il expira le soir. — Page 253.

Voici encore quelques autres preuves prises au hasard, et qui nous ont paru non moins curieuses.

III. Entre les témoins de cette accusation, il y en a cinq fort considérables, savoir: trois femmes, dont la première dit qu'un jour, après avoir reçu la communion de l'accusé, qui la regarda fixement pendant cet acte, elle fut incontinent surprise d'un violent amour pour lui, qui commença par un petit frisson par tous ses membres.

L'autre dit : qu'ayant été arrêtée par lui dans la rue, il lui serra la main, et qu'incontinent elle fut éprise d'une forte passion pour lui.

Enfin, la troisième dit : qu'après l'avoir regardé à la porte de l'église des Carmes, où il entrait avec la procession, elle sentit de très-grandes émotions, et eut des mouvements tels, qu'elle eût volontiers désiré...... avec lui, quoique avant ce moment elles n'eussent point eu de particulière inclination pour lui, étant d'ailleurs fort vertueuses et en très-bonne réputation.

IV. Les deux autres sont un avocat et un maçon, dont le premier dépose avoir vu lire à l'accusé des livres d'Agrippa ; l'autre, que, travaillant à réparer son étude, il vit un livre sur sa table, ouvert à l'endroit d'un chapitre qui traitait des moyens pour se faire aimer des femmes. Il est vrai que le premier ne s'est aucunement expliqué à la confrontation, et a dit qu'il croit que les livres d'Agrippa dont il avait entendu parler par la déposition, sont De vanitate scientiarum ; mais cette explication est fort suspecte, parce que l'avocat s'était retiré de Loudun, et ne voulut subir la confrontation qu'après y avoir été forcé.

V. La seconde information contient la déposition de quatorze religieuses, dont il y en a huit de possédées, et de six séculières, qu'on dit aussi être possédées. Il serait impossible de rapporter par abrégé ce qui est contenu dans toutes ces dépositions, parce qu'il n'y a mot qui ne mérite considération : il est seulement à remarquer que toutes ces religieuses, tant libres que travaillées, aussi bien que les séculières, ont eu un amour fort déréglé pour l'accusé, l'ont vu de jour et de nuit dans le couvent les solliciter d'amour, etc.

Paris. — Typ. de V° Dondey-Dupré, rue St-Louis, 46, au Marais.

JEANNE DE NAPLES.

A L'ADMINISTRATION DE LIBRAIRIE,
rue Notre-Dame des Victoires, 52,
PRÈS LA BOURSE.

1343-1382.

A LA LIBRAIRIE THÉÂTRALE,
12, boulevard Saint-Martin
(ANCIENNE MAISON MARCHANT).

Jeanne de Naples.

Dans la nuit du 15 au 16 janvier de l'année 1343, les habitants de Naples, livrés à leur paisible sommeil, furent réveillés en sursaut par les cloches des trois cents églises que possède cette bienheureuse capitale. Au milieu du trouble universel causé par un si brusque réveil, la première idée qui se jeta à l'esprit de tout le monde fut que le feu avait pris aux quatre coins de la ville, ou qu'une armée ennemie, débarquée mystérieusement à la faveur de la nuit, allait passer les citoyens au fil de l'épée. Mais les sons lugubres et intermittents de toutes ces cloches, qui, troublant le silence à intervalles rares et égaux, invitaient les fidèles à réciter les prières des agonisants, firent bientôt connaître qu'aucun malheur ne menaçait la ville, et que le roi seul était en danger.

En effet, depuis plusieurs jours on avait pu remarquer que la plus grande inquiétude régnait dans l'intérieur du Château-Neuf : les officiers de la couronne étaient convoqués régulièrement deux fois dans la journée, et les grands du royaume, qui avaient le droit de pénétrer dans les appartements du monarque, en sortaient accablés d'une profonde tristesse. Cependant, quoique la mort du roi fût regardée comme un malheur inévitable, lorsqu'on acquit la certitude que sa dernière heure approchait, la ville entière fut affectée d'une vive douleur, que l'on comprendra facilement quand nous aurons ajouté que celui qui allait mourir, après avoir régné trente-trois ans huit mois et quelques jours, était Robert d'Anjou, le roi le plus juste, le plus sage et le plus glorieux qui eût jamais occupé le trône de Sicile. Aussi emportait-il dans sa tombe les regrets et les éloges de tous ses sujets.

Les soldats parlaient avec enthousiasme des longues guerres qu'il avait soutenues contre Frédéric et Pierre d'Aragon, contre Henri VII et Louis de Bavière, et sentaient battre leur cœur aux glorieux souvenirs des campagnes de la Lombardie et de la Toscane ; les prêtres l'exaltaient avec reconnaissance pour avoir défendu constamment les papes contre les attaques des Gibelins, et pour avoir fondé dans tout le royaume des couvents, des hôpitaux, des églises ; les lettrés le regardaient comme le roi le plus savant de la chrétienté : si bien que Pétrarque n'avait voulu recevoir que de ses mains la couronne de poëte, et avait répondu pendant trois jours de suite aux questions que Robert avait daigné lui adresser sur toutes les branches du savoir humain. Les jurisconsultes, émerveillés de la sagesse des lois dont il avait enrichi le code napolitain, l'avaient surnommé le Salomon du moyen âge ; les nobles s'applaudissaient de la manière dont il avait respecté leurs privilèges ; et le peuple célébrait sa clémence, sa piété, sa douceur. Enfin prêtres et soldats, savants et poëtes, nobles et plébéiens, songeaient avec effroi que le gouvernement allait tomber dans les mains d'un étranger et d'une jeune fille, et se souvenaient des paroles de Robert, qui, suivant le cercueil de Charles, son fils unique, au moment où il franchissait le seuil de l'église, se tournant vers les barons du royaume, s'était écrié dans les sanglots : — Aujourd'hui la couronne est tombée de ma tête, malheur à moi ! malheur à vous !

Et maintenant que les cloches sonnaient l'agonie du bon roi, tous les esprits étaient préoccupés de ces mots prophétiques ; les femmes priaient Dieu avec ferveur, et les hommes se dirigeaient de tous les points de la ville vers la demeure royale pour avoir des nouvelles plus authentiques et plus promptes ; mais après quelques moments d'attente, qu'ils mirent à profit pour échanger leurs tristes réflexions, force leur fut de s'en retourner comme ils étaient venus, car rien de ce qui se passait au sein de la famille ne transpirait au dehors ; le château était plongé dans l'obscurité la plus complète, le pont était levé comme à l'ordinaire, et les gardes veillaient à leur poste.

Cependant, si nos lecteurs sont curieux d'assister à l'agonie du neveu de saint Louis et du petit-fils de Charles d'Anjou, nous pouvons les introduire dans la chambre occupée par le mourant. Une lampe d'albâtre, suspendue au plafond, éclaire cette pièce vaste et sombre, dont les murs sont tendus de velours noir parsemé de fleurs-de-lis d'or. Près du mur qui fait face aux deux portes par lesquelles on entre dans la chambre, et qui dans ce moment sont fermées, s'élève, sous un dais de brocart, un lit d'ébène, supporté par quatre colonnes torses et sculpté de figures symboliques. Le roi, après avoir lutté contre une crise violente, est tombé évanoui dans les bras de son confesseur et de son médecin, qui, s'emparant chacun d'une des mains du mourant, interrogent son pouls avec inquiétude et échangent des regards d'intelligence. Au pied du lit se tient debout une femme d'une cinquantaine d'années, les mains jointes, le regard levé au ciel dans l'attitude d'une douleur résignée ; cette femme est la reine. Ses yeux n'ont pas de larmes, et ses joues amaigries offrent ces tons de cire jaune qu'on peut remarquer dans le corps des saintes conservés par miracle. Son aspect montre ce contraste de calme et de souffrance qui révèle une âme éprouvée par le malheur et domptée par la religion. Au bout d'une heure, pendant laquelle aucun mouvement n'avait troublé le profond silence qui régnait autour de ce lit mortuaire, le roi tressaillit faiblement, ouvrit les yeux, et fit un léger effort pour soulever la tête. Puis, remerciant par un sourire le docteur et le prêtre, qui s'empressaient d'arranger ses oreillers, il pria la reine de s'approcher, et lui dit d'une voix émue qu'il désirait l'entretenir quelques moments sans témoins. Le médecin et le confesseur se retirèrent en s'inclinant profondément, et le roi les suivit du regard jusqu'au moment où une des portes se referma sur eux. Il passa ensuite la main sur son front comme pour en arracher une pensée qui l'obsédait, et réunissant toutes ses forces pour cet instant suprême, il prononça ces paroles :

— Ce que j'ai à vous dire, madame, ne regarde aucun des deux graves personnages qui étaient ici tout à l'heure, car leur tâche est accomplie. L'un d'eux a fait pour mon corps tout ce que la science humaine a su lui suggérer sans obtenir d'autres résultats que de prolonger encore un peu mon agonie, et l'autre vient d'absoudre mon âme de tous mes péchés en me promettant la rémission divine, sans pouvoir éloigner les apparitions sinistres qui se dressent devant moi à cette heure terrible. Vous m'avez vu deux fois de suite me débattre sous une étreinte surhumaine. Mon front s'est baigné de sueur, mes membres se sont raidis, mes cris ont été étouffés par une main de fer. Est-ce le mauvais esprit à qui Dieu a permis de me tenter ? est-ce le remords qui prend la forme d'un fantôme ? Toujours est-il que les deux combats que je viens de soutenir ont tellement affaibli mes forces, que je ne pourrai résister à une troisième attaque. Écoutez-moi donc, ma Sancia, car j'ai des recommandations à vous faire, desquelles dépendra peut-être le repos de mon âme.

— Mon seigneur et mon maître, dit la reine avec l'accent de la plus douce soumission, me voici prête à écouter vos ordres ; et si Dieu, dans les profonds desseins de sa providence, a décidé de vous appeler dans sa gloire, et de nous plonger, nous, dans la douleur, vos dernières volontés seront exécutées sur la terre avec la plus scrupuleuse exactitude. Mais permettez-moi, ajouta-t-elle avec toute la sollicitude d'une conscience timorée, permettez-moi de répandre quelques gouttes d'eau bénite pour chasser le maudit de cette chambre, et de réciter un passage de l'office que vous avez composé en l'honneur de votre saint frère, pour implorer sa protection dans un moment où elle nous est si indispensable.

Et ouvrant un livre richement relié, elle lut avec la plus fervente dévotion quelques versets de l'office écrit par Robert, dans un latin très-élégant, pour son frère Louis, évêque de Toulouse, office que l'Église a chanté jusqu'au concile de Trente.

Bercé par l'harmonie de ces prières composées par lui-même, le roi oublia presque l'objet de l'entretien qu'il avait demandé avec tant d'empressement et de solennité, et se laissant aller à une vague mélancolie, il murmura sourdement : — Oh ! oui, vous avez raison ; priez pour moi, madame, car vous aussi vous êtes une sainte, et moi je ne suis qu'un pauvre pécheur.

— Ne dites pas cela, monseigneur, interrompit dona Sancia ; vous êtes le roi le plus grand, le plus sage et le plus juste qui ait jamais monté sur le trône de Naples.

— Mais ce trône est usurpé, reprit Robert d'une voix sombre ; vous le savez, le royaume appartenait à Charles Martel, mon frère aîné ; et comme Charles occupait le trône de Hongrie, dont il avait hérité par sa mère, le royaume de Naples revenait de droit à son fils aîné Carobert et non pas à moi, qui suis le troisième de la famille. Eh bien, j'ai souffert qu'on me couronnât à la place de mon neveu, qui était le seul roi légitime ; j'ai substitué la branche cadette à la branche aînée, j'ai étouffé pendant trente-trois ans les remords de ma conscience. Il est vrai que j'ai gagné des batailles, que j'ai fait des lois, que j'ai fondé des églises ; mais un seul mot dément tous les titres pompeux dont l'admiration des peuples entoure mon nom, et ce mot retentit plus haut dans mon âme que toutes les flatteries des courtisans, que tous les chants des poëtes, que toutes les ovations de la foule : — je suis un usurpateur !

— Ne soyez pas injuste envers vous-même, monseigneur, et songez que si vous n'avez pas abdiqué en faveur de l'héritier légitime, c'est que vous avez voulu épargner au peuple de plus grands malheurs. Au surplus, continua la reine avec la profonde conviction que donne un argument sans réplique, vous avez gardé le royaume avec l'assentiment et l'autorisation de notre saint-père le souverain pontife, qui en dispose comme d'un fief appartenant à l'Église.

— Je me suis longtemps bercé de ces raisons, reprit le mourant, et l'autorité du pape a imposé silence à tous mes scrupules ; mais quelque sécurité qu'on affecte pendant la vie, il vient une heure solennelle et terrible, où toutes les illusions disparaissent ; et cette heure est venue pour moi, car je vais paraître devant Dieu, qui est le seul juge infaillible.

— Si sa justice est infaillible, sa miséricorde n'est-elle pas infinie ? poursuivit la reine avec l'élan d'une sainte inspiration. Quand même la crainte qui vient troubler votre âme serait fondée, quelle faute n'effacerait pas un si noble repentir ? Du reste, n'avez-vous pas réparé le tort que vous avez pu faire à votre neveu Carobert en appelant dans le royaume André, son fils cadet, et en le mariant à Jeanne, la fille aînée de votre pauvre Charles ? Ne seront-ils pas les héritiers de votre couronne ?

— Hélas ! s'écria Robert avec un profond soupir, Dieu me punit peut-être d'avoir songé trop tard à cette juste réparation. O ma noble et bonne Sancia, vous venez de toucher une corde qui vibre douloureusement dans mon âme, et vous allez vous-même au-devant de la triste confidence que je voulais vous faire. J'ai un pressentiment sinistre, — et les pressentiments que nous inspire la mort sont des prophéties, — j'ai un pressentiment, dis-je, que les deux fils de mon neveu, Louis, qui est roi de Hongrie depuis la mort de son père, et André, que j'ai voulu faire roi de Naples, seront le fléau de ma famille. Depuis le jour où ce dernier a mis le pied dans notre château, une fatalité étrange s'acharne à contrarier tous mes projets. J'espérai qu'en faisant élever ensemble Jeanne et André, une tendre intimité s'établirait entre ces deux enfants, et que la beauté de notre ciel, l'aménité de nos mœurs, le tableau séduisant de notre cour finiraient par adoucir ce qu'il y avait de trop rude dans le caractère du jeune Hongrois : eh bien, malgré mes efforts, tout a contribué à jeter entre les deux époux de l'aversion et de la froideur. Jeanne, à quinze ans à peine, est déjà bien au-dessus de son âge. Douée d'un esprit brillant et mobile, d'un caractère noble et élevé, d'une imagination vive et ardente ; tantôt libre et enjouée comme un enfant, tantôt digne et fière comme une reine, confiante et naïve comme une jeune fille, passionnée et sensible comme une femme, elle offre le plus frappant contraste avec André, qui, après être resté dix ans dans notre cour, est plus sauvage, plus morne et plus intraitable que jamais. Ses traits froids et réguliers, sa physionomie impassible, sa répugnance pour tous les plaisirs que sa femme paraît aimer de préférence ont élevé entre Jeanne et lui une barrière d'indifférence et d'antipathie. Aux plus doux épanchements il répond par un mot sèchement prononcé, par un sourire dédaigneux, par un froncement de sourcils, et il ne paraît jamais si heureux que lorsque, sous prétexte de chasser, il peut s'éloigner de la cour. Voilà, madame, quels sont les jeunes mariés sur le front desquels va passer ma couronne, et qui dans quelques instants vont se trouver exposés à toutes les passions qui grondent sourdement sous un calme trompeur, et qui n'attendent pour éclater que le moment où je rendrai le dernier soupir.

— Mon Dieu! mon Dieu! répétait la reine accablée, en laissant tomber ses bras comme font les statues qui pleurent sur les tombeaux.

— Écoutez-moi, dona Sancia. Je sais que votre cœur a toujours été détaché des vanités de la terre, et que vous attendez l'heure où Dieu m'appellera à lui pour vous retirer dans le couvent de Sainte-Marie de la Croix, que vous avez fondé vous-même dans l'espoir d'y terminer vos jours. Ce n'est pas au moment où je vais descendre dans la tombe, convaincu du néant des grandeurs humaines, que j'essayerai de vous détourner de votre sainte vocation. Accordez-moi seulement, avant de passer aux noces du Seigneur, une année de veuvage, pendant laquelle vous porterez mon deuil et veillerez sur Jeanne et sur son mari, pour écarter de leurs têtes tous les dangers qui les menacent. Déjà la grande-sénéchale et son fils ont pris trop d'ascendant sur notre petite-fille; prenez-y garde, madame, et, au milieu de tous les intérêts, de toutes les intrigues, de toutes les séductions, dont la jeune reine va être entourée, défiez-vous surtout de la tendresse de Bertrand d'Artois, de la beauté de Louis de Tarente et de l'ambition de Charles de Duras.

Le roi s'arrêta, épuisé par l'effort qu'il venait de faire en parlant; puis, tournant vers sa femme un regard suppliant et lui tendant sa main décharnée, il ajouta d'une voix presque éteinte :

— Encore une fois, je vous en conjure, ne quittez pas la cour avant un an. Me le promettez-vous, madame?

— Je vous le promets, monseigneur.

— Et maintenant, continua Robert, dont la physionomie se ranima à ces paroles, rappelez mon confesseur et mon médecin, et rassemblez la famille; car l'heure approche, et bientôt je n'aurai plus la force de prononcer mes dernières paroles.

Au bout de quelques instants, le prêtre et le docteur rentrèrent dans la chambre, le visage inondé de larmes. Le roi les remercia avec effusion des soins qu'ils lui avaient prodigués dans sa dernière maladie, et les pria de l'aider à se vêtir des habits grossiers des moines franciscains, afin que Dieu, disait-il, le voyant mourir dans la pauvreté, dans l'humilité et dans la pénitence, daignât lui accorder plus facilement son pardon. Le confesseur et le médecin chaussèrent ses pieds nus des sandales des frères mendiants, l'habillèrent du froc de saint François, et nouèrent le cordon autour de sa ceinture. Ainsi étendu sur son lit, avec son front couronné de rares cheveux, sa longue barbe blanche et ses mains croisées sur la poitrine, le roi de Naples ressemblait à un de ces vieux anachorètes dont la vie s'est usée dans les macérations de la chair, et dont l'âme, absorbée par des contemplations célestes, passe insensiblement de sa dernière extase à la béatitude éternelle. Il resta ainsi quelque temps les yeux fermés, adressant à Dieu une muette prière ; puis, ayant fait éclairer la vaste pièce où il se trouvait, comme dans les grandes solennités, il fit un signe aux deux personnages, dont l'un se plaça au chevet et l'autre aux pieds du mourant. A l'instant même les portes s'ouvrirent à deux battants, et toute la famille royale, précédée par la reine et suivie par les principaux barons du royaume, vint se ranger en silence autour du lit du monarque pour écouter ses dernières volontés.

Les yeux du roi se portèrent sur Jeanne, qui vint se placer la première à sa droite, avec une expression indéfinissable de tendresse et de douleur. Elle était d'une beauté si rare et si prodigieuse, que son aïeul, fasciné par cette éblouissante apparition, la prit pour un ange que Dieu lui envoyait pour consoler son agonie. Les lignes brillantes de son beau profil, ses grands yeux noirs et humides, son front pur et découvert, ses cheveux vernissés comme l'aile du corbeau, sa bouche délicate, tout l'ensemble de cette admirable figure enfin, laissaient dans le cœur de ceux qui la regardaient une impression profonde de mélancolie et de douceur, et se gravaient dans l'esprit en traits ineffaçables. Grande et svelte, sans avoir l'excessive ténuité des jeunes filles, elle conservait ces mouvements pleins de souplesse et de nonchalance qui donnent à la taille l'ondulation d'une tige de fleur balancée par la brise. Mais à travers toutes ces grâces souriantes et naïves, on pouvait déjà remarquer dans l'héritière de Robert une volonté ferme et décidée à braver tous les obstacles, et le cercle de bistre dont les beaux yeux de la jeune femme étaient cernés prouvait que son âme était déjà ravagée par de précoces passions.

Près de Jeanne se tenait Marie, sa jeune sœur, âgée de douze à treize ans, fille, elle aussi, de Charles duc de Calabre, qui ne l'avait pas vue naître, et de Marie de Valois, qui avait eu la douleur de la quitter au berceau. Admirablement jolie et timide, elle paraissait gênée par tout ce rassemblement de grands personnages, et se rapprochait doucement de la grande-sénéchale Filippa, surnommée la Catanaise, gouvernante des princesses, et respectée par elles comme une mère. Derrière les princesses et à côté de la grande-sénéchale, était placé son fils Robert de Cabane, beau jeune homme fier et cambré, caressant de sa main gauche sa moustache effilée, et jetant à la dérobée sur Jeanne un regard d'une témérité effrayante. Le groupe était fermé par dona Cancia, jeune camérière des princesses, et par le comte de Terlizzi, qui échangeait avec cette dernière tantôt une œillade furtive, tantôt un sourire comprimé.

Le second groupe se composait d'André, le mari de Jeanne, et de frère Robert, précepteur du jeune prince, qui l'avait suivi de Bude et ne le quittait pas un instant. André pouvait avoir alors environ dix-huit ans ; au premier aspect on était frappé par l'extrême régularité de ses traits et par sa belle et noble figure, encadrée de magnifiques cheveux blonds ; mais, au milieu de toutes ces physionomies italiennes d'une beauté vive et saisissante, son visage manquait d'expression, ses yeux paraissaient éteints, et quelque chose de dur et de glacial révélait son caractère sauvage et son origine étrangère. Quant à son précepteur, Pétrarque a eu soin de nous laisser son portrait : visage rouge, barbe et cheveux roux, taille courte et déjetée ; orgueilleux dans sa misère, riche de sa crasse, et, comme un autre Diogène, couvrant à peine de son froc ses membres hideux et difformes.

Dans le troisième groupe était la veuve de Philippe, prince de Tarente, honorée à la cour de Naples du titre d'impératrice de Constantinople, titre dont elle avait hérité en sa qualité de petite-fille de Baudouin II. Un homme habitué à sonder les sombres profondeurs de l'âme humaine aurait compris d'un seul regard tout ce que cette femme cachait de haine implacable, de jalousie venimeuse et d'ambition dévorante sous sa livide pâleur. Elle était entourée de ses trois fils Robert, Philippe et Louis, le plus jeune de tous les trois. Si le roi avait choisi parmi ses neveux le plus beau, le plus généreux, le plus brave, nul doute que Louis de Tarente n'eût obtenu la couronne. A vingt-trois ans, il avait dépassé dans l'exercice des armes les cavaliers du plus grand renom ; franc, loyal, hardi, il n'avait pas plutôt conçu un projet, qu'il en assurait l'exécution. Son front brillait de cet éclat limpide qui est pour les natures privilégiées comme l'auréole du succès ; ses beaux yeux, d'un noir et velouté, subjuguaient les âmes, pour qui la résistance devenait impossible, et son sourire caressant consolait les vaincus de leur défaite. Enfant prédestiné, il n'avait qu'à vouloir : une puissance inconnue, une fée bienfaisante qui avait présidé à sa naissance se chargeait d'aplanir tous les obstacles, et de satisfaire à tous ses désirs.

Presque à côté de lui, dans le quatrième groupe, fronçait le sourcil son cousin Charles de Duras. Sa mère Agnès, veuve de Jean, duc de Duras et d'Albanie, autre frère du roi, le contemplait avec effroi, et serrait sur son cœur, par un mouvement instinctif, ses deux plus jeunes fils, Ludovic, comte de Gravina, et Robert, prince de Morée. Charles, le visage pâle, les cheveux courts, la barbe épaisse, portait ses regards soupçonneux tantôt sur son oncle mourant, tantôt sur Jeanne et sur la petite Marie, tantôt sur ses cousins, et paraissait tellement agité par ses pensées tumultueuses, qu'il ne pouvait pas rester en place. Son attitude inquiète et fiévreuse contrastait singulièrement avec le visage calme et rêveur de Bertand d'Artois, qui, cédant le pas à son père Charles, se rapprochait ainsi de la reine, placée au pied du lit, et se trouvait de cette façon en face de Jeanne. Le jeune homme était tellement absorbé par la beauté de la princesse, qu'il semblait ne voir qu'elle dans la chambre.

Aussitôt que Jeanne et André, les princes de Tarente et de Duras, les comtes d'Artois et la reine Sancia, eurent pris leurs places autour du lit mortuaire, en formant un demi-cercle dans l'ordre que nous venons de décrire, le vice-chancelier du royaume traversa les rangs des barons, qui se pressaient, suivant leur grade, à la suite des princes du sang, et après s'être incliné devant le roi, il déploya un parchemin scellé du sceau royal, et lut d'une voix solennelle, au milieu du plus profond silence :

« Robert, par la grâce de Dieu, roi de Sicile et de Jérusalem, comte de Provence, de Forcalquier et du Piémont, vicaire de la sainte Église romaine, nomme et déclare son héritière universelle dans le royaume de Sicile, en deçà et en deçà du Phare, ainsi que dans les comtés de Provence, de Forcalquier et du Piémont, et dans toutes ses autres terres, Jeanne, duchesse de Calabre, fille aînée de l'excellent seigneur Charles, duc de Calabre, d'illustre mémoire.

» De même il nomme et déclare la respectable demoiselle Marie, fille puînée de feu monseigneur le duc de Calabre, son héritière dans la comté d'Alba et dans la justice de la vallée de Grati et de la terre de Giordano, avec tous les châteaux et dépendances, et ordonne que la demoiselle énoncée les reçoive en fief direct de la susdite duchesse et de ses héritiers ; à cette condition cependant, que si madame la duchesse donne et alloue à son illustre sœur, ou à ses ayants cause, la somme de dix mille onces d'or, à titre de dédommagement, la comté et justice susdites resteront à madame la duchesse et à ses héritiers.

» De même il veut et ordonne, pour des raisons secrètes qui le font agir ainsi, que la susdite demoiselle Marie contracte mariage avec le très-illustre prince monseigneur Louis, actuel roi de Hongrie. Et si quelque empêchement s'oppose à ces noces, à cause du mariage qu'on dit conclu et signé entre le roi de Hongrie et le roi de Bohême et sa fille, le roi notre seigneur ordonne que l'illustre demoiselle Marie contracte mariage avec le fils aîné du très-haut seigneur don Juan, duc de Normandie, fils aîné de l'actuel roi de France. »

A ce passage, Charles de Duras jeta sur Marie un regard singulièrement significatif, qui échappa à tous les assistants, dont l'attention était absorbée par la lecture du testament de Robert. Quant à la jeune fille, depuis qu'elle avait entendu prononcer son nom, ses joues étaient devenues pourpres, et, confuse et interdite, elle n'avait plus osé lever les yeux sur personne. Le vice-chancelier continua :

« De même il a voulu et ordonné que, toujours et à perpétuité, les comtés de Forcalquier et de Provence soient unies à son royaume, sous une seule domination, et comme formant un seul domaine inséparable, quand même il y aurait plusieurs fils ou filles, ou pour quelque raison que ce soit, cette union étant du plus haut intérêt pour la sûreté et la prospérité mutuelle du royaume et des comtés susdits.

» De même, il a décidé et ordonné, qu'au cas où la duchesse Jeanne viendrait à mourir, — ce dont Dieu nous garde ! — sans laisser d'enfants légitimes de son propre corps, l'illustrissime seigneur André, duc de Calabre, son mari, aura la principauté de Salerne, avec le titre, les fruits, les rentes et tous les droits, plus la rente de deux mille onces d'or pour son entretien.

» De même il a décidé et ordonné que la reine principalement, aussi bien que le vénérable père don Philippe de Cabassole, évêque de Cavaillon, vice-chancelier du royaume de Sicile, et les magnifiques seigneurs Philippe de Sanguineto, sénéchal de Provence, Godefroi de Marsan, comte de Squillace, amiral du royaume, et Charles d'Artois, comte d'Aire, seront et devront être gouverneurs, régents et administrateurs du susdit seigneur André, et des susdites dames Jeanne et Marie, jusqu'à ce que monseigneur le duc, Mme la duchesse et la très-illustre demoiselle Marie auront atteint la vingt-cinquième année, etc., etc. »

Lorsque le vice-chancelier eut achevé sa lecture, le roi se leva sur son séant, et après avoir parcouru du regard sa belle et nombreuse famille :

— Mes enfants, dit-il, vous venez d'entendre mes dernières volontés. Je vous ai fait venir tous à mon lit de mort afin que vous puissiez voir comment passe la gloire de ce monde. Ceux que le peuple a nommés les grands de la terre ont pendant la vie de plus grands devoirs à remplir, après la mort de plus grands comptes à rendre : voilà en quoi consiste leur grandeur. J'ai régné trente-trois ans, et Dieu, devant lequel je vais paraître tout à l'heure, Dieu, qui a souvent recueilli mes soupirs pendant ma longue et pénible carrière, connaît seul les pensées qui me déchirent l'âme au moment de mon agonie. Bientôt je serai couché dans ma tombe, et je ne vivrai plus pour ce monde que dans la mémoire de ceux qui prieront pour moi. Mais avant de vous quitter pour toujours, vous deux fois mes filles, que j'ai aimées d'un double amour, vous mes neveux, pour lesquels j'ai eu tous les soins et toute la tendresse d'un père, promettez-moi d'être toujours unis d'âme et d'intentions, comme vous l'êtes dans mon cœur. J'ai survécu à vos pères, moi le plus vieux de tous, et Dieu, sans doute, l'a voulu ainsi pour resserrer les liens de vos affections, pour vous habituer à vivre dans une seule famille, et à ne respecter qu'un seul chef. Je vous ai tous aimés également, comme le doit un père, sans exception, sans préférence. J'ai disposé du trône suivant le droit de la nature et les inspirations de ma conscience. Voici les héritiers de la couronne de Naples : vous, Jeanne, et vous, André, n'oubliez jamais le respect et l'amour qu'on se doit entre époux et que vous vous êtes jurés mutuellement au pied de l'autel ; et vous tous, mes neveux, mes barons, mes officiers, prêtez hommage à vos souverains légitimes ; André de Hongrie, Louis de Tarente, Charles de Duras, souvenez-vous que vous êtes frères ; malheur à celui qui imitera la perfidie de Caïn ! que le sang retombe sur sa tête, et qu'il soit maudit par le ciel comme il est maudit par la bouche d'un mourant, et que la bénédiction du Père, du Fils et du Saint-Esprit descende sur les hommes de bonne volonté, au moment où le Seigneur miséricordieux va rappeler mon âme.

Le roi resta immobile, les bras levés, les yeux fixés vers le ciel, les joues animées d'un éclat extraordinaire, tandis que les princes, les barons et les officiers de la cour prêtaient à Jeanne et à son mari le serment de fidélité et d'hommage. Lorsque le tour des princes de Duras arriva, Charles passa dédaigneusement devant André, et pliant un genou devant la princesse, il dit d'une voix forte et en lui baisant la main :

— C'est à vous, ma reine, que je rends hommage.

Tous les regards se tournèrent avec effroi vers le mourant ; mais le bon roi n'avait rien entendu. Le voyant retomber raide et sans mouvement, dona Sancia éclata en sanglots et s'écria d'une voix remplie de larmes :

— Le roi est mort, prions pour son âme.

Mais à l'instant même tous les princes s'élancèrent hors de la chambre, et toutes les passions comprimées jusques alors par la présence du roi débordèrent à la fois comme un torrent qui rompt ses digues.

— Vive Jeanne ! crièrent les premiers Robert de Cabane, Louis de Tarente et Bertrand d'Artois, tandis que le précepteur du prince, furieux, fendant la foule et apostrophant énergiquement les membres du conseil de régence, répétait sur tous les tons : — Messeigneurs, vous oubliez déjà les volontés du roi, il faut crier aussi — Vive André ! — puis, joignant l'exemple à la théorie, et faisant lui seul autant de vacarme que tous les barons réunis, il s'écria d'une voix tonnante :

— Vive le roi de Naples !

Mais ce cri resta sans écho, et Charles de Duras, toisant le dominicain d'un regard terrible, s'avança vers la reine, et la prenant par la main, il fit glisser sur les tringles le rideau du balcon d'où l'on découvrait la place et la ville. Une foule immense, inondée par des flots de lumière, encombrait toute l'étendue que les regards pouvaient embrasser, et des milliers de têtes se levèrent vers le balcon du Château-Neuf pour entendre ce qu'on venait leur annoncer. Alors Charles se tirant respectueusement d'un côté et montrant de la main sa belle cousine :

— Peuple napolitain, dit-il, le roi est mort, vive la reine !

— Vive Jeanne, la reine de Naples ! — répondit le peuple avec un seul cri immense qui retentit dans tous les quartiers de la ville.

Les événements qui s'étaient succédé dans cette nuit avec la rapidité d'un rêve avaient produit sur l'esprit de Jeanne une impression si profonde, que, brisée par mille émotions diverses, elle se retira dans ses appartements, et, s'enfermant dans sa chambre, elle donna un libre essor à sa douleur. Tandis que toutes les ambitions s'agitaient autour du cercueil du monarque napolitain, la jeune reine, refusant toutes les consolations qui lui étaient offertes, pleurait amèrement la mort de son aïeul, qui l'avait aimée jusqu'à la faiblesse. Quant au roi, il fut enterré solennellement dans l'église de Santa-Chiara, qu'il avait fondée et dédiée au Saint-Sacrement, après l'avoir enrichie des magnifiques fresques de Giotto et de plusieurs reliques précieuses, parmi lesquelles on montre encore aujourd'hui, derrière la tribune du maître-autel, deux colonnes de marbre blanc enlevées au temple de Salomon. C'est là qu'il est encore aujourd'hui, représenté sur son tombeau en habit de roi et en robe de religieux, à droite du monument de son fils Charles, duc de Calabre.

Immédiatement après les obsèques, le précepteur d'André rassembla à la hâte les principaux seigneurs hongrois, et il fut décidé dans ce conseil, tenu en la présence et avec l'assentiment du prince, que des lettres seraient expédiées à sa mère, Elisabeth de Pologne, et à son frère, Louis de Hongrie, pour leur donner connaissance du testament de Robert, et qu'en même temps on se plaindrait à la cour d'Avignon de la conduite des princes et du peuple napolitain, qui avaient proclamé Jeanne seule reine de Naples, au mépris des droits de son mari, et qu'on solliciterait pour ce dernier la bulle du couronnement. Frère Robert, qui à une profonde connaissance des intrigues de la cour ajoutait l'expérience du savant et la ruse du moine, fit comprendre à son élève qu'il fallait profiter de l'abattement dans lequel la mort du roi paraissait avoir plongé Jeanne, et ne pas laisser à ses favoris le temps de l'entourer de leurs séductions et de leurs conseils.

Mais plus la douleur de Jeanne avait été vive et bruyante, plus elle se consola promptement ; les sanglots qui avaient failli briser sa poitrine se calmèrent tout à coup ; de nouvelles pensées, moins lugubres et plus douces, se succédèrent dans l'esprit de la reine ; la trace de ses larmes s'effaça, et un léger sourire vint briller dans ses yeux humides, comme un rayon de soleil après une pluie d'orage. Ce changement, épié avec sollicitude et attendu avec impatience, fut bientôt remarqué par la jeune camérière de Jeanne ; elle se glissa dans la chambre de la reine, et, tombant à genoux, avec le ton le plus flatteur et les plus tendres paroles, elle adressa à sa belle maîtresse les premières félicitations. Jeanne ouvrit ses bras et la tint longtemps serrée sur son cœur ; car dona Cancia était bien plus que sa camériste, elle était la compagne de son enfance, la dépositaire de tous ses secrets, la confidente de ses plus intimes pensées. Au reste, rien qu'à jeter un regard sur cette jeune fille, on comprenait la séduction qu'elle devait exercer sur l'esprit de la jeune reine. C'était une de ces figures riantes et ouvertes qui inspirent la confiance et captivent les âmes du premier abord. Ses cheveux d'un blond chaud et doré, ses yeux d'un bleu pur et limpide, sa bouche malicieusement relevée par les coins, son menton d'une extrême finesse, donnaient à sa physionomie un charme irrésistible. Folle, enjouée, légère, ne respirant que le plaisir, n'écoutant que l'amour, admirablement spirituelle, délicieusement perfide, à seize ans, elle était jolie comme un ange et corrompue comme un démon. Toute la cour l'adorait, et Jeanne avait plus d'amitié pour elle que pour sa propre sœur.

— Eh bien, ma chère Cancia, murmura la reine avec un soupir, tu me vois bien triste et bien infortunée !

— Et moi, ma belle souveraine, répondit la confidente en fixant sur Jeanne un regard d'admiration, vous me voyez bien heureuse, au contraire, de pouvoir déposer à vos pieds, avant les autres, le témoignage de la joie qu'éprouve en ce moment le peuple napolitain. Les autres vous envieront peut-être cette couronne qui brille sur votre front, ce trône qui est un des plus beaux trônes du monde, ces acclamations d'une ville entière qui ressemblent bien plus à un culte qu'à un hommage ; mais moi, madame, je vous envie vos beaux cheveux noirs, votre regard éblouissant, votre grâce surhumaine, qui vous font adorer de tous les hommes.

— Tu le sais pourtant, ma Cancia, je suis bien à plaindre comme reine et comme femme ; à quinze ans une couronne est lourde à porter, et je n'ai même pas la liberté dont jouit le dernier de mes sujets, la liberté des affections ; car avant l'âge de raison on m'a sacrifiée à un homme que je ne pourrai jamais aimer.

— Cependant, madame, reprit la camérière d'une voix plus insinuante, il est dans cette cour un jeune chevalier qui, par son respect, son dévouement et son amour, aurait dû vous faire oublier les torts de cet étranger, qui n'est digne d'être ni notre roi ni votre mari.

La reine poussa un profond soupir.

— Depuis quand, reprit-elle, as-tu perdu l'habitude de lire dans mon âme ? Dois-je aussi t'avouer que cet amour me rend malheureuse ? Il est vrai que dans les premiers moments cette émotion criminelle m'a paru bien vive ; j'ai senti une nouvelle vie se réveiller dans mon âme, j'ai été entraînée, séduite par les prières, par les larmes, par le désespoir de ce jeune homme, par la facilité que nous laissait sa mère, que j'ai toujours regardée comme ma propre mère ; je l'ai aimé..... Mon Dieu ! si jeune encore, avoir un passé si douloureux ! Il me vient parfois dans l'esprit des pensées étranges, il me semble qu'il ne m'aime plus, qu'il ne m'a jamais aimée, que l'ambition, l'intérêt, d'ignobles motifs, l'ont poussé à feindre un sentiment qu'il n'a jamais ressenti ; moi-même j'éprouve une froideur dont je ne me rends pas compte ; sa présence me gêne, son regard me trouble, sa voix me fait trembler ; je le crains, et je donnerais une année de ma jeunesse pour ne l'avoir jamais écouté.

Ces paroles semblèrent toucher la jeune confidente jusqu'au fond de l'âme ; son front se voila de tristesse, elle baissa les yeux et resta quelque temps sans répondre, en montrant plus de douleur que d'étonnement. Puis, soulevant doucement la tête, elle ajouta avec un visible embarras :

— Je n'aurais jamais osé porter un jugement si sévère sur l'homme que ma souveraine a élevé au-dessus des autres en laissant tomber sur lui un regard de bienveillance ; mais si Robert de Cabane avait mérité des reproches de légèreté et d'ingratitude, s'il s'était lâchement parjuré, il serait le dernier des misérables, car il aurait méprisé un bonheur que d'autres auraient demandé à Dieu tout le temps de leur vie, pour le payer de leur éternité. Je sais quelqu'un qui pleure nuit et jour, sans consolation et sans espoir, qui souffre et se consume d'une maladie lente et cruelle, et qu'un mot de pitié pourrait sauver encore, si ce mot sortait des lèvres de ma noble maîtresse.

— Je ne veux plus rien entendre, s'écria Jeanne en se levant brusquement, je ne veux pas attacher un autre remords à ma vie. Le malheur m'a frappée dans mon amour légitime et dans mon amour criminel ; hélas ! je n'essayerai plus de conjurer ma terrible destinée, je courberai le front sans murmurer ; je suis reine, je me dois au bonheur de mes sujets.

— Me défendrez-vous, madame, reprit dona Cancia d'une voix douce et caressante, me défendrez-vous de prononcer en votre présence le nom de Bertrand d'Artois, de ce pauvre jeune homme qui a la beauté des anges et la timidité des jeunes filles ? Et maintenant que vous êtes reine et que vous avez dans vos mains la vie et la mort de vos sujets, n'aurez-vous aucune clémence pour un malheureux qui n'a commis que la faute de vous adorer et de rassembler toutes les forces de son âme pour ne pas expirer de bonheur toutes les fois qu'il a pu rencontrer un de vos regards ?

— J'ai pourtant fait bien des efforts sur moi-même pour les détourner de lui ! s'écria la reine avec un élan de cœur qu'elle fut impuissante à maîtriser ; mais aussitôt, pour effacer l'impression que cet aveu aurait pu produire dans l'esprit de sa suivante, elle ajouta d'un ton sévère :

— Je te défends de prononcer son nom devant moi, et s'il osait jamais laisser échapper quelque plainte, je t'ordonne de lui dire de ma part que le jour où je pourrai soupçonner la cause de son chagrin il sera exilé pour toujours de ma cour.

— Eh bien, madame, chassez-moi aussi de votre présence ; car je n'aurai jamais la force de remplir un ordre si dur ; quant au malheureux qui ne peut éveiller dans votre cœur un sentiment de compassion, vous pouvez le frapper vous-même dans votre colère, car le voici qui vient écouter son arrêt et mourir à vos pieds.

A ces mots, prononcés d'une voix plus forte, pour les faire entendre au dehors, Bertrand d'Artois s'élança dans la chambre, et tomba aux genoux de la reine. Depuis longtemps la jeune camérière s'était aperçue que Robert de Cabane avait par sa faute perdu l'amour de Jeanne, à qui la tyrannie de cet homme était devenue plus insupportable que celle de son mari. Dona Cancia ne tarda guère à remarquer que les yeux de sa maîtresse se reposaient avec une douce mélancolie sur Bertrand, beau jeune homme, triste et rêveur, et quand elle se décida à parler pour lui, elle était persuadée que la reine l'aimait déjà. Néanmoins une vive rougeur monta au front de Jeanne et sa colère allait tomber indistinctement sur les deux coupables, lorsqu'un bruit de pas se fit entendre dans le salon contigu, et la voix de la grande sénéchale causant avec son fils frappa les trois jeunes gens comme un coup de foudre. La camérière chancela pâle comme la mort, Bertrand se crut d'autant plus perdu, que sa présence perdait la reine ; Jeanne seule, avec cet admirable sang-froid qui ne devait pas la quitter dans les moments les plus difficiles de sa vie, poussa le jeune homme contre le dossier sculpté de son lit, et le cacha complètement sous les larges plis du rideau, puis elle fit signe à dona Cancia d'aller au-devant de sa gouvernante et de son fils.

Mais, avant d'introduire dans la chambre de la reine ces deux personnages, que nos lecteurs ont pu voir à la suite de Jeanne, près du chevet de Robert, il faut que nous racontions par quel prodigieux concours de circonstances et avec quelle incroyable rapidité la famille de la Catanaise s'était élevée de la dernière classe du peuple aux premiers rangs de la cour.

Lorsque dona Violante d'Aragon, première femme de Robert d'Anjou, accoucha de Charles, qui devait mourir duc de Calabre, on chercha une nourrice pour le nouveau-né parmi les plus belles femmes du peuple. Après en avoir passé plusieurs en revue, toutes également admirables de beauté, de jeunesse et de fraîcheur, le choix de la princesse s'arrêta sur une jeune Catanaise nommée Filippa, femme d'un pêcheur de Trapani et blanchisseuse de son état. La jeune femme, tout en lavant son linge au bord d'une fontaine, avait fait des rêves étranges ; elle s'était imaginé d'être présentée à la cour, d'épouser un grand personnage, d'avoir les honneurs d'une grande dame. Aussi, quand elle fut appelée au Château-Neuf, sa joie fut-elle extrême, et son rêve parut commencer à se réaliser. Filippa fut donc installée à la cour, et peu de mois après qu'elle avait commencé à nourrir l'enfant, elle resta veuve du pêcheur. Dans ce temps, Raymond de Cabane, majordome de la maison du roi Charles II, ayant acheté un nègre à des corsaires, le fit baptiser, en lui donnant son propre nom, l'affranchit, et voyant qu'il ne manquait ni d'adresse ni d'intelligence, le nomma chef de la cuisine du roi ; après quoi il s'en alla à la guerre. Pendant l'absence de son protecteur, le nègre, resté à la cour, fit si bien ses propres affaires, qu'en peu de temps il acheta des terres, des maisons, des fermes, de la vaisselle d'argent et des chevaux, de façon à pouvoir rivaliser avec les plus riches barons du royaume ; et comme il n'avait jamais cessé de gagner de plus en plus l'affection de la famille royale, il passa de la cuisine à la garde-robe du roi. D'un autre côté, la Catanaise avait si bien mérité l'amour de ses maîtres, que, pour la récompenser des soins donnés à son enfant, la princesse la maria au nègre, et pour cadeau de noce on le fit chevalier. A dater de ce jour, Raymond de Cabane et Filippa la blanchisseuse montèrent si rapidement, que personne ne put balancer leur influence à la cour. Après la mort de dona Violante, la Catanaise devint l'amie intime de dona Sancia, seconde femme de Robert, que nous avons présentée à nos lecteurs au commencement de cette histoire. Charles, son fils de lait, l'aimait comme une mère, et elle fut successivement la confidente de ses deux femmes, surtout de la seconde, Marie de Valois. Et comme l'ancienne blanchisseuse avait fini par apprendre les usages et les manières de la cour, lorsque Jeanne et sa sœur naquirent, elle fut nommée gouvernante et maîtresse des jeunes filles, et par cette occasion Raymond fut créé majordome. Enfin Marie de Valois, à son lit de mort, lui recommanda les deux jeunes princesses, en la priant de les regarder comme ses filles, et Filippa la Catanaise, honorée désormais comme la mère de l'héritière du trône de Naples, eut le pouvoir de faire nommer son mari grand-sénéchal, une des sept plus grandes charges du royaume, et ses trois fils chevaliers. Raymond de Cabane fut enterré comme un roi dans un tombeau de marbre dans l'église du Saint-Sacrement, et deux de ses fils allèrent bientôt le rejoindre. Le troisième, nommé Robert, jeune homme d'une force et d'une beauté extraordinaires, ayant quitté l'habit ecclésiastique, fut à son tour nommé majordome, et les deux filles de son frère aîné furent mariées, l'une au comte de Terlizzi, et l'autre au comte de Morcone. Les choses en étaient là, et la puissance de la grande sénéchale paraissait assurée à jamais, lorsqu'un événement inattendu vint tout à coup ébranler son crédit, et que le long édifice de sa fortune, élevé péniblement et pierre à pierre, avec tant de patience et tant de lenteur, miné dans sa base, faillit s'écrouler en un jour. La brusque apparition de frère Robert, qui avait suivi à la cour de Rome son jeune élève, destiné dès l'enfance à être le mari de Jeanne, vint se jeter au travers de tous les desseins de la Catanaise, et menaça sérieusement son avenir. Le moine n'avait pas tardé à comprendre que tant que la grande sénéchale resterait à la cour, André ne serait que l'esclave et peut-être la victime de sa femme. Aussi toutes les pensées de frère Robert furent-elles concentrées sourdement vers un seul but, celui d'éloigner la Catanaise ou de neutraliser son influence. Le précepteur du prince et la gouvernante de l'héritière du trône échangèrent un seul coup d'œil froid, perçant, lucide, et leurs regards se croisèrent comme deux éclairs de haine et de vengeance. Alors la Catanaise, se sentant devinée, et n'ayant pas le courage de lutter ouvertement contre cet homme, conçut le projet d'assurer sa domination chancelante par la corruption et la débauche. Elle infiltra lentement dans l'âme de son élève le poison du vice, irrita sa jeune imagination par des désirs précoces, sema dans son cœur les germes d'une aversion invincible pour son mari, entoura la pauvre fille de femmes perdues, attacha particulièrement à son côté la belle et séduisante dona Cancia, que les auteurs contemporains flétrissent du titre de courtisane, et pour achever d'un seul trait ses leçons d'infamie, elle prostitua Jeanne à son fils. La pauvre enfant, déjà souillée par le crime avant de comprendre la vie, se jeta dans sa première passion avec l'ardeur de la jeunesse, et aima Robert de Cabane d'un amour si violent et si frénétique, que la rusée Catanaise s'applaudissant de son œuvre infâme, crut si bien tenir sa proie, qu'elle n'essayerait jamais de lui échapper.

Une année s'écoula sans que Jeanne, absorbée par son ivresse, conçût un seul soupçon sur la sincérité de son amant. Le jeune homme, d'un caractère plus ambitieux que tendre, dissimulait adroitement sa froideur par une intimité fraternelle, par une aveugle soumission, par un dévouement à toute épreuve ; et peut-être eût-il réussi longtemps encore à tromper sa maîtresse, si le jeune comte d'Artois ne fût devenu à son tour éperdument amoureux de Jeanne. Le bandeau tomba tout à coup des yeux de la jeune fille ; en comparant ces deux sentiments avec cet instinct du cœur qui ne trompe jamais la femme aimée, elle comprit que Robert de Cabane l'aimait pour lui-même, tandis que Bertrand d'Artois aurait donné sa vie pour la voir heureuse ; un trait de lumière éclaira son passé, elle repassa dans son esprit les circonstances qui avaient précédé et accompagné son premier amour, et un frisson courut dans ses veines, en songeant qu'elle avait été immolée à un lâche séducteur par la femme qu'elle avait le plus aimée au monde, qu'elle avait appelée du nom de mère.

Jeanne se replia sur elle-même, et pleura amèrement. Frappée d'un seul coup dans toutes ses affections, elle dévora sa douleur ; puis, animée d'une soudaine colère, elle releva fièrement la tête, et changea son amour en mépris. Robert, étonné de l'accueil hautain et glacial qui venait de succéder à tant d'amitié, irrité par la jalousie, blessé dans son amour-propre, éclata en reproches amers et en récriminations violentes, et, laissant tomber son masque, acheva de se perdre dans le cœur de la princesse.

La grande-sénéchale vit enfin qu'il était temps d'intervenir : elle gourmanda son fils, et l'accusa de miner par sa maladresse tous ses projets.

— Puisque tu n'as pas su dominer son âme par l'amour, lui dit-elle, il faut la dominer par la crainte. Nous avons le secret de son honneur, elle n'osera jamais se révolter contre nous. Évidemment, elle aime Bertrand d'Artois, dont les yeux langoureux et les humbles soupirs contrastent d'une manière frappante avec ta fière insouciance et tes emportements despotiques. La mère des princes de Tarente, l'impératrice de Constantinople, saisira avec empressement l'occasion de favoriser les amours de la princesse, pour l'éloigner de plus en plus de son mari ; Cancia sera choisie pour messagère, et tôt ou tard nous surprendrons d'Artois aux pieds de Jeanne. Alors elle ne pourra plus rien nous refuser.

Sur ces entrefaites, le vieux roi mourut, et la Catanaise, qui n'avait cessé de guetter le moment qu'elle avait prévu avec une lucidité extrême, ayant vu le comte d'Artois se glisser dans l'appartement de Jeanne, appela son fils à haute voix, et l'entraînant avec elle :

— Suis-moi, lui dit-elle, la reine est à nous.

C'était dans ce but qu'elle venait avec son fils.

Jeanne, debout au milieu de la chambre, le front couvert de pâleur, les yeux fixés sur les rideaux de son lit, cachant son trouble sous un sourire, fit un pas vers sa gouvernante, et baissa le front pour recevoir le baiser que la grande-sénéchale avait l'habitude d'y déposer tous les matins. La Catanaise l'embrassa avec une cordialité affectée, et se tournant vers son fils, qui avait plié un genou en terre :

— Permettez, ma belle souveraine, dit-elle en lui montrant Robert, que le plus humble de vos sujets vous adresse ses félicitations sincères et dépose à vos pieds ses hommages.

— Relevez-vous, Robert, dit Jeanne en lui tendant la main avec bonté et sans laisser percer la moindre amertume. Nous avons été élevés ensemble, et je n'oublierai jamais que dans mon enfance, c'est-à-dire dans cet âge heureux où nous étions tous les deux innocents, je vous ai appelé mon frère.

— Puisque vous le permettez, madame, répondit Robert avec un sourire ironique, moi aussi je me souviendrai toujours des noms que vous avez daigné m'accorder autrefois.

— Et moi, j'oublierai que je parle à la reine de Naples, reprit la Catanaise, pour embrasser encore une fois ma fille bien-aimée. Allons, madame, chassez ce reste de tristesse ; vous avez assez pleuré, nous avons assez respecté votre douleur. Il est temps de vous montrer à ce bon peuple napolitain, qui ne cesse de bénir le ciel pour lui avoir accordé une reine si belle et si généreuse ; il est temps de faire pleuvoir vos grâces sur vos fidèles sujets ; et mon fils, qui les surpasse tous en fidélité, pour vous servir avec plus de zèle, vient avant tous les autres vous demander une faveur.

Jeanne laissa tomber sur Robert un regard accablant, et s'adressant à la Catanaise, elle ajouta avec le plus profond mépris :

— Vous le savez, ma gouvernante, je n'ai rien à refuser à votre fils.

— Il ne demande, repartit la gouvernante, qu'un titre qui lui est dû, et qu'il a hérité de son père, celui de grand-sénéchal du royaume des Deux-Siciles ; j'espère, ma fille, que vous n'aurez aucune difficulté à le lui accorder.

— Je devrais cependant consulter les membres du conseil de régence.

— Le conseil s'empressera de ratifier les volontés de la reine, reprit Robert en lui tendant le parchemin avec un geste impérieux ; vous n'aurez qu'à vous adresser au comte d'Artois.

Et il jeta sur le rideau, qui s'était légèrement agité, un regard foudroyant.

— Vous avez raison, répondit la reine vivement ; et s'approchant d'une table, elle signa le parchemin d'une main tremblante.

— Maintenant, ma fille, au nom de tous les soins que j'ai donnés à votre enfance, au nom de cet amour plus que maternel dont je vous ai toujours chérie, je viens vous supplier de nous accorder une grâce dont ma famille gardera un éternel souvenir.

La reine recula d'un pas, rouge d'étonnement et de colère ; mais, avant qu'elle eût trouvé les mots pour former une réponse, la grande-sénéchale continua d'une voix impassible :

— Je vous prie de créer mon fils comte d'Eboli.

— Cela ne dépend pas de moi, madame ; les barons du royaume se révolteront en masse, si j'élève de ma simple autorité à une des premières comtes du royaume le fils....

— D'une blanchisseuse et d'un nègre, n'est-ce pas, madame ? ajouta Robert en ricanant. Bertrand d'Artois se fâchera peut-être si je m'appelle comte comme lui.

Et il fit un pas vers le lit en portant la main sur le pommeau de l'épée.

— Par pitié, Robert ! s'écria la reine en l'arrêtant ; je ferai tout ce que vous demandez.

Et elle signa le parchemin qui le déclarait comte d'Eboli.

— Et maintenant, pour que mon titre ne soit pas illusoire, continua Robert avec une impudente témérité, puisque vous êtes en train de signer, accordez-moi le privilège de prendre part aux conseils de la couronne, et déclarez, sauf votre bon plaisir, que toutes les fois qu'il s'agira d'une affaire grave, ma mère et moi nous aurons dans le conseil une voix délibérative.

— Jamais ! s'écria Jeanne en pâlissant. Filippa, Robert, vous abusez de ma faiblesse, vous maltraitez indignement votre reine. J'ai pleuré, j'ai souffert tous ces jours derniers, accablée d'une terrible douleur ; je n'ai pas la force de m'occuper d'affaires en ce moment. Retirez-vous, je vous en prie ; je me sens défaillir.

— Comment, ma fille, reprit la Catanaise d'un ton hypocrite, est-ce que vous vous trouveriez mal ? Venez vite vous reposer. — Et s'élançant vers le lit, elle saisit le rideau qui cachait le comte d'Artois.

La reine poussa un cri perçant, et se jeta comme une lionne sur sa gouvernante.

— Arrêtez, dit-elle d'une voix suffoquée, voici le privilège que vous demandez, et maintenant sortez, si la vie vous est chère.

La Catanaise et son fils sortirent à l'instant, sans même répondre, car ils avaient obtenu tout ce qu'ils désiraient ; et Jeanne, tremblante, éperdue, s'élança vers Bertrand d'Artois, qui, enflammé de colère, avait tiré le poignard et voulait se précipiter sur les deux favoris pour venger les insultes qu'ils venaient de faire à leur reine ; mais le jeune homme fut bientôt désarmé par l'éclat de ces beaux yeux suppliants, par ces deux bras qui entouraient sa taille, par les larmes de Jeanne, et il tomba à son tour à ses pieds, qu'il baisa avec transport, sans songer à lui demander pardon de sa présence, sans lui parler de son amour, comme s'ils s'étaient toujours aimés ; il lui prodigua les plus tendres caresses, essuya ses larmes, effleura ses beaux cheveux de ses lèvres frémissantes. Jeanne avait peu à peu oublié sa colère, ses serments, son repentir : bercée par les mélodieuses paroles de son amant, elle répondait par monosyllabes sans rien comprendre ; son cœur battait à lui briser la poitrine, elle était retombée sous le charme irrésistible de l'amour, lorsqu'un nouveau bruit vint l'arracher brusquement à son extase ; mais, cette fois, le jeune comte put se retirer sans aucune précipitation dans une pièce voisine, et Jeanne se disposa à recevoir l'importun visiteur avec une dignité froide et sévère.

Celui qui arrivait si mal à propos pour conjurer l'orage amassé sur le front de la reine était Charles, l'aîné de la branche des Duras. Après avoir présenté au peuple sa belle cousine comme la seule souveraine légitime, il avait cherché, à plusieurs reprises, l'occasion d'avoir un entretien qui, suivant toutes les probabilités, devait être décisif. Charles était un de ces hommes qui ne reculent devant aucun moyen pour atteindre leur but ; rongé par une ambition dévorante, habitué dès ses plus jeunes années à cacher ses désirs les plus brûlants sous une légère insouciance, marchant de combinaison en combinaison vers un objet déterminé, sans s'écarter d'une seule ligne du chemin qu'il s'était tracé, redoublant de prudence à chaque victoire et de courage à chaque défaite, pâle dans la joie, souriant dans la haine, impénétrable dans les plus fortes émotions de sa vie, il avait juré d'arriver au trône de Naples, dont il s'était cru longtemps l'héritier comme le plus proche neveu de Robert ; et c'était à lui en effet qu'aurait dû appartenir la main de Jeanne, si le vieux roi ne s'était avisé, sur la fin de ses jours, d'appeler André de Hongrie et de réintégrer dans ses droits la branche aînée, à laquelle personne ne songeait plus. Mais ni l'arrivée d'André dans le royaume, ni l'indifférence profonde avec laquelle Jeanne, préoccupée par d'autres passions, avait toujours accueilli les avances de son cousin de Duras, n'avaient affaibli un seul instant la résolution de ce dernier ; car l'amour d'une femme et la vie d'un homme ne pesaient rien pour Charles, lorsqu'une couronne était sur l'autre plateau de la balance.

Après avoir rôdé autour des appartements de la reine tout le temps qu'elle était restée strictement invisible, il se présenta avec un empressement respectueux pour s'informer de la santé de sa cousine. Le jeune duc avait rehaussé la noblesse de ses traits et l'élégance de sa taille par un magnifique costume tout fleurdelisé d'or et étincelant de pierreries. Son pourpoint de velours écarlate et sa toque de la même couleur relevaient par leur éclat les tons chauds de sa figure, et sa noire prunelle d'aigle lançait des éclairs et animait sa physionomie.

Charles parla longtemps à sa cousine de l'enthousiasme que le peuple avait montré à son avènement au trône et des brillantes destinées qu'elle aurait à remplir; il traça un tableau rapide et exact de la situation du royaume; et tout en prodiguant des éloges à la sagesse de la reine, il indiqua adroitement les améliorations que le pays réclamait avec plus d'urgence; enfin, il mit dans son discours tant de chaleur et tant de réserve à la fois, qu'il parvint à détruire la fâcheuse impression que son arrivée avait produite. Malgré les égarements d'une jeunesse dépravée par la plus déplorable éducation, Jeanne était portée par sa nature aux grandes choses; s'élevant au-dessus de son âge et de son sexe, dès qu'il s'agissait du bonheur de ses sujets, elle oublia sa singulière position, et écouta le duc de Duras avec le plus vif intérêt et avec l'attention la plus bienveillante. Alors il hasarda des allusions sur les dangers qui menaçaient la jeune reine; il parla vaguement de la difficulté de distinguer les véritables dévouements des lâches complaisances et des attachements intéressés; il insista sur l'ingratitude des personnes qu'on a le plus comblées de bienfaits et dans lesquelles on avait le plus de confiance. Jeanne, qui venait de faire une si douloureuse expérience de la vérité de ces paroles, répondit d'abord par un soupir, puis après un instant de silence :

— Puisse Dieu, que j'appelle à témoin de mes intentions droites et loyales, démasquer les traîtres et m'éclairer sur mes véritables amis! Je sais que le fardeau qu'on m'impose est bien lourd, et je ne présume pas trop de mes forces; mais la vieille expérience des conseillers auxquels mon aïeul a confié ma tutelle, le concours de ma famille, et surtout votre pure et cordiale amitié, mon cousin, m'aideront, je l'espère, dans l'accomplissement de mes devoirs.

— Mon vœu le plus sincère est que vous puissiez réussir, ma belle cousine, et je ne veux pas troubler des moments qui doivent être entièrement au bonheur par des pensées de méfiance et de doute; je ne veux pas mêler à la joie qui éclate de toutes parts en vous saluant du titre de reine des regrets stériles sur l'aveugle destinée qui place à côté de la femme que nous adorons tous, à côté de vous, ma cousine, dont un seul regard rendrait un homme plus heureux que les anges, un étranger indigne de partager votre cœur, incapable de partager votre trône.

— Vous oubliez, Charles, dit la reine en tendant la main comme pour arrêter ses paroles, vous oubliez qu'André est mon mari, et que c'est la volonté de notre aïeul qui l'a appelé à régner avec moi.

— Jamais! s'écria le duc d'une voix indignée; lui! roi de Naples! Mais songez donc que la ville s'ébranlerait dans ses fondements, que le peuple se soulèverait en masse, que les cloches de nos églises sonneront de nouvelles vêpres siciliennes, avant que les Napolitains se laissent gouverner par une poignée de Hongrois ivres et féroces, par un moine hypocrite et difforme, par un prince qu'on déteste autant qu'on vous aime.

— Mais qu'est-ce donc qu'on lui reproche? quelle est sa faute?

— Quelle est sa faute? qu'est-ce qu'on lui reproche, madame? Le peuple lui reproche d'être incapable, grossier, sauvage; les nobles lui reprochent de violer leurs privilèges, et de protéger ouvertement des hommes d'une naissance obscure; et moi, madame, ajouta-t-il en baissant la voix, moi, je lui reproche de vous rendre malheureuse.

Jeanne tressaillit comme si une main rude eût froissé sa blessure; mais cachant son émotion sous un calme apparent, elle répondit du ton de la plus parfaite indifférence:

— Je crois que vous rêvez, Charles; qui vous a autorisé à me croire malheureuse?

— N'essayez pas de l'excuser, ma cousine, reprit Charles vivement; vous vous perdriez sans le sauver.

La reine regarda son cousin fixement comme pour lire au fond de son âme et pour bien s'expliquer le sens de ces paroles; mais ne pouvant pas croire à la pensée horrible qui se présenta à son esprit, elle affecta une entière confiance dans l'amitié de son cousin pour pénétrer ses projets, et lui dit avec abandon:

— Eh bien, Charles, supposons que je ne sois pas heureuse, quel remède sauriez-vous me proposer pour échapper à mon sort?

— Vous le demandez, ma cousine? Est-ce que tous les moyens ne sont pas bons lorsque vous souffrez et qu'il s'agit de vous venger?

— Mais encore faut-il avoir recours à des moyens possibles. André ne renoncera pas facilement à ses prétentions: il a un parti qui le soutient, et dans le cas d'une rupture ouverte, son frère, le roi de Hongrie, peut nous déclarer la guerre et porter la désolation dans le royaume.

Le duc de Duras sourit légèrement, et sa physionomie prit une expression sinistre.

— Vous ne me comprenez pas, ma cousine.

— Expliquez-vous donc sans détour, dit la reine en faisant des efforts pour ne pas trahir le frisson convulsif qui agitait ses membres.

— Ecoutez, Jeanne, dit Charles en prenant la main de sa cousine et en la portant sur son cœur, sentez-vous ce poignard?

— Je le sens, dit Jeanne en pâlissant.

— Un mot de vous... et...

— Eh bien?

— Et demain vous serez libre.

— Un meurtre! s'écria Jeanne en reculant d'horreur; je ne m'étais donc pas trompée! c'est un meurtre que vous veniez me proposer.

— Indispensable! ajouta le duc tranquillement; aujourd'hui, c'est moi qui le conseille; plus tard, ce sera vous qui l'ordonnerez.

— Assez, malheureux! je ne sais si vous êtes plus lâche que téméraire, ou plus téméraire que lâche : lâche, car vous m'avouez un projet criminel parce que vous êtes persuadé que je ne vous dénoncerai pas; téméraire, parce qu'en me l'avouant, vous ne savez pas s'il n'y a point ici d'autres témoins qui nous écoutent.

— Eh bien, madame, puisque je viens de me livrer, vous comprendrez que je ne puis pas vous quitter avant de savoir si je dois me regarder comme votre ami ou comme votre ennemi.

— Sortez! s'écria Jeanne avec un geste dédaigneux; vous insultez votre reine.

— Vous oubliez, ma cousine, que je pourrais bien avoir un jour des droits à votre royaume.

— Ne m'obligez pas à vous faire chasser de ma présence, dit Jeanne en s'avançant vers la porte.

— Allons, ne vous emportez pas, ma belle cousine, je vous laisse; mais rappelez-vous du moins que c'est moi qui vous ai tendu la main, et que c'est vous qui la repoussez. Retenez bien ce que je vous dis dans ce moment solennel: aujourd'hui je suis le coupable; un jour, peut-être, je serai le juge.

Et il s'éloigna lentement, tournant la tête à deux reprises, et lui jetant de loin, par un geste, sa menaçante prophétie. Jeanne se cacha le visage dans ses mains, et resta longtemps abîmée dans ses réflexions douloureuses; puis, la colère dominant chez elle tous les autres sentiments, elle appela doña Cancia, et lui intima l'ordre de ne plus laisser entrer personne, sous quelque prétexte que ce fût.

La défense n'était pas pour le comte d'Artois, car le lecteur se rappelle qu'il était dans la chambre à côté.

Cependant la nuit était tombée; et depuis le Môle jusqu'à Mergeline, depuis le château Capouan jusqu'à la colline de Saint-Elme, le plus profond silence avait succédé aux mille cris de la ville la plus bruyante de l'univers. Charles de Duras, s'éloignant rapidement de la place des Correggie, après avoir jeté sur le Château-Neuf un dernier regard de vengeance, s'enfonça dans le dédale de rues obscures et tortueuses qui se croisaient en tous sens dans l'ancienne cité, et au bout d'un quart d'heure d'une marche tantôt lente, tantôt précipitée, qui trahissait l'agitation de son esprit, il arriva à son palais ducal, situé près de l'église de San-Giovanni à Mare. Après avoir donné quelques ordres d'une voix brusque et dure à un de ses pages, auquel il remit son épée et son manteau, Charles s'enferma dans son appartement, sans monter chez sa pauvre mère, qui dans ce moment pleurait, triste et seule, sur l'ingratitude de son fils, et se vengeait, comme toutes les mères, en priant Dieu pour lui.

Le duc de Duras fit plusieurs tours dans sa chambre comme un lion dans sa cage, comptant les minutes et dévoré par son impatience; il allait appeler un de ses valets pour renouveler ses ordres, lorsque deux coups frappés sourdement à la porte l'avertirent que la personne qu'il attendait venait enfin d'arriver. Il ouvrit vivement, et un homme d'une cinquantaine d'années, noir de la tête aux pieds, entra avec les plus humbles révérences, et referma soigneusement la porte après lui. Charles se jeta sur un fauteuil, et regardant fixement cet homme, qui se tenait debout devant lui, les yeux baissés vers la terre, les bras croisés sur la poitrine dans l'attitude du plus profond respect et de la plus aveugle obéissance, il lui dit lentement et pesant chaque parole :

— Maître Nicolas de Melazzo, avez-vous encore quelque souvenir des services que je vous ai rendus?

L'homme à qui ces mots s'adressaient frissonna de tous ses membres, comme s'il eût entendu retentir à son oreille la voix de Satan réclamant son âme; puis, levant sur son interlocuteur un regard effaré, il demanda d'une voix sombre :

— Qu'ai-je fait, monseigneur, pour mériter un tel reproche?

— Ce n'est pas un reproche que je vous adresse, notaire, c'est une simple question.

— Monseigneur peut-il douter un instant de ma reconnaissance éternelle? Moi, oublier les bienfaits de votre excellence? Mais quand même je perdrais à un tel point la raison et la mémoire, ma femme et mon fils ne sont-ils pas là tous les jours pour me rappeler que nous vous devons tout, la fortune, la vie, l'honneur? Je m'étais rendu coupable d'une action infâme, continua le notaire en baissant la voix, d'un faux qui entraînait non-seulement pour moi la peine de mort, mais aussi la confiscation de mes biens, la désolation de ma famille, la misère et la honte de mon fils unique, de ce même fils auquel j'avais voulu, malheureux que j'étais, assurer un brillant avenir par un crime épouvantable; vous aviez dans vos mains les preuves de ce crime...

— Je les ai encore...

— Et vous ne me perdrez pas, monseigneur, reprit le notaire en tremblant; me voici à vos pieds, prenez ma vie, excellence, j'expirerai dans les tourments sans me plaindre; mais sauvez mon fils, puisque vous avez été si clément de l'épargner jusqu'ici; grâce pour sa mère! grâce, monseigneur!

— Rassure-toi, dit Charles en lui faisant signe de se relever, il ne s'agit pas de ta vie ; cela viendra peut-être. Ce que j'ai à te demander à présent est bien plus facile et plus simple.

— J'attends vos ordres, monseigneur.

— Et d'abord, reprit le duc d'un ton ironiquement enjoué, tu vas rédiger en bonne forme le contrat de mon mariage.

— A l'instant même, excellence.

— Tu écriras dans le premier article, que ma femme m'apporte en dot le comté d'Alba, la justice de Grati et de Giordano, avec tous les châteaux, les fiefs et les terres qui en dépendent.

— Mais, monseigneur... répondit le pauvre notaire avec le plus grand embarras.

— Est-ce que vous y trouvez quelque difficulté, maître Nicolas ?

— Dieu m'en garde, excellence ! mais...

— Qu'est-ce donc ?

— C'est que, si monseigneur me permet... c'est qu'il n'y a à Naples qu'une personne qui possède la dot que votre excellence vient de désigner.

— Après ?

— Et cette personne, balbutia le notaire, de plus en plus embarrassé, est la sœur de la reine.

— Aussi écriras-tu dans le contrat le nom de Marie d'Anjou.

— Mais, répliqua encore timidement maître Nicolas, la jeune fille que votre excellence désire épouser a été destinée, il me semble, dans le testament du feu roi notre seigneur de bienheureuse mémoire, à devenir la femme du roi de Hongrie, ou du petit-fils du roi de France.

— Ah ! ah ! je comprends ton étonnement, mon cher notaire ; ceci t'apprendra que la volonté des oncles n'est pas toujours la volonté des neveux.

— En ce cas, si j'osais.... si monseigneur daignait m'accorder la permission.... si j'avais un avis à donner, je supplierais bien humblement votre excellence de réfléchir qu'il s'agit de l'enlèvement d'une mineure.

— Depuis quand avez-vous des scrupules, maître Nicolas ?

Cette apostrophe fut accompagnée d'un regard si terrible, que le pauvre notaire atterré eut à peine la force de répondre :

— Dans une heure le contrat sera prêt.

— Ainsi nous sommes d'accord sur le premier point, continua Charles en reprenant son ton de voix naturel. Voici maintenant ma seconde commission. Tu connais, je crois, depuis plusieurs années, et d'une manière assez intime, le valet de chambre du duc de Calabre.

— Tommaso Pace ! c'est mon meilleur ami.

— A merveille ! Écoute-moi donc, et songe que de ta discrétion dépend le salut ou la ruine de ta famille. Un complot ne tardera pas à s'ourdir contre le mari de la reine ; les conjurés gagneront sans doute le valet d'André, l'homme que tu appelles ton meilleur ami ; ne le quitte pas un instant, cherche à t'attacher à lui comme une ombre ; et jour par jour, heure par heure, viens me rapporter fidèlement les progrès de la conspiration et les noms des complices.

— C'est tout ce que votre excellence avait à m'ordonner ?

— C'est tout.

Le notaire s'inclina respectueusement, et sortit pour mettre à exé-
cution sans délai les ordres qu'il venait de recevoir. Charles passa le reste de la nuit à écrire à son oncle le cardinal de Périgord, un des prélats les plus influents de la cour d'Avignon. Il le priait avant tout d'employer son autorité pour empêcher que Clément VI ne signât la bulle du couronnement d'André, et il terminait sa lettre en faisant les plus vives instances à son oncle pour lui obtenir du pape la permission d'épouser la sœur de la reine.

— Nous verrons, ma cousine, dit-il en cachetant sa lettre, lequel de nous deux comprend mieux ses intérêts. Vous ne voulez pas m'accepter pour ami, eh bien ! vous m'aurez pour adversaire. Endormez-vous dans les bras de vos amants, je vous réveillerai quand l'heure sera venue. Un jour, je serai peut-être duc de Calabre, et ce titre-là, vous ne l'ignorez pas, ma cousine, est le titre de l'héritier du trône !

Le lendemain et les jours suivants, on remarqua un changement complet dans les manières de Charles à l'égard d'André ; il l'aborda avec les marques de la plus vive sympathie, flatta ses goûts avec adresse, et fit croire à frère Robert que, loin d'être hostile au couronnement d'André, son plus ardent désir était de voir respecter les volontés de son oncle, et que s'il avait paru agir dans un sens contraire, il l'avait fait dans le but d'apaiser la populace, qui, dans sa première effervescence, aurait pu se soulever contre les Hongrois. Il déclara avec énergie qu'il détestait cordialement les personnes qui entouraient la reine pour l'égarer par leurs conseils, et s'engagea à joindre ses efforts à ceux de frère Robert pour renverser les favoris de Jeanne par tous les moyens que le sort mettrait à sa portée. Quoique le dominicain ne fût nullement persuadé de la sincérité du récit de son allié, il n'en accepta pas moins avec joie un appui qui pouvait être si utile à la cause de son prince, attribuant la conversion subite de Charles à une rupture récente avec sa cousine, et se promettant de mettre à profit le ressentiment du duc de Duras. Quoi qu'il en fût, Charles s'insinua tellement dans le cœur d'André, qu'au bout de

Jeanne, tremblante, éperdue, s'élança vers Bertrand d'Artois. — Page 262.

quelques jours il était impossible de voir l'un sans l'autre. Si André partait pour la chasse, plaisir qu'il affectionnait de préférence, Charles s'empressait de mettre à sa disposition sa meute et ses faucons ; si André chevauchait par la ville, Charles caracolait à son côté. Il se prêtait à tous ses caprices, le poussait aux excès, envenimait ses colères ; en un mot, il était le bon ou le mauvais esprit qui soufflait au prince toutes ses pensées et dirigeait toutes ses actions.

Jeanne comprit bientôt ce manége, auquel, du reste, elle s'attendait. Elle aurait pu d'un seul mot perdre Duras ; mais, dédaignant une si basse vengeance, elle le traita avec le plus profond mépris. La cour se trouva ainsi divisée en deux partis : d'un côté, les Hongrois, dirigés par frère Robert et appuyés ouvertement par Charles de Duras ; de l'autre côté, toute la noblesse napolitaine, à la tête de laquelle étaient les princes de Tarente. Jeanne, dominée par la grande-sénéchale et par ses deux filles, la comtesse de Terlizzi et la comtesse de Morcone, par dona Cancia et par l'impératrice de Constantinople, embrassa le parti napolitain contre les prétentions de son mari. Le premier soin des partisans de la reine fut d'inscrire son nom dans tous les actes publics, sans y joindre celui d'André; mais Jeanne, guidée par un instinct de probité et de justice au milieu de la corruption de sa cour, n'avait consenti à cette dernière manifestation que d'après les conseils d'André d'Isernia, un des plus savants jurisconsultes de cette époque, également respectable par son caractère élevé et par sa haute sagesse. Le prince, irrité de se voir exclu des affaires, riposta par la violence et le despotisme. Il délivra des prisonniers de sa propre autorité, partagea ses faveurs parmi les Hongrois, et combla d'honneurs et de richesses Jean Pipino, comte d'Altamura, l'ennemi le plus redoutable et le plus détesté des barons napolitains. Ce fut alors que les comtes de San-Séverino et de Mileto, de Terlizzi et de Balzo, de Catanzaro et de Saint-Ange, et la plupart des grands du royaume, exaspérés par la hauteur insolente que déployait de jour en jour le favori d'André, décidèrent sa perte et celle de son protecteur lui-même, s'il persistait à attaquer leurs priviléges et à braver leur colère.

D'un autre côté, les femmes qui entouraient la reine la poussaient, chacune selon son intérêt, dans sa nouvelle passion; et la pauvre Jeanne, délaissée par son mari, trahie par Cabane, fléchissant sous le fardeau de devoirs trop au-dessus de ses forces, se réfugiait dans l'amour de Bertrand d'Artois, qu'elle n'essayait pas même de combattre; car tous les principes de religion et de vertu avaient été détruits à dessein dans l'esprit de la jeune reine, et son âme s'était de bonne heure pliée au vice, comme le corps de ces pauvres créatures dont les os sont brisés par les jongleurs. Quant à Bertrand, il l'adorait avec une ardeur qui dépassait toutes les bornes des passions humaines. Arrivé au comble d'un bonheur qu'il n'avait jamais osé espérer dans ses rêves les plus téméraires, le jeune comte avait failli en perdre la raison. En vain son père, Charles d'Artois, comte d'Aire, descendant en droite ligne de Philippe le Hardi et un des régents du royaume, avait tâché, par des admonestations sévères, de l'arrêter au bord du précipice; Bertrand n'écoutait que son amour pour Jeanne et sa haine implacable pour tous les ennemis de la reine. Souvent, à la chute du jour, tandis que la brise du Pausilippe ou de Sorrente venait de loin se jouer dans ses cheveux, on pouvait le voir, accoudé sur une des croisées du Château-Neuf, pâle, immobile, regardant fixement du côté de la place au moment où le duc de Calabre et le duc de Duras, galopant côte à côte au milieu d'un nuage de poussière, s'en revenaient joyeusement de leur promenade du soir. Alors les sourcils du jeune comte se rapprochaient par une contraction violente, son regard d'un bleu si pur lançait des lueurs fauves et sinistres, une pensée de vengeance et de mort traversait son front comme un éclair : puis on le voyait tout à coup tressaillir, une main légère s'appuyait sur son épaule;

il se tournait doucement, de peur que la divine apparition ne s'envolât vers le ciel, et il trouvait debout derrière lui une jeune femme qui, les joues en feu, le sein agité, les yeux brillants et humides, venait lui faire le récit de sa journée, et lui demander un baiser sur le front pour prix de ses travaux et de son absence. Et cette femme, qui venait de dicter des lois et de rendre la justice au milieu de graves magistrats et de ministres austères, n'avait que quinze ans; et ce jeune homme, qui comprimait sa douleur, et qui, pour la venger, méditait un régicide, n'en avait pas encore vingt; deux enfants jetés sur la terre pour être le jouet d'une si terrible destinée!

Deux mois et quelques jours s'étaient ainsi écoulés depuis la mort du vieux roi, lorsqu'un matin, le vendredi 28 mars de cette même année 1343, la grande-sénéchale Filippa, qui avait déjà trouvé moyen de se faire pardonner le lâche guet-apens par lequel l'ancienne gouvernante avait forcé la main de la reine à signer tout ce que son fils demandait, Filippa, disons-nous, agitée par une terreur véritable, pâle et défaite, entra dans les appartements de la reine, pour lui apporter une nouvelle qui devait répandre l'alarme et le deuil dans toute la cour; Marie, la jeune sœur de Jeanne, avait disparu. On avait parcouru les cours et les jardins pour découvrir quelque trace; on avait cherché dans tous les coins du château, on avait interrogé les gardes et on les avait menacés de les mettre à la torture pour leur arracher la vérité; personne n'avait aperçu la princesse, et aucun indice n'avait été recueilli qui pût justifier la supposition d'une fuite ou d'un enlèvement. Jeanne, frappée par ce coup inattendu, qui venait ajouter une nouvelle douleur à tous ses chagrins, demeura d'abord dans un état d'anéantissement complet; puis, quand elle fut revenue de sa première surprise, elle s'emporta comme tous les malheureux à qui le désespoir ôte la rai-

son, donna des ordres qu'on avait déjà exécutés, répéta mille fois les mêmes demandes pour entendre toujours les mêmes réponses, suivies de regrets stériles et d'injustes reproches. Bientôt la nouvelle se répandit dans la ville et y causa un profond étonnement; une immense clameur s'éleva dans le château, les membres du conseil de régence se rassemblèrent à la hâte, on expédia des courriers dans toutes les directions, promettant trois mille ducats d'or à celui qui révélerait le lieu où l'on cachait la princesse, et un procès fut immédiatement instruit contre les soldats qui, au moment de la disparition, veillaient à la garde de la forteresse.

Bertrand d'Artois tira la reine à l'écart, et lui communiqua ses soupçons, qui tombèrent directement sur Charles de Duras; mais Jeanne ne tarda pas à le convaincre de l'invraisemblance de son hypothèse : d'abord, Charles n'avait pas remis le pied au Château-Neuf depuis le jour de son orageuse explication avec la reine, affectant de quitter toujours André près du pont, toutes les fois qu'il l'accompagnait dans la ville; ensuite, on n'avait jamais remarqué, même par le passé, que le jeune duc eût adressé une parole à Marie ou échangé un regard avec elle; il résultait enfin de tous les témoignages qu'aucun étranger n'avait pénétré dans l'intérieur du château la veille de l'évènement, à l'exception d'un notaire nommé maître Nicolas de Melazzo, vieux bonhomme moitié fou, moitié dévot, et dont Tommaso Pace, le valet de chambre du duc de Calabre, répondait sur sa tête. Bertrand se rendit aux raisons de la reine, et tous les jours il mit en avant de nouvelles suppositions moins probables les unes que les autres, pour entretenir sa maîtresse dans un espoir qu'il était loin de partager.

Mais un mois après la disparition de la jeune fille, et précisément le matin du lundi 30 avril, une scène étrange et inouïe, et dont la témérité dépassait tous les calculs, vint frapper de stupeur le peuple napolitain, et changea en indignation la douleur de Jeanne et de ses amis. Aussitôt que la cloche de l'église de San-Giovanni sonna midi, les portes du magnifique palais des Duras s'ouvrirent à deux battants, et un double rang de cavaliers, montés sur des chevaux richement caparaçonnés et portant sur leurs boucliers les armes du duc, sortit au son des trompettes, et se rangea tout autour de la maison, pour empêcher les gens du dehors de troubler la cérémonie qui allait se passer aux yeux d'une foule immense rassemblée tout à coup, et comme par enchantement, sur la place. Au fond de la cour s'élevait un autel, et sur l'estrade on avait préparé deux coussins de velours cramoisi sur lesquels étaient brodées en or les fleurs-de-lis de France et la couronne ducale. Charles s'avança, revêtu d'un costume éblouissant, et tenant par la main la sœur de la reine, la princesse Marie, jeune fille qui n'avait alors que treize ans tout au plus. Elle s'agenouilla timidement sur un des coussins, et lorsque Charles en eut fait autant, le grand-aumônier de la maison de Duras demanda solennellement au jeune duc quelles étaient ses intentions en se présentant dans cette humble attitude devant un des ministres de l'Église. A ces mots, maître Nicolas de Melazzo se plaça à la gauche de l'autel, et lut d'une voix ferme et claire d'abord l'acte de mariage contracté entre Charles et Marie, et ensuite les lettres apostoliques de sa sainteté le souverain pontife, Clément VI, qui, levant de son plein pouvoir tous les obstacles qui auraient pu empêcher cette union, tels que l'âge de la jeune fille et les degrés de parenté qui existaient entre les deux époux, autorisait son fils bien-aimé Charles, duc de Duras et d'Albanie, à se marier avec la très-illustre Marie d'Anjou, sœur de Jeanne, reine de Naples et de Jérusalem, et leur accordait sa sainte bénédiction.

L'aumônier prit alors la main de la jeune fille, et, après l'avoir placée dans la main de Charles, il prononça les prières de l'Église. Après quoi, Charles, se tournant à moitié vers le peuple, dit d'une voix forte:

— Devant Dieu et devant les hommes, celle-ci est ma femme.

— Et celui-ci est mon mari, ajouta Marie en tremblant.

— Vivent le duc et la duchesse de Duras! s'écria la foule en battant des mains.

Et les deux époux, montant aussitôt sur deux chevaux d'une extrême beauté, suivis de leurs cavaliers et de leurs pages, firent solennellement le tour de la ville, et rentrèrent dans leur palais au bruit des applaudissements et au son des fanfares.

Lorsque cette incroyable nouvelle fut rapportée à la reine, la première impression qu'elle produisit sur son âme fut une grande joie d'avoir enfin retrouvé sa sœur; et comme Bertrand d'Artois voulait monter à cheval, à la tête des barons, pour s'élancer sur le cortége et punir le ravisseur, Jeanne l'arrêta de la main, en levant sur lui un regard d'une profonde mélancolie.

— Hélas! lui dit-elle tristement, il est trop tard! Ils sont légitimement mariés, puisque le chef de l'Église, qui est en même temps, d'après la volonté de mon aïeul, le chef de notre famille, leur a accordé sa permission. Je plains seulement ma pauvre sœur, je la plains d'être, si jeune encore, la proie d'un misérable qui l'immole à son ambition, espérant obtenir par ces noces des droits à ma couronne. Mon Dieu! quelle étrange fatalité pèse donc sur la branche royale d'Anjou! Mon père est mort jeune au milieu de ses triomphes; ma pauvre mère n'a pas tardé à le suivre au tombeau; ma sœur et moi, derniers rejetons de Charles 1er, nous voici toutes deux, avant même d'être femmes, livrées à des lâches qui nous regardent comme un marchepied pour monter au pouvoir.

Jeanne retomba brisée sur un siége, et une larme brûlante trembla au bord de sa paupière.

— C'est la seconde fois, reprit Bertrand d'un ton de reproche, que je tire mon épée pour venger vos insultes, et c'est la seconde fois que mon épée rentre dans le fourreau par vos ordres; mais souvenez-vous, Jeanne, que la troisième fois je ne serai plus si docile; car ma vengeance ne frappera alors ni Robert de Cabane, ni Charles de Duras, mais celui qui est l'origine de tous vos malheurs.

— Par pitié, Bertrand, ne prononcez pas, vous aussi, ces paroles; laissez-moi venir à vous toutes les fois que cette idée horrible s'empare de mon esprit, que cette menace sanglante bourdonne à mes oreilles, que cette image sinistre se dresse devant mes yeux; laissez-moi venir à vous, mon bien-aimé, pour pleurer dans votre sein, pour rafraîchir à votre souffle mes brûlantes pensées, pour puiser dans vos

regards un peu de courage qui puisse raviver mon âme flétrie. Allez, je suis déjà assez malheureuse, sans empoisonner mon avenir par un remords éternel. Parlez-moi plutôt de pardon et d'oubli, au lieu de me parler de haine et de vengeance; montrez-moi un rayon d'espoir au milieu des ténèbres qui m'environnent; et soutenez mes pas chancelants, au lieu de me pousser dans l'abîme.

Ces altercations se répétaient tous les jours à chaque nouveau tort d'André ou de son parti; et à mesure que les attaques de Bertrand et des amis de la reine devenaient plus vives et, il faut le dire, plus justes, Jeanne les repoussait plus faiblement. La domination hongroise, de plus en plus arbitraire et insupportable, irrita tellement les esprits, que le peuple en murmura tout bas, et les nobles en exprimèrent à haute voix leur mécontentement. Les soldats d'André se livraient à des excès qui n'auraient pas été tolérables dans une ville conquise; on les rencontrait à chaque pas se disputant dans les tavernes ou se vautrant dans les ruisseaux dans un état d'ivresse révoltante, et le prince, loin de condamner leurs orgies, était accusé de les partager. Son ancien gouverneur, qui aurait dû, par son autorité, l'arracher à cette ignoble existence, le plongeait dans les plaisirs abrutissants pour l'éloigner des affaires, et hâtait, sans s'en douter, le dénoûment de ce drame terrible qu'on jouait sourdement au Château-Neuf.

La veuve de Robert, dona Sancia d'Aragon, cette digne et sainte femme que nos lecteurs ont peut-être oubliée, comme on l'avait oubliée dans sa famille, voyant la colère céleste planer sur sa maison sans qu'elle pût l'arrêter par ses conseils, par ses prières, par ses larmes, après avoir porté une année entière, ainsi qu'elle en avait fait la promesse, le deuil du roi son mari, prit le voile dans le couvent de Sainte-Marie-de-la-Croix, abandonnant cette pauvre cour à ses passions insensées, comme les anciens prophètes, qui, tournant le dos aux villes maudites, secouaient la poussière de leurs sandales et s'éloignaient d'elles. La retraite de Sancia fut d'un triste présage, et bientôt les dissensions intestines, péniblement étouffées, éclatèrent au grand jour; l'orage, après avoir grondé dans le lointain, s'abattit tout à coup sur la ville, et la foudre ne se fit pas attendre longtemps.

Le dernier jour d'août de l'année 1344, Jeanne prêta hommage dans les mains d'Améric, cardinal de Saint-Martin-des-Monts et légat de Clément VI, qui regardait toujours le royaume de Naples comme inféodé à l'Église depuis la donation que ses prédécesseurs avaient faite à Charles d'Anjou, après avoir excommunié et détrôné la maison de Souabe. L'église de Sainte-Claire, tombeau des monarques napolitains, où reposaient dans des sépultures récentes, à droite et à gauche du maître-autel, l'aïeul et le père de la jeune reine, fut choisie pour cette cérémonie solennelle. Jeanne, revêtue de la chlamyde royale, le front entouré de sa couronne, prêta son serment de fidélité dans les mains du légat apostolique, en la présence de son mari, qui se tenait debout derrière elle en qualité de simple témoin, comme les autres princes du sang. Parmi les prélats qui, ornés de leurs insignes pontificaux, formaient la suite brillante de l'envoyé d'Avignon, on remarquait les archevêques de Pise, de Bari, de Capoue et de Brindes, et les révérends pères Hugolin, évêque de Castella, et Philippe, évêque de Cavaillon, chancelier de la reine. Toute la noblesse napolitaine et hongroise était présente à cet acte qui écartait André du trône d'une manière si formelle et si éclatante. Aussi, à la sortie de l'église, l'effervescence des partis arriva-t-elle à une crise tellement imminente, on échangea des regards si hostiles et des propos si menaçants, que le prince, se voyant trop faible pour lutter contre ses ennemis, écrivit le soir même à sa mère, en lui déclarant que son intention était de quitter un pays où depuis son enfance il n'avait éprouvé que déceptions et malheurs.

Ceux qui connaissent le cœur d'une mère devineront facilement qu'Élisabeth de Pologne fut à peine avertie du danger que courait son fils, qu'elle arriva à Naples immédiatement et avant que personne soupçonnât sa venue. Le bruit se répandit aussitôt que la reine de Hongrie venait chercher son fils pour l'emmener avec elle, et cette résolution inespérée souleva d'étranges commentaires, et donna une nouvelle direction à la fiévreuse turbulence des esprits. L'impératrice de Constantinople, la Catanaise et ses deux filles, et tous les courtisans, dont les calculs étaient déjoués par le brusque départ d'André, s'empressèrent de fêter l'arrivée de la reine de Hongrie par l'accueil le plus cordial et le plus respectueux, pour lui prouver que l'isolement et l'amertume du jeune prince au milieu d'une cour si prévenante et si dévouée ne tenaient qu'aux injustes défiances de son orgueil et à la sauvagerie naturelle de son caractère. Jeanne reçut la mère de son mari avec un sentiment si ferme et si légitime de sa dignité, que, malgré ses préventions, Élisabeth ne put s'empêcher d'admirer la noblesse sérieuse et la sensibilité profonde de sa belle-fille. Pour rendre à la noble étrangère plus agréable le séjour de Naples, on donna des fêtes et des tournois dans lesquels les barons du royaume rivalisèrent de luxe et d'éclat. L'impératrice de Constantinople et la Catanaise, Charles de Duras et sa jeune femme, se montrèrent les plus empressés auprès de la mère du prince. Marie, qui, par son extrême jeunesse et par la douceur de son caractère, restait tout à fait en dehors des intrigues, céda plus aux impulsions de son cœur qu'aux ordres de son mari en reportant sur la reine de Hongrie toute la tendresse et tous les égards qu'elle aurait eus pour sa propre mère. Mais malgré ces protestations de respect et d'amour, Elisabeth de Pologne, tremblant pour son fils, par un instinct de sollicitude maternelle, persistait dans sa première intention, ne se croyant en sûreté que lorsque André serait bien loin de cette cour si douce en apparence, si perfide en réalité.

Celui qui paraissait le plus consterné de ce départ, et qui essayait de l'empêcher par tous les moyens, était frère Robert. Plongé dans ses combinaisons politiques, courbé sur ses plans mystérieux avec l'acharnement d'un joueur au moment de gagner sa partie, le dominicain, qui se voyait à la veille d'un immense résultat, qui, à force de ruse, de labeur et de patience, allait enfin écraser ses ennemis et régner en maître absolu, tombant tout à coup du haut de ses rêves, se raidit par un effort suprême contre la mère de son élève. Mais la crainte parlait plus haut dans le cœur d'Elisabeth que tous les raisonnements du moine, et à chaque argument que frère Robert avançait, elle se contentait de répondre que, tant que son fils ne serait pas roi et n'aurait pas une puissance entière et illimitée, il était imprudent de le laisser exposé à ses ennemis. Le ministre, voyant que tout était perdu et qu'il lui serait impossible de combattre les appréhensions de cette femme, se borna à lui demander encore trois jours, au bout desquels, si la réponse qu'il attendait n'était pas arrivée, non-seulement il ne s'opposerait plus au départ d'André, mais il le suivrait lui-même, renonçant pour toujours à un projet qui lui avait tant coûté.

Vers la fin du troisième jour, et comme Elisabeth se préparait définitivement à partir, le moine entra d'un air radieux, et lui montrant une lettre dont il venait de briser à la hâte les cachets :

— Dieu soit loué, madame, s'écria-t-il d'une voix triomphante, je puis enfin vous donner des preuves incontestables de l'activité de mon zèle et de la justesse de mes prévisions.

La mère d'André, après avoir parcouru avidement le parchemin, reportait les yeux sur le moine avec un reste de défiance, n'osant pas s'abandonner à la joie qui débordait de son cœur.

— Oui, madame, reprit le moine en élevant le front, et sa laideur s'éclaira par les reflets du génie, oui, madame, vous pouvez en croire vos yeux, puisque vous n'avez pas voulu ajouter foi à mes paroles : ce n'est pas le rêve d'une imagination trop ardente, l'hallucination d'un esprit trop crédule, le préjugé d'une raison trop étroite ; c'est un plan lentement conçu, péniblement élaboré, adroitement conduit ; c'est le fruit de mes veilles, la pensée de mes jours, l'œuvre de ma vie entière. Je n'ignorais pas que la cause de votre fils avait de puissants ennemis à la cour d'Avignon ; mais je savais aussi que le jour où je prendrais au nom de mon prince l'engagement solennel de retirer ces lois qui avaient jeté de la froideur entre le pape et Robert, d'ailleurs si dévoué à l'Église, je savais qu'on ne résisterait pas à mon offre, et je gardais ma proposition pour le dernier coup. Vous le voyez, madame, mes calculs étaient justes, nos ennemis ont été confondus, et votre fils triomphe.

Et se tournant vers André, qui arrivait à l'instant même, et, n'ayant entendu que les dernières paroles, restait interdit sur le seuil de la porte :

— Venez, mon enfant, ajouta-t-il ; nos vœux sont enfin comblés, vous êtes roi.

— Roi ! répéta André à son tour, immobile de joie, d'hésitation et d'étonnement.

— Roi de Sicile et de Jérusalem ; oh ! oui, monseigneur ! vous n'avez pas besoin de lire dans ce parchemin qui nous apporte une nouvelle aussi heureuse qu'inespérée. Voyez-le aux larmes de votre mère, qui vous ouvre les bras pour vous presser sur son sein ; voyez-le aux transports de votre vieux précepteur, qui se jette à vos genoux pour vous saluer d'un titre qu'il aurait consacré de son sang, si l'on s'était obstiné plus longtemps à vous le refuser.

— Et pourtant, reprit Elisabeth après avoir tristement réfléchi, si j'écoutais mes pressentiments, la nouvelle que vous venez de m'annoncer ne changerait rien à nos projets de départ.

— Non, ma mère, reprit André avec énergie, vous ne voudriez pas m'obliger à quitter le royaume au détriment de mon honneur. Si j'ai versé dans votre âme l'amertume et le chagrin dont mes lâches ennemis ont abreuvé ma jeunesse, ce n'est pas le découragement qui m'a fait agir ainsi, mais l'impuissance dans laquelle je me voyais de tirer une vengeance éclatante et terrible de leurs insultes secrètes, de leurs outrages détournés, de leurs menées souterraines. Ce n'était pas la force qui manquait à mon bras, c'était une couronne qui manquait à mon front. J'aurais pu écraser quelques-uns de ces misérables, peut-être les plus téméraires, peut-être les moins dangereux ; mais j'aurais frappé dans l'ombre, mais les chefs m'auraient échappé, mais je n'aurais jamais atteint au cœur cette conspiration infernale. Aussi ai-je dévoré dans le silence l'indignation et la honte. Et maintenant que mes droits sacrés sont reconnus par l'Église, vous les verrez, ma mère, ces barons redoutables, ces conseillers de la reine, ces tuteurs du royaume, vous les verrez tomber le front dans la poussière ; car ce n'est pas une épée qui les menace, ce n'est pas un combat qu'on leur propose, ce n'est pas un de leurs égaux qui leur parle, c'est le roi qui accuse, c'est la loi qui condamne, c'est l'échafaud qui punit.

— O mon fils bien-aimé, s'écria la reine en pleurant, je n'ai jamais douté ni de la noblesse de tes sentiments ni de la justice de tes droits ; mais lorsque ta vie est en danger, puis-je écouter une autre voix que celle de la crainte ? puis-je donner d'autres conseils que ceux que m'inspire mon amour ?

— Croyez-moi, ma mère, si la main de ces lâches n'avait pas tremblé autant que leur cœur, depuis longtemps vous eussiez pleuré votre fils.

— Aussi n'est-ce pas la violence que je crains, mais la trahison.

— Ma vie appartient à Dieu comme celle de tous les hommes, et le dernier des sbires peut la prendre au détour d'un chemin ; mais un roi se doit à son peuple.

La pauvre mère essaya longtemps de fléchir la résolution d'André par des raisons et par des prières ; mais quand elle eut épuisé son dernier argument et versé sa dernière larme, voyant qu'il lui faudrait se séparer de son fils, elle fit appeler auprès d'elle Bertram de Baux, maître justicier du royaume, et Marie, duchesse de Duras, et, confiante dans la sagesse du vieillard et dans l'innocence de la jeune femme, elle leur recommanda son enfant avec les paroles les plus tendres et les plus déchirantes ; puis elle retira de son propre doigt une bague richement travaillée, et, prenant le prince à l'écart, elle la lui passa à l'index ; après quoi, le serrant dans ses bras :

— Mon fils, lui dit-elle d'une voix émue et tremblante, puisque tu refuses de me suivre, voici un talisman merveilleux dont je ne devais faire usage qu'à la dernière extrémité. Tant que tu auras au doigt cette bague, ni le fer ni le poison ne pourront rien contre toi.

— Vous le voyez bien, ma mère, répondit le prince en souriant, protégé ainsi, vous n'avez plus aucune raison de craindre pour mes jours.

— On ne meurt pas seulement par le poison ou par le fer, reprit la reine en soupirant.

— Rassurez-vous, ma mère ; le plus puissant talisman contre tous les dangers, ce sont les prières que vous adresserez à Dieu pour moi ; c'est votre doux souvenir qui me soutiendra toujours dans le chemin du devoir et de la justice ; c'est votre amour maternel qui veillera de loin sur moi et me couvrira de ses ailes comme un ange tutélaire.

Elisabeth embrassait son fils en sanglotant ; et en se détachant de lui, elle croyait que son cœur allait se briser dans sa poitrine. Enfin elle se décida à partir, suivie par toute la cour, qui n'avait pas démenti un seul instant à son égard sa courtoisie chevaleresque et son respectueux empressement. La pauvre mère, pâle, chancelante, anéantie, s'appuyait en marchant sur le bras d'André pour ne pas tomber. Arrivée sur le navire qui devait la séparer à jamais de son fils, elle se jeta une dernière fois à son cou, demeura ainsi longtemps sans voix, sans larmes, sans mouvement, et lorsque le signal du départ fut donné, ses femmes la reçurent dans leurs bras à moitié évanouie. André était resté sur le rivage, la mort dans l'âme, les yeux fixés sur cette voile qui s'éloignait rapidement, emportant tout ce qu'il aimait au monde. Tout à coup il lui parut qu'on agitait au loin quelque chose de blanc ; c'était sa mère qui, recouvrant l'usage de ses sens, par un effort suprême, se traînait sur le pont pour lui faire un dernier signe d'adieu ; car elle sentait bien, l'infortunée, que c'était la dernière fois qu'elle verrait son fils.

Presque au même instant que la mère d'André s'éloignait du royaume, l'ancienne reine de Naples, la veuve de Robert, doña Sancia d'Aragon, rendait son dernier soupir. Elle fut enterrée dans le couvent de Sainte-Marie-de-la-Croix, sous le nom de Claire, qu'elle avait pris en prononçant ses vœux de religieuse, comme le dit son épitaphe, conçue en ces termes :

« Ci-gît, comme un exemple de grande humilité, le corps de la sainte sœur Claire, d'illustre mémoire, autrefois Sancia, reine de Sicile et de Jérusalem, veuve du seigneur sérénissime Robert, roi de Jérusalem et de Sicile ; laquelle reine, après la mort du roi son mari, ayant fini son année de veuvage, échangeant les biens passagers contre les biens éternels, adoptant pour l'amour de Dieu une pauvreté volontaire, après avoir distribué ses biens aux pauvres, entra sous l'obéissance dans ce couvent célèbre de Sainte-Croix, œuvre de ses mains, dans l'année 1344, le 21 janvier de la XIIe indiction ; où ayant mené une vie béate sous la règle du bienheureux François, père des pauvres, termina ses jours religieusement dans l'année du Seigneur 1345, le 28 juillet de la XIIIe indiction. Le jour suivant, elle a été enterrée dans ce tombeau. »

La mort de doña Sancia hâta la catastrophe qui devait ensanglanter le trône de Naples : on eût dit que Dieu avait voulu épargner un horrible spectacle à cet ange de résignation et d'amour, qui s'offrait à lui comme une victime propitiatoire pour racheter les crimes de sa famille.

Huit jours après les funérailles de l'ancienne reine, Bertrand d'Artois entre chez Jeanne, pâle, défait, les cheveux épars, dans un état d'agitation et de désordre impossible à décrire. Jeanne s'élança au-devant de son amant, saisie de frayeur et l'interrogeant du regard sur la cause de son trouble :

— Je l'avais bien dit, madame, s'écria le jeune comte avec emportement, que vous finiriez par nous perdre tous, en refusant obstinément d'écouter mes conseils.

— Par pitié, Bertrand, parlez sans détour : qu'y a-t-il de nouveau, quels conseils ai-je refusé de suivre ?

— Il y a, madame, que votre noble époux, André de Hongrie, vient d'être reconnu par la cour d'Avignon roi de Jérusalem et de Sicile, et que désormais vous ne serez que son esclave.

— Vous rêvez, comte d'Artois.

— Je ne rêve pas, madame, et la preuve que ce que j'avance est la plus exacte vérité, c'est que les légats du pape qui apportent la bulle du couronnement sont arrivés à Capoue, et que s'ils n'entrent pas ce soir même au Château-Neuf, c'est pour donner au nouveau roi le temps de faire ses préparatifs.

La reine pencha la tête comme si la foudre venait d'éclater à ses pieds.

— Quand je vous ai dit, continua le comte avec une fureur croissante, qu'il fallait repousser la force par la force, qu'il fallait briser le joug de cette infâme tyrannie, qu'il fallait se défaire de cet homme avant qu'il eût les moyens de vous nuire; vous avez toujours reculé par une crainte puérile, par une lâche hésitation de femme.

Jeanne leva sur son amant un regard plein de larmes.

— Mon Dieu! mon Dieu! s'écria-t-elle en joignant les mains par un mouvement de désespoir, j'entendrai donc toujours retentir autour de moi ce fatal cri de mort! Et vous aussi, Bertrand, vous le répétez à votre tour, ainsi que Charles de Duras, ainsi que Robert de Cabane! Pourquoi voulez-vous, malheureux, qu'un fantôme sanglant vienne se dresser entre nous pour étouffer de sa main de glace nos baisers adultères? Assez de crimes comme cela; qu'il règne, si sa triste ambition le pousse à régner; que me fait le pouvoir, pourvu qu'il me laisse votre amour!

— Il n'est pas bien certain que nos amours aient une longue durée.

— Que voulez-vous dire, Bertrand? Vous prenez plaisir à me torturer sans pitié.

— Je dis, madame, que le nouveau roi de Naples a préparé un drapeau noir, qu'il sera porté devant lui le jour de son couronnement.

— Et vous croyez, dit Jeanne en devenant pâle comme un cadavre sorti de son linceul, vous croyez que ce drapeau est une menace?

— Qui a déjà reçu un commencement d'exécution.

La reine chancela et s'appuya sur une table pour ne pas tomber.

— Racontez-moi tout, dit-elle d'une voix suffoquée, ne craignez pas de m'effrayer; voyez, je ne tremble pas. O Bertrand, je vous en supplie!

— Les traîtres ont commencé par l'homme que vous estimiez le plus, par le plus sage conseiller de la couronne, par le magistrat le plus intègre, par le plus noble cœur, par la vertu la plus austère...

— André d'Isernia!

— Il n'est plus, madame.

Jeanne poussa un cri comme si on eût tué devant elle le noble vieillard qu'elle respectait à l'égal d'un père; puis, s'affaissant sur elle-même, elle retomba dans un profond silence.

— Comment l'ont-ils tué? reprit-elle enfin, en fixant sur le comte ses grands yeux effrayés.

— Hier au soir, en sortant de ce château, tandis qu'il se dirigeait vers sa maison, un homme s'est dressé tout à coup devant lui près de la porte *Petruccia*; cet homme est un des favoris d'André, Conrad de Gottis, qu'on a choisi sans doute parce qu'ayant lui-même à se plaindre d'un arrêt que l'incorruptible magistrat avait porté contre lui, le meurtre serait mis sur le compte d'une vengeance privée. Le lâche a fait signe à deux ou trois de ses compagnons, qui ont entouré leur victime en lui ôtant tous les moyens de s'échapper. Le pauvre vieillard a regardé fixement son assassin, et lui a demandé d'une voix calme ce qu'il lui voulait : « Je veux que tu perdes la vie comme tu m'as fait perdre mon procès, » s'est écrié le meurtrier; et, sans lui laisser le temps de proférer une réponse, il l'a percé d'un coup d'épée. Alors les autres se sont jetés sur le malheureux, qui n'essayait pas même de crier au secours, et l'ont criblé de blessures en mutilant hideusement son cadavre, qu'ils ont laissé baigné dans son sang.

— Horreur! murmura la reine en couvrant son visage.

— Ceci n'est que leur coup d'essai : car les listes de proscription sont déjà pleines; il faut du sang à André pour célébrer son avènement au trône de Naples. Et savez-vous, Jeanne, quel est celui qui se trouve à la tête des condamnés?

— Qui? demanda la reine en frissonnant de la tête aux pieds.

— Moi, répondit le comte d'un ton naturel.

— Toi! s'écria Jeanne en se redressant de toute sa hauteur; c'est toi qu'on veut tuer maintenant! Oh! prends garde à toi, André; tu viens de prononcer ton arrêt de mort. J'ai longtemps détourné le poignard qui brillait sur ta poitrine; mais tu pousses à bout ma patience. Malheur à toi, prince de Hongrie! le sang que tu as versé rejaillira sur ta tête!

En parlant ainsi, sa pâleur avait disparu, son beau visage était animé du feu de la vengeance, ses regards lançaient des éclairs. Cette enfant de seize ans était terrible à voir; elle serrait la main de son amant avec une tendresse convulsive, et se collait près de lui comme si elle eût voulu lui faire un abri de son corps.

— Ta colère se réveille un peu tard, continua le jeune comte d'une voix triste et douce; car Jeanne lui parut si belle en ce moment, qu'il n'eut pas la force de lui adresser un reproche. Tu ne sais donc pas

que sa mère lui a laissé un talisman qui le préserve du poison et du fer?

— Il mourra! reprit Jeanne d'une voix ferme; et le sourire qui vint éclairer sa figure était si étrange, que le comte baissa les yeux, effrayé à son tour.

Le lendemain, la jeune reine de Naples, plus belle et plus souriante que jamais, assise avec un doux abandon près d'une croisée d'où la magnifique perspective du golfe se déroulait à ses yeux, tissait de ses blanches mains un cordon de soie et d'or. Le soleil, après avoir parcouru les deux tiers à peu près de sa carrière embrasée, baignait lentement ses rayons dans les eaux bleues et limpides où le Pausilippe réfléchissait sa cime couronnée de fleurs et de verdure. Une brise tiède et embaumée, après avoir effleuré en passant les orangers de Sorrente et d'Amalfi, apportait sa délicieuse fraîcheur aux habitants de la capitale engourdis par une voluptueuse mollesse. La ville entière se réveillait de sa longue sieste, respirant librement et soulevant sa paupière appesantie; le Môle se couvrait d'une population bruyante et infinie, bigarrée des plus vives couleurs; et des cris de fête, des chansons joyeuses, des refrains d'amour s'élevant de tous les points de ce vaste amphithéâtre, qui est l'une des plus puissantes merveilles de la création, venaient frapper l'oreille de Jeanne, qui les écoutait le front penché sur son travail et absorbée par une profonde rêverie. Tout à coup, et au moment où elle paraissait le plus occupée de son ouvrage, le bruit insaisissable d'une respiration comprimée et l'imperceptible frôlement d'une étoffe qui effleurait son épaule la firent brusquement tressaillir; elle se tourna, comme réveillée en sursaut par le contact d'un serpent, et aperçut son mari paré d'un magnifique costume et nonchalamment appuyé sur le dossier de son fauteuil. Depuis longtemps le prince n'était pas venu se placer aussi familièrement auprès de sa femme. Aussi ce mouvement de tendresse et d'abandon sembla-t-il d'un mauvais augure à la reine. André ne parut pas remarquer le regard de haine et de terreur que sa femme avait laissé échapper malgré elle, et, donnant à ses traits froids et réguliers toute l'expression de douceur qu'il put prendre dans cette circonstance, il lui demanda en souriant :

— Pourquoi faites-vous ce beau cordon, ma chère et fidèle épouse?

— C'est pour vous pendre, monseigneur! répondit en souriant à son tour la reine.

André haussa les épaules, ne voyant dans cette menace d'une incroyable témérité qu'une grossière plaisanterie. Puis, comme il vit que Jeanne se remettait à son ouvrage, il essaya de renouer la conversation.

— J'avoue, continua-t-il d'une voix parfaitement calme, que ma demande est au moins superflue : j'aurais dû me douter à l'empressement que vous mettez à terminer votre riche travail qu'il est destiné à quelque beau chevalier que vous vous proposez d'envoyer, sous l'auspice de vos couleurs, à quelque entreprise dangereuse. Dans ce cas, ma belle souveraine, je réclame un ordre de votre bouche; marquez le lieu et le temps de l'épreuve, et je suis sûr d'avance de remporter un prix que je disputerai à tous vos adorateurs.

— Cela n'est pas bien certain, reprit Jeanne, si vous êtes aussi vaillant en guerre qu'en amour. Et elle jeta à son mari un regard si lascif et si méprisant, que le jeune homme en rougit jusqu'aux yeux.

— J'espère, reprit André en se contenant, vous donner bientôt de telles preuves de mon affection, que vous ne pourrez plus en douter.

— Et qu'est-ce qui vous fait espérer cela, monseigneur?

— Je vous le dirais, si vous vouliez m'écouter sérieusement.

— Je vous écoute.

— Eh bien! ce qui me donne une si grande confiance dans l'avenir, est un rêve que j'ai fait la nuit passée.

— Un rêve! cela mérite bien quelques explications de votre part.

— J'ai rêvé qu'il y avait grande fête dans la ville; une foule immense envahissait les rues comme un torrent qui déborde, et faisait retentir le ciel de ses cris d'allégresse; les sombres façades de marbre de granit avaient disparu sous des tentures de soie et des festons de fleurs, les églises étaient parées comme pour les grandes solennités. Je chevauchais à côté de vous. — Jeanne fit un mouvement d'orgueil. — Pardon, madame, ce n'est qu'un rêve : je marchais donc à votre droite, sur un beau cheval blanc, magnifiquement caparaçonné, et le maître justicier du royaume portait devant moi un drapeau déployé en signe d'honneur. Après avoir parcouru triomphalement les principaux quartiers de la cité, nous sommes arrivés, au son des clairons et des trompettes, à la royale église de Sainte-Claire, où est enterré votre aïeul et mon oncle, et là, devant le maître-autel, le légat du pape, après avoir mis votre main dans la mienne, a prononcé un long discours, et a posé tour à tour sur nos fronts la couronne de Jérusalem et de Sicile; après quoi, les grands et le peuple se sont écriés d'une voix unanime : « Vivent le roi et la reine de Naples! » Et moi, voulant rendre éternel le souvenir d'une si glorieuse journée, j'ai ordonné des chevaliers parmi les plus zélés de la cour.

— Et ne vous rappelez-vous pas les noms de ces élus que vous avez jugés dignes de vos royales faveurs?

— Si fait, madame, si fait : Bertrand, comte d'Artois...

— Assez, monseigneur; je vous dispense de nommer les autres : j'ai toujours cru que vous étiez un magnifique et loyal seigneur ; mais vous venez de m'en donner de nouvelles preuves en faisant tomber vos grâces sur les personnes que j'honore le plus de ma confiance. J'ignore si vos désirs doivent bientôt se réaliser ; mais, dans tous les cas, soyez sûr de ma reconnaissance éternelle.

La voix de Jeanne ne trahissait pas la moindre émotion, son regard était devenu caressant, et le plus doux sourire errait sur ses lèvres. Mais dès ce moment la mort d'André fut décidée dans son cœur. Le prince, trop préoccupé lui-même de ses projets de vengeance, et trop confiant dans la toute-puissance de son talisman et dans sa bravoure personnelle, ne conçut pas le soupçon qu'on pourrait le prévenir. Il s'entretint longtemps avec sa femme sur le ton d'une causerie amicale et enjouée, cherchant à épier ses secrets, et lui livrant les siens par des phrases tronquées et des réticences mystérieuses. Quand il crut voir que jusqu'au plus léger nuage de ses anciens ressentiments s'était dissipé du front de Jeanne, il la supplia de l'accompagner, elle et sa suite, dans une chasse magnifique qu'il organisait pour le 20 août, ajoutant que cette complaisance de la reine serait pour lui le gage le plus sûr de leur réconciliation complète et d'un entier oubli du passé. Jeanne le lui promit avec une grâce charmante, et le prince se retira pleinement satisfait de son entretien, emportant la conviction qu'il n'aurait qu'à frapper les favoris de la reine pour s'en faire obéir et peut-être aimer encore.

Mais la veille du 20 août, une scène étrange et terrible se passait au fond d'une des tours latérales du Château-Neuf. Charles de Duras, qui n'avait cessé de couver dans l'ombre son projet infernal, averti par le notaire qu'il avait chargé de veiller sur les progrès de la conspiration que le soir même il devait y avoir une réunion définitive, enveloppé d'un manteau noir, se glissa dans un corridor souterrain, et, caché derrière un pilier, il attendit l'issue de la conférence. Après deux heures d'attente mortelle, où chaque seconde était marquée par les battements de son cœur, Charles crut entendre le bruit d'une porte qu'on ouvrait avec la plus grande précaution ; un faible rayon s'échappant de la fente d'une lanterne trembla sous la voûte sans dissiper les ténèbres, et un homme, se détachant de la muraille, marcha dans sa direction comme un bas-relief vivant. Charles toussa légèrement : c'était le signal convenu. L'homme éteignit sa lumière, et cacha le poignard qu'il avait tiré dans la crainte d'une surprise.

— C'est toi, maître Nicolas ? demanda le duc à voix basse.

— C'est moi, monseigneur.

— Eh bien ?

— On vient de décider la mort du prince pour demain, en allant à la chasse.

— As-tu reconnu tous les conjurés ?

— Tous, quoique leurs traits soient cachés par un masque ; mais lorsqu'ils ont prononcé leur vote de mort, je les ai reconnus à leur voix.

— Pourrais-tu me les désigner ?

— A l'instant même : ils vont défiler par le fond de ce corridor ; et tenez, voici Tommaso Pace qui marche en avant des autres pour les éclairer.

En effet, un long fantôme, noir de la tête aux pieds, le visage soigneusement caché par un masque en velours, une torche à la main, traversa le fond du couloir, et s'arrêta sur le premier degré d'un escalier tournant qui menait aux étages supérieurs. Les conjurés s'avançaient lentement, deux à deux, comme une procession de spectres, passaient un moment dans le cercle lumineux projeté par la torche, et disparaissaient dans l'ombre.

— Voici Charles et Bertrand d'Artois, dit le notaire ; voici les comtes de Terlizzi et de Catanzaro ; voici le grand-amiral et le grand-sénéchal du royaume, Godefroi de Marsan, comte de Squillace, et Robert de Cabane, comte d'Éboli ; ces deux femmes qui parlent à voix basse avec une si grande volubilité de gestes sont Catherine de Tarente, impératrice de Constantinople, et Filippa la Catanaise, gouvernante et première dame de la reine ; voici dona Cancia, la camérière et la confidente de Jeanne, et voici la comtesse de Morcone...

Le notaire s'arrêta en voyant paraître une ombre qui marchait toute seule, la tête basse, les bras pendants, étouffant ses sanglots sous les plis de son long capuchon noir.

— Et quelle est cette femme, qui semble se traîner avec peine à la suite du lugubre cortège ? demanda le duc en serrant le bras de son compagnon.

— Cette femme, murmura le notaire, c'est la reine !

— Ah ! je la tiens ! pensa Charles en respirant à pleine poitrine, avec cette profonde satisfaction que doit éprouver Satan lorsqu'une âme longtemps convoitée tombe enfin en son pouvoir.

— Et maintenant, monseigneur, reprit maître Nicolas lorsque tout fut rentré dans l'obscurité et dans le silence, si vous m'avez commandé d'épier les démarches des conjurés pour sauver le jeune prince que vous protégez de votre amitié vigilante, hâtez-vous de le prévenir, car demain peut-être il serait trop tard.

— Suis-moi, s'écria le duc d'un ton impérieux ; il est temps que tu apprennes mes intentions véritables, pour te conformer à mes ordres avec la plus scrupuleuse exactitude.

Et en achevant ces paroles il l'entraîna du côté opposé à celui par lequel les conjurés venaient de disparaître. Le notaire le suivit machi-

nalement à travers un dédale de corridors obscurs et d'escaliers dérobés, sans pouvoir s'expliquer le brusque changement qui paraissait s'opérer dans l'esprit de son maître, lorsque traversant une des antichambres du château ils rencontrèrent André, qui les aborda joyeusement ; le prince serra avec son amitié habituelle la main de son cousin de Duras, et lui demanda avec une assurance qui n'admettait pas de refus :

— Eh bien, duc, serez-vous demain de notre chasse ?

— Excusez-moi, monseigneur, répondit Charles en s'inclinant jusqu'à terre, il m'est impossible de vous accompagner demain ; car ma femme est très-souffrante ; mais je vous prie d'accepter le plus beau de mes faucons.

Et il lança au notaire un regard qui le cloua à sa place.

La matinée du 20 août se leva belle et sereine, par une de ces ironies de la nature qui contrastent si cruellement avec les douleurs des hommes. Dès la pointe du jour, maîtres et valets, pages et chevaliers, princes et courtisans, tout le monde était sur pied ; des cris de joie s'élevèrent de toutes parts lorsque la reine parut, montée sur un cheval blanc comme la neige, à la tête de cette brillante jeunesse. Jeanne était peut-être plus pâle qu'à l'ordinaire ; mais on pouvait attribuer sa pâleur à l'heure matinale à laquelle elle avait été obligée de se lever. André, pressant de ses genoux un des chevaux les plus fougueux qu'il eût domptés de sa vie, caracolait près de sa femme avec une noble fierté, se sentait heureux de sa force, heureux de sa jeunesse, heureux de mille espérances dorées qui paraient son avenir des plus riches couleurs. Jamais la cour de Naples n'avait déployé plus d'éclat ; tous les sentiments de haine et de méfiance paraissaient complètement oubliés ; et frère Robert lui-même, le soupçonneux ministre, voyant passer sous sa croisée cette joyeuse cavalcade, dérida son front soucieux et caressa sa barbe avec orgueil.

L'intention d'André était de passer plusieurs jours en chassant entre Capoue et Aversa, et de ne revenir à Naples que lorsque tout serait prêt pour son couronnement. En conséquence, le premier jour on chassa près de Melito, et on traversa deux ou trois villages de la Terre de Labour. Vers le soir la cour s'arrêta pour passer la nuit à Aversa, et comme à cette époque il n'y avait pas dans la ville un château digne de recevoir la reine et son mari avec leur suite nombreuse, on transforma en demeure royale le couvent de Saint-Pierre à Majella, bâti par Charles II, l'an du Seigneur 1309.

Tandis que le grand-sénéchal donnait des ordres pour le souper et faisait préparer à la hâte un appartement pour André et sa femme, le prince, qui s'était livré toute la journée, par une chaleur ardente, à son plaisir favori avec tout l'abandon de la jeunesse, monta sur une terrasse pour respirer la brise du soir en compagnie de sa bonne Isolda, de sa chère nourrice, qui, l'aimant plus que sa mère, ne se séparait pas de lui un seul instant. Jamais le prince n'avait paru si animé et si content ; il s'extasiait sur la beauté de la campagne, sur la limpidité du ciel, sur le parfum de la verdure ; il accablait sa nourrice de mille questions sans s'inquiéter de ses réponses, qui se faisaient longtemps attendre, car la pauvre Isolda le contemplait avec cet air de ravissement profond qui rend les mères si distraites lorsqu'elles écoutent leurs enfants. André lui parlait-il avec ardeur d'un terrible sanglier qu'il avait poursuivi le matin à travers le bois et avait étendu écumant à ses pieds, Isolda l'interrompait pour l'avertir qu'il avait dans l'angle de l'œil un grain de poussière. André formait des projets pour l'avenir ; Isolda, tout en caressant ses blonds cheveux, remarquait avec sollicitude qu'il devait être bien fatigué. Enfin, n'écoutant que ses transports, le jeune prince défiait la destinée et appelait de tous ses vœux des dangers pour les combattre, et la pauvre nourrice s'écriait toute en pleurs :

— Vous ne m'aimez plus, mon enfant !

Impatienté de ses interruptions continuelles, André la grondait doucement, et jouait avec ses puériles frayeurs. Puis sans se rendre compte d'une mélancolique tendresse qui le gagnait insensiblement, il se fit raconter mille traits de son enfance, lui parla longtemps de son frère Louis, de sa mère absente, et une larme lui vint à la paupière quand il se rappela le dernier adieu maternel. Isolda l'écouta avec joie, répondit naturellement à toutes ses demandes, mais aucun pressentiment n'agita son cœur ; car la pauvre femme aimait André de toutes les forces de son âme ; elle aurait donné pour lui sa vie dans ce monde et sa part de ciel dans l'autre ; mais elle n'était pas sa mère !

Lorsque tout fut prêt, Robert de Cabane vint avertir le prince que la reine l'attendait ; André jeta un dernier regard sur ces riantes campagnes que la nuit couvrait de son voile étoilé, porta sur ses lèvres et sur son cœur la main de sa nourrice, et suivit le grand-sénéchal lentement et comme à regret. Mais bientôt les lumières qui brillaient dans la salle, les vins qui circulaient en abondance, les gais propos, les récits bruyants des exploits de la journée, dissipèrent ce nuage de tristesse qui avait assombri pour un instant le front du prince. La reine seule, les coudes appuyés sur la table, les prunelles fixes, les lèvres immobiles, assistait à cet étrange festin, pâle et froide comme une apparition sinistre évoquée du tombeau pour troubler la joie des convives. André, dont la raison commençait à se noyer dans les flots du vin de Caprée et de Syracuse, choqué de la contenance de sa femme, qu'il attribuait au dédain, remplit une coupe jusqu'aux bords et la présenta à la reine. Jeanne tressaillit vivement et remua ses lèvres avec une agitation convulsive ; mais les conjurés couvrirent de leurs voix éclatantes le frémissement involontaire qui venait de s'échapper de sa poitrine. Au milieu du tumulte général, Robert de Cabane proposa de distribuer copieusement à la garde hongroise qui veillait aux avenues du couvent les mêmes vins qu'on avait servis à la table royale, et cette libéralité extravagante souleva des applaudissements frénétiques. Bientôt les cris des soldats, qui témoignaient leur reconnaissance pour une générosité si inattendue, se mêlèrent aux ovations des convives. Pour compléter l'ivresse du prince on s'écriait de toutes parts : — Vive la reine ! vive sa majesté le roi de Naples !

On prolongea l'orgie bien avant dans la nuit ; on parla avec enthousiasme des plaisirs qu'on se promettait pour le lendemain, et Bertrand d'Artois remarqua tout haut qu'après une si longue veillée tout le monde ne se lèverait peut-être pas à l'heure. André déclara que, quant à lui, une heure ou deux de repos suffiraient pour le remettre entièrement de ses fatigues, et qu'il souhaitait vivement que son exemple ne restât pas sans imitateurs. Le comte de Terlizzi parut exprimer respectueusement quelques doutes sur l'exactitude du prince. André se récria , et après avoir porté un défi à tous les barons présents , à qui serait debout le premier, il se retira avec la reine dans l'appartement qui leur était réservé, où il ne tarda pas à s'endormir d'un sommeil lourd et profond. Vers deux heures du matin, Tommaso Pace, valet de chambre du prince et premier huissier des appartements royaux, vint frapper à la porte de son maître, afin de le réveiller pour la chasse. Au premier coup, tout demeura dans le silence ; au second, Jeanne, qui n'avait pas fermé l'œil de la nuit , fit un mouvement comme pour secouer son mari et l'avertir du danger qui le menaçait ; au troisième, le malheureux jeune homme se réveilla en sursaut, et entendant dans la chambre voisine des rires et des chuchotements, persuadé qu'on plaisantait sur sa paresse, sauta de son lit, la tête nue, couvert de sa chemise et chaussé à peine, et ouvrit la porte. Ici nous traduisons littéralement le récit de Dominique Gravina, un des chroniqueurs les plus estimés.

Aussitôt que le prince se montra, les conjurés se jetèrent sur lui tous à la fois, pour l'étouffer de leurs mains ; car il ne pouvait mourir ni par le fer ni par le poison , à cause d'un anneau que sa pauvre mère lui avait donné. Mais André, fort et agile comme il était, voyant l'infâme trahison, se défendait avec une vigueur surnaturelle, et, poussant des cris horribles, il se dégagea de l'étreinte de ses meurtriers, le visage sanglant, les blonds cheveux arrachés par touffes. Le malheureux jeune homme essayait de gagner sa chambre pour prendre une arme et résister bravement à ses assassins ; mais arrivé près de la porte, le notaire Nicolas de Melazzo, passant son poignard comme un verrou dans les anneaux de la serrure, l'empêcha d'entrer. Le prince, criant toujours, implorant la protection de ses fidèles, retourna dans la salle ; mais toutes les portes étaient fermées, et personne ne lui tendait une main secourable ; car la reine se taisait, sans montrer aucune inquiétude de la mort de son mari.

Cependant la nourrice Isolda, frappée par les hurlements de son cher fils et seigneur, bondissant de son lit et s'approchant de la fenêtre, remplissait la maison de cris épouvantables. Déjà les traîtres, effrayés par l'immense rumeur, quoique le lieu fût désert et tellement éloigné du centre de la ville, que personne n'aurait pu accourir à ce bruit, se disposaient à lâcher leur victime, lorsque Bertrand d'Artois, se sentant plus coupable que les autres, excité par une rage d'enfer, saisit fortement le prince à bras le corps, et le terrassa après une lutte désespérée ; puis, le traînant par les cheveux vers un balcon qui donnait sur les jardins, et appuyant un genou sur sa poitrine :

— A moi, barons ! s'écria-t-il en s'adressant aux autres ; j'ai ce qu'il faut pour l'étrangler.

Et il lui passa au cou un long cordon de soie et d'or, tandis que le malheureux se débattait de toutes ses forces ; mais Bertrand serra le nœud promptement, et les autres, jetant le corps par-dessus le parapet du balcon, le laissèrent ainsi suspendu entre le ciel et la terre jusqu'à ce que mort s'ensuivit. Et comme le comte de Terlizzi détournait les yeux avec horreur de cette affreuse agonie, Robert de Cabane lui cria impérieusement :

— Que faites-vous là , mon beau-frère ? la corde est assez longue pour que chacun de nous puisse en tenir un bout : il nous faut des complices, et non des témoins.

Et aussitôt que les dernières convulsions du mourant eurent cessé, ils laissèrent tomber le cadavre de toute la hauteur de trois étages, et, ouvrant les portes de la salle, s'en allèrent comme s'ils n'avaient rien fait.

Isolda, ayant pu enfin se procurer de la lumière, monta rapidement à la chambre de la reine, et, trouvant la porte fermée en dedans, elle se mit à appeler son fils à haute voix. Point de réponse ; et cependant la reine était dans la chambre. La pauvre nourrice, égarée, tremblante, éperdue, traversa tous les corridors, frappa à toutes les cellules, réveilla les moines un à un, les priant de chercher le prince avec elle. Les moines répondirent qu'ils avaient entendu du bruit en effet ; mais, croyant qu'il s'agissait d'une querelle de soldats ivres ou révoltés, ils n'avaient pas cru devoir intervenir. Isolda insiste par de plus vives prières ; l'alarme se répand dans le couvent ; les religieux suivent la nourrice, qui les précède avec un flambeau. Elle entre dans le jardin,

aperçoit sur l'herbe quelque chose de blanc, s'avance en tremblant, pousse un cri aigu, et tombe à la renverse.

Le malheureux André gisait dans son sang, la corde au cou comme un voleur, la tête écrasée par la chute profonde. Alors deux moines montèrent à l'appartement de la reine , et, frappant à la porte avec respect, lui demandèrent d'une voix sépulcrale :

— Madame la reine, que voulez-vous qu'on fasse du cadavre de votre mari ?

Et comme la reine ne donnait aucune réponse, ils redescendirent lentement au jardin, et s'agenouillant, un à la tête, et l'autre aux pieds du mort, ils se mirent à réciter à voix basse les Psaumes de la pénitence. Quand ils eurent prié une heure, deux autres moines montèrent également à la chambre de Jeanne , et ayant répété la même demande sans obtenir de réponse, ils relevèrent les deux premiers moines, et prièrent à leur tour. Enfin un troisième couple se présenta à la porte de cette chambre inexorable , et comme il s'en revenait consterné par le peu de succès de sa démarche, le peuple s'ameuta autour du couvent, et des cris de mort coururent sur cette multitude indignée. Déjà les groupes devenaient plus serrés, les voix s'élevaient plus menaçantes, le torrent menaçait d'envahir la demeure royale, lorsque la garde de la reine parut la lance au poing, et une litière hermétiquement fermée, entourée des principaux barons de la cour, traversa la foule frappée de stupeur. Jeanne, couverte d'un voile noir, se rendit au Château-Neuf au milieu de son escorte, et personne, disent les historiens, n'osa plus parler de cette mort.

Mais le rôle terrible de Charles de Duras devait commencer aussitôt que le crime serait consommé. Le duc laissa pendant deux jours au vent et à la pluie, sans sépulture et sans honneur, le cadavre de celui que le pape avait déjà nommé roi de Sicile et de Jérusalem, afin que cette vue misérable augmentât l'indignation de la foule. Puis, le troisième jour, il le fit transporter avec la plus grande pompe à la cathédrale de Naples, et, rassemblant tous les Hongrois autour du catafalque, il s'écria d'une voix tonnante :

— Nobles et manants, voici notre roi lâchement étranglé par une trahison infâme. Dieu ne tardera pas à nous livrer les noms de tous les coupables : que ceux qui désirent que justice soit faite lèvent la main en jurant aux meurtriers une persécution sanglante, une haine implacable, une vengeance éternelle !

Alors ce ne fut qu'un seul cri, qui porta la désolation et la mort au cœur des conjurés, et le peuple se dispersa par la ville en criant : — Vengeance ! vengeance !

La justice divine, qui ne connaît point de privilèges et qui ne s'arrête pas devant une couronne, frappa d'abord Jeanne dans son amour. Lorsque les deux amants se trouvèrent en présence, saisis mutuellement d'horreur et de dégoût, ils reculèrent en tremblant, la reine ne voyant en lui que le bourreau de son mari, et lui ne voyant dans la reine que la cause de son crime et peut-être de sa punition imminente. Les traits de Bertrand d'Artois étaient bouleversés, ses joues creuses, ses yeux cernés d'un cercle livide : sa bouche horriblement contractée, le bras et l'index tendus vers sa complice, il voyait se dresser devant lui une affreuse vision. Le même cordon avec lequel il avait étranglé André, il le voyait maintenant autour du cou de la reine, tellement serré qu'il entrait dans les chairs, et une force invisible, une inspiration satanique le poussait, lui, Bertrand, à étrangler de ses propres mains cette femme qu'il avait tant aimée, qu'il avait autrefois adorée à genoux. Le comte s'élança hors de la chambre en faisant des gestes désespérés, en prononçant des paroles incohérentes, et comme il donnait des signes d'égarement et de folie, son père, Charles d'Artois, l'entraîna avec lui, et le soir même ils partirent pour leur terre de Sainte-Agathe, et s'y fortifièrent en cas d'attaque.

Mais le supplice de Jeanne, supplice lent et terrible, qui devait durer trente-sept ans et se terminer par une mort affreuse, ne faisait que de commencer à peine. Tous les misérables qui avaient trempé dans la mort d'André se présentèrent tour à tour pour demander le prix du sang. La Catanaise et son fils, qui avaient maintenant dans leurs mains non-seulement l'honneur, mais la vie aussi de la reine, redoublèrent d'avidité et d'exigence ; dona Cancia ne mit plus aucun frein à ses débauches, et l'impératrice de Constantinople somma sa nièce d'épouser son fils aîné, Robert, prince de Tarente. Jeanne, rongée par ses remords, dévorée par l'indignation, humiliée par l'arrogance de ses sujets, n'osant plus relever le front, accablée sous la honte, descendit aux prières, et se borna à demander quelques jours de délai ; l'impératrice y consentit, à la condition que son fils viendrait habiter le Château-Neuf, et aurait la permission de voir la reine une fois par jour ; Jeanne courba la tête en silence, et Robert de Tarente fut installé au château.

De son côté, Charles de Duras, qui, par la mort d'André, était devenu presque le chef de la famille, et qui, aux termes du testament du vieux roi, dans le cas où Jeanne mourrait sans enfants légitimes, héritait du royaume par sa femme Marie : Charles de Duras intima deux ordres à la reine : premièrement, qu'elle ne songeât pas à contracter de nouvelles noces sans le consulter sur le choix de l'époux ; secondement, qu'elle eût à l'investir sur-le-champ du titre de duc de Calabre ; et pour déterminer sa cousine à ce double sacrifice, il ajouta que si elle était assez mal avisée pour lui refuser une de ces deux demandés, il livrerait à la justice les preuves du crime et les noms des meurtriers. Jeanne, fléchissant sous le poids de ce nouveau malheur, ne trouvait pas d'expédient pour l'éviter; mais Catherine, qui était seule de taille à lutter contre son neveu, répondit qu'il fallait frapper le duc de Duras dans son ambition et dans ses espérances, en lui déclarant d'abord, comme c'était la vérité, que la reine était enceinte; et si, malgré cette nouvelle, il persistait dans ses projets, qu'alors elle se chargerait de trouver quelque moyen pour jeter dans la famille de son neveu le trouble et la discorde, pour le blesser dans ses affections ou dans ses intérêts les plus intimes, pour le déshonorer publiquement dans la personne de sa femme et de sa mère.

Charles sourit froidement lorsque sa tante vint lui rapporter, de la part de la reine, que cette dernière allait mettre au monde un enfant d'André. En effet, quelle importance pouvait avoir un enfant encore à naître, et qui ne vécut réellement que peu de mois, aux yeux d'un homme qui se défaisait avec un si admirable sang-froid, et par la main même de ses ennemis, des personnes qui le gênaient dans sa carrière? Il répondit à l'impératrice que cette heureuse nouvelle, qu'elle daignait lui annoncer de sa propre bouche, loin de diminuer son indulgence pour sa cousine, l'engageait, au contraire, à lui prouver plus de bonté et plus d'intérêt; que par conséquent il réitérait sa proposition et renouvelait sa promesse de ne pas poursuivre la vengeance de son cher André, puisque en quelque sorte le crime n'était pas entièrement consommé, s'il survivait un enfant; mais il se montra inflexible en cas de refus. Il fit comprendre adroitement à Catherine de Tarente que, comme elle était bien pour quelque chose dans la mort du prince, elle aurait dû, pour son propre compte, déterminer la reine à étouffer le procès.

L'impératrice parut vivement affectée de l'attitude menaçante de son neveu, et lui promit de faire son possible pour persuader à la reine de lui accorder tout ce qu'il lui demandait, à condition cependant que Charles lui donnât le temps nécessaire pour mener à bout une négociation aussi délicate. Mais Catherine profita du délai qu'elle avait su arracher à l'ambition du duc de Duras pour méditer sa vengeance, et s'assurer les moyens d'un infaillible succès. Après plusieurs plans accueillis avec empressement et abandonnés avec regret, elle s'arrêta à un projet infernal, inouï, et que l'esprit se refuserait à croire, s'il n'était attesté unanimement par tous les historiens. La pauvre Agnès de Duras souffrait depuis plusieurs jours d'une mystérieuse langueur, et peut-être le caractère inquiet et turbulent de son fils n'était pas la dernière cause de cette lente et pénible maladie. Ce fut sur cette mère infortunée que l'impératrice résolut de faire tomber les premiers effets de sa haine. Elle fit venir le comte de Terlizzi et sa maîtresse dona Cancia, et comme cette dernière, par ordre de la reine, assistait Agnès depuis sa maladie, Catherine insinua à la jeune camériste, qui était alors enceinte, de substituer son urine à celle de la malade, afin que le médecin, trompé par cet indice, fût forcé d'avouer à Charles de Duras la faute et le déshonneur de sa mère. Le comte, qui, depuis la part qu'il avait prise au régicide, tremblait à chaque instant d'être dénoncé, n'eut rien à opposer aux volontés de l'impératrice, et dona Cancia, dont la tête était aussi légère que le cœur était corrompu, accueillit avec une folle gaieté l'occasion de se venger de la pruderie d'une princesse du sang qui seule s'avisait d'être vertueuse au milieu d'une cour renommée par sa dépravation. Une fois assurée du consentement et de la discrétion de ses complices, Catherine fit circuler des bruits vagues et odieux, mais d'une terrible gravité, s'ils pouvaient être confirmés par une preuve; et, aussitôt émise, la perfide accusation arriva de confidence en confidence à l'oreille de Charles.

Saisi d'un tremblement convulsif à cette éclatante révélation, le duc fit appeler à l'instant même le médecin de la maison, et lui demanda impérieusement quelle était la cause de la maladie de sa mère. Le médecin pâlit, balbutia; mais, pressé par les menaces de Charles, lui avoua qu'il avait des soupçons assez fondés pour croire que la duchesse était enceinte, mais que, comme une première fois il aurait pu se tromper, avant de se prononcer dans une matière si grave, il demandait à faire une seconde observation. Le lendemain, au moment où le docteur sortait de la chambre d'Agnès, le duc alla au-devant de lui, et après l'avoir interrogé par un mouvement plein d'angoisse, au silence qui suivit sa demande, il comprit que ses craintes n'étaient que trop réelles. Cependant le médecin, s'armant d'une précaution excessive, déclara qu'il voulait s'en remettre à une troisième expérience. Les damnés n'ont pas d'heures plus longues que celles qui s'écoulèrent pour Charles, jusqu'au fatal instant où il acquit la certitude que sa mère était coupable. Le troisième jour, le médecin affirma en son âme et conscience qu'Agnès de Duras était enceinte.

— C'est bien, dit Charles en congédiant le docteur sans montrer aucune émotion.

Le soir, on administrait à la duchesse un remède que le médecin avait ordonné, et comme une demi-heure après elle fut assaillie de violentes douleurs, on avertit le duc qu'il fallait peut-être consulter d'autres savants, puisque l'ordonnance du médecin ordinaire, au lieu de produire une amélioration dans l'état de la malade, n'avait fait que l'empirer.

Charles monta lentement chez la duchesse, et renvoyant tous ceux qui étaient autour de son lit, sous prétexte que par leur maladresse ils ne faisaient qu'irriter les souffrances de sa mère, il s'enferma seul avec elle. La pauvre Agnès, oubliant à la vue de son fils les tortures qui déchiraient ses entrailles, lui serra la main avec tendresse, et lui sourit à travers les pleurs.

Charles, le front baigné d'une sueur froide, blême sous son teint cuivré, la prunelle horriblement dilatée, se pencha sur la malade et lui demanda d'une voix sombre:

— Eh bien, ma mère, allez-vous un peu mieux?

— Oh! je souffre! je souffre affreusement, mon pauvre Charles! Je sens comme du plomb fondu qui coule dans mes veines. O mon fils! fais venir tes frères, pour que je puisse vous bénir une dernière fois; car je ne pourrai longtemps résister à ma douleur. Je brûle; oh! par pitié! appelez vite un médecin, je suis empoisonnée.

Charles ne bougeait pas de son chevet.

— De l'eau! répétait la mourante d'une voix entrecoupée, de l'eau! un médecin, un confesseur, mes enfants, je veux voir mes enfants!

Et comme le duc demeurait impassible, dans un morne silence, la pauvre mère, quoique affaissée par ses souffrances, croyant que la douleur avait ôté à son fils la parole et le mouvement, se leva sur son séant par un effort désespéré, et le secouant par le bras, s'écria de toute la force qui lui restait:

— Charles, mon fils! qu'as-tu? mon pauvre enfant, courage, ce ne sera rien, je l'espère; mais vite, appelez du secours; appelez mon médecin. Oh! vous ne pouvez pas vous faire une idée de ce que je souffre!

— Votre médecin, reprit Charles d'une voix lente et froide, dont chaque mot s'enfonçait dans l'âme de sa mère comme un coup de poignard, votre médecin ne peut pas venir.

— Et pourquoi? demanda Agnès atterrée.

— Parce que celui qui possédait le secret de notre honte ne devait plus vivre.

— Malheureux! s'écria la mourante au comble de l'effroi et de la douleur, vous l'avez assassiné! vous avez peut-être empoisonné votre mère! Ô Charles! Charles! pitié pour votre âme.

— C'est vous qui l'avez voulu, reprit Charles d'une voix sourde; c'est vous qui m'avez poussé au crime et au désespoir; c'est vous qui êtes la cause de mon déshonneur dans ce monde et de ma perdition dans l'autre.

— Que dites-vous? Mon Charles, par pitié, ne me faites pas mourir dans cette affreuse incertitude; quel fatal égarement vous aveugle? Parlez, parlez, mon fils; je ne sens déjà plus le poison qui me dévore; que vous ai-je fait? de quoi m'a-t-on accusée?

Et elle regarda son fils d'un œil hagard, où l'amour maternel luttait encore contre la pensée atroce du parricide; puis, voyant que Charles restait muet malgré ses prières, elle répéta avec un cri déchirant:

— Parlez! au nom du ciel, parlez, avant que je meure!

— Vous êtes enceinte, ma mère!

— Moi! s'écria Agnès avec un éclat de voix qui lui brisa la poitrine. Dieu, pardonnez-lui! Charles, votre mère vous pardonne et vous bénit en mourant.

Charles se précipita à son cou, criant au secours d'une voix désespérée: il aurait maintenant voulu la sauver au prix de sa vie; mais il était trop tard. Il poussa un cri du fond de son âme, et on le trouva étendu sur le cadavre de sa mère.

On fit d'étranges commentaires, à la cour, sur la mort de la duchesse de Duras et sur la disparition de son médecin; mais ce que personne ne put révoquer en doute, ce fut la sombre douleur qui creusa des rides plus profondes sur le front déjà si triste de Charles. Catherine seule comprit ce qu'il y avait de vraiment terrible dans la mélancolie de son neveu: car il était évident pour elle que le duc avait du même coup tué son médecin et empoisonné sa mère. Mais elle ne s'attendait pas à une réaction si subite et si violente dans le cœur d'un homme qui ne reculait devant aucun crime. Elle croyait Charles capable de tout, excepté de remords. Cette tristesse morne et concentrée lui parut d'un mauvais augure pour ses projets. Elle avait voulu susciter à son neveu des chagrins domestiques, pour qu'il n'eût pas le temps de s'opposer au mariage de son fils et de la reine; mais elle avait dépassé son but, et Charles, engagé dans la voie du crime par un pas terrible, ayant brisé le lien des plus saintes affections, se rejetait dans ses passions mauvaises avec une fiévreuse ardeur et un âpre sentiment de vengeance.

Catherine essaya alors de la soumission et de la douceur. Elle fit comprendre à son fils qu'il n'y avait plus pour lui qu'un moyen d'obtenir la main de la reine: c'était de flatter l'ambition de Charles et de se mettre en quelque sorte sous son patronage. Robert de Tarente comprit sa position, et cessa de faire la cour à Jeanne, qui accueillait son empressement avec une froide bienveillance, pour s'attacher aux pas de son cousin. Il montra pour lui la déférence et le respect que Charles lui-même avait affectés pour André lorsque la pensée lui était venue de le perdre. Mais le duc de Duras ne se laissa pas tromper par les sentiments d'amitié et de dévouement que lui témoignait l'aîné de la maison de Tarente, et tout en se montrant fort touché de ce retour inattendu, il se tint en garde contre les sollicitations de Robert.

Un événement en dehors de toutes les prévisions humaines renversa les calculs des deux cousins. Un jour qu'ils étaient sortis ensemble à cheval, comme ils en avaient pris l'habitude depuis leur réconciliation hypocrite, Louis de Tarente, le plus jeune frère de Robert, qui avait toujours aimé Jeanne de cet amour chevaleresque et naïf qu'on garde enfoui comme un trésor au fond de l'âme, quand on a vingt ans et qu'on est beau comme un ange, Louis, disons-nous, qui, se tenant à l'écart de l'infâme conspiration de sa famille, n'avait pas souillé ses mains du sang d'André, entraîné par je ne sais quelle ardeur inouïe, se présenta aux portes du Château-Neuf, et tandis que son frère perdait des moments précieux à solliciter un consentement nubile, il fit lever le pont, et ordonna sévèrement aux soldats de n'ouvrir à personne. Puis, sans se préoccuper un seul instant de la colère de Charles ou de la jalousie de Robert, il s'élança à l'appartement de la reine, et là, comme dit Dominique Gravina, sans autre préambule, il consomma le mariage.

Au retour de sa promenade, Robert de Tarente, étonné que le pont ne s'abaissât pas incontinent devant lui, fit d'abord appeler à haute voix les soldats qui gardaient la forteresse, les menaçant d'une punition sévère pour leur impardonnable négligence; mais comme les portes du château demeuraient fermées, et comme les soldats ne donnaient aucun signe de crainte ou de repentir, le prince se mit dans une affreuse colère, et il jura de faire pendre comme des chiens les misérables qui voulaient l'empêcher de rentrer chez lui. Cependant l'impératrice de Constantinople, effrayée de la sanglante querelle qui allait s'élever entre les deux frères, s'avança seule et à pied au-devant de son fils, et usant de son ascendant maternel, après l'avoir prié de maîtriser ses transports, en présence de la foule qui déjà se pressait en tumulte pour assister à cet étrange spectacle, elle lui raconta à voix basse tout ce qui s'était passé en son absence.

Un rugissement de tigre blessé s'échappa de la poitrine de Robert, et peu s'en fallut qu'aveuglé par sa rage, il ne foulât sa mère aux pieds de son cheval, qui, secondant la colère de son maître, se cabrait furieusement, et aspirait le sang par ses narines. Quand le prince eut vomi tout ce qu'il avait d'imprécations sur la tête de son frère, il tourna la bride, et s'éloignant au galop de ce château maudit, il vola chez le duc de Duras, qu'il venait de quitter à peine, pour l'informer de l'outrage et l'exciter à la vengeance.

Charles causait avec une sorte d'abandon avec sa jeune femme, qui n'était guère habituée à une conversation si paisible et à une familiarité si expansive, lorsque le prince de Tarente, brisé, haletant, trempé de sueur, vint leur faire son incroyable récit. Charles le lui fit répéter deux fois de suite, tant l'audacieuse entreprise de Louis lui paraissait impossible. Puis passant, par une brusque transition, du doute à la fureur, et se frappant le front de son gantelet de fer, il s'écria que puisque la reine le mettait au défi, il saurait bien la faire trembler au milieu de son château et dans les bras de son amant; et laissant tomber

On les rencontrait à chaque pas, se disputant dans les tavernes. — Page 260.

un regard accablant sur Marie, qui le suppliait en pleurant pour sa sœur, il serra fortement la main de Robert, et lui promit que tant qu'il vivrait Louis ne serait pas le mari de Jeanne.

Le soir même il s'enferma dans son cabinet et expédia des lettres à la cour d'Avignon, dont on ne tarda guère à voir les effets. Une bulle, datée du 2 juin 1346, fut adressée à Bertram des Baux, comte de Monte-Scaglioso, maître justicier du royaume de Sicile, avec ordre de prendre les informations les plus rigoureuses contre les meurtriers d'André, que le pape couvrait en même temps de son anathème, et de les punir selon les lois les plus sévères. Cependant une note secrète était jointe à cette bulle, note qui contraria vivement les desseins de Charles; car le souverain pontife commandait expressément au grand justicier de ne pas impliquer dans le procès la reine ou les autres princes du sang, pour éviter de plus grands troubles, se réservant, en sa qualité de chef suprême de l'Église et de supérieur du royaume, la faculté de les juger plus tard selon sa prudence.

Bertram des Baux déploya un grand appareil dans ce terrible procès. On éleva une estrade dans la grande salle des tribunaux, et tous les officiers de la couronne, tous les grands dignitaires de l'État, tous les principaux barons du royaume, eurent leur siége derrière l'enceinte des magistrats. Trois jours après que la bulle de Clément IV avait été publiée dans la capitale, le maître justicier put déjà procéder à l'interrogatoire public de deux accusés. Les deux coupables qui étaient tombés les premiers sous la main de la justice étaient, comme on peut bien l'imaginer, ceux dont la condition était moins élevée et la vie moins précieuse, Tommaso Pace et maître Nicolas de Melazzo. Ils furent conduits devant le tribunal, pour être, selon l'usage, appliqués préalablement à la torture. Au moment de se rendre auprès de ses juges, le notaire, passant dans la rue à côté de Charles, avait eu le temps de lui dire à voix basse:

— Monseigneur, le temps est venu de vous rendre ma vie; je ferai mon devoir; je vous recommande ma femme et mes enfants.

Et, encouragé par un signe de tête de son protecteur, il marcha d'un pas ferme et d'un air délibéré. Le grand justicier, après avoir constaté l'identité des accusés, les livra au bourreau et à ses aides, pour qu'ils eussent à les tourmenter sur la place publique, afin que leur torture servît de spectacle et d'exemple à la foule. Mais, à peine attaché à la corde fatale, un des accusés, Tommaso Pace, déclara, au grand désappointement de la foule, qu'il allait tout avouer, et demanda par conséquent qu'on le reconduisît immédiatement devant les juges. A ces mots, le comte de Terlizzi, qui suivait les moindres gestes des accusés avec une mortelle anxiété, crut que c'en était fait de lui et des autres complices, et, usant de son autorité, au moment où Tommaso Pace, les mains liées derrière le dos, escorté par deux gardes, et suivi par le notaire, se dirigeait vers la grande salle des tribunaux, il l'attira dans une maison écartée, lui serra fortement la gorge, et le forçant ainsi à pousser la langue en dehors, il la lui coupa avec un rasoir.

Les hurlements du malheureux qu'on venait de mutiler si cruellement frappèrent l'oreille du duc de Duras; il pénétrait dans la chambre où s'était accompli cet acte de barbarie, au moment où le comte de Terlizzi en sortait, et s'approcha du notaire, qui avait assisté à cet affreux spectacle sans donner le moindre signe d'émotion ou de crainte. Maître Nicolas de Melazzo, croyant que le même sort lui était réservé, se tourna vers le duc d'un air calme, et lui dit avec un triste sourire :

— Monseigneur, la précaution est inutile, et vous n'aurez pas besoin de me couper la langue comme le noble comte vient de le faire à mon pauvre camarade. On arrachera jusqu'aux derniers lambeaux de mes chairs avant de tirer un mot de ma bouche; je vous l'ai promis, monseigneur, et vous avez pour garant de ma parole la vie de ma femme et l'avenir de mes enfants.

— Ce n'est pas le silence que je te demande, répondit le duc d'une voix sombre; tu peux, au contraire, me débarrasser par tes révélations de tous mes ennemis à la fois, et je t'ordonne de les dénoncer au tribunal.

Le notaire baissa la tête avec une résignation douloureuse ; puis, la relevant tout à coup avec effroi, il fit un pas vers le duc et murmura d'une voix étouffée :

— Et la reine ?

— On ne le croirait pas si tu osais la dénoncer ; mais lorsque la Catanaise et son fils, lorsque le comte de Terlizzi et sa femme, lorsque ses familiers les plus intimes, accusés par toi et ne pouvant endurer la torture, la dénonceront d'une voix unanime...

— Je comprends, monseigneur; il ne vous faut pas seulement ma vie, il vous faut aussi mon âme. C'est bien , encore une fois, je vous recommande mes enfants.

Et il s'achemina vers le tribunal avec un profond soupir. Le maître justicier adressa à Tommaso Pace les questions d'usage ; au geste désespéré que fit le malheureux en ouvrant sa bouche ensanglantée, un frisson d'horreur courut sur l'assemblée. Mais l'étonnement et la terreur arrivèrent au comble, lorsque maître Nicolas de Melazzo, d'une voix lente et ferme, nomma l'un après l'autre tous les meurtriers d'André, excepté la reine et les princes du sang, et raconta l'assassinat du prince dans tous ses détails.

On procéda à l'instant même à l'arrestation du grand-sénéchal Robert de Cabane et des comtes de Terlizzi et de Morcone, qui se trouvaient dans la salle, et qui n'osèrent pas faire un mouvement pour se défendre. Une heure après, Filippa, ses deux filles, et dona Cancia, allèrent les rejoindre en prison, après avoir vainement imploré la protection de la reine. Quant à Charles et à Bertrand d'Artois, enfermés dans leur forteresse de Sainte-Agathe, ils défiaient la justice; en outre, plusieurs autres conjurés, au nombre desquels se trouvaient les comtes de Mileto et de Catanzaro, s'étaient soustraits par la fuite.

Aussitôt que maître Nicolas déclara qu'il n'avait plus rien à avouer,

et qu'il avait dit au tribunal la vérité exacte et entière, le grand justicier prononça son arrêt au milieu du plus profond silence; et sans aucun retard, Tommaso Pace et le notaire furent liés chacun à la queue d'un cheval, et après avoir été ainsi traînés par les principales rues de la ville, ils furent pendus sur la place du marché.

On jeta les autres prisonniers au fond d'un souterrain pour être interrogés et torturés le jour suivant; et comme il arriva que le soir, se trouvant dans le même cachot, ils s'adressaient des reproches mutuels, chacun prétendant avoir été entraîné au crime par les autres, dona Cancia, dont l'étrange caractère ne se démentait pas, même en face de la torture et de la mort, domina les plaintes de ses compagnons par un bruyant éclat de rire, et s'écria joyeusement :

— Voyons, mes enfants, pourquoi des récriminations si amères et de si discourtois démentis? Nous n'avons pas d'excuse, et nous sommes tous également coupables. Quant à moi, qui suis la plus jeune de tous et qui ne suis pas la plus laide, avec la permission de ces dames, si l'on me condamne, du moins je mourrai contentée : car il n'y a pas de jouissance en ce monde que je me sois refusée ; et, je m'en vante, on pourra beaucoup me pardonner, car j'ai beaucoup aimé ; vous en savez quelque chose , messeigneurs. Et toi, méchant vieillard, continua-t-elle en s'adressant au comte de Terlizzi, ne te souviens-tu pas d'avoir couché avec moi dans l'antichambre de la reine? Voyons, ne rougis pas devant ta noble famille ; faites votre confession, monseigneur, vous savez bien que je suis enceinte de votre excellence; vous savez par quel moyen nous avons fabriqué la grossesse de cette pauvre Agnès de Duras, que Dieu fasse paix à son âme! Moi, je ne croyais pas que la plaisanterie tournât si vite au sérieux ; vous savez tout cela et bien d'autres choses encore ; épargnez-nous donc vos lamentations qui, ma foi, commencent à devenir fort ennuyeuses, et préparons-nous à mourir joyeusement comme nous avons vécu.

En achevant ces mots, la jeune camérière bâilla légèrement, et se laissant tomber sur la paille, s'endormit d'un profond sommeil, en faisant les plus beaux rêves de sa vie.

Le lendemain, dès la pointe du jour, une foule immense encombrait les bords de la mer. Pendant la nuit on avait dressé une énorme palissade pour contenir le peuple à une telle distance qu'il pût voir les condamnés sans les entendre. Charles de Duras, à la tête d'un cortége brillant de chevaliers et de pages, monté sur un cheval magnifique, vêtu de noir en signe de deuil, se tenait près de l'enceinte. Son front rayonna d'une joie féroce, lorsque les accusés traversèrent la foule deux à deux, les poignets serrés par des cordes ; car le duc s'attendait à chaque instant à entendre sortir de leurs lèvres le nom de la reine. Mais le grand justicier, homme d'expédients, avait prévenu les indiscrétions de toute espèce en attachant un hameçon à la langue de chacun des accusés. Ces malheureux furent torturés sur le mât d'une galère , sans que personne pût

Les spectres tenaient cette fois leurs têtes à la main, et, les secouant par les cheveux... — Page 276.

entendre un seul mot des aveux terribles que leur arrachait la douleur.

Cependant Jeanne, malgré les torts que la plupart de ses complices avaient envers elle, sentant renaître la pitié pour une femme qu'elle avait respectée comme une mère, pour ses compagnes d'enfance, pour ses amies, et peut-être un reste d'amour pour Robert de Cabane, envoya deux messagers pour supplier Bertram des Baux de faire grâce aux coupables ; mais le maître justicier, ayant saisi les envoyés de la reine, leur fit subir la torture ; et comme ils avouèrent avoir pris part, eux aussi, au meurtre d'André, il les condamna aux mêmes supplices que les autres. Dona Cancia seule, à cause de sa position, échappa à la question, et son arrêt fut différé jusqu'au jour de son accouchement.

Or, tandis que la belle camériste retournait à sa prison, en jetant un sourire aux plus beaux cavaliers qu'elle pouvait distinguer dans la foule, passant à côté de Charles de Duras, elle lui fit signe d'approcher, et comme à cause du même privilège sa langue n'était pas percée d'un fil de fer, elle lui parla quelque temps à voix basse.

Charles pâlit affreusement, et portant la main sur son épée, s'écria :

— Misérable !

— Vous oubliez, monseigneur, que je suis sous la protection de la loi.

— O ma mère ! ma pauvre mère ! murmura Charles d'une voix étouffée ; et il tomba à la renverse.

Le jour suivant, le peuple, plus matinal que le bourreau, demandait sa proie à grands cris. Toutes les troupes nationales ou mercenaires dont l'autorité judiciaire pouvait disposer, échelonnées dans les rues, opposaient des digues au torrent de la foule. Cet instinct de cruauté inassouvie qui dégrade trop souvent la nature humaine, s'était réveillé dans la populace ; le vertige de la haine, la démence du sang tournaient les têtes, échauffaient les imaginations altérées de vengeance ; des groupes d'hommes et de femmes rugissant comme des bêtes fauves, menaçaient d'abattre les murs de la prison, si on ne leur livrait les condamnés pour les conduire au supplice ; et une rumeur immense, égale, continue, s'élevait comme le grondement du tonnerre et allait glacer d'effroi le cœur de la reine.

Cependant, malgré toute volonté que monseigneur Bertram des Baux, comte de Monte-Scaglioso, avait mise à contenter le vœu populaire, tous les préparatifs pour cette exécution solennelle n'avaient pu être prêts qu'à midi, à l'heure où le soleil embrasait la ville de ses rayons les plus ardents. Ce fut d'abord un cri énorme, poussé par dix mille poitrines haletantes, au moment où le bruit courut sur la foule que les condamnés allaient paraître ; puis il se fit un instant de silence, et les portes de la prison roulèrent lentement sur leurs gonds rouillés et grinçants. Un triple rang de cavaliers, la visière basse et la lance en arrêt, ouvrit la marche, et au milieu des huées et des malédictions sortirent l'un après l'autre les condamnés, chacun lié sur une charrette, bâillonné et nu jusqu'à la ceinture, au milieu de deux bourreaux qui étaient chargés de les torturer le long du chemin. Sur la première charrette était l'ancienne blanchisseuse de Catane, devenue depuis grande sénéchale et gouvernante de la reine, Mme Filippa de Cabane, et les deux bourreaux qui se tenaient à sa droite et à sa gauche, un peu en arrière, la flagellaient avec tant de fureur, que le sang qui jaillissait de ses plaies laissa une longue trace dans toutes les rues que traversa le cortège.

Immédiatement après leur mère, suivaient, sur deux charrettes différentes, les comtesses de Terlizzi et de Morcone, dont l'aînée n'avait pas plus de dix-neuf ans. Les deux sœurs étaient d'une beauté si admirable, qu'un murmure d'étonnement s'éleva de la multitude, et des regards avides s'attachèrent sur leurs épaules nues et frémissantes. Mais en contemplant ces formes ravissantes et enviées, un sourire féroce échappait aux hommes chargés de leur supplice ; armés de rasoirs, ils leur enlevaient des lambeaux de chair avec une volupteuse lenteur, et les jetaient à la foule, qui se les disputait avec acharnement, et désignait aux bourreaux l'endroit du corps des victimes qu'elle désirait de préférence.

Robert de Cabane, grand sénéchal du royaume, les comtes de Terlizzi et de Morcone, Raymond Pace, frère de l'ancien valet de chambre, qui avait été exécuté deux jours auparavant, et plusieurs autres condamnés, traînés également sur des charrettes, étaient en même temps fustigés avec des cordes et écorchés avec des rasoirs ; mais leurs chairs étaient arrachées avec des tenailles rouges et jetées sur des réchauds de braise. Tout le long de la route on n'entendit pas un cri de douleur sortir de la bouche du grand sénéchal, il ne se tordit pas une fois sous ses atroces souffrances ; et cependant les bourreaux qui le tourmentaient y avaient mis tant de rage, que le malheureux était mort avant d'arriver au lieu du supplice.

Au centre de la place Sant' Eligio, on avait élevé un immense bûcher ; c'est là que l'on transporta les condamnés, et on jeta sur les flammes ce qui restait de leurs corps mutilés. Le comte de Terlizzi et la grande sénéchale vivaient encore ; et deux larmes de sang coulèrent des yeux de la malheureuse mère quand elle vit jeter au feu le cadavre de son fils et les restes palpitants de ses deux filles, qui par leurs cris étouffés montraient qu'elles n'avaient pas encore cessé de souffrir. Mais tout à coup un bruit épouvantable couvrit les hurlements des victimes, l'enceinte se brisa, renversée par le peuple, et des furieux, se ruant sur le bûcher, armés de sabres, de haches et de couteaux, arrachant

aux flammes les corps des condamnés morts ou vivants, les mirent en pièces, et emportèrent leurs os, en mémoire de cette horrible journée, pour en fabriquer des sifflets et des manches de poignards.

Le spectacle de ces affreux supplices n'avait pas rassasié la vengeance de Charles de Duras. Secondé par le maître justicier, il provoquait tous les jours des exécutions nouvelles, et bientôt la mort d'André ne fut plus qu'un prétexte pour exterminer légalement tous ceux qui s'opposaient à ses desseins. Mais Louis de Tarente, qui s'était emparé de l'âme de Jeanne et sollicitait avec ardeur les dispenses nécessaires pour légitimer son mariage, regardant désormais comme un affront personnel tous les actes de haute juridiction qui s'exerçaient contre sa volonté et en violation flagrante des droits de la reine, arma tous ses adhérents, et grossissant sa bande de tous les aventuriers qu'il put faire entrer à sa solde, mit sur pied une force suffisante pour défendre son parti et résister aux envahissements de son cousin. Naples se trouva alors divisée en deux camps ennemis qui en venaient aux mains sous le moindre prétexte, et ces escarmouches journalières étaient toujours suivies de quelque scène de pillage ou de mort.

Cependant, pour suffire aux exigences de ses soldats mercenaires et pour soutenir sa lutte intestine contre le duc de Duras et son propre frère Robert, Louis de Tarente avait besoin d'argent, et il se trouva un jour que les coffres de la reine étaient vides. Jeanne retombait déjà dans son morne désespoir, et son amant, brave et généreux qu'il était, s'efforçait de la rassurer de son mieux, sans trop savoir lui-même comment il se tirerait d'un pas si difficile. Mais sa mère Catherine, dont l'ambition était satisfaite en voyant un de ses fils, n'importe lequel, arriver au trône de Naples, vint inopinément à leur secours, et promit d'une voix solennelle que peu de jours lui suffiraient pour déposer aux pieds de sa nièce un si riche trésor, que, toute reine qu'elle était, elle n'en avait jamais rêvé de pareil.

L'impératrice prit alors avec elle la moitié des troupes de son fils, et marchant sur Sainte-Agathe, assiégea la forteresse dans laquelle Charles et Bertrand d'Artois s'étaient réfugiés pour se soustraire aux poursuites de la justice. Le vieux comte, frappé d'étonnement à la vue de cette femme qui avait été l'âme de la conspiration, ne comprenant rien à sa démarche hostile, lui envoya des messagers pour lui demander en son nom quel était le but de ce déploiement de forces militaires. A quoi Catherine répondit ces propres paroles, que nous traduisons littéralement :

— Mes très-chers, rapportez de notre part à Charles, notre fidèle ami, que nous désirons parler avec lui en secret d'une affaire qui nous intéresse également tous les deux, et qu'il ne s'effraye pas de nous voir arriver en ennemie, car nous l'avons fait à dessein et pour une certaine cause que nous lui expliquerons dans notre entretien. Nous savons qu'il est retenu au lit par sa goutte : voilà pourquoi nous ne nous étonnons guère qu'il ne soit pas venu à notre rencontre. Veuillez donc le saluer et le rassurer de notre part, et dites-lui que nous demandons d'entrer dans sa terre, si tel est son bon plaisir, avec messire Nicolas Acciajuoli, notre intime conseiller, et dix de nos soldats seulement, pour causer avec lui d'un sujet grave que nous ne pouvons pas confier aux messagers.

Revenu de sa surprise à la suite d'explications si franches et si amicales, Charles d'Artois envoya son fils Bertrand au-devant de l'impératrice, pour la recevoir avec tout le respect dû à son rang et à sa haute position dans la cour de Naples. Catherine monta vivement au château avec les marques de la joie la plus sincère, et après s'être informée de la santé du comte en lui témoignant les sentiments de la plus cordiale amitié, restée seule avec lui, baissant la voix d'un air mystérieux, elle lui expliqua que l'objet de sa visite était de consulter sa vieille expérience sur les affaires de Naples, et de solliciter sa coopération active en faveur de la reine ; mais que, comme rien ne la pressait de quitter Sainte-Agathe, elle attendrait le rétablissement du comte pour profiter de ses lumières et l'informer de la marche des événements depuis son éloignement de la cour. Enfin elle sut captiver si bien la confiance du vieillard et dissiper si adroitement ses soupçons, qu'elle le pria d'honorer le château de sa présence aussi longtemps que les affaires le lui permettraient, et reçut peu à peu toute la troupe dans ses murs. C'était ce que Catherine attendait : le jour où son armée s'installa à Sainte-Agathe, elle entra dans la chambre du comte d'un air courroucé, suivie de quatre soldats, et saisissant le vieillard à la gorge :

— Misérable traître ! s'écria-t-elle d'une voix sévère, tu ne sortiras pas de nos mains avant de recevoir le châtiment que tu mérites. En attendant, montre-moi le lieu où tu as caché ton trésor, si tu ne veux pas que je jette ton corps en pâture aux corbeaux qui s'abattent sur les donjons de la forteresse.

Le comte, étroitement garrotté, le poignard sur la poitrine, n'essaya pas même de crier au secours : il tomba à genoux et supplia l'impératrice d'épargner au moins la vie de son fils, qui ne s'était pas encore guéri de la noire mélancolie qui troublait sa raison depuis l'horrible catastrophe, et se traînant péniblement jusqu'à l'endroit où il avait enfoui son trésor, il le montra du doigt à l'impératrice, en répétant au milieu de ses sanglots :

— Prenez tout, prenez ma vie ; mais sauvez mon fils.

Catherine ne se posséda pas de joie en voyant étalés à ses pieds des vases d'un travail exquis et d'une richesse prodigieuse, des écrins de perles, de diamants et de rubis d'une valeur incalculable, des coffres remplis de lingots d'or, et toutes ces merveilles asiatiques qui dépassent les rêves de l'imagination la plus somptueusement effrénée. Mais lorsque le vieillard, d'une voix tremblante, insista pour obtenir au prix de sa fortune et de sa vie la liberté de son fils, l'impératrice, reprenant son impitoyable froideur, lui répondit durement :

— J'ai déjà donné l'ordre qu'on amène ici votre fils ; mais préparez-vous à lui faire vos adieux éternels, car il va être dirigé sur la forteresse de Melfi ; et vous, selon toutes les probabilités, vous finirez vos jours au fond du château de Sainte-Agathe.

Telle fut la douleur qu'éprouva le pauvre comte à cette séparation violente, que peu de jours après on le trouva mort dans son cachot, les lèvres couvertes d'une écume sanglante et les poignets rouges par désespoir. Quant à Bertrand, il ne lui survécut pas longtemps. Achevant de perdre la raison à la nouvelle de la mort de son père, il se pendit aux barreaux de sa prison. Ainsi les meurtriers d'André se détruisaient les uns les autres, comme des animaux venimeux enfermés dans la même cage.

Catherine de Tarente, emportant le trésor qu'elle avait si loyalement gagné, arriva à la cour de Naples, fière de son triomphe, et méditant de vastes projets. Mais de nouveaux malheurs étaient arrivés pendant son absence. Charles de Duras, après avoir sommé la reine une dernière fois de lui accorder le duché de Calabre, titre qui avait toujours appartenu à l'héritier présomptif de la couronne, outré de son refus, avait écrit des lettres à Louis de Hongrie, pour l'inviter à prendre possession du royaume, s'engageant de l'aider dans l'entreprise de toutes ses forces, et de lui livrer les principaux auteurs de la mort de son frère, qui avaient échappé jusqu'ici aux investigations de la justice.

Le roi de Hongrie accepta ces offres avec empressement, et prépara une armée pour venger la mort d'André, et marcher à la conquête de Naples. Les larmes de sa mère Elisabeth et les conseils de frère Robert, l'ancien ministre, qui s'était réfugié à Bude, le confirmèrent dans ses projets de vengeance. Il s'était déjà plaint amèrement à la cour d'Avignon, qu'après avoir puni des assassins subalternes on laissait dans une impunité révoltante la principale coupable, qui, encore souillée du sang de son mari, continuait sa vie de débauches et d'adultère. A quoi le pape répondait avec douceur, que tant que cela dépendrait de lui, il n'aurait pas manqué de donner satisfaction à des plaintes légitimes ; mais que l'accusation devait être nettement formulée et appuyée par des preuves ; que certainement la conduite de Jeanne pendant et après la mort de son mari était blâmable ; cependant Sa Majesté devait considérer que l'Eglise de Rome, qui cherche avant tout la vérité et la justice, procédait toujours avec la plus grande circonspection, et que surtout dans une affaire aussi grave elle ne pouvait pas juger d'après les apparences.

De son côté, Jeanne, effrayée de ces préparatifs de guerre, avait envoyé des ambassadeurs à la république de Florence, pour se justifier du crime qui lui était imputé par l'opinion publique, et n'avait point hésité d'adresser des excuses même à la cour de Hongrie ; mais le frère d'André avait répondu par une lettre d'un laconisme foudroyant :

« Ta vie précédente si désordonnée, le pouvoir exclusif que tu t'es arrogé dans le royaume, la vengeance des meurtriers de ton mari négligée par toi, l'autre mari que tu as épousé, et ton excuse même, sont des preuves suffisantes que tu as été complice de la mort de ton mari. »

Catherine ne se laissa pas décourager par les menaces de Louis de Hongrie, et envisageant la position de son fils et de la reine avec ce coup d'œil froid et clair qui ne la trompait jamais, elle comprit qu'il n'y avait point d'autre moyen de salut que de se réconcilier avec Charles, leur mortel ennemi, en lui accordant tout ce qu'il demandait. Alors de deux choses l'une : ou il les aiderait à repousser le roi de Hongrie, et plus tard, quand le danger plus pressant serait passé, on réglerait les comptes ; ou il succomberait, et au moins ils auraient la satisfaction en tombant de l'entraîner avec eux dans leur chute.

L'accord fut conclu dans les jardins du Château-Neuf, où Charles se rendit sur l'invitation de la reine et de sa tante. Jeanne accorda à son cousin de Duras le titre tant désiré de duc de Calabre, et Charles, se voyant déclaré par ce fait l'héritier du royaume, marcha sans délai sur l'Aquila, qui avait déjà levé le drapeau de Hongrie. Le malheureux ne prévit pas qu'il courait droit à sa perte.

Quand l'impératrice de Constantinople vit cet homme, qu'elle haïssait plus que tous les autres, s'éloigner joyeusement, elle le contempla d'un air sombre, devinant, par un instinct de femme, qu'il lui arriverait malheur ; puis, comme elle n'avait plus de trahisons et de vengeances à consommer sur la terre, frappée d'un mal inconnu, elle s'éteignit subitement sans pousser une plainte et sans exciter un regret.

Cependant le roi de Hongrie, ayant traversé l'Italie avec une armée redoutable, entra dans le royaume du côté de la Pouille ; il avait partout reçu sur son passage des marques d'intérêt et de sympathie, et Alberto et Martino della Scala, seigneurs de Vérone, pour prouver qu'ils s'associaient de tous leurs vœux à son entreprise, lui avaient donné trois cents cavaliers. La nouvelle de l'arrivée des Hongrois jeta la cour napolitaine dans une alarme impossible à décrire. On avait espéré que le roi serait arrêté dans sa marche par le légat du pape, qui était venu à Foligno lui défendre, au nom du saint-père, et sous

peine d'excommunication, de passer outre sans le consentement du saint-siège ; mais Louis de Hongrie avait répondu au légat de Clément, qu'une fois maître de Naples il se serait toujours regardé comme feudataire de l'Eglise, mais que jusque-là il ne devait rendre compte qu'à Dieu et à sa conscience. Aussi, l'armée vengeresse était-elle tombée comme la foudre au cœur du royaume, avant qu'on eût songé à prendre des mesures sérieuses pour la repousser. Il n'y avait qu'un parti à prendre : la reine, après avoir assemblé les barons qui lui étaient les plus attachés, leur fit jurer fidélité et hommage à Louis de Tarente, qu'elle leur présenta comme son mari, et après s'être séparée en pleurant de ses plus fidèles sujets, s'embarqua secrètement, au milieu de la nuit, sur une galère provençale, et partit pour Marseille. Louis de Tarente, suivant les inspirations de son caractère aventureux et chevaleresque, sortit de Naples, à la tête de trois mille cavaliers et d'un nombre considérable de fantassins, et alla se camper sur les bords du Vulturne, pour en contester le passage à l'armée ennemie ; mais le roi de Hongrie avait prévu ce plan stratégique, et tandis que son adversaire l'attendait à Capoue, il arriva à Bénévent par les montagnes d'Alife et de Morcone, et reçut, le jour même, les envoyés napolitains, qui, après l'avoir félicité sur son entrée par un magnifique morceau d'éloquence, lui offrirent les clefs de la ville, et lui jurèrent obéissance comme au successeur légitime de Charles d'Anjou. La nouvelle de la reddition de Naples se répandit bientôt dans le camp de la reine, et tous les princes du sang et les chefs de l'armée, abandonnant Louis de Tarente, se réfugièrent dans la capitale. La résistance devenait impossible. Louis, accompagné de son conseiller intime, Nicolas Acciajuoli, se rendit à Naples le soir même où ses parents l'avaient quitté pour se soustraire à l'ennemi. Tout espoir de salut s'évanouissait d'heure en heure ; ses frères, ses cousins le suppliaient de s'éloigner rapidement pour ne pas attirer sur la ville entière la vengeance du roi : malheureusement, il n'y avait dans le port aucun navire en état de faire voile. L'effroi des princes était à son comble ; mais Louis, se confiant à son étoile, se jeta avec le brave Acciajuoli dans un bateau à demi brisé, et ordonnant à quatre matelots de ramer de toutes leurs forces, disparut au bout de quelques minutes, laissant sa famille dans la consternation, jusqu'au moment où l'on apprit qu'il avait gagné Pise, d'où il était parti pour rejoindre la reine en Provence.

Charles de Duras et Robert de Tarente, qui étaient les aînés des deux branches royales, après s'être consultés à la hâte, décidèrent d'adoucir le courroux du monarque hongrois par la soumission la plus complète ; et, laissant à Naples leurs jeunes frères, se dirigèrent promptement sur Aversa, où le roi s'était établi. Louis les reçut avec tous les signes d'une vive amitié, et leur demanda avec intérêt pourquoi leurs frères n'étaient pas avec eux ; à quoi les princes répondirent que leurs jeunes frères étaient restés à Naples pour préparer au roi une réception digne de sa majesté. Louis les remercia de ces intentions bienveillantes ; mais il les pria en même temps d'inviter les jeunes princes à venir auprès de lui, ajoutant qu'il lui serait infiniment plus agréable d'entrer à Naples au milieu de toute sa famille, et qu'il lui tardait beaucoup d'embrasser ses jeunes cousins. Charles et Robert, se conformant aux volontés du roi, envoyèrent aussitôt leurs écuyers pour engager leurs frères à se rendre à Aversa ; mais Louis de Duras, le plus âgé des enfants, pria les autres avec beaucoup de larmes de ne pas obéir à cet ordre, et répondit aux messagers qu'un violent mal de tête l'empêchait de quitter Naples. Une excuse aussi puérile ne pouvait manquer d'irriter Charles, et le même jour, un ordre précis et formel, qui n'admettait aucun retard, obligea les malheureux enfants de se présenter au monarque. Louis de Hongrie les embrassa cordialement les uns après les autres, leur fit plusieurs questions d'un air affectueux, les retint à souper, et ne les congédia que fort tard dans la nuit.

Au moment où le duc de Duras se retirait dans son appartement, Lello de l'Aquila et le comte de Fondi se glissèrent mystérieusement près de son lit, et s'étant assurés que personne ne pouvait les entendre, l'avertirent que le roi avait décidé, dans un conseil tenu le matin, de lui donner la mort et de l'ôter en même temps la liberté aux autres princes. Charles les écouta jusqu'au bout d'un air incrédule et, soupçonnant une trahison, leur répondit sèchement qu'il avait trop de confiance dans la loyauté de son cousin pour ajouter foi à une si noire calomnie. Lello insista, le suppliant, au nom des personnes qui lui étaient les plus chères, d'écouter leur avis ; mais le duc, impatienté, lui ordonna sévèrement de sortir.

Le lendemain, même accueil de la part du roi, mêmes caresses aux enfants, même invitation à souper. Le festin était magnifique ; des flots de lumière inondaient la salle et jetaient des reflets éblouissants ; des vases d'or étaient étalés sur les tables ; les fleurs répandaient leurs parfums enivrants ; les vins fumaient dans les coupes, ou ruisselaient des amphores comme des jets de rubis ; des discours bruyants, interrompus, inachevés, se croisaient en tous sens, et la joie empourprait tous les visages.

Charles de Duras soupait en face du roi, à une table séparée, au milieu de ses frères. Peu à peu son regard était devenu fixe et son front rêveur. Il songeait que dans cette salle même avait dû souper André, la veille de sa fin tragique, et que de tous ceux qui avaient contribué à sa mort, les uns avaient expiré dans les tourments, les autres languissaient en prison ; la reine, exilée, fugitive, implorait la pitié des étrangers ; lui seul était libre. Cette pensée le fit tressaillir. Il s'applaudissait en lui-même de la profonde habileté avec laquelle il avait mené sa trame infernale, et secouant son air de tristesse, il souriait avec une expression d'orgueil indéfinissable. L'insensé se moquait en ce moment de la justice de Dieu. Mais Lello de l'Aquila, qui servait à table, se penchant à son oreille, lui répéta d'une voix sombre :

— Malheureux duc, pourquoi avez-vous refusé de me croire ? Fuyez, il en est temps encore.

Charles, fâché de l'obstination de cet homme, le menaça, s'il avait le malheur d'ajouter un seul mot, de répéter au roi tout haut ses paroles.

— J'ai fait mon devoir, murmura Lello en inclinant la tête ; maintenant, qu'il advienne de vous ce que Dieu aura disposé.

Comme il achevait de parler, le roi se leva, et au moment où le duc s'approchait de lui pour prendre congé, changeant tout à coup de visage, il s'écria d'une voix terrible :

— Traître ! tu es enfin dans nos mains, tu mourras comme tu l'as mérité ; mais avant d'être livré au bourreau, avoue de ta propre bouche les trahisons dont tu t'es rendu coupable envers notre royale majesté, afin qu'il n'y ait pas besoin d'autre témoignage pour te condamner à une peine proportionnée à tes crimes. A nous deux maintenant, duc de Duras. — Dis-moi d'abord pourquoi, par tes infâmes manœuvres, aidant ton oncle le cardinal de Périgord, as-tu empêché le couronnement de mon frère, ce qui, l'ayant privé de toute autorité royale, l'a conduit à une fin si malheureuse ? Oh ! n'essaye pas de nier. — Voilà la lettre scellée de ton sceau ; tu l'as écrite en secret, elle t'accuse en public. — Pourquoi, après nous avoir attiré ici pour venger la mort de notre frère, mort que tu as sans doute procurée, tournant subitement au parti de la reine, as-tu marché contre notre ville de l'Aquila, osant lever une armée contre nos fidèles sujets ? Tu espérais, traître, te servir de nous comme d'un marche-pied pour monter au trône, après t'être débarrassé de tous les autres concurrents. Tu aurais ensuite attendu notre départ pour tuer le vicaire que nous aurions laissé à notre place et t'emparer ainsi du royaume. Mais, cette fois, ta prévoyance a été en défaut. — Il y a enfin un autre crime qui surpasse tous les autres, crime de haute trahison, et que je punirai sans pitié. Tu as enlevé la femme que Robert, notre aïeul, nous avait destinée par le testament dont tu avais connaissance. Réponds, misérable, comme t'excuseras-tu d'avoir volé la princesse Marie ?

La colère avait tellement altéré la voix de Louis, que le son de ces dernières paroles ressembla à un rugissement de bête fauve : ses yeux brillaient d'un éclat fiévreux, ses lèvres étaient pâles et tremblantes. Charles et ses frères tombèrent à genoux, glacés d'une terreur mortelle, et le malheureux duc essaya deux fois de parler ; mais ses dents claquaient avec une telle force, qu'il ne put articuler un seul mot. Enfin, jetant les yeux autour de lui, et voyant ses pauvres frères innocents qu'il venait de perdre par sa faute, il reprit un peu de courage, et s'adressant au roi :

— Monseigneur, lui dit-il, je vois que vous me regardez d'un visage terrible, ce qui me fait trembler et frémir. Mais, je vous en supplie à genoux, si j'ai manqué, ayez pitié de moi, car Dieu m'est témoin que je ne vous ai pas appelé dans le royaume avec une intention coupable ; mais j'ai toujours désiré et je désire votre domination dans toute la sincérité de mon âme. Et maintenant, j'en suis sûr, des conseillers perfides m'ont attiré votre haine. S'il est vrai que je me suis rendu armé près de l'Aquila, ainsi que vous venez de le dire, je n'ai pu faire autrement, forcé que j'étais par la reine Jeanne ; mais aussitôt que j'ai appris votre arrivée à Fermo, j'ai fait retirer mes troupes. J'espère donc en Jésus-Christ, obtenir de vous grâce et merci, au nom de mes anciens services et de ma fidélité à toute épreuve. Cependant, comme je vous vois irrité contre moi, je me tais, et j'attends que votre fureur soit passée. Encore une fois, monseigneur, ayez compassion de nous, puisque nous sommes dans les mains de votre majesté.

Le roi, détournant la tête, s'éloigna lentement, et confia les prisonniers à Étienne Vayvoda et au comte de Zomte, qui les firent garder, pendant la nuit, dans une pièce attenante aux appartements du roi. Le jour suivant, Louis, ayant entendu de nouveau son conseil, ordonna que Charles de Duras fût égorgé au même endroit où on avait étranglé le pauvre André, et envoya les autres princes du sang, chargés de chaînes, en Hongrie, où ils furent longtemps détenus prisonniers. Charles, frappé de vertige par un malheur si inattendu, écrasé par le souvenir de ses crimes, tremblant lâchement en face de la mort, était resté comme anéanti. Accroupi sur ses genoux, le visage caché dans ses mains, laissant échapper de temps à autre des sanglots convulsifs, il cherchait à fixer les pensées qui tourbillonnaient dans sa tête comme un rêve monstrueux. Il faisait nuit dans son âme ; mais à chaque instant ces ténèbres intérieures étaient déchirées par des éclairs, et sur le fond sombre de son désespoir passaient des figures dorées, qui s'envolaient en lui jetant un sourire railleur. Puis des voix de l'autre monde bourdonnaient à ses oreilles ; il voyait défiler devant lui une longue procession de fantômes, comme le jour où maître Nicolas de Melazzo lui avait montré les conjurés disparaissant par un souterrain du Château-Neuf. Seulement, les spectres tenaient cette fois leurs têtes à la main, et les secouant par les cheveux, faisaient jaillir sur lui des gouttes de sang. D'autres agitaient des fléaux ou brandissaient des rasoirs ; chacun menaçait de le

frapper de l'instrument de son supplice. Poursuivi par ce sabbat infernal, le malheureux ouvrait la bouche pour un cri suprême, mais le souffle manquait à sa poitrine, et la voix expirait sur ses lèvres. Alors il voyait sa mère lui tendant les bras de loin, et il lui paraissait dans son trouble que s'il avait pu parvenir jusqu'à elle, il était sauvé. Mais à chaque pas, les deux bords du chemin se serraient de plus en plus, il laissait des lambeaux de chair accrochés aux murailles, et lorsque, haletant, nu, ensanglanté, il touchait au but de sa course, sa mère s'éloignait encore, et tout était à recommencer. Les fantômes couraient toujours après lui en ricanant, et hurlaient à son oreille : « Maudit soit l'infâme qui a tué sa mère ! »

Charles fut arraché à cette horrible crise par les pleurs de ses frères, qui venaient l'embrasser pour la dernière fois avant de monter sur la galère qui devait les emporter à leur destination. Le duc leur demanda pardon d'une voix sourde, et retomba dans son désespoir. Les enfants se traînaient par terre, demandaient à grands cris de partager le sort de leur frère, et imploraient la mort comme un adoucissement à leur peine. On parvint enfin à les séparer, mais le bruit de leurs plaintes retentit encore longtemps dans le cœur du condamné. Après quelques instants de silence, deux soldats et deux écuyers hongrois entrèrent dans la chambre pour annoncer au duc de Duras que son heure était arrivée.

Charles les suivit sans faire aucune résistance jusqu'au fatal balcon où André avait été étranglé. Arrivé là, on lui demanda s'il voulait se confesser ; et sur sa réponse affirmative, on fit venir un moine du même couvent où la terrible scène allait se passer, qui écouta la confession de tous ses péchés, et lui donna l'absolution. Le duc se leva ensuite et marcha jusqu'à la place où l'on avait terrassé André pour lui passer au cou le cordon, et là, s'agenouillant de nouveau, il demanda aux exécuteurs :

— Mes amis, dites-moi, de grâce, s'il y a encore quelque espoir pour ma vie.

Et comme ils répondirent que non, Charles s'écria :

— Faites donc ce qui vous a été commandé.

A ces mots, un des écuyers plongea l'épée dans sa poitrine, l'autre lui trancha la tête avec un couteau, et son cadavre fut jeté par-dessus le balcon, dans le jardin où le corps d'André était demeuré trois jours sans sépulture.

Alors le roi de Hongrie, précédé toujours de son drapeau mortuaire, se mit en marche pour Naples, refusant tous les honneurs qu'on voulait lui rendre, renvoyant le dais sous lequel il aurait dû entrer, sans s'arrêter pour donner audience aux élus de la cité, sans répondre aux acclamations de la foule. Armé de toutes pièces, il alla droit au Château-Neuf, laissant derrière lui la désolation et la peur. Le premier acte par lequel il inaugura son entrée dans la capitale fut l'ordre de brûler sur-le-champ dona Cancia, dont le supplice, ainsi que nous l'avons dit, avait été retardé à cause de sa grossesse. Elle fut comme les autres traînée sur une charrette jusqu'à la place de Sant'-Eligio, et jetée sur le bûcher. La jeune camérière, dont les souffrances n'avaient pu flétrir la beauté, s'était parée comme pour un jour de fête, et folle et rieuse jusqu'au dernier moment, elle ne cessa de railler ses bourreaux et d'envoyer des baisers à la foule.

Peu de jours après, le roi fit arrêter Godefroy de Marsan, comte de Squillace, grand-amiral du royaume, et lui promit la vie sauve à condition qu'il ferait tomber dans ses mains Conrad de Catanzaro, un de ses parents, accusé d'avoir aussi conspiré contre André. Et le grand-amiral, achetant sa grâce au prix d'une trahison infâme, n'eut pas horreur d'envoyer son propre fils pour engager Conrad à rentrer dans la ville. Le malheureux fut livré au roi, qui le fit rouer vif sur une roue garnie de rasoirs. Mais le spectacle de ces cruautés, au lieu de calmer la colère du roi, paraissait l'envenimer davantage. Tous les jours, de nouvelles dénonciations amenaient de nouveaux supplices. Les prisons regorgeaient d'accusés, et Louis sévissait avec une ardeur renaissante ; on en vint bientôt à craindre qu'il ne traitât la ville et tout le royaume comme si la nation entière avait contribué à la mort d'André. Des murmures s'élevèrent alors contre cette domination barbare, et tous les vœux se tournèrent vers la reine fugitive. Les barons napolitains avaient prêté à contre-cœur leur serment de fidélité ; et lorsque le tour des comtes de San-Severino arriva, craignant quelque piège, ils refusèrent de paraître tous à la fois en présence du Hongrois, et se fortifiant dans la ville de Salerne, ils envoyèrent d'abord l'archevêque Roger, leur frère, pour s'assurer des intentions du roi à leur égard. Mais Louis le reçut magnifiquement et le nomma son conseiller privé et grand protonotaire du royaume. Alors seulement Robert de San-Severino, et Roger, comte de Clairmont, se hasardèrent à venir devant le roi ; et après lui avoir prêté hommage, ils se retirèrent dans leurs terres. Les autres barons avaient imité leur réserve, et, cachant leur mécontentement sous une apparence de respect, attendaient le moment favorable pour secouer le joug étranger.

Cependant la reine était arrivée à Nice après cinq jours de navigation sans éprouver aucun obstacle dans sa fuite. Son passage à travers la Provence fut une espèce de triomphe. Sa beauté, sa jeunesse, ses malheurs, tout, jusqu'aux bruits mystérieux qui couraient sur son aventure, contribuait à réveiller l'intérêt du peuple provençal. On improvisa des jeux et des fêtes pour adoucir l'amertume de l'exil à la princesse proscrite ; mais au milieu des transports de joie que les bourgs, les châteaux et les villes faisaient éclater de toutes parts, Jeanne,

accablée d'une éternelle tristesse, dévorait sa douleur muette et ses brûlants souvenirs.

Aux portes d'Aix, elle trouva le clergé, la noblesse et les premiers magistrats, qui l'accueillirent respectueusement, mais sans donner aucune marque d'enthousiasme. A mesure que la reine avançait, son étonnement redoublait en remarquant la froideur du peuple et l'air sombre et contraint des grands qui l'escortaient. Mille sujets d'inquiétude se présentaient à son esprit alarmé, et elle alla jusqu'à craindre quelque intrigue du roi de Hongrie. A peine le cortége était-il arrivé au Château-Arnaud, que les nobles, se partageant en deux ailes, firent passer la reine, son conseiller Spinelli et deux femmes; puis, fermant les rangs, séparèrent Jeanne du reste de sa suite. Après quoi, chacun à son tour, ils se mirent à garder les portes de la forteresse.

Il n'y avait plus aucun doute, la reine était prisonnière; mais il lui était impossible de deviner la cause de cette étrange mesure. Elle interrogea les hauts dignitaires, qui, tout en protestant de leur dévouement et de leur respect, refusèrent de s'expliquer tant qu'ils n'auraient pas reçu des nouvelles d'Avignon. En attendant, on ne manquait pas de prodiguer à Jeanne tous les honneurs qu'on peut rendre à une reine; mais elle était gardée à vue et on lui défendait de sortir. Cette nouvelle contrariété augmenta son chagrin: elle ignorait ce que Louis de Tarente était devenu, et son imagination, toujours prompte à se forger des malheurs, lui répétait sans cesse qu'elle aurait bientôt à en déplorer la perte.

Louis de Tarente, accompagné toujours de son fidèle Acciajuoli, après bien des fatigues, avait été jeté par les flots au port Pisan, et de là avait pris la route de Florence, pour demander quelques secours d'hommes et d'argent; mais les Florentins avaient décidé de garder une neutralité absolue; par conséquent ils refusèrent de le recevoir dans leur ville. Le prince, ayant perdu ce dernier espoir, roulait dans son esprit de sombres projets, lorsque Nicolas Acciajuoli lui dit d'un ton résolu:

— Monseigneur, il n'est pas donné aux hommes de jouir continuellement d'un sort prospère; il y a des malheurs en dehors de la prévoyance humaine. Vous étiez riche et puissant; vous voilà maintenant déguisé, fugitif, mendiant les secours des autres. Il faut que vous vous réserviez à des jours meilleurs. Il me reste encore une fortune assez considérable; j'ai des parents et des amis dont les biens sont à ma pleine disposition; tâchons de parvenir jusqu'à la reine, et arrêtons sur-le-champ ce qu'il nous reste à faire. Quant à moi, je ne manquerai jamais de vous défendre et de vous obéir comme à mon maître et seigneur.

Le prince accepta avec la plus vive reconnaissance les offres si généreuses, et répondit à son conseiller qu'il remettait dans ses mains sa personne et tout ce qui lui restait d'avenir. Acciajuoli, non content de servir son maître par son dévouement personnel, détermina son frère Angelo, archevêque de Florence, qui jouissait d'une grande faveur à la cour de Clément VI, de se joindre à eux pour intéresser le pape à la cause de Louis de Tarente. Ainsi, sans autre délai, le prince, son conseiller et le bon prélat, montés sur un navire, se dirigèrent vers le port de Marseille; mais ayant appris que la reine était retenue prisonnière à Aix, ils débarquèrent à Aigues-Mortes, et passèrent promptement à Avignon. On vit bientôt les effets de l'affection et de l'estime que le pape avait pour la personne et pour le caractère de l'archevêque de Florence; car Louis fut reçu à la cour d'Avignon avec une bonté toute paternelle, et à laquelle il était loin de s'attendre. Lorsqu'il plia le genou devant le souverain pontife, sa sainteté se pencha vers lui affectueusement et l'aida à se relever, le saluant du titre de roi.

Deux jours après, un autre prélat, l'archevêque d'Aix, se présenta à la reine, et s'inclinant solennellement devant elle, il lui tint ce discours:

— Très-gracieuse et très-aimée souveraine, permettez au plus humble et au plus dévoué de vos serviteurs de vous demander, au nom de vos sujets, grâce et pardon pour la mesure pénible et nécessaire qu'ils ont cru devoir prendre à l'égard de votre majesté. Au moment de votre arrivée sur nos côtes, le conseil de votre fidèle ville d'Aix avait appris de bonne source que le roi de France avait formé le projet de donner notre pays à un de ses fils, en vous dédommageant de cette perte par la cession d'un autre domaine, et que le duc de Normandie s'était rendu à Avignon pour solliciter personnellement cet échange. Nous étions bien décidés, madame, et Dieu en avait reçu le serment, de succomber tous jusqu'au dernier, plutôt que de subir l'exécrable tyrannie des Français. Mais avant de répandre le sang, nous avons voulu garder votre auguste personne comme un otage sacré, comme une arche sainte, à laquelle personne n'eût osé toucher sans tomber foudroyé, et qui devait éloigner de nos murs le fléau de la guerre. Maintenant nous venons de lire le désistement formel de cette odieuse prétention, sur un bref que le souverain pontife nous envoie d'Avignon, et dans lequel il se porte caution de votre royale parole. Nous vous rendons votre liberté pleine et entière, et ce ne sera plus que par les vœux et par les prières que nous essayerons encore de vous retenir parmi nous. Partez donc, madame, si tel est votre bon plaisir, mais avant de quitter ces contrées, que votre départ plongera dans le deuil, laissez-nous l'espoir que vous nous aurez pardonné la violence appa-

rente à laquelle nous nous sommes portés envers vous, dans la crainte de vous perdre, et souvenez-vous que le jour où vous cesserez d'être notre reine, vous signerez l'arrêt de mort de tous vos sujets.

Jeanne rassura l'archevêque et la députation de sa bonne ville d'Aix par un sourire plein de tristesse, et leur promit qu'elle emporterait un éternel souvenir de leur amour et de leur attachement. Car, cette fois, elle ne pouvait plus se tromper sur les véritables sentiments de la noblesse et du peuple, et une si rare fidélité, qui se révélait par des larmes sincères, la toucha jusqu'au fond de l'âme, et la fit revenir amèrement sur son passé. Mais un accueil magnifique et triomphal l'attendait à une lieue d'Avignon. Louis de Tarente et tous les cardinaux présents à la cour étaient sortis à sa rencontre. Des pages habillés d'un costume éblouissant portaient sur la tête de Jeanne un dais de velours écarlate, constellé de fleurs de lis d'or et enrichi de plumes. De beaux adolescents et de belles jeunes filles, la tête couronnée de fleurs, la précédaient en chantant ses louanges. Les rues par lesquelles devait passer le cortége étaient bordées d'une double haie vivante, les maisons étaient pavoisées, les cloches sonnaient à triple volée, comme dans les grandes fêtes de l'Église. Clément VI reçut d'abord la reine au château d'Avignon, avec toute la magnificence dont il savait s'entourer dans les occasions solennelles, ensuite elle fut logée dans le palais du cardinal Napoléon des Ursins, qui, à son retour du conclave de Pérouse, avait fait bâtir à Villeneuve cette royale demeure, habitée depuis par les papes.

Rien ne pourrait donner une idée de l'aspect étrange et tumultueux que présentait à cette époque la ville d'Avignon. Depuis que Clément V avait transporté en Provence le siège pontifical, la rivale de Rome avait vu s'élever dans ses murs des places, des églises, des palais où les cardinaux déployaient un luxe inouï. Toutes les affaires des peuples et des rois se traitaient alors au château d'Avignon. Des ambassadeurs de toutes les cours, des marchands de toutes les nations, des aventuriers de tous les pays, Italiens, Espagnols, Hongrois, Arabes, Juifs, des soldats, des bohémiens, des bouffons, des poëtes, des moines, des courtisanes, fourmillaient, bourdonnaient, s'enchevêtraient dans les rues. C'était une confusion de langues, d'usages, de costumes, un pêle-mêle inextricable de pompe et de haillons, de luxe et de misère, de prostitution et de grandeur. Aussi les poëtes austères du moyen-âge ont-ils flétri dans leurs chants la ville maudite du nom de nouvelle Babylone.

Il existe un monument curieux du séjour de Jeanne à Avignon et de l'exercice de sa souveraine autorité. Indignée de l'impudence des filles perdues, qui coudoyaient effrontément tout ce qu'il y avait de plus respectable dans la ville, la reine de Naples publia une ordonnance célèbre, la première dans ce genre, et qui a servi depuis de modèle en pareille matière, pour obliger ces malheureuses, qui trafiquaient de leur honneur, à vivre enfermées dans un même asile, qui devait être ouvert tous les jours de l'année, excepté les trois derniers jours de la semaine sainte, et dont l'entrée était interdite aux juifs dans tous les temps. Une abbesse, choisie tous les ans, avait la direction suprême de ce couvent singulier. Des règles furent établies pour le maintien de l'ordre, et des peines sévères prononcées contre l'infraction de la discipline. Les jurisconsultes de l'époque menèrent grand bruit de cette institution salutaire; les belles dames avignonnaises prirent tout haut la défense de la reine contre les bruits calomnieux qui s'efforçaient de ternir sa réputation; il n'y eut qu'une voix pour exalter la sagesse de la veuve d'André: seulement ce concert de louanges fut troublé par les murmures des recluses, qui, dans leur langage brutal, accusaient Jeanne de Naples d'entraver leur commerce pour s'en réserver le monopole.

Sur ces entrefaites, Marie de Duras vint rejoindre sa sœur. Elle avait trouvé moyen, après la mort de son mari, de se réfugier dans le couvent de Sainte-Croix avec ses deux petites filles, et tandis que Louis de Hongrie était occupé à brûler ses victimes, la malheureuse, ayant échangé ses habits de femme contre le froc d'un vieux religieux, s'était échappée comme par miracle et avait réussi à gagner un navire qui faisait voile pour la Provence. Marie raconta à sa sœur les affreux détails des cruautés de Louis de Hongrie. Bientôt une nouvelle preuve de cette haine implacable vint confirmer les récits de la princesse désolée: les ambassadeurs de Louis se présentèrent à la cour d'Avignon pour requérir formellement la condamnation de la reine.

Ce fut un grand jour que celui où Jeanne de Naples plaida elle-même sa cause devant le pape, en présence de tous les cardinaux qui se trouvaient à Avignon, de tous les ambassadeurs des puissances étrangères, de tous les personnages éminents accourus de l'extrémité de l'Europe pour assister à ce débat, unique dans les annales de l'histoire. Qu'on se figure une vaste enceinte au centre de laquelle, sur un trône élevé, siégeait, comme président de l'auguste consistoire, le vicaire de Dieu, juge absolu et suprême, revêtu du pouvoir temporel et spirituel, de l'autorité humaine et divine. A droite et à gauche du souverain pontife, les cardinaux, couverts de pourpre, occupaient des fauteuils disposés circulairement, et derrière ces rois du collège sacré se déroulait majestueusement jusqu'au fond de la salle leur cour d'évêques, de vicaires, de chanoines, de diacres, d'archidiacres, et toute l'immense hiérarchie de l'Église. En face du trône pontifical on avait placé une estrade réservée à la reine de Naples et à sa suite. Aux pieds du pape se tenaient debout les ambassadeurs du roi de Hongrie, qui devaient remplir le rôle d'accusateurs résignés et muets, les circonstances du crime et les preuves de culpabilité ayant été débattues à l'avance par une commission nommée à cet effet. Le reste de la salle était encombré par une foule brillante de hauts dignitaires, d'illustres capitaines, de nobles envoyés, rivalisant de luxe et d'orgueil. Toutes les haleines étaient suspendues, tous les yeux étaient fixes sur l'estrade où Jeanne devait prononcer sa défense. Un mouvement de curiosité inquiète faisait refluer vers le centre cette masse unie et compacte, au-dessus de laquelle s'élevaient les cardinaux, comme des pavots superbes à travers une moisson d'or agitée par le vent.

La reine parut, donnant la main à son oncle, le vieux cardinal de Périgord, et à sa tante, la comtesse Agnès. Sa démarche était à la fois si modeste et si fière, son front si mélancolique et si pur, son regard si plein d'abandon et de confiance, qu'avant de parler tous les cœurs étaient pour elle. Jeanne avait alors vingt ans, elle était dans tout développement de sa magnifique beauté; mais une extrême pâleur voilait l'éclat de sa peau satinée et transparente, et ses joues amaigries portaient l'empreinte de l'expiation et de la souffrance. Parmi les spectateurs qui la dévoraient le plus avidement du regard, on remarquait un jeune homme à la chevelure brune, à l'œil ardent, aux traits fortement accusés, que nous rencontrerons plus tard dans notre histoire; mais pour ne pas détourner l'attention de nos lecteurs, nous nous contenterons de leur apprendre seulement que ce jeune homme s'appelait Jayme d'Aragon, qu'il était infant de Mayorque, et qu'il aurait donné tout son sang pour arrêter une seule des larmes qui tremblaient au bord des cils de la reine. Jeanne parla d'une voix émue et tremblante, s'arrêtant de temps à autre pour essuyer ses yeux humides et brillants, ou pour exhaler un de ces soupirs qui vont droit à l'âme. Elle raconta avec une si vive douleur la mort de son mari, peignit avec une si effrayante vérité l'égarement et la terreur dont elle avait été saisie et comme foudroyée par cet affreux événement, porta les mains à son front avec une telle énergie de désespoir, comme pour en arracher un reste de folie, qu'elle fit passer dans l'assemblée un frisson de pitié et d'horreur. Et certes, dans ce moment, si son récit était faux, son angoisse était vraie et terrible. Ange flétri par le crime, elle mentait comme Satan, mais comme Satan elle était déchirée par les tortures infinies de l'orgueil et du remords. Aussi, quand, à la fin de son discours, fondant en larmes, elle implora aide et protection contre l'usurpateur de son royaume, un cri d'assentiment général couvrit ses dernières paroles, plusieurs mains se portèrent sur la garde des épées, et les ambassadeurs hongrois sortirent de l'audience le front couvert de confusion et de honte.

Le soir même, à la grande satisfaction du peuple entier, on proclama l'arrêt qui déclarait Jeanne de Naples innocente et étrangère à toute complicité dans l'assassinat de son mari. Seulement, comme on ne pouvait excuser sous aucun prétexte la conduite de la reine après l'événement, et son insouciance à poursuivre les auteurs du crime, le pape reconnut qu'il y avait dans cette affaire une preuve de magie évidente, et que la faute attribuée à Jeanne était la conséquence nécessaire de quelque sort maléfique jeté sur la pauvre femme, et dont il lui avait été impossible de se défendre (1). En même temps sa sainteté confirma le mariage de la reine avec Louis de Tarente, et accorda à ce dernier l'ordre de la Rose d'or et le titre de roi de Sicile et de Jérusalem.

Il est vrai que Jeanne, la veille de l'acquittement, avait vendu au pape la ville d'Avignon pour la somme de quatre-vingt mille florins.

Pendant que la reine plaidait son procès à la cour de Clément VI, une horrible épidémie, désignée sous le nom de *peste noire*, la même dont Boccace nous a laissé une si admirable description, ravageait le royaume de Naples et le restant de l'Italie. Suivant les calculs de Matteo Villani, Florence perdit les trois cinquièmes de sa population, Bologne en perdit les deux tiers, et presque toute l'Europe fut décimée dans cette effrayante proportion. Les Napolitains étaient déjà fatigués de la barbarie et de la rapacité des Hongrois, ils n'attendaient qu'une occasion pour se révolter contre l'oppresseur étranger, et rappeler leur légitime souveraine, que, malgré ses torts, ils n'avaient jamais cessé d'aimer: telle était leur puissance sur le peuple sensuel que la force de la beauté et de la jeunesse. A peine la contagion eut-elle jeté le désarroi dans l'armée et le trouble dans la ville, que des imprécations éclatèrent contre le tyran et ses bourreaux. Louis de Hongrie, menacé tout à la fois de la colère du ciel et de la vengeance du peuple, tremblant de l'épidémie et de l'émeute, disparut tout à coup au milieu de la nuit, et laissant le gouvernement de Naples à Corrado Lupo, un de ses capitaines, courut s'embarquer à Barlette, et quitta le royaume à son tour comme il l'avait fait quitter quelques mois auparavant à Louis de Tarente.

Ces nouvelles arrivèrent à Avignon au moment où le pape venait de faire expédier à la reine la bulle d'absolution. Il fut décidé sur-le-champ de reprendre le royaume au vicaire de Louis de Hongrie. Nicolas Acciajuoli partit pour Naples, muni de la bulle miraculeuse qui devait constater aux yeux de tous l'innocence de la reine, dissiper les scrupules et réveiller l'enthousiasme. Le conseiller se dirigea d'abord au château de Melzi, commandé par son fils Lorenzo; c'était la seule forteresse qui avait refusé de se rendre. Le père et l'enfant s'embrassèrent avec ce sentiment de légitime orgueil qu'éprouvent en présence l'un de l'autre deux hommes de la même famille qui viennent d'accomplir héroïquement leur devoir. Le gouverneur de Melzi apprit au conseiller

intime de Louis de Tarente que l'arrogance et les vexations des ennemis de la reine avaient fini par lasser tout le monde, qu'une conspiration en faveur de Jeanne et de son mari, tramée au sein de l'université de Naples, avait de vastes ramifications dans tout le royaume, et que la discorde régnait dans l'armée étrangère. L'infatigable conseiller se rendit de la Pouille à Naples, parcourant villes et campagnes, se multipliant partout, proclamant partout à haute voix l'acquittement de la reine, son mariage avec Louis de Tarente, et les indulgences que le pape promettait à tous ceux qui feraient un bon accueil à leurs souverains légitimes. Puis, quand il vit que le peuple se levait sur son passage pour crier: « Vive Jeanne et mort aux Hongrois! » il retourna vers ses maîtres, et leur annonça les dispositions dans lesquelles il avait laissé leurs sujets.

Jeanne emprunta de l'argent de tous les côtés où elle put en avoir, arma des galères, et partit de Marseille avec son mari, sa sœur et ses deux fidèles conseillers, Acciajuoli et Spinelli, le 10 septembre 1348. Le roi et la reine, ne pouvant entrer dans le port, qui était au pouvoir de l'ennemi, débarquèrent à Santa-Maria del-Carmine, près de la rivière du Sebeto, aux applaudissements frénétiques d'une immense population, et accompagnés par toute la noblesse napolitaine, ils se dirigèrent vers le palais de messire Ajutorio, près de Porta-Capuana, les Hongrois s'étant fortifiés dans tous les châteaux de la ville; mais Nicolas Acciajuoli, à la tête des partisans de la reine, bloqua si bien ces forteresses, qu'une moitié des ennemis fut obligée de se rendre, et l'autre moitié, prenant la fuite, s'éparpilla dans l'intérieur du royaume. Nous ne suivrons pas Louis de Tarente dans sa pénible entreprise à travers la Pouille, les Calabres et les Abruzzes, où il recouvra une à une les forteresses occupées par les Hongrois. Par des efforts d'une valeur et d'une patience sans exemple, il s'était rendu maître à peu près de toutes les places considérables, lorsque les choses changèrent brusquement de face, et la fortune des armes lui tourna le dos une seconde fois. Un capitaine allemand, nommé Warner, qui avait déserté l'armée hongroise pour se vendre à la reine, s'étant revendu par une nouvelle trahison, se laissa surprendre à Corneto par Conrado Lupo, vicaire-général du roi de Hongrie, et se réunit ouvertement à lui, entraînant une grande partie des aventuriers qui combattaient sous ses ordres. Cette défection imprévue força Louis de Tarente de rentrer à Naples, et bientôt le roi de Hongrie, averti que ses troupes étaient ralliées autour de son drapeau et qu'elles n'attendaient plus que son retour pour marcher sur la capitale, débarqua, avec un grand renfort de cavaliers, dans le port de Manfredonia, et, après s'être emparé de Trani, de Canosa et de Salerne, vint mettre le siège à Aversa.

Ce fut un coup de foudre pour Jeanne et pour son mari. L'armée hongroise se composait de dix mille cavaliers et au delà de sept mille fantassins, et la place n'était défendue que par cinq cents soldats, commandés par Giacomo Pignatelli. Malgré cette immense disproportion de nombre, le général napolitain repoussa vigoureusement l'attaque; et comme le roi de Hongrie combattait au premier rang, il fut blessé au pied par une flèche. Alors Louis, voyant qu'il lui serait difficile d'emporter la place d'assaut, résolut de la prendre par la faim. Les assiégés firent trois mois des prodiges de valeur; mais la résistance était impossible, et on s'attendait d'un moment à l'autre à les voir capituler, à moins qu'ils ne fussent décidés de périr jusqu'au dernier. Renaud des Baux, qui devait arriver de Marseille avec une escadre de dix galères, pour défendre les ports de la capitale, et protéger la fuite de la reine, si l'armée hongroise venait s'emparer de Naples, retardé par les vents contraires, avait dû s'arrêter en chemin. Tout paraissait conspirer en faveur de l'ennemi. Louis de Tarente, dont l'âme généreuse répugnait à verser le sang des braves dans une lutte inégale et désespérée, se dévoua noblement, et offrit au roi de Hongrie de vider leur querelle dans un combat singulier. Voici la lettre authentique du mari de Jeanne, et la réponse du frère d'André.

« Illustre roi de Hongrie, qui êtes venu envahir notre royaume, — nous, par la grâce de Dieu, roi de Jérusalem et de Sicile, vous invitons à un combat singulier. Nous savons que vous ne vous inquiétez de la mort de vos soldats de lance, ni des autres païens que vous avez entraînés à votre suite, pas plus que s'ils étaient des chiens; mais nous, qui craignons les malheurs qui pourraient arriver à nos soldats et gens d'armes, nous voulons combattre personnellement avec vous, pour terminer la présente guerre et ramener la paix dans notre royaume. Celui de nous deux qui survivra à l'autre sera roi. Et pour que le duel se fasse en toute sûreté, nous proposons qu'il ait lieu ou à Paris, en présence du roi des Français, ou dans la ville de Pérouse, ou à Avignon, ou à Naples. Choisissez un de ces quatre lieux, et répondez-nous. »

Le roi de Hongrie, ayant d'abord entendu son conseil, lui répondit ainsi:

« Grand roi, nous avons lu et pris connaissance de votre lettre que vous nous avez envoyée par le porteur des présentes, et votre invitation au duel nous a plu souverainement; mais nous n'approuvons aucun des lieux que vous prescrivez, parce qu'ils nous sont tous suspects, et par plusieurs raisons. Le roi de France est votre aïeul maternel, et quoique nous ayons avec lui des liens de sang, il ne nous est pas aussi proche parent. La ville d'Avignon, quoiqu'elle appartienne de nom au souverain pontife, est la capitale de la Provence, et a été toujours soumise à votre domination. Nous n'avons pas plus de confiance en la ville de Pérouse, parce que cette ville vous est dévouée. Quant à la ville de Naples, il n'est pas même nécessaire d'écrire que nous la repoussons, puisque vous savez bien qu'elle est en révolte contre nous, et que vous y régnez. Mais si vous désirez de vous battre avec nous, ce sera en présence de l'empereur d'Allemagne, qui est le maître suprême, ou du roi d'Angleterre, qui est notre ami commun, ou du patriarche d'Aquilée, qui est bon catholique. Mais si vous n'aimez pas les lieux que nous vous proposons à votre tour, pour ôter tous les prétextes et abréger tous les délais, nous serons bientôt près de vous avec notre armée. Alors vous sortirez de votre côté, et nous pourrons terminer notre duel à la présence des deux camps. »

Après l'échange de ces lettres, la provocation de Louis de Tarente n'eut pas de suite. La garnison d'Aversa avait capitulé après une résistance héroïque ; et l'on savait trop bien que si le roi de Hongrie pouvait arriver sous les murs de Naples, il n'aurait pas eu besoin de mettre sa vie en danger pour s'emparer de la ville. Heureusement les galères provençales étaient enfin dans le port. La reine et son mari eurent à peine le temps de s'embarquer et de se réfugier à Gaëte. L'armée hongroise se présenta devant Naples. La ville allait se rendre, et avait envoyé des orateurs au roi pour demander humblement la paix ; mais telle fut l'insolence des paroles des Hongrois, que le peuple irrité prit les armes, et se prépara à défendre ses foyers avec l'acharnement du désespoir.

Tandis que les Napolitains tenaient tête à l'ennemi à la Porta-Capuana, à l'autre bout de la ville se passait un étrange épisode, dont le récit achèvera de peindre ces temps de violences barbares et de trahisons infâmes. La veuve de Charles de Duras, enfermée au château de l'Œuf, attendait dans une anxiété mortelle la galère sur laquelle elle devait rejoindre la reine. La pauvre princesse Marie, serrant dans ses bras ses petites filles éplorées, pâle, les cheveux épars, les yeux fixes, la bouche contractée, prêtait l'oreille à chaque bruit, partagée entre la crainte et l'espoir. Tout à coup des pas retentirent dans le corridor une voix amie se fit entendre, Marie tomba à genoux et poussa un cri de joie : c'était son libérateur.

Renaud des Baux, amiral de l'escadre provençale, s'avança respectueusement, suivi de son fils aîné Robert et de son chapelain.

— Merci, Seigneur, s'écria Marie en se relevant, nous sommes sauvées !

— Un instant, madame, reprit Renaud en l'arrêtant du geste ; vous êtes sauvées, mais à une condition.

— À une condition ? murmura la princesse étonnée.

— Écoutez-moi, madame : le roi de Hongrie, le vengeur des assassins d'André, le meurtrier de votre mari, est aux portes de Naples ; le peuple et les soldats napolitains vont bientôt succomber après un dernier effort de courage ; bientôt le fer et le feu de l'armée victorieuse vont répandre partout la désolation et la mort. Et cette fois le bourreau hongrois n'épargnera pas ses victimes ; il tuera les mères sous les yeux de leurs enfants, les enfants aux bras de leurs mères. Le pont-levis de ce château est levé, et nul ne veille à sa garde ; tous les hommes capables de tenir une épée sont à l'autre bout de la ville. Malheur à vous, Marie de Duras, si le roi de Hongrie se souvient que vous lui avez préféré son rival !

— Mais n'êtes-vous pas là pour me sauver ? s'écria Marie d'une voix pleine d'angoisse. Jeanne, ma sœur, ne vous a-t-elle pas ordonné de me mener près d'elle ?

— Votre sœur n'est plus dans le cas de donner des ordres, reprit Renaud avec un sourire de mépris. Elle n'avait que des remerciements à m'adresser de lui avoir sauvé la vie, ainsi qu'à son mari, qui prend lâchement la fuite à l'approche de l'homme qu'il avait osé provoquer en duel.

Marie regarda fixement l'amiral, pour s'assurer que c'était bien lui qui parlait avec tant d'arrogance de ses maîtres ; mais, effrayée par l'imperturbabilité de son visage, elle continua d'une voix douce :

— Puisque c'est à votre seule générosité que je devrai ma vie et celle de mes enfants, je vous en serai mille fois reconnaissante. Mais hâtons-nous, seigneur comte ; car il me semble à chaque instant entendre le cri de la vengeance, et vous ne voudrez pas me laisser en proie à mon cruel ennemi.

— À Dieu ne plaise, madame ! je vous sauverai au risque de mes jours ; mais je vous ai déjà dit que j'y mettais une condition.

— Laquelle ? demanda Marie avec une résignation forcée.

— C'est que vous épouserez mon fils à l'instant même, en la présence de notre révérend chapelain.

— Téméraire ! s'écria Marie en reculant, le visage pourpre d'indignation et de honte ; c'est ainsi que tu oses parler à la sœur de ta légitime souveraine ? Rends grâce à Dieu que je veuille bien pardonner cette insulte à un moment de vertige qui a troublé ta raison, et tâche par ton dévouement de me faire oublier ta conduite.

Le comte, sans répondre un seul mot, fit signe à son fils et au prêtre de le suivre, et se disposa à sortir de la chambre. Au moment de franchir le seuil, Marie s'élança vers lui, et, joignant les mains, le supplia, au nom de Dieu, de ne pas l'abandonner. Renaud s'arrêta.

— J'aurais pu me venger, dit-il, de l'affront que vous me faites en re-

fusant mon fils avec tant de hauteur ; mais je laisse ce soin à Louis de Hongrie, qui s'en acquittera à merveille.

— Grâce pour mes pauvres filles ! répétait la princesse ; grâce au moins pour mes pauvres enfants, si mes larmes ne peuvent pas vous toucher.

— Si vous aimiez vos enfants, répondit l'amiral en fronçant le sourcil, vous auriez déjà pris votre parti.

— Mais je ne l'aime pas, votre fils, s'écria Marie d'une voix fière et tremblante à la fois. Oh ! mon Dieu, peut-on violer ainsi les sentiments d'une pauvre femme ? Mais vous, mon père, vous, qui êtes un ministre de vérité et de justice, faites donc comprendre à cet homme qu'on ne peut pas appeler Dieu à témoin d'un serment qu'on arrache à la faiblesse, au désespoir !

Et, s'adressant au fils de l'amiral, elle ajouta en sanglotant :

— Vous êtes jeune, vous avez aimé, peut-être ; vous aimerez sans doute un jour. Oh ! j'en appelle à votre loyauté de jeune homme, à votre courtoisie de chevalier, à tous les nobles élans de votre âme : réunissez-vous à moi pour détourner votre père de son fatal projet. Vous ne m'avez jamais vue ; vous ne savez pas si j'aime un autre homme dans le secret de mon cœur. Votre fierté doit se révolter de voir ainsi maltraiter une pauvre femme qui vient se jeter à vos pieds pour vous demander grâce et protection. Un mot de vous, Robert, et je vous bénirai dans tous les instants de ma vie, et votre souvenir restera gravé dans mon âme comme celui d'un ange tutélaire, et mes enfants apprendront votre nom pour le répéter tous les soirs, en priant Dieu de combler vos désirs. Oh ! dites, voulez-vous me sauver ? et qui sait, plus tard, je vous aimerai... d'amour !

— Je dois obéir à mon père, répondit Robert sans lever les yeux sur la belle suppliante.

Le prêtre gardait le silence. Deux minutes s'écoulèrent, pendant lesquelles ces quatre personnages, absorbés chacun par ses pensées, restèrent immobiles comme des statues sculptées aux quatre coins d'un tombeau. Dans ce terrible intervalle Marie fut tentée trois fois de se jeter à la mer. Mais une rumeur confuse et lointaine vint tout à coup frapper son oreille ; peu à peu le bruit s'approcha, et, les voix devenant plus distinctes, on entendit des femmes dans la rue pousser ces cris de détresse :

— Fuyez ! fuyez ! fuyez ! Dieu nous abandonne, les Hongrois sont dans la ville.

Les pleurs des enfants de Marie répondirent à ces cris, et la petite Marguerite, levant ses mains vers sa mère, exprimait sa terreur par des paroles au-dessus de son âge. Renaud, sans jeter un regard sur ce tableau touchant, entraînait son fils vers la porte.

— Arrêtez ! dit la princesse en tendant la main avec un geste solennel : puisque Dieu n'envoie pas d'autres secours à mes enfants, sa volonté est que le sacrifice s'accomplisse.

Et elle tomba à genoux devant le prêtre, courbant la tête comme une victime qui tend le cou à la hache du bourreau. Robert des Baux se plaça à son côté, et le prêtre prononça la formule qui les liait pour toujours, et consacra cet infâme viol par une bénédiction sacrilège.

— Tout est fini, murmura la veuve de Duras en jetant sur ses deux filles un regard plein de larmes.

— Non, tout n'est pas fini encore, reprit durement l'amiral en la poussant vers une autre chambre ; avant de partir, il faut que le mariage soit consommé.

— O justice de Dieu ! s'écria la princesse d'une voix déchirante ; et elle tomba évanouie.

Renaud des Baux dirigea ses galères sur Marseille, où il espérait faire couronner son fils comte de Provence, grâce à son étrange mariage avec Marie de Duras. Mais cette lâche trahison ne devait pas rester impunie. Le vent se leva avec fureur, et le repoussa vers Gaëte, où la reine et son mari venaient d'arriver à peine. Renaud commanda à ses matelots de se tenir au large, menaçant de jeter aux flots quiconque oserait transgresser ses ordres. L'équipage répondit d'abord par des murmures ; bientôt des cris de mort s'élevèrent de toutes parts, et l'amiral, se voyant perdu, passa des menaces aux prières. Mais la princesse, qui avait recouvré ses sens au premier éclat de tonnerre, se traînant sur le pont, criait au secours :

— A moi, Louis ! à moi, mes barons ! mort aux misérables qui m'ont lâchement outragée !

Louis de Tarente s'élança dans une chaloupe, suivi d'une dizaine de ses plus braves chevaliers, et, faisant force de rames, atteignit la galère. Alors Marie acheva son récit d'un seul trait, et se tournant vers l'amiral, comme pour le défier de se défendre, l'accabla d'un regard foudroyant.

— Misérable ! s'écria le roi en se jetant sur le traître ; et il le perça d'un coup d'épée.

Puis il fit charger de chaînes son fils et l'indigne ministre qui avait été complice de l'odieuse violence que l'amiral venait d'expier par sa mort, et prenant dans son bateau la princesse et ses filles, il rentra dans le port.

Cependant les Hongrois, ayant forcé une des portes de Naples, défilaient triomphalement vers le Château-Neuf ; mais au moment où ils traversaient la place *della Correggie*, les Napolitains s'aperçurent que les chevaux étaient si faibles et les cavaliers si exténués par les fatigues soutenues au siége d'Aversa, qu'un souffle aurait suffi pour disperser cette armée de fantômes. Alors, passant tout à coup de la terreur à l'audace, le peuple se rua sur les vainqueurs, et les refoula hors des murs qu'ils venaient de franchir. Cette brusque réaction populaire dompta l'orgueil du roi de Hongrie, et le rendit plus docile aux conseils de Clément VI, qui crut enfin devoir intervenir. Une trève fut d'abord conclue depuis le mois de février 1350 jusqu'au commencement d'avril 1351; et l'année suivante la trève fut changée en paix définitive, moyennant la somme de trois cent mille florins, que Jeanne paya au roi de Hongrie pour les frais de la guerre.

Après le départ des Hongrois un légat fut envoyé par le pape pour couronner Jeanne et Louis de Tarente, et on choisit pour cette solennité le 25 mai, jour de la Pentecôte. Tous les historiens du temps parlent avec enthousiasme de cette fête magnifique, dont les détails ont été rendus éternels par le pinceau de Giotto, dans les fresques de l'église qui prit dans cette occasion le nom de l'*Incoronata*. On prononça une amnistie générale pour tous ceux qui, dans les guerres précédentes, avaient combattu dans l'un ou dans l'autre parti, et des cris d'allégresse accueillirent le roi et la reine, qui chevauchaient solennellement sous le dais, suivis par tous les barons du royaume.

Mais la joie de ce jour fut troublée par un accident qui parut d'un augure sinistre à la populace superstitieuse. Louis de Tarente, monté sur un cheval richement caparaçonné, venait de passer la Porta-Petruccia, lorsque des dames qui regardaient le cortége du haut de leurs fenêtres jetèrent sur le roi une si grande quantité de fleurs, que le cheval effrayé se cabra et rompit le frein. Louis, ne pouvant retenir son palefroi, sauta légèrement à terre; mais la couronne tomba en même temps de sa tête et se brisa en trois morceaux. Le jour même mourut la fille unique de Louis et de Jeanne.

Cependant le roi, ne voulant pas que cette brillante cérémonie fût attristée par des signes de deuil, fit continuer pendant trois jours les joutes et les tournois, et, en mémoire de son couronnement, institua l'ordre des *Chevaliers du Nœud*. Mais, à dater de ce jour, signalé par un triste présage, sa vie ne devait plus être qu'une longue suite de déceptions. Après avoir soutenu des guerres dans la Sicile et dans la Pouille et dompté la rébellion de Louis de Duras, qui finit ses jours dans les cachots du Château de l'OEuf, Louis de Tarente, usé par les plaisirs, miné par une lente maladie, accablé de chagrins domestiques, succomba à une fièvre aiguë, le 5 juin 1362, à l'âge de quarante-deux ans ; et on n'avait pas encore descendu son cadavre dans le royal tombeau de Saint-Dominique, que déjà plusieurs prétendants se disputaient la main de la reine.

Ce fut l'infant de Mayorque, ce beau jeune homme que nous avons déjà nommé, qui l'emporta sur tous ses rivaux, y compris le fils du roi de France. Jayme d'Aragon avait une de ces figures douces et mélancoliques auxquelles une femme ne sait pas résister. De grandes infortunes noblement supportées avaient jeté comme un crêpe funèbre sur sa jeunesse : il avait passé treize ans enfermé dans une cage de fer; délivré de cette affreuse prison à l'aide d'une fausse clef, il avait

erré de cour en cour pour recouvrer ses états ; et l'on dit même que, réduit à un extrême degré de misère, il avait dû mendier son pain. La beauté du jeune étranger, le récit de ses aventures, avaient frappé Jeanne et Marie à la cour d'Avignon. Marie surtout avait conçu pour l'infant une passion d'autant plus violente qu'elle avait fait plus d'efforts pour la concentrer dans son cœur. Dès que Jayme d'Aragon arriva à Naples, la malheureuse princesse, qu'on avait mariée le poignard sur la gorge, voulut racheter sa liberté au prix d'un crime. Suivie de quatre hommes armés, elle entra dans la prison où Robert des Baux n'avait cessé d'expier une faute qui était bien plus celle de son père que la sienne. Marie s'arrêta devant le prisonnier, les bras croisés, les joues livides, les lèvres tremblantes. L'entrevue fut terrible. Cette fois c'était la princesse qui menaçait, c'était le jeune homme qui demandait grâce. Marie demeura sourde à ses prières, et la tête du malheureux roula sanglante à ses pieds, tandis que les bourreaux jetaient le corps à la mer. Mais Dieu ne laissa pas ce meurtre impuni : Jayme préféra la reine à sa sœur, et la veuve de Duras ne recueillit de son crime que le mépris de l'homme qu'elle aimait, et des remords cuisants qui la menèrent, jeune encore, à la tombe.

Jeanne se maria successivement avec Jayme d'Aragon, fils du roi de Mayorque, et avec Othon de Brunswick, de l'impériale famille de Saxe. Nous traverserons rapidement ces années, pressés que nous sommes d'arriver au dénoûment de cette histoire de crimes et d'expiations. Jayme, éloigné de sa femme, continuant son existence orageuse, après avoir longtemps lutté en Espagne contre Pierre le Cruel, qui avait usurpé son royaume, mourut près de Navarre vers la fin de l'année 1375. Quant à Othon, ne pouvant pas se soustraire à la vengeance divine qui pesait sur la cour de Naples, il partagea courageusement jusqu'au bout la destinée de la reine. Se voyant privée d'héritiers légitimes, Jeanne avait adopté son neveu, Charles de la Paix, comme il fut appelé par la suite à cause de la paix de Trévise. Ce jeune homme était fils de Louis Duras, qui, après s'être révolté contre Louis de Tarente, avait péri misérablement

Alors un de barons lui montra pour toute réponse un cordon de soie et d'or... — Page 282.

dans la prison du château de L'OEuf. L'enfant aurait subi également le sort de son père ; mais Jeanne intercéda pour ses jours, le combla de bienfaits, et le maria à Marguerite, fille de sa sœur Marie et de son cousin Charles de Duras égorgé par le roi de Hongrie.

De graves dissensions s'élevèrent depuis entre la reine et un de ses anciens sujets, Bartolommeo Prignani, devenu pape sous le nom d'Urbain VI. Irrité de l'opposition de la reine, le pape avait dit un jour, dans un accès de colère, qu'il l'enverrait filer dans un cloître. Jeanne, pour se venger de cette insulte, favorisa ouvertement l'antipape Clément VII, et lui offrit un asile dans son propre château, lorsque, poursuivi par les troupes d'Urbain, il s'était réfugié à Fondi. Mais le peuple s'étant soulevé contre Clément, tua l'archevêque de Naples, qui avait contribué à son élection, brisa la croix qu'on portait processionnellement devant l'antipape, et lui laissa à peine le temps de monter sur une galère pour se sauver en Provence. Urbain déclara Jeanne déchue de son trône, délia ses sujets du serment de fidélité, et donna la couronne de Sicile et de Jérusalem à Charles de la Paix, qui se mit en marche pour Naples à la tête de huit mille Hongrois. La reine, ne pouvant croire à tant d'ingratitude, envoya à la rencontre de son fils adoptif sa femme Marguerite, qu'elle aurait pu garder en otage, et ses deux enfants, Ladislas et Jeanne, qui fut depuis la seconde reine de ce nom. Mais bientôt l'armée victorieuse arriva devant Naples, et Charles cerna la reine dans son château, oubliant, l'ingrat, que cette femme lui avait sauvé la vie et l'avait aimé comme une mère.

Jeanne supporta pendant ce siège tout ce que les soldats les plus endurcis aux fatigues de la guerre ne pourraient pas endurer. Elle vit tomber autour d'elle ses fidèles exténués par la faim ou décimés par la fièvre. Après l'avoir privée d'aliments, on lançait tous les jours dans la forteresse des cadavres en putréfaction, pour infecter l'air qu'elle respirait. Othon était retenu avec ses troupes à Aversa; Louis d'Anjou, frère du roi de France, qu'elle avait nommé son successeur en déshéritant son neveu, n'arrivait pas à son secours, et les galères provençales que Clément VII avait promis de lui envoyer ne devaient paraître dans le port que lorsque tout serait perdu. Jeanne demanda une trêve de cinq jours, au bout desquels, si Othon n'était pas venu la délivrer, elle promit de rendre la forteresse.

Au cinquième jour, l'armée d'Othon entra par le côté de Piedigrotta. Le combat fut acharné de part et d'autre, et Jeanne, du haut d'une tour, put suivre la nuée de poussière que soulevait le cheval de son mari à travers le plus épais de la bataille. Longtemps la victoire demeura incertaine; enfin, le prince se poussa avec tant de valeur contre l'étendard royal, pressé de rencontrer corps à corps son ennemi, il s'enfonça au centre de l'armée par un choc si violent, que, serré de toutes parts, couvert de sueur et de sang, l'épée brisée dans sa main, il fut forcé de se rendre. Une heure après Charles écrivait à son oncle le roi de Hongrie que Jeanne était en son pouvoir,

et qu'il attendait les ordres de sa majesté pour décider du sort de la prisonnière.

C'était par une belle matinée de mai; la reine était gardée à vue dans le château d'Aversa; Othon avait obtenu la liberté à la condition de quitter Naples; Louis d'Anjou, ayant enfin réuni une armée de cinquante mille hommes, marchait en toute hâte à la conquête du royaume. Aucune de ces nouvelles n'était parvenue à l'oreille de Jeanne, qui vivait depuis quelques jours dans l'isolement le plus complet. Le printemps déployait toute sa pompe dans ces plaines enchantées, qui ont mérité le nom de terre heureuse et bénie, *campagna felice!* Les orangers couverts de leur neige odorante, les cerisiers élancés aux fruits de rubis, les oliviers aux petites feuilles d'émeraude, le grenadier empanaché de ses rouges clochettes, le mûrier sauvage, le lau-

rier éternel, toute cette végétation puissante et touffue, qui n'a pas besoin de la main de l'homme pour fleurir dans ces lieux privilégiés de la nature, formait comme un vaste jardin coupé çà et là par de petits sentiers silencieux et humides bordés de haies vertes et arrosé par des ruisseaux souterrains. On eût dit un Éden oublié dans ce délicieux coin du monde. Jeanne, accoudée sur sa fenêtre, respirait les parfums printaniers, et reposait ses yeux voilés de larmes sur un lit de verdure et de fleurs; une brise légère, embaumée d'âcres senteurs, se jouait sur son front brûlant, et répandait sur ses joues moites de fièvre une suave fraîcheur. Des voix mélodieuses et lointaines, des refrains de chansons bien connues venaient seuls troubler le silence de cette pauvre chambrette, de ce nid solitaire, où s'éteignait dans les larmes et dans le repentir l'existence la plus brillante et la plus agitée de ce siècle d'agitation et d'éclat.

La reine repassait lentement dans son esprit toute sa vie depuis l'âge de raison; cinquante ans de déceptions et de souffrances. Elle songeait d'abord à son enfance si heureuse et si douce, à l'aveugle tendresse de son aïeul, aux joies pures et naïves de ce temps d'innocence, aux jeux bruyants de sa petite sœur et de ses grands cousins. Puis elle frissonnait à la première idée de mariage, de contrainte, de liberté perdue, de regrets amers; elle se souvenait avec horreur des paroles trompeuses qu'on lui murmurait à l'oreille, pour jeter dans son jeune cœur le germe de la corruption et du vice qui devaient empoisonner sa vie entière; les brûlants souvenirs de son premier amour, le parjure et l'abandon de Robert de Cabane, les moments de délire passés comme un rêve dans les bras de Bertrand d'Artois, tout ce drame au tragique dénoûment, se détachait en traits de feu sur le fond sombre de ses tristes pensées. Puis des cris d'angoisse retentissaient dans son âme, comme dans cette nuit terrible et fatale. C'était la voix mourante d'André qui demandait grâce à ses assassins. Un

long silence de mort succédait à cette horrible agonie, et la reine voyait passer devant ses yeux des chars infâmes, où l'on torturait tous ses complices. Tout le reste n'était que persécutions, fuite, exil, remords de l'âme, châtiments du ciel, malédictions de la terre. Il se faisait autour de la reine une affreuse solitude : maris, amants, parents, amis, tout ce qui l'avait entourée était mort, tout ce qu'elle avait aimé ou haï au monde n'existait plus; ses joies, ses douleurs, ses désirs, ses espérances, tout avait disparu pour toujours. La pauvre reine, ne pouvant résister à ces images de désolation, s'arracha violemment à sa terrible rêverie, et s'agenouillant devant un prie-Dieu, pleura amèrement et pria avec ferveur. Elle était belle encore, malgré la pâleur extrême répandue sur ses traits; les nobles contours de son ovale se dessinaient dans toute leur pureté; le feu du repentir animait ses

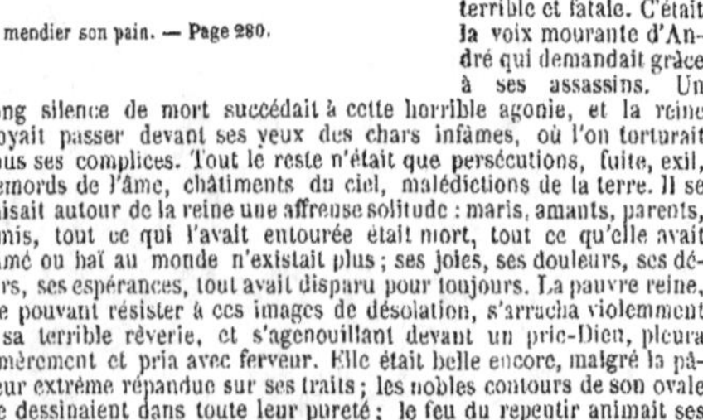

Réduit à une extrême misère, il avait dû mendier son pain. — Page 280.

beaux yeux noirs d'un éclat surhumain, et l'espoir du pardon faisait errer sur ses lèvres un sourire céleste.

Tout à coup la porte de la chambre où Jeanne priait avec tant de recueillement s'ouvrit avec un bruit sourd; deux barons hongrois couverts de leurs armures se présentèrent à la reine, et lui firent signe de les suivre. Jeanne se leva en silence et obéit à ces hommes; mais un cri de douleur s'échappa du fond de son âme lorsqu'elle reconnut l'endroit où André et Charles de Duras étaient morts tous les deux d'une mort violente. Cependant elle recueillit ses forces, et demanda d'une voix calme pourquoi on l'avait amenée dans ce lieu. Alors un des barons lui montra pour toute réponse un cordon de soie et d'or...

— Que la justice de Dieu s'accomplisse! s'écria Jeanne en tombant à genoux.

Quelques minutes après elle avait cessé de souffrir.

C'était le troisième cadavre qu'on jetait par-dessus le balcon d'Aversa (2).

NOTES.

(1) E però che per assoluta verità del fatto non poteano scusare la regina e levare il volgo dalla dubbiosa fama, proposero che se alcuno sospetto di non perfetto amore si potesse proporre o provare, che ciò non era venuto per corrotta volontà della regina, ma per forza di malie ovvero fatture che gli erano state fatte, ella quali la sua natura fragile, femminile, non avea saputo nè potuto riparare. (Matteo Villani, lib. II, chap. 24.)

(2) Le fond et les détails de cette histoire sont de la plus scrupuleuse exactitude. Nous avons consulté les différentes versions de Giannone, Summonte, Villani, Rainaldo, Palmieri, Collenuccio, Spondano, Gataro, et surtout la chronique latine de Domenico Gravina, auteur contemporain.

Alex. Dumas.

VANINKA.

1800-1801.

Sur la fin du règne de l'empereur Paul Ier, c'est-à-dire vers le milieu de la première année du dix-neuvième siècle, comme quatre heures de l'après-midi venaient de sonner à Saint-Pierre-et-Saint-Paul, dont la flèche d'or domine les remparts de la forteresse, un rassemblement assez considérable de gens de toutes conditions commença de se former vis-à-vis de la maison du général comte Tchermayloff, ex-commandant militaire d'une ville assez considérable située dans le gouvernement de Pultava. Ce qui avait donné occasion aux premiers curieux de s'arrêter, c'étaient les apprêts qu'ils avaient vu faire, au milieu de la cour, du supplice du knout, que devait subir un esclave du général, qui remplissait auprès de lui les fonctions de barbier. Quoique ce soit une chose assez commune à Saint-Pétersbourg que l'application de ce genre de peine, elle n'en attire pas moins, lorsqu'elle se fait d'une manière publique, tous ceux à peu près qui passent dans la rue ou devant la maison où elle doit avoir lieu. C'était donc ce qui était arrivé en cette occasion et ce qui avait causé le rassemblement qui, ainsi que nous l'avons dit, s'était formé devant la maison du général Tchermayloff.

Au reste, les spectateurs, si pressés qu'ils fussent, n'eurent pas le droit de se plaindre qu'on les faisait attendre, car vers quatre heures et demie, un jeune homme de vingt-quatre à vingt-six ans revêtu de l'élégant uniforme d'aide de camp et la poitrine couverte de décorations, parut sur le petit perron qui s'élevait au fond de la cour, en avant du corps de bâtiment qui faisait face à la grande porte et qui donnait entrée dans les appartements du général. Arrivé là, il s'arrêta un instant, fixa les yeux sur une fenêtre dont les rideaux hermétiquement fermés ne laissaient pas la moindre chance à sa curiosité, quelle qu'elle fût, de se satisfaire; puis, voyant qu'il serait inutile qu'il perdît son temps à regarder de ce côté, il fit signe de la main à un homme à barbe qui se tenait debout près d'une porte qui donnait dans les bâtiments réservés aux serviteurs; aussitôt la porte s'ouvrit, et l'on vit s'avancer, au milieu des esclaves, que l'on forçait d'assister à ce spectacle pour qu'il leur servît d'exemple, le coupable qui allait recevoir la punition de la faute qu'il avait commise, et qui était suivi de l'exécuteur. Ce patient était, comme nous l'avons dit, le barbier du général; quant à l'exécuteur, c'était tout bonnement le cocher, que son habitude de manier le fouet élevait ou abaissait, comme on le voudra, chaque fois qu'une exécution pareille avait lieu, aux fonctions de bourreau; fonctions, au reste, qui ne lui ôtaient rien de l'estime ni même de l'amitié de ses camarades, bien convaincus qu'ils étaient que le cœur d'Ivan n'était pour rien dans leur supplice, mais que c'était son bras seul qui agissait. Or, comme son bras était, ainsi que le reste de son corps, la propriété du général, et qu'en conséquence ce dernier pouvait en faire ce que bon lui semblait, ils ne s'étonnaient aucunement qu'il l'employât à cet usage. Il y avait plus, une correction administrée par Ivan était presque toujours plus douce qu'elle ne l'eût été venant d'un autre. Car il arrivait parfois qu'Ivan, qui était un bon garçon, escamotait un ou deux coups de knout sur la douzaine, ou, s'il était forcé par celui qui assistait au supplice de mettre de

l'ordre dans ses comptes, il s'arrangeait de manière à ce que l'extrémité du fouet frappât la planche de sapin sur laquelle était couché le coupable, ce qui ôtait au coup sa plus douloureuse percussion. Aussi, lorsque c'était le tour d'Ivan de s'étendre sur la couche fatale et de recevoir pour son compte la correction qu'il était dans l'habitude d'administrer, celui qui jouait momentanément le rôle d'exécuteur avait-il alors pour lui les mêmes ménagements qu'Ivan avait eus pour les autres et ne se souvenait-il que des coups épargnés, et non des coups reçus. Au reste, cet échange de bons procédés entretenait entre Ivan et ses camarades une douce union, qui n'était jamais si resserrée qu'au moment où une exécution nouvelle allait avoir lieu : il est vrai que la première heure qui la suivait était ordinairement aussi toute à la souffrance, ce qui rendait quelquefois le knouté injuste pour le knouteur. Mais il était rare que cette prévention ne disparût pas dès le soir même, et que la rancune tînt contre le premier verre d'eau-de-vie que le bourreau buvait à la santé du patient.

Celui sur lequel Ivan allait avoir à exercer cette fois son adresse, était un homme de trente-cinq à trente-six ans, aux cheveux et à la barbe roux, d'une taille un peu au-dessus de la moyenne, et dont on reconnaissait l'origine grecque à son regard, qui, tout en exprimant la crainte, avait conservé, si l'on peut parler ainsi, derrière cette expression momentanée, son caractère habituel de finesse et de ruse. Arrivé près de l'endroit où l'exécution devait avoir lieu, le patient s'arrêta, jeta un regard sur la fenêtre vers laquelle s'était déjà dirigée l'attention du jeune aide de camp, et qui restait toujours hermétiquement fermée; puis, reportant circulairement les yeux sur la foule qui encombrait l'entrée de la rue, il finit par les arrêter, avec un frissonnement douloureux d'épaules, sur la planche où il devait être étendu. Ce mouvement n'échappa point à son ami Ivan qui, s'approchant de lui pour enlever la chemise d'étoffe rayée qui lui couvrait les épaules, en profita pour lui dire à demi-voix :

— Allons, Grégoire, du courage.

— Tu sais ce que tu m'as promis, répondit le patient avec une expression indéfinissable de prière.

— Pas pour les premiers coups, Grégoire, ne compte pas là-dessus. Pendant les premiers coups, l'aide de camp regardera, mais sur les derniers, sois tranquille, nous trouverons bien moyen de lui escamoter quelque chose.

— Prends surtout garde à la pointe du fouet.

— Je ferai de mon mieux, Grégoire, je ferai de mon mieux; est-ce que tu ne me connais pas?

— Hélas! si, répondit Grégoire.

— Eh bien? dit l'aide de camp.

— Voici, votre noblesse, répondit Ivan, nous y sommes.

— Attendez, attendez, votre haute origine, s'écria le pauvre Grégoire, donnant, pour le flatter, au jeune capitaine le titre de *vache rousso korodié*, sous lequel on désigne les colonels; il me semble que la fenêtre de Mlle Vaninka s'ouvre.

Le jeune capitaine porta vivement les yeux vers l'endroit qui déjà, ainsi que nous l'avons dit, avait plusieurs fois attiré son attention ; mais pas un pli des rideaux de soie, qu'on apercevait à travers les carreaux, n'avait bougé.

— Tu te trompes, drôle, dit l'aide de camp en détachant lentement ses yeux de la fenêtre, comme s'il eût espéré, lui aussi, la voir s'ouvrir, tu te trompes ; et d'ailleurs qu'a à faire ta noble maîtresse dans tout ceci ?

— Pardon, votre excellence, continua Grégoire, gratifiant l'aide de camp d'un nouveau grade ; mais c'est que..... comme c'est à cause d'elle que je vais recevoir... il se pourrait qu'elle eût pitié d'un pauvre serviteur..... et.....

— Assez, dit le capitaine avec un accent étrange, et comme si lui-même eût été de l'avis du patient et eût regretté que Vaninka n'eût pas fait grâce, — assez, et dépêchons.

— A l'instant, votre noblesse, à l'instant même, dit Ivan ; puis se retournant vers Grégoire : — Allons, camarade, continua-t-il, voici le moment.

Grégoire poussa un profond soupir, jeta un dernier regard vers la fenêtre, et voyant que tout restait de ce côté dans le même état, se décida enfin à se coucher sur la planche fatale ; en même temps, deux autres esclaves, qu'Ivan avait choisis pour ses aides, lui prirent les bras, lui attachèrent les poignets à deux poteaux placés à distance, de sorte qu'il se trouva à peu près comme s'il eût été mis en croix : alors on lui emboîta le cou dans un carcan, et voyant que tout était prêt et qu'aucun signe favorable au coupable n'apparaissait à la fenêtre toujours fermée, le jeune aide de camp fit un signe de la main, et dit :

— Allons.

— Patience, votre noblesse, patience, dit Ivan, retardant encore l'exécution, dans l'espérance que quelque signe sortirait de l'inexorable fenêtre ; c'est qu'il y avait un nœud à mon knout, et si je l'y laissais, Grégoire aurait droit de se plaindre.

L'instrument dont s'occupait l'exécuteur, et dont la forme est peut-être inconnue à nos lecteurs, est une espèce de fouet dont le manche peut avoir deux pieds de long à peu près ; à ce manche s'attache une lanière de cuir plat, dont la largeur est de deux doigts, et la longueur de quatre pieds ; cette lanière se termine par un anneau de cuivre ou de fer, auquel tient comme prolongement de la première une autre bande de cuir, longue de deux pieds, et large d'abord d'un pouce et demi, mais s'amincissant toujours, jusqu'à ce qu'elle finisse en pointe ; on trempe cette lanière dans le lait, puis on la fait sécher au soleil, de sorte que, grâce à cette préparation, son extrémité devient aussi aiguë et aussi tranchante que celle d'un canif ; en outre, et ordinairement tous les six coups, on change la lanière, parce que le contact du sang amollit celle dont on s'est servi.

Quelque mauvaise volonté, ou quelque maladresse qu'Ivan mit à défaire son nœud, il lui fallut bien cependant en finir ; d'ailleurs les spectateurs commençaient à murmurer, et leurs murmures ayant tiré le jeune aide de camp de la rêverie où il paraissait être tombé, il releva sa tête abaissée sur sa poitrine, jeta un dernier coup d'œil vers la fenêtre, et, voyant que rien n'annonçait que la miséricorde viendrait de ce côté, il se tourna de nouveau vers le cocher, et avec un signe plus impérieux et d'une voix dont l'accent n'admettait pas de retard, il lui ordonna de commencer l'exécution.

Il n'y avait plus à reculer, Ivan devait obéir ; aussi n'essaya-t-il plus de chercher même un nouveau prétexte : se reculant de deux pas pour prendre son élan, il revint à la place où il était d'abord ; se haussant sur la pointe des pieds, il fit flamboyer le knout au-dessus de sa tête, et, l'abaissant tout d'un coup, il en frappa Grégoire avec une telle adresse que la lanière fit trois fois le tour du corps de la victime, l'enveloppant comme un serpent, et alla frapper de sa pointe le dessous de la planche sur laquelle il était couché. Néanmoins, malgré cette précaution, Grégoire jeta un grand cri, et Ivan compta un.

A ce cri, le jeune aide de camp s'était retourné vers la fenêtre ; mais la fenêtre était restée fermée, et machinalement il avait reporté les yeux sur le patient en répétant le mot — un.

Le knout avait tracé un triple sillon bleuâtre sur les épaules de Grégoire.

Ivan reprit son élan, et avec la même adresse que la première fois il enveloppa de nouveau le torse du patient de sa lanière sifflante, ayant le soin toujours que la pointe ne l'atteignit point. Grégoire poussa un second cri, et Ivan compta deux.

Cette fois le sang commença non pas de jaillir, mais de venir à la peau.

Au troisième coup quelques gouttes de sang parurent.

Au quatrième le sang jaillit.

Au cinquième des éclaboussures sautèrent à la figure du jeune officier, qui se recula, tira son mouchoir et s'essuya le visage. Ivan profita de cette circonstance, qui l'avait distrait, pour compter sept au lieu de six. Le capitaine ne fit aucune observation.

Au neuvième coup, Ivan s'interrompit pour changer de lanière, et, dans l'espoir qu'une seconde supercherie passera avec autant de bonheur que la première, il compta onze au lieu de dix. En ce moment une fenêtre placée en face de celle de Vaninka s'ouvrit. Un homme de quarante-cinq à quarante-huit ans, revêtu de l'uniforme de général,

y apparut, puis, de la même voix dont il aurait dit : Courage, redoublez, — il dit : *Assez, c'est bien !* — et referma la fenêtre.

Aussitôt l'apparition, le jeune aide de camp s'était retourné du côté de son général, la main gauche collée à la couture de son pantalon et la main droite à son chapeau, et était resté immobile pendant les quelques secondes qu'avait duré l'apparition ; puis, la fenêtre refermée, il avait redit après le général les mêmes paroles ; de sorte que le fouet levé retomba sans toucher le patient.

— Remercie sa haute excellence, Grégoire, dit alors Ivan en roulant la lanière du knout autour de son manche, car il te fait grâce de deux coups ; ce qui, ajouta-t-il en se baissant pour lui délier la main, avec deux que je t'ai escamotés, te fait seulement un total de huit coups au lieu de douze. — Allons donc, vous autres, déliez-lui donc l'autre main.

Mais le pauvre Grégoire n'était en état de remercier personne ; presque évanoui de douleur, à peine s'il pouvait se soutenir. Deux moujiks le prirent par-dessous les bras et le ramenèrent, toujours suivi d'Ivan, au logement des esclaves. Cependant, arrivé à la porte, il s'arrêta, retourna la tête, et apercevant l'aide de camp qui le suivait des yeux d'un air de pitié :

— Monsieur Fœdor, lui cria-t-il, remerciez de ma part sa haute excellence le général. Quant à Mlle Vaninka, ajouta-t-il à voix basse, je me charge de la remercier moi-même.

— Que murmures-tu entre les dents ? — s'écria le jeune officier avec un mouvement de colère ; car il avait cru remarquer dans la voix de Grégoire un accent de menace.

— Rien, votre noblesse, rien, dit Ivan : le pauvre garçon vous remercie, monsieur Fœdor, de la peine que vous avez prise d'assister à son exécution, et il dit que c'est bien de l'honneur pour lui ; voilà tout.

— C'est bon, c'est bon, dit le jeune homme, se doutant qu'Ivan changeait quelque chose au texte original, mais ne voulant pas évidemment en savoir davantage ; — et que si Grégoire ne veut pas me redonner cette peine, il boive un peu moins d'eau-de-vie, ou que, quand il sera ivre, il se souvienne au moins d'être plus respectueux.

Ivan fit un signe de profonde soumission, et suivit ses camarades. Fœdor rentra sous le vestibule, et la foule se retira, fort mécontente de la mauvaise foi d'Ivan et de la générosité du général, qui lui avait fait tort de quatre coups de knout, c'est-à-dire du tiers de son exécution.

Et maintenant que nous avons fait faire connaissance à nos lecteurs avec quelques-uns des personnages de cette histoire, qu'ils nous permettent de les mettre en relation plus directe avec ceux qui n'ont fait qu'apparaître, ou qui sont restés cachés derrière le rideau.

Le général comte Tchermaylof, qui, ainsi que nous l'avons dit, après avoir eu le gouvernement d'une des villes les plus importantes des environs de Pultava, avait été rappelé à Saint-Pétersbourg par l'empereur Paul 1er, qui l'honorait d'une amitié toute particulière, était resté veuf avec une fille, qui avait hérité de la fortune, de la beauté et de l'orgueil de sa mère, laquelle prétendait descendre directement de l'un des capitaines de cette race de Tartares qui, sous les ordres de D'Gengis, envahirent, au treizième siècle, la Russie. Par un hasard fatal, ces dispositions hautaines avaient été encore augmentées chez la jeune Vaninka par l'éducation qu'elle avait reçue. N'ayant plus sa femme et ne pouvant s'occuper lui-même de sa fille, le général Tchermaylof avait fait choix pour elle d'une gouvernante anglaise qui, au lieu de combattre les penchants dédaigneux de son élève, n'avait fait que leur donner un nouveau développement en fortifiant son aristocratie naturelle des principes raisonnés qui font de la noblesse anglaise la noblesse la plus orgueilleuse de la terre. Au milieu des différentes études auxquelles s'était livrée Vaninka, il y en avait donc une à laquelle elle s'était attachée spécialement, c'était, si l'on peut le dire, la science de sa position : aussi connaissait-elle parfaitement le degré de noblesse et de puissance de toutes les familles appartenant à la noblesse, celles qui avaient le pas sur la sienne, et celles qu'elle primait ; elle pouvait sans se tromper, chose qui cependant n'est point facile en Russie, appeler chacun par le titre que lui donne le droit de prendre son rang. Aussi avait-elle le plus profond mépris pour tout ce qui était au-dessous de l'excellence. Quant aux serfs et aux esclaves, on comprend qu'avec le caractère donné à Vaninka ils n'existaient point pour elle : c'étaient des animaux à barbe, fort au-dessous, pour le sentiment qu'ils lui inspiraient, de son cheval ou de son chien : et certes elle n'eût pas un instant mis en balance la vie d'un moujik avec celle de l'un ou de l'autre de ces intéressants animaux. Au reste, comme toutes les femmes distinguées de sa nation, elle était assez bonne musicienne, et parlait également bien le français, l'italien, l'allemand et l'anglais.

Quant aux traits de son visage, ils s'étaient développés en harmonie avec son caractère. Il en résultait que Vaninka était belle, mais d'une beauté peut-être un peu arrêtée. En effet, son grand œil noir, son nez droit, ses lèvres relevées aux deux coins par l'expression dédaigneuse de sa physionomie, faisaient naître au premier abord, dans ceux qui s'approchaient d'elle, une impression étrange qui ne s'effaçait que devant ses égaux ou ses supérieurs, pour lesquels elle redevenait une femme comme toutes les femmes, tandis que pour les subalternes elle restait fière et inabordable comme une déesse.

A dix-sept ans, l'éducation de Vaninka étant terminée, son institutrice, dont le rude climat de Saint-Pétersbourg avait déjà altéré la santé, demanda sa retraite. Elle lui fut accordée avec cette fastueuse reconnaissance dont les seigneurs russes sont à cette heure en Europe les derniers représentants : alors Vaninka se trouva seule, et n'ayant plus pour la diriger dans le monde que l'aveugle amour de son père, dont elle était, comme nous l'avons dit, la fille unique, et qui, dans sa rude et sauvage admiration pour elle, la regardait comme un composé de toutes les perfections humaines.

Les choses en étaient à ce point dans la maison du général, lorsqu'il reçut une lettre qu'un de ses amis d'enfance lui écrivait à son lit de mort. Exilé dans ses terres à la suite de quelques démêlés avec Potemkin, le comte Romayloff avait vu interrompre sa carrière, et, n'ayant pu reconquérir sa faveur perdue, il s'en allait mourant de tristesse, à quatre cents lieues de Saint-Pétersbourg, moins encore peut-être de son exil et de son propre malheur que parce que ce malheur avait atteint dans sa fortune et dans son avenir son fils unique, Fœdor. Le comte, sentant qu'il allait le laisser seul et sans appui dans le monde, recommandait, au nom de son ancienne amitié, ce jeune homme au général, désirant que, grâce à la faveur dont il jouissait auprès de Paul Ier, il obtînt pour lui une lieutenance dans un régiment. Le général répondit aussitôt au comte que son fils trouverait en lui un second père ; mais lorsque arriva le message consolateur, Romayloff n'était plus, et ce fut Fœdor qui reçut la lettre et l'apporta au général, en venant lui annoncer la perte qu'il avait faite, et réclamer la protection promise ; cependant, quelque diligence qu'il eût faite, le général était déjà en mesure, et Paul Ier, sollicité par lui, avait accordé au jeune homme une sous-lieutenance dans le régiment Semonowski ; de sorte que Fœdor entra en fonctions le lendemain même de son arrivée.

Quoique le jeune homme n'eût fait que passer, pour ainsi dire, à travers la maison du général pour se rendre aux casernes situées dans le quartier de la Litenoi, il y était resté assez de temps pour voir Vaninka et en emporter un profond souvenir ; d'ailleurs, Fœdor arrivant le cœur gros de passions primitives et généreuses, sa reconnaissance pour le protecteur qui lui ouvrait une carrière était profonde, et tout ce qui lui appartenait lui semblait avoir des droits à sa gratitude ; de sorte que peut-être s'exagéra-t-il la beauté de celle qu'on lui présenta comme sa sœur, et qui, sans égard pour ce titre, le reçut avec la froideur et l'orgueil d'une reine. Au reste, cette apparition, toute froide et glacée qu'elle avait été, n'en avait pas moins laissé, comme nous l'avons dit, sa trace dans le cœur du jeune homme, et son arrivée à Saint-Pétersbourg avait été marquée par une impression nouvelle et inconnue jusque alors dans sa vie.

Quant à Vaninka, à peine avait-elle remarqué Fœdor : en effet, qu'était pour elle un jeune sous-lieutenant sans fortune et sans avenir ? Ce qu'elle rêvait, c'était quelque union princière qui fit d'elle une des plus puissantes dames de la Russie ; et, à moins de voir se réaliser pour son compte un rêve des Mille et une Nuits, Fœdor ne pouvait rien lui promettre de pareil.

Quelques jours après cette première entrevue, Fœdor revint prendre congé du général ; son régiment faisait partie du contingent qu'emmenait avec lui en Italie le feld-maréchal Souvarow ; et Fœdor allait ou se faire tuer, ou se rendre digne du noble protecteur qui avait répondu de lui.

Cette fois, soit que l'uniforme élégant dont il était revêtu eût ajouté encore à la beauté naturelle de Fœdor, soit qu'au moment du départ, et dans l'exaltation de l'espérance, son enthousiasme eût couronné le jeune homme d'une auréole de poésie, Vaninka, tout étonnée du changement merveilleux qui s'était fait en lui, daigna, sur l'invitation de son père, tendre sa main à celui qui les quittait. C'était bien au delà de ce que Fœdor eût osé espérer ; aussi mit-il un genou en terre, comme il eût fait devant une reine, et prenant la main de Vaninka entre ses mains tremblantes, à peine osa-t-il l'effleurer de ses lèvres ; mais, si léger qu'eût été ce baiser, Vaninka avait frémi comme si un fer brûlant l'eût touchée, car elle avait senti un frisson lui courir par tout le corps et une rougeur ardente monter à son visage. Aussi, avait-elle retiré si vivement sa main, que Fœdor, craignant que cet adieu, si respectueux qu'il était, ne l'eût blessée, resta à genoux, joignit les mains, et leva les yeux sur elle avec une telle expression de crainte, que Vaninka, oubliant son orgueil, le rassura par un sourire. Fœdor se releva, le cœur plein d'une joie indéfinissable, et sans pouvoir dire d'où cette joie lui venait ; mais ce dont il se rendait parfaitement compte, c'est que, quoiqu'il fût sur le point de quitter Vaninka, il n'avait jamais été aussi heureux qu'il l'était en ce moment.

Le jeune officier partit en faisant des rêves d'or ; car son horizon, qu'il fût sombre ou brillant, était digne d'envie : s'il aboutissait à une tombe sanglante, il avait cru voir dans les yeux de Vaninka qu'il serait regretté d'elle ; s'il s'ouvrait sur la gloire, la gloire le ramenait en triomphe à Saint-Pétersbourg, et la gloire est une reine qui fait des miracles pour ses favoris.

L'armée dont faisait partie le jeune officier traversa l'Allemagne, déboucha en Italie par les montagnes du Tyrol, et entra à Vérone le 14 avril 1799 ; aussitôt Souvarow fit sa jonction avec le général Mélas, et prit le commandement des deux armées. Le lendemain le général Chasteler lui proposa de faire une reconnaissance ; mais Souvarow, le regardant avec étonnement, lui répondit : — Je ne sais pas d'autre moyen de reconnaître l'ennemi que de marcher à lui et de le battre.

En effet, Souvarow était habitué à cette stratégie expéditive : c'était ainsi qu'il avait vaincu les Turcs à Folkschany et à Ismaïloff ; c'était ainsi qu'il avait conquis la Pologne après une campagne de quelques jours, et pris Praga en moins de quatre heures. Aussi Catherine reconnaissante avait envoyé au général victorieux une couronne de chêne entrelacée de pierres précieuses du prix de six cent mille roubles ; lui avait expédié un bâton de commandant en or massif tout garni de diamants ; l'avait créé feld-maréchal général avec la faculté de choisir un régiment qui porterait son nom à toujours ; puis, à son retour, lui avait permis d'aller prendre quelque repos dans une terre magnifique dont elle lui avait fait don, ainsi que des huit mille serfs qui l'habitaient. Quel merveilleux exemple pour Fœdor ! Souvarow, fils d'un simple officier russe, avait été élevé à l'école des Cadets, et était parti sous-lieutenant comme lui : pourquoi dans le même siècle n'y aurait-il pas deux Souvarow ?

Souvarow arrivait donc précédé d'une réputation immense, religieux, ardent, infatigable, impassible, vivant avec la simplicité d'un Tartare, combattant avec la vivacité d'un cosaque ; c'était bien l'homme qu'il fallait pour continuer les succès du général Mélas sur les soldats de la République, découragés par les ineptes hésitations de Scherer. D'ailleurs l'armée austro-russe, forte de cent mille hommes, n'avait devant elle que vingt-neuf à trente mille Français.

Souvarow débuta, ainsi que c'était sa coutume, par un coup de tonnerre. Le 20 avril, il se présenta devant Brescia, qui voulut résister en vain ; après une canonnade qui avait duré une demi-heure à peine, la porte de Peschiera avait été enfoncée à coups de hache, et la division Korsakow, dont le régiment de Fœdor formait l'avant-garde, était entrée dans la ville au pas de charge, poursuivant la garnison, qui, composée de mille deux cents hommes seulement, se réfugia dans la citadelle. Pressé avec une impétuosité que les Français n'avaient pas l'habitude de trouver dans leurs ennemis, et voyant déjà les échelles dressées contre les remparts, le chef de brigade Boucret demanda à capituler ; mais sa position était trop précaire pour qu'il obtînt aucune condition de ses sauvages vainqueurs. Boucret et ses soldats furent faits prisonniers de guerre.

Souvarow était l'homme du monde qui savait le mieux profiter d'une victoire : à peine maître de Brescia, dont la rapide occupation avait jeté un nouveau découragement dans notre armée, il avait ordonné au général Kray de presser vigoureusement le siège de Peschiera : en conséquence, le général Kray avait établi son quartier à Valeggio, à distance égale de Peschiera et de Mantoue, s'étendant depuis le Pô jusqu'au lac de Garda, sur la rive du Mincio, et investissant à la fois les deux villes. Pendant ce temps le général en chef, se portant en avant avec le gros de son armée, passait l'Oglio sur deux colonnes, étendait une de ses colonnes sous les ordres du général Rosenberg du côté de Bergame, et poussait l'autre, sous la conduite de Mélas, jusque sur le Sério ; tandis que des corps de sept ou huit mille hommes, commandés par les généraux Kaim et Hohenzollern, étaient dirigés sur Plaisance et sur Crémone, bordant toute la rive gauche du Pô ; de sorte que l'armée austro-russe s'avançait, déployant quatre-vingt mille hommes sur un front de dix-huit lieues.

À la vue des forces qui s'avançaient, et qui étaient triples des siennes, Scherer, battant en retraite sur toute sa ligne, avait fait rompre les ponts qu'il avait sur l'Adda, n'espérant point pouvoir les défendre, et avait transporté son quartier général à Milan, attendant dans cette ville une réponse à la lettre qu'il avait adressée au directoire, et dans laquelle, reconnaissant tacitement son incapacité, il envoyait sa démission. Mais, comme son successeur tardait à arriver, et que Souvarow s'avançait toujours, de plus en plus épouvanté de la responsabilité qui pesait sur lui, Scherer avait remis le commandement entre les mains d'un de ses plus habiles lieutenants ; le général choisi par le démissionnaire lui-même était Moreau, qui allait encore une fois combattre ces mêmes Russes dans les rangs desquels il devait mourir.

Cette nomination inattendue fut proclamée au milieu des cris de joie des soldats : celui que sa magnifique campagne sur le Rhin avait fait nommer le Fabius français parcourut toute la ligne de son armée, salué par les acclamations successives de ses différentes divisions, qui criaient : — Vive Moreau ! vive le sauveur de l'armée d'Italie !

Mais cet enthousiasme, si grand qu'il fût, n'avait point aveuglé Moreau sur la terrible position où il se trouvait : sous peine d'être débordé par ses deux extrémités, il lui fallait présenter une ligne parallèle à celle de l'armée russe ; de sorte que, pour faire face à son ennemi, force lui était de s'étendre du lac de Lecco à Pizzighitone, c'est-à-dire sur une ligne de vingt lieues. Il est vrai qu'il pouvait se retirer vers le Piémont, concentrer ses troupes sur Alexandrie, et attendre là les renforts que le directoire promettait d'envoyer : mais en opérant ainsi il compromettait l'armée de Naples en la livrant, isolée, à l'ennemi. Il résolut donc de défendre le passage de l'Adda le plus longtemps possible, afin de donner à la division Dessolles, que devait lui envoyer Masséna, le temps d'arriver en ligne pour défendre sa gauche, tandis que la division Gauthier, à laquelle l'ordre avait été donné d'évacuer la Toscane, arriverait à marches forcées pour se réunir à sa droite.

Quant à lui, il se porta au centre pour y défendre de sa personne le pont fortifié de Cassano, dont la tête était couverte par le canal Ritorto, qu'occupaient, avec une nombreuse artillerie, des avant-postes retranchés.

Puis, toujours aussi prudent que brave, Moreau prit toutes ses mesures pour assurer en cas d'échec sa retraite vers les Apennins et la côte de Gênes.

Ses dispositions étaient à peine terminées, que l'infatigable Souvarow entra dans Triveglio : en même temps que l'arrivée du général en chef russe dans cette dernière ville, Moreau apprit la reddition de Bergame et de son château, et le 25 avril il aperçut les têtes de colonnes de l'armée alliée.

Le même jour, le général russe divisa ses troupes en trois fortes colonnes, correspondant aux trois points principaux de la ligne française, mais supérieures chacune de plus du double aux troupes qu'elles avaient à combattre : la colonne de droite, conduite par le général Wukassowitch, s'avança vers la pointe du lac de Lecco, où l'attendait le général Serrurier ; la colonne de gauche, sous le commandement de Mélas, vint se placer en face des retranchements de Cassano ; enfin, les divisions autrichiennes des généraux Zopf et Ott, qui formaient le centre, se concentrèrent à Canonia, pour être à portée, au moment donné, de s'emparer de Vaprio. Les troupes russes et autrichiennes bivouaquèrent à portée de canon des avant-postes français.

Le soir même, Fœdor, qui faisait partie avec son régiment de la division Chasteler, écrivit au général Tchermayloff :

« Nous sommes enfin en face des Français ; une grande bataille doit avoir lieu demain matin : demain soir je serai lieutenant ou mort. »

Le lendemain, qui était le 26 avril, le canon retentit dès la pointe du jour aux extrémités de la ligne : c'étaient, à notre extrême gauche, les grenadiers du prince Bagration qui attaquaient ; c'était, à notre extrême droite, le général Seckendorff qui, détaché du camp de Triveglio, marchait sur Créma.

Les deux attaques eurent lieu avec un succès bien différent : les grenadiers de Bagration furent repoussés avec une perte terrible ; tandis que Seckendorff, au contraire, chassait les Français de Créma, et poussait ses reconnaissances jusqu'au pont de Lodi.

Les prévisions de Fœdor furent trompées, son corps d'armée ne donna point de toute la journée, et son régiment resta immobile, attendant des ordres qui n'arrivèrent pas.

Les dispositions de Souvarow n'étaient point entièrement prises, il avait encore besoin de la nuit pour les accomplir.

Pendant cette nuit, Moreau, ayant appris les avantages qu'avait remportés Seckendorff à son extrême droite, avait fait parvenir à Serrurier l'ordre de ne laisser à Lecco, qui était un poste facile à défendre, que la dix-huitième demi-brigade légère et un détachement de dragons, et de se replier sur le centre avec le reste de ses troupes ; Serrurier reçut l'ordre vers les deux heures du matin, et l'exécuta aussitôt.

De leur côté, les Russes n'avaient point perdu leur temps : profitant de l'obscurité de la nuit, le général Wukassowitch avait fait rétablir le pont détruit par les Français à Brevio, tandis que le général Chasteler en faisait construire un nouveau deux milles au-dessous du château de Trezzo. Ces deux ponts avaient été l'un réparé et l'autre construit sans que les avant-postes français en eussent eu le moindre soupçon. Surpris à quatre heures du matin par les deux divisions autrichiennes qui, masquées par le village de San-Gervasio, avaient atteint la rive droite de l'Adda sans être aperçues, les soldats chargés de défendre le château de Trezzo l'abandonnèrent et battirent en retraite ; les Autrichiens les poursuivirent jusqu'à Pozzo ; mais là les Français s'arrêtèrent tout à coup et firent volte-face : c'est qu'à Pozzo étaient le général Serrurier et les troupes qu'il ramenait de Lecco, et qu'ayant entendu derrière lui la canonnade, il s'était arrêté un instant, et, obéissant à la première loi de la guerre, il avait marché vers le bruit et vers la fumée : c'était donc lui qui ralliait la garnison de Trezzo et qui reprenait l'offensive, envoyant un de ses aides de camp à Moreau pour le prévenir de la manœuvre qu'il avait cru devoir faire.

Le combat s'engagea alors entre les troupes françaises et les troupes autrichiennes avec un acharnement inouï ; c'est que les vieux soldats de Bonaparte avaient pris, dans leurs premières campagnes d'Italie, une habitude à laquelle ils ne pouvaient renoncer : c'était de battre les sujets de sa majesté impériale partout où ils les rencontraient. Cependant la supériorité du nombre était telle, que les troupes commençaient à reculer, lorsque de grands cris poussés à l'arrière-garde annoncèrent un renfort : c'était le général Grenier qui, envoyé par Moreau, arrivait avec sa division au moment où sa présence était le plus nécessaire.

Une partie de la nouvelle division renforça les colonnes, doublant les masses du centre, tandis que l'autre s'étendit sur la gauche pour envelopper les généraux ennemis ; puis le tambour battit de nouveau sur toute la ligne, et nos grenadiers commencèrent à reconquérir le champ de bataille pris et repris deux fois. Mais en ce moment un renfort arrivait aux Autrichiens : c'était le marquis de Chasteler et sa division : le nombre se trouvait de nouveau du côté de l'ennemi. Grenier replia aussitôt son aile pour en renforcer le centre, et Serrurier, disposant sa retraite en échiquier, se replia sur Pozzo, où il attendit l'ennemi.

Ce fut sur ce point que se concentra le fort de la bataille ; trois fois le village de Pozzo fut pris et repris, jusqu'à ce qu'enfin, attaqués une quatrième fois par des forces doubles des leurs, les Français furent obligés de l'évacuer. Dans cette dernière attaque, un colonel autrichien fut blessé mortellement ; mais, en revanche, le général Beker, qui commandait l'arrière-garde française, n'ayant pas voulu battre en retraite avec ses soldats, fut entouré avec quelques hommes, et, après les avoir vus tomber les uns sur les autres autour de lui, fut forcé de rendre son épée à un jeune officier russe, du régiment de Semenofskoi, qui remit son prisonnier aux soldats qui le suivaient, et retourna aussitôt au combat.

Les deux généraux français avaient pris pour point de ralliement le village de Vaprio ; mais, dans le premier moment de désordre qu'avait jeté dans nos troupes l'évacuation de Pozzo, une charge si profonde avait été faite par la cavalerie autrichienne, que Serrurier se trouva séparé de son collègue, et fut forcé de se retirer, avec deux mille cinq cents hommes, sur Verderio, tandis que Grenier atteignait seul le point convenu et s'arrêtait à Vaprio pour faire de nouveau face à l'ennemi.

Pendant ce temps un combat terrible se livrait au centre. Mélas, avec dix-huit à vingt mille hommes, avait attaqué les postes fortifiés qui se trouvaient, comme nous l'avons dit, en tête du pont de Cassano et de Ritorto-Canale. Dès sept heures du matin et comme Moreau venait de se dégarnir de la division Grenier, Mélas, conduisant en personne trois bataillons de grenadiers autrichiens, avait attaqué les ouvrages avancés. Là, pendant deux heures, avait eu lieu un carnage terrible : repoussés trois fois, en laissant plus de quinze cents hommes au pied des fortifications, les Autrichiens étaient revenus trois fois à la charge, renforcés chaque fois de troupes fraîches, et toujours conduits et encouragés par Mélas, qui avait ses anciennes défaites à venger. Enfin, attaqués une quatrième fois, forcés dans leurs retranchements, les Français, en disputant le terrain pied à pied, vinrent s'abriter dans leur seconde enceinte, qui défendait la tête du pont même, et que commandait Moreau en personne. Là, pendant deux heures encore, on lutta homme contre homme, tandis qu'une artillerie terrible se renvoyait la mort presque bouche à bouche. Enfin, les Autrichiens, ralliés une dernière fois, s'avancèrent à la baïonnette, et, à défaut d'échelles ou de brèche, empilant contre les fortifications les corps de leurs camarades tués, ils parvinrent à escalader le parapet. Il n'y avait pas un instant à perdre ; Moreau ordonna la retraite, et tandis que les Français repassaient l'Adda, il protégea de sa personne leur passage avec un seul bataillon de grenadiers, dont, au bout d'une demi-heure, il ne lui restait plus que cent vingt hommes. Trois de ses aides de camp, en outre, avaient été tués à ses côtés. Mais la retraite s'était opérée sans désordre ; il se retira alors à son tour, faisant toujours face à l'ennemi, qui mettait le pied sur le pont au moment où il atteignait l'autre rive. A l'instant même les Autrichiens s'élancèrent à sa poursuite ; mais tout à coup un bruit terrible se fit entendre, dominant celui de l'artillerie ; la deuxième arche du pont venait de sauter, emportant dans les airs tous ceux qui couvraient l'espace fatal ; chacun recula de son côté, et dans l'espace laissé vide on vit retomber, comme une pluie, des débris d'hommes et de pierres.

Mais, à l'instant même où Moreau venait de mettre un obstacle momentané entre lui et Mélas, il vit arriver en désordre le corps d'armée du général Grenier, qui avait été forcé d'évacuer Vaprio, et qui fuyait poursuivi par l'armée austro-russe de Zopf, d'Ott et de Chasteler. Moreau ordonna un changement de front, et faisant face à ce nouvel ennemi qui lui tombait sur les bras au moment où il s'y attendait le moins, il parvint à rallier les troupes de Grenier et à rétablir la bataille. Mais pendant qu'il se retournait contre lui, Mélas rétablissait le pont, et passait, à son tour, la rivière. Moreau se trouva attaqué en tête et sur ses deux flancs par des forces triples des siennes. Ce fut alors que tous les officiers qui l'entouraient le supplièrent de songer à sa retraite ; car du salut de sa personne dépendait pour la France la conservation de l'Italie. Moreau résista longtemps, car il comprenait les conséquences terribles de la bataille qu'il venait de perdre, et à laquelle il ne voulait pas survivre, quoiqu'il lui fût impossible de la gagner ; mais une troupe d'élite l'enveloppa, et, formant autour de lui un bataillon carré, recula, tandis que le reste de l'armée se faisait tuer pour protéger la retraite de celui dont le génie était regardé comme la seule espérance qui lui restât.

Le combat dura encore près de trois heures, pendant lesquelles l'arrière-garde de l'armée fit des prodiges. Enfin, Mélas, voyant que son ennemi lui était échappé et sentant que ses troupes, fatiguées d'une lutte opiniâtre, avaient besoin de repos, ordonna de cesser le combat, et s'arrêta sur la rive gauche de l'Adda, s'échelonnant dans les villages d'Imago, de Gorgonzola, et de Cassano, demeurant ainsi maître du champ de bataille, sur lequel nous laissions deux mille cinq cents morts, cent pièces de canon et vingt obusiers.

Le soir, Souvarow, ayant invité le général Beker à souper avec lui, lui demanda quel était celui qui l'avait fait prisonnier. Beker répondit que c'était un jeune officier du régiment qui était entré le premier dans Pozzo ; Souvarow s'informa aussitôt quel était ce régiment ; on lui répondit que c'était celui de Semenofskoi ; le général en chef ordonna alors qu'on fît des recherches pour connaître le nom de ce jeune homme. Un instant après, on annonçait le sous-lieutenant Fœdor Romayloff. Il venait apporter à Souvarow l'épée du général Beker. Souvarow le retint à souper avec lui et son prisonnier.

Le lendemain, Fœdor écrivait à son protecteur :

« J'ai tenu ma parole, je suis lieutenant, et le feld-maréchal Souvarow a demandé pour moi à sa majesté Paul 1er l'ordre de Saint-Vladimir. »

Le 28 avril, Souvarow entrait à Milan, que Moreau venait d'abandonner pour se retirer derrière le Tésin, et faisait appliquer sur tous les murs de cette capitale la proclamation suivante, qui peint admirablement l'esprit du héros moscovite :

« L'armée victorieuse de l'empereur apostolique et romain est ici : elle combat uniquement pour le rétablissement de la sainte religion, du clergé, de la noblesse, et de l'antique gouvernement d'Italie.

» Peuples, unissez-vous à nous pour Dieu et pour la foi ; car nous sommes arrivés avec une armée à Milan et à Plaisance pour vous secourir. »

Les victoires si chèrement achetées de la Trebia et de Novi succédèrent à celle de Cassano, et laissèrent Souvarow tellement affaibli, qu'il ne put profiter de ses avantages ; d'ailleurs, au moment où le général russe allait se remettre en route, un nouveau plan arriva, envoyé par le conseil aulique de Vienne. Les puissances alliées avaient décrété l'envahissement de la France, et, désignant à chaque général la route qu'il devait suivre pour accomplir ce nouveau plan, avaient décidé que Souvarow entrerait en France par la Suisse, et que l'archiduc lui céderait ses positions et se rabattrait sur le Bas-Rhin. Les troupes avec lesquelles Souvarow, laissant Moreau et Macdonald en face des Autrichiens, devait désormais opérer contre Massena, étaient trente mille Russes qu'il avait avec lui sous les armes ; trente mille autres, détachés de l'armée de réserve que le comte de Tolstoy commandait en Gallicie, et qui devaient être amenés en Suisse par le général Korsakoff ; vingt-cinq à trente mille Autrichiens commandés par le général Hotze ; enfin, cinq à six mille émigrés français, sous la conduite du prince de Condé ; en tout quatre-vingt-dix à quatre-vingt-quinze mille hommes.

Fœdor avait été blessé en entrant à Novi ; mais Souvarow avait couvert sa blessure avec une seconde croix, et le grade de capitaine avait hâté sa convalescence ; de sorte que le jeune officier, plus heureux encore que fier du nouveau degré militaire qu'il venait de conquérir, se trouva en état de suivre l'armée lorsque le 13 septembre elle commença son mouvement vers Salvedra, et commença de pénétrer avec son général dans la vallée du Tésin.

Tout avait bien été jusque alors, et tant qu'il était demeuré dans les riches et belles plaines de l'Italie, Souvarow n'avait eu qu'à se louer du courage et du dévouement de ses soldats ; mais lorsque aux champs fertiles de la Lombardie, arrosés par de belles rivières aux doux noms, ils virent succéder les âpres chemins de la Levantine et se dresser devant eux, couvertes de neiges éternelles, les cimes sourcilleuses du Saint-Gothard, alors l'enthousiasme s'éteignit, l'énergie disparut, et de sombres pressentiments s'emparèrent du cœur de ces sauvages enfants du Nord. Des murmures inattendus coururent sur toute la ligne ; puis tout à coup l'avant-garde s'arrêta, déclarant qu'elle ne voulait pas aller plus loin. En vain Fœdor, qui commandait une compagnie, pria, supplia ses soldats de se séparer de leurs camarades et de donner l'exemple en marchant les premiers ; les soldats de Fœdor jetèrent leurs armes et se couchèrent à côté d'elles. Au moment où ils venaient de donner cette preuve d'insubordination, de nouveaux murmures s'élevèrent à la queue de l'armée, s'approchant comme une tempête : c'était Souvarow qui passait de l'arrière-garde à l'avant-garde, et qui arrivait, accompagné de cette terrible preuve de mutinerie et d'insubordination qu'il soulevait sur toute la ligne à mesure qu'il passait devant elle. Lorsqu'il arriva en tête de la colonne, ces murmures devinrent des imprécations.

Alors Souvarow s'adressa à ses soldats avec cette éloquence sauvage à laquelle il devait les miracles qu'il avait opérés avec eux. Mais les cris de *la retraite ! la retraite !* couvrirent sa voix. Alors il fit prendre les plus mutins et les fit frapper du bâton jusqu'à ce qu'ils succombassent sous ce honteux supplice. Mais les châtiments n'eurent pas plus d'influence que les exhortations, et les cris continuèrent. Souvarow vit que tout était perdu, s'il n'employait pas, pour ramener les factieux, quelque moyen puissant et inattendu. Il s'avança vers Fœdor.

— Capitaine, lui dit-il, laissez là ces drôles : prenez huit sous-officiers, et creusez une fosse.

Fœdor, étonné, regarda son général, comme pour lui demander l'explication de cet ordre étrange.

— Faites ce que j'ai commandé, dit Souvarow.

Fœdor obéit, les huit sous-officiers se mirent à la besogne. Dix minutes après, la fosse était creusée, au grand étonnement de toute l'armée, qui était réunie en demi-cercle, s'échafaudant sur les deux montagnes qui bordaient la route, comme sur les gradins d'un vaste amphithéâtre.

Alors Souvarow descendit de cheval, brisa son sabre et le jeta dans la fosse ; il détacha, l'une après l'autre, ses épaulettes, et les jeta avec son sabre ; puis il arracha les décorations qui lui couvraient la poitrine et les jeta avec son sabre et ses épaulettes ; enfin, se mettant nu, il s'y coucha lui-même à son tour, criant à haute voix : — Couvrez-moi de terre, abandonnez ici votre général ! Vous n'êtes plus mes enfants, je ne suis plus votre père : il ne me reste qu'à mourir.

A ces mots étranges, qui furent prononcés d'une voix si puissante qu'ils avaient été entendus de toute l'armée, les grenadiers russes se jetèrent dans la fosse en pleurant, et enlevèrent leur général dans leurs bras, en lui demandant pardon et en le suppliant de les conduire à l'ennemi.

— A la bonne heure ! cria Souvarow, je reconnais mes enfants. A l'ennemi ! à l'ennemi !

Ce ne furent point des cris, mais des hurlements, qui répondirent à ces paroles. Souvarow se rhabilla, et pendant qu'il se rhabillait, les plus mutins, se traînant sur la poussière, venaient lui baiser les pieds. Puis, lorsque ses épaulettes furent reboutonnées à ses épaules, lorsque ses croix brillèrent de nouveau sur sa poitrine, il remonta à cheval, suivi de l'armée, dont tous les soldats juraient d'une seule voix de mourir jusqu'au dernier plutôt que d'abandonner leur père.

Le même jour, Souvarow attaque Aerolo ; mais les mauvais jours commençaient à naître, et le vainqueur de Cassano, de la Trebia et de Novi avait laissé la fortune lassée dans les plaines de l'Italie. Pendant douze heures six cents Français arrêtèrent trois mille grenadiers russes sous les murs de la ville, si bien que la nuit arriva sans que Souvarow eût pu les en chasser. Le lendemain, il fait marcher toutes ses troupes pour envelopper cette poignée de braves ; mais le ciel se couvre, et bientôt le vent chasse une pluie froide au visage des Russes. Les Français profitent de cette circonstance pour battre en retraite, évacuent la vallée d'Urseren, passent la Reuss, et vont se mettre en bataille sur les hauteurs de la Fourca et du Grimsel. Mais une partie du but de l'armée russe est atteinte, le Saint-Gothard est à elle. Il est vrai qu'aussitôt qu'elle s'en éloignera les Français le reprendront et lui fermeront la retraite ; mais qu'importe à Souvarow ? n'est-il pas habitué à marcher toujours en avant ?

Il marche donc sans s'inquiéter de ce qu'il laisse derrière lui, gagne Andermatt, franchit le Trou d'Ury, et trouve Lecourbe gardant avec quinze cents hommes les défilés du Pont-au-Diable.

Là la lutte recommence ; pendant trois jours quinze cents Français arrêtent trente mille Russes. Souvarow rugit comme un lion enveloppé dans des filets, car il ne comprend plus rien à sa fortune. Enfin, le quatrième jour, il apprend que le général Korsakoff, qui l'a précédé et qu'il doit rejoindre, s'est fait battre par Molitor, et que Massena a repris Zurich et occupe le canton de Glaris. Alors il renonce à suivre la vallée de la Reuss, et écrit à Korsakoff et à Jallachich : « J'accours pour réparer vos fautes ; tenez ferme comme des murailles ; vous me répondez sur votre tête de chaque pas que vous ferez en arrière. » L'aide de camp était, en outre, chargé de communiquer aux généraux russes et autrichiens un plan de bataille verbal : c'était l'ordre aux généraux Linsken et Jallachich d'attaquer les troupes françaises chacun de son côté, et d'opérer leur jonction dans la vallée de Glaris, où Souvarow lui-même devait descendre par le Klon-Thal, pour enfermer Molitor entre deux murailles de fer.

Souvarow était si sûr que ce plan devait réussir, qu'en arrivant sur les bords du lac de Klon-Thal, il envoya un parlementaire pour sommer Molitor de se rendre, attendu, lui dit-il, qu'il était entouré de tous côtés. Molitor fit répondre alors au maréchal que le rendez-vous donné par lui à ses généraux était manqué, attendu qu'il les avait battus l'un après l'autre et repoussés dans les Grisons ; mais qu'en revanche, comme Massena s'avançait par Muotta, c'était lui, Souvarow, qui se trouvait entre deux feux : en conséquence, Molitor le sommait de mettre bas les armes.

En écoutant cette étrange réponse, Souvarow crut qu'il faisait un rêve ; mais bientôt revenant à lui, et comprenant le danger qu'il y avait à rester dans les défilés où il se trouvait, il se précipita sur le général Molitor : celui-ci le reçut à la pointe de ses baïonnettes, et là, fermant le défilé, il contint pendant huit heures, avec douze cents hommes, quinze à dix-huit mille Russes. Enfin, la nuit venue, Molitor évacua le Klon-Thal, et se retira sur la Linth pour défendre les ponts de Nœfels et de Mollis. Le vieux maréchal se répandit alors comme un torrent sur Glaris et Mitlodi, et là il apprit que Molitor lui avait dit la vérité ; que Jallachich et Linsken étaient battus et dispersés ; que Massena s'avançait sur Schwitz, et que le général Rosenberg, à qui il avait confié la défense du pont de Muotta, avait été forcé de se replier ; de sorte qu'il allait bien véritablement se trouver lui-même dans la position où il avait cru mettre Molitor.

Il n'y avait pas de temps à perdre pour battre en retraite : Souvarow se jeta dans les défilés d'Engi, de Schwauden et d'Elm, précipitant tellement sa marche, qu'il abandonna ses blessés et une partie de son artillerie. Aussitôt les Français se lancèrent à sa poursuite, le joignant tantôt dans les précipices, tantôt dans les nuages. Alors on vit des armées tout entières passer là où des chasseurs de chamois ôtaient leurs souliers, marchaient pieds nus, et s'aidaient de leurs mains pour ne pas tomber ; trois peuples venus de trois points différents s'étaient donné rendez-vous au-dessus de la demeure des aigles, comme pour rendre de plus près Dieu juge de la justice de leur cause. Alors il y eut des instants où toutes ces montagnes glacées se changèrent en volcans, où les cascades descendirent sanglantes dans la vallée, et où roulèrent jusqu'au plus profond des précipices des avalanches humaines ; si bien que la mort fit une telle moisson, là où la vie n'était jamais parvenue, que les vautours, devenus dédaigneux par abondance, ne prenaient plus, disent par tradition les paysans de ces montagnes, que les yeux des cadavres pour les porter à leurs petits.

Enfin Souvarow parvint à rallier ses troupes dans les environs de Lindeau, et rappela à lui Korsakoff, qui occupait encore le poste de Bregenz ; mais toutes ses troupes réunies ne s'élevaient plus qu'à trente mille hommes ; c'était le reste de quatre-vingt mille que Paul Ier avait fournis pour son contigent dans la coalition : c'est qu'en quinze jours trois corps d'armée, dont chacun était plus nombreux que toute l'armée de Masséna, avaient été battus par cette armée. Aussi Souvarow, furieux d'avoir été vaincu par ces mêmes républicains dont il avait annoncé d'avance l'extermination, s'en prit-il aux Autrichiens de sa défaite, et déclara-t-il qu'il attendrait, avant de rien entreprendre pour la coalition, les ordres de l'empereur, auquel il venait de faire connaître la trahison de ses alliés.

La réponse de Paul Ier fut qu'il eût à faire reprendre à ses soldats le chemin de la Russie, et à revenir lui-même au plus vite à Saint-Pétersbourg, où l'attendait une entrée triomphale ; le même ukase portait que Souvarow serait logé le reste de sa vie au palais impérial, enfin qu'il lui serait élevé un monument sur une des places publiques de Saint-Pétersbourg.

Fœdor allait donc revoir Vaninka. Partout où il y avait eu un danger à courir dans les plaines d'Italie, dans les gorges du Tesin, sur les glaces du mont Pragel, il s'y était précipité un des premiers, et parmi les noms cités comme dignes de récompenses, son nom s'était trouvé toutes les fois : or Souvarow était trop brave lui-même pour être prodigue de pareils honneurs quand ils n'étaient pas mérités. Il revenait donc, comme il l'avait promis, digne de l'intérêt de son noble protecteur, et, qui sait ? peut-être de l'amour de Vaninka. D'ailleurs le maréchal l'avait pris en amitié, et nul ne pouvait savoir où pouvait conduire l'amitié de Souvarow, que Paul Ier honorait à l'égal d'un guerrier antique.

Mais nul ne pouvait se reposer sur Paul Ier, dont le caractère était un composé de mouvements extrêmes ; aussi, sans avoir démérité en rien de son maître, sans savoir d'où lui venait cette disgrâce, Souvarow reçut, en arrivant à Riga, une lettre du conseiller privé, qui lui signifiait, au nom de l'empereur, qu'ayant toléré chez ses soldats une infraction à une loi disciplinaire, l'empereur lui ôtait tous les honneurs dont il était revêtu et lui défendait de se présenter devant lui.

Une semblable nouvelle fut un coup de foudre pour le vieux guerrier, déjà ulcéré des revers qu'il venait d'éprouver, et qui, pareils à ces orages du soir, venaient ternir une splendide journée. En conséquence, il assembla tous ses officiers sur la place de Riga, prit congé d'eux en pleurant, et comme un père qui quitte sa famille ; puis ayant embrassé les généraux et les colonels, serré la main aux autres, il leur dit encore une fois adieu, les laissant libres de suivre sans lui leur destination, et se jetant dans un traîneau, il marcha nuit et jour, arriva incognito dans cette capitale où il devait entrer en triomphateur, se fit conduire dans un quartier éloigné, chez une de ses nièces, où quinze jours après il mourut, le cœur brisé de douleur.

De son côté, Fœdor avait fait presque la même diligence que son maréchal, et comme lui était entré dans Saint-Pétersbourg, sans qu'aucune lettre le précédât ni annonçât son arrivée ; comme Fœdor n'avait aucun parent dans la capitale, et que d'ailleurs sa vie entière était concentrée sur une seule personne, il se fit conduire droit à la perspective de Niewski, dont la maison du général, située au bord du canal Catherine, faisait l'angle ; puis, arrivé là, sautant à bas de sa voiture, il s'élança dans la cour, monta en bondissant le perron, ouvrit la porte de l'antichambre, et tomba inattendu au milieu des valets et des officiers inférieurs de la maison, qui jetèrent un cri de surprise en l'apercevant. Il demanda où était le général ; on lui répondit en lui montrant la porte de la salle à manger : il était là et déjeunait avec sa fille.

Alors, par une réaction étrange, Fœdor sentit que les jambes lui manquaient, et s'appuya contre le mur, pour ne pas tomber. Au moment de revoir Vaninka, cette âme de son âme, pour laquelle seule il avait tant fait de choses, il frémit de ne pas la retrouver telle qu'il l'avait quittée. Mais en ce moment même la porte de la salle à manger s'ouvrit, et Vaninka parut ; en apercevant le jeune homme, elle jeta un cri, et se retournant vers le général : — Mon père, c'est Fœdor, dit-elle avec cette expression instantanée qui ne permet pas que celui qui l'entend se trompe au sentiment qui l'a inspirée. — Fœdor ! s'écria le général en s'élançant et en tendant les bras. Fœdor était attendu ou aux pieds de Vaninka, ou sur le cœur de son père ; il comprit que le premier moment devait être au respect et à la reconnaissance, et se précipita dans les bras du général. Agir autrement, c'était avouer son amour ; et avait-il le droit d'avouer cet amour avant de savoir s'il était partagé ?

Fœdor se retourna, et, comme à l'heure où il était parti, mit un genou en terre devant Vaninka ; mais un moment avait suffi à l'altière jeune fille pour faire refluer jusqu'au plus profond de son cœur les sentiments qu'elle avait éprouvés ; la rougeur qui avait passé sur son front, pareille à une flamme, avait disparu, et elle était redevenue la froide et altière statue d'albâtre, œuvre d'orgueil commencée par la

nature et achevée par l'éducation. Fœdor baisa sa main, sa main était tremblante, mais glacée ; Fœdor sentit le cœur lui manquer, et crut qu'il allait mourir.

— Eh bien, Vaninka, dit le général, pourquoi es-tu si froide pour un ami qui nous a causé à la fois tant de terreur et tant de joie ? Allons, Fœdor, embrasse ma fille.

Fœdor se releva suppliant, mais demeura immobile en attendant qu'une autre permission vînt confirmer celle du général.

— N'avez-vous pas entendu mon père ? dit Vaninka en souriant, mais cependant sans avoir assez de puissance sur elle-même pour éteindre l'émotion qui vibrait au fond de sa voix.

Fœdor approcha ses lèvres des joues de Vaninka, et comme il tenait en même temps sa main, il lui sembla que, par un mouvement nerveux et indépendant de sa volonté, cette main avait légèrement serré la sienne ; un faible cri de joie était près de s'échapper de sa poitrine, lorsqu'en jetant les yeux sur Vaninka, ce fut lui qui fut effrayé à son tour de sa pâleur ; ses lèvres surtout étaient blanches comme si elle était morte.

Le général fit asseoir Fœdor à table, Vaninka reprit sa place, et comme par hasard elle était à contre-jour, le général, qui n'avait aucun soupçon, ne s'aperçut de rien.

Le déjeuner, comme on le pense bien, se passa à faire et à écouter le récit de cette campagne étrange qui avait commencé sous le soleil ardent de l'Italie et avait été finir dans les glaces de la Suisse. Comme il n'y a point à Saint-Pétersbourg de journaux qui disent autre chose que ce que l'empereur permet de dire, on avait bien appris les succès de Souvarow, mais on ignorait ses revers ; Fœdor raconta les uns avec modestie, et les autres avec franchise.

On devine l'intérêt immense que prit le général à un récit pareil fait par Fœdor ; ses deux épaulettes de capitaine, sa poitrine couverte de décorations, prouvaient que le jeune homme accomplissait un acte d'humilité en s'oubliant lui-même dans la narration qu'il venait de faire : mais le général, trop généreux pour craindre de partager la disgrâce de Souvarow, avait déjà fait une visite au feld-maréchal mourant, et avait appris de lui avec quel courage s'était conduit son jeune protégé. Lorsque celui-ci eut achevé son récit, ce fut donc au tour du général d'énumérer tout ce qu'avait fait de bien Fœdor, dans une campagne de moins d'un an ; puis, cette énumération finie, il ajouta que dès le lendemain il allait demander à l'empereur de prendre le jeune capitaine pour son aide de camp. Fœdor, à ces mots, voulut se jeter aux genoux du général ; mais celui-ci le reçut une seconde fois dans ses bras, et pour lui donner une preuve de la certitude qu'il avait de réussir, le général lui désigna le jour même le logement qu'il devait occuper dans la maison.

En effet, le lendemain le général revint du palais Saint-Michel, annonçant cette heureuse nouvelle que sa demande lui était accordée.

Fœdor était au comble de la joie : à compter de ce moment, il était commensal du général en attendant qu'il fît partie de sa famille. Vivre sous le même toit que Vaninka, la voir à toute heure, la rencontrer à chaque instant dans une même chambre, la voir passer comme une apparition au bout d'un corridor, se trouver deux fois par jour avec elle à la même table, c'était plus que Fœdor n'avait jamais espéré ; aussi crut-il d'abord que ce bonheur lui suffirait.

De son côté, Vaninka, si fière qu'elle fût, avait été prise au fond du cœur d'un vif intérêt pour Fœdor ; puis il était parti lui laissant la certitude qu'il l'aimait, et pendant son absence, son orgueil de femme s'était nourri de la gloire que le jeune officier acquérait, dans l'espoir de rapprocher la distance qui le séparait d'elle ; de sorte que lorsqu'elle l'avait vu revenir ayant franchi une partie de cette distance, elle avait senti, aux battements de son cœur, que son orgueil satisfait venait de se changer en un sentiment plus tendre, et que, de son côté, elle aimait Fœdor autant qu'il lui était possible d'aimer ; elle n'en avait pas moins, comme nous l'avons dit, renfermé ces sentiments dans leur enveloppe glacée ; car Vaninka était ainsi faite, elle voulait bien dire un jour à Fœdor qu'elle l'aimait ; mais, jusqu'au jour où il lui plairait de le dire, elle ne voulait pas que le jeune homme devinât qu'il était aimé.

Les choses durèrent ainsi pendant quelques mois, et cet état, qui avait paru à Fœdor le suprême bonheur, lui sembla bientôt un affreux supplice. En effet, aimer à sentir son cœur toujours prêt à déborder d'amour, être du matin au soir en face de celle qu'on aime, à table rencontrer sa main, dans un corridor étroit toucher sa robe, quand on entre dans un salon, ou lorsqu'on sort d'un bal, la sentir s'appuyer sur son bras, et sans cesse être forcé de contraindre son visage à ne rien laisser paraître des émotions de son cœur, il n'y a pas de volonté humaine qui puisse résister à une pareille lutte ; aussi Vaninka vit-elle que Fœdor n'aurait plus la force de garder longtemps son secret, et résolut-elle d'aller au-devant d'un aveu qu'elle voyait sans cesse près de s'échapper de son cœur.

Un jour qu'ils se trouvaient seuls, et qu'elle voyait les efforts inutiles que faisait le jeune homme pour lui cacher ce qu'il éprouvait, elle alla droit à lui, et le regardant fixement :

— Vous m'aimez, Fœdor ? lui dit-elle.

— Pardon ! pardon ! s'écria le jeune homme en joignant les mains.

— Pourquoi me demander pardon, Fœdor? Votre amour n'est-il pas pur?

— Oh! oui! oui! mon amour est pur, d'autant plus pur qu'il est sans espoir.

— Et pourquoi sans espoir? demanda Vaninka; mon père ne vous aime-t-il pas comme un fils?

— Oh! que me dites-vous là? s'écria Fœdor; comment, si votre père m'accordait votre main, vous consentiriez donc?...

— N'êtes-vous pas noble de cœur et noble de race, Fœdor? Vous n'avez pas de fortune, c'est vrai; mais je suis assez riche pour deux.

— Alors, mais alors, je ne vous suis donc pas indifférent?

— Je vous préfère du moins à tous ceux que j'ai vus.

— Vaninka! — la jeune fille fit un mouvement d'orgueil. — Pardon! reprit Fœdor, que faut-il que je fasse? ordonnez; je n'ai pas de volonté en face de vous; je crains que chacun de mes sentiments ne vous blesse: guidez-moi, j'obéirai.

— Ce que vous avez à faire, Fœdor, c'est de demander le consentement de mon père.

cet amour si vrai, si constant et si passionné que le jeune homme éprouvait pour sa fille; quand il lui eut dit que cet amour était le mobile de ces actions glorieuses dont il l'avait loué si souvent, le général lui tendit la main, et, presque aussi ému que lui, il lui dit que pendant son absence, ignorant cet amour qu'il emportait avec lui, et dont il n'avait reconnu aucune trace chez Vaninka, il avait, sur l'invitation de l'empereur, engagé sa parole avec le fils du conseiller privé. La seule chose qu'avait demandée le général, c'était de ne point se séparer de sa fille avant qu'elle eût atteint l'âge de dix-huit ans: Vaninka n'avait donc plus que cinq mois à rester sous le toit paternel.

Il n'y avait rien à répondre à cela: en Russie, un désir de l'empereur est un ordre, et du moment où il est exprimé, nul n'a la pensée même de le combattre. Cependant, ce refus avait empreint un tel désespoir sur le visage du jeune homme, que le général, touché de cette peine silencieuse et résignée, lui tendit les bras; Fœdor s'y précipita en éclatant en sanglots; alors le général l'interrogea sur sa fille; mais Fœdor répondit, comme il avait promis de le faire, que Vaninka ignorait tout, et que la démarche venait de lui seul: cette assurance ren-

Vaninka lui fit respirer des sels: tout fut inutile. — Page 291.

— Ainsi, vous m'autorisez à cette démarche?

— Oui, mais à une condition.

— Laquelle? oh! parlez! parlez!

— C'est que mon père, quelle que soit sa réponse, n'apprendra jamais que vous vous présentez à lui autorisé par moi; c'est que nul ne saura que vous suivez les instructions que je vous donne; c'est que tout le monde ignorera l'aveu que je viens de vous faire; c'est, enfin, que vous ne me demanderez pas, quelque chose qui arrive, de vous seconder autrement que de mes vœux.

— Tout ce que vous voudrez! s'écria Fœdor; oh! oui, je ferai tout ce que vous voudrez! Ne m'accordez-vous pas mille fois plus que je n'osais espérer? et votre père me refusât-il, eh bien, ne saurai-je pas, moi, que vous prendrez votre part de ma douleur?

— Oui; mais il n'en sera pas ainsi, je l'espère, dit Vaninka en tendant au jeune officier une main qu'il baisa ardemment; ainsi donc, espoir et courage!

Et Vaninka sortit, laissant, toute femme qu'elle était, le jeune officier cent fois plus tremblant et plus ému qu'elle.

Le même jour, Fœdor demanda un entretien au général.

Le général reçut son aide de camp, comme il avait coutume de le faire, d'un visage ouvert et riant; mais aux premiers mots que prononça Fœdor, son visage se rembrunit. Cependant, à la peinture de

dit un peu de calme au général; il avait craint de faire deux malheureux.

A l'heure du dîner, Vaninka descendit et trouva son père seul. Fœdor n'avait point eu le courage d'assister au repas, et de se retrouver, au moment où il venait de perdre tout espoir, en face du général et de sa fille, il avait pris un traîneau et s'était fait conduire aux environs de la ville. Pendant tout le temps que dura le dîner, à peine si le général et Vaninka échangèrent une parole; mais, si expressif que fût ce silence, Vaninka commanda à sa physionomie avec sa puissance habituelle, et le général seul parut triste et abattu.

Le soir, comme elle allait descendre pour prendre le thé, on vint le lui apporter dans sa chambre, en lui disant que le général s'était senti fatigué, et s'était retiré dans ses appartements. Vaninka fit quelques questions sur la nature de son indisposition; puis, ayant appris qu'elle n'offrait aucun symptôme inquiétant, elle chargea le valet de chambre qui lui donnait cette nouvelle de reporter à son père l'expression de son respect, lui faisant dire qu'elle se mettait à ses ordres, s'il avait besoin de quelqu'un ou de quelque chose: le général fit répondre à sa fille qu'il la remerciait, mais n'avait pour le moment besoin que de solitude et de repos. Vaninka dit que de son côté elle allait se renfermer chez elle: le valet de chambre se retira. A peine fut-

Paris. — Typ. de V⁰ Dondey-Dupré, rue St-Louis, 46, au Marais.

il sorti, que Vaninka donna l'ordre à Annouschka, sa sœur de lait, qui remplissait auprès d'elle les fonctions de suivante, de guetter le retour de Fœdor, et de venir la prévenir aussitôt qu'il serait rentré.

A onze heures du soir, les portes de l'hôtel se rouvrirent. Fœdor descendit de traîneau, et monta aussitôt à son appartement, où il se jeta sur un divan, écrasé sous le poids de ses propres pensées ; à minuit, il entendit frapper à sa porte, il se leva tout étonné et alla ouvrir : c'était Annouschka qui venait lui dire de la part de sa maîtresse de passer à l'instant même chez elle. Si étonné qu'il fût de ce message, auquel il était loin de s'attendre, Fœdor obéit.

Il trouva Vaninka assise et vêtue d'une robe blanche, et comme elle était plus pâle encore que d'habitude, Fœdor s'arrêta à la porte, car il lui semblait avoir vu une statue toute préparée pour un tombeau.

— Venez, dit Vaninka d'une voix dans laquelle il était impossible de distinguer la moindre émotion.

Fœdor s'approcha, attiré par cette voix, comme le fer l'est par l'aimant. Annouschka ferma la porte derrière lui.

— Eh bien ! dit Vaninka, que vous a répond umon père ?

Fœdor lui raconta tout ce qui s'était passé : la jeune fille écouta ce récit d'un regard impassible ; seulement ses lèvres, qui étaient la seule partie de son visage où l'on pût encore reconnaître la présence du sang, devinrent blanches comme le peignoir qui l'enveloppait. Quant à Fœdor, il était, au contraire, dévoré par la fièvre, et paraissait presque insensé.

— Maintenant, quelle est votre intention ? dit Vaninka de la même voix glacée dont elle avait fait les autres questions.

— Vous me demandez quelle est mon intention, Vaninka ! que voulez-vous donc que je fasse, et que me reste-t-il donc à faire, si ce n'est, pour ne pas reconnaître les bontés de mon protecteur par quelque lâcheté infâme, de fuir Saint-Pétersbourg et d'aller me faire tuer dans le premier coin de la Russie où il éclatera une guerre ?

— Vous êtes un fou, — dit Vaninka avec un sourire où l'on pouvait

Se haussant sur la pointe des pieds il fit flamboyer le knout au-dessus de sa tête. — Page 283.

reconnaître un singulier mélange de triomphe et de mépris ; car, de ce moment, elle sentait sa supériorité sur Fœdor, et comprenait qu'elle allait diriger en reine le reste de sa vie.

— Alors, s'écria le jeune officier, guidez-moi, ordonnez ; ne suis-je pas votre esclave ?

— Il faut rester, dit Vaninka.

— Rester !

— Oui, c'est d'une femme ou d'un enfant de s'avouer ainsi vaincu au premier coup ; un homme, s'il mérite vraiment ce nom, un homme lutte.

— Lutter ! et contre qui ? contre votre père ? jamais !...

— Qui vous parle de lutter contre mon père ? c'est contre les événements qu'il faut se raidir, car le commun des hommes ne dirige pas les événements, mais, au contraire, est entraîné par eux. Ayez l'air, aux yeux de mon père, de combattre votre amour ; qu'il croie que vous vous en êtes rendu maître ; comme je suis censée ignorer votre démarche, on ne se défiera pas de moi, je demanderai deux ans, et je les obtiendrai. Qui sait les événements qui sont cachés dans ces deux

années ? L'empereur peut mourir, celui qu'on me destine peut mourir, mon père lui-même, et que Dieu le protége ! mon père lui-même peut mourir !...

— Mais si l'on exige de vous ?

— Si l'on exige de moi ! interrompit Vaninka, — et une vive rougeur s'élança à ses joues pour disparaître aussitôt, — et qui donc exigerait quelque chose de moi ? Mon père, il m'aime trop pour cela ; l'empereur, il a dans sa famille même assez de sujets d'inquiétudes pour ne pas porter le trouble dans celle des autres ; d'ailleurs, il me restera toujours une ressource dernière, quand toutes les ressources seront épuisées : la Newa coule à trois cents pas d'ici, et ses eaux sont profondes.

Fœdor jeta un cri ; car il y avait dans le plissement du front et dans les lèvres serrées de la jeune fille un tel caractère de résolution, qu'il comprit la possibilité de briser cette enfant, mais non pas celle de la faire plier.

Cependant le cœur de Fœdor était trop en harmonie avec le plan que proposait Vaninka, pour que, ses objections levées, il en cherchât de nouvelles. D'ailleurs, eût-il eu ce courage, la promesse que lui fit Vaninka de le dédommager en secret de la dissimulation qu'il était obligé de s'imposer en public eût vaincu ses derniers scrupules ; puis, Vaninka, par son caractère arrêté, et par son éducation d'accord avec son caractère, avait, il faut le dire, sur tout ce qui l'entourait, et même sur le général, une influence à laquelle, sans s'en rendre compte, chacun obéissait. Fœdor souscrivit donc comme un enfant à tout ce qu'elle exigeait, et l'amour de la jeune fille s'augmenta de sa volonté combattue et de son orgueil satisfait.

C'était quelques jours après cette décision nocturne, arrêtée dans la chambre de Vaninka, qu'avait eu lieu, pour une légère faute, l'exécution à laquelle nous avons fait assister nos lecteurs, et dont Grégoire avait été victime, sur la plainte qu'avait portée Vaninka à son père.

Fœdor, qui, en sa qualité d'aide de camp, avait dû présider à la punition de Grégoire, n'avait point fait autrement attention aux paroles de menace que l'esclave avait prononcées en se retirant. Ivan le cocher, après avoir été bourreau, s'était fait médecin, et avait appliqué sur les épaules déchirées du patient les compresses d'eau et de sel qui devaient les cicatriser. Grégoire était resté à l'infirmerie trois jours, pendant lesquels il avait retourné dans son esprit tous les moyens possibles d'arriver à une vengeance ; puis, comme au bout de trois jours il était guéri, il avait repris son service, et, excepté lui, chacun avait oublié bientôt tout ce qui s'était passé ; il y a même plus, si Grégoire avait été un vrai Russe, il eût bientôt oublié lui-même cette punition, trop familière aux rudes enfants de la Moscovie pour qu'ils en gardent une longue et rancuneuse mémoire ; mais Grégoire, comme nous l'avons dit, avait du sang grec dans les veines ; il dissimula et se souvint.

Quoique Grégoire fût un esclave, les fonctions qu'il remplissait auprès du général l'avaient amené peu à peu à une familiarité plus grande que celle dont jouissaient les autres serviteurs. D'ailleurs, dans tous les pays du monde, les barbiers ont de grands priviléges auprès de ceux qu'ils rasent : cela vient peut-être de ce que l'on est instinctivement moins fier envers un homme qui tient chaque jour pendant dix minutes votre existence entre ses mains. Grégoire jouissait donc des immunités de sa profession, et il arrivait presque toujours que la séance quotidienne que le barbier faisait auprès du général se passait dans une conversation dont il faisait tous les frais.

Un jour que le général devait assister à une revue, il avait appelé Grégoire avant le jour, et comme celui-ci lui passait, le plus doucement qu'il lui était possible, le rasoir sur la joue, la conversation tomba, ou plutôt fut conduite, sur Fœdor, et le barbier en fit le plus grand éloge, ce qui amena tout naturellement son maître à lui demander, en se souvenant intérieurement de la correction que lui avait fait administrer le jeune aide de camp, s'il ne trouvait pas, à celui qu'il présentait comme le modèle de la perfection, quelque léger défaut qui fît ombre à de si grandes et de si belles qualités.

Grégoire répondit qu'à l'exception de l'orgueil, il croyait Fœdor irréprochable.

— L'orgueil? demanda le général étonné, c'est le vice dont je le croyais le plus exempt.

— J'aurais dû dire l'ambition, répondit Grégoire.

— Comment, l'ambition? continua le général; mais il me semble qu'il n'a pas fait preuve d'ambition en entrant à mon service; car, après la manière dont il s'était conduit dans la dernière campagne, il pouvait facilement aspirer à l'honneur de faire partie de la maison de l'empereur.

— Oh! il y a ambition et ambition, dit en souriant Grégoire; les uns ont l'ambition d'un poste élevé, les autres celle d'une illustre alliance; les uns veulent tout devoir à eux-mêmes, les autres espèrent se faire un marche-pied de leur femme, et alors ils lèvent les yeux plus haut qu'ils ne devraient les lever.

— Que veux-tu dire? s'écria le général, commençant à comprendre où voulait en venir Grégoire.

— Je voulais dire, excellence, répondit celui-ci, qu'il y a bien des gens que les bontés qu'on a pour eux encouragent à oublier leur position, pour aspirer à une position plus élevée, quoiqu'ils soient déjà placés si haut que la tête leur tourne.

— Grégoire, s'écria le général, tu t'embarques là, crois-moi, dans une mauvaise affaire; car c'est une accusation que tu portes, et si je la reçois comme telle, il te faudra prouver ce que tu avances.

— Par saint Bazile! général, il n'y a si mauvaise affaire dont on ne se tire, lorsqu'on a la vérité pour soi; d'ailleurs, je n'ai rien dit dont je ne sois prêt à donner la preuve.

— Ainsi, s'écria le général, tu persistes à soutenir que Fœdor aime ma fille?

— Ah! dit Grégoire avec la duplicité de sa nation, ce n'est pas moi qui le dis : votre excellence, c'est vous; moi, je n'ai point nommé Mᴵˡᵉ Vaninka.

— Ce n'en est pas moins ce que tu as voulu dire, n'est-ce pas? Contre ton habitude, voyons, réponds franchement.

— C'est vrai, votre excellence, c'est ce que j'ai voulu dire.

— Et, selon toi, ma fille répond à cet amour, sans doute?

— J'en ai peur pour elle et pour vous, excellence.

— Et qui te fait croire cela? Parle.

— D'abord, M. Fœdor ne manque pas une occasion de parler à Mᴵˡᵉ Vaninka.

— Il est dans la même maison qu'elle, ne veux-tu pas qu'il la fuie?

— Lorsque Mᴵˡᵉ Vaninka rentre tard, et que par hasard M. Fœdor ne vous a pas accompagné, à quelque heure qu'il soit, M. Fœdor est là pour lui donner la main lorsqu'elle descend de voiture.

— Fœdor m'attend, et c'est son devoir, dit le général, commençant à croire que les soupçons de l'esclave n'étaient fondés que sur de légères apparences; il m'attend, continua-t-il, parce qu'à quelque heure du jour ou de la nuit que je rentre, je puis avoir des ordres à lui donner.

— Il ne se passe point de journée que M. Fœdor n'entre chez Mᴵˡᵉ Vaninka, quoique ce n'est pas l'habitude qu'une pareille faveur soit accordée à un jeune homme dans une maison comme celle de votre excellence.

— La plupart du temps c'est moi qui l'y envoie, dit le général.

— Oui, le jour, répondit Grégoire; mais..... la nuit?

— La nuit! s'écria le général en se levant debout, et en pâlissant de telle façon qu'au bout d'un instant il fut forcé de s'appuyer sur une table.

— Oui, la nuit, votre excellence, répondit tranquillement Grégoire;

et puisque j'ai commencé, comme vous le dites, à me faire une mauvaise affaire, eh bien! je me la ferai complète : d'ailleurs, dût-il m'en revenir une punition nouvelle et plus terrible encore que celle que j'ai reçue, je ne souffrirai pas que l'on trompe plus longtemps un si bon maître.

— Fais bien attention à ce que tu vas dire, esclave, car je connais ceux de ta nation, et prends-y garde, si l'accusation que tu portes par vengeance ne repose pas sur des preuves visibles, palpables, positives, tu seras puni comme un infâme calomniateur.

— J'y consens, répondit Grégoire.

— Et tu dis que tu as vu entrer de nuit Fœdor chez ma fille?

— Je ne dis point que je l'y ai vu entrer, excellence; je dis que je l'en ai vu sortir.

— Et quand cela?

— Il y a un quart d'heure, en me rendant chez votre excellence.

— Tu mens, dit le général en levant le poing sur l'esclave.

— Ce ne sont point là nos conventions, votre excellence, répondit l'esclave en se reculant : je ne dois être puni que si je ne donne point de preuves.

— Mais tes preuves, quelles sont-elles?

— Je vous l'ai dit.

— Et tu espères que je croirai à ta parole?

— Non; mais j'espère que vous croirez en vos yeux.

— Et comment cela?

— La première fois que M. Fœdor sera chez Mᴵˡᵉ Vaninka passé minuit, je viendrai chercher votre excellence, et alors elle pourra juger par elle-même si je mens; mais jusqu'à présent, votre excellence, toutes les conditions du service que je veux vous rendre sont à mon désavantage.

— Comment?

— Oui, si je ne donne pas de preuves, je dois être traité comme un infâme calomniateur, c'est bien; mais si j'en donne, que me reviendra-t-il?

— Mille roubles et ta liberté.

— C'est marché fait, excellence, répondit tranquillement Grégoire en replaçant les rasoirs dans la toilette du général. Et j'espère qu'avant huit jours vous me rendrez meilleure justice que vous ne le faites en ce moment.

À ces mots, l'esclave sortit, laissant, par son assurance, le général convaincu qu'un malheur suprême le menaçait.

À compter de ce moment, comme on le pense bien, le général écouta chaque mot, examina chaque geste qu'échangèrent devant lui Vaninka et Fœdor; mais ni du côté de l'aide de camp ni de la part de sa fille il ne vit rien qui dût confirmer ses soupçons; au contraire, Vaninka lui parut plus froide et plus réservée que jamais.

Huit jours se passèrent ainsi; dans la nuit du huitième au neuvième jour, et vers les deux heures du matin, on frappa à la porte du général: c'était Grégoire.

— Si votre excellence veut entrer chez sa fille, dit Grégoire, elle y trouvera M. Fœdor.

Le général pâlit, s'habilla sans prononcer un seul mot, suivit l'esclave jusqu'à la porte de Vaninka, et arrivé là, faisant de la main un geste, il congédia le dénonciateur, qui, au lieu de se retirer, ainsi que l'ordre muet lui en avait été donné, se cacha à l'angle du corridor.

Quand le général se crut seul, il frappa une première fois; mais, à cette première fois, tout demeura silencieux. Cependant le silence n'indiquait rien, car Vaninka pouvait dormir; il frappa une seconde fois, et la voix de la jeune fille demanda d'un ton parfaitement calme :

— Qui est là?

— C'est moi, dit le général d'une voix tremblante d'émotion.

— Annouschka, dit la jeune fille s'adressant à sa sœur de lait, qui couchait dans la chambre voisine de la sienne, ouvre à mon père. — Pardon, mon père, continua-t-elle; mais Annouschka s'habille, et dans un instant elle est à vous.

Le général attendit avec patience; car il n'avait reconnu aucune émotion dans la voix de sa fille, et il espérait que Grégoire s'était trompé.

Au bout d'un instant la porte s'ouvrit, et le général entra, jetant un long regard autour de lui : il n'y avait personne dans cette première chambre.

Vaninka était couchée, plus pâle peut-être que d'habitude, mais parfaitement calme et ayant sur les lèvres ce sourire filial avec lequel elle accueillait toujours son père.

— A quelle heureuse circonstance, demanda la jeune fille avec sa plus douce voix, dois-je le bonheur de vous voir à une heure aussi avancée de la nuit?

— Je voulais te parler d'une chose importante, dit le général ; et, quelle que soit l'heure, j'ai pensé que tu me pardonnerais de troubler ton sommeil.

— Mon père sera toujours le bien venu chez sa fille, à quelque heure du jour ou de la nuit qu'il s'y présente.

Le général regarda de nouveau autour de lui, et tout le confirma dans la pensée qu'il était impossible qu'un homme fût caché dans la première chambre ; mais restait la seconde.

— Je vous écoute, dit Vaninka après un moment de silence.

— Oui ; mais nous ne sommes pas seuls, répondit le général, et il est important que d'autres oreilles n'entendent pas ce que j'ai à te dire.

— Annouschka, vous le savez, est ma sœur de lait, dit Vaninka.

— N'importe, reprit le général ; et, s'avançant, une bougie à la main, vers la chambre à côté, qui était plus petite encore que celle de sa fille :

— Annouschka, dit-il, veillez dans le corridor à ce que personne ne nous écoute.

Puis, en prononçant ces paroles, le général jeta le même coup d'œil investigateur autour de lui ; mais, excepté la jeune fille, il n'y avait personne dans le cabinet.

Annouschka obéit, le général sortit derrière elle, et, après avoir jeté encore un dernier regard autour de lui, rentra dans la chambre de sa fille, et vint s'asseoir sur le pied de son lit : quant à Annouschka, sur un signe que lui fit sa maîtresse, elle la laissa seule avec son père.

Le général tendit la main à Vaninka, et Vaninka lui donna la sienne sans hésitation.

— Ma fille, dit le général, j'ai à te parler d'une chose importante.

— Laquelle, mon père ? demanda Vaninka.

— Tu vas avoir dix-huit ans, continua le général, c'est l'âge où se marient ordinairement les jeunes filles de la noblesse russe. — Le général s'arrêta un instant pour juger de l'impression que ces paroles pourraient faire sur Vaninka ; mais sa main resta immobile dans celle de son père. — Depuis un an ta main est engagée par moi, continua le général.

— Puis-je savoir à qui ? demanda froidement Vaninka.

— Au fils du conseiller actuel, répondit le général ; qu'en penses-tu ?

— C'est un digne et noble jeune homme, à ce qu'on assure, dit Vaninka ; mais je ne puis avoir d'autre opinion sur lui que celle qu'on lui a faite : n'est-il pas depuis trois mois en garnison à Moscou?

— Oui, dit le général ; mais dans trois mois il doit revenir.

Vaninka resta impassible.

— N'as-tu donc rien à me répondre ? demanda le général.

— Non, mon père ; seulement j'ai une grâce à vous demander.

— Laquelle ?

— Je ne voudrais point me marier avant l'âge de vingt ans.

— Et pourquoi ?

— J'ai fait un vœu.

— Mais si des circonstances nécessitaient la rupture de ce vœu et rendaient urgente la célébration de ce mariage ?

— Lesquelles ? demanda Vaninka.

— Fœdor t'aime, dit le général en regardant fixement Vaninka.

— Je le sais, répondit la jeune fille avec la même impassibilité que s'il était question d'une autre que d'elle.

— Tu le sais ! s'écria le général.

— Oui, il me l'a dit.

— Et quand cela ?

— Hier.

— Et tu lui as répondu...

— Qu'il fallait qu'il s'éloignât.

— Et il y a consenti ?

— Oui, mon père.

— Quand part-il ?

— Il est parti.

— Mais, dit le général, il m'a quitté à dix heures.

— Et moi, il m'a quittée à minuit, dit Vaninka.

— Ah ! fit le général, respirant pour la première fois à pleine poi-trine, tu es une digne enfant, Vaninka, et je t'accorde ce que tu de-mandes, c'est-à-dire deux ans encore. Songe seulement que c'est l'em-pereur qui a décidé ce mariage.

— Mon père me rendra la justice de croire que je suis une fille trop soumise pour être une sujette rebelle.

— Bien, Vaninka, bien, dit le général. Ainsi donc le pauvre Fœdor t'a tout dit ?

— Oui, dit Vaninka.

— Tu as su qu'il s'était adressé à moi d'abord ?

— Je l'ai su.

— Alors c'est de lui que tu as appris que ta main était en-gagée ?

— C'est de lui.

— Et il a consenti à partir? C'est un bon et noble jeune homme, que ma protection suivra partout. Oh! si ma parole n'avait pas été donnée, je l'aimais tant, continua le général, que, si tu n'eusses pas eu de répugnance pour lui, sur mon honneur, je lui eusse accordé ta main.

— Et vous ne pouvez dégager votre parole? demanda Vaninka.

— Impossible, dit le général.

— Alors, que ce qui doit arriver s'accomplisse, dit Vaninka.

— Voilà comme doit parler ma fille, dit le général en l'embrassant. Adieu, Vaninka. Je ne te demande point si tu l'aimais. Vous avez fait votre devoir tous les deux ; je n'ai rien à exiger de plus.

A ces mots, il se leva et sortit : Annouschka était dans le corridor, le général lui fit signe qu'elle pouvait rentrer, et continua son chemin, à la porte de sa chambre il trouva Grégoire.

— Eh bien ! votre excellence? lui demanda celui-ci.

— Eh bien ! dit le général, tu avais à la fois tort et raison : Fœdor aime ma fille, mais ma fille ne l'aime pas. Fœdor est entré chez ma fille à onze heures du soir, mais il en est sorti à minuit pour toujours. N'importe, tu peux venir demain, tu auras tes mille roubles et ta li-berté.

Grégoire s'éloigna stupéfait.

Pendant ce temps, Annouschka était rentrée chez sa maîtresse, com-me elle en avait reçu l'ordre, et avait refermé la porte avec soin. Aus-sitôt Vaninka avait bondi hors de son lit, s'était approchée de cette porte, écoutant les pas du général, qui s'éloignaient : lorsqu'ils eurent cessé de retentir, elle s'élança vers le cabinet d'Annouschka, et aussi-tôt les deux femmes se mirent à écarter un paquet de linge jeté dans l'embrasure d'une fenêtre. Sous ce linge était un grand coffre à res-sort ; Annouschka pressa un bouton, Vaninka souleva le couvercle ; les deux femmes poussèrent en même temps un grand cri : le coffre était devenu un cercueil ; le jeune officier était mort étouffé.

Long-temps les deux femmes espérèrent qu'il n'était qu'évanoui ; Annouschka lui jeta de l'eau à la figure, Vaninka lui fit respirer des sels : tout fut inutile. Pendant la longue conversation que le général avait eue avec sa fille, et qui avait duré plus d'une demi-heure, Fœdor, ne pouvant se dégager du coffre, dont le ressort s'était refermé, avait été tué par le défaut d'air.

La position était affreuse ; les deux jeunes filles étaient enfermées avec un cadavre: Annouschka voyait la Sibérie en perspective; Vaninka, il faut lui rendre cette justice, ne voyait que Fœdor.

Toutes deux étaient au désespoir.

Cependant, comme le désespoir de la femme de chambre était plus égoïste que celui de la maîtresse, ce fut Annouschka qui trouva un moyen de sortir de la situation où elles étaient toutes deux.

— Mademoiselle, s'écria-t-elle tout à coup, nous sommes sau-vées !

Vaninka releva la tête, et regarda sa femme de chambre avec des yeux tout baignés de larmes.

— Sauvées ! dit-elle, sauvées ! nous peut-être, mais lui ! ...

— Écoutez, mademoiselle, dit Annouschka; votre situation est terrible, oui, sans doute ; votre malheur est grand, je l'avoue, mais votre mal-heur pourrait être plus grand et votre situation plus terrible encore. Si le général savait tout...

— Et que m'importe? dit Vaninka. Maintenant, je le pleurerais à la face de la terre.

— Oui, mais à la face de la terre, vous seriez déshonorée. Demain vos esclaves, après-demain Saint-Pétersbourg, sauraient qu'un homme est entré enfermé dans votre chambre. Songez-y, mademoiselle, votre honneur, c'est l'honneur de votre père, c'est celui de votre famille.

— Tu as raison, dit Vaninka en secouant la tête, comme pour faire tomber de son front les pensées funèbres qui le chargeaient ; tu as rai-son. Que faut-il faire ?

— Mademoiselle connaît mon frère Ivan ?

— Oui.

— Il faut tout lui dire.

— Y penses-tu ? s'écria Vaninka ; nous confier à un homme ! que dis-je, à un homme ! à un serf ! à un esclave !

— Plus ce serf et cet esclave est placé bas, répondit la femme de chambre, plus nous sommes sûres du secret, puisqu'il aura tout à gagner en nous le gardant.

— Ton frère s'enivre, dit Vaninka avec une crainte mêlée de dégoût.

— C'est vrai, répondit Annouschka ; mais où trouverez-vous un homme à barbe qui n'en fasse pas autant ? Mon frère s'enivre moins qu'un autre ; il y a donc moins à craindre de sa part que de tout autre. D'ailleurs, dans la position où nous sommes, il faut bien risquer quelque chose.

— Tu as raison, répondit Vaninka en reprenant cette résolution qui lui était habituelle et qui grandissait toujours à la hauteur du danger. Va chercher ton frère.

— Nous ne pouvons rien faire ce matin, dit Annouschka en écartant les rideaux de la fenêtre. Vous voyez, voilà le jour.

— Mais que faire du cadavre de ce malheureux ! s'écria Vaninka.

— Il demeurera caché où il est toute la journée, et ce soir, tandis que vous serez au spectacle de la cour, mon frère l'emportera d'ici.

— C'est vrai, c'est vrai, murmura Vaninka avec un accent étrange ; je vais ce soir au spectacle ; je n'y peux manquer ; on se douterait de quelque chose. Oh ! oh ! mon Dieu ! mon Dieu !....

— Aidez-moi, mademoiselle, dit Annouschka, toute seule je ne suis pas assez forte.

Vaninka pâlit affreusement ; mais, pressée par le danger, elle alla avec résolution au cadavre de son amant ; puis, l'ayant soulevé par les épaules pendant que sa femme de chambre le soulevait par les jambes, elle le recoucha dans le coffre. Aussitôt Annouschka abaissa le couvercle, et fermant le coffre à la clef, elle en mit la clef dans sa poitrine.

Puis toutes deux rejetèrent sur lui le linge qui l'avait dérobé aux yeux du général.

Le jour se leva sans que, comme on s'en doute bien, le sommeil eût approché des yeux de Vaninka. Elle n'en descendit pas moins à l'heure du déjeuner ; car elle ne voulait pas donner à son père le moindre soupçon. Seulement on eût pu croire, à sa pâleur, qu'elle sortait de la tombe. Le général attribua cette pâleur au dérangement qu'il lui avait causé.

Le hasard avait merveilleusement servi Vaninka en lui inspirant de dire que Fœdor était parti ; car, alors, non seulement le général ne fut point étonné de ne pas le voir paraître, mais, comme son absence même était la justification de sa fille, il donna un prétexte à cette absence en disant qu'il avait chargé son aide de camp d'une mission. Quant à Vaninka, elle se tint hors de sa chambre jusqu'au moment où l'heure fut venue de s'habiller. Huit jours auparavant elle avait été au spectacle de la cour avec Fœdor.

Vaninka aurait pu se dispenser, en prétextant une légère indisposition, d'accompagner son père ; mais elle craignait deux choses en agissant ainsi : la première, de donner des inquiétudes au général, qui alors serait resté lui-même peut-être, et eût rendu l'enlèvement du cadavre plus difficile ; la seconde, de se trouver en face d'Ivan, et d'avoir à rougir devant un esclave. Elle préféra donc faire sur elle un effort surhumain, et remontant dans sa chambre, accompagnée de sa fidèle Annouschka, elle commença à se parer avec le même soin que si elle eût eu le cœur plein de joie.

Puis, lorsque cette toilette cruelle fut finie, elle ordonna à Annouschka de fermer la porte de la chambre ; car elle voulait revoir encore Fœdor, et dire un dernier adieu au corps de celui qui avait été son amant. Annouschka obéit, et Vaninka, le front couvert de fleurs, la poitrine chargée de perles et de pierreries, mais sous tout cela plus glacée qu'une statue, s'avança, du pas dont marche un fantôme, vers la chambre de sa suivante. Arrivée devant le coffre, Annouschka l'ouvrit de nouveau ; alors Vaninka, sans verser une larme, sans pousser un soupir, mais avec le calme profond et inanimé du désespoir, se baissa vers Fœdor, prit un simple anneau que le jeune homme avait au doigt, le plaça au sien, entre deux bagues magnifiques, puis l'embrassant au front :

— Adieu, mon fiancé, lui dit-elle.

En ce moment elle entendit des pas qui s'approchaient. Un valet de chambre venait demander de la part du général si sa fille était prête. Annouschka laissa retomber le couvercle du coffre, et Vaninka, allant ouvrir elle-même, suivit le messager qui marchait devant elle en l'é-

clairant, tandis que, confiante dans sa sœur de lait, elle lui laissait accomplir le funèbre et terrible soin dont elle s'était chargée.

Un instant après Annouschka vit sortir par la grande porte de l'hôtel la voiture qui emportait le général et sa fille.

Elle laissa s'écouler une demi-heure, puis elle descendit à son tour et alla chercher Ivan. Elle le trouva buvant avec Grégoire, à qui le général avait tenu parole, et qui avait reçu le jour même mille roubles et sa liberté. Heureusement les convives n'étaient encore qu'au commencement de la fête, et Ivan avait, par conséquent, la tête assez saine pour que sa sœur n'hésitât point à lui confier son secret.

Ivan suivit Annouschka dans la chambre de sa maîtresse. Là elle lui remit en mémoire tout ce que Vaninka, altière mais généreuse, avait permis à sa sœur de faire pour lui. Les quelques gorgées d'eau-de-vie qu'avait déjà bues Ivan l'avaient prédisposé à la reconnaissance. L'ivresse des Russes est essentiellement tendre : Ivan protesta de son dévouement en termes si complets que Annouschka n'hésita plus, et, levant le couvercle du coffre, lui montra le cadavre de Fœdor.

A cette terrible apparition, Ivan demeura un instant immobile ; mais bientôt il calcula ce que pouvait lui rapporter d'argent et de bien-être la confidence d'un pareil secret. En conséquence, il jura par les sermens les plus sacrés de ne jamais trahir sa maîtresse, et, comme l'espérait Annouschka, s'offrit pour faire disparaître le cadavre de l'aide de camp.

La chose fut facile : au lieu de retourner boire avec Grégoire et ses camarades, Ivan alla préparer un traîneau, le chargea de paille, cacha au fond une pince en fer, le conduisit à la porte de sortie des appartements, et, s'étant assuré qu'il n'était épié de personne, il prit dans ses bras le corps du trépassé, le cacha sous la paille, s'assit dessus, se fit ouvrir la porte de l'hôtel, suivit la perspective de Niuwski jusqu'à l'église Zuamenie, passa au milieu des boutiques du quartier Rejestwénskoi, poussa son traîneau sur la Newa, s'arrêta au milieu de la rivière glacée en face de l'église déserte de Sainte-Madelaine, et là, protégé par la solitude, enveloppé de la nuit, caché derrière la masse sombre de son traîneau, il commença avec sa pince à attaquer la glace, épaisse de dix-huit pouces, puis lorsqu'un trou assez grand fut fait, après avoir fouillé Fœdor et pris l'argent qu'il avait sur lui, il le fit glisser par l'ouverture pratiquée, la tête la première, et reprit le chemin de l'hôtel, tandis que le cours emprisonné de la Newa entraînait le cadavre vers le golfe de Finlande.

Une heure après, le vent avait formé une nouvelle croûte de glace, et il ne restait pas même trace de l'ouverture pratiquée par Ivan.

A minuit, Vaninka rentra avec son père. Une fièvre intérieure l'avait dévorée toute la soirée ; de sorte que jamais elle n'avait paru si belle ; si bien qu'elle n'avait cessé d'être accablée des hommages des plus nobles et des plus galans seigneurs de la cour.

En rentrant, elle trouva Annouschka sous le vestibule. Celle-ci l'attendait pour prendre sa mante ; en la lui donnant, Vaninka l'interrogea d'un de ces regards qui contiennent tant de choses. — Tout est fini, dit la femme de chambre à demi-voix.

Vaninka respira comme si on lui eût enlevé une montagne de dessus la poitrine.

Quelque puissance que Vaninka eût sur elle-même, elle ne put soutenir plus longtemps la présence de son père, et s'excusa sur la fatigue éprouvée pendant la soirée de ce qu'elle ne pouvait pas rester à souper avec lui.

Vaninka remonta chez elle, et là, la porte une fois fermée, elle arracha ses fleurs de son front, ses colliers de sa poitrine, fit couper avec des ciseaux le corset qui l'étouffait, puis, se renversant sur son lit, elle put enfin pleurer et se tordre à son aise. Quant à Annouschka, elle remerciait Dieu de cette explosion ; le calme de sa maîtresse l'épouvantait plus que son désespoir.

Cette première crise passée, Vaninka put prier.

Elle passa une heure à genoux, puis, sur les instances de sa fidèle suivante, elle se coucha : Annouschka s'assit au pied du lit : ni l'une ni l'autre ne dormirent ; mais du moins, quand vint le jour, les larmes qu'avait versées Vaninka l'avaient soulagée.

Annouschka fut chargée de récompenser son frère : une somme trop considérable donnée à la fois à un homme à barbe aurait pu être remarquée. Aussi, Annouschka se contenta-t-elle de dire à Ivan que, lorsqu'il aurait besoin d'argent, il n'avait qu'à lui en demander.

Grégoire, profitant de sa liberté, et voulant faire valoir ses mille roubles, acheta, en dehors de la ville, un petit cabaret où, grâce à son adresse et aux connaissances qu'il avait parmi les gens des meilleures maisons de Saint-Pétersbourg, il commença à faire d'excellentes affai-

res; si bien qu'en peu de temps le Cabaret-Rouge , c'était le nom
et la couleur de l'établissement de Grégoire, fut en grande réputation.

Un autre eut ses fonctions près du général , et, moins l'absence
de Fœdor, tout rentra dans l'ordre accoutumé chez le comte de
Tchermayloff.

Deux mois s'étaient écoulés ainsi sans que personne eût conçu le
moindre soupçon sur ce qui s'était passé, lorsqu'un matin, avant l'heure
habituelle du déjeuner, le général fit prier sa fille de descendre chez
lui. Vaninka tressaillit de crainte, car depuis la nuit fatale tout lui
était un sujet de terreur. Elle n'en obéit pas moins à son père, et, rappelant toute sa force, elle s'achemina vers son cabinet. Le comte
était seul ; mais, au premier coup d'œil, Vaninka vit bien qu'elle n'avait
rien à craindre de cette entrevue. Le général l'attendait avec cette
expression paternelle qui, toutes les fois qu'il se trouvait en face de
sa fille , devenait le caractère particulier de sa physionomie. En conséquence, elle s'approcha avec son calme habituel, et, s'inclinant devant
le général, elle lui donna son front à baiser.

Celui-ci lui fit signe de s'asseoir, et lui présenta une lettre tout ouverte. Vaninka, étonnée, regarda un instant son père, puis reporta les
yeux sur la lettre : elle contenait la nouvelle de la mort de l'homme
auquel sa main avait été engagée : il venait d'être tué en duel.

Le général suivait sur le visage de sa fille l'effet de la lecture, et,
quelque puissance que Vaninka eût sur elle-même , tant de pensées
différentes, tant de regrets douloureux, tant de remords poignants vinrent l'assaillir en songeant qu'elle était redevenue libre, qu'elle ne
put entièrement dissimuler l'émotion qu'elle éprouvait. Le général
s'en aperçut, et l'attribua à l'amour qu'il soupçonnait depuis longtemps
sa fille d'avoir pour le jeune aide-de-camp.

— Allons, dit-il en souriant, je vois que tout est pour le mieux.

— Comment cela, mon père? demanda Vaninka.

— Sans doute, continua le général : Fœdor ne s'est-il pas éloigné
parce qu'il t'aimait ?

— Oui, murmura la jeune fille.

— Eh bien maintenant, dit le général, il peut revenir.

Vaninka resta muette, les yeux fixes et les lèvres tremblantes.

— Revenir... dit-elle au bout d'un instant.

— Sans doute revenir ! Ou nous aurons bien du malheur, continua
le général en souriant, ou nous trouverons bien dans la maison quelqu'un qui sache où il est. Informe-t'en, Vaninka , dis-moi le lieu de
son exil, et je me charge du reste.

— Personne ne sait où est Fœdor, murmura Vaninka d'une voix
sourde, personne, que Dieu... personne !

— Eh quoi! s'écria le général, il n'a pas donné de ses nouvelles
depuis le jour où il a disparu ?

Vaninka secoua la tête en signe de négation ; elle avait le cœur si
effroyablement serré, qu'elle ne pouvait plus parler.

Le général à son tour devint sombre.

— Craindrais-tu donc quelque malheur? dit-il à Vaninka.

— Je crains qu'il n'y ait plus de bonheur pour moi sur la terre,
s'écria Vaninka, succombant sous la force de sa douleur ; — puis aussitôt : — Laissez-moi me retirer, mon père, continua-t-elle ; j'ai honte
de ce que j'ai dit.

Le général, qui ne vit dans cette exclamation de Vaninka que le
regret d'avoir laissé échapper l'aveu de son amour, embrassa sa fille
au front, et lui permit de se retirer, espérant, malgré l'air sombre
dont Vaninka avait parlé de Fœdor, qu'il lui serait possible de le
retrouver.

En effet, il alla le jour même chez l'empereur, et lui raconta l'amour
de Fœdor pour sa fille, et lui demanda, puisque la mort l'avait délié
de son premier engagement, de permettre qu'il disposât de sa main
en sa faveur : l'empereur y consentit; alors le général sollicita une
nouvelle faveur : Paul était dans un de ses jours de bienveillance, et
se montra disposé à l'accorder : le général lui dit que, depuis deux
mois, Fœdor avait disparu, que tout le monde, et même sa fille ignorait en quel lieu il était, et le supplia de faire faire des recherches.
L'empereur fit venir à l'instant même le grand maître de la police, et
donna les ordres nécessaires.

Six semaines s'écoulèrent sans amener aucun résultat. Vaninka,
depuis le jour de la lettre, était plus triste et plus sombre que jamais ;
vainement de temps en temps le général voulait-il lui rendre quelque
espoir ; Vaninka alors secouait la tête et se retirait. Le général cessa
de parler de Fœdor.

Mais il n'en fut pas de même dans la maison ; le jeune aide-de-camp
était aimé des domestiques, et, à part Grégoire, il n'y en avait pas un

seul qui lui voulût du mal : aussi, depuis qu'on avait appris qu'il n'a-
vait point été envoyé en mission par le général, mais qu'il avait disparu, cette disparition était-elle l'objet éternel de la conversation de
l'antichambre, de la cuisine et de l'écurie.

Il y avait encore un autre lieu où l'on s'en occupait fort : c'était au
Cabaret-Rouge.

Depuis le jour où il avait connu ce départ mystérieux, Grégoire
s'était repris à ses soupçons : il était sûr d'avoir vu entrer Fœdor chez
Vaninka, et, à moins qu'il n'en fût sorti pendant qu'il s'en était allé
chercher le général, il ne comprenait pas comment ce dernier ne l'avait
point trouvé chez sa fille. Une chose aussi le préoccupait, qui lui paraissait peut-être bien avoir quelque coïncidence avec cet événement :
c'était la dépense que faisait Ivan depuis cette époque, dépense bien
extraordinaire chez un esclave ; mais cet esclave était le frère de la
sœur de lait chérie de Vaninka ; de sorte que, sans en être sûr encore, Grégoire soupçonnait déjà la source de cet argent. Une chose
le confirmait encore dans ses soupçons, c'est qu'Ivan qui était resté,
non-seulement son plus fidèle ami, mais encore était devenu une de
ses meilleures pratiques, ne parlait jamais de Fœdor, se taisait quand
on en parlait devant lui, et s'il était interrogé, ne faisait aux interrogations, si pressantes qu'elles fussent, que cette réponse laconique : —
Parlons d'autre chose.

Sur ces entrefaites, le jour des Rois arriva : c'est un grand jour à
Saint-Pétersbourg que le jour des Rois, car c'est en même temps le
jour de la bénédiction des eaux : comme Vaninka avait assisté à la
cérémonie , et qu'elle était fatiguée d'être restée debout pendant
deux heures sur la Newa, le général ne sortit pas le soir, et donna
congé à Ivan; Ivan profita de la permission pour aller au Cabaret-
Rouge.

Il y avait foule chez Grégoire, et Ivan fut le bien venu dans l'honorable société ; car on savait qu'il arrivait ordinairement les poches
pleines : cette fois, il ne manquait pas à ses habitudes, et à peine fut-
il arrivé, qu'il fit sonner les sorok-kopecks, à la grande envie des assistants. A ce bruit indicateur, Grégoire, une bouteille d'eau-de-vie à
chaque main, accourut avec d'autant plus d'empressement qu'il savait
bien que, lorsque c'était Ivan l'amphitryon, il y avait, lui Grégoire,
un double profit, comme fournisseur et comme convive ; Ivan ne fit
point défaut à cette double espérance, et Grégoire fut invité à prendre
sa part de la consommation.

La conversation tomba sur l'esclavage, et quelques-uns de ces malheureux, qui trouvaient à peine pour se reposer de leurs fatigues éternelles quatre jours dans l'année, se récrièrent bien haut sur le bonheur
dont jouissait Grégoire depuis qu'il avait obtenu sa liberté.

— Bah ! dit Ivan, que l'eau-de-vie commençait à échauffer, il y a
des esclaves qui sont plus libres que leurs maîtres.

— Que veux-tu dire? demanda Grégoire en lui versant un nouveau
verre d'eau-de-vie.

— Je voulais dire plus heureux, reprit vivement Ivan.

— C'est difficile à prouver, dit Grégoire d'un ton de doute.

— Pourquoi cela ? Nos maîtres... à peine sont-ils nés, qu'on les met
entre les mains de deux ou trois pédans, l'un Français, l'autre Allemand, le troisième Anglais: qu'il les aime ou qu'il ne les aime pas,
il faut qu'il reste en leur société jusqu'à l'âge de dix-sept ans, et que,
bon gré mal gré, il apprenne trois langues barbares aux dépens de
notre belle langue russe, qu'il a quelquefois complètement oubliée
quand il sait les autres. Alors, s'il veut être quelque chose, il faut
qu'il se fasse soldat: s'il est sous-lieutenant, il est esclave du lieutenant ; s'il est lieutenant, il est esclave du capitaine ; s'il est capitaine,
il est esclave du major ; et cela va ainsi jusqu'à l'empereur, qui n'est
l'esclave de personne, mais qu'un beau jour on surprend à table, à la
promenade ou dans son lit, et qu'on empoisonne, qu'on poignarde
ou qu'on étrangle. S'il suit la vie civile, c'est bien autre chose : c'est
une femme qu'il épouse et qu'il n'aime pas ; ce sont des enfants qui
lui viennent il ne sait d'où, et dont il faut qu'il prenne soin ; c'est la
lutte éternelle à laquelle il est nécessaire qu'il se livre, s'il est pauvre,
pour nourrir sa famille, et s'il est riche, pour ne pas être volé par son
intendant et trompé par ses fermiers. Est-ce vivre cela? Tandis que
nous, morbleu ! nous naissons, et c'est la seule douleur que nous coû-
tons à notre mère, le reste regarde le maître. C'est lui qui nous nourrit; c'est lui qui nous choisit notre état, état toujours facile à apprendre, à moins qu'on ne soit tout à fait une brute. Sommes-nous
malades? son médecin nous soigne gratis ; car ce serait une perte pour
lui s'il nous perdait. Sommes-nous bien portants? nous avons nos
quatre repas assurés le jour, un bon poêle sur lequel nous nous couchons la nuit. Devenons-nous amoureux ? jamais il n'y a d'empêche-

ment à notre mariage, que si la promise ne nous aime pas ; si elle nous aime, le maître lui-même nous invite à hâter ce mariage ; car il tient à ce que nous ayons le plus d'enfants possible? Ces enfants viennent-ils? on fait, à leur tour, pour eux, ce que l'on a fait pour nous. Trouvez-moi beaucoup de grands seigneurs aussi heureux que leurs esclaves.

— Oui, oui, murmura Grégoire en lui versant un nouveau verre d'eau-de-vie ; mais, avec tout cela, tu n'es pas libre.

— Libre, de quoi? demanda Ivan.

— Libre d'aller où tu veux et quand tu veux.

— Moi? libre comme l'air, répondit Ivan.

— Fanfaron! dit Grégoire.

— Libre comme l'air! te dis-je, car j'ai de bons maîtres, et surtout une bonne maîtresse, continua Ivan avec un sourire étrange, et je n'ai qu'à demander, c'est fait !

— Comment? Si, après t'être grisé aujourd'hui chez moi, tu demandais à revenir t'y griser demain, reprit Grégoire, qui, tout en portant un défi à Ivan, n'oubliait pas ses intérêts, si tu demandais cela...

— J'y reviendrais, dit Ivan.

— Tu y reviendrais demain? dit Grégoire.

— Demain, après-demain, tous les jours, si je voulais.

— Le fait est qu'Ivan est le favori de mademoiselle, dit un autre esclave du comte qui se trouvait là, et qui profitait de la libéralité de son camarade Ivan.

— C'est égal, dit Grégoire : en supposant qu'on t'accordât de pareilles permissions, l'argent manquerait bientôt.

— Jamais! dit Ivan en avalant un nouveau verre d'eau-de-vie, jamais l'argent ne manquera à Ivan tant qu'il y aura un kopeck dans la bourse de mademoiselle.

— Je ne la savais pas si libérale, dit aigrement Grégoire.

— Oh! tu n'as pas de mémoire, l'ami; car tu sais bien qu'elle ne compte pas avec ses amis, témoin les coups de knout...

— Je ne voulais pas parler de cela, reprit Grégoire : des coups, je sais bien qu'elle en est prodigue; mais de son argent, c'est autre chose, car je n'en ai jamais vu la couleur.

— Eh bien! veux-tu la voir la couleur du mien? dit Ivan se grisant de plus en plus : alors, la voilà! voilà des kopecks, voilà des sorok-kopecks, voilà des billets bleus qui valent cinq roubles, voilà des billets roses qui en valent vingt-cinq ; et demain, si on voulait, on vous montrerait des billets blancs qui en vaudraient cinquante. A la santé de mademoiselle!

Et Ivan tendit de nouveau sa tasse, que Grégoire remplit jusqu'au bord.

— Mais de l'argent, dit Grégoire, poussant de plus en plus Ivan, l'argent compense-t-il le mépris ?

— Le mépris ! dit Ivan, le mépris ! qui est-ce qui me méprise? est-ce toi, parce que tu es libre? La belle liberté ! J'aime mieux être un esclave bien nourri qu'un homme libre qui meurt de faim.

— Je dis le mépris de nos maîtres, reprit Grégoire.

— Le mépris de nos maîtres! demande à Alexis, demande à Daniel que voilà, si mademoiselle me méprise?

— Le fait est, dirent les deux esclaves interrogés, et qui tous deux étaient de la maison du général, qu'il faut qu'Ivan ait un charme; car on ne lui parle jamais que comme à un seigneur.

— Parce qu'il est le frère d'Annouschka, dit Grégoire, et qu'Annouschka est la sœur de lait de mademoiselle.

— C'est possible, dirent les deux esclaves.

— Pour cela ou pour autre chose, reprit Ivan ; mais enfin, c'est comme cela, et pas autrement.

— Oui ; mais si ta sœur mourait..... dit Grégoire, ah!...

— Si ma sœur mourait, reprit Ivan, ce serait dommage, parce que ma sœur est une bonne fille : à la santé de ma sœur! Mais si elle mourait, ça ne changerait rien à la chose : c'est pour moi qu'on me respecte, et on me respecte parce qu'on me craint. Voilà!

— On craint le seigneur Ivan! dit Grégoire en éclatant de rire. Il en résulte que, si le seigneur Ivan se lassait de recevoir des ordres, et qu'il en donnât à son tour, on obéirait au seigneur Ivan.

— Peut-être! dit Ivan.

— Il a dit : Peut-être! répéta Grégoire en riant plus fort ; il a dit : Peut-être ! vous avez entendu, vous autres ?

— Oui, dirent les esclaves, qui avaient tant bu qu'ils ne pouvaient plus répondre que par monosyllabes.

— Eh bien! je ne dis plus : Peut-être ; maintenant je dis : Pour sûr.

— Ah! je voudrais bien voir cela, dit Grégoire; je donnerais bien quelque chose pour voir cela.

— Eh bien, renvoie tous ces drôles-là, qui boivent et qui s'enivrent comme des pourceaux, et tu le verras pour rien.

— Pour rien ! dit Grégoire, tu plaisantes ! Est-ce que tu crois que je leur donne à boire gratis?

— Eh bien ! voyons : pour combien peuvent-ils boire de ton atroce eau-de-vie d'ici à minuit, que tu es obligé de fermer ta bicoque?

— Mais pour vingt roubles à peu près.

— En voilà trente : mets-les à la porte, et que nous restions entre nous.

— Mes amis, dit Grégoire en tirant sa montre comme pour y regarder l'heure, il va être minuit, vous connaissez l'ordonnance du gouverneur ; ainsi, retirez-vous.

Les Russes, habitués à l'obéissance passive, se retirèrent sans murmurer, et Grégoire se trouva seul avec Ivan et les deux autres esclaves du général.

— Eh bien! nous voilà entre nous, dit Grégoire : que comptes-tu faire?

— Mais que diriez-vous, reprit Ivan, si, malgré l'heure avancée, et malgré le froid, et quoique nous soyons des esclaves, mademoiselle quittait l'hôtel de son père, et venait porter un toast à notre santé?

— Je dis que tu devrais profiter de cela, répondit Grégoire en haussant les épaules, pour lui dire d'apporter en même temps une bouteille d'eau-de-vie : il y en a probablement de meilleure dans la cave du général que dans la mienne.

— Il y en a de meilleure, dit Ivan en homme qui en était parfaitement sûr, et mademoiselle en apportera une bouteille.

— Tu es fou ! dit Grégoire.

— Il est fou ! répétèrent machinalement les deux autres esclaves.

— Ah! je suis fou! dit Ivan ; eh bien ! tiens-tu le pari?...

— Que paries-tu?

— Une assignation de deux cents roubles contre une année à boire chez toi à discrétion.

— Cela va, dit Grégoire.

— Les camarades en sont-ils? demandèrent les deux mougiks?

— Ils en sont, dit Ivan ; et à leur considération, nous réduirons le terme à six mois. Cela va-t-il ?

— Cela va, dit Grégoire.

Les deux parieurs se frappèrent dans la main l'un de l'autre, et la chose fut convenue.

Alors, avec une confiance faite pour confondre les témoins de cette scène étrange, Ivan prit son caftan fourré qu'il avait, en homme de précaution, étendu sur le poêle, s'en enveloppa et sortit.

Au bout d'une demi-heure il reparut.

— Eh bien ! s'écrièrent à la fois Grégoire et les deux autres esclaves.

— Elle me suit, dit Ivan.

Les trois buveurs se regardèrent confondus; mais Ivan reprit tranquillement sa place au milieu d'eux, versa une nouvelle rasade, et elevant son verre :

— A mademoiselle, dit-il ; c'est bien le moins que nous devions à sa complaisance de venir nous rejoindre par une nuit si froide et quand la neige tombe à flocons.

— Annouschka, dit une voix en dehors, frappe à cette porte, et demande à Grégoire s'il n'aurait pas chez lui quelques uns de nos gens.

Grégoire et les deux esclaves se regardèrent stupéfaits ; ils avaient reconnu la voix de Vaninka : quant à Ivan, il se renversait sur sa chaise, en se dandinant avec une impertinence miraculeuse.

Annouschka ouvrit la porte, et l'on put voir, comme l'avait dit Ivan, la neige qui tombait à gros flocons.

— Oui, madame, dit la jeune fille, il y a mon frère et encore Daniel et Alexis.

Vaninka entra.

— Mes amis, dit-elle avec un sourire étrange, on m'a dit que vous buviez à ma santé, et je viens vous apporter de quoi faire toast pour toast : voici une bouteille de vieille eau-de-vie de France, que j'ai choisie à votre intention dans la cave de mon père. — Tendez vos tasses.

Grégoire et les esclaves obéirent avec la lenteur et l'hésitation de l'étonnement, tandis qu'Ivan avançait son verre avec une parfaite effronterie. Vaninka versa elle-même et à tous bord à bord, et comme ils hésitaient à boire :

— Allons, à ma santé, mes amis, dit-elle.

— Hourra! — crièrent les buveurs, rassurés par le ton de douceur et de familiarité de la noble visiteuse, et ils vidèrent leurs verres d'un seul trait. Vaninka leur en versa aussitôt une seconde tasse, puis posant la bouteille sur la table :

— Videz cette bouteille, mes amis, dit-elle, et ne vous inquiétez pas de moi; nous allons, avec la permission du maître de la maison, attendre près du poêle, Annouschka et moi, que cette tempête soit passée.

Grégoire voulut se lever pour pousser les escabeaux près du poêle; mais, soit qu'il fût complétement ivre, soit que quelque liqueur narcotique fût mêlée à l'eau-de-vie, il retomba sur son banc, en essayant de balbutier une excuse.

— C'est bien! c'est bien, dit Vaninka, que personne de vous ne se dérange; buvez, mes amis, buvez.

Les convives profitèrent de la permission, et chacun avala le contenu de la tasse qui se trouvait devant lui : à peine Grégoire avait-il vidé la sienne, qu'il tomba sur la table.

— Bien, dit Vaninka à demi-voix à sa suivante, l'opium fait son effet.

— Mais quelle est votre intention? demanda Annouschka.

— Tu verras tout à l'heure.

Les deux moujiks ne tardèrent pas à suivre l'exemple du maître de la maison et à tomber à leur tour l'un à côté de l'autre : Ivan était resté le dernier, luttant encore contre le sommeil, et essayant de chanter une chanson bachique; mais bientôt sa langue refusa de le servir, ses yeux se fermèrent malgré lui, et tout en cherchant l'air qui le fuyait, tout en balbutiant des paroles qu'il ne pouvait prononcer, il tomba sans connaissance auprès de ses camarades.

Aussitôt Vaninka se leva, et fixa sur ces hommes un regard de flamme, puis ne s'en rapportant pas à ses yeux, elle les appela les uns après les autres par leurs noms, mais sans qu'aucun d'eux répondît.

Alors elle frappa ses mains l'une dans l'autre, et avec un accent joyeux : Voici le moment, dit-elle; et s'en allant au fond de la chambre elle y prit une brassée de paille qu'elle porta dans un angle de la pièce, en fit autant aux trois autres, et tirant une planche de sapin tout enflammée du poêle, elle mit le feu successivement aux quatre coins de la chaumière.

— Que faites-vous? s'écria Annouschka, au comble de la terreur et essayant de l'arrêter.

— J'ensevelis notre secret sous la cendre, répondit Vaninka.

— Mais mon frère! mon pauvre frère! s'écria la jeune fille.

— Ton frère est un infâme, qui nous avait trahies; et nous étions perdues si nous ne le perdions.

— Oh! mon frère! mon pauvre frère!

— Tu peux mourir avec lui, dit Vaninka, en accompagnant cette proposition d'un sourire qui prouvait qu'elle n'eût point été fâchée que Annouschka poussât jusque-là l'amour fraternel.

— Mais voilà le feu, madame! voilà le feu!

— Sortons donc, s'écria Vaninka; — et entraînant la jeune fille éplorée, elle ferma la porte derrière elle et jeta au loin la clef dans la neige.

— Au nom du ciel, rentrons vite, s'écria Annouschka. Oh! je ne puis voir ce spectacle affreux.

— Restons, au contraire, dit Vaninka en arrêtant sa suivante par le poignet avec une force presque masculine, restons jusqu'à ce que cette maison s'abîme sur eux, jusqu'à ce que nous soyons certaines que pas un n'en peut échapper.

— O mon Dieu Seigneur! s'écria Annouschka en tombant à genoux, ayez pitié de mon pauvre frère, car la mort va le conduire à vous avant qu'il n'ait eu le temps de se préparer à paraître en votre présence.

— Oui, oui, prie, c'est bien, dit Vaninka, car c'est leurs corps que je veux perdre, et non leurs âmes. Prie, je te le permets.

Et Vaninka resta debout, et les bras croisés, éclairée ardemment par la lueur de l'incendie, tandis que la suivante priait.

L'incendie ne fut pas long : la maison était de bois, calfeutrée avec des étoupes, comme toutes les maisons des paysans russes; de sorte que la flamme apparaissant aux quatre coins, s'élança bientôt au dehors, et excitée par la tourmente ne forma plus, au bout de quelques instants, qu'un immense bûcher. Vaninka suivait d'un œil ardent les progrès de l'incendie, tremblant toujours de voir s'élancer hors des flammes quelque spectre à demi brûlé. Enfin le toit s'abîma, et Vaninka, libre de toute crainte, reprit alors seulement le chemin de l'hôtel du général, où, grâce à la faculté qu'avait Annouschka de sortir à toute heure du jour et de la nuit, les deux femmes rentrèrent sans être vues.

Le lendemain, il n'était bruit dans Saint-Pétersbourg que de l'incendie du Cabaret-Rouge : on retira de dessous les débris quatre cadavres à demi consumés, et comme trois esclaves du général n'étaient point rentrés, le général ne douta point que ces cadavres méconnaissables ne fussent ceux d'Ivan, de Daniel et d'Alexis; quant au quatrième, il était certain que c'était celui de Grégoire.

Les causes de l'incendie restèrent un secret pour tout le monde; la maison était isolée, et le chasse-neige si violent, que sur la route déserte, nul n'avait rencontré les deux femmes : Vaninka était sûre de sa suivante. Son secret était donc mort avec Ivan.

Mais alors le remords prit la place de la crainte; la jeune fille si inflexible en face de l'événement, se trouva sans force contre son souvenir; il lui sembla qu'en déposant le secret de son crime dans le sein d'un prêtre, elle serait soulagée de cet effroyable fardeau : elle alla donc trouver un pope connu pour sa haute charité, et lui raconta, sous le sceau de la confession, tout ce qui s'était passé.

Le prêtre demeura épouvanté à ce récit; la miséricorde divine est sans bornes, mais la rémission humaine a ses limites. Le pope refusa à Vaninka l'absolution qu'elle lui demandait.

Ce refus était terrible : il éloignait Vaninka de la sainte table; cet éloignement serait remarqué, et il ne pourrait être attribué qu'à quelque faute inouïe ou à quelque crime inconnu.

Vaninka tomba aux pieds du prêtre, et au nom de son père, sur lequel sa honte retomberait en déshonneur, elle le supplia d'adoucir la rigueur de ce jugement.

Le pope réfléchit profondément; puis il crut avoir trouvé un moyen de tout concilier, c'était que Vaninka s'approchât de la table sainte avec les autres jeunes filles : le prêtre s'arrêterait devant elle comme devant les autres, mais seulement pour lui dire : Priez et pleurez. — Et les assistants, trompés par ces démonstrations, croiraient que, comme ses compagnes, elle avait reçu le corps du Christ. Ce fut tout ce que Vaninka put obtenir.

Cette confession avait eu lieu vers les sept heures du soir : et la solitude de l'église, jointe à l'obscurité de la nuit, lui avait donné un caractère plus effrayant encore. Le pope rentra chez lui pâle et tremblant. Sa femme Élisabeth l'attendait seule; elle venait de coucher dans la chambre voisine sa petite fille Arina, âgée de huit ans.

En apercevant son mari, la femme jeta un cri d'effroi, tant elle le trouva défait et changé. Le pope essaya de la rassurer, mais le tremblement de sa voix ne fit qu'augmenter ses terreurs. La femme voulut savoir d'où venait son émotion. Le pope refusa de le lui dire. Élisabeth avait appris la veille la maladie de sa mère, elle crut que son mari avait reçu quelque fâcheuse nouvelle; ce jour était un lundi, jour néfaste chez les Russes; en sortant le matin, Élisabeth avait rencontré une personne en deuil : c'était trop de présages réunis pour ne pas annoncer un malheur.

Élisabeth éclata en sanglots en s'écriant : — Ma mère est morte!

Le pope voulut en vain la rassurer en lui affirmant que son trouble ne venait point de là; la pauvre femme, préoccupée d'une seule idée, ne répondait à toutes ses protestations que par ce cri éternel : Ma mère est morte! Alors, pour chasser cette espèce de vertige, le pope lui avoua que son émotion était née de l'aveu d'un crime qu'il venait d'entendre au confessional. Mais Élisabeth secoua la tête. — C'était un artifice, disait-elle, pour lui cacher le malheur qui venait de l'atteindre. La crise, au lieu de se calmer, devint plus violente, les larmes s'arrêtent, les convulsions se déclarent; le prêtre alors lui fait jurer qu'elle gardera le secret, — et le mystère sacré de la confession est trahi.

La petite Arina s'est réveillée aux premiers cris d'Élisabeth, et, inquiète et curieuse à la fois de ce qui se passe entre son père et sa mère, s'est levée, est venue écouter à la porte, et a tout entendu.

Ainsi le secret de la faute est éteint, mais le secret du crime est connu.

Le jour de la communion arrive; l'église de Saint-Siméon est pleine de fidèles : Vaninka vient de s'agenouiller devant la balustrade du chœur. Derrière elle est son père et ses aides de camp, derrière ceux-ci, leurs domestiques.

Arina est aussi dans l'église avec sa mère : l'enfant curieuse veut voir Vaninka, dont elle a entendu prononcer le nom dans cette terrible nuit où son père a manqué au premier et au plus saint des devoirs imposés à un prêtre. Pendant que sa mère prie, elle quitte sa chaise, se glisse entre les fidèles, et parvient presque jusqu'à la balustrade. Arrivée là, elle est arrêtée par le groupe des domestiques du général. Mais Arina n'est pas venue si loin pour rester en route, elle essaie de passer

entre eux, ils s'y opposent, elle persiste, un d'eux la repousse avec
brutalité, l'enfant renversée va se heurter la tête à un banc, et se relève
toute sanglante en criant :

— Tu es bien fier pour un homme à barbe ! est-ce parce que tu ap-
partiens à la grande dame qui a brûlé le Cabaret-Rouge ?

Ces paroles, prononcées à haute voix et au milieu du silence qui
précédait la sainte cérémonie, ont été entendues de tout le monde ; un
cri leur répond : Vaninka vient de s'évanouir.

Le lendemain, le général était aux pieds de Paul Iᵉʳ, et lui racontait, comme à son empereur et à son juge toute cette longue et terrible histoire, que Vaninka, écrasée sous la longue lutte qu'elle avait
soutenue, lui avait enfin révélée pendant la nuit qui avait suivi la scène
de l'église.

L'empereur, après cet aveu étrange, resta un instant pensif ; puis,
se levant du fauteuil où il était resté assis pendant tout le temps
qu'avait duré la narration du malheureux père, il alla vers un bureau,
et écrivit sur un papier volant la décision suivante :

« Le pope ayant violé ce qui doit rester inviolable , c'est-à-dire le
secret de la confession, sera exilé en Sibérie et déchu des fonctions du
sacerdoce. Sa femme le suivra ; elle est coupable pour n'avoir point
respecté le caractère d'un ministre des autels. La petite fille ne quit-
tera point ses parents.

» Annouschka, la femme de chambre, ira également en Sibérie, pour
n'avoir pas averti son maître de la conduite de sa fille.

» Je conserve au général toute mon estime ; je le plains, et je m'afflige avec lui du coup mortel qui vient de le frapper.

» Quant à Vaninka, je ne connais aucune peine qu'on puisse lui
infliger, je ne vois en elle que la fille d'un brave militaire, dont la vie
fut toute consacrée au service de son pays. D'ailleurs, ce qu'il y a
d'extraordinaire dans la découverte du crime semble placer la coupable hors des limites de ma sévérité : c'est elle-même que je charge de
sa punition. Si j'ai bien compris ce caractère, s'il lui reste quelques
sentiments de dignité, son cœur et ses remords lui traceront la route
qu'elle doit suivre (1). »

Paul Iᵉʳ remit au général ce papier tout ouvert, en lui ordonnant
de le porter au comte de Pahlen, gouverneur de Saint-Pétersbourg.

Le lendemain, les ordres de l'empereur étaient exécutés.

Vaninka entra dans un couvent, où, vers la fin de la même année,
elle mourut de honte et de douleur.

Le général se fit tuer à Austerlitz.   ALEX. DUMAS.

NOTE.

(1) Nous empruntons tous les détails de l'histoire tragique que nous venons de
mettre sous les yeux du lecteur, ainsi que le jugement *textuel* rendu par Paul Iᵉʳ à
l'excellent ouvrage publié il y a douze ou quinze ans par M. Dupré de Saint-Maure, et
intitulé *l'Ermite en Russie*.

A lui tous nos remerciments : à nous la crainte d'avoir affaibli l'intérêt en substi-
tuant notre narration à la sienne.   ALEXANDRE DUMAS.

Vaninka versa elle-même et à tous. — Page 294.

FIN DES CRIMES CÉLÈBRES , PAR ALEXANDRE DUMAS.

NISIDA,

PAR PIER-ANGELO FIORENTINO.

1825.

La jeune fille ne put fermer l'œil pendant toute la nuit qui suivit l'entretien qu'elle avait eu avec l'étranger. Sa brusque apparition, son costume étrange, son langage bizarre, avaient éveillé en elle un vague sentiment qui dormait au fond de son cœur. Elle était alors dans toute la vigueur de son jeune âge et de sa beauté resplendissante. Nisida n'était pas une de ces natures faibles et craintives, brisées par la souffrance ou tyrannisées par le despotisme. Loin de là, tout ce qui l'entourait avait contribué à lui faire une destinée calme et sereine ; son âme tendre et naïve s'était développée dans une atmosphère de bonheur et de paix. Si elle n'avait pas aimé jusqu'alors, il ne fallait pas en accuser sa froideur, mais la timidité excessive des habitants de son île. Le respect aveugle et profond dont le vieux pêcheur était entouré avait tracé autour de sa fille un cercle d'estime et de soumission que personne n'osait franchir. A force d'économie et de travail, Salomon avait fini par se créer une aisance qui faisait rougir la pauvreté des autres pêcheurs. Personne n'avait demandé Nisida, parce que personne ne croyait la mériter. Le seul de ses adorateurs qui eût osé lui prouver sa passion d'une manière ostensible, c'était Bastiano, l'ami le plus dévoué et le plus cher de Gabriel ; mais Bastiano ne lui plaisait guère. Aussi, confiante dans sa beauté, soutenue par un mystérieux espoir qui n'abandonne jamais la jeunesse, s'était-elle résignée à attendre, comme la fille d'un roi qui voit arriver un fiancé d'un pays étranger.

Le jour de l'Assomption, elle était sortie de son île pour la première fois de sa vie, le sort l'ayant désignée parmi les jeunes filles du royaume vouées par leur mère à la protection spéciale de la Vierge. Mais accablée par le poids d'un rôle si nouveau pour elle, rougissante et confuse sous les regards d'une foule immense, à peine si elle avait osé lever ses yeux étonnés, et les grandeurs de la ville avaient passé devant elle comme un rêve dont elle n'avait rapporté qu'un vague souvenir.

Quand elle s'aperçut de la présence de ce beau jeune homme, d'une tournure si svelte et si élégante, d'un air si noble et si délibéré, qui contrastait avec la timidité et la gaucherie de ses autres amoureux, elle se sentit saisie d'un trouble intérieur, et sans doute elle aurait cru que son prince était arrivé, si elle n'avait été frappée désagréablement par la pauvreté de son costume. Néanmoins elle se laissa aller à l'écouter plus longtemps qu'il ne fallait et se retira la poitrine oppressée, la joue en feu, le cœur navré d'une peine sourde et poignante. La pauvre fille serait morte de frayeur, si elle eût pu deviner la vérité.

—Si mon père ne veut pas que je l'épouse, se disait-elle, agitée par le premier remords de sa vie, j'aurai eu tort de lui parler. Il est pourtant si beau !

Alors elle se mit à genoux devant la Vierge, qui était sa seule confidente, puisque la pauvre fille n'avait pas connu sa mère, et essaya de lui raconter les tourments de son âme ; mais elle ne put jamais venir à bout de sa prière. Les idées s'embrouillaient dans sa tête, et elle se surprenait à prononcer d'étranges paroles. Certes, la sainte Vierge dut prendre en pitié sa protégée, car elle se leva sous l'impression d'une pensée consolante et décidée à tout confier à son père.

— Je ne puis douter un instant, se disait-elle en se délaçant, de la tendresse de mon père. Eh bien ! s'il me défend de lui parler, ce sera pour mon bien. Au fait, c'est la première fois que je le vois, ajouta-t-elle en se jetant sur son lit, et maintenant que j'y songe, je le trouve bien téméraire d'avoir osé m'adresser la parole. J'ai presque envie de me moquer de lui. Avec quelle assurance il débitait ses sornettes, comme il roulait ses yeux d'une façon ridicule. Ils sont vraiment très-beaux, et sa bouche, et son front, et ses cheveux ! Il ne se doute pas que j'aie remarqué ses mains, qui, en vérité, sont fort blanches, tandis qu'il les levait au ciel comme un fou, en arpentant le rivage. Allons, ne va-t-il pas m'empêcher de dormir ! Pourquoi la figure de ce jeune homme s'est-elle ainsi gravée dans mon esprit ? Je ne veux plus le voir ! s'écria-t-elle en ramenant le drap sur sa tête avec un air de courroux enfantin. Puis elle se mit à rire tout bas du costume de son fiancé, et réfléchit longtemps à ce qu'en diraient ses compagnes. Tout à coup son front se crispa douloureusement, une pensée affreuse venait de se glisser dans son âme, elle frissonna de la tête aux pieds. — S'il allait trouver une autre plus jolie que moi ? Les hommes sont si bêtes ! Décidément, il fait trop chaud, et je ne dormirai pas cette nuit.

Alors elle s'assit au milieu de son lit, et continua jusqu'au matin son monologue, dont nous ferons grâce au lecteur. À peine le premier rayon du jour, filtrant à travers les branches entrelacées des jasmins, vint trembler au milieu de la chambre, Nisida s'habilla à la hâte, et alla comme d'habitude présenter son front au baiser paternel. Le vieillard remarqua tout de suite l'abattement et la fatigue que l'insomnie avaient produits sur la figure de sa fille, et écartant avec un empressement alarmé ses beaux cheveux noirs qui lui couvraient les joues :

— Qu'as-tu, ma fille ? lui dit-il, tu n'as pas bien dormi ?

— Je n'ai pas dormi du tout, répondit Nisida, en souriant pour rassurer son père ; je me porte à merveille ; mais j'ai un aveu à te faire.

— Parle vite, ma fille, je meurs d'impatience.

— Peut-être ai-je commis une faute ; mais je veux que tu me promettes d'avance de ne pas me gronder.

— Tu sais trop bien que je te gâte, dit le vieillard en la caressant ; je ne commencerai pas aujourd'hui à être sévère.

— Un jeune homme qui n'est pas de cette île, et dont je ne sais pas le nom, m'a adressé la parole hier au soir, au moment où je prenais l'air à ma croisée.

— Et qu'avait-il de si pressé à te dire, ma chère Nisida ?

— Il m'a priée de te parler en sa faveur.

— Je l'écoute. Que puis-je faire pour lui ?

— M'ordonner de l'épouser.

— Et m'obéirais-tu volontiers ?

— Je crois que oui, mon père, dit la jeune fille, avec candeur. Au reste, tu en jugeras toi-même, dans ta sagesse ; car j'ai voulu t'en parler avant de le connaître, pour ne pas prolonger un entretien que tu aurais pu réprouver. Mais il y a un obstacle.

— Tu sais que je n'en connais pas lorsqu'il s'agit de rendre ma fille heureuse.

— Il est pauvre, mon père.

— Eh bien, c'est une raison de plus pour que je l'aime. Il y a ici du travail pour tout le monde, et ma table peut bien offrir une place à un troisième fils. Il est jeune, il a des bras ; il a sans doute un état ?

— Il est poëte.

— N'importe ; dis-lui qu'il vienne me parler, et, s'il est un honnête garçon, je te promets, ma fille, que je ferai tout au monde pour hâter ton bonheur.

Nisida embrassa son père avec effusion et ne se posséda pas de joie toute la journée, attendant le soir avec impatience pour donner au jeune homme une si magnifique nouvelle. Eligi de Brancaleone fut médiocrement flatté, comme vous pouvez le croire, de la magnanimité du pêcheur à son égard ; mais, en séducteur consommé, il en parut enchanté. N'oubliant pas son rôle d'étudiant fanatique et de poëte délabré, il tomba sur ses genoux, et déclama une fervente action de grâces à l'astre de Vénus. S'adressant ensuite à la jeune fille, il ajouta d'une voix plus calme qu'il allait écrire sur le champ à son propre père, qui, au bout d'une semaine, viendrait faire sa demande formelle. Jusque-là, il demanda en grâce de ne pas se présenter à Salomou ni à qui que ce fût dans l'île, prétextant d'une certaine honte qu'il éprouvait à cause de ses vieux habits, et assurant sa fiancée que son père lui apporterait un habillement complet pour le jour de ses noces.

Tandis que la malheureuse marchait au bord de l'abîme avec une si effrayante sécurité, Trespolo, se conformant aux volontés de son maître, s'était installé dans l'île sur le pied d'un pèlerin de Jérusalem. Jouant son rôle à merveille, et saupoudrant ses discours de phrases bibliques, en sa qualité d'ancien sacristain, il distribuait force amu-

lettes, et du bois de la vraie croix, et du lait de la sainte Vierge, et tous les intarissables trésors dont se nourrit journellement l'avide dévotion des bonnes gens. Ses reliques étaient d'autant plus authentiques qu'il ne les vendait guère, et, supportant saintement sa pauvreté, remerciait les fidèles, et refusait leurs aumônes. Seulement, par égard à la vertu éprouvée de Salomon, il avait consenti à partager le pain du pêcheur, et il allait prendre chez lui ses repas avec une régularité de cénobite. Son abstinence étonnait tout le monde ; une croûte trempée dans l'eau, quelques noix ou quelques figues, suffisaient au saint homme pour le faire vivre, c'est-à-dire pour l'empêcher de mourir. Au reste, il amusait Nisida avec ses récits de voyages et ses prédictions mystérieuses. Malheureusement, il ne se présentait que vers le soir ; car il passait le reste de la journée en macérations et en prières ; c'est-à-dire à se consoler en secret de la frugalité qu'il était obligé d'afficher en public, à se griser comme un Turc, et à ronfler comme un buffle.

Le matin du septième jour, depuis la promesse que le prince avait faite à la fille du pêcheur, Brancaleone entra dans la chambre de son valet, et le secouant rudement, lui cria à l'oreille :

— Debout, odieuse marmotte.

Trespolo, réveillé en sursaut, se frottait les yeux avec épouvante. Les morts paisiblement couchés au fond de leur cercueil, ne seront pas si contrariés au dernier jour, lorsque la trompette du jugement viendra les arracher à leur sommeil. Néanmoins, la peur ayant dissipé immédiatement le brouillard fuligineux qui était répandu sur son visage, il se leva sur son séant, et demanda d'un air égaré :

— Qu'y a-t-il, excellence ?

— Il y a que je te ferai un peu écorcher vif si tu ne perds pas cette exécrable habitude de dormir vingt heures par jour.

— Je ne dormais pas, mon prince, s'écria le domestique avec effronterie en sautant à bas du lit ; je méditais...

— Écoute-moi, dit le prince d'un ton sévère. Tu as été, je crois, employé dans une pharmacie ?

— Oui, monseigneur, et je l'ai quittée parce que mon patron avait la barbarie insigne de me faire piler des drogues, ce qui me fatiguait horriblement les bras.

— Voici une fiole qui contient une solution d'opium.

— Miséricorde ! s'écria le Trespolo en tombant à genoux.

— Lève-toi, imbécile, et fais bien attention à ce que je vais te dire. Cette petite sotte de Nisida s'obstine à prétendre que je parle à son père. Je lui ai fait croire que je partais ce soir pour chercher mes papiers. Il n'y a pas de temps à perdre. Tu es très-connu chez le pêcheur. Tu verseras cette liqueur dans leur vin ; ta vie me garantira que tu ne dépasseras pas la dose suffisante pour produire un profond sommeil. Tu auras soin de me préparer pour cette nuit une bonne échelle ; après quoi, tu iras m'attendre dans ma barque, où tu trouveras Numa et Bonaroux. Ils ont mes ordres. Je n'aurai pas besoin de toi pour l'escalade ; j'ai mon poignard de Campo-Basso.

— Mais, monseigneur, bégaya Trespolo atterré.

— Pas de difficultés, s'écria le prince en frappant du pied avec emportement, ou, par la mort de mon père, je te guérirai une bonne fois de tous les scrupules. — Et il tourna sur ses talons de l'air d'un homme convaincu qu'on se gardera bien de désobéir à ses ordres.

L'infortuné Trespolo remplit ponctuellement les injonctions de son maître. Pour lui, la peur passait avant tout. Ce soir-là, le souper du pêcheur fut d'une tristesse désespérante, et le faux pèlerin essaya en vain de le ranimer par sa gaieté factice. Nisida était préoccupée du départ de son fiancé, et Salomon, partageant à son insu les chagrins de sa fille, avait à peine avalé quelques gouttes de vin, pour ne pas résister aux prières réitérées de son hôte. Gabriel était parti le matin pour Sorrente en compagnie de Bastiano, et ne devait revenir que dans deux ou trois jours ; cette absence augmentait encore la mélancolie du vieillard. Dès que Trespolo se fut retiré, le pêcheur succomba à sa fatigue. Nisida, les bras pendants, la tête alourdie, le cœur serré d'un triste pressentiment, eut à peine la force de monter dans sa chambre, et, après avoir ranimé machinalement la lampe, tomba sur son lit pâle et raide comme une morte.

L'orage éclatait avec violence ; un de ces terribles orages qu'on ne voit que dans le midi, lorsque les nuages amoncelés, se crevant subitement, versent des torrents de pluie et de grêle, et font craindre un nouveau déluge. Le roulement du tonnerre s'approchait de plus en plus, et imitait le bruit de la canonnade. Ce golfe, naguère si calme et si uni, que l'île pouvait s'y mirer comme dans une glace, s'était rembrunt tout à coup ; les vagues bondissantes et furieuses se heurtaient comme des cavales échevelées ; l'île tremblait ébranlée par de terribles secousses.

Les pêcheurs les plus intrépides avaient tiré leurs bateaux à sec, et, renfermés dans leurs cabanes, rassuraient de leur mieux leurs femmes et leurs enfants effrayés.

Au milieu de la profonde obscurité qui régnait sur la mer, on voyait scintiller nette et limpide la lampe de Nisida qui brûlait devant la Madone.

Deux barques sans gouvernail, sans voiles, sans avirons, ballottées par les flots, battues par la rafale, tournoyaient au-dessus de l'abîme ; deux hommes étaient debout dans ces deux barques, les muscles raidis, les poitrines nues, les cheveux au vent. Ils se tenaient par la main pour ne pas faire écarter leurs bateaux, regardant la mer avec hauteur, et bravant la tempête.

— Encore une fois, je t'en prie, s'écria un de ces hommes, laisse-moi, Gabriel ; je te promets qu'avec mes deux rames brisées et un peu de persévérance, je gagnerai la Torre avant le jour.

— Tu es fou, Bastiano ; depuis ce matin, nous n'avons pu approcher de Vico, et nous avons été obligés de courir les bordées ; ton adresse et ta vigueur n'ont rien pu contre cet effroyable ouragan, qui nous a refoulés jusqu'ici.

— C'est la première fois que tu refuses de m'accompagner, remarqua le jeune homme.

— Eh bien ! oui, mon cher Bastiano ; je ne sais, mais, cette nuit, je me sens poussé vers l'île par une force irrésistible. Les vents se sont déchaînés pour m'y ramener malgré moi, et je te l'avouerai, dussé-je passer pour fou à tes yeux, il me semble voir un ordre du ciel dans un événement si simple et si ordinaire. Vois-tu cette lampe qui brille ?

— Je la connais, répondit Bastiano en étouffant un soupir.

— Elle a été allumée devant la Vierge le jour où ma sœur est née, et pendant dix-huit ans elle n'a cessé de brûler nuit et jour. C'était le vœu de ma mère. Tu ne sais pas, mon cher Bastiano, tu ne peux pas savoir combien de pensées déchirantes ce vœu me rappelle. Ma pauvre mère me fit venir à son lit de mort, et me raconta une affreuse histoire, un mystère horrible qui pèse sur mon âme comme un manteau de plomb, et dont je ne puis me soulager en le confiant à un ami. Quand son pénible récit fut achevé, elle demanda à voir et à embrasser ma sœur, qui venait de naître ; puis, de sa main tremblante et déjà glacée par l'agonie, voulut elle-même allumer la lampe. « Rappelle-toi, ce furent ses dernières paroles, rappelle-toi, Gabriel, que ta sœur est vouée à la Madone. Tant que cette lumière brillera devant la sainte effigie de la Vierge, ta sœur ne courra aucun danger. » Tu peux comprendre maintenant pourquoi la nuit, quand nous traversons le golfe, j'ai toujours les yeux fixés sur cette lampe. J'ai une croyance que rien ne saurait ébranler, c'est que le jour où cette lumière s'éteindra, l'âme de ma sœur se sera envolée vers le ciel.

— Eh bien ! s'écria Bastiano d'un ton brusque qui trahissait l'émotion de son cœur, si tu préfères rester, j'irai tout seul.

— Adieu, dit Gabriel en lâchant la main de son camarade sans détourner les yeux de la croisée vers laquelle il se sentait attiré par une fascination qu'il ne savait pas s'expliquer. Bastiano disparut, et le frère de Nisida, aidé par les flots, s'approchait de plus en plus du rivage, lorsque, tout à coup, il poussa un cri terrible qui domina le bruit de la tempête.

L'étoile venait de s'éteindre ; on avait soufflé la lampe.

— Ma sœur est morte ! s'écria Gabriel, et s'élançant à la mer, il fendit les ondes avec la rapidité de la foudre.

L'orage avait redoublé d'intensité ; de longues traînées d'éclairs, déchirant le flanc des nuages, inondaient les objets de leur clarté fauve et intermittente. Le pêcheur aperçut une échelle appuyée à la façade de sa maison, la saisit d'une main convulsive, et en trois bonds se précipita dans la chambre. Le prince avait senti une singulière émotion en pénétrant dans cette chaste et silencieuse retraite. Le regard calme et doux de la Vierge, qui semblait protéger le repos de la jeune fille endormie, ce parfum d'innocence qui se répandait tout autour de la couche virginale, cette lampe veillant au milieu des ténèbres comme une âme en prière, avaient saisi le séducteur d'un trouble inconnu. Irrité de ce qu'il appelait une lâcheté absurde, il avait éteint la lumière importune, et s'avançait vers le lit en s'adressant de muets reproches, lorsque Gabriel fondit sur lui avec le grincement féroce d'un tigre blessé.

Brancaleone, d'un geste hardi et rapide qui prouvait une bravoure et une adresse peu communes, se débattant sous l'étreinte de son robuste adversaire, tira de sa main droite un long poignard à lame fine et barbelée. Gabriel sourit avec dédain, lui arracha l'arme, et tout en se baissant pour la briser sur son genou, d'un coup de tête furieux il fit trébucher le prince, et l'envoya rouler à trois pas sur le carreau, puis, se penchant sur sa pauvre sœur et la contemplant d'un regard avide à la lueur fugitive d'un éclair :

— Morte ! répéta-t-il en se tordant les bras de désespoir, morte !

Dans l'affreux paroxysme qui lui serrait le gosier, il ne savait pas trouver d'autres mots pour assouvir sa rage ou épancher sa douleur. Ses cheveux, que l'orage avait collés sur ses joues, se dressèrent sur sa tête, il eut froid dans la moelle de ses os, et sentit retomber ses larmes sur son cœur. Ce fut un moment terrible ; il oublia que l'assassin vivait encore.

Cependant le prince, que son admirable sang-froid ne quittait pas une seconde, s'était relevé tout meurtri et saignant. Pâle et tremblant de colère, il cherchait de tous côtés une arme pour se venger ; Gabriel revint vers lui plus sombre et plus sinistre que jamais, et, lui serrant le cou d'une main de fer, le traîna dans la chambre où dormait le vieillard.

— Mon père ! mon père ! mon père ! s'écria-t-il d'une voix déchirante, voici le lâche qui vient d'assassiner Nisida.

Le vieillard, qui n'avait bu que quelques gouttes de la potion soporifique, fut réveillé par ce cri, qui lui retentit dans l'âme : il se leva comme poussé par un ressort, jeta les couvertures, et avec cette promptitude d'action que Dieu a départie aux mères dans les moments de danger, il monta à la chambre de sa fille, trouva de la lumière, s'agenouilla sur le bord du lit, et se mit à interroger le pouls de son enfant et à épier sa respiration avec une anxiété mortelle.

Tout cela s'était passé en moins de temps que nous n'en avons mis à le raconter. Brancaleone, par un effort inouï, s'était dégagé des mains du pêcheur, et reprenant tout à coup sa fierté de prince, il dit d'une voix fortement accentuée :

— Vous ne me tuerez pas sans m'écouter.

Gabriel voulut l'accabler d'injures sanglantes, mais ne pouvant pas articuler un seul mot, il fondit en larmes.

— Votre sœur n'est pas morte, dit le prince avec une froide dignité, elle n'est qu'endormie. Vous pouvez vous en assurer vous-même, et pendant ce temps je m'engage sur l'honneur à ne pas m'éloigner d'un seul pas.

Ces paroles furent prononcées avec un tel accent de vérité, que le pêcheur en fut frappé. Une lueur d'espoir inattendu illumina soudain ses pensées ; il jeta sur l'étranger un regard de haine et de méfiance, et murmura d'une voix sourde :

— Ne te flatte pas, du moins, de pouvoir m'échapper.

Puis il monta chez sa sœur, et s'approchant du vieillard, il lui demanda en tremblant :

— Eh bien ! mon père ?

Salomon le repoussa doucement de la main avec la sollicitude d'une mère qui écarterait du berceau de son enfant le bourdonnement d'un insecte, et lui faisant signe de se taire il ajouta à voix basse :

— Elle n'est ni morte ni empoisonnée. On lui aura fait boire quelque philtre dans un dessein sinistre. Sa respiration est régulière, et elle ne peut pas tarder à revenir de sa léthargie.

Gabriel, rassuré sur la vie de Nisida, descendit silencieusement au rez-de-chaussée, où il avait laissé le séducteur. Son attitude était sombre et grave ; il ne venait pas cette fois déchirer de ses ongles le meurtrier de sa sœur, mais éclaircir un mystère de trahison et d'infamie, et venger son honneur, auquel on avait lâchement attenté. Il ouvrit à deux battants la porte d'entrée, qui donnait le jour à la pièce où il avait l'habitude de coucher avec son père les rares nuits qu'il passait à la maison. La pluie venait de cesser, un rayon de lune perçant les nuages, pénétra tout à coup dans la chambre. Le pêcheur rajusta ses vêtements trempés, secoua ses cheveux, s'avança vers l'étranger, qui l'attendait de pied ferme, et après l'avoir fièrement regardé :

— Maintenant, lui dit-il, vous allez m'expliquer votre présence chez nous.

— J'avoue, dit le prince d'un ton dégagé, et avec le plus insolent aplomb, que les apparences sont contre moi. C'est la destinée des amoureux d'être traités comme des voleurs. Mais, quoique je n'aie pas l'avantage d'être connu de vous, je suis le fiancé de la belle Nisida, avec l'agrément de votre père, bien entendu. Or, comme j'ai le malheur de posséder des parents très-durs, ils ont eu la cruauté de me refuser leur consentement. L'amour m'a égaré, et j'allais me rendre coupable d'une faute pour laquelle des jeunes gens comme vous doivent être indulgents. Au surplus, ce n'a été qu'une simple tentative d'enlèvement, avec les meilleures intentions du monde, je vous jure, et me voilà prêt à tout réparer s'il vous convient de me tendre la main et de m'appeler votre frère.

— Il me convient de t'appeler lâche et traître, répondit Gabriel, dont les joues s'étaient enflammées en entendant parler de sa sœur avec une si impudente légèreté. Si c'est ainsi qu'on venge les affronts dans les villes, nous autres pêcheurs, nous avons un autre système. Ah! tu t'es flatté de porter dans notre maison la désolation et la honte, de payer d'infâmes voleurs qui sont venus partager le pain d'un vieillard pour empoisonner sa fille, de te glisser la nuit comme un brigand armé d'un poignard, dans la chambre de ma sœur, et en être quitte pour épouser la plus belle femme du royaume!

Le prince fit un mouvement.

— Écoute, reprit Gabriel, je pourrais te briser comme j'ai brisé ton poignard tout à l'heure; mais j'ai pitié de toi. Je m'aperçois que tu ne sais rien faire avec tes mains, ni te défendre, ni travailler. Va, je commence à tout comprendre : tu t'es vanté, mon maître, tu as usurpé ta pauvreté ; tu t'es paré de ces vieux habits, mais tu n'en es pas digne.

Il laissa tomber sur le prince un regard écrasant de mépris, puis, s'approchant d'une armoire cachée dans le mur, il en tira un fusil et une hache.

— Voilà, dit-il, tout ce qu'il y a d'armes dans la maison; choisis.

Un éclair de bonheur brilla sur le front du prince, qui avait jusque alors dévoré sa colère; il s'empara avidement du fusil, recula de trois pas, et se redressant de toute sa hauteur :

— Tu aurais mieux fait, dit-il, de me prêter tout d'abord cette arme ; car tu m'aurais épargné l'ennui d'assister à tes sottes divagations et à tes convulsions frénétiques. Merci, jeune homme ; un de mes laquais te rapportera ton fusil. Adieu ; voilà pour ta peine.

Et il lui jeta sa bourse, qui vint tomber lourdement aux pieds du pêcheur.

— Je vous ai prêté ce fusil pour vous battre avec moi, s'écria Gabriel, que l'étonnement rendait immobile.

— Range-toi, mon garçon, tu es fou, dit le prince en faisant un pas vers la porte.

— Ainsi, vous refusez de vous défendre? demanda Gabriel d'un ton résolu.

— Je t'ai déjà dit que je ne puis me battre avec toi.

— Et pourquoi ?

— Parce que Dieu l'a voulu ainsi ; parce que toi, tu es né pour ramper, et moi pour te fouler aux pieds ; parce que tout le sang que je pourrais verser dans cette île ne rachèterait pas une goutte de mon sang ; parce que mille vies de misérables comme toi ne valent pas une heure de la mienne, parce que tu te mettras à genoux devant mon nom, que je vais prononcer ; enfin, parce que toi, tu n'es qu'un pauvre pêcheur, et moi, je m'appelle le prince de Brancaleone.

A ce nom redoutable, que le jeune seigneur lui jeta à la tête comme pour le foudroyer, le pêcheur bondit comme un lion. Il respira largement, comme s'il eût soulevé un poids énorme qui depuis longtemps lui oppressait le cœur.

— Ah! s'écria-t-il, tu viens de te livrer, monseigneur. Entre le pauvre pêcheur et le prince tout-puissant il y a une dette de sang. Tu payeras pour toi et pour ton père. Nous allons régler nos comptes, excellence, ajouta-t-il en élevant sa hache sur la tête du prince, qui le couchait en joue. Oh! vous vous êtes trop hâté de choisir, le fusil n'est pas chargé.

Le prince devint pâle.

— Il existe entre nos deux familles, continua Gabriel, un mystère horrible que ma mère m'a confié sur le bord du tombeau, que mon père lui-même ignore, et que nul homme au monde ne doit entendre. Toi, c'est différent, tu vas mourir.

Il l'entraîna dans la cour.

— Sais-tu pourquoi ma sœur, que tu voulais déshonorer, a été vouée à la Madone? Parce que ton père a voulu, comme toi, déshonorer ma mère. Il y a dans ta maison maudite une tradition d'infamie.

Tu ne sais pas ce que ma pauvre mère a souffert de tortures lentes et terribles, qui l'ont brisée, qui l'ont fait mourir bien jeune, et que cette âme angélique n'a osé confier qu'à son fils à l'heure suprême, et cela pour m'engager à veiller sur ma sœur.

Le pêcheur essuya une larme brûlante.

— Un jour, nous n'étions pas nés encore, une belle dame richement parée aborda à l'île dans une barque magnifique; elle demanda à voir ma mère, qui était jeune et belle comme l'est aujourd'hui ma Nisida. Elle ne pouvait se lasser de l'admirer ; elle accusa l'aveugle destinée d'avoir enfoui ce beau diamant au sein d'une île obscure ; elle combla ma mère d'éloges, de caresses et de présents, et après de longs détours, elle finit par la demander à ses parents pour en faire sa demoiselle de compagnie. Les pauvres gens, entrevoyant dans la protection d'une si grande dame un brillant avenir pour leur fille, eurent la faiblesse de céder. Cette dame était ta mère ; et sais-tu pourquoi elle venait chercher ainsi cette pauvre jeune fille innocente? Parce que ta mère avait un amant, et parce qu'elle voulait par ce moyen infâme, s'assurer l'indulgence du prince.

— Tais-toi, misérable.

— Oh! vous m'écouterez jusqu'au bout, excellence. Les premiers jours, ma pauvre mère se vit entourée des soins les plus tendres ; la princesse ne pouvait s'en séparer un instant : les mots les plus flatteurs, les plus beaux habits, les plus riches parures étaient pour elle ; les domestiques la respectaient comme si elle eût été la fille de leurs maîtres. Lorsque ses parents allèrent la voir pour s'informer si elle n'avait pas quelque regret de les avoir quittés, ils la trouvèrent si belle et si heureuse, qu'ils bénirent la princesse comme un bon ange que Dieu leur avait envoyé. Le prince prit alors ma mère dans une singulière affection ; peu à peu ses manières devinrent plus familières et plus caressantes. Enfin la princesse s'absenta pour quelques jours, regrettant de ne pas pouvoir emmener avec elle sa chère enfant, comme elle l'appelait. Alors la brutalité du prince ne connut plus de bornes ; il ne déguisa plus ses honteux projets de séduction ; il étala devant la pauvre fille des colliers de perles et des écrins de diamants ; il passa de la passion la plus ardente à la plus sombre colère, des plus humbles prières aux plus horribles menaces. On enferma la malheureuse enfant dans un caveau où il pénétrait à peine un faible rayon de jour, et tous les matins un affreux geôlier venait lui jeter un morceau de pain noir, et lui répétait en jurant qu'il ne tenait qu'à elle de changer cette position en devenant la maîtresse du prince. Ce supplice dura deux ans. La princesse était partie pour un long voyage à l'étranger, et les pauvres parents de ma mère croyaient que leur fille était toujours heureuse auprès de sa protectrice. A son retour, ayant sans doute de nouvelles fautes à se faire pardonner, elle reprocha au prince sa maladresse, elle fit sortir ma mère de son cachot, affecta la plus vive indignation pour ces horribles traitements, qu'elle montrait ignorer, essuya ses larmes, et par un raffinement de perfidie abominable, reçut les remercîments de la victime qu'elle allait immoler.

Un soir, — j'ai fini, monseigneur, — la princesse voulut souper tête-à-tête avec sa demoiselle de compagnie : les fruits les plus rares, les mets les plus exquis, les vins les plus délicats, furent servis à ma pauvre mère, dont les longues privations avaient altéré la santé et affaibli la raison : elle s'abandonna à une gaieté maladive. On lui versa des philtres diaboliques ; c'est encore une tradition dans votre famille. Ma mère se sentait exaltée, ses yeux brillaient d'un éclat fiévreux, ses joues étaient en feu. Alors le prince entra.... Oh! vous allez voir, excellence, que Dieu protège les pauvres..... Ma mère se réfugia comme une colombe effarée dans le sein de la princesse, qui la repoussait en riant. La pauvre fille éperdue, tremblante, toute en pleurs, était à genoux au milieu de cette chambre infâme. C'était le jour de sainte Anne : tout à coup la maison s'ébranle, les murs se fendent, des cris de détresse retentissent dans la rue. Ma mère est sauvée. Ce fut ce tremblement de terre qui a détruit la moitié de Naples. Vous le savez bien, monseigneur, puisque votre ancien palais n'est plus habitable.

— Où veux-tu en venir ? s'écria Brancaleone dans la plus terrible agitation.

— Oh ! je veux tout simplement vous persuader qu'il faut que vous vous battiez avec moi, répondit froidement le pêcheur en lui tendant une cartouche ; et maintenant, ajouta-t-il d'un ton exalté, faites votre prière, monseigneur ; car, je vous en préviens, vous mourrez de ma main ; il faut que justice soit faite !

Le prince examina attentivement la poudre et les balles, s'assura que son fusil était dans un état parfait, le chargea, et, pressé d'en finir, ajusta le pêcheur; mais, soit le trouble qu'il venait d'éprouver pendant le terrible récit de son adversaire, soit que l'herbe fût mouillée par l'orage, au moment d'avancer le pied gauche pour assurer son coup, il glissa, perdit l'équilibre et tomba sur le genou. Le coup partit en l'air.

— Ceci ne compte pas, monseigneur, s'écria aussitôt Gabriel en lui tendant une seconde cartouche.

Au bruit de l'explosion, Salomon avait paru à la croisée, et comprenant de quoi il s'agissait, il avait levé les mains au ciel pour adresser à Dieu une muette et fervente prière. Eligi proféra un horrible blasphème et rechargea son arme à la hâte; mais, frappé par l'assurance de ce jeune homme qui se tenait immobile et debout devant lui, de ce vieillard calme et impassible qui semblait conjurer Dieu, au nom de son autorité paternelle, de se prononcer pour l'innocent, déconcerté par sa chute, le genou tremblant, le bras démis, il sentit courir dans ses veines le froid de la mort. Néanmoins, cherchant à maîtriser son émotion, il visa une seconde fois; la balle siffla à l'oreille du pêcheur et alla s'enfoncer dans le tronc d'un peuplier.

Le prince, avec l'énergie du désespoir, saisit le canon de son arme à deux mains; mais Gabriel s'avançait terrible avec sa hache, et du premier coup il emporta la crosse. Cependant il hésitait encore à tuer un homme sans défense, lorsque deux serviteurs armés parurent à l'extrémité du chemin. Gabriel ne les vit pas venir; mais au moment où les deux traîtres allaient le prendre aux épaules, Salomon poussa un cri, et s'élança au secours de son fils.

On enferma la malheureuse enfant dans un caveau où il pénétrait à peine un faible rayon de jour. — Page 300.

avec un reste d'égarement, en passant la main sur son front.

Le vieillard l'embrassa avec tendresse.

— Tu viens de passer un grand danger, ma pauvre Nisida, lui dit-il; lève-toi et remercions la Madone. Puis tous les trois prosternés devant la sainte effigie de la Vierge, commencèrent à réciter les litanies.

Mais à l'instant même un bruit d'armes retentit dans la cour, la maison fut cernée par des soldats, et un lieutenant de gendarmerie, saisissant Gabriel, lui dit à haute voix:

— Au nom de la loi, je vous arrête, pour le meurtre que vous venez de commettre sur la personne de son excellence illustrissime monseigneur le prince de Brancaleone.

Nisida, frappée par ces mots, demeura pâle et immobile comme une de ces statues de marbre agenouillées sur les tombeaux; Gabriel se préparait déjà à une résistance insensée, lorsqu'il fut arrêté par un geste de son père.

— *Signor tenente*, dit le vieillard en s'adressant à l'officier, mon fils a tué le prince en légitime défense; car ce dernier a escaladé notre maison et a pénétré chez nous la nuit à main armée. Les preuves sont devant vos yeux. Voilà une échelle dressée contre la croisée, et voici, ajouta-t-il en ramassant deux morceaux de lame brisée, un poignard aux armes de Brancaleone. Au reste, nous ne refusons pas de vous suivre.

Les dernières paroles du pêcheur furent couvertes par les cris *à bas les sbires! à bas les gendarmes!* qui étaient répétés de tous les côtés. L'île entière était en armes, et les pêcheurs se seraient laissé hacher jusqu'au dernier avant de permettre qu'on touchât à un seul cheveu de Salomon ou de l'un de ses fils.

Mais le vieillard parut sur le seuil de sa porte, et, tendant les bras, d'un geste calme et grave qui fit tomber la colère du peuple:

— Merci, mes enfants, dit-il, il faut respecter la loi. Je saurai défendre tout seul devant les juges l'innocence de mon fils.

— A moi, Numa! à moi, Bonaroux! à mort les brigands! ils veulent m'assassiner!

— Tu en as menti, prince de Brancaleone, s'écria Gabriel, et d'un coup de hache il lui fendit le crâne.

Les deux bravi qui arrivaient pour défendre leur maître, le voyant tomber, prirent la fuite; Salomon et son fils montèrent dans la chambre de Nisida. La jeune fille venait de secouer son lourd sommeil, une légère sueur perlait sur son front, et elle ouvrit lentement les yeux au jour naissant.

— Pourquoi me regardez-vous ainsi, mon père? dit-elle

Trois mois se sont à peine écoulés depuis le jour où nous avons vu pour la première fois le vieux pêcheur de Nisida assis devant la porte de sa maison, rayonnant de tout le bonheur qu'il avait su créer autour de lui, trônant comme un roi sur son banc de pierre et bénissant ses deux enfants, les plus beaux de l'île. Maintenant tout est changé dans l'existence de cet homme naguère si heureux et si envié. La riante maisonnette qui se penchait sur le golfe, comme un cygne au bord d'un vivier transparent, est triste et désolée ; la petite cour bordée de lilas et d'aubépines, où des groupes joyeux venaient s'asseoir à la chute du jour, est silencieuse et déserte. Aucun bruit humain n'ose troubler le deuil de cette morne solitude. Seulement, vers le soir, le flot de la mer apitoyé sur de si grands malheurs vient murmurer sur la grève des notes plaintives.

Gabriel a été condamné. La nouvelle de la mort du noble prince de Brancaleone, si jeune, si beau, si universellement adoré, mit en émoi non-seulement l'aristocratie napolitaine, mais toutes les classes en furent profondément indignées. Il fut pleuré par tout le monde ; et un cri de vengeance unanime s'éleva contre le meurtrier. La justice informa avec une effrayante promptitude.

Au reste, les magistrats appelés par leur office à juger cette déplorable affaire firent preuve d'une intégrité irréprochable. Aucune considération étrangère à leur devoir, aucun égard dû à une famille si noble et si puissante, ne put ébranler la conviction de leur conscience. L'histoire a gardé le souvenir de ce mémorable procès, et elle n'a à faire aux hommes aucun reproche qui ne s'adresse en même temps à l'imperfection des lois humaines. L'apparence, ce fatal démenti que le génie du mal donne si souvent ici-bas à la vérité, accabla le pauvre pêcheur des preuves les plus évidentes.

Trespolo, chez qui la peur avait dissipé tous les scrupules, interrogé le premier en sa qualité de confident du jeune prince, déclara avec une froide impudence que son illustre maître ayant montré le désir de se dérober pour quelques jours aux importunités d'une jeune dame dont la passion commençait à le fatiguer, il l'avait suivi dans l'île avec trois ou quatre de ses plus fidèles domestiques, et qu'il avait adopté lui-même le déguisement de pèlerin, ne voulant pas trahir l'incognito de son excellence aux yeux des pêcheurs, qui n'auraient pas manqué d'obséder de leurs sollicitations un si puissant personnage. Deux gardes champêtres qui s'étaient trouvés par hasard sur le versant de la colline au moment du crime, confirmèrent par leur témoignage la longue déposition du valet ; cachés par un taillis, ils avaient vu Gabriel fondre sur le prince, et avaient distinctement entendu les dernières paroles du mourant, criant au meurtre. Tous les témoins, ceux-là mêmes qui avaient été assignés à la requête de l'accusé, aggravaient sa position par leurs déclarations qu'ils s'efforçaient de rendre favorables. Aussi l'instruction, avec sa perspicacité habituelle et son infaillible certitude, avait-elle établi que le prince Eligi de Brancaleone, dégoûté momentanément du séjour de la ville, s'était réfugié dans la petite île de Nisida pour s'y livrer paisiblement au plaisir de la pêche, qui avait été de tout temps son goût prédominant (preuve était annexée au dossier que le prince avait assisté constamment tous les deux ans à la pêche du thon dans ses domaines de Palerme) ; qu'une fois ainsi caché dans l'île, Gabriel avait pu le reconnaître, étant venu peu de jours avant accompagner sa sœur à la procession, et avait sans doute formé le projet de l'assassiner. Dans la journée qui précéda la nuit du crime, on avait remarqué l'absence de Gabriel et l'agitation de son père et de sa sœur. Vers le soir, le prince avait congédié son domestique, et était sorti tout seul, suivant son habitude, pour se promener au bord de la mer. Surpris par l'orage, et ne connaissant pas les détours de l'île, il avait erré autour de la maison du pêcheur, pour chercher un abri ; alors Gabriel, encouragé par les ténèbres et par le bruit de la tempête, qui devait couvrir les cris de sa victime, après une longue hésitation, s'était décidé à consommer son crime, et ayant déchargé deux coups de feu sur le malheureux jeune homme sans pouvoir l'atteindre, il l'avait achevé à coups de hache ; enfin, au moment où, aidé par Salomon, il allait jeter le cadavre à la mer, les serviteurs du prince ayant paru, ils étaient montés à la chambre de la jeune fille, et ayant imaginé leur fable absurde, s'étaient mis à genoux devant la Vierge pour donner le change à la justice. Toutes les circonstances que le pauvre Salomon invoquait en faveur de son fils se tournaient contre lui : l'échelle dressée près de la croisée de Nisida appartenait au pêcheur ; le poignard que le jeune Brancaleone portait toujours sur lui pour sa défense lui avait été évidemment enlevé après sa mort, et Gabriel s'était empressé de le briser pour faire disparaître, autant qu'il était en son pouvoir, les traces de son crime. On ne s'arrêta pas une seconde au témoignage de Bastiano, qui, pour détruire la préméditation, affirmait que l'accusé ne s'était séparé de lui qu'au moment où l'orage avait éclaté dans l'île : d'abord le jeune plongeur était connu pour être l'ami le plus dévoué de Gabriel et le

plus chaud prétendant de sa sœur, et ensuite, à l'heure même où il affirmait avoir été aux environs de Nisida, on l'avait vu aborder à la Torre. Quant aux amours du prince pour la pauvre paysanne, cette assertion ridicule fit hausser les épaules aux magistrats, surtout la résistance attribuée à la jeune fille et les moyens extrêmes auxquels le prince aurait eu recours pour fléchir la vertu de Nisida. Eligi de Brancaleone était si jeune, si beau, si séduisant, et en même temps si impassible au milieu de ses succès, qu'on ne l'avait jamais soupçonné de violence que pour se débarrasser de ses maîtresses. Enfin, une preuve accablante et sans réplique renversait tous les arguments de la défense ; on avait trouvé sous le lit du pêcheur une bourse, aux armes de Brancaleone, remplie d'or, que le prince avait lancée, — si nos lecteurs ne l'ont pas oublié, — comme une dernière insulte, aux pieds de Gabriel.

Le vieillard ne se découragea pas devant cet échafaudage de mensonges ; après les plaidoyers des avocats dont il avait acheté au poids de l'or la ruineuse éloquence, il défendit lui-même son fils, et mit dans son discours tant de vérité, tant de passion et tant de larmes, que l'auditoire entier en fut ému, et trois juges votèrent pour l'acquittement ; mais la majorité lui manqua, et le fatal arrêt fut prononcé.

La nouvelle se répandit aussitôt dans la petite île, et y causa un profond découragement. Les pêcheurs, qui, à la première irruption de la force, s'étaient levés en masse pour défendre la cause de leur camarade, courbaient le front sans murmurer devant l'omnipotence de la chose jugée. Salomon reçut sans sourciller le coup de poignard qui lui traversait le cœur. Pas un soupir ne s'échappa de sa poitrine, pas une larme ne vint au bord de sa paupière ; sa blessure ne saigna pas. Depuis le jour de l'arrestation de son fils, il avait vendu tout ce qu'il possédait au monde, jusqu'à la petite croix d'argent que lui avait léguée sa femme en mourant, jusqu'au collier de perles qui flattait si bien l'orgueil paternel en perdant de sa blancheur sur le cou de sa chère Nisida ; il avait cousu les pièces d'or qu'il avait retirées de la vente de ces objets, dans son bonnet de laine grossière, et s'était installé à la capitale. Il ne mangeait qu'un morceau de pain que lui jetait la pitié des passants, et il dormait sur les marches des églises ou sur le seuil des magistrats.

Pour apprécier à sa juste valeur le courage héroïque de ce père infortuné, il faut embrasser d'un seul regard toute l'étendue de son malheur. La mort de son enfant n'était pas le seul chagrin qui déchirait ce cœur de martyr. Accablé par l'âge et par la douleur, il entrevoyait avec un calme solennel le moment terrible où son fils le précéderait de peu de jours dans la tombe. Sa plus poignante angoisse était de songer à la honte qui couvrirait sa famille. Le premier échafaud dressé dans cette île de mœurs si douces, d'une vertu si austère, d'une pauvreté si honorable, s'élevait pour Gabriel, et cette peine ignominieuse flétrissait la population entière, et lui marquait au front le premier sceau d'infamie. Par une transition douloureuse, et pourtant si facile dans les destinées humaines, le pauvre père en était venu à désirer ces moments de danger qui l'avaient fait trembler autrefois, ces moments où son fils aurait pu mourir noblement. Et maintenant tout était perdu : une vie si longue de travail, d'abnégation, de bienfaits ; une réputation pure et sans tache qui s'étendait au delà du golfe, dans des contrées lointaines, une admiration traditionnelle de plusieurs générations qui tenait presque du culte ; tout cela n'avait servi qu'à creuser plus profondément l'abîme où le pêcheur était tombé d'un seul coup du haut de sa royale grandeur. Le prestige, cette auréole divine, sans laquelle rien n'est saint ici-bas, avait disparu. On n'osait plus défendre le malheureux, on le plaignait. Son nom sera bientôt prononcé avec horreur, et Nisida, la pauvre orpheline, ne sera pour tout le monde que la sœur d'un condamné. Bastiano lui-même détournait la tête en pleurant. Aussi, quand tous les délais furent expirés, quand toutes les démarches du pauvre Salomon échouèrent, le voyant sourire étrangement comme sous l'obsession d'une idée fixe, se disait-on dans la ville que le vieillard avait perdu la raison.

Gabriel vit lever son dernier jour avec sérénité et avec calme. Il avait dormi d'un sommeil profond ; il se réveilla plein d'un bonheur inouï ; un joyeux rayon de soleil, tombant de la lucarne, vint trembler sur la paille fine et dorée de son cachot ; une brise d'automne se jouant autour de lui caressait son front d'une fraîcheur agréable, et courait dans sa longue chevelure. Le geôlier, qui l'avait toujours traité avec humanité depuis qu'il était sous sa garde, frappé de cet air de bonheur, hésita un moment à lui annoncer la visite du curé, craignant d'arracher le pauvre prisonnier à sa rêverie. Gabriel reçut cette nouvelle avec joie ; il s'entretint deux heures avec le bon prêtre, et versa de douces larmes au moment de la dernière absolution. Le curé sortit de la prison, mouillé de pleurs, et proclamant à haute voix qu'il n'avait jamais rencontré de sa vie une âme plus belle, plus pure, plus remplie de résignation et de courage.

Le pêcheur était encore en proie à sa consolante émotion lorsque sa sœur entra. Depuis le jour où on l'avait relevée évanouie de la chambre où son frère venait d'être arrêté, la pauvre fille, réfugiée près d'une tante, et s'accusant de tout le mal qui était arrivé, n'avait fait que pleurer aux pieds de sa sainte patronne. Ployée sous sa douleur comme un jeune lis courbé sous l'orage, elle passait des heures entières, pâle, immobile, détachée de la terre, et ses larmes coulaient silencieusement sur ses belles mains jointes. Quand le moment fut venu d'aller embrasser son frère pour la dernière fois, Nisida se leva avec le courage d'une sainte. Elle effaça la trace de ses larmes, lissa ses beaux cheveux noirs, mit sa plus belle robe blanche ; la malheureuse enfant essaya de cacher sa douleur par une ruse angélique. Elle eut la force de sourire ! A la vue de sa pâleur effrayante, Gabriel sentit [son] cœur se serrer, un nuage passa sur ses yeux, il voulut [courir à sa ren]contre ; mais, retenu par la chaîne qui le scellait au [mur,] il recula brusquement et trébucha. Nisida s'éla[nça vers lui,] le retint dans ses bras. La jeune fille avait tou[t ...] assura qu'elle se portait bien. Craignant de le rappe[ler à son émo]tion, elle lui parlait avec volubilité de mille chose[s ...]te, de la beauté du temps, de la Madone. Puis elle s'arrêtait tout à coup, effrayée de ses paroles, effrayée de son silence ; elle attachait sur le front de son frère des regards brûlants, comme pour le fasciner. Peu à peu elle s'anima ; une légère teinte colora ses joues amaigries, et Gabriel, abusé par les efforts surhumains de la jeune fille, la trouva encore belle, et remercia Dieu dans son cœur d'avoir épargné cette faible créature. Nisida, comme si elle eût suivi les pensées secrètes de son frère, s'approcha de lui, lui serra la main avec un ton d'intelligence, et murmura tout bas à son oreille :

— Par bonheur, notre père est absent depuis deux jours ; il m'a fait avertir qu'il serait retenu à la ville. Pour nous, c'est différent, nous sommes jeunes, nous avons du courage !

La pauvre fille tremblait comme une feuille.

— Que deviendras-tu, ma pauvre Nisida ? s'écria Gabriel en soupirant.

— Bah ! je prierai la Madone. Est-ce qu'elle ne nous protége pas ? — La jeune fille s'arrêta, frappée par le son de ses paroles, auxquelles la circonstance donnait un si cruel démenti. — Mais, en regardant son frère, elle continua d'un ton animé : — Certainement qu'elle nous protége. Elle m'est encore apparue en rêve cette nuit. Elle tenait dans ses bras son enfant Jésus, et me regardait avec une tendresse de mère. Elle veut faire de nous des saints ; car elle nous aime, et pour être saints, vois-tu, Gabriel, il faut souffrir.

— Eh bien ! va prier pour moi, ma bonne sœur ; ôte-toi à l'aspect de ces lieux tristes qui finiraient par ébranler ta fermeté, et peut-être la mienne. Va, nous nous reverrons là-haut, où notre mère nous attend ; notre mère, que tu n'as pas connue, et à laquelle je parlerai souvent de toi. Adieu ! ma sœur, au revoir !...

Et il l'embrassa sur le front.

La jeune fille rassembla dans son cœur toute sa force pour cet instant suprême ; elle marcha d'un pas ferme ; arrivée sur le seuil, elle se retourna, et lui dit adieu de la main, s'empêchant d'éclater par une contraction nerveuse ; mais une fois dans le corridor, un sanglot s'échappa de sa poitrine, et Gabriel, qui l'entendit retentir sous la voûte, crut que son cœur allait se fendre.

Puis il se jeta à genoux, et, levant les mains vers le ciel, il s'écria :

— J'ai fini de souffrir ; je n'ai plus rien qui m'attache à la vie. Merci, mon Dieu ! vous retenez mon père ailleurs, vous avez voulu épargner au pauvre vieillard une douleur qui eût été au-dessus de ses forces.

Ce fut à l'heure de midi qu'après avoir épuisé tous les moyens possibles, jeté son or jusqu'à la dernière pièce, embrassé les genoux du dernier valet, Salomon le pêcheur s'achemina vers la prison de son fils. Son front était tellement abattu, que les gardes reculèrent saisis de pitié, et le geôlier pleura en refermant sur lui la porte du cachot.

Le vieillard resta quelques instants sans faire un pas, absorbé par la contemplation de son fils. A l'éclat fauve de sa prunelle, on eût deviné qu'un sombre projet agitait en ce moment l'âme de cet homme.

Néanmoins il parut frappé de la beauté de Gabriel. Trois mois de prison avaient rendu à sa peau la blancheur que le soleil avait hâlée ; ses beaux cheveux noirs tombaient en boucles autour de son cou, ses yeux s'arrêtaient sur son père avec un regard humide et brillant. Jamais cette tête n'avait été plus belle qu'au moment de tomber.

— Hélas ! mon pauvre fils, lui dit le vieillard, il n'y a plus d'espoir ; il faut mourir.

— Je le sais, répondit Gabriel d'un ton de tendre reproche, et ce n'est pas là ce qui m'afflige le plus en ce moment. Mais toi aussi, pourquoi veux-tu me faire du chagrin, à ton âge ? J'avais espéré...Que n'es-tu resté dans la ville ?

— Dans la ville, répéta le vieillard, ils sont sans pitié ; je me suis jeté aux pieds du roi, aux pieds de tout le monde ; il n'y a pas de grâce, pas de miséricorde pour nous.

— Eh ! mon Dieu, qu'est-ce que la mort pour moi ? Je la rencontre tous les jours sur la mer. — Mon plus grand tourment, mon seul tourment, c'est la douleur qu'ils te font.

— Et moi, crois-tu, mon Gabriel, que je souffre seulement de te voir mourir ? Oh ! c'est une séparation de quelques jours ; j'irai bientôt te rejoindre. Mais une douleur plus sombre m'accable. — Moi, je suis fort, je suis un homme.... Il s'arrêta, craignant d'en avoir trop dit ; puis, se rapprochant de son fils, il ajouta d'une voix remplie de larmes :

— Pardonne-moi, mon Gabriel, je suis cause de ta mort. J'aurais dû tuer le prince de ma main. On ne condamne pas à mort les enfants et les vieillards dans notre pays. J'ai quatre-vingts ans passés : j'aurais été gracié ; on me l'a bien dit quand je demandais ta grâce en pleurant ; encore une fois, pardonne-moi, Gabriel : j'ai cru que ma fille était morte ; je n'ai plus pensé à rien ; et puis je ne savais pas la loi.

— Mon père ! mon père ! répétait Gabriel attendri, que dis-tu ? J'aurais donné mille fois ma vie pour racheter un jour de la tienne. Puisque tu as la force d'assister à ma dernière heure, ne crains pas ; tu ne me verras point pâlir ; ton fils sera digne de toi.

— Et il devra mourir ! mourir ! s'écria Salomon en se frappant le front avec désespoir et lançant aux murs du cachot un regard de feu qui aurait voulu les percer.

— J'y suis résigné, mon père, dit Gabriel avec douceur ; le Christ n'est-il pas monté sur la croix ?

— Oui ! murmura le vieillard d'une voix sourde ; mais il ne laissait pas après lui une sœur déshonorée par sa mort.

Ces paroles, qui échappèrent au vieux pêcheur malgré lui jetèrent dans l'âme de Gabriel une clarté soudaine et terrible. Pour la première fois, il entrevit tout ce que sa mort avait d'infâme ; la populace impudente se pressant autour de l'échafaud, la main hideuse du bourreau le saisissant aux cheveux, et les gouttes de son sang rejaillissant sur la robe blanche de sa sœur et la couvrant d'opprobre.

— Oh ! si je pouvais avoir une arme ! s'écria Gabriel en jetant autour de lui ses yeux hagards.

— Ce n'est pas l'arme qui manque, répondit Salomon en portant la main sur le manche d'un poignard qu'il avait caché dans sa poitrine.

— Eh bien ! tue-moi, mon père, dit Gabriel à voix basse, mais avec un accent irrésistible de persuasion et de prière ; oh ! oui ! je te l'avoue maintenant, la main du bourreau me fait peur. Ma Nisida, ma pauvre Nisida ! je l'ai vue ; elle était ici tout à l'heure, belle et blanche comme la Madone des douleurs ; elle souriait pour me cacher ses tortures. Elle était heureuse, la pauvre fille, parce qu'elle te croyait absent. Oh ! qu'il me sera doux de mourir de ta main ! Tu m'as donné la vie, reprends-la, mon père, puisque Dieu le veut ainsi. Et Nisida sera sauvée. Oh ! n'hésite pas ; ce serait une lâcheté à nous deux ; c'est ma sœur, c'est ta fille !

Et voyant que sa volonté puissante avait subjugué le vieillard :

— A moi, dit-il, à moi, mon père ! Et il offrit la poitrine à son coup. Le pauvre père leva la main pour frapper ; mais une convulsion mortelle agita tous ses membres ; il tomba dans les bras de son fils, et tous les deux fondirent en larmes.

— Pauvre père, dit Gabriel, j'aurais dû prévoir cela. Donne-moi ce poignard et détourne-toi ; je suis jeune, et mon bras ne tremble pas.

— Oh ! non, reprit Salomon d'un ton solennel, non, mon fils ; car tu serais suicide ! Que ton âme monte pure au ciel ! Dieu me donnera sa force. D'ailleurs, nous avons le temps! Et un dernier rayon d'espoir vint briller dans le regard du pêcheur.

Alors il se passa dans ce cachot une de ces scènes que la parole ne pourra jamais retracer. Le pauvre père s'assit sur la paille, à côté de son fils, et coucha doucement sa tête sur ses genoux. Il lui souriait dans les larmes comme à un enfant malade; il promenait lentement sa main dans les boucles soyeuses de ses cheveux, il lui faisait mille demandes entremêlées de caresses. Pour le dégoûter de ce monde, il lui parlait sans cesse de l'autre. Puis, par un brusque retour, il le questionnait minutieusement sur toutes les circonstances du passé. Quelquefois il s'arrêtait avec effroi, et comptait les battements de son cœur qui marquaient l'heure avec précipitation.

— Dis-moi tout, mon enfant; as-tu quelque envie qu'on puisse satisfaire avant ta mort? Laisses-tu quelque femme aimée en secret? Tout ce qui nous reste sera pour elle.

— Je ne regrette ici-bas que toi et ma sœur. Vous êtes les seules personnes que j'aie aimées depuis la mort de ma mère.

— Eh bien! console-toi, ta sœur sera sauvée.

— Oh! oui, je mourrai heureux.

— Pardonnes-tu à nos ennemis?

— De toute la force de mon cœur. Je prie Dieu qu'il fasse grâce aux témoins qui m'ont accusé. Puisse-t-il me pardonner mes fautes!

— Quel âge as-tu bientôt? demanda brusquement le vieillard; car sa raison commençait à s'altérer, et il avait perdu la mémoire.

— J'ai eu vingt-cinq ans à la Toussaint.

— C'est vrai; le jour a été triste cette année : tu étais en prison.

—Vous souvenez-vous, il y a cinq ans, de ce même jour où je remportai le prix de la regatta à Venise?

— Raconte-moi cela, mon enfant.

Et il écoutait les mains dans les mains, le cou tendu, la bouche béante. Mais un bruit de pas se fit entendre dans le corridor, et un coup sourd fut frappé à la porte. C'était l'heure fatale. Le pauvre père l'avait oubliée.

Déjà les prêtres avaient entonné leur cantique de mort; le bourreau était prêt; le cortége était en marche, lorsque Salomon le pêcheur parut tout à coup sur le seuil de la prison, le regard enflammé, le front rayonnant de l'auréole des patriarches. Le vieillard se redressa de toute sa hauteur, et levant d'une main le couteau ensanglanté :

— Le sacrifice est consommé, dit-il d'une voix sublime. Dieu n'a pas envoyé son ange pour arrêter la main d'Abraham. . . . .

La foule le porta en triomphe.

Pier-Angelo Fiorentino.

NOTE.

(1) L. . . . . e sont consignés dans les archives de la *Corte criminale* de Naples . . . . un changé ni à l'âge ni à la position des personnages qui figurent dan . . . . dés plus célèbres avocats du barreau napolitain a fait prononcer l'acquittement du vieillard.

Paris. — Typ. de Vᵉ Dondey-Dupré, rue St-Louis, 46, au Marais.